Wolfgang Däubler

Digitalisierung und Arbeitsrecht

Künstliche Intelligenz – Homeoffice – Arbeit 4.0

RECHT AKTUELL

Vorwort

Die Digitalisierung hat die Arbeitswelt fest im Griff. Wir können uns weltweit informieren, wir sind aber auch zu jeder Zeit erreichbar. Homeoffice und mobile Arbeit werden immer wichtiger. Die Corona-Pandemie hat dieser Tendenz einen großen Schub versetzt. Selbst viele Skeptiker müssen anerkennen, dass sich zahlreiche Arbeiten von zu Hause aus erledigen lassen.

Doch auch andere Veränderungen stehen an. In wachsendem Maße werden Roboter eingesetzt – nicht nur in der Automobilindustrie. Sie sollen auch bei der Bewältigung des Pflegenotstands helfen. Datenbrillen sollen die Arbeit erleichtern. Personalabteilungen greifen auf Erkenntnisse zurück, die durch Auswertung von riesigen Datenmengen (»Big Data«) gewonnen wurden. Sie bedienen sich eines Algorithmus bei der Vorauswahl von Bewerbern. Am Horizont erscheint das »Internet der Dinge«. »Lernende Systeme« und »künstliche Intelligenz« sind die Zauberworte, die den künftigen Arbeitsprozess charakterisieren sollen.

Mit dieser Entwicklung sind zahlreiche neue Rechtsfragen verbunden. Um mit dem Einfachsten zu beginnen: Darf der Arbeitgeber Daten über seine Beschäftigten samt Foto ins Netz stellen? Muss ein Arbeitnehmer auf eigene Faust gegen Beleidigungen in einem Bewertungsportal vorgehen oder kann er vom Arbeitgeber verlangen, dass er für einen guten Rechtsvertreter sorgt? Welche Konsequenzen ergeben sich, wenn der Arbeitnehmer nach dem im Betrieb praktizierten Motto »Bring your own device« mit seinem eigenen Laptop arbeitet? Oder ein weiteres Problem: Darf der Personalleiter vor einer Einstellung oder Beförderung ermitteln, was die fragliche Person bei Facebook gepostet hat?

Schwieriger wird es, wenn es um die Einhaltung des Arbeitszeitrechts geht. Der telefonisch erteilte Arbeitsauftrag abends um neun, die Zuschaltung zur Telefonkonferenz vom Urlaubsort aus – wie ist damit juristisch umzugehen? Was sagt das Arbeitsschutzrecht zu solchen Erscheinungen? Die psychischen Erkrankungen sind in den letzten zehn Jahren deutlich gestiegen, ein Zusammenhang mit veränderten Arbeitsformen liegt nahe.

Welche spezifischen Belastungen sind mit neuen Geräten bis hin zum 3 D-Drucker verbunden?
Die fortschreitende Digitalisierung bringt es mit sich, dass fast alle Vorgänge im Betrieb für den Arbeitgeber transparent werden. Wer hat wen aus welchem Anlass kontaktiert? Wer steht im Mittelpunkt der betrieblichen Kommunikation, wer eher am Rande (was möglicherweise seine Entbehrlichkeit signalisiert)?
»Crowdworking« ist für manche Unternehmen die Arbeit der Zukunft. Bestimmte Aufgaben werden mit Hilfe einer Plattform im Internet gesteuert. Jedes Mitglied der »Crowd«, der unübersehbaren Menge der Internet-Nutzer, kann sich um einen Auftrag bewerben. Lassen sich die »Crowdworker« als Arbeitnehmer qualifizieren? Das BAG hat dies am Beispiel eines durchaus typischen Falles bejaht; welche Konsequenzen sich daraus ergeben, wird uns eingehend beschäftigen.
Die vorliegende Untersuchung will diesen und zahlreichen weiteren Fragen nachgehen. Dazu gehört neben dem »digitalen Zugangsrecht« der Gewerkschaft auch die lange Zeit zu Unrecht in den Hintergrund gerückte IT-Sicherheit, ohne die das soziale Leben kaum mehr funktionieren könnte: Ein Ausfall der Computer im Wasser- oder im Elektrizitätswerk hätte verheerende Konsequenzen.
Literatur und Rechtsprechung sind bis Juli 2022 verarbeitet. Gerichtsentscheidungen werden in der Regel mit Datum und Aktenzeichen zitiert, um so das (unentgeltliche) Auffinden über eine Suchmaschine zu erleichtern. Anregungen und Verbesserungsvorschläge sind stets unter *daeubler@uni-bremen.de* willkommen.

Dußlingen bei Tübingen, im Juli 2022 — Wolfgang Däubler

Inhalt

Abkürzungsverzeichnis

a. A.	anderer Auffassung
ABl.	Amtsblatt (der EG)
ABM	Arbeitsbeschaffungsmaßnahme
Abs.	Absatz
ADM	Algorithmic Decision Making (= auf Algorithmen gestützte Entscheidungsprozesse)
AEntG	Arbeitnehmer-Entsendegesetz
a. F.	alte Fassung
AG	Die Aktiengesellschaft (Jahr und Seite)
AGB	Allgemeine Geschäftsbedingungen
AGG	Allgemeines Gleichbehandlungsgesetz
AiB	Arbeitsrecht im Betrieb (Jahr und Seite)
ANErfG	Arbeitnehmer-Erfindungsgesetz
Anh.	Anhang
Anm.	Anmerkung
AnwBl	Anwaltsblatt (Jahr und Seite)
AöR	Archiv des öffentlichen Rechts (Band, Jahr und Seite)
AP	Arbeitsrechtliche Praxis (Nachschlagewerk des BAG)
APS	Ascheid/Preis/Schmidt (siehe Literaturverzeichnis)
AR	Dornbusch/Fischermeier/Löwisch (siehe Literaturverzeichnis)
ArbG	Arbeitsgericht
ArbGG	Arbeitsgerichtsgesetz
ArbRB	Der Arbeitsrechts-Berater (Jahr und Seite)
ArbSchG	Arbeitsschutzgesetz
ArbStättVO	Arbeitsstättenverordnung
ArbZG	Arbeitszeitgesetz
Art.	Artikel
AuA	Arbeit und Arbeitsrecht (Jahr und Seite)
AufenthG	Aufenthaltsgesetz
Aufl.	Auflage

AuR	Arbeit und Recht (Jahr und Seite)
BAG	Bundesarbeitsgericht
BayObLG	Bayerisches Oberstes Landesgericht
BB	Der Betriebs-Berater (Jahr und Seite)
BBG	Bundesbeamtengesetz
BCR	Binding Corporate Rules
BDSG	Bundesdatenschutzgesetz
Begr.	Begründer
BEM	Betriebliches Eingliederungsmanagement
BetrAVG	Betriebliches Altersversorgungsgesetz
BetrR	Der Betriebsrat (Jahr und Seite)
BetrSichVO	Betriebssicherheits-Verordnung
BetrVG	Betriebsverfassungsgesetz
BGB	Bürgerliches Gesetzbuch
BGBl.	Bundesgesetzblatt (Jahr, Teil und Seite)
BGH	Bundesgerichtshof
BGleiG	Bundesgleichstellungsgesetz
Bildschirm-arbeitsVO	Bildschirmarbeitsverordnung
BITKOM	Bundesverband Informationswirtschaft, Telekommunikation und neue Medien e. V.
Bl.	Blatt
BMAS	Bundesministerium für Arbeit und Soziales
BPersVG	Bundespersonalvertretungsgesetz
BRRG	Beamtenrechtsrahmengesetz
BSG	Bundessozialgericht
BSI	Bundesamt für Sicherheit in der Informationstechnik
BTC	Bitcoins
BT-Drs.	Bundestags-Drucksache
Buchst.	Buchst.
BUrlG	Bundesurlaubsgesetz
BVerfG	Bundesverfassungsgericht
BVerfGE	Entscheidungen des Bundesverfassungsgerichts (Band und Seite)
BVerwG	Bundesverwaltungsgericht
BYOD	Bring Your Own Device
bzw.	beziehungsweise
CF	Computer Fachwissen (Heft, Jahr und Seite)
CR	Computer und Recht (Jahr und Seite)

CRi	Computer und Recht – Internationaler Teil (Jahr und Seite)
CuA	Computer und Arbeit (Heft, Jahr und Seite – früher CF)
DAK	Deutsche Angestellten-Krankenkasse
DANA	Datenschutz-Nachrichten (Jahr und Seite)
DB	Der Betrieb (Jahr und Seite)
DDoS	Distributed Denial of Service
DDZ	Däubler/Deinert/Zwanziger (siehe Literaturverzeichnis)
ders.	derselbe
d.h.	das heißt
dies.	dieselbe/n
DKW	Däubler/Klebe/Wedde (siehe Literaturverzeichnis)
DRdA	Das Recht der Arbeit (Jahr und Seite)
DSB	Datenschutz-Berater (Jahr und Seite)
DSGVO	Datenschutz-Grundverordnung
DuD	Datenschutz und Datensicherung (Jahr und Seite)
DVBl.	Deutsches Verwaltungsblatt (Jahr und Seite)
DVR	Datenverarbeitung im Recht (Jahr und Seite)
EBR	Europäischer Betriebsrat
EBRG	Europäisches Betriebsräte-Gesetz
eds.	Editors
EFZG	Entgeltfortzahlungsgesetz
EG	Europäische Gemeinschaft
EGBGB	Einführungsgesetz zum Bürgerlichen Gesetzbuch
EGMR	Europäischer Gerichtshof für Menschenrechte
EMRK	Europäische Menschenrechtskommission
EnBW	Energie Baden-Württemberg AG
ErfK	Erfurter Kommentar (siehe Literaturverzeichnis)
ErwGr	Erwägungsgrund
EStG	Einkommenssteuergesetz
EU	Europäische Union
EuArbRK	Kommentar zum europäischen Arbeitsrecht
EuGH	Europäischer Gerichtshof
evtl.	eventuell
f.	folgende
ff.	fortfolgende
FifF	Forum InformatikerInnen für Frieden und gesellschaftliche Verantwortung

Fn.	Fußnote
FPflegeZG	Familienpflegezeitgesetz
FS	Festschrift
FTC	Federal Trade Commission
FTP	File Transfer Protocol
GBA	Generalbundesanwalt
GebrMG	Gebrauchsmustergesetz
GeschmMG	Geschmacksmustergesetz
GewO	Gewerbeordnung
GG	Grundgesetz
ggf.	gegebenenfalls
GK	Gemeinschaftskommentar zum BetrVG (siehe Wiese u. a., Literaturverzeichnis)
GMH	Gewerkschaftliche Monatshefte (Jahr und Seite)
GPS	Global Positioning System
GR-Charta	Grundrechte-Charta
GRUR	Gewerblicher Rechtsschutz und Urheberrecht (Jahr und Seite)
GWB	Gesetz gegen Wettbewerbsbeschränkungen
HAG	Heimarbeitsgesetz
HGB	Handelsgesetzbuch
HK-ArbR	Handkommentar Arbeitsrecht (siehe Literaturverzeichnis)
Hrsg.	Herausgeber
http	Hypertext Transfer Protocol
HWK	Henssler/Willemsen/Kalb (siehe Literaturverzeichnis)
IAO	Internationale Arbeitsorganisation; Fraunhofer-Institut für Arbeitswirtschaft und Organisation
i. d. R.	in der Regel
ILO	International Labour Organization
Inc.	Incorporated
IP	Internet Protocol
IRC	Internet Relay Chat
IS	Informationssicherheit
ISB	Informationssicherheitsbeauftragten
i. S. v.	im Sinne von
ISMS	Information Security Management System (Managementsysteme für Informationssicherheit)

IST	Informationssicherheitsteam
IT	Informationstechnologie
i. V. m.	in Verbindung mit
JArbSchG	Jugendarbeitsschutzgesetz
jM	juris – Die Monatszeitschrift (Jahr und Seite)
jurisPR	Juris Praxisreport (Entscheidungsanmerkungen)
JuS	Juristische Schulung (Jahr und Seite)
JZ	JuristenZeitung (Jahr und Seite)
Kap.	Kapitel
KG	Kammergericht
KI	Künstliche Intelligenz
KMU	Kleine und mittlere Unternehmen
KR	Bader/Fischermeier/Gallner u. a. (siehe Literaturverzeichnis)
Kritis	Kritische Infrastruktur
KSchG	Kündigungsschutzgesetz
KUG	Kunsturhebergesetz
K&R	Kommunikation & Recht (Jahr und Seite)
LAG	Landesarbeitsgericht
LAGE	Sammlung von Entscheidungen der Landesarbeitsgerichte
LG	Landgericht
LPersVG	Landespersonalvertretungsgesetz
Ls.	Leitsatz
MDM	Mobile Device Management
MDStV	Mediendienste-Staatsvertrag
m. E.	meines Erachtens
MiLoG	Mindestlohngesetz
MittAB	Mitteilungen zur Arbeitsmarkt- und Berufsforschung (Jahr und Seite)
MMR	Multimedia und Recht (Jahr und Seite)
MüKo	Münchener Kommentar zum BGB (siehe Literaturverzeichnis)
MünchArbR	Münchener Handbuch zum Arbeitsrecht (siehe Literaturverzeichnis)
MuSchG	Mutterschutzgesetz
m. w. N.	mit weiteren Nachweisen

NachwG	Nachweisgesetz
n. F.	neue Fassung
NJW	Neue Juristische Wochenschrift (Jahr und Seite)
Nr.	Nummer
NSA	National Security Agency
NVwZ	Neue Zeitschrift für Verwaltungsrecht (Jahr und Seite)
NZA	Neue Zeitschrift für Arbeitsrecht (Jahr und Seite)
NZA-RR	Neue Zeitschrift für Arbeitsrecht – Rechtsprechungs-Report (Jahr und Seite)
o.	oben
o.J.	ohne Jahr
öAT	Zeitschrift für das öffentliche Arbeits- und Tarifrecht (Jahr und Seite)
OLG	Oberlandesgericht
o.O.	ohne Ort
Os.	Orientierungssatz
OVG	Oberverwaltungsgericht
PatG	Patentgesetz
PC	Personal Computer
PersR	Der Personalrat (Jahr und Seite)
PflegeZG	Pflegezeitgesetz
9. ProdSV	Neunte Verordnung zum Produktsicherheitsgesetz – Maschinenverordnung
R	Rückseite
RAF	Rote-Armee-Fraktion
RdA	Recht der Arbeit (Jahr und Seite)
RDV	Recht der Datenverarbeitung (Jahr und Seite)
RFID	Radio Frequency Identification
RGBl.	Reichsgesetzblatt
RIW	Recht der internationalen Wirtschaft (Jahr und Seite)
Rn.	Randnummer(n)
ROM I	Verordnung (EG) Nr. 593/2008[1] des Europäischen Parlaments und des Rates über das auf vertragliche Schuldverhältnisse anzuwendende Recht
ROM II	Verordnung (EG) Nr. 864/2007 des Europäischen Parlaments und des Rates vom 11. Juli 2007 über das auf außervertragliche Schuldverhältnisse anzuwendende Recht

RStV	Rundfunkstaatsvertrag
RVG	Rechtsanwaltsvergütungsgesetz
s.	siehe
S.	Seite
s. a.	siehe auch
SAE	Sammlung arbeitsrechtlicher Entscheidungen (Jahr und Seite)
SGB VI	Sechstes Buch Sozialgesetzbuch – Gesetzliche Rentenversicherung
SGB VII	Siebentens Buch Sozialgesetzbuch – Gesetzliche Unfallversicherung
SGB IX	Neuntes Buch Sozialgesetzbuch – Rehabilitation und Teilhabe behinderter Menschen
SGB X	Zehntes Buch Sozialgesetzbuch – Sozialverwaltungsverfahren und Sozialdatenschutz
s. o.	siehe oben
sog.	so genannt(er)
SPW	Sozialistische Politik und Wirtschaft (Heft, Jahr und Seite)
SR	Soziales Recht (Jahr und Seite), Beilage zu »Arbeit und Recht«
StGB	Strafgesetzbuch
StPO	Strafprozessordnung
st. Rspr.	ständige Rechtsprechung
s. u.	siehe unten(r)
TBS	Technologieberatungsstelle
TDG	Teledienste-Gesetz
TDDSG	Teledienste-Datenschutzgesetz
TDSV	Telekommunikations-Datenschutzverordnung
TKG	Telekommunikationsgesetz
TMG	Telemediengesetz
TTDSG	Telekommunikation-Telemedien-Datenschutz-Gesetz
TVG	Tarifvertragsgesetz
TV-L	Tarifvertrag für den öffentlichen Dienst der Länder
Tz.	Textziffer
TzBfG	Teilzeit- und Befristungsgesetz
u.	unten(r)
u. a.	unter anderem

u. Ä.	und Ähnliches
UKlaG	Unterlassungsklagengesetz
UrhG	Urheberrechtsgesetz
USA	United States of America; Vereinigte Staaten von Amerika
usw.	und so weiter
u. U.	unter Umständen
UWG	Gesetz gegen den unlauteren Wettbewerb
vbw	Verband der bayerischen Wirtschaft
VG	Verwaltungsgericht
VGH	Verwaltungsgerichtshof
vgl.	vergleiche
VO	Verordnung
WahlO	Wahlordnung
WSI-Mitt.	Mitteilungen des Wirtschafts- und Sozialwissenschaftlichen Instituts des DGB (Jahr und Seite)
www	World Wide Web
ZAS	Zeitschrift für Arbeits- und Sozialrecht (Wien; Jahr und Seite)
z. B.	zum Beispiel
ZBR	Zeitschrift für Beamtenrecht (Jahr und Seite)
ZBVR-Online	Zeitschrift für Betriebsverfassungsrecht (Jahr und Seite)
ZD	Zeitschrift für Datenschutz (Jahr und Seite)
ZfA	Zeitschrift für Arbeitsrecht (Jahr und Seite)
ZfPR	Zeitschrift für Personalvertretungsrecht (Jahr und Seite)
ZIP	Zeitschrift für Wirtschaftsrecht (früher: Zeitschrift für Insolvenzpraxis; Jahr und Seite)
ZMV	ZMV – Die Mitarbeitervertretung (Jahr und Seite)
ZPO	Zivilprozessordnung
ZRP	Zeitschrift für Rechtspolitik (Jahr und Seite)
ZTR	Zeitschrift für Tarifrecht (Jahr und Seite)
ZUM	Zeitschrift für Urheber- und Markenrecht (Jahr und Seite)
ZUM-RD	Zeitschrift für Urheber- und Markenrecht/Rechtsprechungs-Dienst (Jahr und Seite)

§ 1 Veränderungen durch Digitalisierung

I. Erste Eindrücke: Die Entwicklung des Internets

Gibt es Menschen, die nicht im Internet sind? Die keine E-Mails bekommen und die mit den Begriffen »webcam« und »Smartphone« nichts anfangen können? In der Tat gibt es sie, aber es handelt sich um eine immer kleiner werdende Minderheit. Die »Initiative D 21« hat im Jahre 2011 **Infratest** beauftragt, die Zahl der Internetnutzer zu ermitteln. Im Juni 2012 wurde das Ergebnis vorgelegt: Der **Anteil der Internetnutzer** an den über 14-jährigen war von 37 % im Jahr 2001 über 60,2 % im Jahr 2007 bis auf **75,6 %** im Jahr 2012 gestiegen.[1] Befragt wurden ca. 30 000 Personen, die nach einem standardisierten Zufallsverfahren ausgewählt wurden. Im Jahre 2020 betrug der Anteil bereits **89,8 %**.[2] Gleichzeitig ging die Zahl derer, die noch nie das Internet genutzt haben, von 29 % im Jahre 2005 auf 5 % im Jahre 2019 zurück.[3] Die Nutzung hängt noch immer stark vom Lebensalter ab: Bei den 14- bis 49-Jährigen wurden fast 100 % erreicht, während (nur) 77 % der Personen ab 70 Jahren zu den »Onlinern« gehören.[4] Die durchschnittliche tägliche Nutzung belief sich 1

---

1 *de.statista.com/statistik/daten/studie/13070/umfrage/entwicklung-der-internetnutzung-in-deutschland-seit-2001/* – auch zum Folgenden (abgefragt am 14. 12. 2012).

2 *www.google.com/search?client=firefox-b-d&q=zahl+der+internetnutzer+in+deutschland* (12. 6. 2022).

3 *de.statista.com/statistik/daten/studie/158813/umfrage/anteil-der-nicht-nutzer-des-internets-in-deutschland/* (10. 5. 2020). Für 2020 wird der Anteil mit 4 %, für 2021 mit 6 % angegeben: *de.statista.com/statistik/daten/studie/158813/umfrage/anteil-der-nicht-nutzer-des-internets-in-deutschland/* (12. 6. 2022).

4 *de.statista.com/themen/2033/internetnutzung-in-deutschland/* (10. 5. 2020); *de.statista.com/statistik/daten/studie/36151/umfrage/anzahl-der-internetnutzer-in-deutschland-nach-altersgruppen-seit-1997/* (12. 6. 2022).

auf 149 Minuten (= 2½ Stunden), bei Jugendlichen allerdings auf 241 Minuten (= 4 Stunden).[5]

Die **mobile Internetnutzung** durch Smartphones und Tablets hat sich zwischen 2009 und 2012 von (bescheidenen) 11 % auf 23 % erhöht. Bis 2014 trat eine weitere Verdoppelung auf rund 50 % ein; für 2018 wurden 68 % ermittelt.[6] Im Jahre 2021 ist man bei 82 % angekommen.[7]

2 In anderen Ländern vollzog sich eine ähnliche Entwicklung. Im Dezember 2010 belief sich die **weltweite Zahl der Internetnutzer** auf **1,3 Milliarden**.[8] An der Spitze stand die Volksrepublik China, gefolgt von den USA und Japan.[9] Den vierten Platz belegte Brasilien, den fünften Deutschland, was angesichts der vergleichsweise geringeren Bevölkerungszahl eine relativ starke Verbreitung dokumentiert. Bis Ende 2014 ist die Gesamtzahl der weltweiten Internetnutzer auf über 3 Milliarden,[10] bis **2021** auf **4,9 Milliarden** gestiegen, was 65,6 % der Weltbevölkerung entspricht.[11]

3 Wachsende Bedeutung kommt bei der Nutzung des Internets den »**sozialen Netzwerken**« zu. Nach der sog. BITKOM-Studie waren schon im März 2011 **76 % aller Internetnutzer** in Deutschland **in mindestens einem sozialen Netzwerk** angemeldet.[12] Marktführer war damals Facebook mit einem Anteil von 42 % aller Internetnutzer,[13] gefolgt von der »VZ-Familie« (meinVZ, studiVZ und schülerVZ – zusammen 21 %, inzwischen geschlossen) sowie von »wer-kennt-wen« (18 %) und »StayFriends« (17 %). In dem berufsbezogenen Netzwerk Xing waren 6 % aktiv, bei Twitter 3 %.[14] Aktuelle Zahlen zeigen eine Verschiebung zwischen den Anbietern: An der Spitze liegt WhatsApp mit 79 % der Internetnutzer, gefolgt von YouTube mit 77 % und von Facebook mit 64 %.[15]

---

5 *de.statista.com/themen/2033/internetnutzung-in-deutschland/#topicHeader_wrapper* (12. 6. 2022).

6 *de.statista.com/themen/2033/internetnutzung-in-deutschland/*.

7 *de.statista.com/themen/2033/internetnutzung-in-deutschland/#dossierKeyfigures* (12. 6. 2022).

8 *de.statista.com/themen/42/internet/*.

9 Angaben nach *www.laenderdaten.de/kommunikation/internetnutzer.aspx* (auch zum Folgenden, Abruf am 14. 12. 2012).

10 *www.jobambition.de/globale-internetnutzung-2014/* (abgerufen am 4. 4. 2015).

11 *de.statista.com/themen/42/internet/* (12. 6. 2022).

12 BITKOM (Hrsg.), Soziale Netzwerke, S. 3, 20.

13 BITKOM (Hrsg.), Soziale Netzwerke, S. 4, auch zum Folgenden.

14 Überblick über die unterschiedlichsten sozialen Netzwerke bei *www.soziale-netzwerke-links.de/soziale-netzwerke-im-internet.html* (abgerufen am 4. 4. 2015).

15 *de.statista.com/statistik/daten/studie/505947/umfrage/reichweite-von-social-networks-in-deutschland/* (10. 5. 2020).

Die Zahlen über die Nutzung des Internet umfassen die berufliche wie die private Sphäre. Fragt man danach, wie viele Menschen **Zugang zum Internet am Arbeitsplatz** haben, kommt man zu etwas niedrigeren Prozentzahlen; nicht für jede Tätigkeit ist ersichtlich der Gang ins Internet erforderlich. Einer Untersuchung des Statistischen Bundesamts entsprechend nutzten im Jahr 2016 im Durchschnitt 60 % der Beschäftigten einen Computer.[16] 54 % der Beschäftigten hatten dabei Zugang zum Internet. Betrachtet man demgegenüber die Unternehmen, die einen Internetzugang besitzen, ist ihr Anteil von 85 % im Jahr 2010 auf 91 % im Jahre 2016 gestiegen.[17] Die **mobile Internetnutzung** gewinnt steigende Bedeutung; sie ist von 18 % der Unternehmen im Jahre 2011 auf 61 % im Jahre 2016 gewachsen.[18] 4

Die **Nutzung von sozialen Netzwerken** ist wichtig, aber geringer als im privaten Bereich. Einer BITKOM-Befragung entsprechend vertrauen 57 % der Unternehmen weiter auf das herkömmliche Intranet.[19] 21 % nutzen externe soziale Netzwerke wie Facebook, 13 % praktizieren dasselbe Prinzip firmen- oder konzernintern. Das Statistische Bundesamt ermittelte einen Anteil von 29 % für die Nutzung externer sozialer Netzwerke, die überwiegend dem Kontakt nach außen dienten.[20] Diese Zahl ist bis 2016 auf 43 % gestiegen.[21] 5

II. Reaktionen: Rechtsprechung, Literatur, Gesetzgebung

Das Recht und die seine Anpassung und Veränderung vorbereitende Rechtswissenschaft nahmen ab der Jahrtausendwende von den neuen Erscheinungen Notiz. Dabei bestimmt nicht die Technik die veränderten Rechtsnormen. Vielmehr geht es darum, die bestehenden **(Macht-)Verhältnisse unter den neuen Rahmenbedingungen aufrechtzuerhalten.** 6

16 Statistisches Bundesamt, Unternehmen und Arbeitsstätten. Nutzung von Informations- und Kommunikationstechnologien in Unternehmen, 2016, S. 31 abrufbar unter *www.destatis.de/DE/Publikationen/Thematisch/UnternehmenHandwerk/Unternehmen/InformationstechnologieUnternehmen5529102167004.pdf?__blob=publicationFile* (16. 9. 2017), auch zum Folgenden.

17 Statistisches Bundesamt, a. a. O., S. 9.

18 Statistisches Bundesamt, a. a. O., S. 7.

19 BITKOM (Hrsg.), Arbeiten 3.0, auch zum Folgenden.

20 Statistisches Bundesamt, a. a. O., S. 11 ff.

21 *de.statista.com/themen/2124/social-media-in-unternehmen/*.

Einzelne Akteure wie Unternehmerverbände und Gewerkschaften versuchen, im Rahmen des Möglichen die bestehenden Regelungen zu den eigenen Gunsten zu verschieben.

6a Die **Rechtsprechung** musste sich schon 2001 (bei Erscheinen der 1. Aufl. dieses Buches) **in wachsendem Umfang mit Internet-Sachverhalten befassen**. So war etwa streitig, ob sich ein Student auch per Mausklick zur Diplomprüfung anmelden konnte,[22] und ob es zulässig war, einen etwas ruppig auftretenden »Chatter« aus dem Chatroom zu verbannen und ihm so eine künftige Beteiligung an dem Meinungsaustausch unmöglich zu machen.[23] Durfte man an einem Internet-Glücksspiel teilnehmen, das in Deutschland verboten war?[24] War es erlaubt, die Namen säumiger Schuldner unter »*www.schuldnerspiegel.de*« ins Netz zu stellen?[25] Konnte man das Zustandekommen eines Vertrags im Streitfall durch Vorlage einer E-Mail beweisen?[26] Heute sind zahlreiche andere Fragen dazugekommen, die meist Folge erweiterter technischer Möglichkeiten sind. Unter welchen Voraussetzungen dürfen IP-Adressen gespeichert werden?[27] Was geschieht, wenn an einem Lkw heimlich ein Sensor angebracht wird, der mithilfe von GPS den jeweiligen Standort des Fahrzeugs und damit auch des Fahrers übermittelt?[28] Darf ein Kunde des Arbeitgebers auf Facebook heftig kritisiert werden?[29] Probleme dieser Art sind uns bis heute erhalten geblieben. Doch geht es nicht allein um solche Einzelfragen, sondern genauso um die Grundsatzprobleme, die sich im Leben und Arbeiten unter den veränderten technischen Bedingungen stellen.

6b Die juristische und die sozialwissenschaftliche Literatur sind mittlerweile kaum mehr überschaubar. Aufsätze findet man nicht nur in den allgemeinen Zeitschriften wie NJW, NZA und AiB, sondern auch in zahlreichen Spezialzeitschriften für Rechtsfragen der Informationstechnologien, wozu etwa RDV (= Recht der Datenverarbeitung), ZD (= Zeitschrift für Datenschutz), CuA (= Computer und Arbeit), DuD (= Datenschutz und Datensicherung), MMR (= Multimedia und Recht), K&R (= Kommuni-

---

22 VG Saarlouis, 23.7.1998 – 1 F 73/98, K&R 1999, 47.

23 LG Bonn, 16.11.1999 – 10 O 457/99, NJW 2000, 961 = K&R 2000, 256; sog. virtuelles Hausverbot.

24 OLG Hamburg, 4.11.1999 – 3 U 274/98, K&R 2000, 138.

25 OLG Rostock, 21.3.2001 – 2 U 55/00 – ZIP 2001, 793ff.

26 OLG Köln, 6.9.2002 – 19 U 16/02, DuD 2003, 104.

27 BGH, 13.1.2011 – III ZR 146/10, MMR 2011, 341.

28 LG Lüneburg, ZD 2011, 39 und vor allem BGH, 4.6.2013 – 1 StR 32/13, RDV 2013, 297 = ZD 2013, 502.

29 BayVGH, 29.2.2012 – 12 C 12.264, RDV 2012, 150.

kation und Recht), CR (= Computer und Recht), DSB (= Datenschutzberater) und DANA (= Datenschutz-Nachrichten) zählen.

Auch der **Gesetzgeber** ist seit der zweiten Hälfte der 1990er Jahre aktiv geworden. Das **Telekommunikationsgesetz** vom 25. Juli 1996,[30] das heute in der Fassung vom 23. Juni 2021 gilt[31] und das zuvor am 22. Juni 2004[32] und auch im Jahre 2012 geändert wurde,[33] erfasst nicht nur das traditionelle Telefonieren, sondern jede Form von Telekommunikation einschließlich der Nutzung des Internet. Das Teledienstegesetz vom 22. Juli 1997[34] regelte die Inanspruchnahme von Diensten im Netz, bezog also beispielsweise den Fall ein, dass der Einzelne Fahrplanauskünfte erhalten, Börsenkurse abfragen oder Bücher kaufen wollte. Es wurde 2007 durch das **Telemediengesetz** (TMG) abgelöst,[35] ohne dass sich dadurch Inhalt und Anwendungsbereich wesentlich geändert hätten. Das **Fernabsatzgesetz** vom 27. Juni 2000[36] gab vor allem dem Verbraucher ein Widerrufsrecht bei allen Verträgen, die u. a. durch E-Mail sowie durch Inanspruchnahme von Tele- und Mediendiensten zustande gekommen waren.[37] Mit Wirkung vom 1. Januar 2002 hat das **Schuldrechtsmodernisierungsgesetz** diese Regelungen in Form der §§ 312b–312d ins BGB aufgenommen und außerdem in § 312e speziell für Geschäfte im Internet besondere Informations- und Handlungspflichten der Anbieter vorgesehen.[38] Damit ist ein wesentlicher Bestandteil der »E-Commerce-Richtlinie« der EU[39] umgesetzt worden. Inzwischen haben die **Fernabsatzverträge** in den §§ 312b bis 312f BGB eine eingehendere Regelung erfahren; aus § 312e ist § 312g BGB geworden.[40] 7

Fragen des Arbeitsrechts haben zunächst im Zusammenhang mit der Einführung und Ausbreitung des Internets in der Literatur und der Gesetzgebung **kaum eine Rolle** gespielt. Als symptomatisch mag die Tatsache gelten, dass eine im Jahre 2001 in der NJW veröffentlichte Übersicht über 8

---

30 BGBl. I S. 1120.
31 BGBl. I S. 1858.
32 BGBl. I S. 1190.
33 Gesetz v. 3. 5. 2012, BGBl. I S. 958.
34 BGBl. I S. 1870.
35 Gesetz v. 26. 2. 2007, BGBl. I S. 179, zuletzt geändert durch Gesetz v. 12. 8. 2021, BGBl. I S. 3544.
36 BGBl. I S. 897, zuletzt geändert durch Gesetz v. 14. 12. 2001, BGBI. I S. 3721.
37 Zu diesem Gesetz siehe im Einzelnen Bülow/Artz, NJW 2000, 2049 ff.; Piepenbrock/Schmitz, K&R 2000, 378; Tonner, BB 2000, 1413.
38 BGBl. 2001 I S. 3138.
39 ABl. EG v. 17. 7. 2000, Nr. L 178/1.
40 Gesetz v. 27. 7. 2011, BGBl. I S. 1600. Aktuelle Erläuterungen bei Grüneberg-Grüneberg.

die Entwicklung des Internets-Rechts[41] keinen einzigen arbeitsrechtlichen Beitrag aufführte. Dennoch hat sich auch hier eine vielfältige Entwicklung ergeben, die allerdings in der Hand der **Rechtsprechung** lag. Schon früh wurden Fragen aufgeworfen, die bis heute nicht umfassend geklärt sind und die vor allem die Abgrenzung zwischen privater und beruflicher Sphäre betrafen. Kann etwa einem Kindergartenleiter gekündigt werden, der sich 60 Dateien mit Kinderpornographie aus dem Internet heruntergeladen und zu Hause deponiert hatte?[42] Kann eine Sekretärin gekündigt werden, die eine private E-Mail mit einem Kettenbrief zum Tierschutz trotz eines generellen Verbots der Privatnutzung an ihre Kolleginnen weitergeleitet hatte?[43] Wie ist der unbefugte Datenzugriff eines Bankkassierers zu bewerten, der dabei das Vier-Augen-Prinzip verletzt und außerdem bewusst »Spuren im Netz« verwischt hatte?[44] Kann ein Systemadministrator gekündigt werden, der Daten ausspähte, um sie dann in seiner Funktion als Personalratsvorsitzender zu verwenden?[45] Wie ist das Speichern von Pornodateien auf dem Dienstgerät zu bewerten?[46] Was geschieht, wenn der Arbeitnehmer die Hauptpasswörter der Firma ändert und so dem Inhaber für einige Zeit den Zugriff auf die Firmendaten unmöglich macht?[47] Wie ist es zu bewerten, wenn eine Sparkassenangestellte den Button »Gefällt mir« bei einer Facebook-Präsentation drückt, die die Geschäftsführer ihrer Sparkasse eindeutig abqualifiziert und die mit dem Spruch endet: »Jedes Schwein muss mal zum Metzger«?[48]

9 Doch es ging (und geht) im Arbeitsrecht **nicht allein** um **Kündigungen** wegen Verhaltens im Internet. Darf der Personalrat mitbestimmen, wenn der Leiter eines Universitätsinstituts Namen und Qualifikationen seiner Mitarbeiter ins Internet stellen will?[49] Darf der Arbeitgeber für seinen Internetauftritt auch ein Foto des Arbeitnehmers verwenden?[50] Was geschieht, wenn sich der Arbeitnehmer infolge seiner Internetpräsenz ne-

41 H. Hoffmann, Beilage zu Heft 14/2001 der NJW.

42 ArbG Braunschweig, 22. 1. 1999 – 3 Ca 370/98, NZA-RR 1999, 192–194 = K&R 2000, 42–43.

43 ArbG Frankfurt/Main, 20. 3. 2001 – 5 Ca 4459/00, RDV 2001, 189 = MMR 2001, 547 und LAG Hessen, 13. 12. 2001 – 5 Sa 987/01, DB 2002, 901. Siehe auch den Fall ArbG Wesel, 21. 3. 2001 – 5 Ca 4021/00, NZA 2001, 786.

44 LAG Köln, 19. 11. 1999 – 11 Sa 768/99, RDV 2001, 30.

45 VG Frankfurt/Main, 28. 8. 2000 – 23 L 1642/00 (V), RDV 2000, 279.

46 ArbG Hannover, 1. 12. 2000 – 1 Ca 504/00 B, NZA 2001, 1022.

47 So der Fall LAG Hessen, 13. 5. 2002 – 13 Sa 1268/01, RDV 2003, 148.

48 ArbG Dessau-Roßlau, 21. 3. 2012 – 1 Ca 148/11, ZD 2012, 344 = K&R 2012, 442.

49 OVG Nordrhein-Westfalen, 20. 1. 2000 – 1 A 128/98.PVL, RDV 2000, 171 = PersR 2000, 456.

50 ArbG Frankfurt/Main, 20. 6. 2012 – 7 Ca 1649/12, ZD 2012, 530.

gativen Bewertungen ausgesetzt sieht, etwa als langweiliger und wenig motivierter Lehrer bezeichnet wird?[51] Darf ein Arbeitnehmer von seinem häuslichen PC aus an seine Arbeitskollegen im Betrieb Gewerkschaftswerbung per E-Mail schicken?[52] Darf ein Betriebsrat eine provozierende, aber nicht beleidigende Kritik im Intranet veröffentlichen?[53] Besondere Erwähnung verdient eine frühe Entscheidung des ArbG Paderborn,[54] wonach der **Betriebsrat ein Recht auf eine eigene Homepage** im Intranet (nicht aber im Internet) besitzt. Inzwischen geht es z. B. um die Frage, inwieweit der Betriebsrat verlangen kann, dass ihm ein Online-Zugriff auf bestimmte Dateien des Arbeitgebers eingeräumt wird,[55] und ob er sich bei Facebook einer größeren Öffentlichkeit präsentieren darf.[56] Ist es erlaubt, einen Streikaufruf über das firmeninterne Mail-System zu verbreiten?[57]

In der **Literatur** fanden sich als erstes Überlegungen zur **privaten und** 10
dienstlichen Nutzung des betrieblichen Internetzugangs[58] sowie Überblicksdarstellungen zu den Rechtsproblemen, die die Vernetzung von PCs aufwirft.[59] Aktuell geht es beispielsweise um die Frage, ob es einen Bruch des Telekommunikationsgeheimnisses darstellt, wenn der Arbeitgeber Einblick in E-Mail-Listen nimmt, obwohl sich dort auch erlaubte private E-Mails befinden.[60] Wichtig geworden ist weiter das Problem, ob sich der Arbeitgeber über Bewerber in sozialen Netzwerken informieren darf, und inwieweit der Betriebsrat hier nach § 94 BetrVG einen Riegel vorschieben kann.[61] Zu diesen »Fragen der ersten Stunde«, die sich in der Gegenwart weiter stellen, sind in der Zwischenzeit zahlreiche neue hinzu gekommen.

---

51 Siehe die »Spickmich«-Entscheidung BGH, 23.6.2009 – VI ZR 196/08, NJW 2009, 2888.
52 LAG Schleswig-Holstein, 1.12.2000 – 6 Sa 562/99, AuR 2001, 71.
53 LAG Hamburg, 4.11.1996 – 4 TaBV 10/95, AuR 1997, 301ff.
54 ArbG Paderborn, 29.1.1998 – 1 BV 35/97, DB 1998, 678f. = AiB 1998, 282.
55 BAG, 16.8.2011 – 1 ABR 22/10, RDV 2012, 28 = ZD 2012, 180. Dazu Kort, ZD 2012, 247.
56 Vgl. Hinrichs/Schierbaum, CuA 10/2012, 7.
57 BAG, 15.10.2013 – 1 ABR 31/12, NZA 2014, 319 = K&R 2015, 22.
58 Hanau/Hoeren; Däubler, K&R 2000, 323ff.; Gramlich, RDV 2001, 123ff.; Vehslage, AnwBl 2001, 145ff.
59 Siehe etwa Beckschulze/Henkel, DB 2001, 1491ff.; Bijok/Class, RDV 2001, 52ff.; Ernst, NZA 2002, 585ff.; Heilmann/Tege, AuA 2001, 54ff.; Lambrich/Cahlik, RDV 2002, 287ff.; Lindemann/Simon, BB 2001, 1950ff.; Weißgerber NZA 2003, 1005.
60 Dazu Kempermann, ZD 2012, 12 und Panzer-Heemeier, DuD 2012, 48.
61 Dazu Göpfert/Wilke, NZA 2010, 1329; Hinrichs/Schierbaum, CuA 10/2012, 9; Oberwetter, NJW 2011, 417; Rolf/Rötting, RDV 2009, 263.

III. Auf dem Weg zur digitalisierten Arbeit: Die drei entscheidenden Änderungen

11 Das Internet ist die technische Grundlage für eine neu und anders organisierte Arbeit. Sie tritt uns vorwiegend in drei Formen entgegen und schafft sehr unterschiedliche Herausforderungen für das Arbeitsrecht. Ihre Entstehung und die weitere Entwicklung ist ein Prozess, der in einzelnen Branchen und Unternehmen unterschiedlich schnell verläuft.[62] Weiter ist die **Technik** keine eigenständige, sich autonom entwickelnde Größe, sondern **ein Mittel**, das von Entscheidungsträgern in Wirtschaft und Staat zu guten oder schlechten Zwecken eingesetzt werden kann. Auch ist die Diskussion den realen Vorgängen meist um viele Jahre voraus. Da es im Folgenden um die **Aufarbeitung realer Probleme** gehen soll, spielen »**Hypes**« wie zur künstlichen Intelligenz und zum autonomen Fahren eine vergleichsweise beschränkte Rolle.[63] Auch kann an frühere »Hypes« wie das Hochloben von »Expertensystemen« erinnert werden, auf die dann das »Tal der Enttäuschung« folgte.[64]

1. Mobile und häusliche Arbeit durch Smartphone & Co.

12 Der Schritt vom stationären PC zum **Laptop, Smartphone und Tablet-Computer** macht es möglich, dass Arbeit grundsätzlich zu jedem Zeitpunkt und von jedem Ort aus möglich wird. Technisch besteht kein Hindernis, auch in den späten Abendstunden oder im Urlaub eine dienstliche PowerPoint-Präsentation zu erstellen oder für Vorgesetzte und Kunden als Berater zur Verfügung zu stehen. Der globale Wettbewerb führt dazu, dass die Unternehmen eine sparsame Personalkalkulation praktizieren, sodass für viele Beschäftigte die **Aufgaben so zugeschnitten** sind, dass sie **nur ausnahmsweise in 35 oder 40 Wochenstunden erledigt** werden können. Deshalb verfehlt es die Realität, wenn behauptet wird, die Digitalisierung gebe »immer mehr Arbeitnehmern ein bis dahin nicht gekanntes Maß an räumlicher und zeitlicher Flexibilität und Freiheit.«[65] Dies blendet offene und subtile wirtschaftliche Zwänge völlig aus. Die Erweiterung der Arbeitsmenge lässt sich in vielen Fällen ohne nennenswerten Widerstand durchsetzen, weil sich zahlreiche Beschäftigte sehr stark mit ihrer Aufgabe identifizieren und deshalb auch bei 50 Wochenstunden

62 Siehe Peter/Müller-Gemmeke, S. 113.
63 Ähnliche Herangehensweise bei Flecker, DRdA 2022, 86f.
64 Kornwachs, in: Schröter (Hrsg.), S. 11.
65 Loritz, in: FS 100 Jahre Betriebsverfassungsrecht, S. 438.

kein »Stopp-Schild« hervorholen. Die **Arbeit verliert ihre Grenzen**, was entscheidend dadurch erleichtert wird, dass zu jedem Zeitpunkt und von jedem Ort aus gearbeitet werden kann. Arbeitszeit- und Arbeitsschutzrecht verlieren in der Praxis an Bedeutung. Die Arbeit legt sich gewissermaßen über das gesamte Leben des Beschäftigten; auch in der »Freizeit« muss er mit einem (mehr oder weniger wahrscheinlichen) Arbeitsauftrag rechnen.[66] **Unausgesprochene Voraussetzungen des** bisherigen **Arbeitsrechts** – die Bindung an einen bestimmten Ort und an einen bestimmten Zeitraum – verlieren an Bedeutung, was sehr viel grundlegendere Veränderungen bewirkt als ein wichtiges neues Gesetz oder ein Rechtsprechungswandel in einer wesentlichen Frage.

Für die überkommenen arbeitsrechtlichen Strukturen stellt dies eine **ungewohnte Herausforderung** dar. Im Einzelnen wird zu fragen sein, inwieweit Arbeitszeit- und Arbeitsschutzrecht auch noch heute mobilisiert werden können, um die Einhaltung der bestehenden Schutzstandards auch gegen betriebswirtschaftliche Bedürfnisse durchzusetzen. Weiter stellt sich das Problem, ob es nicht **andere Formen** gibt, **der Verausgabung der Arbeitskraft Grenzen** zu **ziehen**. Die Tarifpraxis kennt z. B. quantitative Besetzungsregeln, das Arbeitsvertragsrecht zieht der Arbeitsverpflichtung dort eine Grenze, wo die Gefahr einer Beeinträchtigung der Gesundheit droht. Darauf wird an späterer Stelle zurückzukommen sein.[67] 13

2. Arbeit mit neuen digitalen Arbeitsmitteln

In vielen Unternehmen werden einzelne Funktionen wie Einkauf, Produktion, Rechnungswesen, Personalverwaltung und Vertrieb mit einem **einheitlichen System wie ERP von SAP** betrieben.[68] Dadurch können umfassende Informationen durch und für das Management generiert werden; auch lässt sich die Kontrolle über alle Vorgänge intensivieren.[69] Daneben finden sich unterschiedliche neue Arbeitsmittel, die meist auch spezifische arbeitsrechtliche Probleme entstehen lassen. 13a

a) Eigene Geräte des Beschäftigten

Zusätzliche Probleme ergeben sich, wenn Laptop, Smartphone oder Tablet-Computer dem Arbeitnehmer gehören. Das auffordernde Schlagwort »Bring Your Own Device« (= BYOD) will auf der einen Seite die Arbeit 14

66 Eingehender zum Phänomen der Entgrenzung der Arbeit Däubler, SR 2014, 45ff.
67 Unten §§ 5, 6.
68 ERP = Enterprise Resource Planning.
69 Flecker, DRdA 2022, 87.

dadurch erleichtern, dass der Beschäftigte mit seinem gewohnten Gerät weiterarbeiten kann. Auf der anderen Seite taucht vor allem dann eine Reihe von Problemen auf, wenn das Gerät verloren geht oder das Arbeitsverhältnis aufgelöst wird.[70]

b) Soziale Netzwerke

15 Private wie dienstliche Kommunikation im Internet vollzieht sich heute oft über soziale Netzwerke wie Facebook, Twitter, Xing u. a. Dabei kann der Einzelne festlegen, wie er den Adressatenkreis bestimmen will: Er kann sich etwa bei Facebook nur an bestimmte Personen, an alle seine »**Freunde**«, an alle Facebook-Mitglieder oder an die Öffentlichkeit wenden. Im Zusammenhang damit taucht das Problem auf, dass »Freunde« dies nicht auch im normalen Leben sein müssen[71] und deshalb nie auszuschließen ist, dass Informationen, die nur für den Adressaten bestimmt sind, eben doch an Dritte weitergegeben oder gar ins Netz gestellt werden. Dort können sie ggf. noch nach Jahrzehnten auffindbar sein und dem »Erklärenden« (z. B. in einem Bewerbungsverfahren) entgegengehalten werden.[72] Dem wird mittlerweile dadurch ein gewisser Riegel vorgeschoben, dass **Suchmaschinen** aus Gründen des Datenschutzes nicht mehr auf »überholte« Informationen hinweisen dürfen.[73] Bei **Twitter** kann man »**Follower**« rekrutieren, die automatisch jede Nachricht erhalten – auch vom käuflichen Erwerb einer großen »Follower-Gemeinde« ist die Rede.[74]

16 Die weite Verbreitung **sozialer Netzwerke** führt dazu, dass Arbeitnehmer beispielsweise **Kundenbeziehungen** über ihren privaten Facebook-Account abwickeln oder sich veranlasst sehen, bei Diskussionen im Netz **für ihren Arbeitgeber Partei** zu **ergreifen.** Soweit sie in ihrer Freizeit in einem sozialen Netzwerk aktiv sind, wird dies häufig für den Arbeitgeber sichtbar, sodass auch insoweit die Trennung von Beruf und Privatsphäre immer mehr verschwimmt. Kritische und unqualifizierte Äußerungen in der Freizeit können so zu einem arbeitsrechtlichen Problem werden, wenn sie sich auf Personen oder Vorgänge im Betrieb beziehen.[75]

---

70 Dazu unten § 3.

71 Vgl. Schwartmann, RDV 2012, 1, 5: Nur 7 % der »Freunde« sind auch im nichtvirtuellen Leben Freunde.

72 Gliewe, AuA 2012, 465, 466: Das Internet vergisst nichts; Ruhland, CuA 1/2012, 12.

73 So die Google-Entscheidung des EuGH, 13. 5. 2014 – C-131/12, CuA 6/2014, 30.

74 *www.spiegel.de/netzwelt/web/twitterexperiment-16-000-fake-follower-fuer-club-molke-a-859643.html.*

75 Näher zu den Fragen, die die Benutzung sozialer Netzwerke im Arbeitsverhältnis aufwerfen, siehe unten § 4.

Auf betrieblicher Ebene gibt es statt eines Intranets häufig Kommunikationsinstrumente, die den sozialen Netzwerken entsprechen. Auch damit sind Probleme wie die Präsenz des Betriebsrats und der Gewerkschaften verbunden. Für die Beschäftigten ergibt sich die Alternative zwischen elektronischer Kommunikation und dem persönlichen Gespräch. 16a

c) Roboter

Roboter erfahren wachsende Aufmerksamkeit. 2015 kamen in Deutschland auf 10 000 Arbeitsplätze (nur) 301 Roboter,[76] doch besteht eine steigende Tendenz. Die Techniker-Krankenkasse verspricht sich eine **Entlastung der Pflegekräfte** durch den Einsatz von Robotern,[77] was hinreichend deutlich macht, dass es nicht allein um ein Phänomen der industriellen Produktion geht. Ihre Besonderheit besteht darin, dass es sich in der Regel um »lernende Systeme« handelt; aufgrund der einprogrammierten **künstlichen Intelligenz** können sie Erfahrungen verarbeiten und ihr künftiges »Verhalten« optimieren.[78] In neuerer Zeit wird aus Singapur berichtet, dass »Roboter-Hunde« in Parks eingesetzt werden, die zur Einhaltung des wegen Corona erlassenen Abstandsgebots auffordern.[79] 17

Die durchaus reichhaltige juristische Diskussion hat sich vor allem auf die Frage konzentriert, wie eine von einem Roboter entwickelte »Erklärung« (»Kauf von Lebensmitteln«) rechtlich zu qualifizieren ist und wer bei Fehlfunktionieren und Schädigung Dritter haftet. Dabei unterliegen manche der Versuchung, den Roboter wie ein **eigenes Rechtssubjekt** zu behandeln.[80] Die Integration des Roboters ins Arbeitsrecht wirft einige neue Fragen auf,[81] denen später nachzugehen ist.[82] 18

d) Internet der Dinge

Die **Informatisierung** sämtlicher Lebens- und Arbeitsprozesse wird in den nächsten zehn bis 20 Jahren voraussichtlich **weitere Fortschritte** machen.[83] Das schon deshalb, weil auf diese Weise aller Wahrscheinlichkeit nach produktiver gearbeitet wird und so im internationalen Wettbewerb Erfolge erzielt werden können. Ein entscheidendes neues Element wird nach bisheriger Erkenntnis darin bestehen, dass die **Dinge unmittelbar** 19

76 Mitgeteilt bei Günther/Böglmüller, BB 2017, 53.
77 Schwäbisches Tagblatt v. 11. 9. 2017, S. 1.
78 Dazu etwa R. Schaub, JZ 2017, 342.
79 *www.tagesschau.de/ausland/roboter-corona-101.html.*
80 Vgl. Schirmer, JZ 2016, 660; kritisch Spindler, JZ 2016, 805, 815 f.
81 Dazu Günther/Böglmüller, BB 2017, 53 ff.; Groß/Gressel, NZA 2016, 990 ff.
82 Unten § 9 Rn. 31 ff.
83 Botthoff, in: Bundesministerium für Wirtschaft und Energie (Hrsg.), S. 4 ff.

miteinander »kommunizieren« und auf diese Weise Prozesse ohne direkte menschliche Intervention gesteuert werden können. Schon heute ist es möglich, durch Anbringen von **RFID**-Etiketten auf Waren und durch den Einsatz von Lesegeräten an »strategisch« wichtigen Punkten genau festzuhalten, welche Ware sich wann an welchem Ort befindet.[84] Auch **Züge ohne Fahrer** (wie sie auf dem Frankfurter Flughafen schon seit 15 Jahren zwischen Terminal 1 und Terminal 2 verkehren) sind ein Beispiel dafür, wie komplexe Prozesse ohne unmittelbare menschliche Intervention ablaufen können. Auch hier ist **künstliche Intelligenz** am Werk. Autonomes Fahren im Straßenverkehr gehört zu den »großen« Themen der Diskussion über Digitalisierung; selbst die Ethik-Kommission der Bundesregierung hat dazu bereits Vorstellungen entwickelt.[85] In der Zukunft wird dies zu einer Normalität werden.[86] Mithilfe von **3D-Druckern** ist es schon heute möglich, so unterschiedliche Dinge wie Werkzeuge, Maschinenteile, Sportschuhe und Schmuck herzustellen, ja ein ganzes Fahrzeug zu produzieren, wobei das Konzept über das Internet von 40 000 Menschen entworfen und weiterentwickelt wurde.[87]

20 Eine Studie hat schon vor einigen Jahren **vier Bereiche** identifiziert, bei denen das »Internet der Dinge« Anwendung finden und zu **grundlegenden Veränderungen** führen kann: Logistik, Fertigungsplanung in der Produktion, Healthcare und Mobilität.[88] Zu jedem dieser Felder wird überdies ein »Szenario« entwickelt, in dem das (mögliche) künftige Arbeiten und Leben in eindrücklicher Weise geschildert wird. Auch über die Gefahr von bewussten Sabotageakten ist nachgedacht worden.[89]

21 Die beschriebene Entwicklung führt zu einem immer größeren Anfall von Daten im Rahmen des »alltäglichen« Arbeitsprozesses. Die **»Interaktion von Mensch und Maschine«** erfolgt **nur noch über Datenaustausch.** Soweit die anfallenden Daten gespeichert werden, lässt sich nachträglich jeder Schritt und jeder Handgriff rekonstruieren – eine bisher nicht gekannte Herausforderung. Gelingt es nicht, sie zu meistern, steht

---

84 Einzelheiten bei Däubler, Gläserne Belegschaften, Rn. 324aff. Dort auch das Beispiel eines Metro-Kaufhauses, das die Kassen durch eine Identifizierung der auf das Band gelegten Waren und die Benutzung spezieller Karten durch Kunden ersetzte.

85 Wiedergegeben in ZD, Heft 12/2017, S. XIV.

86 Siehe den Bericht über die erste selbst fahrende Tram in Potsdam, die allerdings noch keine Fahrgäste befördert, Splanemann, CuA 12/2018, 24.

87 Siehe Tagesspiegel v. 30. 4. 2015, S. 17. Zu Problemen des Arbeitsschutzes bei 3D-Druckern siehe unten § 6 Rn. 21.

88 Botthoff/Bovenschulte (Hrsg.), Das »Internet der Dinge« (*www.boeckler.de*).

89 Jakobs, CuA 12/2014, 24ff.

die Totalüberwachung des Arbeitsverhaltens vor der Tür. Ein wichtiges Element wird sicherlich der Grundsatz sein, Geräte zu benutzen, bei denen möglichst wenige Daten anfallen (»Privacy by Design« und »Privacy by Default«) und die verbleibenden mit möglichst kurzer Lebensdauer zu versehen.[90] Um einiges weiter geht der Vorschlag auf ein Recht zu datenverarbeitungsfreier Produktion.[91]

e) Wearables und Datenbrillen

Wearables sind Gegenstände, die man am Körper trägt und die Infor- 22
mationen übermitteln; man kann sie auch als tragbare Minicomputer bezeichnen, die mit Sensoren ausgestattet sind.[92] Auf diese Weise lassen sich – etwa zu medizinischen Zwecken – Körperfunktionen wie Herzfrequenz und Blutdruck dauerhaft erfassen, es lassen sich aber auch über eine Brille Daten sichtbar machen, die die Arbeit erleichtern sollen.[93] Der Vorzug liegt darin, während der Arbeit zwar die nötigen Informationen zu erhalten, gleichzeitig aber beide Hände frei zu haben.[94] Allerdings ist über längere Zeit hinweg die Belastung größer als bei der Benutzung eines Tablet-PC, der gleichfalls die nötigen Informationen liefert.[95] Werden dennoch **Datenbrillen** benutzt, muss der Betriebsrat dafür sorgen, dass die Datenströme wie andere Betriebsdaten nicht für Kontrollzwecke in Bezug auf das Arbeitsverhalten verwendet werden dürfen. Das geschieht am besten dadurch, dass sie gelöscht werden, sobald sie für die Arbeit als solche nicht mehr benötigt werden. Gibt es keinen Betriebsrat, muss die Aufsichtsbehörde für den Datenschutz einschreiten, um eine vollständige Erfassung des Arbeitsverhaltens zu verhindern.[96]

f) Big Data und Algorithmen

Hinter dem Stichwort »**Big Data**« verbirgt sich das Phänomen, dass riesi- 23
ge Datenmengen verfügbar gemacht werden, die mit immer besseren Methoden ausgewertet werden können.[97] Eine Milliarde Facebook-Nutzer generieren automatisch eine unübersehbare Zahl von Daten, jede Minute wird auf YouTube Videomaterial hochgeladen, das für 72 Stunden »Pro-

90 Näher Hofman ZD 2016, 12 ff.; Däubler, CuA 9/2018, 25–30.
91 Dafür Becker, JZ 2017, 170.
92 Weichert, CuA 10/2016, 9.
93 Zu weiteren Nutzungsmöglichkeiten Weichert, a. a. O., S. 10.
94 Kirchhoff/Terhoeven, CuA 10/2016, 15.
95 Kirchhoff/Terhoeven, a. a. O., S. 17.
96 Für Unzulässigkeit der informationstechnischen Erfassung aller Arbeitsergebnisse BAG, 25. 4. 2017 – 1 ABR 46/15, NZA 2017, 1205.
97 Brandt, CuA 11/2013, 11.

gramm« genügt.[98] Viele Geräte sind mit dem Internet verbunden; das mit einem »Navi« ausgerüstete Auto mag als Beispiel stehen.[99] Aus diesem unendlich großen Material lassen sich mit den vorhandenen Analysetools neue Erkenntnisse zu dem Ziel gewinnen, auf der Makroebene menschliches Verhalten mit möglichst hoher Wahrscheinlichkeit vorauszusagen. Auf der Mikroebene ermittelt man bislang unbekannte Präferenzen und Eigenschaften bestimmter Personen, sodass man – so die harmloseste Konsequenz – ihnen gegenüber eine **optimale Werbestrategie** praktizieren kann.[100] Wer ein Buch bei Amazon kauft, wird anschließend häufig Hinweise darauf erhalten, welche weiteren Bücher andere Käufer desselben Werks angeklickt oder erworben haben. Das ist alles andere als eine spontane Eingebung; manche sprechen von einem Ende der Anonymität im Netz.[101]

24 **Auch Beschäftigtendaten** können betroffen sein.[102] So lässt sich etwa der Arbeitseinsatz dadurch ermitteln, dass man eine Korrelation zwischen dem Wetter, der in der Abteilung bestehenden Arbeitsbelastung und der gleitenden Arbeitszeit herstellt: Wer trotz vieler Arbeit bei schönem Wetter kaum länger als die obligatorische Kernzeit im Betrieb bleibt, hat offensichtlich eine gewisse innere Distanz zu seiner Tätigkeit und/oder seinem Arbeitgeber. Wer Betriebsratsmitglied ist, keine Familie hat und abends häufig Lieder der Arbeiterbewegung auf YouTube hört, wird eher streikbereit sein als ein unauffälliger Kollege ohne Amt, der sich abends um seine Familie kümmert. Auch wenn von solchen Möglichkeiten derzeit (wohl) noch kaum Gebrauch gemacht wird, liegt hier in der Zukunft ein weites Anwendungsfeld für datenschutzrechtliches Gegensteuern.[103] Besonders fällt dabei ins Gewicht, dass die innerbetriebliche Kommunikation immer stärker über (elektronische) Netze erfolgt und dabei so viele Daten liefert, dass sich ein fast vollständiges Abbild des betrieblichen Geschehens herausbildet, das differenzierter Auswertung zugänglich ist.[104] Weiter lassen sich auf der Grundlage von Big Data **Algorithmen** für die Auswahl von Bewerbern sowie für die Beförderung, Versetzung und Kün-

98 Weichert, ZD 2013, 252.
99 Sinn, CuA 12/2013, 4; Nürnberger/Bugiel, DuD 2016, 503.
100 Roßnagel, ZD 2013, 562. Dazu auch BITKOM (Hrsg.), Big-Data-Technologien, S. 19ff.
101 Boehme-Neßler, DuD 2016, 419.
102 Hierzu und zum Folgenden Brandt, CuA 11/2013, 11ff.
103 Weiterführend Weichert, ZD 2013, 251.
104 Eingehend Höller, CuA 5/2016, 9ff.

digung von Arbeitnehmern entwickeln, die den Einzelnen zum reinen »Beurteilungsobjekt« nach ihm unbekannten Kriterien machen.[105]

g) Künstliche Intelligenz

Die aktuelle Diskussion um das, was die Digitalisierung bringt, ist sehr **24a**
stark durch das Stichwort »Künstliche Intelligenz« (KI) geprägt. Microsoft beschreibt sie mit den Worten:[106] »*Unter Künstlicher Intelligenz (KI) verstehen wir Technologien, die menschliche Fähigkeiten im Sehen, Hören, Analysieren, Entscheiden und Handeln ergänzen und stärken.*«
Dies ist ein sehr weiter Begriff, der auch schon den Taschenrechner erfasst.[107] Der Schwerpunkt liegt heute auf »lernenden Systemen« wie Robotern oder Algorithmen, die nicht nur einprogrammiertes Wissen anwenden, sondern dieses auch aufgrund ihrer jeweiligen Erfahrungen weiterentwickeln.[108] Jeder Computer ersetzt ein Stück geistiger Arbeit (so wie die Maschine einstens an die Stelle körperlicher Arbeit trat), die KI erweitert den möglichen Anwendungsbereich.

3. Plattformökonomie

Die sog. Plattformökonomie kennt zwei wesentliche Erscheinungsformen.

a) Vermittlung von Dienstleistungen an Crowdworker

Die erste besteht darin, dass bestimmte Dienstleistungen im Internet an- **25**
geboten und an Interessenten aus der »Crowd«, der unübersehbaren Zahl der Internetnutzer, vergeben werden. Am bekanntesten ist das Geschäftsmodell von **Uber**, bei dem Kunden bestimmte Fahrleistungen bestellen können. Diese werden durch »selbstständige« Fahrer erbracht, deren Verhalten bis ins kleinste Detail seitens des »Vermittlers« Uber vorgeschrieben ist. In Deutschland scheiterte Uber zunächst an den Anforderungen des Personenbeförderungsgesetzes und versucht derzeit, durch Vermittlung an lizenzierte Taxi- und Mietwagenfirmen sein Modell an die deutschen Verhältnisse anzupassen. Daneben existieren andere Anbieter wie

---

105 Dazu Baumert/Just, CuA 1/2020, 14ff. Zum Begriff und zu Einsatzformen von Algorithmen eingehend und aufschlussreich Zweig, S. 49ff. Aus österreichischer Sicht Warter, DRdA 2022, 179, 181.

106 Zitiert nach Ruchhöft, CuA 7–8/2021, 20.

107 Auch der Entwurf der EU-Verordnung über KI folgt einem solchen Verständnis: Lemke, CuA 4/2022, 26.

108 Hierzu und zur Unterscheidung von »schwacher« und »starker« KI siehe Klebe, SR 2019, 219.

Helpling, die vor allem Dienste im Haushalt durch Personen anbieten, die gleichfalls als Selbstständige auftreten, deren Verhalten jedoch vom Auftraggeber entscheidend gesteuert wird. Immer wichtiger werden auch Lieferdienste wie Lieferando und »Gorillas«, die Essen in die Wohnung bringen. Die Frage liegt auf der Hand, ob in solchen Fällen ein Arbeitsverhältnis besteht oder ob wenigstens einzelne Teile des Arbeitsrechts anwendbar sind, weil es sich um arbeitnehmerähnliche Personen handelt.[109] Soweit dies nicht der Fall ist, stellt sich das Problem, ob und wie das allgemeine Zivilrecht den auftretenden Schutzbedarf befriedigen kann.

b) Vermittlung von Diensten im Netz

26 Auch hier werden einzelne Aufgaben im Internet ausgeschrieben. Aus der »Crowd« können sich dann Interessenten melden.[110] Denkbar ist, dass wie bei der traditionellen Ausschreibung ein Bewerber ausgewählt wird und einen Auftrag erhält. Möglich und in der Praxis verbreitet ist aber auch der Fall, dass zunächst die »Leistung« erbracht werden muss und dann lediglich der »Beste« ein Entgelt erhält. Das bringt die Aktion in die Nähe eines **Preisausschreibens**, das bei Freizeitbeschäftigungen angemessen sein mag, nicht aber bei einer Vergütung, die Existenzgrundlage der Arbeitenden sein soll.

27 Die Auslagerung – aus Sicht des Unternehmens als **»Crowdsourcing«** bezeichnet – kann sich innerhalb eines Konzerns abspielen (sog. **internes** Crowdsourcing). Bewirbt sich ein Beschäftigter aus einer anderen Niederlassung, ändert dies nichts an seinem dort bestehenden Arbeitnehmerstatus. Anders verhält es sich jedoch dann, wenn beliebige Personen einen genau vordefinierten Auftrag übernehmen (sog. **externes** Crowdsourcing): Sie sind dann mangels Weisungsabhängigkeit bei der Ausführung der Arbeit möglicherweise **keine Arbeitnehmer** mehr, sondern **Selbstständige,** die evtl. als arbeitnehmerähnliche Personen qualifiziert werden können.

28 Die **Beispiele für Crowdworking** in diesem Bereich sind zahlreich, wenngleich sie weniger sichtbar als die Erbringung von Dienstleistungen in der realen Welt sind: Ein Text wird maschinell in eine andere Sprache übersetzt, anschließend sucht man über das Netz einen Muttersprachler, der die dicksten Fehler berichtigt. Wer kann einen Werbetext für einen

109 Dazu Prassl, Humans as a service, 2017.

110 Grundlegend dazu Benner (Hrsg.), Crowdwork – zurück in die Zukunft? Perspektiven digitaler Arbeit, 2014. Der Begriff »Crowdwork« war zunächst auf diese Arbeitsform beschränkt, wird jedoch heute auch für die Vermittlung von Dienstleistungen in der analogen Welt gebraucht.

genau beschriebenen Gegenstand verfassen, wer einen Beitrag für ein Lexikon schreiben? Auch Vorschläge für ein neues Firmenlogo sind bisweilen gefragt. Und natürlich Aufgaben aus der IT-Branche. Möglich ist auch, komplexe Arbeitsprozesse **in kleine überschaubare Teile zu zerlegen**, die man dann im Internet als »Task« anbietet. Dem sozialökonomischen Status nach ist deshalb von »Microtasker«, von Kreativwettbewerbern (»Logo«) und von Spezialisten die Rede, die wegen ihres gesuchten Fachwissens im Gegensatz zu den übrigen eine sehr ordentliche Vergütung erhalten.[111] Erst recht gilt dies, wenn es sich dabei – wie bei der Bewältigung von komplexen Aufgaben – um Gruppen von Spezialisten handelt, die schon von der Notwendigkeit der Arbeit her miteinander kommunizieren und im Idealfall auch gegenüber der Plattform oder anderen Auftraggebern gemeinsam handeln können.[112]

IV. Chancen und Risiken

1. Chancen

a) Das Internet als Basistechnik

Im Gegensatz zum traditionellen Telefon ist das Internet in der Lage, auch 29
Texte, Bilder und Filme zu übertragen. Sein »multimedialer« Charakter macht es zum universalen Informations- und Kommunikationsmittel. Es hat überdies weltweiten Charakter, funktioniert weitgehend störungsfrei und ist verhältnismäßig einfach zu bedienen.[113]

Abstrakt formuliert, ist das Internet ein technisches **Transportsystem** für 30
die Beförderung von digitalisierten Informationen.[114] Auf dieser Grundlage werden **verschiedene »Dienste« angeboten**, wobei die wichtigsten die elektronische Post (besser bekannt als E-Mail) und das World Wide Web sind (das man üblicherweise mit »*www*« abkürzt). Daneben existiert ein System zur Übermittlung größerer Datenmengen.[115] Große Bedeutung haben in den letzten Jahren Dienste wie Facebook, Wikipedia oder

111 Eingehender Däubler, FIfF-Kommunikation 4/2016, S. 56ff.
112 Zur Empirie des Crowdworking siehe Hensel/Schönefeld u. a., S. 43ff.
113 Vgl. Roßnagel, ZRP 1997, 27; M. Schwarz, in: FS Engelschall, S. 186ff. »Virus«-Programme sind eine von Menschen bewusst herbeigeführte Störung. Auch gibt es aufgrund von defizitärer Technik insbesondere im ländlichen Raum häufig Störungen, die bei hoher Nutzungsdichte verstärkt auftreten.
114 Schneider, MMR 1999, 571.
115 FTP = File Transfer Protocol.

Google erlangt, bei denen der Nutzer nicht nur Informationen abrufen, sondern solche auch selbst eingeben und bei Bedarf. zur Diskussion stellen kann.[116] Mit Rücksicht auf diesen **interaktiven Charakter** hat sich zeitweise die Bezeichnung »**web 2.0**« eingebürgert. Das alles sind heute im Prinzip Selbstverständlichkeiten; sie gleichwohl zu erwähnen und im Folgenden noch weitere Informationen zu geben, hat den Sinn, den schon bisher erfolgten Wandel deutlich zu machen.

b) Das Gewinnen von Informationen

31 Das Internet macht es möglich, sich in **Sekundenschnelle** zahlreiche Informationen **auf den Bildschirm zu holen**, die man früher nur mithilfe umständlicher Sucharbeiten in Bibliotheken und Archiven (oder gar nicht) erhalten konnte. Will man etwa wissen, was beim letzten EU-Gipfel beschlossen wurde oder was der US-Präsident getwittert hat, kommt man mithilfe von Google oder einer anderen Suchmaschine recht schnell zum Ziel. Über das Internet kann man alle deutschen Tageszeitungen (aber auch ausländische Veröffentlichungen) erreichen und sich mit den **aktuellsten Meldungen von Presseagenturen und Fernsehstationen** versorgen. Dabei lassen sich auch Informationsquellen ansteuern, die typischerweise ein Kontrastprogramm zu den etablierten Medien bieten. In der »Jungen Welt« wird man beispielsweise Berichte über betriebliche Auseinandersetzungen oder über Maßnahmen der Regierung in Venezuela finden, die von anderen Zeitungen als »unwichtig« qualifiziert und deshalb nicht aufgegriffen werden. Auch verbreiten diese über bestimmte Länder wie China oder Bolivien häufig nur negative Meldungen, die als solche durchaus korrekt sein mögen, die jedoch ein falsches Gesamtbild ergeben, weil die positiven Seiten des jeweiligen Landes unerwähnt bleiben. Früher wäre dies zu einer quasi-exklusiven Meinung geworden; heute kann man sich im Internet die nötigen »Komplementärinformationen« verschaffen. Damit wird ein wichtiger **Beitrag zu demokratischen Prozessen** geleistet, die nur auf der Grundlage eines »informierten Bürgers« funktionieren können.

32 Die **Transparenz** und die Verfügbarkeit von Informationen haben allerdings **Grenzen.** So findet man Dienstanweisungen der Bundesagentur für Arbeit nicht im Netz, wenn sie nur »für den Dienstgebrauch«, d.h. für interne Zwecke bestimmt sind. Bisweilen wird ihr Wortlaut als »Herr-

116 Vgl. die sog. Newsgroups; das sog. Internet Relay Chat (IRC) eröffnet die Möglichkeit, in Echtzeit miteinander zu kommunizieren. Siehe weiter Tiedemann, S. 34f. sowie die Darstellung der einzelnen Dienste auf dem Stand von 2003 bei Hanau/Hoeren, S. 4ff.

schaftswissen« betrachtet, das man grundsätzlich höchstens insistierenden Rechtsanwälten preisgibt.[117] Auch das bayerische Landesamt für Verfassungsschutz ist im Netz, doch wird man wohl kaum ein Inhaltsverzeichnis aller Aktivitäten einschließlich beobachteter Objekte und Personen finden. Manche Dinge **verschwinden** auch **in der Versenkung** und sind dann nicht mehr verfügbar. Das in der 3. Aufl. dieses Buches erwähnte »Bündnis für Arbeit« der Schröder-Regierung (damals aufrufbar unter »*www.buendnis.de*«) tauchte irgendwann nicht mehr auf. Stattdessen stieß man schon Ende 2012 auf ein Angebot, den Namen »*buendnis.de*« als »Premiumdomain« gegen Entgelt zu erwerben. Im April 2015 hatte sich allerdings immer noch kein Käufer gefunden.[118] Das schließt natürlich nicht aus, dass irgendein »Sammler« die damals gefassten Beschlüsse gespeichert hat und man sie bei ihm abrufen könnte.

c) Der Austausch von Meinungen

Anders als im Regelfall Radio und Fernsehen funktioniert das Internet 33
nicht nur in einer Richtung, sondern ermöglicht einen **Austausch von Informationen und Meinungen.** Typischerweise kann man auf erhaltene Erklärungen sofort reagieren und überdies als Nutzer Informationen ins Netz stellen, sich also als »Sender« betätigen. Das könnte zu einem »herrschaftsfreien Diskurs« führen, doch steht dies bisher nicht im Vordergrund[119] – um es vorsichtig auszudrücken. Die Kommunikation vollzieht sich im Wesentlichen in drei Erscheinungsformen: E-Mail, soziale Netzwerke (die wichtige Diskussionsforen geworden sind) und E-Commerce.

d) Derzeit sichtbare Auswirkungen auf den Arbeitsprozess

Was hier zunächst aus Sicht eines interessierten Bürgers und Privatmen- 34
schen geschildert wurde, hat weitreichende Auswirkungen auch auf den Arbeitsprozess. Für die Tätigkeit benötigte Informationen können auf einfachstem Wege beschafft werden. Bei der Arbeit wird der Brief durch die sehr viel schnellere E-Mail ersetzt, hier wird mit Laptop, Tablet-Computer und Smartphone gearbeitet. Die innerbetriebliche Kommunikation wird durch das Intranet und modernere Formen der Informationstechnik ersetzt. Unternehmen haben ihren Facebook-Auftritt, an dem oft auch einzelne Beschäftigte teilnehmen. Das alles ist ungleich weniger aufwen-

---

117 Auch dies ist erst seit einiger Zeit der Fall. Näher zu dieser Problematik siehe den Kommentar von Däubler, NJW 2000, 2250.

118 Abgerufen am 4.4.2015.

119 Eingehend dazu Simitis, in: Festgabe Kübler, S. 286ff. Siehe auch Schwarz, in: FS Engelschall, S. 189.

dig als die traditionellen Formen der Information und Kommunikation. Der Arbeitende wird auf diese Weise produktiver, er kann in derselben Zeit sehr viel mehr »Output« als früher generieren. Dies gilt im Übrigen auch für die Produktion selbst, die durch ein digitales Anlagenmanagement in vieler Hinsicht optimiert wird.[120] Außerdem ändert sich für viele der Charakter der Arbeit. Von »New Work« ist die Rede.[121] Es geht nicht mehr um den Nachvollzug präziser Vorgaben wie im Rahmen des traditionellen Industriebetriebs (»Fordismus«), sondern primär um »Organisation und Management, Forschung und Entwicklung, Ausbildung und Beratung«,[122] wobei man als Jurist die Vermeidung und Schlichtung von Konflikten hinzufügen würde. Die Corona-Pandemie hat deutlich gemacht, dass im Gesundheitswesen wie in der staatlichen Verwaltung die positiven Möglichkeiten der Digitalisierung bei weitem noch nicht ausgeschöpft wurden.[123] Von interessierter Seite vorgegebene staatliche Sparsamkeit hat nötige Investitionen verhindert.

35 In einzelnen Sektoren hat der **E-Commerce** eine nicht ganz unbeträchtliche Bedeutung erlangt. An die Stelle eines Einkaufsbummels in die Stadt tritt der Gang zum PC, wo man in den Katalogen der Anbieter blättert und einzelne Objekte bestellt. Das »**Teleshopping**« eignet sich vor allem für den Kauf von solchen Gegenständen, die man nicht vorher in Augenschein nehmen muss, sowie für die Bestellung bestimmter Dienstleistungen. Während der Corona-Pandemie hat es erheblich an Bedeutung gewonnen. Am wichtigsten sind deshalb die Buchung von Flugreisen, der Kauf von Büchern, der Erwerb von Musik sowie der Kauf von Software. Einer gewissen Beliebtheit erfreuen sich auch erotische Angebote. Wachsende Bedeutung hat das **Telebanking**: Man kommuniziert mit seiner Bank nur noch elektronisch. Durch Ausfüllen von »Masken« (= Formularen), die auf dem Bildschirm erscheinen, gibt man eine Überweisung in Auftrag oder kauft 20 Stück Siemens-Aktien. Da die Bank dabei einen minimalen Aufwand hat, könnte sie in Punkto Gebühren recht preiswert sein. Was unter den Tisch fällt, ist die persönliche Beratung. Erheblicher Beliebtheit erfreut sich die Plattform **eBay** (*www.ebay.de*), wo auch jeder Private kaufen und verkaufen kann. Im Einzelfall ist das auch für Firmen von Interesse. Beim E-Commerce und beim Telebanking ist genau wie

---

120 Dupuis/Tuleweit, CuA 12/2020, 23.

121 Dazu Spengler/Ettlinger, AiB 3/2022, 10ff.

122 Welsch, in: van Haaren/Hensche (Hrsg.), S. 117.

123 Dazu Eichenhofer, AuR 2022, 205ff. unter Auswertung des Gutachtens 2021 des Sachverständigenrats zur Begutachtung der Entwicklung im Gesundheitswesen.

bei eBay der **Aufwand sehr viel geringer** als bei früheren Formen des Handels bzw. der Bankgeschäfte.

e) Perspektiven

Die Arbeit der Zukunft wird nach allgemeiner Auffassung durch verstärkte Digitalisierung charakterisiert sein. Der oben beschriebene Einsatz von Robotern (Rn. 17f.) und sich selbst steuernden Systemen (Stichwort: »Internet der Dinge« – Rn. 19ff.) sowie von Wearables (Rn. 22) und künstlicher Intelligenz (Rn. 19, 23ff.) vermögen dies hinreichend zu illustrieren. Big Data werden im Vertrieb immer größere Bedeutung erlangen; ob und inwieweit es in der Personalverwaltung zum legalen Einsatz von Algorithmen kommt, ist derzeit noch nicht entschieden (Rn. 24). Die menschliche Arbeit wird in Teilen von den Informationssystemen übernommen. Dafür steigt die **Produktivität** der verbleibenden Arbeit. 36

Die **Plattformökonomie** bietet Chancen in erste Linie für die Betreiber und die Verbraucher. Durch Ausweichen in Soloselbstständigkeit und durch Vergabe im Internet, vor allem an ausländische »Bieter«, können die Lohnkosten deutlich gesenkt werden; ein Teil des geminderten Aufwands kann sich in niedrigeren Preisen für die Verbraucher niederschlagen, doch ist dies keineswegs automatisch der Fall. Vor allem das Ausweichen auf ausländische Arbeitsmärkte bei Dienstleistungen im Netz ist mit minimalen Transaktionskosten verbunden. 37

2. Risiken

Die potenziellen Nachteile der Digitalisierung liegen auf verschiedenen Ebenen. 38

a) Die Ohnmacht von Staat und Recht

Das Internet kennt **keine Staatsgrenzen.** Das hat zur Folge, dass eine wirksame hoheitliche Kontrolle und die Entfernung strafbarer Inhalte schwierig bis unmöglich sind. Kriminelle Vorgänge im sog. **Darknet** lassen sich nur mit Hilfe innovativer Ermittlungsmethoden aufdecken, wenn überhaupt.[124] Dazu kommt die Möglichkeit, sich die Unterschiede in den nationalen Rechtsordnungen zunutze zu machen. Beispielsweise können in den USA nach der herrschenden Auslegung der Meinungs- und Informationsfreiheit selbst offen **rassistische und antisemitische Verlautbarungen** nicht verboten werden. So werden etwa Hitlers »Mein Kampf« und Nazi-Lieder zum Download bereitgehalten, es stehen auch 39

124 B. Krause, NJW 2018, 678.

entsprechende »Spiele« zur Verfügung.[125] Zwar genügt es nach Auffassung des BGH für eine Strafverfolgung der Anbieter im Inland, wenn die im Ausland befindlichen Seiten von hier aus abgerufen werden können.[126] Das bleibt allerdings so lange ein stumpfes Schwert, wie sich die Täter nicht identifizieren lassen oder sich jedenfalls von Deutschland fernhalten. Bemerkenswert ist die Entscheidung eines französischen Gerichts, die es der amerikanischen Yahoo Inc. untersagte, Versteigerungen von Nazi-Objekten auch Nutzern in Frankreich zugänglich zu machen. Die **technische Möglichkeit der Sperrung** wurde aufgrund von Gutachten ausdrücklich bejaht.[127] Allerdings taucht hier das Problem auf, ob und wie ein solches Urteil in den USA vollstreckt werden kann. Auch der Einsatz von Filterprogrammen lässt Lücken und setzt außerdem voraus, dass alle innerstaatlichen Provider freiwillig einer solchen Lösung zustimmen.[128] Unter diesen Umständen entziehen sich Vorgänge im Internet häufig einer effizienten staatlichen Kontrolle.[129] Es genügt, dass ein einziger Staat die fraglichen Angebote und Verlautbarungen für legal erklärt oder toleriert, um sie überall verfügbar zu machen. Nur dann, wenn das Internet wie in China in einem ganzen Land mit prinzipiellen Sperren versehen wird, kann anderes gelten.[130]

40 **Internationale Konventionen**, die einen bestimmten Ordnungsrahmen schaffen würden,[131] sind wünschenswert. Dass die inzwischen entwickelten zahlreichen Überlegungen[132] zu Beschlüssen von Regierungen und darüber hinaus zu durchsetzbaren völkerrechtlichen Abkommen werden, ist allerdings **wenig wahrscheinlich**.[133] Auch müsste man jene Staaten einbeziehen, die schon heute davon profitieren, dass sie – vergleichbar einer »Steueroase« – über ein »großzügiges« Recht verfügen und so für Internet-Unternehmen als Sitzstaat attraktiv sind.[134] Würden sie diesen

125 Holznagel/Kussel, MMR 2001, 347.

126 BGH, 12.12.2000 – 1 StR 184/00, CR 2001, 260 mit kritischer Anm. Vassilaki; kurze Zusammenfassung auch in CF 2/2001, 35.

127 Tribunal de Grande Instance de Paris, K&R 2001, 63 mit Anm. Hartmann.

128 Holznagel/Kussel, MMR 2001, 350ff.

129 Simitis, in: Festgabe Kübler, S. 298: »Permanente Demonstration der Ohnmacht nationaler Regelungen«; ähnlich Roßnagel, ZRP 1997, 27 und Lutterbeck, CR 2000, 52ff.

130 Eine schwindende Bedeutung des Rechts diagnostiziert Boehme-Neßler, NJW 2017, 3031 auf der Grundlage zahlreicher, allerdings nicht empirisch überprüfter Annahmen.

131 Simitis, in: Festgabe Kübler, S. 301.

132 Gürtler, RDV 2012, 126ff.

133 Ebenso Kipker/Voskamp, RDV 2014, 84, 86f.

134 Hoeren, MMR 1998, 297: »Rechtsoasen« im Internet.

»Standortvorteil« freiwillig aufgeben? Der Gedanke, dass die Zivilgesellschaft aus sich selbst heraus im Sinne eines **verbindlichen Verhaltenskodexes** die nötigen Regeln schafft,[135] erscheint angesichts der unterschiedlichen Interessen, die im Internet präsent sind, gleichfalls wenig weiterführend, um nicht zu sagen naiv.[136]

b) Zugriff ausländischer Geheimdienste – der NSA-Skandal

Der Whistleblower Edward Snowden hat im Sommer 2013 die weltwei- 41
ten Spionageaktivitäten vor allem der NSA (= National Security Agency) aufgedeckt und zahllose Dokumente der Weltöffentlichkeit zugänglich gemacht. Danach muss jedermann damit rechnen, dass flächendeckend seine gesamte Telefon-, E-Mail- und Internet-Kommunikation aufgezeichnet wird.[137] Besondere Aufmerksamkeit fand die Tatsache, dass auch das Handy von Kanzlerin Angela Merkel ausgespäht wurde.[138] Eine Auswertung kann in der Weise erfolgen, dass nach bestimmten Namen, Leitbegriffen oder Häufigkeiten von Kontakten gesucht wird, was trotz der riesigen Datenmassen maschinell ohne großen Zeitaufwand und ziemlich zielsicher möglich ist. Das stellt nicht nur einen schweren **Eingriff in die Persönlichkeitssphäre** dar, der das Grundrecht auf informationelle Selbstbestimmung[139] und das Grundrecht auf Gewährleistung der Vertraulichkeit und Integrität informationstechnischer Systeme[140] verletzt. Vielmehr handelt es sich auch um einen **Angriff auf die IT-Sicherheit in Deutschland** und anderen überwachten Ländern, der auch vor wirtschaftlich relevanten Informationen nicht Halt macht.[141]

Die **Bundesrepublik** Deutschland ist **verpflichtet, die Grundrechte** ihrer 42
Bürger **gegenüber Angriffen** durch Dritte, auch **durch andere Staaten, zu schützen.** Das entspricht im Grundsatz einem allgemeinen Konsens, der sich auf eine weit über hundertjährige Tradition stützen kann. Die **Verfassung** des Deutschen Reiches vom 16. April **1871**[142] bestimmte in ihrem Art. 3 Abs. 6:

---

135 So Teubner, Rechtshistorisches Journal 1996, 255ff.; weitere Ansätze bei Lutterbeck, CR 2000, 52ff.

136 Kritisch zur Selbstregulierung auch Schwartz, in: FS Simitis, S. 343ff.

137 Umfassende Schilderung bei Glenn Greenwald, Die globale Überwachung. Der Fall Snowden, die amerikanischen Geheimdienste und die Folgen, 2014.

138 S. Spies, ZD 1/2014, S. V.

139 Grundlegend BVerfG, 15.12.1983 – 1 BvR 209/83 u.a., BVerfGE 65, 1ff. = NJW 1984, 419.

140 BVerfG, 27.2.2008 – 1 BvR 370/07, 1 BvR 595/07, NJW 2008, 822, 824 Tz. 169.

141 Zutreffend Ruhmann, DuD 2014, 40ff., der von »Cyberkrieg« spricht.

142 RGBl. S. 63.

»Dem Auslande gegenüber haben alle Deutschen gleichmäßig Anspruch auf den Schutz des Deutschen Reichs.«

Im Zeitalter der Menschenrechte (die in der Reichsverfassung ansonsten keine Rolle spielten) kann man schwerlich hinter diesen Grundsatz zurückfallen. Die eigentliche Frage liegt allerdings nicht in dem Prinzip als solchem, sondern in seiner Realisierung. **Diplomatische Interventionen** laufen gegen Gummiwände; auch will man die Beziehungen zu den USA nicht belasten, weil dies mit schwer kalkulierbaren Risiken verbunden sein könnte. Das steht bislang auch wirksamen **technischen Schutzmaßnahmen** entgegen.[143] Einen kleinen ersten Schritt kann man möglicherweise darin sehen, dass nach einer Entscheidung des BGH Unternehmen nicht verpflichtet werden können, ihre internen Daten über eine ungesicherte E-Mail-Verbindung der Kartellbehörde zu übermitteln.[144]

c) Beschäftigungsabbau?

43 Die Ersetzung menschlicher Arbeitskraft durch informationstechnische Systeme kann zu einem Beschäftigungsabbau führen.[145] Dies wird besonders plausibel, wenn man sich die verschiedenen Erscheinungsformen von **künstlicher Intelligenz** (KI) vor Augen führt, bei der ein immer größerer Teil der geistigen Arbeit des Menschen durch die »Maschine« ersetzt wird. Bekannt ist die 2013 veröffentlichte Studie von Osborne und Frey,[146] wonach in den USA 47 % aller Arbeitsplätze durch die fortschreitende Digitalisierung gefährdet sind. Dem sind andere Autoren entgegengetreten – nicht zuletzt auch das IAB, das für Deutschland einen Verlust von (nur) 60 000 Arbeitsplätzen bis zum Jahr 2025 voraussagt.[147] Die Boston Consulting Group erwartet für denselben Zeitraum sogar einen Nettozuwachs von 350 000 Personen,[148] da zwar menschliche Tätigkeitsfelder wegfallen, andere jedoch neu entstehen.

43a Die bisherige Entwicklung lässt für Deutschland **keine auch nur annähernd exakten Prognosen** zu, zumal andere Faktoren wie die Verringerung des CO_2-Ausstoßes, die demographische Entwicklung und die Stellung der nationalen Wirtschaft auf dem Weltmarkt einzubeziehen

143 Dazu Ruhmann, DuD 2014, 40 ff.
144 BGH, 26.2.2013 – KVZ 57/12, ZD 1013, 273.
145 Dazu auch Flecker, DRdA 2022, 86, 89.
146 The Future of Employment. How Susceptible are jobs to Computerisation?, 2013.
147 Zitiert (neben anderen Untersuchungen) bei Klebe, NZA Beilage 3/2017, 77, 80. Zum Aufbau neuer Tätigkeitsfelder siehe auch Santosuosso/Bottalico, in: Hilgendorf/Seidel (eds.), S. 54.
148 Mitgeteilt bei Albrecht, SPW 1/2016, 31.

sind.[149] Die aktuellen Probleme bei den Zulieferunternehmen der Automobilindustrie[150] sind primär Ausfluss der **Dekarbonisierung** und hängen nicht unmittelbar mit der Digitalisierung zusammen. Zudem wird darauf verwiesen, dass die Umstellung auf digitale Produktionsformen hohe Investitionskosten mit sich bringt, die in der Regel kurzfristig nicht finanzierbar sind.[151] Schon deshalb ist mit einem länger dauernden Prozess zu rechnen, der nicht alle potenziell betroffenen Unternehmen und Branchen erfasst. In dieser Zeit kann es außerdem zum Aufbau neuer Beschäftigungsfelder kommen, womit Erfahrungen mit anderen technischen Umbrüchen bestätigt würden.[152] Die verbreitete These von einer »disruptiven« Entwicklung findet in der Realität keine Bestätigung.[153] Eine im Frühjahr 2019 durchgeführte Befragung von 14000 Beschäftigten im Organisationsbereich der IG BCE erbrachte das angesichts der Technik-Diskussion höchst überraschende Ergebnis, dass von 3D-Druckern, Datenbrillen und künstlicher Intelligenz nur in minimalem Umfang (1 bis 3% der Betriebe) Gebrauch gemacht wurde.[154]

Von einem **erheblichen Risiko** zu sprechen, die bisherige Arbeit in absehbarer Zeit nicht fortführen zu können, ist gleichwohl im Kern berechtigt. Dass es zu Umstrukturierungen und veränderten beruflichen Anforderungen kommen dürfte, wird nicht ernsthaft bestritten. Einsichtig ist es deshalb, eine **politische Agenda** für die Beschäftigung im und nach dem digitalen Umbruch zu formulieren, die potenzielle Arbeitsplatzverluste abfedert, eine zumindest vorübergehende Umverteilung der verfügbaren Arbeit vorsieht und die durch Digitalisierung eintretende Produktivitätsgewinne für die **Erschließung neuer Betätigungsfelder und die Qualifizierung der Beschäftigten** verwendet.[155] Bei den **neuen Feldern** ist insbesondere auch an sog. **Humandienstleistungen** wie Erziehung und Bildung sowie medizinische Versorgung zu denken. 43b

Staatliche Hilfen zugunsten einer Weiter- oder Umqualifizierung wurden durch das Qualifizierungschancengesetz[156] und das **Arbeit-von-morgen-Gesetz**[157] deutlich verbessert. Dies mag in vielen Fällen helfen, doch be- 43c

149 Siehe die Beiträge in: Hirsch-Kreinsen/Ittermann/Niehaus (Hrsg.), Digitalisierung industrieller Arbeit, 2. Aufl. 2018.

150 Dazu die Beiträge in Köhlinger (Hrsg.), Solidarisch in die Offensive, 2022.

151 Giesen/Kersten, S. 21.

152 Dazu Hirschel, SPW Ausgabe 1/2016, 17, 19.

153 Siehe auch die kritische Einschätzung bei Hirsch-Kreinsen, RdA 2019, 88f.

154 Tuleweit, CuA 12/2019, 29.

155 Vgl. Bsirske, in: Schröder/Urban (Hrsg.), S. 67.

156 V. 20.12.2018, BGBl. I S. 2651.

157 Gesetz zur Förderung der beruflichen Weiterbildung im Strukturwandel und zur Weiterentwicklung der Ausbildungsförderung v. 20.5.2020, BGBl. I S. 1044.

steht keine auch nur annähernde Gewissheit, dass das, was heute an Wissen und Fertigkeiten vermittelt wird, auch noch in fünf oder zehn Jahren auf dem Arbeitsmarkt nachgefragt ist. Da dies viele Betroffene zumindest spüren, wird in der Regel von den Weiterbildungsangeboten nur dann Gebrauch gemacht, wenn keine andere Alternative zur Verfügung steht. Hier macht sich das **Fehlen einer gesamtstaatlichen** und auf einzelne Branchen herunter gebrochenen **Perspektivplanung negativ bemerkbar**. In der Öffentlichkeit und bei den Entscheidungsträgern besteht wenig Bereitschaft, auch solche strukturellen Schwächen einer kapitalistischen Wirtschaftsordnung zur Kenntnis zu nehmen und sich in der Welt ein wenig nach Alternativen umzusehen.

d) Totalüberwachung und andere Gefahren für den Persönlichkeitsschutz

44 Sehr viel deutlicher erkennbar sind **Risiken für den Persönlichkeitsschutz** der Beschäftigten: Die Arbeit mit digitalen Geräten führt zu einer immer stärkeren Erfassung des Arbeitsverhaltens, die Erstellung eines Persönlichkeitsprofils könnte zu einer Selbstverständlichkeit werden. Schon heute lassen sich alle wesentlichen Interaktionen zwischen Individuen und Gruppen in der Belegschaft digital abbilden; die Leistung, aber auch die Verankerung des Einzelnen in seinem Umfeld wird so für den Arbeitgeber sichtbar.[158] Der Datenschutz wird zu einer zentralen Materie des Arbeitslebens. Nur soweit er effektiv beachtet wird, lässt sich eine Totalüberwachung verhindern. Weiter lässt sich allein unter dieser Voraussetzung sicherstellen, dass über das Verbleiben an einem Arbeitsplatz, über Beförderung und Entlassung noch Menschen aufgrund ihrer eigenen Einschätzung und ihrer eigenen Wertungen entscheiden. Die Alternative »Algorithmus als Chefin«[159] dürfte wenig attraktiv sein, wenngleich es auch die Überlegung gibt, dass die Kriterien, nach denen sich ein Algorithmus bestimmt, der Mitbestimmung unterliegen oder jedenfalls in sie einbezogen werden können.[160]

44a Aus betriebswirtschaftlicher Sicht kann es wirksamer sein, keine Totalüberwachung zu praktizieren, sondern zum Mittel der **indirekten Steue-**

---

158 Dazu Höller/Wedde, S. 33ff. (mit dem Beispiel des Personal Social Dashboard von IBM). Zustimmend Warter, DRdA 2022, 179.

159 So der (allerdings mit Fragezeichen versehene) Titel eines Projekts der Hans-Böckler-Stiftung, abrufbar unter *www.boeckler.de/11145.htm?projekt=S-2017-464-2%20B&chunk=1* (24.1.2018).

160 So ein anderes Projekt der Hans-Böckler-Stiftung mit dem Titel »Algorithmische Gegenmacht«, abrufbar unter *www.boeckler.de/11145.htm?projekt=S-2017-375-2%20B&chunk=7* (24.1.2018).

rung zu greifen: Dem Einzelnen wird mitgeteilt, wo er im Vergleich zu anderen leistungsmäßig steht und welche Vorteile mit einer Leistungssteigerung verbunden wären. Beides führt dazu, dass er alle seine Kräfte mobilisiert und sich ggf. selbst mehr zumutet als gesundheitlich zu vertreten ist.[161]

Die Daten des Einzelnen werden außerdem immer mehr zu einem handelbaren Gut, das für die Werbung, aber auch für andere Zwecke von hohem Nutzen sein kann. Die »**Monetarisierung von Nutzerdaten**«[162] zeigt sich etwa darin, dass die Nutzung von Facebook zwar scheinbar unentgeltlich erfolgt, dass gleichzeitig jedoch das Mitglied in die Speicherung und Verwendung seiner Daten einwilligen muss. In der Literatur hat man deshalb zu Recht einen gegenseitigen Vertrag angenommen.[163] Dass die Privatsphäre deshalb ein Auslaufmodell wäre und man vom Zeitalter der »**Postprivacy**« sprechen müsste, ist **übertrieben**, auch wenn die Einschränkungen nicht wegdefiniert werden können. Hinzu kommt, dass viele Nutzer wenig Sensibilität für den Schutz ihrer Daten entwickeln. **45**

Die Verlagerung der Kommunikation ins Netz kann dazu führen, dass sich der Einzelne Angriffen ausgesetzt sieht, die von vertretbarer **Kritik**[164] **bis hin zum** »**Cyber-Mobbing**« gehen können.[165] Das Recht an der persönlichen Ehre lässt sich schwerer als sonst verteidigen, wenn es sich um eine anonyme Äußerung handelt: Es bleibt nur das Vorgehen gegen den Betreiber des Portals oder des Blogs, der ehrverletzende Äußerungen entfernen muss.[166] Was in der Vergangenheit war, bleibt ohne Sanktionen. Bei lernenden Systemen, d.h. bei »starker« künstlicher Intelligenz[167] besteht die Gefahr, dass die **menschliche Kontrolle** über das Geschehen nicht immer gesichert ist.[168] **46**

Persönlichkeit und Gesundheit sind gefährdet, wenn Beschäftigte auch in der Freizeit erreichbar sein müssen oder sich zumindest insoweit in der Pflicht sehen.[169] Die Tätigkeit im Homeoffice schafft zusätzliche Möglich- **46a**

161 Dazu Peters, in: Kratzer u.a. (Hrsg.), S. 105ff.
162 Konrad-Klein, CuA 1/2012, 5, 9.
163 Bräutigam, MMR 2012, 635.
164 Siehe die »Spickmich-Entscheidung« des BGH, 23.6.2009 – VI ZR 196/08, NJW 2009, 2888.
165 Siehe den Fall bei Schwartmann, RDV 2012, 1, 5.
166 Einzelheiten unten § 7 Rn. 68ff.
167 Zum Begriff siehe unten § 9 Rn. 33.
168 Dazu P. Kirchhof, OdW (= Ordnung der Wissenschaft – Online-Zeitschrift) 2020, 1ff.
169 Flecker, DRdA 2022, 86, 89.

keiten, die Arbeit über das eigentlich geschuldete Maß hinaus auszudehnen.[170]

e) Spaltung der Gesellschaft

47 Ein Risiko, das sich schon verwirklicht hat, ist die **Beherrschung des Internets durch wenige US-amerikanische Großkonzerne** wie Google, Facebook, Apple und Amazon. Mit »freiem Markt« hat dies nichts zu tun, die Macht dieser Unternehmen ist (außerhalb Chinas) unbegrenzt.[171] Für nützliche Dienste wie die einer Suchmaschine erhalten sie Daten der Milliarden Nutzer, die für Werbezwecke verwandt werden, die aber auch anders genutzt werden können.[172] Die Masse der Weltbevölkerung kann dem nichts entgegensetzen. Ein weiteres Problem kann darin bestehen, dass **neue Qualifikationen** verlangt werden, die der Einzelne erst erwerben muss.[173] Das wirft Probleme der arbeitsrechtlich wenig durchstrukturierten Weiterbildung auf. Wer nicht mit der Zeit gehen kann, wird arbeitslos oder findet nur noch prekäre Jobs. Er wird mehr oder weniger aus dem Arbeitsmarkt ausgegrenzt. Auch wird es Mitbürger geben, die von vornherein nur wenig qualifizierte Arbeit verrichten und deren Arbeit unschwer von der digitalisierten Technik übernommen werden kann; die **Spaltung in Qualifizierte und Unqualifizierte** vertieft sich,[174] was sich in der Bezahlung und im Sozialprestige widerspiegelt.

V. Einschätzung der Entwicklung

1. Die schöne neue Arbeitswelt …

48 Die Anwendung von Informationstechnologien **erhöht die Produktivität der Arbeit**; mit weniger Aufwand an Zeit und Kraft kann ein Mehr an

170 Näher oben Rn. 12.

171 Daran wird auch die Aktivierung des Kartellrechts nichts Entscheidendes ändern. Dazu BGH 23.6.2020 – KVR 69/19, DB 2020, 1895 ff.; dazu Steinbrück/Wiens u.a., RDV 2021, 7 ff. Ob der Digital Markets Act der EU (siehe Vorschlag in: *https://eur-lex.europa.eu/legal-content/DE/TXT/?uri=CELEX%3A52020PC0842*) wirkliche Änderungen bringen wird, bleibt abzuwarten; Skepsis erscheint angebracht (siehe das Interview in CuA 6/2022, 26).

172 Näher Dolata, in: Schröder/Urban (Hrsg.), S. 148 ff.

173 Dazu Klebe, NZA Beilage 3/2017, 77, 80.

174 Vgl. auch Klebe, NZA Beilage 3/2017, 77, 80 sowie Giesen/Kersten, S. 41: Ungelernte werden noch schlechtere Chancen auf dem Arbeitsmarkt haben. Diese Gefahr benennt auch Albrecht, SPW 1/2016, 32.

Gütern produziert werden. Auch die konkrete Tätigkeit als solche wird in vielen Fällen attraktiver, weil sie dem Einzelnen mehr Dispositionsspielräume und vielfältigere Aufgaben bringt.

2. ... kennt große Unterschiede in den Lebenschancen ...

Auf der anderen Seite werden Informationstechnologien nicht primär zu dem Ziel entwickelt, das Leben der Arbeitenden oder das der Konsumenten angenehmer zu machen. **Entscheidend** sind vielmehr die **Gewinnchancen**, die ein neues Produkt bietet,[175] entscheidend ist die Produktion von Tauschwerten, nicht von Gebrauchswerten. Das wird manchmal das Leben des Verbrauchers verbessern, behält aber die Arbeitsprozesse nicht notwendigerweise im Blick. Die absolute **Marktorientierung** der Unternehmen kann zu einem extrem **hohen Leistungsdruck** und zu **gesundheitlicher Überforderung** der Beschäftigten führen.[176] Der Gegensatz von Arbeit und Kapital ist ersichtlich kein anderer als in der vordigitalen Zeit.[177] Die Überschrift eines Beitrags »Nicht vor der KI, vor den Geschäftsmodellen müssen wir uns fürchten«[178] bringt dies sehr schön auf den Begriff. Weiter muss man sich die Frage stellen, **was eigentlich mit jenen geschieht**, die auf dem »öffentlichen Markt für Informationen und Ideen«[179] nicht zum Zuge kommen, **die nicht jene Kreativität entfalten, die für den beruflichen Erfolg erforderlich ist**. Viele Betrachter sehen nur die Erfolgreichen; wer auf der Strecke bleibt, findet kein Interesse.[180] Für den »Verlierer«, meist »loser« genannt, hat das Argument eher zynische Bedeutung, die digitalisierte Gesellschaft sei ein historischer Fortschritt, der das Leben der Menschen verbessere.[181] 49

Die in der Digitalisierung der Gesellschaft liegende Innovation wird von einer **einseitigen Verteilung des Reichtums** begleitet. In den USA bezogen 2010 die obersten 20 % in der Einkommenshierarchie 50,2 % aller 50

175 Weizenbaum, in: van Haaren/Hensche (Hrsg.), S. 35: Menschliche Ziele und Werte haben in den Renditegleichungen nichts zu suchen. Siehe auch den Bericht aus Silicon Valley von Hendricks in: CF 10/2000, 4ff.

176 Wagner/Schild, WSI-Mitt. 1999, 94. Siehe weiter Kronig, CuA 11/2014, 13ff.; Resch/Blume, CF 3/2004, 8ff.; Schwarzbach, CF 1/2004, 12.

177 Preis, RdA 2019, 75, 86. Eingehend Gruber-Risak, DRdA 2022, 106, 108.

178 Beitrag von Kornwachs, in: W. Schröter (Hrsg.), S. 9ff.

179 Klotz, CF 2/2000, 8.

180 Bei Bertolt Brecht heißt es: »und die kein Pfündchen haben, was machen denn dann die, die werden wohl begraben, und es geht ohne sie?«

181 Deutlich Nies, in: van Haaren/Hensche (Hrsg.), S. 141: »Der historische Fortschritt ist kein Trost für diejenigen, die im Umbruch zerstört werden.«

Einkünfte, während ihr Anteil 1968 noch 42,6 % betragen hatte.[182] Der Anteil der reichsten 5 % kletterte im gleichen Zeitraum von 16,3 % auf 21,3 %. Umgekehrt blieben die untersten 20 % weiter bei einem Anteil von unter 4 %.[183] In Deutschland zeigt sich eine ähnliche Entwicklung. Nach dem Armuts- und Reichtumsbericht der Bundesregierung besaßen die reichsten 10 % der Bevölkerung mehr als die Hälfte des gesamten Nettovermögens, während auf die unteren 50 % nur ein Anteil von 1 % entfiel.[184] Das dürfte (auch) eine Auswirkung der Informationstechnik sein, die eine Nachfrage nach (knapper werdenden) hochqualifizierten Arbeitskräften schafft und gleichzeitig Menschen mit einfachen Tätigkeiten arbeitslos macht. Weiter wird – wie vor allem das Crowdsourcing verdeutlicht – die Globalisierung der Arbeitsmärkte erleichtert, sodass auf »Billigarbeitskräfte« aus Ländern der Dritten Welt zurückgegriffen werden kann. Dieses »**Off-Shoring**« dauert in der Gegenwart noch an, obwohl einzelne Unternehmen wegen zahlreicher Schwierigkeiten zeitweilig eine Rückholung planten.[185] In der Corona-Pandemie erwiesen sich viele Produktionsketten als störanfällig, so dass es nahe liegen könnte, bestimmte Produkte wieder im Inland herzustellen. Die »Billigkonkurrenz« hat gleichwohl Folgen: Wer seinen Arbeitsplatz verliert, ist schnell von bestimmten Segnungen der Informationsgesellschaft ausgeschlossen. Ohne ordentliches Einkommen keine Kreditkarte, ohne Kreditkarte kein E-Commerce.[186]

3. … und hat sehr wenig mit Demokratie zu tun

51 Die **Steuerung des Wirtschaftsprozesses liegt bei einer kleinen Zahl von Akteuren,** die immer häufiger **in den USA angesiedelt sind**. Im Normalfall sind sie durch Eigentum, nicht durch demokratische Wahl legitimiert.[187] Die empirische Aufarbeitung der internen Strukturen des

182 So ein 2011 veröffentlichter Bericht des Congressional Research Service *www.fas.org/sgp/crs/misc/R42400.pdf* (auch zum Folgenden) – wiedergegeben in Telepolis *www.heise.de/tp/blogs/8/print/151653*.

183 Klotz, CF 3/2000, 10: 3,6 %.

184 Fünfter Armuts- und Reichtumsbericht der Bundesregierung vom April 2017 (Kurzfassung), S. 13, abrufbar unter *www.bmas.de/SharedDocs/Downloads/DE/PDF-Pressemitteilungen/2017/5-arb-kurzfassung.pdf?__blob=publicationFile&v=2*.

185 Computerwoche v. 7. 10. 2008.

186 Weizenbaum, in: van Haaren/Hensche (Hrsg.), S. 35.

187 Pointiert: Weizenbaum, ebd., S. 36: »Die Realität des globalen Kapitalismus ist, dass die relevanten Entscheidungen …, die universelle Auswirkungen haben, von kleinen Gruppen von Männern – kaum Frauen – getroffen werden, die nichts als

heutigen Kapitalismus ist erst in Ansätzen geleistet.[188] Dazu müsste auch eine kritische Analyse des parlamentarisch-demokratischen Prozesses gehören, der nur sehr partiell das Interesse der Mehrheit zum Ausdruck bringt.[189]

Um ein kleines **Beispiel** aufzugreifen. Wenn eine amerikanische **Rating-Agentur** ein Unternehmen herabstuft, wird dieses in der Regel höhere Zinsen bezahlen und auch Einbußen beim Börsenkurs hinnehmen müssen. Auch ganze Volkswirtschaften können »herab«- oder »hinaufgeratet« werden. Wird z.B. das Bankensystem der Volksrepublik China mit einer »Fünf« bewertet (was noch in den 1990er Jahren geschah), heißt dies, dass zahlreiche Projekte, beispielsweise im Schiffbau, unterbleiben müssen, weil sich keine westliche Bank mehr findet, die die in solchen Fällen übliche Garantie einer chinesischen Bank als ausreichend akzeptiert. Eine Kontrolle der Rating-Agenturen findet nur insoweit statt, als sich diese keine evidenten Fehleinschätzungen (wie in der Finanzkrise 2008) leisten dürfen. Soweit sie sich im Rahmen des einigermaßen Plausiblen bewegen, gibt es gegen ihre Urteile bislang keine Gegenwehr und erst recht keinen wirksamen Rechtsschutz vor irgendwelchen staatlichen Gerichten.[190] 52

4. Trotz fehlender Strategie gibt es Spielräume

Vorstellungen, wie man die negativen Auswirkungen und die Risiken der aktuellen Entwicklung vermeiden kann, sind – soweit ersichtlich – nicht als zusammenhängendes, in sich schlüssiges Konzept entwickelt worden. Das hängt primär mit Machtverhältnissen, aber auch mit der Vorstellung zusammen, dass politisch legitimierte Entscheidungen schwerfälliger und weniger innovativ sind als die von privatwirtschaftlichen Unternehmen getroffenen, die unter den Zwängen des Marktes stehen. Die Nutzung *beider* Mittel, die in der Volksrepublik China zu bemerkenswerten Erfolgen geführt hat, wird bislang in Europa wenig zur Kenntnis genommen, was Folge eines geographisch (und ideologisch) verengten Blickwinkels ist. Die **Perspektive einer demokratischen**, transparenten, allen ein auskömmliches Dasein sichernden **Gesellschaft muss** daher notwendigerweise **(derzeit) abstrakt bleiben**. Auch die weltweite Finanz- und Wirt- 53

ihre eigenen Interessen vertreten, nicht globale, nicht politische, nicht kulturelle Interessen. Und das geschieht meist so anonym, dass auch hier das Schlagwort von der Wissensexplosion geradezu ein Witz ist.« Zum Beispiel der Rating-Agenturen siehe Däubler, KJ 2012, 18ff.

188 Siehe etwa Bourdieu, Die verborgenen Mechanismen der Macht, 1997.

189 Erste Ansätze bei Däubler, in: Köhlinger (Hrsg.), S. 87ff.

190 Einzelheiten bei Däubler, NJW 2003, 1096f., BB 2003, 429ff. und KJ 2012, 18ff.

schaftskrise sowie die Verschuldungskrise im Euroraum haben insoweit keinen Wandel gebracht. Die Stellungnahmen verschiedener bundesrepublikanischer Akteure wie Arbeitgeber- und Industrieverbände, Ministerien, Parteien und Gewerkschaften wurden in einer lesenswerten Studie der Stiftung »Arbeit und Umwelt« der IGBCE zusammenfassend dargestellt.[191]

54 Was die **Entwicklung des Arbeitsprozesses** betrifft, existieren drei Faktoren, die gleichwohl gewisse Gestaltungsspielräume eröffnen.[192]

- Viele informationstechnische **Produkte** sind noch stärker als ihre **Vorgänger auf gesellschaftliche Akzeptanz angewiesen**. Kaufenthaltungen und Boykotts (die beispielsweise auf mangelndem Datenschutz beruhen könnten) würden die Gewinnchancen drastisch reduzieren. Das bewirkt in aller Regel, dass bestimmte moralische Standards gewahrt bleiben.[193]
- Hierarchische Arbeitsstrukturen erweisen sich immer mehr als dysfunktional. Erweiterte Dispositionsspielräume des Einzelnen sind notwendig, aber auf Dauer nur zu sichern, wenn ein entsprechender Rahmen, beispielsweise durch Mitbestimmungsrechte des Betriebsrats, existiert. **Arbeitsrechtlicher Schutz** ist von daher nicht »Belastung« der Unternehmen, sondern **notwendige Voraussetzung für produktives Arbeiten.**
- Viele Beschäftigte haben Erwartungen an den Charakter der Arbeit, die in der Gegenwart nur teilweise befriedigt werden. Dieses Anspruchsniveau entwickelt sich vor allem **bei jenen Beschäftigten**, die aufgrund ihrer Fachkompetenz **nicht** einfach **durch andere** Arbeitskräfte **ersetzt** werden können.

---

191 Abrufbar unter *www.arbeit-umwelt.de/der-digitalisierungsdiskurs-in-deutschland-akteure-frames-und-netzwerke/* (12.6.2022); dazu Haverkamp, CuA 10/2020, 24.

192 Hirsch-Kreinsen (RdA 2019, 88, 90) spricht davon, Industrie 4.0 und Arbeit 4.0 seien als »ein betriebliches und gesellschaftliches Gestaltungsprojekt« zu verstehen, wobei aber selbstredend die Grenzen der Spielräume nicht unterschätzt werden dürfen. Von den objektiv gegebenen Gestaltungsmöglichkeiten muss aber mit Umsicht und Energie Gebrauch gemacht werden. Siehe das Interview von Heimann mit Beate Müller-Gemmeke, AiB 1/2021, 28ff.

193 Zur Steuerung von Technik durch Recht und Akzeptanzverweigerung siehe Däubler, in: Roßnagel (Hrsg.), S. 165ff.

VI. Probleme für das Arbeitsrecht

Arbeitsrechtliche Probleme entstehen normalerweise erst dann, wenn neue Techniken im Betrieb eingeführt werden. Ein umsichtiger Betriebsrat wird sich allerdings auf eine solche Situation vorbereiten, da sie ggf. sehr grundlegende Umstellungen mit sich bringen kann. Deshalb muss er Indizien, die für eine weitere Digitalisierung sprechen, wahrnehmen und verarbeiten können, um möglichst frühzeitig in den Veränderungsprozess eingreifen zu können.[194] Anschließend stellen sich dann bestimmte Fragen: Kann der **Arbeitgeber** die Arbeit im Netz, das Tragen einer Datenbrille oder die Nutzung eines Roboters **einseitig anordnen**? Wie steht es mit der **Qualifizierung** der Mitarbeiter? Können sie verlangen, dass sie während der Arbeitszeit auf die neuen Aufgaben vorbereitet werden? Kann der Betriebsrat bzw. der Personalrat über einzelne Entscheidungen mitbestimmen? Eine Antwort auf diese Fragen soll in **§ 2** versucht werden. 55

Im Einzelfall kann es dem Wunsch des Arbeitgebers oder des Arbeitnehmers entsprechen, den Zugang zum Internet mit seinem eigenen Laptop oder seinem eigenen Smartphone zu bewerkstelligen (**»Bring your own device«**). Wie ist in diesen Fällen eine Trennung zwischen privater und dienstlicher Kommunikation möglich? Kann der Arbeitnehmer auch ohne besondere Vereinbarung Aufwendungsersatz verlangen? Was geschieht, wenn das Gerät beschädigt wird oder verloren geht? Zu diesen und ähnlichen Fragen soll in **§ 3** Stellung genommen werden. 56

Soziale Netzwerke werfen eine Vielzahl von Rechtsproblemen auf. Darf der Arbeitgeber nicht nur »googeln«, sondern auch bei Facebook nachschauen, was ein **Bewerber** in den letzten Jahren so alles von sich gegeben hat? Können Arbeitnehmer verpflichtet werden, sich im Netzwerk als »Propagandisten« des Unternehmens zu betätigen? Was geschieht, wenn der Arbeitnehmer seinen **Facebook-Account für geschäftliche Zwecke** verwendet? Wie ist mit den dort befindlichen dienstlichen Daten zu verfahren, wenn er mit einer völlig anderen Funktion betraut oder wenn das Arbeitsverhältnis aufgelöst wird? Kann der Arbeitgeber Äußerungen, die der Arbeitnehmer privat gegenüber »Freunden« in einem sozialen Netzwerk getan hat, als Kündigungsgrund heranziehen? Das alles soll uns in **§ 4** beschäftigen. 57

Die Nutzung digitaler Geräte führt dazu, dass der **Arbeitnehmer jederzeit erreichbar** ist und dass er auch von zu Hause aus und außerhalb der Arbeitszeit bestimmte dienstliche Tätigkeiten ausführen kann. Wo ver- 58

194 Dazu die lehrreichen Anregungen von Schwarzbach, AiB 7–8/2016, 21 ff.

läuft in solchen Fällen die Grenze zwischen Arbeit und Ruhezeit? Kann man verhindern, dass das Arbeitszeitrecht permanent missachtet wird? Wenn nicht: Gibt es andere Möglichkeiten, die **Arbeitsbelastung in Grenzen** zu halten? Das soll unter **§ 5** behandelt werden.

59 Die Zahl der schweren Arbeitsunfälle ist in den vergangenen 30 Jahren erheblich zurückgegangen. Gleichzeitig ist die **Zahl der psychischen Erkrankungen** bis hin zum Burnout in den letzten 15 Jahren deutlich gestiegen. Hängt dies mit der Digitalisierung der Arbeit zusammen? Muss das Arbeitsschutzrecht hier schärfere Grenzen ziehen? Das soll Gegenstand von **§ 6** sein.

60 Je weiter die Digitalisierung voranschreitet, umso mehr fallen **Arbeitnehmerdaten** an. Diese befinden sich immer häufiger auch **im Internet**, wofür die Präsentation eines Unternehmens unter Rückgriff auf Namen und Fotos seiner »sympathischen Mitarbeiter« als (harmloses) Beispiel stehen mag. Was geschieht, wenn Kunden oder andere Interessierte das Verhalten der Mitarbeiter bewerten können? Wie ist bei schlechten Bewertungen und bei Cyber-Mobbing zu verfahren? Wie kann man verhindern, dass die Daten auf alle Zeiten verfügbar bleiben, was gibt es für Möglichkeiten, das sog. Recht auf Vergessenwerden praktisch umzusetzen? Das soll uns in **§ 7** beschäftigen.

61 Dem **Arbeitgeber** steht ein sehr weitreichendes **Kontrollpotenzial** zu: Je mehr Daten über das Arbeitsverhalten anfallen, umso genauer kann das Arbeitnehmerverhalten analysiert werden. Wie detailliert darf es erfasst werden? Welche Mittel dürfen dabei eingesetzt werden? Muss man zwischen der detaillierten Beobachtung des Arbeitsprozesses und der Auswertung der Ergebnisse unterscheiden? Das alles soll Gegenstand von **§ 8** sein.

62 **Big Data** liefert die Erkenntnisse, um Kundenpräferenzen zu bestimmen und »passgenaue« Angebote zu machen. Lässt sich dies auch auf Beschäftigungsverhältnisse übertragen? Kann das Arbeitnehmerverhalten so genau analysiert werden, dass selbst künftiges Verhalten mit einiger Wahrscheinlichkeit prognostiziert werden kann? Lässt sich mithilfe von auf Big Data gestützten Erkenntnissen bestimmen, ob sich jemand mit Veränderungsabsichten trägt? Lässt sich auf der Grundlage des Verhaltens zahlreicher erfolgreicher Mitarbeiter ein **Algorithmus** herausarbeiten, der dann bei der Bewerberauswahl eingesetzt wird? Welche Folgen hat der Einsatz »lernender Systeme«, die Erfahrungen zur Selbstoptimierung nutzen und die so einen wichtigen Anwendungsfall der **Künstlichen Intelligenz** darstellen? Wie ist der Umgang mit solchen Robotern beschaffen? In **§ 9** soll dazu eine Antwort versucht werden.

Neue durch die Digitalisierung entstandene Geräte schaffen möglicherweise neue Arbeitsrechtsprobleme. Was ist bei **Wearables**, z. B. bei Datenbrillen, Smart Watches und Exoskeletten zu beachten? Führen auch das **»Internet der Dinge«** und der Einsatz von **3D-Druckern** zu zusätzlichen Fragestellungen? Wie sind die umfassenden Kontrollmöglichkeiten gegenüber den Arbeitenden[195] in Grenzen zu halten? Ist eine Bezahlung mit der Internet-Währung **»Bitcoin«** denkbar? Das alles soll in **§ 10** abgehandelt werden. 63

Sind Internetanschlüsse und digitale Geräte einmal vorhanden, entsteht bei Beschäftigten häufig das **Bedürfnis**, sie auch **privat zu nutzen**. Hat man darauf ggf. sogar einen Anspruch? Wie ist zu verfahren, wenn über die Privatnutzung nichts bestimmt ist oder wenn sie nur »gelegentlich« oder »in geringem Umfang« erfolgen darf? Inwieweit kann der Betriebsrat oder der Personalrat hier mitbestimmen? Das soll uns in **§ 11** beschäftigen. 64

Auch in der digitalen Welt gibt es **Pflichtverletzungen** durch Beschäftigte. Am häufigsten mag die unerlaubte Privatnutzung von Geräten des Arbeitgebers sein, denkbar sind aber auch viele andere Formen, die von einem unsachgemäßen Umgang mit der Technik bis hin zu **»Computersabotage«** gehen können. Häufig mussten sich die Gerichte auch mit Angriffen befassen, die unzufriedene oder empörte Arbeitnehmer gegen das Unternehmen oder einzelne Vorgesetzte von ihrem privaten Internetanschluss aus gestartet hatten. Das alles soll im Zusammenhang in **§ 12** behandelt werden. 65

In den folgenden Teilen soll uns das kollektive Arbeitsrecht beschäftigen. Wie kann sich eine **Gewerkschaft im Internet** präsentieren? Darf sie die einzelnen Beschäftigten unter ihren dienstlichen E-Mail-Adressen anschreiben? Darf der einzelne Mitarbeiter von seinem Dienstgerät aus gewerkschaftlichen Mitteilungen an andere schicken? Diese und andere Fragen sind Gegenstand von **§ 13.** 66

Welche Handlungsmöglichkeiten stehen der betrieblichen Interessenvertretung, d. h. dem **Betriebsrat** und dem **Personalrat** zu? Angesprochen ist zunächst seine eigene **Ausstattung** mit bestimmten Geräten, sodann seine Präsentation im Intranet oder im Internet. Ist eine Online-Wahl zulässig oder ein **Betriebsratsbeschluss in einer Videokonferenz?** Wie ist zu verfahren, wenn der Betrieb durch die Digitalisierung seine bisherigen Konturen verliert und eine vorübergehende Zusammenarbeit mit Arbeitnehmern erfolgt, die (etwa in der Matrixstruktur) ganz unterschiedliche Vertragsarbeitgeber haben? Welche Folgen hat es, wenn die Kooperati- 67

195 Vgl. auch Hirsch-Kreinsen, RdA 2019, 88, 90.

onspartner regelmäßig wechseln? Darauf sollen in **§ 14** Antworten versucht werden.

68 Welche Gestaltungsmöglichkeiten haben Betriebsrat und Personalrat? Ist ein Recht auf Homeoffice durchsetzbar? Wie steht es mit mobiler Arbeit? Welche Gestaltungsmöglichkeiten stehen den Betriebsparteien offen? Sind sie durch das neue Mitbestimmungsrecht des Betriebsrats nach § 87 Abs. 1 Nr. 14 BetrVG erweitert worden? Diese und andere Möglichkeiten sollen uns in **§ 15** beschäftigen.

69 Ein Beschäftigungsverhältnis kann auch mithilfe des Internets begründet werden. Ein solches **Internetarbeitsverhältnis** kann vor allem grenzüberschreitenden Charakter haben, was Probleme des anwendbaren Rechts aufwirft. Auch ergeben sich Schwierigkeiten bei der einzuhaltenden Form und im Streitfall bei der Beweisbarkeit. Das soll Gegenstand von **§ 16** sein.

70 Eine wichtige Erscheinungsform der **Plattformökonomie** ist die Auftragsvermittlung im Netz. Den weltweit größten Bekanntheitsgrad hat in diesem Zusammenhang die Firma **Uber** erlangt, die ihr Geschäftsmodell in Deutschland wegen des Personenbeförderungsgesetzes allerdings nur in sehr eingeschränkter Form praktizieren darf. Doch es gibt andere Dienstleistungen wie das Bringen bestellter Speisen, die über das Netz vermittelt werden. Sind die fraglichen Personen, die die Dienste erbringen, als **Selbstständige oder** als **Arbeitnehmer** tätig? Das ist von entscheidender Bedeutung für die Anwendung des Arbeits- und des Sozialversicherungsrechts und deshalb ein wesentlicher Kostenfaktor. Wie mit diesen Fragen umzugehen ist, soll in **§ 17** behandelt werden.

71 Perspektivisch sehr viel wichtiger kann die zweite Erscheinungsform der Plattformökonomie sein, das **Erbringen von Leistungen im Internet**. Auch hier stellt sich das Problem der Qualifizierung der Arbeitenden als Selbstständige oder als Arbeitnehmer, doch kommen zahlreiche Fragen hinzu: Ist es wirklich zulässig, die Entlohnung nach Art eines Preisausschreibens vorzunehmen und nur dem etwas zu bezahlen, der die »beste« Leistung eingereicht hat? Grenzüberschreitende Rechtsbeziehungen sind in diesem Sektor gleichfalls von besonders hoher Bedeutung. Das alles soll in **§ 18** behandelt werden.

72 Mit der wachsenden Digitalisierung wird auch die Infrastruktur unseres Gemeinwesens immer stärker davon abhängig, dass informationstechnische Systeme funktionsfähig bleiben. Sie können jedoch Angriffen von unterschiedlichen Seiten ausgesetzt sein. Wären diese erfolgreich, könnten Teile der Bevölkerung über mehr oder weniger lange Zeit ohne Strom und Wasser bleiben. Züge würden nicht mehr verkehren. Um einen solchen Zustand zu verhindern, ist die **IT-Sicherheit** von ganz wesentlicher Bedeutung. Ihre normative Ausprägung ist noch recht jungen Datums.

Welche Pflichten und Verantwortlichkeiten sich dabei für die bei Infrastrukturunternehmen beschäftigten Arbeitnehmer ergeben, soll in **§ 19** behandelt werden.

§ 2 Internet und heutige digitale Geräte als Arbeitsmittel der Beschäftigten

I. Zur bisherigen Entwicklung

1 Internetanschlüsse fallen nicht vom Himmel. Vor 20 bis 25 Jahren wurde in der Regel erst eine innerbetriebliche Vernetzung geschaffen, indem **ein vom Arbeitnehmer bereits benutzter PC ans Intranet angeschlossen** wurde, das schon bestand oder gleichzeitig eingerichtet wurde. Man konnte dann z. B. firmeninterne E-Mails erhalten und absenden, allerhand Nachrichten bis hin zu Stellenausschreibungen im Intranet zur Kenntnis nehmen und ggf. auf Kundendateien zugreifen, sofern man hierfür ein spezielles Passwort hatte.[1]

2 Zugleich oder als nächster Schritt wurde ein **Internetanschluss** geschaffen. Die »Firewall«-Software stellte dabei sicher, dass nur autorisierte Personen ins Internet konnten und dass außerdem Zugriffe von außen abgewehrt werden konnten. Eine gewisse Parallele stellte etwa die Amtsberechtigung eines Telefonapparats dar.

3 Auch heute sind solche Vorgänge in einzelnen Betrieben noch denkbar; im Regelfall ist der Internet-Anschluss aber bei allen Büroarbeitsplätzen zur Selbstverständlichkeit geworden.[2] Aktuell geht es um die Frage, inwieweit man auch von **mobilen Geräten wie Smartphones** aus Zugang zum betrieblichen Intranet haben und den privaten Internet-Zugang auch für dienstliche Zwecke nutzen darf oder nutzen muss. Im Einzelfall kann es auch noch vorkommen, dass ein Arbeitnehmer, der bisher nichts mit »Netzen« zu tun hatte, an einen entsprechenden Arbeitsplatz versetzt wird und sich dort überfordert fühlt, doch sind fehlende Elementar-Erfahrungen eine immer seltener werdende Ausnahme.

4 Seit vielen Jahren tritt häufig der Fall ein, dass mit einem neuen System gearbeitet werden soll: An die Stelle der Datenverarbeitung »Marke Ei-

---

1 Funktionsbeschreibung etwa bei Klebe/Wedde, in: FS 50 Jahre Arbeitsgerichtsbarkeit Rheinland-Pfalz, S. 350.

2 Siehe die Daten oben § 1 Rn. 4.

genbau« tritt der **Einsatz von SAP**. Kann hier der Arbeitnehmer Qualifizierungsmaßnahmen verlangen, um seinen neuen Aufgaben gerecht zu werden?

Je nach betrieblichen Verhältnissen ergeben sich weitere technische Ver- 5
änderungen, die sich auf die Arbeitsbedingungen auswirken. Kommunikationskanäle werden integriert und können vom selben Gerät aus benutzt werden (»**Unified Communications**« – UC).[3] Das ist Voraussetzung dafür, dass sich Kollaborationsplattformen und »**virtuelle Teams**« bilden, die auch Beschäftigte aus ausländischen Tochterfirmen oder »freie Mitarbeiter« umfassen können.[4] Das alles führt zu neuen Formen der Zusammenarbeit, ermöglicht aber auch eine noch stärkere Kontrolle als bisher. Ähnliches gilt, wenn **Roboter** eingesetzt werden oder vom Einzelnen erwartet wird, dass er eine **Datenbrille** trägt. Auch ist denkbar (wenn auch in der Praxis noch die Ausnahme), dass ein **sich selbst steuerndes System** eingeführt wird, das die Tätigkeit der verbleibenden Arbeitskräfte auf die Kontrolle des störungsfreien Ablaufs und eine gelegentliche Reparaturarbeit begrenzt.

Die flexibel einsetzbare Informationstechnik kann den Arbeitgeber ver- 6
anlassen, die Arbeit von Beschäftigten ganz oder teilweise in deren Wohnung zu verlegen. Das spart ihm Büroräume; der Arbeitnehmer verliert keine Zeit durch den Weg zum Arbeitsplatz und wieder zurück. Während der Pandemie wurde dies zeitweilig von einem Drittel aller Beschäftigten praktiziert. Kann ein solcher **Übergang zum Homeoffice** einseitig angeordnet werden?

In aller Regel wird ausdrücklich oder stillschweigend von der Verpflich- 7
tung der Arbeitnehmer ausgegangen, die neuen technischen Möglichkeiten auch zu nutzen. Im Einzelfall will der Arbeitgeber evtl. nur einen Anreiz schaffen, weil er meint, der Einzelne werde sich die mit dem Netzzugang oder neuen Systemen verbundenen Vorteile schon nicht entgehen lassen und sich deshalb selbst sachkundig machen. Was geschieht, wenn sich der Arbeitnehmer als »technik-avers« erweist und wie bisher weiterarbeiten will?

---

3 Dazu Ruchhöft, CuA 10/2014, 24ff.
4 Dazu Ruchhöft, CuA 3/2015, 16ff.

II. Rechte und Pflichten aus dem Arbeitsvertrag

1. Das Direktionsrecht als Grundlage für die Arbeit mit einer neuen Technik

8 Soweit Gesetze, Tarifverträge, der Arbeitsvertrag oder andere Bestimmungen keine Grenzen ziehen, ist der Arbeitgeber bei der Organisation des Arbeitsprozesses frei.[5] Sein Weisungsrecht bezieht sich auf den Ort wie auch auf den Inhalt und die Modalitäten der Arbeit. Er hat deshalb die **grundsätzliche Befugnis**, die **Arbeit an neuen Geräten** oder an Geräten mit erweiterter Funktion **anzuordnen**. Auch ein unternehmensinternes soziales Netzwerk und virtuelle Teams kann er schaffen.[6] Voraussetzung ist lediglich, dass das im Arbeitsvertrag festgelegte Tätigkeitsspektrum nicht verlassen wird.

> Die Frage, inwieweit der Einsatz an neuen Geräten vom Arbeitnehmer hinzunehmen ist, hat die Rechtsprechung erstaunlich wenig beschäftigt. Dokumentiert ist lediglich der Fall, dass eine Bäckereifachverkäuferin angewiesen wurde, eine automatische Brötchenbackanlage zu bedienen, und sich dagegen zur Wehr setzte.[7]

9 Die vom Arbeitnehmer geschuldete **Tätigkeit** ist in der Regel **im Arbeitsvertrag nur relativ allgemein** umschrieben und deutet den Umgang mit bestimmten technischen Geräten oder die Kooperation mit andern nicht einmal an.

> Man ist »Sachbearbeiterin« oder »kaufmännische Angestellte« oder »Vertriebsbeauftragter« usw., ohne dass weitere Konkretisierungen erfolgen würden.

10 Die Rechtsprechung neigt überdies dazu, das Direktionsrecht eher weit als eng zu interpretieren. So ist etwa eine Versetzung von der Nacht- in die Tagschicht trotz Wegfalls von Zulagen zulässig.[8] Sogar die Funktion des Vorarbeiters kann entzogen werden, wenn dies keine Herabgruppie-

---

5 Däubler, Das Arbeitsrecht 2, Rn. 137 ff. (abrufbar unter *www.daeubler.de/bucher/*).

6 Ebenso für firmeninterne soziale Netzwerke Thüsing-Thüsing/Traut, § 14 Rn. 47 ff.

7 LAG Hamm, 8.6.1994 – 14 Sa 2054/93, LAGE § 611 BGB Direktionsrecht Nr. 20: Pflicht zur Arbeit an der neuen Anlage bejaht.

8 BAG, 15.10.1992 – 6 AZR 342/91, DB 1993, 2600.

rung zur Folge hat.[9] Auch muss der Arbeitnehmer grundsätzlich der Anordnung Folge leisten, einen Dienstwagen selbst zu fahren und ggf. Arbeitskollegen mitzunehmen.[10]

Eine **langjährige Tätigkeit schließt** die Betrauung mit **neuen Aufgaben** 11
nicht aus.[11] So kann sich etwa eine Verkäuferin in einem Textilgeschäft, die acht Jahre lang in der Kinderabteilung eingesetzt wurde, nicht gegen eine »Versetzung« in die Herrenabteilung wehren.[12] Das rechtfertigt sich mit dem Gedanken, dass sich nach der Lebenserfahrung die Arbeitsprozesse oder der Tätigkeitsschwerpunkt des Arbeitgeber-Unternehmens ändern können, sodass kein Vertrauen in die Beibehaltung des Status quo entsteht.[13]

Im **Normalfall** kann sich der **Arbeitnehmer** somit **nicht weigern**, an 12
einem vernetzten Gerät oder einem Gerät mit Internetanschluss zu arbeiten.[14] Auch den vom Arbeitgeber gewünschten **Zugang mit einem mobilen Gerät** muss er akzeptieren, ebenso den Wunsch, Teil eines virtuellen Teams zu werden. Beim Tragen einer **Datenbrille** kommt es darauf an, ob sie mit Arbeitserschwernissen verbunden ist, die dem Betroffenen gegenüber unbillig sind. Dasselbe gilt für den Einsatz eines **Roboters**, der allerdings meist keine zusätzlichen Belastungen mit sich bringt.

In den allermeisten Betrieben ist es nicht mehr üblich, Worte wie »Anord- 13
nung« oder »Weisung« zu benutzen. **Höfliche Umgangsformen** (»Wir stellen Ihnen dieses Gerät für Ihre Arbeit zur Verfügung«) ändern jedoch nichts daran, dass es der Sache nach um eine **verbindliche Festlegung** geht. Zweifel ergeben sich dann, wenn dem Arbeitnehmer **ausdrücklich freigestellt** wird, **ob er** die angebotenen **neuen Möglichkeiten nutzen** oder bei den alten Kommunikationswegen bleiben will. In solchen Fällen begeht der Beschäftigte keine Pflichtverletzung, wenn er zunächst alles beim Alten lässt. Auf der anderen Seite wird der Arbeitgeber in aller Regel erwarten, dass der Arbeitnehmer über kurz oder lang gleichfalls den Sprung in das Internet- oder Smartphone-Zeitalter tun wird. Lässt sich der Beschäftigte darauf ein und arbeitet mit den neuen Geräten, steht er genauso wie bei einer (in höflicher Form vorgetragenen) Anordnung: Der Arbeitgeber soll sich nicht dadurch von den an bestimmte Weisungen

9 BAG, 10.11.1992 – 1 AZR 185/92, DB 1993, 1726.
10 BAG, 29.8.1991 – 6 AZR 593/88, DB 1992, 147.
11 Einzelheiten bei MünchArbR-Reichold, § 40 Rn. 38ff.; Schaub-Linck, § 45 Rn. 16.
12 LAG Köln, 26.10.1984 – 6 Sa 740/84, NZA 1985, 258.
13 Dies ist vom BAG, 12.4.1973 – 2 AZR 291/72, AP Nr. 24 zu § 611 BGB Direktionsrecht auch für den Bereich des öffentlichen Dienstes bejaht worden.
14 Ebenso Kramer, NZA 2004, 458.

geknüpften Pflichten (etwa im Arbeitsschutzrecht) befreien können, dass er den Weg über die mehr oder weniger freiwillige Einigung wählt.[15]

> Eine ähnliche Problematik taucht dann auf, wenn dem Beschäftigten das Recht eingeräumt wird, einzelne im Rahmen eines Schichtplans vorgesehene Einsätze zu verweigern: Nach der Rechtsprechung des BAG ändert dies nichts an der arbeitnehmertypischen Weisungsunterworfenheit, da erwartet werde, dass man im Regelfall nicht »nein« sage. Die arbeitsrechtlichen Normen finden daher in vollem Umfang Anwendung.[16]

14 Die **Ausübung des Direktionsrechts** durch den Arbeitgeber muss nach ständiger Rechtsprechung des BAG[17] »**billigem Ermessen**« entsprechen, was seit 2001 ausdrücklich gesetzlich fixiert ist.[18] Das bedeutet, dass der Arbeitgeber auch die Interessen des Arbeitnehmers berücksichtigen muss. So hat er vor allem auf dessen Kräfte und Fähigkeiten Rücksicht zu nehmen.[19] Bei Behinderungen ist zu beachten, dass es schon seit geraumer Zeit auch Konzepte zu **behindertengerechten Websites** gibt.[20] Davon ist Gebrauch zu machen; in der Literatur ist von »digitaler Inklusion« die Rede.[21] Weiter können bei einzelnen Mitarbeitern schwer überwindbare »Berührungsängste« auftreten.

> Der Einzelne kann sich beispielsweise mangels Englischkenntnisse unter »File not found« nichts vorstellen und begreift nicht, wie man Kommentare einfügt und wieder löscht.

Auch hatte der Verf. mit einem Fall zu tun, in dem ein Lagerarbeiter über viele Jahre hinweg seine Arbeit ohne Fehl und Tadel absolvierte, bei den

---

15 Dies ist vor allem von Bedeutung für die Pflicht, Möglichkeiten zur Weiterqualifizierung anzubieten. Dazu näher unter 3. (Rn. 94ff.).

16 Siehe etwa BAG, 16.6.1998 – 5 AZN 154/98, DB 1998, 2276 u.a.

17 BAG, 27.3.1980 – 2 AZR 506/78, AP Nr. 26; 20.12.1984 – 2 AZR 436/83, AP Nr. 27 zu § 611 BGB Direktionsrecht; 25.10.1989 – 2 ZR 633/88, AP Nr. 36 zu § 611 BGB Direktionsrecht.

18 § 106 Satz 1 GewO. Einzelheiten dazu bei Keßler, in: Boemke (Hrsg.), § 106 Rn. 32ff.

19 BAG, 12.4.1973 – 2 AZR 291/72, AP Nr. 24 zu § 611 Direktionsrecht; 29.8.1991 – 6 AZR 593/88, DB 1992, 147.

20 Siehe die Mitteilung in CF 6/2003, 25 mit einer Internet-Adresse (jetzt: *www.w3.org/WAI/*).

21 Hlava, CuA 12/2020, 8ff.; zu barrierefreien PDF-Dateien siehe Haverkamp, CuA 12/2020, 20.

wenigen Schriftlichkeiten, die er zu erledigen hatte, aber immer die Hilfe von Kollegen in Anspruch nahm, weil er Analphabet war. Als die Firma auf PCs umstellte, musste er alles selbst erledigen, sodass seine Schwäche nicht mehr zu verbergen war.

In solchen Fällen muss der Arbeitgeber vor allem **bei älteren Arbeitnehmern nach einem Ausweg suchen**. Dieser wird vor allem in Ausbildungsmaßnahmen bestehen. Soweit die Internetnutzung oder eine moderne Form von Gruppenarbeit an dem fraglichen Arbeitsplatz aus betrieblichen Gründen wirklich geboten ist, muss notfalls eine Versetzung an einen »internetfreien« Arbeitsplatz ins Auge gefasst werden, sofern dieser frei ist oder dem dort tätigen Arbeitnehmer ein Wechsel zugemutet werden kann. Kommen solche Ausweichmöglichkeiten nicht in Betracht, riskiert der Arbeitnehmer eine (Änderungs-)Kündigung. 15

2. Anspruch auf eine bestimmte Ausstattung?

Im Einzelfall kann die Situation auftreten, dass der Arbeitnehmer einen Internetanschluss, ein Smartphone oder einen Zugriff auf bestimmte Dateien haben möchte, der Arbeitgeber diesen Wunsch jedoch ablehnt. Die Gewährung eines Smartphones wird beispielsweise als Vertrauensbeweis angesehen oder auf gehobene Angestellte beschränkt; der »Ausgeschlossene« meint, auch er sei vertrauenswürdig oder gehöre zu den Führungskräften. Hier ist zu unterscheiden. 16

Der Arbeitgeber ist verpflichtet, dem Arbeitnehmer **die für die Arbeit notwendigen Mittel** zur Verfügung zu stellen.[22] Ist diese ohne mobiles Gerät nicht sinnvoll zu erledigen, muss der Arbeitnehmer ein solches bekommen (und könnte dies im Prinzip sogar gerichtlich durchsetzen).[23] Dasselbe gilt dann, wenn im **Arbeitsvertrag** eine bestimmte Ausstattung vorgesehen ist oder für einzelne Beschäftigtengruppen eine entsprechende Betriebsübung besteht. Die Regelung in einer Betriebsvereinbarung wäre zulässig, kommt aber bisher in der Praxis relativ selten vor. 17

Fehlt es an einer zwingenden Notwendigkeit für die Arbeit oder einer besonderen Rechtsgrundlage, kommt ein Anspruch aufgrund des Gleichbehandlungsgrundsatzes in Betracht. Danach darf der Arbeitgeber nicht ohne sachlichen Grund einen Arbeitnehmer schlechter als andere behan- 18

22 So auch BAG, 10.11.2021 – 5 AZR 334/21, NZA 2022, 401.
23 Kramer-von der Straten/Wenzel, 1. Aufl., Teil B Rn. 77.

deln.[24] Das bedeutet, dass er ggf. die »Smartphoneaktion« auch auf den bisher nicht berücksichtigten Arbeitnehmer X erstrecken muss.

Beispiel:
Alle stellvertretenden Abteilungsleiter erhalten ein Smartphone, nicht aber die mit der gleichen Funktion betraute X. Sie vermutet eine Intervention ihres Chefs, mit dem sie nicht besonders harmonisch zusammenarbeitet. Ob die Vermutung stimmt, kann letztlich dahinstehen, sofern sich die Funktion der X nicht von der anderer stellvertretender Abteilungsleiter unterscheidet.

3. Versetzung nach Hause und Desksharing im Betrieb?

19 Kann der Arbeitgeber einseitig anordnen, dass die Arbeitnehmer drei Tage in der Woche oder durchgehend zu Hause arbeitet? Soweit das Problem in der Literatur angesprochen wird, ist die Antwort mit Recht negativ.[25] Eine solche Veränderung des Arbeitsorts ist **nicht mehr vom Direktionsrecht gedeckt**, da eine der Grundlagen des Arbeitsverhältnisses verändert wird, nämlich das ausschließliche Arbeiten mit Betriebsmitteln des Arbeitgebers. Das bedeutet, dass ein solcher Effekt nur mithilfe eines **Änderungsvertrags** erreicht werden kann. In der Praxis wird dieses Mittel auch deshalb verwendet, weil die Arbeit außerhalb der Betriebsstätte eine hohe Loyalität des Arbeitnehmers und viel Vertrauen seitens des Arbeitgebers voraussetzt. Die zahlreichen Einzelfragen werden an späterer Stelle erörtert.[26]

19a Findet – wie bisher in der Regel – ein nicht unwesentlicher Teil der Arbeit **im Betrieb** statt, so kann es zum **Desksharing** kommen: Zwei Personen benutzen beispielsweise zu unterschiedlichen Zeiten denselben Schreibtisch. Der Arbeitgeber spart dabei Büroraum und Ausstattung. Ist das Homeoffice einmal vereinbart, dürfte eine solche Arbeitsform vom Direktionsrecht gedeckt sein. In der Regel wird dem Einzelnen gleichwohl ein Teil des Schreibtischs oder ein kleines Schränkchen mit Rädern zur ausschließlichen Nutzung zur Verfügung gestellt; **ohne persönliche Gegenstände** fühlen sich viele Menschen nicht wirklich »zu Hause«, was

24 Ebenso im vorliegenden Zusammenhang Strömer, S. 317; vgl. weiter Bosmann, NZA 1984, 187 zur entsprechenden Problematik bei der Einführung von Bildschirmgeräten.

25 Deinert/Heuschmid/Zwanziger-Becker, § 118 Rn. 19; Stefan Müller, Homeoffice, Rn. 117; Krieger/Rudnik/Povedano Peramato, NZA 2020, 475; Schaub-Vogelsang, § 164 Rn. 22.

26 Unten § 15 I.

sich **negativ auf die Arbeitsatmosphäre** und auf die Arbeitsproduktivität **auswirkt.** § 19 Abs. 1 des inzwischen durch Landesrecht abgelösten Strafvollzugsgesetzes bestimmte deshalb ausdrücklich: »Der Gefangene darf seinen Haftraum in angemessenem Umfang mit eigenen Sachen ausstatten. Lichtbilder nahestehender Personen und Erinnerungsstücke von persönlichem Wert werden ihm belassen.« Bei allen Unterschieden zwischen einem Strafgefangenen und einem Arbeitnehmer: Vernünftige Erkenntnisse im Strafvollzug sollten auch im Arbeitsrecht zur Kenntnis genommen werden. Würde dieser Rahmen nicht eingehalten, wären die **Grenzen des Direktionsrechts** überschritten; die »Billigkeit« wäre nicht mehr gewahrt.[27] Auch wenn in diesem Punkt den Bedürfnissen des Einzelnen Rechnung getragen ist – es gibt zahlreiche andere Gesichtspunkte, die gegen eine solche Arbeitsform sprechen.[28] Auch geht es nicht allein um das Mitbestimmungsrecht nach § 87 Abs. 1 Nr. 7 BetrVG; vielmehr dürfte meist auch eine Betriebsänderung nach § 111 Satz 3 Nr. 4 BetrVG vorliegen, die eingehende Verhandlungen zur Folge hat.[29] Darauf ist an späterer Stelle ausführlicher einzugehen.[30]

4. Änderung der Tätigkeit

Hat der Arbeitnehmer eine andersartige Aufgabe zu erfüllen, bedient er nicht mehr Maschinen und Geräte, sondern muss er eine vollautomatische Anlage überwachen, überschreitet dies im Regelfall den Rahmen seines Arbeitsvertrags. Insoweit ist gleichfalls ein Änderungsvertrag, notfalls eine Änderungskündigung, erforderlich. Zentral ist in diesen Fällen das Problem der Weiterqualifizierung, das als nächstes (Rn. 22ff.) angegangen werden soll. Ihre Organisation ist in erster Linie Sache des Arbeitgebers, dem ihre Ergebnisse im Regelfall ja auch zugutekommen. Die staatlichen Förderungen, wie sie im Qualifizierungschancengesetz[31] und im sog. Arbeit-von-morgen-Gesetz[32] in Aussicht gestellt sind, betreffen in erster Linie die sehr viel schwierigeren Fälle, in denen der Arbeitsplatz verloren 20

27 Zur eigentumsrechtlichen Diskussion siehe die Nachweise bei Rittstieg, S. 320.

28 Dazu Kohte, NZA-RR 2018, 374f.

29 Nicht angesprochen in LAG Düsseldorf, 9.1.2018 – 3 TaBVGa 6/17, NZA-RR 2018, 368 mit Anm. Kohte. Wie hier ErfK-Kania, § 111 Rn. 17; Günther/Böglmüller, NZA 2019, 417, 423. Für Anwendung von § 111 Satz 3 Nr. 5 Oltmanns/Fuhlrott, NZA 2018, 1225, 1229.

30 Unten § 15 I.

31 V. 20.12.2018, BGBl. I S. 2651.

32 Gesetz zur Förderung der beruflichen Weiterbildung im Strukturwandel und zur Weiterentwicklung der Ausbildungsförderung v. 20.5.2020, BGBl. I S. 1044.

zu gehen droht und eine Beschäftigung bei einem anderen Unternehmen in Betracht kommt.

20a Durch den Einsatz digitaler Techniken wird »**agiles Arbeiten**« erleichtert, das sich seit einigen Jahren erheblicher Aufmerksamkeit erfreut.[33] Inhaltlich geht es darum, den Arbeitsprozess von bürokratischen Hürden zu befreien und die Beschäftigten in die Lage zu versetzen, **rasch und effizient auf veränderte Anforderungen** zu **reagieren.**[34] Wichtigster Anwendungsfall ist »**Scrum**« (wörtlich: Gedränge), das bei der Bewältigung von Aufgaben normalerweise drei Rollen kennt: Den »Project Owner«, das »Entwicklungsteam« und den »Scrum Master«.[35] Der **Project Owner** teilt dem Team die fachlichen Aufgaben zu (»Entwicklung einer Software für den Kunden X, die die folgenden Anforderungen erfüllt«) und ist für die eingesetzten Ressourcen verantwortlich. Das aus 5 bis 10 Personen bestehende **Team** organisiert seine Arbeit innerhalb des so bestimmten Rahmens selbst. Der **Scrum-Master** hat die Funktion eines Moderators, der unterschiedliche Meinungen und Vorschläge in Einklang bringen muss. Das Team trifft sich im Prinzip jeden Tag, um sich über den Stand der jeweiligen Arbeit und die aufgetretenen Schwierigkeiten auszutauschen. Dabei kann insbesondere eine Rückkopplung mit dem Kunden geboten sein.

20b Die an einer Aufgabe orientierte Arbeitsgruppe verlangt von allen Beteiligten ein hohes Maß an sozialer Kompetenz. Je nach Ausgestaltung des Arbeitsvertrags muss dieser geändert werden, wenn ein Beschäftigter bislang eine bestimmte **Eigenverantwortung** (wenn auch im Rahmen eines hierarchischen Systems) hatte, die **nunmehr** dem **Team** zukommt. Auch kann die Fortsetzung der Arbeit im Scrum der Sache nach eine Versetzung nach § 95 Abs. 3 BetrVG darstellen. In diesem Rahmen kann sich gleichfalls **Weiterbildungsbedarf** ergeben. Die häufigen Veränderungen in der Arbeit können mit sehr viel Stress verbunden sein,[36] weshalb auch § 87 Abs. 1 Nr. 7 BetrVG ins Spiel kommt.

---

33 Überblick über dieses Konzept und die eingreifenden Mitbestimmungsrechte bei Bachner, in: FS 100 Jahre Betriebsverfassungsrecht, S. 17ff. und bei Reinhard, ebenda, S. 613ff.

34 Krause, DRdA 2022, 132ff.; Schwarzbach, CuA 5/2019, 9.

35 Hierzu und zum Folgenden Günther/Böglmüller, NZA 2019, 417.

36 Schwarzbach, CuA 5/2019, 11.

5. Entzug von eingeräumten Möglichkeiten

Das LAG Düsseldorf[37] hatte über den Fall zu entscheiden, dass einem Außendienstmitarbeiter die Befugnis entzogen wurde, bestimmte Aufgaben von zu Hause aus zu erledigen. In dem vorformulierten Arbeitsvertrag hatte sich der Arbeitgeber dieses Recht vorbehalten, ohne dass es vom Vorliegen bestimmter Voraussetzungen abhängig gewesen wäre. Das wurde vom LAG Düsseldorf beanstandet, weil das Direktionsrecht des § 106 Satz 1 GewO verlange, auch die Interessen des Arbeitnehmers zu berücksichtigen. Von diesem Leitbild abzuweichen, stelle eine **unangemessene Benachteiligung des Arbeitnehmers** im Sinne von § 307 Abs. 1 Satz 1 BGB dar und führe deshalb zur Unwirksamkeit der Klausel. Außerdem seien durch den **Entzug der alternierenden Telearbeit** die Voraussetzungen einer Versetzung nach § 95 Abs. 3 BetrVG erfüllt, sodass der Betriebsrat hätte zustimmen müssen. Letzteres ist auch dann anzunehmen, wenn das Direktionsrecht anders als hier korrekt ausgeübt wird. Werden bestimmte Arbeitsgeräte abgeschafft, die für die Arbeit nicht zwingend notwendig sind, ist genau wie bei ihrer Einführung der **Gleichbehandlungsgrundsatz** zu wahren. 21

III. Das Problem der arbeitsnotwendigen Weiterqualifizierung

Nicht jeder Arbeitnehmer ist automatisch in der Lage, von einem neuen Gerät oder einem neuen System sachgerecht Gebrauch zu machen. Das gilt nicht nur in der heute selten gewordenen Situation der Neuinstallierung von Arbeitsplatzrechnern oder Internetanschlüssen. Auch jede Weiterentwicklung und Aktualisierung von Software sowie jedes neuartige Gerät wie z. B. ein Roboter bringen einen mehr oder weniger großen Schulungsbedarf mit sich.[38] Die Anforderungsprofile ändern sich, der Inhaber einer bestimmten Stelle muss Aufgaben erfüllen, für die er nicht ausgebildet ist und die andere Fähigkeiten als die bisherige Tätigkeit voraussetzen.[39] Es fragt sich daher, ob der Einzelne vom Arbeitgeber verlangen kann, die nötigen Informationen und Fähigkeiten in einem Kurs oder auf sonstige Weise vermittelt zu bekommen. Auch eine zweite 22

37 LAG Düsseldorf, 10.9.2014 – 12 Sa 505/14, AuR 2014, 490 = RDV 2015, 45.
38 Böker, CF 7–8/2003, 15.
39 Vgl. auch Kleinebrink, DB 2017, 1713ff., der andere Konsequenzen geänderter Anforderungsprofile aus Arbeitgebersicht analysiert.

Konstellation ist denkbar: Der Arbeitgeber hält eine Weiterbildungsmaßnahme für notwendig, der Arbeitnehmer weigert sich jedoch, »noch einmal die Schulbank zu drücken«. Wie ist in beiden Fällen zu verfahren?

1. Anspruch des Arbeitnehmers auf Weiterqualifizierung?

23 Ob der Arbeitgeber dem Arbeitnehmer die Möglichkeit eröffnen muss, sich die für die geänderten Arbeitsanforderungen notwendigen Kenntnisse zu verschaffen, ist in Rechtsprechung und Literatur **nicht abschließend geklärt**. Gewichtige Gesichtspunkte sprechen jedoch dafür, die Frage zu bejahen und dem Arbeitnehmer ein entsprechendes Recht zuzusprechen.

a) § 81 BetrVG?

24 **Keine Lösung** bietet insoweit **§ 81 Abs. 1 BetrVG**, wonach der Arbeitgeber den Arbeitnehmer »über dessen Aufgabe und Verantwortung sowie über die Art seiner Tätigkeit und ihre Einordnung in den Arbeitsablauf des Betriebes zu unterrichten« hat. Wie schon der Wortlaut deutlich macht, geht es dabei nur um die Darstellung der Aufgaben, nicht aber um die Vermittlung zusätzlicher, bisher fehlender Kenntnisse. Das hat auch das BAG ausdrücklich hervorgehoben[40] und beispielsweise die Vermittlung der erforderlichen Fachkunde an das in einem Kernkraftwerk tätige verantwortliche Schichtpersonal als Maßnahme der betrieblichen Berufsbildung qualifiziert, nicht aber als Unterrichtung gem. § 81 BetrVG.[41]

b) Nebenpflicht des Arbeitgebers zur Schaffung der Voraussetzungen für die Arbeit

25 Aus der Rechtsprechung ist jedoch eine Entscheidung des **ArbG Bonn** vom 4. Juli 1990[42] zu erwähnen, bei der es um eine »Büroangestellte« ging, die in das damals wichtige Btx-System eingeführt werden sollte. Obwohl primär die Frage strittig war, ob der Arbeitgeber in Ausübung seines Weisungsrechts eine Teilnahme an einer entsprechenden Veranstaltung anordnen konnte,[43] führte das Gericht unter anderem aus:

---

40 BAG, 10.2.1988 – 1 ABR 39/86, AP Nr. 5 zu § 98 BetrVG 1972 Bl. 3 R, bestätigt durch BAG, 23.4.1991 – 1 ABR 49/90, AP Nr. 7 zu § 98 BetrVG 1972 Ls. 2.

41 BAG, 5.11.1985 – 1 ABR 49/83, AP Nr. 2 zu § 98 BetrVG 1972 Ls. 2; etwas anders wohl BAG, 28.1.1992 – 1 ABR 41/91, AP Nr. 1 zu § 96 BetrVG 1972, wo es um eine »Freundlichkeitsschulung« für Verkäufer in einem Möbelgeschäft ging, die noch unter § 81 BetrVG subsumiert wurde.

42 ArbG Bonn, 4.7.1990 – 4 Ca 751/90, NZA 1991, 512 = NJW 1991, 2168.

43 Dazu unter 2. (Rn. 33ff.).

»Schon aufgrund seiner Fürsorgepflicht hat der Arbeitgeber dafür zu sorgen, dass auch ältere Mitarbeiter geschult werden, um nicht den Anschluss an die technische Entwicklung zu verlieren und möglicherweise sogar ihren Arbeitsplatz zu riskieren, weil sie mit den neu eingeführten Systemen nicht umgehen können.«

Die Annahme einer solchen Nebenpflicht des Arbeitgebers lässt sich auf verschiedene Gesichtspunkte stützen:[44]

- Der **Arbeitgeber hat** die Aufgabe, die für die Erbringung der Arbeitsleistung erforderlichen **Voraussetzungen zu schaffen**. Dazu gehören beispielsweise **Schutzausrüstungen**, die das Arbeitsschutzrecht vorschreibt: Nach ständiger Rechtsprechung des BAG[45] und nach der ausdrücklichen Vorschrift des § 3 Abs. 3 ArbSchG darf der Arbeitnehmer nicht an deren Kosten beteiligt werden, weil es sich – so muss man schlussfolgern – um eine ausschließliche Angelegenheit des Arbeitgebers handelt. Auf demselben Grundgedanken beruht die **Rechtsprechung über das Betriebsrisiko**, wonach der Arbeitgeber das Entgelt auch dann fortbezahlen muss, wenn aufgrund von ihm nicht zu vertretender Umstände wie Stromausfall, Nichtanlieferung von Vorprodukten usw. die Arbeitsleistung nicht erbracht werden kann oder wirtschaftlich völlig sinnlos ist.[46] Auch hier liegt der Gedanke zugrunde, dass allein der Arbeitgeber die Voraussetzungen für die Arbeitsleistung sicherstellen muss. Ändert er die Arbeitsanforderungen im Vergleich zum bisher Praktizierten, gilt nichts anderes. Er muss dafür sorgen, dass der Arbeitsprozess reibungslos fortgesetzt werden kann. 26
- Wer nicht über die volle Qualifikation zur Bedienung seiner Arbeitsgeräte verfügt, wird häufig in **Stresssituationen** geraten, aus denen er sich nicht oder nur mit großem Aufwand befreien kann. Das verstößt gegen das **Gebot** des § 4 Nr. 1 ArbSchG, wonach **Gesundheitsgefährdungen möglichst zu minimieren** sind.[47] 27

44 Eingehend dazu Käufer, S. 199ff. Wie hier im Ergebnis auch Kramer-Schulze Zumkley/von der Straten, Teil B Rn. 1205; skeptisch Arnold/Günther-Arnold/Winzer, § 3 Rn. 115.

45 BAG, 21.8.1985 – 7 AZR 199/83, NZA 1986, 324 = DB 1986, 283; bestätigt durch BAG, 14.2.1996 – 5 AZR 978/94, DB 1996, 1288.

46 So BAG, 8.2.1957 – 1 AZR 338/55, AP Nr. 2 zu § 615 BGB Betriebsrisiko, bestätigt durch BAG, 7.12.1962 – 1 AZR 134/61, AP Nr. 14 zu § 615 Betriebsrisiko Bl. 2 R; BAG, 10.7.1969 – 5 AZR 323/68, AP Nr. 2 zu § 615 BGB Kurzarbeit. Siehe weiter heute § 615 Satz 3 BGB.

47 Für eine Pflicht zur Humanisierung der Arbeitsbedingungen Zöllner, RdA 1973, 214; zustimmend Däubler, Arbeitsrecht 2, Rn. 597.

28 • Die Pflicht des Arbeitgebers, dem Arbeitnehmer die arbeitsnotwendige Weiterqualifizierung zu ermöglichen, wird mittelbar durch **§ 1 Abs. 2 Satz 3 KSchG** bestätigt. Danach ist eine Kündigung sozial ungerechtfertigt, »wenn die Weiterbeschäftigung des Arbeitnehmers nach zumutbaren Umschulungs- oder Fortbildungsmaßnahmen … möglich ist«. Können Kündigungen durch Weiterbildung vermieden werden, ist von diesem Ausweg Gebrauch zu machen; insoweit haben die **Nebenpflichten** des Arbeitgebers **eine gesetzliche Konkretisierung** erfahren.[48]

29 • § 75 Abs. 2 BetrVG verpflichtet u. a. auch den Arbeitgeber, die freie Entfaltung der Persönlichkeit des Arbeitnehmers zu fördern. Zu Letzterer gehört die durch Art. 12 Abs. 1 GG geschützte **berufliche Entfaltungsfreiheit**, die der Gesetzgeber bzw. der an seiner Stelle handelnde Richter auch im Arbeitsverhältnis zu schützen hat.[49]

c) Tragweite der Arbeitgeberpflicht

30 Die Nebenpflicht des Arbeitgebers reicht **nur so weit, wie ein Bedarf auf Arbeitnehmerseite** besteht. Es muss feststehen, dass sich die Anforderungen am konkreten Arbeitsplatz ändern und dass der Arbeitnehmer insoweit **Informations- und Kenntnisdefizite** hat und auch nicht auf einem gleichwertigen Arbeitsplatz ohne diese spezifischen Anforderungen weiterbeschäftigt werden kann.[50] Nur dann greift die Weiterbildungspflicht und das entsprechende Recht des Arbeitnehmers ein. »Schulungen auf Vorrat« anzubieten, ist dem Arbeitgeber unbenommen, doch kann der Arbeitnehmer dies nicht verlangen.

d) Einbeziehung der Arbeitszeit

31 Die **Weiterqualifizierung** muss **während der Arbeitszeit** erfolgen. Sie ist Teil der Aufgabenerfüllung durch den Arbeitnehmer, sie gehört gewissermaßen (untechnisch gesprochen) zur Arbeitsvorbereitung. Auch in der Literatur wird dieser Standpunkt vertreten.[51] Das BAG dürfte gleichfalls zu diesem Ergebnis neigen. Anders lässt es sich nicht erklären, dass es eine Betriebsvereinbarung über Gleitzeit als verletzt ansah, weil der Arbeitgeber eine Schulungs- und Informationsveranstaltung für Kundenberater nicht in die Kernarbeitszeit gelegt hatte: Der Arbeitgeber hatte Vertrags-

48 Birk, in: FS Kissel, S. 55.

49 BVerfG, 27.1.1998 – 1 BvL 15/87, NZA 1998, 470ff.

50 Kramer-Schulze Zumkley/von der Straten, Teil B Rn. 1204ff.

51 Däubler, Arbeitsrecht 2, Rn. 604; Käufer, S. 233; ähnlich Fitting, § 97 Rn. 31; Kramer, NZA 2004, 458 und Kramer-Schulze Zumkley/von der Straten, Teil B Rn. 1205.

erfüllung verlangt, ohne auf das freie Entscheidungsrecht des Einzelnen Rücksicht zu nehmen.[52] Die Weiterbildung wurde wie Arbeit behandelt. Befindet sich der Betrieb in einer wirtschaftlichen Notsituation, wäre ausnahmsweise ein anderes Ergebnis denkbar.

In der Praxis sollten sich keine grundsätzlichen Schwierigkeiten ergeben, 32
da der Arbeitgeber ein erhebliches Eigeninteresse an einer Weiterbildung hat, die die Arbeitsabläufe und damit die Produktivität nach aller Erfahrung verbessern wird.[53] Der Arbeitnehmer hat daher rechtlich keine Veranlassung, sich die notwendigen Kenntnisse durch Selbststudium während der Freizeit anzueignen; auch eine Kostenbeteiligung scheidet aus.[54]

e) Bestätigung durch § 111 GewO

Das Gesetz zur Umsetzung der Richtlinie (EU) 2019/1152 des Europäi- 32a
schen Parlaments und des Rates vom 20. Juni 2019 über transparente und vorhersehbare Arbeitsbedingungen[55] hat durch seinen Art. 6 einen § 111 GewO geschaffen, der unter der Überschrift »Pflichtfortbildungen« bestimmt:

> (1) Ist der Arbeitgeber durch oder aufgrund eines Gesetzes oder eines Tarifvertrages, einer Betriebs- oder Dienstvereinbarung verpflichtet, dem Arbeitnehmer eine für die Erbringung der Arbeitsleistung erforderliche Fortbildung anzubieten, dürfen dem Arbeitnehmer die Kosten nicht auferlegt werden.
> (2) Fortbildungen nach Absatz 1 sollen während der regelmäßigen Arbeitszeit durchgeführt werden. Soweit Fortbildungen nach Absatz 1 außerhalb der regelmäßigen Arbeitszeit durchgeführt werden müssen, gelten sie als Arbeitszeit.

Damit wird zwar keine Anspruchsgrundlage für eine Weiterbildung geschaffen. Soweit sie jedoch wie in Deutschland nach nationalem Recht stattfinden muss. darf der Arbeitnehmer nicht an den Kosten beteiligt werden. Auch zählt die Weiterbildung zur Arbeitszeit.

---

52 BAG, 18.4.1989 – 1 ABR 3/88, DB 1989, 1978.

53 Zu den Aufwendungen der Arbeitgeberseite für betriebliche Weiterbildung siehe den Überblick bei Kühnlein, S. 13f.; siehe auch Grünewald/Moraal.

54 Ebenso Fitting, § 97 Rn. 31; Kramer-Schulze Zumkley/von der Straten, Teil B Rn. 1205; LAG Hannover, 6.8.2002 – 13 Sa 374/02, DuD 2003, 445: Fünftägige Einführung in Windows 2000.

55 ABl. v. 11.7.2019, L 186/105. Das Gesetz findet sich in BGBl I. S. 1174

2. Pflicht des Arbeitnehmers zur Weiterqualifizierung

33 Mit der Zuordnung der arbeitsnotwendigen Weiterbildung zur Arbeitszeit ist im Grunde die Frage schon beantwortet, ob der Arbeitnehmer an entsprechenden Weiterbildungsmaßnahmen teilnehmen muss. Das ArbG Bonn[56] hat mit Recht den Standpunkt vertreten, dass sich der Arbeitgeber **im Rahmen seines Direktionsrechts** bewegt, wenn er eine solche Weiterbildung anordnet. Wenn es um die Herstellung der Arbeitsvoraussetzungen geht, ist auch der Arbeitnehmer zur Mitwirkung verpflichtet[57] – nicht anders, als wenn er an einem gesetzlich vorgeschriebenen Lehrgang über bestimmte Fragen des Arbeitsschutzes teilnehmen muss.[58] Nach der Rechtsprechung des EuGH[59] zählt eine angeordnete Weiterbildungsmaßnahme immer zur Arbeitszeit.

34 Das ArbG Bonn hat eine solche Anordnungsbefugnis des Arbeitgebers auch für den Fall bejaht, dass die **neue Technik** (im damaligen Fall: Btx-System) **am Arbeitsplatz der Arbeitnehmerin** in der Telefonzentrale **gar nicht zur Anwendung** kam, jedoch ihre Einsetzbarkeit als Büroangestellte auf anderen Arbeitsplätzen erhöht wurde. Dem wird man grundsätzlich zustimmen können. Lediglich dann, wenn keinerlei Bezug zur aktuellen oder künftigen Arbeit besteht, lässt sich eine entsprechende Nebenpflicht des Arbeitnehmers nicht mehr aus dem Arbeitsvertrag ableiten.

> Der Arbeitgeber ist der Auffassung, wer in der Freizeit singe, komme auch viel fröhlicher zur Arbeit. Er legt deshalb dem Arbeitnehmer den Beitritt zum örtlichen Gesangsverein nahe. Ohne rechtliche Verbindlichkeit. Auch der Betriebssportverein ist eine Freizeiteinrichtung, die der Einzelne in Anspruch nehmen oder meiden kann; eine Abordnung zum Fußballspielen oder zum 800m-Lauf braucht der Arbeitnehmer also auch dann nicht zu befolgen, wenn er dafür Arbeitszeit aufwenden dürfte.

35 Das ArbG Bonn[60] erwägt ausdrücklich **Ausnahmefälle,** in denen eine Teilnahmepflicht des Arbeitnehmers ausscheide. Derartiges könne sich aus einem **fortgeschrittenen Alter** ergeben, doch liege dieses mit 50 Jahren noch nicht vor. Weiter kann der Arbeitnehmer geltend machen, zu der Weiterbildungsmaßnahme konstitutionell und intellektuell nicht in

56 ArbG Bonn, 4.7.1990 – 4 Ca 751/90, NZA 1991, 512 = NJW 1991, 2168.
57 Ebenso Schaub-Linck, § 45 Rn. 33 im Anschluss an das ArbG Bonn.
58 Kramer-von der Straten, Teil B Rn. 1215.
59 EuGH, 28.10.2021 – C-909/19, NZA-RR 2021, 686.
60 Ebenda.

der Lage zu sein, doch war auch dieser Tatbestand nicht gegeben. In der Praxis wird er auch nur in Extremfällen eine Rolle spielen.[61]

Angesichts des schnellen technologischen Wandels bietet es sich an, nicht nur solche Fortbildungsmaßnahmen zu absolvieren, die »arbeitsnotwendig«, d. h. für die Fortsetzung der bisherigen Tätigkeit erforderlich sind. Vielmehr kann und sollte man den **Rahmen sehr viel weiter** spannen. Welche Möglichkeiten hier bestehen und genutzt werden sollten und wie sich der Arbeitgeber durch Rückzahlungsvereinbarungen bei späterem Ausscheiden des Arbeitnehmers schützen kann, soll an späterer Stelle erörtert werden.[62] **36**

IV. Beteiligungsrechte des Betriebsrats

1. Allgemeine Aufgaben und Informationsrechte

Nach § 80 Abs. 1 Nr. 1 BetrVG hat der Betriebsrat darüber zu wachen, dass die **zugunsten der Arbeitnehmer bestehenden gesetzlichen Bestimmungen** (und andere Vorschriften) eingehalten werden. Dazu gehören etwa **Vorschriften des Datenschutzes**, und zwar sowohl die DSGVO und das BDSG wie auch Spezialnormen wie die im TTDSG oder im SGB X enthaltenen.[63] Dass schon das bis 2018 geltende BDSG eine arbeitnehmerschützende Norm i. S. v. § 80 Abs. 1 Nr. 1 BetrVG war, entsprach der ständigen Rechtsprechung des BAG.[64] **37**

Um seiner Kontrollaufgabe Rechnung zu tragen, kann der Betriebsrat **Betriebsbegehungen** durchführen[65] und mit einzelnen Belegschaftsangehörigen sprechen. Auch ohne konkreten Verdacht kann er im Einzelfall **Stichproben** machen, also beispielsweise überprüfen, ob die zugesagte Begrenzung der Zugriffsrechte auch wirklich eingehalten wird.[66] **38**

Nach § 80 Abs. 2 Satz 1 BetrVG ist der Betriebsrat »zur Durchführung seiner Aufgaben« **rechtzeitig und umfassend vom Arbeitgeber zu unterrichten**. Im konkreten Zusammenhang bedeutet dies, dass er vom Ar- **39**

61 Eingehend dazu Käufer, S. 242 ff.

62 Unten § 15 Rn. 27 ff.

63 Zu Ersterem siehe unten § 8 (Rn. 20 ff.).

64 Siehe nur BAG, 17. 3. 1987 – 1 ABR 59/85, AP Nr. 29 zu § 80 BetrVG 1972.

65 BAG, 21. 1. 1982 – 6 ABR 17/79, AP Nr. 1 zu § 70 BetrVG 1972.

66 Zum Recht auf unerwartete Stichprobe ebenso ArbG Stuttgart, 19. 2. 2002 – 20 BV 14/01, NZA-RR 2002, 365; DKW-Buschmann, § 80 Rn. 23; GK-Weber, § 80 Rn. 28.

beitgeber all die Informationen verlangen kann, die er für seine Kontrollaufgabe benötigt. Dazu gehört beispielsweise, dass er sich nach den Qualifizierungsmaßnahmen erkundigen kann, die für die mit einem neuen System befassten Arbeitnehmer vorgesehen sind. Auch kann er sich das Funktionieren der EDV-Systeme in allen Einzelheiten erläutern lassen.[67] Wird im Einzelfall festgestellt, dass arbeitnehmerschützende Normen nicht eingehalten sind, kann der Betriebsrat auf Abhilfe dringen. Ein gerichtliches Verfahren, das den Arbeitgeber zu einem gesetzeskonformen Verhalten zwingen würde, steht ihm nach herrschender Auffassung nicht zur Verfügung.[68] **Im Einzelfall** ist allerdings denkbar, dass eine strafbare Handlung nach § 119 Abs. 1 BetrVG oder eine **Ordnungswidrigkeit** nach § 121 BetrVG vorliegt, sodass der Betriebsrat einen Strafantrag stellen bzw. eine Anzeige erstatten oder – vorsichtiger – die Gewerkschaft zu einem solchen Tun ermutigen kann. Ob er von diesen Möglichkeiten Gebrauch macht, ist eine Frage der innerbetrieblichen Umgangsformen.[69]

40 Der Betriebsrat hat weiter das Recht, an den Arbeitgeber mit **Vorschlägen und Anregungen** heranzutreten und darüber zu verhandeln (§ 80 Abs. 1 Nr. 2 und 3 BetrVG). Beschwert sich ein Arbeitnehmer und macht sich der Betriebsrat sein Vorbringen zu eigen, muss über eine Abhilfe verhandelt werden. Führt dies zu keinem Ergebnis, entscheidet die Einigungsstelle darüber, ob die Beschwerde berechtigt ist oder nicht.[70] Dabei sind allerdings (konkrete) Rechtsansprüche nach § 85 Abs. 2 Satz 3 BetrVG ausgenommen.[71]

2. Beratungsrechte

41 Plant der Arbeitgeber u.a. »technische Anlagen« oder (neue) »Arbeitsverfahren und Arbeitsabläufe«, hat er nach **§ 90 BetrVG** den Betriebsrat rechtzeitig unter Vorlage der erforderlichen Unterlagen zu unterrichten und mit ihm die vorgesehenen Maßnahmen und ihre Auswirkungen auf

67 BAG, 17.3.1987 – 1 ABR 59/85, AP Nr. 29 zu § 80 BetrVG 1972; dazu Fitting, § 80 Rn. 67.

68 Nähere Angaben zum Streitstand bei DKW-Buschmann, § 89 Rn. 28; Däubler, Arbeitsrecht 1, Rn. 896.

69 Wie man sich sinnvollerweise verhält, wenn sich der Arbeitgeber einer Ordnungswidrigkeit nach § 121 BetrVG schuldig gemacht hat, stellt auf der Grundlage zahlreicher, der Realität entnommener Fälle Growe (Ordnungswidrigkeitsverfahren nach dem Betriebsverfassungsrecht. Handlungsanleitung für die Praxis, 1990) dar.

70 Einzelheiten bei Buschmann, in: FS Däubler, S. 311 ff.

71 Dazu DKW-Buschmann, § 85 Rn. 16.

die Arbeitnehmer zu beraten. Zu »**technischen Anlagen**« gehören selbstredend EDV-Systeme,[72] aber auch Roboter oder neue Kommunikationssysteme. Erfasst ist weiter der Fall einer Vernetzung, vor allem eines Anschlusses ans Internet oder ein in Drittstaaten reichendes Intranet[73] Der Einsatz von Künstlicher Intelligenz ist seit 2021 ausdrücklich als Beispiel erwähnt. Im Regelfall sind zudem die Voraussetzungen des § 90 Abs. 1 Nr. 3 BetrVG erfüllt, da sich sowohl Arbeitsverfahren als auch Arbeitsabläufe ändern.

Soweit die Beratungen zu keinem Resultat führen, kann der Betriebsrat **42**
nur unter den fast nie vorliegenden Voraussetzungen des **§ 91 BetrVG** Abhilfe verlangen. Insoweit kann mangels praktischer Bedeutung eine Vertiefung unterbleiben.[74]

Soweit die Einführung neuer Programme oder Geräte Auswirkungen auf **43**
die **Personalplanung** hat, ist diese nach **§ 92 BetrVG** mit dem Betriebsrat zu beraten. Auch davon sollte man nicht zu viel erwarten, da der Betriebsrat nach geltendem Recht nicht einmal erzwingen kann, dass überhaupt eine Personalplanung stattfindet. Dem Arbeitgeber steht es vielmehr frei, personalpolitisch »von der Hand in den Mund« zu leben und auf eine Planung zu verzichten, die allein das Beratungsrecht des § 92 BetrVG auslöst.[75]

Soweit die Digitalisierung der Arbeitsabläufe den Fortbestand von Ar- **44**
beitsplätzen gefährden kann, könnte das **Vorschlagsrecht des Betriebsrats nach § 92a BetrVG** praktische Bedeutung gewinnen.[76] Kommt die Schaffung zusätzlicher Arbeitsplätze in Betracht, kann der Betriebsrat gleichfalls Initiativen entfalten.

3. Mitbestimmungsrechte

Werden einzelne Arbeitsplätze an das Intranet oder ans Internet an- **45**
geschlossen oder werden bestehende Systeme verändert, löst dies eine Reihe von Mitbestimmungsrechten des Betriebsrats aus. Sie sind von großer praktischer Bedeutung, obwohl sie nicht immer in vollem Umfang erkannt und ausgeschöpft werden.

72 Siehe statt aller DKW-Klebe, § 90 Rn. 9; GK-Weber, § 90 Rn. 14.

73 Vgl. Fitting, § 90 Rn. 21ff.; GK-Weber, § 90 Rn. 14, 18.

74 Einzelheiten bei Däubler, Arbeitsrecht 1, Rn. 1004–1017 (abrufbar unter *www.daeubler.de/bucher/*).

75 Einzelheiten bei Däubler, Arbeitsrecht 1, Rn. 1020–1022a.

76 Einzelheiten bei DKW-Däubler, Erläuterung zu § 92a.

a) Mitbestimmung des Betriebsrats bei Versetzungen nach § 99 i.V.m. § 95 Abs. 3 BetrVG

46 Will der Arbeitgeber eine Versetzung vornehmen, hat er in allen Unternehmen mit mehr als zwanzig Beschäftigten **den Betriebsrat vorher eingehend zu unterrichten**. Auf die Betriebsgröße kommt es nicht an. Der Betriebsrat kann der Versetzung binnen einer Woche die **Zustimmung versagen**, wenn er sich dabei auf einen der in § 99 Abs. 2 BetrVG genannten Gründe stützen kann. Sieht dies der Arbeitgeber anders, muss er das Arbeitsgericht anrufen, um das »Veto« des Betriebsrats ausräumen zu lassen. Bis zur gerichtlichen Entscheidung kann er jedoch **bei besonderer Dringlichkeit nach § 100 BetrVG eine vorläufige Maßnahme** treffen. Geht er über diesen rechtlichen Rahmen hinaus, nimmt er beispielsweise eine Versetzung vor, ohne den Betriebsrat überhaupt informiert zu haben, ist diese unwirksam;[77] der Arbeitnehmer ist rechtlich nicht verpflichtet, die veränderten Arbeitsbedingungen zu akzeptieren.

aa) Vorliegen einer Versetzung

47 Entscheidende Frage ist, wann eine »Versetzung« im Rechtssinne vorliegt. Sie ist in § 95 Abs. 3 Satz 1 BetrVG in der Weise umschrieben, dass es sich um die »Zuweisung eines anderen Arbeitsbereichs« handeln muss. Bei kurzfristigen, die Dauer von einem Monat nicht übersteigenden Maßnahmen liegt eine Versetzung im Rechtssinne nur vor, wenn dabei eine »erhebliche Änderung der Umstände« (eintritt), »unter denen die Arbeit zu leisten ist«. Diesen Versetzungsbegriff übernimmt § 99 BetrVG.

48 § 95 Abs. 3 BetrVG enthält eine **selbstständige betriebsverfassungsrechtliche Definition**. Das Mitbestimmungsrecht des Betriebsrats ist deshalb nicht davon abhängig, dass die »Zuweisung eines anderen Arbeitsbereichs« arbeitsvertragsrechtlich »in Ordnung geht«, weil sie sich innerhalb des Direktionsrechts bewegt oder weil der Arbeitnehmer mit einer entsprechenden Änderung des Arbeitsvertrags einverstanden ist.[78] Arbeitsvertragsrecht und Betriebsverfassungsrecht sind insoweit zwei völlig getrennte Sphären.

49 Beim »**Arbeitsbereich**« i.S.v. § 95 Abs. 3 BetrVG geht es um den konkreten Arbeitsplatz und seine Beziehung zur betrieblichen Umgebung in räumlicher, technischer und organisatorischer Hinsicht.[79] Dabei müssen

---

77 BAG, 26.1.1988 – 1 ABR 531/86, DB 1988, 1167; 30.9.1993 – 2 AZR 283/93, DB 1994, 637; 2.4.1996 – 1 AZR 743/95, DB 1996, 1881 f.

78 Die Trennung der arbeitsvertraglichen von der betriebsverfassungsrechtlichen Ebene ist allgemein anerkannt. Siehe nur DKW-Bachner/Wenckebach, § 99 Rn. 98; Fitting, § 99 Rn. 118 ff., jeweils m.w.N.

79 BAG, 29.9.2020 – 1 ABR 21/19, NZA 2021, 213; Fitting, § 99 Rn. 124 m.w.N.

Bagatellfälle und Änderungen »innerhalb der üblichen Schwankungsbreite« von Arbeitsplätzen von vornherein ausscheiden.[80] Der Arbeitsbereich ist nicht nur bei örtlicher Veränderung (Versetzung in die in einem anderen Stockwerk untergebrachte Abteilung X), sondern auch dann ein anderer, wenn das geforderte **Arbeitsresultat** am bisherigen (räumlich verstandenen) Arbeitsplatz **ein anderes** wird.

> Älteres Beispiel: Aufgrund des E-Mail-Anschlusses wird von Arbeitnehmer X verlangt, dass er eingehende E-Mails selbst beantwortet und dabei höchstens einen halben Tag verstreichen lässt. Vorher waren Briefe »entsprechend ihrer Dringlichkeit« zu beantworten.

Eine »Veränderung« kann auch darin liegen, dass zwar der vom Arbeit- 50
nehmer verlangte »Output« derselbe bleibt, dass die dafür einzusetzenden **Hilfsmittel** jedoch **andere** werden. Es reicht aus, wenn der **Gegenstand der Arbeitsleistung** wegen der technischen Gestaltung ein anderer wird, auch wenn die Aufgaben als solche dieselben bleiben.[81] Auch das BAG vertritt heute diesen Standpunkt und stellt darauf ab, das Gesamtbild der Tätigkeit müsse sich ändern.[82] Das ist gerade im vorliegenden Zusammenhang von erheblicher Bedeutung.

> In seiner Entscheidung vom 10. April 1984[83] hatte das BAG den Standpunkt vertreten, die Umstellung von der Kugelkopfschreibmaschine auf die Textverarbeitung am Bildschirm sei keine »Versetzung« i. S. v. § 95 Abs. 3 BetrVG. Maßgebend hierfür war die Erwägung, dass die bloße Änderung der technischen Gestaltung der Arbeit nicht zu einer Änderung des Arbeitsbereichs führe. Diese Position hat es jedoch in der Entscheidung vom 26. Mai 1988[84] ausdrücklich aufgegeben.[85]

Bezieht man mit der neueren Rechtsprechung auch die anzuwendenden 51
Arbeitsmittel als wesentliches Element in die Bestimmung des »Arbeits-

---

80 BAG, 2.4.1996 – 1 AZR 743/95, DB 1996, 1881 linke Spalte; Huke, in: Hess u. a., § 99 Rn. 78ff. u. a.

81 Ebenso Richardi-Thüsing, § 99 Rn. 120.

82 BAG, 26.5.1988 – 1 ABR 18/87, DB 1988, 2158; 2.4.1996 – 1 AZR 743/95, DB 1996, 1880; ebenso DKW-Bachner/Wenckebach, § 99 Rn. 103; Fitting, § 99 Rn. 138; eher einschränkend Huke, in: Hess u. a., § 99 Rn. 78.

83 BAG, 10.4.1984 – 1 ABR 67/82, DB 1984, 2198.

84 BAG, 26.5.1988 – 1 ABR 18/87, DB 1988, 2158.

85 Wobei es im konkreten Fall um die Größe des vom Arbeitnehmer zu fahrenden Lkw ging.

bereichs« mit ein, ist der **Anschluss an das Intranet und erst recht der an das Internet eine gravierende Änderung des Arbeitsbereichs.** Das zeigt sich in den unterschiedlichen Handlungsmöglichkeiten

> Statt Telefongespräche zu führen oder Briefe zu diktieren, begibt man sich an den PC, um eine Information anzufordern oder die eigene Reaktion per E-Mail kundzutun.

sowie in dem Qualifikationsbedarf, der bei »Neulingen« besteht. Niemand wird ernsthaft behaupten wollen, die hier eintretenden Veränderungen gegenüber dem vorher bestehenden Zustand seien Bagatellfälle oder würden sich innerhalb der üblichen Schwankungsbreite bewegen.[86] Es geht eben nicht nur darum, wie bei einem neuen Maschinentypus »ein paar andere Handgriffe« zu tätigen;[87] vielmehr geht es um eine **neue Qualität von Arbeit**, die dem Einzelnen häufig mehr Spielräume verschafft, die ihm aber auch mehr an Konzentration und Leistungsvermögen abverlangt.

> Selbst **nach der alten Bildschirm-Entscheidung des BAG**[88] würde daher der Anschluss ans Netz als »Versetzung« zu qualifizieren sein, da er im Regelfall einen Schulungsbedarf von mehr als drei Stunden mit sich bringt und überdies eben nicht nur ein Textverarbeitungsverfahren (Schreiben mit der Kugelkopfmaschine) durch ein anderes (Schreiben mit einer der ersten Versionen von Word) ersetzt wird.

Eine Versetzung ist erst recht dann gegeben, wenn die Arbeit grundsätzlich mithilfe eines mobilen Geräts erledigt werden muss und der Arbeitnehmer im Betrieb keinen (räumlich) festen Arbeitsplatz mehr hat, sondern sich bei Bedarf einen Schreibtisch aussucht, der gerade frei ist (**Desksharing**).[89] Auch die Einführung **alternierender Telearbeit** stellt eine Versetzung im Rechtssinne dar. Dasselbe gilt, wenn ein Maschinenbediener nur noch mit der **Überwachung einer vollautomatischen Anlage** betraut ist.

---

86 Zur Herausnahme solcher Fälle aus § 95 Abs. 3 BetrVG siehe oben Rn. 49.

87 So Huke, in: Hess u. a., § 99 Rn. 79, 83 für die traditionellen Beispiele aus der industriellen Produktion.

88 BAG, 10.4.1984 – 1 ABR 67/82, DB 1984, 2198.

89 Kramer-Solmecke, Teil A Rn. 24f.; Steffan, NZA 2015, 1409, 1415.

bb) Übergehung des Betriebsrats

Wurde der **Betriebsrat überhaupt nicht eingeschaltet**, kann sich der einzelne Arbeitnehmer von Rechts wegen weigern, den Anschluss bzw. das neue System zu bedienen.[90] Ob er dies tun wird, und inwieweit der Betriebsrat zu einer nachträglichen Einigung mit dem Arbeitgeber kommt, wird sich nach den betrieblichen Rahmenbedingungen entscheiden. 52

cc) Zustimmungsverweigerung

Wurde der Betriebsrat umfassend informiert, kann er seine Zustimmung aus allen in § 99 Abs. 2 BetrVG genannten Gründen verweigern. In Betracht kommt vor allem eine zu besorgende **Benachteiligung anderer Arbeitnehmer** (Nr. 3) **oder des Betroffenen selbst** (Nr. 4), sofern hierfür kein betrieblicher oder persönlicher Grund gegeben ist. 53

> Der Arbeitgeber vertritt den Standpunkt, ein moderner Mensch müsse mit SAP HCM umgehen können. Auf eine einführende Schulung wird deshalb verzichtet. Die Betroffenen müssen sich mühevoll und in der Freizeit die einschlägigen Informationen selbst aneignen. Die darin liegende Benachteiligung kann der Betriebsrat zum Anlass nehmen, um seine Zustimmung nach § 99 Abs. 2 Nr. 4 BetrVG zu verweigern. Dass die betroffenen Arbeitnehmer einen Anspruch auf arbeitsnotwendige Weiterqualifizierung haben,[91] spielt dabei keine Rolle. Auf diese Weise konnte der Betriebsrat überdies schon vor Inkrafttreten des § 97 Abs. 2 BetrVG mittelbar auf das Angebot von Weiterbildungsmöglichkeiten Einfluss nehmen.

b) Mitbestimmung bei Weiterbildungsmaßnahmen nach §§ 96–98 BetrVG

§ 96 Abs. 1 BetrVG verpflichtet Arbeitgeber und Betriebsrat, die »Berufsbildung der Arbeitnehmer« zu fördern, zu der auch die »Weiterbildung« gehört. Der Betriebsrat hat deshalb das Recht, den Berufsbildungsbedarf jährlich beim Arbeitgeber abzufragen, um so einer schleichenden Dequalifizierung entgegenzuwirken.[92] Auf Verlangen des Betriebsrats muss der Arbeitgeber mit ihm über die damit zusammenhängenden Fragen beraten. Auch kann nach dem seit 2021 geltenden § 96 Abs. 1a BetrVG eine Einigungsstelle eingeschaltet werden, doch kann diese keine verbindlichen Beschlüsse fassen. § 97 BetrVG erstreckt die Beratungspflicht auf die Errichtung und Ausstattung betrieblicher Einrichtungen zur Berufsbildung und weitere damit zusammenhängende Fragen. 54

---

90 Siehe unten § 8 Rn. 105.
91 Siehe oben Rn. 25ff.
92 Rudolph, CF 7–8/2003, 13.

55 Die »Schallgrenze« der bloßen Beratungsrechte wird durch den 2001 eingefügten **§ 97 Abs. 2 BetrVG** durchbrochen, der ein **Mitbestimmungsrecht** vorsieht.

Voraussetzung für das Eingreifen des § 97 Abs. 2 ist, dass der Arbeitgeber Maßnahmen geplant oder durchgeführt hat, die die **Tätigkeit** der betroffenen Arbeitnehmer **ändern**.[93] Diese werden typischerweise organisatorische oder technische Veränderungen zum Gegenstand haben, doch sind auch andere einseitige Maßnahmen des Arbeitgebers wie Versetzungen erfasst.[94] Ist dies der Fall und reichen – so die zweite Voraussetzung – die **beruflichen Kenntnisse** und Fähigkeiten der Betroffenen zur Erfüllung ihrer Aufgaben **nicht mehr** aus, kann der Betriebsrat »bei der Einführung von Maßnahmen der betrieblichen Berufsausbildung« mitbestimmen. Entscheidend ist also, ob eine Divergenz zwischen den vom Arbeitgeber geschaffenen (oder aufgrund seiner Planung in Zukunft entstehenden) Anforderungen und der Qualifikation der Beschäftigten besteht. Dabei reicht es aus, dass diese Divergenz bei einem Beschäftigten auftritt.[95]

> Der Arbeitgeber will »SAP Success Factor« einführen und meint, ein moderner Mensch komme damit schon zurecht. Der Betriebsrat kann verlangen und notfalls über die Einigungsstelle durchsetzen, dass der Arbeitgeber Weiterbildungsangebote macht, sofern nicht alle betroffenen Beschäftigten über die nötigen Kenntnisse verfügen.[96]

56 **Was der Betriebsrat im Einzelnen verlangen kann**, bestimmt sich nach dem Zweck der Regelung, die ein arbeitsbedingtes Qualifikationsdefizit beseitigen, aber keinen Aufstieg ermöglichen will. Soweit eine bloße Unterrichtung i. S. v. § 81 BetrVG ausreichen würde, könnte § 97 Abs. 2 nicht eingreifen,[97] doch dürften solche Fälle relativ selten sein. Erfasst sind ausschließlich »betriebliche« Maßnahmen, also solche, auf die der Arbeitgeber maßgebenden Einfluss hat.[98] Auch müssen sie geeignet sein,

93 Die Planung genügt. So mit Recht Dusny, CuA 3/2015, 13, die überdies den Weiterbildungsbedarf im Hinblick auf »Arbeit 4.0« schildert.

94 Krause, NZA 2022, 737, 743. Für weite Auslegung des Begriffs »Maßnahme« auch Markowski, NZA 2022, 744, 745.

95 DKW-Buschmann, § 97 Rn. 19 f.; Dusny, CuA 3/2015, 13; Krause, NZA 2022, 737, 743 (Versetzung); enger LAG Hamm, 8. 11. 2002 – 10 (13) TaBV 59/02, NZA-RR 2003, 543.

96 Dass der Betriebsrat ein Initiativrecht hat, ist unbestritten. Siehe insoweit nur Löwisch, BB 2001, 1795.

97 Franzen, NZA 2001, 867.

98 Fitting, § 97 Rn. 23; Franzen, NZA 2001, 866; Reichold, NZA 2001, 864.

zu einer besseren Aufgabenerfüllung beizutragen; eine Erfolgsgarantie kann niemand verlangen.[99] Auch bleibt es dem Arbeitgeber überlassen, ob er eigene Einrichtungen schaffen oder sich der Hilfe fremder Anbieter bedienen will.[100]

Der Betriebsrat kann verlangen, dass **alle betroffenen Arbeitnehmer** in den Genuss der Maßnahme kommen können.[101] Die wirtschaftlichen Interessen des Arbeitgebers sind nur insoweit zu berücksichtigen, als ggf. die Maßnahmen zeitlich gestreckt und so plötzliche Kostenbelastungen vermieden werden. Eine andere Lösung verbietet sich schon deshalb, weil die Betriebsparteien in den arbeitsvertraglichen Anspruch auf arbeitsbezogene Weiterbildung[102] nicht eingreifen können. Auch kann die Weiterbildungsmaßnahme **nicht** ohne Zustimmung aller Betroffenen teilweise oder ganz **in deren Freizeit gelegt** werden.[103] 57

Soweit im Betrieb ein **Tarifvertrag** eingreift, ist wegen der engen sachlichen Nähe mit den sozialen Angelegenheiten nach § 87 Abs. 1 BetrVG der dort vorgesehene Tarifvorrang hierher zu übertragen.[104] Die bloße Tarifüblichkeit schließt das Mitbestimmungsrecht des Betriebsrats nicht aus.[105] 58

Ein **weiteres Mitbestimmungsrecht** gibt (der schon vor 2001 bestehende) § 98 BetrVG, dessen Abs. 1 sich auf die »**Durchführung**« von Maßnahmen der betrieblichen Berufsbildung erstreckt. Damit sind **nur generelle Regelungen** gemeint, da die Absätze 2 und 3 derselben Vorschrift ausdrücklich konkrete Einzelfälle (nämlich die Bestellung und Abberufung von Ausbildern sowie die Auswahl der Teilnehmer) der Mitbestimmung des Betriebsrats unterstellen. 59

Soweit eine bloße »**Einweisung**« in die aufgrund des Arbeitsvertrags geschuldete Tätigkeit gemäß § 81 BetrVG vorliegt, soll keine berufliche Weiterbildung gegeben sein.[106] Wie oben ausgeführt,[107] geht es beim erst- 60

99 Franzen, (NZA 2001, 867) schließt ausdrücklich nur solche Maßnahmen aus, die »offenbar« keinen Erfolg versprechen.
100 Löwisch, BB 2001, 1795.
101 Franzen, NZA 2001, 869.
102 Dazu oben Rn. 25ff.
103 Siehe oben Rn. 31f.; Franzen (NZA 2001, 868f.) lehnt die Begründung eines Anspruchs auf Weiterbildung im Allgemeinen und auf Weiterbildung während der Arbeitszeit als möglichen Inhalt einer erzwingbaren Regelung ab, bezieht jedoch die arbeitsvertragsrechtliche Seite nicht mit ein. Anders als Franzen auch Fitting, § 97 Rn. 31.
104 Franzen, NZA 2001, 870.
105 Ganz überwiegende Meinung. Anders Löwisch, BB 2001, 1795.
106 Siehe etwa BAG, 28.1.1992 – 1 ABR 41/91, AP Nr. 1 zu § 96 BetrVG 1972 Bl. 2 R.
107 Siehe oben Rn. 24.

maligen Anschluss an ein Netz oder bei der Einführung eines neuen Systems typischerweise darum, dass neue Kenntnisse und Fähigkeiten erforderlich sind, sodass der Bereich des § 81 BetrVG überschritten ist.

61 Zur »Durchführung« vom Arbeitgeber beschlossener Maßnahmen gehören die **konkreten inhaltlichen Schwerpunkte**; auch das **didaktische Konzept** kann einbezogen werden.[108] Zu beachten ist, dass die Maßnahme der »betrieblichen« Berufsbildung nicht im Betrieb selbst stattfinden, sondern lediglich einen betrieblichen Bezugspunkt aufweisen und vom Arbeitgeber maßgebend beeinflusst sein muss. Das **BAG** hat sich für ein **funktionales Verständnis** ausgesprochen, wonach es allein auf die Zielsetzung, nicht aber auf den Ort des Lernens ankommt.[109] Auch ein ausländischer Veranstaltungsort ist daher möglich.[110]

62 Die **praktische Bedeutung** des Mitbestimmungsrechts bei Weiterbildung scheint in der Praxis eher gering zu sein. Das erstaunt, da die Maßnahmen ihrer unmittelbaren Arbeitsbezogenheit wegen dem reibungslosen Arbeitsablauf und damit auch dem Arbeitgeber zugutekommen. In vielen Fällen wird dieser von sich aus initiativ werden. In anderen dürfte die (unpopuläre) Behauptung eines eigenen Qualifikationsdefizits einer häufigen Berufung auf § 97 Abs. 2 BetrVG entgegenstehen. Eckpunkte für eine Betriebsvereinbarung zur Qualifizierung[111] können gleichwohl Anregungen geben.

c) Interessenausgleich und Sozialplan wegen Vorliegens einer Betriebsänderung?

63 Liegt eine geplante Betriebsänderung i. S. v. § 111 BetrVG vor, ist der Betriebsrat umfassend von dieser zu **unterrichten**. Der Arbeitgeber muss anschließend über einen **Interessenausgleich** verhandeln. Unter bestimmten Voraussetzungen kann der Abschluss eines **Sozialplans** erzwungen werden.

Im vorliegenden Zusammenhang kommen drei der in § 111 Satz 3 BetrVG aufgeführten Fälle in Betracht.

aa) Grundlegende Änderung der Betriebsorganisation

64 Die in § 111 Satz 3 Nr. 4 BetrVG angesprochene »**Betriebsorganisation**« betrifft die Art und Weise, wie Menschen und Betriebsanlagen so koordi-

108 Weitere Inhalte bei DKW-Buschmann, § 98 Rn. 3 ff.
109 BAG, 4. 12. 1990 – 1 ABR 10/90, AP Nr. 1 zu § 97 BetrVG 1972 Bl. 3 R; 10. 2. 1988 – 1 ABR 39/86, AP Nr. 5 zu § 98 BetrVG 1972 Bl. 4 R.
110 Siehe Rn. 56.
111 Schulze/Hofer, AiB 7–8/2016, 28.

niert werden, dass der gewünschte arbeitstechnische Erfolg eintritt.[112] Das umfasst auch die Steuerung der Produktion mithilfe der EDV.[113] Weiter ist die Existenz eines Inhouse-Netzes Teil der »Betriebsorganisation«,[114] ebenso Desksharing als Folge einer teilweisen Verlagerung der Arbeit ins Home-Office.[115] Erfasst sind alle Änderungen, wozu auch der Fall gehört, dass eine größere Zahl von Beschäftigten erstmals mit einem neuen System arbeiten muss. Dasselbe gilt erst recht, wenn »Unified Communication« eingeführt wird und virtuelle Teams gebildet werden. Auch der Übergang zum 3D-Druck und zu agilem Arbeiten würde darunterfallen.

Die Änderung der Betriebsorganisation muss »**grundlegend**« sein. Das 65
ist jedenfalls dann zu bejahen, wenn der Innovationswert so hoch ist, dass man von einem »Sprung« in der technischen Entwicklung sprechen kann.[116] Indizien dafür sollen Schulungsmaßnahmen sowie die Durchführung einer Testphase sein.[117] **Maßstäbe** hierfür bot die **Einführung von Bildschirmgeräten** und Textverarbeitungssystemen. Im sog. Danzas-Fall hatte z. B. das LAG Hamburg in einer älteren Entscheidung den grundlegenden Charakter der Veränderung bejaht, weil der Sachbearbeiter bestimmte Daten nicht mehr auf EDV-konforme Dispo-Blätter eintragen, sondern direkt in die Rechenanlage eingeben musste. Außerdem erfolgte bei der Eingabe eine logische Fehlerkontrolle, die vorher erst nach Ausdruck der Formulare und Dokumente möglich war.[118] Auch das BAG ist generell davon ausgegangen, dass der Einsatz von »Datensichtgeräten« eine grundlegende Neuerung darstelle.[119] Legt man dies zugrunde, stellt auch die Vernetzung etwas prinzipiell Neues dar, da zahllose arbeitsbezogene Kommunikationsvorgänge nicht nur in der äußeren Form, sondern auch im Inhalt und in der Schnelligkeit der Erledigung umgestaltet werden. Die Einrichtung eines Intranets und/oder der Anschluss einer nicht ganz unerheblichen Zahl von Arbeitsplätzen an das Internet löst daher die in den §§ 111 ff. BetrVG vorgesehenen Rechtsfolgen aus. Dasselbe gilt, wenn ein nicht ganz unerheblicher Teil der Belegschaft Arbeit auch von zu Hause aus erledigen soll oder wenn auf mobile Endgeräte umgestellt wird, die eine jederzeitige Erreichbarkeit garantieren. Grundlegenden

112 DKW-Däubler, § 111 Rn. 105.
113 Fitting, § 111 Rn. 88.
114 DKW-Däubler, § 111 Rn. 105.
115 Dazu oben Rn. 19a.
116 DKW-Däubler, § 111 Rn. 108; Fitting, § 111 Rn. 91.
117 Vgl. Fitting, § 111 Rn. 91 (»erforderliche Einarbeitungszeit«).
118 LAG Hamburg, 9. 1. 1981 – 3 Ta BV 4/80, BetrR 1981, 173, 176.
119 BAG, 26. 10. 1982 – 1 ABR 11/81, AP Nr. 10 zu § 111 BetrVG 1972; BAG, AP Nr. 7 zu § 87 BetrVG 1972 Überwachung.

Charakter haben auch die Schaffung von Kooperationsplattformen und die Bildung von virtuellen Teams. Dasselbe gilt erst recht für die Einführung von Scrum und von selbststeuernden Systemen.

bb) Grundlegende Änderung der Betriebsanlagen

66 Die in § 111 Satz 3 Nr. 4 BetrVG vorausgesetzte Änderung kann sich auch auf die »Betriebsanlagen« beziehen, wozu **alle technischen Hilfsmittel** einschließlich »Datensichtgeräten« gerechnet werden.[120] Bei anderen Autoren ist im gleichen Sinn von der Einführung eines EDV-Systems bzw. der Schaffung von Bildschirmarbeitsplätzen die Rede.[121] Gleichzeitig wird allerdings einschränkend vorausgesetzt, dass die von der neuen Technik erfassten Teile für das betriebliche Geschehen von erheblicher Bedeutung sein müssen.[122] Soweit dies zweifelhaft sein kann, wird darauf abgestellt, ob so viele Arbeitnehmer betroffen sind, wie es den Sätzen des § 17 KSchG entspricht.[123] Beim grundlegend neuen Charakter gilt dasselbe wie im Rahmen der Betriebsorganisation; die »Vernetzung« verändert in gleicher Weise auch die »Betriebsanlagen«.

cc) Einführung grundlegend neuer Arbeitsmethoden

67 Bei der Einführung eines Intranets oder beim Anschluss an das Internet kann auch ein Fall des **§ 111 Satz 3 Nr. 5 BetrVG** vorliegen, der die Einführung grundlegend neuer Arbeitsmethoden erfasst. Bei dieser Bestimmung geht es mehr um die **Art der Verwertung der menschlichen Arbeitskraft**[124], nicht so sehr um die Arbeitsmittel. Nr. 5 greift daher bei der Einführung von Gruppenarbeit ein, wozu im hier interessierenden Zusammenhang auch die Schaffung virtueller Teams gehört. Häufig dürften allerdings Nr. 4 und Nr. 5 gleichermaßen erfüllt sein.[125]

68 Schon bei beginnendem PC-Einsatz bestand Konsens darüber, dass insoweit die Arbeitsmethoden geändert wurden. Soweit ersichtlich, ist dies auch bislang nicht in Frage gestellt worden.[126] Ob die veränderte Arbeits-

120 BAG, 26.10.1982 – 1 ABR 11/81, AP Nr. 10 zu § 111 BetrVG; DKW-Däubler, § 111 Rn. 107; Hess, in: Hess u.a., § 111 Rn. 233f.; Richardi-Annuß, § 111 Rn. 114.

121 ErfK-Kania, § 111 BetrVG Rn. 19; Fitting, § 111 Rn. 90.

122 BAG, 26.10.1982 – 1 ABR 11/81, AP Nr. 10 zu § 111 BetrVG 1972; 23.8.1990 – 6 AZR 528/88, NZA 1991, 115; Richardi-Annuß, § 111 Rn. 115; ähnlich Hess, in: Hess u.a., § 111 Rn. 230.

123 Siehe statt aller DKW-Däubler, § 111 Rn. 109; Richardi-Annuß, § 111 Rn. 118.

124 ErfK-Kania, § 111 BetrVG Rn. 20.

125 Zur Unbedenklichkeit einer solchen Kumulation vgl. Fitting, § 111 Rn. 93.

126 DKW-Däubler, § 111 Rn. 113; Fitting, § 111 Rn. 94; Richardi-Annuß, § 111 Rn. 120ff.

methode »**grundlegend neu**« ist, bestimmt sich allein nach den betrieblichen Verhältnissen, nicht nach dem in der Branche oder der Gesamtwirtschaft Üblichen.[127] Insoweit wird nicht anders als bei der Änderung der »Betriebsorganisation« und der »Betriebsanlagen« zu entscheiden sein: Die in der Vernetzung und der Automatisierung liegende Innovation ist so groß, dass auch der Tatbestand des § 111 Satz 3 Nr. 5 BetrVG erfüllt ist. Soweit nur eine vergleichsweise kleine Zahl von Arbeitnehmern einbezogen ist, wird wiederum auf die **Sätze des § 17 KSchG** zurückgegriffen.[128] So wurde es etwa als ausreichend angesehen, wenn in einem Betrieb mit 1500 Arbeitsplätzen 70 »Datensichtgeräte« in Dienst gestellt wurden.[129]

dd) Etappenweise Einführung

Soweit im Einzelfall nur ein kleiner Teil des Betriebes betroffen ist und die 69
Grenzwerte des § 17 KSchG nicht erreicht sind, dürfte § 111 BetrVG zunächst ausscheiden. Zu beachten ist allerdings, dass die Einführung neuer Techniken i. d. R. nicht auf einen Schlag, sondern in einem allmählichen Prozess erfolgt, was ggf. die Kosten verteilt und überdies die Möglichkeit schafft, aus den zunächst gemachten Erfahrungen zu lernen. In solchen Fällen wird die isolierende Betrachtung einzelner Etappen allerdings im Regelfall abgelehnt: Wird im Laufe eines überschaubaren Zeitraums (der durchaus zwei bis drei Jahre dauern kann) eine **neue Technik sukzessive** in verschiedenen Teilen des Unternehmens eingeführt, wird **vermutet, dass dies auf einer einheitlichen unternehmerischen Entscheidung beruht.**[130] Insoweit liegt ein einheitlicher Vorgang vor.

ee) Interessenausgleich und Sozialplan

Hat der Arbeitgeber den Betriebsrat über seine Planungen umfassend 70
informiert, hat er sich zunächst um eine Einigung über einen **Interessenausgleich** zu bemühen. Dieser kann Festlegungen über das »Ob«, das »Wann« und das »Wie« der Betriebsänderung enthalten, also etwa bestimmen, dass die Automatisierung erst in einem Jahr oder nur in einer bestimmten Abteilung erfolgt.

Der Interessenausgleich kann als solcher **nicht erzwungen** werden. Der 71
Arbeitgeber muss lediglich das im Gesetz vorgesehene Verfahren voll ausschöpfen und notfalls die Einigungsstelle anrufen.[131] Ergibt sich keine

127 ErfK-Kania, § 111 Rn. 20; Hess, in: Hess u. a., § 111 Rn. 238; Richardi-Annuß, § 111 Rn. 123.
128 GK-Oetker, § 111 Rn. 178.
129 Hess, in: Hess u. a., § 111 Rn. 239.
130 Vgl. Fitting, § 111 Rn. 68; Däubler, DB 1985, 2297 ff.
131 BAG, 18. 12. 1984 – 1 AZR 176/82, DB 1985, 1293 ff.

Übereinstimmung, kann er die ihm angemessen erscheinende Lösung wählen und durchsetzen. Dem Betriebsrat kommt insofern kein Mitbestimmungs-, sondern nur ein Verhandlungsrecht zu.

72 Ungleich wichtiger als der Interessenausgleich ist auch im hier interessierenden Zusammenhang der **Sozialplan**, kann er doch notfalls mithilfe der Einigungsstelle durchgesetzt werden. Nach der Legaldefinition des § 112 Abs. 1 Satz 2 BetrVG regelt er den »Ausgleich oder die Milderung der wirtschaftlichen Nachteile«, die den Arbeitnehmern infolge der Betriebsänderung entstehen. **Immaterielle Belastungen**, wie die Auflösung einer auf persönlicher Sympathie beruhenden Kooperationsbeziehung zwischen Beschäftigten, sind **nicht »ausgleichsfähig**«, hier kann der Sozialplan keine Korrektur vornehmen. Entscheidend kommt es deshalb darauf an, was als »wirtschaftlicher Nachteil« zu qualifizieren ist.

73 Erfolgen aufgrund der Vernetzung Entlassungen oder Versetzungen auf schlechter bezahlte Arbeitsplätze, können wie in anderen Fällen **Abfindungen** bzw. Ausgleichszahlungen vorgesehen werden. Das BAG hat auch einen Abgruppierungsschutz als möglichen Sozialplaninhalt gebilligt und außerdem eine Regelung akzeptiert, wonach Beschäftigte, die nach ärztlichem Urteil nicht für die Bildschirmarbeit geeignet sind, einen **Anspruch auf qualifikationsgerechte Weiterbeschäftigung** besitzen.[132] In Betracht kommen weiter Zahlungen zur **Finanzierung von Umschulungs- und Weiterbildungsmaßnahmen** sowie Fahrtkostenersatz, wenn eine Weiterbeschäftigung nur an einem anderen Ort möglich ist.[133]

74 Noch nicht höchstrichterlich entschieden ist die Frage, ob eine **intensivere Beanspruchung der Arbeitskraft**, die aufgrund neuer Techniken eintritt, **einen »wirtschaftlichen Nachteil**« darstellt, der im Wege des Sozialplans ausgeglichen oder gemildert werden kann.[134] Die Tatsache, dass die Vergütung für eine bestimmte Menge Arbeit geschuldet wird und dass die quantitative Ausdehnung im Wege von Überstunden im Regelfall zu einer Zusatzvergütung führt, spricht für eine positive Antwort: Im Ergebnis macht es keinen Unterschied, ob das Verhältnis zwischen Leistung und Gegenleistung durch eine längere Arbeitszeit oder durch intensiveres Arbeiten verändert wird. Insoweit könnte der Sozialplan eine Zulage vorsehen, zumal für ihn der Tarifvorbehalt des § 77 Abs. 3 BetrVG nach der ausdrücklichen Vorschrift des § 112 Abs. 1 Satz 4 BetrVG nicht gilt.

---

132 BAG, 6.12.1983 – 1 AB 43/81, DB 1984, 934 = NJW 1984, 1476, 1485.
133 ErfK-Kania, §§ 112, 112a Rn. 29; Fitting, §§ 112, 112a Rn. 142.
134 Eingehender dazu Däubler, DB 1985, 2300f.

ff) Anspruch auf einen Berater

75 Nach dem durch die Novelle 2001 eingefügten § 111 Satz 2 BetrVG kann der Betriebsrat **ohne vorherige Zustimmung des Arbeitgebers** bei allen geplanten Betriebsänderungen einen »Berater« hinzuziehen. Voraussetzung ist lediglich, dass das Unternehmen mehr als 300 Arbeitnehmer beschäftigt. Praktische Bedeutung kann dies im vorliegenden Zusammenhang vor allem in Fällen gewinnen, wo zwar **erhebliche technische Veränderungen** bevorstehen, wirtschaftliche Nachteile jedoch nicht ersichtlich sind: Obwohl auch dann eine Betriebsänderung vorliegt, wurde bislang mangels erreichbarer Verhandlungserfolge in der Regel gar nicht auf die §§ 111 ff. BetrVG zurückgegriffen. Die nunmehr bestehende Beratungsmöglichkeit kann erheblich zur Transparenz der beabsichtigten technischen Veränderungen beitragen.

Was die **Einzelfragen** betrifft, die bei der Einschaltung des Beraters auftauchen, kann auf anderwärts gemachte Ausführungen verwiesen werden.[135]

d) Weitere Mitbestimmungsrechte

76 Die Informatisierung der Arbeitsabläufe wirft häufig Probleme des **Arbeitsschutzes** auf. Insofern besitzt der Betriebsrat ein Mitbestimmungsrecht nach näherer Maßgabe des § 87 Abs. 1 Nr. 7 BetrVG, worauf an späterer Stelle einzugehen ist.[136]

77 Die Arbeit mit neuen Techniken hat zu **unregelmäßigen** und zum Teil **sehr langen Arbeitszeiten** geführt. Auch insoweit muss der Betriebsrat nach § 87 Abs. 1 Nr. 2 und 3 BetrVG mitbestimmen.[137] Schließlich existiert aufgrund der Vernetzung ein hohes **Kontrollpotenzial**, das durch das Mitbestimmungsrecht nach **§ 87 Abs. 1 Nr. 6 BetrVG** begrenzt wird.

> Im Rahmen von Unified Communications ist beispielsweise eine »Präsenzanzeige« üblich,[138] die für die Beurteilung des Arbeitsverhaltens von erheblicher Bedeutung sein kann. Dasselbe gilt für einen Online-Gruppenkalender, in den die Mitglieder der Gruppe – für alle sichtbar – ihre Termine eintragen.[139]

135 DKW-Däubler, § 111 Rn. 166ff.
136 Siehe unten § 6 Rn. 11, 30ff.
137 Näher dazu unten § 5 Rn. 4ff.
138 Dazu Ruchhöft, CuA 10/2014, 24.
139 LAG Nürnberg, 21.2.2017 – 7 Sa 441/16, ZD 2017, 439.

Ihrer großen Bedeutung wegen soll die Kontrollproblematik in einem besonderen Abschnitt behandelt werden.[140]

V. Beteiligungsrechte des Personalrats

78 Die Personalvertretung weist im hier interessierenden Bereich eine Reihe von Besonderheiten auf. Aus Platzgründen kann nur die Rechtslage im Bund dargestellt werden; in Bezug auf die landesrechtlichen Bestimmungen muss auf die Literatur verwiesen werden.[141]

1. Allgemeine Aufgaben und Informationsrechte des Personalrats

79 Nach **§ 62 Abs. 1 Nr. 2 BPersVG** hat die Personalvertretung darüber zu wachen, »dass die zugunsten der Beschäftigten geltenden Gesetze, Verordnungen, Tarifverträge, Dienstvereinbarungen und Verwaltungsanordnungen durchgeführt werden«. Insoweit ergeben sich **keine relevanten Abweichungen von § 80 Abs. 1 Nr. 1 BetrVG.**[142] Überdies hat das Bundesverwaltungsgericht schon in einer Entscheidung vom 26. März 1985 anerkannt, dass das **BDSG** arbeitnehmerschützenden Charakter besitzt und der Personalrat deshalb seine Einhaltung überwachen muss.[143] Für andere datenschutzrechtliche Normen, vor allem für die DSGVO, kann nichts anderes gelten.

80 Nach § 66 Abs. 1 Satz 1 BPersVG ist die Personalvertretung zur Durchführung ihrer Aufgaben »**rechtzeitig und umfassend« zu unterrichten**. Da anders als etwa nach §§ 90 und 111 BetrVG spezifische Informationsrechte im Zusammenhang mit einzelnen Beteiligungsrechten fehlen, ist § 66 Abs. 1 Satz 1 BPersVG im Hinblick auf die bestehenden Beteiligungsrechte nach §§ 78ff. BPersVG zu konkretisieren.[144] Bei der Einführung neuer Technologien sind daher alle Angaben geschuldet, die für die Ausübung des Kontrollmandats nach § 62 Abs. 1 Nr. 2 BPersVG und des Mitbestimmungsrechts z.B. nach § 80 Abs. 1 Nr. 21 BPersVG erforderlich sind. Dazu gehören etwa eine **lückenlose Hard- und Software-**

---

140 Siehe unten § 8.

141 Siehe etwa Thannheiser, CF 3/1999, 16–18.

142 Zu diesem siehe oben Rn. 37ff.

143 BVerwG, 23.1.1985 – 6 P 40/82, PersR 1986, 95, bestätigt durch BVerwG, 8.11.1989 – 6 P 7/8, CR 1990, 784 = PersR 1990, 102.

144 Herget, in: Altvater u.a., § 68 Rn. 26f.

beschreibung sowie die Benennung der Datenfelder mit Personaldaten, die Arbeitsweise und der Verwendungszusammenhang der Programme sowie die Möglichkeiten der Verknüpfung.[145] Erfasst ist somit auch die Vernetzung sowie die Einführung und Änderung neuer Systeme.

Einige Probleme wirft die Frage auf, ob der Personalrat aus eigenem Recht 81
und kraft eigener Initiative **überprüfen** kann, **ob die Vorschriften des Datenschutzrechts** (oder andere einschlägige Normen) in der Dienststelle auch effektiv **eingehalten** werden.[146] Die Schwierigkeit liegt darin, dass die **Rechtsprechung** des BVerwG bislang **zögert**, dem Personalrat ein eigenständiges »**Betriebsbegehungsrecht**« einzuräumen: Der Besuch von Arbeitsplätzen soll vom »Einvernehmen« mit dem Dienststellenleiter abhängen, der dieses allerdings nur aus »triftigen« Gründen, z. B. wegen einer erheblichen Störung des Arbeitsablaufs, verweigern darf.[147] Von allen anderen Einwänden abgesehen,[148] würde dies darauf hinauslaufen, dass die in § 62 Abs. 1 Nr. 2 BPersVG vorgesehene Überwachungsfunktion weithin leerläuft. Gerade in zweifelhaften Fällen könnte der Dienststellenleiter erst einmal »nein« sagen und den Personalrat auf eine langwierige gerichtliche Auseinandersetzung verweisen. Ob sich der Personalrat in solchen Fällen einfach über das Veto des Dienststellenleiters hinwegsetzen kann,[149] ist nicht ausreichend geklärt; nur bei erheblichem Mut zur Konfrontation wird ein solcher Schritt daher in Betracht kommen. Auf sein Büro beschränkt, ist der Personalrat darauf angewiesen, Hinweise von Beschäftigten aufzugreifen und sie dem Gegenspieler vorzutragen – eine allzu bescheidene Form der Interessenvertretung. Weiter bleibt unklar, worin eigentlich der sachliche Grund dafür liegen soll, dem Personalrat anders als dem Betriebsrat die »Freizügigkeit« in seinem Wirkungsbereich zu nehmen. Auch er muss daher **Stichproben** vornehmen können, um zu überprüfen, welche Daten verarbeitet und welche Instrumente dabei benutzt werden.[150]

145 So bereits BVerwG, 8. 11. 1989 – 6 P 7/87, CR 1990, 783 f. = PersR 1990, 102.
146 Dazu Kruse, PersR 1993, 64 ff.
147 BVerwG, 9. 3. 1990 – 6 P 15/88, PersR 1990, 177.
148 Dazu eingehend Lemcke, PersR 1990, 191 ff.; Wahsner, PersR 1986, 126. Für ein Betriebsbegehungsrecht der Personalvertretung auch BAG, 17. 1. 1989 – 1 AZR 805/87, PersR 1989, 138.
149 Dafür wohl Lemcke, PersR 1990, 174.
150 Wie hier auch Herget, in: Altvater u. a., § 68 Rn. 46; der Rspr. folgend Ilbertz/Widmaier/Sommer, § 68 Rn. 59.

2. Anhörungs- und Mitwirkungsrechte

82 Eine Reihe von Sachgebieten, die in der Betriebsverfassung einer mehr oder weniger weitgehenden Mitbestimmung unterliegen, sind in der Personalvertretung nur mit einer schwächeren Beteiligung des Personalrats versehen. Auf der anderen Seite kennt das BPersVG Mitbestimmungsrechte, die im BetrVG keine Entsprechung haben. Im Einzelnen sind an Rechten zu erwähnen, die kein volles Mitbestimmungsrecht gewähren:[151]

83 • Nach **§ 87 Abs. 3 BPersVG** ist der Personalrat vor »grundlegenden Änderungen von Arbeitsverfahren und Arbeitsabläufen« anzuhören.

84 • Nach § 80 Abs. 1 Nr. 20 besteht ein sog. Mitbestimmungsrecht bei der **Einführung »grundlegend neuer Arbeitsmethoden«**.[152] In Wahrheit handelt es sich dabei nur um ein Mitwirkungsrecht, da nach § 75 Abs. 3 BPersVG die Einigungsstelle im Fall des § 80 Abs. 1 Nr. 20 BPersVG nur eine Empfehlung an die oberste Dienstbehörde beschließen kann.

85 • Dieselbe eingeschränkte »Mitbestimmung« besteht nach § 80 Abs. 1 Nr. 19 bei **Maßnahmen zur »Hebung der Arbeitsleistung«** und zur »Erleichterung des Arbeitsablaufs«. Die erste Alternative betrifft alles, was die Arbeit qualitativ oder quantitativ fördert.[153] Die zweite Alternative betrifft die Abfolge der Arbeitsschritte; der Personalrat ist eingeschaltet, weil in diesen Fällen häufig das Gesamtpensum erhöht wird.[154] Beide Varianten kommen **auch bei Intranet- und Internetanschlüssen in Betracht**.[155]

86 • In Frage kommt weiter ein eingeschränktes »Mitbestimmungsrecht« nach § 80 Abs. 1 Nr. 10 BPersVG, das sich auf »**allgemeine Fragen der Fortbildung der Beschäftigten**« bezieht. Insoweit vertritt das BVerwG allerdings einen sehr engen Fortbildungsbegriff; der Erwerb von Kenntnissen, die lediglich der Anpassung der Fertigkeiten an eine technische Neuerung dienen, soll nicht darunterfallen.[156] Insofern kann man realistischerweise nicht damit rechnen, dass etwa die inhaltliche Ausgestaltung von Weiterbildungsveranstaltungen auch nur einem eingeschränkten Einfluss des Personalrats geöffnet wird.

---

151 Zum Folgenden eingehend Thannheiser, CF 3/2004, 21 ff.

152 Dazu im Einzelnen Thannheiser, CF 2/1999, 10.

153 BVerwG, 27.11.1991 – 6 P 7/90, PersR 1992, 147, Ls. 4.

154 Thannheiser, CF 2/1999, 11.

155 Wolber, PersR 2000, 4. Vgl. auch Baden, in: Altvater u. a., § 76 Rn. 100 ff.

156 BVerwG, 27.11.1991 – 6 P 7/90, PersR 1992, 147, 150 mit krit. Anm. Gillengerten/Spoo.

- Das BPersVG geht von einem auf räumliche Veränderung beschränkten **Versetzungsbegriff** aus (§ 78 Abs. 1 Nr. 5), sodass er im vorliegenden Zusammenhang ohne größeres Interesse ist. 87

3. Mitbestimmungsrechte

- Besonderes Interesse verdient das Mitbestimmungsrecht nach § 80 Abs. 1 Nr. 4 BPersVG, das die »**Gestaltung der Arbeitsplätze**« zum Gegenstand hat. Nach der Rechtsprechung des Bundesverwaltungsgerichts[157] geht es dabei um die »Ausgestaltung des vorhandenen Arbeitsplatzes, d.h. seine räumliche Unterbringung, seine Ausstattung mit Geräten und Einrichtungsgegenständen, seine Beleuchtung und Belüftung u.Ä. im Blick auf die dort zu erledigenden Arbeiten einerseits und die Schutzbelange der Beschäftigten andererseits«. Werden neue Geräte angeschafft oder die bestehenden wie im Fall der Vernetzung mit grundlegend neuen Funktionen versehen, ist der Tatbestand des § 80 Abs. 1 Nr. 4 BPersVG erfüllt.[158] 88
- Neu ist das Mitbestimmungsrecht nach § 80 Abs. 1 Nr. 5 BPersVG, das die »Einführung, Änderung und Aufhebung von Arbeitsformen außerhalb der Dienststelle« zum Gegenstand hat und damit insbesondere auch das Homeoffice erfasst. 89
- An späterer Stelle sind die Mitbestimmungsrechte über **Arbeitszeit** nach § 80 Abs. 1 Nr. 1[159] und über Maßnahmen zur **Verhütung von Gesundheitsschädigungen** nach § 80 Abs. 1 Nr. 16 BPersVG[160] zu erörtern. 90

Die genannten Mitbestimmungsrechte fallen zwar nicht unter § 75 Abs. 3 BPersVG, so dass die **Einigungsstelle** eine **verbindliche Entscheidung** treffen kann. § 75 Abs. 2 BPersVG gibt jedoch der **obersten Dienstbehörde** das Recht, die **Entscheidung** der Einigungsstelle innerhalb von vier Wochen **aufzuheben**, weil es sich um eine Angelegenheit handle, die »im Einzelfall wegen ihrer Auswirkungen auf das Gemeinwesen wesentlicher Bestandteil der Regierungsgewalt« sei. Eine weitere **Schwäche** liegt darin, dass der Personalrat zwar ein **Initiativrecht** hat, dieses aber bei bestimmten Rechten, z.B. nach § 80 Abs. 1 Nr. 5 BPersVG beim Homeoffice, nur dazu führen kann, dass die Einigungsstelle eine Empfehlung an 90a

157 BVerwG, 16.12.1992 – 6 P 29/91, PersR 1993, 164, 166.
158 Ebenso im Ergebnis Lorenzen/Eckstein-Rehak, § 75 Rn. 45h (erneute Mitbestimmung bei Einrichtung von Internetanschlüssen); Wolber, PersR 2000, 3.
159 Unten § 5 Rn. 4, 36ff. (für den Betriebsrat).
160 Unten § 6 Rn. 11, 30 für den Betriebsrat sowie Lorenzen/Eckstein-Rehak, § 75 Rn. 174f.

die oberste Dienstbehörde beschließen darf.[161] Wirkliche Mitbestimmung sieht anders aus.

4. Konkurrenzprobleme

91 Werden durch ein und denselben Vorgang die Voraussetzungen mehrerer Beteiligungsrechte erfüllt, **hat** der **Personalrat die Wahl**, ob er sich auf alle oder nur auf einzelne Rechte stützen will.[162] Die verbreitete Vorstellung, das schwächere Recht habe den Vorrang, greift nur dort Platz, wo die Anwendung des stärkeren Rechts verfassungsrechtlichen Bedenken begegnen würde, weil beispielsweise die Organisationsgewalt der öffentlichen Hand in unzulässiger Weise beeinträchtigt wäre.[163] Angesichts der bescheidenen Ausgestaltung der Mitbestimmungsrechte ist dies auf Bundesebene ein rein theoretischer Fall.

161 Zum System der Beteiligungsrechte nach dem BPersVG 2021 siehe Däubler, PersR 1/2022, 8ff.

162 Thannheiser, CF 3/1999, 14.

163 Thannheiser, a.a.O.; vgl. auch Däubler, Gläserne Belegschaften, Rn. 880 m.w.N.

§ 3 Der Sonderfall: Bring Your Own Device

I. Um was geht es?

1 Im **Normalfall** stellt der **Arbeitgeber** die Räume und vor allem die **Geräte** zur Verfügung, mit denen der Arbeitnehmer arbeiten soll. Damit trägt er einer ungeschriebenen Pflicht Rechnung.[1] Außerdem setzt er damit ein Indiz dafür, dass »abhängige Arbeit« geleistet wird.[2] Auch ergeben sich zahlreiche **Rechtsfolgen:** Wird das Gerät defekt und kann der Arbeitnehmer vorübergehend nicht weiterarbeiten, kommt der Arbeitgeber in Annahmeverzug und muss die vereinbarte Vergütung nach § 615 Satz 1 BGB fortbezahlen. Kommt das Gerät abhanden, muss der Arbeitgeber Ersatz beschaffen, da es seine Sache ist, für die Bedingungen zu sorgen, unter denen die Arbeit erbracht werden kann. **Beschädigt der Arbeitnehmer Gegenstände** des Arbeitgebers, haftet er für den dadurch entstehenden Schaden – allerdings nur im Rahmen der Grundsätze über den sog. innerbetrieblichen Schadensausgleich, also im Prinzip nur dann, wenn er vorsätzlich oder grob fahrlässig gehandelt hat, wobei es im zweiten Fall durchaus Einschränkungen gibt.[3] Erst recht gilt dies bei »normaler« Fahrlässigkeit, bei der der entstandene Schaden zwischen Arbeitgeber und Arbeitnehmer nach Billigkeitsgrundsätzen aufgeteilt wird.

2 Handelt es sich um informationstechnische Geräte wie PC, Laptop oder Smartphone, muss der **Arbeitgeber** für die **Datensicherheit** nach Art. 32 DSGVO sorgen.[4] Auch ist er verantwortliche Stelle im Sinn des Datenschutzrechts und darf personenbeziehbare Daten nur erheben, verarbeiten oder nutzen (Art. 6 DSGVO), soweit ihm dies das Gesetz gestattet. Stellender betriebliche Datenschutzbeauftragte oder die Aufsichtsbehörde Verstöße fest, liegt es an ihm, für Abhilfe zu sorgen.

---

1 BAG, 10.11.2021 – 5 AZR 334/21, NZA 2022, 401.
2 Däubler, Arbeitsrecht 1, Rn. 24h.
3 Überblick bei Däubler, Arbeitsrecht. Ratgeber, Rn. 532ff.
4 Näher dazu Hemker, DuD 2012, 165ff.

3 In den **USA** gibt es in der IT-Branche einen wachsenden Trend, dass Beschäftigte ihr **eigenes mobiles Datengerät** auch für Zwecke der **Arbeit** verwenden.[5] Dafür hat sich der Ausdruck **»Bring your own Device« (abgekürzt: BYOD)** eingebürgert. Auf dem privaten Laptop, Smartphone oder Tablet-Computer[6] befinden sich dann gleichermaßen private wie dienstliche E-Mails. Auch ist von dort aus jederzeit ein Zugriff auf das Firmennetzwerk des Arbeitgebers und das Herunterladen von Dateien möglich. **Auch in Deutschland** gibt es Erscheinungen dieser Art.[7] Bei einer Befragung gaben 67 % der in die Untersuchung einbezogenen Angestellten an, ihre privaten Handys und Computer »zumindest gelegentlich« auch für dienstliche Zwecke einzusetzen.[8] Mit »privat« ist dabei die private Verfügungsmöglichkeit gemeint; ob das gekaufte Gerät nur gemietet ist oder sich der Verkäufer einen Eigentumsvorbehalt ausbedungen hat, spielt keine Rolle.[9] Für die Einbeziehung privater Geräte sprechen im Wesentlichen zwei Argumente:

- Der Beschäftigte kann sein **gewohntes Gerät weiterbenutzen** und muss sich nicht dauernd umstellen.[10] Nicht selten ist das, was ein »IT-Freak« benutzt, auch moderner und technisch ausgereifter als die in der Firma vorhandenen Geräte.[11] Damit weiterarbeiten zu können, erhöht die Arbeitszufriedenheit und damit meist auch das Engagement.
- Der **Arbeitgeber spart** die **Anschaffungskosten** für ein Dienstgerät. Um den Arbeitnehmer nicht zu übervorteilen und so den »Zufriedenheitsgewinn« wieder zu zerstören, stellt der Arbeitgeber einen pauschalen Geldbetrag zur Verfügung, mit dem der Arbeitnehmer seine Flatrate bezahlen kann, aber – je nach Vereinbarung – auch für die Wartung sorgen muss.[12]

4 Diesen Vorteilen stehen allerdings gewichtige **Nachteile** gegenüber. Die Wahrscheinlichkeit, dass der **Arbeitnehmer auch in seiner Freizeit** für die **Arbeit** zur Verfügung steht, wird deutlich größer.[13] Weiter lässt sich nicht ausschließen, dass die auf dem Gerät gespeicherten **privaten Daten**

---

5 Sinn, CuA 10/2011, 4; Göpfert/Wilke, NZA 2012, 765, 766.
6 Er hat ähnliche Funktionen wie ein Smartphone, macht jedoch seiner Größe wegen Texte leichter lesbar.
7 Zahlenangaben bei Herrnleben, MMR 2012, 205. Eingehend Thannheiser, AiB 3/2014, 19ff.
8 Mitgeteilt bei Arning u. a., CR 2012, 592.
9 Kascherus/Pröpper, BB 2021, 756.
10 Imping/Pohle, K&R 2012, 470. Vgl. auch Giese, AiB 3/2014, 30.
11 Arning u. a., CR 2012, 592; Göpfert/Wilke, NZA 2012, 765.
12 Sinn, CuA 10/2011, 6.
13 Göpfert/Wilke, NZA 2012, 765,768: Die Wahrscheinlich der betrieblichen Nutzung in der Freizeit ist groß. Vgl. auch Sinn, CuA 10/2011, 5.

unter bestimmten Umständen **dem Arbeitgeber zur Kenntnis** kommen.[14] **Für diesen** ergeben sich jedoch seinerseits **Nachteile:** Die auf dem privaten Gerät befindlichen **Firmendaten** sind **gegen rechtswidrigen Zugriff zu sichern**. Auch muss für den Fall vorgesorgt werden, dass das Gerät beschädigt wird oder abhandenkommt: Zum Schutz der Firmendaten wird oft eine »**Fernlöschung**« unvermeidbar sein, die je nach den Umständen auch die privaten Daten des Arbeitnehmers erfasst. Außerdem ergibt sich ein hoher Regelungsbedarf in Bezug auf andere Rechtsfolgen von Störfällen: Wer beschafft auf wessen Kosten ein Ersatzgerät? Bleibt der Entgeltanspruch unberührt, wenn einige Zeit wegen solcher Umstände nicht gearbeitet werden kann? Besteht neben dem Arbeitsverhältnis ein Nutzungsverhältnis in Bezug auf das dem Arbeitnehmer gehörende Gerät? Hat der Arbeitnehmer für seine Software evtl. nur eine Lizenz für den privaten Gebrauch, die den Einsatz für gewerbliche Zwecke nicht abdeckt?[15]

Die wichtigsten arbeitsrechtlichen Probleme sollen im Folgenden abgehandelt werden. Dabei bleibt dahingestellt, ob es wirklich in naher Zukunft mehr Smartphones und Tablet-Rechner als PCs geben wird,[16] ob Firmen diese Arbeitsform effektiv forcieren[17] oder ob es sich um ein Übergangsphänomen handelt[18] und die Unternehmen die höhere Arbeitszufriedenheit dadurch erreichen, dass sich der Arbeitnehmer sein **Dienstgerät selbst aussuchen** kann.[19] Diese Alternative scheint deutlich an Bedeutung zu gewinnen,[20] zumal in den letzten Jahren so gut wie keine einschlägige Rechtsprechung zu BYOD ersichtlich ist. Das BAG verwies lediglich darauf, BYOD werde in der Literatur als Abweichung vom Normalfall des Arbeitsverhältnisses gesehen.[21] Soweit davon abgewichen werde, müsse der Arbeitnehmer eine angemessene Kompensation 5

14 Sinn, CuA 10/2011, 7.

15 Arning u. a., CR 2012, 470, 471; Conrad/Schneider, ZD 2011, 153, 157; Imping/Pohle, K&R 2012, 470, 471; Thannheiser, AiB 7–8/2018, 47. Einige dieser Probleme sind auch benannt bei Kramer-Solmecke, Teil A Rn. 18.

16 Hemker, DuD 2012, 165.

17 Conrad/Schneider, ZD 2011, 153, 158.

18 Skeptisch Arning u. a., CR 2012, 592, 598.

19 So die Alternative bei Göpfert/Wilke, NZA 2012, 765, 771 und bei Giese AiB 3/2014, 30, 32. Zusammenfassende Stellungnahme bei Däubler AiB 3/2014, 31. Wie hier auch Thüsing-Thüsing/Pötters, § 15 Rn. 28 (wenn auch ohne Bezugnahme).

20 So Kramer-Hoppe, Teil B Rn. 681. Auf Neudeutsch ist von CYOD (Choose your own Device) die Rede.

21 BAG, 10. 11. 2021 – 5 AZR 334/21, NZA 2022, 401 Tz. 19; gleichlautend BAG, 10. 11. 2021 – 5 AZR 335/21, Gute Arbeit 3/2022, 35; zust. zu beiden Entscheidun-

erhalten. Zu weiteren Sachproblemen Stellung zu nehmen, bestand weder hier noch bei anderer Gelegenheit Anlass.

II. Einführung von BYOD

1. Arbeitsvertragsrechtliche Voraussetzungen

6 Der Arbeitgeber kann **nicht** im Rahmen seines **Direktionsrechts** anordnen, dass der Arbeitnehmer nunmehr mit einem eigenen Gerät arbeiten müsse. § 106 GewO deckt eine solche Weisung nicht.[22] Vielmehr geht es dort nur um die Bestimmung von »Inhalt, Ort und Zeit der Arbeitsleistung« sowie um die Ordnung und das Verhalten der Arbeitnehmer im Betrieb. Die Voraussetzungen dafür, dass überhaupt gearbeitet werden kann, hat der Arbeitgeber von sich aus zu schaffen; insoweit kann er den Arbeitnehmer nicht zu einem bestimmten Verhalten verpflichten. **Notwendig** ist daher eine **Vereinbarung** mit dem Arbeitnehmer, die bei der Einstellung, aber auch während eines bestehenden Arbeitsverhältnisses getroffen werden kann.[23]

7 Eine Abmachung, wonach entgegen der Regel der Arbeitnehmer einen Teil der Arbeitsmittel zur Verfügung stellt, ist **grundsätzlich zulässig**. In der Rechtsprechung finden sich die Beispiele, wonach ein Model in einer bestimmten Kleidung zu erscheinen hat[24] oder der angestellte Taxifahrer sein eigenes Fahrzeug einsetzen muss.[25] Auch bei Außendienstmitarbeitern ist eine derartige Abmachung (Benutzung des eigenen Pkw) nicht ungewöhnlich. Da sie von dem (ungeschriebenen) Grundsatz abweicht, dass mit Gegenständen des Arbeitgebers gearbeitet werden muss, unterliegt sie nach § 307 Abs. 3 BGB der **AGB-Kontrolle.**[26] Inhaltlich handelt es sich zudem nicht um die Bestimmung der »Hauptleistung«, sondern um eine typische Nebenabrede. Es geht um eine **»Modifikation« des Leistungsversprechens,** die in der Rechtsprechung des BGH seit

---

gen U. Fischer, jurisPR-ArbR 15/2022 Anm. 1; Söller, DB 2022, 1135 und Spitz, jurisPR-ITR 8/2022 Anm. 2.

22 Ebenso Kramer-Hoppe, Teil B Rn. 683; Thannheiser, AiB 7–8/2018, 48.

23 Ebenso Falk Müller, öAT 2021, 23.

24 BSG, 12.12.1990 – 11 RAr 73/90, NZA 1991, 907, 908.

25 BAG, 29.5.1991 – 7 ABR 67/90, AP Nr. 2 zu § 9 BetrVG 1972.

26 Ebenso BAG, 10.11.2021 – 5 AZR 334/21, NZA 2022, 401; Kramer-Hoppe, Teil B Rn. 684.

jeher der AGB-Kontrolle unterworfen ist,[27] ein Grundsatz, der auch die Billigung des BAG fand.[28]

Durch eine Abmachung, dass der Bewerber bzw. Arbeitnehmer sein Smartphone etc. in den Arbeitsprozess einbringt, darf der **Arbeitnehmer nicht** entgegen den Geboten von Treu und Glauben **unangemessen benachteiligt** werden. Das wäre beispielsweise der Fall, wenn er für die Bereitstellung seines Geräts keine angemessene Vergütung erhalten würde[29] oder wenn er dieses nicht mehr privat nutzen dürfte. Außerdem muss er die **Kosten ersetzt** erhalten, die die Inanspruchnahme bestimmter Internet-Dienste (wie z. B. Juris) für betriebliche Zwecke oder die Datenübermittlung aus dem Ausland mit sich bringt. Schließlich wäre es unbillig, ihm die gesamte **Flatrate** aufzubürden; aufgrund der nunmehr auch erfolgenden dienstlichen Nutzung muss der Arbeitgeber jedenfalls einen angemessenen Teil beisteuern, sofern er nicht freiwillig die gesamten Kosten übernimmt.[30] 8

2. Betriebsverfassungsrechtliche Voraussetzungen

Der Arbeitgeber kann nicht im Wege der Mitbestimmung gezwungen werden, die Benutzung privater Geräte für dienstliche Zwecke zu gestatten.[31] Trifft er jedoch selbst eine solche Entscheidung, wird durch den Anschluss des Mitarbeitergeräts an das betriebliche Netz die Möglichkeit geschaffen, mit technischen Mitteln Verhalten und Leistung des Arbeitnehmers zu überwachen. Deshalb besteht ein **Mitbestimmungsrecht** des Betriebsrats **nach § 87 Abs. 1 Nr. 6 BetrVG.**[32] Wie intensiv die Kontrollmöglichkeiten sind und ob sie auch Teile des Freizeitverhaltens umfassen, spielt für das grundsätzliche Eingreifen des § 87 Abs. 1 Nr. 6 BetrVG keine Rolle. 9

27 BGH, 12.3.1987 – VII ZR 37/86, NJW 1987, 1931, 1935; BGH, 24.3.1999 – IV ZR 90/98, NJW 1999, 2279, 2280.

28 Siehe BAG, 21.6.2011 – 9 AZR 203/10, AP Nr. 53 zu § 307 BGB, wonach eine Ausgleichsklausel als Teil eines Aufhebungsvertrags der AGB-Kontrolle unterliegt.

29 BAG, 10.11.2021 – 5 AZR 334/21, NZA 2022, 401. Steht es dem Arbeitnehmer frei, ob er ein dienstliches oder ein privates Gerät nutzen will, muss ihm kein Ersatzanspruch eingeräumt werden; siehe Bissels/Singraven, jurisPR-ArbR 19/2022 Anm. 2.

30 Dazu auch Kramer-Hoppe, Teil B Rn. 682 (»Pauschalzahlung«).

31 Kramer-Hoppe, Teil B Rn. 700.

32 Arning u.a., CR 2012, 592, 593; Giese, AiB 3/2014, 32; Göpfert/Wilke, NZA 2012, 765, 769; Imping/Pohle, K&R 2012, 470, 475; vgl. weiter DKW-Klebe, § 87 Rn. 201 (»mobile Kommunikationsgeräte«) und Kramer-Hoppe, Teil B Rn. 704: Auch die überbetriebliche Vernetzung des Gerätes ist mitbestimmungspflichtig.

10 In der Literatur wird weiter auf **§ 87 Abs. 1 Nr. 1 BetrVG** verwiesen, wonach »Verhalten der Arbeitnehmer« und »Ordnung im Betrieb« der Mitbestimmung unterliegen.[33] Die Anweisung, wie das Passwort zu schützen ist, sowie die Abruffrequenz der dienstlichen E-Mails werden beispielsweise dazu gezählt.[34] An anderer Stelle ist von der Pflicht zur Verschlüsselung der Firmendaten die Rede.[35] Auch ist an sonstige Verhaltensanforderungen außerhalb der eigentlichen Arbeitszeit zu denken, die ebenfalls mitbestimmungspflichtig sind.[36] Weiter wird darauf verwiesen, dass auch die Inanspruchnahme in der »Freizeit« Arbeit bedeutet, so dass insoweit **§ 87 Abs. 1 Nr. 2 BetrVG** (»Beginn und Ende der täglichen Arbeitszeit«) eingreift.[37] Dabei handelt es sich allerdings um kein BYOD-spezifisches Problem. Wird die (freiwillige) Umstellung auf BYOD geplant, ist auch an **§ 90 BetrVG** zu denken.[38] Von einer »grundlegenden Änderung der Betriebsorganisation oder der Betriebsanlagen« i. S. v. § 111 Satz 3 Nr. 4 BetrVG kann allerdings nicht die Rede sein, wenn lediglich die vom Arbeitgeber zur Verfügung gestellten Geräte durch solche des Arbeitnehmers ersetzt werden. Auch können allein deshalb schwerlich »grundlegend neue Arbeitsmethoden und Fertigungsverfahren« nach § 111 Satz 3 Nr. 5 BetrVG angenommen werden. Gleichwohl wird deutlich, dass in Betrieben mit Betriebsrat die **Einführung** von BYOD **nur gemeinsam mit dem Betriebsrat** stattfinden kann. Für beide Seiten ist daher der Abschluss einer Betriebsvereinbarung empfehlenswert.[39]

3. Weitere Voraussetzungen

11 Der Einsatz von Geräten des Arbeitnehmers für betriebliche Zwecke wirft zahlreiche Fragen auf, die am sinnvollsten **einvernehmlich** zwischen Arbeitgeber und Arbeitnehmer **zu regeln** sind.[40] Auch eine **Betriebsvereinbarung** kommt als Gestaltungsmittel in Betracht,[41] doch kann sie niemanden verpflichten, eigene Geräte für dienstliche Zwecke zu ver-

33 Conrad/Schneider, ZD 2011, 153, 157; Kascherus/Pröpper, BB 2021, 756.

34 Arning u. a., CR 2012, 592, 593; Thannheiser, AiB 7–8/2018, 39.

35 Brandt, CuA 10/2011, 13.

36 Kramer-Hoppe, Teil B Rn. 701.

37 Arning u. a., CR 2012, 592, 593; Buschmann, PersR 2011, 247 ff.; Göpfert/Wilke, NZA 2012, 765, 770.

38 Conrad/Schneider, ZD 2011, 153, 157.

39 Imping/Pohle, K&R 2012, 470, 474. Ebenso Thannheiser, AiB 3/2014, 19 ff.

40 Vgl. Arning u. a., CR 2012, 592 ff.; Conrad/Schneider, ZD 2011, 153, 155; Günther/Böglmüller, NZA 2015, 1025, 1031. Zu Recht spricht Kramer-Hoppe, Teil B Rn. 678 von einem steigenden Regulierungsaufwand.

41 Überblick über Regelungsgegenstände bei Kascherus/Pröpper, BB 2021, 756 ff.

wenden. Sie kann aber Regeln bestimmen, die nach einer freiwilligen Einbeziehung gelten sollen. Ihre Existenz ist zwar keine rechtliche, wohl aber eine **faktische Voraussetzung** für die Einführung und das sinnvolle Funktionieren von BYOD.

III. Durchführungsprobleme

1. Probleme des Datenschutzes

Auch wenn personenbezogene Daten auf einem dem Arbeitnehmer gehö- 12
renden Gerät gespeichert oder verarbeitet werden, bleibt der **Arbeitgeber verantwortliche Stelle** im Sinne des BDSG a. F. bzw. Verantwortlicher im Sinne der DSGVO, sofern er weiterhin weisungsbefugt ist.[42] Die Zuordnung zum Unternehmen ändert sich nicht dadurch, dass das »Substrat« einem anderen gehört – so wenig wie dies der Fall ist, wenn ein Server von einem Dienstleistungsunternehmen geleast wird.[43] Mit Rücksicht darauf besteht auch kein Grund, die Regeln über die Auftragsdatenverarbeitung nach Art. 28 DSGVO anzuwenden. Alle **Beschäftigten** i. S. v. § 26 Abs. 8 BDSG, wozu auch arbeitnehmerähnliche Personen gehören, werden datenschutzrechtlich als **Teil des Unternehmens** und damit der verantwortlichen Stelle angesehen. Genauso wird dies auch im kirchlichen Bereich gesehen.[44] Anders verhält es sich nur dann, wenn der »**Mitarbeiter**« ein **selbstständiger Unternehmer** ist, der aber in Bezug auf die Daten den Weisungen des Auftraggebers folgen muss: Hier wäre Art. 28 DSGVO anzuwenden. Völlig anders liegt der Fall, dass der Arbeitnehmer ohne Wissen und Duldung durch den Arbeitgeber sein privates Gerät einsetzt: Hier würde er selbst zur verantwortlichen Stelle.[45]

Inhaltlich ändert sich an der Anwendung datenschutzrechtlicher Normen 13
nichts, wenn der Arbeitnehmer nicht ein Gerät der Firma, sondern ein eigenes verwendet. Auch insoweit muss ggf. eine **Folgenabschätzung** nach Art. 35 DSGVO und eine **Dokumentation** nach Art. 5 Abs. 2 DSGVO erfolgen.

---

42 Kort, RdA 2018, 24, 30; Kramer-Hoppe, Teil B Rn. 688; Thannheiser, AiB 7–8/2018, 47; Thüsing-Thüsing/Pötters, § 15 Rn. 28.

43 Ebenso im Ergebnis Jung/Hansch, ZD 2019, 143, 146; Falk Müller, öAT 2021, 23.

44 Ullrich, ZMV 2019, 114.

45 Conrad/Schneider, ZD 2011, 153, 154; Jung/Hansch, ZD 2019, 143, 146.

14 Kontrollrechte des Arbeitgebers, die erst an späterer Stelle erörtert werden,[46] stoßen auf **faktische Schwierigkeiten**. Besteht beispielsweise der Verdacht einer schweren Pflichtverletzung oder einer Straftat, würde nach herrschender Auffassung bei Fehlen anderer Möglichkeiten auch eine heimliche Auswertung der dienstlichen Daten auf dem E-Mail-Account des Arbeitnehmers in Betracht kommen. Das scheidet hier immer dann aus, wenn **kein Remote-Zugriff** auf die im Gerät gespeicherten Daten eingerichtet ist. Ist dies durch Einrichtung eines **MDM-Systems** (= Mobile Device Management) möglich gemacht, bleibt gleichwohl das Problem, dass ein Leserecht des Arbeitgebers in Bezug auf alle dienstlichen E-Mails nach überwiegender Auffassung nicht eingerichtet werden darf.[47] Insoweit gilt nichts anderes als im »stationären« Arbeitsverhältnis.[48] Auch ist es im Interesse beider Seiten noch wichtiger als im Normalfall, **dienstliche und private Daten technisch zu trennen**, um so ein unzulässiges Eindringen in die Privatsphäre des Arbeitnehmers zu verhindern.[49] Das wäre ein wichtiger Gegenstand einer Betriebsvereinbarung oder einer Abrede zwischen Arbeitgeber und Arbeitnehmer.

2. Probleme der Datensicherung

15 Die vom Arbeitgeber als Verantwortlichem verlangte Datensicherung nach Art. 32 DSGVO[50] sieht sich im vorliegenden Zusammenhang besonderen **Herausforderungen** ausgesetzt:

- Der Gebrauch des Geräts im häuslichen und familiären Bereich kann leicht dazu führen, dass **Familienangehörige**, Freunde oder Besucher von Daten Kenntnis erhalten, die nicht für sie bestimmt sind.
- Das **Gerät** kann **beschädigt** (und dadurch funktionsunfähig) werden oder **verloren gehen.** Das kann leichter als bei einem reinen Dienstgerät geschehen, das man nicht an den Strand oder auf die Bergtour mitnehmen würde.[51] Tritt ein solcher Fall ein, können u. U. **unbefugte Dritte** von den gespeicherten Daten **Kenntnis** nehmen und womöglich das ganze betriebliche Informationssystem ausforschen.

46 Unten § 8 Rn. 1 ff.

47 Dafür aber Kramer-Hoppe, Teil B Rn. 696.

48 Dazu Däubler, Gläserne Belegschaften, Rn. 351 mit eingehenden Nachweisen.

49 Die Verwendung sog. Container-Apps empfehlen Kramer-Hoppe, Teil B Rn. 691 und Thannheiser, AiB 7–8/2018, 47.

50 Dazu Franck, RDV 2013, 185, 186 f.; Thüsing-Thüsing/Pötters, § 15 Rn. 28; Falk Müller, öAT 2021, 23.

51 Täglich gehen Smartphones und Handys im Wert von 7 Mio. US-Dollar verloren: Thannheiser, AiB 3/2014, 19, 22.

- Der Arbeitnehmer kann bestimmte **Apps** auf das Gerät laden, die er für private Zwecke verwenden will, die aber ein Eindringen von Spyware oder von Schadprogrammen erleichtern.
- Nimmt der Arbeitnehmer das Gerät auf eine **Auslandsreise** mit, besteht die Gefahr, dass Sicherheitsdienste, Finanzbehörden oder andere Instanzen unbemerkt auf die Daten zugreifen. Das kann ggf. auch zu Zwecken der **Betriebsspionage** erfolgen.
- Nimmt der Arbeitnehmer **Cloud-Dienste** in Anspruch, kann dies dazu führen, dass die Daten in einem Drittland gespeichert werden, das über kein angemessenes Datenschutzniveau verfügt. Das kann zur Folge haben, dass interessierte Dritte auf die Daten zugreifen können, ohne dabei besondere Hindernisse überwinden zu müssen. Auch hier sind **Betriebs- und Geschäftsgeheimnisse** aufs stärkste **gefährdet.**

Wird diesen Anforderungen in keiner Weise Rechnung getragen, kann 16 der **betriebliche Datenschutzbeauftragte** die mangelnde Beachtung des Art. 32 DSGVO rügen. Wichtiger ist die Möglichkeit der **Aufsichtsbehörde**, nach Art. 58 DSGVO Anordnungen zu treffen, wonach dieser Zustand zu beseitigen ist. Beispielsweise kann sie bestimmen, dass die Geräte nicht in bestimmte Länder mitgenommen werden dürfen. Bei einer Kontrolle dürfen diese allerdings nur mit Zustimmung des Arbeitnehmers inspiziert werden, da sie sich im **Mitbesitz des Arbeitnehmers** befinden.[52]

Im Interesse aller Beteiligten ist es sinnvoller, die hier angesprochenen 17 Fragen **vertraglich zu regeln.**[53] Als Möglichkeiten kommen beispielsweise in Betracht:

- Durch ein besonders **anspruchsvolles Passwort** wird sichergestellt, dass Familienangehörige grundsätzlich keine Kenntnis von den gespeicherten Daten erhalten können.
- Geht das Gerät verloren, muss eine **Sperrung oder Löschung** der dienstlichen Daten **aus der Ferne** möglich sein. Auch aus diesem Grund empfiehlt sich eine vereinbarte **Trennung zwischen dienstlicher und privater Kommunikation.**[54] Man richtet gewissermaßen zwei User auf dem Gerät ein. Würde man darauf verzichten, müssten

52 Bezüglich der dienstlichen Nutzung ist der Arbeitgeber gem. § 855 BGB seiner Weisungsbefugnis wegen Besitzer, bezüglich der privaten Nutzung ist der Arbeitnehmer Besitzer.

53 Giese (AiB 3/2014, 30) berichtet, dass es allerdings kaum Betriebsvereinbarungen zu diesem Thema gibt.

54 Dafür auch Thüsing-Thüsing/Pötters, § 15 Rn. 27, die jedoch zugleich auf die praktischen Schwierigkeiten hinweisen. Ebenso Kascherus/Pröpper, BB 2021, 757 und für den kirchlichen Bereich Ullrich, ZMV 2019, 114.

ggf. auch die privaten Daten gelöscht werden. Gibt es keine solchen Vorkehrungen, wird bei Verlust ggf. ein Fall des **Art. 33 DSGVO** eintreten, wonach die Aufsichtsbehörde wie die Betroffenen von dem Datenverlust zu informieren sind. Das kann das Ansehen des Unternehmens erheblich beeinträchtigen.
- Welche **Apps** heruntergeladen werden dürfen, lässt sich vertraglich festlegen. Hier ist eine »Positivliste« denkbar, aber auch eine »Negativliste« der Art, dass im Prinzip alles erlaubt ist, jedoch bestimmte Programme ausgeschlossen sind.
- Die **Mitnahme ins Ausland** (oder in bestimmte Staaten) kann im Grundsatz **ausgeschlossen** werden. Ausnahmen bedürfen der Genehmigung des Arbeitgebers. Eine solche Regelung wird allerdings die Attraktivität von BYOD erheblich reduzieren.
- Die Inanspruchnahme von **Cloud-Diensten** wird ebenfalls von einer Genehmigung des Arbeitgebers abhängig gemacht. Auch hier wird der Beschäftigte nicht unbedingt Freude empfinden.

Die Vereinbarung eines **Herausgabeanspruchs**[55] könnte an § 307 Abs. 1 Satz 1 BGB scheitern, vor allem dann, wenn dem Arbeitgeber ein schlichtes Wegnahmerecht eingeräumt wird. Andere Lösungen sind denkbar;[56] welche man wählt, ist eine Frage der konkreten Umstände.

3. Kosten, Beschädigung und Verlust des Geräts

18 Entstehen durch den dienstlichen Gebrauch **zusätzliche Kosten**, sind sie durch den Arbeitgeber **entsprechend § 670 BGB zu ersetzen**.[57] Das gilt etwa für die Erhöhung der Flatrate, die mit dem Übergang zu einer gewerblichen Nutzung eintreten kann, sowie für die Inanspruchnahme kostenpflichtiger Angebote im Internet zu dienstlichen Zwecken.[58]

Davon **vertraglich abzuweichen** und einen Teil der Kosten dem Arbeitnehmer aufzubürden, ist **nicht zulässig**. Die entsprechende Anwendung von § 670 BGB im Arbeitsverhältnis ist in gleicher Weise Ausdruck der Risikoverteilung im Arbeitsverhältnis wie die Regeln der Arbeitnehmerhaftung. Diese können jedoch nicht zu Lasten des Arbeitnehmers

---

55 Dafür Kramer-Hoppe, Teil B Rn. 693.

56 Hinweise auch bei Kramer-Hoppe, Teil B Rn. 689.

57 Göpfert/Wilke, NZA 2012, 765, 768; Thannheiser, AiB 7–8/2018, 48.

58 Zu den Kosten der Datenübermittlung aus dem Ausland und zur Beteiligung des Arbeitgebers an der (nicht erhöhten) Flatrate siehe bereits oben Rn 8. Zur Beteiligung des Arbeitgebers an der Flatrate siehe auch Ullrich, ZMV 2019, 114.

abbedungen oder verschlechtert werden.[59] In Anlehnung an die Regeln über die Mankohaftung[60] ist lediglich eine **Pauschalierung** denkbar, die aber einen vollen Ausgleich für die zu erwartenden Aufwendungen bieten muss. Möglich ist auch, dass der Arbeitgeber die gesamten Kosten übernimmt, die Privatnutzung jedoch dem Arbeitnehmer in Rechnung stellt.[61]

Wird das **Gerät** im Zusammenhang mit der dienstlichen Nutzung **be-** 19
schädigt oder **zerstört** oder ist es **nicht mehr auffindbar**, stellt der Verlust eine »Aufwendung« dar, die nach § 670 BGB **vom Arbeitgeber zu ersetzen** ist.[62] Im Regelfall ist also ein Ersatzgerät zu beschaffen. Genauso wird verfahren, wenn der Arbeitnehmer sein Privatfahrzeug erlaubterweise für dienstliche Zwecke einsetzt.[63] Ein separates Mietverhältnis zwischen Arbeitgeber und Arbeitnehmer zu konstruieren, das den Arbeitnehmer als »Vermieter« zur Ersatzbeschaffung verpflichtet,[64] ist wenig lebensnah und verstößt überdies gegen den Grundsatz, dass bei gemischten Verträgen grundsätzlich die Regeln des Vertragstypus heranzuziehen sind, der den rechtlichen oder wirtschaftlichen Schwerpunkt bildet.[65] Das ist hier das Arbeitsverhältnis mit seiner spezifischen Risikoverteilung; das wird auch beim Einsatz des Privatwagens so gehandhabt.

Die **Ersatzpflicht** hat allerdings **Grenzen**: Ein Anspruch des Arbeitneh- 20
mers besteht nur insoweit, als der Arbeitgeber eine Beschädigung seiner eigenen Sachen hätte hinnehmen müssen.[66] Das ist dann in der Regel nicht mehr der Fall, wenn der Arbeitnehmer grob fahrlässig gehandelt hat. Bei sog. einfacher oder mittlerer Fahrlässigkeit wird der Schaden zwischen beiden Seiten aufgeteilt, so dass insoweit auch nur ein auf einen Anteil beschränkter Aufwendungsersatzanspruch in Betracht kommt.[67] Soweit der Arbeitgeber die Kosten für ein Ersatzgerät tragen muss, sind auch die Beträge einzubeziehen, die wegen der **Rekonstruktion der** (dienstlichen) **Datenbestände** in Rechnung gestellt werden. Das kann vor allem bei einer Beschädigung des Geräts von Bedeutung sein. Sinnvoll ist, bei

59 Wie hier im Ergebnis Thannheiser, AiB 7–8/2018, 49. Für zwingenden Charakter der Regeln über die Arbeitnehmerhaftung BAG, 17.9.1998 – 8 AZR 175/97, NZA 1999, 141; 2.12.1999 – 8 AZR 386/98, NZA 2000, 715; 27.1.2000 – 8 AZR 876/98, NZA 2000, 727.
60 BAG, 17.9.1998 – 8 AZR 175/97, NZA 1999, 141.
61 Göpfert/Wilke, NZA 2012, 765, 768.
62 Göpfert/Wilke, NZA 2012, 765, 769; Kascherus/Pröpper, BB 2021, 758.
63 BAG, 22.6.2011 – 8 AZR 102/10, NZA 2012, 91.
64 So Göpfert/Wilke, NZA 2012, 765, 769.
65 Grüneberg-Grüneberg, vor § 311 Rn. 26 m.w.N.
66 BAG, a.a.O.
67 Weitere Nachweise und Einzelheiten bei Däubler, Arbeitsrecht 2, Rn. 903.

verloren gegangenen Geräten eine **Fernlöschung** vorzunehmen, um einen Datenmissbrauch und eine evtl. Mitteilung nach Art. 33 DSGVO auszuschließen.[68] Soweit private und dienstliche Daten nicht getrennt sind, könnte eine Löschung nur mit Zustimmung des Arbeitnehmers erfolgen: Ist dieser inzwischen ausgeschieden oder ein gesuchter Experte, der sich ein »nein« leisten kann, kommt der Arbeitgeber in eine schwierige Situation. Auch aus diesem Grund ist es höchst sinnvoll, von Anfang an eine **Trennung zwischen privaten und dienstlichen Daten** vorzunehmen.

21 Denkbar ist, dass wegen der Funktionsunfähigkeit des Geräts oder wegen seines Abhandenkommens **nicht weitergearbeitet** werden kann. Im Normalfall wird für einen solchen Fall Vorsorge getroffen, indem die Daten regelmäßig zur Sicherheit auf einem externen Datenträger gespeichert werden. Ist dies anders, stellt sich das Problem, ob der Arbeitnehmer nach § 615 Satz 1 BGB seine Vergütung weiter beziehen kann. Trifft niemanden ein Verschulden, liegt ein Fall des **Betriebsrisikos** vor, das den Entgeltanspruch unberührt lässt. Genauso ist der Fall zu behandeln, dass den Arbeitnehmer zwar ein gewisses Verschulden trifft, dieses jedoch den Ersatzanspruch nach § 670 BGB unberührt lässt: Auch in diesen Fällen bleibt das Risiko des Nicht-Arbeiten-Könnens auf Seiten des Arbeitgebers.[69] Wird diese Grenze jedoch überschritten, weil den Arbeitnehmer ein **weitergehendes Verschulden** an der Unmöglichkeit der Leistungserbringung trifft, **entfällt** nach § 326 Abs. 1 BGB auch der **Anspruch auf das Entgelt.** Ob der Arbeitgeber von dieser Möglichkeit zur Zahlungsverweigerung effektiv Gebrauch macht und so das Verhältnis zu dem betroffenen Mitarbeiter erheblich belastet, hängt von den betrieblichen Umgangsformen sowie davon ab, ob es sich um eine »wertvolle« Arbeitskraft handelt, deren Weggang auf alle Fälle vermieden werden soll.

4. Herausgabe des Geräts

22 Denkbar ist, dass das **Gerät ausgetauscht** und durch ein firmeneigenes oder ein vom Arbeitnehmer neu erworbenes ersetzt werden soll. In diesem Fall ist es grundsätzlich Sache des Arbeitnehmers, die **Umstellungsarbeiten** vorzunehmen, also die vorhandenen Daten auf das Austauschgerät zu übertragen. Soll dieses nur noch dienstlich genutzt werden, geht es ausschließlich um die Übertragung der dienstlichen Daten. Sieht sich der Arbeitnehmer nicht in der Lage, die »Transferarbeiten« zu bewerkstelligen, kann er sein altes und sein neues Gerät dem Arbeitgeber über-

68 So auch Kramer-Hoppe, Teil B Rn. 694.

69 Insoweit ist der Rechtsgedanke des § 326 Abs. 2 BGB heranzuziehen.

lassen, damit dieser die nötigen technischen Maßnahmen vornehmen lässt. Hält dies der Arbeitnehmer mit Rücksicht auf die gespeicherten Privatdaten für inakzeptabel, kann er einen unbeteiligten Dienstleister mit dieser Aufgabe betrauen und die **Kosten** dem Arbeitgeber nach § 670 BGB in Rechnung stellen.

Steht der Arbeitnehmer im **dringenden Verdacht einer schweren Pflichtverletzung** oder einer Straftat, könnte der Arbeitgeber nach herrschender Auffassung die Herausgabe des Geräts verlangen und die dort gespeicherten Daten analysieren, sofern keine andere Möglichkeit der Aufklärung besteht. Das gilt jedoch nur, wenn der Arbeitgeber selbst Eigentümer des Geräts ist. Im vorliegenden Fall ist dies anders, da das Eigentum beim Arbeitnehmer liegt und dieser außerdem Mitbesitz hat.[70] Das bedeutet, dass nach § 866 BGB auch eine Wegnahme im Wege der Selbsthilfe ausdrücklich ausgeschlossen ist. Der Arbeitgeber ist insoweit auf eine **freiwillige Kooperation des Arbeitnehmers** angewiesen, mit der nur dann zu rechnen ist, wenn der Arbeitnehmer ersichtlich zu Unrecht beschuldigt wurde oder in der Lage war, alle Spuren seines vertragswidrigen oder illegalen Tuns zu verwischen. 23

IV. Beendigung der Tätigkeit

Wird das Arbeitsverhältnis durch **Kündigung**[71] oder durch Aufhebungsvertrag beendet, stellt sich das Problem, wie mit dem Gerät zu verfahren ist. Eine analoge Situation ergibt sich dann, wenn der Arbeitnehmer an einen **völlig anderen Arbeitsplatz versetzt** wird, wo er die bisherigen Daten nicht mehr benötigt; als Beispiel mag die Versetzung eines Außendienstmitarbeiters in den Innendienst stehen. 24

Bei Beendigung des Arbeitsverhältnisses muss der Arbeitnehmer grundsätzlich **alle Gegenstände an den Arbeitgeber herausgeben**, die ihm im Zusammenhang mit dem Arbeitsverhältnis überlassen worden oder die, wie z. B. Planungsunterlagen, in dessen Verlauf entstanden sind.[72] Das gilt auch für **Dateien**, die arbeitsbezogene, d. h. dienstliche Informationen zum Gegenstand haben.[73] Sie sind dem Arbeitgeber zu überspielen oder 25

70 Dazu oben Rn. 16.
71 Dabei ist eine angemessene Frist zu wahren, es sei denn, es liege ein wichtiger Grund i. S. v. § 626 BGB vor: Kascherus/Pröpper, BB 2021, 756, 759.
72 DDZ-Deinert, Einl. Rn. 515ff.; Däubler, Arbeitsrecht 2, Rn. 1251a; Schaub-Linck, § 150 Rn. 1.
73 Göpfert/Wilke, NZA 2012, 765, 769.

ihm auf einem besonderen Datenträger zu übergeben, anschließend auf dessen Verlangen zu löschen. Das Gerät als solches verbleibt dem Arbeitnehmer als dem Eigentümer. Er behält selbstredend auch seine privaten Daten sowie die **Apps**, die er für private Zwecke heruntergeladen hat. Bei Letzteren ist nur dann eine Ausnahme zu machen, wenn sie auf Weisung des Arbeitgebers gespeichert und nur für dienstliche Zwecke verwendet wurden.

§ 4 Arbeitsrechtliche Probleme sozialer Netzwerke

I. Der soziale Sachverhalt

Soziale Netzwerke wie **Facebook, YouTube, StayFriends und Xing** zu benutzen, gehört zum Alltag einer großen Zahl von Mitbürgern. In den eigenen Account »hineinzuschauen« und ggf. selbst etwas zu »posten«, ist für viele ähnlich selbstverständlich geworden wie Telefon, Radio und Fernsehen.[1] Von 2591 befragten Studierenden einer Hochschule hatten sich im Jahre 2011 79 % bei StudiVZ angemeldet (wobei »VZ« schlicht für »Verzeichnis« steht; inzwischen nicht mehr im Netz), 54 % waren ausschließlich oder daneben in anderen Netzwerken aktiv.[2] Nur knapp 10 % verweigerten sich generell und gaben als Grund an, ihre Lebensumstände nicht offen legen zu wollen. Den »Netzfreunden« ging es in erster Linie um die Verbreitung von Neuigkeiten und um das Finden von Freunden. 1

Das Verhalten von **Studenten** kann **nicht** eins zu eins **auf das Verhalten von Arbeitnehmern »hochgerechnet«** werden, zumal der (Frei-) Zeithaushalt und das Recht, über die Verwendung der eigenen Zeit zu bestimmen, ganz unterschiedlich ausgeprägt sind. Dennoch bestreitet niemand, dass auch Arbeitnehmer häufig in sozialen Netzwerken präsent sind[3] und dort ihr »Profil« präsentieren und ggf. Fotos aus den Ferien einstellen oder mit Nachdruck bestimmte Meinungen zum Ausdruck bringen. Dabei fällt es den »Usern« in der Regel **schwer, das Netzwerk als erwerbswirtschaftliches Unternehmen zu begreifen,**[4] da der Einzelne nichts 2

1 So schon Bissels/Lützeler/Wisskirchen, BB 2010, 2433. Siehe auch oben § 1 Rn. 3.

2 Mitgeteilt bei Schulz, DuD 2012, 262, 263, auch zum Folgenden.

3 Bezogen auf Januar 2021 sollen soziale Netzwerke insgesamt 66 Mio. User haben, was einem Anteil von ca. 79 % an der Gesamtbevölkerung entspricht: *onlinemarketing.de/cases/66-millionen-social-media-user-in-deutschland* (19. 5. 2022).

4 Der Marktwert von Facebook wird mit 94,8 Mrd. US-Dollar angegeben, der Nettogewinn betrug im dritten Quartal 2018 5,14 Mrd. US-Dollar – Angaben nach *www.brandwatch.com/de/blog/facebook-statistiken/* (14. 5. 2020).

bezahlt und dafür Leistungen erhält, für die er in seinem persönlichen Leben durchaus dankbar ist.

> Wer englische Texte schreiben muss, kann sich unter *www.leo.org* sachkundig machen, wenn ihm ein bestimmter englischer Ausdruck nicht einfällt oder wenn er Zweifel hat, das richtige Wort gefunden zu haben. Dort bekommt er zwar für fast jedes deutsche Wort zahlreiche »Angebote«, was bisweilen die Ratlosigkeit vergrößert. Auf der anderen Seite gibt es aber ein Forum, in dem sich Übersetzer austauschen und nach guten Ideen suchen. Wie übersetzt man z. B. »die Branche«? Man sollte denken, dass »the branch« ein gutes Äquivalent ist, aber im eigentlichen Wörterbuch steht, dieser Ausdruck sei »veraltet«. Im Forum findet man dann eine eingehende Diskussion, dass »branch« heute als Ausdruck für »Zweigstelle« benutzt wird; Branche in unserem Sinn bedeutet »industry« oder »sector of the economy«. Man ist ein Stückchen klüger, ohne dafür irgendetwas bezahlt zu haben – ein seltener Fall in der Marktwirtschaft.

Die Tatsache, dass der Einzelne seine Daten zur Verfügung stellt und dies für die Werbewirtschaft ein höchst attraktives Gut ist, wird kaum deutlich.[5] Dazu kommt, dass im Januar 2019 weltweit 90 Mio. Klein- und Mittelunternehmen bei Facebook ihre eigene Seite hatten; dazu kamen 3 Mio. Unternehmen als WhatsApp-Nutzer und 25 Mio. mit einer entsprechenden Präsenz bei Instagram.[6] Die Dax-30-Unternehmen sind vollständig vertreten,[7] Von den Unternehmen mit 10 bis 49 Beschäftigten sind nur 44 % in sozialen Medien präsent.[8] Dort werden typischerweise die Leistungen des Unternehmens dargestellt und die Betrachter aufgefordert, Kommentare abzugeben und die Produkte möglichst in positivem Licht erscheinen zu lassen. Nicht selten ist dann von einer »Fan-Seite« die Rede.[9] Oft haben die Websites großer Firmen sog. Social Plugins, über die eine Verbindung zu einem sozialen Netzwerk hergestellt werden

---

5 Siehe etwa Forst, NZA 2010, 428, der nur auf die Werbeanzeigen (die es auch gibt) verweist und den Standpunkt vertritt, rentables Wirtschaften sei für soziale Netzwerke schwierig.

6 *allfacebook.de/toll/state-of-facebook* (14. 5. 2020).

7 *www.wiwo.de/bilder/digitale-welt-dax-30-bei-facebook/4702516.html?p=31&a=false&slp=true#image* (1. 10. 2017).

8 *www.destatis.de/DE/Presse/Pressemitteilungen/Zahl-der-Woche/2020/PD20_35_p002.html* (18. 5. 2022)

9 Die »Fangemeinde« der Dax-30-Unternehmen ist höchst unterschiedlich und reicht von knapp 29 Mio. (Volkswagen) bis unter 170 (Heidelberger Cement): *de.statista.com/statistik/daten/studie/668107/umfrage/dax-unternehmen-nach-anzahl-der-fans-auf-facebook/* (18. 5. 2022).

kann. Dort lässt sich dann der »like«-Button anklicken, um so auf einfachste Weise seiner Zustimmung Ausdruck zu verleihen.[10] Für Betriebsräte ergeben sich dabei eine Menge neuer Aufgaben. Sie können beim Firmenauftritt in vielen Fällen nach § 87 Abs. 1 Nr. 1 oder Nr. 6 BetrVG mitbestimmen, stellen sich aber auch die Frage, inwieweit sie selbst von den neuen Medien Gebrauch machen sollten. Auch kann es im Betrieb ein »Generationenproblem« der Art geben, dass ältere Beschäftigte nur schwer für die »neue Welt« zu begeistern sind.[11]

Die sozialen Netzwerke werfen vor allem viele datenschutzrechtliche Fragen auf. Ob die Auswertung der »Profile« für Werbezwecke immer von einer korrekten Einwilligung im Sinne von Art. 4 Nr. 11 und von Art. 7 DSGVO sowie von § 26 Abs. 2 BDSG gedeckt ist, erscheint zweifelhaft. Weiter nahm Facebook lange Zeit bei allen eingestellten Fotos automatisch eine exakte biometrische Vermessung vor, sodass für andere die Möglichkeit bestand, nach Art eines kleinen Kriminalkommissars die fragliche Person zu identifizieren. Aufgrund der Intervention von Datenschutzbehörden, vor allem des ULD in Schleswig-Holstein[12], hat Facebook in Europa darauf verzichtet.[13] Die biometrische Erfassung stellt in der Tat einen sehr weitgehenden Eingriff in die Persönlichkeitssphäre dar. Für »datenschutzkonforme« soziale Netzwerke gibt es zwar Modelle,[14] doch sind diese noch weit von einer Realisierung entfernt. 3

Im vorliegenden Zusammenhang sind diese Probleme unter dem spezifischen arbeitsrechtlichen Blickwinkel von Interesse. Unbestritten ist zunächst, dass der Arbeitgeber **den Arbeitnehmer nicht verpflichten** kann, während seiner Freizeit **in einem sozialen Netzwerk aktiv** zu sein.[15] Es darf also »Verweigerer« geben. Wer freiwillig mitmacht, kann selbst entscheiden, wie er das tun will. Es dürfte kaum möglich sein, ihm jede Bezugnahme auf das Unternehmen mit dem Argument zu untersagen, man wolle Headhuntern kein Material liefern.[16] Das vorausgeschickt, stellen sich weitere Fragen: 4

10 Venzke, DuD 2011, 387, 388f.

11 Vgl. Hinrichs/Schierbaum, CuA 10/2012, 7.

12 *www.datenschutzzentrum.de.* Aufschlussreich das Schreiben an Facebook/USA in: *www.datenschutzzentrum.de/facebook/kommunikation/20120821-ftc-facebook-de.pdf.* Dass ein deutsch geschriebener Brief nach Kalifornien geschickt wird, erfüllt viele Betrachter mit heimlicher Freude.

13 Siehe die Mitteilung in RDV 2012, 318.

14 Holtz, DuD 2010, 439ff.

15 Kort, DuD 2012, 722, 725; Melot de Beauregard/Gleich, DB 2012, 2044, 2045.

16 Melot de Beauregard/Gleich, DB 2012, 2044f.

Darf der Arbeitgeber Bewerber generell oder jedenfalls diejenigen »googeln«, die möglicherweise in die engere Auswahl kommen? Darf sich ein Mitarbeiter der Personalabteilung bei Facebook, Xing, Google+ oder LinkedIn anmelden, um so an Informationen heranzukommen, die für Suchmaschinen nicht zugänglich sind? Fragen dieser Art sind unter II zu erörtern.

Soziale Netzwerke sind für Unternehmen von großer Bedeutung, weil sie ihre Präsenz in der virtuellen Welt sichern und außerdem beim Knüpfen neuer Kontakte zu potenziellen Kunden und potenziellen Arbeitnehmern nützlich sind.[17] Gibt es eine Arbeitnehmerpflicht, sich im Internet zugunsten des Arbeitgebers zu betätigen, beispielsweise auf die »Fan-Seite« des Unternehmens zu gehen und dort eine »begeisterte« Stellungnahme zu hinterlassen? Auch wenn dies völlig freiwillig geschieht, entsteht eine Reihe von Folgefragen: Will der Arbeitgeber bestimmte Regeln für das Agieren im Internet aufstellen, muss er dann das Mitbestimmungsrecht des Betriebsrats nach § 87 Abs. 1 Nr. 1 BetrVG beachten? Was geschieht, wenn der Arbeitnehmer als Person von Dritten beleidigt, beispielsweise als »willfähriger Lohnschreiber« und »geistiger Duckmäuser« bezeichnet wird? Wie kann er sich wehren? Muss ihm der Arbeitgeber einen sachkundigen Rechtsanwalt zur Verfügung stellen und die Kosten dafür übernehmen? Vor allem im Rahmen eines »Shitstorms« auf der Website des Arbeitgebers können solche Dinge durchaus passieren; Einzelheiten sind unter III behandelt.

Schließlich ist die Rechtsprechung immer wieder damit konfrontiert, dass Arbeitnehmer in sozialen Netzwerken abqualifizierende und beleidigende Äußerungen über ihren Arbeitgeber (oder auch über Arbeitskollegen) abgeben und deshalb gekündigt werden. Kann es dabei eine Rolle spielen, dass der Einzelne allein vor seinem Computer sitzt und typischerweise jedes Korrektiv durch andere fehlt (»das kann man doch nicht sagen«), das bei traditionellen Kommunikationsformen immer vorhanden ist? Welche Bedeutung hat es, dass Aussagen im Internet nicht mehr mit Sicherheit getilgt oder unverfügbar gemacht werden können, da Dritte bisweilen Kopien anfertigen, die dann noch nach vielen Jahren wieder das Licht der Internet-Welt erblicken können? Das soll uns unter IV beschäftigen.

5 Soziale Netzwerke werden immer häufiger **auch in der innerbetrieblichen Kommunikation** eingesetzt; häufig ist dabei von **»Social Collaboration-Plattformen«** die Rede. Hier soll es ebenfalls Nutzerprofile,

---

17 Weitere Vorteile sind genannt bei Thannheiser, AiB 10/2014, 21.

Diskussionsforen und Blogs geben.[18] Die Teilnahme ist formal meist freiwillig. In Wahrheit würde der Einzelne aber Nachteile riskieren, wollte er sich verweigern; das Netzwerk wird zum notwendigen Arbeitsmittel. Die **Anlegung eines Profils** darf nur die Daten umfassen, die für die innerbetriebliche Kommunikation notwendig sind; dazu gehören Name, E-Mail-Adresse, Standort und Funktion.[19] Dem Einzelnen sollte freigestellt werden, ggf. weitere Angaben hinzuzufügen; insoweit liegt dann eine freiwillige Einwilligung in die Nutzung der bekannt gemachten Daten vor.[20] Für den innerbetrieblichen Umgang mit Daten, die eine »Nutzung« darstellen, gilt gleichfalls § 26 Abs. 1 Satz 1 BDSG.[21] **Konzernweite Plattformen** dieser Art funktionieren nur dann, wenn die damit verbundene unternehmensübergreifende Datenverarbeitung eine Rechtsgrundlage etwa in Form einer Konzernbetriebsvereinbarung besitzt.[22]

II. Bewerberscreening

1. Die Problematik

Der Arbeitgeber darf einen Bewerber nur nach Umständen fragen, an deren Kenntnis er ein »berechtigtes, billigenswertes und schutzwürdiges Interesse« hat.[23] Sein Informationsbedürfnis muss so gewichtig sein, dass es dem Persönlichkeitsschutz des Bewerbers vorgeht.[24] Die Information muss sich deshalb auf das Arbeitsverhältnis (und nicht etwa auf Freizeitaktivitäten) beziehen und darf nicht (potenzielle) Grundlage für eine Diskriminierung sein. Der Arbeitgeber muss auch datenschutzrechtliche Regeln wie z. B. den Grundsatz des § 26 BDSG beachten, wonach nur die Daten erhoben werden dürfen, die für die Begründung (oder Nichtbegründung) des Arbeitsverhältnisses erforderlich sind. Eine umfassende Internetrecherche würde ersichtlich diesen Rahmen sprengen.[25] Un- 6

18 Besgen/Prinz-Schiller, § 10 Rn. 24ff.; Carstensen, CuA 6/2014, 18; Rozek, CuA 2/2015, 5.
19 Arnold/Günther-Hamann/Haußmann, § 6 Rn. 104
20 Arnold/Günther-Hamann/Haußmann, § 6 Rn. 107.
21 Däubler, Gläserne Belegschaften, Rn. 441.
22 Zur konzerninternen Datenübermittlung siehe Däubler, Gläserne Belegschaften, Rn. 450ff.
23 Grundlegend BAG, 5. 12. 1957 – 1 AZR 594/56, AP Nr. 2 zu § 123 BGB, seither st. Rspr.
24 Thüsing/Lambrich, BB 2002, 1146.
25 Rolf/Rötting, RDV 2009, 263, 264; Plath-Stamer/Kuhnke, § 26 BDSG Rn. 27.

zulässig wäre deshalb erst recht eine aus den USA berichtete Praxis, wonach sich Unternehmen von Bewerbern deren Zugangsdaten zu sozialen Netzwerken geben lassen.[26]

7 Vier von fünf Personalverantwortlichen sollen angeblich vor Gesprächen mit Bewerbern auf »virtuelle Schnüffeltour« gehen[27] und dabei auch soziale Netzwerke einbeziehen. Auf diese Weise kann der »Hintergrund« eines Bewerbers abgeklärt werden.[28] Eine im Juli 2009 durchgeführte Befragung erbrachte sehr viel niedrigere Zahlen, doch kann dies damit zusammenhängen, dass man ungern eine Tätigkeit zugibt, die später evtl. als illegal oder fragwürdig qualifiziert werden könnte. Nach dieser Untersuchung recherchierten nur 28 % der 500 befragten Unternehmen im Netz, wobei die größeren in diesem Bereich ungleich aktiver als die kleineren waren.[29] Ein gutes Drittel davon recherchierte auch in sozialen Netzwerken. Die dort entdeckten Angaben hatten durchaus unterschiedliche Wirkungen: Negative Aussagen über die bisherige Arbeit und das Arbeitsumfeld brachten ebenso Minuspunkte wie Widersprüche zum eingereichten Lebenslauf. Positiv fielen dagegen Hobbies und soziales Engagement ins Gewicht. Bemerkenswert ist, dass nach einer empirischen Untersuchung die »Selbstdarstellungen« im Netz meist eine hohe Übereinstimmung mit der Realität aufweisen.[30] Auf solche verlässlichen Quellen zurückzugreifen, ist für jeden Personalleiter von hohem Interesse. Dabei sind die bei Facebook & Co erstellten Profile in der Regel aufschlussreicher als die im Rahmen von beruflichen Netzwerken zu findenden.[31] In der Literatur wird sogar davon berichtet, dass die Zahl der Facebook-Freunde und der Follower bei Twitter, die ein Bewerber »mitbringe«, bei manchen Firmen ein gewichtiges Einstellungsargument sei, weil dadurch auch die eigene Internetpräsenz verbessert werde.[32] Lässt sich dieses Verhalten mit den dargestellten Grundsätzen über das Fragerecht des Arbeitgebers vereinbaren?

---

26 Heermann, ZD 6/2012, ZD Fokus XIV.

27 So Gola, Datenschutz am Arbeitsplatz, Rn. 572 Fn. 64 unter Bezugnahme auf eine Studie des Verbraucherschutzministeriums.

28 Kania/Sansone, NZA 2012, 360.

29 Mitgeteilt bei Bissels/Lützeler/Wisskirchen, BB 2010, 2436, 2438, auch zum Folgenden.

30 Einzelheiten bei Stopfer/Back/Egloff, DuD 2010, 459 ff.

31 Keber, RDV 2014, 190, 191.

32 Thüsing-Thüsing/Traut, § 14 Rn. 3.

2. Grenzen des Fragerechts und soziale Netzwerke

8 Nimmt man die in der Rechtsprechung zugrunde gelegte Abwägung zwischen den Arbeitgeber- und den Bewerberinteressen auch hier vor, dürfen ersichtlich keine Daten berücksichtigt werden, die das Freizeitverhalten betreffen oder die Anlass für eine Diskriminierung sein könnten. Wenn der Arbeitgeber nicht nach Hobbies, Familienverhältnissen, sexueller Orientierung oder Kirchenbesuch fragen darf, kann es auch **nicht Rechtens** sein, dass er **entsprechende Erkenntnisse** durch eine **Recherche im Internet** gewinnt.[33] Auch eine Einwilligung des Bewerbers kann dies nicht rechtfertigen, da dem Einzelnen insoweit die notwendige Entscheidungsfreiheit nach Art. 4 Nr. 11 DSGVO fehlt.[34]

9 Das wurde allerdings **unter dem bisher geltenden Recht** nicht generell so gesehen. Einige Autoren verwiesen auf § 28 Abs. 1 Satz 1 Nr. 3 BDSG a. F., der das Erheben personenbezogener Daten zuließ, wenn diese »allgemein zugänglich waren, es sei denn, dass das schutzwürdige Interesse des Betroffenen an dem Ausschluss der Verarbeitung gegenüber dem berechtigten Interesse der verantwortlichen Stelle offensichtlich überwog.«[35] Das warf eine Reihe von Fragen auf. Zunächst war zweifelhaft, ob die Vorschrift des § 28 Abs. 1 Satz 1 Nr. 3 BDSG a. F. überhaupt neben § 32 Abs. 1 Satz 1 BDSG a. F. zur Anwendung kommen konnte oder ob nicht vielmehr die vorvertraglichen Beziehungen zwischen Bewerber und Arbeitgeber und die vertraglichen zwischen Arbeitnehmer und Arbeitgeber den Vorrang beanspruchen konnten.[36] Weiter galt das **Prinzip der Direkterhebung** nach § 4 Abs. 2 Satz 1 BDSG a. F., das eine Datenermittlung »am Bewerber vorbei« durch den Blick in Facebook oder Google+ prinzipiell ausschloss.[37]

10 Die DSGVO sowie das BDSG enthalten keine dem § 28 Abs. 1 Satz 1 Nr. 3 BDSG a. F. entsprechende Bestimmung mehr. Das schließt nicht aus, dass man **Informationen aus öffentlich zugänglichen Quellen** schöpft, wie nicht zuletzt Art. 14 Abs. 2 Buchst. f DSGVO deutlich macht.[38] Anders als

---

33 Ebenso Plath-Stamer/Kuhnke, § 26 Rn. 27; siehe weiter Oberwetter, BB 2008, 1562, 1563 f.

34 Ebenso Kramer-Oberthür, Teil B Rn. 881.

35 Für einen Rückgriff auf § 28 Abs. 1 Satz 1 Nr. 3 BDSG Bissels/Lützeler/Wisskirchen, BB 2010, 2436; Forst, NZA 2010, 429 ff.; Gola, Datenschutz am Arbeitsplatz, Rn. 578; Klas, Rn. 45.

36 Dazu eingehend die unter dem Titel »Internet und Arbeitsrecht« erschienene 5. Aufl. (2015), Rn. 211h ff.

37 Dazu 5. Aufl., Rn. 211l ff.

38 Zur Erläuterung: Wer Daten nicht bei der betroffenen Person erhebt, sondern auf andere Quellen zurückgreift, muss die betroffene Person nach Art. 14 DSGVO

nach bisherigem Recht kann allerdings aus der öffentlichen Zugänglichkeit **keine Befugnis zur Erhebung und Verarbeitung** abgeleitet werden; vielmehr sind diese nur nach Maßgabe des Art. 6 Abs. 1 DSGVO zulässig. Dabei kommt es darauf an, ob die Verarbeitung »zur Durchführung vorvertraglicher Maßnahmen« erforderlich ist. Das wird man für all das verneinen müssen, was **außerhalb des Fragerechts** des Arbeitgebers liegt. Auch wenn man auf Art. 6 Abs. 1 Buchst. f DSGVO zurückgreift,[39] wonach die Verarbeitung zur Wahrung eines berechtigten Interesses des Verantwortlichen erforderlich sein muss und die Interessen, Grundrechte und Grundfreiheiten der betroffenen Person nicht überwiegen dürfen, ist das Ergebnis kein anderes: Die Grundsätze über das Fragerecht enthalten einen **Ausgleich zwischen dem Informationsinteresse des Arbeitgebers und dem Abschirmungsinteresse des Bewerbers**; Art. 6 Abs. 1 Buchst. f DSGVO will an diesem ersichtlich nichts ändern.

11 Die DSGVO kennt **keinen** ausdrücklichen **Vorrang der Direkterhebung mehr**. Das bedeutet aber nicht, dass diese nicht doch im Wege der Interpretation aus dem neuen Recht abgeleitet werden kann: Die **Datenerhebung bei Dritten** ist ein **weitergehender Eingriff** in die Persönlichkeitssphäre als die direkte Befragung. Sie ist nur dann erforderlich, wenn die Direkterhebung nicht möglich ist oder ersichtlich nicht zum Ziel führt.[40] Auch wird in der Literatur mit Recht betont, es verstoße gegen das in Art. 5 Abs. 1 Buchst. a DSGVO verankerte Prinzip von Treu und Glauben, wenn Daten, die beim Betroffenen erhoben werden könnten, hinter seinem Rücken anderweitig beschafft werden.[41] Dasselbe gilt erst recht, wenn sich ein Personalverantwortlicher **unter fremder Identität in ein soziales Netzwerk** begibt, um auf diese Weise öffentlich nicht zugängliche Informationen zu erhalten.[42] All dies spricht gegen einen »Gang ins Internet«, bevor das entscheidende Bewerbungsgespräch geführt wird.

12 Unter diesen Umständen hat sich auch unter dem neuen Datenschutzrecht nichts an der weit überwiegend vom Schrifttum geteilten Auffas-

---

umfassend informieren. Dabei ist auch anzugeben, ob die fraglichen Daten aus öffentlich zugänglichen Quellen stammen.

39 Ob und inwieweit dieser neben vertraglichen und vertragsähnlichen Rechtsbeziehungen zur Anwendung kommen kann, erscheint zweifelhaft und klärungsbedürftig.

40 Däubler, Gläserne Belegschaften, Rn. 203, 244. In diese Richtung auch Kramer-Oberthür, Teil B Rn. 886.

41 Gola-Gola, DS-GVO, Einl. Rn. 41. Ebenso Plath-Stamer/Kuhnke, § 26 BDSG Rn. 19a.

42 So auch Fuhlrott/Oltmanns, NZA 2016, 785, 787; Grimm/Singraven-Grimm-Singraven, § 27 Rn. 27.16.

sung geändert, wonach die **Grenzen des Fragerechts** auch angesichts verfügbarer Daten in sozialen Netzwerken **erhalten bleiben.**[43] Nimmt man dies ernst, darf nicht in sozialen Netzwerken recherchiert werden, weil dabei im Regelfall auch Daten anfallen, die zur Privatsphäre gehören oder nach denen aus anderen Gründen nicht gefragt werden darf.

3. Rechtswidriges Googeln?

Die Gefahr, dass **trotz fehlender Rechtsgrundlage gegoogelt** wird, ist 13
ersichtlich nicht von der Hand zu weisen. Aus Sicht des Bewerbers wird sich ein solcher Rechtsverstoß allerdings nur unter besonders glücklichen Umständen beweisen lassen.[44] In solchen Fällen ist der Arbeitgeber wegen Verletzung einer vorvertraglichen Verpflichtung nach § 311 Abs. 2 BGB in Verbindung mit § 280 Abs. 1 BGB zum Schadensersatz verpflichtet. War eine Diskriminierung nach den §§ 1, 7 Abs. 1 AGG im Spiel, kommt neben dem Anspruch auf Ersatz des (beweisbaren) materiellen Schadens auch ein Ersatzanspruch wegen des immateriellen Schadens nach § 15 Abs. 2 AGG in Betracht, was für jene Bewerber von besonderem Wert ist, die auch bei diskriminierungsfreiem Verfahren die fragliche Stelle nicht erhalten hätten.[45] Seit 25. Mai 2018 kommt auch eine **Schadensersatzsanktion nach Art. 82 DSGVO** in Betracht, die automatisch auch den gesamten immateriellen Schaden erfasst. Seine Höhe muss auf der Grundlage der Rechtsprechung des EuGH so bestimmt werden, dass er »abschreckende« Wirkung entfaltet.[46] Auch kann ein Bußgeld durch die Aufsichtsbehörde nach Art. 83 DSGVO in Betracht kommen, das weit über das vor 2018 Übliche hinausgeht.[47] Außerdem kann es für den Arbeitgeber sehr unwillkommen sein, wenn ihm ggf. **in der Öffentlichkeit ein »sehr laxer« Umgang mit Daten zur Last gelegt** wird. Von solchen

43 Vgl. MünchArbR-Blomeyer, 2. Aufl., § 99 Rn. 19; MünchArbR-Benecke, § 33 Rn. 169ff.; ErfK-Preis, 17. Aufl., § 611 BGB Rn. 291 (anders für öffentlich zugängliche Daten, wie hier jedoch bei Daten, die – wie unter »Freunden« in sozialen Netzwerken – nur einem beschränkten Personenkreis zugänglich sein sollen, ErfK-Franzen, § 26 BDSG Rn. 19); Gola, DuD 1986, 232; Küpferle, S. 133; Kuhla, S. 121; Kroll, S. 87; Simitis, Schutz von Arbeitnehmerdaten, S. 102; Wohlgemuth, Beil. 21/1985 zu DB, S. 6; a. A. Zöllner, S. 45.

44 Auch das dem Bewerber zustehende Auskunftsrecht nach Art. 15 DSGVO hilft normalerweise nicht weiter, es sei denn, die Ergebnisse des »Googelns« würden gespeichert. Zum Auskunftsrecht siehe Kramer-Oberthür, Teil B Rn. 889.

45 Oberwetter, BB 2008, 1562, 1565.

46 Einzelheiten bei Däubler, Gläserne Belegschaften, Rn. 625ff. und in CuA 12/2017, 29ff.

47 Däubler, Gläserne Belegschaften, Rn. 626ff.

Fällen abgesehen, ist die Bestimmung der Grenzen für einen Rückgriff auf soziale Netzwerke für einen Arbeitgeber dann von Bedeutung, wenn er an dem Bewerber Interesse hat und bestimmte aus dem Internet entnommene Informationen im Gespräch abklären möchte.[48]

III. Unterstützung des Arbeitgebers in sozialen Netzwerken?

1. Pflicht, aktiv zu werden?

14 Viele **Unternehmen präsentieren sich bei Facebook** oder in anderen sozialen Medien, um dadurch Kommentare und Verbesserungsvorschläge anzuregen. Zu dieser offiziellen Begründung kommt vermutlich die Erwägung hinzu, es sei gut, Präsenz zu zeigen und Gegenstand eines Meinungsaustauschs zu sein – man bleibt im Gespräch und kann so damit rechnen, dass sich Verbraucher oder andere potenzielle Vertragspartner erinnern werden, wenn sie einen Kühlschrank oder ein Auto kaufen wollen. Dieser Effekt kann vor allem eintreten, wenn sich richtige **»Fanpages«** entwickeln, auf denen die »Anhänger« des Unternehmens ihren guten Gefühlen freien Lauf lassen.[49] Erhält das Unternehmen dabei von vielen Kunden »fünf Sterne«, ist dies von viel höherem Wert als eine teure Anzeige.[50] Zugleich bleibt Facebook Verantwortlicher im Sinne des Datenschutzrechts,[51] das **Unternehmen** ist nach der Rechtsprechung des EuGH aber **Mitverantwortlicher.**[52] Das bedeutet, dass bei Rechtsverstößen die Aufsichtsbehörde gegen jeden der beiden Beteiligten vorgehen kann.[53] Wen sie in Anspruch nimmt, liegt in ihrem Ermessen; es liegt nahe, sich an denjenigen zu wenden, dessen Verantwortung besonders evident ist und der auch über die Mittel verfügt, den gerügten Verstoß abzustellen.[54]

48 Oberwetter, BB 2008, 1562.
49 Siehe Venzke, DuD 2011, 387 ff.
50 Rolf/Riechwald, RDV 2010, 256.
51 OVG Schleswig-Holstein, 4.9.2014 – 4 LB 20/13, K&R 2014, 831 = DuD 2014, 869.
52 EuGH, 5.6.2018 – C-210/16, ZD 2018, 357 = NZA 2018, 919; dazu Härting/Gössling, NJW 2018, 2523.
53 Näher Däubler/Wedde/Weichert/Sommer-Däubler, Art. 26 DSGVO Rn. 5a ff.
54 BVerwG, 11.9.2019 – 6 C 15/18, NJW 2020, 414.

Sind Arbeitnehmer **verpflichtet, hier aktiv mitzuwirken**? Etwa Einblick in das Leben des Unternehmens zu gewähren und (harmlose) Hintergrundinformationen zu liefern? Sicherlich würde ein eigenes Posting nicht daran scheitern, dass der Privatgebrauch dienstlicher Geräte ansonsten untersagt ist: Den **Arbeitgeber zu unterstützen hat** allemal **dienstlichen Charakter**. Allerdings gibt es im Normalfall **keine entsprechende Pflicht** des Arbeitnehmers. Der Arbeitsvertrag enthält keine Aussage zu dieser Form von Aktivität. Eine Nebenpflicht nach § 241 Abs. 2 BGB, die Belange des Arbeitgebers durch Teilnahme an einer »Kampagne« zu fördern, ist nicht erkennbar.[55] Auch müsste der einzelne Arbeitnehmer seine persönlichen Daten veröffentlichen, ohne dass dies durch ein überwiegendes Arbeitgeberinteresse geboten wäre.[56] Eine **Ausnahme** ist nur bei »Pressereferenten« und **»Öffentlichkeitsreferenten«** zu machen, die kraft Arbeitsvertrags die Aufgabe haben, die interessierte Öffentlichkeit mit allen Angelegenheiten des Unternehmens und vor allem mit seinen Leistungen vertraut zu machen.[57] Der »Normalarbeitnehmer« kann sich insoweit passiv verhalten und muss sich nicht einmischen; niemand kann ihn zwingen, von seiner Meinungsfreiheit Gebrauch zu machen. Alles beruht auf freiwilligem Engagement.[58] 15

Manche Unternehmen versprechen sich besondere Erfolge vom **Einsatz eines Influencers** im Internet, der nicht nur die Ware, sondern auch das Unternehmen in schönen Farben erstrahlen lässt, und dies in einem Stil, der bei den Internet-Usern ankommt. Zu diesem Zweck werden oft **eigene Beschäftigte** eingesetzt, die über die entsprechenden Fähigkeiten verfügen. Dies kann allerdings nicht im Wege des Direktionsrechts angeordnet werden; vielmehr bedarf es einer **vertraglichen Abmachung**, die in der Regel den Arbeitsvertrag ergänzt.[59] Bei der praktischen Umsetzung ergeben sich insbesondere **Probleme des Arbeitszeitrechts**, da die 15a

55 So im Ergebnis auch Bissels/Lützeler/Wisskirchen, BB 2010, 2433; Demuth/Strunk/Lindner, S. 55; Frings/Wahlers BB 2011, 3126, 3129; Göpfert/Wilke, NZA 2010, 1329, 1333.

56 Göpfert/Wilke, NZA 2010, 1329, 1333.

57 Hinrichs/Schierbaum, CuA 10/2012, 8. Im Grundsatz ebenso Keber, RDV 2014, 190, 193. Sehr viel weiter wollen alle Arbeitnehmer mit Außenkontakten einbeziehen Thüsing-Thüsing/Traut, § 14 Rn. 51 f. und Besgen/Prinz-Herfs-Röttgen, § 10 Rn. 28.

58 Besgen/Prinz-Schiller, § 10 Rn. 28. Davon ist die ganz andere Frage zu unterscheiden, ob ein Arbeitnehmer für die Arbeitgeberfirma auf deren Namen einen Account einrichten muss; ein solcher Arbeitsauftrag ist selbstredend zu erfüllen – er berührt nicht die Persönlichkeitssphäre. Ebenso Besgen/Prinz-Schiller, § 10 Rn. 21.

59 Herberger, NZA 2022, 238 ff.

»Follower« meist eine schnelle Reaktion erwarten; unterbleibt sie, kann die »Reputation« leiden, im Extremfall sogar ein Shitstorm ausgelöst werden.[60]

2. Regeln für das freiwillige Engagement

a) Anlässe und rechtliche Behandlung

16 Geht ein Arbeitnehmer freiwillig (oder weil vom Vorgesetzten nahegelegt) auf die Fanpage, werden sich so gut wie nie arbeitsrechtliche Probleme ergeben. **Ungerechtfertigte Angriffe** auf das Arbeitgeberunternehmen (»Die produzieren nur Schund«) sind praktisch ausgeschlossen und würden auch bei den Arbeitskollegen auf Unverständnis stoßen. Erweckt der Arbeitnehmer den Eindruck, nicht privat, sondern für das Unternehmen zu sprechen, wird dadurch ein Bezug zum Arbeitsverhältnis hergestellt, sodass Vorgaben durch den Arbeitgeber möglich werden.[61] Dieser kann vor allem verlangen, dass unvollständige oder falsche Angaben über das Unternehmen berichtigt werden.[62] Daran hat er nicht nur aus Image-Gründen ein Interesse. Vielmehr haftet er nach § 8 Abs. 2 UWG für **Wettbewerbsverstöße des Arbeitnehmers**, die beispielsweise in unrichtigen oder übertriebenen Anpreisungen liegen können.[63]

17 Denkbar und vermutlich in der Praxis nicht selten sind **»Empfehlungen«**, sich in sozialen Netzwerken zugunsten des Arbeitgeberunternehmens zu engagieren. Sie können unterschiedliche Formen annehmen und von der mündlich weitergegebenen Aussage »Der Chef sieht es gerne, wenn man auch im Netz was Vernünftiges über die Firma schreibt« bis hin zu Richtlinien (»Guidelines«) gehen, die man bei eventuellen Netzaktivitäten zu beachten hat. So heißt es etwa: »Wir freuen uns darüber, wenn Sie daran mitwirken, dass der gute Ruf unseres Hauses auch im Internet weiter verbreitet wird.«[64] Die »Empfehlung« belässt dem Einzelnen die **Freiheit**, auch **inaktiv zu bleiben**,[65] doch geht er je nach den Umständen das Risiko ein, als »wenig engagiert« wahrgenommen zu werden. Ähnliche Konsequenzen treten ein, wenn seine Meinungsäußerungen allzu reserviert

---

60 Herberger NZA 2022, 238, 241 f.

61 Rolf/Riechwald, RDV 2010, 256, 257.

62 Frings/Wahlers, BB 2011, 3126, 3129.

63 Dazu der Fall LG Freiburg, 4.11.2013 – 12 O 83/13, K&R 2014, 133 f.; zustimmend Kaumanns/Böhm, K&R 2015, 18, 21.

64 So die Musterrichtlinie bei Ruhland, CuA 4/2012, 12. Mögliche Inhalte finden sich auch bei Kramer-Oberthür, Teil B Rn. 913 ff.

65 Bisweilen ist auch von »guten Ratschlägen« die Rede: Rolf/Riechwald, RDV 2010, 256.

ausfallen und eine gewisse Distanz durchschimmern lassen. Inhaltlich enthalten die »Empfehlungen« zahlreiche Regeln bis hin zur Pflicht, im Netz entdeckte kritische Aussagen über das Unternehmen unverzüglich der zuständigen Stelle zu melden.[66]

Wer einer Empfehlung der Arbeitgeberseite nachkommt, leistet Arbeit.[67] 18
Das bedeutet, dass er nicht nur Dienstgeräte benutzen, sondern auch die **Arbeitszeit** für diese Art von Aktivitäten **verwenden** darf. Nutzt er dafür seine Freizeit, könnte er theoretisch ein Entgelt für Überstunden verlangen, doch wird dies in der Praxis nur in völlig ungewöhnlich gelagerten Fällen eine Rolle spielen.

b) Mitbestimmung des Betriebsrats über Guidelines

Soll es formale oder informelle **»Richtlinien«** oder »Guidelines« zum 19
Verhalten im Netz geben,[68] so kann der Betriebsrat in aller Regel nach § 87 Abs. 1 Nr. 1 BetrVG mitbestimmen.[69] Da es sich nicht um einen notwendigen Teil der Arbeitsleistung handelt, geht es der Sache nach um das sog. **Ordnungsverhalten**, das der **Mitbestimmung** unterliegt.[70] Insoweit gelten dieselben Grundsätze wie bei Ethikrichtlinien.[71] Auch die Tatsache, dass es sich möglicherweise nur um **Empfehlungen** und nicht um verbindliche Vorgaben handelt, ist ohne Bedeutung, da es allein darauf ankommt, ob die Maßnahme des Arbeitgebers das **Verhalten** der Arbeitnehmer **steuern** will.[72]

Ein Mitbestimmungsrecht kommt von vornherein bei solchen Regelun- 20
gen nicht in Frage, bei denen der Arbeitgeber keinerlei Spielraum hat, weil sich die entsprechenden **Pflichten** sowieso **aus zwingendem Recht ergeben.** Das wäre etwa dann der Fall, wenn die Guidelines bestimmen würden »Beleidigungen sind generell zu unterlassen« oder »Betriebs- und Geschäftsgeheimnisse sind zu wahren.« Anders verhält es sich bei der Vorgabe »Nutzen Sie nur eigene Inhalte«. Sie will zwar das Urheberrecht

66 Zu den Inhalten im Einzelnen Rolf/Riechwald, RDV 2010, 256; Thannheiser, AiB 10/2014, 22ff.

67 Bissels/Lützeler/Wisskirchen, BB 2010, 2433.

68 Ein Beispiel bei Buggisch, RDV 2012, 186. Überlegungen dazu bei Demuth/Strunk/Lindner, S. 48ff. und bei Köhler, AiB 2013, 107, 112.

69 Hinrichs/Schierbaum, CuA 10/2012, 10; Melot de Beauregard/Gleich, DB 2012, 2044, 2047.

70 Anders Thüsing-Thüsing/Traut, § 14 Rn. 67.

71 Dazu BAG, 22.7.2008 – 1 ABR 40/07, NZA 2008, 1248. Auf die Parallele verweist auch Thannheiser, AiB 10/2014, 22.

72 BAG, 22.7.2008 – 1 ABR 40/07, NZA 2008, 1248 Ls. 2. Ebenso Rolf/Riechwald, RDV 2010, 256, 260. Auch § 87 Abs. 1 Nr. 6 kann eingreifen: Kramer-Oberthür, Teil B Rn. 900ff.

Dritter schützen (und damit zusammenhängende Auseinandersetzungen vermeiden), doch wäre es auch möglich, Dritte im Einzelfall um Erlaubnis zu fragen oder einen Link zu setzen. Insoweit besteht Spielraum, und die Mitbestimmung ist gegeben. Dasselbe gilt bei der Festlegung: »Es ist wünschenswert, dass sich jeder Beschäftigte mindestens einmal im Monat im Netz zu Wort meldet« oder wenn es heißen würde: »Aussagen, die als Kritik am Unternehmen aufgefasst werden können, sind tunlichst zu unterlassen.«[73] Eine (in der Praxis schwer zu handhabende) Empfehlung, »ehrlich, authentisch, respektvoll, höflich und transparent« aufzutreten,[74] wäre gleichfalls nur mit Zustimmung des Betriebsrats möglich. Dieser kann im Übrigen auch erreichen, dass es bei **reinen Empfehlungen** bleibt, Arbeitnehmer also keinen rechtlichen Sanktionen ausgesetzt sind, wenn sie sich im Einzelfall nicht an die Richtlinien halten.[75] Auch muss der Betriebsrat dafür sorgen, dass das Privatleben unangetastet bleibt und dienstliches vom privaten Tun einigermaßen klar abzugrenzen ist.[76] Wird Kunden die Möglichkeit eingeräumt, auf der **Facebook-Seite des Arbeitgebers** das **Verhalten einzelner Beschäftigter zu kommentieren**, steht dem Betriebsrat ein Mitbestimmungsrecht nach § 87 Abs. 1 Nr. 6 BetrVG zu. Zwar werden die Daten nicht technisch erhoben, wohl aber technisch gespeichert und bei Bedarf ausgewertet; außerdem ist zumindest eine Eignung zur Überwachung gegeben. Die abweichende Entscheidung des LAG Düsseldorf[77] ist vom BAG aufgehoben worden.[78]

c) Dienstlicher oder privater Account?

21 Im Einzelfall kann es zweifelhaft sein, ob ein **Account**, auf dem ein Beschäftigter etwas postet, **ihm persönlich oder dem Unternehmen zuzurechnen** ist. Maßgebend ist die äußere Erscheinungsform. Wird etwa das Firmenlogo benutzt oder durch Angabe der Firmenadresse und weiterer rein dienstlicher Umstände auf das Unternehmen hingewiesen, geht es um »dienstliches« Tun.[79] Auf der anderen Seite liegt ein privater Account

---

73 Letzteres kommt in der Praxis durchaus vor, siehe Rolf/Riechwald, RDV 2010, 256.

74 So ein Wunsch zahlreiches Unternehmen; siehe Buggisch, RDV 2012, 187.

75 Zu weiteren Fragen siehe Brandt, CuA 2/2015, 12f.

76 Thannheiser, AiB 10/2014, 22f., dort auch weitere mögliche Regelungsgegenstände.

77 LAG Düsseldorf, 12.1.2015 – 9 TaBV 51/14, K&R 2015, 355 mit Anm. Kaumanns.

78 BAG, 13.12.2016 – 1 ABR 7/15, NZA 2017, 657 = AuR 2017, 307; ebenso im Ergebnis Kort, ZD 2016, 3, 4/5.

79 Bissels/Lützeler/Wisskirchen, BB 2010, 2438.

vor, wenn lediglich im »Profil« des Nutzers darauf hingewiesen wird, in welchem Unternehmen er tätig ist. Daneben können noch weitere Umstände eine Rolle spielen, denen jedoch meist kein hoher Indizwert zukommt:[80]

- Der Arbeitgeber trägt die **Kosten eines Premium-Accounts**, der bessere Kommunikationsmöglichkeiten eröffnet. Das spricht aber nicht zwingend für einen rein dienstlichen Charakter, weil steuerliche Gründe maßgebend sein können: Der Arbeitnehmer ist nach § 3 Nr. 45 EStG (private Nutzung von Telekommunikationsgeräten, die der Arbeitgeber zur Verfügung stellt) von Steuern befreit, der Arbeitgeber kann den Aufwand als Betriebsausgabe absetzen.
- Man wählt mit Rücksicht auf die Nutzungsbedingungen einen **personalisierten Account**. Nur dann, wenn dort auch der Arbeitgebername auftaucht, liegt ein gewichtiges Indiz für einen dienstlichen Charakter vor.
- Im Profil werden ausschließlich eine **dienstliche E-Mail-Adresse** und die **Dienstanschrift** angegeben. Das spricht für dienstlichen Charakter. Das Gegenteil gilt dann, wenn nur die privaten Entsprechungen mitgeteilt werden. Taucht beides auf, spricht dies für einen (juristisch schwer zu bewältigenden) Mischcharakter.

Die Unterscheidung ist schon deshalb von praktischer Bedeutung, weil eine Kritik, die vom Unternehmen selbst kommt, eine gravierendere Wirkung als eine private Meinungsäußerung hat.

d) »Herausgabe« des Accounts bei Beendigung des Arbeitsverhältnisses?

Die eigentlichen Probleme tauchen allerdings bei der Auflösung des Arbeitsverhältnisses auf. Der **Arbeitgeber** hat ein erhebliches **Interesse** daran, alle Informationen über die **Kundenkontakte des ausgeschiedenen Mitarbeiters** zu erhalten, um so die Geschäftsbeziehungen weiterführen zu können. Der **Arbeitnehmer** wird möglicherweise die Absicht haben, die vorhandenen Adressen und **sein »Insiderwissen«** (das bis zu Familienproblemen, Hobbies und »Leichen im Keller« gehen kann) möglichst für sich zu behalten, um diese »geldwerten« Informationen **selbst zu verwerten** – sei es bei einem neuen Arbeitgeber, sei es als »Start-Up-Unternehmen«. Auch wird er viele Informationen als zur Privatsphäre gehörend betrachten, weil er sie auf der Grundlage eines persönlichen Vertrauensverhältnisses erlangt hat. Angesichts der verschwimmenden 22

80 Zu den im Folgenden aufgeführten Indizien siehe Hoffmann-Remy/Tödtmann, NZA 2016, 792, 794f.

Grenzen zwischen Arbeit und Freizeit[81] ist damit zu rechnen, dass solche Fälle in Zukunft vermehrt auftreten.

23 Handelt es sich einen **dienstlichen Account**, sind dem Arbeitgeber die Zugangsdaten zur Verfügung zu stellen. Dieser kann ggf. durch Änderung des Passworts den weiteren Zugriff des ausgeschiedenen Mitarbeiters verhindern. Soweit arbeitsbezogene Daten an anderem Ort gespeichert sind, sind auch sie dem Arbeitgeber zu übermitteln und anschließend auf Verlangen beim ausgeschiedenen Arbeitnehmer zu löschen. Ob eine Übergabe auch in Form eines Datenträgers nach Art. 20 DSGVO erfolgen kann, erscheint zweifelhaft, da damit im Grundsatz nur Daten erfasst sind, die der bisherige Anschlussinhaber dem Betreiber zur Verfügung gestellt hat.[82] **Rechtsgrundlage für die »Herausgabe«** ist eine arbeitsvertragliche Nebenpflicht nach § 241 Abs. 2 BGB. Das BAG will § 667 BGB heranziehen,[83] was zum selben Ergebnis führt. Soweit **auch private Kommunikation** über diesen Account gelaufen ist, muss dem Arbeitnehmer die Möglichkeit gegeben werden, diese zu kopieren und anschließend noch vor der Herausgabe zu löschen.

24 Handelt es sich um einen **privaten Account,** gilt gewissermaßen spiegelbildlich dasselbe: Der Arbeitnehmer behält den Account, muss jedoch dem Arbeitgeber alle dienstlichen Vorgänge übermitteln und sie anschließend auf Verlangen bei sich löschen.[84] Das gilt u. a. für die mit einzelnen Kunden geführte Korrespondenz einschließlich der Notizen, die der Arbeitnehmer für sich gemacht hat. Insoweit gelten dieselben Grundsätze wie bei BYOD.[85]

25 Lässt sich ein Account nicht eindeutig zuordnen (»**gemischter Account**«), kommt es auf die **überwiegende Nutzung** an. Wurde er vorwiegend für dienstliche Kommunikation genutzt, ist er samt den darauf gespeicherten Daten dem Arbeitgeber herauszugeben, nachdem zuvor die privaten Vorgänge kopiert und anschließend gelöscht wurden. Überwog die private Nutzung, behält der Arbeitnehmer seinen Account; er muss dem Arbeitgeber lediglich die Daten mit dienstlichem Bezug herausgeben. Da der Arbeitgeber nicht wissen kann, wie die Nutzung im Einzelnen beschaffen war, hat er einen Auskunftsanspruch gegen den Arbeitnehmer, der seine Grundlage ebenfalls in einer arbeitsvertraglichen Nebenpflicht hat. § 259

81 Däubler, SR 2014, 45 ff.

82 Dazu Däubler, Gläserne Belegschaften, Rn. 545af.

83 BAG, 14.12.2011 – 10 AZR 283/10, NZA 2012, 501: alle Geschäftsunterlagen; ähnlich BAG, 21.8.2014 – 8 AZR 655/13, NZA 2015, 94. Vgl. auch Besgen/Prinz-Schiller, § 10 Rn. 78.

84 Besgen/Prinz-Schiller, § 10 Rn. 78.

85 Oben § 3 IV, Rn. 25.

BGB ist entsprechend anzuwenden, was im Einzelfall zu einer eidesstattlichen Versicherung führen kann.[86]

Handelt es sich bei den Kundendaten um **Geschäftsgeheimnisse**,[87] kann der Arbeitgeber dem Arbeitnehmer die weitere Verwendung im Wege der einstweiligen Verfügung untersagen lassen.[88] Dabei muss er allerdings darlegen und glaubhaft machen, dass die Daten im Rahmen geschäftlicher Beziehungen entstanden sind.[89] Das kann im Einzelfall schwierig sein. Der Gesetzgeber sollte sich überlegen, in derartigen Fällen nach dem Vorbild des § 89b HGB im Handelsvertreterrecht einen »**Ausgleichsanspruch**« vorzusehen, der die in den Kundendaten häufig verkörperte persönliche Leistung des Mitarbeiters abgilt. Solange eine solche Regelung nicht besteht, können vertragliche Gestaltungen sinnvoll sein,[90] die allerdings der AGB-Kontrolle nach §§ 307 bis 309 BGB standhalten müssen. Das gilt nicht für die gleichfalls mögliche Regelung durch Betriebsvereinbarung.[91] Das Geschäftsgeheimnisgesetz vom 18. April 2019[92] hat sich des Problems allerdings nicht angenommen. 26

e) Abwehr von Beleidigungen und anderen Angriffen

Im Einzelfall kann es geschehen, dass der **Arbeitnehmer** aufgrund seiner Präsenz in einem sozialen Netzwerk **beleidigenden Angriffen** ausgesetzt ist. Auch **sexuelle Belästigungen** können unter Nutzung von Facebook erfolgen, doch ist die bloße Kontaktaufnahme mit einer Auszubildenden über dieses Medium weit von Derartigem entfernt und stellt noch keine Pflichtverletzung dar.[93] Ernsthafte Angriffe liegen aber vor allem dann nahe, wenn die Website des Arbeitgebers von einem »**Shitstorm**« heimgesucht wird.[94] 27

86 Wird nicht auf die überwiegende Nutzung abgestellt, ergeben sich schwierige Probleme der Abwägung zwischen einzelnen Indizien; siehe als Beispiel AG Brandenburg, 31. 1. 2018 – 31 C 212/17, ZD 2018, 277.

87 Für Xing-Kontaktdaten bejaht von ArbG Hamburg, 24. 1. 2013 – 29 Ga 2/13, AuA 2014, 60. Entsprechend wird im Verhältnis zu Handelsvertretern verfahren: BGH, 19. 12. 2002 – I ZR 119/00, NJW-RR 2003, 833.

88 ArbG Hamburg, 24. 1. 2013 – 29 Ga 2/13, AuA 2014, 60.

89 So ArbG Hamburg, a. a. O. für Eintragungen auf Xing. Kritisch dazu Hoffmann-Remy/Tödtmann, NZA 2016, 792, 796.

90 Dafür auch Hoffmann-Remy/Tödtmann, NZA 2016, 792, 797.

91 Greve, AiB 11/2016, 49ff.

92 BGBl. I S. 466.

93 ArbG Köln, 15. 12. 2011 – 10 Ca 4977/11, AuR 2012, 137.

94 Dazu den kurzen Beitrag in Mitbestimmung 7+8/2012, 30 (abrufbar unter *www.boeckler.de*). Zu einem virtuellen Pranger siehe Voskamp/Kipker, DuD 2013, 787ff.

28 Gegen eine Beschimpfung oder Beleidigung kann sich der Arbeitnehmer selbst zur Wehr setzen, doch ist dies mit erheblichem Aufwand an Zeit und Kosten verbunden. Würde er die Hilfe eines Rechtsanwalts in Anspruch nehmen, müsste der Arbeitgeber dessen Kosten analog § 670 BGB ersetzen. Das legt es nahe, dem Arbeitgeber von vornherein eine Nebenpflicht nach § 241 Abs. 2 BGB aufzuerlegen, dem durch Arbeit in Schwierigkeiten geratenen Arbeitnehmer einen **Anwalt seiner Wahl zur Verfügung zu stellen.**[95] Die Rechtsprechung hatte über eine solche **Unterstützungspflicht** bisher nur in eher atypischen Fällen zu entscheiden. Verlangen etwa Belegschaftsangehörige oder Geschäftspartner die Kündigung eines Beschäftigten, muss sich der Arbeitgeber »vor den Arbeitnehmer stellen«, also vor allem den Versuch unternehmen, die Druck Ausübenden von ihrer Forderung abzubringen.[96] Weiter hat das BAG den Arbeitgeber für verpflichtet angesehen, **einem** angestellten **Lkw-Fahrer** eine **Kaution zu ersetzen**, die er im Ausland im Rahmen eines Strafverfahrens hinterlegt hatte und die verfallen war, weil er sich nicht den unzumutbaren Bedingungen der dortigen Strafjustiz und des dortigen Strafvollzugs aussetzen wollte.[97]

3. Die Ausnahme: Arbeitgeber als »Netzwerkfeind«

29 Im Einzelfall kann es auch dazu kommen, dass der Arbeitgeber den sozialen Netzwerken ablehnend gegenübersteht und sie als »Ablenkung« von der eigentlichen Arbeit betrachtet. Im Grundsatz deckt das Direktionsrecht auch die Befugnis, nicht nur das private Surfen im Internet, sondern auch den **Kontakt zu sozialen Netzwerken** während der Arbeitszeit zu **verbieten.**[98] Ist die private Internetnutzung ausgeschlossen, erstreckt sich dieses Verbot auch auf soziale Netzwerke, es sei denn es wäre ausdrücklich etwas anderes bestimmt. Denkbar, aber nicht sehr lebensnah ist eine Regelung, wonach zwar in gewissem Rahmen die private Internetnutzung erlaubt ist, nicht aber eine Aktivität in sozialen Medien. Als übermäßiger Eingriff in die Persönlichkeitssphäre ist es zu werten, wenn dem Arbeitnehmer jedes Engagement in einem sozialen Netzwerk auch in der Frei-

---

95 Näher Däubler, Arbeitsrecht 2, Rn. 897, wo vor allem § 12 Abs. 4 AGG als Parallele herangezogen wird.

96 BAG, 11.2.1960 – 5 AZR 210/58, AP Nr. 3 zu § 626 BGB Druckkündigung.

97 BAG, 11.8.1988 – 8 AZR 721/85, AP Nr. 7 zu § 611 BGB Gefährdungshaftung des Arbeitgebers = NZA 1989, 54. Die Frage spielt auch eine Rolle, wenn Daten über den Arbeitnehmer ins Netz gestellt werden und dieser in einem Bewertungsportal unsachlich angegriffen wird – dazu unten § 7 Rn. 68ff.

98 Ebenso Fuhlrott/Oltmanns, NZA 2016, 785, 791.

zeit verboten wird. Ihm steht vielmehr das unentziehbare Recht zu, sich in berufsbezogenen Netzen wie Xing und LinkedIn mit seiner beruflichen Position zu präsentieren[99] und außerdem auch einen Account in einem nicht-berufsbezogenen sozialen Netzwerk zu eröffnen.

Ein **Nutzungsverbot** kann sich auf (stationäre oder mobile) Dienstgeräte beziehen, aber auch auf **private Smartphones**, die Arbeitnehmer an ihren Arbeitsplatz mitbringen. Darin liegt allerdings ein recht weitgehender Eingriff in die persönliche Lebensgestaltung, der noch stärker ist, wenn auch das **Mitbringen des Handys** oder Smartphones **verboten** wird. Zu rechtfertigen ist dies nur dann, wenn deutlich vorrangige Interessen des Arbeitgebers eine solche Maßnahme erfordern. Im Regelfall sind sie nicht ersichtlich. Genauso wie persönliche Gespräche am Arbeitsplatz grundsätzlich nicht verboten werden können, darf der Arbeitgeber kurze Telefongespräche nicht verhindern. Diese dürfen allerdings die Arbeit nicht in relevantem Umfang stören. 30

Ausnahmsweise vertragen bestimmte Arbeiten keine Unterbrechung durch einen Anruf – hier ist ein Verbot gerechtfertigt. Das gilt beispielsweise – um einen Fall aus der Rechtsprechung aufzugreifen[100] – für einen Chirurgen während der Operation. Auch erscheint ein Verbot in einem Raum vertretbar, in dem vier bis sechs Personen einer Tätigkeit nachgehen, die der Flugsicherheit dient und die hohe Konzentration erfordert.[101] Allerdings muss die Möglichkeit bestehen bleiben, in dringenden Fällen zumindest über eine andere Person erreichbar zu sein[102] oder – soweit machbar – selbst die Arbeit kurz unterbrechen zu können. Dem Betriebsrat steht in solchen Fällen kein Mitbestimmungsrecht nach § 87 Abs. 1 Nr. 1 BetrVG zu, da es sich um eine Konkretisierung der Arbeitspflicht handelt.[103] Unproblematisch wäre dagegen, bei Personen, die in der Forschungs- und Entwicklungsabteilung arbeiten oder Kontakt mit dieser haben, nur solche **Handys**, Smartphones usw. zuzulassen, **mit denen nicht fotografiert** werden kann. Damit wäre Betriebsspionage von vornherein erschwert oder unmöglich gemacht. In manchen Unternehmen wird das Objektiv des Privatgeräts vom Werkschutz überklebt. Regelungen dieser Art sind sinnvoll, als Teil der betrieblichen Ordnung wegen § 87 Abs. 1 Nr. 1 BetrVG aber nur mit Zustimmung des Betriebsrats möglich.[104] 30a

---

99 Besgen/Prinz-Herfs-Röttgen, § 10 Rn. 35.

100 BAG, 25.10.2012 – 2 AZR 495/11, NZA 2013, 319.

101 So LAG Hessen, 16.7.2020 – 5 TaBV 178/19, ZD 2021, 222.

102 So im Fall LAG Hessen, 16.7.2020 – 5 TaBV 178/19, ZD 2021, 222.

103 LAG Rheinland-Pfalz, 30.10.2009 – 6 TaBV 33/09, AiB 2010, 691; LAG Hessen, 16.7.2020 – 5 TaBV 178/19, ZD 2021, 222.

104 Eingehend Hunold, NZA 2004, 1206.

30b Sind Arbeitnehmer in **berufsbezogenen sozialen Netzwerken** wie Xing oder LinkedIn präsent, so erstellen sie dort in der Regel ein Profil, das wichtige Aussagen über ihre Erfahrungen und ihre Qualifikation enthält. **Für** Personalberater und »**Headhunter**« ist dies eine **Fundgrube**. Dies könnte den Arbeitgeber veranlassen, dem Arbeitnehmer eine Präsenz in einem solchen Netzwerk zu verbieten, um so eine Abwerbung zu verhindern. Dies wäre aber nicht mit der Berufsfreiheit des Arbeitnehmers nach Art. 12 Abs. 1 GG zu vereinbaren.[105]

IV. Pflichtverletzungen und mögliche Sanktionen

1. Angriffe gegen den Arbeitgeber in einem sozialen Netzwerk

a) Das Fallmaterial

31 Seit Anfang 2011 beschäftigen eine ganze Reihe von Fällen die Arbeitsgerichte, in denen Beschäftigte über Facebook, in anderen sozialen Netzwerken oder in Blogs[106] ihre Arbeitgeber, manchmal auch Arbeitskollegen oder Kunden frontal angegangen waren.[107] Den Auftakt bildete eine Auszubildende, die sich vermutlich über ihren Ausbilder geärgert hatte: Sie meldete sich krank und verkündete über Facebook: »**Ab zum Arzt und dann die Koffer packen, auf nach Mallorca.**« Als sie ihren Plan umgesetzt und auch noch ein paar Mallorca-Fotos ins Netz gestellt hatte, wurde sie unsanft in den Ferien gestört: Die Ausbildungsfirma sprach ihr die fristlose Kündigung aus.[108] Sie klagte gleichwohl vor dem Arbeitsgericht Düsseldorf,[109] wo dann der Rechtsstreit verglichen wurde.[110] Das **ArbG Bochum**[111] hatte über den Fall eines Azubi zu entscheiden, der in seinem

105 Besgen/Prinz-Schiller, § 10 Rn. 32.

106 Weitere Verbreitungsformen bei Kramer-Kramer, Teil B Rn. 335.

107 Anders war der Fall ArbG Frankfurt/Main (18.4.2007 – 7 Ca 7285/06, nicht veröffentlicht, zitiert nach Rolf/Rötting, RDV 2009, 266 Rn. 27) gelagert: Dem Leiter eines Jugendwohnheims des Kolpingwerks war gekündigt worden, weil er in einem Netzwerk für homosexuelle Männer aktiv war. Seine Klage war erfolgreich, weil seine Privatsphäre zu achten sei.

108 Bericht nach Frings/Wahlers, BB 2011, 3126, 3132.

109 Az: 7 Ca 2591/11, zitiert nach Frings/Wahlers, a. a. O.

110 Bedenken gegen die Verwertung der Facebook-Einträge bei Besgen/Prinz-Herfs-Röttgen, § 10 Rn. 54, doch würde niemand der Verwertung widersprechen, wenn der Arbeitgeber einen entsprechenden Hinweis von dritter Seite bekommen hätte. Ein betrieblicher Bezug war ersichtlich gegeben.

111 ArbG Bochum, 29.3.2012 – 3 Ca 1283/11, ZD 2012, 343.

»Profil« bei Facebook unter der Rubrik Arbeitgeber geschrieben hatte: »Menschenschinder, Ausbeuter«; mit Rücksicht auf den Erziehungszweck des Ausbildungsverhältnisses und den Umstand, dass sich auf der Profilseite auch ersichtlich nicht ernst gemeinte Aussagen befanden, gab das Arbeitsgericht der Kündigungsschutzklage statt, doch entschied das **LAG Hamm** als Berufungsgericht in gegenteiligem Sinne.[112] Während in diesem Fall der Azubi 27 Jahre alt war, hätte im ersten Fall auch die Frage der **Minderjährigkeit** eine Rolle spielen können, die ohne Zustimmung der Eltern zur Unwirksamkeit des mit Facebook geschlossenen Vertrags führt.[113] Das hätte aber wiederum die öffentliche Zugänglichkeit der Erklärung wohl nicht beeinträchtigt.

Das »Posten« von – vorsichtig ausgedrückt – angreifbaren Aussagen ist aber nicht nur Sache von Azubis, sondern kommt auch bei lang gedienten Beschäftigten vor. Im Fall des **ArbG Duisburg**[114] lag ein Arbeitnehmer wegen einer Knieoperation im Krankenhaus. Während dieser Zeit pflegte er seinen Facebook-Account und stellte ein Foto ein, das ihn zusammen mit Freunden in einem Café zeigte. Das sah eine Kollegin und »verpetzte« ihn bei seinem Chef mit dem Argument, er würde seine sog. Krankheitszeit doch recht komfortabel verbringen. Das brachte ihn verständlicherweise auf die Palme, da das Foto schon einen Monat vorher gemacht worden war. Er schrieb einen Kommentar an alle seine Facebook-Freunde (von denen viele aus demselben Betrieb stammten), wo seine Nicht-Freunde im Betrieb als **»Speckrollen« und »Klugscheißer«** bezeichnet wurden, ihnen habe jemand »ins Gehirn geschissen«, sie würden andern »in den Arsch kriechen«. Das dürfe man so nicht sagen (oder schreiben), meinte das ArbG Duisburg, aber er habe ja im Affekt gehandelt und auch einen Grund dazu gehabt; der Kündigungsschutzklage wurde stattgegeben. 32

Der **VGH München** hatte darüber zu entscheiden, ob die Gewerbeaufsichtsbehörde zu Recht der **Kündigung einer Schwangeren zugestimmt** hatte.[115] Sie hatte sich über die Firma O2 geärgert, die Kundin ihres Arbeitgebers war, und geschrieben: »**Boah kotzen die mich an von O2**, da sperren sie einfach das Handy, obwohl man schon bezahlt hat … und dann behaupten die, es wären keine Zahlungen da. Solche Penner … Naja ab nächsten Monat habe ich einen neuen Anbieter.« Der VGH qualifizierte dies nicht als »Schmähkritik«, die einen anderen »niedermachen« 33

112 LAG Hamm, 10.10.2012 – 3 Sa 644/12, BB 2012, 2688.

113 Dazu Wintermeier, ZD 2012, 210.

114 ArbG Duisburg, 26.9.2012 – 5 Ca 949/12, NZA-RR 2013, 18.

115 VGH München, 29.2.2012 – 12 C 12264, NZA-RR 2012, 302ff. Zustimmend Kort, NZA 2012, 1321, 1323.

will, sondern als – allerdings sehr pointierte – Äußerung zur Abwicklung eines Vertragsverhältnisses, die noch von der Meinungsfreiheit des Art. 5 Abs. 1 GG gedeckt sei. Außerdem sei die Aussage nicht in der Öffentlichkeit, sondern nur im vertraulichen Kreis der Facebook-Freunde gemacht worden.[116]

34 Für das **ArbG Hagen**[117] spielte die Begrenzung auf 70 »Freunde« keine Rolle, da zu diesen auch 36 Personen gehörten, die im selben Betrieb beschäftigt waren. Im Rahmen eines für diesen Kreis offenen Meinungsaustauschs schrieb der Betroffene: »Habe mich über diesen Scheiß-Chef geärgert, hat mir zwei Abmahnungen gegeben innerhalb von drei Monaten wegen Rauigkeit. *Diesen kleinen Scheißhaufen mache ich kaputt*, werde mich beschweren über diesen Wichser …« Das waren ersichtlich Beleidigungen; die 31 Jahre Betriebszugehörigkeit, die der Betroffene vorzuweisen hatte, sprachen nach Ansicht des Gerichts zwar gegen eine außerordentliche, nicht aber gegen eine ordentliche **verhaltensbedingte Kündigung**. Eher Glück hatte demgegenüber ein anderer Arbeitnehmer, der in einem Dialog auf seiner Profilseite (die für alle Nutzer einsehbar ist) seinen Betrieb als **»Drecksladen«** und **»armseligen Saftladen«** bezeichnet hatte. Der **Kündigungsschutzklage** wurde **stattgegeben**, u. a. auch deshalb, weil der Arbeitgeber für außenstehende Dritte nicht identifizierbar war.[118]

35 Etwas atypisch gelagert war ein Fall, über den das **ArbG Dessau-Roßlau**[119] zu entscheiden hatte. Die Klägerin, eine Sparkassenangestellte, hatte einen Aufhebungsvertrag geschlossen, der eine erhebliche Abfindungssumme vorsah, aber erst in einigen Monaten wirksam werden sollte. Ihr **Ehemann postete** auf seiner Facebook-Seite folgende Eintragungen: »Hab gerade mein Sparkassen-Schwein auf R.T. getauft«, wobei R. und T. die Vornamen der beiden Vorstandsmitglieder der Sparkasse waren. Weiter hieß es: »Naja, **irgendwann stehen alle Schweine vor einem Metzger**.« Auf derselben Seite folgte dann eine piktographische Fischdarstellung, »bei der das Mittelstück des Fisches durch das Sparkassensymbol dargestellt ist.« Daneben befand sich die Anmerkung: »Unser Fisch stinkt vom Kopf«. Insgesamt 155 Freunde hatten Zugriff auf diese Website, wozu auch zahlreiche Mitarbeiter und Kunden der Sparkasse gehörten. Unter dem Fischpiktogramm befand sich mit dem **Kommentar »Gefällt mir«** der Name der Arbeitnehmerin. Als die Sparkasse von der

116 Zustimmend Kort, NZA 2012, 1321, 1323.
117 ArbG Hagen, 16. 5. 2012 – 3 Ca 2597/11, ArbRB 2012, 365.
118 ArbG Bochum, 9. 2. 2012 – 3 Ca 1203/11.
119 ArbG Dessau-Roßlau, 21. 3. 2012 – 1 Ca 148/11, ZD 2012, 344 = K&R 2012, 442.

Sache Wind bekam, forderte sie die Arbeitnehmerin zu einer Stellungnahme auf. Unmittelbar darauf verschwand die Eintragung; sie machte geltend, sie habe von der ganzen Sache nichts gewusst, ihr Ehemann hätte auch Zugang zu ihrem Account gehabt und deshalb das »Gefällt mir« eingegeben.[120] Sie wurde gleichwohl gekündigt, hatte jedoch vor dem Arbeitsgericht Erfolg: Sie hafte nicht für das Verhalten ihres Ehemannes,[121] eine eigene Mitwirkung sei nicht beweisbar. Auch reiche die Vermutung, sie könne den »Gefällt mir« – Button selbst gedrückt haben, nicht für eine Verdachtskündigung aus.

Die bislang einzige **Entscheidung des BAG**[122] zu Äußerungen in neuen Medien betraf einen Arbeitnehmer, der für den Wahlvorstand in einem betriebsratslosen Betrieb kandidiert und der in einem Video die Verhältnisse im Betrieb deutlich kritisiert hatte. Das **Video** war über seine Facebook-Seite und über YouTube allgemein zugänglich. Inhaltlich ging es um Wertungen, die sich noch im Rahmen der Meinungsfreiheit des Art. 5 Abs. 1 GG hielten und damit weit entfernt von jenen »Anwürfen« waren, die die Rechtsprechung der Instanzgerichte beschäftigt haben. Wichtig ist vor allem die Feststellung des BAG, **mehrdeutige Äußerungen** dürften nicht zu Lasten des Arbeitnehmers als Beleidigungen ausgelegt werden. Sanktionen wie Abmahnung und Kündigung kämen nur dann in Betracht, wenn »eine Deutung, die zu einem von der Meinungsfreiheit gedeckten Ergebnis führen würde, mit überzeugenden Gründen ausgeschlossen worden ist«.[123] Der Kläger hatte Erfolg. 36

Ist das **Arbeitsverhältnis beendet**, kommt die Meinungsfreiheit voll zur Geltung. So hat es das ArbG Herford[124] gebilligt, dass ein ausgeschiedener Abteilungsleiter in einem Blog seine frühere Firma als **»deutsche Zentrale der Abzock-Mafia«** und als Teil einer **»Nutzlos-Branche«** bezeichnete; auch die auf die früheren Arbeitskollegen gemünzte Aussage, »Die Ratten 37

---

120 Unberechtigt ist deshalb die Kritik von Fuhlrott/Oltmanns, DB 2017, 1840, 1845, das Gericht habe nicht bedacht, es gebe einen Erfahrungssatz, dass der Inhaber eines Accounts auch der Verfasser eines Postings sei: Das gilt nur dann, wenn er allein Zugang hat.

121 Insoweit besteht anders als gegenüber minderjährigen Kindern auch keine Kontrollpflicht: OLG Köln, 16.5.2012 – 6 U 239/11, RDV 2012, 249. Ob bei der Überlassung an Dritte eine Kontrollpflicht besteht, deren Verletzung den Anschlussinhaber zum »Störer« nach § 97 Abs. 1 UrhG macht, ist noch nicht endgültig geklärt. Dazu BVerfG, 21.3.2012 – 1 BvR 2365/11, RDV 2012, 245.

122 BAG, 31.7.2014 – 2 AZR 505/13, NZA 2015, 245.

123 BAG, a.a.O., Os 4. Ähnlich LAG Rheinland-Pfalz, 21.2.2013 – 2 Sa 386/12, ZD 2013, 460 in Bezug auf eine Verpflichtung, bestimmte Äußerungen nicht mehr zu tätigen.

124 ArbG Herford, 12.11.2009 – 3 Ga 26/09.

verlassen das sinkende Schiff« wurde gebilligt, da der Schutzbereich des Art. 5 Abs. 1 GG noch nicht verlassen war. Genauso entschied das LAG Baden-Württemberg[125] für den in einem Blogbeitrag gemachten Vorwurf, der Arbeitgeber praktiziere »eine verschärfte Ausbeutung, Angriffe auf politische und gewerkschaftliche Rechte sowie **menschenverachtende Jagd auf Kranke.**«[126]

b) Einschätzung

38 Auffallend ist zunächst, dass die skizzierten Fälle aus den Jahren 2011 und vor allem 2012 stammen, obwohl es die sozialen Netzwerke auch schon zuvor gab. Man mag dies als **Indiz für eine wachsende Unzufriedenheit** mit den Arbeitsbedingungen werten und an eine gestiegene Belastung durch Stress denken – letztlich stellen aber die Fälle, die vor ein Gericht kommen, **nicht unbedingt** eine **repräsentative Auswahl** der realen Konflikte dar. So hatte es etwa keine Folgen, als eine Facebook-Gruppe »Daimler-Kollegen gegen Stuttgart 21« einen Kommentar ins Netz stellte, wonach Dieter Zetsche zusammen mit Angela Merkel und Stefan Mappus die **»Spitze des Lügenpacks«** sei. Einige Daimler-Beschäftigte, die dazu den »Gefällt mir« – Knopf gedrückt hatten, wurden lediglich zu einem Gespräch in die Personalabteilung bestellt.[127] Kein gerichtliches Nachspiel hatte es auch, als der Betriebsratsvorsitzende der »Frankfurter Rundschau« auf Facebook **Streikbrecher als »Abschaum«** und »Wichser« bezeichnete.

39 Was sehr viel **erklärungsbedürftiger** erscheint, ist das **Ausmaß der Beleidigungen** und Abqualifizierungen: Die Fäkalsprache geht in den gerichtlichen Alltag ein.[128] Wie kommen Menschen, die sich lange Zeit – in einem Fall sogar 31 Jahre[129] – ohne größere Konflikte in einem Arbeitsverhältnis befanden, plötzlich auf den Gedanken, von einem »Scheißladen« zu sprechen und ihren Chef als »Wichser« zu titulieren? Äußerungen dieser Art sind an sich nichts Neuartiges; sie gehörten schon bisher zum rauen Umgangston, der in manchen Betrieben gepflegt wird. Nur: In der

---

125 LAG Baden-Württemberg, 10.2.2010 – 2 Sa 59/09, K&R 2010, 287 = AuR 2010, 344.

126 Beiden Entscheidungen zustimmend Besgen/Prinz-Herfs-Röttgen, § 10 Rn. 40.

127 Mitgeteilt bei Frings/Wahlers, BB 2011, 3126, 3132.

128 Siehe weiter den 2012 beim ArbG Bocholt anhängig gemachten Fall, in dem der Chef als »Fäkalpaket« bezeichnet worden war. Es kam zu keiner gerichtlichen Entscheidung, da sich die Parteien auf 8500 Euro Abfindung verglichen; mitgeteilt bei Frings, Protokolle der von der TÜV Nord Akademie veranstalteten Tagung »Arbeitnehmerdatenschutz 2012« (29./30.8.2012 in Hamburg).

129 ArbG Hagen, 16.5.2012 – 3 Ca 2597/11, ArbRB 2012, 365.

Vergangenheit erfolgten solche Sprüche mündlich im Kollegenkreis, wo man einigermaßen sicher sein konnte, dass es nicht nach »oben« getragen würde. In der Gegenwart hat sich jedoch ein beträchtlicher Teil der Kommunikation aufs Internet und vor allem auf die sozialen Netzwerke verlagert. Dort gibt es zwei wesentliche neue Spielregeln:

- Zum einen wird über den **Begriff der »Freunde«**, die man häufig gar nicht persönlich kennt, von den sozialen Medien eine »Vertraulichkeitssphäre« vorgegaukelt, die es in Wirklichkeit gar nicht gibt. Wenn von 70 »Freunden« die Hälfte im selben Betrieb arbeitet, könnte man die fragliche Erklärung auch gleich ans Schwarze Brett heften;[130] vermutlich würde dies weniger Aufmerksamkeit finden als die Facebook-Nachricht. Was als überschaubar erscheint, hat in Wirklichkeit eine enorme Ausstrahlungswirkung,[131] wenn man etwa daran denkt, dass die »Freunde« ihrerseits wieder »Freunde« haben, denen sie die Information weitergeben können. 40
- Zum zweiten sitzt ein Mensch, der sein »Profil« verfasst oder eine Erklärung an der virtuellen Pinnwand befestigt, in aller Regel **völlig allein vor seinem PC**. Ihm **fehlt** die kritische **Rückmeldung**, die jedes Gespräch mit realen Menschen vermittelt.[132] Es gibt niemanden, der widerspricht oder wenigstens ein bisschen die Stirn runzelt, wenn der Verfasser über die Stränge schlägt. So kann eine »Stimmung« entstehen, wo man endlich alles das von sich geben und niederschreiben kann, was man schon lange gerne gesagt hätte. Man fühlt sich frei, zumal das Internet eine gewisse Ähnlichkeit mit einer Spielwiese zu haben scheint.[133] Prompt tappt man in eine Falle, weil man Dinge schreibt, die auch ein wohlwollender Arbeitgeber oder Richter nicht mehr durchgehen lässt.[134] 41

Es fällt im Übrigen auf, dass etwa **seit 2013 nur noch wenige Entscheidungen** ersichtlich sind, die **Sachverhalte wie die geschilderten** zum Gegenstand haben. Zu nennen ist ein Urteil des LAG Baden-Württemberg,[135] wo es darum ging, dass der Gekündigte in einem sozialen Netz- 42

130 Insoweit zutreffend ArbG Hagen, 16.5.2012 – 3 Ca 2597/11, ArbRB 2012, 365.

131 Zutreffend Kaumanns, K&R 2012, 445: Unbedarfte Kommentare mit enormer Ausstrahlungswirkung.

132 Ähnlich Ruhland, CuA 1/2012, 13: Man geht offenherziger mit Informationen um, wenn man in der geschützten und vertrauten Umgebung sitzt.

133 Köhler, AiB 2013, 107.

134 Von »sozialem Exhibitionismus« spricht Hermida del Llano, DuD 2011, 639, doch werden keine Umstände deutlich, auf die er zurückzuführen sein könnte.

135 LAG Baden-Württemberg, 22.6.2016 – 4 Sa 5/16, MMR 2016, 702 = CR 2017, 120.

werk seinen korpulenten Vorgesetzten als »fettes Schwein« und einen wegen Krankheit im Gesicht entstellten Vorarbeiter als »Bärenkopf« tituliert hatte; die Interessenabwägung führte dazu, dass der Kündigung die Anerkennung versagt wurde.[136] Zum selben Ergebnis kam das LAG Hessen,[137] als ein Arbeitnehmer in einer offenen Facebook-Gruppe geschrieben hatte: »So asoziale Gesellschafter gibt's wohl kaum ein zweites Mal: Wie viele Lügen … soll es noch geben?«[138] Das könnte auf einen allgemeinen »Lernprozess« hindeuten, wonach man im Netz sehr viel vorsichtiger sein müsse als gemeinhin angenommen. Der denkbare Ausweg, die **Eintragung** sei **von dritter Seite manipuliert** worden, führt nur dann zum Ziel, wenn Zeit, Ort und Inhalt des Eingriffs vorgetragen und notfalls bewiesen werden.[139]

2. Rassistische und fremdenfeindliche Ausfälle

43 Auf der anderen Seite gibt es in jüngster Zeit rassistische und fremdenfeindliche Ausfälle, die zum arbeitsrechtlichen Problem werden, weil die Zugehörigkeit des Täters zu einem bestimmten Betrieb aus dem eingestellten Profil oder aus anderen Umständen deutlich wird.[140] Im Fall des **ArbG Mannheim**[141] hatte der Gekündigte ein Auschwitz-Foto und den Text: »Polen ist bereit für die Flüchtlingsaufnahme« zusammengefügt, was dem Gericht aber nicht für eine Kündigung ausreichte, weil er das Posting nach dem ersten Protest sofort gelöscht und sich außerdem entschuldigt hatte. Die Grenze zur Vertragsverletzung war nach Ansicht des **ArbG Hamburg**[142] noch nicht überschritten, als ein Angestellter im Polizeidienst, der zum Schutz einer jüdischen Schule eingesetzt war, einen Totenkopf mit Polizeimütze postete und das bewachte Objekt im Hintergrund sichtbar (jedoch nur für »Eingeweihte« individualisierbar) war. Bestätigt wurde dagegen vom **ArbG Herne**[143] mit Recht eine frist-

---

136 Der Betroffene war seit 16 Jahren im Betrieb, hatte einen GdB von 20, war seiner Frau und einem einjährigen Kind gegenüber unterhaltspflichtig und pflegte seine Großmutter.

137 LAG Hessen, 28.1.2013 – 21 Sa 715/12, AuA 2014, 123.

138 Siehe auch den Überblick bei Fuhlrott/Oltmanns, DB 2017, 1840, 1844.

139 LAG Hessen, 13.4.2015 – 7 Sa 1013/14, MMR 2016, 497.

140 Zum betrieblichen Bezug siehe vor allem Dzida/Förster, BB 2017, 757. Die im Folgenden aufgeführten Fälle finden sich auch bei Fuhlrott/Oltmanns, DB 2017, 1840, 1843 f. und sind erwähnt bei Dzida/Förster, BB 2017, 757.

141 ArbG Mannheim, 19.2.2016 – 6 Ca 190/15, NZA-RR 2016, 254 = MMR 2016, 499.

142 ArbG Hamburg, 18.9.2013 – 27 Ca 207/13, juris.

143 ArbG Herne, 22.3.2016 – 5 Ca 190/15, ZD 2017, 41.

lose Kündigung, als der Arbeitnehmer auf der Facebook-Seite von n-tv einen Nachrichtenbeitrag über ein brennendes Flüchtlingsheim mit den Worten kommentiert hatte: »Hoffe, dass alle verbrennen, die nicht gemeldet sind.« Als Äußerung, die die Kündigung rechtfertigte, wurden vom **ArbG Gelsenkirchen**[144] die folgenden Ausführungen eines städtischen Angestellten gewertet, der sich auf seiner privaten Facebook-Seite selbst als solcher bezeichnet hatte: »deutsche schlagt zurück geht auf die Straße holt euch das pack.« »Alle die mit so welchen Leuten zusammen sind sprich Ausländer sollten zusammen geschlagen werden und die Kinder die daraus endstehen sollten erschlagen werden. wer eine deutsche Frau hat und die mit ein Ausländer zusammen ist sollte geächtet werden und an den Pranger gebracht werden.«[145] Die Ausführungen sprechen für sich und bedürfen keines Kommentars.[146]

3. Rechtmäßige und rechtswidrige Angriffe

a) Allgemeine Rahmenbedingungen

Soweit sich der Arbeitnehmer im Rahmen des Grundrechts der Mei- 44
nungsfreiheit nach Art. 5 Abs. 1 GG bewegt, verletzt er auch bei deutlicher Kritik seine arbeitsvertraglichen Pflichten nicht,[147] doch muss man berücksichtigen, dass zu den die Meinungsfreiheit beschränkenden allgemeinen Gesetzen nach Art. 5 Abs. 2 GG auch die **Pflicht des Arbeitnehmers** nach § 241 Abs. 2 BGB gezählt wird, **auf die Belange des Arbeitgebers Rücksicht zu nehmen**. Dieser ist allerdings nicht berechtigt, verbindliche Vorgaben für die private Internetnutzung zu machen, da dies ein Eingriff in die nicht vom Arbeitsverhältnis erfasste Privatsphäre wäre.[148] Weiter fallen Formalbeleidigungen und Schmähkritik von vornherein aus dem Schutzbereich des Art. 5 Abs. 1 GG heraus.[149] Wer einen andern als »Wichser« bezeichnet oder ihn verbal »fertig machen« will, kann sich nicht auf die Meinungsfreiheit berufen. Auch **Arbeitskollegen** dürfen nicht in ihren Rechten beeinträchtigt werden. Das gilt nicht nur

144 ArbG Gelsenkirchen, 24.11.2015 – 5 Ca 1444/15.

145 Weitere Zitate bei Kramer-Kramer, Teil B Rn. 363.

146 Zur Behandlung neonazistischer Äußerungen siehe Däubler, AuR 2022, 347 (Sonderheft Zwanziger).

147 LAG Baden-Württemberg, 10.2.2010 – 2 Sa 59/09, K&R 2010, 287; ebenso Köhler, AiB 2013, 107, 109; Kort, NZA 2012, 1321, 1322; Melot de Beauregard/Gleich, DB 2012, 2044.

148 Grimm/Singraven-Grimm/Singraven, § 27 Rn. 27.13

149 Dieser Ausnahmebereich wird eng interpretiert: siehe BGH, 16.12.2014 – VI ZR 39/14, NJW 2015, 773 = K&R 2015, 196.

für das selbstverständliche Verbot der Beleidigung; vielmehr dürfen **persönliche Sachverhalte** wie »Heute wieder zu spät gekommen« oder »Hat ersichtlich Schwierigkeiten mit seiner Freundin« nicht ohne Zustimmung des Betroffenen ins Netz gestellt werden. Alles andere wäre ein Verstoß gegen das informationelle Selbstbestimmungsrecht.[150]

44a Eine **verfassungsfeindliche Gesinnung** reicht für etwaige Sanktionen nicht aus. Anders ist es nur, wenn sie sich in Handlungen niederschlägt, die gegen Pflichten aus dem Arbeitsverhältnis verstoßen.[151]

45 Wer **im vertraulichen Gespräch** unter Arbeitskollegen ehrkränkende Äußerungen über Dritte macht, die »an sich« die Voraussetzungen einer Beleidigung erfüllen, sieht sich keinen Sanktionen ausgesetzt. Mit Recht führt das BAG[152] aus, der Arbeitnehmer dürfe anlässlich solcher Gespräche regelmäßig darauf vertrauen, dass seine Äußerungen nicht nach außen getragen würden. Er müsse also nicht damit rechnen, dass der Betriebsfrieden gestört oder das Vertrauensverhältnis zum Arbeitgeber belastet werde.[153] In einem solchen Rahmen gemachte Äußerungen unterfallen dem **Schutzbereich des allgemeinen Persönlichkeitsrechts.**[154] Hebt ein Beteiligter die Vertraulichkeit auf, ist dies dem Arbeitnehmer nicht zuzurechnen; nur wenn er selbst Dritte einschaltet, kann er sich nicht beklagen, wenn seine Ausführungen von vielen zur Kenntnis genommen werden. Auch das Bundesverfassungsgericht hat am Beispiel der Post eines Strafgefangenen in gleichem Sinne entschieden und eine Vertraulichkeitssphäre angenommen, wo der Schutz der Persönlichkeit des sich Äußernden Vorrang vor dem Ehrenschutz Dritter hat.[155]

46 Übt der Arbeitnehmer **Kritik in künstlerischer Form**, steht ihm das Grundrecht des **Art. 5 Abs. 3 GG** zur Seite, das in ähnlicher Weise wie die Meinungsfreiheit des Art. 5 Abs. 1 GG auf das Arbeitsverhältnis ausstrahlt.[156] Dabei ist der Kreis der zu tolerierenden Aussagen größer als bei »normalen« Meinungsäußerungen, ohne dass deshalb eine Schmähkritik durch bewusste Diffamierung möglich wäre. Dem Künstler, der einen

150 Ähnlich Demuth/Strunk/Lindner, S. 57.

151 Grimm/Singraven-Grimm/Singraven, § 27 Rn. 27.15.

152 BAG, 10.12.2009 – 2 AZR 534/08, NZA 2010, 698 Tz. 18. Siehe auch BAG, 10.10.2002 – 2 AZR 418/01, NZA 2003, 1295; zustimmend Willert, K&R 2010, 551, 552.

153 Siehe auch den Fall des LAG Düsseldorf, 19.12.1995 – 8 Sa 1345/95, NZA 1996, 166 = LAGE § 626 BGB Nr. 91, wo eine Omnibusfahrerin unter Kollegen gesagt hatte, sie fahre nur »Abschaum«.

154 So auch Kort, NZA 2012, 1322.

155 BVerfG, 23.11.2006 – 1 BvR 285/06, NJW 2007, 1194.

156 LAG Hamm, 15.7.2011 – 13 Sa 436/11, BB 2011, 1844.

Text formuliert oder der ein Bild konzipiert und bearbeitet, sind pointiertere Aussagen möglich als sie sonst üblich und rechtlich anerkannt sind.[157] Dabei geht die Rechtsprechung von einer weiten Definition des Begriffs »Kunst« aus. Es handelt sich um eine »freie schöpferische Gestaltung, in der Eindrücke, Erfahrungen, Erlebnisse des Künstlers durch das Medium einer bestimmten Formensprache zur unmittelbaren Anschauung gebracht werden.«[158] In Zweifelsfällen kommt es wesentlich auch darauf an, ob der Urheber selbst das Geschaffene (Bild, Skulptur, Gedicht, Roman) als Kunstwerk betrachtet.[159] Die Maßstäbe sind durchaus großzügig.

Als »Kunst« wurden deshalb in der Rechtsprechung auch sog. **Frustzwerge** qualifiziert, die Gartenzwergen nachgebildet sind und die in einem Streit unter Nachbarn Bedeutung gewannen. Sie werden in der fraglichen Entscheidung[160] wie folgt beschrieben: »Im Gegensatz zu den üblicherweise bieder und brav wirkenden allgemein bekannten Gartenzwergen handelt es sich bei den Frustzwergen um solche, die verschiedene für einen Gartenzwerg untypische Posen und Gesten einnehmen. So zeigt einer der Zwerge dem Beobachter mit herausgestreckter Zunge den erhobenen Mittelfinger (sog. Fuck-you-Zeichen), ein anderer beugt sich mit heruntergelassenen Hosen nach vorne und zeigt sein entblößtes Hinterteil, ein weiterer hält sich die Nase zu und schließt dabei die Augen. Weitere Zwerge strecken ebenfalls die Zunge heraus, zeigen einen ›Vogel‹, bilden mit Daumen und Zeigefinger einen Kreis. Ein weiterer Zwerg trägt eine Kapuze und verkörpert einen auf ein Beil gestützten Scharfrichter. Ein anderer Zwerg wurde an einem Baum im Garten ›erhängt‹.« Einige Zwerge hielten Schilder mit Parolen wie »Pfälzer in die Pfalz, Wuppertaler in die Wupper« (der Nachbar stammte aus Wuppertal), »Zieht endlich aus, wir wollen Frieden im Hof!« Da die Beleidigungsabsicht gegenüber dem Nachbarn auf der Hand lag, waren im konkreten Fall die Grenzen der Kunstfreiheit überschritten.

Die Freiheit der Kunst gilt auch für denjenigen, der **Kunstwerke verbreitet** oder sie anderen zugänglich macht.[161] Wird beispielsweise ein Gedicht ins Netz gestellt, das die Leser auf aktuelle Ereignisse und bestimmte Per- 47

157 Zustimmend Kramer-Kramer, Teil B Rn. 342. Ebenso APS-Vossen, § 626 BGB Rn. 228d.

158 So schon BVerfG, 24.2.1971 – 1 BvR 435/68, BVerfGE 30, 173, 188f.; 17.7.1984 – 1 BvR 816/82, BVerfGE 67, 213, 226.

159 Jarass/Pieroth-Jarass, Art. 5 Rn. 106a m.w.N.

160 AG Grünstadt, 11.2.1994 – 2a C 334/93, NJW 1995, 889 = JuS 1995, 1029 (lesenswert!).

161 BVerfG, 27.7.2005 – 1 BvR 2501/04, NJW 2006, 596, 597; Jarass/Pieroth-Jarass, Art. 5 Rn. 108.

sonen beziehen könnten, wären gleichfalls nur die (weiten) Grenzen der Kunstfreiheit zu wahren. Das hat das ArbG Wiesbaden[162] verkannt, als ein Online-Redakteur einer ins Trudeln gekommenen Firma den Liedertext von **Reinhard Mey »Das Narrenschiff«** per E-Mail an alle Beschäftigten versandt hatte und deshalb gekündigt wurde.

> Besonderen Anstoß nahm das Gericht an der Formulierung: »Der Steuermann lügt, der Kapitän ist betrunken und der Maschinist in dumpfe Lethargie versunken, die Mannschaft lauter meineidige Halunken, … Auf der Brücke tummeln sich Tölpel und Einfaltspinsel … in der Bananenrepublik, wo selbst der Präsident die Scham verloren hat und keine Skrupel kennt, sich mit dem Steuerdieb im Gefolge zu schmücken … Der Ausguck ruft vom höchsten Mast: Endzeit in Sicht! Doch sie sind wie versteinert, und sie hören ihn nicht. Sie ziehen wie Lemminge in willenlosen Horden. Es ist, als hätten alle den Verstand verloren.«

Hier liege eine besonders weitgehende Verunglimpfung vor, weil Geschäftsführung und Belegschaft – metaphorisch verschlüsselt – zu abgestumpften skrupellosen Rechtsbrechern gemacht würden. Die Freiheit der Kunst nach Art. 5 Abs. 3 GG findet keine Erwähnung. Das war ersichtlich ein Mangel, der dazu führte, dass die »Übersetzung« in Alltagssprache allzu brutal ausfiel: Statt von abgestumpften und skrupellosen Rechtsbrechern hätte man auch davon sprechen können, er habe das allgemeine Durcheinander und die Unfähigkeit vieler Leute im Unternehmen kritisieren wollen.

48 Ein dritter Fall war ganz ähnlich gelagert. Ein Arbeitnehmer stellte folgenden Text der Hamburger Band »**Deichkind**« auf seine Facebook-Seite

> »Bück dich hoch! Komm steiger' den Profit!
> Bück dich hoch! Mach dich beim Chef beliebt!
> Bück dich hoch! Auch wenn es dich verbiegt!«

und fügte noch weitere Zitate an:

> »Pass dich an, du bist nichts! Glaub ans Team!
> Halt die Schnauze, frisch ans Werk, und verdien'!«

Und weiter:

---

162 ArbG Wiesbaden, 2.5.2001 – 3 Ca 33/01, NZA-RR 2001, 639. Anders LAG Hamm, 15.7.2011 – 13 Sa 436/11, BB 2011, 1844.

»Komm steiger' den Profit!
Sonst wirst Du ausgesiebt.«[163]

Der Arbeitgeber reagierte sauer und kündigte fristlos. In dem Kündigungsschreiben hieß es:

»Diese Äußerung kann nur so verstanden werden, dass Sie die von Deichkind besungenen mit den bei uns herrschenden Arbeitsbedingungen gleichsetzen. Durch den Vergleich werfen Sie uns menschenverachtende Arbeitsbedingungen vor, bei denen die Mitarbeiter aus reiner Profitgier unter Gefährdung der Gesundheit ausgebeutet werden.«

Der Betroffene klagte beim Arbeitsgericht Herford, schloss aber später einen Vergleich, dessen Inhalt nicht bekannt geworden ist. Auch hier hätte die Berufung auf die Kunstfreiheit der Kündigungsschutzklage zum Erfolg verholfen.[164]

b) Besonderheiten in sozialen Netzwerken

Im Rahmen von sozialen Netzwerken besteht für den einzelnen Nutzer die 49
Möglichkeit, den **Adressatenkreis** für seine Mitteilungen im Einzelnen zu **bestimmen**. Fraglich ist, in welchen Fällen dabei von »Vertraulichkeit« die Rede sein kann. Insoweit fehlt es derzeit noch an einheitlichen gerichtlichen Beurteilungsmaßstäben. Einigkeit besteht nur insoweit, dass nicht etwa alles, was »im Internet« steht, auch für jedermann verfügbar und damit »öffentlich« ist.[165] Weiter ist auch Konsens, dass Facebook **keine intimen Tagebucheintragungen** (die einem besonders starken Schutz unterliegen[166]) ermöglicht, von denen niemand Kenntnis nehmen soll; was man dort schreibt, ist stets zumindest für eine weitere Person zugänglich.[167]

Wählt der Arbeitnehmer den **Chat-Modus** oder eine andere Übermitt- 50
lungsform, mit der nur ein oder zwei Personen erreicht werden, ist dies in vergleichbarer Weise als vertraulich zu behandeln wie ein Vier- oder Sechs-Augen-Gespräch. Insoweit gilt nichts anderes als bei E-Mails oder dem Wechseln konventioneller Briefe.[168] Sanktionen wegen rüder Äu-

163 Text abrufbar unter *www.lastfm.de/music/Deichkind.*
164 Weitere Argumentationsmöglichkeiten bei Däubler, AiB 3/2014, 26f.
165 Bauer/Günther, NZA 2013, 67ff.
166 Siehe BGH, 22.12.2011 – 2 StR 509/10, ZD 2012, 232: Selbstgespräche sind dem absolut geschützten Kernbereich der Persönlichkeit zuzurechnen.
167 AG Reutlingen, 31.10.2011 – 5 Ds 43 Js 18155/10 jug, ZD 2012, 178.
168 Bauer/Günther, NZA 2013, 67, 70.

ßerungen oder Beleidigungen scheiden aus. Das andere Extrem bilden Äußerungen, die **von vornherein öffentlich** zugänglich sind; das »Profil« wird beispielsweise so eingestellt, dass es jederzeit auch für Nichtmitglieder mithilfe von Suchmaschinen ermittelbar ist. In diesem Fall gelten die allgemeinen Grundsätze über die Grenzen der Meinungsfreiheit. Diese sind noch nicht überschritten, wenn der Arbeitnehmer in seiner Freizeit **den Arbeitgeber kritisiert**, ohne dabei in Formalbeleidigungen oder Schmähkritik abzugleiten. Auch das **Benennen von Missständen im Unternehmen (»Whistleblowing«)** ist zulässig, es sei denn, der Arbeitnehmer würde bewusst oder leichtfertig die Unwahrheit sagen.[169] Das BAG sieht eine Grenze auch dann überschritten, wenn das Vorgehen des Arbeitnehmers eine unverhältnismäßige Reaktion darstellt, wenn beispielsweise offensichtliche und aussichtsreiche innerbetriebliche Abhilfemöglichkeiten nicht ausgeschöpft wurden.[170] Der Europäische Gerichtshof für Menschenrechte beurteilt die **»Leichtfertigkeit« allein aus der Sicht des Arbeitnehmers**,[171] was in der Literatur Kritik erfahren hat,[172] doch wird sich die Praxis bis auf weiteres an der Straßburger Entscheidung orientieren.

51 **Kritik** wird sich nicht nur gegen den Arbeitgeber richten. Denkbar ist auch, dass sie sich **gegen Vorgesetzte und Arbeitskollegen**, in Einzelfällen auch mal gegen Untergebene wendet. Ein Arbeitskollege wird als »schwerfällig«, ein anderer als »Betriebsnudel ohne inhaltliche Substanz« bezeichnet. Beides ist eine (noch) nicht beleidigende Negativbewertung, doch kann man sich die Frage stellen, ob solche Dinge in die Öffentlichkeit getragen werden sollen – vor allem dann, wenn dies durch konkrete Vorgänge und Geschichten untermauert wird. M.E. ist dies mit Rücksicht auf Art. 5 Abs. 1 GG gleichwohl zulässig, doch besteht das Risiko, dass Gerichte dies anders sehen.[173] Dafür könnte das **Persönlichkeitsrecht der Kritisierten** sprechen, der sich ja nicht im öffentlichen Raum bewegen will. Weiter entfaltet die Kritik für Außenstehende ihre (gewünschte) Wirkung auch dann, wenn kein Name genannt wird und keine Hinweise auf ein konkretes Individuum gegeben werden.[174] Auf der anderen Seite lässt die Rechtsprechung in weitem Umfang **negative Äußerungen in**

169 BVerfG, 2.7.2001 – 1 BvR 2049/00, NZA 2001, 888 f., bezogen auf die Erstattung einer Strafanzeige, doch kann bei öffentlicher Kritik nichts anderes gelten.

170 BAG, 3.7.2003 – 2 AZR 235/02, NZA 2004, 426.

171 EGMR, 21.7.2011 – 28274/08 (Heinisch), NZA 2011, 1269.

172 ErfK-Niemann, § 626 BGB Rn. 64.

173 Zu solchen Sachverhalten auch Thannheiser, CuA 1/2013, 36.

174 Thannheiser, AiB 2012, 354: Grundsätzlich keine persönlichen Daten von Beschäftigten.

Bewertungsportalen zu,[175] was wiederum ein wichtiges Argument dafür ist, auch solche Wertungen als rechtmäßig anzusehen. Interne **Kritik an Kunden** ist in aller Regel unproblematisch, öffentliche Kritik kann eine schwere Pflichtverletzung darstellen.[176] Unproblematisch war jedoch die – durchaus polemische – Kritik an einer **Drittfirma, die** dem (nicht ohne weiteres erkennbaren) Arbeitgeber **schlecht funktionierende medizinische Geräte geliefert** hatte.[177] Dasselbe gilt für die nach einem Brand ausgesprochene Kritik am Arbeitgeber, es sei richtig, wenn ein anderer Blogger empfehle, der Geschäftsführer solle das Löschwasser saufen; was für die Eigentümerfamilie zähle, sei »Kohle, egal um welchen Preis«. Das **ArbG Paderborn**[178] entschied, dies sei keine strafrechtlich relevante Beleidigung, **auch polemische Kritik am Arbeitgeber** sei erlaubt und bewege sich im Rahmen des Grundrechts aus Art. 5 Abs. 1 GG; deshalb wurde der Kündigungsschutzklage insoweit stattgegeben.

Ein bisher nicht existierendes Abgrenzungsproblem entsteht dadurch, 52
dass man in sozialen Netzwerken, vor allem bei Facebook, üblicherweise **»Freunde«** hat, die aber im realen Leben keineswegs automatisch zu dieser Kategorie zählen würden. Beschränkt sich eine Äußerung nun auf »Freunde«, gehört sie dann in den »Vertraulichkeitsbereich« wie ein Gespräch in der Kantine mit drei Kollegen, oder muss man von einer (wenn auch beschränkten) Öffentlichkeit ausgehen und die dafür geltenden Grundsätze anwenden? Wie ist mit dem Fall umzugehen, dass Freunde ihrerseits wiederum einen anderen Freundeskreis haben und versucht sein könnten, die erhaltene Information dort weiterzuverbreiten? Ist es von Bedeutung, dass ein ungetreuer Freund die technische Möglichkeit hat, die Nachricht zu kopieren und sie an beliebige Dritte zu schicken? Hier scheinen Differenzierungen angebracht.

Charakteristisch für die **Vertraulichkeit** ist, dass man die **Gesprächs-** 53
partner kennt und von einem loyalen Verhalten ausgeht; dass man denunziert wird, erscheint dann als eher theoretische Möglichkeit. Ist dies im Rahmen eines sozialen Netzwerks genauso, liegt »Vertraulichkeit« vor.[179] Dabei spielt es keine Rolle, dass man durch moderne Technik sehr viel mehr Menschen auf einmal erreichen kann als mit der menschlichen Stimme an einem Tisch. Entscheidend ist, dass der die Erklärung Abgebende die Adressaten in ähnlicher Weise kennt wie bei einem Gespräch

175 Unten § 7 Rn. 64.
176 Kort, NZA 2012, 1322.
177 LAG Berlin-Brandenburg, 18.8.2008 – 10 TaBV 885/08, BB 2009, 661 Ls.
178 ArbG Paderborn, 9.3.2010 – 5 Ca 2640/09, AE 2010, 173.
179 Ähnlich Kort, NZA 2012, 1321, 1323 sowie in der Rechtsprechung OLG Stuttgart, 10.11.2010 – 4 U 96/10, MMR 2011, 280.

im Betrieb: Man muss eine gewisse Vorstellung vom andern haben, er darf nicht nur die Nr. 125 in der großen »Freundschaftsbibliothek« sein. Ohne Bedeutung ist auch, dass bei einem geschlossenen und überschaubaren Kreis relativ **viele** »Freunde« **aus dem Betrieb stammen**. An der Vertraulichkeit würde sich auch beim traditionellen Gespräch nichts ändern, wenn der Erklärende (z. B. über seinen »Fall«) nacheinander verschiedene Gespräche mit unterschiedlichen Gruppen von Personen im Betrieb führen würde. Wenn insoweit sogar Beleidigungen ohne Sanktion bleiben, muss dies erst recht für die Weitergabe von »Betriebsinterna« gelten (»der X ist ein fauler Hund«), doch sind Betriebs- und Geschäftsgeheimnisse auch in einem solchen Kontext zu wahren.

54 Ist diese Grenze überschritten, ist der Kreis so groß, dass der Erklärende den Einzelnen nicht mehr kennt, sind die Grundsätze über öffentliche Verlautbarungen anzuwenden. Das gilt vor allem dann, wenn jeder Beteiligte das Recht hat, die Information seinen ebenso zahlreichen »Freunden« weiterzugeben: Sind **»Freundesfreunde« einbezogen**, ist der Adressatenkreis nicht mehr überschaubar, zumal man ja auch an den Fall von Freunden der Freundesfreunde denken muss. Dasselbe gilt erst recht dann, wenn eine Website **für alle Mitglieder des sozialen Netzwerks**, nicht jedoch für die allgemeine Öffentlichkeit zugänglich ist: Da die Mitgliedschaft unschwer zu erlangen ist und der Kreis der Beteiligten dann oft viele Millionen umfasst, kann von Vertraulichkeit nicht mehr die Rede sein.

55 Drückt ein Arbeitnehmer einen **»Gefällt mir – Button«**, macht er sich damit die fragliche Aussage zu Eigen.[180] Dasselbe gilt für den **»Share-Button«**, wo der Nutzer bestimmen kann, welche Teile der Information automatisch sichtbar werden; er entscheidet auch über das »Wie« des Links.[181] Inwieweit eine solche Meinungsäußerung innerhalb eines geschlossenen Kreises (in dem sich alle einigermaßen kennen) bleibt oder weiter getragen werden kann, hängt von den jeweiligen Umständen ab.[182] Handelt es sich wie im Fall des ArbG Dessau-Roßlau[183] um eine Beleidigung, ist eine solche bloße Sympathiebekundung weniger gravierend als das Tätigen der Aussage selbst.[184] Auch sind spontane Reaktionen noch ein Stück wahrscheinlicher als bei sonstigen Einträgen auf einer Facebook-Seite.

---

180 Kramer-Kramer, Teil B Rn. 348. Ebenso EGMR, 15.6.2021 – 35786/19, AuR 2022, 227 – Melike / Türkei (»like-Button«).

181 Dazu im Einzelnen Müller-Riemenschneider/Specht, K&R 2014, 77 ff., wo schwerpunktmäßig die urheberrechtliche Problematik behandelt wird.

182 Anders Bauer/Günther, NZA 2013, 67, 70/71.

183 Siehe oben Rn. 30.

184 So auch ArbG Dessau-Roßlau, a. a. O.; Kaumanns, K&R 2012, 446.

Das kann sich bei der Frage auswirken, ob ein wichtiger Grund für eine außerordentliche Kündigung vorliegt und mit welchem Ergebnis die Interessen beider Seiten gegeneinander abzuwägen sind.

Steht aufgrund einer Äußerung in einem sozialen Netzwerk eine **Kündigung** zur Debatte, hat eine **Abwägung der beiderseitigen Interessen** zu erfolgen. Beim Whistleblowing[185] müssen auch die Interessen der **Allgemeinheit** einbezogen werden.[186] Dabei fällt die leichte Möglichkeit, Informationen im Internet zu verbreiten, nur dann zu Lasten des Arbeitnehmers ins Gewicht, wenn sie tatsächlich stattgefunden hat.[187] **Zu Gunsten des Arbeitnehmers** ist dagegen zu berücksichtigen, dass er sich typischerweise in einer Situation des Allein-Seins befand, wo es an der sonst vorhandenen »kritischen Bremse« fehlte.[188] Wird beispielsweise ein Eintrag umgehend entfernt, wenn der Arbeitnehmer erkannt hat, was er angerichtet haben könnte, spricht dies gegen eine Wiederholungsgefahr und damit gegen eine Kündigung.[189] Auch eine anschließende Entschuldigung spricht gegen eine Kündigung, weil sie ebenfalls ein gewichtiges Indiz gegen künftiges Fehlverhalten ist. Bestand Anlass, auf bestimmte Personen »sauer zu sein«,[190] ist dies nicht anders als bei verbalen Auseinandersetzungen ebenfalls mildernd zu berücksichtigen. Geht es um Beleidigungen auf einem Profil oder einer anderen Website, die noch weitere Aussagen enthält, spielt auch eine Rolle, ob sich dort noch weitere überspitzt-polemische oder satirische Darstellungen befinden. Das lässt eine Beleidigung als weniger gravierend erscheinen, da sie nicht mit »tierischem Ernst« ausgesprochen wurde.[191] Wichtig ist weiter, ob der Beleidigte (Arbeitgeber, Arbeitskollege, Kunde) namentlich genannt wird oder ob er nur mit großen Schwierigkeiten oder gar nicht zu ermitteln ist.[192] 56

185 Dazu oben Rn. 44.
186 LAG Köln, 2.2.2012 – 6 Sa 304/11, RDV 2012, 258.
187 Anders Bauer/Günther, NZA 2013, 67, 71.
188 Oben Rn. 36.
189 Vgl. etwa ArbG Dessau-Roßlau, 21.3.2012 – 1 Ca 148/11, ZD 2012, 344 = K&R 2012, 442.
190 Siehe den Fall des ArbG Duisburg, 26.9.2012 – 5 Ca 949/12, NZA-RR 2013, 18 (oben Rn. 27).
191 Ähnlich ArbG Bochum, 29.3.2012 – 3 Ca 1283/11, ZD 2012, 343; anders jedoch LAG Hamm, 10.10.2012 – 3 Sa 644/12, BB 2012, 2688 als Berufungsinstanz (oben Rn. 26).
192 Im Prinzip ähnlich Bauer/Günther, NZA 2013, 67, 72.

c) Gefährliche Grundrechtsausübung

57 Das **LAG Rheinland-Pfalz**[193] hatte über die Kündigung des Leiters eines Jugendraumes zu entscheiden. Das diesem zur Last gelegte Verhalten ließ sich nicht beweisen, sodass die Kündigung sozial nicht gerechtfertigt war. Der Gekündigte hatte jedoch über Facebook versucht, seine eigenen, vom öffentlichen Arbeitgeber abweichenden Vorstellungen über Jugendarbeit nicht nur darzustellen, sondern dafür auch Verbündete vor allem im Gemeinderat zu gewinnen. Da damit zu rechnen sei, dass er auch künftig Anweisungen seines Arbeitgebers öffentlich in Frage stellen und seine Vorstellungen mithilfe von öffentlichem Druck durchsetzen wollte, löste das Gericht das Arbeitsverhältnis nach **§ 9 Abs. 1 KSchG** auf, weil eine den Betriebszwecken **dienliche weitere Zusammenarbeit nicht zu erwarten** sei. Das überzeugt nicht, soweit es um eine legale Form der Meinungsbekundung ging: Diese darf nicht Anlass für irgendwelche Sanktionen sein. Andernfalls wäre **§ 612a BGB verletzt.**[194] Auch eine Interessenabwägung zwischen der Meinungsfreiheit und den Interessen des Arbeitgebers[195] kommt in einem solchen Fall nicht in Betracht. Wenig einleuchtend ist auch eine Entscheidung des **LAG Schleswig-Holstein**,[196] die eine Druckkündigung wegen fehlenden Drucks für sozial ungerechtfertigt erklärte, jedoch dem Antrag des Arbeitgebers auf Auflösung gegen Abfindung nach § 9 Abs. 1 KSchG stattgab, weil der Arbeitnehmer bei der Bundesagentur für Arbeit eine Anzeige wegen unberechtigten Bezugs von Kurzarbeitergeld erstattet hatte, die zu einem staatsanwaltschaftlichen Ermittlungsverfahren geführt hatte. Wie dessen Ergebnis war, wird nicht mitgeteilt; auch waren die innerbetrieblichen Verhältnisse so geartet, dass »Abhilfe« schwerlich zu erwarten war. Allein die Erwartung, dass der Arbeitnehmer auch in Zukunft bei Konflikten außerbetriebliche Stellen einschalten würde, genügte dem Gericht als Grund für die Auflösung des Arbeitsverhältnisses. Das lässt sich schwerlich mit der sonstigen Rechtsprechung zum Whistleblowing vereinbaren.[197]

57a Etwas ungewöhnlich war die Situation einer **Offizierin** im Rang eines Oberstleutnants bei der Bundeswehr, die auf einer Dating-Plattform mit

193 LAG Rheinland-Pfalz, 21.10.2011 – 9 Sa 110/11. Dazu auch Thannheiser, CuA 1/2013, 33, 36.

194 Ähnlich der Fall ArbG Hannover, 11.8.2009 – 10 Ca 261/09, dbr Heft 8/2011, 36 (mit Anm. Däubler), wonach es gegen § 612a BGB verstößt, Personen von einer Wiedereinstellungsaktion auszunehmen, weil sie an einem Hungerstreik teilgenommen und auf diese Weise ihrer Meinung Ausdruck verliehen hatten.

195 So LAG Baden-Württemberg, 10.2.2010 – 2 Sa 59/09, K&R 2010, 287.

196 LAG Schleswig-Holstein, 20.3.2012 – 2 Sa 331/11, ZD 2012, 336.

197 Zu dieser oben Rn. 44. Kritisch auch die Anm. von Tiedemann, ZD 2012, 339.

den Worten Partner*innen gesucht hatte: »spontan, lustvoll, trans*, in einer offenen Beziehung auf der Suche nach Sex. All genders welcome.«[198] Sie erhielt von der **Bundeswehr** einen **Verweis**, da sie »Zweifel an ihrer moralischen Integrität« begründet und damit gegen die Wohlverhaltenspflicht einer Soldatin verstoßen habe. Dies wurde vom **Bundesverwaltungsgericht bestätigt.**[199] Ob dies auch vor dem Bundesverfassungsgericht Bestand hat, wird man bezweifeln können. Die Arbeitsgerichte waren insoweit sehr viel großzügiger und sahen keine Pflichtverletzung darin, dass eine Lehrerin in ihrer Freizeit einer Swingerklub mitbetrieb[200] und dass sich ein Krankenpfleger in einer Talkshow zu sadomasochistischen Praktiken bekannte.[201] Für den »Bürger in Uniform« sollte nichts anderes gelten.

4. Ausgeschiedene Arbeitnehmer

Bisweilen vollzieht sich die Trennung in wenig harmonischer Atmosphä- **58**
re, was zu »unfreundlichen« Eintragungen bei Facebook führt. Dabei verlieren die Rücksichtnahmepflichten nach § 241 Abs. 2 BGB ersichtlich an Gewicht; Gerichte sind bereit, auch recht polemische Äußerungen durchgehen zu lassen. Als Beispiel mag eine Entscheidung des ArbG Herford[202] stehen. Der ausgeschiedene Abteilungsleiter einer Internet-Firma hatte in einem Blog-Beitrag davon gesprochen, diese praktiziere »Abzock-Methoden«, es handle sich um eine »Nutzlos-Branche«, die Firma sei in ein »mafiös anmutendes Netzwerk« eingebunden. Ein weiterer Beitrag behandelte unter der Überschrift »Die Ratten verlassen das sinkende Schiff« die Versuche ehemaliger Kollegen, sich zu verändern und zu einem anderen Unternehmen zu wechseln. Das alles wurde als noch durch Art. 5 Abs. 1 GG gedeckt angesehen, da keine Beleidigung, kein Angriff gegen die Menschenwürde und auch keine Schmähkritik vorliege.[203]

---

198 Wiedergegeben nach *www.lto.de/recht/hintergruende/h/anastasia-biefang-bverwg-2-wrb-2-21trans-sexualitaet-tinder-kommentar/.*

199 BVerwG, 25.5.2022 – 2 WRB 2.21.

200 LAG Hamm, 19.1.2001 – 5 Sa 491/00, AuR 2002, 433.

201 ArbG Berlin, 7.7.1999 – 36 Ca 30545/98, BB 2000, 1042.

202 ArbG Herford, 12.11.2009 – 3 Ga 26/09.

203 Grundsätzlich zustimmend Krieg, jurisPR-ITR 6/2010 Anm. 4. Heftige Angriffe auf ein Unternehmen auch im Fall BGH, 16.12.2014 – VI ZR 39/14, NJW 2015, 196 = K&R 2015, 196, die aber noch von Art. 5 Abs. 1 GG gedeckt waren.

5. Streit um die virtuelle Unternehmenszugehörigkeit

59 Ausgeschiedene Arbeitnehmer lassen häufig die in Netzwerken wie Xing oder LinkedIn auf ihrem Profil angegebene **Unternehmenszugehörigkeit unverändert.** Sie verbessern damit ihre Bewerbungschancen, weil sie den Eindruck erwecken, weiter in ungekündigter Stellung zu sein.[204] Das ist nicht nur eine Täuschung aller potenziellen Einstellungsinteressenten, sondern bringt auch gravierende **Nachteile für den bisherigen Arbeitgeber**: Er riskiert vor allem bei leitenden Angestellten, dass sich Kunden und potenzielle Kunden weiter an den ausgeschiedenen Arbeitnehmer wenden und so ggf. in andere Kanäle »umgeleitet« werden. Auch muss er sich rechtswidrige Verhaltensweisen ggf. nach § 8 Abs. 2 UWG zurechnen lassen.[205] Ihm wird deshalb zu Recht ein **Anspruch auf Berichtigung des Eintrags** und damit auf Beendigung der virtuellen Unternehmenszugehörigkeit nach § 241 Abs. 2 BGB zugesprochen, der auch im Wege der einstweiligen Verfügung durchgesetzt werden kann. Eine **Ausnahme** gilt nur dann, wenn ein **Kündigungsschutzverfahren anhängig** ist und die Kündigung offensichtlich rechtswidrig ist oder ein Arbeitsgericht zugunsten des Arbeitnehmers entschieden hat und deshalb ein Weiterbeschäftigungsanspruch besteht.[206]

6. Streit um das Verbleiben von Aussagen im Netz

60 Meinungsverschiedenheiten haben sich weiter bei der Frage ergeben, ob Facebook oder ein anderes soziales Netzwerk befugt ist, eine Meinungsäußerung zu entfernen, die sich im Rahmen des Art. 5 Abs. 1 GG bewegt, weil dies möglicherweise Auseinandersetzungen mit Dritten vermeidet. Das OLG München[207] hat betont, dass dies nicht zulässig sei, soweit sich die **Äußerung im Rahmen der Meinungsfreiheit** des Art. 5 Abs. 1 GG bewege. Insoweit würden Grundrechte Drittwirkung entfalten,[208] was voraussetzt, dass es sich um ein Forum von erheblicher Bedeutung handelt, das im Grundsatz jedermann den Zugang eröffnet.[209] Eine Parallele lässt

---

204 Näher Elking/Fürsen, NZA 2014, 1111.

205 Auf weitere Nachteile verweisen Elking/Fürsen, NZA 2014, 1112.

206 Ebenso Elking/Fürsen, NZA 2014, 1111, 1115. Zur »spiegelbildlichen« Problematik, dass der ausgeschiedene Arbeitnehmer die Entfernung seines Fotos aus der Website seines früheren Arbeitgebers verlangt, siehe unten § 7 Rn. 61 ff.

207 OLG München, 14.8.2018 – 18 W 1294/18, NJW 2018, 3115.

208 So auch eingehend Raue, JZ 2018, 961 ff.

209 Bezugsgröße ist insoweit BVerfG, 11.4.2018 – 1 BvR 3080/09, JZ 2018, 930, wonach ein Stadionverbot wegen Art. 3 Abs. 1 GG nur aus sachlichem Grund verhängt werden darf.

sich insoweit zum **Kontrahierungszwang** ziehen, der jedenfalls dort besteht, wo jemand auf eine Leistung angewiesen ist und die andere Seite über ein Angebotsmonopol oder eine vergleichbare Stellung verfügt.[210] Das **BVerfG** hat die Frage bisher dahinstehen lassen, ob soziale Netzwerke effektiv diesen Grundsätzen unterliegen, die **Sperrung des Facebook-Accounts** einer politischen Partei vor den Europawahlen aber ausdrücklich aufgehoben.[211] Der **BGH** hat in zwei neueren Entscheidungen[212] eine **Kompromisslinie** vorgezeichnet: Das soziale Netzwerk könne allen Usern in seinen AGB bestimmte Kommunikationsstandards vorgeben, und zwar auch solche, die über die gesetzlichen Vorgaben (»keine Beleidigung«) hinausgehen. Bei Zuwiderhandlungen könne auch eine Löschung von Beiträgen und im Einzelfall sogar eine Deaktivierung des Accounts vorgesehen werden. Allerdings müssten mit Rücksicht auf die Meinungsfreiheit und den Gleichbehandlungsgrundsatz der User bestimmte **prozessuale Sicherungen** vorgesehen werden: Der Betroffene muss von einer Löschung und ihren Gründen unverzüglich informiert, eine Deaktivierung muss ihm vorher angekündigt werden. Ihm steht dann die Möglichkeit einer Gegendarstellung zu, an die sich eine Neubescheidung anschließen muss, die ggf. den entfernten Beitrag wieder zugänglich macht oder die Deaktivierung aufhebt. Das bringt für den Betroffenen relativ wenig Schutz, zumal unklar bleibt, welchen Anforderungen die Kommunikationsstandards genügen müssen. Dass auf alle Fälle ein »sachlicher Grund« vorliegen muss, bringt keinen genügenden Schutz.

Erfolgt eine unberechtigte Löschung einer Äußerung oder die Deakti- **60a**
vierung des Accounts, so soll dies nach Auffassung des OLG Dresden[213] keinerlei Konsequenzen haben – eine wenig überzeugende Lösung, die die Netzwerke stärkt und den Bürger schwächt und die überdies nicht mit Art. 82 DSGVO vereinbar ist.

7. Veröffentlichung von Betriebsinterna

Erhebliche Aufmerksamkeit hat eine Entscheidung des LAG Berlin- **61**
Brandenburg erfahren, wonach die Veröffentlichung von **Patientenfotos** durch eine Krankenschwester auf Facebook ein schwerwiegender Pflicht-

---

210 Dazu Däubler, BGB kompakt, Kap. 11 Rn. 118ff.; Grüneberg-Ellenberger, vor § 145 Rn. 8f.

211 BVerfG, 22.5.2019 – 1 BvQ 42/19, ZD 2019, 362. Zur Problematik siehe auch Friehe, NJW 2020, 1697ff.

212 BGH, 29.7.2021 – III ZR 179/20, NJW 2021, 3179; 29.7.2021 – III ZR 192/20, juris.

213 OLG Dresden, 11.6.2019 – 4 U 760/19, ZD 2019, 567.

verstoß sei.[214] Im konkreten Fall scheiterte die Kündigung aber daran, dass es sich um einen neu geborenen Säugling handelte, dessen Gesichtszüge wenig ausgeprägt waren, was eine Individualisierung schon kurze Zeit später nicht mehr möglich machte. Außerdem wurde der Patient nicht verächtlich gemacht und die Schwester hatte auch keine unlauteren Ziele verfolgt.[215] Dass es überhaupt zu einer so scharfen Reaktion wie einer Kündigung kam, zeigt jedoch, dass dem Persönlichkeitsrecht von Patienten ein hoher Stellenwert zugemessen wird. Ähnlich sorgsam sollte der Umgang mit **Betriebs- und Geschäftsgeheimnissen** sein; auch Fakten, die insoweit nur für Kundige Rückschlüsse zulassen, sollten nicht »gepostet« werden.

---

214 LAG Berlin-Brandenburg, 11.4.2014 – 17 Sa 2200/13, NZA-RR 2014, 468 = ZD 2014, 481.

215 Zustimmend auch Kaumanns/Böhm, K&R 2015, 18, 19; Keber, RDV 2014, 190, 195; Kramer-Kramer, Teil B Rn. 358.

§ 5 Entgrenzte Arbeit – Arbeitszeitrecht als Flexibilisierungsgrenze?

I. Zum Status quo

Arbeit in der mehr und mehr **digitalisierten Welt verlangt** von allen Beteiligten **Schnelligkeit** und von Unternehmen vor allem die Fähigkeit, als erste mit Neuentwicklungen auf dem Markt zu sein. Das hat zur Folge, dass – so wurde schon vor längerer Zeit berichtet – in bestimmten Phasen Wochenarbeitszeiten von 100 Stunden auftreten.[1] Dass das ArbZG nur 60 Wochenstunden zulässt, scheint in diesem Zusammenhang kaum eine Rolle zu spielen. Das gilt erst recht für die sehr viel häufigeren Fälle, in **denen kontinuierlich 50 bis 60 Wochenstunden** gearbeitet wird.[2] Dazu kommt, dass die Ruhezeiten von elf Stunden immer häufiger durchbrochen werden: Erhält ein Arbeitnehmer abends um 21:00 Uhr einen Anruf, er möge für die Sitzung am nächsten Morgen um 8:30 Uhr eine PowerPoint-Präsentation vorbereiten, wird er dies selbstredend tun. Auch wenn er erst um 23:00 Uhr fertig ist und deshalb nicht vor 10:00 Uhr am nächsten Vormittag weiterarbeiten darf – er wird bei der Sitzung um 8:30 Uhr »auf der Matte stehen«. Wie an anderer Stelle[3] im Einzelnen geschildert, **verschwimmt** die **Trennung zwischen Arbeitsplatz und Wohnung** und zwischen Arbeit und Freizeit immer mehr; es tritt eine »Entgrenzung« ein. Ein Arbeitnehmer, der jederzeit erreichbar ist, ist faktisch immer »im Dienst«. Bei digitaler Arbeit bedeutet »Erreichbarkeit«, dass man nicht nur durch einen Anruf ggf. in anderen Aktivitäten gestört wird, sondern dass man nicht selten **sofort mit der Arbeit beginnen** muss. Das kann im 1

1 Klotz, CF 1/2000, 12.

2 § 3 ArbZG verlangt, dass im Durchschnitt von sechs Monaten nicht mehr als 48 Stunden pro Woche gearbeitet wird. In einzelnen Wochen kann dabei bis sechs mal zehn (= 60 Stunden) gegangen werden, sofern in anderen Wochen entsprechend weniger gearbeitet wird.

3 Däubler, SR 2014, 45 ff. Ähnlich Arnold/Günther-Arnold/Winzer, § 3 Rn. 3; Krause, NZA 2016, 1004 f.; Sassenberg/Faber-Neighbour, Teil 2 G Rn. 42; Wiebauer, NZA 2016, 1430.

Einzelfall ausdrücklich angeordnet oder »nahegelegt« werden. Denkbar ist aber auch, dass sich der Arbeitnehmer aus eigenem Antrieb sogleich an die Arbeit macht, weil er sonst am folgenden Tag nicht alles erledigen kann oder weil er sich mit der Arbeit inhaltlich so stark identifiziert, dass er sie auf der Stelle angehen möchte.[4] Insgesamt ist der Befund eindeutig: Das bestehende arbeitsrechtliche Normengefüge gerät unter Druck.[5]

2 Im Folgenden soll in Erinnerung gerufen werden, inwieweit das **ArbZG** einer Inanspruchnahme des Arbeitnehmers **Grenzen setzt.** Da vom Einzelnen schwerlich erwartet werden kann, dass er – von Extremfällen abgesehen – zu einem Auftrag einfach »nein« sagt, sollen die Einflussmöglichkeiten des Betriebsrats mit in die Betrachtung einbezogen werden. Dabei ist in der Praxis auch auf die vollständige Erfassung der Arbeitszeit Wert zu legen.[6] Anschließend soll es um die Frage gehen, ob das ArbZG noch stärker zu flexibilisieren ist, damit sich Recht und Realität im Arbeitsleben wieder stärker decken. Es folgen Überlegungen zu dem Problem, wie man die Arbeitsmenge begrenzen kann, wenn und soweit das Arbeitszeitrecht diese Aufgabe nicht mehr erfüllt.

II. Die Dauer der Arbeitszeit und ihre Begrenzung durch das ArbZG

1. Vertrauensarbeitszeit

3 Verbreitet ist im hier interessierenden Bereich die sog. Vertrauensarbeitszeit: Der Arbeitnehmer kann selbst bestimmen, wann und wie lange er arbeitet. Er muss jedoch eine bestimmte inhaltliche Aufgabe bewältigen, z. B. eine Projektskizze oder einen Konstruktionsplan bis zu einem bestimmten Termin fertigstellen. Nicht mehr durch Arbeitszeit, sondern **durch** die zu erreichenden **Ziele** wird die **Arbeit gesteuert.**

4 Das Arbeitszeitrecht gilt auch hier.[7] Die vor der Verabschiedung des ArbZG durchaus vorhandene Vorstellung, Personen vom gesetzlichen Schutz auszunehmen, die über Lage und Dauer ihrer Arbeitszeit selbst

---

4 Schwemmle/Wedde (S. 73) sprechen von der »generation apple« und betonen zu Recht, traditionell Arbeitende müssten vor Druck und Ausgrenzung geschützt werden.

5 Oetker, JZ 2016, 817. Siehe auch Jacobs, NZA 2016, 733.

6 Schulze/Hofer, AiB 7–8/2016, 29.

7 Ebenso Kramer-Kramer, Teil B Rn. 966.

entscheiden können, ist nicht Gesetz geworden.[8] Das BAG hat deshalb mit Recht den Grundsatz aufgestellt, der Arbeitgeber müsse seinen **Betrieb so organisieren, dass** der **Betriebsrat jederzeit** die Einhaltung der Arbeitszeit-Tarifverträge und des ArbZG **kontrollieren** könne.[9] Nach der ausdrücklichen Vorschrift des § 16 Abs. 2 ArbZG muss er zudem jede Überschreitung des 8-Stunden-Tags dokumentieren. Das gilt auch für mobile und digitale Arbeit, wobei sich der Arbeitgeber insoweit weitgehend auf die Angaben des Arbeitnehmers verlassen muss. Will er sich nicht dem Risiko aussetzen, wegen einer Ordnungswidrigkeit ein Bußgeld bezahlen zu müssen, muss er die Angaben des Arbeitnehmers auf Plausibilität überprüfen[10] und gelegentlich Stichproben vornehmen.[11] Daneben ist er ohne Rücksicht auf arbeitsvertragliche Abmachungen gehalten, Beginn und Ende der täglichen Arbeitszeit des einzelnen Arbeitnehmers zu erfassen: Nur wenn diese Angaben verfügbar sind, kann der Betriebsrat kontrollieren, ob die tariflichen Arbeitszeitgrenzen gewahrt sind, die 48-Stunden-Woche des ArbZG nicht überschritten ist und die Ruhezeit von elf Stunden nach § 5 ArbZG eingehalten wurde.[12]

2. Arbeit außerhalb der regulären Arbeitszeit

Besteht wie in der Regel eine vereinbarte Arbeitszeit, stellt sich anders als 5
bei der Vertrauensarbeitszeit das Problem, ob eine außerhalb dieses Zeitraums erbrachte Tätigkeit als »**Arbeit**« **im Sinne des ArbZG** qualifiziert werden kann. Kein Zweifel besteht dann, wenn der **Arbeitgeber** eine entsprechende Weisung oder »Empfehlung« abgegeben hat[13] oder wenn er den Arbeitnehmer mit einer **Erwartung** konfrontiert, die nur dann erfüllt werden kann, wenn der Arbeitnehmer »die halbe Nacht« durcharbeitet. Zweifel können dann entstehen, wenn der **Arbeitnehmer aus eigenem Entschluss** z. B. spät abends oder am Wochenende Arbeit erledigt. Auch dann liegt allerdings eine fremdnützige Tätigkeit vor, die im empirischen Normalfall **vom Arbeitgeber** auch **angenommen** und damit als Vertrags-

8 Nachweise bei Krause, 71. DJT, B 34.
9 BAG, 6.5.2003 – 1 ABR 13/02, NZA 2003, 1348.
10 Für Abschaffung des Ordnungswidrigkeitstatbestands bei fehlender Dokumentation dagegen vbw, Moderne Arbeitswelt, S. 10.
11 Grimm/Singraven-Grimm/Singraven, § 3 Rn. 3.9
12 BAG, 6.5.2003 – 1 ABR 13/02, NZA 2003, 1348. Im gleichen Sinne Sassenberg/Faber-Neighbour, Teil 2 G Rn. 54f.; Wiebauer, NZA 2016, 1430, 1433.
13 Auch die bloße Duldung genügt: Kramer-Kramer, Teil B Rn. 978.

erfüllung »genehmigt« wird.[14] Würde man anders entscheiden, ließe sich das ArbZG leicht umgehen, indem ein Teil der Arbeit zur »Freizeittätigkeit« gemacht wird, obwohl sie nicht weniger belastend ist als die während der normalen Arbeitszeit erbrachte.[15] Nur dann, wenn der Arbeitnehmer in seiner Freizeit seinem Vorgesetzten oder einem Arbeitskollegen eine Gefälligkeit erweist oder wenn er sich aus Neugierde seine E-Mails anschaut, um den ihn interessierenden Stand einer bestimmten Angelegenheit zu kennen, liegt keine Arbeit vor.[16] Dasselbe gilt, wenn der Arbeitgeber Arbeit in der Freizeit oder in bestimmten Freizeitphasen ausdrücklich verboten hat[17] und die zu erledigende Arbeitsmenge während der normalen Arbeitszeit zu bewältigen ist.[18]

3. Bezahlung von Überstunden

6 Mittelbar kann auch die Rechtsprechung des BAG zur Bezahlung von Überstunden einen Beitrag dazu leisten, dass die Arbeitszeit nicht ins Uferlose wächst und dass der Einzelne auch in Zukunft weiß, was im Einzelnen auf ihn zukommt. Eine arbeitsvertragliche Klausel, wonach alle Überstunden durch das vereinbarte Bruttogehalt **abgegolten** seien, bezieht sich **nicht** auf solche **Zeiten, die über das** nach **ArbZG** Zulässige **hinausgehen.**[19] Insoweit muss der Arbeitgeber eine zusätzliche Vergütung bezahlen, da das ArbZG nur eine Überforderung vermeiden, nicht aber den Vergütungsanspruch ausschließen will;[20] die Rechtsfolgen sind vom Verbotszweck her zu bestimmen.

7 Auch die **Pauschalierung** als solche (»erforderliche Überstunden sind mit dem Monatsgehalt abgegolten«) lässt sich nach einer späteren Entscheidung **nicht mehr aufrechterhalten,** wenn die Zahl der voraussichtlich abzuleistenden Zusatzstunden unklar bleibt; insoweit fehlt es an der

---

14 Wie hier Krause, NZA 2016, 1004, 1005; Wiebauer, NZA 2016, 1430, 1433; auf »Duldung« durch den Arbeitgeber stellt Sassenberg/Faber-Neighbour, Teil 2 G, Rn. 44 ab. Anders Kramer-Kramer, Teil B Rn. 974: Er geht von der These aus, eine ohne Kenntnis des Arbeitgebers erbrachte Arbeitsleistung habe keine Erfüllungswirkung und zähle deshalb auch im ArbZG nicht mit. Der in der Entgegennahme des Arbeitsergebnisses liegenden Genehmigung durch den Arbeitgeber wird keine Bedeutung beigemessen.

15 Karthaus, AuR 2017, 154.

16 So auch Krause, 71. DJT, B 36; ähnlich Freyler, NZA 2017, 1297.

17 Jacobs, NZA 2016, 733, 735.

18 Ist diese Voraussetzung nicht erfüllt, wäre die Weisung, in der Freizeit nicht zu arbeiten, widersprüchlich und deshalb unwirksam.

19 BAG, 28.9.2005 – 5 AZR 52/05, NZA 2006, 149.

20 BAG, 28.9.2005 – 5 AZR 52/05, NZA 2006, 149 OS 2.

durch § 307 Abs. 1 Satz 2 BGB geforderten Transparenz.[21] An die Stelle der unwirksamen Klausel tritt die gesetzliche Regelung des § 612 Abs. 1 BGB. Danach ist eine Vergütung geschuldet, wenn »die Dienstleistung den Umständen nach nur gegen eine Vergütung zu erwarten ist.« An der **Vergütungserwartung des Arbeitnehmers** fehlt es allerdings (und dieser geht im Ergebnis leer aus), wenn es sich um einen überdurchschnittlich bezahlten angestellten Rechtsanwalt handelt, der mit der Möglichkeit seiner Übernahme als Partner rechnet.[22] Auch die Überschreitung der Beitragsbemessungsgrenze in der Rentenversicherung soll im Regelfall die Vergütungserwartung entfallen lassen,[23] eine sehr weitgehende Auffassung, die im Grunde alle Führungskräfte aus der speziellen Vergütungspflicht des Arbeitgebers ausnimmt und die die Unwirksamkeit der Pauschalierungsabrede wirtschaftlich uninteressant werden lässt. Auch wenn man dies notgedrungen akzeptiert, bleiben zahlreiche Fälle, in denen eine **Überschreitung der** vereinbarten **Arbeitszeit** für den Arbeitgeber mit **erheblichen finanziellen Belastungen** verbunden ist.

4. Erreichbarkeit als Rufbereitschaft oder als Bereitschaftsdienst?

Sehr viel unklarer ist die rechtliche Situation in Bezug auf die Frage, wie 8
die jederzeitige Erreichbarkeit arbeitszeitrechtlich zu qualifizieren ist. Nach traditioneller Auffassung liegt **Bereitschaftsdienst** (und damit Arbeitszeit im Sinne des ArbZG) vor, wenn sich der Arbeitnehmer am Arbeitsplatz oder in seiner Nähe aufhalten muss, um bei Bedarf sofort mit der Arbeit zu beginnen.[24] Von **Rufbereitschaft** (die nicht zur Arbeitszeit zählt) ist dagegen dann die Rede, wenn der Arbeitnehmer seinen Aufenthaltsort im Prinzip frei wählen kann, jedoch erreichbar sein muss, um nach einer entsprechenden (meist telefonischen) Mitteilung binnen angemessener Zeit mit der Arbeit beginnen zu können.[25] Würde der Arbeitgeber den Zeitraum bis zum Arbeitsbeginn sehr knapp bemessen, beispielsweise eine Präsenz innerhalb von 20 Minuten verlangen, wäre die freie Wahl des Aufenthaltsorts weitgehend entwertet, sodass nach der bisherigen Rechtsprechung Bereitschaftsdienst und keine Rufbereitschaft

---

21 BAG, 1.9.2010 – 5 AZR 517/09, NZA 2011, 575. Ebenso BAG, 26.6.2019 – 5 AZR 452/18, NZA 2019, 1361. Zu den Konsequenzen der Nicht-Dokumentation für die Beweislast siehe Heuschmid, NJW 2019, 1854.

22 BAG, 17.8.2011 – 5 AZR 406/10, NZA 2011, 1335.

23 BAG, 22.2.2012 – 5 AZR 765/10, NZA 2012, 861.

24 Vgl. Buschmann/Ulber-Buschmann, § 2 Rn. 28.

25 Anzinger/Koberski, ArbZG, § 2 Rn. 53.

mehr vorliegen würde.[26] Umgekehrt stellt ein **Zeitraum von 45 Minuten** die Annahme einer bloßen Rufbereitschaft nicht in Frage.[27]

8a Nach der **neuesten Rechtsprechung des EuGH** zur Arbeitszeitrichtlinie, die für die Auslegung des Begriffs »Arbeitszeit« im Sinne des ArbZG maßgebend ist, ist der **Zeitraum** zwischen der Aufforderung zur Arbeit und dem tatsächlichen Arbeitsbeginn nur noch ein **wesentliches Indiz** dafür, ob »Arbeitszeit« oder »Ruhezeit« vorliegt.[28] Maßgebend ist vielmehr eine Gesamtbeurteilung aller Umstände des Einzelfalls, zu denen auch die Häufigkeit und Dauer der Einsätze gehören. Nach ihnen bestimmt sich, ob der Arbeitnehmer seine Zeit frei gestalten und sich seinen eigenen Interessen widmen kann oder ob diese Möglichkeit »erheblich beeinträchtigt« ist. So ist es durchaus denkbar, dass »Arbeitszeit« vorliegt, wenn der Einsatzort in rund einer Stunde erreichbar ist,[29] aber auch, dass »Ruhezeit« vorliegt, wenn der Einsatzort innerhalb von 20 Minuten zu erreichen wäre.[30] Damit wird ein relativ hohes Maß an Rechtsunsicherheit geschaffen.[31] In der Praxis wird der vereinbarte **Zeitraum bis zum** tatsächlichen **Arbeitsbeginn weiterhin** das **ausschlaggebende Kriterium** sein, da es die Möglichkeiten der Freizeitgestaltung entscheidend prägt.[32] In diesem Sinne hat nunmehr auch das BAG entschieden.[33]

8b Wird lediglich »erwartet«, dass der Arbeitnehmer während eines bestimmten Zeitraums erreichbar ist und bei Bedarf einen Arbeitsauftrag erledigt, ist dies nicht anders als eine ausdrückliche Abmachung zu behandeln, wenn derartigen »Erwartungen« im Betrieb üblicherweise Rechnung getragen wird.[34] Entsprechend verfährt die Rechtsprechung bei **Schichtplänen**, bei denen der Einzelne einen konkreten Einsatz ab-

---

26 BAG, 31.1.2002 – 6 AZR 214/00, ZTR 2002, 432 = NZA 2002, 871.

27 BAG, 22.1.2004 – 6 AZR 544/02, ZTR 2005, 27.

28 EuGH, 9.2.2021 – C-344/19, NZA 2021, 485; 9.3.2021 – C-580/19, NZA 2021, 489.

29 So im Fall EuGH, 9.3.2021 – C-344/19, NZA 2021, 485

30 So im Fall EuGH, 9.3.2021 – C-580/19, NZA 2021, 489. Zum Fall eines Reserve-Feuerwehrmannes, der innerhalb von 10 Minuten seine Dienstwache erreichen muss, siehe EuGH, 11.11.2021 – C-214/20, NZA 2021, 1699.

31 Kritisch auch Eylert/Meyer, NZA 2022, 225, 232.

32 So auch Bayreuther NZA 2021, 745f. Siehe als Beispiel EuGH, 21.2.2018 – C-516/15, NZA 2018, 293 – Matzak, wo »Arbeitszeit« vorlag, weil ein Feuerwehrmann binnen acht Minuten einem »Abruf« folgen musste.

33 BAG, 27.7.2021 – 9 AZR 448/20, NZA 2021, 1702.

34 Dies gegen Bissels/Domke/Wisskirchen, DB 2010, 2052, die weder Bereitschaftsdienst noch Rufbereitschaft annehmen. Ähnlich Kramer-Kramer, Teil B Rn. 982. Wie hier Jacobs, NZA 2016, 733, 735; Krause, NZA 2016, 1004, 1005; Schuchart, AuR 2017, 342.

lehnen kann, aber bei dem erwartet wird, dass er dies in aller Regel nicht tut: Der Schichtplan hat die Bedeutung einer quasi-verbindlichen Vorgabe.[35]

Probleme ergeben sich dann, wenn der Arbeitsnehmer seinen Aufent- 9
haltsort zwar völlig frei wählen kann, gleichzeitig jedoch erreichbar *und* in der Lage sein muss, **sofort mit der Arbeit zu beginnen** – was eine realistische Annahme darstellt, wenn es sich um eine Tätigkeit im Internet handelt. Eine allgemein akzeptierte Lösung ist nicht in Sicht, weil die traditionelle Unterscheidung zwischen Bereitschaftsdienst und Rufbereitschaft an einem festen Arbeitsort anknüpft, der hier nicht mehr gegeben ist.[36] Soweit keine ausdrückliche tarifliche Regelung vorliegt, muss man nach dem Zweck der Unterscheidung fragen: Wer damit rechnen muss, sofort mit der Arbeit zu beginnen, ist stärker beansprucht als jemand, der erst nach einer Stunde tätig werden muss. Das spricht dafür, im ersten Falle Bereitschaftsdienst, im zweiten Rufbereitschaft anzunehmen.[37]

Entscheidet man sich in einer konkreten Konstellation für die erste Alter- 10
native (was in der Praxis schwierig sein wird, da telefonisch übermittelte Wünsche häufig keine so exakten Zeitvorgaben enthalten werden), führt dies zu einer enormen Verlängerung der Arbeitszeit. Im Durchschnitt könnten – eine 40-Stunden-Woche zugrunde gelegt – **nur acht Stunden** pro Woche **als Bereitschaftsdienst** verplant werden, es sei denn, man würde von den tariflichen Verlängerungsmöglichkeiten nach § 7 ArbZG Gebrauch machen. **Vermutlich** wird die Rechtsprechung **Rufbereitschaft** annehmen, um die Betriebe nicht in ernsthafte Schwierigkeiten zu bringen. Allerdings stellt sich dann das Problem, inwieweit diese bestimmten zeitlichen Grenzen unterliegt, obwohl sie im ArbZG an keiner Stelle erwähnt ist.[38] Eine Ausnahme, d. h. Bereitschaftsdienst, wird voraussichtlich nur angenommen, wenn im konkreten Fall ausdrücklich auf einen sofortigen Arbeitsbeginn Wert gelegt wird. Ist dies der Fall, kann der Betriebsrat auf Einhaltung des ArbZG dringen.

Das **BAG** hat zum früheren § 15 Abs. 6b BAT entschieden, dass Rufbereit- 11
schaft vorliege, wenn jemand ein »Funktelefon« in der Freizeit mitführen und nach einem Anruf über dieses Gerät Anordnungen treffen müsse.[39] Das Gericht hat dabei aber nicht geprüft, ob evtl. Bereitschaftsdienst vor-

---

35 BAG, 30.11.1994 – 5 AZR 704/03, NZA 1995, 622, 624.

36 Ist dies ausnahmsweise anders, weil der Arbeitnehmer im Homeoffice bleiben muss, liegt ggf. Bereitschaftsdienst vor: Kramer-Kramer, Teil B Rn. 985.

37 Anders Krause, 71. DJT, B 38; Kramer-Kramer, Teil B Rn. 983.

38 Dazu sogleich Rn. 12.

39 BAG, 29.6.2000 – 6 AZR 900/98, DB 2001, 102.

liegen könnte, da ein Anruf ja sofortige Aktivitäten auslösen sollte (und ausgelöst hat). Insoweit ist die **Frage nicht definitiv entschieden**.

11a Die EU-Richtlinie zur Arbeitszeit enthält keine Aussagen über die **Vergütung;** sie zu bestimmen, bleibt Sache der Mitgliedstaaten. Die Richtlinie steht deshalb auch einer **Differenzierung zwischen »Vollarbeit« und »Bereitschaftsdienst«** nicht entgegen.[40] Diese muss aber extra vereinbart werden und tritt nicht etwa automatisch ein.[41] Ob auch (echte) **Rufbereitschaft zu vergüten** ist, scheint nicht definitiv geklärt. Da es sich um eine »Leistung« handelt, dürfte im Regelfall eine Vergütungserwartung i. S. v. § 612 Abs. 1 BGB bestehen. Was die Höhe betrifft, so ist nach § 612 Abs. 2 BGB auf das übliche Maß abzustellen, so dass erheblich weniger als für Vollarbeit geschuldet ist. Ist das Vorliegen von Rufbereitschaft und Bereitschaftsdienst **tariflich geregelt** und wird tarifwidrig (nur) Rufbereitschaft angeordnet, so kann auch nur die dafür vorgesehene Vergütung verlangt werden,[42] was nicht zu überzeugen vermag. Die tarifliche Regelung bezieht sich im Übrigen nur auf die Vergütung; an der arbeitszeitrechtlichen Qualifizierung kann sie nichts ändern. Interesse verdient eine tarifliche Regelung, die einen **»Verspätungszuschlag«** zum Entgelt für Bereitschaftsdienste und Rufbereitschaften vorsieht, wenn der Dienstplan nicht mindestens einen Monat vor Beginn der von der Planung erfassten Periode vorlag.[43]

5. Grenzenlose Rufbereitschaft?

12 Die Rufbereitschaft hat im ArbZG keine Erwähnung gefunden und ist deshalb auch keinen Höchstgrenzen unterworfen. Sie in der gesamten arbeitsfreien Zeit zuzulassen, stößt gleichwohl auf Einwände. Das Wissen, man könne jederzeit angerufen und unter Wahrung eines bestimmten zeitlichen Abstands zur Arbeit verpflichtet sein, kann faktisch zu einer erheblichen Belastung des Arbeitnehmers führen, die ein »Abschalten« und den damit verbundenen Erholungseffekt mindert oder aufhebt.[44] Das **BAG** hat deshalb zu Recht **im Bereich des Mitbestimmungsrechts** nach § 87 Abs. 1 Nr. 2 BetrVG die **Rufbereitschaft zur Arbeitszeit gezählt** und ihren Umfang wie ihre zeitliche Lage in das Mitbestimmungs-

40 EuGH, 9.3.2021 – C-344/19, NZA 2021, 485, 489 (Tz. 58).
41 Bayreuther, NZA 2021, 745, 746.
42 BAG, 25.3.2021 – 6 AZR 264/20, NZA 2021, 1048.
43 LAG Baden-Württemberg, 2.2.2022 – 19 Sa 62/21, NZA-RR 2022, 254.
44 Kohte, NZA 2015, 1417, 1423; ebenso Krause, 71. DJT, B 38.

recht einbezogen.[45] Damit soll dem Interesse der Beschäftigten an der (relativ) freien Gestaltung ihres Privatlebens Rechnung getragen werden.[46] Auch von anderen Gerichten und in anderen Zusammenhängen wurde die Rufbereitschaft als »Belastung« qualifiziert.[47] Der Betriebsrat kann daher ggf. erzwingen, dass **bestimmte Stunden** des Tages und ggf. das Wochenende **von der »Erreichbarkeit« ausgenommen** werden.[48] Ein solches **»Recht auf Unerreichbarkeit«** bedeutet – in Juristensprache übersetzt –, dass es der Arbeitgeber unterlassen muss, den Arbeitnehmer während der fraglichen Zeiträume per Telefon, Mail, SMS oder auf andere Weise zu kontaktieren.[49]

Gelingt dies nicht oder besteht im Betrieb kein Betriebsrat, stellt sich das Problem, ob es **ungeschriebene Grenzen für die Rufbereitschaft** gibt. Das scheint bisher wenig erörtert zu sein, doch hat der EuGH jüngst entschieden, dass die Rufbereitschaft nicht so lange dauern darf, dass sie eine Gefahr für die Sicherheit und Gesundheit der Arbeitnehmer darstellt.[50] Angesichts fehlender ausdrücklicher Bestimmungen im ArbZG wird man zwei Schranken bejahen können, die zu anderen vergleichbar ungeregelten Sachverhalten entwickelt wurden. **12a**

Zum einen kann in bestimmten Fällen der richterrechtlich entwickelte Grundsatz von Bedeutung sein, dass die »auf Abruf« geleistete Arbeitszeit **ein Viertel der fest vereinbarten Arbeitszeit nicht übersteigen** darf.[51] Beträgt die vereinbarte Arbeitszeit 36 Stunden, dürfen aus der Rufbereitschaft heraus nur acht zusätzliche Stunden geleistet werden. **13**

Zum anderen ist nach den **allgemeinen Grenzen** zu fragen, die dort eingreifen, wo die Regeln des ArbZG keine Anwendung finden.[52] Das be- **14**

45 BAG, 21.12.1982 – 1 ABR 14/81, AP Nr. 9 zu § 87 BetrVG 1972 Arbeitszeit; 23.1.2001 – 1 ABR 36/00, DB 2001, 1371 = PersR 2001, 350 (zur Personalvertretung).

46 DKW-Klebe, § 87 Rn. 81.

47 EuGH, 13.12.2021 – C-226/21, AuR 2022, 139: Anspruch auf Befreiung von der Rufbereitschaft darf nicht auf unbefristete Arbeitnehmer beschränkt werden, sondern muss auch befristet Beschäftigten zustehen; BAG, 27.7.2021 – 9 AZR 448/20, NZA 2021, 1702: Anspruch von Schwerbehinderten auf Freistellung von Rufbereitschaft.

48 Dem entspricht das in Frankreich vor einigen Jahren eingeführte »droit à la déconnection« – dazu Durlach/Renaud, AuR 2017, 196, das gleichfalls nur auf dem Verhandlungsweg realisiert werden kann.

49 Zur Konstruktion des Rechts auf Unerreichbarkeit siehe Waas, in: FS Preis, S. 1427ff.

50 EuGH, 9.3.2021 – C-344/19, NZA 2021, 485, 489 (Tz. 65).

51 BAG, 7.12.2005 – 5 AZR 535/04, NZA 2006, 423.

52 Dazu Däubler, in: FS Klebe, S. 89ff.

trifft einmal **leitende Angestellte**, die durch § 18 Abs. 1 Nr. 1 ArbZG aus dem ArbZG ausgeklammert sind. Für sie gilt jedoch der nicht in Frage gestellte § 618 BGB, dessen Verletzung den Arbeitgeber zum Schadensersatz verpflichtet.[53] Auch das ArbSchG bleibt anwendbar, was genau wie § 618 BGB **Arbeitszeiten ausschließt**, die **gesundheitsgefährdenden Charakter** tragen. Weiter lässt § 7 Abs. 2a ArbZG eine **tarifliche Verlängerung** der werktäglichen Arbeitszeit **über acht Stunden hinaus** zu, wenn in die Arbeitszeit regelmäßig und in erheblichem Umfang Arbeitsbereitschaft oder Bereitschaftsdienst fällt »und durch besondere Regelungen sichergestellt wird, dass die Gesundheit der Arbeitnehmer nicht gefährdet wird«. Auch in diesem Fall trägt der **Gesetzgeber** genau wie bei Leitenden seiner **Schutzpflicht** Rechnung, die aus dem **Grundrecht auf Leben und Gesundheit** nach Art. 2 Abs. 2 GG folgt.[54] Dasselbe ergibt sich aus der Richtlinie 89/391.[55] Von welchem Punkt an eine zeitlich unbegrenzte »Erreichbarkeit« bzw. Rufbereitschaft die Gesundheit gefährdet, lässt sich abstrakt nicht bestimmen. Entscheidend dürfte sein, inwieweit es effektiv zu Anrufen und nachfolgender Arbeit kommt. Geschieht dies auf der Grundlage der Erfahrungen z. B. eines Jahres nur einmal im Monat, werden sehr viel längere Erreichbarkeitszeiten hinnehmbar und zulässig sein als wenn dies bei jeder dritten »Rufbereitschaftseinheit« erfolgt. Auch macht es einen Unterschied, ob eine »Störung« mitten in der Nacht auftreten kann oder ob die Rufbereitschaft spätestens um 23:00 Uhr endet.

6. Unterbrechung der Ruhezeit nach § 5 ArbZG

15 Eine »neue« Frage ergibt sich dadurch, dass ein dienstlicher Anruf ebenso wie die sofortige Antwort auf eine dienstliche E-Mail »Arbeit« darstellt, nach deren Erledigung automatisch eine neue 11-Stunden-Ruhezeit nach § 5 ArbZG beginnt. Nach einer in der Literatur vertretenen Meinung soll dies allerdings nicht gelten, wenn es sich um eine **»geringfügige« Unterbrechung der Freizeit**[56] oder wenn es sich um eine »nicht nennenswerte Arbeitsleistung«[57] handelt. Eine gesetzliche Grundlage hierfür gibt

53 Siehe BAG, 13.3.1967 – 2 AZR 133/66, AP Nr. 15 zu § 618 BGB; 27.2.1970 – 1 AZR 258/69, AP Nr. 16 zu § 618 BGB.

54 Ebenso für die gesetzliche Einschränkung der Nachtarbeit BVerfG, 28.1.1992 – 1 BvR 1025/82 u. a., BVerfGE 85, 191 = NZA 1992, 270.

55 EuGH, 9.3.2021 – C-344/19, NZA 2021, 485, 489 (Tz. 61).

56 Baeck/Deutsch, § 5 Rn 14; ähnlich Bissels/Domke/Wisskirchen, DB 2010, 2052, 2054; Jacobs, NZA 2016, 733, 737 und Kramer-Kramer, Teil B Rn. 970: geringfügige, nicht belastende Verrichtungen.

57 Anzinger/Koberski, ArbZG, § 5 Rn. 13.

es nicht.[58] Das Gesetz bietet auch keinerlei Anhaltspunkte dafür, dass nur solche Arbeitseinsätze ausgeschlossen sind, die die Erholung fühlbar beeinträchtigen[59] – ganz abgesehen davon, dass dies schwierige Abgrenzungsprobleme aufwerfen würde.[60] Insoweit wäre der Gesetzgeber aufgefordert, eine Ausnahme vorzusehen, die gleichzeitig die Grenzen der Geringfügigkeit bestimmen müsste.

Verschiebt sich die 11-Stunden-Ruhezeit wegen einer Inanspruchnahme 16
in den Vormittag hinein und führt so zu einem **späteren Arbeitsbeginn**, stellt sich das Problem, ob die **ausfallenden Stunden vom Arbeitgeber zu bezahlen** sind. Dafür spricht § 615 Satz 3 BGB, wonach die Entgeltzahlungspflicht bei Annahmeverzug in den Fällen entsprechend gilt, in denen der Arbeitgeber das Risiko des Arbeitsausfalls trägt. Das ist hier der Fall, da er durch die Inanspruchnahme während der ursprünglichen Ruhezeit selbst die Ursache dafür gesetzt hat, dass der Arbeitnehmer erst später mit der Arbeit beginnen durfte.[61] Wenn er sogar bei Stromausfall bezahlen müsste, kann hier erst recht nichts anderes gelten. Nach früherem Recht hatte das BAG in pragmatischer Weise einen Entgeltanspruch dann verneint, wenn der Arbeitnehmer trotz des Ausfalls insgesamt nicht weniger als die vereinbarte Wochenarbeitszeit gearbeitet hatte oder wenigstens entsprechend bezahlt wurde.[62] Das ist durch den seit 1. Januar 2002 geltenden § 615 Satz 3 BGB überholt. Außerdem wäre auch nach BAG eine Entgeltzahlung dann geschuldet, wenn durch den späteren Arbeitsbeginn mehr Arbeitszeit ausfällt als Arbeit aus der Ruhezeit heraus geleistet wurde; die vereinbarte Arbeitszeit würde dann ja nicht mehr erreicht.[63]

---

58 Buschmann, PersR 2011, 249; Buschmann/Ulber, § 5 Rn. 14; Falder, NZA 2010, 1152; Hahn/Pfeiffer/Schubert-Jerchel, § 5 Rn. 15; Deinert/Heuschmid/Zwanziger-Heuschmid, § 28 Rn. 121; Kohte/Faber/Feldhoff-Reim, § 5 ArbZG Rn. 12; Schuchart, AuR 2017, 342; Wiebauer, NZA 2016, 1430, 1433; Zmarzlik, BB 1993, 2009, 2011; wohl auch ErfK-Wank, § 5 ArbZG Rn. 4. Diese Autoren werden nicht berücksichtigt bei Arnold/Günther-Arnold/Winzer, § 3 Rn. 30, die für eine Irrelevanz einer kurzfristigen Inanspruchnahme plädieren. Auf die Risiken für den Arbeitgeber verweist Besgen/Prinz-Sträßer, § 3 Rn. 57.

59 So Baeck/Deutsch, § 5 Rn. 14.

60 Richtig Kohte/Faber/Feldhoff-Reim, § 5 ArbZG Rn. 12. Wie hier Krause, NZA 2016, 1004, 1005.

61 Buschmann/Ulber, § 5 Rn. 13; HK-ArbR-Ernst/Bartl, § 5 ArbZG Rn. 8; HK-ArbSchR-Reim, § 5 ArbZG Rn. 12; Linnenkohl, BB 1982, 2053, 2054; Gitter, ZfA 1983, 375, 386; anders AR-Krauss, § 5 ArbZG Rn. 1, der es ausdrücklich billigt, dass der Gesundheitsschutz wirtschaftlich zulasten des Arbeitnehmers geht.

62 BAG, 5.7.1976 – 5 AZR 264/75, AP Nr. 10 zu § 12 AZO.

63 So auch Freyler, NZA 2017, 1296, 1299.

III. Die Lage der Arbeitszeit

1. Betriebliche Regelungen

17 Nach § 87 Abs. 1 Nr. 2 BetrVG kann der Betriebsrat über Beginn und Ende der Arbeitszeit und damit über deren Lage **mitbestimmen**. Das Gesetz verwendet hier einen weiteren Begriff der »**Arbeitszeit**«, der **auch** die **Rufbereitschaft** umfasst.[64] Rechtlich wäre also der Betriebsrat – wie schon kurz erwähnt – in der Lage, die Herausnahme bestimmter Zeiträume aus der Rufbereitschaft zu verlangen oder diese von vornherein auf bestimmte Teile der Woche zu beschränken. Dasselbe gilt erst recht für den Bereitschaftsdienst. Im Falle des Dissenses mit dem Arbeitgeber entscheidet die Einigungsstelle.

18 In vielen Betrieben gibt es eine Betriebsvereinbarung über Arbeitszeit, wonach innerhalb eines bestimmten »**Gleitzeitrahmens**«, etwa von 7:00 Uhr bis 20:00 Uhr, gearbeitet wird. Was geschieht in einem solchen Fall, wenn der Arbeitgeber um 21:00 Uhr einen Arbeitnehmer zu Hause anruft und ihn um die Vorbereitung der morgigen Sitzung bittet, was ca. zwei Stunden in Anspruch nimmt? Da diese Lage der Arbeitszeit nicht durch die Betriebsvereinbarung gedeckt ist, ist insoweit das Mitbestimmungsrecht des Betriebsrats nicht verbraucht; ohne seine Zustimmung darf **außerhalb des Gleitzeitrahmens** nicht gearbeitet werden. Geschieht es dennoch, kann der Betriebsrat beim Arbeitsgericht eine **einstweilige Verfügung** erwirken, durch die dem Arbeitgeber verboten wird, eine solche Arbeit anzuordnen oder entgegenzunehmen.[65] Das folgt auch aus der Pflicht zur Durchführung der Betriebsvereinbarung.[66] Eine Ausnahme wurde nur dann gemacht, wenn der Betriebsrat zugestimmt oder die Einigungsstelle seine Zustimmung ersetzt hatte oder wenn ein Notfall vorlag. Die Entscheidung des **ArbG Berlin** verdient Aufmerksamkeit, weil sich die Arbeiten ausschließlich über Mobiltelefone abgespielt hatten.

---

64 BAG, 21.12.1982 – 1 ABR 14/81, AP Nr. 9 zu § 87 BetrVG 1972 Arbeitszeit; DKW-Klebe, § 87 Rn. 103; Fitting, BetrVG, 27. Aufl. 2014, § 87 Rn. 127; Richardi-Richardi, 14. Aufl. 2014, § 87 Rn. 303.

65 ArbG Berlin, Beschluss v. 22.3.2012 – 54 BV 7072/11. Dazu eingehend Baunack, AiB 2012, 500ff.

66 Darauf stützte sich das ArbG Berlin sogar in erster Linie. Dazu Baunack, AiB 2012, 500.

2. Abschalten der Geräte?

Große Aufmerksamkeit hat die bei **VW** ab August 2011 praktizierte Regelung gefunden, wonach zwischen 18:15 Uhr abends und 7:00 Uhr in der Frühe und am Wochenende der **Zugriff auf den dienstlichen Server gesperrt** war und die dienstlichen Blackberrys und Smartphones nur noch zum Telefonieren benutzt werden konnten. Damit waren für insgesamt ca. 4000 Tarifbeschäftigte zu den fraglichen Zeiten Zugang zu E-Mails und Arbeiten im Internet ausgeschlossen.[67] Als Beitrag zur Work-Life-Balance fand die Regelung bei VW durchaus Akzeptanz, obwohl Kritik nahe liegt: Es kann Zeiträume geben, in denen so viel Arbeit anfällt, dass der Einzelne beim besten Willen nicht um Viertel nach Sechs den »Griffel fallen lassen« kann. Ist er dazu gezwungen, erhöht dies nur den Arbeitsdruck am folgenden Tag.[68] Bei anderen Firmen wurde deshalb der Weg gegangen, die Zeiträume der Nicht-Erreichbarkeit den **Absprachen in den Teams** zu überlassen und die Vorgesetzten zu verpflichten, dabei die Beteiligten vor Überforderung zu schützen.[69] 19

3. Beschränkte Vorgaben des ArbZG

Nur ergänzend sei darauf hingewiesen, dass auch das ArbZG die Lage der Arbeitszeit anspricht. Zwar ist die **Nachtarbeit** nur insoweit eingeschränkt, als sie bestimmten inhaltlichen Voraussetzungen entsprechen muss; ihre grundsätzliche Zulässigkeit ist im Gesetz nicht in Frage gestellt. Die **Sonntagsarbeit** ist jedoch in § 9 ArbZG grundsätzlich ausgeschlossen. Zwar wird dieses Verbot durch zahlreiche Ausnahmen durchbrochen, die in § 10 ArbZG aufgelistet sind, doch ist die »Computerarbeit« oder die »Smartphone-Arbeit« nicht dabei.[70] Die Lage der Arbeitszeit innerhalb der Wochen, Monate und Jahre wird weiter durch den Erholungsurlaub beeinflusst, der im Durchschnitt der Fälle knapp sechs Wochen pro Jahr beträgt. 20

---

67 Schilderung bei Giese, AiB 9/2014, 64.

68 Ähnlich Vogl/Nies, S. 160; siehe weiter Boewe/Schulten, Mitbestimmung 4/2014 unter Bezugnahme auf Nies und Schulze/Hofer, AiB 7–8/2016, 29. Kritisch auch Klebe, NZA Beilage 3/2017, 77, 81.

69 Giese, AiB 9/2014, 65. Eher dem VW-Modell zuneigend Schwemmle/Wedde, S. 94.

70 Zu den Zuschlägen, wenn außer der Reihe nachts oder am Sonntag gearbeitet wird, siehe Freyler, NZA 2017, 1296, 1299 (restriktiv).

IV. Arbeitsbefreiung im Urlaub

21 »Erholungsurlaub« bedeutet völlige Freistellung von der Arbeit, um dem Arbeitnehmer so die Möglichkeit zu geben, nach eigenen Vorstellungen über seine Zeit zu verfügen und das zu tun, was aus seiner Sicht am besten den eigenen Bedürfnissen entspricht.[71] Damit ist die Abmachung einer **Rufbereitschaft nicht zu vereinbaren,** ebenso wie eine vom Arbeitgeber geäußerte Erwartung, »jederzeit anrufen zu können«. Wird das eine oder das andere dennoch vorgesehen, liegt keine Urlaubsgewährung im Rechtssinne vor; da der Urlaubsanspruch nicht erfüllt wird, bleibt er erhalten.[72] Dasselbe gilt, wenn sich der Arbeitgeber das Recht vorbehält, den Arbeitnehmer aus dem Urlaub zurückzurufen.[73] Dahinter steht die Überlegung, dass der Arbeitnehmer nicht selbstbestimmt über die Verwendung seiner Freizeit bestimmen (und sich dadurch erholen) kann, wenn er damit rechnen muss, doch zur Arbeit – und sei es auch nur für kurze Zeit – herangezogen zu werden.

22 Erfolgt trotz dieser Rechtslage und ohne spezielle Abmachungen eine **arbeitsbezogene Kontaktaufnahme** seitens des Arbeitgeberunternehmens, ist zu unterscheiden: Geht es nur um ein **kurzes Gespräch** von nicht mehr als zehn Minuten, in dem z. B. der Verbleib bestimmter Dateien oder schriftlicher Unterlagen geklärt wird, bleibt dies ohne rechtliche Konsequenzen. Will der Arbeitnehmer auch dies vermeiden, steht es ihm frei, sein Handy abzuschalten, das Gespräch mit der dienstlichen Nummer nicht anzunehmen oder eine E-Mail schlicht zu ignorieren. Führt die Kontaktaufnahme zu **längeren Gesprächen**, vor allem zur **Teilnahme an einer Telefonkonferenz** oder wird eine schriftliche Stellungnahme zu einem Problem erwartet, handelt es sich um keinen »Urlaubstag« mehr; ähnlich wie bei einer Erkrankung, wo § 9 BUrlG die Nichtanrechnung auf den Urlaub ausdrücklich anordnet, kann der Erholungszweck nicht erreicht werden.[74] Erfolgt eine solche Inanspruchnahme mehr als zwei Mal hintereinander, verliert der gesamte restliche Urlaub seinen Charakter.[75]

---

71 Zum Urlaubszweck siehe Däubler, Arbeitsrecht 2, Rn. 293 ff.; Deinert/Heuschmid/Zwanziger-Litzig, § 50 Rn. 25 ff.

72 BAG, 20. 6. 2000 – 9 AZR 405/99, NZA 2001, 100 Tz. 28.; Kramer-Kramer, Teil B Rn. 997.

73 BAG, 14. 3. 2006 – 9 AZR 11/05, AP Nr. 32 zu § 7 BUrlG; ebenso Kramer-Kramer, Teil B Rn. 990.

74 Zur Problematik Buschmann, PersR 2013, 247, 250; Gaul, DB 2013, 60, 62; Krause, 71. DJT, B 57. Ähnlich wie hier Kramer-Kramer, Teil B Rn. 999 und Arnold/Günther-Arnold/Winzer, § 3 Rn. 74 ff.

75 Ebenso Krause, NZA 2017, 1004, 1006.

Auch wenn der Arbeitnehmer am Urlaubsort bleibt, muss er als Ersatz für die »verdorbene« Zeit Rest- oder Nachurlaub erhalten. Diesen kann er allerdings nicht an den bisherigen Urlaub anhängen, sondern muss sich mangels anderer Absprache zum vorgesehenen Termin wieder im Betrieb einfinden.[76] Die verbliebenen Urlaubstage sind ihm zu einem späteren Zeitpunkt zu gewähren.

Die Urlaubsgewährung ist auch dann unwirksam, wenn der Arbeitnehmer unmittelbar vor Urlaubsantritt eine komplizierte **Aufgabe** erhält, die **sofort nach Urlaubsende erledigt** sein muss. Hier verhält sich der Arbeitgeber widersprüchlich; seine Erklärungen können deshalb keine Rechtswirkungen entfalten,[77] der Urlaubsanspruch bleibt erhalten. Dasselbe Ergebnis folgt daraus, dass der Weisung nur entsprochen werden kann, wenn ein **Teil des Urlaubs geopfert** wird – der Erholungszweck wird dabei verfehlt.[78] 23

V. Vollzugsdefizite im Arbeitszeitrecht

1. Dokumentation der Arbeitszeit

Auf Vorlage eines spanischen Gerichts hat der **EuGH** am 14. Mai 2019 entschieden, die EU-Arbeitszeitrichtlinie[79] verlange, dass ein **»objektives, verlässliches und zugängliches System«** bestehe, damit die von jedem Arbeitnehmer erbrachte Arbeitszeit gemessen werden könne.[80] Nur die Überstunden zu dokumentieren, wie dies im spanischen Recht vorgeschrieben sei, genüge nicht. Der Zeugenbeweis könne für sich allein nicht als wirksames Beweismittel angesehen werden, »da die Arbeitnehmer möglicherweise zögern, gegen ihren Arbeitgeber auszusagen, weil sie befürchten, dass dieser Maßnahmen ergreift, durch die das Arbeitsverhältnis zu ihren Ungunsten beeinflusst werden könnte.«[81] Dies ist eine 23a

76 LAG Baden-Württemberg, 9.5.1974 – 6 Sa 137/73, BB 1974, 1300.
77 Dazu Däubler, BGB kompakt, 3. Aufl. 2008, Kap. 8 Rn. 49.
78 Ebenso im Ergebnis Krause, 71. DJT, B 56; Kramer-Kramer, Teil B Rn. 994.
79 RL 2003/88/EG des Europäischen Parlaments und des Rates vom 4.11.2003 über bestimmte Aspekte der Arbeitszeitgestaltung (ABl. Nr. L 299/9). Dazu die Kommentierung von Gallner, in: Franzen/Gallner/Oetker (Hrsg.), 3. Aufl. 2020.
80 EuGH (Große Kammer), 14.5.2019 – C-55/18, NZA 2019, 683.
81 EuGH, a.a.O., Tz. 55.

bemerkenswert realistische Aussage, wie sie bislang für das oberste Gericht der EU keineswegs typisch war.[82]

23b Da sich eine Richtlinie immer nur an die **Mitgliedstaaten** wendet, sind diese **verpflichtet, für ein solches System der Zeiterfassung zu sorgen**. Dieses kann ein händisches wie ein digitales sein.[83] Dabei ist aber nicht nur der Gesetzgeber zum Einschreiten verpflichtet; vielmehr müssen alle Träger öffentlicher Gewalt handeln, wozu im Rahmen ihrer Zuständigkeit auch die Gerichte gehören.[84] Diese müssen das nationale Recht richtlinienkonform auslegen. Dabei wäre daran zu denken, **§ 16 Abs. 2 ArbZG**, der eine Aufzeichnungspflicht lediglich bei Überschreitung der Acht-Stunden-Grenze vorschreibt, als **Ausdruck eines allgemeinen Prinzips** zu werten und diese Begrenzung wegfallen zu lassen.[85] Methodisch wäre dies vergleichbar mit dem bekannten Fall, dass der auf Körperschäden und Ähnliches begrenzte Schmerzensgeldanspruch nach § 847 BGB a. F. mit Rücksicht auf das vorrangige Grundgesetz auf die Verletzung des allgemeinen Persönlichkeitsrechts erstreckt und damit in gewissem Umfang generalisiert wurde.[86] Eine solche weite Auslegung könnte allerdings nicht für die Verhängung von Bußgeldern maßgebend sein.[87]

23c Der EuGH hat seine Auslegung der Arbeitszeitrichtlinie in jüngster Zeit ausdrücklich auf **Art. 31 Abs. 2 GR-Charta** gestützt,[88] wonach jeder Arbeitnehmer u. a. das Recht auf eine Begrenzung der Höchstarbeitszeit und auf tägliche und wöchentliche Ruhezeiten hat. Dies spricht entscheidend dafür, dass der einzelne Arbeitgeber auch ohne Umsetzungsakt des nationalen Gesetzgebers verpflichtet ist, ein objektives, verlässliches und zugängliches System der Arbeitszeiterfassung einzurichten.[89] Kommt er dem nicht nach, muss die Dauer der Arbeitszeit unter Berücksichtigung der Angaben des Arbeitnehmers im Streitfall vom Gericht geschätzt werden.[90]

---

82 Ob die Dokumentation der Arbeitszeit durch den Arbeitnehmer selbst diesen Anforderungen gerecht wird, ist zweifelhaft. Bejahend jedoch B. Gaul, in: FS Ingrid Schmidt, S. 739.

83 Schrader, NZA 2019, 1035, 1038.

84 EuGH, a. a. O., Tz. 68. Vgl. auch Lörcher, AuR 2019, 421.

85 Erwogen auch bei Ulber, NZA 2019, 677 und Heuschmid, NJW 2019, 1853; a. A., Reinhard, NZA 2019, 1313, 1314.

86 BGH, 14. 2. 1958 – I ZR 151/56, BGHZ 26, 349 ff. (Herrenreiter).

87 Lörcher, AuR 2019, 421.

88 EuGH, 9. 3. 2021 – C-344/19, NZA 2021, 485, 486 (Tz. 27).

89 So auch ArbG Emden, 20. 2. 2020 – 2 Ca 94/19, ZIP 2020, 1094 = AuR 2020, 335 (Ls.). In diese Richtung auch Bayreuther NZA 2021, 745, 748.

90 Brors, NZA 2020, 1685, 1689.

Können sich die Gerichte nicht zu einer solchen Lösung durchringen, so muss grundsätzlich der Gesetzgeber aktiv werden: Die Arbeitszeitrichtlinie ist insoweit nicht voll umgesetzt, ihr vom EuGH bestimmter konkreter Inhalt muss im deutschen Recht umgehend verwirklicht werden. Soweit es – wie in der **Personalvertretung** – um das öffentlich-rechtliche Verhältnis zwischen Bürger und Staat geht, ist eine **Richtlinie** mit ihrem vom EuGH bestimmten Inhalt für die Beteiligten **unmittelbar verbindlich.**[91] Die dafür notwendige inhaltliche Bestimmtheit ist durch die Entscheidung des EuGH geschaffen worden. Insoweit beschränkt sich die **Mitbestimmung** nur noch auf die **Ausgestaltung** des »objektiven, verlässlichen und zugänglichen Systems« der Arbeitszeitdokumentation. In der Privatwirtschaft, d. h. im Verhältnis zwischen Geschäftsleitung und Betriebsrat ist dies anders, doch liegt es zumindest nahe, sich auch hier an den Vorgaben des EuGH zu orientieren.[92] Täte man es nicht, würde man riskieren, dass eine Betriebsvereinbarung als rechtswidrig und unwirksam betrachtet würde, weil Arbeitgeber und Betriebsrat gemeinsam ja eine »Rechtssetzungsinstanz« sind, die – ähnlich wie die Gerichte – das Unionsrecht zu beachten hat. 23d

2. Kontrolle durch die Arbeitsaufsicht

Treten im Betrieb Verstöße gegen das ArbZG zutage, kann der Betriebsrat nach § 89 Abs. 1 Satz 2 BetrVG die **zuständige Behörde** einschalten. Ob er ihr in diesem Rahmen auch personenbezogene Daten übermitteln darf, ist nicht abschließend geklärt. Das BAG nimmt dies nur dann an, wenn der Betriebsrat oder die Behörde ein berechtigtes Interesse an der Kenntnis der Daten hat und schutzwürdige Interessen der betroffenen Arbeitnehmer nicht entgegenstehen.[93] Andere verweisen darauf, diese datenschutzrechtlichen Bedenken seien europarechtlich überholt, da der **EuGH** eine **Datenübermittlung gebilligt** habe, die die Aufsichtsbehörde in die Lage versetze, die Einhaltung von arbeitszeitrechtlichen Vorschriften zu kontrollieren.[94] Legt man letzteres zugrunde, könnte die Behörde 24

91 Grundlegend EuGH, 9. 3. 1978 – Rs. 106/77, NJW 1978, 1741 (Simmenthal); aus neuerer Zeit EuGH, 7. 3. 1996 – C-192/94, NJW 1996, 141 (El Corte Inglés).

92 Für eine entsprechende Pflicht Brors, NZA 2019, 1176, 1180: Der Betriebsrat kann für die »Ausfüllung« von seinem Initiativrecht Gebrauch machen. Für eine Bindung der Einigungsstelle Lörcher, AuR 2019, 422. Zum Initiativrecht des Betriebsrats im Rahmen des § 87 Abs. 1 Nr. 6 BetrVG siehe unten Rn. 47.

93 BAG, 3. 6. 2003 – 1 ABR 19/02, AuR 2003, 265.

94 EuGH, 30. 5. 2013 – C-342/12, NZA 2013, 723; ebenso DKW-Buschmann, § 89 Rn. 25.

für eine konsequente Einhaltung jedenfalls des ArbZG sorgen. Die Einhaltung der Tarifverträge kann sie dagegen nicht kontrollieren.

3. Betriebliche Wirklichkeit

25 Dass überhaupt **von solchen Möglichkeiten Gebrauch gemacht** wird, die die Verhängung eines Bußgeldes gegen den Arbeitgeber zur Folge haben könnten, erscheint in vielen Fällen **eher unwahrscheinlich**. Ein Betriebsrat will trotz seines umfassenden Kündigungsschutzes in der Regel keine derartige Konfrontation mit dem Arbeitgeber: Auch ist schwer abzuschätzen, ob ein solches Verhalten in der Belegschaft nicht als eine Art **Nestbeschmutzung** angesehen würde. Außerdem gibt es zahlreiche Fälle, in denen der Betriebsrat zumindest den Eindruck hat, auf das **Wohlwollen des Arbeitgebers** angewiesen zu sein: Der Umgang mit der Arbeitszeit an Karneval und an Weihnachten ist mit Zustimmung der Personalleitung sehr großzügig, bei Schulungsteilnahmen einzelner Betriebsratsmitglieder nach § 37 Abs. 6 BetrVG wird nicht besonders streng geprüft, ob die vermittelten Inhalte »erforderlich« im Sinne des Gesetzes sind. Soll man dies alles aufs Spiel setzen, um die Einhaltung der Ruhezeit von elf Stunden zu sichern?

26 Die Berufung auf das ArbZG und die Mitbestimmungsrechte nach dem BetrVG mögen im Einzelfall hilfreich sein. Hinzu kommt jedoch, dass **der einzelne Arbeitnehmer** auch seinerseits bereit sein muss, zu einem Arbeitseinsatz »nein« zu sagen, der gegen das ArbZG verstößt. Die Fähigkeit dazu ist wenig ausgeprägt, weil man aus guten Gründen noch sehr viel stärker als der Betriebsrat eine **Konfrontation scheut**. Auch gibt es viele Beschäftigte, die sich mit ihrer Aufgabe so identifizieren, dass sie bewusst nicht »auf die Uhr schauen«.[95] Nur zur Illustration: Obwohl der abendliche Anruf keine absolut singuläre Erscheinung sein dürfte, ist der genannte Beschluss des ArbG Berlin – soweit ersichtlich – der Einzige, der sich mit diesem Phänomen auseinandergesetzt hat. Hinzu kommt, dass er in der Fachliteratur nicht einmal im Wortlaut veröffentlicht wurde.[96] Das legt den Schluss nahe, dass **im Normalfall** eben **nichts** geschieht, wenn am Betriebsrat vorbei in den Abendstunden gearbeitet wird. Auch ist bislang kein Fall bekannt geworden, dass ein Arbeitnehmer sich auf

95 Vgl. Karthaus, AuR 2017, 154: »Obgleich die Arbeitsleistung objektiv fremdnützig ist, wird sie subjektiv nicht selten als eigennützig empfunden, man will sein Projekt weiterbringen«.

96 Eine Fundstelle in einer Zeitschrift war nicht zu ermitteln; der Aufsatz von Baunack (AiB 2012, 500ff.) ist bislang die einzige Stellungnahme in der Literatur.

§ 5 ArbZG berufen und am folgenden Tag erst um 10:30 Uhr an seinem Arbeitsplatz erschienen wäre. »Die Arbeit muss gemacht werden«, wäre die Antwort, die man bei einer entsprechenden Frage in einem Betriebsräteseminar erhalten würde.

Auch im Urlaubsrecht kann nicht damit gerechnet werden, dass jemand 27
von den an sich sehr positiv einzuschätzenden Möglichkeiten auch effektiv Gebrauch macht. Wegen zweier längerer dienstlicher Telefonate am Urlaubsort wird ein Arbeitnehmer nicht die Personalabteilung aufsuchen und zwei zusätzliche Urlaubstage verlangen. Erst recht kommt es **nur in atypischen Konstellationen** zu einer **Klage**, etwa dann, wenn der Arbeitnehmer das Unternehmen sowieso verlassen will und auf dessen Reaktionen deshalb keine Rücksicht mehr nimmt. Im Regelfall bleibt der Widerspruch zwischen Recht und »Rechtswirklichkeit« ohne Konsequenzen.

VI. Weitere Flexibilisierung des Arbeitszeitrechts?

1. Vorschläge der Arbeitgeberseite

Dass in der Praxis weder das ArbZG noch das BUrlG noch kollektiv- 28
vertragliche oder arbeitsvertragliche Abmachungen zur Arbeitszeit voll eingehalten werden, liegt nach dem oben Gesagten auf der Hand. Die Arbeitgeberseite hat deshalb vorgeschlagen, die durch das **ArbZG** errichteten **Schranken zu lockern**.[97] In Zukunft solle nicht mehr auf den 8-Stunden-Tag (der auf zehn Stunden ausgedehnt werden kann) abgestellt werden, sondern auf die **Wochenarbeitszeit von 48 Stunden**. Das ermögliche es, einen besonders hohen Arbeitsanfall an bestimmten Tagen zu bewältigen, ohne deshalb die Gesamtbelastung zu steigern.[98] Auch die **11-Stunden-Ruhezeit** des § 5 ArbZG wird von Arbeitgeberseite **zur Disposition gestellt**: Es könne Fälle geben, in denen jemand früher Schluss

97 BDA, Chancen der Digitalisierung nutzen. Positionspapier zur Digitalisierung von Wirtschaft und Arbeitswelt, Mai 2015, abrufbar unter *www.arbeitgeber.de/www/arbeitgeber.nsf/res/6308287022D75F36C1257FA2005707DD/$file/BDA_Chancen_Digitalisierung.pdf* (3.10.2017); BDA, Arbeitswelt 4.0 – Chancen nutzen, Herausforderungen meistern. Positionen der BDA zum Grünbuch »Arbeiten 4.0« des Bundesministeriums für Arbeit und Soziales, November 2015, abrufbar unter *www.arbeitgeber.de/www/arbeitgeber.nsf/res/7ED1A4C415AF387DC1257FA200573BC0/$file/Stn_BDA_Gruenbuch_Arbeiten40.pdf* (3.10.2017).

98 Etwas abweichend der Bundesverband der Arbeitsrechtler in Unternehmen (BVAU); dazu Jacobs, NZA 2016, 733, 736.

mache, um sich um seine Kinder zu kümmern, ab 21:00 Uhr dann aber die Arbeit nachhole, die eigentlich für den späteren Nachmittag vorgesehen war. Auch müsse man daran denken, dass eine Kommunikation mit Gesprächspartnern in anderen Zeitzonen notwendig sei, die am frühen Morgen oder am späten Abend unserer Zeit stattfinden müssten: Eine Ruhezeit von elf Stunden erschwere dies in hohem Maße.

29 Was zunächst den **8-Stunden-Tag** betrifft, stellt er eine **historische Errungenschaft** dar, die anzutasten oder gar abzuschaffen erhebliche Widerstände hervorrufen würde. Doch davon ganz abgesehen: Der heutige 8-Stunden-Tag ist schon jetzt ein »statistischer«, da die tägliche Arbeitszeit auf zehn Stunden ausgedehnt werden kann, soweit an anderen Werktagen ein Ausgleich erfolgt; im Ergebnis darf lediglich die Höchstarbeitszeit von 48 Stunden pro Woche in einem Zeitraum von sechs Monaten nicht überschritten werden. Noch weiter zu flexibilisieren, macht den 8-Stunden-Tag zu einer **immer fiktiveren Größe**. Auch ist in keiner Weise erkennbar, dass sich der laxe Umgang mit den Normen nicht auch auf niedrigerer Ebene wiederholt: Beträgt die Ruhezeit nur noch zehn oder neun Stunden, wird bald auch sie zur Disposition stehen, weil das Gespräch mit den Partnern in den USA dann eben um 23:00 Uhr stattfindet und die ostasiatischen Geschäftsfreunde gerne schon um 5:00 Uhr unserer Zeit telefonieren wollen. Auch darf man nicht vergessen, dass es sehr viele **Betriebe** gibt, in denen das bisherige **Arbeitszeitrecht** effektiv seine **Wirkung** ohne jede Friktion mit betriebswirtschaftlichen Notwendigkeiten **entfaltet.** Hier würde die gewünschte weitere Flexibilisierung lediglich den Schutz der Arbeitnehmer absenken. Auch fehlt es bisher an belastbaren Zahlen, wonach das ArbZG in der Praxis einer effektiven Arbeit entgegenstehen würde.[99] Schließlich müssten Arbeitgeber bedenken, dass eine Absenkung des Schutzniveaus im ArbZG dazu führen kann, dass im Rahmen des **Arbeitsschutzrechts**, etwa der Gefährdungsbeurteilung, dann **dieselben Probleme wieder auf den Tisch** kommen würden, weil die höhere Belastung nach einer Korrektur verlangt.[100]

---

99 Ablehnend zu dieser Position auch Krause, 71. DJT, B 41 ff. sowie Wiebauer, NZA 2016, 1430, 1434.

100 Wiebauer, NZA 2016, 1430, 1435. Kritisch auch Klebe, NZA Beilage 3/2017, 77, 81 und D. Ulber/Stein, AuR 2022, 148, 151 ff.; skeptisch zu den Erfolgsaussichten der Arbeitgeberinitiative Sassenberg/Faber-Neighbour, Teil 2 G Rn. 47.

2. Das Weißbuch des BMAS

Das Weißbuch des Bundesministeriums für Arbeit und Soziales (BMAS)[101] **lehnt** eine **allgemeine Öffnung des ArbZG** sowie auch eine Abkehr vom 8-Stunden-Tag **ab**; beides sei mit den Zielen des Arbeitsschutzes und der Zeitsouveränität der Beschäftigten nicht vereinbar.[102] In Betracht komme jedoch ein »**Wahlarbeitszeitgesetz**«, das unter bestimmten Voraussetzungen »**ausgehandelte Flexibilitätskompromisse**« in Bezug auf den 8-Stunden-Tag und die Ruhezeit zulassen könne. Ein derartiges Gesetz solle zunächst auf zwei Jahre befristet werden, um Erfahrungen zu sammeln.[103] Zu den notwendigen Voraussetzungen würde u. a. gehören, dass ein Tarifvertrag die Öffnung zulasse und eine darauf aufbauende Betriebsvereinbarung »**Wahlarbeitszeitkonzepte**« enthalte. Dazu sollen zumindest »klare Festlegungen zur Aufzeichnung der Arbeitszeit« und zu Gefährdungsbeurteilungen gehören.[104] Auch müsse der einzelne Arbeitnehmer zustimmen. Die Ergebnisse der betrieblichen Experimentierräume sollten nach zwei Jahren ausgewertet und in eine ggf. zu erlassende Dauerregelung eingehen. 30

Die **Reaktion** auf diesen Vorschlag ist bislang **eher verhalten**. In der Literatur wurde darauf hingewiesen, dass die Flexibilisierung der 11-Stunden-Ruhezeit nach der **Arbeitszeitrichtlinie 2003/88/EG** von spezifischen Bedingungen abhänge, die nur schwer zu erfüllen seien.[105] Von anderer Seite wird das vorsichtige Herangehen des Ministeriums an die Probleme hervorgehoben.[106] Möglichkeiten, vom gesetzlichen Rahmen tariflich abzuweichen, sind mit der Hypothek belastet, dass die **Gewerkschaften** in der Gegenwart **häufig nicht auf Augenhöhe** mit der Arbeitgeberseite verhandeln können und so eine Regelung die Folge sein könnte, die einseitig die Arbeitgeberinteressen bevorzugt. Das würde u. U. bei den Beschäftigten Unmut erzeugen, was sich negativ auf ihr Engagement in der Arbeit auswirken könnte: Die Digitalisierung kann aber nur dann erfolgreich sein, wenn sich praktisch alle Beteiligten mit ihrer Aufgabe identifizieren. Das zu gefährden, ist nicht akzeptabel; aus diesem Grund wird das Weißbuch keine Lösung der Probleme bringen. 31

---

101 BMAS, Weißbuch Arbeiten 4.0, 2017, abrufbar unter *www.bmas.de/SharedDocs/Downloads/DE/PDF-Publikationen/a883-weissbuch.pdf?__blob=publicationFile&v=9* (3.10.2017).

102 BMAS, Weißbuch, S. 124.

103 Ebenda.

104 BMAS, Weißbuch, S. 125.

105 Karthaus, AuR 2017, 154ff.

106 Hanau, RdA 2017, 213, 216.

VII. Perspektiven: Verteilung der Arbeit auf mehr Schultern

32 Die Tatsache, dass viele Arbeitnehmer ihre volle Arbeit im Betrieb erbringen, gleichwohl aber unterwegs oder zu Hause weiter aktiv sind und dienstliche Aufgaben erledigen,[107] legt die Vermutung nahe, dass in vielen Fällen die vereinbarte Arbeitszeit nicht ausreicht, um das Arbeitspensum zu erledigen. Die Arbeitgeberseite praktiziert eine knappe Personalkalkulation, um so auch international (noch) wettbewerbsfähiger zu sein. Könnte man hier ansetzen und durch andere Verteilung der Arbeit, durch Verbesserung der Arbeitsabläufe und durch Neueinstellungen den Arbeitsdruck reduzieren? Rechtliche Möglichkeiten dazu sind vorhanden, auch wenn von ihnen kaum Gebrauch gemacht wird. Im Folgenden sollen zwei Entscheidungen vorgestellt werden, deren Bekanntheitsgrad ähnlich gering geblieben ist wie im Falle des ArbG Berlin.

1. Praxiserfahrungen

33 Bei einer Entscheidung des **ArbG Stuttgart**[108] ging es um einen Maschinenbaubetrieb mit ca. 900 Beschäftigten. Dort war eine Betriebsvereinbarung über Arbeitszeitkonten geschlossen worden. Bewegten sich die Zeitguthaben in einem definierten Rahmen und schied in einer Gruppe ein Mitarbeiter aus, konnte der Betriebsrat verlangen, dass an seiner Stelle eine andere Person eingestellt wurde. Erreichte das durchschnittliche Arbeitszeitkonto einer (im Anhang näher beschriebenen) Gruppe mehr als 270 Plus-Stunden oder stieg es im Laufe eines Jahres um mehr als 150 Stunden an, konnte der **Betriebsrat Neueinstellungen verlangen**, deren Umfang durch eine Formel festgelegt war. Die Betriebsvereinbarung war im Wege von Verhandlungen (ohne Einigungsstelle) zustande gekommen; ihre Gültigkeit war unbestritten. Die gerichtliche Auseinandersetzung bezog sich nur auf die Frage, ob der Betriebsrat verlangen konnte, dass die Stelle eines ausgeschiedenen unbefristet Beschäftigten wieder auf der Basis eines unbefristeten Vertrags besetzt werden musste. Das lehnte das Gericht ab; die Betriebsvereinbarung lasse auch die Einstellung eines befristet Beschäftigten oder eines Leiharbeitnehmers zu. Wichtiger als diese Folgefrage war der zugrunde liegende Gedanke, durch Erhaltung oder Aufstockung des Personals die Arbeitsmenge im Griff zu

107 Siehe die Befragungsergebnisse, mitgeteilt bei Krause, 71. DJT, B 28ff.

108 ArbG Stuttgart, Beschluss v. 13.1.2009 – 3 BV 131/08 (soweit ersichtlich unveröffentlicht).

behalten, also dafür zu sorgen, dass der Einzelne nicht mit zu viel Arbeit überhäuft wurde.

Im Ziel besteht insoweit Übereinstimmung mit den sog. **quantitativen Besetzungsregeln**, die es seit Anfang des 20. Jahrhunderts in der **Druckindustrie** gibt.[109] Sie legen fest, wie viele Arbeitskräfte mindestens bei der Bedienung einer Druckmaschine eines bestimmten Typs eingesetzt werden müssen und verhindern damit eine Überforderung des Einzelnen. Könnte man sie nicht auf andere Bereiche übertragen, beispielsweise festlegen, wie viele Hotelzimmer eine Reinigungskraft in vier Stunden herzurichten hat oder wie viele Personen notwendig sind, um 1000 Pakete pro Tag zuzustellen? Doch Arbeitgeber hätten keine Freude daran, wenn man ihnen auf diese Weise »ins Handwerk pfuscht«, weshalb sie sich gegen ein solches Ansinnen entschieden zur Wehr setzen würden. Dennoch zu einem Kompromiss zu kommen, verlangt eine kampfkräftige gewerkschaftliche Organisation, die – um es vorsichtig auszudrücken – keineswegs überall existiert. Mittlerweile gibt es aber Besetzungsregeln bei der **Berliner Charité**: Auf der Intensivstation kommt auf zwei Betten eine Pflegekraft, auf der Normalstation ist das Verhältnis fünf bis sieben zu eins. Ein **Streik um solche Ziele** ist vom LAG Berlin-Brandenburg[110] ausdrücklich für zulässig erklärt worden. Seit dem 1.1.2019 gilt für bestimmte pflegeintensive Bereiche von Krankenhäusern die »Pflegepersonaluntergrenzen-Verordnung,«[111] die allerdings wegen der Ausbreitung des Coronavirus ausgesetzt wurde.[112] Zu erwähnen ist weiter eine Entscheidung des ArbG Kiel, das einen Einigungsstellenspruch bestätigte, der aus Gründen des Arbeitsschutzes im Pflegebereich eine Mindestbesetzung vorgeschrieben hatte.[113] 34

Ein zweiter Fall war vom **Bayerischen Verwaltungsgerichtshof** zu entscheiden und betraf das Eingreifen der Gewerbeaufsicht.[114] Der Burda-Verlag hatte seine Redakteure in der BUNTE-Redaktion weit über die täglichen acht Stunden hinaus beschäftigt. Die zuständige **Gewerbeaufsicht** erließ daraufhin einen Bescheid, der den Verlag zur Einhaltung des 8-Stunden-Tags verpflichtete und ihm für den Fall der Zuwiderhandlung ein Zwangsgeld androhte. Dieser wandte sich dagegen und berief sich auf 35

109 Vgl. Däubler-Klein, TVG, § 1 Rn. 854ff.
110 LAG Berlin-Brandenburg, 24.6.2015 – 27 SaGa 1959/15, AuR 2015, 339.
111 BGBl. I S. 1634.
112 *www.daskrankenhaus.de/de/news/corona-pflegepersonaluntergrenzen-ausgesetzt-85* (17.5.2020).
113 ArbG Kiel, 26.7.2017 – 7 BV 67 c/16, NZA-RR 2017, 539. Näheres dazu unten § 6 Rn. 33ff.
114 Bayer. VGH, 28.10.1993 – 22 B 90.3225, GewA 1994, 192 = VGHE BY 46, 130.

die Pressefreiheit; er finde keine ausreichende Anzahl von Mitarbeitern, die seine redaktionelle Linie verfolgen würden. Das Verwaltungsgericht wie der Verwaltungsgerichtshof wiesen diesen Einwand zurück; das Arbeitszeitrecht kenne keine Ausnahme für Pressebetriebe. Wenn der Arbeitgeber seinen Betrieb im bisherigen Umfang fortführen wolle, müsse er eben sein **Personal aufstocken**. Das war zwar nicht Gegenstand des Bescheids, der sich nur auf die Einhaltung der Arbeitszeit bezog, doch ergab sich dies als **unmittelbare Konsequenz.**[115]

2. Rechtliche Handlungsmöglichkeiten des Betriebsrats nach § 99 BetrVG

36 Kann ein Betriebsrat über die beschriebenen Möglichkeiten hinaus aktiv werden? Bisweilen lohnt ein Blick ins Arbeitsvertragsrecht, das verbindliche Regeln für die betriebliche Zusammenarbeit vorsieht, die Arbeitgeber und Betriebsrat zu beachten haben.

37 **Nach § 611a BGB** ist der Arbeitnehmer verpflichtet, im Rahmen seines individuellen Leistungsvermögens tätig zu werden.[116] Wer zu einer überdurchschnittlichen Leistung in der Lage ist, hat diese zu erbringen. Wer dagegen nur über unterdurchschnittliche Möglichkeiten verfügt, begeht keine Pflichtverletzung, wenn er nur in diesem Rahmen tätig wird.[117] Die Rechtsprechung verlangt eine »angemessene Ausschöpfung der persönlichen Leistungsfähigkeit«.[118] Eine **Gefährdung der Gesundheit** muss **nicht in Kauf genommen** werden.[119] Dies macht nicht zuletzt auch § 618 BGB deutlich. Bei der Ausübung von Rechten aus § 99 BetrVG ist das von erheblicher Bedeutung.

38 Hat der Betriebsrat auch Einfluss auf die Entscheidung, welcher »**Arbeitsbereich**« dem Einzelnen bei der Einstellung oder bei einer späteren Versetzung **zugewiesen** wird? Nach geltendem Recht greift in beiden Situationen **§ 99 BetrVG** ein, sodass er nach dessen Abs. 2 Nr. 1 einen **Gesetzesverstoß rügen** kann. Dieser liegt ggf. darin, dass der Arbeitnehmer durch die vorgesehene Arbeit überfordert und deshalb einer Gesundheitsgefährdung ausgesetzt ist. Eine solche Beschäftigung wäre gesetzwid-

---

115 Zu den Befugnissen der Arbeitsaufsicht nach dem ArbZG siehe HK-ArbR-Ernst/Bartl, § 17 ArbZG Rn. 5ff. und HK-ArbR-Growe, § 3 ArbZG Rn. 23ff.

116 BAG, 11.12.2003 – 2 AZR 667/02, NZA 2004, 784; 17.1.2008 – 2 AZR 536/06, NZA 2008, 693.

117 ErfK-Preis § 611a BGB Rn 643.

118 BAG, 11.12.2003 – 2 AZR 667/02, NZA 2004, 784, 786.

119 ErfK-Preis § 611a BGB Rn 643, Deinert/Heuschmid/Zwanziger-Lakies, § 25 Rn. 5; allgemeine Meinung.

rig, weil sie gegen Arbeitsvertragsrecht und gegen das ArbSchG verstoßen würde. Nach § 99 Abs. 2 Nr. 4 BetrVG kann der Betriebsrat weiter geltend machen, **der betroffene Arbeitnehmer** werde durch die Einstellung bzw. Versetzung **benachteiligt**, ohne dass dies aus betrieblichen oder in der Person des Arbeitnehmers liegenden Gründen gerechtfertigt wäre. Das kann schon dann der Fall sein, wenn die **Arbeit übermäßig belastend** ist, ohne dass die Grenze der Gesundheitsgefährdung erreicht wäre.

In der Praxis sind diese Überlegungen **von relativ geringer Tragweite**, 39
weil sich eine gesetzwidrig hohe Belastung in der Regel nicht von vornherein absehen lässt. Sie wird erst im Laufe einer gewissen Zeit deutlich. Beim Start in eine neue Tätigkeit gibt es so gut wie nie »handfeste« Argumente, weshalb ein bestimmter Bereich den im Prinzip geeigneten Arbeitnehmer überfordern oder ihn zu überlangen Arbeitszeiten zwingen würde. Von daher ist es auch nicht weiter verwunderlich, dass § 99 BetrVG in diesem Kontext bisher eine relativ geringe Rolle gespielt hat. Das kann sich aber ggf. in der Zukunft ändern.

3. Beschwerdeverfahren nach §§ 84, 85 BetrVG

Vor allem in Krankenhäusern, Pflegeheimen und im öffentlichen Dienst 40
kommt es nicht selten zu sog. **Überlastungsanzeigen,** mit denen ein Arbeitnehmer kundtut, seine Arbeit unter den gegebenen Bedingungen nicht mehr korrekt erfüllen zu können.[120] Sie können **als Beschwerde aufgefasst** werden, die an den Arbeitgeber, aber auch an den Betriebsrat gerichtet werden kann. Denkbar ist, sich mit der Anzeige an den Arbeitgeber zu wenden und sich zugleich unter Schilderung des exakt gleichen Sachverhalts beim Betriebsrat zu beschweren. Dieser wird das Vorbringen prüfen. Hält er die Beschwerde für berechtigt, hat er nach § 85 Abs. 1 BetrVG **beim Arbeitgeber auf Abhilfe hinzuwirken**. Lässt sich kein Einvernehmen herbeiführen, kann jede Seite die Einigungsstelle anrufen. Diese entscheidet definitiv über die Berechtigung der Beschwerde und die Verpflichtung des Arbeitgebers, angemessene Abhilfemaßnahmen zu treffen. § 85 Abs. 2 Satz 3 BetrVG schließt jedoch eine Entscheidung der Einigungsstelle über **Rechtsansprüche** aus. Das erfasst aber nur die Fälle, in denen ein eindeutiger Anspruch besteht, der mit einer gerichtlichen Leistungsklage geltend gemacht werden kann.[121] Wird er von einer Einigungsstelle unter Vorsitz eines Arbeitsrichters bejaht, würde dies die Chancen des Arbeitnehmers in einem gerichtlichen Verfahren deutlich

120 HK-ArbR-Hamm/Faber, § 17 ArbSchG Rn. 3.
121 DKW-Buschmann, § 85 Rn. 21.

erhöhen. Ist **unklar,** ob **aus einem allgemeinen Prinzip** wie der Fürsorgepflicht des Arbeitgebers, aus dem Gleichbehandlungsgrundsatz oder aus dem Grundsatz von Recht und Billigkeit nach § 75 Abs. 1 BetrVG **ein Anspruch abgeleitet werden kann,** bleibt es bei der Zuständigkeit der Einigungsstelle.[122] Eine solche Situation dürfte bei einer (behaupteten) Überlastung häufig gegeben sein.

4. Vorschläge zur Verbesserung des Status quo

a) Gesetzgebung oder Richterrecht?

41 Die oben unter 1 wiedergegebenen Gerichtsentscheidungen unternehmen den in den konkreten Fällen durchaus erfolgreichen Versuch, der Arbeitszeit und der Inanspruchnahme außerhalb der Arbeitszeit Grenzen zu ziehen, können allerdings **nur punktuelle Lösungen** schaffen. Auch sind viele entscheidende Fragen lediglich in den unteren Instanzen angesprochen worden. Das legt es nahe, nicht auf die Herausbildung weiterer richterrechtlicher Normen zu warten, da dies noch zehn bis fünfzehn Jahre in Anspruch nehmen könnte. Angesichts der sehr schnell voranschreitenden Digitalisierung ist es vielmehr **Sache des Gesetzgebers,** einer übermäßigen Inanspruchnahme der Beschäftigten entgegenzuwirken.[123] Das betrifft vor allem die Menge und Komplexität der Arbeit, die dem einzelnen Beschäftigten zugewiesen wird. Außerdem bedarf seine Autonomie des Schutzes, die sich hier vor allem in der Arbeitszeitsouveränität manifestiert.[124]

b) Inanspruchnahme während der arbeitsfreien Zeit

42 Die Digitalisierung bringt es mit sich, dass auch zu atypischen, vertraglich nicht ausdrücklich vorgesehenen Zeiten gearbeitet wird. Den abendlichen **Anruf** mit anschließender zwanzigminütiger Aktivität wird man **nicht generell verbieten** können, ebenso wenig eine freiwillige »Abendschicht« eines besonders motivierten Arbeitnehmers. Der Gesetzgeber muss dafür sorgen, dass niemand ungewollt in Anspruch genommen wird und dass

122 So LAG Frankfurt/Main, 11.3.2002 – 4 TaBV 75/01, AuR 2003, 437; dass., 3.3.2009 – 4 TaBV 14/09, AuR 2009, 181; LAG Hamburg, 18.7.2006 – 3 TaBV 7/06, AuR 2007, 219.

123 Betriebsvereinbarungen sind kein Ausweg, da sie nach einer neueren empirischen Untersuchung die aktuellen und die für die unmittelbare Zukunft absehbaren Probleme kaum aufgreifen: Vogl/Nies, S. 164ff.; ihnen folgend Boewe/Schulten, Mitbestimmung 4/2014.

124 Dazu Kocher/Welti, WSI-Mitt. 2010, 299.

niemand unter Druck gerät, weil er nicht zu den »Mehrleistern« gehört.[125] Verschiedene Änderungen des geltenden Rechts sollten erwogen werden.

Es könnte eine **Bagatellgrenze** in dem Sinne geben, dass bei einmaliger sehr kurzfristiger Inanspruchnahme zwar Arbeitszeit vorliegt, dass diese aber nicht die Ruhezeit von elf Stunden nach § 5 ArbZG unterbricht. Die Grenze könnte bei zehn Minuten liegen.[126] Durch technische Vorkehrungen sollte sichergestellt sein, dass **jede digitale Arbeit erfasst** und dem Zeitkonto des Arbeitnehmers gutgeschrieben wird.[127] Die dabei anfallenden Daten dürfen ausschließlich zu diesem Zweck verwendet werden. Eine solche Erfassung kann jedenfalls insoweit sichergestellt werden, als mit Geräten des Arbeitgebers oder mit solchen des Arbeitnehmers gearbeitet wird, die für dienstliche Zwecke benutzt werden dürfen.[128] 43

Kann der Arbeitnehmer außerhalb seiner vereinbarten oder von ihm im Rahmen der Gleitzeit bestimmten Arbeitszeit in Anspruch genommen werden, liegt **Bereitschaftsdienst** vor, wenn erwartet wird, dass er sofort oder spätestens nach dreißig Minuten mit der Arbeit beginnt. Kann er sich mehr Zeit lassen, ist **Rufbereitschaft** anzunehmen. Diese muss angemessen vergütet werden. 44

Jeder Arbeitnehmer hat ein **Recht auf Nichterreichbarkeit**.[129] Erfasst ist damit neben dem Urlaub die Zeit zwischen 20:00 Uhr abends und 7:00 Uhr morgens, sofern der Arbeitnehmer nicht zur Nachtarbeit, und sei es als möglicher Ersatz für eine ausfallende Person, verpflichtet ist. **Rufbereitschaft** darf höchstens zwanzig Stunden in der Woche betragen. Nichterreichbarkeit bedeutet, dass der Arbeitnehmer vom Arbeitgeber nicht mit Mitteln der Telekommunikation kontaktiert werden darf, es sei denn, es liege ein Notfall im Sinne von § 14 Abs. 1 ArbZG vor.[130] 45

c) Beteiligung des Betriebsrats als Grundprinzip

Der reibungslose Übergang zum digitalen Arbeiten wird durch eine intensive Beteiligung des Betriebsrats bzw. des Personalrats erleichtert. 46

---

125 Seebacher, AiB 11/2014, 19.

126 Ähnlich vbw, Moderne Arbeitswelt, S. 10, wonach »kurze Unterbrechungen« der Ruhezeit unschädlich sein sollen.

127 Ähnlich Schwemmle/Wedde, S. 94f.

128 Eine entsprechende Regelung in einer Betriebsvereinbarung schlägt Seebacher (AiB 11/2014, 20) vor.

129 Dafür auch die Enquête-Kommission »Internet und digitale Gesellschaft«, BT-Drs. 17/12505 sowie Schwemmle/Wedde, S. 87, 95; Boewe/Schulten, Mitbestimmung 4/2014. Siehe weiter Kastner, Mitbestimmung 12/2013: »Entnetze dich«; kritisch jedoch vbw, Moderne Arbeitswelt, S. 11.

130 Zu Vorüberlegungen der EU-Kommission zu einer Richtlinie über ein »Right to Disconnect« siehe D. Ulber/Stein, AuR 2022, 148, 154.

Das stimmt mit dem Votum des Achten Zwischenberichts der **Enquête-Kommission »Internet und digitale Gesellschaft«**[131] überein, die sich nachhaltig **zum Gedanken der Mitbestimmung bekannte**[132] und die sich dafür aussprach, ggf. den Betriebsbegriff neu zu fassen, um auf diese Weise einen Verlust von Mitbestimmungsrechten zu vermeiden.[133] Nur wenn auch Betriebsräte als gleichberechtigt Mitwirkende einbezogen sind, besteht eine Chance, dass der Wandel hin zu digitalisierten Arbeitsbedingungen von den Beschäftigten mitgetragen wird. Im vorliegenden Zusammenhang geht es nicht primär darum, dass derzeit die Existenz von Betrieben in Frage stünde oder dass die Betriebszugehörigkeit zweifelhaft wäre, weil es bei dieser nicht auf die räumliche Nähe, sondern auf die funktionale Eingliederung in die Organisation des Arbeitgebers ankommt.[134] Angesichts der beschriebenen Probleme kommen jedoch zwei andere Veränderungen in Betracht.

d) Initiativrecht zur Einführung eines elektronischen Zeiterfassungssystems

47 Dem Betriebsrat sollte im Rahmen des § 87 Abs. 1 Nr. 6 BetrVG ein Initiativrecht zur Einführung eines elektronischen Zeiterfassungssystems eingeräumt werden. Auf diese Weise könnte sichergestellt werden, dass grundsätzlich die gesamte Arbeitszeit erfasst wird und »inoffizielle« Überstunden entfallen. Eine solche Rechtsänderung kann auch dadurch erfolgen, dass das BAG seine bisherige Rechtsprechung aufgibt und das Mitbestimmungsrecht nach § 87 Abs. 1 Nr. 6 BetrVG genauso wie andere Mitbestimmungsrechte behandelt und deshalb ein Initiativrecht als eingeschlossen ansieht. Bei Betriebsvereinbarungen, die auf der Grundlage des § 87 Abs. 1 Nr. 6 BetrVG abgeschlossen werden, sind wie bisher datenschutzrechtliche Normen zu beachten.[135]

47a In den vergangenen Jahren hat sich eine Reihe von Landesarbeitsgerichten über die Rechtsprechung des BAG hinweggesetzt und ein **Initiativrecht des Betriebsrats** im Grundsatz bejaht. Erwähnt seien das LAG

131 BT-Drs. 17/12505.
132 A.a.O., S. 16.
133 A.a.O., S. 18.
134 DKW-Trümner, § 1 Rn. 47 ff. m.w.N.
135 Schwemmle/Wedde, S. 90; Däubler, Gläserne Belegschaften, Rn. 787 ff.

Berlin-Brandenburg,[136] das LAG München[137] sowie das LAG Hamm.[138] Im Streitfalle ist daher vom Arbeitsgericht eine Einigungsstelle einzusetzen, da nicht mehr behauptet werden kann, diese sei nach § 100 ArbGG »offensichtlich unzuständig«.[139] In der Sache ist entscheidend, dass durch die Rechtsprechung des EuGH[140] die Pflicht zur Erfassung der Arbeitszeit bereits feststeht; bei der Mitbestimmung geht es daher nur noch um das »Wie«, so dass keine Eingriffe in die Persönlichkeitssphäre der Arbeitnehmer zu besorgen sind (und damit das Hauptbedenken des BAG entfällt).[141]

e) Überforderungsschutz durch den Betriebsrat

Nach seinem Arbeitsvertrag ist der Arbeitnehmer verpflichtet, im Rah- 48
men seines individuellen Leistungsvermögens tätig zu werden.[142] eine **Gefährdung der Gesundheit muss nicht in Kauf genommen** werden, sie ist nicht geschuldet.[143] Bei abstrakter Betrachtung würde an sich schon dieser Grundsatz genügen, um unzumutbare Belastungssituationen zu vermeiden. In der Praxis reicht aber diese arbeitsvertragliche Absicherung nicht aus. Der einzelne Arbeitnehmer wird sich in aller Regel darauf nicht berufen, will er doch nicht als »weniger engagiert« oder gar als Minderleister erscheinen. Aus diesem Grund ist es sinnvoll, den **Betriebsrat als kollektive Instanz einzuschalten,** die einer Überforderung entgegenwirkt, welche sich nachteilig auf die Gesundheit des Arbeitnehmers auswirken kann.

Eine **Überforderung** kann ihre Ursache darin haben, dass dem Arbeit- 49
nehmer Aufgaben zugewiesen werden, die für ihn zu schwierig sind oder die sich ihres Umfangs wegen nicht in der vorgesehenen Arbeitszeit bewältigen lassen. Hier muss die Beteiligung des Betriebsrats einsetzen, für die zwei rechtliche Ausgestaltungen in Betracht kommen.

Zum einen könnte man als § 87 Abs. 1 Nr. 15 BetrVG ein **Mitbestim-** 50
mungsrecht des Betriebsrats vorsehen, das sich auf die Zuweisung eines

---

136 LAG Berlin-Brandenburg, 22.1.2015 – 10 TaBV 1812/14, LAGE § 87 BetrVG 2001 Kontrolleinrichtung Nr 5 = RDV 2015, 206.

137 LAG München, 10.8.2021 – 3 TaBV 31/21, AiB 2/2022, 48.

138 LAG Hamm, 27.7.2021 – 7 TaBV 79/20, NZA-RR 2021, 602 = CuA 1/2022, 42 mit Anm. Seebacher = AiB 11/2021, 48. Zuvor bereits LAG Hamm, 15.12.2020 – 7 TaBV 85/20, AiB 2021, 47.

139 Ebenso die Einschätzung bei M. Schmidt, NZA-RR 2021, 604, 606, der dieser neuen Rechtsprechung aber kritisch gegenübersteht.

140 Oben Rn. 23aff.

141 Carlson/Kummert, AiB 3/2021, 42; Krause, NZA-Beilage 2/2019, 86, 94.

142 Siehe oben Rn. 36.

143 ErfK-Preis, § 611a BGB Rn. 643, allgemeine Meinung.

bestimmten Aufgabenbereichs durch den Arbeitgeber erstreckt. Das Abstellen auf den »Aufgabenbereich« statt auf die jeweilige »Aufgabe« verhindert, dass jede Einzelanordnung des Arbeitgebers der Zustimmung des Betriebsrats bedarf. Stattdessen soll es allein um den grundsätzlichen Zuschnitt der Arbeit gehen. Dieses Mitbestimmungsrecht würde eingreifen, wenn einem Neueingestellten ein bestimmter Arbeitsbereich zugewiesen wird oder wenn ein bereits Beschäftigter zusätzliche oder neue Aufgaben erhält. Wie groß die Belastung durch ein bestimmtes Tätigkeitsspektrum sein wird, lässt sich häufig nicht eindeutig prognostizieren. Von daher hat ein Mitbestimmungsrecht gegenüber anderen Beteiligungsformen den Vorzug, dass es auch ein Initiativrecht umfasst. Wendet sich beispielsweise nach einigen Monaten ein Arbeitnehmer an den Betriebsrat und schildert eingehend seine ihn überfordernde Arbeitssituation, kann der Betriebsrat von sich aus aktiv werden und über die Reduzierung der Aufgaben mit dem Arbeitgeber verhandeln.

51 Zum zweiten gäbe es die weniger weitgehende Möglichkeit, dem Betriebsrat in Anlehnung an § 99 BetrVG ein **Zustimmungsverweigerungsrecht** bei der Zuweisung eines Arbeitsbereichs zu gewähren. Dieses würde sich über das geltende Recht hinaus nicht nur auf den Fall einer Versetzung i. S. v. § 95 Abs. 3 BetrVG erstrecken, sondern auch die erstmalige Zuweisung eines Arbeitsbereichs sowie die Zuweisung zusätzlicher Aufgaben erfassen, die keinen so großen Umfang annimmt, dass § 95 Abs. 3 BetrVG eingreifen würde.

52 Die Zustimmung könnte nicht aus beliebigen Gründen, sondern nur mit dem Argument verweigert werden, dass die vorgesehenen Aufgaben eine **unzumutbare Belastung für den betroffenen Arbeitnehmer** darstellen würden. Kommt darüber keine Einigung zustande, müsste wie in den Fällen des § 99 BetrVG das Arbeitsgericht entscheiden; dem Arbeitgeber bliebe die Möglichkeit, eine vorläufige Maßnahme nach § 100 BetrVG zu treffen. Bei deren Durchführung würde häufig deutlich werden, ob die Einschätzung des Arbeitgebers oder die des Betriebsrats zutreffend war. Eine solche Regelung wäre der Übersichtlichkeit wegen nicht in den bereits recht unübersichtlichen § 99 BetrVG zu integrieren, sondern in einer besonderen Bestimmung (etwa einem neuen § 101a BetrVG) niederzulegen. Da es nur um die **Überforderungsabwehr** geht, sollte lediglich die Erweiterung eines Arbeitsbereichs, nicht aber dessen Einschränkung erfasst sein. Die Gesundheitsgefährdung kann sich vor allem auch aus der Gestaltung der Arbeitszeit ergeben.

f) Klarstellungen im Urlaubsrecht

Während des Urlaubs ist der Arbeitnehmer von jeder Form der Arbeitspflicht freigestellt; er kann auch nicht zur Rufbereitschaft eingeteilt werden. Wird er vom Arbeitgeber per E-Mail oder telefonisch kontaktiert und führt dies zu Aktivitäten, die die Geringfügigkeitsgrenze von zehn Minuten übersteigen, wird der fragliche Tag nicht auf den Urlaub angerechnet.[144] Da § 9 BUrlG für den Fall der Erkrankung während des Urlaubs bereits eine entsprechende Regelung enthält, liegt es nahe, dort einen Absatz 2 einzufügen, der lauten könnte: 53

> »Wird der Arbeitnehmer während des Urlaubs vom Arbeitgeber mit Aufgaben betraut, deren Erledigung länger als zehn Minuten dauert, wird der fragliche Tag nicht auf den Jahresurlaub angerechnet«.

Wird der Arbeitnehmer mehrmals innerhalb einer Woche dienstlich in Anspruch genommen, gilt die ganze Woche nicht mehr als Urlaub. Dasselbe wäre für die folgende Urlaubswoche anzunehmen, es sei denn, eine Kontaktaufnahme würde verbindlich ausgeschlossen und auch effektiv nicht erfolgen.

144 Ebenso Schwemmle/Wedde, S. 96 (aber ohne Berücksichtigung der Geringfügigkeitsgrenze).

§ 6 Arbeitsschutz

I. Belastungen durch Bildschirmarbeit

1 Digitale Arbeit vollzieht sich fast immer am Bildschirm. Die dort auftretenden Gesundheitsgefährdungen sind zwar sehr viel weniger manifest als bei traditioneller Industriearbeit; gleichwohl haben Untersuchungen schon früh ergeben, dass vor allem länger dauernde Tätigkeiten am Bildschirm zu einer **Reihe spezifischer Beschwerden** führen können.[1] Im Vordergrund stehen Schulter-, Nacken- und Kreuzschmerzen sowie Augenbeschwerden und Erschöpfung.[2] Der Arbeitsschutztradition entsprechend stehen konkret belegbare physische Beeinträchtigungen im Vordergrund. Der Bildschirmarbeitsplatz hatte eine Art »**Vorhutfunktion**« und wird deshalb als erster behandelt. Voll **digitalisierte Arbeitsabläufe** bringen ggf. **zusätzliche Risiken** mit sich, die im sog. technischen Arbeitsschutz, aber auch in arbeitsbedingten psychischen Gefahren deutlich werden.

2 Für den deutschen Gesetzgeber wie für die Berufsgenossenschaften und die Gerichte hat das EU-Recht verbindlich festgelegt, dass Maßnahmen notwendig sind, um die Gesundheit der Beschäftigten bei Bildschirmarbeit zu sichern: Die EG-Bildschirmrichtlinie vom 29. Mai 1990[3] hat in ihrer Präambel u. a. ausgeführt:

---

1 Siehe etwa Ullsperger/Ertel, in: van Haaren/Hensche (Hrsg.), S. 65ff. sowie die Mitteilung in CF 7/2001, 2.1.

2 Siehe die Ergebnisse der Untersuchungen von Ullsperger/Ertel, ebenda, S. 69. Zusammenstellung der Belastungen auch bei Besgen/Prinz-Werner, § 9 Rn. 1ff.

3 Richtlinie des Rates vom 29. 5. 1990 über die Mindestvorschriften bezüglich der Sicherheit und des Gesundheitsschutzes bei der Arbeit an Bildschirmgeräten (Fünfte Einzelrichtlinie im Sinne von Artikel 16 Absatz 1 der Richtlinie 89/391/EWG (90/270/EWG), ABl. Nr. L 156/14ff., abgedruckt auch bei Däubler/Kittner/Lörcher unter Nr. 443 und kurz erläutert bei EuArbRK-Klindt/Schucht, Art. 16 RL 89/361/EWG, Rn. 51–55.

»Die Einhaltung der Mindestvorschriften zur Sicherstellung eines höheren Maßes an Sicherheit an Bildschirmarbeitsplätzen ist eine unabdingbare Voraussetzung für die Gewährleistung der Sicherheit und des Gesundheitszustandes der Arbeitnehmer.«

Nach ihrem Art. 1 Abs. 1 konkretisiert die Richtlinie die Rahmenrichtlinie Arbeitsschutz vom 12. Juni 1989,[4] die der »Verbesserung der Sicherheit und des Gesundheitsschutzes der Arbeitnehmer bei der Arbeit« dient.[5] Das geltende deutsche Arbeitsrecht hat dem auf zwei Wegen – durch inhaltliche Vorgaben und durch Mitbestimmung des Betriebsrats – Rechnung getragen.[6]

1. BildschirmarbeitsVO, abgelöst durch ArbStättVO

a) Die wichtigsten Inhalte der BildschirmarbeitsVO

Die auf der Grundlage des Arbeitsschutzgesetzes vom 7. August 1996[7] erlassene Bildschirmarbeits-Verordnung vom 4. Dezember 1996[8] definierte in ihren §§ 1 und 2 den Bildschirmarbeitsplatz und statuierte dann im Wesentlichen vier Verpflichtungen des Arbeitgebers:[9] 3

- Nach § 3 der VO musste sich die Gefährdungsbeurteilung nach § 5 ArbSchG vor allem auf eine mögliche Gefährdung des Sehvermögens sowie körperliche Probleme und psychische Belastungen beziehen. Diese dürfen allerdings nicht nur einzeln betrachtet, sondern müssen in ihrem Zusammenwirken gesehen werden.[10] Der Wortlaut des § 3 der VO war insoweit nicht eindeutig, doch enthielt die EG-Bildschirmrichtlinie eine entsprechende Vorgabe, die auch bei der Interpretation von § 3 zu berücksichtigen war.[11] 4
- Die **Bildschirmarbeitsplätze** mussten **in bestimmter Weise gestaltet** sein; die zu beachtenden Anforderungen gab der Anhang zur Verordnung wieder. So mussten etwa die auf dem Bildschirm dargestellten 5

4 Abgedruckt bei Däubler/Kittner/Lörcher unter Nr. 441.
5 Auf diese EG-rechtliche Vorgabe stützt sich auch BAG, 2.4.1996 – 1 ABR 47/95, DB 1996, 1725, 1727 linke Spalte.
6 Zu Bildschirmarbeitsplätzen siehe den Überblick bei MünchArbR-Nebe, § 177 Rn. 31ff.
7 BGBl. I S. 1246.
8 BGBl. I S. 1843, zuletzt geändert durch Verordnung v. 18.12.2008 (BGBl. I S. 2768).
9 Darstellung auch bei Kollmer, NZA 1997, 142; Angermaier, AiB 1997, 78.
10 Einzelheiten bei Richenhagen, CF 6–7/1998, 38ff.
11 Angermaier, AiB 1997, 78.

Zeichen »scharf, deutlich und ausreichend groß« sein sowie einen »angemessenen Zeichen- und Zeilenabstand« haben. Weiter musste der Bildschirm frei von »störenden Reflexionen und Blendungen« sein; **am Arbeitsplatz** musste es ausreichenden **Raum für wechselnde Arbeitshaltungen und Arbeitsbewegungen** geben. Schließlich muss die **Strahlung** so niedrig gehalten werden, dass sie für Sicherheit und Gesundheit der Benutzer unerheblich ist. Praktische Bedeutung hatten diese Anforderungen vor allem für technisch eher veraltete Anlagen.[12] Bei ihnen war allerdings die Übergangsvorschrift des § 4 Abs. 2 der VO zu beachten, wonach eine Anpassung vor dem 31. Dezember 1999 nur dann erforderlich war, wenn die Arbeitsplätze aus anderen Gründen wesentlich geändert wurden oder wenn sich aus der Beurteilung nach § 3 der VO ergab, dass die Arbeit Leben oder Gesundheit der Beschäftigten gefährdet hätte.

6 • Nach § 5 der Verordnung musste die Tätigkeit der Beschäftigten so organisiert werden, dass die Arbeit regelmäßig durch andere Tätigkeiten oder durch **Pausen** unterbrochen wurde, die die Belastung durch die Bildschirmarbeit verringerten.[13] Sie gehörten zur Arbeitszeit.[14]

> Unzulässig wäre es etwa, würde man die Arbeit in einem Callcenter so organisieren, dass die dort tätigen Personen die jeweiligen Anrufer kontinuierlich durch das Internetangebot der Arbeitgeberfirma führen müssten, das auch für sie auf dem Bildschirm sichtbar wäre.[15]

7 • Nach § 6 der Verordnung hatte der Arbeitgeber vor Aufnahme der Tätigkeit an Bildschirmgeräten und anschließend in regelmäßigen Zeitabständen sowie bei Auftreten von Sehbeschwerden eine **angemessene Untersuchung der Augen** und des Sehvermögens durch eine fachkundige Person anzubieten. Gegebenenfalls war eine augenärztliche Untersuchung zu ermöglichen. Im erforderlichen Umfang waren den Beschäftigten **spezielle Sehhilfen** für ihre Arbeit zur Verfügung zu stellen. Das war vorher allenfalls auf der Grundlage eines Tarifvertrags oder einer Betriebsvereinbarung vorgesehen.

---

12 Richenhagen, AiB 1995, 757.
13 Wedde, CF 6/2000, 21; weiter Martin, CF 3/2001, 14; Skowronek, CF 7/2001, 35.
14 Besgen/Prinz-Werner, 3. Aufl., § 9 Rn. 99.
15 Zu derartigen Überlegungen siehe Scheerer, CF 5/2000, 10.

b) Zusammenführung mit der ArbStättVO und neue Inhalte

Die Arbeitsstätten- (ArbStättVO) und die Bildschirmarbeitsverordnung (BildschirmarbeitsVO) sollten nach allgemeiner Auffassung zusammengeführt werden, weil in der Gegenwart die **Mehrzahl der Arbeitsplätze** mit einem **Bildschirmgerät** ausgestattet ist. Schon vor den Bundestagswahlen 2013 hatte die damalige Arbeitsministerin Ursula von der Leyen einen entsprechenden Entwurf veröffentlicht.[16] Ihre Nachfolgerin Andrea Nahles übernahm dieses Vorhaben und erreichte schon Ende 2014, dass die Bundesregierung eine **Neufassung der (vereinheitlichten) ArbStättVO** verabschiedete und der Bundesrat dem mit kleinen Modifikationen zustimmte. Doch die Arbeitgeberseite intervenierte bei der Kanzlerin, was unter dem Schlagwort »Nahles auf dem Weg nach Absurdistan« bekannt wurde. Die Kritik richtete sich gegen bestimmte Regelungen, die mit der Digitalisierung wenig zu tun hatten: Abschließbarer Spind für jeden Arbeitnehmer, Fenster auch auf dem WC, mindestens 17 Grad Raumtemperatur in Archiven, Vorhalten von Erste-Hilfe-Räumen und blendfreie Aufstellung von Bildschirmgeräten im Homeoffice. Der Entwurf wurde zunächst auf Eis gelegt. Erst Ende 2016 brachten einige Länder im Bundesrat einen neuen Entwurf ein, der zahlreiche (aber nicht alle) Einwände der Arbeitgeberseite berücksichtigte und dann ohne großes Aufsehen beschlossen wurde.[17] Die neue Verordnung wurde **Ende November 2016** im Bundesgesetzblatt veröffentlicht.[18] 8

Der **Anwendungsbereich** ist problematisch. Nach § 2 Abs. 5 ArbStättVO versteht man unter »Bildschirmarbeitsplätzen« Arbeitsplätze, »die sich in Arbeitsräumen befinden und die mit Bildschirmgeräten und sonstigen Arbeitsmitteln ausgestattet sind«. Damit sind **Arbeitsplätze außerhalb von Arbeitsräumen** von vornherein ausgenommen, was deshalb besonders verwunderlich ist, weil an sich auch der nur kurzzeitige Aufenthalt von der Verordnung erfasst ist.[19] Außerdem ist ein **Homeoffice** nach § 2 Abs. 7 ArbStättVO nur einbezogen, wenn es unter Einschluss des Mobiliars **voll vom Arbeitgeber eingerichtet** ist und eine **Vereinbarung über die wöchentliche Arbeitszeit** und die Dauer der häuslichen Einrichtung besteht. Schon durch »Zurückhaltung« bei der Möblierung kann der Arbeitgeber daher das Eingreifen der ArbStättVO verhindern. Beides lässt sich nur schwer mit der EU-Bildschirmrichtlinie vereinbaren.[20] 9

16 Mitgeteilt bei Kiper, CuA 1/2017, 19, auch zum Folgenden.
17 Dazu Wiebauer, NZA 2017, 220.
18 BGBl. I S. 2681.
19 Wiebauer, NZA 2017, 221 unter Bezugnahme auf § 2 Abs. 4 ArbStättVO.
20 Wiebauer, NZA 2017, 220, 222.

10 Die inhaltlichen Anforderungen an die Bildschirmarbeit sind im **Anhang zur VO** unter **Nr. 6** festgelegt. Die bisherigen Grundsätze werden fortgeführt. Das wird beispielsweise bei Nr. 6.1 Abs. 2 Anhang zur VO deutlich, wonach der Arbeitgeber dafür zu sorgen hat, dass die Tätigkeiten der Beschäftigten an Bildschirmgeräten vor allem durch andere Tätigkeiten oder regelmäßige Erholungszeiten unterbrochen werden. Bei der Gefährdungsbeurteilung nach § 3 ArbStättVO sind **auch psychische Fehlbelastungen zu beachten**, die z. B. durch Lärm, räumliche Enge und mangelnde Beleuchtung, aber auch durch mangelhafte Arbeitsabläufe und schlechte Organisation entstehen können.[21] Nach § 6 ArbStättVO müssen die Beschäftigten umfassend über die Situation an ihrem Arbeitsplatz, vor allem über etwaige Gefahren aufgeklärt und über präventive Gegenmaßnahmen unterrichtet werden (»**Unterweisung**«).

2. Mitbestimmung des Betriebsrats

11 Das Arbeitsschutzrecht arbeitet zum Teil mit sehr allgemeinen Begriffen. Das gilt (wenngleich in geringerem Umfang) auch für den Regelungsbereich der ArbStättVO, doch betrifft diese nur die äußeren Umstände des Arbeitens. So enthält sie z. B. keine Aussage zu der Frage, wie die Software beschaffen sein muss, die die Arbeit des einzelnen Arbeitnehmers bestimmt. Das ist vor allem bei sog. **Workflow-** (= Arbeitsablauf) **Systemen** frühzeitig zum Problem geworden, weil bei ihnen häufig einzelne Arbeitsvorgänge innerhalb einer vorgegebenen Zeit abgewickelt sein müssen.[22] Für solche Fälle ist **§ 87 Abs. 1 Nr. 7 BetrVG** gedacht, der dem Betriebsrat ein Mitbestimmungsrecht zur **Ausfüllung arbeitsschutzrechtlicher Normen** gibt.[23] Das gilt nach der Rechtsprechung des BAG[24] auch für sehr allgemeine Vorgaben wie die des § 4 Nr. 1 ArbSchG, wo es heißt:

»Der Arbeitgeber hat bei Maßnahmen des Arbeitsschutzes von folgenden allgemeinen Grundsätzen auszugehen:

1. *Die Arbeit ist so zu gestalten, dass eine Gefährdung für Leben und Gesundheit möglichst vermieden und die verbleibende Gefährdung möglichst gering gehalten wird;*
2. *Gefahren sind an ihrer Quelle zu bekämpfen;*
3. *… (bis 8)«.*

---

21 Kiper, CuA 1/2017, 19.
22 Eingehend dazu Beck/Schneider, CF 11/1999, 14ff.
23 Eingehend dazu DKW-Klebe, § 87 Rn. 204ff.
24 BAG, 2.4.1996 – 1 ABR 47/95, DB 1996, 1725ff.

Diese Vorschriften bieten vor allem einen Gestaltungsrahmen für die vom einzelnen Arbeitnehmer zu benutzende **Software**. Auch die in § 5 ArbSchG vorgeschriebene **Gefährdungsbeurteilung** unterliegt in ihrer konkreten Ausgestaltung der Mitbestimmung.[25]

Die **Gestaltungsmöglichkeiten** der Betriebsparteien sind **vielfältig**.[26] 12
Deshalb nur einige Beispiele im Zusammenhang mit Bildschirmarbeitsplätzen:

- Nach Nr. 6.2 Abs. 5 des Anhangs zur ArbStättVO muss die von den 13 Bildschirmen ausgehende elektromagnetische **Strahlung** so niedrig gehalten werden, dass die Sicherheit und die Gesundheit der Beschäftigten nicht gefährdet werden. Wo die Grenze der »Gefahrfreiheit« genau verläuft, ist damit nicht gesagt.[27] Der Betriebsrat kann daher im Rahmen der Mitbestimmung verlangen, dass beispielsweise bestimmte Grenzwerte nicht überschritten werden.
- Ob die in Nr. 6.1 Abs. 2 des Anhangs vorgesehene **Unterbrechung** der 14 Bildschirmarbeit **durch Erholungszeiten oder durch andere Tätigkeiten** erfolgt, lässt die Bestimmung offen. Der Betriebsrat kann daher verlangen, dass beispielsweise Pausen gewährt werden oder dass die Bildschirmarbeit nach spätestens 45 Minuten durch eine andere Aufgabe ersetzt werden muss.
- Nr. 6 Abs. 10 des Anhangs verbietet eine erhöhte, gesundheitlich **unzuträgliche Wärmebelastung** am Arbeitsplatz. 15 Mithilfe seines Mitbestimmungsrechts kann der Betriebsrat notfalls über die Einigungsstelle erreichen, dass die Grenze der »Unzuträglichkeit« exakt bestimmt wird.
- Nach § 6 BildschirmarbeitsVO musste in »regelmäßigen Zeitabständen« **eine Augenuntersuchung** erfolgen. 16 Obwohl diese Bestimmung nicht übernommen wurde, kann der Betriebsrat unter Berufung auf § 4 Nr. 1 ArbSchG verlangen, dass diese jedes Jahr einmal erfolgt. Denkbar ist auch, je nach der Intensität der Bildschirmbelastung zwischen einzelnen Beschäftigtengruppen zu differenzieren.
- Der Betriebsrat kann vom Arbeitgeber verlangen, dass das **Workflow-System** 17 bestimmten Anforderungen entspricht, beispielsweise dem **Grundsatz der Fehlertoleranz** Rechnung trägt.[28]

---

25 Dazu Resch/Blume, CF 3/2004, 8ff. und unten Rn. 27ff.
26 Däubler, BetrR 1998, 31ff.; Kittner, in: FS Däubler, S. 693ff.
27 Zur UVV »Elektromagnetische Felder« (BGV B 11) siehe Besgen/Prinz-Werner, § 9 Rn. 108ff.
28 Gestaltungsvorschläge im Einzelnen bei Beck/Schneider, CF 11/1999, 17.

Werden dieselben Systeme in verschiedenen Betrieben desselben Unternehmens eingesetzt, steht das Mitbestimmungsrecht dem **Gesamtbetriebsrat** zu.[29]

II. Physische und psychische Belastungen durch digitale Arbeit

1. Die veränderte Situation

18 Moderne Arbeit ist nicht mit den »handfesten« Gefährdungen verbunden, wie sie die traditionelle Industriearbeit mit sich brachte und nach denen man auch bei der Bildschirmarbeit zunächst fragte. Gegen austretende giftige Dämpfe oder gegen eine drohende Explosion konnte man sich individuell nicht wirklich schützen; hier war man auf technische Sicherungen angewiesen, für die man sich notfalls intensiv und gemeinsam mit anderen einsetzte. **Bei langen Arbeitszeiten** heutigen Zuschnitts **und bei Stress** ist dies anders. Selbst vorsichtigen oder kritischen Arbeitnehmern stellen sich bestenfalls **Fragen**: Führt langes, aber (relativ) selbstständiges Arbeiten wirklich zu Problemen, auch wenn man die Arbeit als solche schätzt, ja als Lebensinhalt begreift? Muss man die notwendige Selbstorganisation bei freier Zeiteinteilung erst lernen oder kann man sie generell voraussetzen?[30] Ist nicht die Stressempfindlichkeit bei einzelnen Menschen sehr unterschiedlich ausgeprägt? Fühlt sich nicht mancher eher unglücklich, wenn um ihn herum Stille herrscht und das gewohnte hektische Treiben verstummt? Ist nicht der Familienstress bisweilen viel schlimmer als der Arbeitsstress? Das mögen alles Alltagstheorien sein, doch wirken sie gleichwohl in der Praxis. »Alles halb so schlimm« ist die Reaktion vieler Arbeitnehmer, die sich in der beschriebenen Situation befinden. Das führt dazu, dass Zeitdruck und Stress zwar von vielen Beschäftigten wahrgenommen werden, dass die Arbeitszufriedenheit darunter aber nicht wirklich leidet.[31]

19 Dem steht die allgemein geteilte Erkenntnis gegenüber, dass die psychischen **Belastungen** in vielen Bereichen aufgrund der Intensivierung

---

29 BAG, 16.6.1998 – 1 ABR 68/97, DB 1999, 438.

30 Schwemmle/Wedde, S. 45. Für das Einplanen von Pufferzeiten, um Unvorhergesehenes ohne Stress bewältigen zu können, Renker/Hellweg, CuA 10/2020, 14.

31 Apt/Peter u. a., S. 2.

der Arbeitsprozesse **erheblich zugenommen** haben.[32] Es verwundert daher nicht, dass die **Zahl psychischer Erkrankungen**, die auf arbeitsbedingten Ursachen beruhen, in den letzten zehn bis 15 Jahren deutlich gestiegen ist.[33] Dazu einige Angaben von Krankenkassen:[34] Zwischen 2001 und 2010 ist der Anteil der Arbeitsunfähigkeitstage, die auf psychischen Störungen und Verhaltensstörungen beruhten, von 6,6 % auf 13,1 % gestiegen.[35] Weiter beruht ein steigender Anteil von Frühverrentungen auf psychischen Erkrankungen: Nach Angaben der Bundespsychotherapeutenkammer lag der Anteil im Jahre 2001 bei 26 %, während er im Jahre 2012 42 % (!) erreicht hatte.[36] Zwischen 2004 und 2010 haben sich die Krankheitstage, die auf einem **Burn-out-Syndrom** beruhen, auf das Neunfache erhöht.[37] Dabei wird den konkreten Arbeitsbedingungen ein erheblicher Einfluss beigemessen. Das gilt vor allem für solche Stressfaktoren, die in einer IT-geprägten Umwelt gehäuft auftreten: Einzelne Prozessschritte werden für den Arbeitnehmer intransparent, doch muss er gleichwohl bei Störungen eingreifen, was zu einer Überforderungssituation führt.[38] Weiter ist von »digitalem Stress« die Rede, der sich aus der Situation ergibt, zahllose Informationen ständig zu filtern, einzuordnen, zu bewerten und zur Grundlage von Entscheidungen zu machen.[39]

Zwischen **dauernder Erreichbarkeit und Stress** besteht ein **unmittelbarer Zusammenhang**: 36 % derjenigen, die sich als »häufig gestresst« empfinden, geben zugleich an, fast durchgehend online zu sein.[40] Weiter gibt es nach dem Gesundheitsreport der DAK einen unmittelbaren Zusammenhang zwischen dem Umfang der Erreichbarkeit und dem Risiko, unter einer psychischen Störung zu leiden.[41] Die technischen **Möglichkeiten**, dem Einzelnen mehr **Dispositionsspielräume in der Arbeit zu** 20

32 Gaul, DB 2013, 60; J. Schneider, DB 2013, 1551, 1553 (letzterer spricht von »maximierter Arbeitsdynamik«).

33 Reusch, PersR 2010, 340ff.

34 Eingehend Krause, 71. DJT, B 66ff.

35 BT-Drs. 17/9478, S. 5.

36 Mitgeteilt bei Krause, 71. DJT, B 67. Weitere Angaben bei Balikcioglu, NZA 2015, 1424.

37 Welkoborsky/Baumgarten, AiB 12/2014, 51 unter Bezugnahme auf eine Analyse des Wissenschaftlichen Instituts der AOK.

38 Kohte, NZA 2015, 1417, 1418.

39 Vagt, Stress am digitalen Arbeitsplatz, 8.7.2014, abrufbar unter *besser20.de/author/katrin/* (6.10.2017); ähnlich Kastner, Mitbestimmung 12/2013, 24ff.; Krause, NZA 2016, 1004, 1006 (»Informationsüberlastung«); Renker/Hellweg, CuA 10/2020, 12.

40 Krause, 71. DJT, B 68.

41 Mitgeteilt bei Krause, 71. DJT, B 68.

eröffnen, werden bei weitem **nicht ausgeschöpft**. Stattdessen entstehen für viele Menschen neue Belastungen und ein Verlust an Sicherheit, der sich auch in der psychischen Verfassung niederschlagen kann.[42] Die **erwartete schnelle Reaktion** auf E-Mails und andere »Messages« kann zu überstürzten, bisweilen sogar groben Reaktionen führen, was wiederum vermeidbare Spannungen mit anderen zur Folge hat.[43]

21 Neue Probleme – durchaus auch physischer Natur – entstehen durch das dauernde **Arbeiten mit der Maus**, was zahlreiche Beschwerden insbesondere am Arm verursacht, die man als **RSI-Syndrom** bezeichnet.[44] Dem kann durch Auswahl einer ergonomischen Maus entgegengewirkt werden. Weitere Gefahren können durch sog. additive Fertigungsverfahren entstehen, deren sichtbarste Erscheinungsform der **3D-Drucker** ist.[45] Worin sie genau bestehen, ist bisher nicht geklärt.[46] Derzeit wird im In- und Ausland untersucht, welche Prozessschritte mit welchen Gefahren verbunden sein können.[47]

2. Gegenmittel?

a) Technischer Arbeitsschutz

22 Maschinen und andere Arbeitsgeräte so sicher zu machen, dass eine Schädigung von Menschen nach aller Erfahrung ausgeschlossen ist, ist Gegenstand des sog. technischen Arbeitsschutzes. Seine zentrale Norm ist die **Betriebssicherheits-Verordnung** (BetrSichVO) vom 3. Februar 2015.[48] § 3 Abs. 1 der VO sieht eine Gefährdungsbeurteilung vor, die Voraussetzung für die Verwendung als Arbeitsmittel ist. Nach § 3 Abs. 2 Satz 2 Nr. 3 der VO sind auch die physischen und psychischen Belastungen der Beschäftigten einzubeziehen, die bei der »Verwendung von Arbeitsmitteln« (d. h. bei der Bedienung der Geräte) auftreten. Zu den Arbeitsmitteln ge-

---

42 Schwemmle/Wedde, Digitale Arbeit, S. 68. Vgl. weiter Apt/Peter u. a., S. 4: Flexibel Arbeitende ohne Zeiterfassung arbeiten öfters in ihrer Freizeit und auch dann, wenn sie krank sind. Siehe außerdem Besgen/Prinz-Werner, § 9 Rn. 113ff.

43 Kastner, Mitbestimmung 12/2013 (abrufbar unter *www.boeckler.de*). Zu den Belastungen durch digitale Arbeit siehe auch Welskop-Deffaa, in: Schröder/Urban, S. 194ff., die auch auf die manchen überfordernde Aufgabe zur Selbstorganisation der Arbeit und der Zeit hinweist.

44 Dazu Haverkamp, CuA 7–8/2020, 39ff. »RSI« steht für Repetitive Strain Injury = Verletzung durch wiederholte Belastung. Umgangssprachlich ist auch von »Mausarm« die Rede.

45 Schilderung bei Leupold/Glossner-Klemp, Teil 1 Kap. 1 Rn. 4ff.

46 Leupold/Glossner-Seidel, Teil 7 Rn. 7ff.

47 Leupold/Glossner-Seidel, Teil 7 Rn. 18ff.

48 BGBl. I S. 49, zuletzt geändert durch Gesetz v. 27. 6. 2021 (BGBl. I S. 3146).

hören diejenigen, die der Arbeitgeber zur Verfügung stellt, sowie solche, die er »verwenden lässt«. Für den Fall des »Bring Your Own Device«[49] bedeutet dies, dass nur solche Geräte verwendet werden dürfen, die der Arbeitgeber akzeptiert hat; würde ein Arbeitnehmer auf eigene Faust mit seinem privaten Equipment tätig, wäre dies ein Verstoß gegen die BetrSichVO.[50]

Für die im Einzelnen gebotenen Schutzmaßnahmen gilt das sog. **TOP-Prinzip.**[51] **Danach sind in erster Linie t**echnische Schutzmaßnahmen geboten; genügen sie nicht, kommen **o**rganisatorische Veränderungen in Betracht; erst als drittes ist an **p**ersonenbezogene Schutzmaßnahmen zu denken (so § 4 Abs. 2 Satz 2 BetrSichVO). Technische Schutzmaßnahmen können auch digitaler Natur sein: Ein intelligentes Kamerasystem löst eine Zugangssperre aus, wenn der Beschäftigte einen gefährlichen Bereich ohne die vorgeschriebene Schutzausrüstung betreten will.[52] 23

b) Rechtliche Vorgaben für mobile Arbeit und Homeoffice

Die allgemeinen **arbeitsschutzrechtlichen Regeln** greifen **auch in der digitalisierten Wirtschaft** ein, doch besteht hier kein Anlass, sie im Einzelnen aufzuführen und zu erläutern.[53] Es soll deshalb eine Beschränkung auf zwei Arbeitsformen erfolgen, die für die heutige Form »moderner« Arbeit typisch sind: Homeoffice und mobile Arbeit.[54] 24

Das **ArbSchG** findet auf jede Art abhängiger Arbeit Anwendung. Sein § 2 Abs. 2 Nr. 3 bezieht ausdrücklich sogar die arbeitnehmerähnlichen Personen mit ein. Auf den Ort der Arbeitsleistung kommt es nicht an, sodass auch Telearbeit zu Hause und mobile Arbeit erfasst sind.[55] Ausgenommen ist lediglich die Heimarbeit im traditionellen Sinn, da sich für sie Sondervorschriften im HAG finden. In der Praxis ergeben sich allerdings erhebliche Umsetzungsschwierigkeiten: Die bei mobiler Arbeit bestehenden Bedingungen sind dem Arbeitgeber oft nicht bekannt, auch für das Homeoffice kann er keine wirkliche Verantwortung übernehmen.[56] 25

---

49 Dazu oben § 3.

50 Krause, 71. DJT, B 59.

51 BR-Drs. 400/14, S. 82.

52 M. Thomsen, CuA 10/2020, 11.

53 Insoweit anders Grimm/Singraven-Grimm/Singraven, § 20, die eine umfassende Darstellung des Arbeitsschutzrechts ohne direkten Bezug zur Digitalisierung bringen. Rechtspolitische Vorschläge zur Weiterentwicklung bei Welskop-Deffaa, in: Schröder/Urban (Hrsg.), S. 189, 197ff.

54 Skizzierung bereits oben § 1 Rn. 12.

55 Pieper, § 2 ArbSchG Rn. 16; Wiebauer, NZA 2016, 1431.

56 Eingehend Wiebauer, NZA 2016, 1431.

§ 2 Abs. 4 Satz 1 **BetrSichVO** verweist in Bezug auf den Anwendungsbereich auf das ArbSchG, geht jedoch insoweit über dieses hinaus, als sie in ihrem § 2 Abs. 2 Satz 2 Nr. 2 auch die Heimarbeit einbezieht.[57] Lediglich die **ArbStättVO** hat einen engeren Adressatenkreis: Sie erfasst nach ihrem § 2 Abs. 7 **Telearbeitsplätze im Privatbereich** des Beschäftigten nur dann, wenn sie ausschließlich vom Arbeitgeber eingerichtet und noch einige weitere Bedingungen erfüllt sind.[58] Anforderungen an die Geräte als solche werden dadurch aber nicht berührt.[59] Auch das **ArbZG** ist anwendbar, beschränkt seinen Anwendungsbereich allerdings auf Arbeitnehmer unter Ausschluss der leitenden Angestellten.

26 Die praktische Bedeutung der Geltung des Arbeitsschutzrechts auf mobile und häusliche Arbeit zeigt sich in drei Punkten:

(1) Die **Gewerbeaufsicht** kann die Einhaltung der anwendbaren Vorschriften auch bei diesen Arbeitsformen kontrollieren. Das wird selten geschehen, doch kann sich das in Zukunft ändern.

(2) Die **Gefährdungsbeurteilung**, auf die im Anschluss einzugehen ist, erstreckt sich auch auf die Risiken, die mit diesen Arbeitsformen verbunden sind.

(3) Das **Mitbestimmungsrecht des Betriebsrats** nach § 87 Abs. 1 Nr. 7 BetrVG bezieht sich auch auf die Ausfüllung des arbeitsschutzrechtlichen Rahmens für diese Arbeitsformen. Daneben ist der durch das sog. Betriebsrätemodernisierungsgesetz eingeführte § 87 Abs. 1 Nr. 14 zu beachten, der eine Mitbestimmung über die »Ausgestaltung von mobiler Arbeit« vorsieht, »die mittels Informations- und Kommunikationstechnik erbracht wird.«[60] Beide Mitbestimmungsrechte beschränken sich allerdings auf Arbeitnehmer. Arbeitnehmerähnliche Personen sind nicht in die Betriebsverfassung einbezogen; insoweit ist ähnlich wie bei leitenden Angestellten lediglich eine (nicht über die Einigungsstelle erzwingbare) freiwillige Drittberechtigung möglich.[61]

---

57 Vgl. Wiebauer, NZA 2016, 1430, 1432 mit berechtigter Kritik an § 5 Abs. 4 BetrSichVO, wonach der Arbeitgeber jedes von seinen Beschäftigten benutzte Geräte vorab freigeben muss.

58 Dazu oben Rn. 9.

59 Deinert/Heuschmid/Zwanziger-Heuschmid, § 118 Rn. 61.

60 Näher dazu DKW-Klebe, § 87 Rn. 387aff.

61 Für eine solche Begünstigung leitender Angestellter im Falle eines Sozialplans BAG, 31.1.1979 – 1 AZR 206/81, AP Nr. 8 zu § 112 BetrVG 1972. Ebenso die herrschende Meinung in der Literatur: Nachweise bei DKW-Däubler, §§ 112, 112a Rn. 92.

c) Gefährdungsbeurteilung als Ausweg?

aa) Rechtsgrundlagen

27 Nach **§ 5 Abs. 1 ArbSchG** hat der Arbeitgeber durch die Gefährdungsbeurteilung festzustellen, welche Maßnahmen des Arbeitsschutzes erforderlich sind. Das Gesetz zählt in § 5 Abs. 3 ArbSchG beispielhaft die zu ermittelnden Risikofaktoren auf, zu denen seit 2013 auch »psychische Belastungen bei der Arbeit« (Nr. 6) gehören.

28 **§ 3 der Arbeitsstättenverordnung** enthält etwas konkretere Vorgaben, indem er bestimmt:

»§ 3 Gefährdungsbeurteilung
(1) Bei der Beurteilung der Arbeitsbedingungen nach § 5 des Arbeitsschutzgesetzes hat der Arbeitgeber zunächst festzustellen, ob die Beschäftigten Gefährdungen beim Einrichten und Betreiben von Arbeitsstätten ausgesetzt sind oder ausgesetzt sein können. Ist dies der Fall, hat er alle möglichen Gefährdungen der Sicherheit und der Gesundheit der Beschäftigten zu beurteilen und dabei die Auswirkungen der Arbeitsorganisation und der Arbeitsabläufe in der Arbeitsstätte zu berücksichtigen. Bei der Gefährdungsbeurteilung hat er die physischen und psychischen Belastungen sowie bei Bildschirmarbeitsplätzen insbesondere die Belastungen der Augen oder die Gefährdung des Sehvermögens der Beschäftigten zu berücksichtigen. Entsprechend dem Ergebnis der Gefährdungsbeurteilung hat der Arbeitgeber Maßnahmen zum Schutz der Beschäftigten gemäß den Anforderungen der Vorschriften dieser Verordnung einschließlich ihres Anhangs nach dem Stand der Technik, Arbeitsmedizin und Hygiene festzulegen. Sonstige gesicherte arbeitswissenschaftliche Erkenntnisse sind zu berücksichtigen.«

Eine ähnliche Umschreibung enthält § 3 Abs. 2 BetrSichVO.[62]

bb) Methodisches Vorgehen

29 In der Literatur wird betont, man könne die wichtigsten **Krankmacher ermitteln**: »zu wenig Handlungsspielraum, fehlender Sinn bei der Arbeit, fehlende Transparenz, mangelnde Wertschätzung.«[63] Auch die **Software-ergonomie** ist einzubeziehen.[64] Zu den Auswirkungen der »Arbeitsorganisation« und der »Arbeitsabläufe« gehören auch **Stress und andere psychische Drucksituationen,** die sich negativ auf die Gesundheit auswirken können. Auch sie sind damit in die Gefährdungsbeurteilung ein-

62 Zu dieser siehe oben Rn. 22.
63 Kastner, Mitbestimmung 12/2013 (abrufbar unter *www.boeckler.de*).
64 Martin, CuA 3/2014, 4ff.

zubeziehen. Weiter wird betont, Gefährdungen könnten durch **Arbeitsverdichtung** (bedingt durch Personalabbau oder Fehlzeiten von Arbeitskollegen), Beschleunigung aller Vorgänge, Abbau der Trennung von Arbeit und Freizeit und durch **Multitasking** entstehen.[65] Das alles gilt auch für mobile und zu Hause erbrachte Arbeit.[66] Die dabei auftretenden Gefahren mögen zwar für den Arbeitgeber nicht immer beeinflussbar sein, doch sind sie gleichwohl relevant, weil der Beschäftigte entweder die entsprechenden Situationen vermeiden oder der Arbeitgeber Schutzmaßnahmen ergreifen kann.[67] Als Methoden haben sich vor allem standardisierte Mitarbeiterbefragungen sowie Beobachtungsinterviews, die Analyse von Dokumenten und moderierte Analyseworkshops herausgebildet.[68] Sinnvoll ist auch eine Begleitung durch qualifizierte externe Experten.[69] Die Bundesanstalt für Arbeitsschutz und Arbeitsmedizin (BAuA) hat 2021 ein »Handbuch Gefährdungsbeurteilung« ins Netz gestellt,[70] das viele wichtige Orientierungen vermittelt, aber zu einzelnen Bereichen wie dem Homeoffice viel zu wenig sagt.[71]

29a Die Gefährdungsbeurteilung nimmt erfahrungsgemäß einige Zeit in Anspruch, insbesondere dann, wenn man sich über ihre Modalitäten streitet. Da sich in der digitalen Welt **sehr schnelle Änderungen** vollziehen,[72] empfiehlt es sich, zunächst eine vorläufige **»Gefährdungseinschätzung«** vorzunehmen.[73] Dabei kann man der Erfahrungstatsache Rechnung tragen, dass neue Techniken sehr schnell eingeführt werden können, dass aber die mit ihr befassten Menschen eine Eingewöhnungszeit benötigen und eine Anpassung der Organisation noch viel länger auf sich warten lässt. Dies nicht zu berücksichtigen verursacht ein erhebliches Maß an vermeidbarem Stress. Ihn zu vermeiden liegt auch um Arbeitgeberinteresse. Dabei empfiehlt es sich, die Beschäftigten möglichst frühzeitig ein-

---

65 Balikcioglu, NZA 2015, 1424, 1426.

66 Ebenso Schwemmle/Wedde, S. 92.

67 Anders vbw, Die bayerische Wirtschaft. Moderne Arbeitswelt – Modernes Arbeitsrecht, Stand: November 2014 (abrufbar unter: *www.vbw-bayern.de/vbw/Aktionsfelder/Recht/Arbeitsrecht/vbw-Position-Moderne-Arbeitswelt-Modernes-Arbeitsrecht,jsp*), S. 9, wonach die Gefährdungsbeurteilung auf die vom Arbeitgeber beherrschten Gefahren zu begrenzen sei.

68 Balikcioglu, NZA 2015, 1424, 1426.

69 Balikcioglu, NZA 2015, 1424, 1427.

70 *www.baua.de/DE/Angebote/Publikationen/Dachbuecher/Gefaehrdungsbeurteilung.html* (22.5.2022). Das Handbuch kann als pdf-Datei heruntergeladen werden.

71 Haverkamp, CuA 4/2021, 35.

72 Beispiele bei Renker/Hellwig, CuA 10/2020, 13.

73 Hierzu und zum Folgenden M. Thomsen, CuA 10/2020, 9f.

zubeziehen und sie unterschiedliche Systeme (soweit machbar) testen zu lassen.[74]

cc) Mitbestimmungsrecht des Betriebsrats

Dem **Betriebsrat** kommt nach § 87 Abs. 1 Nr. 7 BetrVG – wie schon ausgeführt – ein umfassendes **Mitbestimmungsrecht** bei allen **Fragen des betrieblichen Arbeitsschutzes** zu, soweit die einschlägigen Vorschriften Spielräume offenlassen. Diese »Ausfüllungskompetenz« ist gerade auch bei der Gefährdungsbeurteilung von Bedeutung, da die Regelungen in § 5 ArbSchG und in § 3 ArbStättVO sowie in § 3 Abs. 2 BetrSichVO keine Vorgaben enthalten (können), wie im konkreten Betrieb zu verfahren ist.[75] Die Mitbestimmung erstreckt sich vor allem darauf, **welche konkreten Gefahren zu analysieren** sind (»Nach welchen Risiken wird gesucht?«) und nach **welchen Kriterien** die **Person** oder Institution **ausgewählt** wird, die die Gefährdungsbeurteilung vornehmen soll.[76] Weiter erstreckt sich das Mitbestimmungsrecht auf die Frage, inwieweit die Arbeitsbedingungen mehrerer Beschäftigter gleichartig sind (so dass nur ein Arbeitsplatz untersucht werden muss), welche Methoden angewandt werden sollen (oben Rn. 29) und welches Verfahren zu praktizieren ist.[77] Dass bereits eine bestimmte Gesundheitsgefahr besteht (und bewiesen werden kann!), ist nicht erforderlich.[78] 30

Der Betriebsrat kann jederzeit von seinem **Initiativrecht** Gebrauch machen und eine Gefährdungsbeurteilung verlangen. Das gilt auch dann, wenn sich die **Umstände geändert** haben, die einer in der Vergangenheit vorgenommenen Gefährdungsbeurteilung zugrunde lagen: Eine andere Arbeitsorganisation oder andersartige Arbeitsabläufe rechtfertigen eine erneute Untersuchung, es sei denn, es läge nur eine geringfügige Modifikation vor. Dass seit 2013 ausdrücklich auch die **psychischen Belastungen einzubeziehen** sind, rechtfertigt für sich allein eine neue 31

74 Renker/Hellwig, CuA 10/2020, 13.

75 Richtig Balikcioglu, NZA 2015, 1424, 1425: Auf die Besonderheiten jedes einzelnen Unternehmens ist Rücksicht zu nehmen.

76 BAG, 8.6.2004 – 1 ABR 13/03, AP Nr. 13 zu § 87 BetrVG 1972 Gesundheitsschutz; 8.6.2004 – 1 ABR 4/03, AP Nr. 20 zu § 76 BetrVG 1972 Einigungsstelle; 12.8.2008 – 9 AZR 1117/06, AP Nr. 29 zu § 618 BGB. Aus der Literatur siehe etwa Balikcioglu, NZA 2015, 1424, 1426; DKW-Klebe, § 87 Rn. 230; Fitting, § 87 Rn. 298; GK-BetrVG-Gutzeit, § 87 Rn. 635 m.w.N.

77 BAG, 19.11.2019 – 1 ABR 22/18, NZA 2020, 266 Tz. 32.

78 BAG, 8.6.2004 – 1 ABR 4/03, AP Nr. 20 zu § 76 BetrVG 1972 Einigungsstelle. Dazu Oberberg/Hien, NZA 2018, 18ff.

Untersuchung, sofern entsprechende Belastungen nicht von vornherein einbezogen wurden oder denkbar fernliegend sind.[79]

dd) Rechte des einzelnen Arbeitnehmers

32 Auch **der einzelne Arbeitnehmer** wird vom Gesetz in die Pflicht genommen. Nach § 15 Abs. 1 ArbSchG muss er entsprechend seinen Möglichkeiten für die Sicherheit und Gesundheit bei der Arbeit Sorge tragen. Außerdem besitzt er gleichfalls einen **Anspruch** auf Durchführung einer Gefährdungsbeurteilung. Allerdings kann er nicht verlangen, dass diese nach bestimmten, von ihm gewünschten Kriterien erfolgt: Insoweit haben allein die Betriebsparteien zu entscheiden.[80] Kommen sie nicht zu einem Konsens, muss die Einigungsstelle festlegen, wer eine Untersuchung über welche Fragen vornimmt.[81]

ee) Das Ergebnis und seine Umsetzung

33 Die Gefährdungsbeurteilung kann zu dem Ergebnis kommen, dass die Arbeitsbelastung – z. B. in der Pflege – zu hoch ist, und daher eine **gesundheitliche Gefährdung der Beschäftigten** besteht.[82] Ob der Sachverständige bei dieser Feststellung stehen bleibt oder auch Mittel zur Abhilfe wie z. B. die Aufstockung von Personal vorschlägt, ist im Prinzip ihm überlassen. In der Regel wird es um **Änderungen der Arbeitsabläufe** oder der Arbeitsorganisation gehen, sofern Formen der Abhilfe überhaupt thematisiert werden.

34 Welchen genauen juristischen Stellenwert die getroffenen Feststellungen haben, ist noch nicht abschließend geklärt. Die neueste Rechtsprechung des BAG spricht der Gefährdungsbeurteilung eine Art »Auslösungseffekt« zu. Wird eine Gefährdung festgestellt, führt dies dazu, dass für den Arbeitgeber nach § 3 Abs. 1 Satz 1 ArbSchG die **Pflicht** entsteht, **die zur Beseitigung dieser Gefährdung erforderlichen Maßnahmen zu ergrei-**

---

79 Über eine positiv zu beurteilende Betriebsvereinbarung zur Gefährdungsbeurteilung bei SAP berichtet Kronig, Gefährdungsbeurteilung in der IT-Branche. SAP-Betriebsvereinbarung gegen psychische Erkrankungen, CuA 11/2014, 13 ff.

80 BAG, 12. 8. 2008 – 9 AZR 1117/06, AP Nr. 29 zu § 618 BGB.

81 Zur Ermittlung psychischer Belastungen siehe Gutjahr/Hampe, DB 2012, 1208; zur Ermittlung von Burnout-Ursachen siehe Sasse, BB 2013, 1717.

82 So im Fall ArbG Kiel, 26. 7. 2017 – 7 BV 67 c/16, NZA-RR 2017, 539 Tz. 18. Siehe weiter den Sachverhalt in LAG Schleswig-Holstein, 17. 7. 2018 – 1 Sa 396/17, mitgeteilt bei Oberberg/Jarosch, NZA-RR 2018, 633, 638. Es reicht das Vorliegen einer »Gefährdung«, eine »Gefahr« (die sich wahrscheinlich verwirklicht) ist nicht erforderlich: BAG, 28. 3. 2017 – 1 ABR 25/15, NZA 2017, 1132 und Oberberg/Hien, NZA 2018, 18 ff.

fen.[83] Da es in aller Regel verschiedene Wege gibt, wie eine solche Pflicht erfüllt wird, greift insoweit das **Mitbestimmungsrecht des Betriebsrats** nach § 87 Abs. 1 Nr. 7 BetrVG ein.[84] Lässt sich kein Konsens finden, entscheidet die Einigungsstelle. So bestätigte etwa das ArbG Kiel[85] einen Einigungsstellenspruch, der den Arbeitgeber verpflichtet hatte, für eine bestimmte Mindestbesetzung mit Pflegepersonal zu sorgen.[86]

Kommt die Gefährdungsbeurteilung zu weitergehenden Schlüssen und macht sie deshalb **konkrete Vorgaben**, müssen diese umgesetzt werden: Die Generalklauseln des Arbeitsschutzgesetzes werden dadurch ausgefüllt und konkretisiert. Diese Kompetenz besitzt nach hier vertretener Auffassung nicht nur der Arbeitgeber (ggf. zusammen mit dem Betriebsrat), sondern auch die Person oder Institution, die mit der Gefährdungsbeurteilung beauftragt ist. Allerdings dürfte es möglich sein, ihre Aufgabenbeschreibung in der Weise zu beschränken, dass nur Feststellungen in Bezug auf eine Gefährdung getroffen werden können. Ist dies anders und werden Gefährdungen festgestellt und Abhilfen vorgeschlagen, entsteht für alle Belegschaftsangehörigen einschließlich der Betriebsratsmitglieder ein **Anspruch** auf Beseitigung der Gefährdung, der sich zumindest auf § 618 BGB stützen lässt.[87] Genauso hat das BAG in Bezug auf **Empfehlungen** entschieden, die **im Rahmen eines BEM-Verfahrens** abgegeben wurden.[88] Auch auf dieser letzten Etappe konsequent zu bleiben und ggf. etwas Verärgerung in Kauf zu nehmen, ist in der Praxis eine wichtige Aufgabe des Betriebsrats. Die »Verärgerung« muss im Übrigen keineswegs automatisch eintreten: **Für jeden** in das betriebliche Gesundheitsmanagement investierten **Euro** kommen in Deutschland Beträge zwischen **1,60 Euro und 2,70 Euro zurück.**[89] 35

ff) Zwei Einigungsstellen?

Das Verfahren, das ein dem Gesundheitsschutz verpflichteter Betriebsrat durchlaufen muss, ist recht langwierig. Zunächst ist mit dem **Arbeitgeber** 36

---

83 BAG, 28.3.2017 – 1 ABR 25/15, NZA 2017, 1132.

84 BAG, 19.11.2019 – 1 ABR 22/18, NZA 2020, 266 Tz. 29.

85 ArbG Kiel, 26.7.2017 – 7 BV 67 c/16, NZA-RR 2017, 539, Tz. 23.

86 In der Revisionsinstanz (BAG, 19.11.2019 – 1 ABR 22/18, NZA 2020, 266) blieb die Frage unentschieden, da der Einigungsstellenspruch aus Verfahrensgründen keinen Bestand hatte. Zu den Entscheidungen der Vorinstanzen siehe Oberberg/Jarosch, NZA-RR 2018, 635.

87 Zustimmend Deinert/Heuschmid/Zwanziger-Heuschmid, § 118 Rn. 61.

88 BAG, 10.12.2009 – 2 AZR 400/08, NZA 2010, 398 Ls. 4; zustimmend Balikcioglu, NZA 2015, 1424, 1429.

89 Nachweise bei Balikcioglu, NZA 2015, 1424, 1433.

über die Art und Weise der Gefährdungsbeurteilung zu verhandeln. Führt dies zu keinem Erfolg, muss die Einigungsstelle entscheiden. Wird eine Gefährdung festgestellt, so beginnt ein **zweites Verfahren** über die konkreten zu ergreifenden Maßnahmen. Dieses kann seinerseits wieder bis zu einer Einigungsstelle führen. Deren Spruch stellt aber keinen vollstreckbaren Titel dar. Vielmehr müsste erst ein Beschlussverfahren eingeleitet werden, um für die praktische Umsetzung der Einigungsstellenentscheidung zu sorgen. Der aus der Praxis kommende Versuch, eine einzige Einigungsstelle sowohl über die Art und Weise der Gefährdungsbeurteilung als auch über die später zu ergreifenden Maßnahmen einzusetzen, ist beim BAG gescheitert: Die zweite Einigungsstelle könne nicht »auf Vorrat« eingesetzt werden, da erst geklärt sein müsse, dass eine Verständigung in Verhandlungen nicht zustande kommen könne.[90] Dies ist unbefriedigend, zumal die Einigungsstelle bei Beginn der zweiten Etappe ihr Verfahren aussetzen könnte, um die Möglichkeit einer Einigung im Verhandlungswege zu sichern.

---

90 BAG, 19.11.2019 – 1 ABR 22/18, NZA 2020, 266.

§ 7 Arbeitnehmerdaten im Internet

I. Sachverhalte

In den beiden vorhergehenden Paragraphen ging es ausschließlich um das Verhältnis Arbeitgeber-Arbeitnehmer, um den Schutz des Arbeitnehmers im Arbeitszeitrecht und im Arbeitsschutzrecht. Alles spielte sich in der »Innensphäre« des Unternehmens ab. **Neue Probleme** stellen sich, **wenn die Grenzen des Unternehmens überschritten** sind. Das kann in verschiedener Form erfolgen. 1

Verbreitet findet sich ein **konzernweites Intranet**, das von der Konzernspitze, einem einzelnem Konzernunternehmen oder einer speziellen DV-Tochter verwaltet wird. Bei seiner Nutzung werden Arbeitnehmerdaten notwendigerweise auch bei anderen Konzernunternehmen gespeichert und dort ggf. verarbeitet. 2

> **Beispiel:**
> Der in der Tochtergesellschaft A tätige Angestellte schickt eine E-Mail an einen Mitarbeiter der Konzernspitze oder an einen von dieser eingesetzten Kundendiensttechniker.
> **Oder:** Im Intranet ist das interne Telefonverzeichnis jedes zum Konzern gehörenden Unternehmens zugänglich, wo auch die Stellung des Einzelnen in der betrieblichen Hierarchie vermerkt ist.

Bei multinationalen Konzernen überschreitet das Intranet die nationalen Grenzen. So wurde schon vor längerer Zeit berichtet, dass die Firma Siemens ein weltweites Netz besitze, auf das rund 80 % aller Mitarbeiter Zugriff hätten.[1] Auch dabei können Mitarbeiterdaten eine erhebliche Rolle spielen. 3

1 Klebe/Wedde, in: FS 50 Jahre Arbeitsgerichtsbarkeit Rheinland-Pfalz, S. 350.

> **Beispiel:**
> Ein amerikanisches IT-Unternehmen unterhält in Deutschland und den deutschsprachigen Nachbarländern einen mehrere tausend Mitarbeiter umfassenden Kundendienst, der zahlreiche Unternehmen betreut. An den einzelnen Standorten ist man jeweils auf bestimmte Produkte, z. B. auf eine besondere Art von Software, spezialisiert. Reichen nun in einer Niederlassung die »Bordmittel« nicht aus, um ein schwieriges Problem zu bewältigen, werden die Spezialisten kontaktiert. Um die Arbeitsplanung zu erleichtern, lässt sich über das Intranet feststellen, wer von den Spezialisten in der folgenden Woche bereits »ausgebucht« ist, und wer noch über freie Kapazitäten verfügt. So können etwa aus der Schweiz oder aus Österreich jederzeit Daten über deutsche Mitarbeiter abgerufen werden.

In beiden Fällen stellt sich das Problem, ob die Preisgabe von Arbeitnehmerdaten »nach außen« mit dem Arbeitsvertrag und dem Datenschutzrecht vereinbar ist.

4 Beides sind traditionelle Probleme, die hier aus Raumgründen nicht vertieft werden sollen. Formal befinden sich die Beschäftigtendaten zwar im Internet, doch sind sie grundsätzlich nicht für Dritte zugänglich. Deshalb soll insoweit auf anderwärts gemachte Ausführungen verwiesen werden.[2]

5 Zusätzliche und hier zu behandelnde Fragen ergeben sich dann, wenn **Arbeitnehmerdaten** außerhalb des »Firewalls« **im Internet** auftauchen und frei zugänglich sind. **Darf der Arbeitgeber** beispielsweise **Name**, **Foto**, Anschrift und vor allem Qualifikation einzelner Mitarbeiter **ins Internet stellen**, um nach dem Motto »Dufte Truppe« für seinen Betrieb zu werben? Was geschieht mit den Arbeitnehmerdaten, die beim Provider und an anderer Stelle im Internet automatisch anfallen?[3] Das ist etwa bei einer E-Mail-Adresse der Fall, die den Namen des Arbeitnehmers trägt, doch ist auch denkbar, dass sich der Arbeitnehmer mit seinem eigenen Namen auf einer Webseite anmeldet. Welche Konsequenzen ergeben sich, wenn der solchermaßen ins Licht der Öffentlichkeit gerückte Arbeitnehmer auf einer Bewertungsplattform angegriffen und beleidigt wird? Oder wenn Kunden (sachlich oder unsachlich) über ihre Erfahrungen mit Beschäftigten des Unternehmens auf dessen Facebook-Seite berichten? Wie ist mit Fehlern umzugehen, die der Arbeitnehmer im Netz begeht? Etwa mit Aussagen, die später als Verrat von Betriebsgeheimnissen qualifiziert werden?

6–51 *[Nicht belegt]*

---

2 Däubler, Gläserne Belegschaften, Rn. 450–454 (Konzerne innerhalb der EU), 480 ff. (Konzerne mit größeren oder kleineren Teilen in Drittstaaten).

3 Dazu eingehend Gridl, S. 67 ff.

II. Auftritt des Beschäftigten im Internet

1. Die bewusste Verwendung seiner Daten auf der Website des Arbeitgebers

Auch aus den Berichten von Landesdatenschutzbeauftragten wird deutlich, dass **öffentliche Stellen und private Firmen** gleichermaßen **Daten ihrer Mitarbeiter ins Internet stellen.**[4] Erfasst sind etwa Name, Titel, Qualifikation, Arbeitsgebiet und Erreichbarkeit per Telefon, Fax oder E-Mail. Nicht selten finden sich auch Fotos auf den Websites der Unternehmen. Das OVG Nordrhein-Westfalen hatte als erstes über die Frage zu entscheiden, ob es der Mitbestimmung des Personalrats nach § 72 Abs. 3 Nr. 1 LPersVG NW a. F. unterlag, wenn der Rektor einer Hochschule Angaben über die dort tätigen Professoren im Internet bekannt gab.[5] Einige Jahre später hatten des **OVG Rheinland-Pfalz**[6] und als Revisionsinstanz das **BVerwG**[7] darüber zu befinden, ob der Dienstherr auch ohne ausdrückliche Rechtsgrundlage befugt sei, Name, Funktion und dienstliche Erreichbarkeit eines Beamten ins Netz zu stellen. Beide Gerichte bejahten dies und stellten dabei auf die organisatorische Entscheidung zugunsten einer **bürgernahen, »personalisierten« Verwaltung** ab, die zugleich den Inhalt des Beamtenverhältnisses mitbestimme. Eine Grenze sei nur dann überschritten, wenn der Bekanntgabe »Sicherheitsbedenken« entgegenstehen würden. Die Arbeitsgerichtsbarkeit hatte sich damit zu befassen, ob von einer im Jugendamt beschäftigten Arbeitnehmerin verlangt werden könne, bei allen dienstlichen Schreiben sowie in ihrer dienstlichen E-Mail-Adresse auch den **Vornamen** zu **benutzen**, was mit ähnlichen Erwägungen bejaht wurde.[8] Das **BAG** hatte im Bereich der Privatwirtschaft die Frage dahinstehen lassen.[9] In der Literatur wurde die Zulässigkeit nach Arbeitsvertrags- und Datenschutzrecht lange Zeit nur von wenigen Autoren kurz angesprochen.[10] 52

4 Nachweise bei Gola, MMR 1999, 323. Die folgenden Ausführungen entsprechen im Wesentlichen den in Däubler, Gläserne Belegschaften, Rn. 464ff. gemachten.
5 OVG Nordrhein-Westfalen, Beschluss v. 20.1.2000 – 1 A 128/98.PVL, RDV 2000, 171 = PersR 2000, 456; zu dieser Entscheidung siehe auch CF 2/2001, 33f.
6 OVG Rheinland-Pfalz, 10.9.2007 – 2 A 10413/07, K&R 2007, 671 = RDV 2008, 27.
7 BVerwG, 12.3.2008 – 2 B 131/07, ZTR 2008, 406 = DuD 2008, 696.
8 LAG Schleswig-Holstein, 23.1.2008 – 3 Sa 305/07, RDV 2008, 212.
9 BAG, 8.6.1999 – 1 ABR 67/98, DB 1999, 2218.
10 Vgl. etwa Gola, MMR 1999, 323.

53 Personenbezogene Daten ins Internet zu stellen, läuft auf eine **weltweite Veröffentlichung** hinaus.[11] Angesichts der technischen Zugriffsmöglichkeiten ändert daran auch eine weniger weitreichende Absicht der den Netzauftritt vornehmenden Person nichts.[12] Dass dies nicht generell unzulässig sein kann, wird daran deutlich, dass derselbe Effekt **schon auf der Grundlage traditioneller Technologien** eintreten konnte, wenn etwa ein angestellter Journalist in einer überregionalen Tageszeitung Artikel veröffentlichte, oder ein Kommentator der Deutschen Welle seine Meinung zum Besten gab. Auch Buchautoren sind eher erfreut darüber, dass sie außerhalb ihrer näheren Umgebung zur Kenntnis genommen werden. Gleichwohl müssen die Voraussetzungen des Datenschutzrechts gewahrt bleiben. Bedenken könnten in zweierlei Hinsicht bestehen.

54 Kein wirkliches Problem stellt sich im Zusammenhang mit der Zweckbindung beim Übermittlungsempfänger: In Wirklichkeit liegt keine Übermittlung, sondern eine Nutzung – in heutiger Terminologie eine »Verwendung« – vor, so dass sich das Problem der Zweckbindung nicht stellt. Schwieriger ist die Frage zu entscheiden, ob ein Beschäftigter verpflichtet ist, auf seine Person bezogene Daten ins Netz zu stellen oder ein derartiges Verhalten des Arbeitgebers hinzunehmen. In der Literatur wird zum Teil danach unterschieden, ob eine solche **Außendarstellung** des Arbeitnehmers wie z. B. bei einem **Kundenberater** und einem angestellten **Handelsvertreter** nach der Natur des Beschäftigungsverhältnisses geboten sei oder nicht.[13] Soweit es daran fehle, müsse der Arbeitnehmer freiwillig seine Einwilligung zu einer entsprechenden Verbreitung seiner Daten geben.[14]

55 Auch für **Kundenberater** und angestellte **Handelsvertreter** stellt die weltweite Zugänglichkeit einzelner ihrer personenbezogenen Daten ein Novum im Vergleich zu früheren Formen der Außenkontakte dar. Einen älteren Arbeitsvertrag aus der Vor-Internet-Zeit »dynamisch« in dem Sinne auszulegen, dass sich angesichts veränderter Umstände auch neue Pflichten ergeben, ist im Hinblick auf das Schutzprinzip problematisch. Jedenfalls muss man in einer Situation der Uneindeutigkeit auf § 305c

---

11 Der EuGH (6. 11. 2003 – C-101/01 (Bodil Lindqvist), JZ 2004, 242) hat dies für den Anwendungsbereich der Datenschutzrichtlinie verneint, doch ändert dies nichts an den Fakten.

12 Im Fall EuGH, a. a. O., waren Daten, die eine ehrenamtliche kirchliche Mitarbeiterin über ihre Kolleginnen und Kollegen ins Internet gestellt hatte, nur für die Konfirmanden der fraglichen Kirchengemeinde bestimmt.

13 Gola, MMR 1999, 323.

14 Siehe vorangehende Fn. und vor allem Gola, CF 11/2000, 27 ff.; ebenso wohl auch Tinnefeld/Viethen, NZA 2000, 980.

Abs. 2 BGB zurückgreifen, wonach in Zweifelsfällen die dem Arbeitgeber ungünstigere Auslegungsvariante zu wählen ist.[15] Das rechtfertigt es, auch in solchen Fällen eine **ausdrückliche Einwilligung des Arbeitnehmers** zu verlangen. Diese kann bei neueren Arbeitsverträgen bereits in diesen enthalten sein: Wer angesichts der Existenz und der sprunghaft wachsenden Nutzung des Internets etwa eine Stelle als **Pressesprecher** eines Unternehmens oder einer Behörde annimmt oder wer als **Kundenberater** tätig sein will, muss damit rechnen, dass sein Name und seine dienstliche Anschrift auf der Arbeitgeber-Website erscheinen.[16] Ihm wird daher durch eine entsprechende Klausel nichts Ungewöhnliches zugemutet. Fehlt sie, wird in der Regel eine ergänzende Vertragsauslegung zum selben Ergebnis führen.

Liegt ein solcher Spezialfall nicht vor, lässt sich die Veröffentlichung im Internet nur mit der Einwilligung des Betroffenen rechtfertigen. Diese muss den Anforderungen des Art. 6 Abs. 1 Buchst. a in Verbindung mit Art. 4 Nr. 11 DSGVO entsprechen und vor allem **freiwillig** sein.[17] Insoweit kann auf anderwärts gemachte Ausführungen[18] verwiesen werden. Wirbt der Arbeitnehmer freiwillig für ein Produkt des Arbeitgebers und verletzt er dabei die Regeln über den unlauteren Wettbewerb, muss der Arbeitgeber dafür einstehen.[19] Von dieser eher singulären Situation abgesehen, sind vor allem vier Dinge zu beachten: 56

(1) Im Regelfall **dürfen** nur so viele **personenbezogene Daten** der weltweiten Öffentlichkeit zugänglich gemacht werden, wie dies vom **Geschäftszweck** des Arbeitgebers gefordert ist. Über Name, Vorname, Titel, Qualifikation, Funktion und dienstliche Erreichbarkeit hinaus kommen grundsätzlich keine Angaben in Betracht.[20] Eine Ausnahme kann nur dann gelten, wenn sich der Arbeitnehmer bewusst präsentieren will und beispielsweise Angaben wie den Ort des Abschlussexamens, Erfindungen 57

---

15 Ebenso für allgemeine Arbeitsbedingungen schon zum alten Recht BAG, 25.5.1973 – 3 AZR 405/72, AP Nr. 160 zu § 242 BGB Ruhegehalt; 12.2.1985 – 3 AZR 183/83, AP Nr. 12 zu § 1 BetrAVG; 18.9.1991 – 5 AZR 650/90, AP Nr. 14 zu § 339 BGB = EzA § 339 BGB Nr. 7.

16 Ebenso Gola/Heckmann-Gola, § 26 Rn. 97; SHS-Seifert, Art. 88 Rn. 183. Im Ansatz ebenso, aber den Personenkreis sehr viel weiter ziehend, Beckschulze/Henkel, DB 2001, 1496.

17 Ebenso zum alten Recht Gola, MMR 1999, 323.

18 Däubler, Gläserne Belegschaften, Rn. 135ff.

19 So LG Freiburg, 4.11.2013 – 12 O 83/13, K&R 2014, 133.

20 Ähnlich SHS-Seifert, Art. 88 Rn. 183, der jedoch auch den Lebenslauf einbeziehen will. Zur Schadensersatzpflicht bei unerlaubter Nutzung eines Fotos zu Werbezwecken AG Rüsselsheim, 10.10.2001 – 3 C 806/01, RDV 2002, 132 = MDR 2002, 32.

und Auszeichnungen sowie seine Publikationen angeben möchte, wie sie üblicherweise in einem »Who is Who« erscheinen. Trägt der Arbeitgeber einem solchen Wunsch Rechnung, ist an der Freiwilligkeit der Einwilligung in aller Regel nicht zu zweifeln.

58 (2) Auf der anderen Seite sollte man dem **Arbeitnehmer** entsprechend dem Rechtsgedanken des Art. 7 Abs. 3 DSGVO das **Recht** einräumen, die Verwendung seiner Daten für die Zukunft zu untersagen.[21] Das gilt jedoch nicht, soweit die Veröffentlichung ausdrücklicher Bestandteil des Arbeitsvertrags war, da der Arbeitgeber dann auf den Fortbestand vertrauen durfte.[22] Soweit die Geschäftszwecke des Arbeitgebers die Nennung einer Person erfordern, ist als »Auffanglösung« ein **Pseudonym** zu wählen, das auch beim E-Mail-Anschluss Verwendung finden muss.

59 (3) Fragt der Arbeitgeber eine Mehrzahl von Arbeitnehmern, ob sie mit der Veröffentlichung bestimmter Daten einverstanden sind, greift **§ 94 BetrVG** ein. Auch schafft das Stellen personenbezogener Daten ins Netz ggf. erweiterte Kontrollmöglichkeiten (wenn z. B. die Zahl der Kontaktaufnahmen erfasst wird), sodass auch § 87 Abs. 1 Nr. 6 BetrVG Anwendung findet.[23]

60 (4) Die Nennung personenbezogener Daten muss unterbleiben, wenn dem **»Sicherheitsbedenken«** entgegenstehen – so die einheitliche Meinung in der Rechtsprechung.[24] Diese können einmal mit der **Natur der Behörde** zusammenhängen; der Bundesnachrichtendienst wird nicht die Namen, Funktionen und Telefonnummern seiner Mitarbeiter ins Netz stellen wollen. Sicherheitsbedenken können sich aber auch wegen einer **Gefährdung des Mitarbeiters** selbst ergeben, weil beispielsweise seine Privatadresse und seine private Telefonnummer leichter ermittelbar wird und er sich so Nachstellungen ausgesetzt sieht, die bis zum »Stalking« nach § 238 StGB gehen können. Abstrakte Befürchtungen in dieser Richtung reichen allerdings nicht aus,[25] wohl aber entsprechende Ankündigungen von Besuchern oder Kunden sowie Drohbriefe.

---

21 Dafür Ruppmann, S. 63; Weichert, DANA 4–5/1996, 9, 13.

22 Vgl. Gola/Heckmann-Gola, § 26 Rn. 98.

23 Zur Personalvertretung siehe Schierbaum, PersR 2010, 268 ff.

24 BVerwG, 12. 3. 2008 – 2 B 131/07, ZTR 2008, 406 = DuD 2008, 696; OVG Rheinland-Pfalz 10. 9. 2007 – 2 A 10413/07, K&R 2007, 671 = RDV 2008, 27; LAG Schleswig-Holstein, 23. 1. 2008 – 3 Sa 305/07, RDV 2008, 212.

25 LAG Schleswig-Holstein, 23. 1. 2008 – 3 Sa 305/07, RDV 2008, 212.

2. Der Sonderfall: Fotos im Internet

Nach der Sondervorschrift des **§ 22 KUG** dürfen Fotos generell nur mit Einwilligung des Abgebildeten verbreitet werden.[26] Ein »Verbreiten« stellt auch die Übersendung per E-Mail dar.[27] Die **Einwilligung** muss den allgemeinen Voraussetzungen entsprechen.[28] Daran fehlt es, wenn ein Foto der betroffenen Person von ihr lediglich in ihr Facebook-Profil eingestellt wurde: Damit ist keine Ermächtigung für Dritte verbunden, es für ihre Zwecke zu verwenden.[29] Außerdem muss sie »freiwillig« erfolgen.[30] 61

Neben der Einwilligung kann es **auch andere rechtliche Gründe** geben, weshalb ein Foto erstellt und weiter verwertet wird. So ist etwa der **Arbeitsvertrag** mit einem Mannequin oder einem Fernsehschauspieler nur dann realisierbar, wenn es auch zu Abbildungen kommt; ohne solche wäre er sinnlos. Hier ist der Arbeitsvertrag nach § 26 Abs. 1 Satz 1 BDSG **die entscheidende Grundlage**, nicht eine unabhängig davon erteilte Einwilligung.[31] Käme es allein auf die letztere an, könnte sich der Arbeitnehmer jederzeit fristlos von seiner aus dem Arbeitsvertrag folgenden Hauptverpflichtung lossagen, indem er sein Widerrufsrecht nach Art. 7 Abs. 3 DSGVO ausüben würde. Der Vertrag kann aber nur dann Grundlage sein, wenn die Erstellung und Verbreitung von Fotos zu seinem notwendigen Inhalt gehört. Wird das Bild eines sonstigen Arbeitnehmers etwa zu (weit verstandenen) Werbezwecken ins Netz gestellt, bedarf es demgegenüber der Einwilligung. Wird diese nicht erteilt, erfolgt gleichwohl aber eine Verbreitung, so macht sich der Arbeitgeber schadensersatzpflichtig,[32] was auch den immateriellen Schaden umfasst.[33] Das gleiche gilt, wenn sich der Arbeitnehmer als **Teil einer Gruppe auf einer** 61a

---

26 Wurzberger, CuA 10/2020, 25ff. Dies gilt auch dann, wenn man § 22 KUG als durch die DSGVO verdrängt ansieht. Siehe OVG Lüneburg 19.1.2021 – 11 LA 16/20, RDV 2021, 108.

27 LG Frankfurt/Main, 26.9.2019 – 2-03 O 402/18, ZD 2020, 204.

28 Eingehend Lorenz, ZD 2012, 367ff.

29 Ebenso für das Profilbild bei Xing LG Frankfurt/Main, 26.9.2019 – 2–03 O 402/18, ZD 2020, 204. Für konkludente Einwilligung dagegen OLG Köln, 9.2.2010 – 15 U 107/09, MMR 2011, 323 = RDV 2010, 127. Nach EuGH, 7.8.2018 – C-161/17, K&R 2018, 562 stellt die Übertragung von einer Website auf eine andere eine Verletzung des Urheberrechts des Fotografen dar.

30 Zu den Voraussetzungen der Freiwilligkeit Däubler, Gläserne Belegschaften, Rn. 135ff.

31 Ebenso im Ergebnis Aßmus/Winzer, ZD 2018, 508, 511.

32 ArbG Münster, 25.3.2021 – 3 Ca 391/20, ZD 2021, 534 = CuA 11/2021, 38 mit Anm. Wurzberger.

33 ArbG Lübeck, 20.6.2019 – 1 Ca 538/19, ZD 2020, 422; ebenso Grimm/Singraven-Grimm/Singraven, § 27 Rn. 27.8.

Fanpage (des Unternehmens oder eines Dritten) wiederfindet und wenn er dabei als Person erkennbar und individualisierbar ist.[34] Erst recht ist ein gezieltes Fotografieren fremder Personen in der Öffentlichkeit und die nachfolgende Verbreitung des Fotos ohne Einwilligung unzulässig.[35]

62 Auch die nach § 22 KUG gegebene **Einwilligung** kann mit Wirkung für die Zukunft **widerrufen** werden. Das folgt aus Art. 7 Abs. 3 DSGVO.[36] Die §§ 22, 23 KUG gelten zwar jedenfalls weiter, soweit es um die Verfolgung von journalistischen Zwecken oder um die Durchführung von Beschäftigungsverhältnissen geht: insoweit enthält die DSGVO in Art. 85 bzw. in Art. 88 Öffnungsklauseln.[37] Dass damit aber auch von dem in Art. 7 Abs. 3 DSGVO garantierten Widerrufsrecht abgewichen werden kann, lässt sich schwerlich behaupten, da die Regelung der Einwilligung in Art. 7 DSGVO eine selbstständige Materie ist, die keine Öffnungsklausel enthält. Ist das Widerrufsrecht nicht ausdrücklich im Arbeitsvertrag oder einer sonstigen Abrede zwischen Arbeitgeber und Arbeitnehmer festgehalten,[38] wird zum Teil erwogen, es vom Vorliegen eines wichtigen Grundes abhängig zu machen. Das lässt sich unter dem Art. 7 Abs. 3 DSGVO nicht mehr aufrechterhalten. Der Arbeitnehmer kann also mit Wirkung für die Zukunft sein **Werbefoto** von der Website des Arbeitgebers **zurückrufen** – ob er dies mit Rücksicht auf die Beziehungen zum Arbeitgeber wirklich tut, steht auf einem anderen Blatt.

62a **Scheidet** der **Arbeitnehmer aus dem Arbeitsverhältnis aus,** kann unterstellt werden, dass er nicht mehr damit einverstanden ist, dass der frühere Arbeitgeber weiter mit seinem Bild wirbt. Anders verhält es sich dann, wenn es bei der Darstellung nicht gerade auf ihn als Person ankam.[39] Im ersten Fall ist jeder Hinweis auf die fragliche Person automatisch vom

---

34 OVG Lüneburg, 19.1.2021 – 11 LA 16/20, CuA 6/2021, 38 mit Anm. Wurzberger. Hier lag eine Verwarnung des Verbreiters durch die Aufsichtsbehörde vor, die vor den Verwaltungsgerichten angefochten wurde.

35 AG Hamburg, RDV 2021, 233.

36 Einzelheiten siehe Däubler, Gläserne Belegschaften, § 4 VI (Rn. 169ff.); Wurzberger, CuA 10/2020, 27. Anders Zielbauer RDV 2021, 200ff., der im Rahmen des § 22 KUG einen besonderen Widerrufsgrund verlangt, den § 22 aber für nicht mehr anwendbar hält.

37 Dazu Aßmus/Winzer, ZD 2018, 508, 512. Ebenso für den Fall der journalistischen Nutzung OLG Köln, 18.6.2018 – 15 W 27/18, ZD 2018, 434 = RDV 2018, 285.

38 Eine entsprechende Klausel existierte im Fall ArbG Frankfurt/Main, 20.6.2012 – 7 Ca 1649/12, DuD 2013, 185 = ZD 2012, 530.

39 BAG, 11.12.2014 – 8 AZR 1010/13, NZA 2015, 604; LAG Köln, 10.7.2009 – 7 Ta 126/09, K&R 2010, 144 = DuD 2009, 765; ähnlich LAG Rheinland-Pfalz, 30.11.2012 – 6 Sa 271/12, ZD 2013, 286.

Verantwortlichen zu entfernen.[40] Im zweiten muss der Ausgeschiedene die Entfernung ausdrücklich verlangen.[41] Dabei muss ihm entgegen einer zum bisherigen Recht ergangenen BAG-Entscheidung[42] kein plausibler Grund zur Seite stehen; vielmehr greift in solchen Fällen das freie Widerrufsrecht nach Art. 7 Abs. 3 DSGVO ein. Die Rechtsprechung ist insoweit überholt.[43]

Spezielle Probleme ergeben sich dann, wenn das **Foto** des Arbeitnehmers **Teil einer größeren Abbildung** ist und die Entfernung einer Person eine sichtbare Lücke hinterlassen und deshalb Irritationen beim Betrachter hervorrufen würde. Das ArbG Frankfurt/Main[44] nennt als alternative Mittel das Retuschieren und das Verpixeln des Gesichts sowie das Hinzufügen schwarzer Balken, wie dies bei der Boulevard-Presse üblich sei. Je nach Kontext wird das Retuschieren des Gesichts die schonendste Maßnahme sein, die einerseits die Rechte des Betroffenen wahrt, andererseits jedoch die Interessen des Arbeitgebers nicht beeinträchtigt. **63**

Befindet sich das Foto auf einer Website, so ist das Setzen eines Links, der dorthin führt, unproblematisch. Das Urheberrecht des Fotographen ist jedoch verletzt, wenn das Bild **auf eine andere Website übernommen** wird.[45] **63a**

3. Bewertungsportale

a) Die Spickmich-Entscheidung des BGH

Wer mit einem Teil seiner Personalien im Internet steht, kann leichter als andere einer Beurteilung durch Dritte unterzogen werden, doch sind auch andere Personen mit Kundenkontakt davor nicht sicher. Viel öffentliche Aufmerksamkeit hat die **»spickmich«-Entscheidung des BGH** erfahren, die die anonyme Bewertung von Lehrern in einem Internetportal zum Gegenstand hatte.[46] **64**

40 Siehe den Sachverhalt in LG Köln, 8.6.2011 – 28 O 859/10, RDV 2012, 253, wo von einer Call-Girl-Agentur weiter mit dem Namen und dem Bild einer inzwischen ausgeschiedenen Frau geworben wurde.
41 Ebenso Wurzberger, CuA 10/2020, 28.
42 BAG, 11.12.2014 – 8 AZR 1010/13, NZA 2015, 604.
43 Ebenso im Ergebnis Grimm/Singraven-Grimm/Singraven, § 27 Rn. 27.10.
44 ArbG Frankfurt/Main, 20.6.2012 – 7 Ca 1649/12, ZD 2012, 530, 531 = DuD 2013, 185.
45 EuGH, 7.8.2018 – C-161/17, K&R 2018, 562.
46 BGH, 23.6.2009 – VI ZR 196/08, NJW 2009, 2888.

Bei »spickmich« handelte es sich um ein sog. Community-Portal, dessen Inhalt in dem vom Betreiber vorgegebenen Rahmen von den Nutzern gestaltet werden kann. Wer den Namen einer bestimmten Schule kennt, kann sich unter einem Benutzernamen anmelden und u.a. Beurteilungen über Lehrer abgeben, die sich nach der üblichen Notenskala von 1 bis 6 richten und bei der bestimmte Fragen wie »Gut vorbereitet?«, »cool und witzig?«, »motiviert?« vorgegeben sind. Sobald vier Beurteilungen über einen Lehrer vorlagen, wurde ein Durchschnitt errechnet und auf der Website bekannt gemacht. Eine Deutsch-Lehrerin hatte auf der Grundlage von vier Bewertungen die Gesamtnote 4,3 erhalten und klagte gegen den Betreiber auf Entfernung der auf sie bezogenen Aussagen aus dem Portal. Diese konnten von jedem Nutzer abgerufen werden.

65 Rechtsgrundlage für die Speicherung und Übermittlung an die Nutzer war § 29 Abs. 1 BDSG a.F., da die Daten zur Weitergabe an Dritte und nicht für eigene Geschäftszwecke erhoben und gespeichert wurden.[47] Das erfolgte auch »geschäftsmäßig«, was keine Gewinnerzielungsabsicht, sondern lediglich voraussetzt, dass die Tätigkeit »auf Wiederholung gerichtet und auf eine gewisse Dauer angelegt ist.«[48] Entscheidende Frage war, ob Grund zu der Annahme bestand, dass die Lehrerin ein schutzwürdiges Interesse hatte, die Speicherung und Übermittlung der Daten zu verhindern (§ 29 Abs. 1 Satz 1 Nr. 1 BDSG a.F.). Um dies zu bestimmen, war eine Abwägung zwischen ihrem informationellen Selbstbestimmungsrecht und der Kommunikationsfreiheit der Nutzer nach Art. 5 Abs. 1 GG erforderlich.[49]

Spielte es eine Rolle, dass die Bewertungen anonym abgegeben wurden? Der BGH folgte der Auffassung des Bundesverfassungsgerichts, wonach auch anonyme Meinungsäußerungen den Schutz des Grundrechts aus Art. 5 Abs. 1 GG genießen. Das rechtfertige sich damit, dass andernfalls wegen Angst vor Repressalien oder anderen negativen Folgen eine »Selbstzensur« nicht auszuschließen wäre.[50]

66 Die **Abwägung**, die der BGH vornahm, fiel **zu Lasten der Lehrerin** aus. Sie sei lediglich in ihrer »Sozialsphäre« berührt und dies nicht in besonders gravierender Weise, weil jedermann wisse, dass Schülermei-

47 BGH, a.a.O., Tz. 23ff.

48 Für Anwendung des § 30a BDSG a.F. (Markt- und Meinungsforschung) demgegenüber Iraschko-Luscher/Kiekebeck, ZD 2012, 263.

49 BGH, a.a.O., Tz. 27.

50 BGH, a.a.O., Tz. 38.

nungen nicht im Entferntesten mit objektiven Beurteilungen nach Art eines Warentestes zu vergleichen seien. Anhaltspunkte dafür, dass eine unsachliche Schmähkritik oder eine Formalbeleidigung vorgelegen habe, seien nicht vorhanden. Auch liege **keine Stigmatisierung, soziale Ausgrenzung oder Anprangerung** vor, die als Angriff auf die Menschenwürde zu qualifizieren wären.[51]

b) Weitere Anwendungsfälle

Das OLG Frankfurt/Main[52] und der BGH[53] haben dieselben Grundsätze auf ein **Bewertungsportal für Ärzte** angewandt und die dort eingestellten Erfahrungen und Bewertungen als grundsätzlich rechtmäßig angesehen. Sie haben gleichfalls § 29 Abs. 1 BDSG a. F. angewandt und ausdrücklich auch anonyme Beiträge zugelassen. Unzutreffende Tatsachenbehauptungen und beleidigende Bewertungen könne der Arzt durch Vorgehen gegen den Portalbetreiber – notfalls im Wege des einstweiligen Rechtsschutzes – aus der Welt schaffen.[54] Inzwischen haben sich zahlreiche Portale etabliert, auf denen neben Professoren (*www.meinprof.de*), Handwerkern[55] und Gastronomen[56] **auch Arbeitgeber beurteilt** werden (z. B. *www.kununu.com* oder: *www.meinchef.de*). Die rechtliche Zulässigkeit von Bewertungsportalen als solchen steht außer Zweifel,[57] doch ist es nicht unbedingt empfehlenswert, den eigenen Arbeitgeber dort unter voller Offenlegung des eigenen Namens zu kritisieren.[58] Bei eBay findet seit langem eine Bewertung der Vertragspartner statt, die allerdings anders als bei den Plattformen auf Gegenseitigkeit beruht.[59] Nach neuem Recht ist Rechtsgrundlage Art. 6 Abs. 1 Buchst. f DSGVO; das »berech- 67

51 BGH, a. a. O., Tz. 31 ff.

52 OLG Frankfurt/Main, 8. 3. 2012 – 16 U 125/11, ZD 2012, 274; vgl. auch LG Hamburg, MMR 2011, 488.

53 BGH, 23. 9. 2014 – VI ZR 358/13, K&R 2014, 802.

54 BGH, 23. 9. 2014 – VI ZR 358/13, K&R 2014, 802, 806 Tz. 36. Auf diese Möglichkeiten verweist auch LG Kiel, 6. 12. 2013 – 5 O 372/13, RDV 2014, 217. Weitere Rechtsprechung zu Ärzteportalen BGH, 1. 7. 2014 – VI ZR 345/13, NJW 2014, 2651 – Ärztebewertungsportal I; 23. 9. 2014 – VI ZR 358/13, NJW 2015, 489 ff. – Ärztebewertungsportal II; 1. 3. 2016 – VI ZR 34/15, NJW 2016, 2106 – Ärztebewertungsportal III; 20. 2. 2018 – VU ZR 30/17, ZD 2018, 532 – Ärztebewertungsportal IV; 12. 10. 2021 – VU ZR 489/19, ZD 2022, 225 – Ärztebewertungsportal V; 15. 2. 2022 – VI ZR 592/20, ZF 2022, 329 – Ärztebewertungsportal VI.

55 *www.bewertet.de/bewertung/handwerker-bewertung.*

56 Dazu Günther, NJW 2013, 3275.

57 Vonhoff, MMR 2012, 571 m. w. N.

58 Zu möglichen Rechtsverstößen siehe Besgen/Prinz-Marcone, § 1 Rn. 63 f. und oben § 4 IV (Rn. 31 ff.).

59 Iraschko-Luscher/Kiekenbeck, ZD 2012, 261.

tigte Interesse« des Portalbetreibers und desjenigen, der seine Meinung äußert, findet eine Grenze nur in den allgemeinen Schranken der Meinungsfreiheit. Auch auf einer Hosting-Plattform kann die Leistung eines Arbeitnehmers negativ bewertet werden, doch besteht keine Notwendigkeit, dabei seinen Familiennamen zu nennen; dies würde eine gewisse Prangerwirkung entfalten. Außerdem wäre der Informationsgehalt für Dritte nicht wesentlich geringer, wenn der Familienname (im konkreten Fall: der Bedienung in einer Gaststätte) nicht erwähnt würde.[60]

III. Wie kann sich der kritisierte oder beleidigte Arbeitnehmer zur Wehr setzen?

68 Was kann die betroffene Person tun, wenn sie die Beurteilung als falsch, unsachlich oder diffamierend ansieht? Kann sie ihre Ehre oder ihr berufliches Ansehen gegen den Kritiker oder gegen den Portalbetreiber verteidigen? Muss der Arbeitgeber notfalls für einen Ausgleich sorgen? Aber zunächst ergibt sich eine Vorfrage: Kann die beurteilte Person verlangen, in Zukunft in dem Portal gar nicht mehr in Erscheinung zu treten?

1. Exit-Strategie?

68a Kann eine beurteilte Person von ihrem informationellen Selbstbestimmungsrecht in der Weise Gebrauch machen, dass sie **dem Portal die Aufnahme ihrer personenbezogenen Daten generell untersagt**? Dies ganz allgemein zu bejahen, würde die Rechte des Portalbetreibers missachten, der sich seinerseits auf das Grundrecht auf berufliche Betätigung nach Art. 12 Abs. 1 GG berufen kann. Die von Art. 6 Abs. 1 Buchst. f DSGVO in solchen Fällen verlangte Abwägung zwischen den beiderseitigen Grundrechten führt dazu, dass jedenfalls öffentlich wahrnehmbare Umstände wie **Name, Anschrift und fachliche Spezialisierung gespeichert** werden dürfen. Nach der Rechtsprechung gilt dies auch für Beurteilungen, die einzelne Kunden abgegeben haben.[61] Die Abwägung führt zu einem **abweichenden Ergebnis**, wenn sich das Portal nicht auf Infor-

---

60 Anders OLG Hamm, 29.6.2021 – 14 U 189/20, ZD 2022, 42; wie hier Gulden, Anm. zu OLG Hamm, ZD 2022, 44.

61 BGH, 23.9.2014 – VI ZR 358/13, ZD 2015, 85, bestätigt durch BGH, 20.2.2018 – VI ZR 30/17, ZD 2018, 532 Tz. 14 – Ärztebewertungsportal IV; 15.2.2022 – VI ZR 692/20, ZD 2022, 329 Tz. 16ff. – Ärztebewertungsportal VI.

mation beschränkt, sondern in der Darstellung diejenigen bevorzugt, die ein »Servicepaket« gegen Entgelt erwerben und so »**Premium-Partner**« werden: Nicht nur, dass sie mehr Raum für ihre Selbstdarstellung erhalten. Wenn der Name eines Nicht-Premium-Teilnehmers aufgerufen wird, erscheinen gleichzeitig weitere Anbieter desselben Fachgebiets (mit Entfernungsangabe), während bei Premium-Mitgliedern auf eine derartige »Werbung für die Konkurrenz« von vorneherein verzichtet wird. In einer solchen Konstellation kommt dem **informationellen Selbstbestimmungsrecht** das **höhere Gewicht** zu; die betroffene Person kann die weitere Verarbeitung ihrer Daten verbieten.[62] Abweichend wird dann entschieden, wenn die unterschiedliche Behandlung sehr viel weniger ausgeprägt ist und das berechtigte Interesse des Portalbetreibers und insbesondere der Portalnutzer gegenüber dem Interesse des gegen seinen Willen Aufgenommenen überwiegt.[63] So ist es noch hinzunehmen, wenn nur die zahlenden Kunden ein Bild und weitere Informationen über ihre Praxis einstellen können und wenn daraus eine gewisse Bevorzugung bei Google folgt.[64]

2. Ansprüche gegen den »Beurteiler«

Sehr viel häufiger sind die Fälle, in denen es der beurteilten Person nur um 69
die Korrektur einer als unsachlich empfundenen Bewertung geht. Handlungen im Internet unterliegen dem Telemediengesetz (**TMG**)[65] und dem Telekommunikation-Telemedien-Datenschutz-Gesetz (**TTDSG**).[66] Das letztere verpflichtet in § 19 Abs. 2 (genau wie § 13 Abs. 6 TMG in der bis November 2021 geltenden Fassung) den Diensteanbieter, die Nutzung der Telemedien und ihre Bezahlung **anonym oder unter Pseudonym** zu ermöglichen, soweit dies technisch möglich und zumutbar ist. Daraus folgt für den Beurteilten, dass er z. B. bei Schmähkritik und Beleidigungen nur dann gegen deren Urheber vorgehen kann, wenn der Portalbetreiber ihm

---

62 BGH, 20.2.2018 – VI ZR 30/17, ZD 2018, 532 = NJW 2018, 1884 – Ärztebewertungsportal IV mit zust. Anm. Schiff.

63 BGH, 12.10.2021 – VI ZR 489/19, ZD 2022, 225 – Ärztebewertungsportal V. Den Portalen sehr entgegenkommend OLG Frankfurt/Main, 9.4.2020 – 16 U 218/18, ZD 2021, 97.

64 BGH, 15.2.2022 – VI ZR 692/20, ZD 2022, 329 Tz. 29ff. – Ärztebewertungsportal VI.

65 V. 26.2.2007 (BGBl. I S. 179), zuletzt geändert durch Art. 3 des Gesetzes v. 12.8.2021 (BGBl. I S. 3544).

66 V. 23.6.2021 (BGBl. I S. 1982), zuletzt geändert durch Art. 4 des Gesetzes v. 12.8.2021 (BGBl. I S. 3544).

dessen **Kontaktdaten zur Verfügung stellt**. Einen entsprechenden Anspruch hat der **BGH** in der ersten Entscheidung zu den Ärztebewertungsportalen **verneint**.[67] Zwar bestehe nach allgemeinen Grundsätzen ein Auskunftsanspruch aus Treu und Glauben gemäß § 242 BGB im Rahmen eines Rechtsverhältnisses, wenn der Berechtigte in entschuldbarer Weise über Bestehen oder Umfang seines Rechts im Ungewissen sei und der Verpflichtete unschwer die zur Beseitigung dieser Unsicherheit erforderlichen Auskünfte geben könne. Auch sei es zulässig, dabei den Namen dritter Personen zu nennen. Auf der anderen Seite stünden jedoch im vorliegenden Fall datenschutzrechtliche Normen einer Auskunftserteilung entgegen. § 12 Abs. 2 TMG a. F. sehe eine sehr strenge Zweckbindung im Hinblick auf das Nutzungsverhältnis vor. Eine Übermittlung für andere Zwecke komme nur in Betracht, wenn dafür eine besondere Erlaubnis bestehe, die sich ausdrücklich auf Telemedien beziehen müsse. § 242 BGB stelle keine solche Ermächtigungsgrundlage dar, weil genau dieser spezifische Bezug fehle. Daran hat sich auch durch die Neuregelung nichts geändert, da § 24 Abs. 1 Satz 1 und Abs. 3 TTDSG keine Auskünfte über Nutzungsdaten an Privatpersonen erlaubt.

70 Man kann sich die Frage stellen, ob eine solche Abschirmung des Beurteilers zu rechtfertigen ist, der in den Genuss dessen kommt, was man umgangssprachlich als **Narrenfreiheit** bezeichnet. Ein **Risiko** geht er **nur dann** ein, **wenn** er eine **Straftat** begeht und der Diensteanbieter von der zuständigen Behörde, vor allem von der Staatsanwaltschaft aufgefordert wird, die Nutzungsdaten (§ 24 TTDSG) an diese herauszugeben. Auch kann hier das neue »Netzwerkdurchsetzungsgesetz«[68] zur Anwendung kommen, das die Entfernung bestimmter strafbarer Inhalte (insbesondere von Hass-Postings) innerhalb kurzer Frist vorsieht.[69] Eine **Beleidigung** wird dadurch aber grundsätzlich nicht erfasst; außerdem ist sie ein bloßes **Privatklagedelikt**, das von der Staatsanwaltschaft nach § 376 StPO nur verfolgt wird, wenn ein öffentliches Interesse vorliegt. Das ist in der Praxis nur ausnahmsweise der Fall. Tritt ein solcher Fall ein oder handelt es sich gar um ein schwerwiegenderes Delikt, kann der Betroffene als Geschädigter Einsicht in die Strafakten verlangen und so die nötigen Informationen über den Täter gewinnen.[70] Von solchen Sonderfällen ab-

---

67 BGH, 1.7.2014 – VI ZR 345/13, NJW 2014, 2651 – Ärztebewertungsportal I.

68 Gesetz zur Verbesserung der Rechtsdurchsetzung in sozialen Netzwerken v. 1.9.2017, BGBl. I S. 3352. Dazu Bautze, KJ 2019, 203ff.

69 Dazu und zu den zahlreichen unionsrechtlichen und verfassungsrechtlichen Bedenken gegen das Gesetz Spindler, K&R 2017, 533.

70 Vgl. zum Auskunftsanspruch auch Paschke/Halder, MMR 2016, 723ff.

gesehen, ist der Beurteiler praktisch alle Sorgen los.[71] Nur wenn er – aus welchen fernliegenden Gründen auch immer – in die Weitergabe seiner Daten eingewilligt hat, droht ihm eine Inanspruchnahme. Diese Rechtslage hat in der Literatur berechtigte Kritik erfahren,[72] die sich vor allem darauf stützt, dass § 21 Abs. 1 TTDSG für urheberrechtliche Ansprüche eine Ausnahme macht, die im Vergleich zu schweren Ehrkränkungen oft von geringerer Bedeutung sind, sodass beides wertungsmäßig nur schwer zusammenpasst. Die Weitergeltung dieser Normen unter der DSGVO ist dadurch im Grundsatz gesichert, dass es um Telekommunikation geht, für die Art. 95 Abs. 1 DSGVO eine Sonderregelung vorsieht.[73]

3. Ansprüche gegen den Portalbetreiber

Wer als Portalbetreiber Dienste im Internet anbietet, ist nach § 7 Abs. 2 TMG **nicht verpflichtet**, die bei ihm eingestellten **Informationen zu überwachen** oder nach Umständen zu forschen, die auf eine rechtswidrige Tätigkeit hinweisen könnten. Denkbar ist allerdings, dass er sich die Informationen z. B. durch redaktionelle Überarbeitung oder dadurch zu eigen macht, dass er auf Beschwerde der betroffenen Person hin bestimmte Aussagen im Netz belässt, während er andere entfernt:[74] In diesem Fall würde er in vollem Umfang von diesem Zeitpunkt an die zivilrechtliche Verantwortung tragen und ggf. auf Schadensersatz haften. Dafür reicht es allerdings nicht aus, wenn die abgegebenen Bewertungen teilweise automatisch auf »Unregelmäßigkeiten« überprüft werden und eine Durchschnittsnote errechnet wird.[75] Die Schwelle des Zu-eigen-Machens wird daher eher hoch angesetzt – auch dies Ausdruck des allgemeinen Bestrebens, die Entwicklung der Internet-Wirtschaft nicht durch Haftungsnormen zu behindern. Das findet Parallelen in der Externalisierung von Schäden, wie sie etwa im deutschen BGB des Jahres 1896 im Interesse einer reibungslosen weiteren Industrialisierung erfolgte.[76] 71

71 Paal, NJW 2016, 2081.

72 Plath-Hullen/Roggenkamp, § 14 TMG Rn. 21 ff.; Taeger/Gabel-Zscherpe, § 14 TMG Rn. 51 mit Fn. 77.

73 Näher Däubler/Wedde/Weichert/Sommer-Weichert, Einl. TMG, Rn. 45 ff.

74 BGH, 4.4.2017 – VI ZR 123/16, MMR 2017, 526.

75 BGH, 1.3.2016 – VI ZR 34/15, NJW 2016, 2106 Tz. 18 – Ärztebewertungsportal III.

76 Näher dazu Däubler, BGB kompakt, Kap. 25 Rn. 26. Zur Erklärung: »Externalisierung« bedeutet, dass einen eingetretenen Schaden nicht der Verursacher tragen muss, sondern dieser auf andere (in der Regel den Geschädigten oder seine Versicherung) abgewälzt wird.

72 Die faktische **Freistellung** des Portalbetreibers **endet** dann, wenn er von dem Betroffenen **mit einer Rüge konfrontiert** wird, die so konkret gefasst ist, dass der Rechtsverstoß unschwer bejaht werden kann – unterstellt, dass das Vorbringen des Betroffenen richtig ist. In diesem Moment entsteht für den Betreiber eine Nachforschungspflicht; ergibt sich definitiv die Rechtswidrigkeit der Meinungsäußerung, ist diese unverzüglich aus dem Netz zu entfernen (vgl. § 10 Satz 1 Nr. 2 TMG). Unterbleibt das, wäre ein Schadensersatzanspruch gegeben.

73 Die Privilegierung des Diensteanbieters besteht nicht, soweit es um **Beseitigungs- und Unterlassungsansprüche** geht. § 7 Abs. 3 TMG kleidet dies in die Worte, Verpflichtungen zur Entfernung oder Sperrung der Nutzung von Informationen »nach den allgemeinen Gesetzen« würden »unberührt« bleiben. Das betrifft vor allem Ansprüche entsprechend § 1004 BGB; der Betroffene kann also verlangen, dass unwahre Behauptungen über ihn, die sein Persönlichkeitsrecht verletzen, aus dem Netz entfernt werden. Droht eine Wiederholung, kann er auch auf Unterlassung klagen. Dasselbe gilt für veraltete Suchergebnisse, die für die heutige Situation nichts mehr aussagen.[77]

74 Wann sind Bewertungen rechtswidrig und deshalb zu entfernen? Die Rechtsprechung nimmt insoweit eine **Grundrechtsabwägung** vor: Auf der einen Seite steht das Interesse des Betroffenen am Schutz seiner sozialen Anerkennung und seiner (Berufs-)Ehre, die durch Art. 1 Abs. 1, Art. 2 Abs. 1 und Art. 12 Abs. 1 GG sowie Art. 8 Abs. 1 EMRK geschützt sind. Auf der anderen Seite steht die Kommunikationsfreiheit des Portalbetreibers nach Art. 5 Abs. 1 GG und nach Art. 10 EMRK sowie die Meinungsäußerungsfreiheit des Bewertenden nach Art. 5 Abs. 1 GG.[78] Hat im Fall der Bewertung eines Arztes **gar kein Behandlungskontakt** stattgefunden, überwiegen die Grundrechte des Betroffenen; die Bewertung ist rechtswidrig.[79] Dasselbe gilt für eine **Schmähkritik** (die lediglich eine bestimmte Person »fertig machen« will), für eine **Formalbeleidigung** (z. B. Vergleich mit einem sozial wenig angesehenen Tier wie einem Schwein oder einer Ratte) sowie für **Verletzungen der Menschenwürde**; in diesen drei Fällen kann sogar von vornherein eine Abwägung unterbleiben.[80] Auf der anderen Seite sind **wahre Tatsachenbehauptungen** und die daraus abgeleiteten Wertungen so gut wie immer hinzuneh-

77 LG Köln, 28.5.2015 – 28 O 496/14, ZD 2016, 29.

78 BGH, 1.3.2016 – VI ZR 34/15, NJW 2016, 2106 Tz. 31 – Ärztebewertungsportal III.

79 BGH, a. a. O., Tz. 36.

80 BGH, 23.6.2009 – VI ZR 196/08, NJW 2009, 2888 Tz. 34 m. w. N.

men,[81] wobei lediglich das »Recht auf Vergessenwerden«[82] nach längerer Zeit ein gewisses Maß an Abhilfe schafft.[83] Kommt es zu einer Abwägung, gewinnt nach der Rechtsprechung meist die Meinungsfreiheit die Oberhand. So wurde es etwa gebilligt, dass im Spickmich-Fall anonyme (negative) Schülerbewertungen über die fachliche Kompetenz und die gute Vorbereitung einer Lehrerin weiter im Netz blieben, was zusätzlich mit dem Argument begründet wurde, jedermann wisse, dass Bewertungen durch Schüler eine geringe Aussagekraft hätten. Ob damit die Wirkung solcher Bewertungen ausreichend erfasst ist, wird man bezweifeln können; die weitere Tätigkeit der Lehrerin kann erheblich beeinträchtigt sein, wenn die Schüler die schlechte Bewertung weitererzählen und sie deshalb weniger ernst genommen wird als andere Lehrpersonen.

Die jüngste Rechtsprechung hat insoweit ein neues Element eingebracht, 75
als sie den Portalbetreibern **höhere Sorgfaltspflichten** auferlegt, wenn eine Aussage in schlüssiger Weise beanstandet wird. Wie weit in diesem Fall der Überprüfungsaufwand geht, hängt von den Umständen des Einzelfalls ab. Maßgebliche Bedeutung kommt dabei dem Gewicht der behaupteten Rechtsverletzung sowie den Erkenntnismöglichkeiten des Betreibers zu. Auch ist die Aufgabenstellung des Dienstes und die Eigenverantwortung des Beurteilenden zu berücksichtigen.[84] Bei einem Ärztebewertungsportal sei die Gefahr eines Missbrauchs durch persönlichkeitsverletzende Äußerungen erheblich, was durch die Möglichkeit zur Anonymität verstärkt werde. Der Portalbetreiber muss deshalb ernsthaft versuchen, die Tatsachen, die der Wertung zugrunde liegen, zu ermitteln. Ist **streitig, ob überhaupt ein Behandlungskontakt** stattgefunden hat, genügt es nicht, wenn der Bewertende lediglich aufgefordert wird, die Behandlung in mindestens zwei Sätzen zu schildern und den Behandlungszeitraum zu benennen. Vielmehr ist die Behandlung möglichst genau zu beschreiben und durch Unterlagen wie z. B. Rechnungen und Rezepte zu belegen; bei diesen kann ggf. der **Name geschwärzt** werden.[85] Wird dem nicht Rechnung getragen, gilt die Behauptung des Arztes, ein Behandlungskontakt habe gar nicht stattgefunden, als zugestanden.[86]

[Nicht belegt] 76

81 BVerfG, 29.6.2016 – 1 BvR 3487/14, K&R 2016, 593.

82 EuGH, 13.5.2014 – C-131/12, CuA 6/2014, 30.

83 Zu den sehr deutlichen Grenzen dieses Rechts siehe Däubler, Gläserne Belegschaften, Rn. 561bff.

84 BGH, 1.3.2016 – VI ZR 34/15, NJW 2016, 2106 Ls. 3.

85 BGH, 1.3.2016 – VI ZR 34/15, NJW 2016, 2106 Tz. 43. Dazu auch LG Braunschweig, 28.11.2018 – 9 O 2616/17, CR 2019, 258.

86 BGH, a. a. O., Tz. 49.

IV. Der Sonderfall: Kritik von Kunden auf der Facebook-Seite des Arbeitgebers

1. Der Lebenssachverhalt

77 Das Arbeitgeberunternehmen nimmt in fünf »**Transfusionszentren**« Blutspenden entgegen, wo sie verarbeitet und anschließend weiter veräußert werden. Im April 2013 eröffnete es eine Facebook-Seite, die es allen Nutzern ermöglichte, Kommentare zu posten, die dann an einer **virtuellen Pinnwand** befestigt wurden. Sie sollten – so die ausdrückliche Aufforderung – den weiteren Meinungsaustausch anregen. Mit einem »Gefällt-mir«-Button konnte Zustimmung zum Ausdruck gebracht werden.

78 Noch an dem Tag, an dem die Seite zugänglich gemacht wurde, stellte ein **anonymer Blutspender** einen **Kommentar** mit folgendem Wortlaut ein: »Ich war am 14.4.2013 in N. mein Kostbares abzapfen zu lassen. Gehe schon spenden seit ich 18 bin. Muss aber sagen die gestern die Nadel gesetzt hat, solle es noch lernen. Stechen kann die nicht.«

79 Am folgenden Tag nahm die Arbeitgeberin auf dieser Seite zu dem Kommentar Stellung; was sie inhaltlich schrieb, wird in den vorliegenden gerichtlichen Entscheidungen nicht mitgeteilt. Zwei Monate später ging ein **Kommentar über einen Arzt** ein. Er habe eine ältere Blutspenderin nicht korrekt untersucht, sodass sie beinahe kollabiert sei und per Infusion habe stabilisiert werden müssen.

2. Rechtliche Würdigung

80 Niemand zweifelt daran, dass der Arbeitgeber im Grundsatz berechtigt ist, **Kunden zu** einer (positiven oder negativen) **Bewertung der** vom Unternehmen erbrachten **Leistung aufzufordern**. Der Betriebsrat stellte dies auch gar nicht in Frage, vertrat jedoch den Standpunkt, der Betrieb einer solchen **Facebook-Seite** sei **mitbestimmungspflichtig**, weil sie geeignet sei, Daten über Verhalten und Leistung der Arbeitnehmer zu erfassen. Da die Arbeitgeberseite diese Auffassung nicht teilte und auf ihrer Facebook-Seite weiter die Bewertungsmöglichkeit vorsah, leitete der Betriebsrat ein arbeitsgerichtliches Beschlussverfahren ein: Dem Arbeitgeber sollte der weitere Betrieb der Seite verboten werden, solange der Betriebsrat nicht zugestimmt habe oder seine Zustimmung durch die Einigungsstelle ersetzt worden sei.

81 Nach § 87 Abs. 1 Nr. 6 BetrVG kann der Betriebsrat mitbestimmen über die »Einführung und Anwendung von technischen Einrichtungen, die

dazu bestimmt sind, das Verhalten oder die Leistung der Arbeitnehmer zu überwachen« Die Rechtsprechung des BAG hat diese Vorschrift schon in den 1970er Jahren eher weit ausgelegt: Im Interesse des Persönlichkeitsschutzes der Beschäftigten könne es nicht darauf ankommen, ob der Arbeitgeber eine (schwer beweisbare) Überwachungsabsicht habe. Vielmehr genüge es, wenn die **technische Einrichtung objektiv geeignet** sei, **Daten über Arbeitnehmer** zu erheben oder **zu speichern**, die eine Verhaltens- und Leistungskontrolle möglich machen würden.[87] Aus dem »zur Überwachung bestimmt« wurde so ein »zur Überwachung geeignet«, was in der Literatur weitestgehende Zustimmung gefunden hat.[88] Außerdem genügt es, dass die technische Einrichtung personenbezogene Angaben enthält, die manuell erhoben und eingegeben werden.[89] Auch ist nicht erforderlich, dass die gespeicherten Daten für sich allein bereits eine sachgerechte Beurteilung von Verhalten und Leistung ermöglichen; es reicht aus, wenn dies mithilfe von sog. **Zusatzwissen** möglich ist, das sich z. B. aus einem Gespräch oder einer manuell geführten Liste ergeben kann.[90]

Trotz dieses rechtlichen Ausgangspunkts machte die Beurteilung des **82**
Facebook-Falles Schwierigkeiten. Während das ArbG Düsseldorf ein Mitbestimmungsrecht bejahte und dem Antrag des Betriebsrats stattgab,[91] entschied das LAG Düsseldorf in gegenteiligem Sinne.[92] Das Mitbestimmungsrecht, das in der Tat schon bei einer »Eignung« zur Überwachung bestehe, setze voraus, dass die **technische Einrichtung selbst** und automatisch die Daten über bestimmte Vorgänge verarbeite, wobei es ausreiche, wenn lediglich ein Teil des Überwachungsvorgangs mittels einer technischen Einrichtung erfolge. Das sei hier nicht der Fall. Facebook überwache nicht, sondern zeichne nur Aussagen auf, die auch per E-Mail oder Brief übermittelt werden könnten. Die Suchfunktion, die ein Auffinden von Postings noch nach längerer Zeit ermögliche, ändere daran nichts.

---

87 BAG, 9.9.1975 – 1 ABR 20/74, AP Nr. 2 zu § 87 BetrVG 1972 Überwachung; BAG, 10.7.1979 – 1 ABR 97/77, AP Nr. 4 zu § 87 BetrVG 1972 Überwachung.

88 Aus der neuesten Literatur siehe Fitting, § 87 Rn. 226; DKW-Klebe, § 87 Rn. 186; GK-BetrVG-Wiese/Gutzeit, § 87 Rn. 532, jeweils m. w. N.; etwas einschränkend nur Richardi-Richardi/Maschmann, § 87 Rn. 516ff.

89 BAG, 14.9.1984 – 1 ABR 23/82, AP Nr. 9 zu § 87 BetrVG 1972 Überwachung.

90 BAG, 6.12.1983 – 1 ABR 43/81, AP Nr. 7 zu § 87 BetrVG 1972 Überwachung; 23.4.1985 – 1 ABR 38/81, AP Nr. 11 zu § 87 BetrVG 1972 Überwachung; 11.3.1986 – 1 ABR 12/84, AP Nr. 14 zu § 87 BetrVG 1972 Überwachung.

91 ArbG Düsseldorf, 27.6.2014 – 14 BV 104/13, AuR 2015, 199.

92 LAG Düsseldorf, 12.1.2015 – 9 TaBV 51/14, ZD 2015, 282 = NZA-RR 2015, 355.

83 Das **BAG** blieb demgegenüber seiner bisherigen Auffassung treu und **bejahte** ein **Mitbestimmungsrecht**.[93] Die Facebook-Seite sei eine technische Einrichtung, die durch Einrichten eines »Kontos« eingeführt und angewandt werde. Dass die Software nicht dem Arbeitgeber, sondern Facebook gehöre, sei ohne Bedeutung. Die vom Arbeitgeber eingerichtete **Funktion »Besucher-Beiträge«** ermögliche eine Überwachung von Verhalten und Leistung einzelner Arbeitnehmer. Durch die Einträge von Besuchern und deren Veröffentlichung auf der Facebook-Seite würden die Arbeitnehmer einem **ständigen Überwachungsdruck** ausgesetzt. Sie müssten jederzeit damit rechnen, dass Beiträge zu ihrer Leistung oder ihrem Verhalten gepostet und damit nicht nur dem Arbeitgeber, sondern einer unbestimmten Anzahl von Personen offenbart würden, die diese Seite aufrufen. Ob die eingegangenen Bewertungen effektiv ausgewertet werden und ggf. zu personalpolitischen Maßnahmen führen, sei ohne Bedeutung. Es sei auch nicht erforderlich, dass der gespeicherte Besucher-Beitrag schon als solcher eine vernünftige und abschließende Beurteilung des Verhaltens oder der Leistung erlaube. Es genüge, dass ein **Posting zusammen mit weiteren gewonnenen Erkenntnissen** eine Beurteilung ermögliche. Auch die Tatsache, dass die Einsendungen manuell eingegeben werden, sei für das Mitbestimmungsrecht ohne Bedeutung. Außerdem seien die Daten dauerhaft öffentlich zugänglich, was sie – entgegen der Auffassung der Vorinstanz – von einem Beschwerdebrief unterscheide. Der Arbeitgeber wurde verurteilt, die Funktion »Besucher-Einträge« zu deaktivieren. Da sie von seinem übrigen Facebook-Auftritt zu trennen war, konnte dieser entgegen dem primär gestellten Antrag des Betriebsrats bestehen bleiben. Anders verhält es sich bei **Twitter**, wo der ganze Account der Mitbestimmung unterliegt, weil sich die Antwortfunktion nicht abtrennen lässt.[94]

84 Für die Praxis brachte die BAG-Entscheidung eine **wichtige Klärung**.[95] Die bisweilen von interessierter Seite zu einem Grundsatzurteil hoch-

93 BAG, 13.12.2016 – 1 ABR 7/15, NZA 2017, 657. Im Ergebnis zustimmend Kort, RdA 2018, 24, 32; zu Dohna-Jäger, in: FS Klebe, S. 101 ff.; Klebe, AuR 2017, 310; Treber, in: FS Klebe, S. 388 ff.; kritisch Gutzeit, NZA 2021, 301; Salamon/Maaß, NZA 2021, 1161 m. w. N. Anders für eine Smartphone-App, wenn der Arbeitgeber Kunden nicht zu Stellungnahmen auffordert, ArbG Heilbronn, 8.6.2017 – 8 BV 6/16, K&R 2017, 669. Dies verkennt, dass die höchstrichterliche Rechtsprechung seit Jahrzehnten auf die objektive Möglichkeit der Verhaltenskontrolle abstellt.

94 LAG Hamburg, 13.9.2018 – 2 TaBV 5/18, NZA-RR 2018, 655.

95 Nebeling/Klumpp, DB 2017, 74.

stilisierte Entscheidung des LAG Düsseldorf[96] gehört der Vergangenheit an. Im konkreten Fall wird vermutlich der Betriebsrat wenig Neigung zeigen, der Beurteilung mittels Postings von Kunden zuzustimmen. Auch Vorsitzende von Einigungsstellen sind erfahrungsgemäß nur in solchen Fällen »überwachungsfreundlich«, in denen dem Unternehmen z. B. durch Diebstahl oder Unterschlagung ein Schaden droht; darum war es hier aber nicht gegangen. Der vom Arbeitgeber initiierten oder jedenfalls ermöglichten **Beurteilung im Internet** ist damit eine **wichtige Schranke** gezogen, die allerdings nur in den Betrieben wirksam wird, die über einen Betriebsrat verfügen.

Dem Arbeitgeber ist es unbenommen, auch in Betrieben mit Betriebsrat 85
die Qualität der von seinem Unternehmen erbrachten Dienstleistungen überprüfen zu lassen. Er kann in großem Umfang **Testkäufer und Testkunden** einsetzen, die über ihre Erfahrungen berichten – allerdings mit der wichtigen Einschränkung, dass sie keine Angaben machen dürfen, die Rückschlüsse auf konkrete Beschäftigte zulassen.[97]

V. Arbeitnehmerdaten in der Cloud

Mithilfe von »**Cloud Computing**« wird die Speicherung und Verarbei- 86
tung von Daten auf Dritte ausgelagert, bei denen die nötigen Kapazitäten gerade zur Verfügung stehen.[98] In der Regel werden preiswerte »Cloud-Dienste« angeboten, die meist vom Anbieter nicht selbst erbracht werden, sondern Sache von Sub- und Sub-Subunternehmern sind. Diese befinden sich irgendwo auf der Welt; der Auftraggeber und eigentliche »Herr« der Daten hat keinerlei wirksame Kontrolle mehr, ja er weiß nicht einmal, auf welchem Server sich seine Daten gerade befinden. Das mag vertraglich anders geregelt sein, in der Realität trifft die Bezeichnung »Wolke« (cloud), hinter der sich die Dinge verbergen, durchaus zu. Die Einhaltung von Vorschriften zu kontrollieren, ist faktisch nicht mehr möglich; auch ist nicht abschätzbar, inwieweit ausländische Instanzen auf das Gespeicherte zugreifen. **Es fehlt an Transparenz und Kontrolle.**[99]

96 Conrad/Huppertz, in: Auer-Reinsdorff/Conrad (Hrsg.), § 37 Rn. 328 ff. (das Buch ist insofern von Bedeutung, als es häufig bei der Ausbildung zum Fachanwalt für IT-Recht zugrunde gelegt wird).

97 BAG, 18.4.2000 – 1 ABR 22/99, NZA 2000, 1176.

98 Dazu Funke/Wittmann, ZD 2013, 221 ff.; Sinn, CuA 4/2014, 4 ff.; Weichert, DuD 2010, 679 ff.; Pötters, NZA 2013, 1055.

99 Pötters, NZA 2013, 1055; Thüsing-Pötters/Thüsing, § 15 Rn. 4 ff.

87 An der Geltung der allgemeinen datenschutzrechtlichen Vorschriften ändert sich durch die Technik als solche nichts. In der Regel ist eine **Auftragsdatenverarbeitung gewollt,** weil der »Cloud-Nutzer« weiter darüber bestimmt, was in der Cloud gespeichert und wie damit umgegangen wird.[100] Es gilt daher **Art. 28 Abs. 3 Satz 2 Buchst. h DSGVO**, wonach vertraglich festgelegt sein muss, dass der Auftraggeber alle Informationen erhält, mit deren Hilfe er die Einhaltung des Art. 28 DSGVO kontrollieren kann. Auch muss der Auftragnehmer »**Überprüfungen einschließlich Inspektionen**« durch den Auftraggeber oder eine von diesem benannte Person ermöglichen und dazu seinen eigenen Beitrag leisten. Unterstellt, der Auftragnehmer hat seinen Sitz in den USA, bedient sich jedoch eines Unterauftragnehmers im Karibikstaat A, der wiederum die Hilfe eines Unternehmens im Karibikstaat B in Anspruch nimmt – wer wollte da (in der Realität) auf die Idee verfallen, alle beteiligten Server in Augenschein zu nehmen? Wahrscheinlich würde einem solchen »Rechtsfanatiker« (moderner: »Kontrollfreak«) auch erklärt, bis er (auf eigene Kosten!) sein Ziel erreicht habe, könne möglicherweise bereits der Server eines anderen Sub-Subunternehmers eingeschaltet sein. Daran ändere auch die Tatsache nichts, dass er davon nach neuem Recht vorher informiert werden müsse. Niemand hat sich bisher an einem solchen **Hase-und-Igel Rennen** beteiligt, zumal die hohen Kapazitäten der Cloud-Anbieter billige Preise garantieren, die wichtiger als datenschutzrechtliche Bedenken zu sein scheinen.[101]

88 Da sich die Cloud nur selten auf das Inland beschränkt,[102] ergeben sich automatisch **Probleme des grenzüberschreitenden Datenschutzes**. Die Einbeziehung von Drittländern ohne angemessenes Datenschutzniveau ist deshalb rechtlich nur möglich, wenn durch Abschluss der Musterverträge der EU-Kommission oder durch »Binding Corporate Rules« ein angemessenes Datenschutzniveau gesichert ist. Geschieht dies nicht, könnte an sich von der Aufsichtsbehörde eine Korrektur verlangt werden; auch eine Sanktion wegen Nichtbeachtung datenschutzrechtlicher Vorgaben kommt in Betracht. In der Regel ist jedoch niemand bereit, den preiswerten Cloud-Anbietern ins Handwerk zu pfuschen.[103] Bedenken beste-

100 Dazu Funke/Wittmann, ZD 2013, 221 ff.

101 Symptomatisch etwa Kramer-Solmecke, Teil A Rn. 26 f., der ausschließlich die wirtschaftlichen Vorteile des Cloud Computing schildert, ohne mit einem Wort auf die Risiken einzugehen.

102 Pötters, NZA 2013, 1055.

103 Optimistisch demgegenüber das ULD Schleswig-Holstein (RDV 2012, 266), das datenschutzkonformes Cloud Computing für möglich hält. Ähnlich Brookman, ZD 2012, 401.

hen nur im Hinblick auf **mögliche Eingriffe ausländischer** staatlicher **Behörden**, die ggf. **Betriebsgeheimnisse** ausspionieren könnten. Einige Unternehmen haben daraus bereits Konsequenzen gezogen, indem sie eine ausschließlich in der EU stattfindende Datenverarbeitung anbieten.[104] Dies wird auch für eine Betriebsvereinbarung über **Microsoft 365** vorgeschlagen, bei dem die Daten automatisch in die Cloud gelangen.[105] Die Einhaltung einer solchen Betriebsvereinbarung als Betriebsrat zu überwachen ist eine schwierige, aber lösbare Aufgabe.[106] Microsoft 365 und **Success Factors** von SAP machen im Übrigen entgegen dem ersten Anschein auch Auskünfte an den einzelnen Arbeitnehmer nach Art. 15 DSGVO unschwer möglich.[107]

Die Literatur versucht, mit Hilfskonstruktionen der Problematik Herr zu **89** werden. An die Stelle einer realen Kontrolle durch den Auftraggeber sollen standardisierte **Prüfberichte** durch den Auftragnehmer treten.[108] In jüngster Zeit wird eine **Zertifizierung nach ISO 27018** vorgeschlagen, die sicherlich mehr Rechtssicherheit bringen würde, die jedoch nicht gegen hoheitliche Zugriffe im Ausland schützen kann.[109] Angesichts der grundsätzlichen Vertraulichkeit von Beschäftigtendaten wäre zu überlegen, sie von vornherein **von einer Speicherung in der Cloud auszunehmen.** Nur dann wären auch die Informations- und Kontrollrechte des Betriebsrats gewahrt. Bei multinationalen Konzernen kann ggf. eine konzerninterne Regelung getroffen werden, die eine feste und kontrollierbare Zwecksetzung vorsieht und eine Abschottung nach außen hin sicherstellt.[110]

VI. Sonstige Arbeitnehmerdaten im Internet

Außer der bewussten »Bekanntmachung« auf der Website des Arbeit- **90** gebers, der freiwilligen Mitwirkung beim Webauftritt des Arbeitgebers,[111] der Einbeziehung in Bewertungsportale sowie der Speicherung in der Cloud gibt es noch weitere Anlässe, wie Beschäftigtendaten ins Internet

104 Eingehend Weichert, DuD 2010, 679, 686ff.
105 Pohlmann/Pröpper, CuA 5/2021, 8ff.
106 Dazu eingehend Sander, CuA 5/2021, 18ff.
107 Zu den technischen Voraussetzungen siehe Ruchhöft, CuA 4/2021, 18ff.
108 Pötters, NZA 2013, 1055, 1058 m.w.N.
109 Konrad-Klein, CuA 4/2015, 23ff.
110 Bericht über praktische Erfahrungen bei Verhandlungen im Betrieb siehe Matos/Ruchhöft/Sachse, CuA 7–8/2019, 8ff.
111 Oben § 4.

kommen können. Zu nennen ist etwa der ganz einfache Fall, dass die dienstliche E-Mail-Adresse den individuellen Namen nennt. Auch dies kann zu Verletzungen des Persönlichkeitsrechts führen. Problematisch kann es auch werden, wie viele innerbetriebliche Fakten in einem Profil bei LinkedIn oder bei Facebook enthalten sein dürfen; auch mittelbare Rückschlüsse auf Betriebs- und Geschäftsgeheimnisse sollten ausgeschlossen sein.[112] Auf der anderen Seite darf nicht etwa das gesamte betriebliche Geschehen zur »Geheimsache« erklärt werden – sieht man einmal von Geheimdiensten, dem Bundeskriminalamt und sensiblen Forschungsvorhaben ab. Vor allem ist auf das Problem zu verweisen, ob und inwieweit Daten, die einmal im Internet sind, wieder wirksam aus der Welt geschafft werden können.[113]

VII. Ersatzansprüche des Beschäftigten

1. Die Komplexität der Materie

91 Die Darstellung der Rechtslage dürfte deutlich gemacht haben, dass die Instrumente zum Schutz der Persönlichkeit des Betroffenen nicht einfach zu handhaben sind. Der im Einzelnen dargestellte Umgang mit dem TMG und dem TTDSG liegt außerhalb gewohnter arbeitsrechtlicher Problemstellungen und wird auch manchen Rechtsvertreter in Schwierigkeiten bringen. **Für** einen juristisch nicht vorgebildeten **Arbeitnehmer** ist die **Auseinandersetzung mit einem Bewertungsportal** ein **Kampf zwischen David und Goliath**. Auch für Informierte und Erfahrene verbleiben erhebliche inhaltliche Unsicherheiten: Welches Ergebnis wird die Grundrechtsabwägung im konkreten Fall haben? Ist die erlaubte Kritik an Lehrern beispielsweise in gleicher Weise auch gegenüber Ärzten, Rechtsanwälten und Geschäftsleitern gestattet? Würde sich die Rechtsprechung vielleicht ändern, wenn es ein »**Richterportal**« gäbe? Wie kann man sich gegen unsachliche Kundenbewertungen wehren? Wie lässt sich sicherstellen, dass kein Unbefugter auf die in der Cloud gespeicherten Daten zugreift? Kann man verhindern, dass der Arbeitgeber erfährt, wie man sich in der Rolle als Kunde von Amazon oder eBay verhalten hat? Im Bewusstsein der (juristischen) Öffentlichkeit spielt auch die Tatsache eine viel zu geringe Rolle, dass Informationen, die einmal im Internet

112 Schulze/Hofer, AiB 7–8/2016, 28.

113 Zum Recht auf Vergessenwerden siehe Däubler, Gläserne Belegschaften, Rn. 561bff.; Holznagel/Hartmann, MMR 2016, 228ff.

sind, nicht mehr definitiv getilgt werden können: Wenn Nicht-Freunde negative Bewertungen speichern, kann dies noch nach vielen Jahren eine »**Prangerwirkung**« entfalten.[114] Das Recht auf Vergessenwerden nach Art. 17 DSGVO ist nur von beschränkter Tragweite und kann an diesem Zustand nichts Grundsätzliches ändern.[115] Die Kontrolle des Internets noch weiter zurückzufahren,[116] verschlimmert diesen Zustand.

2. Aufwendungsersatz für den Beschäftigten?

Für den Arbeitnehmer sind diese Belastungen keine Folgen irgend- 92
welcher, vielleicht ein wenig atypischer Freizeitaktivitäten. Vielmehr handelt es sich um eine **unmittelbare Konsequenz der** kraft Arbeitsvertrags geschuldeten **Arbeit**, es geht allein um dienstliches Tun. Durch das Einschalten eines Rechtsanwalts entstehen Aufwendungen; verliert der Arbeitnehmer den Prozess, trägt er auch die Kosten des gegnerischen Anwalts und die Gerichtskosten. Bliebe es dabei, wäre die **Risikostruktur des Arbeitsverhältnisses verändert**. Anders als bei sonstigen Aufwendungen wie etwa den Kosten einer Dienstreise oder der Beschaffung von Material für die Fortsetzung der Tätigkeit müsste der Arbeitnehmer die wirtschaftlichen Folgen für Vorgänge tragen, die unmittelbar mit der Arbeit verbunden sind. Das zu verhindern, ist Sache des **entsprechend anwendbaren § 670 BGB**, wonach der Arbeitgeber die arbeitsbedingten Aufwendungen des Arbeitnehmers zu erstatten hat.[117] Diese Vorschrift ist auch im vorliegenden Zusammenhang anzuwenden. Es kann keinen Unterschied machen, ob der Arbeitnehmer an seinem für dienstliche Zwecke eingesetzten Privatfahrzeug einen Schaden erleidet[118] oder ob Dritte ihn auf einem Bewertungsportal verleumden und so in seinem sozialen Ansehen beeinträchtigen.

Eine solche »Unterstützungspflicht« des Arbeitgebers kann sich auch 93
auf (eher wenig genannte) Vorbilder und Präjudizien stützen. Eine entsprechende Vorschrift findet sich für ein Spezialproblem in **§ 12 Abs. 4 AGG**. Danach hat der Arbeitgeber »die im Einzelfall geeigneten, er-

114 Siehe Hamm, NJW 2018, 2099 (bezogen auf gesetzliche Veröffentlichungspflichten, die an einen bloßen Verdacht anknüpfen).

115 Zu seinen faktischen Grenzen siehe Däubler, Gläserne Belegschaften, Rn. 561bff.

116 Dafür im Grundsatz Breyer, ZD 2018, 302.

117 ErfK-Preis, § 611a BGB Rn. 553; Schaub-Koch, § 82 Rn. 1ff.; Däubler, Das Arbeitsrecht 2, Rn. 902ff.

118 Für grundsätzliche Ersatzpflicht des Arbeitgebers BAG, 16.11.1978 – 3 AZR 258/77, AP Nr. 5 zu § 611 BGB Gefährdungshaftung des Arbeitgebers; 17.7.1997 – 8 AZR 480/95, AP Nr. 14 zu § 611 BGB Gefährdungshaftung des Arbeitgebers.

forderlichen und angemessenen Maßnahmen zum Schutz der Beschäftigten« zu ergreifen, wenn diese bei der Ausübung ihrer Tätigkeit durch Dritte in diskriminierender Weise benachteiligt werden. Weiter ist an die BAG-Entscheidung über die verfallene Kaution zu erinnern: Wegen eines angeblichen Verkehrsdelikts wird ein angestellter Fahrer im Ausland in Haft genommen und nur gegen Kaution wieder frei gelassen. Er will sich nicht der dortigen rechtsstaatswidrigen Strafverfolgung aussetzen und flieht nach Hause, weshalb die **Kaution verfällt**. Nun verlangt er vom Arbeitgeber Ersatz des Kautionsbetrags, der ihm vom BAG auch gewährt wird.[119] Ist er im Inland in einen Verkehrsunfall verwickelt, kann er vom Arbeitgeber Ersatz der Verteidigerkosten verlangen.[120]

3. Aufopferung von Persönlichkeitswerten?

94 Die gesetzliche Regelung bringt es mit sich, dass **selbst schwere Verletzungen des Persönlichkeitsrechts nicht sanktioniert** werden: Wird eine grobe Beleidigung erst nach acht Wochen entdeckt und dem Portalbetreiber oder einem anderen Diensteanbieter zur Kenntnis gebracht, greifen Ansprüche erst von diesem Zeitpunkt an ein: Was vorher war, kann dem »Täter« gegenüber nicht zu Ansprüchen führen, weil er sich hinter seiner Anonymität verstecken kann, und der Betreiber durch die §§ 7 ff. TMG geschützt ist. Es ergibt sich die singuläre Situation, dass zwar ein schuldhafter Eingriff in das allgemeine Persönlichkeitsrecht vorliegt, jedoch – vom Strafrecht abgesehen – weder Schadensersatz noch andere Sanktionen in Betracht kommen. Im unmittelbaren Zusammenhang mit der Arbeit opfert der Arbeitnehmer ein Stück Persönlichkeitsschutz auf. Kann auch hierfür »Aufwendungsersatz« verlangt werden?

95 **Aufwendungen** sind an sich **freiwillig erbrachte Vermögensopfer**, die etwa dann vorliegen, wenn der Arbeitnehmer mit den Kosten einer Dienstreise in Vorlage tritt. Für sie kann der Arbeitnehmer nach § 670 BGB Ersatz verlangen. Die Rechtsprechung hat diese Vorschrift aber auf **unfreiwillige Vermögensopfer** erstreckt. Als Beispiel kann ein Unfallschaden am Kraftfahrzeug des Arbeitnehmers dienen, das im Einvernehmen mit dem Arbeitgeber für dienstliche Zwecke eingesetzt wurde.[121] Im Recht des Auftrags und der Geschäftsbesorgung, also im unmittelbaren

---

119 BAG, 11.8.1988 – 8 AZR 721/85, AP Nr. 7 zu § 611 BGB Gefährdungshaftung des Arbeitgebers = NZA 1988, 649.

120 BAG, 16.3.1995 – 8 AZR 260/94, AP Nr. 12 zu § 611 BGB Gefährdungshaftung des Arbeitgebers = NZA 1995, 836.

121 BAG, AP Nr. 5 und 14 zu § 611 BGB Gefährdungshaftung des Arbeitgebers.

Anwendungsbereich des § 670 BGB, ist schon die Rechtsprechung des Reichsgerichts noch einen Schritt weiter gegangen und hat auch **unfreiwillig erlittene Personenschäden** einbezogen.[122] Dem sind der BGH[123] sowie die haftungsrechtliche Literatur[124] gefolgt. Auch im Arbeitsrecht finden sich Stimmen, die § 670 BGB auf solche Gesundheitsschäden anwenden, die nicht von der Unfallversicherung abgedeckt sind.[125] Der Schluss liegt nahe, dies auch für die Aufopferung anderer immaterieller Rechtsgüter zu tun – wer im Zusammenhang mit seiner Arbeit schwer in seinem allgemeinen Persönlichkeitsrecht verletzt wird, kann dafür einen angemessenen Ausgleich verlangen.

122 RG, 7.5.1941 – VI 72/40, RGZ 167, 85, 89.

123 BGH, 5.12.1983 – II ZR 252/82, BGHZ 89, 153, 157.

124 Nachweise bei Däubler, BGB kompakt, Kap. 22 Rn. 97ff.

125 Vgl. etwa HK-ArbR-Waas/Palonka, § 618 BGB Rn. 19; Gamillscheg/Hanau, S. 153; Gick, JuS 1979, 641ff.; Däubler, JuS 1986, 428ff.

§ 8 Das Kontrollpotenzial des Arbeitgebers und seine Begrenzung durch den Arbeitnehmerdatenschutz

I. Die Problematik

1. Spuren im Netz

1 In einem Sammelwerk mit dem Titel »Das internationale Wirtschaftsrecht des Internet«,[1] das bereits im Jahr 2000 erschienen ist, wird im Einleitungsbeitrag von Christoph Paulus am Rande auch das Arbeitsrecht angesprochen. Dort heißt es:[2]

»Auch das Arbeitsrecht sieht sich durch die neue Technologie herausgefordert. Ich beschränke mich auf die Erwähnung der hier zur Verfügung gestellten Kontrollmöglichkeiten Orwell'schen oder Huxley'schen Ausmaßes. Wer am Computer oder am Telefon seine Arbeit zu verrichten hat – etwa im Rahmen des Telebanking oder des E-Commerce –, kann (und wird in vielen Betrieben) in jeder Sekunde seiner Tätigkeit auf seine Effizienz hin überprüft werden: Dauer der Gespräche, Umgangsform und Erfolgsquote sind nicht nur in jedem Moment abrufbar; diese Daten sind vielmehr auch gespeichert, so daß der gläserne Arbeitnehmer hier bereits Realität ist. Eine derartige Dauerkontrolle von unsichtbarer Technologie sowie die damit einhergehende Unvergeßlichkeit erzeugt für den schlichten Arbeitnehmer einen solchen Dauerdruck und einen solchen Eingriff in seine Persönlichkeit, daß sich die Frage nach der generellen Rechtmäßigkeit durchaus aufdrängt …«

2 In der Tat besteht kein Zweifel: Wer ins Netz geht, hinterlässt Spuren. Da eine E-Mail oder eine per Telebanking veranlasste Überweisung (technisch) über viele Instanzen läuft, lässt sich das **Tun des Einzelnen jederzeit rekonstruieren**. Ein betriebliches Beispiel hierfür bietet das **Firewall-System**, das in allen Betrieben angewandt wird, die ihr Intra-

1 Immenga/Lübben/Schwintowski.
2 Ebenda, S. 15.

net gegen unberechtigte Zugriffe von außen schützen und die überdies den »Gang nach draußen« nicht beliebig freigeben wollen.[3] Damit dies funktioniert, werden alle Vorgänge in diesem »Flaschenhals« erfasst, beispielsweise auch vergebliche Versuche eines Nutzers, ins Internet zu gelangen. Diese »Protokolle« können vom Arbeitgeber auch gespeichert werden, der dadurch beweisen kann, dass eine exzessive Privatnutzung stattgefunden hat.[4] Ein anderes Beispiel ist die Installation eines **Proxy-Servers**, der die Funktion hat, häufig aus dem Internet geholte Dateien abrufbereit zu halten: Auch hier lässt sich feststellen, wer wann welche Informationen hereingeholt hat.

> Beim ArbG Stuttgart war dem Vernehmen nach eine Kündigungsschutzklage anhängig, bei der es um die fristlose Kündigung eines Ausbilders ging. Dieser hatte in seiner Freizeit, aber mit seinem dienstlichen Gerät, zahlreiche Pornodateien aus dem Internet heruntergeholt und angeschaut; die Kosten hierfür hatte er durch Eingabe seiner Kreditkartennummer selbst übernommen. Irgendwelche anderen Personen nahmen von seinem »Hobby« keine Kenntnis. Die von ihm betreuten Azubis genossen aber eine gründliche Ausbildung und wurden auch in die Funktionsweise des Proxy-Servers eingeführt. Dabei entdeckten sie die dort zwischengespeicherten Dateien, die ersichtlich auch ihr Interesse fanden. Als besonders mitteilenswert empfanden sie es, dass der Server auch festgehalten hatte, von welchem Gerät aus die Dateien angefordert worden waren. Auf die rechtliche Beurteilung wird zurückzukommen sein.

Ein weiteres Beispiel bietet das **GPS-System**[5] sowie die Ortung von Mobiltelefonen, was die Möglichkeit eröffnet, die aktuellen Standortdaten von Außendienstmitarbeitern wie angestellten Handelsvertretern oder Kundendiensttechnikern jederzeit abzurufen und so ihr Arbeitsverhalten im Detail zu steuern.[6] Über die Grenzen dieser Form von Kontrolle ist an anderer Stelle das Notwendige gesagt.[7] Die Zeiterfassung durch Fingerprint wurde vom ArbG Berlin[8] zu Recht als »nicht erfor- 3

3 Darstellung von technischen Einzelheiten bei Schuler, CF 4/1999, 16ff.
4 LAG Berlin-Brandenburg, 14.1.2016 – 5 Sa 657/15, BB 2016, 891.
5 = Global Positioning System.
6 Siehe Gola, ZD 2012, 308; Kort, RdA 2018, 24, 27; Sebastian Meyer, K&R 2009, 14ff.; Wedde, in: van Haaren/Hensche (Hrsg.), S. 97.
7 Däubler, Gläserne Belegschaften, Rn. 318ff.; Däubler/Wedde/Weichert/Sommer-Wedde, § 26 BDSG Rn. 128ff. Weiterführend VG Lüneburg, 19.3.2019 – 4 A 12/19, ZD 2019, 331.
8 ArbG Berlin, 16.10.2019 – 29 Ca 5451/19, NZA-RR 2020, 68.

derlich« i. S. v. § 26 Abs. 1 Satz 1 BDSG und deshalb als unzulässig angesehen.

2. Gezielte Überwachung

4 Die Möglichkeiten der Kontrolle lassen sich dadurch (leichter) handhabbar machen, dass bestimmte **Überwachungsprogramme** eingesetzt werden,[9] wovon eines den sinnigen Namen »Little Brother« trägt. Ein Programm der Firma Silverstone zeichnet etwa sämtliche Aktivitäten am Computer auf und ermöglicht regelmäßige »**Screenshots**« vom Bildschirm. Ein entsprechendes System lag der »Keylogger«-Entscheidung des BAG zugrunde.[10] Denkbar ist auch, dass sich ein heimlich installiertes Programm nur dann aktiviert, wenn bestimmte Dateien aufgerufen werden, und dass es dann z. B. fünf Minuten lang jede Sekunde einen Screenshot macht.[11] Weiter können alle besuchten Internetadressen in einer verschlüsselten LOG-Datei festgehalten werden, ebenso bei Bedarf die Nutzungszeiten des Computers.[12] Speichern und auswerten lässt sich auch das **Tippverhalten**, was sogar **als »Authentifizierungssystem«**, also als Überprüfungsmittel verwendet werden kann, welche von mehreren in Betracht kommenden Personen effektiv am PC sitzt.[13] Im Call-Center lässt eine **automatische Analyse der Stimme** Rückschlüsse darauf zu, ob jemand freundlich oder weniger freundlich mit seinen Anrufern umgegangen ist.[14] Auch kann eine intensive Kontrolle in der Weise erfolgen, dass zwar der Arbeitsprozess selbst nicht überwacht wird, die **Arbeitsergebnisse jedoch in jeder Hinsicht ausgewertet** werden. Bei einer Versicherung wurde etwa bei jedem Schadenssachbearbeiter erfasst, wie viele Fälle er pro Tag und pro Woche erledigt hatte, wie umfangreich seine Rückstände waren, welches »Alter« sie hatten, wie oft er Telefongespräche führte, wie viel Zeit er darauf verwandte, ihre Ergebnisse festzuhalten und ggf. bestimmte Anordnungen zu treffen usw. Die Ergebnisse wurden dann dem Gruppendurchschnitt gegenübergestellt. Soweit auch nur bei

9 Überblick über das schon vor über zwanzig Jahren auf dem Markt befindliche Angebot bei Haverkamp, CF 12/1998, 18ff. und bei Heilmann/Tege, AuA 2001, 54.

10 BAG, 27.7.2017 – 2 AZR 681/16, NZA 2017, 1327.

11 So im Fall des ArbG Augsburg, 4.10.2012 – 1 BV 36/12, CuA 1/2013, 13 mit Anm. Däubler.

12 Angaben nach Haverkamp, a. a. O., S. 21.

13 Dotzler, DuD 2011, 192.

14 Kiesche/Wilke, CuA 4/2012, 5ff.; Tillenburg, DuD 2011, 197ff.; Zoebisch, DuD 2011, 394ff.

einem einzigen Faktor eine bestimmte Schwankungsbreite überschritten war, musste ein Gespräch mit dem Vorgesetzten stattfinden.[15] Auch ganz harmlos daherkommende Systeme wie Microsoft 365 eröffnen die Möglichkeit, das Arbeits- und Kommunikationsverhalten des Einzelnen umfassend auszuwerten.[16]

3. Nutzen und Nachteil technisierter Kontrolle

Niemand will dem **Arbeitgeber** das grundsätzliche **Recht** verwehren, die Erfüllung der übernommenen Arbeitsaufgabe **zu kontrollieren**.[17] Für ein effizientes Funktionieren von Unternehmen ist dies sogar unerlässlich. Die Frage ist lediglich die, ob er sich dabei technischer Mittel bedienen darf, 5

- die ein sehr hohes Kontrollpotenzial besitzen,
- die als solche gar nicht erkennbar sein müssen,
- die das Arbeitnehmerverhalten bis in die letzte Einzelheit hinein »transparent« machen können und
- die so »gläserne Belegschaften« schaffen.

Zugunsten einer technisierten Kontrolle werden folgende Argumente angeführt: 6

- Die Kontrolle stellt sicher, dass sich die durch Nutzung des Systems verursachten Kosten in Grenzen halten[18] und dass dieses auch nicht überlastet wird.[19]
- Vor allem E-Mails können ein Mittel sein, um **Geschäftsgeheimnisse** zu **verraten** oder strafbare Handlungen wie z. B. Beleidigungen zu begehen. Eine konsequente Überwachung kann dies weitestgehend verhindern.[20]
- Die Einschaltung in die Kommunikation mit Dritten kann wichtige Informationen darüber bringen, ob **Kunden korrekt** und mit der gewünschten Freundlichkeit **behandelt** werden.
- Ein Kontrollsystem kann **gegen Wirtschaftsspionage schützen**, die auch zu Lasten deutscher Unternehmen bereits aufgetreten ist.[21]

---

15 BAG, 25.4.2017 – 1 ABR 46/15, NZA 2017, 1205.
16 Rüdesheim, AiB 5/2022, 30.
17 Däubler, K&R 2000, 326; Raffler/Hellich, NZA 1997, 862.
18 Balke/Müller, DB 1997, 326; Raffler/Hellich, NZA 1997, 862.
19 Balke/Müller, DB 1997, 326.
20 Ebenda.
21 Kiper, CF 6/2000, 17, der berichtet, Konzerne wie Siemens und Boehringer hätten in der Vergangenheit unliebsame Erfahrungen mit dem amerikanischen Geheimdienst NSA gemacht, der offensichtlich Wirtschaftsgeheimnisse an kon-

7 Von der Arbeitnehmerseite wird dem entgegengehalten, dass sich eine **Kostenkontrolle auf anderem Wege** bewerkstelligen lasse. Auch sei die **Nutzung von Netzen** mittlerweile so **preiswert**, dass etwa die Belastung durch eine zusätzliche E-Mail entweder gleich null sei oder sich ihrer Geringfügigkeit wegen nur schwer ermitteln lasse.[22] Auch sind die Systeme so leistungsfähig, dass **keine Überlastungen** mehr **zu besorgen** sind. Der Schutz von Geschäftsgeheimnissen und die Verhinderung strafbarer Handlungen sind **wichtige Ziele**, die durch eine systematische E-Mail-Kontrolle aber kaum gefördert werden können. Wer das Unternehmen oder andere schädigen will, wird in Kenntnis der Kontrolle eben wie früher das private Telefon oder die schriftliche Dokumentation nutzen. Der Schutz vor Eindringlingen ist gleichfalls wesentlich, kann jedoch auch ohne Erfassung von Arbeitnehmerdaten realisiert werden.

8 Die durch das System erleichterte Kontrolle ist – so kann man hinzufügen – **immer leichter machbar, je mehr die Digitalisierung voranschreitet**. Wer eine Datenbrille bei der Arbeit benutzt,[23] ist permanent in einen elektronischen Kommunikationsprozess eingeschaltet, mit dessen Hilfe sein Verhalten detailgetreu festgehalten werden kann. Wer zu einer Reparaturkolonne gehört, die Störungen in einem sich selbst steuernden System beseitigt,[24] dessen Verhalten wird automatisch in vergleichbarer Weise erfasst. Geradezu idyllisch wirkt im Gegensatz dazu die heute noch bei manchen bestehende Situation, dass sie pro Tag eine halbe Stunde am Bildschirm sitzen und sich nicht weiter darüber aufregen, dass Beginn und Ende dieser Zeit festgehalten werden.

4. Der rechtliche Rahmen

9 Der Einsatz technischer Kontrollmöglichkeiten hat wichtige rechtliche Rahmenbedingungen zu beachten. In einem individualarbeitsrechtlichen Teil soll es zunächst darum gehen, ob das »**Telekommunikationsgeheimnis**« zugunsten des Arbeitnehmers eingreift und inwieweit ggf. der Rückgriff auf das allgemeine Persönlichkeitsrecht Zugriffe beschränkt. In einem kollektivrechtlichen Teil wird dann das **Mitbestimmungsrecht**

---

kurrierende amerikanische Firmen weitergegeben habe. Zum Ganzen siehe auch Lindemann/Simon, BB 2001, 1950; Däubler, Gläserne Belegschaften, Rn. 504a, 939f.

22 Siehe Berechnungen schon bei Heilmann/Tege, AuA 2001, 53, wonach das Versenden von zwei DIN A4-Seiten per E-Mail täglich im Monat Kosten von etwa 2,5 Pfennigen verursachte.

23 Zu ihrer Funktion siehe oben § 1 Rn. 22.

24 Dazu oben § 1 Rn. 19.

des Betriebsrats beziehungsweise des Personalrats behandelt; mit dessen Hilfe können beide einer drohenden Totalüberwachung entgegenwirken. Andere Formen von Kontrolle wie die Überwachung durch Videokameras und die Erstellung von Bewegungsprofilen durch GPS können in ihrer Spezifik hier nicht behandelt werden; insoweit ist auf anderwärts gemachte Ausführungen zu verweisen.[25] Auch zur Streitfrage, wie E-Mail-Dienste zu qualifizieren sind und welche Behörde deshalb für die Aufsicht zuständig ist, soll hier ausgeklammert bleiben.[26]

Informationen, die unter Verletzung der Persönlichkeitssphäre des Arbeitnehmers oder des Mitbestimmungsrechts des Betriebsrats erlangt sind, dürfen grundsätzlich **nicht verwertet** werden, und zwar weder gerichtlich noch außergerichtlich; sie sind umgehend zu löschen.[27] Hierauf wird im Anschluss zurückzukommen sein. 10

II. Anwendung des Telekommunikationsrechts im Arbeitsverhältnis

1. Zur Einführung

Seit der Privatisierung der Bundespost verfügt die Bundesrepublik über ein ausdifferenziertes »**Telekommunikationsrecht**«.[28] Anders als das traditionelle Post- und Fernmelderecht erfasst es nicht nur die sprachliche Verständigung (Telefongespräch), sondern ganz **generell die Übermittlung und den Austausch von Informationen** per Telekommunikation. 11

§ 3 Nr. 59 des Telekommunikationsgesetzes (TKG)[29] gibt dazu eine Legaldefinition. Danach ist Telekommunikation »der technische Vorgang des Aussendens, Übermittelns und Empfangens von Signalen mittels Telekommunikationsanlagen«. In einer früheren Fassung war statt von »Signalen«

25 Däubler, Gläserne Belegschaften, Rn. 253ff. (§ 6).
26 Dazu Schmitz, ZD 2019, 541ff.
27 BAG, 29.10.1997 – 5 AZR 508/96, NZA 1998, 307 (Persönlichkeitssphäre); 22.10.1986 – 5 AZR 660/85, AP Nr. 2 zu § 23 BDSG (Mitbestimmungsrecht).
28 Dazu etwa Holznagel u.a., Grundzüge des Telekommunikationsrechts, 2001. Zur folgenden Entwicklung ders., NJW 2012, 1622ff. Siehe auch Hoeren, S. 338ff.
29 V. 23.6.2021 (BGBl. I S. 1858, zuletzt geändert durch Gesetz v. 10.9.2021 (BGBl. I S. 4147); Vorgänger-Fassung v. 22.6.2004 (BGBl. I S. 1190).

von »Nachrichten jeglicher Art in der Form von Zeichen, Sprache, Bildern oder Tönen« die Rede.[30]

12 Die einschlägigen Rechtsnormen wenden sich nicht mehr nur an Unternehmen, die ihren Schwerpunkt im Telekommunikations- und Multimediabereich haben.[31] Da es kein Postmonopol mehr gibt, **knüpft** der Gesetzgeber vielmehr **an der Tätigkeit »Erbringung von Telekommunikationsleistungen**« an, ohne nach deren Stellenwert innerhalb der Gesamttätigkeit eines Unternehmens zu fragen. Ein Stahlwerk oder eine Universität kann daher zum »Telekommunikationsanbieter« im Rechtssinne werden.

13 Die elektronische Kommunikation **sollte ursprünglich zum 25. Mai 2018** eine **Neuregelung** durch eine EU-Verordnung erfahren, sodass die deutschen Vorschriften im Prinzip nicht mehr anwendbar gewesen wären. Die EU-Kommission hatte den **Entwurf einer sog. ePrivacy-Verordnung** vorgelegt,[32] doch ist derzeit (25.5.2022) immer noch nicht absehbar, ob und wann dieses Vorhaben Erfolg haben wird.[33] Im Folgenden wird jedoch neben dem deutschen Recht immer auch die geplante EU-Verordnung in der Fassung des Kommissionsentwurfs berücksichtigt.

a) TKG, TMG, RStV, BGB – das Schichtenmodell

14 Das bisher geltende Telekommunikationsrecht ist wenig »verbraucherfreundlich« ausgestaltet. Sinnvollerweise unterscheidet man **drei verschiedene »Schichten«**.[34]

15 (1) Die **erste Schicht** betrifft die **Technik der Informationsübermittlung.** Unter welchen Voraussetzungen können beispielsweise öffentliche Wege benutzt werden, um dort Kabel zu verlegen? Wie ist technisch sicherzustellen, dass nicht Unbefugte Telefongespräche mithören oder

---

30 TKG v. 25.7.1996, BGBl. I S. 1120.

31 Jaspers/Müthlein, S. 19.

32 Vorschlag für eine Verordnung des Europäischen Parlaments und des Rates über die Achtung des Privatlebens und den Schutz personenbezogener Daten in der elektronischen Kommunikation und zur Aufhebung der Richtlinie 2002/58/EG (Verordnung über Privatsphäre und elektronische Kommunikation) vom 10.1.2017, COM(2017) final (DE) – gemeinhin »ePrivacy-Verordnung« genannt.

33 Schätzungen lauten auf 2023; die VO würde dann zwei Jahre später in Kraft treten: *haerting.de/wissen/eprivacy-verordnung-einigung-des-eu-rats-zum-entwurf/*.

34 So anschaulich Jaspers/Müthlein, S. 21ff. Die schwierige Abgrenzung beklagten zu Recht bereits Tinnefeld/Viethen, NZA 2000, 980.

E-Mails mitlesen? Das und vieles andere ist im Telekommunikationsgesetz vom 23. Juni 2021[35] (im Folgenden: TKG) geregelt.

(2) Vor allem die nicht-sprachliche Kommunikation erweitert die Möglichkeiten, bestimmte Dienstleistungen im Netz anzubieten. Man weiß z. B., dass sich manche Menschen für das Wetter in Moskau oder die Börse in Toronto interessieren, und hält für sie den neuesten Stand der Dinge bereit. Andere wollen antiquarische Bücher kaufen oder einen Flug buchen. Insoweit ist eine **zweite Schicht**, die der **»Dienste«**, angesprochen. Rechtlich muss man bei ihr unterscheiden. 16

Geht es um eine normale Dienstleistung, 17

Beispiel:
Ich suche einen Fachanwalt für Arbeitsrecht in Nürnberg und klicke »*https://www.afa-anwalt.de/arbeitnehmer/*« an. Dort schaue ich mir die Personen und das Angebot einer Erstberatung an.

so greift das **Telemediengesetz** vom 26. Februar 2007[36] (im Folgenden: TMG) ein, wo u. a. die (beschränkte) Haftung des Diensteanbieters für die übermittelten Inhalte geregelt ist.

Handelt es sich dagegen um redaktionell bearbeitete Texte, die der öffentlichen Meinungsbildung dienen sollen, greift nicht das TMG, sondern der von den Ländern geschlossene **Staatsvertrag für Rundfunk und Telemedien** (abgekürzt: **RStV**) vom 30. Januar 2007[37] ein, der mit Wirkung vom März 2007 den Mediendienste-Staatsvertrag vom 20. Januar bis 12. Februar 1997 (MDStV)[38] und den alten Rundfunkstaatsvertrag in der Fassung vom 1. August 1997[39] abgelöst hat. Er gilt heute in der Fassung des Dreizehnten Staatsvertrages zur Änderung rundfunkrechtlicher Staatsverträge, der am 1.4.2010 in Kraft getreten ist.[40] Im Einzelfall kann die Abgrenzung noch immer Probleme aufwerfen, doch spielt dies bei der betrieblichen Informationsverarbeitung glücklicherweise nur 18

35 BGBl. I S. S. 1858, zuletzt geändert durch Gesetz v. 10.9.2021 (BGBl. I S. 4147).

36 BGBl. I S. 179, zuletzt geändert durch Gesetz v. 12.8.2021 (BGBl. I S. 3544). Vorgänger war das »Teledienstegesetz« (= TDG) v. 22.7.1997 (BGBl. I S. 1870).

37 Es handelt sich um den »Neunten Rundfunkänderungsstaatsvertrag«, der in den Gesetzblättern der Länder veröffentlicht wurde. Siehe etwa GV NRW 2007, S. 101 ff., im Internet abrufbar unter *www.urheberrecht.org/law/normen/rstv/RStV-09/materialien/RAeStV.php* (19.5.2020).

38 Abgedruckt bei Jaspers/Müthlein, S. 232 ff. Siehe auch Kutzki/Hackemann, ZTR 2003, 379.

39 Abgedruckt bei Jaspers/Müthlein, S. 245 ff.

40 *www.urheberrecht.org/law/normen/rstv/RStV-13/text/.*

eine untergeordnete Rolle. Immerhin ist an den Fall einer Betriebszeitung zu denken, die sich auf die Pressefreiheit berufen[41] und deshalb nach den Landespressegesetzen Auskünfte von öffentlichen Behörden verlangen kann.[42]

19 (3) Was den **Inhalt der vermittelten Informationen** angeht, gelten die allgemeinen Grundsätze. Wird etwa im Rahmen eines Börseninformationsdienstes ein Unternehmen als »schrottreif« bezeichnet, obwohl dies nicht stimmt, richtet sich die Verpflichtung zum Schadensersatz nach § 823 Abs. 1 BGB. Genauso wenig ergeben sich Besonderheiten, wenn ein unter seinem normalen Namen auftretender Chatter einen anderen beleidigt.

b) Vorschriften zum Datenschutz

In allen drei Bereichen gibt es spezielle Vorschriften zum Datenschutz.

20 Was die **erste Schicht** betrifft, fanden sich die einschlägigen Bestimmungen lange Zeit in den **§§ 88–107 TKG**. Nunmehr finden sie sich in den §§ 3–18 TTDSG.[43] Dort ist das traditionelle »Fernmeldegeheimnis« geregelt, das heute zum »**Telekommunikationsgeheimnis**« geworden ist. Inhaltlich geht es vor allem darum, die äußeren Umstände wie den Inhalt einer Kommunikation nur denjenigen zugänglich zu machen, für die sie bestimmt sind.

> Ergänzend galt bis 2004 die Telekommunikations-Datenschutzverordnung (TDSV) vom 18. Dezember 2000,[44] die die »Telekommunikationsdiensteunternehmen-Datenschutz-Verordnung« (TDSV) vom 12. Juli 1996 abgelöst hatte. § 152 Abs. 2 TKG hatte die TDSV aufgehoben, wodurch man auch ein Sprachungetüm losgeworden ist.

---

41 ErfK-Schmidt, Art. 5 GG Rn. 52; Däubler, Arbeitsrecht 1, Rn. 825a.

42 Für das Auskunftsrecht eines Portalbetreibers, der redaktionell überarbeitete Texte ins Netz stellt, OVG Bautzen, 10.7.2015 – 3 B 96/15, ZD 2016, 200.

43 Gesetz über den Datenschutz und den Schutz der Privatsphäre in der Telekommunikation und bei Telemedien (Telekommunikation-Telemedien-Datenschutz-Gesetz – TTDSG) v. 23.6.2021 (BGBl. I S. 1982), zuletzt geändert durch Gesetz v. 12.8.2021 (BGBl I S. 3544). Das Gesetz hat gegenüber der vorher bestehenden (arbeitsrechtlichen) Situation keine ins Gewicht fallenden Änderungen gebracht: Weichert, CuA 7–8/2022, 9, 11.

44 BGBl. I S. 1740; abgedruckt auch in RDV 2001, 31ff.; dazu der Aufsatz von Koenig/Neumann, RDV 2001, 117ff. sowie die Kurzkommentierung von Büttgen, RDV 2001, 6ff.

Die geplante **ePrivacy-Verordnung** garantiert in Art. 5 die »Vertraulichkeit elektronischer Kommunikationsdaten«, indem bestimmt wird: »Elektronische Kommunikationsdaten sind vertraulich. Eingriffe in elektronische Kommunikationsdaten wie Mithören, Abhören, Speichern, Beobachten, Scannen oder andere Arten des Abfangens oder Überwachens oder Verarbeitens elektronischer Kommunikationsdaten durch andere Personen als die Endnutzer sind untersagt, sofern sie nicht durch diese Verordnung erlaubt werden.« 21

Die Art. 6ff. der ePrivacy-Verordnung sehen Beschränkungen vor, die unmittelbar mit der Nutzung verbunden sind.

Im Bereich der **Teledienste** war der Datenschutz ursprünglich in einem Sondergesetz, dem »**Teledienstedatenschutzgesetz**« **(TDDSG)** geregelt, das vom 22. Juli 1997 stammte.[45] Später galten insoweit die §§ 11–15a TMG. Dort war vor allem die Frage behandelt, welche Daten seiner Nutzer der Betreiber eines Teledienstes festhalten darf. Darf er beispielsweise ein **Käuferprofil** ermitteln und dieses nicht nur selbst verwenden, sondern auch an andere Unternehmen verkaufen? Nunmehr sind die §§ 19 – 26 TTDSG maßgebend. 22

Was schließlich die **Übermittlung personenbezogener Daten** als Inhalt eines Telefongesprächs, einer E-Mail, einer Bestellung bei E-Bay usw. betrifft, gelten die allgemeinen Vorschriften des Datenschutzrechts, d.h. die **DSGVO** und das **BDSG**. Liest z.B. ein Mitarbeiter der Personalabteilung einem Bekannten am Telefon Teile der Personalakte des Arbeitnehmers X vor, ist dies ein Verstoß gegen § 26 Abs. 1 Satz 1 BDSG (und überdies gegen arbeitsvertragliche Pflichten), weil dieses Verhalten nicht für die Durchführung des Arbeitsverhältnisses erforderlich ist. Die Situation wäre noch gravierender, wenn nicht das Telefon benutzt, sondern bestimmte Angaben über eine Person ins Internet gestellt würden. 23

2. Anwendung der §§ 3ff. TTDSG im Arbeitsverhältnis?

a) Die rechtlichen Rahmenbedingungen

Zur Wahrung des Fernmeldegeheimnisses ist nach § 3 Abs. 2 Nr. 1 TTDSG verpflichtet, wer »**Diensteanbieter**« ist. Diese Eigenschaft ist in § 3 Nr. 1 TKG definiert, wo es heißt: »»*Anbieter von Telekommunikationsdiensten« ist jeder, der Telekommunikationsdienste erbringt*«. Diese müssen entweder »öffentlich zugänglich« (Nr. 1) oder »geschäftsmäßig« angeboten werden (Nr. 2). Das Fernmeldegeheimnis muss jeder wahren, der an der Erbringung solcher Dienste mitwirkt. 24

45 BGBl. I S. 1871.

Was »**geschäftsmäßiges** Erbringen von Telekommunikationsdiensten« bedeutet, bestimmte § 3 Nr. 10 TKG a. F. Danach handelt es sich um das »nachhaltige Angebot von Telekommunikation für Dritte mit oder ohne Gewinnerzielungsabsicht«. Daran dürfte sich nichts geändert haben.

b) Unanwendbarkeit des TTDSG bei dienstlicher Nutzung, Anwendbarkeit bei privater Nutzung

25 Soweit es um die **dienstliche Nutzung** von Telekommunikationseinrichtungen wie Telefon, E-Mail usw. geht, sind diese **Voraussetzungen nicht gegeben**. Zwar werden Möglichkeiten zur Telekommunikation zur Verfügung gestellt, doch handelt es sich dabei nicht um ein »Angebot für Dritte«.[46] Der Arbeitnehmer ist im Rahmen des Arbeitsverhältnisses nicht mit einem Dritten vergleichbar, der von einem Angebot Gebrauch machen oder es ignorieren kann: Vielmehr ist er im Rahmen seiner arbeitsbedingten Aufgaben verpflichtet, die ihm eröffneten Möglichkeiten zu nutzen. Es geht nicht um eine marktförmige, sondern um eine hierarchische Beziehung.

26 Die Situation ist eine völlig andere, wenn dem Arbeitnehmer das Recht eingeräumt ist, auf Kosten des Arbeitgebers oder gegen Aufwendungsersatz **Telekommunikationsleistungen privat** in Anspruch zu nehmen. In diesem Fall ist die typische Situation eines »Angebots« gegeben, von dem man Gebrauch machen, das man aber auch ausschlagen kann. Der Arbeitgeber bietet daher Telekommunikationsleistungen an, oder genauer, er wirkt i. S. v. § 3 Abs. 2 TTDSG daran mit, dass die Telekom oder eine andere Gesellschaft dem Arbeitnehmer auf Wunsch bestimmte Leistungen gewährt. Soweit ersichtlich, bestand bis vor wenigen Jahren in der Literatur deshalb im Wesentlichen Einvernehmen darüber, dass die **private Nutzung unter das TKG** bzw. heute **das TTDSG fällt**.[47]

---

46 Allgemeine Meinung. Siehe statt aller OVG Lüneburg, 14. 9. 2011 – 18 LP 15/10, ZD 2012, 44; Beckschulze/Henkel, DB 2001, 1495; Ernst, NZA 2002, 588; Gola, RDV 2021, 305; Heilmann/Tege, AuA 2001, 54; Jaspers/Müthlein, S. 22; Jofer/Wegerich, K&R 2002, 236; Kratz/Gubbels, NZA 2009, 652, 653; Lindemann/Simon, BB 2001, 1951; Post-Ortmann, RDV 1999, 103; Leitfaden des Bundesbeauftragten für den Datenschutz, RDV 2003, 105. Aus jüngster Zeit: Auernhammer-Heun, vor § 88 TKG Rn. 76.

47 Bock, in: Beck'scher TKG-Kommentar, § 88 Rn. 24; Ernst, NZA 2002, 587; Garstka, in: Bartsch/Lutterbeck (Hrsg.), S. 299 f.; Gola, MMR 1999, 324; Hanau/Hoeren, S. 41 f.; Heckmann-Braun, Kap. 7 Rn. 105; Arndt u. a.-Ellinghaus, § 88 Rn. 24; Kratz/Gubbels, NZA 2009, 652, 653 m. w. N.; Lindemann/Simon, BB 2001, 1951; Post-Ortmann, RDV 1999, 103; Vehslage, AnwBl 2001, 146; anders Gramlich, RDV 2001, 123.

c) Einwände gegen die Anwendung des TTDSG bei erlaubter Privatnutzung

27 Im Anschluss an Entscheidungen des LAG Niedersachsen[48] und des LAG Berlin-Brandenburg[49] sowie des VG Frankfurt/Main[50] und des hessischen VGH[51] vertreten nunmehr einige Autoren den Standpunkt, der **Arbeitgeber** sei **kein »Telekommunikationsanbieter«**, sodass bei der Kontrolle von E-Mails das Telekommunikationsgeheimnis des § 3 TTDSG nicht eingreife.[52] Dem ist jedoch mit guten Gründen **widersprochen** worden.[53]

28 Die neue Position meint, der Arbeitnehmer sei kein »Dritter«, dem ein Angebot gemacht werde; vielmehr stehe er auch bei der Privatnutzung nicht außerhalb des Unternehmens.[54] Dem ist zu Recht entgegen gehalten worden, die Privatnutzung sei häufig auf die Pausen und auf die arbeitsfreie Zeit beschränkt, wo gerade **nicht** von einer **»Einbindung« in die Organisation** die Rede sein könne.[55] Auch hat die vertragliche Arbeitspflicht generell den Vorrang vor der Erledigung privater Angelegenheiten, sodass diese nur die Lücken füllt, die die Arbeit (ausnahmsweise) lässt.[56] Weiter spielt es keine Rolle, dass der Arbeitgeber gleichzeitig Empfänger der Dienstleistung und Mitwirkender bei ihrer Erbringung an den Arbeitnehmer ist.[57] Auch wird die private Nutzung auf Dauer eingeräumt, sodass von einem »nachhaltigen« Angebot i. S. v. § 3 Nr. 10 TKG a. F. bzw. von einer geschäftsmäßigen Betätigung die Rede sein konnte bzw. kann.[58] Dabei kommt es auch nicht auf das Vorliegen einer Gewinnerzielungsabsicht an.

---

48 LAG Niedersachsen, 31.5.2010 – 1 Sa 875/09, NZA RR 2010, 406.

49 LAG Berlin-Brandenburg, 16.2.2011 – 4 Sa 2132/10, ZD 2011, 43 = NZA-RR 2011, 342.

50 VG Frankfurt/Main, 6.11.2008 – 1 K 628/08, RDV 2009, 130.

51 Hessischer VGH, 19.5.2009 – 6 A 2672/08.Z, RDV 2010, 39 Ls.

52 Deiters, ZD 2012, 109ff.; Fokken, NZA 2020, 629ff.; Thüsing-Thüsing, § 3 Rn. 79–99; Wybitul, ZD 2011, 69ff. Ebenso schon Schimmelpfennig/Wenning, DB 2006, 2290. Zur Nichtanwendung des § 206 StGB in einem solchen Fall Barton, RDV 2012, 217ff.

53 Vor allem J. Fischer, ZD 2012, 265ff.; de Wolf, NZA 2010, 1206; kritisch auch Brink, RDV 2015, 171; Panzer-Heemeier, DuD 2012, 48, 52f.; Auernhammer-Heun, vor § 88 TKG Rn. 76 und Plath-Jenny, § 88 TKG Rn. 15. Wie die bislang herrschende Auffassung auch LAG Hessen, 21.9.2018 – 10 Sa 601/18, ZD 2019, 323. Die Offenheit der Situation betont Gola, RDV 2021, 306.

54 Deiters, ZD 2012, 109, 110; Wybitul, ZD 2011, 69, 71.

55 J. Fischer, ZD 2012, 265, 266.

56 Richtig Kratz/Gubbels, NZA 2009, 652, 653 (»Freiraumzeiten«).

57 J. Fischer, ZD 2012, 265, 266. Anders Deiters, ZD 2012, 109, 110, der den Tatbestand des »Mitwirkens« übersieht.

58 Ebenso de Wolf, NZA 2010, 1206, 1208.

29 Eine solche Differenzierung zwischen dienstlicher und privater Nutzung wird durch die **Entstehungsgeschichte des** (alten) **TKG** bestätigt. Nach dem Willen der Gesetzesverfasser sollte das Fernmeldegeheimnis auch auf »Corporate Networks«, Nebenstellenanlagen in Hotels und Krankenhäusern, Clubtelefone, »Nebenstellenanlagen in Betrieben und Behörden, soweit sie den Beschäftigten zur privaten Nutzung zur Verfügung gestellt sind«, erstreckt werden.[59] Wenn schon das private Telefongespräch vom Apparat 4132 mit dem Apparat 5133 unter das Fernsprechgeheimnis fällt, warum sollte es bei einem Gespräch mit einem externen Anschluss anders sein? Man tut dem Gesetzgeber Unrecht, wenn man behauptet, er habe die Probleme im Arbeitsverhältnis übersehen; er spricht nur ähnlich wie in § 3 Abs. 11 BDSG a. F. von »Beschäftigten« und nicht von »Arbeitnehmern«.[60]

30 In der Literatur wird weiter behauptet, dass die generelle Anwendung vor allem des § 109 TKG (jetzt: § 165 Abs. 2 TKG) für den Arbeitgeber einen enormen Aufwand mit sich bringe, den der Gesetzgeber ersichtlich nicht gewollt haben könne.[61] Dem ist entgegenzuhalten, dass die technischen Maßnahmen nach § 165 Abs. 2 TKG zwar in der Tat ins Gewicht fallen, aber nur für »öffentliche« Diensteanbieter gelten. Wer nur den eigenen Beschäftigten ein Angebot macht, wird von dieser Vorschrift nicht erfasst.[62] Er muss lediglich nach § 165 Abs. 1 TKG angemessene technische Vorkehrungen und sonstige Maßnahmen zum Schutz des Fernmeldegeheimnisses und gegen die Verletzung des Schutzes personenbezogener Daten treffen und dabei den Stand der Technik berücksichtigen. Dies geht im Grundsatz nicht über die Datensicherung nach Art. 32 DSGVO hinaus.

31 Schließlich wird darauf verwiesen, dem TKG a. F. gehe es nur um die Herstellung des Wettbewerbs auf dem Gebiet der Telekommunikation.[63] Es könne deshalb in einer Situation keine Anwendung finden, in der es nicht um Marktöffnung gehe, sondern um betriebliche Sozialpolitik. Auch habe der Arbeitnehmer anders als ein sonstiger Marktteilnehmer

---

59 BT-Drs. 13/3609, S. 53.

60 Von einer »eindeutigen« Gesetzesbegründung spricht nur Panzer-Heemeier, DuD 2012, 48, 49; ähnlich de Wolf, NZA 2010, 1206, 1208, der allerdings bemängelt, dass der Arbeitnehmer als Betroffener nicht direkt benannt werde. Wie hier im Ergebnis Plath-Jenny, § 88 TKG Rn. 15.

61 Post-Ortmann, RDV 1999, 103.

62 Beckschulze, DB 2009, 2097, 2098 und HWK-Lembke, Vorb. BDSG Rn. 92a (in Bezug auf das damalige Gebot zur Vorratsdatenspeicherung).

63 Thüsing, Arbeitnehmerdatenschutz, 1. Aufl., Rn. 240ff.

gar keine Wahl.[64] Dieser **teleologischen Reduktion des Anwendungsbereichs des TKG a. F.** wird nicht nur der Wortlaut des Gesetzes, sondern auch der Hinweis entgegengehalten, es gehe beim TKG a. F. zugleich um die Wahrung der Benutzerrechte und um die Sicherung des Fernsprechgeheimnisses.[65] Hinzuzufügen wäre, dass überall dort, wo der Arbeitgeber nur kostenpflichtige Dienste anbietet, durchaus auch Wettbewerb besteht, sofern der Einzelne ein Smartphone an den Arbeitsplatz mitbringt und mit diesem ins Internet gehen kann.

d) Konsequenzen der Anwendung des TTDSG

Wendet man in Übereinstimmung mit der auch heute noch herrschenden Meinung das TTDSG wegen der Übernahme des bisherigen § 88 TKG an,[66] wenn den Arbeitnehmern die Privatnutzung erlaubt ist,[67] so hat dies erhebliche praktische Folgen. Grundsätzlich greift das **Telekommunikationsgeheimnis nach § 3 Abs. 2 TTDSG** ein. Dieses erstreckt sich auch auf die dienstliche Kommunikation, wenn insoweit keine technische Trennung praktiziert wird.[68] Der Arbeitgeber ist konsequenterweise auf die Erfassung der Daten beschränkt, die für eine evtl. Abrechnung und zum Schutz der technischen Systeme erforderlich sind. Ein **Zugriff** auf die Inhalte und die näheren Umstände der Telekommunikation ist **grundsätzlich ausgeschlossen.**[69] Eine **Ausnahme** ist nach § 3 Abs. 3 Satz 3 TTDSG nur möglich, wenn das TTDSG oder ein anderes Gesetz dies vorsieht und sich dabei ausdrücklich auf Telekommunikationsvorgänge bezieht. Wegen dieser spezifischen gesetzlichen Voraussetzung kommt auch ein Tarifvertrag oder eine Betriebsvereinbarung nicht in Betracht, da weder das TVG noch das BetrVG auf Telekommunikationsvorgänge Bezug nehmen.[70] 32

Das Telekommunikationsgeheimnis nach § 3 Abs. 1 TTDSG reicht allerdings nicht weiter als das Post- und Fernmeldegeheimnis nach Art. 10 Abs. 1 GG. Nach der Rechtsprechung des BVerfG bezieht sich der Schutz- 33

---

64 Schimmelpfennig/Wenning, DB 2006, 2290, 2294.

65 Kratz/Gubbels, NZA 2009, 652, 655.

66 Ebenso ErfK-Franzen, § 26 BDSG Rn. 30.

67 Dafür de Wolf, NZA 2010, 1206; ErfK-Franzen, § 26 BDSG Rn. 30; HWK-Lembke, Vorb. BDSG Rn. 105: HK-ArbR-Hilbrans, § 32 BDSG Rn. 22; Klebe/Klengel, NZA 2021, 1144, 1148; SHS-Seifert, Art. 88 Rn. 150; Däubler//Wedde/Weichert/Sommer-Wedde, § 26 Rn. 143; Däubler, Gläserne Belegschaften, Rn. 338. Zur aktuellen Rechtslage siehe auch Weichert CuA 7–8/2022, 9.

68 Bijok/Class, RDV 2001, 56.

69 Siehe etwa Schimmelpfennig/Wenning, DB 2006, 2290; SHS-Seifert, Art. 88 Rn. 150; de Wolf, NZA 2010, 1206.

70 Schimmelpfennig/Wenning, DB 2006, 2290, 2291.

bereich dieses Grundrechts auf den **Kommunikationsvorgang als solchen**; ist dieser abgeschlossen, greift Art. 10 Abs. 1 GG nicht mehr ein.[71] Von diesem Moment an sind die gespeicherten Gespräche oder E-Mails aber nicht schutzlos; vielmehr sind **Eingriffe am informationellen Selbstbestimmungsrecht und am Grundrecht auf Gewährleistung der Vertraulichkeit und Integrität informationstechnischer Systeme zu messen.**[72] Der Kommunikationsvorgang ist dann beendet, wenn die Information in den »Herrschaftsbereich« des Empfängers gelangt ist. Diese zeitliche Begrenzung rechtfertigt sich damit, dass die Information während des Übertragungsvorgangs in besonderer Weise dem Zugriff Dritter einschließlich des Staates ausgesetzt ist, während dies nach ihrer »Ankunft« im Herrschaftsbereich des Empfängers nicht mehr der Fall ist, da dieser im Prinzip die nötigen Sicherungsmaßnahmen treffen kann.[73] Das hat beispielsweise zur Folge, dass Art. 10 Abs. 1 GG anwendbar bleibt, wenn Mails lediglich auf dem Server des Providers gespeichert sind und der Adressat so keine technische Möglichkeit hat, ihre Weitergabe an Dritte zu verhindern.[74] Geht es um **E-Mails**, die vom Empfänger **auf seinem (dienstlichen) Rechner gespeichert** werden, würden Art. 10 Abs. 1 GG und § 3 Abs. 1 TTDSG nicht mehr eingreifen.[75] Ob man dasselbe auch bei einer Speicherung innerhalb des betrieblichen Netzwerks annehmen kann, erscheint mit Rücksicht auf die Rechtsprechung des BVerfG zum Provider-Fall höchst zweifelhaft,[76] ist aber höchstrichterlich noch nicht entschieden. Nicht zuzustimmen ist dem LAG Hessen,[77] das den Schutz des § 88 TKG (jetzt: § 3 Abs. 1 TTDSG) selbst dann entfallen lässt, wenn der Arbeitgeber ausgehende (private und dienstliche) E-Mails in einem »E-Mail-Archiv« speichert, zu dem nur er Zugriff hat.

34 Wie kann eine **technische Trennung** zwischen privater und dienstlicher Kommunikation aussehen? Bei ausgehenden Telefongesprächen kann man eine bestimmte Vorwahl vorsehen. Bei E-Mails käme die Beschränkung auf externe Provider wie *gmx.de* und *web.de* in Betracht.[78] Eine bloße Kennzeichnung als »dienstlich« oder »privat« reicht nicht, da der

71 BVerfG, 2.3.2006 – 2 BvR 2099/04, NJW 2006, 976; BVerfG, 16.6.2009 – 2 BvR 902/06, NJW 2009, 2431.
72 Zu letzterem siehe BVerfG, 27.2.2008 – 1 BvR 370/07, 1 BvR 595/07, NJW 2008, 822, 827 Tz. 201. Wie hier Gola, RDV 2021, 306
73 BVerfG, 2.3.2006 – 2 BvR 2099/04, NJW 2006, 976 Tz. 75, 76.
74 BVerfG, 16.6.2009 – 2 BvR 902/06, NJW 2009, 2431 Tz. 46.
75 So ausdrücklich VGH Kassel, 19.5.2009 – 6 A 2672/08.Z, NJW 2009, 2470.
76 Ablehnend de Wolf, NZA 2010, 1206, 1209 sowie Plath-Jenny, § 88 TKG Rn. 22.
77 LAG Hessen, 21.9.2018 – 10 Sa 601/18, ZD 2019, 323, 324.
78 Beckschulze, DB 2009, 2097 (»freemail-account«).

Arbeitgeber bei einer Öffnung des E-Mail-Accounts dann auf alle Fälle die äußeren Daten auch der privaten Mails zur Kenntnis bekäme.[79] Die Frage ist für den Arbeitgeber von großer Bedeutung, da er nach § 257 HGB »Geschäftsbriefe« mindestens sechs Jahre aufbewahren muss und diese auch die Form von E-Mails haben können. Eine ähnliche Regelung enthält § 147 AO für steuerliche Zwecke.

Keine wesentliche **Bedeutung** kommt der Tatsache zu, dass auch auf reinen Dienstanschlüssen **private Gespräche** oder private E-Mails **ankommen** können. Insoweit ändert sich der Gesamtcharakter der Kommunikation nicht; angesichts der quantitativen Geringfügigkeit besteht keine Veranlassung, das TTDSG anzuwenden.[80] Das Telekommunikationsgeheimnis des Arbeitnehmers bleibt gleichwohl nicht ohne Schutz.[81] 35

3. Anwendbarkeit der §§ 19ff. TTDSG im Arbeitsverhältnis?

Auch im Anwendungsbereich des TMG ist zwischen dienstlicher und privater Nutzung zu unterscheiden. Die §§ 19ff. TTDSG sprechen durchweg von einem »Anbieter von Telemedien«, dem bestimmte datenschutzrechtliche Pflichten auferlegt werden. Ihm steht nach § 19 Abs. 1 TTDSG der Nutzer von Telemedien gegenüber, dem es vor allem darum geht, »Informationen zu erlangen oder zugänglich zu machen«, wie der bisherige § 11 Abs. 2 TMG hervorhob. Eine solche **marktmäßige Beziehung** besteht **bei der Durchführung des Arbeitsverhältnisses** nicht; vielmehr ist der Arbeitnehmer gehalten, zur besseren Erfüllung seiner Aufgaben ggf. von Telediensten Gebrauch zu machen.[82] Das war allerdings anders als im TKG schon durch den alten § 1 Abs. 1 Nr. 1 TDDSG klargestellt, wonach das Gesetz nicht für Dienst- und Arbeitsverhältnisse galt, soweit die Nutzung ausschließlich zu beruflichen oder dienstlichen Zwecken erfolgte. Bis vor kurzem bestimmte § 11 Abs. 1 TMG a. F., dass die Datenschutzvorschriften der §§ 12ff. TMG a. F. nicht für Nutzer galten, soweit die Bereitstellung der Telemedien entweder 36

- »im Dienst- und Arbeitsverhältnis zu ausschließlich beruflichen oder dienstlichen Zwecken« oder

79 SHS-Seifert, Art. 88 Rn. 150.

80 Ebenso Ernst, NZA 2002, 588; Gola, MMR 1999, 324.

81 Siehe unten III. Bemerkenswert ist, dass das BAG – soweit ersichtlich – bisher die Anwendung des TKG auf Dienstgespräche nicht einmal erwogen hat.

82 Ebenso bereits für das TDDSG Beckschulze/Henkel, DB 2001, 1495; Bijok/Class, RDV 2001, 56; Gola, MMR 1999, 328; Heilmann/Tege, AuA 2001, 55; Jofer/Wegerich, K&R 2002, 236; Lindemann/Simon, BB 2001, 1951; Post-Ortmann, RDV 1999, 105.

- »innerhalb von oder zwischen nicht öffentlichen Stellen ausschließlich zur Steuerung von Arbeits- oder Geschäftsprozessen erfolgt.«

37 Mit »**Dienstverhältnissen**« sind öffentlich-rechtliche Beschäftigungsverhältnisse wie das Beamten- und das Richterverhältnis gemeint, doch gibt es keinen Grund, **freie Mitarbeiter** und andere arbeitnehmerähnliche Personen den §§ 12 ff. TMG a. F. zu unterstellen; insoweit werden sie wie Arbeitnehmer behandelt.[83] Das Abstellen auf die »ausschließliche« berufliche oder dienstliche Nutzung macht deutlich, dass auch eine eingeschränkte erlaubte Privatnutzung bereits zur Anwendung der §§ 12 ff. TMG a. F. führt. Die zweite Alternative betrifft vor allem einheitliche Steuerungsprozesse im Rahmen von Konzernen.[84] Durch das TTDSG hat sich an diesem Rechtszustand nichts Wesentliches geändert.

38 **Bei der erlaubten Privatnutzung** ist die Situation genau wie nach TTDSG eine andere: Der Arbeitgeber bietet entweder selbst bestimmte Dienste an oder verschafft dem Arbeitnehmer den entsprechenden Zugang. Von daher greifen in diesem Fall die §§ 19 ff. TTDSG ein, die dem Anbieter bestimmte Pflichten auferlegen.[85] Wie bei der Telekommunikation als solcher muss eine technisch-organisatorische Trennung vorgenommen werden, da sonst die Sonderregeln über die Bestandsdaten nach § 21 TTDSG nicht praktiziert werden können.[86]

4. Allgemeiner Beschäftigtendatenschutz für die Inhalte

39 Soweit es um die Übermittlung von Arbeitnehmerdaten geht, finden DSGVO und BDSG n. F. oder letzterem vorgehende Spezialnormen Anwendung. **Sinnvoll** wäre es, **einheitliche Regeln für sämtliche »Schichten«** der Telekommunikation zu schaffen, vor allem die Differenzierung zwischen dienstlicher und privater Nutzung aufzuheben.[87] Hierin läge auch ein wichtiger Beitrag zur Übersichtlichkeit und Handhabbarkeit des geltenden Rechts, die derzeit – um es zurückhaltend auszudrücken – nicht voll verwirklicht ist.

---

83 Taeger/Gabel-Moos, § 11 TMG Rn. 11 m. w. N.

84 Zum Anwendungsbereich siehe Taeger/Gabel-Moos, § 11 TMG Rn. 21.

85 Gola, MMR 1999, 329; Kiper, CF 6/2000, 15; Kutzki/Hackemann, ZTR 2003, 376; Post-Ortmann, RDV 1999, 105; anders Ernst, NZA 2002, 587; Hanau/Hoeren, S. 44.

86 Post-Ortmann, RDV 1999, 105.

87 Dazu die kurzen Bemerkungen bei Däubler, RDV 1999, 247 sowie Tinnefeld/Viethen, NZA 2000, 977 ff.

5. Rechtslage nach der geplanten ePrivacy-Verordnung

Der Entwurf der ePrivacy-Verordnung differenziert nicht zwischen den verschiedenen Schichten, sondern knüpft an der **elektronischen Übermittlung als solcher** an. Diese unterliegt ganz generell der Vertraulichkeit. ErwGr 13 der ePrivacy-Verordnung macht jedoch deutlich, dass dies **nur** für **öffentlich zugängliche Netze** gilt; die Verordnung solle keine Anwendung »auf geschlossene Gruppen von Endnutzern (z. B. Unternehmensnetze) finden, bei denen der Zugang auf die Angehörigen des Unternehmens beschränkt ist«. In einem **Intranet** würde also das Telekommunikationsgeheimnis keine Anwendung finden; der Schutz des Einzelnen wäre nur im Rahmen des allgemeinen Persönlichkeitsrechts zu wahren. Ob der Arbeitgeber zum Betreiber eines elektronischen Kommunikationsnetzes wird, wenn er seinen Beschäftigten eine private Nutzung erlaubt, ist **vom Wortlaut her nicht eindeutig** zu beantworten. Dafür spricht, dass derjenige, der anderen ein öffentliches Kommunikationsnetz bereitstellt, **kein »Endnutzer«** ist und deshalb die Vertraulichkeit nach Art. 5 ePrivacy-Verordnung zu beachten hat. Was ein »Endnutzer« ist, bestimmt sich nach Art. 4 Abs. 1 Buchst. b des Verordnungsentwurfs, der auf Art. 2 Nr. 14 des Vorschlags für eine Richtlinie des Europäischen Parlamentes und des Rats »über den europäischen Kodex für die elektronische Kommunikation« vom 12. Oktober 2016[88] verweist. Die endgültige Formulierung wird abzuwarten sein.[89] Interessant ist die Vorschrift des Art. 8 der Verordnung, der die **in »Endeinrichtungen** der Endnutzer« **gespeicherten Informationen** gleichfalls mit einem grundsätzlichen Nutzungsverbot belegt. 40

III. Kontrolle der dienstlichen Nutzung von Einrichtungen der Telekommunikation

1. Persönlichkeitsschutz des Arbeitnehmers

a) Allgemeiner Grundsatz

Zurück zum deutschen Recht: Das Nichteingreifen von TTDSG bei rein dienstlicher Nutzung hat automatisch zur Folge, dass auf **allgemeine Grundsätze des Persönlichkeitsschutzes im Arbeitsverhältnis** zurück- 41

88 COM(2016) 590 final.

89 Zum letzten Stand siehe Engeler, ZD 2017, 549 und P. Kramer, DSB 1/2018, 6; Maier/Schaller, ZD 2017, 373ff.; zuletzt Bender, Beilage zu RDV 5/2019, 8ff.

gegriffen werden muss. Dass das Arbeitsverhältnis insoweit nicht etwa einen »rechtsfreien Raum«, gewissermaßen ein »besonderes Gewaltverhältnis« neuer Art darstellt, macht nicht zuletzt § 75 Abs. 2 BetrVG deutlich, wonach Arbeitgeber und Betriebsrat »die freie Entfaltung der Persönlichkeit der im Betrieb beschäftigten Arbeitnehmer zu schützen und zu fördern« haben. Dies wird auch durch die Rechtsprechung des EGMR bestätigt, der den Schutz der Privatsphäre nach Art. 8 EMRK auch auf die dienstliche und private Kommunikation am Arbeitsplatz erstreckt.[90]

b) Mithören von Telefongesprächen

42 Konkrete Aussagen zum Umfang und zu den Grenzen des Persönlichkeitsschutzes finden sich in Rechtsprechung und Literatur vor allem im Hinblick auf **die Vertraulichkeit von Telefongesprächen**. Die dort erreichten Ergebnisse lassen sich möglicherweise auf andere Formen der Telekommunikation übertragen.[91] In Bezug auf das Telefon haben sich die folgenden Grundsätze herausgebildet:

43 Nach der **Rechtsprechung des BVerfG**[92] kann sich ein Arbeitnehmer auch dann auf sein **»Recht am eigenen Wort«** berufen, wenn er Dienstgespräche führt. Das Mithören durch Dritte stellt einen Eingriff in seine Persönlichkeitssphäre dar, die mit einer heimlichen Tonbandaufnahme vergleichbar ist.[93] Der Einzelne muss selbst bestimmen können, wem seine Worte zugänglich sein sollen.[94] Der grundrechtliche Schutz geht auch nicht dadurch verloren, dass der Arbeitnehmer die abstrakt bestehende Möglichkeit der Kenntnisnahme durch Dritte kennt. Auch der Gesprächspartner rechnet mit Vertraulichkeit und unterstellt keinen »Mithörer«. Eine **stillschweigende Einwilligung** ist nur dann anzunehmen, wenn zu Beginn des Gesprächs auf die weitere Person hingewiesen wird und wenn niemand widerspricht.[95] Von einer mutmaßlichen Einwil-

---

90 EGMR 5.9.2017 – No.61496/08, ZD 2017, 571 mit Anm. Sörup. Dazu weiter Breckheimer, K&R 2017, 700ff. und Weichert, CuA 10/2017, 20f. sowie EGMR, 9.1.2018 – No 1874/13 und 8567/13, AuR 2019, 32.

91 Die folgenden Ausführungen entsprechen weitgehend den in »Gläserne Belegschaften«, Rn. 345ff. gemachten.

92 BVerfG, 19.12.1991 – 1 BvR 382/85, DB 1992, 786 = CR 1992, 498ff., bestätigt durch BVerfG, 9.10.2002 – 1 BvR 1611/96, 1 BvR 805/98, NJW 2002, 3619 = DuD 2003, 170.

93 Zu deren Unzulässigkeit siehe BVerfG, 31.1.1973 – 2 BvR 454/71, BVerfGE 34, 238, 245.

94 BVerfG, 19.12.1991 – 1 BvR 382/85, DB 1992, 786 = CR 1992, 498 unter Bezugnahme auf BVerfGE 54, 148, 155. Ebenso BGH, 18.2.2003 – XI ZR 165/02, RDV 2003, 237.

95 BVerfG, 2.4.2003 – 1 BvR 215/03, RDV 2003, 290 = NJW 2003, 2375.

ligung auszugehen, kommt nach allgemeinen Grundsätzen nur dann in Betracht, wenn der Betroffene nicht rechtzeitig einwilligen kann[96] – eine Voraussetzung, die im Rahmen eines Telefongesprächs niemals vorliegen wird. Allerdings sind Fälle denkbar, in denen der Eingriff gerechtfertigt ist. Hierfür ist aber ein überwiegendes schutzwürdiges Interesse des Arbeitgebers erforderlich.

Das **BAG** hat sich dieser Rechtsprechung angeschlossen[97] und die **Rechtfertigungsgründe näher eingegrenzt**: Im Einzelfall müsse das Interesse des Arbeitgebers vor demjenigen des Arbeitnehmers den Vorzug verdienen. Das sei nur dann anzunehmen, wenn der Eingriff nach Inhalt, Form und Begleitumständen erforderlich sei und überdies das schonendste Mittel darstelle.[98] Im konkreten Fall ging es um das **Reservierungszentrum eines Luftfahrtunternehmens** und um das Bestreben des Arbeitgebers, sich als Unternehmen darzustellen, das um »kompetenten Service« bemüht ist. Ob neu eingestellte Arbeitnehmer dieser Vorgabe entsprächen, lasse sich nur durch Mithören der Gespräche feststellen. Eine derartige Maßnahme sei erlaubt, weil die Interessen des Arbeitnehmers von geringerem Gewicht seien: Die Überwachung sei auf die Probezeit beschränkt, und außerdem würden sich die Gespräche nur auf Reservierungen und damit in Zusammenhang stehende Informationen beziehen, also auf »Gegenstände, deren Erörterung die vom allgemeinen Persönlichkeitsrecht geschützte Eigensphäre des Arbeitnehmers kaum berührt«.[99] Bei der Abwägung wird also (mit Recht) auch berücksichtigt, wie stark der Eingriff in den Bereich des Persönlichen ist. Dass hier im Einzelnen zu differenzieren ist, wird zudem an der weiter zurückliegenden Entscheidung zur **Kontrolle durch versteckte Kameras** deutlich:[100] Auch dort muss zwar eine Güter- und Interessenabwägung stattfinden, doch wird als Rechtfertigungsgrund nur erwogen, dass es zu erheblichen Warenverlusten gekommen sei und der Einsatz der Kameras die einzige Möglichkeit darstelle, den Täter zu ermitteln. Entsprechend wurde auch später entschieden.[101] 44

Was dies im Einzelnen für die **Arbeit im Call Center** bedeutet, ist in der Rechtsprechung bislang nicht geklärt. Eine generelle »Qualitätssiche- 45

96 BVerfG, 14.12.2001 – 2 BvR 152/01, DuD 2002, 568.
97 BAG, 30.8.1995 – 1 ABR 4/95, NZA 1996, 218; 29.10.1997 – 5 AZR 508/96, DB 1998, 371; 27.3.2003 – 2 AZR 51/02, DB 2003, 2230.
98 BAG, 30.8.1995 – 1 ABR 4/95, NZA 1996, 218, 221; MünchArbR-Reichold, 4. Aufl., § 86 Rn. 10.
99 BAG, 30.8.1995 – 1 ABR 4/95, NZA 1996, 218, 221.
100 BAG, 7.10.1987 – 5 AZR 116/86, DB 1988, 403.
101 BAG, 27.3.2003 – 2 AZR 51/02, DB 2003, 2230.

rung« durch heimliches Mithören ist nicht erlaubt,[102] und zwar auch dann nicht, wenn dieses ohne Benennung eines konkreten Zeitpunkts angekündigt wurde. Eine solche Maßnahme kommt lediglich dann in Betracht, wenn **Zweifel an der Qualität der Arbeit** bestehen, weil verschiedene Beschwerden von Kunden eingegangen sind.[103] Besteht ein dringender Verdacht, dass **Straftaten geplant** werden oder begangen wurden, soll auch dies ein »Mithören« erlauben.[104] Dafür könnte eine Analogie zu § 26 Abs. 1 Satz 2 BDSG sprechen, doch besteht die Gefahr, dass der **Arbeitgeber** sich zum **Richter in eigener Sache** macht und einen »Verdacht« annimmt, wo ihn eine unabhängige Instanz niemals annehmen würde. Vorzugswürdig ist jedenfalls bei möglicherweise schon begangenen Taten die Einschaltung der Strafverfolgungsorgane, zumal der Arbeitgeber dann auch das Risiko vermeidet, wegen unerlaubten Abhörens nach § 201 StGB selbst strafrechtlich zur Verantwortung gezogen zu werden.[105] Der hier eingenommene Standpunkt wird auch durch die Aussage des BAG bestätigt, »im Regelfall« bestehe bei einem **Personalgespräch** kein anerkennenswerter Grund für **das heimliche Mithören** durch eine andere Person.[106] Der **EGMR** legt gleichfalls großen Wert darauf, dass eine beabsichtigte oder mögliche Überwachung der betroffenen Person vorher mitgeteilt wird.[107] Erfolgt dies nicht, ist die Aufzeichnung von privaten Kommunikationsvorgängen auch dann rechtswidrig, wenn diese ausdrücklich verboten waren.[108] Auch dürfen nicht mehr Daten erfasst werden, als durch den Kontrollzweck gefordert werden.[109]

c) Erfassen von Telefondaten

46 Bei der Erfassung der **Begleitumstände von Telefongesprächen** (Beginn und Ende, vertelefonierte Einheiten, angerufene Nummer) liegt ein deutlich geringerer Eingriff in die Persönlichkeitssphäre des Arbeitnehmers als beim Mithören vor. Deshalb wird hier in der Regel dem Arbeit-

102 Wedde, DuD 2004, 21 ff.

103 Sehr viel weiter im Sinne einer regelmäßigen Stichprobenkontrolle Jordan/Bissels/Löw, BB 2008, 2626, 2628 f., doch lässt sich dies mit den Grundsätzen des BVerfG und des BAG nicht vereinbaren.

104 HWK-Lembke, Vorb. BDSG Rn. 105.

105 Dass wegen drohenden Verrats von Betriebs- und Geschäftsgeheimnissen abgehört wird, ist nur theoretisch denkbar: Wenn man weiß, dass wahrscheinlich ein Gespräch einen solchen Inhalt hat, wird man andere Mittel und Wege finden, um die Weitergabe der interessanten Dinge an die Konkurrenz zu unterbinden.

106 BAG, 29.10.1997 – 5 AZR 508/96, DB 1998, 371.

107 EGMR, 5.9.2017 – No. 61496/08, ZD 2017, 571 – Barbulescu.

108 Dazu auch Weichert, CuA 10/2017, 20 f.

109 Ebenso Behling, BB 2018, 52 ff.

geberinteresse an der Kontrolle des Arbeitsverhaltens der Vorrang eingeräumt.[110] Das Arbeitgeberinteresse überwiege sogar bei **Privatgesprächen aus dienstlichem Anlass.**[111] Zwar gehörten diese zur Privatsphäre des Arbeitnehmers, doch habe das Kontrollinteresse des Arbeitgebers größeres Gewicht, solange es dem Arbeitnehmer freistehe, auf eigene Kosten ein reines Privatgespräch zu führen.[112]
Hier ist nicht der Ort, diese Rechtsprechung einer kritischen Analyse zu unterziehen. Vielmehr soll sie mit Rücksicht auf ihre Orientierungswirkung für die Praxis im Folgenden zugrunde gelegt werden.

2. Übertragung auf die aktuelle Situation

Die **Feststellungen des BVerfG und des BAG sind nicht auf** bestimmte Situationen oder **die Verwendung einer bestimmten Technik beschränkt**. Sie gelten für alle Arbeitsverhältnisse und beschränken sich nicht auf den Schutz des gesprochenen Worts. Verallgemeinerungsfähig ist vor allem die Feststellung, dass die rechtfertigenden Gründe umso gewichtiger sein müssen, je stärker in die Persönlichkeitssphäre eingegriffen wird. Liegen überhaupt keine solchen Gründe vor, ist auch eine Auswertung z. B. von Log-Dateien unzulässig.[113] Auch die Literatur bejaht eine solche **Generalisierung des Persönlichkeitsschutzes** und bezieht ihn vor allem auf E-Mails.[114] Anders vorzugehen würde auch der Entwicklung widersprechen, die das Telekommunikationsrecht genommen hat: Für TKG und TMG (und heute für das TTDSG) spielt es keine Rolle mehr, ob sprachliche oder nichtsprachliche Kommunikation in Rede steht.[115] Das schließt beispielsweise eine **automatisierte Vollkontrolle** aller Inter- 47

110 Grundlegend BAG, 27.5.1986 – 1 ABR 48/84, DB 1986, 2080, 2082 f.

111 Zu dieser Kategorie siehe unten § 11 Rn. 8.

112 BAG, 27.5.1986 – 1 ABR 48/84, DB 1986, 2080, 2083.

113 Konrad-Klein, CuA 11/2014, 21; Rozek, CuA 9/2014, 30 ff.

114 Balke/Müller, DB 1997, 326; Hanau/Hoeren, S. 58; Kiper, CF 6/2000, 14; Raffler/Hellich, NZA 1997, 863; Post-Ortmann, RDV 1999, 106; Skowronek, CF 10/2000, 27; etwas einschränkend Gola, MMR 1999, 326.

115 Siehe etwa § 3 Nr. 59 TKG, wo Telekommunikation als »der technische Vorgang des Aussendens, Übermittelns und Empfangens von Signalen« definiert wird. In ähnlicher Weise sprach § 2 Abs. 1 TDG von allen »elektronischen Informations- und Kommunikationsdiensten, die für eine individuelle Nutzung von kombinierbaren Daten wie Zeichen, Bilder oder Töne bestimmt sind und denen eine Übermittlung mittels Telekommunikation zugrunde liegt«. Das TMG hat daran in der Sache nichts geändert.

net-Aktivitäten eines einzelnen Beschäftigten grundsätzlich aus.[116] Weiter besteht Konsens, dass der Einsatz von **Überwachungsprogrammen wie »Spector pro«**, die das Arbeitsverhalten bis ins letzte Detail hinein erfassen, als übermäßiger Eingriff in die Persönlichkeitssphäre des Arbeitnehmers generell unzulässig und überdies als **Datenausspähung** nach § 202a StGB strafbar ist.[117] Dasselbe gilt für entsprechende Programme, die in Handys und Smartphones eingeschleust werden.[118]

3. Konkrete Konsequenzen

a) Behandlung von E-Mails

48 Bei der an eine bestimmte Person mit eigener Adresse im Betrieb (*anton.mueller@bund-verlag.de*) gerichteten E-Mail macht es einen ähnlich **großen Unterschied** wie bei Telefongesprächen, ob der Arbeitgeber lediglich die äußeren Daten wie Zeitpunkt der Absendung und angeschriebene Adresse automatisch zur Kenntnis bekommt[119] oder ob auch der **Inhalt selbst** ohne Wissen des Arbeitnehmers auf seinen Bildschirm geholt werden kann. Zwar ist bei einer E-Mail nicht das Recht am gesprochenen Wort betroffen, doch geht ein beträchtlicher Teil der Literatur davon aus, dass es dem Telefon nähersteht als dem Wechseln von Briefen.[120] In der Tat geht es häufig um spontane Reaktionen, die sich ausschließlich an den Adressaten richten. Anders als bei einem Geschäftsbrief rechnet auch das (gleichfalls in seinem Persönlichkeitsrecht geschützte) Gegenüber nicht damit, dass außer dem Adressaten automatisch andere Personen Kenntnis von seinem Text erhalten.[121] Nicht mitgeteilte Kontrollmaßnahmen haben dieselbe »Eingriffstiefe« wie das heimliche Mithören von Telefongesprächen. Daraus folgt, dass ein **verdeckter Zugriff auf die übermittelten Inhalte grundsätzlich ausgeschlossen** ist.[122]

116 So der Leitfaden des Bundesbeauftragten für den Datenschutz, RDV 2003, 105. Zu den Gefahren von Smartphone-Kontrollen siehe Flake, CuA 10/2014, 11ff.

117 So sogar Beckschulze, DB 2003, 2781. Eingehend zu dieser Technik und wie sie sich durch Betroffene feststellen lässt Haverkamp, CF 1/2003, 14ff. Zum neueren Stand siehe Konrad-Klein, CuA 11/2014, 20ff.

118 Dazu Haverkamp, CuA 2/2015, 29ff.

119 Dies wird praktisch allgemein akzeptiert; siehe statt aller Vehslage, AnwBl 2001, 148.

120 Balke/Müller, DB 1997, 326; Ernst NZA 2002, 589; Raffler/Hellich, NZA 1999, 863; a. A. Beckschulze, DB 2003, 2779; Jofer/Wegerich, K&R 2002, 237.

121 Ernst, NZA 2002, 589. Anders Jofer/Wegerich, K&R 2002, 237 und Hanau/Hoeren, S. 54.

122 EGMR, 9.1.2018 – No. 1874/13 und 8567/13, AuR 2019, 32 für verdeckte Videokontrolle. Ebenso bei E-Mails Akkilic, NZA 2020, 623, 625.

Eine **Ausnahme** ist bei überwiegenden Arbeitgeberbelangen zu machen.[123] Diese sind nach § 26 Abs. 1 Satz 2 BDSG vor allem dann anzunehmen, wenn der durch Tatsachen begründete Verdacht einer strafbaren Handlung, vor allem für den Verrat von Betriebs- oder Geschäftsgeheimnissen, besteht. Soweit sich der Verdacht auf eine schwere Pflichtverletzung bezieht, folgt nach der Rechtsprechung des BAG dasselbe aus § 32 Abs. 1 Satz 1 BDSG a. F. (= § 26 Abs. 1 Satz 1 BDSG n. F.).[124] Dies wurde vom LAG Rheinland-Pfalz[125] für den Fall bestätigt, dass eine Kreditsachbearbeiterin im Verdacht stand, Anträge von Kunden an ein Konkurrenzunternehmen weitergeleitet zu haben. Ein ungeplanter Zugriff ist auch dann erlaubt, wenn sich eine Störung (z. B. durch Viren) nicht anders beheben lässt,[126] doch reicht hier eine Aufklärung durch den auf das Datengeheimnis verpflichteten Systemadministrator aus. Der Vorschlag von Beckschulze,[127] **bei Verdachtsfällen** zuerst eine **»anonymisierte« Kontrolle** durchzuführen und bei konkretem Verdacht dann »zuzuschlagen«, ist wenig überzeugend. Er dürfte in der Praxis daran scheitern, dass sich wirklich anonyme Daten nur mit unverhältnismäßig großem Aufwand an Zeit, Kosten und Arbeitskraft wieder auf eine bestimmte Person beziehen lassen.[128] Ist im konkreten Fall eine einfachere Repersonalisierung möglich, wird der Sache nach nicht mehr anonym ermittelt, sondern es werden viele **Unschuldige wie Verdächtige behandelt**, was sich nicht rechtfertigen lässt. 49

Dem Arbeitgeber ist es unbenommen, den Arbeitnehmer zu bitten, ihm **Ausdrucke eingegangener oder abgesandter dienstlicher E-Mails vorzulegen oder diese an ihn weiterzuleiten**. Auch bei traditionellen Briefen wird so verfahren. Gegenüber der heimlichen Einsichtnahme besteht der Vorzug der Transparenz: der Arbeitnehmer kann im Einzelnen erklären, weshalb er sich in bestimmter Weise verhalten oder einzelne Formulie- 50

123 Ebenso Ernst, NZA 2002, 589 sowie Bijok/Class, RDV 2001, 54; für generelle Unzulässigkeit Heilmann/Tege, AuA 2001, 55 re. Sp. und möglicherweise auch der EMRK im Fall Barbulescu (EGMR 5. 9. 2017 No. 61496/08, ZD 2017, 571); anders Beckschulze/Henkel, DB 2001, 1494, die ihre Position zu Unrecht als »herrschend« qualifizieren, sowie Grosjean DB 2003, 2652. Für jederzeitigen Zugriff des Arbeitgebers auch Lindemann/Simon, BB 2001, 1952 unter verkürzter Wiedergabe der hier vertretenen Argumentation und ohne einigermaßen vollständige Auswertung der Literatur.

124 BAG, 29. 6. 2017 – 2 AZR 597/16, NZA 2017, 1179.

125 LAG Rheinland-Pfalz, 24. 1. 2019 – 5 Sa 226/18, ZD 2019, 369.

126 Ernst, NZA 2002, 590.

127 Beckschulze, DB 2003, 2779.

128 Anonyme Daten sind in § 3 Abs. 6 BDSG a. F. benannt, erscheinen jedoch in der DSGVO nicht mehr, weil sie keinen Personenbezug haben.

rungen gewählt hat. Dies dürfte auch die maßgebende Überlegung des EGMR sein, der vom Arbeitgeber verlangt, Überwachungsmaßnahmen als solche und ihre Art und Weise dem Arbeitnehmer vorher mitzuteilen.[129] Auch das BAG lässt in einer neueren Entscheidung den Zugriff des Arbeitgebers auf dienstliche Mails jedenfalls dann zu, wenn dies offen und unter Berufung auf vorher festgelegte Gründe erfolgt.[130]

51 Mit Vertraulichkeit ist von vornherein nicht zu rechnen, wenn die **E-Mail-Anschrift allein auf die Firma** oder eine Abteilung (*vertrieb@bund-verlag.de*) lautet. Hier sind alle in der Firma bzw. der Abteilung Tätigen zugriffsberechtigt, was auch für den Verfasser einer abgesandten Mail ersichtlich ist.[131] Dasselbe gilt für eine auf eine bestimmte Person lautende dienstliche E-Mail-Adresse, wenn diese gleichzeitig auch einen privaten E-Mail-Account in der Firma besitzt.[132]

52 Dem Arbeitnehmer bleibt es unbenommen, seine **E-Mails zu verschlüsseln**, doch wird von dieser Möglichkeit bislang nur sehr eingeschränkt Gebrauch gemacht.[133] In einem solchen Fall ist dem Arbeitgeber ein unmittelbarer Zugriff schon aus technischen Gründen nicht möglich. Liegt einer der obigen Ausnahmetatbestände vor oder will der Arbeitgeber das Schriftstück im Wortlaut zur Kenntnis nehmen, ist der **Arbeitnehmer zur Entschlüsselung verpflichtet.**[134]

> Reagiert beispielsweise ein Geschäftspartner mit einem abrupten Abbruch der Geschäftsbeziehungen, hat der Arbeitgeber ein berechtigtes Interesse daran, genaue Kenntnis von dem vorangegangenen Schriftwechsel per E-Mail zu bekommen.

Ob dies auch dann gilt, wenn er sich damit einer Straftat bezichtigen müsste, erscheint höchst zweifelhaft.[135] Lehnt man es ab, ist allerdings die Gefahr einer Verdachtskündigung nicht von der Hand zu weisen.

---

129 EGMR, 5.9.2017 – No. 61496/08, ZD 2017, 571.

130 BAG, 31.1.2019 – 2 AZR 426/18, NZA 2019, 893. Zustimmend Besgen/Prinz-Marcone, § 1 Rn. 45, der mir allerdings in Fn. 58 eine abweichende Meinung unterstellt.

131 Ernst, NZA 2002, 589.

132 Jofer/Wegerich, K&R 2002, 238.

133 Zur Verschlüsselung als Mittel der Datensicherung SHS-Hansen, Art. 32 Rn. 35; Gola-Piltz, Art. 32 Rn. 27.

134 Balke/Müller, DB 1997, 328; Raffler/Hellich, NZA 1997, 863; Schierbaum, PersR 2000, 507; Vehslage, AnwBl 2001, 148. Wie hier Hanau/Hoeren, S. 66.

135 Dazu Franck, RDV 2013, 287ff. Zum Recht, eine Selbstbezichtigung zu verweigern, siehe Däubler, NZA 2017, 1481, 1483.

Ein »**Verschlüsselungsverbot**« würde nicht nur der Mitbestimmung nach § 87 Abs. 1 Nr. 1 BetrVG unterliegen.[136] Vielmehr wäre es jedenfalls bei E-Mails, die das Intranet verlassen, ein **unzulässiger Eingriff in die Persönlichkeitssphäre** des Arbeitnehmers, der seine spontanen schriftlichen Äußerungen nicht dem unkontrollierbaren Zugriff Dritter im Internet aussetzen möchte. So hätte niemand Verständnis, wenn der Arbeitgeber seine Beschäftigten anweisen würde, statt Briefen nur noch Postkarten zu verwenden – das Verschlüsselungsverbot hätte von der Technik her gesehen eine vergleichbare Wirkung. 53

Legt man die Rechtsprechung zur traditionellen Telefondatenerfassung zugrunde,[137] bestehen keine Bedenken dagegen, dass der **Zeitpunkt der Absendung einer E-Mail** und die angemailte Adresse festgehalten werden. Für das **Eingehen von E-Mails** gilt dasselbe, da oft keine anderen Dokumente vorhanden sind.[138] Der Vorgesetzte kann insoweit verlangen, dass ihm bei Bedarf die Mail weitergeleitet oder ein **Ausdruck vorgelegt** wird. Auch der Ursprung von Viren kann nur auf diesem Wege annäherungsweise geklärt werden. 54

Besondere Probleme ergeben sich bei **ausgeschiedenen Mitarbeitern**, deren bisherige dienstliche **E-Mail-Anschrift** vielen Leuten bekannt ist. Soweit diese nur dienstliche Kommunikation ermöglichte, kann der Nachfolger Einblick nehmen; stattdessen kann auch die Weiterleitungsfunktion aktiviert werden. Letzteres erscheint bei einem ausschließlich privat genutzten E-Mail-Account der richtige Weg, wobei es sich in beiden Fällen anbietet, dem Absender automatisch die Mitteilung zukommen zu lassen, die fragliche Person sei unter der angegebenen Adresse nicht mehr zu erreichen. Schwierig wird es bei »**gemischter**« **Nutzung**: Weder darf der Ausgeschiedene weiter dienstliche Informationen lesen noch darf der Arbeitgeber sich in das Privatleben einmischen. Die Persönlichkeitssphäre wird am besten dadurch gewahrt, dass man die Auto-Reply-Funktion aktiviert und automatisch jedem Absender mitteilt, an welche E-Mail-Anschrift er dienstliche und an welche er private Mitteilungen richten kann.[139] 55

Ist der **Arbeitnehmer längere Zeit krank**, ist in aller Regel ein Vertreter vorgesehen, der seine Mails lesen kann oder an den sie weitergeleitet werden. Oft wird auch der Betroffene ermächtigt, aus dem Kollegenkreis 56

---

136 Zustimmend Ernst, NZA 2002, 587.

137 BAG, 27.5.1986 – 1 ABR 48/84, DB 1986, 2080.

138 Bijok/Class, RDV 2001, 54; Lindemann/Simon, BB 2001, 1952; Vehslage, AnwBl 2001, 148.

139 Vgl. auch den Bericht der hessischen Aufsichtsbehörde, zusammenfassende Wiedergabe in RDV 2003, 159f.

eine Person seines Vertrauens auszuwählen. Macht er davon keinen Gebrauch, besteht ein **überwiegendes Arbeitgeberinteresse** daran, von den dienstlichen E-Mails Kenntnis zu erhalten. Auf sie kann notfalls durch Zurücksetzung des bisherigen und durch Vergabe eines neuen Passworts zugegriffen werden.[140]

b) Kommunikation im Intranet

57 Soweit der Arbeitnehmer Informationen aus dem Intranet bezieht, beispielsweise die »Hauspost« oder die Mitteilungen der Geschäftsleitung über die wirtschaftliche Lage des Unternehmens liest, ist vom Persönlichkeitsschutz her im ersten Moment nichts dagegen einzuwenden, dass diese **Tatsache festgehalten** wird. Im Prinzip gilt dasselbe für die Teilnahme an Videokonferenzen oder für die Inanspruchnahme des firmeneigenen Dokumentationszentrums.

58 Lediglich diese Einzelvorgänge zu betrachten, wird jedoch in dem Moment fragwürdig, wo der Einzelne praktisch einen großen Teil seiner Arbeit über den vernetzten PC abwickelt. In diesem Fall kann das **Arbeitsverhalten einer lückenlosen Kontrolle** unterworfen werden. Auch wäre denkbar, dass zusammen mit anderen Angaben, die etwa in der Personalabteilung verfügbar sind, eine Art »**Persönlichkeitsprofil**« erstellt wird, also ein mehr oder weniger vollständiges Abbild aller Stärken und Schwächen eines Menschen innerhalb eines bestimmten Lebensbereichs. Auch lassen sich die Interaktionen innerhalb der Belegschaft und innerhalb ihrer Gruppen festhalten, was für den Arbeitgeber die Möglichkeit schafft, den Einzelnen als »Außenseiter« oder als »zentrale Figur« zu qualifizieren und ihn dementsprechend zu behandeln.[141]

59 Eine Datenerhebung dieser Intensität lässt sich nicht rechtfertigen, da sie einen **unverhältnismäßigen Eingriff in die Persönlichkeitssphäre** darstellen würde.[142] Auch wenn es allein um das Arbeitsverhalten einzelner Beschäftigter geht, ist eine kontinuierliche, jede informelle Pause und jeden Gang zur Toilette einschließende Überwachung unzulässig. Ent-

---

140 Siehe den Fall LAG Berlin-Brandenburg, 16.2.2011 – 4 Sa 2132/10, ZD 2011, 43 = NZA-RR 2011, 342, wo es allerdings darum ging, dass auch private Mails abgesandt und empfangen werden durften. Zu diesem Fall der gemischten Nutzung siehe unten Rn. 90.

141 Siehe Ruchhöft, CuA 11/2017, 8ff., 12ff.; Höller, CuA 5/2016, 8ff. (»Social Graph«).

142 Ähnlich Bull, S. 43: Wirtschaftliche Interessen rechtfertigen kein Persönlichkeitsprofil; Gola/Hümmerich, S. 15; Heilmann, AiB 1988, 22; Zöllner, Daten- und Informationsschutz, S. 44 (bei Totalüberwachung durch Kamera). Zum Ganzen siehe auch Däubler, Gläserne Belegschaften, Rn. 119ff.

sprechende Aussagen finden sich bereits in der **Mikrozensus-Entscheidung** des Bundesverfassungsgerichts vom 16. Juli 1969, in der ausdrücklich von einem Verbot die Rede ist, »den Menschen zwangsweise in seiner ganzen Persönlichkeit zu registrieren und zu katalogisieren«.[143] Zur unzulässigen Erfassung und Auswertung von Arbeitsergebnissen ist auf die BAG-Rechtsprechung zu verweisen.[144] Würde ein tendenziell **vollständiges Abbild der betrieblichen Kommunikation** für längere Zeit gespeichert, um Grundlagen für künftige Entscheidungen zu schaffen, wäre auch das Verbot der Vorratsdatenspeicherung verletzt.[145] Würden die Daten wirksam anonymisiert, wären zwar die betroffenen Personen nicht mehr beschwert, wohl aber würde ein auf solcher Grundlage beurteilter Arbeitnehmer mit einer »Datenmasse« konfrontiert, gegen die er niemals anargumentieren könnte. Er wäre den gezogenen Schlüssen letztlich hilflos ausgeliefert, was nicht zuletzt dem datenschutzrechtlichen Prinzip der Transparenz widersprechen würde.

Der Arbeitgeber ist darauf beschränkt, **nur bestimmte Nutzungen** der Systeme zu erfassen **oder Stichproben** zu machen.[146] Die Diskussion über die exakte Grenzziehung steht insoweit erst am Anfang; ein künftiges Arbeitnehmerdatenschutzgesetz könnte hier mehr Klarheit bringen. 60

c) Nutzung des Internets

Werden im Internet vorhandene Angebote für dienstliche Zwecke in Anspruch genommen, kann diese **Tatsache** als solche **festgehalten** werden. Das gilt jedenfalls dann, wenn es um kostenpflichtige Aktivitäten geht. 61

> Der angestellte Rechtsanwalt hat eine Stunde lang die Datenbank Juris in Anspruch genommen, was seinem Arbeitgeber in Rechnung gestellt wird.

Ist die Internetnutzung nicht kostenwirksam, weil eine Pauschalabrede mit einem Provider existiert, hat eine Erfassung nur den Sinn, das Arbeitsverhalten der fraglichen Person zu kontrollieren. Soweit »**Vertrauensarbeitszeit**« besteht,[147] fehlt hierfür jede Grundlage, da es dem Arbeitnehmer überlassen ist, zu welchen Zeiten er die gestellte Aufgabe 62

143 BVerfG, 16.7.1969 – 1 BvL 19/63, BVerfGE 27, 1, 6. Die Aussage bezieht sich allerdings auf das Bürger-Staat-Verhältnis.

144 BAG, 25.4.2017 – 1 ABR 46/15, NZA 2017, 1205.

145 Höller/Wedde, S. 34f.

146 Ähnlich das Unabhängige Landeszentrum für Datenschutz Schleswig-Holstein, RDV 2003, 261.

147 Siehe oben § 5 Rn. 3ff.

erfüllen will. Bestehen feste Arbeitszeiten, mag man die Situation anders einschätzen, sofern dadurch nicht die unter b) dargestellte Totalüberwachung eintritt. Soweit Daten automatisch entstehen (etwa im Rahmen der »Firewall«), dürfen sie allenfalls dann ausgewertet werden, wenn dazu ein besonderer Anlass wie z. B. der Eingang einer Beschwerde besteht. Auch ist zu berücksichtigen, dass Internet-Adressen einen sehr viel spezifischeren Gehalt als Telefonnummern haben.[148] Taucht etwa *www.amazon.de* auf, weiß man, dass es wahrscheinlich um Bücher ging; bei *www.seitensprung.de* ist wohl eher Privates im Spiel. Insoweit können die Grundsätze über Telefondaten nicht umstandslos aufs Internet übertragen werden.

63 Ist eine **private Internetnutzung** – wie in diesem Abschnitt vorausgesetzt – **nicht zulässig**, kann der Arbeitgeber durch den Einsatz von **Filterprogrammen**, durch Zugangssperren usw. von vornherein eine andere als dienstlich veranlasste Nutzung außerordentlich erschweren. Denkbar ist auch, bestimmte Verbindungen, die ersichtlich nicht mit der Aufgabenerfüllung zusammenhängen, als solche zu erfassen und dem betroffenen Arbeitnehmer ggf. entgegenzuhalten.[149]

Beispiel:
Der Bankangestellte nimmt an einem Chatforum über Erfahrungen mit dem Winterurlaub teil, obwohl nur dienstliche Zwecke erlaubt sind.

64 Fraglich ist, ob der **Inhalt von privaten Dateien**, die sich der Arbeitnehmer aus dem Internet auf seinen dienstlichen PC geladen hat, überprüft werden darf. Nach hier vertretener Auffassung geht der private Charakter einer Information nicht dadurch verloren, dass sie unter Verstoß gegen arbeitsvertragliche Pflichten erhoben oder gespeichert wurde.[150] Dem Interesse des Arbeitgebers ist schon dann genügt, wenn er Letzteres zur Kenntnis bekommt. Ob der Arbeitnehmer Reiseangebote sichtete oder bei Immoscout nach einer Ferienwohnung suchte, ist arbeitsrechtlich ohne Bedeutung.[151] Erst recht ist dem Arbeitgeber ein Zugriff verwehrt,

148 Seemann, S. 101.
149 Soweit im Betrieb ein Betriebsrat existiert, muss dieser allerdings der Speicherung nach § 87 Abs. 1 Nr. 6 BetrVG zugestimmt haben.
150 Ebenso Grosjean, DB 2003, 2652.
151 Ebenso Kratz/Gubbels, NZA 2009, 652, 654.

wenn der **Arbeitnehmer** auf einem dem Arbeitgeber gehörenden Laufwerk **passwortgeschützte Daten** speichern darf.[152]

Ein **überwiegendes Arbeitgeberinteresse**, das zur Rechtfertigung herangezogen werden könnte, ist **nicht ersichtlich**. Für das Arbeitsverhältnis reicht die Feststellung des privaten Charakters aus, was sich in der Regel aus der angewählten Adresse ergibt. Der Arbeitgeber kann daraus ggf. arbeitsrechtliche Konsequenzen ziehen,[153] doch hängen diese nicht vom Inhalt der Dateien oder vom Charakter der bestellten Bücher ab. Selbst wenn dies anders wäre, könnte bloße Beweisnot kein überwiegendes Arbeitgeberinteresse begründen.[154] Außerdem ist zu beachten, dass private Kommunikationsvorgänge ja dem TTDSG (bisher dem TKG bzw. dem TMG und in Zukunft evtl. der ePrivacy-Verordnung) unterliegen.[155] **65**

Auch bei **strafbaren Inhalten** gilt nichts prinzipiell anderes. Werden diese nicht an dritte Personen weitergegeben, ist das Arbeitsverhältnis als solches nicht berührt. Nur wenn ein solcher Fall eintritt, die gewaltverherrlichende Datei beispielsweise einem Arbeitskollegen zugänglich gemacht wird, kann auch eine inhaltliche Kontrolle erfolgen. Wollte man anders entscheiden, würde man dem Arbeitgeber die Funktion einer Ermittlungsbehörde übertragen. **66**

> Die Tatsache, dass eine Datei mit strafbaren pornographischen Inhalten auf einem Proxy-Server zwischengespeichert wird, ist als solche keine zusätzliche Pflichtverletzung. Der Arbeitgeber kann durch Auswertung der Adressen und der Betreff-Zeile feststellen, dass der Arbeitnehmer trotz entsprechender betrieblicher Verbote auf Pornodateien zugegriffen hat. Deren Inhalt darf er jedoch nicht aufdecken oder gar – wie in dem oben dargestellten Fall[156] – Dritten zugänglich machen.[157]

---

152 Weißgerber, NZA 2003, 1006, der zu Recht darauf hinweist, der Eingriff gehe tiefer als beim Mithören des »immer flüchtigen« gesprochenen Worts. Anders aber für dienstliche Informationen LAG Köln, 15.12.2003 – 2 Sa 816/03, AuR 2004, 236.

153 Zur unerlaubten Privatnutzung des Internet siehe oben § 3 IV., Rn. 194ff.

154 BVerfG, 9.10.2002 – 1 BvR 1611/96, RDV 2003, 22 = DuD 2003, 170 = AP Nr. 34 zu § 611 BGB Persönlichkeitsrecht. Ebenso BGH, 18.2.2003 – XI ZR 165/02, RDV 2003, 237; Weißgerber, NZA 2003, 1008.

155 Siehe oben Rn. 24 und unten Rn. 77ff.

156 Siehe oben Rn. 2.

157 Gegen einen Zugriff des Arbeitgebers auf die Inhalte auch bei unerlaubter Privatnutzung Vehslage, AnwBl 2001, 147. Ebenso mit eingehender Begründung Weißgerber, NZA 2003, 1006ff.

4. Arbeitnehmer mit Sonderstatus[158]

a) Träger von Berufsgeheimnissen

67 Sonderregelungen gelten in Bezug auf solche Arbeitnehmer, die ihr dienstlich erworbenes Wissen z. B. als Ärzte nicht an Dritte weitergeben dürfen, da sie sich sonst nach § 203 StGB wegen Verletzung von Privatgeheimnissen strafbar machen würden. Zu diesen »Dritten« zählt auch der Arbeitgeber. Nach der Rechtsprechung des **BAG** ist es deshalb unzulässig, die Zielnummern der von einem **angestellten Psychologen** geführten Telefongespräche zu erfassen, da dies Rückschlüsse auf die Identität der betreuten Personen zulassen würde.[159] Dasselbe ist bei Ärzten und Angehörigen **anderer Heilberufe** sowie bei Ehe-, Erziehungs- und Jugendberatern, bei Beratern für Suchtfragen sowie bei staatlich anerkannten Sozialarbeitern und Sozialpädagogen anzunehmen, da sie in gleicher Weise von § 203 Abs. 1 StGB erfasst sind.

68 Was für Telefongespräche gilt, muss auch **auf E-Mails erstreckt** werden: Der Arbeitgeber darf also nicht erfassen, an wen der angestellte Psychologe oder Arzt im Einzelnen eine E-Mail geschickt hat. Erst recht fällt der Inhalt in die Geheimsphäre.[160] Kommunikation mit anderen Personen als mit Patienten, Betreuten usw. unterliegt den allgemeinen Grundsätzen. Soweit beide Bereiche technisch nicht getrennt sind (es gibt nur eine E-Mail-Adresse), erstrecken sich die Sonderregeln über das Berufsgeheimnis auf alle Kommunikationsvorgänge.

69 Soweit Gerichtsreferendare oder **Hochschullehrer** die Funktion eines Rechtsanwalts ausüben – was u. a. nach § 138 StPO im Strafverfahren in Betracht kommt –, dürfen auch bei ihnen die Zielnummern beziehungsweise die E-Mail-Adressaten nicht erfasst werden. Besonderheiten bestehen auch in Bezug auf **Journalisten** bei Presse, Rundfunk und Fernsehen: Das ihnen in den §§ 53 Abs. 1 StPO und 383 Abs. 1 Nr. 5 ZPO eingeräumte Zeugnisverweigerungsrecht darf nicht dadurch unterlaufen werden, dass durch Speicherung der angewählten Nummern (oder gar durch Speicherung eingehender Gespräche oder E-Mails) Rückschlüsse auf die Informationsquelle ermöglicht werden. Dem entsprach die Vorschrift des § 41 Abs. 3 S. 2 BDSG a. F., wonach selbst ein durch die Berichterstattung in seinem Persönlichkeitsrecht Verletzter die Mitteilung des

---

158 Zur Rechtsstellung von Betriebsratsmitgliedern siehe unten § 14 Rn. 12 ff.

159 BAG, 13.1.1987 – 1 AZR 267/85, DB 1987, 1153.

160 Wie hier Beckschulze/Henkel, DB 2001, 1495; Ernst, NZA 2002, 590; Hanau/Hoeren, S. 54.

Informanten nicht verlangen konnte.[161] Das neue Recht hält in Art. 90 Abs. 1 Satz 1 DSGVO die Berufsgeheimnisse und andere gleichwertige Geheimhaltungspflichten aufrecht; § 29 BDSG befreit insoweit von Informations- und Auskunftspflichten.

Auch in Bezug auf **Geistliche** dürften keine anderen Grundsätze gelten – ob das BDSG auf öffentlich-rechtliche Religionsgesellschaften als für alle geltendes Gesetz anwendbar ist, spielt in diesem Zusammenhang keine Rolle, da Berufsgeheimnisse unberührt bleiben sollen.[162] **70**

b) Beschäftigte mit fachlicher Unabhängigkeit

Die vom BAG für Dienstgespräche gebilligte Erfassung der Zielnummer beim Telefonieren[163] stößt auf Bedenken, wenn dadurch die Tätigkeit von Beschäftigten kontrolliert werden kann, die fachliche Unabhängigkeit besitzen und insoweit auch gegen »Vorhaltungen« im Sinne unzweckmäßigen Verhaltens geschützt sind. Zu denken ist dabei in erster Linie an **Richter**[164], die niemandem darüber Rechenschaft zu geben haben, weshalb sie in einer bestimmten Rechtssache eine Auskunft eingeholt oder mit einem Prozessvertreter telefoniert haben. **71**

Auch beim **betrieblichen Datenschutzbeauftragten** sowie bei den **Immissionsschutz- und Störfallbeauftragten**[165] darf die Unabhängigkeit in der Ausübung der Fachkunde nicht durch eine Reglementierung des Kommunikationsverhaltens beschränkt werden. Besteht den Umständen nach der Verdacht des Missbrauchs, ist nicht anders als bei sonstigen Pflichtverletzungen zu verfahren: Werden in Wahrheit massenhaft unzulässige Privatgespräche geführt, ist dies genau wie entsprechendes innerbetriebliches Verhalten oder schlichte Untätigkeit zu behandeln.[166] **72**

c) Wissenschaftler

Einen spezifischen Schutz gegen Kontrolle vermittelt auch das Grundrecht der Wissenschaftsfreiheit aus Art. 5 Abs. 3 GG. Das in zweifacher Hinsicht. Zum einen ist die Datenerhebung für wissenschaftliche Zwecke in gewissem Umfang privilegiert. Das hat aber zur Folge, dass die **73**

---

161 Zustimmend Beckschulze/Henkel, DB 2001, 1495; Raffler/Hellich, NZA 1997, 866.

162 Zur Sonderstellung der Geheimnisträger auch Hanau/Hoeren, S. 74 sowie Däubler/Klebe/Wedde/Weichert-Weichert, Erl. zu § 39 (zum bisherigen Recht).

163 BAG, 1.8.1990 – 7 ABR 99/88, RDV 1991, 79 = DuD 1992, 41.

164 Die Frage blieb dahingestellt in VGH Baden-Württemberg, 29.1.1991 – 4 S 1912/90, RDV 1991, 145.

165 Dazu Ehrich, DB 1993, 1772.

166 Ebenso Raffler/Hellich, NZA 1997, 867.

gewonnenen **Daten nur zu Zwecken der Forschung** verwendet werden dürfen,[167] weil sonst das Zurücktreten von Interessen der »Beforschten« nicht gerechtfertigt wäre. Konkret bedeutet dies, dass nicht-wissenschaftliche Stellen keinen Zugriff auf diese Daten nehmen dürfen. Die Haushaltsabteilung einer Universität darf daher Telefon- und E-Mail-Daten nur insoweit erfassen, als daraus keine Rückschlüsse auf Interviewpartner möglich sind. Weiter muss die Speicherung von Forschungsergebnissen so erfolgen, dass eine Verknüpfung mit anderen Daten ausscheidet. Mit Rücksicht auf die weite Ermächtigung des Art. 85 DSGVO an die Mitgliedstaaten wird sich daran unter dem neuen Recht nichts ändern. Das wird durch § 27 BDSG bestätigt.

74 Neben diesem »Informantenschutz« steht der **Schutz des Wissenschaftlers selbst**, der seine Methoden grundsätzlich frei wählen kann und dem ein unentziehbares Recht auf wissenschaftliche Kommunikation zusteht.[168] Insoweit muss eine Speicherung von Zielnummern bzw. E-Mail-Adressen ausscheiden, obwohl einzuräumen ist, dass weder in Hochschulen noch in Industrie- oder Dienstleistungsbetrieben entsprechend verfahren wird. **Auch die Internet-Nutzung kann im Einzelfall wissenschaftlichen Zwecken dienen.**

> Der Wissenschaftler bestellt bei Amazon auf eigene Kosten ein Buch, weil die Universitätsbibliothek kein Geld hat oder die Anschaffung sehr lange dauert.
> Oder: Ein Wissenschaftler der älteren Generation will sich einen Überblick über die Möglichkeiten des Internet verschaffen, um die daraus folgenden (rechtlichen, ökonomischen usw.) Fragen besser beurteilen zu können.

Dem Arbeitgeber bleibt jedoch das Recht, quantitative Grenzen zu ziehen und bei Überschreitung einer bestimmten Kostenhöhe eine besondere Begründung zu verlangen. Das wird allerdings praktische Bedeutung fast nur im Bereich des Telefonierens haben.[169] Im Übrigen hat die DSGVO den Spielraum der wissenschaftlichen Forschung erweitert.[170]

---

167 § 40 BDSG a. F.; dazu Däubler, Gläserne Belegschaften, Rn. 385 f. Die Frage ist im Einzelnen in den Landesdatenschutzgesetzen geregelt.

168 Dazu Wendeling-Schröder, S. 215; Däubler, NZA 1989, 945 ff.

169 Insgesamt wie hier Raffler/Hellich, NZA 1997, 866.

170 K. Schaar, ZD 2016, 224 ff.

5. Verwertungsverbot

Werden arbeitnehmerbezogene Daten entgegen den hier dargelegten Grundsätzen vom Arbeitgeber gespeichert, besteht ein generelles Verwertungsverbot.[171] **Weder Beurteilungen noch gar Abmahnungen** und Kündigungen können darauf gestützt werden.[172] 75

Im Einzelfall kann es **schwierig** sein, die Beachtung des Verwertungsverbots effektiv sicherzustellen. 76

> Der Arbeitgeber hat Kenntnis von Äußerungen des Arbeitnehmers in einem Telefongespräch bekommen, über die er sich sehr geärgert hat. Im Umgang mit dem Arbeitnehmer ändert sich die firmentypische Freundlichkeit zwar nicht, doch wird der Arbeitnehmer bei der nächsten Beförderung nicht berücksichtigt. Auch erhält er mit plausibler Begründung einen von ihm wenig geschätzten Auftrag, für den auch ein Arbeitskollege in Betracht gekommen wäre.

Gegen solche Entwicklungen hilft am ehesten eine Löschung der Daten; dazu ist der Arbeitgeber auch von Rechts wegen verpflichtet.[173] Wirksamer wäre die Installierung eines **Anti-Überwachungsprogramms,** was sich mit dem Notwehrrecht des § 227 BGB rechtfertigen lässt.[174]

IV. Kontrolle der privaten Nutzung von Einrichtungen der Telekommunikation

1. Anforderungen der §§ 3 ff. TTDSG

a) Wahrung des Fernmeldegeheimnisses nach § 3 TTDSG

Da der Arbeitgeber in Bezug auf zulässige private Telekommunikation dem TTDSG unterliegt,[175] greift dessen § 3 ein. Danach hat der »Anbieter«, und d. h. zugleich alle bei ihm tätigen Personen, **das Fernmeldegeheimnis zu wahren**. Es umfasst nach § 3 Abs. 1 Satz 1 TTDSG nicht nur 77

---

171 Eingehend dazu unten Rn. 122 ff.

172 BAG, 29.10.1997 – 5 AZR 508/96, NZA 1998, 307; Balke/Müller, DB 1997, 330; Ernst, NZA 2002, 587; Linnenkohl/Gressierer, AuA 1999, 410; Raffler/Hellich, NZA 1997, 863.

173 BAG, 22.10.1986 – 5 AZR 660/85, AP Nr. 2 zu § 23 BDSG (1977).

174 Ablehnend Ernst, NZA 2002, 590; anders Haverkamp, CF 1/2003, 23 f.

175 Siehe oben Rn. 25 ff.

den Inhalt der Telekommunikation (etwa des Telefongesprächs oder der E-Mail), sondern **auch ihre näheren Umstände**, vor allem die Tatsache, wer an einem Telekommunikationsvorgang beteiligt war. Auch erfolglose Verbindungsversuche (»Netscape Navigator kann den Server nicht finden«) sind nach § 3 Abs. 1 Satz 2 TTDSG einbezogen. Adressat des § 3 sind sowohl der Arbeitgeber als auch der ggf. eingeschaltete Provider.[176]

78 Das Eingreifen des Fernmeldegeheimnisses schafft eine **sehr enge Zweckbindung**, die § 3 Abs. 3 TTDSG im Einzelnen umschreibt. Danach dürfen sich die mit dem Telekommunikationsvorgang befassten Personen nur insoweit Kenntnis vom Inhalt oder den näheren Umständen des Gesprächs usw. verschaffen, als dies für die geschäftsmäßige Erbringung der Telekommunikationsdienste erforderlich ist.

> Die Ausnahmen werden sehr eng bestimmt. So bleibt etwa die Pflicht zur Anzeige drohender (schwerer) Verbrechen nach § 138 StGB unberührt. Erfährt ein Systemadministrator zufällig von einem Mordkomplott, kann er die Polizei verständigen (vgl. § 3 Abs. 3 Satz 4 TTDSG).

79 Bezogen auf Telefongespräche bedeutet dies, dass lediglich die Daten festgehalten und verwertet werden dürfen, die für die Abrechnung erforderlich sind. Die **Zielnummer muss** daher **ausscheiden.**[177] Im Grunde genügt die Zahl der vertelefonierten Einheiten; Beginn und Ende des Gesprächs sollten nur auf Wunsch des Arbeitnehmers protokolliert werden, der sich dadurch ggf. gegen eine übermäßig hohe Rechnung schützen will.

80 **Bei gestatteter privater E-Mail-Nutzung** besteht gleichfalls keine Befugnis, die angewählte Adresse zu speichern. Soweit der Arbeitgeber von vornherein auf Kostenerstattung verzichtet (was angesichts des geringen Aufwands und der Bezahlung einer Flatrate naheliegt), gibt es überhaupt keinen Grund, den privaten E-Mail-Verkehr zu erfassen. Soweit dies aus technischen Gründen dennoch geschieht, darf auf die Daten nicht zurückgegriffen werden; auch sind sie umgehend zu löschen.

81 **Bei sonstiger** erlaubter **Internetnutzung zu privaten Zwecken** ergibt sich gleichfalls nur dann ein Recht zur Speicherung, wenn eine Kostenbelastung des Arbeitnehmers in Betracht kommt. Das wird bei reiner Internetnutzung die absolute Ausnahme sein. In der Literatur[178] wird

176 LAG Hessen, 21.9.2018 – 10 Sa 601/18, ZD 2019, 323; Bock, in: Beck'scher TKG-Kommentar, § 88 Rn. 22; Scheurle/Mayen-Zerres, § 88 Rn. 10.

177 So schon zum alten Recht BAG, 27.5.1986 – 1 ABR 48/84, DB 1986, 2080, 2083.

178 Vehslage, AnwBl 2001, 147. Dagegen mit Recht Lindemann/Simon, BB 2001, 1953, da § 85 Abs. 3 TKG (heute: § 3 Abs. 3 TTDSG) eine solche Zwecksetzung

erwogen, zumindest die Nutzungszeiten festzuhalten, um auf diese Weise eine mögliche Verletzung der Arbeitspflicht ermitteln können. Werden kostenpflichtige Datenbanken genutzt, kann dies selbstredend festgehalten werden. Auch insoweit genügt – falls der Arbeitnehmer keine weitergehende Erfassung wünscht – das Festhalten der Kosten, ohne dass eine nähere Aufschlüsselung erfolgt.

Stehen private Mails **nicht mehr unter dem Schutz des § 3 TTDSG,** weil 81a
sie definitiv in den Herrschaftsbereich des »Empfängers« gelangt sind, so genießen sie gleichwohl einen ungleich **höheren Schutz** gegen eine Einsichtnahme durch den Arbeitgeber **als dienstliche Mails**. Das LAG Hessen[179] konnte sich mit der Feststellung begnügen, es sei unverhältnismäßig, wegen eines vagen Verdachts geschäftsschädigenden Verhaltens den privaten E-Mail-Verkehr eines ganzen Jahres zu überprüfen. Unbeachtet blieb deshalb das vom BVerfG angenommene »**Grundrecht auf Gewährleistung der Vertraulichkeit und Integrität informationstechnischer Systeme**«,[180] obwohl der Arbeitgeber ein E-Mail-Archiv angelegt hatte, in das sämtliche privaten und dienstlichen E-Mails (einschließlich der vom Absender gelöschten) eingestellt wurden. Dies macht auch schon eine kurzzeitige Speicherung unzulässig.

b) Technische Schutzmaßnahmen nach § 165 TKG

Als Erbringer von Telekommunikationsdiensten hat der Arbeitgeber nach 82
§ 165 Abs. 1 TKG »erforderliche **technische Vorkehrungen** und sonstige Maßnahmen« zum Schutze des Fernmeldegeheimnisses und personenbezogener Daten zu treffen. Dazu gehören nicht nur technische, sondern auch organisatorische Maßnahmen sowie Kontrollen, ob die festgelegten Grundsätze eingehalten werden.[181] Der damit verbundene Aufwand wurde in der Literatur zum Teil als unverhältnismäßig kritisiert,[182] doch wurde von anderer Seite mit Recht auf die Möglichkeit einer restriktiven Auslegung hingewiesen: Es werde nicht mehr als das verlangt wird, was schon zum Schutz betrieblicher Geheimnisse angezeigt erscheine.[183] Der heutige § 165 TKG unterscheidet zwischen den Grundpflichten, die alle Anbieter zu erfüllen haben, und den Zusatzpflichten, die sich bei einem Angebot

---

nicht zulasse. Für Beschränkung auf notwendige Abrechnungsdaten Ernst, NZA 2002, 587.

179 LAG Hessen, 21.9.2018 – 10 Sa 601/18, ZD 2019, 323.

180 BVerfG, 27.2.2008 – 1 BvR 370/07, 1 BvR 595/07, NJW 2008, 823 Tz. 201ff.

181 Bock, in: Beck'scher TKG-Kommentar, § 109 Rn. 19ff. (zum bisherigen Recht)

182 Post-Ortmann, RDV 1999, 103. Siehe auch Hilber/Frik, RdA 2002, 94.

183 Hanau/Hoeren, S. 50.

an die Öffentlichkeit ergeben.[184] Der Arbeitgeber zählt im Regelfall zur ersten Gruppe.[185] Werden zu Abrechnungszwecken **Verbindungsdaten** (Telefon, Nutzung einer Datenbank usw.) ausgedruckt, ist Sorge dafür zu tragen, dass sie nicht in die Hände von Unbefugten gelangen.

> Unzulässig etwa die verbreitete Übung, die Aufstellung der Privatgespräche im unverschlossenen Umschlag an den Nebenstelleninhaber zu senden. Dasselbe gilt für eine Kostenabrechnung über die Internetnutzung.

83 Zu den zu treffenden Maßnahmen gehört vor allem auch, dass die **Zahl der Kenntnis nehmenden Personen möglichst gering**gehalten wird. Je weniger »Geheimnisträger« es gibt, umso geringer die Gefahr einer Weitergabe an Dritte. Dem entspricht der ausdrücklich in § 3a BDSG a. F. bzw. in Art. 5 Abs. 1 Buchst. c und in Art. 25 DSGVO verankerte Grundsatz der Datenminimierung. Ähnlich hat das BAG bei besonders sensiblen Inhalten der Personalakte entschieden, die ggf. an separater Stelle verschlossen aufbewahrt werden müssen und auf die nur bei besonderem Bedarf zurückgegriffen werden darf.[186]

> Im konkreten Fall ging es darum, dass das Zeugnis eines Psychotherapeuten von der übrigen Personalakte separiert werden musste; nur bei Auftreten von gesundheitsrelevanten Fragen sollte ein Zugriff möglich sein. Damit war erreicht, dass nicht jede Person, die über einen routinemäßigen Urlaubsantrag zu entscheiden hat, automatisch auch Einblick in das Zeugnis nehmen konnte. Ähnlich wird nach § 108 Abs. 1 Satz 2 BBG mit Beihilfedaten von Bundesbeamten verfahren.

2. Anforderungen der §§ 19ff. TTDSG

84 Soweit dem Arbeitnehmer gestattet ist, mit seinem dienstlichen Gerät Teledienste zu privaten Zwecken in Anspruch zu nehmen, ist der Arbeitgeber »Diensteanbieter«, da er den Zugang zur Nutzung vermittelt.[187]

---

184 Abs. 1 bzw. Abs. 2ff. Zum bisherigen Recht Bock, in: Beck'scher TKG-Kommentar, § 109 Rn. 4.

185 Heckmann-Braun, Kap. 7 Rn. 123.

186 BAG, 15.7.1987 – 5 AZR 215/86, AP Nr. 14 zu § 611 BGB Persönlichkeitsrecht = DB 1987, 2571 = AiB 1988, 183.

187 Siehe oben Rn. 36ff.

Das hat zur Folge, dass die damit verbundenen Vorgänge dem Datenschutzregime der §§ 19ff. TTDSG unterliegen. Danach gilt Folgendes:

- Bei der Organisation des Teledienstes ist weiterhin der **Grundsatz der Datenvermeidung** zu beachten. Nach § 3 Abs. 4 TDDSG hatte sich die Gestaltung und Auswahl technischer Einrichtungen für Teledienste an dem Ziel auszurichten, »keine oder so wenige personenbezogene Daten wie möglich zu erheben, zu verarbeiten und zu nutzen«. Diese Bestimmung war Vorbild für § 3a BDSG a. F., der möglicherweise auch auf die europäische Regelung ausstrahlte. § 13 Abs. 6 TMG a. F. und heute § 19 Abs. 2 TDSG zieht daraus die Konsequenz, dass der Anbieter die Nutzung von Telemedien und ihre Bezahlung auch **anonym oder unter Pseudonym** ermöglichen muss. Damit werden u. a. Meinungsäußerungen ermöglicht, bei denen keinerlei Sanktionen zu befürchten sind. 85
- Der Diensteanbieter darf solche Daten eines Nutzers erheben, verarbeiten und nutzen, die für die Begründung, inhaltliche Ausgestaltung oder Änderung eines Vertragsverhältnisses mit ihm über die Nutzung von Telemedien erforderlich sind (§ 2 Abs. 2 Nr. 2 TTDSG). Diese so genannten **Bestandsdaten** betreffen nur den Vertrag als solchen, nicht seine Durchführung. Nach § 22 TTDSG dürfen allerdings auf Anordnung der zuständigen Stellen für Zwecke der Strafverfolgung, der polizeilichen Gefahrenabwehr und der geheimdienstlichen Ermittlungsarbeiten Auskünfte gegeben werden. 86
- Im Zusammenhang mit der Nutzung von Telemedien dürfen Daten nur erhoben und verarbeitet werden, soweit dies erforderlich ist, um dem Nutzer die Inanspruchnahme des Dienstes zu ermöglichen oder um die Nutzung abzurechnen (§ 2 Abs. 2 Nr. 3 TTDSG). Auch über diese **Nutzungsdaten** ist nach Maßgabe des § 24 TTDSG Auskunft zu geben. 87

Nicht erfasst werden darf unter diesen Umständen die **Dauer der Nutzung**; sie ergibt sich jedoch ggf. mittelbar aus den Abrechnungsdaten. Bei unentgeltlichen Diensten ist insoweit keine Kontrolle möglich.[188] 88

> Arbeitnehmer X möchte sich an der Lektüre des Bundesgesetzblattes erfreuen und wählt »*www.makrolog.de*«. Auf der dortigen Homepage erfährt er, dass er einen Zugangscode benötigt, der ihm innerhalb weniger Minuten kostenlos zur Verfügung gestellt wird (so die langjährige Übung). Dabei werden seine E-Mail-Adresse und sein Name gespeichert: Nutzungsdatum nach § 2 Abs. 2 Nr. 3 TTDSG. Eine Abrechnung erfolgt nicht. Der Arbeit-

188 Ebenso Lindemann/Simon, BB 2001, 1953.

geber, der ein solches Privatvergnügen gestattet, darf auch seinerseits nicht elektronisch festhalten, wie lange sich der Arbeitnehmer mit dem Bundesgesetzblatt in Stimmung gehalten hat.

89 Auch die **E-Mail** stellt einen **Teledienst** dar, was sich mit der Qualifizierung durch den Bundesrat,[189] aber auch damit rechtfertigen lässt, dass eingehende E-Mails zunächst auf dem Server des Arbeitgebers gespeichert werden.[190] **Private E-Mails** sind also **für den Arbeitgeber völlig »tabu«**, wenn – wie in der Regel – nicht einmal Abrechnungsdaten anfallen. **Nur die ausdrückliche Einwilligung des Arbeitnehmers könnte** an diesem Zustand **etwas ändern**. Diese muss jedoch freiwillig sein[191] und darf grundsätzlich nicht zur Bedingung für den Zugang zu Telediensten gemacht werden. Sie kann nach Art. 7 Abs. 3 DSGVO jederzeit mit Wirkung für die Zukunft widerrufen werden.

3. Anforderungen bei »Mischtatbeständen«

90 Sind **dienstliche und private Kommunikation technisch nicht getrennt**, sind die Vorschriften über die private Nutzung anzuwenden, da es keine Sonderregelung für solche Fälle gibt und da das private Telekommunikationsgeheimnis auf alle Fälle gewahrt bleiben muss. Ein Zugriff durch den Arbeitgeber ist daher grundsätzlich ausgeschlossen.[192] Der **Vorgesetzte** kann jedoch im Rahmen des Direktionsrechts **Ausdrucke** von dienstlichen E-Mails **oder** ihre **Weiterleitung** an sich verlangen.[193] Auf diese Weise kann auch in solchen Fällen den Aufbewahrungspflichten nach § 257 HGB und § 147 AO Rechnung getragen werden. Würde sich der Arbeitnehmer weigern, wäre dies eine schwere Pflichtverletzung, ebenso wie die unvollständige Weitergabe dienstlicher Dokumente. Existieren Dateien über die dienstliche Internetnutzung, ist auch insoweit der Vorgesetzte auf Verlangen zu informieren.

---

189 Siehe die Wiedergabe in BT-Drs. 13/7385, S. 52.

190 Post-Ortmann, RDV 1999, 104, Fn. 14, wo die einfache E-Mail zur normalen Telekommunikation gerechnet wurde, die Teilnahme an Newsgroups und Ähnliches jedoch dem Anwendungsbereich des (damaligen) TDG zugeschlagen wurde.

191 § 4a BDSG a. F. galt auch im Rahmen des TMG: Taeger/Gabel-Moos, § 12 TMG Rn. 24. Genauso ist für Art. 4 Nr. 11 und Art. 7 DSGVO zu entscheiden.

192 Zum Fall, dass der Arbeitnehmer mit Zustimmung des Arbeitgebers seine eigenen Geräte für dienstliche Zwecke nutzt, siehe oben § 3.

193 Oben Rn. 50.

Schwierigkeiten ergeben sich dann, wenn der **Arbeitnehmer ausgeschieden oder** wegen Krankheit oder Urlaub **vorübergehend abwesend** und nicht erreichbar ist. Im Regelfall wird es eine Vertretungsregelung geben, wonach alle Mails an eine bestimmte andere Person weitergeleitet werden oder diese Einsicht nehmen kann. Eine solche Regelung setzt allerdings die **freiwillige Einwilligung** des Arbeitnehmers voraus, da ja auch private Informationen erfasst sind. Fehlt es an einer solchen Vertretung, wird nicht selten ein **dringendes Bedürfnis des Arbeitgebers** bestehen, den Inhalt dienstlicher E-Mails zur Kenntnis zu bekommen. 91

> Hat der Kunde den Vertrag endgültig abgelehnt? Hat die ausländische Partnerfirma inzwischen den Besuchstermin ihrer Delegation bestätigt? Ist das Abo der Zeitschrift »IT-Markt intern« wie abgesprochen gekündigt worden?

Die **Öffnung des E-Mail-Accounts** könnte in diesem Fall evtl. damit gerechtfertigt werden, dass das **Telekommunikationsgeheimnis** nach § 3 Abs. 1 TTDSG nicht mehr eingreift, weil dieses nur den Übermittlungsvorgang erfasst und nicht mehr zum Tragen kommt, wenn die Information im Herrschaftsbereich des Adressaten angekommen ist.[194] Allerdings hat der Einwand höheres Gewicht, dass der abwesende **Adressat** meist gar **nichts** von den eingehenden Informationen **weiß**, sodass man diese schwerlich seinem »Herrschaftsbereich« zuordnen kann.[195] Auch würde nach Art. 8 des Entwurfs der ePrivacy-Verordnung in diesem Fall die Vertraulichkeit wie im Rahmen des Telekommunikationsgeheimnisses zu wahren sein. Scheidet den Umständen nach eine Information des Adressaten, d. h. des Arbeitnehmers aus oder ist dieser nicht kooperativ, wäre an sich eine Öffnung ausgeschlossen. Sie ist jedoch mit Rücksicht auf überwiegende Interessen des Arbeitgebers gleichwohl möglich, darf sich aber nicht auf den Inhalt der Privatkommunikation erstrecken. Ist diese als solche gekennzeichnet, darf insoweit keine Kenntnisnahme durch den Arbeitgeber oder seine Mitarbeiter erfolgen.[196] Lassen sich die Mails äußerlich nicht in dienstliche und private aufteilen, kann die **Lek-**

---

194 Dazu oben Rn. 33.

195 Dazu oben Rn. 33 und Tiedemann, Anm. zu LAG Berlin-Brandenburg, ZD 2011, 46. Gleichzeitig stellt sich das Problem, dass der »Herrschaftsbereich« des Empfängers eindeutig nur erreicht ist, wenn die Information ausschließlich auf dem PC des Adressaten »lagert«; wenn technisch möglich, muss sie aus dem übrigen betrieblichen Netzwerk entfernt werden.

196 So wurde im Fall LAG Berlin-Brandenburg, 16. 2. 2011 – 4 Sa 2132/10, ZD 2011, 43 = NZA-RR 2011, 342 verfahren.

türe durch eine **neutrale außenstehende Person** wie z. B. einen Notar oder einen Rechtsanwalt erfolgen, die nur die dienstlichen Informationen weitergeben darf.[197]

V. Mitbestimmung des Betriebsrats

1. Der Tatbestand des § 87 Abs. 1 Nr. 6 BetrVG

92 Nach § 87 Abs. 1 Nr. 6 BetrVG unterliegt der Mitbestimmung, »die Einführung und Anwendung von technischen Einrichtungen, die dazu bestimmt sind, das Verhalten und die Leistung des Arbeitnehmers zu überwachen«. Die **Vorschrift beruht** nach allgemeiner Auffassung **auf dem Gedanken des Persönlichkeitsschutzes**; dieser soll mithilfe eines bestimmten Verfahrens, das heißt der Mitbestimmung des Betriebsrats, verbessert werden.[198] Unzulässige Eingriffe sollen verhindert, zulässige auf das unbedingt notwendige Maß beschränkt werden.[199] Im Zweifel ist deshalb der Vorschrift die **Auslegung** zu geben, die dieses Ziel am ehesten realisiert.

93 Die **Rechtsprechung des BAG** hat sich im Wesentlichen an diesen Grundsatz gehalten. Schon die **objektive Möglichkeit zur Kontrolle** reicht für die Anwendbarkeit des § 87 Abs. 1 Nr. 6 BetrVG aus, eine (schwer beweisbare) Überwachungsabsicht muss nicht vorliegen.[200] Mitbestimmungspflichtig ist nicht nur die Erhebung von personenbezogenen Daten durch technische Einrichtungen,

> es wird erfasst, wie lange der Arbeitnehmer X, der zuvor sein Passwort eingegeben hat, eine Internetverbindung nutzte,

---

197 Für eine solche Lösung im Grundsatz auch de Wolf, NZA 2010, 1206, 1211. Regelungsvorschläge bei Deiters, ZD 2012, 109, 114f.

198 BAG, 14.5.1974 – 1 ABR 45/73, AP Nr. 1 zu § 87 BetrVG 1972 Überwachung; BAG, 9.9.1975 – 1 ABR 20/74, AP Nr. 2 zu § 87 BetrVG 1972 Überwachung; DKW-Klebe, § 87 Rn. 166; Richardi-Maschmann, § 87 Rn. 492f. Siehe weiter schon Dirk Andres, Die Integration moderner Techniken in den Betrieb, 2000. Eingehender als hier Däubler, Gläserne Belegschaften, Rn. 689–838h.

199 DKW-Klebe, § 87 Rn. 166; Fitting, § 87 Rn. 216; Richardi-Maschmann, § 87 Rn. 492.

200 BAG, 9.9.1975 – 1 ABR 20/74, AP Nr. 2 zu § 87 BetrVG 1972 Überwachung; st. Rspr.

sondern auch die Auswertung manuell erhobener Daten mithilfe der EDV.[201]

> Der Außendienstmitarbeiter füllt jeden Tag einen Berichtsbogen aus, der dann mithilfe eines Computers ausgewertet wird.

Maßgebend hierfür ist die Überlegung, dass die für die Persönlichkeit des Arbeitnehmers entstehenden **Gefahren vergleichbar groß** wie bei der maschinellen Erfassung sind: Die fast unbegrenzten Speicherkapazitäten, die jederzeitige Verknüpfbarkeit der Informationen mit anderen betriebsinternen Datensammlungen, die beliebige Abrufbarkeit aller Informationen, ihre Isolierung vom ursprünglichen sozialen Kontext – dies alles gilt genauso, wenn nicht schon bei der Erfassung, sondern erst bei der Verarbeitung das Medium EDV benutzt wird.[202] 94

Verhalten und Leistung von Arbeitnehmern werden auch dann erfasst, wenn **nur mittels** zusätzlicher Hilfsmittel wie einer Liste, die Namen und Personalnummern zuordnet, also mittels eines sog. **Zusatzwissens rückgeschlossen** werden kann, welche Person im konkreten Fall für die aufgezeichneten Vorgänge verantwortlich war. Die erfassten Daten müssen **nicht** schon für sich allein »**Beurteilungsrelevanz**« aufweisen.[203] 95

> **Beispiel:**
> Gespeichert wird nur das eingegebene Passwort, sodass das System an sich nur weiß, dass die Person »Gugelhupf« zwischen 15:00 Uhr und 15:30 Uhr E-Mails bearbeitete und anschließend abschickte. Mithilfe einer Liste (»Zusatzwissen«) ist dann aber ermittelbar, dass sich hinter »Gugelhupf« Franz Müller verbirgt.

Die EDV-mäßig erfasste Tatsache kann ein relativ **kleines Partikelchen für die Beurteilung** sein.

> So würde es beispielsweise ausreichen, dass Beginn und Ende der Mittagessenszeit erfasst werden; durch Befragung von Vorgesetzten oder (realisti-

---

201 BAG, 14.9.1984 – 1 ABR 23/82, NZA 1985, 28ff.

202 Im Einzelnen dazu BAG, 14.9.1984 – 1 ABR 23/82, NZA 1985, 28, 30.

203 BAG, 23.4.1985 – 1 ABR 2/82, AP Nr. 12 zu § 87 BetrVG 1972 Überwachung = NZA 1985, 671; 11.3.1986 – 1 ABR 12/84, AP Nr. 14 zu § 8 BetrVG 1972 Überwachung = NZA 1986, 526; ebenso Fitting, § 87 Rn. 234f. mit eingehenden Nachweisen.

scher) durch Auswertung anderer Systeme ließe sich die Anwesenheitszeit im Betrieb und über diese ggf. die Einsatzbereitschaft rekonstruieren.

Daraus ist mit Recht gefolgert worden, dass auch **Stammdaten** einzubeziehen sind und ihre Speicherung deshalb das Mitbestimmungsrecht nach § 87 Abs. 1 Nr. 6 BetrVG auslöst.[204]

96 Notwendig ist in allen Fällen, dass eine »**technische Einrichtung**« eingeführt oder angewandt wird, was bei elektronischer Kommunikation von niemandem in Frage gestellt wird.

97 § 87 Abs. 1 Nr. 6 BetrVG greift auch dann ein, wenn ein **bestehendes technisches System erweitert** wird, sich also seine Anwendung ändert. Auf das Ausmaß der Änderung kommt es insoweit nicht an.[205] Das ist vor allem dann von Bedeutung, wenn bestehende Geräte vernetzt werden oder das vorhandene System erweitert wird.[206]

2. Anwendung auf E-Mail, Intranet und Internet

98 In der Literatur ist man sich darüber einig, dass § 87 Abs. 1 Nr. 6 BetrVG auch dann eingreift, wenn ein Arbeitsplatz mit **E-Mail-Anschluss** versehen wird,[207] was inzwischen vom BAG bestätigt wurde.[208] Das erklärt sich unmittelbar damit, dass Zeitpunkt und Zahl abgesandter oder empfangener E-Mails für sich allein oder jedenfalls zusammen mit weiteren Informationen **Rückschlüsse auf Verhalten und Leistung** des Arbeitnehmers zulassen. Dabei spielt es auch keine Rolle, ob der Arbeitnehmer seine E-Mails auf Anweisung oder aus eigenem Antrieb **verschlüsselt**; unmittelbare oder mittelbare Kontrollmöglichkeiten ergeben sich auch in einem solchen Fall.[209]

99 Wird dem Arbeitnehmer die **private Nutzung gestattet**, ist auch insoweit der Betriebsrat zur Mitbestimmung berufen.[210] Allerdings wird an-

204 Klebe/Klengel, NZA 2021, 1144, 1148.

205 DKW-Klebe, § 87 Rn. 188, 156; ErfK-Kania, § 87 BetrVG Rn. 59; Fitting, § 87 Rn. 255; Worzalla, in: Hess u. a., § 87 Rn. 354.

206 Dazu Däubler, Gläserne Belegschaften, Rn. 830ff.; DKW-Klebe, § 87 Rn. 189.

207 Balke/Müller, DB 1997, 327; Däubler, Arbeitsrecht 2, Rn. 476ff.; DKW-Klebe, § 87 Rn. 201; Fitting, § 87 Rn. 244; Hilber/Frik, RdA 2002, 90; Jofer/Wegerich, K&R 2002, 239; Linnenkohl/Gressierer, AuA 1999, 413; Post-Ortmann, RDV 1999, 107.

208 BAG 23.3.2021 – 1 ABR 31/19, ZD 2021, 706.

209 Balke/Müller, DB 1997, 327.

210 Bijok/Class, RDV 2001, 54; Matthes, CR 1987, 113.

gesichts der geringen Kontrollmöglichkeiten des Arbeitgebers[211] der Regelungsspielraum sehr gering sein und sich im Wesentlichen auf die Frage beschränken, ob und in welcher Weise der Betriebsrat die **Einhaltung des Überwachungsverbots kontrollieren** kann.[212] Außerdem stellt das Recht zur privaten Nutzung einen (wenn auch steuerfreien: § 3 Nr. 45 EStG) geldwerten Vorteil dar, so dass das Mitbestimmungsrecht des Betriebsrats nach § 87 Abs. 1 Nr. 10 BetrVG eingreift.[213]

Werden **Arbeitsplatzrechner** vernetzt und führt der Arbeitgeber ein **Intranet** ein, verändert sich damit die bisher vorhandene technische Einrichtung; § 87 Abs. 1 Nr. 6 greift ein. Das gilt auch dann, wenn **das bestehende Netz erweitert** wird. 100

Es wird ein unternehmensinternes Dokumentationssystem angeschlossen, das die bisherige Registratur ablöst. Das dadurch geschaffene Mehr an potenzieller elektronischer Kommunikation rechtfertigt das Eingreifen des Mitbestimmungsrechts.

Werden (zusätzliche) **Internetanschlüsse eingeführt**, wird ihre Nutzung 101
im Regelfall durch die Firewall-Software erfasst. Die dort gespeicherten Informationen könnten ausgewertet werden,[214] sodass eine objektive Möglichkeit zur Überwachung besteht.[215] Ob davon wirklich Gebrauch gemacht wird oder ob auch nur eine entsprechende Absicht existiert, ist rechtlich ohne Bedeutung.

Werden die **Internetanschlüsse direkt an einen externen Provider an-** 102
gebunden, wird dieser im Auftrag des Arbeitgebers tätig. Auch dies steht der Anwendung des § 87 Abs. 1 Nr. 6 nicht entgegen.[216]

---

211 Dazu oben IV., Rn. 77ff.

212 Vgl. BAG, 30.8.1995 – 1 ABR 4/95, NZA 1996, 218, wonach die Einräumung eines Rechts an den Betriebsrat, jederzeit Einsicht in das System sowie die Unterlagen über das System zu nehmen, auf der Grundlage des § 87 Abs. 1 Nr. 6 BetrVG vereinbart werden kann. Zu praktischen Problemen bei der Kontrolle einer SAP-Betriebsvereinbarung siehe Rupp, CF 6/2001, 8ff.

213 Schulze/Hofer, AiB 7–8/2016, 29.

214 Dazu den Fall LAG Berlin-Brandenburg, 14.1.2016 – 5 Sa 67/15, DuD 2016, 684 = BB 2016, 891.

215 Ebenso Ernst, NZA 2002, 591; Fitting, § 87 Rn. 244.

216 So schon zur traditionellen Personaldatenverarbeitung im Auftrag Däubler, Gläserne Belegschaften, Rn. 771 m.w.N.

3. Ausübung des Mitbestimmungsrechts

103 Das Mitbestimmungsrecht wird in der Regel **durch Betriebsvereinbarung** ausgeübt. Zulässig ist allerdings auch, dass sich Arbeitgeber und Betriebsrat auf eine so genannte **Betriebsabsprache oder Regelungsabrede** beschränken.[217] Diese ist formlos gültig, kann jedoch vom Betriebsratsvorsitzenden wirksam nur dann vereinbart werden, wenn ein entsprechender Betriebsratsbeschluss zugrunde liegt.[218] Dem Betriebsrat bleibt außerdem das Recht, jederzeit den Abschluss einer Betriebsvereinbarung zu verlangen.[219]

104 Wenig erörtert ist die Frage, wie eine »**Pauschalzustimmung**« **des Betriebsrats** zu einem System zu werten ist, dessen Funktionsweise nicht im Einzelnen dargestellt wurde oder jedenfalls für einen Nicht-Informatiker unverständlich war. Aus dem Gedanken der vertrauensvollen Zusammenarbeit nach § 2 Abs. 1 BetrVG heraus ist der Arbeitgeber in einem solchen Fall gehalten, **den Betriebsrat umfassend aufzuklären**, ihn also erst einmal in die Lage zu versetzen, die Tragweite seiner eigenen Entscheidung richtig einschätzen zu können. Unterbleibt dies, wird man der **Zustimmung des Betriebsrats keine Rechtswirksamkeit** zusprechen können. Das gilt erst recht, wenn bestimmte Überwachungsmöglichkeiten nur sehr unspezifisch mitgeteilt wurden.

> **Beispiel aus der Praxis:**
> An 20 Arbeitsplätzen werden E-Mail-Anschlüsse eingerichtet. Diese werden – genau wie Privatanschlüsse – direkt mit dem Server des Providers verbunden. Dem Betriebsrat wird mitgeteilt, eine Kontrolle finde nicht statt, bei Missbräuchen würde man die nötigen Maßnahmen ergreifen. Der Betriebsrat stimmt zu. Später stellt sich heraus, dass im Betrieb eine Stelle existiert, bei der alle ein- und ausgehenden E-Mails gespeichert und »bei Bedarf« ausgedruckt werden.

105 **Fehlt die Zustimmung des Betriebsrats**, kann er vom Arbeitgeber verlangen, dass dieser die weitere Nutzung der technischen Einrichtung unterlässt, bis eine Einigung zu den Überwachungsfragen erreicht oder

---

217 DKW-Berg, § 77 Rn. 161 ff.; GK-Wiese/Gutzeit, § 87 Rn. 603 ff.; Worzalla, in: Hess u. a., § 87 Rn. 392.

218 DKW-Berg, § 77 Rn. 165; Fitting, § 77 Rn. 219; GK-Kreutz, § 77 Rn. 11; GK-Wiese, § 87 Rn. 93.

219 BAG, 8. 8. 1989 – 1 ABR 62/88, DB 1990, 281, 282.

durch die Einigungsstelle herbeigeführt ist.[220] Ein Beseitigungsanspruch in Bezug auf die Folgen, die aufgrund der Verletzung des Mitbestimmungsrechts entstanden sind, soll allerdings nur für die Zukunft, nicht für die Vergangenheit bestehen,[221] was hinter den Schutz sonstiger Rechte nach § 1004 BGB zurückfällt. Dem einzelnen Arbeitnehmer steht in einem solchen Fall nach ganz herrschender Auffassung ein **Leistungsverweigerungsrecht nach § 273 BGB** zu, das die Fortzahlung des Entgelts durch den Arbeitgeber unberührt lässt.[222]

4. Gestaltungsspielraum

Beim Abschluss von Betriebsvereinbarungen bzw. bei Entscheidungen der 106
Einigungsstelle ist der Persönlichkeitsschutz der Arbeitnehmer zu beachten. § 75 Abs. 2 BetrVG gilt auch in einem solchen Fall.[223] Das bedeutet, dass **der gesetzlich vorgegebene Schutzstandard weder bei dienstlicher noch bei privater Nutzung unterschritten** werden darf. Deshalb kann auch auf diesem Wege keine generelle Kontrolle von E-Mails vorgesehen werden.[224] Dass Betriebsvereinbarungen von den allgemeinen Regelungen des Datenschutzrechts angeblich auch zu Lasten einzelner Arbeitnehmer abweichen können,[225] ist im vorliegenden Zusammenhang ohne Bedeutung, da sich bei dienstlicher Nutzung der Schutz unmittelbar aus dem Persönlichkeitsrecht des Arbeitnehmers und bei privater Nutzung aus telekommunikationsrechtlichen Sondernormen ergibt.

Welche Regelungen ein Betriebsrat im hier interessierenden Bereich sinn- 107
vollerweise vereinbaren kann, soll an späterer Stelle erörtert werden.[226] Das rechtfertigt sich damit, dass **Betriebsvereinbarungen häufig nicht nur den Überwachungsaspekt regeln**, sondern beispielsweise auch Weiterbildungsmaßnahmen nach §§ 97 Abs. 2, 98 BetrVG oder den Ausgleich wirtschaftlicher Nachteile nach § 112 BetrVG zum Gegenstand haben.

---

220 Fitting, § 87 Rn. 256 m. w. N. Siehe weiter ArbG Hamburg, 7.12.1999 – 25 BV 7/99, AiB 2001, 360; Schierbaum, CF 8–9/2000, 29.

221 BAG, 23.3.2021 – 1 ABR 31/19, ZD 2021, 706

222 DKW-Klebe, § 87 Rn. 166; Fitting, § 87 Rn. 266; GK-Wiese/Gutzeit, § 87 Rn. 605; Jofer/Wegerich, K&R 2002, 239; differenzierend Richardi-Maschmann, § 87 Rn. 545; Worzalla, in: Hess u. a., § 87 Rn. 394ff.

223 BAG, 27.5.1986 – 1 ABR 48/84, DB 1986, 2080, 2082; vgl. auch BAG, 29.10.1997 – 5 AZR 508/96, DB 1998, 371 und Lindemann/Simon, BB 2001, 1950.

224 Bijok/Class, RDV 2001, 55.

225 So BAG, 27.5.1986 – 1 ABR 48/84, DB 1986, 2080ff.; dazu auch Gola, CF 1/2001, 24f.

226 Anhang 1 (Vorauflage) sowie Klebe/Heilmann, in: Däubler/Klebe/Wedde (Hrsg.), Arbeitshilfen für den Betriebsrat, 5. Aufl. 2021, § 87 Rn. 29–39.

5. Einzel- oder Gesamtbetriebsrat?

108 Bei unternehmenseinheitlichen Systemen (»Intranet«) kommt eine betriebsspezifische Regelung nicht in Betracht. Sinnvoll ist in solchen Fällen allein eine **unternehmenseinheitliche Regelung**, sodass nach § 50 Abs. 1 BetrVG der Gesamtbetriebsrat zuständig ist.[227] Die Zuständigkeit des Gesamtbetriebsrats erstreckt sich dabei auch auf die nähere Ausgestaltung der Nutzung, wenn die Art und Beschaffenheit der verwendeten Geräte und Programme im gesamten Unternehmen einheitlich sind.[228] Gleiches wird bei betriebsübergreifenden Formen von Vernetzung anzunehmen sein. Ist nur ein Betrieb betroffen oder werden **unterschiedliche Techniken eingesetzt**, bleibt es dagegen bei der **Zuständigkeit des Einzelbetriebsrats**. Dieser bleibt auch in allen Fällen Träger des Informations- und Überwachungsrechts nach § 80 Abs. 1 Nr. 1 BetrVG.[229]

6. Rahmenbetriebsvereinbarungen

109 In der Praxis finden sich häufig Rahmenbetriebsvereinbarungen über den Einsatz von Informationstechnologien. Sie sind grundsätzlich nur auf freiwilliger Grundlage möglich. Entsteht während der Verhandlungen ein Tatbestand, der das Mitbestimmungsrecht nach § 87 Abs. 1 Nr. 6 BetrVG auslöst, bleibt dieses unberührt. Alles andere würde auf einen unzulässigen Verzicht hinauslaufen. Die Wirkung eines solchen »Rahmens« beschränkt sich darauf, das **höchstzulässige Maß an Überwachung** und **das Minimum an kompensatorischen Maßnahmen** festzuschreiben; bei einzelnen Anwendungsfällen ist dann nur noch eine Erhöhung des Schutzstandards oder eine Verbesserung der Arbeitgeberleistungen möglich. Dasselbe gilt, wenn nicht nur der Überwachungsaspekt, sondern auch der Ausgleich von Nachteilen i. S. v. § 111 BetrVG mitgeregelt wird. Da es sich grundsätzlich um eine **freiwillige Betriebsvereinbarung** handelt, tritt im Falle der Kündigung nach § 77 Abs. 6 BetrVG keine Nachwirkung ein, es sei denn, diese wäre ausdrücklich vereinbart worden.

110 Da es häufig nicht um Gegenleistungen des Arbeitgebers geht, kann zweifelhaft sein, ob die Rahmenbetriebsvereinbarung oder eine später ausgehandelte neue Betriebsvereinbarung die günstigere Lösung enthält. Im Zweifel ist **die** in den **späteren** Verhandlungen zustande gekommene

227 So auch BAG, 30.8.1995 – 1 ABR 4/95, NZA 1996, 218; 11.11.1998 – 7 ABR 47/97, K&R 2000, 262 = DB 1999, 1457.

228 BAG, 11.11.1998 – 7 ABR 47/97, DB 1999, 1457, 1458.

229 BAG, 16.8.2011 – 1 ABR 22/10, RDV 2012, 28.

Einigung vorzuziehen, da so einer langfristigen »Vorprogrammierung« des Mitbestimmungsrechts entgegengewirkt wird.

VI. Mitbestimmung des Personalrats

1. Der Grundsatz

Nach § 80 Abs. 1 Nr. 21 BPersVG hat der Personalrat ein Mitbestimmungsrecht bei der »Einführung und Anwendung technischer Einrichtungen, die dazu bestimmt sind, das Verhalten und die Leistung der Beschäftigten zu überwachen«. Bis in die Einzelheiten des Wortlauts hinein steht dem Personalrat dem Anschein nach ein **vergleichbares Mitbestimmungsrecht wie dem Betriebsrat** zu. Auch wenn Rechtsprechung und Literatur im Personalvertretungsrecht lange Zeit in Quantität und Qualität erheblich hinter dem Betriebsverfassungsrecht zurückblieben, ist heute jedenfalls in dem hier interessierenden Bereich ein vergleichbarer Grad an Differenzierung erreicht.[230] **111**

2. Konkretisierung durch die Rechtsprechung

Das BVerwG hat alle wesentlichen Aussagen des BAG zu § 87 Abs. 1 Nr. 6 BetrVG übernommen, da es erst später mit diesen Fragen befasst war. **Einige Dinge sind sogar noch deutlicher herausgearbeitet** worden. Hervorzuheben ist im Einzelnen: **112**

- § 75 Abs. 3 Nr. 17 BPersVG a. F. (dessen Wortlaut mit dem jetzt geltenden § 80 Abs. 1 Nr. 21 übereinstimmt) betrifft »technische« Kontrolle, nicht die Überwachung durch Menschen. **Keine Rolle** spielt, **ob** die durch Technik erhobenen Informationen **aufgezeichnet** werden; die Mitbestimmung besteht auch dann, wenn die Beschäftigten mit einer **Videokamera** beobachtet werden und dabei lediglich Unregelmäßigkeiten aufgedeckt werden sollen.[231] **113**
- Nicht nur die Erhebung personenbezogener Daten, sondern auch ihre **Eingabe** in **ein EDV-System** und ihre Auswertung stellen »Überwachung« im Rechtssinne dar.[232] **114**

---

230 Siehe bereits die Überblicke bei W. Schneider, PersR 1986, 189ff., PersR 1991, 129ff.

231 BVerwG, 31.8.1988 – 6 P 35/85, ZBR 1989, 14.

232 BVerwG, 16.12.1987 – 6 P 32/84, NZA 1988, 513 = CR 1988, 498.

115 • Die **Natur der erhobenen** oder durch Auswertung gewonnenen **Daten** ist grundsätzlich **unerheblich**. Zum einen reicht es, dass es sich um personenbezogene Daten handelt, die zusammen mit Zusatzwissen Aussagen über Verhalten und Leistung ermöglichen. Zum anderen ist auch diese Voraussetzung dann nicht erforderlich, wenn sich der Arbeitgeber »ohne unüberwindliche Schwierigkeiten« ein Überwachungsprogramm verschaffen und dieses ohne Änderung der Anlage einsetzen kann.[233] Das ist z. B. dann der Fall, wenn im Betriebssystem festgehalten wird, wer wie lange an einem Gerät gearbeitet hat, und auf dem Markt Software zu kaufen ist, mit deren Hilfe diese Daten abgerufen werden können.

116 • **Unerheblich** ist, ob eine **Überwachungsabsicht** vorliegt. Es reicht die Möglichkeit, dass die erfassten Daten entsprechend genutzt werden können.[234]

117 • Der **PC** ist eine **technische Einrichtung** i. S. v. § 75 Abs. 3 Nr. 17 BPersVG a. F.[235] Dabei spielt es keine Rolle, ob er dem Arbeitnehmer privat gehört, sofern er im Rahmen des Dienstbetriebs Verwendung findet.[236] Die Praktizierung von »Bring Your Own Device« lässt also das Mitbestimmungsrecht unberührt. Die Mitbestimmung entfällt lediglich dann, wenn der PC als Arbeitserleichterung zur Verfügung gestellt wird, keine Daten von Arbeitskollegen gespeichert werden (können) und auch eine Überwachung des (einzigen) Benutzers deshalb ausscheidet, weil er nicht zur Benutzung des Geräts verpflichtet ist und jederzeit alles Gespeicherte löschen und auf Diskette mit nach Hause nehmen kann.[237]

118 • Werden **Geräte** mit anderen **vernetzt**, entsteht ein potenzieller Überwachungsdruck, da die im System angelegten Möglichkeiten für den Einzelnen nicht durchschaubar sind. Insoweit bestehen Mitbestimmungsrechte. Sie sind nicht davon abhängig, dass die beabsichtigte Maßnahme rechtmäßig ist, sodass auch intransparente und damit gegen Art. 5 Abs. 1 Buchst. a DSGVO verstoßende Systeme der Mitbestimmung unterliegen (die möglicherweise den Transparenzmangel beheben wird).

119 • § 75 Abs. 3 Nr. 17 BPersVG a. F. findet auch dann Anwendung, wenn sich die **Überwachung auf kleine Gruppen** bezieht, wenn z. B. we-

233 BVerwG, 16. 12. 1987 – 6 P 32/84, NZA 1988, 513 und vor allem BVerwG, 27. 11. 1991 – 6 P 7/90, PersR 1992, 147.
234 BVerwG, 27. 11. 1991 – 6 P 7/90, PersR 1992, 147.
235 BVerwG, 23. 9. 1992 – 6 P 26/90, PersR 1993, 28, 31.
236 BVerwG, 12. 10. 1989 – 6 P 9/88, CR 1990, 132 = NZA 1990, 451.
237 BVerwG, 23. 9. 1992 – 6 P 26/90, PersR 1993, 28, 31.

nige Personen dieselbe Codenummer haben, mit der sie sich Zugang zu einem Kopiergerät verschaffen, das diese speichert. Bei größeren Gruppen entfällt die Mitbestimmung.[238]

- **Änderungen des Systems sind mitbestimmungspflichtig.**[239] Das gilt auch dann, wenn nur die praktische Handhabung eine andere wird, die Kontrollkapazität aber die gleiche bleibt.[240] 120

3. Konsequenzen

Für die Anwendbarkeit auf E-Mail, Intranet und Internet ergeben sich keine anderen Konsequenzen als im Rahmen der Betriebsverfassung. Auf die obigen Ausführungen[241] kann daher verwiesen werden.[242] 121

»Mitbestimmung« im Sinne des BPersVG ist **weniger als »Mitbestimmung« im Sinne des BetrVG.** Zwar kann das Verfahren bis zu einem Spruch der Einigungsstelle gehen, doch ist dieser nicht verbindlich: Nach § 75 Abs. 3 BPersVG hat er auch im Falle des § 80 Abs. 1 Nr. 21 BPersVG nur den Charakter einer **Empfehlung an die oberste Dienstbehörde**, die ihrerseits endgültig entscheidet. Man sollte deshalb korrekterweise von »Mitwirkung« sprechen. 121a

VII. Verwertungsverbote

1. Die Problematik

Was geschieht, wenn die hier skizzierten Grenzen nicht eingehalten werden? Telefongespräche werden heimlich mitgehört, private E-Mails ohne Einwilligung des Betroffenen geöffnet und gelesen, die Protokolle über die Internetnutzung ausgewertet, ohne dass dies im Einzelfall gerechtfertigt wäre. Auch das Recht der betrieblichen Interessenvertretung kommt ins Spiel. Welche Folgen hat es, wenn das Mitbestimmungsrecht des Betriebsrats oder des Personalrats nicht beachtet wurde oder wenn 122

238 OVG Nordrhein-Westfalen, 11.3.1992 – CL 38/89, PersR 1993, 33.
239 BVerwG, 13.8.1992 – 6 P 20/91, PersR 1992, 505.
240 Siehe weiter OVG Hamburg, 4.7.1988 – Bs PB 11/87, PersR 1988, 215.
241 Rn. 103ff.
242 Zur Beteiligung des Personalrats an der Einrichtung von Internetanschlüssen siehe etwa OVG Greifswald, 21.12.2000 – 2 M 64/00, ZfPR 2002, 165 sowie Lorenzen/Eckstein-Rehak, § 75 Rn. 195ff.

ein Beauftragter des Arbeitgebers Einsicht in einzelne Dateien des Betriebsrats nimmt?

2. Allgemeines Verwertungsverbot oder nur Schutz des Persönlichkeitsrechts als Grenze?

123 An sich sollte man erwarten, dass auf illegalem Wege erlangte Informationen in einem gerichtlichen Verfahren keine Verwendung finden dürfen. Verstößt es denn nicht **gegen Treu und Glauben**, wenn eine Prozesspartei aus ihrem eigenen rechtswidrigen Verhalten Vorteile ziehen will und vielleicht den Kündigungsschutzprozess nur deshalb gewinnt, weil sie ohne Rücksicht auf das Fernmeldegeheimnis des § 3 TTDSG die privaten E-Mails eines Arbeitnehmers ausgewertet hat? Die Rechtsprechung scheut sich, diese Frage mit einem eindeutigen »ja« zu beantworten. Hintergrund ist die Erwägung, dass es außerhalb des Strafprozesses keine ausdrücklichen Verwertungsverbote gibt und dass das **gerichtliche Verfahren an der Ermittlung der Wahrheit ausgerichtet** sei – wird beispielsweise eine (unerlaubt erlangte) Information in das Verfahren eingeführt und von der Gegenseite inhaltlich nicht bestritten, sei sie grundsätzlich der gerichtlichen Entscheidung zugrunde zu legen.[243] Die Rechtsprechung entscheidet sich deshalb für einen »Kompromiss«, wonach ein Verwertungsverbot nur dann besteht, wenn andernfalls ein **Eingriff** in das Persönlichkeitsrecht des Betroffenen **wiederholt oder** jedenfalls **perpetuiert** würde.[244] Dies ist von Amts wegen zu prüfen.[245]

123a Beispiele sind etwa **heimliche Videoaufnahmen**, wenn sie nicht ausnahmsweise durch den Verdacht einer Straftat oder einer schweren Pflichtverletzung gerechtfertigt waren.[246] Dasselbe gilt dann, wenn ein Arbeitnehmer im Auftrag des Arbeitgebers durch einen Privatdetektiv beobachtet und Fotos von ihm hergestellt werden, ohne dass zuvor ein Verdacht bestanden hätte.[247] Trotz eines solchen Verdachts ist die Aus-

---

243 Vgl. BAG, 27.3.2003 – 2 AZR 51/02, NZA 2003, 1193, 1195.

244 BAG, 16.12.2010 – 2 AZR 485/08, NZA 2011, 571; zustimmend Forst, AuR 2010, 106, 111; Plath-Stamer/Kuhnke, § 32 Rn. 139ff.

245 LAG, Köln 7.2.2020 – 4 Sa 329/19, ZD 2020, 533 Tz. 128.

246 BAG, 21.11.2013 – 2 AZR 797/11, RDV 2014, 96; LAG Hamm, 12.6.2017 – 11 Sa 858/16, NZA-RR 2018, 13; LAG Hamm, 20.12.2017 – 2 Sa 192/17, ZD 2018, 494. Zur Aufnahme eines Unfalls durch eine im Auto installierte Dashcam siehe LG Heilbronn, 3.2.2015 – I 3 S 19/14, K&R 2015, 280; zur Unzulässigkeit einer Kamera, die den Verkehr durchgehend filmt, VG Ansbach, 12.8.2014 – AN 4 K 13.01634, CuA 11/2014, 31 = DuD 2015, 49.

247 LAG Berlin-Brandenburg, 11.9.2020 – 9 Sa 584/20, ZD 2021, 170

wertung des privaten E-Mail-Verkehrs über ein Jahr hinweg unverhältnismäßig, so dass die gewonnenen Erkenntnisse nicht verwertet werden dürfen.[248] Dasselbe gilt, wenn der **Spind** des Arbeitnehmers heimlich **durchsucht** und dabei »Material« gefunden wurde.[249] Auf der anderen Seite wurde die Verwertung **privater Chatprotokolle** akzeptiert, die auf einem Arbeitsplatzrechner gespeichert waren: Die Privatnutzung war nur mit der Maßgabe erlaubt worden, der Mitarbeiter dürfe keine Vertraulichkeit erwarten, der Arbeitgeber könne bei gegebener Notwendigkeit jederzeit die Daten einsehen.[250] Ähnlich entschied das BAG in dem Fall, dass der Arbeitsplatzrechner des Arbeitnehmers wegen des Verdachts einer schweren Pflichtverletzung durchsucht wurde. Zwar wurde der Verdacht als solcher nicht erhärtet, doch ergaben sich andere »Unregelmäßigkeiten« zu Lasten des Arbeitnehmers. Dieser **»Zufallsfund«** sei nach Auffassung des BAG **verwertbar**, **wenn** der Persönlichkeitsschutz des Arbeitnehmers gegenüber der Funktionsfähigkeit der Rechtsprechung zurücktreten müsse. Das sei dann der Fall, wenn die Ermittlung offen erfolge und der Arbeitnehmer die ihm eingeräumte Möglichkeit nicht genutzt habe, bestimmte Daten als »privat« zu kennzeichnen und sie so grundsätzlich dem Zugriff des Arbeitgebers zu entziehen.[251] Unter diesen Umständen sei ein **Zugriff** des Arbeitgebers **auf den Rechner auch ohne** Vorliegen eines konkreten **Verdachts** zulässig, dürfe aber nicht willkürlich erfolgen.[252]

124

Die **Konzeption der Rechtsprechung** ist entgegen Bedenken in der Literatur[253] durchaus **in sich schlüssig**: Wird jemand nicht nur durch unerlaubte Überwachung in seiner Persönlichkeitssphäre verletzt, sondern erleidet er darüber hinaus auch noch im Prozess einen Nachteil, ist er im selben Grundrecht zwei Mal verletzt – vergleichbar einem Eigentümer, dem zahlreiche Gegenstände aus dem Lager gestohlen werden und dem die Freunde des Diebes mit den entwendeten Gegenständen dann auch noch Wettbewerb machen. Allerdings hat die Rechtsprechung bislang nicht bedacht, dass **auch prozessuale Grundrechte** der betroffenen Person **verletzt** sein könnten: Wie Morgenroth[254] herausgearbeitet hat, ist das aus Art. 3 Abs. 1 GG abzuleitende **Gebot der Waffengleichheit im Prozess** nicht beachtet, wenn eine Seite mit rechtswidrig erlangten

248 LAG Hessen, 21.9.2018 – 10 Sa 601/18, NZA-RR 2019, 130.
249 BAG, 20.6.2013 – 2 AZR 546/12, RDV 2014, 103 = ZD 2014, 260.
250 LAG Hamm, 10.7.2012 – 14 Sa 1711/20, RDV 2012, 254.
251 BAG, 31.1.2019 – 2 AZR 426/18, NZA 2019, 893.
252 BAG, 31.1.2019 – 2 AZR 425/18, ZD 2019, 419.
253 Morgenroth, NZA 2014, 408, 410.
254 Morgenroth, NZA 2014, 408, 411.

Beweismitteln konfrontiert wird und diese als »voll gültig« zu akzeptieren hat; die Risiken werden dann einseitig zu seinen Lasten verschoben.

125 Werden **Telefongespräche heimlich** von einem Dritten **mitgehört**, darf dieser in einem späteren Gerichtsverfahren nicht als Zeuge vernommen werden.[255] Allerdings gilt dies nur, wenn er bewusst »eingeschleust« wurde oder sich aus eigener Initiative eingeschaltet hatte; kam er nur zufällig in die Situation, ein Gespräch mitzuhören, weil beispielsweise der im selben Raum anwesende Telefonierende sein Handy auf »laut« gestellt hatte, liegt kein illegales Verhalten und damit auch kein Verwertungsverbot vor.[256] Wurde das Telefongespräch **von einer ausländischen Niederlassung aus** geführt und war dort das heimliche Mithören nach Ortsrecht erlaubt, würde die Verwertung in einem deutschen Prozess gleichwohl einen unzulässigen Eingriff in die Persönlichkeitssphäre darstellen, weshalb sie unterbleiben muss.[257]

126 Werden **Protokolldateien über die Internetnutzung** ausgewertet, ergeben sich keine gravierenden Probleme, wenn von vornherein eine Privatnutzung untersagt war: Besteht ein ausreichender Anlass für eine Überprüfung, weil beispielsweise beobachtet wurde, dass einzelne Beschäftigte doch eine private Nutzung praktizierten, ist diese zulässig.[258] Das Telekommunikationsgeheimnis ist nicht tangiert.[259] Liegt jedoch eine **Grenzüberschreitung** vor, weil z. B. **in private E-Mails Einsicht** genommen wurde, obwohl diese Form der Nutzung erlaubt war, liegt darin zugleich ein Eingriff in das Persönlichkeitsrecht der Betroffenen. Würde man die auf der Grundlage der Auswertung gewonnenen Erkenntnisse in das Verfahren einführen, wäre das allgemeine Persönlichkeitsrecht des Betroffenen erneut verletzt. Das kann nicht hingenommen werden, sodass insoweit ein Verwertungsverbot besteht. Weiter ist in jedem Einzelfall zu prüfen, ob das Mittel, wie das Beweismaterial erlangt wurde, **nicht außer Verhältnis zum Anlass** stand: So ist etwa eine heimliche Videoüberwachung immer rechtswidrig, wenn es nur darum geht, ob die be-

---

255 BAG, 23.4.2009 – 6 AZR 189/08, RDV 2009, 276 Ls. Zur Verwendung im Strafprozess BGH, 15.1.2013 – 4 StR 385/12, ZD 2013, 232.

256 BAG, 23.4.2009 – 6 AZR 189/08, RDV 2009, 276.

257 Dzida/Grau, NZA 2010, 1201, 1204. So wohl auch BGH, 21.11.2012 – 1 StR 310/12, ZD 2013, 278, wonach es bei der Unverwertbarkeit auf die Rechtsordnung des Staates ankommt, der ein Rechtshilfeersuchen gestellt hat.

258 Siehe etwa OVG Lüneburg, 14.9.2011 – 18 LP 15/10, ZD 2012, 44. Dieser Anlass ist nicht dargetan bei LAG Köln 7.2.2020 – 4 Sa 329/19, ZD 2020, 533ff.

259 Siehe oben Rn. 48ff.

obachtete Person Münzen im Wert von Cent-Beträgen aus einer Kasse entnommen hat.[260]

Ein prozessuales Problem ergibt sich insoweit, als es dem Arbeitnehmer häufig **schwerfallen** wird, die aus einer unerlaubten Ermittlung folgenden Erkenntnisse **inhaltlich** (»substantiiert«) **zu bestreiten**. Das ist besonders evident bei der Videoüberwachung,[261] kann aber auch in anderen Zusammenhängen als Schwierigkeit auftauchen: Wie will man der Tatsache entgegentreten, man habe an einem bestimmten Tag von 13:00 bis 15:00 Uhr ersichtlich nicht gearbeitet, sondern sich mit Computerspielen befasst, wenn dies eindeutig aus den (illegal ausgewerteten) Log-Dateien hervorgeht? Das BAG schien sich zunächst um das Problem wenig zu kümmern und nahm es hin, dass inhaltlich nicht in Frage zu stellende Erkenntnisse ohne Rücksicht auf ihre »Entstehung« den Urteilen und Beschlüssen zugrunde gelegt werden.[262] In einer späteren Entscheidung hat es jedoch die **Schwierigkeiten des Betroffenen gesehen.**[263] Dieser soll nicht gezwungen sein, das Vorbringen des Arbeitgebers mit irgendeiner erfundenen Geschichte in Zweifel zu ziehen, um diesen so in die Situation zu bringen, die Richtigkeit seines Vorbringens beweisen und sich dabei auf sein illegales Verhalten berufen zu müssen. Vielmehr kann sich der Arbeitnehmer **von vornherein auf die Rechtswidrigkeit der Informationsbeschaffung berufen**, es sei denn, in seinem Nichtbestreiten liege »zugleich die Einwilligung in eine prozessuale Verwertung der fraglichen Tatsachen.«[264] Letzteres wird praktisch nie der Fall sein, sodass die Verwertungsverbote auch in solchen »Evidenzfällen« ihre Bedeutung behalten. Man spricht insoweit zu Recht von einem »Sachvortragsverbot«.[265] Die unter Verletzung des informationellen Selbstbestimmungsrechts gewonnenen Informationen dürfen nicht in das Verfahren eingeführt werden.[266] 127

Ein bestehendes **Verwertungsverbot** darf **nicht** dadurch **unterlaufen** werden, dass man z. B. die illegal geschaffenen Dateien durch jemanden 128

260 BAG, 21.11.2013 – 2 AZR 797/11, RDV 2014, 96, 98.

261 Zu ihrer großen praktischen Bedeutung siehe die Auszüge aus Berichten der Aufsichtsbehörden in RDV 2014, 203. Für Verwertungsverbot auch Kort, ZD 2016, 555, 559.

262 BAG, 13.12.2007 – 2 AZR 537/06, NZA 2008, 1008.

263 BAG, 16.12.2010 – 2 AZR 485/08, NZA 2011, 571, 574.

264 BAG, 16.12.2010 – 2 AZR 485/08, NZA 2011, 571, 574 Tz. 32.

265 Chandna-Hoppe, NZA 2018, 614, 619 m.w.N. Dafür auch Akkilic, NZA 2020, 623, 628.

266 BAG, 20.10.2016 – 2 AZR 395/15, NZA 2017, 443, Tz. 20.

auswerten lässt, den man dann als Zeugen vernimmt.[267] Das lässt sich in der Weise verallgemeinern, dass keine Person als Zeuge vernommen werden darf, die bei der illegalen Beweiserlangung beteiligt war.[268] Dasselbe gilt dann, wenn man der einer Pflichtverletzung oder Straftat beschuldigten Person die **illegal beschafften Beweismittel vor Augen führt** und sie anschließend ein **Geständnis** ablegt.[269] Sehr viel schwieriger wird die Frage, ob ein Verwertungsverbot auch dann gilt, wenn das unerlaubte Vorgehen zu weiteren Ermittlungen führt, die für sich genommen völlig legal sind. Eine solche **»Fernwirkung«** des Verbots wird üblicherweise abgelehnt;[270] es gebe in Deutschland anders als teilweise in den USA **keine »fruit-of-the-poisonous-tree«-Doktrin**, die auch solche Folgemaßnahmen illegalisiere.[271] Veranlasst beispielsweise eine unzulässige Videokontrolle den Arbeitgeber zu Ermittlungen, ob Personaleinkäufe korrekt abgerechnet wurden, sollen die Ergebnisse sehr wohl verwertbar sein.[272] Das ist als Faktum hinzunehmen, auch wenn man inhaltliche Bedenken dagegen hat, dass ein illegal Handelnder, der das Persönlichkeitsrecht eines anderen verletzt hat, eben doch Vorteile aus seinem Tun zieht, die – wie z. B. die Auflösung eines aus ganz anderen Gründen unerwünschten Arbeitsverhältnisses – sogar dauerhaften Charakter haben können.

3. Verstoß gegen betriebsverfassungsrechtliche Normen

129 Die Rechtsprechung konzentriert sich sehr stark auf die Frage, ob eine illegale Ermittlungsmaßnahme in das allgemeine Persönlichkeitsrecht des Betroffenen eingegriffen hat. Daneben sind jedoch auch andere Fälle denkbar. So wird man beispielsweise ein generelles Verwertungsverbot auch dann annehmen, wenn Arbeitnehmer, die wie Ärzte einer Geheimhaltungspflicht unterliegen, in rechtswidriger Weise überwacht werden.[273] Besonders bedeutsam ist im vorliegenden Zusammenhang die

267 ArbG Düsseldorf, 3. 5. 2011 – 11 Ca 7326/10, ZD 2011, 185, 188.

268 BAG, 20. 6. 2013 – 2 AZR 546/12, ZD 2014, 260 Tz. 19 = RDV 2014, 103.

269 LAG Baden-Württemberg, 6. 5. 1999 – 12 Sa 115/97, BB 1999, 1439; Däubler, Gläserne Belegschaften, Rn. 388f.

270 BAG, 16. 12. 2010 – 2 AZR 485/08, NZA 2011, 571, 574 Tz. 40; BGH, 1. 3. 2006 – XII ZR 210/04, NJW 2006, 1657.

271 BGH, 1. 3. 2006 – XII ZR 210/04, NJW 2006, 1657 Tz 18. Für Illegalisierung der »Früchte vom verbotenen Baum« LAG Baden-Württemberg, 6. 5. 1999 – 12 Sa 115/97, BB 1999, 1439.

272 So der Fall BAG, 16. 12. 2010 – 2 AZR 485/08, NZA 2010, 571. Ebenso Kort, NZA 2012, 1325.

273 Dazu oben Rn. 75.

mögliche Verletzung betriebsverfassungsrechtlicher Normen. Dabei sind zwei Fälle zu unterscheiden.

a) Unabhängigkeit beider Seiten

Zum einen ist der Fall denkbar, dass sich eine Seite in illegaler Weise **Daten aus der Sphäre der anderen** beschafft. Der Arbeitgeber greift etwa mithilfe eines Systemadministrators auf die Dateien des Betriebsrats zu, um sich besser mit diesem auseinandersetzen zu können. Das verletzt ersichtlich die unabhängige Stellung des Betriebsrats, der vom Gesetz als (auf Ausgleich bedachter) Gegenspieler des Arbeitgebers konzipiert ist und der gerade deshalb auch nicht durch den (letztlich vom Arbeitgeber ernannten) betrieblichen Datenschutzbeauftragten kontrolliert werden darf.[274] Mit Recht hat deshalb das LAG Düsseldorf[275] den Standpunkt vertreten, der Arbeitgeber dürfe auch dann nicht in **Dateien des Betriebsrats** Einsicht nehmen, wenn es um die Aufdeckung einer vertragswidrigen Handlung eines Betriebsratsmitglieds gehe.[276] Tut er es gleichwohl, besteht ein Verwertungsverbot – wobei es nicht entscheidend auf die Verletzung des Persönlichkeitsrechts, sondern auf die betriebsverfassungsrechtlicher Grundprinzipien ankommt. 130

Dass dies zutrifft, wird auch an dem spiegelbildlichen Fall deutlich, dass sich der Betriebsrat mithilfe eines ihm verbundenen Systemadministrators **illegal Material über interne Überlegungen des Arbeitgebers** beschafft. 131

> **Beispiel:**
> Der Arbeitgeber nimmt immer wieder kleinere Personalabbaumaßnahmen vor, die nicht die in § 111 BetrVG vorausgesetzte Dimension erreichen. Sie zu addieren ist nur möglich, wenn sie auf einer einheitlichen unternehmerischen Entscheidung des Arbeitgebers beruhen. Das lässt sich (nur) mithilfe eines vertraulichen internen Protokolls belegen, an das der Betriebsrat auf krummen Wegen gelangt ist.

Niemand würde daran zweifeln, dass bei einem Streit über die Einsetzung einer Einigungsstelle nach § 100 Abs. 2 ArbGG nicht auf dieses »Mate-

274 BAG, 11.11.1997 – 1 ABR 21/97, DB 1998, 627.
275 LAG Düsseldorf, 7.3.2012 – 4 TaBV 87/11, RDV 2012, 310.
276 Ebenda.

rial« zurückgegriffen werden dürfte.[277] Auch in anderen Fällen gibt es Verwertungsverbote, ohne dass ein Eingriff in das Persönlichkeitsrecht vorausgesetzt würde: So führt etwa die unzulässige Einschaltung Dritter in die Geschwindigkeitsmessung im Straßenverkehr dazu, dass die Messergebnisse nicht verwertet werden dürfen.[278]

b) Verletzung von Mitbestimmungsrechten

132 Sehr viel häufiger tritt der Fall auf, dass bei Ermittlungsmaßnahmen des Arbeitgebers die Mitbestimmungsrechte des Betriebsrats nicht beachtet werden. Ob daraus gleichfalls ein **Verwertungsverbot** folgt, hat das BAG zunächst unentschieden gelassen,[279] dann jedoch mit Entschiedenheit **verneint**,[280] wobei es sich über abweichende Entscheidungen des LAG Baden-Württemberg[281] und des LAG Bremen[282] hinweggesetzt hat. Zur Begründung verwies es auf verschiedene Argumente:

- Für ein Verwertungsverbot fehle es an einer ausdrücklichen gesetzlichen Grundlage. Ein solches komme daher nur in Betracht, wenn in **»verfassungsrechtliche Grundpositionen« einer Prozesspartei** eingegriffen werde. Der Umstand, dass eine Information oder ein Beweismittel unzulässig erlangt wurde, führe nicht zwingend zu deren Unverwertbarkeit.[283]
- Ein Verwertungsverbot komme nur in Betracht, wenn durch die Berücksichtigung im Prozess ein **erneuter bzw. perpetuierender Eingriff** »in rechtlich erheblich geschützte Positionen der anderen Prozesspartei« erfolge.[284]
- Verstoße der Arbeitgeber gegen Mitbestimmungsrechte, seien kollektivrechtliche Sanktionen, vor allem nach § 23 Abs. 3 BetrVG und der allgemeine betriebsverfassungsrechtliche Unterlassungsanspruch, sowie arbeitsvertragsrechtliche Sanktionen wie ein Leistungsverwei-

---

277 Dazu auch Däubler, CuA 1/2013, 13, 16. Vgl. etwa den Fall LAG Köln, 18. 5. 2011 – 8 Sa 364/11, RDV 2012, 87, wo die heimliche Aufzeichnung eines Personalgesprächs durch den Arbeitnehmer mit deutlichen Worten als besonders schwere Pflichtverletzung qualifiziert wurde.

278 OLG Saarbrücken, 18. 5. 2007 – Ss Bs 8/2017, ZD 2019, 82.

279 BAG, 27. 3. 2003 – 2 AZR 51/02, NZA 2003, 1193, 1196.

280 BAG, 13. 12. 2007 – 2 AZR 537/06, NZA 2008, 1008, 1010 Tz 26.

281 LAG Baden-Württemberg, 6. 5. 1999 – 12 Sa 15/97, BB 1999, 1439.

282 LAG Bremen, 28. 7. 2005 – 3 Sa 98/05, RDV 2006, 24 = AiB 2006, 325 mit Anm. Grimberg.

283 BAG, 13. 12. 2007 – 2 AZR 537/06, NZA 2008, 1008, 1010 Tz. 27–30.

284 BAG, a. a. O., Tz. 30.

gerungsrecht vorgesehen. Einer darüberhinausgehenden individualprozessrechtlichen Sanktion bedürfe es deshalb nicht.[285]

- Die Nichtbeachtung eines Mitbestimmungsrechts oder einer auf seiner Grundlage abgeschlossenen Betriebsvereinbarung sagt nichts über die Verletzung des Persönlichkeitsrechts aus.[286]
- Auch aus dem persönlichkeitsschützenden Zweck des § 87 Abs. 1 Nr. 1 BetrVG folge kein weitergehendes Verwertungsverbot.[287]

Die Argumentation des BAG fordert zur Kritik heraus. **133**

- Weshalb nur »verfassungsrechtliche Grundpositionen« einer Prozesspartei ein Verwertungsverbot rechtfertigen sollen, wird nicht begründet. Warum soll nicht auch der Verstoß gegen ein einfaches Gesetz ausreichen? Warum ist gar von »rechtlich erheblich geschützten Positionen« die Rede? Gibt es auch rechtlich »weniger erheblichen« Schutz? Natürlich ist ein gerichtliches Verfahren dazu da, die Wahrheit zu erkunden und auf ihrer Grundlage eine sachlich richtige Entscheidung zu treffen. Nur: Man darf das einzelne Verfahren nicht isoliert betrachten. Lässt man die Verletzung der Mitbestimmungsrechte ohne prozessuale Sanktion zu, schafft man geradezu einen **Anreiz, dass sie übergangen werden** – das eigentliche Ziel des Arbeitgebers, einen z. B. möglicherweise vorhandenen Verdacht zu bekräftigen, wird in nachhaltiger Weise gefördert.
- Die bei Verstößen vorgesehenen und ausdrücklich erwähnten **Sanktionen** setzen voraus, dass der Betriebsrat Kenntnis von den fraglichen Vorgängen hat. Bei **heimlichen Überwachungsmaßnahmen** ist dies aber nicht der Fall. Sie können sich theoretisch über Jahre erstrecken. Gäbe es ein prozessuales Verwertungsverbot, wären solche Verhaltensweisen von vornherein für den Arbeitgeber uninteressant.
- Der Gesetzgeber hat – wie auch das BAG zugesteht – die Tatbestände der **§ 87 Abs. 1 Nr. 1 und Nr. 6 BetrVG** geschaffen, um die **Persönlichkeitsrechte** der Arbeitnehmer zu **schützen**.[288] Wäre es dann nicht angemessen, dieser Ausweitung des Persönlichkeitsschutzes auf dem Wege über ein Verfahren durch entsprechende Konsequenzen im Prozess Rechnung zu tragen? So bleibt diese Verstärkung eine höchst halbherzige Angelegenheit.

Ob die Rechtsprechung in den nächsten Jahren revidiert wird, bleibt abzuwarten. Sie wird sich zusätzlich mit dem Argument auseinandersetzen

---

285 BAG, a. a. O., Tz. 31.
286 BAG, a. a. O., Tz. 32.
287 BAG, a. a. O., Tz. 33.
288 BAG, a. a. O., Tz. 33.

müssen, dass die Verwertung rechtswidrig erlangter Beweismittel gegen den Grundsatz der prozessualen Waffengleichheit verstößt.

c) Vertraglich vereinbarte Verwertungsverbote

134 Im Einzelfall kann es hilfreich sein, ein **Verwertungsverbot ausdrücklich** festzuschreiben. Genauso wie jemand sich verpflichten kann, einen bestimmten Anspruch nicht im Klagewege durchzusetzen oder eine erhobene Klage zurückzunehmen, kann er auch ein Weniger – einer Nichtberufung auf bestimmte Tatsachen – versprechen. Das ist entgegen LAG Baden-Württemberg[289] kein Eingriff in Verfahrensgrundsätze, sondern eine privatautonome Regelung, die sich im Rahmen der Verhandlungsmaxime bewegt.[290] Das BAG hat die dagegen gerichtete Rechtsbeschwerde zurückgewiesen, jedoch die Wirksamkeit eines vereinbarten Verwertungsverbots ausdrücklich dahinstehen lassen. Auf den Zusammenhang mit der Verhandlungsmaxime wurde nicht eingegangen.[291] Eine entsprechende Verpflichtung ist nicht nur in einem Arbeitsvertrag, sondern auch in einer **Betriebsvereinbarung** möglich, die nicht anders als ein Tarifvertrag über einen obligatorischen Teil verfügt[292] und die auch einen Vertrag zugunsten Dritter enthalten kann.[293] In der Literatur wurde zu Recht darauf hingewiesen, dass es unbestritten zulässig ist, die spätere gerichtliche Verwertung von Vorgängen und Erkenntnissen in einem Mediationsverfahren auszuschließen.[294] Hier anders zu entscheiden, fehlt jeder sachliche Grund; das Kündigungsrecht des Arbeitgebers wird nicht generell, sondern nur in Bezug auf bestimmte rechtswidrig erlangte Beweismittel beschränkt.[295]

4. Erkenntnisse über Dritte

135 Denkbar ist, dass ein unerlaubter Zugriff nicht nur Erkenntnisse über einen bestimmten Arbeitnehmer zutage fördert, sondern dass auch Informationen über Dritte gewonnen werden, die von der »Ermittlungsmaßnahme« gar nicht betroffen waren. Solche **»Zufallsfunde«** sind

289 LAG Baden-Württemberg, 6.6.2018 – 21 Sa 48/17, ZD 2019, 132 Tz. 110. Ebenso ohne jede Begründung Akkilic, NZA 2020, 623, 627.
290 Für Wirksamkeit daher LAG Berlin-Brandenburg, 9.12.2009 – 15 Sa 1463/09, NZA-RR 2010, 347. Ebenso Reinhard, NZA 2016, 1233, 1239.
291 BAG, 31.1.2019 – 2 AZR 425/18, NZA 2019, 893.
292 § 77 Abs. 1 BetrVG; dazu GK-Kreutz, § 77 Rn. 23ff.
293 Ähnlich Fuhlrott, NZA 2017, 1308, 1311; Reinhard, NZA 2016, 1233, 1239.
294 Fuhlrott/Oltmanns, NZA 2018, 413, 417.
295 Dies gegen Fuhlrott/Oltmanns, NZA 2018, 413, 417.

genauso wenig verwertbar wie die Erkenntnisse über den Verdächtigen. War die **Ermittlungsmaßnahme** dagegen nach § 26 Abs. 1 Satz 1 oder 2 BDSG **gerechtfertigt**, so soll nach der Rechtsprechung des BAG[296] der **Zufallsfund** grundsätzlich **verwertbar** sein.[297] Im Einzelfall sei lediglich abzuwägen, ob das Informationsinteresse des Arbeitgebers den Vorrang gegenüber dem Abschirmungsinteresse der betroffenen Person habe. Das hat in der Regel lediglich zur Folge, dass »Kleinigkeiten« nicht aufgegriffen und sanktioniert werden dürfen.[298] Dies stellt eine Durchbrechung sonst praktizierter Grundsätze dar, da gegen den Dritten, d. h. den zufällig ins Visier der Ermittlungen Geratenen kein Verdacht bestand.[299] In der Keylogger-Entscheidung hatte das BAG[300] die Frage noch gegenteilig entschieden. Insoweit muss die **Situation** als **offen** bezeichnet werden.

296 BAG, 22.9.2016 – 2 AZR 848/15, NZA 2017, 112.

297 Zum vergleichbaren Fall, dass sich der Zufallsfund auf den Verdächtigen bezieht, siehe oben Rn. 123.

298 LAG Düsseldorf, 7.12.2015 – 7 Sa1078/14, ZD 2016, 443 Tz. 56.

299 Zum abweichenden Umgang mit Zufallsfunden im Strafprozessrecht siehe Cordes/Pannenborg, NJW 2019, 2973.

300 BAG, 27.7.2017 – 2 AZR 681/16, NZA 2017, 1327.

§ 9 Algorithmen und Künstliche Intelligenz – Grundlage für Personalentscheidungen?

I. Das Phänomen »Big Data«

1 »Big Data« lässt sich nicht exakt definieren, aber einigermaßen nachvollziehbar umschreiben: Es geht um riesige Datenmengen, die unterschiedliche Gegenstände betreffen, aus verschiedenen Quellen geschöpft sind und mit großer Geschwindigkeit verarbeitet und ergänzt werden.[1] Ihre Auswertung erfolgt mit immer besseren Methoden.[2] Vorläufer gab es schon in den 1980er Jahren, als etwa mithilfe der **Rasterfahndung** nach RAF-Terroristen gesucht wurde:[3] Neben den Informationssystemen der Nachrichtendienste wurden dabei die Dateien der Einwohnermeldeämter und die der Stromversorger ausgewertet. Ein weiteres Beispiel stellt das vom israelischen Geheimdienst Mossad entwickelte **Keyword-Spotting** dar:[4] Eine enorme Menge von Telefongesprächen in den arabischen Gebieten wurde (und wird) aufgezeichnet und (nur) im Hinblick darauf ausgewertet, ob und wie oft bestimmte Namen oder Begriffe dort auftauchen. Näher »angeschaut« wurden dann nur Gespräche, bei denen des Öfteren z. B. die Namen von Hamas-Führern Erwähnung fanden.

2 Die aktuelle Situation unterscheidet sich von diesen Anfängen einmal dadurch, dass das zur Verfügung stehende **Datenvolumen um ein Vielfaches gestiegen** ist. Eine Milliarde Facebook-Nutzer generieren automatisch eine unübersehbare Zahl von Daten, jede Minute wird auf YouTube Videomaterial hochgeladen, das für 72 Stunden »Programm« genügt.[5] Viele Geräte sind mit dem Internet verbunden; das mit einem »Navi« aus-

1 Zu den Definitionsproblemen siehe Kolany-Raiser u. a. (Hrsg.), S. 4.

2 Brandt, CuA 11/2013, 11.

3 Paal/Hennemann, NJW 2017, 1697.

4 Beschreibung der Methode bei Kiesche/Wilke, CuA 4/2012, 4, 6ff.; Zoebisch, DuD 2011, 394ff.

5 Weichert, ZD 2013, 252.

gerüstete Auto mag als Beispiel stehen.[6] Allein die sozialen Netzwerke schaffen die Möglichkeit, die Präferenzen einzelner Personen in bestimmten Situationen, aber auch ihre Eigenschaften, Stärken und Schwächen zu bestimmen. Dies macht es möglich, ihr Verhalten mit hoher Wahrscheinlichkeit zu prognostizieren, sodass man ihnen gegenüber – so die harmloseste Konsequenz – eine **optimale Werbestrategie** praktizieren kann.[7] Wer ein Buch bei Amazon erwirbt, wird häufig einen Hinweis darauf erhalten, dass andere Kunden, die dasselbe Buch gekauft hatten, sich für die folgenden weiteren Bücher interessierten; diese werden sogleich im Bild gezeigt. Das ist alles andere als eine spontane Eingebung; das System hat ein gutes Gedächtnis. Von Anonymität im Netz kann nicht mehr die Rede sein.[8] Das ist allerdings nur ein winziger Ausschnitt aus den Handlungsmöglichkeiten, die die Analyse von Big Data ermöglicht. Hier liegt der zweite Unterschied zu den Vorläufern: Die **Auswertungsmethoden** wurden entscheidend **weiterentwickelt**, was die Verknüpfung mit Daten aus den unterschiedlichsten Lebensbereichen und entsprechend differenzierte Aussagen möglich macht.

Denkbar ist auch, dass auf **Makroebene** das Verhalten vieler Menschen 3
vorausgesagt, aber auch in eine bestimmte Richtung gesteuert werden kann. Soweit Einfluss auf ihre Konsumgewohnheiten und ihre Tätigkeit am Arbeitsplatz besteht, lassen sich bestimmte Grundhaltungen schaffen. Sie können so bestimmt werden, dass es leicht wird, politische Botschaften an den Mann oder die Frau zu bringen. Die Manipulationsgefahr liegt auf der Hand. Mit Recht ist das »Ende der bürgerlichen Freiheit« als Gefahr benannt worden.[9]

6 Zum »Internet der Dinge« siehe oben § 1 Rn. 19 und Sinn, CuA 12/2013, 4; Nürnberger/Bugiel, DuD 2016, 503.

7 Roßnagel, ZD 2013, 562; dazu auch BITKOM (Hrsg.), Big-Data-Technologien, S. 19 ff. Zu weiteren Konsequenzen, die auch im Unterlaufen von Rechtsnormen liegen können, siehe Hoffmann-Riem, AöR 142 (2017), 11 ff.

8 Boehme-Neßler, DuD 2016, 419.

9 Siehe etwa v. Westphalen, BB 1–2/2017, I. Dazu vor allem Hoffmann-Riem, AöR 142 (2017), 11 ff.

II. Einbeziehung von Beschäftigtendaten und Erstellung eines Algorithmus

4 Auch Beschäftigtendaten können betroffen sein.[10] Algorithmic Decision Making (ADM = auf Algorithmen gestützte Entscheidungsprozesse) gewinnt immer mehr Bedeutung im Personalbereich.[11] So lässt sich etwa der Arbeitseinsatz dadurch ermitteln, dass man eine Korrelation zwischen dem Wetter, der in der Abteilung bestehenden Arbeitsbelastung und der gleitenden Arbeitszeit herstellt: Wer trotz vieler Arbeit bei schönem Wetter kaum länger als die obligatorische Kernzeit im Betrieb bleibt, hat offensichtlich eine gewisse innere Distanz zu seiner Tätigkeit und/oder seinem Arbeitgeber. Wer Betriebsratsmitglied ist, keine Familie hat und abends häufig Lieder der Arbeiterbewegung auf YouTube hört, wird eher streikbereit sein als ein unauffälliger Kollege ohne Amt, der sich abends um seine Familie kümmert. Derzeit dürfte von solchen Möglichkeiten (wohl) noch kaum Gebrauch gemacht werden, doch kann man nie ausschließen, dass Entsprechendes heimlich geschieht. **Die Konzentration von Big Data bei wenigen Großunternehmen** wie Google und Facebook[12] stellt dabei einen zusätzlichen Risikofaktor dar. Man spricht insoweit von **»People Analytics«**.[13] Wie man sich auf eine »algorithmische Zukunft« als Interessenvertretung vorbereitet, ist Gegenstand weiterführender Überlegungen,[14] die hier nicht im Einzelnen wiedergegeben werden können.

5 Für den **Datenschutz** liegt hier ein weites Anwendungsfeld.[15] Ganz entscheidend wird die Frage sein, inwieweit man die Trennung zwischen betriebsbezogenen Handlungen und dem Verhalten in sozialen Netzwerken und bei Transaktionen im Netz aufrechterhalten kann. Auch wenn dies gelingt, bleibt die Gefahr, dass die innerbetriebliche Kommunikation immer stärker über (elektronische) Netze erfolgt und dabei so viele Daten liefert, dass ein fast vollständiges Abbild des gesamten betrieblichen Geschehens und des Verhaltens des Einzelnen entsteht. Je mehr die Arbeit digitalisiert wird, umso umfassender wird jeder Handgriff von Be-

---

10 Hierzu und zum Folgenden Brandt, CuA 11/2013, 11ff. Auf die Gefahren für Arbeitnehmer verweist auch Nebel, ZD 2018, 520ff.

11 Barth/Zehlike, AiB 11/2021, 35ff.

12 Zweig, S. 114.

13 Dazu grundlegend Huff/Götz, NZA-Beilage 2/2019, 73ff.; Kels/Vormbusch, Industrielle Beziehungen 27 (2020), 69ff.

14 Siehe den »Werkstattbericht« von W. Schröter, in: Schröter (Hrsg.), S. 101–150.

15 Weiterführend Weichert, ZD 2013, 251.

schäftigten im Betrieb erfasst.[16] Das Verhalten einer Reparaturkolonne von vier Personen, die bei Störungen eines sich selbst steuernden Systems eingreifen muss, wird in jedem Detail festgehalten werden.[17] Eine differenzierte Auswertung ist dann kein Problem mehr.[18]

Die Möglichkeit, riesige Datenmengen in vielfältiger Weise auszuwerten, 6 wird dazu genutzt, einen **Algorithmus** zu entwickeln. Er enthält die Kriterien, die z. B. für einen **besonders leistungsfähigen und erfolgreichen Mitarbeiter charakteristisch** sind. Dabei kann es sich um ein »lernendes System« handeln, das neue Erfahrungen aufnimmt und verarbeitet.[19] In solchen Fällen spricht man von **»künstlicher Intelligenz«**.[20] Von außen kommende Bewerber, aber auch Personen, die für eine Beförderung in Betracht zu ziehen sind, werden dann an diesen Kriterien gemessen. Sie sind ungleich differenzierter (aber auch fehleranfälliger) als die bisherigen Bewertungsmaßstäbe.[21] In der Regel ist ein solcher Algorithmus Teil eines »Talent Management Systems«, das der Personalabteilung eine Hilfestellung bieten soll, und das von spezialisierten Firmen wie Workday oder SAP angeboten und installiert wird. Am Beispiel wird die Funktionsweise deutlich:[22] Das System ermittelt Fälle, in denen ein Beschäftigter einen Arbeitsplatzwechsel ins Auge fasst und sich dies in seinem Verhalten – etwa durch ein Gespräch mit einem Headhunter oder durch Verweigerung von Überstunden – manifestiert. Will ihn das Unternehmen halten, besteht Handlungsbedarf, weil ihn höheres Gehalt oder bessere Arbeitsbedingungen ggf. umstimmen können. So wird etwa berichtet, dass einzelne Unternehmen auf diesem Wege die **Fluktuationsquote** um 50 % **senken** konnten.[23]

Als erstes ist die **Grundsatzfrage** anzugehen, ob es zulässig ist, über 7 den Einzelnen so viele Daten zu sammeln und zu kombinieren, dass ein »**Profil**« entsteht. Dieses ließe sich dann an den in einem Algorithmus niedergelegten Kriterien messen, die im Unternehmen selbst entwickelt, aber auch von einer Drittfirma bezogen sein können. Weiter stellt sich

16 Niehoff/Straker, in: Kolany-Raiser u. a. (Hrsg.), S. 318.
17 Siehe die Darstellung bei Däubler, SR 2016 (Sonderheft), 2, 5f. unter Bezugnahme auf Hartmann.
18 Eingehend Höller, CuA 5/2016, 9ff.
19 Zum Begriff des Algorithmus siehe Zweig, S. 49ff.; vgl. auch v. Lewinski/de Barros Fritz, NZA 2018, 620.
20 K. Sommer, CuA 9/2019, 16ff. behandelt die gesamten modernen Instrumente der Personalauswahl unter dem Stichwort »KI« (= Künstliche Intelligenz).
21 Zu einem solchen Modell siehe Dzida, NZA 2017, 541.
22 Zum Angebot der Firma Workday siehe Sommer CuA 2/2017, 8ff.; Burgsmüller, CuA 2/2017, 14ff.
23 Niklas/Thurn, BB 2017, 1589.

das Problem, inwieweit die **Daten des einzelnen Beschäftigten als »Baustein« für einen Algorithmus** herangezogen werden dürfen. Ist es mit dem geltenden Beschäftigtendatenschutz vereinbar, dass z. B. die Daten speziell der als besonders erfolgreich und leistungsfähig betrachteten Mitarbeiter ausgewertet und zu einem allgemeinen »Profil« zusammengefasst werden, das dann als Maßstab für künftige Personalmaßnahmen verwandt wird? Bezieht das Unternehmen die Kriterien von dritter Seite, stellt sich u. a. das Problem der Datenqualität; passt das, was eine US-Firma aus vielen Vorgängen in US-Unternehmen als »Erfahrungssatz« herausdestilliert hat, eigentlich auf ein deutsches oder ein französisches Unternehmen? Und weiter: Was geschieht, wenn ein Algorithmus mit Angaben »gefüttert« wird, die im Ergebnis diskriminierend wirken?

III. Erstellung eines Persönlichkeitsprofils?

1. Begriff des Persönlichkeitsprofils – Formulierungsversuch des Gesetzgebers

8 Der Gesetzentwurf über den Beschäftigtendatenschutz aus dem Jahre 2010 enthielt ein an den Arbeitgeber gerichtetes Verbot, Beschäftigtendaten in einer Weise zu verarbeiten und zu nutzen, dass »sie durch die **automatisierte Zusammenführung einzelner Lebens- und Personaldaten** ein **Gesamtbild** der wesentlichen geistigen und charakterlichen Eigenschaften oder des Gesundheitszustands des Beschäftigten ergeben.« Das war der Sache nach ein Verbot von Persönlichkeitsprofilen. Die amtliche Begründung hob dies allerdings nicht hervor, sondern beschränkte sich auf die Feststellung, es handle sich um eine erforderliche Flankierung der übrigen Regelungen »zum Schutz des Rechts auf informationelle Selbstbestimmung«.[24] Der Schutz vor »Persönlichkeitsprofilen«, die den Einzelnen zumindest in einem Teilbereich seiner Existenz total erfassen, gehört zum traditionellen Bestand des Persönlichkeitsschutzes.[25] Die vorgeschlagene Bestimmung war deshalb nur insoweit von Interesse, als sie eine **Definition** gab und dadurch die praktische Handhabung erleichtert hätte.

9 Die erste Variante (»Gesamtbild der wesentlichen geistigen und charakterlichen Eigenschaften«) wäre einigermaßen handhabbar gewesen. Ihr

24 BR-Drs. 535/10, S. 35.
25 Dazu Däubler, Gläserne Belegschaften, Rn. 120 ff.

Anwendungsbereich war allerdings insoweit eingeschränkt, als nur die automatisierte Zusammenführung erfasst wurde. Nicht einbezogen war der Fall, dass das »Gesamtbild« in der Weise entsteht, dass z. B. die aus der Betriebsdatenerfassung gewonnenen und die in der elektronischen Personalakte befindlichen Daten **manuell zusammengefügt** werden. Im Reich von »Big Data« ist dies allerdings ohne größere Bedeutung.

Das **»Gesamtbild des Gesundheitszustandes«** als zweite Variante kann sich bereits aus einem einzigen ärztlichen Zeugnis ergeben, das sich z. B. zu der Frage äußert, wie die für das Kündigungsschutzverfahren wichtige Prognose der künftigen gesundheitlichen Entwicklung beschaffen ist. Das soll ersichtlich nicht als unzulässig angesehen und damit verhindert werden. Zu denken ist daher eher an den Fall, dass die Daten aus dem Eingliederungsmanagement, krankheitsbedingte Fehlzeiten und weitere ärztliche Zeugnisse (die legal in die Personalakte gekommen sind) zu einem Gesamtbild zusammengeführt werden. Immerhin macht die Formulierung deutlich, dass ein unzulässiges »Profil« bereits dann vorliegt, wenn nur ein einzelner wesentlicher Aspekt eines Menschen vollständig erfasst wird. 10

2. Regelung in der DSGVO

Die DSGVO **definiert** in **Art. 4 Nr. 4** das **Profiling** als »jede Art der automatischen Verarbeitung personenbezogener Daten, die darin besteht, dass diese personenbezogenen Daten verwendet werden, um bestimmte persönliche Aspekte, die sich auf eine natürliche Person beziehen, zu bewerten, insbesondere um Aspekte bezüglich Arbeitsleistung. wirtschaftlicher Lage, Gesundheit, persönliche Vorlieben, Interessen, Zuverlässigkeit, Verhalten, Aufenthaltsort oder Ortswechsel dieser natürlichen Person zu analysieren oder vorherzusagen«. Das ist eine erschreckend weite Definition. Bemerkenswert ist vor allem, dass man sehr viele der aufgezählten Eigenschaften erfassen muss, um das **Verhalten der betroffenen Person »vorherzusagen«**.[26] Dennoch bleibt das Erstellen eines umfassenden Persönlichkeitsprofils von Rechts wegen weiterhin ausgeschlossen.[27] Die »Eingrenzung« dieser Form von Datenverarbeitung durch die DSGVO ist jedoch reichlich schwach. Art. 14 Abs. 2 Buchst. g DSGVO verpflichtet den 11

26 Für ein Verbot, Systeme zur Vorhersage von voraussichtlichem künftigem Verhalten einzusetzen, C. Thomsen, CuA 10/2020, 23 unter Bezugnahme auf ein Gutachten von Wedde.

27 Dazu Däubler, Gläserne Belegschaften, Rn. 134eff. So auch Rudkowski, NZA 2019, 72ff.

Verantwortlichen zu einer Information über das Profiling, wobei »aussagekräftige Informationen über die involvierte Logik sowie die Tragweite und die angestrebten Auswirkungen einer derartigen Verarbeitung für die betroffene Person« übermittelt werden müssen. Wer wird als Individuum seinen Anspruch einklagen oder die Aufsichtsbehörde informieren, wenn einer solchen Pflicht nicht entsprochen wird? Auch gibt Art. 21 Abs. 1 Satz 1 Halbsatz 2 DSGVO der betroffenen Person ein Widerspruchsrecht, das demselben Einwand ausgesetzt ist. Weiter dürfen nach Art. 22 Abs. 1 DSGVO Entscheidungen nicht nur auf derartige computergenerierte Bewertungen gestützt werden, sofern sie rechtlich verbindlich sind oder die betroffene Person in ähnlicher Weise »erheblich beeinträchtigen«.[28]

12 **Keine** der genannten Bestimmungen der DSGVO enthält eine **Rechtsgrundlage** für die Erstellung eines Persönlichkeitsprofils. Auch Art. 22 DSGVO ordnet lediglich an, dass ein vorliegendes Profil für sich allein keine ausreichende Rechtsgrundlage für eine verbindliche Entscheidung oder eine vergleichbare Maßnahme sein darf. ErwGr 72 Satz 1 DSGVO bestimmt vielmehr: »Das Profiling unterliegt den Vorschriften dieser Verordnung für die Verarbeitung personenbezogener Daten, wie etwa die Rechtsgrundlage für die Verarbeitung oder die Datenschutzgrundsätze«. Das bedeutet, dass jede Datenverarbeitung **auf einen der Tatbestände des Art. 6 Abs. 1 DSGVO** oder einer anderen Erlaubnisnorm wie § 26 Abs. 1 Satz 1 BDSG i. V. m. Art. 88 DSGVO gestützt sein muss. Bei sensiblen Daten nach Art. 9 Abs. 1 DSGVO muss einer der Ausnahmetatbestände des Art. 9 Abs. 2 DSGVO vorliegen.[29] Außerdem muss die Datenverarbeitung die Grundsätze des Art. 5 – etwa Transparenz, Treu und Glauben, Speicherbegrenzung – beachten.[30] Ob und unter welchen Voraussetzungen dabei überhaupt in irgendeinem Lebensbereich ein Persönlichkeitsprofil zustande kommen kann, ist hier ohne größeres Interesse. Im Bereich des Rechts der abhängigen Beschäftigung finden die Verarbeitungsschranken Anwendung, die sich im deutschen Recht entwickelt haben, da sich der nationale Gesetzgeber, der von der Öffnungsklausel des Art. 88 DSGVO Gebrauch macht, insoweit im Rahmen allein seines nationalen Rechts bewegt.[31] Selbst wenn also im Bereich der Bonitätsbeurteilung kraft Unionsrechts ein Persönlichkeitsprofil zulässig

---

28 Dazu Abel, ZD 2018, 304ff., der für eine enge Auslegung plädiert, aber die Fälle der Einstellung und Versetzung einbeziehen würde.

29 Im Ansatz übereinstimmend J. Schneider, ZD 2017, 303, der jedoch den Versuch unternimmt, auch diese Daten in die Auswertung von Big Data einzubeziehen.

30 Ebenso Spindler, DB 2016, 943; Däubler/Wedde/Weichert/Sommer-Weichert, Art. 22 DSGVO Rn. 11.

31 Näher Däubler, Gläserne Belegschaften, Rn. 90a.

wäre,[32] müsste dies nicht auf das Recht der abhängigen Beschäftigung übertragen werden.

3. Konkretere Vorgaben durch die Rechtsprechung

Wann die Grenze zu einem unzulässigen arbeitsrechtlichen Persönlichkeitsprofil überschritten ist, ist mangels unmittelbar einschlägiger gerichtlicher Entscheidungen nicht abschließend geklärt. Einen wichtigen Anhaltspunkt würden bei etwaigen Auseinandersetzungen die **Definitionen** darstellen, die in dem **Gesetzentwurf von 2010** enthalten waren.[33] Auch würde voraussichtlich auf das Verbot der »Registrierung und Katalogisierung« einzelner Personen zurückgegriffen, das vom BVerfG schon früh entwickelt wurde.[34] Es wäre dann verletzt, wenn nicht nur die Qualifikation und die berufliche Leistung im Betrieb erfasst würden, sondern auch Details des Arbeitsverhaltens und der Kommunikation mit Arbeitskollegen und Vorgesetzten. Das wird durch die jüngste **Rechtsprechung des BAG** bestätigt. 13

a) Keylogger-Entscheidung

Im Fall der sog. **Keylogger-Entscheidung** vom 27. Juli 2017[35] setzte der Arbeitgeber ein Kontrollprogramm ein, das jeden Internetkontakt, aber auch jede Bewegung der Tastatur erfasste. Außerdem wurden regelmäßig Screenshots vorgenommen. Der betroffene Arbeitnehmer wurde in sehr allgemeiner Form davon unterrichtet, dass die Nutzung des Internets erfasst würde. Da gegen den Arbeitnehmer keinerlei Verdacht einer Straftat oder schweren Pflichtverletzung bestand, handelte es sich nach Auffassung des BAG um einen **unverhältnismäßigen Eingriff in das informationelle Selbstbestimmungsrecht,** der wie folgt charakterisiert wurde:[36] 14

»Bei dem (zeitlich nicht begrenzten) verdeckten Einsatz eines Keyloggers an einem Dienst-PC handelt es sich um eine Datenerhebung, die hinsichtlich der Intensität des mit ihr verbundenen Eingriffs in das allgemeine Persönlichkeitsrecht des Betroffenen mit einer – verdeckten – Videoüberwachung am Arbeitsplatz vergleichbar ist. Zwar berührt der Einsatz eines Keyloggers grundsätzlich nicht das Recht am eigenen Bild, insbesondere

32 Die Frage des Scorings durch die Schufa wird auf Vorlage des VG Wiesbaden (1.10.2021 – 6 K 788/20, ZD 2022, 121) derzeit vom EuGH geprüft. Dazu Horstmann/Dalmer, ZD 2022, 260ff.; siehe weiter Eschholz, DuD 2017, 180ff.

33 Oben Rn. 8ff.

34 BVerfGE 27, 1, 6; bestätigt durch BVerfGE 65, 1, 48, 52.

35 BAG, 27.7.2017 – 2 AZR 681/16, NZA 2017, 1327.

36 BAG, a.a.O., Tz. 33.

ist er regelmäßig nicht geeignet, Verhaltensweisen optisch zu erfassen, die von dem Betroffenen als peinlich empfunden werden. Jedoch wird mit der Datenerhebung durch einen Keylogger massiv in das Recht des Betroffenen auf informationelle Selbstbestimmung eingegriffen. Es werden – für den Benutzer irreversibel – alle Eingaben über die Tastatur eines Computers einschließlich des Zeitpunkts der Eingabe sowie des zeitlichen Abstands zwischen zwei Eingaben erfasst und gespeichert. Die auf diese Weise gewonnenen Daten ermöglichen es, *ein nahezu umfassendes und lückenloses Profil sowohl von der privaten als auch dienstlichen Nutzung durch den Betroffenen zu erstellen.* Dabei werden nicht nur gespeicherte Endfassungen und ggf. Zwischenentwürfe bestimmter Dokumente sichtbar, sondern es lässt sich jeder Schritt der Arbeitsweise des Benutzers nachvollziehen. Darüber hinaus können besondere Arten personenbezogener Daten i.S.v. § 3 Abs. 9 BDSG (a.F.; jetzt Art. 9 DSGVO) oder – so im Streitfall – andere hochsensible Daten wie z.B. Benutzernamen, Passwörter für geschützte Bereiche, Kreditkartendaten, PIN-Nummern etc. protokolliert werden, ohne dass dies für die verfolgten Kontroll- und Überwachungszwecke erforderlich wäre. Ebenso hat der betroffene Arbeitnehmer weder Veranlassung noch die Möglichkeit, bestimmte Inhalte als privat oder gar höchstpersönlich zu kennzeichnen und damit ggf. dem Zugriff des Arbeitgebers zu entziehen. Dieser ohnehin schon weit überschießende Eingriff in das Recht auf informationelle Selbstbestimmung des Betroffenen wird noch verstärkt, wenn – wie hier – regelmäßig Screenshots gefertigt werden.«

Obwohl nur ein Teil des Arbeitsverhaltens erfasst war, nahm das BAG einen unverhältnismäßigen Eingriff in die Persönlichkeitssphäre an. Ausdrücklich wurde betont, die Speicherung der Verlaufsdaten des Internetbrowsers und eine stichprobenweise Auswertung seien nicht zu beanstanden, wenn auf diese Weise geklärt werde, ob das Verbot der Privatnutzung eingehalten sei.[37]

b) Privatdetektiv

15 In einer weiteren Entscheidung[38] ging es darum, dass der Arbeitgeber den **Verdacht** hatte, der Arbeitnehmer übe eine **unerlaubte Konkurrenztätigkeit** aus und habe sich die dafür notwendige Zeit u.a. dadurch verschafft, dass er eine **Erkrankung vorgetäuscht** habe. Um die Konkurrenztätigkeit aufzuklären, wurde eine **Detektei** eingeschaltet. Diese schickte einen Detektiv, der sich als Fahrer einer Kundenfirma ausgab

37 BAG, a.a.O., Tz. 31.

38 BAG, 29.6.2017 – 2 AZR 597/16, NZA 2017, 1179.

und relevante Informationen zutage förderte. Der Arbeitnehmer wurde fristlos gekündigt; im Kündigungsschutzverfahren ging es u. a. um die Frage, ob die **Erkenntnisse des Detektivs verwertet** werden konnten. In Bezug auf die Intensität der zulässigen Überwachung führte das Gericht aus:[39]

»In der Datenerhebung durch die Observation lag zugleich ein Eingriff in das allgemeine Persönlichkeitsrecht des Klägers. Betroffen ist sein von Art. 2 Abs. 1 iVm. Art. 1 Abs. 1 GG geschütztes informationelles Selbstbestimmungsrecht. Ein von einer verdeckten Überwachung Betroffener wird in der Befugnis, selbst über die Preisgabe und Verwendung persönlicher Daten zu befinden, beschränkt, indem er zum Ziel einer nicht erkennbaren systematischen Beobachtung durch einen Dritten gemacht wird und dadurch auf sich beziehbare Daten über sein Verhalten preisgibt, ohne den mit der Beobachtung verfolgten Verwendungszweck zu kennen. Dies gilt unabhängig davon, ob Fotos, Videoaufzeichnungen oder Tonmitschnitte angefertigt werden und damit zugleich ein Eingriff in das Recht am eigenen Bild bzw. Wort vorliegt. Ein Eingriff in das Recht auf informationelle Selbstbestimmung setzt auch nicht notwendig voraus, dass die Privatsphäre des Betroffenen ausgespäht wird.[40] Zwar muss der Einzelne außerhalb des thematisch und räumlich besonders geschützten Bereichs der Privatsphäre damit rechnen, Gegenstand von Wahrnehmungen beliebiger Dritter zu werden, grundsätzlich aber nicht, Ziel einer verdeckten und systematischen Beobachtung zur Beschaffung konkreter, auf die eigene Person bezogener Daten zu sein.[41] Im Streitfall erfolgte die Überwachung in diesem Sinne verdeckt, weil der Kläger infolge der Legendierung des Detektivs als Fahrer einer Kundenfirma nicht erkennen konnte, wem gegenüber und damit zu vermutlich welchem Verwendungszweck er sein Verhalten im Betrieb der Firma M offenbarte.«

Dieser Eingriff in die Persönlichkeitssphäre war im konkreten Fall gerechtfertigt, da der **Verdacht einer schweren Pflichtverletzung** bestand. Ohne diesen besonderen Umstand wäre eine solche Form der Überwachung unzulässig gewesen. Das Nichtwissen um die Ermittlung durch einen Dritten reicht bereits für die Annahme eines unzulässigen Eingriffs, obwohl die Überwachung keineswegs flächendeckend war, sondern nur einen kleinen Ausschnitt der Tätigkeit des Betroffenen zum Gegenstand hatte.

39 BAG, a. a. O., Tz. 24.
40 Unklar BVerwG, 21. 3. 1986 – 7 C 71/83, zu 1a der Gründe, BVerwGE 74, 115.
41 Für die automatisierte Erhebung öffentlich zugänglicher Informationen vgl. BVerfG, 11. 3. 2008 – 1 BvR 2074/05 u. a., Rn. 67, BVerfGE 120, 378.

c) HUK-Coburg

16 In einer dritten Entscheidung[42] ging es darum, dass nicht der Arbeitsprozess als solcher durch Technik oder durch einen verdeckten Ermittler überwacht wurde. Vielmehr wurde der »**Output**« **jedes Arbeitnehmers pro Tag** und pro Woche unter zahlreichen Aspekten **erfasst**. Dabei ging es um Schadensbearbeiter bei einer Versicherung. Wie viele Vorgänge wurden an einem Tag bearbeitet? Wie viele rückständige Fälle hatte der Arbeitnehmer, wie alt waren sie? Wie lange dauerten die einzelnen Telefongespräche? Wie viele ausgehende Gespräche führte der Arbeitnehmer? Welche Nachbearbeitungszeit nahm der Arbeitnehmer nach den Telefonaten für sich in Anspruch? Diese und andere Fragen[43] hatten zur Folge, dass der einzelne Arbeitnehmer unter »ständiger Beobachtung« stand, was einen schwerwiegenden und dauerhaften Anpassungsdruck zur Folge hatte. Soweit der Einzelne nur bei einer der Fragen eine über eine gewisse Schwankungsbreite hinausgehende »**Minderleistung**« erbrachte, musste er sich einem **Gespräch** unterziehen. Im Wiederholungsfall konnte er mit einer Abmahnung rechnen. Die »verdichtete« Form, wie das Arbeitsverhalten erfasst wurde, wurde vom BAG zu Recht als unverhältnismäßiger Eingriff in die Persönlichkeitssphäre qualifiziert.

d) Folgen für die Zulässigkeit eines Persönlichkeitsprofils

17 Vergleicht man die den drei BAG-Entscheidungen zugrunde liegenden Sachverhalte mit den Persönlichkeitsprofilen, wie sie oben[44] beschrieben wurden, wird deutlich, dass die **Grenze der unzulässigen Datenerhebung** nach der Rechtsprechung **bereits** in einem Zeitpunkt **erreicht** ist, wo **noch in keiner Weise von einem Persönlichkeitsprofil** die Rede sein kann. Vielmehr ging es ausschließlich um eine besonders intensive und detaillierte Erfassung des Arbeitsverhaltens oder einzelner Teile des Arbeitsprozesses.[45] Das bleibt weit hinter der Erfassung so vieler persönlicher Merkmale zurück, wie sie notwendig wären, um ein Profil i. S. v. Art. 22 DSGVO zu erstellen, um vor allem wahrscheinliches künftiges Verhalten vorhersagen zu können. Schon deshalb sind **Big-Data-Analysen kein geeignetes Mittel,** um betriebliche Personalentscheidungen

---

42 BAG, 25.4.2017 – 1 ABR 46/15, NZA 2017, 1205.

43 Siehe den Katalog in BAG, a.a.O., NZA 2017, 1205, 1207.

44 Rn. 8ff.

45 In gleichem Sinne ArbG Berlin, 10.8.2017 – 41 Ca 12115/16, RDV 2017, 254, wonach eine unzulässige Mitarbeiterkontrolle vorliegt, wenn in einem Taxi nach einer Standzeit von drei Minuten ein akustisches Signal ertönt und der angestellte Taxifahrer dann innerhalb von 10 Sekunden eine Taste drücken muss, da er sonst für die Standzeit keine Vergütung erhält.

vorzubereiten, weil nur fragmentarische Informationen über einen Bewerber oder Arbeitnehmer zur Verfügung stehen (dürfen).[46]

IV. Einsatzbereiche von Algorithmen

1. Der Bezug von »Personalsoftware« für Einstellung, Beförderung und Kündigung

Schon im **März 2019** praktizierten nach einer Umfrage des Bundesverbands der Personalmanager **15,9 % der** befragten **Unternehmen KI-Anwendungen** in der Personalarbeit.[47] Knapp drei Viertel beschäftigten sich mit dem Thema, nur gut ein Viertel war an diesem Bereich nicht interessiert. 17a

a) Problematischer Algorithmus

Eine US-Firma bietet Software für die Personalverwaltung an. Darunter befindet sich auch ein Modul, das mit »Karriereplanung« überschrieben ist. Dort werden Kriterien genannt, wie sich Beschäftigte in insgesamt fünf Kategorien von »hohes Potenzial« über »förderungswürdig« bis zu »keine Zukunftsaussichten« einteilen lassen. In Bezug auf die zuletzt genannte Gruppe wird **empfohlen,** eine **Beendigung des Arbeitsverhältnisses ins Auge zu fassen.** Automatisch werden alle diejenigen dieser Gruppe zugeordnet, die in den letzten fünf Jahren nicht befördert wurden. Dieser Grundsatz beruht auf einer Erkenntnis, die durch Analyse einer sehr hohen Zahl von Fällen gewonnen wurde: Die fehlende Beförderung – so heißt es in der Begründung – führe entweder dazu, dass sich der Beschäftigte selbst nach einer anderen Tätigkeit umsehe, oder – soweit dies nicht erfolgreich sei – dass er innerlich kündige und seine Leistung auf das unerlässliche Maß reduziere. Diese Gruppenzuordnung führt nicht nur zu ungerechten Ergebnissen im Einzelfall. Ist die Gruppe einseitig bestimmt (es ging etwa fast nur um Männer und ihr Verhalten), so stehen deren Eigenschaften im Vordergrund, was weibliche Bewerber benachteiligt.[48] 18

---

46 Im Ergebnis übereinstimmend Niklas/Thurn, BB 2017, 1589, 1596. Dies ist nicht ausreichend bedacht bei Hoffmann-Riem, AöR 142 (2017), 1, 12 ff.

47 Mitgeteilt bei Freyler, NZA 2020, 285, auch zum Folgenden.

48 Vgl. Freyler, NZA 2020, 285.

b) Mitbestimmung des Betriebsrats

19 Ein »mitbestimmter Algorithmus«[49] mag noch ein wenig ungewohnt klingen, doch sind viele Einsatzformen schon heute nicht ohne Zustimmung des Betriebsrats möglich. Dabei darf man sich aber nicht von Wunschinterpretationen leiten lassen; die neue Technik führt nicht zu einer Erweiterung von Mitbestimmungsrechten.[50]

19a Ein durch Auswertung von »Big Data« vermutlich in den USA gewonnener »**Erfahrungssatz**«, der sich z. B. in Auswahlkriterien für Einstellungen niederschlägt, ist als solcher kein personenbezogenes Datum, fällt also nicht unter die DSGVO und das BDSG und auch nicht unter die Mitbestimmungsrechte nach §§ 87 Abs. 1 Nr. 6 und 94, 95 BetrVG. Bevor er eingesetzt wird, muss allerdings eine Datenschutz-Folgenabschätzung nach Art. 35 Abs. 3 Buchst. a DSGVO erfolgen,[51] die auch die »Diskriminierungsrisiken« erfassen muss.[52]

19b Das **Mitbestimmungsrecht des Betriebsrats** nach § 94 BetrVG greift ein, sobald die Absicht besteht, diese »Erkenntnis« als Mittel der Personalbeurteilung einzusetzen.[53] Dies dürfte je nach den Umständen auf der Hand liegen, weil ein anderer Verwendungszweck schwer vorstellbar ist oder die Anbieterfirma diesen ausdrücklich nennt. Auch die Mitbestimmung nach § 95 BetrVG kommt in Betracht, da bei der Einstellung oder Versetzung Auswahlkriterien zur Anwendung kommen.[54] Werden die aus dem »Erfahrungssatz« abgeleiteten Kriterien auf eine konkrete Person bezogen und diese beispielsweise in die Gruppe »ohne Zukunftsaussichten« eingeordnet, so kommt der Datenschutz ins Spiel. Das hat zur Folge, dass der Betroffene **nach Art. 14 DSGVO** über die Existenz dieser Einordnung **informiert** werden muss. Weiter muss er über die **Kriterien** aufgeklärt werden, die zu dieser Beurteilung geführt haben. Das verlangt auch der in Art. 5 Abs. 1 Buchst. a DSGVO zum Ausdruck gekommene **Transparenzgrundsatz**, dem – wie § 26 Abs. 5 BDSG klarstellt – nicht nur die Funktion eines unverbindlichen Programmsatzes zukommt, son-

---

49 Siehe W. Schröter (Hrsg.), Der mitbestimmte Algorithmus, 2019.

50 Überblick über bestehende Mitbestimmungsrechte bei Berg, in: FS Ingrid Schmidt, S. 85ff.

51 Abel, ZD 2018, 304.

52 Dazu Rn. 19a.

53 Dazu Däubler, Gläserne Belegschaften, Rn. 675ff. Für Unzulässigkeit von Persönlichkeitsprofilen in jüngster Zeit auch Niehoff/Straker, in: Kolany-Raiser u. a. (Hrsg.), S. 334.

54 K. Sommer, CuA 9/2019, 16ff.; Klebe, SR 2019, 128, 135.

dern der Teil des für die Praxis maßgebenden geltenden Rechts ist.[55] Damit stimmt das Votum der Art. 29-Datenschutzgruppe überein, die eine ins Detail gehende Information verlangt, nach welchen Kriterien und auf welcher Grundlage von statistischen Erkenntnissen Profile i. S. v. Art. 22 DSGVO erstellt werden.[56] Dahinter steht der Gedanke, dass der Betroffene nur dann seine Rechte und Interessen wahrnehmen kann, wenn er die seitens des Arbeitgebers vorgenommene Beurteilung nachzuvollziehen vermag. Auch sollte man erwägen, die **Grundsätze über das Arbeitszeugnis** entsprechend anzuwenden: Danach ist der Arbeitgeber für alle Aussagen beweispflichtig, womit eine unterdurchschnittliche Beurteilung des Arbeitnehmers gerechtfertigt werden soll.[57] Bei der Ausübung seiner Mitbestimmungsrechte nach §§ 94, 95 BetrVG hat der Betriebsrat auch diese datenschutzrechtlichen Regeln in Betracht zu ziehen und ggf. dafür zu sorgen, dass diese in der Praxis auch eingehalten werden. Die Einbeziehung von KI in das Mitbestimmungsverfahren ist seit dem Betriebsrätemodernisierungsgesetz von 2021 in Form des **§ 95 Abs. 2a BetrVG** ausdrücklich im Gesetzestext hervorgehoben, ohne dass sich dadurch eine Änderung der Rechtslage ergeben hätte.[58]

c) Verletzung von Diskriminierungsverboten?

Auch die **Bindung des Arbeitgebers an die Diskriminierungsverbote** 19c
des § 3 AGG verlangt, dass Umstände und Informationen, mit denen das System »gefüttert« wird, unschwer zu ermitteln sein müssen. Unterstellt, der Algorithmus geht davon aus, dass Personen, die in der Vergangenheit eine längere Betriebszugehörigkeit hatten, grundsätzlich die loyaleren Mitarbeiter sind, so werden Frauen und Zuwanderer benachteiligt, die im Durchschnitt eine erheblich kürzere Dauer der Betriebszugehörigkeit aufweisen. Ein Erfahrungssatz, wonach größere Polizisten bessere Erfolge aufweisen als kleinere, differenziert nicht nur nach der äußeren Erscheinung, sondern benachteiligt auch Frauen, die im Durchschnitt kleiner als Männer sind.[59] Derartige mittelbar diskriminierende Umstände sind sehr viel schwerer zu erkennen und auszuschließen als ein in der

55 Zur Intransparenz bei »People Analytics« siehe Kels/Vormbusch, Industrielle Beziehungen 27 (2020), 71 ff.

56 Siehe die Wiedergabe der Stellungnahme bei Hänold, ZD 1/2018, S. XIV.

57 BAG, 14.10.2003 – 9 AZR 12/03, NZA 2004, 843; DDZ-Däubler, § 109 GewO Rn. 98.

58 Einzelheiten zu § 95 Abs. 2a BetrVG bei DKW-Wankel, § 95 Rn. 11a.

59 Beispiel bei Zweig, S. 211. Weiteres Beispiel (»professional« und »unprofessional« haircut) bei Dzida/Groh, NJW 2018, 1917. Zu dieser Problematik auch Klebe, SR 2019, 128, 134.

Praxis vermutlich kaum mehr vorkommendes Abstellen auf Geschlecht, Staatsangehörigkeit oder Fehlen einer Behinderung.[60] **Ob** solche **diskriminierenden Regeln** bei der Erarbeitung des Algorithmus eine Rolle spielten und **in das verarbeitete »Material« eingingen**, ist für den einzelnen Bewerber oder Arbeitnehmer in aller Regel **nicht erkennbar**. Die Möglichkeiten von Bewerbern und Arbeitnehmern, **sich gegen eine diskriminierende Behandlung zur Wehr zu setzen,** werden faktisch ausgeschlossen.[61] Insoweit müsste an sich entsprechend Art. 5 Abs. 1 Buchst. a DSGVO und § 26 Abs. 5 BDSG Datentransparenz hergestellt werden. Dies ist aber faktisch nicht machbar und auch wegen des Schutzes von Betriebsgeheimnissen nicht gewünscht.[62] Fehlt es an der Nachvollziehbarkeit von Entscheidungsgrundlagen, so dürfte dies ein ausreichendes **Indiz für Diskriminierung** i. S. v. § 22 AGG sein. In gleicher Weise wird vom EuGH bei einem **völlig intransparenten Lohnsystem** verfahren.[63] Hier wie dort ist es Sache des Arbeitgebers, den Nachweis zu führen, dass die von ihm eingesetzten und letztlich beherrschten Regeln keinen diskriminierenden Charakter haben.[64] In der Literatur wird betont, der Arbeitgeber gehe wegen der Beweisschwierigkeiten abgewiesener Bewerber nur ein relativ geringes Risiko ein, wegen Diskriminierung nach § 15 AGG auf Schadensersatz zu haften,[65] doch ist dabei die EuGH-Rechtsprechung zu intransparenten Lohnsystemen nicht berücksichtigt. Auch könnte man daneben noch daran denken, das **Verbot der Beweisvereitelung** heran-

---

60 So auch Straker, in: Hoeren/Sieber/Holznagel (Hrsg.), Abschnitt 15.6 Rn. 36ff., der von »Stellvertreter-Merkmalen« spricht und als Beispiel das »gute Ausdrucksvermögen in der deutschen Sprache« nennt, das andere Ethnien benachteiligt. Die Problematik ist nicht erkannt bei Arnold/Günther-Arnold/Winzer, § 3 Rn. 266ff.

61 Siehe auch Zweig, S. 221, die auf die Schwierigkeiten verweist, die Eingabe von diskriminierendem Material zu beweisen. Dies gilt erst recht, wenn das Trainingsmaterial aus der Vergangenheit stammt und es um Führungskräfte geht, unter denen sich kaum Frauen oder Personen mit Migrationshintergrund befanden. Dazu Barth/Zehlike, AiB 11/2021, 35, 37ff. Über die Schwierigkeiten, die »Einseitigkeiten« aus dem der KI zugrunde gelegten Material zu entfernen, berichtet das Interview von Mirko Stepan mit Henning Wachsmuth (CuA 5/2021, 36f.)

62 Kels/Vormbusch, Industrielle Beziehungen 27 (2000), 69, 86.

63 EuGH, 17.10.1989 – C-109/88, NZA 1990, 772 – Danfoss; EuGH, 31.5.1995 – C-400/93, DB 1995, 1615, 1616 – Royal Copenhagen.

64 Ebenso Barth/Zehlike, AiB 11/2021, 36; Tinhofer, DRdA 2022, 171, 178 unter Bezugnahme auf Gerards/Xenidis, Algorithmic discrimination in Europe: Challenges and opportunities for gender equality and non-discrimination law, 2020, S. 144. Die Frage wird nicht behandelt bei Straker, in: Hoeren/Sieber/Holznagel (Hsrg.), Abschnitt 15.6 Rn. 49ff.

65 Dzida/Groh, NJW 2018, 1917, 1922; v. Lewinski/de Barros Fritz, NZA 2018, 620, 624.

zuziehen, weil dem Arbeitnehmer jede Argumentationsmöglichkeit abgeschnitten ist, doch liegt die Lösung über die Beweislast sehr viel näher.

d) Einschätzung

20 Die Verwendung von »Erfahrungssätzen« und das Beispiel der diskriminierenden Anknüpfungspunkte verweisen auf ein allgemeines Problem: Die **Aussagekraft von Big-Data-Analysen** hängt davon ab, welche **Qualität** die zugrunde liegenden **Daten** haben.[66] In einem US-Unternehmen kann die Tatsache, innerhalb der letzten fünf Jahre nicht befördert worden zu sein, einen ganz anderen Stellenwert haben als in Deutschland: Hierzulande wird es zahlreiche Fälle geben, in denen Beschäftigte nicht an einer Beförderung interessiert sind, weil ihnen ihre **augenblickliche Arbeit besser zusagt** als das, was sie auf der nächst höheren Stufe der Hierarchie erledigen müssten. Das nicht zu beachten und nach den Empfehlungen des »Systems« zu verfahren, wäre nicht nur für die Betroffenen ungerecht, sondern auch betriebswirtschaftlich reichlich neben der Sache.

21 Gibt es keinen Betriebsrat, der mithilfe des § 94 BetrVG solche Entwicklungen blockieren kann, könnte es im Einzelfall zu höchst unguten Entwicklungen kommen. Empfiehlt das »System« etwa, sich von zehn Beschäftigten zu trennen, bedarf es eines ausgesprochen standhaften Personalleiters, sich in allen zehn Fällen gegen eine solche Empfehlung zu stellen. Ist diese Voraussetzung nicht gegeben, ist nicht auszuschließen, dass sich einige Beschäftigte in Unkenntnis der Hintergründe **zu einem Aufhebungsvertrag gedrängt** sehen, nicht zuletzt auch deshalb, weil sie vielleicht Opfer einiger Unfreundlichkeiten von (gut informierten) Vorgesetzten geworden sind.[67]

21a Die Konsequenzen liegen auf der Hand: **Algorithmen** sind bis auf weiteres **keine geeigneten Mittel**, um anstelle des Menschen **Personalentscheidungen** vorzubereiten oder gar zu treffen. Ihr Einsatz kommt nur dort in Frage, wo bei der Behandlung von Bewerbungen keinerlei Spielräume bestehen. Wird beispielsweise für eine ausgeschriebene Stelle ein abgeschlossenes Hochschulstudium verlangt, so kann das »System« damit betraut werden, alle die Bewerbungen auszusondern, die diese formale Voraussetzung nicht erfüllen. Mehr an Zuständigkeiten kann ihm nach

66 Dazu eingehend Hoeren, ZD 2016, 459ff.

67 Geht es um fehlerhafte Entscheidungen eines Algorithmus im Rahmen eines Vertragsverhältnisses, so kommt ein Unterlassungsanspruch in Betracht (zutreffend Kähler, NJW 2020, 113ff.). Im Bereich des Arbeitsrechts spielt dies eine geringe Rolle, da es typischerweise um einmalige Entscheidungen über Versetzung und Beförderung geht.

dem derzeitigen Stand der Entwicklung nicht eingeräumt werden.[68] Damit ist auch sichergestellt, dass Personalentscheidungen nicht deshalb mittel- bis langfristig ihre **Legitimation verlieren**, weil sie auf einer »Black Box« beruhen.[69]

2. Unternehmenseigene Big-Data-Analysen

a) US-Erfahrungen

22 Erkenntnisse (oder Pseudoerkenntnisse), die auf Big Data beruhen, müssen nicht von außen importiert sein. So wird etwa in der Literatur von einem Programm berichtet, das bei der US-Investmentbank JP Morgan im April 2015 eingesetzt wurde: Daten unterschiedlichster Art über die Beschäftigten wurden gesammelt, kombiniert und analysiert, um ein **wahrscheinliches Fehlverhalten von Angestellten** aufzudecken.[70] Dabei wurden auch Telefongespräche, Mails, Teilnahme an Compliance-Kursen sowie persönliche Bemerkungen in Bezug auf die einzuhaltenden Regeln einbezogen. Auf diese Weise wurden **»Risikopersonen«** herausgefiltert. Sie mussten damit rechnen, auf einen schlechteren Arbeitsplatz versetzt oder für den nächsten Personalabbau vorgesehen zu werden. **In Deutschland** ließe sich ein solches Vorhaben nach geltendem Recht nicht realisieren. Der Arbeitgeber könnte viele Informationen z. B. über den Inhalt von Telefongesprächen und die in kleinem Kreis gemachten Bemerkungen aus datenschutzrechtlichen Gründen gar nicht verwerten, auch wenn er von ihnen Kenntnis erhalten würde. Außerdem läge zumindest ein partielles Persönlichkeitsprofil vor, das auf der Grundlage der Rechtsprechung nicht zulässig wäre.[71]

23 Ein rechtswidriger Eingriff in die Persönlichkeitssphäre ist auch der Versuch, durch **Stimm- und Gesprächsanalyse** Aussagen über die Person des Sprechenden, seine Emotionen und seinen Charakter zu gewinnen und darauf Personalentscheidungen zu stützen.[72]

---

68 Etwas entgegenkommender Arnold/Günther-Arnold/Winzer, § 3 Rn. 268, wonach das System die am besten Geeigneten »grob herausfiltern« kann, die menschliche Letztentscheidung aber unentbehrlich bleibt.

69 Dazu Kels/Vormbusch, Industrielle Beziehungen 27 (2000), 69, 85.

70 Schröder, Die digitale Treppe, S. 132, auch zum Folgenden.

71 Siehe oben Rn. 13ff.

72 Schröder, Die digitale Treppe, S. 133f. Sprachanalyseverfahren erwähnen auch das Weißbuch Arbeiten 4.0 des BMAS (S. 145) und Niehoff/Straker, in: Kolany-Raiser u. a. (Hrsg.), S. 326ff.

Der (erste) Telefonkontakt mit einem Bewerber wird beispielsweise ohne sein Wissen festgehalten und durch **Stimmanalyse** ausgewertet.[73] Zeigte er Unsicherheiten oder leichte Aggressionen? Musste er sich im Laufe des Gesprächs berichtigen? Wer solche »Auffälligkeiten« zeigte, kommt für die engere Auswahl nicht mehr in Frage. Dasselbe gilt erst recht, wenn die **Sprachanalyse** ergibt, dass Zweifel an der Ehrlichkeit von Aussagen bestehen – insoweit ist ihr Einsatz dem eines Lügendetektors zu vergleichen. Dabei wird auch kein menschlicher Entscheider mehr eingeschaltet, was gegen Art. 22 DSGVO verstößt, doch wird es einem nicht berücksichtigten Bewerber schwerfallen, die Vorgänge gegenüber Dritten wie z.B. der Aufsichtsbehörde glaubhaft darzulegen. Für eine Legalisierung durch Einwilligung fehlt dem Bewerber die für die »Freiwilligkeit« notwendige Entscheidungsautonomie.[74]

Bei dieser Form der Auswertung ist außerdem der Grundsatz der Datentransparenz verletzt, da der »Beobachtete« in aller Regel nichts von der Beobachtung als solcher erfährt und außerdem gegen die Grundsätze verstoßen wird, die sich in Zusammenhang mit Einstellungen herausgebildet haben.[75] So kann die **Verwendung der Stimmanalyse** bei der Bewerberauswahl dazu führen, dass Personen wegen ihrer ethnischen Zugehörigkeit (»osteuropäischer Akzent«) oder wegen ihrer (Sprech-)Behinderung schlecht beurteilt und dadurch benachteiligt werden.[76] Die automatische Sprachanalyse auf die Ermittlung von Fakten und Eigenschaften zu beschränken, nach denen der Arbeitgeber auch fragen dürfte,[77] ist technisch schwer zu realisieren und ändert im Übrigen nichts daran, dass angesichts der Intransparenz des Verfahrens der Mensch hier zum Objekt eines Beurteilungsverfahrens gemacht wird.

b) Übertragung nach Deutschland?

Ein ähnliches Vorgehen wie bei JP Morgan wurde von Dzida vorgeschlagen, der dabei den europäisch/deutschen Rechtsrahmen wahren will.[78] **24**
Die **erfolgreichsten Führungskräfte oder Vertriebsmitarbeiter** sollen in ihrem Verhalten analysiert werden. Auf dieser Grundlage werden dann Algorithmen entwickelt, mit denen Bewerbungen abgeglichen werden.

73 Siehe das Beispiel bei Krause, 71. DJT, B 74.
74 Anders Dzida, BB 2018, 2677, 2683. Wie hier Kort, RdA 2018, 24, 29 und Hamann, in: Arnold/Günther (Hrsg.), 1. Aufl., Kap. 6 Rn. 48, der mit Recht schon die Eignung dieser Form von Datenerhebung ablehnt.
75 Däubler, Gläserne Belegschaften, Rn. 207ff.
76 Dazu Dzida/Groh, NJW 2018, 1918, 1922.
77 So Betz, ZD 2019, 148ff.
78 Dzida, NZA 2017, 541ff., auch zum Folgenden.

Wer dem Modell des firmeneigenen »Best-Arbeiters« am nächsten kommt, wird eingestellt, andere Personen werden grundsätzlich nicht berücksichtigt.

25 **Rechtsgrundlage** für die Auswertung der Beschäftigtendaten soll das **berechtigte Interesse des Arbeitgebers** sein (§ 28 Abs. 1 Satz 1 Nr. 2 BDSG a. F. = Art. 6 Abs. 1 Buchst. f DSGVO). Der Arbeitsvertrag wird mit Recht nicht als Grundlage herangezogen, da es nicht um seine Durchführung geht, die § 26 Abs. 1 Satz 1 BDSG allein erwähnt. Vielmehr werden Zwecke der betrieblichen Personalpolitik verfolgt. Der Rückgriff auf die »berechtigten Interessen« scheidet allerdings dann aus, wenn die Interessen der Betroffenen überwiegen. Das sei der Fall, wenn auch der Gesundheitszustand einbezogen werde, nicht aber, wenn Ausbildung und Qualifikation berücksichtigt würden. In der dazwischen liegenden großen Grauzone helfe jedoch eine Einwilligung der in die Untersuchung einbezogenen Arbeitnehmer.

26 Dem ist entgegenzuhalten, dass der Rückgriff auf das »**berechtigte Interesse**« nur für Zwecke erfolgen darf, die außerhalb des »Beschäftigungskontextes« liegen.[79] Andernfalls könnte der im Arbeitsvertrag liegende Ausgleich der Interessen zwischen Arbeitgeber und Arbeitnehmer nachträglich zugunsten oder zulasten einer Seite verschoben werden. Nur wenn es um Fragen geht, die außerhalb des Regelungsbereichs der vertraglichen Regelung abhängiger Arbeit liegen, kommt ein Rückgriff auf § 28 Abs. 1 Satz 1 Nr. 2 BDSG a. F. bzw. Art. 6 Abs. 1 Buchst. f DSGVO in Betracht. Dies ist hier in aller Regel nicht der Fall; eine Ausnahme ist nur dann anzunehmen, wenn es ausschließlich um »**Personalentwicklung**« geht. Auch die **Einwilligung** lässt sich nicht als Legitimationsmittel heranziehen: Es fehlt im Arbeitsverhältnis dann an der Freiwilligkeit sowie an der Angemessenheit i. S. v. § 307 Abs. 1 Satz 1 BGB, wenn die Einwilligung ausschließlich die Handlungs- und Kontrollmöglichkeiten des Arbeitgebers erweitert.[80]

27 Diese Einwände lassen sich auf den ersten Blick dadurch ausräumen, dass die Zahl der erfassten Personen – etwa in Großkonzernen – so dimensioniert wird, dass **kein Personenbezug mehr herstellbar** ist. Das würde allerdings voraussetzen, dass die zugrunde liegenden Informationen über einzelne Personen definitiv gelöscht werden; nur dann könnte das Daten-

---

79 Siehe Däubler, Gläserne Belegschaften, Rn. 185 ff., auch zum Folgenden.

80 Däubler, Gläserne Belegschaften, Rn. 160, 167. Anders John, in: Hoeren/Sieber/Holznagel (Hrsg.), Abschnitt 29.4 Rn. 14 ff.

schutzrecht keine Anwendung mehr finden.[81] Das würde die vorher begangenen Verstöße gegen datenschutzrechtliche Grundsätze aber nicht ungeschehen machen, sodass die Verhängung eines Bußgeldes nach Art. 83 DSGVO nicht ausgeschlossen wäre.

Außerdem stünden die **Rechte der Bewerber** in Frage. Diese müssen sich nur eine Überprüfung nach Kriterien gefallen lassen, die vom **Fragerecht des Arbeitgebers** gedeckt sind; eine Persönlichkeitsanalyse kommt von vornherein nicht in Betracht.[82] Auch wenn es ausschließlich um Eignung, Erfahrung und Qualifikation geht, stellt sich jedoch ein Problem der Datentransparenz: Der Betroffene muss nachvollziehen können, nach welchen Kriterien er beurteilt wird. Andernfalls würde er zum **Objekt eines für ihn undurchschaubaren Verfahrens**, was mit dem geltenden Recht nicht vereinbar ist.[83] Da die Einzelinformationen aber alle gelöscht sind, könnten die Big-Data-Erkenntnisse nicht aufgeschlüsselt werden. Auch hier würde im Übrigen das Mitbestimmungsrecht nach § 94 BetrVG eingreifen. **28**

Werden Daten von Bewerbern dafür verwendet, den eingesetzten **Algorithmus weiterzuentwickeln**, so stellt dies eine **Zweckänderung** dar, da sie insoweit nicht mehr der Begründung des konkreten Arbeitsverhältnisses, sondern der vom Unternehmen verfolgten Beschäftigungspolitik dienen. Dies kommt nur dann in Betracht, wenn von vornherein mit einer solchen Weiterverwendung gerechnet werden musste und wenn die Daten außerdem anonymisiert werden.[84] **28a**

Gegenüber bereits Beschäftigten wird die **Auswertung von** öffentlich zugänglichen **Äußerungen in sozialen Netzwerken** vorgeschlagen. Aus ihnen könne sich ergeben, dass jemand einen Arbeitsplatzwechsel in Erwägung ziehe. Das könne für den Arbeitgeber ausreichender Anlass sein, gezielte Maßnahmen zur Mitarbeiterbindung zu ergreifen.[85] Das ist gewissermaßen die freundliche Variante des oben in Rn. 18 ff. geschilderten Angebots einer US-Firma, potenzielle Minderleister zu identifizieren und sie den jeweiligen Möglichkeiten entsprechend aus dem Betrieb zu entfernen. Das Vorgehen ist dasselbe, die dort genannten Einwände (Rn. 19 f.) gelten auch hier. **29**

---

81 Lediglich in solchen Fällen kann man effektiv von »Big Data« sprechen; der bisher behandelte Fall der firmeneigenen Daten könnte eher als »Little Data« apostrophiert werden.

82 So auch Dzida, NZA 2017, 541, 543.

83 Zum Transparenzprinzip siehe Däubler, Gläserne Belegschaften, Rn. 132ff.

84 Joos, NZA 2020, 1216, 1219.

85 Dzida, NZA 2017, 541, 545.

30 Eine andere Überlegung geht dahin, durch Analyse personenbezogener Daten zu ermitteln, ob jemand – statistisch gesehen – **zur Begehung von Straftaten** oder von schweren Pflichtverletzungen **neigt**.[86] Wie dies ohne Erstellung eines Persönlichkeitsprofils möglich sein soll, erscheint unklar. Außerdem kann weder eine personenbedingte Kündigung noch eine Verdachtskündigung auf ein für den Betroffenen negatives Ergebnis gestützt werden.[87] Dennoch werden durch ein solches Vorgehen bestimmte Beschäftigte automatisch unter »verschärfte Beobachtung« gestellt, was eine Benachteiligung darstellt und – wenn es bekannt wird – zu einer Stigmatisierung führen kann. Existiert im Betrieb ein Betriebsrat, steht ihm ein **Mitbestimmungsrecht nach § 87 Abs. 1 Nr. 6 BetrVG** zu,[88] von dem er zum Schutz der Arbeitnehmer Gebrauch machen wird.[89] Hier hilft auch der Rat des Erfinders von »People Analytics« nicht weiter, der die Einschaltung eines Auftragsdatenverarbeiters empfiehlt, der die Daten nur in nicht mehr personenbeziehbarer Form zurückspielt.[90]

V. Weitere Formen von Künstlicher Intelligenz

1. Einsatz von Robotern und anderen lernenden Systemen – ein neues Phänomen?

31 Die Arbeitsgerichtsbarkeit hatte sich – soweit ersichtlich – bisher nicht mit roboterspezifischen Fragen zu befassen. Ganz anders die ordentlichen Gerichte: Schon im Jahre **2006** hatte der BGH darüber zu entscheiden, ob eine **robotergestützte Hüftoperation** einen Behandlungsfehler darstellte und ob der Patient rechtzeitig über die unbekannten Risiken einer neuen Methode aufgeklärt worden war.[91] Auch in der Folgezeit beschäftigte diese medizinische Innovation des Öfteren die Gerichte.[92] Heute ist die **Verwendung von Robotern** nicht nur in der Medizin eine **verbreitete Erscheinung**. In der Automobilindustrie arbeiten z. B. intelligente Roboter Hand in Hand mit den Beschäftigten und reichen ihnen zum

86 Sog. predictive policing; dazu Rudkowski, NZA 2019, 72.
87 So auch Rudkowski, NZA 2019, 72, 77.
88 So auch Rudkowski, NZA 2019, 72, 77.
89 Weitere Einwände bei Däubler, Gläserne Belegschaften, Rn. 120.
90 Huff/Götz, NZA-Beilage 2/2019, 73, 78.
91 BGH, 13.6.2006 – VI ZR 323/04, NJW 2006, 2477 Robodoc.
92 Siehe etwa OLG Bamberg, 11.10.2010 – 4 U 53/10; OLG Frankfurt/Main, 8.11.2013 – 25 U 79/12.

richtigen Zeitpunkt in einer ergonomisch optimalen Position Bauteile, die bei der Montage benötigt werden.[93] Einzelne Krankenkassen setzen darauf, durch den Einsatz von Robotern in der Pflege die dort bestehende Unterversorgung zu beseitigen.[94] Allerdings kommen in der Gegenwart aus technischen wie aus gesellschaftspolitischen Gründen nur Hilfs- und Unterstützungstätigkeiten für eine Verlagerung auf den Pflegeroboter in Betracht.[95] Diese sind vom eingesparten Arbeitsvolumen her aber nicht zu unterschätzen.[96] Im Jahre 2015 wurden weltweit insgesamt 253 748 Roboter-Einheiten neu eingesetzt, was gegenüber 2014 einen Zuwachs von 15 % bedeutete. Was die »Roboterdichte« angeht,[97] so steht Deutschland nach Südkorea und Singapur an dritter Stelle; 2018 kamen auf 10 000 Beschäftigte 338 Roboter, was gegenüber dem Vorjahr eine Steigerung von 26 % bedeutete.[98] Im Jahr 2020 belief sich die Zahl auf 371, was einen europäischen Spitzenwert darstellte.[99] Die Reaktion der Rechtsordnung auf dieses technische Phänomen ist in vielen Ländern Gegenstand intensiver Diskussion,[100] wobei allerdings das Arbeitsrecht nur eine ganz geringe Rolle spielt.

Roboter im hier zugrunde gelegten Sinne **unterscheiden sich von Automaten** dadurch, dass sie in der Lage sind, aus Erfahrungen zu lernen und auf dieser Grundlage eigene Entscheidungen zu treffen. Das gilt auch für andere »autonome Systeme«, die nicht die technische Form eines Roboters besitzen:[101] Bei ihm handelt es sich um eine **mit frei bewegbaren Achsen ausgestattete Maschine**, die mithilfe künstlicher Intelligenz lern- 32

93 Mitgeteilt bei Günther/Böglmüller, BB 2017, 53 mit Fn. 2. Vgl. auch Gerst, in: Schröder/Urban, S. 279 ff.

94 Siehe die Meldung im Schwäbisches Tagblatt v. 11.9.2017, S. 1: Techniker-Krankenkasse setzt auf Roboter in der Pflege. Zur Situation in der Praxis siehe Helmrich (Hrsg.), Die Verfassungsbeschwerden gegen den Pflegenotstand. Dokumentation und interdisziplinäre Analysen, 2017.

95 Steinrötter, ZD 2020, 336.

96 Zu den datenschutzrechtlichen Problemen in Bezug auf die Patienten siehe eingehend Steinrötter, ZD 2020, 336 ff.

97 Anzahl der Roboter pro 10 000 Mitarbeiter.

98 *www.produktion.de/wirtschaft/so-viele-roboter-sind-weltweit-im-einsatz-110.html; www.ingenieur.de/technik/fachbereiche/robotik/deutschland-fuehrend-einsatz-industrierobotern/.*

99 *logistik-heute.de/news/roboterdichte-deutschland-bleibt-automatisierungs-europameister-35535.html* (27.5.2022).

100 Siehe die Beiträge in Hilgendorf/Seidel (eds.), Robotics, Autonomics, and the Law, 2017.

101 Eine Akzentverschiebung hin zu autonomen Systemen konstatiert Seidel, in: Hilgendorf/Seidel (eds.), S. 11 ff.

fähig ist und einen gewissen Grad an Autonomie aufweist.[102] Nur wenn man auch **andere lernende Systeme** einbezieht, ist die an sich auf Roboter gemünzte Aussage plausibel: »Sie bewachen und bauen Häuser, mähen Rasen, saugen und wischen Wohnungen, entschärfen Bomben, melken Kühe, kommissionieren Ware, operieren Hirne, geben Rechtsrat … und steuern Autos.«[103] Weniger sichtbar, aber in der Sache noch wichtiger ist es, wenn »lernende Systeme« im Bereich der Finanzdienstleistungen bis hin zur Kapitalanlage und zur Vermögensverwaltung eingesetzt werden.[104] Auch **»Legal Tech«** ist auf dem Vormarsch,[105] bei dem vor allem die Prozessaussichten auf der Grundlage der bisherigen Rechtsprechung bestimmt werden.

33 Im Folgenden sollen beide Phänomene, d. h. Roboter und andere lernende Systeme einschließlich lernender Algorithmen gemeinsam unter dem **Stichwort »Künstliche Intelligenz« (KI)** behandelt werden.[106] Im **DGB-Entwurf für ein Beschäftigtendatenschutzgesetz**[107] wird diese definiert als »Software, die menschliche Entscheidungsstrukturen auf Basis vorgegebener Regeln und mathematischer Formeln nachvollziehen und hierauf fußend eigene Lösungs- und Handlungsvorschläge machen kann.« Die Firma Microsoft definiert KI wie folgt: »Unter Künstlicher Intelligenz (KI) verstehen wir Technologien, die menschliche Fähigkeiten im Sehen, Hören, Analysieren, Entscheiden und Handeln ergänzen und stärken.«[108] Üblicherweise wird unterschieden zwischen **»schwacher« KI** (der Automat rechnet aus, was ich zurückbekomme, wenn ich ein Getränk für 1,50 Euro kaufe und eine Zwei-Euro-Münze einwerfe) und **»starker« KI** (Ein Schachcomputer leitet aus den eingegebenen Daten und den gespielten Partien so viele strategische Verhaltensweisen ab, dass er den Schachweltmeister besiegt).[109] In beiden Fällen geht es um die **Nachbildung menschlichen Verhaltens**. Hierbei deterministische Systeme wie ein Übersetzungsprogramm auszuklammern,[110] ist nicht zu rechtfertigen: Die Funktionsweise nachzuvollziehen und damit zu kontrollieren, ist z. B. für einen Betriebsrat auch bei **deterministischen**

---

102 So die Definition bei Groß/Gressel, NZA 2016, 991 m. w. N.

103 Günther/Böglmüller, BB 2017, 53.

104 Dazu eingehend Möslein/Lordt, ZIP 2017, 793 ff.

105 Hoffmann-Riem, AöR 142 (2017), 1, 15 ff. m. w. N.

106 Dazu insbesondere Klebe, SR 2019, 129 und Frank/Heine, NZA 2021, 1448 ff.

107 *www.dgb.de/++co++d8c37b52-88e2-11ec-acce-001a4a160123/DGB-Entwurf-eines-Beschaeftigtendatenschutzgesetzes.pdf* (29. 5. 2022).

108 Zitiert nach Ruchhöft, CuA 7–8/2021, 20.

109 Klebe, SR 2019, 129; vgl. auch Joos, NZA 2020, 1216.

110 Dafür Frank/Heine, NZA 2021, 1448, 1451.

Systemen höchst anspruchsvoll und nicht ohne Expertenhilfe leistbar. Dies zeigt nicht zuletzt das von Frank/Heine herangezogene Beispiel: Wird im Supermarkt bei vier Wartenden an einer Kasse automatisch ein Mitarbeiter der Personalabteilung an eine weitere Kasse gerufen, um dort den »Andrang« abzubauen, soll keine KI vorliegen, während dies anders beurteilt wird, wenn das System bei allen im »Backoffice« Tätigen prüft, ob die Arbeitsbelastung ein Einspringen zumutbar macht.[111]

Welche Funktionen mit welchen Inhalten auf die KI ausgelagert werden, **33a** ist ein auch praktisch wichtiges Problem, das sich in Unternehmen wie in der Verwaltung stellt. Ein **Top-Down-Modell** ist in beiden Sphären schon deshalb **nicht sinnvoll**, weil das Wissen derer, die in Zukunft damit arbeiten müssen, keine Berücksichtigung findet. Auch sind bestehende unterschiedliche Interessen im Rahmen des Möglichen zum Ausgleich zu bringen, was eher über einen Aushandlungsprozess zwischen allen Stakeholdern gelingen kann.[112]

KI hat in jüngster Zeit ein **ungewöhnliches Maß an öffentlicher Auf-** **34** **merksamkeit** erfahren.[113] Die Erwartungen wie die Befürchtungen dürften oft übertrieben sein, was der Spruch »Natural intelligence still in demand« gut zum Ausdruck bringt.[114] Die mit dem künftigen Einsatz insbesondere von starker KI verbundenen Rechtsprobleme sind zahlreich.[115] Im hier interessierenden Zusammenhang ergeben sich insbesondere Probleme der **Anpassung an das Datenschutzrecht**, wobei die Notwendigkeiten geringer als im Bereich der Personalbeurteilung und der Personalauswahl sind. **Ob** im Betrieb **bereits mit KI gearbeitet** wird, kann oft zweifelhaft sein. In der Literatur wird eine Reihe von Indizien, z. B. der Einsatz von **Chat-Bots**, genannt, die für den Einsatz von KI sprechen.[116] Auch wird über eine Konzernbetriebsvereinbarung zum Einsatz von KI bei IBM berichtet.[117]

Da der Roboter bzw. das autonome System **einen eigenen Willen bildet** **35** und im Einzelfall auch das Zustandekommen von Verträgen bewirkt, hat sich eine reichhaltige juristische Diskussion entwickelt, in der u. a. auch erwogen wurde, den Roboter wie eine teilrechtsfähige Einheit zu behan-

---

111 Frank/Heine, NZA 2021, 1448, 1451.

112 Etscheid/von Lucke, in: Schröter (Hrsg.), S. 79, 93 ff.

113 Dazu etwa Daum, in: Butollo/Nuss (Hrsg.), S. 311 ff.; Zweig, S. 267 ff.

114 Zitiert nach Herberger, NJW 2018, 2825, 2829.

115 Schindler, ZD 8/2019, S. IX.

116 Grasy/Stroheker, CuA 12/2021, 8 f.; Böhm, AiB 2/2022, 33 ff.

117 CuA 12/2021, 13 (Interview mit Frank Remers). Über die Zuerkennung des Deutschen Betriebsräte-Preises berichtet Herrmann, AiB 3/2022, 43.

deln.[118] Bisweilen wurden sogar Überlegungen angestellt, ihn beim Personalabbau in die soziale Auswahl nach § 1 Abs. 3 KSchG einzubeziehen, wo er wegen geringen Lebensalters und fehlender Unterhaltspflichten wohl kaum zu den sozial besonders schutzbedürftigen Personen gehört hätte.[119]

2. Arbeitsrechtliche Probleme

36 Der Einsatz von Robotern und anderen lernenden Systemen (**KI**) kann sehr unterschiedliche arbeitsrechtliche Probleme aufwerfen. Sie betreffen vor allem das Einstellungsverfahren, den Arbeitsschutz, das Direktionsrecht, die Haftung für entstehende Schäden und den Kündigungsschutz.

a) Einstellungsverfahren

37 Denkbar wäre, die Sichtung und Bewertung von Bewerbungen einem autonomen System zu überlassen und die Personalabteilung dadurch zu entlasten. Das wirft Probleme auf, die oben[120] unter dem Stichwort Big Data und Algorithmus abgehandelt wurden: Für den Bewerber ist eine Datenverarbeitung durch ein mit KI ausgestattetes System noch intransparenter als ein von einer Fremdfirma bezogener Algorithmus. Auch hier kann eine **automatische Ablehnungsentscheidung** nur dann in Betracht kommen, wenn es um eine Formalie wie die rechtzeitige Einreichung der Bewerbung oder das Fehlen eines notwendigen Diploms geht.[121]

38 Mit KI ausgestattete Systeme können nicht nur eingesetzt werden, um eine Auswahl auf der Grundlage von Bewerbungsunterlagen zu treffen. Auf dem Markt sind auch **Programme** erhältlich, die aufgrund einer **Analyse von Gesprächen** z. B. mit sog. **Chatbots**[122] oder der E-Mail-Korrespondenz ein **umfassendes Persönlichkeitsbild** erstellen.[123] Dies ist ersichtlich schon deshalb mit den Grenzen des Fragerechts des Arbeitsgebers und datenschutzrechtlichen Normen nicht vereinbar, weil es weit über die Informationen hinausgeht, an deren Kenntnis der Arbeitgeber

118 Für partielle Rechtsfähigkeit von Software-Agenten Teubner, AcP 218 (2018), 155 ff. Informativ Schirmer, JZ 2016, 660; siehe auch R. Schaub, JZ 2017, 342; Spindler, JZ 2016, 816; Bräutigam/Klindt, NJW 2015, 1137 ff.

119 Dazu Günther/Böglmüller, BB 2017, 53, 57.

120 § 9.

121 Groß/Gressel, NZA 2016, 990, 992.

122 Ruchhöft, CuA 3/2021, 20; Joos, NZA 2020, 1221.

123 Eingehende Darstellung bei Hoffmann, NZA 2022, 19 ff.; dazu auch Joos, NZA 2020, 1216.

ein »berechtigtes und schutzwürdiges Interesse« hat.[124] Zulässig soll es dagegen sein, alle öffentlich zugänglichen Informationen aus **berufsbezogenen sozialen Medien** auszuwerten,[125] doch würden auch dadurch die Grenzen des Fragerechts überschritten: Das Privatleben ist auch dann kein zulässiges Erkundungsobjekt, wenn es sich über Xing erschließen lässt. Außerdem können darunter auch sensitive Daten i. S. v. Art. 9 Abs. 1 DSGVO sein, die nur dann auswertbar sind, wenn sie der Betroffene »offensichtlich öffentlich gemacht hat.« Dies wird meist, aber keineswegs immer der Fall sein, so dass auch insoweit Bedenken bestehen.

Werden durch die Auswertung von Gesprächen oder Texten auch nur einzelne (wahrscheinliche) Charaktereigenschaften eines Bewerbers ermittelt, liegt ein **Profiling** i. S. v. Art. 4 Nr. 4 DSGVO vor. Damit kommt automatisch **Art. 22 DSGVO** ins Spiel, wonach der Einzelne bei rechtlich relevanten Entscheidungen nicht ausschließlich dem Ergebnis eines technischen Prozesses unterworfen werden darf. Vielmehr muss ein **menschlicher Entscheider eingeschaltet** werden. Von diesem Grundsatz kennt Art. 22 Abs. 2 DSGVO **Ausnahmen**, die aber in der Bewerbersituation **nicht eingreifen:** Die in Art. 22 Abs. 2 Buchst. c DSGVO genannte Einwilligung des Betroffenen kommt nicht zum Zuge, da ihr wegen der Bewerbersituation die Freiwilligkeit fehlt. Die Ausnahme des Art. 22 Abs. 2 Buchst. a DSGVO (»für den Abschluss eines Vertrages erforderlich«) greift ebenfalls nicht ein, weil dem Arbeitgeber in Form von Gesprächen oder durch Einschaltung eines Assessment-Centers weniger eingreifende Methoden zur Verfügung stehen.[126] Dies bedeutet, dass die durch den Einsatz von KI erreichten Erkenntnisse allenfalls »Material« für die auf anderer Grundlage zu treffende Entscheidung sind.[127] 39

Der **Betriebsrat** verfügt über seine Beteiligungsrechte nach §§ 92 bis 94 BetrVG sowie über sein Zustimmungsverweigerungsrecht nach § 99 BetrVG. Um dieses sachgerecht ausüben zu können, muss der Betriebsrat über die ggf. eingesetzten Systeme und Tools umfassend informiert werden. Dies ist vom LAG Köln[128] für ein **»Bewerbungsmanagementsystem«** ausdrücklich bejaht worden[129] und gilt in gleicher Weise für **Systeme, die mit KI ausgestattet** sind. Unterbleibt die vollständige Informa- 40

124 Hoffmann, NZA 2022, 19, 22.
125 Hoffmann, NZA 2022, 19, 23.
126 Joos, NZA 2020, 1216, 1217.
127 Joos, NZA 2020, 1216, 1218.
128 LAG Köln, 15. 5. 2020 – 9 TaBV 32/19, NZA-RR 20221, 76.
129 Ebenso für die Personalvertretung BVerwG 29. 7. 2021 – 5 P 2.20, ZTR 2021, 713. Auch der Übergang vom Probe- zum Dauerbetrieb unterliegt der Mitbestimmung. Die Tatsache, dass niemand verpflichtet war, alle Fragen zum »Bewerber-

tion, wird eine Zustimmungsverweigerung des Betriebsrats ohne nähere Prüfung der Widerspruchsgründe vom Arbeitsgericht nicht ersetzt.[130]

41 Wird im Rahmen des Bewerbungsverfahrens künstliche Intelligenz eingesetzt – was auch einen relativ sekundären Punkt betreffen kann – so kann der **Betriebsrat** nach § 80 Abs. 3 Satz 2 BetrVG die **Einschaltung eines Sachverständigen** verlangen. Diesen kann er allerdings nicht selbst hinzuziehen; vielmehr muss er sich mit dem Arbeitgeber über die Person, die Einsatzstunden und das Honorar verständigen, wobei Erforderlichkeit für die zu erfüllende Aufgabe maßgebendes Kriterium ist.[131] Auch diese Neuregelung kann für die Arbeitgeberseite ein zusätzlicher Gesichtspunkt sein, um in der Personalarbeit auf den Einsatz von KI zu verzichten, zumal sich für diese zahlreiche andere, weniger problematische Anwendungsfelder ergeben.[132]

b) Arbeitsschutz und Beteiligung des Betriebsrats

42 Das geltende Recht kennt bisher **keine verbindlichen Bestimmungen**, die sich **speziell mit Robotern** und den von ihnen ausgehenden Gefahren **befassen.**[133] Maßgebend sind deshalb die allgemeinen Vorschriften, die auf sonstige Maschinen und Geräte anwendbar sind. Soweit es nicht um eine Serienfertigung geht (die bisher bei Robotern einen Ausnahmefall darstellt), muss der Hersteller zusammen mit dem Arbeitgeber klären, wie die **konkreten Aufgaben und Einsatzmöglichkeiten** der Roboter beschaffen sein sollen.[134] Einschlägig ist in erster Linie das Produktsicherheitsgesetz (ProdSG)[135] sowie die auf seiner Grundlage erlassenen Verordnungen. Dazu zählt die 9. ProdSV,[136] deren § 2 Nr. 12 auf den Anhang I der Richtlinie 2006/42/EG verweist. Dort wird der Hersteller zu einer **Risikobeurteilung** verpflichtet, die für den weiteren Bau der »Maschine« maßgebend ist. Vor einem Einsatz im Betrieb muss dann das **fertige**

---

profil« auszufüllen, stand der Mitbestimmung nicht im Wege, da es sich gleichwohl um einen Personalfragebogen handelte.

130 LAG Köln, 15.5.2020 – 9 TaBV 32/19, NZA-RR 20221, 76,

131 Vgl. Frank/Heine, NZA 2021, 1448, 1449. Dass ein wenig kooperativer Arbeitgeber dadurch die Einschaltung eines Sachverständigen immer noch unterlaufen kann, macht Ruchhöft (CuA 7–8/2021, 21) deutlich.

132 Zur Anlegung eines »Talentpools« aufgrund nicht zum Zuge gekommener Bewerbungen siehe Mesch/Folkerts, ZD 2021, 252ff.; hier kommt es entscheidend auf das Vorliegen einer wirksamen Einwilligung an.

133 Auf die Gefahren verweist Marx, DRdA 2022, 165, 167.

134 Kohte, NZA 2015, 1417, 1419.

135 V. 8.11.2011, BGBl. I S. 2178, 2179; BGBl. 2012 I S. 131, zuletzt geändert durch Gesetz v. 28.4.2020 (BGBl. I S. 960).

136 BGBl. 2011 I S. 2178, 2202.

Produkt nach § 4 Abs. 1 BetrSichVO einer **weiteren Gefährdungsbeurteilung** unterzogen werden.[137] Dabei kann sich der Arbeitgeber an der **Empfehlung** orientieren, die das **Berufsgenossenschaftliche Institut** für Arbeitsschutz für die Gefährdungsbeurteilung »bei der Gestaltung von Arbeitsplätzen mit kollaborierenden Robotern« herausgegeben hat.[138]

Die rechtlich nicht verbindliche EN ISO 10218–2011 beschreibt **Sicherheitsvorkehrungen** speziell für den Einsatz von Robotern, zwischen denen im Prinzip gewählt werden kann. In Betracht kommt beispielsweise die Überwachung des Abstands zu Menschen, dessen Unterschreitung zum automatischen Stillstand des Roboters führt. Möglich ist auch, für den Kollisionsfall die **Kraftentfaltung zu begrenzen** oder generell eine Handsteuerung vorzusehen.[139] Insoweit bestehen differenzierte Vorstellungen, die in der Praxis erprobt werden.[140] 43

Der Einsatz von Robotern stellt eine grundsätzliche Veränderung der Arbeitsplätze dar, weshalb zumindest das Beratungsrecht des Betriebsrats nach **§ 90 BetrVG** eingreift. Im Einzelfall kann auch eine **Betriebsänderung** nach § 111 Satz 3 Nr. 4 oder 5 BetrVG vorliegen, sodass über Interessenausgleich und Sozialplan verhandelt werden muss.[141] Weiter kommt dem Betriebsrat ein **Mitbestimmungsrecht bei** der **Gefährdungsbeurteilung** zu, soweit Spielräume bei ihrer Erstellung oder danach bei der Vornahme von Abhilfemaßnahmen bestehen.[142] 44

Roboter oder andere intelligente Systeme können u. U. in einer gefährlichen Umgebung genauso gute (oder bessere) Leistungen erbringen wie ein Mensch. In diesem Fall können es das ArbSchG und § 618 BGB gebieten, **statt eines Menschen** einen **Roboter** einzusetzen, um so die für Beschäftigte drohenden Gefahren auszuschließen.[143] 45

c) Direktionsrecht

Ein Roboter oder ein anderes lernendes System kann mit der Aufgabe betraut werden, den **Einsatz von Beschäftigten zu koordinieren**. Wer ist von seinem aktuellen Standort, seiner Ausrüstung und seiner Quali- 46

---

137 Kohte, NZA 2015, 1419.

138 Günther/Böglmüller, BB 2017, 54. Siehe weiter Klebe, SR 2019, 128, 132.

139 Günther/Böglmüller, BB 2017, 54. Nähere Beschreibung bei Gerst, in: Schröder/Urban, S. 279, 284ff.

140 Gerst, a. a. O. Siehe auch *www.safetyxperts.de/arbeitsschutz/gefaehrdungsbeurteilung/gefahren-und-gefaehrdungen/kollaborierende-roboter/* (27. 5. 2022).

141 Vgl. Klebe, SR 2019, 128, 131.

142 Näher oben § 6 Rn. 27ff.

143 Günther/Böglmüller, BB 2017, 54.

fikation her am besten geeignet, eine plötzlich notwendig werdende Reparatur auszuführen? Da das System automatisch alle relevanten Informationen vorhält oder bekommt, kann es eine durchaus rationale Auswahlentscheidung treffen. Unter diesen Umständen ist sein »Wille« dafür maßgebend, wer im konkreten Fall tätig werden muss. Der Arbeitgeber hat sein **Direktionsrecht** insoweit faktisch **auf** eine **Maschine delegiert**.

47 Das Direktionsrecht ist nach § 106 GewO »**nach billigem Ermessen**« auszuüben. Das bedeutet, dass auf die Interessen des Arbeitnehmers Rücksicht genommen werden muss, was bei der Programmierung des Systems zu beachten ist. Eine hundertprozentige »Billigkeit« wird dadurch zwar nicht erreichbar sein, doch kann auch bei der Delegierung auf Menschen nicht völlig ausgeschlossen werden, dass unbillige Weisungen ergehen. Das BAG gibt dem Arbeitnehmer in einem solchen Fall das Recht, die Weisung zu ignorieren,[144] was im vorliegenden Zusammenhang besonders sinnvoll erscheint.

48 Sehr viel problematischer wird das dem System »zustehende« Direktionsrecht dann, wenn man bedenkt, dass die fraglichen **Entscheidungen auf der Grundlage zahlreicher gespeicherter personenbezogener Daten** getroffen werden. Damit ist Art. 22 DSGVO anwendbar, wonach eine Maßnahme mit rechtlicher Wirkung oder erheblicher faktischer Beeinträchtigung der betroffenen Person nur zulässig ist, wenn die letzte Entscheidung inhaltlich (und nicht nur formal) bei einem Menschen liegt.[145] Die »**rechtliche Wirkung**« ist einer Maßnahme schwerlich abzusprechen, die einen Arbeitnehmer verpflichtet, eine bestimmte Arbeit zu erledigen (und ggf. eine andere auf später zu verschieben). Damit wird die vertragliche Arbeitspflicht konkretisiert und so die rechtliche Situation des Arbeitnehmers verändert.[146] Das wird dann besonders deutlich, wenn die vom Arbeitnehmer gewählte **Reihenfolge** der zu erfüllenden Aufgaben **durch die Intervention des Systems eine andere** wird. Auch liegt eine Veränderung der rechtlichen Situation vor, wenn der Arbeitnehmer an einen anderen Arbeitsplatz versetzt wird, wobei es nicht darauf ankommt, ob sich eine solche Maßnahme innerhalb des vom Arbeitsvertrag bestimmten Rahmens bewegt oder nicht. Die Ausnahme des Art. 22 Abs. 2 Buchst. a DSGVO greift nicht ein, weil es an der Erforderlichkeit

144 BAG, 14.6.2017 – 10 AZR 330/16 (A), NZA 2017, 1185.

145 Jaspers/Jacquemain, RDV 2019, 232 ff.

146 Anders Günther/Böglmüller, BB 2017, 53, 56 und Arnold/Günther-Arnold/Winzer, § 3 Rn. 273, die den Weisungen mit der Begründung die rechtliche Wirkung absprechen, sie würden die Arbeitspflicht lediglich inhaltlich ausgestalten. Dennoch soll eine Zuwiderhandlung mit disziplinarischen Sanktionen beantwortet werden können – das ist wenig schlüssig.

fehlt und weil für den Arbeitnehmer die jeweils maßgebenden Gründe nicht erkennbar sind.[147] Als Ausweg bleibt lediglich die Möglichkeit, die »**Weisungen**« **des intelligenten Systems** als **Empfehlungen** zu qualifizieren; damit käme ihnen keine rechtlich bindende Wirkung zu.[148] Würde sie ein Arbeitnehmer wegen (angeblicher) Unbilligkeit nicht beachten, hätte er auch dann nichts zu befürchten, wenn sich seine Einschätzung nachträglich als unrichtig herausstellen sollte.[149] In der Praxis wäre dies aber aller Voraussicht nach auf seltene Ausnahmesituationen beschränkt.

d) Haftung

Fragen der Haftung stehen im Mittelpunkt der zivilrechtlichen Dis- 49
kussionen um den Roboter. Im Arbeitsrecht sind die Probleme **weniger komplex**. Kommt es aufgrund eines Fehlverhaltens des Roboters (das »lernende System« hat die falschen Dinge gelernt oder bei der Herstellung hat es einen nicht entdeckten Fehler gegeben) zu einem **Unfall**, hat der Arbeitnehmer Ansprüche gegen die gesetzliche Unfallversicherung. Der Arbeitgeber selbst ist – abgesehen von dem theoretischen Fall des Vorsatzes – nach § 104 Abs. 1 SGB VII von der Haftung frei. Schädigt der Arbeitnehmer ein Gerät (bedient er den Roboter beispielsweise falsch), haftet er nach den Grundsätzen des innerbetrieblichen Schadensausgleichs.[150] **Dritten gegenüber** wird nach allgemeinen zivilrechtlichen Grundsätzen **gehaftet**, wobei man sich trefflich streiten kann, inwieweit der Hersteller des Roboters oder sein Eigentümer (oder beide) auf Schadensersatz in Anspruch genommen werden können.[151]

e) Kündigung

Soll eine Kündigung auf der Grundlage der Erkenntnisse eines intelligen- 50
ten Systems ausgesprochen werden, gerät man in gleicher Weise wie bei der Ablehnung von Bewerbern in die **Big-Data-Problematik**.[152] Insoweit kann der Personalabteilung keine Erleichterung verschafft werden. Dass Anschaffung und Einsatz von Robotern eine betriebsbedingte Kündigung

---

147 Zu diesem Erfordernis siehe Däubler/Wedde/Weichert/Sommer-Weichert, Art. 22 Rn. 44.

148 Zustimmend Klebe, SR 2019, 128, 134.

149 Für Beschränkung des Roboters auf die Vorbereitung einer Weisung Sassenberg/Faber-Neighbour, Teil 2 G, Rn. 62.

150 ErfK-Preis, § 619a BGB Rn. 7 ff.; Däubler, Arbeitsrecht – Ratgeber, Rn. 532 ff. Vgl. auch Sassenberg/Faber-Neighbour, Teil 2 F Rn. 63 ff.

151 Dazu etwa R. Schaub, JZ 2017, 343 ff.; zu automatisierten Fahrzeugen siehe Gomille, JZ 2016, 76 ff.

152 Dazu § 9 Rn. 18 ff.

rechtfertigen können, wirft genauso wenige und genauso viele Rechtsprobleme auf wie die Ersetzung eines Menschen durch eine traditionelle Maschine.[153] Ob der zu Kündigende den »Kollegen Roboter« in seine Funktion einweisen muss, indem er an der Programmierung mitwirkt, erscheint nicht völlig geklärt.[154] Letztlich wird man den Betroffenen nicht zwingen können, sein Wissen und seine Intelligenz für die Abschaffung des eigenen Arbeitsplatzes einzusetzen; wenn keine gleichwertige Alternative angeboten wird, wird er daher wenig Engagement praktizieren.

f) Interventionen des Betriebsrats

51 Genau wie bei anderen Formen der Digitalisierung kommen dem Betriebsrat auch beim Einsatz künstlicher Intelligenz Informations-, Beratungs- und Mitbestimmungsrechte zu.[155] Die gesonderte Erwähnung von KI im Rahmen der §§ 90 Abs. 1 Nr. 3 und 95 Abs. 2a BetrVG, die durch das Betriebsrätemodernisierungsgesetz eingefügt wurde, hat dies lediglich bestätigt. Eigenständige Bedeutung hat dagegen § 80 Abs. 3 Satz 2 BetrVG, wonach die Beratung durch einen Sachverständigen immer erforderlich ist, wenn es um die Einführung oder Anwendung von Künstlicher Intelligenz geht.[156]

3. Geplante EU-Verordnung

52 Die EU-Kommission hat am 21.4.2021 den Entwurf einer Verordnung über Künstliche Intelligenz vorgelegt.[157] Dabei wird ein **weiter KI-Begriff** zugrunde gelegt, der fast jede aufwändigere Software umfasst.[158] Der Entwurf verfolgt einen risikobasierten Ansatz, der in vier Gruppen von »minimal« bis »unannehmbar« reicht. Dabei werden KI-Systeme aus dem **Bereich »Beschäftigung, Personalmanagement** und Zugang zur Selbstständigkeit« als **»hochriskant«** eingestuft, was die Notwendigkeit weitreichender Schutzmaßnahmen zur Folge hat. Auch nach geltendem

153 Dazu zusammenfassend Sassenberg/Faber-Neighbour, Teil 2 G, Rn. 68ff. Zu Erfahrungen in der Praxis M. Thomsen, CuA 11/2020, 20ff.

154 Arnold/Günther-Arnold/Winzer, § 3 Rn. 278.

155 Dazu insbesondere Klebe, SR 2019, 128, 130ff. sowie oben § 2 Rn. 37.

156 Dazu oben Rn. 41.

157 Offizieller Titel: Vorschlag für eine Verordnung des Europäischen Parlaments und des Rates zur Festlegung harmonisierter Vorschriften für Künstliche Intelligenz (Gesetz über künstliche Intelligenz) und zur Änderung bestimmter Rechtsakte der Union, COM (2021) 206 final. Zum VO-Entwurf siehe insb. Geminn, ZD 2021, 354ff.

158 Lemke, CuA 4/2022, 26.

Recht können derartige Risiken im Rahmen einer **Datenschutzfolgenabschätzung** nach Art. 35 DSGVO bestimmt werden.[159] Kritisiert wird mit Recht das hohe Maß an Selbsteinschätzung, das den Anbietern von KI-Systemen eingeräumt wird.[160] Auch ist das Verhältnis zur DSGVO nicht ausreichend geklärt. Erst recht ist der Prozess der Herstellung von KI nur ansatzweise geregelt worden, wozu die zentrale Frage gehört, wie das Material beschaffen sein muss, mit dem ein System Künstlicher Intelligenz trainiert, getestet und evaluiert wird.[161] Ob die Verordnung jemals verabschiedet wird, ist derzeit noch völlig offen.[162]

159 Schürmann, ZD 2022, 316ff.
160 Waas, AuR 2021, 485.
161 Roßnagel/Geminn, ZD 2021, 487ff.
162 Zu ihr siehe weiter Müllensiefen/Obrecht, DRdA 2022, 100ff.

§ 10 Neue Geräte, neue Währung, neue Rechtsprobleme?

I. Die Benutzung von Wearables

1. Erscheinungsformen

1 Wearables sind mit Sensoren ausgestattete Gegenstände, die man am Körper trägt und die in der Regel einen Mini-Computer enthalten, der die erfassten Daten verarbeitet oder weiter übermittelt.[1] **Bekannteste Beispiele** sind **Datenbrillen, Fitnessarmbänder und Smart Watches**, doch gibt es zahlreiche andere Anwendungsformen.[2] Bisweilen werden Wearables als »eines der großen Trendthemen« bezeichnet,[3] doch steht dem eine eher bescheidene Verbreitung in der betrieblichen Praxis gegenüber.[4] Die bisherige juristische Aufarbeitung bewegt sich in engen Grenzen.[5] Um potenzielle Rechtsprobleme näher bestimmen zu können, muss **zunächst** eine etwas detailliertere **Beschreibung** erfolgen.

2–15 *[Nicht belegt]*

16 **Datenbrillen** werden vor allem in der industriellen Produktion und in der Logistik eingesetzt. Der Einzelne kann bestimmte Daten abrufen, die er für seine Arbeit benötigt, z. B. für die Reparatur eines Geräts oder einer Maschine. Der Abruf kann mithilfe von Sprache, aber auch auf andere Weise erfolgen. Möglich ist weiter, dass in bestimmten Situationen automatisch einzelne Informationen eingeblendet werden. Das geschieht meist in der Weise, dass die Angaben in einer Hälfte der Brille, d. h. für

---

1 Weichert, NZA 2017, 565; Kopp/Sokoll, NZA 2015, 1352. Die Bezeichnung kommt von to wear = (ein Kleidungsstück) tragen.

2 Wilmer, K&R 2016, 383.

3 Wilmer, in: Taeger (Hrsg.), S. 1.

4 Siehe die Ergebnisse einer Befragung von 14 000 Beschäftigten im Organisationsbereich der IG BCE – mitgeteilt bei Tuleweit, CuA 12/2019, 29 ff.

5 So werden Wearables in dem 2017 erschienenen (und sonst recht fundierten) »IT-Arbeitsrecht« von Kramer nicht erwähnt, in der 2. Aufl. 2019 tauchen sie allerdings kurz auf (Teil C Rn. 275, 284). In den Stichwortverzeichnissen der arbeitsrechtlichen Standardliteratur (z. B. ErfK, Schaub) sind sie sowieso nicht vermerkt.

ein Auge sichtbar werden. Der Vorzug dieser Verfahrensweise soll darin bestehen, dass der Arbeitende **beide Hände** für die Arbeit **frei** hat und sich nicht um eine Computertastatur kümmern muss. Denkbar wäre stattdessen, dass am jeweiligen Einsatzort ein Tablet-Computer platziert würde, wo die relevanten Informationen abgelesen oder ohne großen Aufwand beschafft werden können. Bei der **Post** wird erwogen, Datenbrillen einzuführen und in diese Wege und Adressen einzublenden.[6] »Smart Glasses«, die heute noch kaum eine praktische Rolle spielen, können in Zukunft große Bedeutung gewinnen, weil sich mit ihnen die Umgebung unter Einsatz von KI umfassend analysieren lässt.[7]

Weniger bekannt sind **Datenhandschuhe.** Sie sind darauf programmiert, 17
dass mit ihnen bestimmte Bewegungen gemacht werden. Sobald davon über einen Toleranzbereich hinaus abgewichen wird, wird dies dem Arbeitenden durch Vibrieren des Handschuhs angezeigt. Der Betroffene wird so in seinen konkreten Bewegungen gesteuert und verliert in diesem Punkt jede Form von Autonomie. Gleichzeitig lernt er das erwünschte Verhalten.[8]

Fitnessarmbänder sind im Freizeitsport entstanden. Sie zeichnen be- 18
stimmte Körperfunktionen wie Herzfrequenz und Blutdruck auf, können aber auch Hautfeuchtigkeit und Muskelkontraktionen erfassen, was Rückschlüsse auf Medikation oder bestimmte Umgebungseinflüsse zulässt.[9] Sie können arbeitsmedizinischen Zwecken dienen.

Smart Watches sind damit verwandt. Die sog. Apple Watch erfasst neben 19
dem Puls die Bewegungen des Nutzers, seinen jeweiligen Aufenthaltsort, die Art der Fortbewegung sowie die zurückgelegte Strecke. Daraus lassen sich der allgemeine Aktivitätslevel sowie sonstige persönliche Gewohnheiten wie Aufstehen, Schlafengehen usw. erschließen.[10]

Exoskelette[11] bestehen aus einer Art Schutzanzug mit Mechanismen, 20
die Kraft erfordernde körperliche Bewegungen unterstützen. Über-Kopf-Arbeit wird dadurch erheblich erleichtert. Schwere Gegenstände können gehoben und bewegt werden, auch wenn die eigene Körperkraft dazu bei weitem nicht ausreichen würde. Auf diese Weise lassen sich bestimmte

6 Weichert, NZA 2017, 565.

7 Dazu Hänold, ZD 6/2019, S. XIIf., die sich auf den Bericht des Europäischen Datenschutzbeauftragten bezieht. Beispiel bei Achmatow, CuA 7–8/2021, 27: Pick-by-vision – es wird gezeigt, wo man im Lager was findet.

8 Weitere Funktionen sind erwähnt bei Klebe, NZA-Beilage 3/2017, 77 unten.

9 Weichert, NZA 2017, 565, 568.

10 Wilmer, K&R 2016, 383.

11 Beschreibung in: *www.produktion.de/trends-innovationen/exoskelette-verleihen-superkraefte-226.html?page=1* sowie bei Achmatow, CuA 7–8/2021, 26.

Aufgaben einfacher bewältigen, der betriebliche Arbeitsprozess lässt sich optimieren. Auch können körperliche Behinderungen mit dieser Technik ausgeglichen werden. Über diese sog. passiven gehen die aktiven Exoskelette hinaus, die alle wesentlichen Körperfunktionen digital erfassen und ihre Unterstützungsleistungen darauf aufbauen.[12]

21 Bei zahlreichen Polizeidienststellen werden sog. **Bodycams** eingesetzt, die das Verhalten des Polizisten wie das potenzieller Angreifer im Bild festhalten. Entsprechende Überlegungen gibt es bei der Deutschen Bahn für Zugbegleiter.[13]

22 Denkbar ist, vor allem in Datenbrillen Informationen einzublenden, die man mit bloßem Auge nicht erkennen könnte. Man spricht insoweit von »**Augmented Reality**«.[14] Die »erweiterte Realität« kann beispielsweise durch einen »Röntgenmodus« erreicht werden, mit dessen Hilfe man durch Hindernisse wie Autotüren hindurchsehen kann.[15] Große Aufmerksamkeit hat das Spiel Pokémon Go gefunden, wo der Spieler eine nur in der virtuellen Realität sichtbare Figur in seiner unmittelbaren Umgebung fangen soll, was – so eine Einschätzung – die Menschen auch im Betrieb beschäftigt und sie deshalb von der Arbeit ablenkt.[16]

23 Rein gesundheitsschützende Funktion haben **Sensoren**, die die Belastung mit radioaktiver Strahlung oder mit **Schadstoffen anzeigen**. Weiter kann die Müdigkeit eines Fahrers an der Augenausrichtung und dem Lidschlag festgestellt werden. Schließlich ist auch von einem »Stressmesser« die Rede.[17] durch Analyse der Stimme kann außerdem eine Art Frühwarnsystem ins Leben gerufen werden, das Anzeichen von Burn-out und Depressionen festhält.[18]

2. Rechtsprobleme

24 Der Einsatz von Wearables erleichtert auf der einen Seite die Arbeit, was in jeder Hinsicht zu begrüßen ist. Auf der anderen Seite können sich Probleme des Gesundheitsschutzes ergeben: Die Arbeit mit der Datenbrille kann psychisch sehr belastend sein, und möglicherweise stellt das

---

12 Näher Martini/Botta, NZA 2018, 625f.

13 Weichert, NZA 2017, 565.

14 Einfachstes Beispiel: In einer Fußballübertragung wird bei einem Freistoß die exakte Torentfernung eingeblendet.

15 Kopp/Sokoll, NZA 2015, 1352.

16 Für einen Unterlassungsanspruch gegen die Hersteller Jacobs/Lotz/Maschmann, BB 2016, 2997.

17 Zu diesen Funktionen Weichert, NZA 2017, 565.

18 Niehoff/Straker, in: Kolany-Raiser u. a. (Hrsg.), S. 326.

Arbeiten mit einem Exoskelett nicht nur eine Erleichterung dar.[19] Auch führt das Tragen von Wearables zur **Erhebung zahlloser Daten**, die sich **häufig** auf den **Gesundheitszustand** des Arbeitnehmers beziehen und die deshalb als sensitive Daten i. S. v. Art. 9 Abs. 1 DSGVO einen besonderen Schutz genießen. An dem **Personenbezug** der Daten besteht sowieso kein Zweifel, da so gut wie immer ermittelbar ist, wer welches Gerät in welchem Zeitraum benutzt hat.[20] Von daher ergeben sich in allen Fällen praktisch **nur Probleme des Beschäftigtendatenschutzes**, während andere arbeitsrechtliche Probleme (»Muss ich mit der neuen Technik arbeiten?«) nicht nach spezifischen Lösungen verlangen.[21] Daneben bestehen aber auch zahlreiche Probleme der Datensicherung; unbefugter Zugriff Dritter ist relativ leicht möglich.[22]

Soweit sich der Einsatz von Wearables darauf beschränkt, die **Arbeit zu erleichtern** oder **vor Gesundheitsgefahren zu schützen,** ist die dafür erforderliche Erhebung und Speicherung von Daten durch § 26 Abs. 1 Satz 1 BDSG gerechtfertigt. Dabei bleiben denkbare (aber bisher nicht belegte) negative Auswirkungen auf die Gesundheit außerhalb der Betrachtung.[23] Sie dient der Durchführung des Beschäftigungsverhältnisses. Allerdings stellt sich immer die Frage, ob der verfolgte Zweck auch mit einem Weniger an Daten erreicht werden könnte. Von daher muss die Pflicht zur **Datenminimierung** nach Art. 25 DSGVO ernst genommen werden.[24] Das gilt auch für die Dauer der Speicherung. Wird beispielsweise der konkrete Aufenthaltsort in einer gefährlichen Umgebung nur deshalb erfasst, um bei Bedarf schnell Hilfe leisten zu können,[25] sollten die Daten im Normalfall spätestens nach einem Tag gelöscht werden. 25

Die Systeme, deren Teil die Wearables sind, werden als leicht angreifbar qualifiziert.[26] Außerdem geht es um zahlreiche gesundheitsbezogene Daten, die im Rechtssinne sensitive Daten sind. Beides schafft nach Art. 35 DSGVO die Verpflichtung, vor Inbetriebnahme eine **Datenschutz-Folgenabschätzung** vorzunehmen.[27] Die dabei ermittelten Risiken müssen 26

19 Marx, DRdA 2022, 165, 166f.
20 Kopp/Sokoll, NZA 2015, 1352, 1353; Weichert, NZA 2017, 565, 569.
21 Zur Pflicht des Arbeitnehmers, mit neuen Techniken zu arbeiten, siehe § 2 Rn. 8ff.; zum Anspruch auf die erforderliche Weiterbildung siehe § 2 Rn. 22ff.
22 Bruhns, DSB 2017, 259ff.
23 Martini/Botta, NZA 2018, 625, 631.
24 Ebenso Bruhns, DSB 2017, 260.
25 So Weichert, NZA 2017, 565, 567.
26 Weichert, NZA 2017, 565, 569.
27 Ebenda; vgl. auch Achmatow, CuA 7–8/2021, 27f.

anschließend mithilfe von Maßnahmen der Datensicherung minimiert werden.[28]

27 Wearables lassen sich auch für **weitergehende Zwecke** einsetzen. Die durch ihren Gebrauch entstehenden Daten sind so umfangreich, dass das Arbeitsverhalten bis ins letzte Detail hinein überwacht und ein »Profil« des jeweiligen Arbeitnehmerverhaltens erstellt werden könnte. Bei einem aktiven Exoskelett kann auch die physische und psychische Situation des einzelnen Beschäftigten erfasst werden.[29] Das lässt sich mit § 26 Abs. 1 Satz 1 BDSG nicht vereinbaren; hier läge ein unverhältnismäßiger Eingriff in die Persönlichkeitssphäre des Beschäftigten vor.[30] Erst recht gilt dies, wenn man Arbeitnehmer über ihren von der »Smart Watch« ermittelten Herzrhythmus identifizieren will, was in Einzelfällen in den USA vorgekommen ist.[31] Nicht akzeptabel ist es auch, wenn dem einzelnen Arbeitnehmer ein **Chip implantiert** wird, der den Zugang zum Betrieb und zu einzelnen Geräten wie einem Kopierer ermöglicht.[32]

28 Eine offene Frage ist, ob der Gebrauch von **Datenhandschuhen**[33] mit dem Persönlichkeitsschutz vereinbar ist. Der Arbeitnehmer wird hier in einem sehr unmittelbaren Sinn zum **Anhängsel der Maschine**, da ihm selbst bestimmte Bewegungen bis ins letzte Detail vorgeschrieben werden. Auf der anderen Seite geht es um ein praktisches Arbeitsverhalten, das anders als z. B. das Verfassen eines Textes wenig unmittelbaren Persönlichkeitsbezug hat. Gegenüber dem bisherigen Zustand kann sogar eine **Arbeitserleichterung** eintreten.

29 Keine besonderen Probleme ergeben sich bei **betrieblichen Gesundheitsprogrammen**, die für interessierte Arbeitnehmer angeboten werden. Ist die Teilnahme freiwillig und werden auch keine Daten an den Arbeitgeber übermittelt, ist ein solches Angebot völlig unbedenklich. Wenn der Einzelne anschließend über Facebook oder ein innerbetriebliches System seine »Fitness-Daten« bekannt macht, ist das allein seine Entscheidung.[34]

30 Wearables sind technische Einrichtungen, die geeignet sind, Verhalten und Leistung der Arbeitnehmer zu überwachen.[35] Ihre Einführung unterliegt deshalb dem **Mitbestimmungsrecht des Betriebsrats nach § 87**

28 Zur Datenschutz-Folgenabschätzung Däubler, Gläserne Belegschaften, Rn. 589 ff.
29 Eingehend Martini/Botta, NZA 2018, 625, 627.
30 Kopp/Sokoll, NZA 2015, 1352, 1355; vgl. auch Weichert, NZA 2017, 535, 567.
31 Kopp/Sokoll, NZA 2015, 1352, 1355.
32 So ein Fall aus Schweden – berichtet bei Kopp/Sokoll, NZA 2015, 1352, 1355.
33 Oben Rn. 17.
34 Kopp/Sokoll, NZA 2015, 1352, 1356.
35 Dazu am Beispiel von aktiven Exoskeletten Martini/Botta, NZA 2018, 625, 627.

Abs. 1 Nr. 6 BetrVG.[36] Ob effektiv eine Überwachung stattfindet, ist ohne Bedeutung. Im Rahmen der Verhandlungen über eine Betriebsvereinbarung kann der Betriebsrat Regelungen durchsetzen, die den Einsatz der fraglichen Techniken nur für Zwecke des Gesundheitsschutzes und der Erleichterung der Arbeit sicherstellen. Soweit dies von vorneherein (mit-)beabsichtigt ist, greift auch § 87 Abs. 1 Nr. 7 BetrVG ein. Lediglich dann, wenn wie bei den freiwilligen Gesundheitsprogrammen eine Weitergabe der Daten an den Arbeitgeber ausgeschlossen ist, entfällt auch das Mitbestimmungsrecht.

II. Sich selbst steuernde Systeme

Systeme, die sich selbst steuern, werden häufig unter dem Begriff »**Internet der Dinge**« behandelt. Auf diese Technik als solche wurde schon im Eingangskapitel hingewiesen.[37] Solche Systeme machen die menschliche Arbeit nicht überflüssig: Neben denjenigen, die sie entwerfen und bauen, muss es auch Personen geben, die bei Störungen eingreifen können (»**Reparaturkolonnen**«). Außerdem ist denkbar, dass es einzelne Tätigkeiten gibt, die sich nicht oder jedenfalls nicht mit zumutbarem Aufwand automatisieren lassen. 31

Zusätzliche arbeitsrechtliche Probleme könnten sich bei jenen Beschäftigten ergeben, die mit der Störungsbeseitigung befasst sind. Eingriffe in ein sich selbst steuerndes System, dessen »Elemente« elektronisch kommunizieren, werden in allen Einzelheiten erfasst, da sie per definitionem eine Art »Ausnahmezustand« darstellen. Eine bildhafte Schilderung dieser (möglichen) Art von Arbeit findet sich in der Literatur bei Hartmann.[38] Für die betroffenen Arbeitnehmer bedeutet dies, dass ihr **Arbeitsverhalten in allen Einzelheiten erfasst** wird, dass sie einer »Totalkontrolle« unterliegen. Soweit dies von der Technik her nicht vermeidbar ist, ist dafür zu sorgen, dass die Daten umgehend gelöscht werden. Ist auch dies nicht möglich, ist eine **strenge Zweckbindung** vorzusehen, die jede Verarbeitung zu anderen Zwecken, vor allem zu Zwecken der Leistungskontrolle und der Personalplanung ausschließt. Insoweit kann § 31 BDSG 32

---

36 Zustimmend Kramer-Kramer, Teil C Rn. 275 Fn. 556.

37 Oben § 1 Rn. 19. Beispiele auch bei Brandt, AiB 7–8/2016, 16f.

38 Hartmann, in: Botthof/Bovenschulte (Hrsg.), S. 31f.; in seinen wesentlichen Inhalten wiedergegeben auch bei Däubler, SR 2016, Sonderheft Digitalisierung und Arbeitsrecht, S. 5f.

a. F. als Vorbild dienen, der es ausschloss, dass Daten (z. B. über das Verhalten eines Systemadministrators), die ausschließlich zu Zwecken der Datenschutzkontrolle, der Datensicherung oder zur Sicherstellung eines ordnungsgemäßen Betriebs gespeichert wurden, zu anderen Zwecken ausgewertet oder weitergegeben wurden.

III. Einsatz von 3D-Druckern

33 Mithilfe eines 3D-Druckers können die unterschiedlichsten Gegenstände wie Werkzeuge und Schmuckwaren hergestellt werden.[39] Dabei bedient man sich eines sog. additiven Verfahrens, bei dem Schicht auf Schicht gelegt wird; die einzelnen Schichten werden mithilfe elektronischer Steuerung in eine Form gebracht, die zusammen mit den anderen das vorgesehene Produkt ergibt. Die traditionelle Produktion benutzte im Gegensatz dazu einen Rohling, von dem überflüssiges Material weggenommen wurde.[40] Spezifische arbeitsrechtliche Probleme gibt es primär im Arbeitsschutz und dort im Bereich des Produktsicherheitsrechts.[41] An der Klärung der »Gefahrenlage« ist in Deutschland von der Bundesanstalt für Arbeitsschutz und Arbeitsmedizin[42] sowie in Südkorea und in Frankreich erfolgreich gearbeitet worden.[43] In bestimmten Sektoren – z. B. in der Schuhindustrie – kann der Übergang zur Produktion mit 3D-Druckern zum Abbau zahlreicher Arbeitsplätze im In- und Ausland führen.

---

39 Dazu schon oben § 1 Rn. 19.

40 So Mattiuzzo, in: Kommission Arbeitsschutz und Normung (KAN) Brief 3/16, abrufbar unter *www.kan.de/publikationen/kanbrief/neue-technologien/3ddruck-chancen-und-risiken/*.

41 Dazu oben § 6 Rn. 21 und *www.baua.de/DE/Angebote/Publikationen/Fokus/3-D-Druck-Produktsicherheit.html* (29. 5. 2022).

42 *www.baua.de/DE/Angebote/Publikationen/Berichte/F2389.html (31. 1. 2020)*.

43 Leupold/Glossner-Seidel, Teil 7, Rn. 10 ff. Zu den deutschen Projekten siehe die Darstellung bei Mattiuzzo, a. a. O.

IV. Bezahlung in Bitcoins

1. Bitcoin – die digitale »Währung«

Seit Oktober 2009 gibt es die Internet-Währung Bitcoin,[44] zu der mittlerweile eine Reihe weiterer »Kryptowährungen« hinzugekommen sind.[45] Sie unterscheidet sich vom Euro oder vom US-Dollar dadurch, dass niemand verpflichtet ist, sie als Zahlungsmittel anzunehmen: Jede Bank, jeder Supermarkt und jeder Straßenhändler kann in Deutschland oder in Frankreich auf Bezahlung in Euro bestehen. Das schließt aber nicht aus, dass sich bestimmte Geschäfte bereit erklären, auch Zahlungen in anderer Form – z. B. mit lokalen »Währungen« oder eben mit Bitcoins – entgegenzunehmen.[46] In Hannover und Berlin haben sich sog. **Bitcoin-Kieze** gebildet, wo man in Einzelhandelsgeschäften auch mit Bitcoins bezahlen kann. 34

Um am Zahlungsverkehr mit Bitcoins teilzunehmen, muss man eine **Zugangssoftware** herunterladen – »wallet« (= Brieftasche) genannt. Man verfügt dann über ein nicht mit Namen, sondern mit einer IP-Nummer gekennzeichnetes Konto, von dem aus man unter Verwendung der sog. **Blockchain-Technologie** Überweisungen an andere Nutzer tätigen und sich bestimmte Summen gutschreiben lassen kann.[47] Banken sind nicht eingeschaltet, was die Kosten senkt und staatliche Kontrollen schwieriger macht.[48] 35

Bitcoins (oder »Ethereum«, um die zweitwichtigste Kryptowährung zu nennen) lassen sich **in offizielle Währungen tauschen**. Zu Beginn bekam man für einen US-Dollar 1309 Bitcoins (abgekürzt: BTC).[49] Mittlerweile hat der **Bitcoin** einen **beispiellosen Aufschwung** erlebt, der in der Wirtschaftsgeschichte nach Kenntnis des Verfassers keine Parallele hat. Am 3. November 2016 musste man für einen Bitcoin 621,96 Euro aufwenden; ein Jahr später, d. h. am 3. November 2017, waren es bereits 36

44 Hierzu und zum Folgenden Plitt/Fischer, NZA 2016, 799.

45 Beispiele bei Walter, NJW 2019, 3609.

46 Kleines Praxisbeispiel: Während eines viele Jahre dauernden Baus eines Straßentunnels war der Zugang zu den meisten Geschäften im 6000-Einwohner-Dorf D. für viele deutlich erschwert. Um ihre Kunden dennoch zu behalten, schlossen sich die Inhaber zahlreicher Geschäfte zusammen und gewährten einen Rabatt, der in »D.-Talern« ausbezahlt wurde: Wer für 50 Euro einkaufte, erhielt 1 D.-Taler, dessen Gegenwert 1 Euro entsprach. Alle Geschäfte waren bereit, auch die D.-Taler als Zahlungsmittel entgegenzunehmen.

47 Einzelheiten bei Plitt/Fischer, NZA 2016, 800.

48 Einführung bei Paulus, JuS 2019, 1049 und A. Weiss, JuS 2019, 1050 ff.

49 Plitt/Fischer, NZA 2016, 799.

6421,63 Euro; der Kurs hatte sich erneut mehr als verzehnfacht.[50] Am 17. 12. 2017 erreichte er mit 16 892 Euro sein (damaliges) Allzeithoch, fiel bis 17. 1. 2018 jedoch wieder auf 8845 Euro.[51] Am 27. 5. 2020 lag der Kurs bei 8340 Euro und schwankte in den vorangegangenen drei Monaten zwischen 4000 und 9000 Euro.[52] Derzeit (29. 5. 2022) muss man für einen Bitcoin 27 240 Euro bezahlen; am 8. November 2021 lag sein Kurs bei 58 305 Euro, am 29. Mai 2021 bei 28 391 Euro.[53] Im August 2017 betrug die Marktkapitalisierung **121,6 Mrd. US-Dollar**;[54] bis 12. Februar 2020 hatte sie sich auf über 300 Mrd. US-Dollar erhöht.[55] Im Mai 2022 liegt sie bei **815,8 Mrd. US-Dollar**; Ethereum brachte es auf 366,2 Mrd. Dollar.[56]

37 Wie ist diese Entwicklung zu erklären? Verschiedentlich wird darauf verwiesen, dass sich durch Transaktionen in Bitcoins die **chinesischen Beschränkungen des Geldtransfers** in andere Länder umgehen lassen. Weiter wird auf **Spekulanten** verwiesen, die sich vom Bitcoin besondere Chancen versprechen – für spekulatives Engagement spricht in der Tat die extreme Volatilität des Kurses: An weniger als einem halben Börsentag (4. November 2017 bis 10:30 Uhr) schwankte er zwischen 5997,68 Euro und 6412,79 Euro.[57] Am 17. 1. 2018 lag der höchste Kurs bei 11 304 Euro und der niedrigste bei 7497 Euro.[58] Der Hauptgrund scheint mir allerdings in der **Anonymität der Zahlungsvorgänge** zu liegen; Geschäfte aus dem »**Darknet**« (oder allgemeiner: illegale Geschäfte aller Art) werden über Bitcoins abgewickelt.[59] Es handelt sich gewissermaßen um Nummernkonten für jedermann.[60] Dass davon nicht »jedermann«, sondern

---

50 *www.finanzen.net/devisen/bitcoin-euro-kurs.*

51 *www.finanzen.net/devisen/bitcoin-euro-kurs* (17. 1. 2018).

52 *www.finanzen.net/devisen/bitcoin-euro-kurs.*

53 *de.finance.yahoo.com/quote/BTC-EUR/history/.*

54 *derstandard.at/2000067175481/Bitcoin-setzt-Rekordlauf-fort-Erstmals-mehr-als-7–300-Dollar?ref=rss.*

55 *www.btc-echo.de/marktkapitalisierung-von-bitcoin-und-altcoins-wieder-ueber-300-milliarden-us-dollar/.*

56 *www.wiwo.de/finanzen/boerse/bitcoin-ether-und-co-die-zehn-groessten-kryptowaehrungen-nach-marktkapitalisierung-2022/27456842.html* (29. 5. 2022).

57 Siehe *www.finanzen.net/devisen/bitcoin-euro-kurs* (4. 11. 2017). Über die Spekulation siehe auch den Bericht in *www.merkur.de/leben/geld/wird-bitcoin-zehn-jahren-etwaviel-wert-sein-zr-8676509.html.*

58 *www.finanzen.net/devisen/bitcoin-euro-kurs.*

59 Von Missbrauch für Waffen- und Drogenhandel und von Terrorismusfinanzierung ist bei Lehmann, NJW 2018, 3737 die Rede.

60 In der Schweiz erhielten traditionellerweise vor allem Prominente ein Konto, das allein durch seine Nummer bestimmt war; nur wenige Beschäftigte der Bank wissen, wer der wirkliche Kontoinhaber ist. Verbreiteter Einschätzung nach konnte das Prominent-Sein durch 1 Mio. CHF ersetzt werden.

nur bestimmte Leute Gebrauch machen (können), die die staatlichen Behörden ungern in ihre Angelegenheiten schauen lassen, steht auf einem anderen Blatt.[61] Der Handel mit Bitcoins ist nach einer Entscheidung des Berliner Kammergerichts[62] nicht genehmigungsbedürftig, da kein »Finanzinstrument« im Sinne des KWG vorliege.

Seit November 2015 räumte das **Magazin** für digitale Wirtschaft »**t3n**« 38
seinen Beschäftigten das Recht ein, sich einen **Teil des Gehalts in Bitcoin** auszahlen zu lassen. Das funktionierte ganz einfach:[63] »Die Mitarbeiter brauchen sich nur auf der Plattform *pey.de* anzumelden, den Betrag der Umwandlung anzugeben und die kostenlose Pey-App mit ihrer Bitcoin-Wallet zu verknüpfen. Die Lohnabrechnung muss dann die Höhe des Betrags und einen Nettoabzugshinweis enthalten.« Derzeit scheint dies nicht mehr angeboten zu werden; bei den »benefits, auf die du dich jetzt schon freuen kannst,« ist diese Form der Bezahlung nicht mehr aufgeführt.[64] Gleichwohl stellt sich das arbeitsrechtliche Problem, ob das Gehalt auch anders als in Euro ausgezahlt werden kann.[65]

2. Gehalt in Bitcoins?

Nach § 107 Abs. 1 GewO ist das **Arbeitsentgelt in Euro** zu berechnen 39
und auszuzahlen. Grundgedanke ist die Erwägung, dass der Arbeitnehmer mit dem erhaltenen Geld unmittelbar seinen Lebensunterhalt bestreiten kann und nicht von irgendwelchen »Einwechslungen« abhängig ist. Obwohl § 107 Abs. 1 GewO zwingenden Charakter besitzt,[66] erfährt er **bei Auslandstätigkeit** unter deutschem Recht **Durchbrechungen**, indem zumindest ein Teil des Gehalts in Ortswährung ausgezahlt wird. Als Begründung bietet sich eine teleologische Reduktion des § 107 Abs. 1 GewO an, da der Lebensunterhalt nur dann gesichert ist, wenn kein Umtausch dazwischengeschaltet werden muss.[67] Außerdem verlangt

61 Die Bundesregierung berichtete aufgrund einer parlamentarischen Anfrage, im Jahre 2018 habe es 90 Einzelfallprüfungen im Zusammenhang mit der Ausgabe von Kryptowährungen und 573 Geldwäscheverdachtsmeldungen aus diesem Bereich gegeben (BT-Drs. 19/10920); über Verurteilungen ist allerdings nichts bekannt geworden.

62 KG, 25.9.2018 – (4) 161 Ss 28/18 (35/18), NJW 2018, 3734.

63 Nähere Schilderung bei *t3n.de/news/t3n-zahlt-gehalt-in-bitcoin/*.

64 *t3n.de/jobs-bei-t3n/*.

65 Zu den ungleich komplexeren zivilrechtlichen Problemen siehe Walter, NJW 2019, 3609ff.

66 HWK-Lembke, § 107 GewO Rn. 16; Tölle, NZA 2019, 142; grundsätzlich auch AR-Kolbe, § 107 GewO Rn. 13.

67 Däubler, in: FS Birk, S. 27, 30. Weitere Fragen bei Pfrang, NZA 2022, 380ff.

§ 2 Abs. 2 Nr. 2 NachwG bei einer über einen Monat hinausgehenden Auslandsarbeit, dass im Arbeitsvertrag die Währung bestimmt ist, in der das Arbeitsentgelt ausgezahlt wird; dies spricht gleichfalls für eine Durchbrechung des § 107 Abs. 1 GewO. Anders als eine am ausländischen Arbeitsort bestehende Währung hat der Bitcoin aber (bisher noch) **nicht** die **Funktion eines allgemeinen Zahlungsmittels.** Eine Abweichung von § 107 Abs. 1 GewO ist daher nicht zu rechtfertigen.[68] Ausnahmen sind jedoch in § 107 Abs. 2 GewO vorgesehen.

40 **Rechtlich unproblematisch** ist eine Abmachung, wie sie die **Firma t3n** getroffen hat: Dem einzelnen Beschäftigten steht das **Recht** zu, einen Teil seiner Vergütung in Bitcoins zu verlangen. Ob er davon Gebrauch macht oder nicht, ist allein ihm überlassen. Die getroffene Abmachung ist nur insoweit von Bedeutung, als die zu jedem Zeitpunkt mögliche Umwechslung bei entsprechender Absicht des Arbeitnehmers auf den Augenblick der Gehaltszahlung vorverlegt wird. Auch die schwierige Frage nach der Rechtsstellung des Bitcoin-Inhabers[69] kann unter diesen Umständen dahinstehen: Wer das Risiko liebt, dem sollen hier keine Steine in den Weg gelegt werden.

41 Probleme ergeben sich nur dann, wenn **im Arbeitsvertrag verbindlich festgelegt** wird, dass ein Teil der Vergütung in Bitcoins zu erbringen ist. Hier könnte eine **Sachleistung** i. S. v. § 107 Abs. 2 GewO vorliegen, die dann möglich ist, wenn sie dem Interesse des Arbeitnehmers oder der Eigenart des Arbeitsverhältnisses entspricht. Die »Sachbezüge« werden nicht im Sinne des Sachbegriffs nach § 90 BGB gesehen, vielmehr werden auch Dienstleistungen des Arbeitgebers wie Unterbringung und Verköstigung[70] sowie Aktienoptionsrechte darunter gefasst.[71] Inhaltlich handelt es sich um alle geldwerten Leistungen, die nicht in Geld erbracht werden. Auch eine Zahlung in Bitcoins fällt deshalb darunter.[72]

42 Ob auch die weiteren Voraussetzungen des § 107 Abs. 2 Satz 1 GewO erfüllt sind, erscheint zweifelhaft. Das für eine solche Vergütung sprechende Arbeitnehmerinteresse wird nicht im Sinne subjektiver Wunschvorstellungen, sondern als »objektives«, »**wohlverstandenes**« **Interesse** interpretiert.[73] Deshalb genügt es nicht, dass der Arbeitnehmer dadurch

68 So auch Plitt/Fischer, NZA 2016, 799, 801; Tölle, NZA 2019, 142.

69 Seitz, K&R 2017, 763.

70 AR-Kolbe, § 107 GewO Rn. 17.

71 LAG Düsseldorf, 30. 10. 2008 – 5 Sa 977/08, DB 2009, 687 Tz. 44.

72 Plitt/Fischer, NZA 2016, 799, 801; Tölle, NZA 2019, 142.

73 LAG Düsseldorf, 30. 10. 2008 – 5 Sa 977/08, DB 2009, 687 Tz. 46; ErfK-Preis, § 107 GewO Rn. 4; HWK-Lembke, § 107 GewO Rn. 29; AR-Kolbe, § 107 GewO Rn. 21; Tölle, NZA 2019, 142.

sein »Interesse« bekundet, dass er eine entsprechende Klausel im Arbeitsvertrag akzeptiert.[74] Vielmehr muss eine solche Leistung für ihn objektiv von Nutzen sein, was nicht erkennbar ist. Dabei darf man sich nicht von den exorbitanten Kurssteigerungen beeindrucken lassen, die natürlich den Bitcoin-Inhabern enorme Gewinne gebracht haben. In der Gegenwart ist vielmehr bei der Umrechnung des Euro-Betrags in Bitcoin der Tageskurs zugrunde zu legen, sodass angesichts der spekulativen Form der Preisbildung ein hohes Verlustrisiko besteht. Zwischen Mitte Dezember 2017 und Mitte Januar 2018 hat sich dieses beispielsweise auch realisiert.[75] Dabei geht es nicht nur darum, dass die Bitcoin-Zahlung plötzlich sehr viel weniger wert ist. Vielmehr ist auch zu beachten, dass **Steuern und Sozialversicherungsbeiträge in Euro** auf der Grundlage des Kurses bezahlt werden müssen, der im Zeitpunkt der Entstehung des Entgeltanspruchs bestand. Kommt es insbesondere bei der Steuer zu Verzögerungen bei der Abführung, kann dies eine schwere wirtschaftliche Belastung darstellen, wenn der Kurs inzwischen um ein Drittel oder die Hälfte gefallen ist.[76] Dem (objektiven) Arbeitnehmerinteresse ist dadurch ausreichend Rechnung getragen, dass wie bei der Firma t3n jederzeit der Wunsch geäußert werden kann, einen Teil der Vergütung in Bitcoin zu erhalten. Eine **vertragliche Bindung** entspricht demgegenüber **nicht dem Interesse des Arbeitnehmers.**[77]

Auch die »**Eigenart des Arbeitsverhältnisses**« kann diese Art der Sachleistung nicht rechtfertigen. Die bislang unter diesem Gesichtspunkt behandelten Fälle betrafen Leistungen, die in bestimmten Branchen üblich sind: Haustrunk in Brauereien, Holzdeputat in der Forstwirtschaft, Kohle im Bergbau oder Zigarren im Tabakgewerbe. Eine solche Teilhabe an den Arbeitgeberprodukten scheidet im Normalfall aus; nur bei Unternehmen, die sich auf die Ausgabe von Bitcoins oder andere Dienstleistungen rund um eine Kryptowährung spezialisiert haben, käme Abweichendes in Betracht.[78] 43

74 So aber Plitt/Fischer, NZA 2016, 799, 801 und Arnold/Günther-Arnold/Winzer, § 3 Rn. 227; anders Tölle, NZA 2019, 142.

75 Zur Kursentwicklung siehe die Nachweise oben Rn. 36.

76 Dies gilt auch dann, wenn man mit Tölle (NZA 2019, 141, 143) die Zahlung in Bitcoin (oder einer anderen Kryptowährung) bei Zulagen zulassen möchte. Das Problem ist auch erkannt bei Arnold/Günther-Arnold/Winzer, § 3 Rn. 228.

77 Anders Plitt/Fischer, NZA 2016, 799, 802, die in Anlehnung an die Rechtsprechung des BAG zur flexiblen Vergütung eine Zahlung in Bitcoin von bis zu 25–30 % der Gesamtbezüge akzeptieren wollen. Kritisch dazu Tölle, NZA 2019, 142.

78 Ebenso Tölle, NZA 2019, 141, 143; enger Plitt/Fischer, NZA 2016, 799, 802.

44 Das Recht, einen Teil der Vergütung in Bitcoins zu verlangen, betrifft die Auszahlung des Arbeitsentgelts. Eine allgemeine Regel wie bei der Firma t3n unterliegt deshalb nach § 87 Abs. 1 Nr. 4 BetrVG der **Mitbestimmung des Betriebsrats**. Will der Arbeitgeber von sich aus einen Teil der Vergütung in Bitcoins auszahlen oder hat er dies in den Arbeitsverträgen vereinbart, kann der Betriebsrat nach § 87 Abs. 1 Nr. 10 BetrVG mitbestimmen. Die Tatsache, dass es sich um eine rechtswidrige Gestaltung handelt, steht dem Mitbestimmungsrecht nicht entgegen; dieses hat u. a. gerade auch die Funktion, rechtswidrige Gestaltungen zu verhindern.[79]

V. Andere Anwendungsformen der Blockchain-Technologie

45 Neben Bitcoin-Transaktionen kennt die Blockchain-Technologie weitere potenzielle Anwendungsformen, die heute im Einzelnen noch nicht bekannt sind.[80] Am bedeutsamsten ist der **Einsatz im Rahmen von »smart contracts«**. Diese charakterisieren sich dadurch, dass rechtlich relevante Aktivitäten wie die Bezahlung eines vereinbarten Preises elektronisch kontrolliert, dokumentiert oder auch bewirkt werden.[81] Ein (eher abschreckendes) Beispiel wäre etwa ein Mietvertrag, wonach sich die Wohnungstür nicht mehr öffnen lässt, wenn die Miete nicht pünktlich bezahlt wurde.

46 Die Blockchain-Technologie zeichnet sich durch ein hohes Maß an **Verlässlichkeit und Fälschungssicherheit** aus. Die Technik wird wie folgt beschrieben:[82]

»Unter einer Blockchain (englisch für »Blockkette«) wird eine verteilte Datenbank verstanden, die eine erweiterbare Liste von Datensätzen enthält und deren Integrität (Sicherung gegen nachträgliche Manipulation) durch Speicherung der (kryptographischen) Prüfsumme des vorangehenden Datensatzes im jeweils nachfolgenden gesichert ist. Dieses wird auch als Distributed Ledger Technology bezeichnet. Im Wesentlichen ist eine Blockchain somit ein dezentrales Protokoll für Transaktionen zwischen Parteien, das jede Veränderung transparent erfasst. Dezentralität bedeutet, dass das

---

79 Vgl. BAG, 22.7.2008 – 1 ABR 40/07, NZA 2008, 1248, 1254 Tz. 58.
80 Bechtolf/Vogt, ZD 2018, 66, 67.
81 Schrey/Thalhofer, NJW 2017, 1431.
82 Djazayeri, in: Meder/Beesch (Hrsg.), jurisPR-BKR 12/2016 Anm. 1.

Protokoll (die Datenbank) über viele Computer verteilt ist. Man spricht von einem Peer-to-Peer-Netzwerk, bei dem es eine zentrale, verwaltende Stelle nicht gibt. Alle Teilnehmer des Netzwerks (full nodes) besitzen eine vollständige Kopie der kompletten Blockchain auf ihrem lokalen Speicher.«

Die Transaktionsdaten werden in nachvollziehbarer Weise dokumentiert und lassen sich nachträglich nicht mehr ändern. Es wird deshalb auch erwogen, die Blockchain-Technologie nicht nur im Rahmen von Verträgen, sondern auch **für Registerzwecke** einzusetzen.[83]

Anwendungsbeispiele im Arbeitsrecht sind bisher nicht erörtert. Denkbar wäre etwa eine **Zielvereinbarung**, die an exakt erfassbaren Umständen (z. B. Zahl der vermittelten Verträge, erfolgreiche Absolvierung eines Weiterbildungskurses) anknüpft und die bei 100 % – Zielerreichung die Bezahlung eines bestimmten Bonus vorsieht: Dies könnte Teil eines smart contract sein, der die Zielerreichung automatisch erfasst und die Auszahlung des Bonus von sich aus veranlasst. Um Manipulationen zu vermeiden, wird dabei auf die Blockchain-Technologie zurückgegriffen. 47

Die Verwendung der Blockchain-Technologie wirft **datenschutzrechtliche Fragen** auf. Die Unveränderlichkeit der gespeicherten Daten schließt entgegen Art. 16 und Art. 17 DSGVO einen Anspruch auf Berichtigung und Löschung aus.[84] Ein Vorgang lasst sich nur in der Weise rückgängig machen, dass man eine Transaktion mit gegenteiligem Inhalt (»Reverse Transaction«)[85] vornimmt, was aber die (angeblichen) früheren Vorgänge weiter einsehbar macht. Dies kann zur Folge haben, dass die Blockchain-Technologie nur dort eingesetzt werden kann, wo keine personenbezogenen oder personenbeziehbaren Daten anfallen. 48

Die Blockchain-Technologie stand **vorübergehend im Zentrum der Aufmerksamkeit,** ist jedoch seit 2019 in Deutschland stark in den Hintergrund getreten. Die **Bundesregierung** hat zwar eine **»Blockchain-Strategie«** verabschiedet,[86] doch zeichnet sich diese durch ein beträchtliches Maß an Unverbindlichkeit aus: So schließt beispielsweise die dazu veröffentlichte Presseerklärung der Bundesregierung vom 18. 9. 2019 mit den Worten: *»Die Potentiale der Blockchain-Technologie sollen erschlossen und Missbrauchsmöglichkeiten verhindert werden. Dabei ist die Bundes-* 49

83 Jacobs/Lange-Hausstein, ITRB 2017, 10ff.
84 Schrey/Thalhöfer, NJW 2017, 1431, 1435.
85 Schrey/Thalhöfer, NJW 2017, 1431, 1435.
86 *www.bmwi.de/Redaktion/DE/Publikationen/Digitale-Welt/blockchain-strategie.pdf?__blob=publicationFile&v=22.*

regierung dem Prinzip der Technikneutralität verpflichtet.«[87] Hinzu kommt, dass die besondere Verlässlichkeit und Fälschungssicherheit dieser Technologie möglicherweise gegenüber einem sog. **Quantencomputer** versagt.[88]

87 *www.bmwi.de/Redaktion/DE/Pressemitteilungen/2019/20190918-bundesregierung-verabschiedet-blockchain-strategie.html.*

88 *scilogs.spektrum.de/beobachtungen-der-wissenschaft/googles-neuer-quantencomputer-erleben-wir-gerade-den-sputnik-momentin-der-informationstechnologie/?utm_source=pocket-newtab.*

§ 11 Unerlaubte Privatnutzung dienstlicher Geräte

I. Einleitung

1 Besteht ein dienstlicher Zugang zum Internet – sei es über den vom Arbeitnehmer genutzten Rechner, sei es über ein vom Arbeitgeber zur Verfügung gestelltes mobiles Gerät – ergeben sich eine Reihe von **Folgeproblemen.**

1. Denkbare Fallkonstellationen

2 Für den Arbeitnehmer stellt der Zugang zum Internet häufig eine Arbeitserleichterung dar – sieht man einmal von den veränderten Rahmenbedingungen ab, die an früherer Stelle angesprochen wurden und die keineswegs nur als »positiv« zu qualifizieren sind.[1] Gleichzeitig verführt die neue Technik jedoch dazu, einige private Dinge mit zu erledigen: Der Freund in Japan bekommt einen Brief per E-Mail, die Banküberweisungen werden während der Dienstzeit erledigt, die Ferienreise nach Teneriffa wird gebucht und bei Amazon ein Buch für die Ehefrau gekauft. Manche wenden sich den eher unterhaltsamen Seiten des Internets zu. Für die Arbeitgeberseite bringt dies die Gefahr mit sich, dass Arbeitszeit verloren geht und – so wird häufig behauptet – dass das firmeneigene Informationssystem übermäßig in Anspruch genommen oder mit Viren belastet wird.[2] Viele Beschäftigte verfügen privat über ein mobiles Gerät, das den Zugang zum Internet ermöglicht, das man jedoch nicht an den Arbeitsplatz mitbringen darf oder jedenfalls faktisch nicht mitbringt.

3 Werden **mit** einer solchen **privaten Nutzung arbeitsvertragliche Pflichten** verletzt? Dabei geht es nicht allein um »Nicht-Arbeit«. Der Arbeitsvertrag verbietet es möglicherweise auch, strafbare Pornodateien herunterzuladen oder sich Websites mit neonazistischem Inhalt anzuschauen.

---

1 Siehe oben, vor allem § 1 Rn. 29ff.

2 Jofer/Wegerich, K&R 2002, 235.

Daneben können andere »netzspezifische« Verhaltensweisen eine Pflichtverletzung darstellen: Der Arbeitnehmer kopiert beispielsweise dienstliche Dateien für private Zwecke oder verschafft sich das Passwort eines Kollegen und erhält so Zugang zu Informationen, die nicht für ihn bestimmt sind.[3] Möglich ist auch, dass der Arbeitnehmer **abfällige Äußerungen über den Arbeitgeber** verbreitet[4] oder dass plötzlich Rechnungen wegen der privaten Nutzung bestimmter Internetdienste eingehen.[5]

2. Der Diskussionsstand

4 Die juristische Literatur konzentrierte sich zunächst im Wesentlichen auf die Frage, ob der Arbeitgeber den **E-Mail-Verkehr** des Arbeitnehmers überwachen darf.[6] Diese Problematik ist auch heute noch von erheblicher Bedeutung. Doch zunächst stellen sich andere Fragen: Inwieweit ist z. B. das private **»Surfen« im Internet** mit arbeitsvertraglichen Pflichten vereinbar?[7] Kann dafür auch Arbeitszeit verwendet werden? Dürfen dienstliche Informationen auf einen privaten Datenträger kopiert oder darf umgekehrt Privates auf dem Dienstgerät platziert werden?[8] Was geschieht, wenn sich der Arbeitnehmer ein wenig gegenüber Kontrollen »abschotten« will und deshalb aus eigenem Antrieb eine »Anonymisierungssoftware« installiert?[9] Was sind die Folgen, wenn ein Beschäftigter »Hacker-Software« herunterlädt und im System des Arbeitgebers speichert?[10] Die damit verbundenen Fragen werden zwar seit rund 25 Jahren diskutiert, doch fehlt es teilweise noch immer an klaren, der Praxis als Richtschnur dienenden Lösungen.[11]

---

3 LAG Schleswig-Holstein, 15.11.1989 – 5 Sa 335/89, DB 1990, 635: Sekretärin verschafft sich Passwort des Chefs.

4 LAG Schleswig-Holstein, 4.11.1998 – 2 Sa 330/98, CF 6/1999, 32 = RDV 1999, 223 = NZA-RR 1999, 132.

5 So bereits OLG Hamburg, CF 6/1999, 33.

6 Balke/Müller, DB 1997, 326; Raffler/Hellich, NZA 1997, 862; Skowronek, CF 10/2000, 27 ff.

7 Dazu bereits Kronisch, AuA 1999, 550. Siehe weiter Däubler, K&R 2000, 323 ff. Aktueller OVG Lüneburg, 14.9.2011 – 18 LP 15/10, PersR 2012, 40 = K&R 2012, 228 = RDV 2012, 95.

8 Siehe den Fall BAG, 24.3.2011 – 2 AZR 282/10, NZA 2011, 1029.

9 Siehe den Fall BAG, 12.1.2006 – 2 AZR 179/05, NZA 2006, 980.

10 Siehe den Fall OLG Celle, 27.1.2010 – 9 U 3809, NZA-RR 2010, 299.

11 Holzner, ZRP 2011, 12.

3. Rechtsprobleme

Ob und in welchem Umfang ein Arbeitnehmer das Internet nutzen darf, hängt zunächst davon ab, ob dabei private oder dienstliche Zwecke verfolgt werden. Wie diese abzugrenzen sind, soll daher zunächst untersucht werden (unten II., Rn. 7ff.). Im Folgenden wird der gar nicht so seltene Fall erörtert, dass der Arbeitnehmer zur privaten Nutzung befugt ist: Wann kann davon wirklich die Rede sein? Genügt eine entsprechende Praxis? Ist diese auch dann von Bedeutung, wenn ein ausdrückliches Verbot besteht? Wie ist der Fall zu behandeln, dass von einer Erlaubnis exzessiver Gebrauch gemacht wird? Lässt sich eine einmal etablierte Praxis wieder ändern? (unten III., Rn. 11ff.). Darf der Arbeitnehmer die Geräte des Arbeitgebers nur zur Erfüllung seiner dienstlichen Aufgaben nutzen, sind die insoweit bestehenden Vorgaben zu beachten. Eine dagegen verstoßende oder eine private Nutzung wirft die Frage arbeitsvertraglicher Sanktionen auf (unten IV., Rn. 30ff.). 5

Der Umgang mit dem Internet kann Anlass zahlreicher weiterer Pflichtverletzungen sein.[12] Was geschieht, wenn ein Krankenpfleger Fotos ins Netz stellt und darauf auch Patienten zu sehen sind? Lassen sich Kontakte in einem Netzwerk wie Xing als dienstlich qualifizieren? Liegt ein Fall unlauteren Wettbewerbs vor, für den der Arbeitgeber haftet, wenn die Produkte der Firma unter großzügigem Umgang mit der Wahrheit angepriesen werden? Diese und viele andere Fragen werden uns im folgenden Paragraphen beschäftigen. 6

Nicht hierher gehört die schon an anderer Stelle[13] behandelte Frage, ob der Arbeitgeber das Mitbringen privater Smartphones und vergleichbarer Geräte an den Arbeitsplatz verbieten kann.

II. Private oder dienstliche Nutzung?

1. Was ist dienstliche Nutzung?

Unstrittig ist der Ausgangspunkt: Soweit ein Bezug zu den dienstlichen Aufgaben besteht, diese also durch das Tun des Arbeitnehmers gefördert werden sollen, liegt eine dienstliche Nutzung vor. Ob sie im Einzelfall sinnvoll und »zielführend« ist, spielt keine Rolle. Es reicht die **Absicht,** 7

12 Überblick bei Kaumanns/Böhm, K&R 2015, 18ff.

13 Oben § 4 Rn. 30ff.

die Arbeit voranzubringen.[14] In Zweifelsfällen kann man auf die Abgrenzungsversuche zurückgreifen, die im Unfallversicherungsrecht[15] und im Recht der Arbeitnehmerhaftung[16] entwickelt wurden, da in beiden Fällen auf das Vorliegen einer »betrieblichen Tätigkeit« abgestellt wird.

> Ein angestellter Rechtsanwalt will über die Eingabe in eine Suchmaschine Näheres über den letzten Stand des Mietrechts erfahren, der bei der Beratung einer Wohnungsbaugesellschaft eine Rolle spielt. Er hätte vernünftigerweise »*www.bundestag.de*«, »*www.bmj.bund.de*« oder (am besten) »*www.gesetze-im-internet.de*« angewählt. Die Suchmaschine wird wahrscheinlich eine übergroße Trefferzahl bringen, was das Auffinden eher erschwert. Am betrieblichen Charakter des Bemühens besteht jedoch kein Zweifel.

Das ArbG Wesel[17] hat überdies mit Recht darauf hingewiesen, dass in der ersten Phase des Umgangs mit dem Internet das Erlernen auch dann dienstlichen Charakter haben könne, wenn es um Surfen in Bereichen mit privaten Themen gehe.[18] Das wird allerdings heute nur noch selten relevant sein. Auch bedeutet »dienstliche Kommunikation« nicht, dass jedes private Wort zu unterbleiben hätte.[19] Die Einbeziehung persönlicher Umstände kann die dienstlichen Kontakte im Gegenteil eher fördern.[20]

2. Privatnutzung aus dienstlichem Anlass

8 Soweit Telefongespräche in Rede stehen, werden Privatgespräche »aus dienstlichem Anlass« wie Dienstgespräche behandelt.[21] Paradebeispiel ist der Anruf bei der Ehefrau, weil man wegen einer sich länger hinziehenden Sitzung erst später als vorgesehen nach Hause kommen kann. Entsprechende Fälle können auch im Zusammenhang mit der E-Mail-Nutzung auftauchen: Wird eine geplante Reise nach Montevideo oder Shanghai aus dienstlichen Gründen um drei Tage verschoben, kann man

---

14 Zustimmend Dickmann, NZA 2003, 1009; Ernst, NZA 2002, 588; Hanau/Hoeren, S. 19.

15 Kurzer Überblick m. w. N. bei Däubler, Arbeitsrecht 2, Rn. 429.

16 BAG, 12.6.1992 – GS 1/89, DB 1993, 939; Gemeinsamer Senat der Obersten Gerichtshöfe, 16.12.1993 – GmS-OGB 1/93, BB 1994, 431.

17 ArbG Wesel, 21.3.2001 – 5 Ca 4021/00, NZA 2001, 787.

18 Zustimmend Dickmann, NZA 2003, 1009.

19 Ernst, NZA 2002, 589.

20 Dickmann, NZA 2003, 1010; Hanau/Hoeren, S. 20.

21 Matthes, CR 1987, 112.

dies auch privaten Freunden per E-Mail mitteilen, mit denen man sich am Reiseziel abends treffen wollte.[22]

3. Privatnutzung

Alle anderen Formen der Außenkommunikation haben privaten Charakter. Lediglich bei **Arbeitsverhältnissen, die ausschließlich** oder fast ausschließlich **übers Netz abgewickelt** werden, ist anderes anzunehmen: So wie es zur Normalform der Arbeit gehört, dass man mit Kollegen, die man auf dem Gang oder in der Poststelle trifft, mal ein paar Minuten über Privates redet, muss es auch bei einer rein elektronischen »Anbindung« ein gewisses Maß an nicht-dienstlichem Austausch geben.[23] Ob man in solchen Fällen von einem integrierenden Bestandteil der dienstlichen Nutzung oder von erlaubter Privatnutzung spricht, ist im Ergebnis ohne Bedeutung. 9

Geht man vom bisherigen Normalfall des Arbeitsverhältnisses aus, das durch einen Netzanschluss mehr oder weniger stark geprägt wird, das aber das persönliche Gespräch am Arbeitsplatz durchaus zulässt, ergibt sich die Frage, unter welchen Voraussetzungen die Privatnutzung gestattet ist und damit nicht gegen arbeitsvertragliche Pflichten verstößt. 10

III. Erlaubte Internetnutzung zu privaten Zwecken

1. Das Grundprinzip: Entscheidungsfreiheit des Arbeitgebers

Als Inhaber des Zugangs zum Internet entscheidet der **Arbeitgeber grundsätzlich frei** darüber, in welchem Umfang er seinen Beschäftigten oder anderen Personen **Nutzungsmöglichkeiten eröffnen** will. So kann er den Zugang auf bestimmte Adressen beschränken (sog. Positivliste), aber auch einen generellen Zugang gestatten und davon nur bestimmte Bereiche auszunehmen (Negativliste).[24] Insoweit liegt ein Stück Eigen- 11

22 Ebenso für diesen Fall Ernst, NZA 2002, 588; Heilmann/Tege, AuA 2001, 53; Kramer, NZA 2004, 458; Vehslage, AnwBl 2001, 145; für Übertragung auf E-Mail weiter Balke/Müller, DB 1997, 326 und im Grundsatz auch Dickmann, NZA 2003, 1009.

23 Einzelheiten dazu unten § 16 (Rn. 31). Zustimmend Heckmann-Braun, Kap. 7 Rn. 46.

24 Besgen/Prinz-Marcone, § 1 Rn. 137.

tumsgebrauch vor,[25] wobei es keine Rolle spielt, ob der Zugang durch einen stationären PC oder durch ein mobiles Gerät wie einen dienstlichen Laptop oder ein dienstliches Smartphone vermittelt wird. Der Arbeitsvertrag gibt im Normalfall kein Recht, Installationen des Arbeitgebers für eigene Zwecke zu verwenden, beispielsweise private Kopien anzufertigen oder den PC für den Empfang von Fußballübertragungen zu benutzen; es bedarf also einer Erlaubnis.[26] Die Möglichkeit zum privaten Surfen erhöht die Arbeitszufriedenheit, birgt aus Arbeitgebersicht aber auch Gefahren. Nach einer Bitkom-Erhebung erlauben 59 % der deutschen Unternehmen in mehr oder weniger großem Umfang eine Privatnutzung; 30 % sprechen demgegenüber ein Verbot aus.[27]

12 Von diesem Prinzip gibt es einige **eher marginale Ausnahmen**. So wird im Normalfall niemand dem Arbeitnehmer das Recht verwehren, ein Familienfoto auf dem Schreibtisch zu platzieren oder ein Bild bzw. ein Plakat an der Wand zu befestigen.[28] Auf der Grundlage des Art. 9 Abs. 3 GG können weiter in gewissem (aber durchaus bescheidenem) Umfang betriebliche Einrichtungen für gewerkschaftliche Zwecke genutzt werden.[29] Denkt man dies weiter, wird man **in dringenden Fällen** dem Arbeitnehmer auch das Recht zusprechen können, ein **privates Gespräch** von einem dienstlichen Apparat aus zu führen.[30] Grundlage ist die aus dem Arbeitsverhältnis folgende Nebenpflicht des Arbeitgebers, auf wichtige Interessen des Arbeitnehmers Rücksicht zu nehmen. Dieselbe Wertung liegt dem § 616 BGB zugrunde, der beispielsweise eine bezahlte Freistellung für den Fall vorsieht, dass ein Arztbesuch nur während der Arbeitszeit möglich ist[31] oder dass ein Gerichtstermin nicht verlegt werden kann.[32] Auch die Erkrankung von Kindern unter zwölf Jahren gibt innerhalb bestimmter quantitativer Schranken einen Freistellungs-

---

25 Wie hier Braun/Spiegl, AiB 2008, 393; Dickmann, NZA 2003, 1010; Ernst, NZA 2002, 585; Holzner, ZRP 2011, 12; Kramer, NZA 2004, 458. Ebenso LAG Nürnberg, 29.1.1987 – 5 TaBV 4/86, LAGE § 87 BetrVG 1972 Kontrolleinrichtung Nr. 9.

26 Grimm/Singraven-Grimm/Singraven, § 28 Rn. 28.5.

27 Grimm/Singraven-Grimm/Singraven, § 28 Rn. 28.2.

28 Einzelheiten bei Däubler, Gewerkschaftsrechte im Betrieb, Rn. 621 ff. m. w. N.

29 Einzelheiten unten § 13 Rn. 1 ff.

30 Dahingestellt bei LAG Nürnberg, 29.1.1987 – 5 TaBV 4/86, LAGE § 87 BetrVG 1972 Kontrolleinrichtung Nr. 9. Wie hier Braun/Spiegl, AiB 2008, 393; Ernst, NZA 2002, 588; Hanau/Hoeren, S. 20 f.; Heilmann/Tege, AuA 2001, 55; Holzner, ZRP 2011, 12; Kramer, NZA 2004, 458; Vehslage, AnwBl 2001, 145.

31 BAG, 27.6.1990 – 5 AZR 365/89, DB 1990, 2072. Dazu ErfK-Preis, § 616 Rn. 7.

32 BAG, 13.12.2001 – 6 AZR 30/01, NZA 2002, 1105; LAG Hamm, 24.11.1971 – 8 Ta 78/71, BB 1972, 177.

anspruch.[33] Da die Benutzung des Telefons (oder des Internet) ungleich geringere Belastungen für den Arbeitgeber mit sich bringt, dürften insoweit schon weniger gravierende Anlässe genügen.

> Der Arbeitnehmer schickt eine E-Mail in die USA, um sich nach dem Befinden seiner Schwester zu erkundigen, die dort in einen Unfall verwickelt wurde und im Krankenhaus liegt.
> Oder: Die Großmutter kann wegen gesundheitlicher Probleme nicht mehr für das dreijährige Kind sorgen. Über das Netz wird kurzfristig nach jemandem gesucht, der einspringen könnte.

Voraussetzung ist allerdings immer, dass **keine Verschiebung auf die Freizeit** beziehungsweise ein anderes Medium **möglich** und sinnvoll ist. Dass hier keine kleinlichen Maßstäbe anzulegen sind, wird daran deutlich, dass das BAG die (generelle) Zulässigkeit privater Ferngespräche während der Arbeitszeit nicht etwa ablehnte, sondern dahinstehen ließ,[34] was eher für eine weitergehende als die hier vertretene Position spricht. In der Gegenwart werden solche Fälle freilich immer seltener, da der Arbeitnehmer oft über mobile Privatgeräte aktiv werden kann, die er an den Arbeitsplatz mitbringt.[35] 13

2. Ausdrückliche oder konkludente Erlaubnis

Nach dem eben Gesagten bedarf die private Nutzung von E-Mail und Internet von den beschriebenen Sonderfällen abgesehen im Regelfall der Zustimmung des Arbeitgebers.[36] Soweit sie **ausdrücklich erteilt** wird, kann dies durch eine Bekanntmachung im Betrieb, durch Abschluss einer Betriebsvereinbarung oder durch Aufnahme einer entsprechenden Klausel in die Arbeitsverträge erfolgen. Möglich und praktikabel ist weiter, dem einzelnen Arbeitnehmer sowohl eine dienstliche wie eine **private** 14

---

33 ErfK-Preis, § 616 Rn. 8.

34 BAG, 1.3.1973 – 5 AZR 453/72, AP Nr. 1 zu § 611 BGB Persönlichkeitsrecht Bl. 2 R.

35 Ein Verbot, private Geräte an den Arbeitsplatz mitzubringen, ist jedenfalls mitbestimmungspflichtig nach § 87 Abs. 1 Nr. 1 BetrVG: LAG Köln, 12.4.2006 – 7 TaBV 68/05, NZA-RR 2007, 80. Ob dieses nicht überhaupt im Regelfall unzulässig ist, wird an späterer Stelle erörtert.

36 Kramer-Wenzel, Teil B Rn. 141. Vgl. weiter Raffler/Hellich, NZA 1997, 862: Der Arbeitgeber darf privates Surfen weitgehend verbieten. Ebenso für das private Telefonieren Balke/Müller, DB 1997, 326.

E-Mail-Adresse zuzuordnen,[37] oder ihm die Möglichkeit zu eröffnen, über den dienstlichen Internet-Zugang auf ein privates E-Mail-Konto (etwa bei *web.de*) zuzugreifen.

In aller Regel wird die Erlaubnis mit zeitlichen und/oder inhaltlichen **Beschränkungen** versehen sein[38] – genannt wird beispielsweise die Sperrung bestimmter Arten von Websites oder eine sog. **Positivliste,** die den Zugang auf ganz bestimmte Quellen beschränkt.[39] Auch wird vorgeschlagen, den Zugang nur über den Arbeitsplatzrechner zu ermöglichen, der dem Einzelnen zur Verfügung gestellt ist.[40] Sämtliche **Attachments** zu **unterdrücken** schützt zwar vor Virenbefall, doch ist der Arbeitgeber verpflichtet, den Arbeitnehmer von einer solchen »Verstümmelung« der Nachricht zu informieren, damit sich dieser auf anderem Wege die Information verschaffen kann.[41] Soweit ersichtlich, hat sich ein solches Vorgehen auch nicht durchgesetzt. Fragwürdig ist auch, ob der Arbeitgeber die Erlaubnis zur Privatnutzung davon abhängig machen kann, dass ihm der Arbeitnehmer über das gesetzliche Ausmaß hinausgehende Kontrollbefugnisse einräumt.[42] Der Umfang der Beschränkung (nicht aber diese selbst) unterliegt der Mitbestimmung des Betriebsrats nach § 87 Abs. 1 Nr. 1 BetrVG.[43]

15 Größere Probleme bereitet das Vorliegen einer **konkludenten Einwilligung**. Sie wird sicherlich dann vorliegen, wenn der Arbeitgeber von sich aus unter der Rubrik »Lesezeichen« auch »WOW/Top1000« aufführt, und die dabei sichtbar werdende Liste neben »Autos und Motor«, »Finanztipps« und »Gesundheit« auch »Spiele« und »Erotik« enthält.[44]

---

37 Gola, MMR 1999, 326; Hanau/Hoeren, S. 21. Auch Ernst (NZA 2002, 585) sieht hierin eine ausdrückliche Gestattung.

38 Beckschulze/Henkel, DB 2001, 1492; Vehslage, AnwBl 2001, 146. Ernst, NZA 2002, 586: Kein Zugriff auf Spiele. Weitere Beispiele bei Holzner, ZRP 2011, 13.

39 Beckschulze, DB 2003, 2777.

40 Jofer/Wegerich, K&R 2002, 238.

41 Dickmann, NZA 2003, 1011.

42 Dafür Heckmann-Braun, Kap. 7 Rn. 49.

43 LAG Hamm, 7.4.2006 – 10 TaBV 1/06, NZA-RR 2007, 20; DKW-Klebe, § 87 Rn. 67. Ob eine Privatnutzung überhaupt zulässig ist, unterliegt nicht der Mitbestimmung: GK-Wiese, § 87 Rn. 193 m.w.N.

44 Derartiges existiert in einer norddeutschen Universität. Bedenken gegen einen solchen Rückschluss bei Dickmann, NZA 2003, 1010 und – ihm folgend – Beckschulze, DB 2003, 2778 mit dem Argument, entsprechende Inhalte seien serienmäßig enthalten, der Arbeitgeber wisse das nicht oder vergesse, eine manuelle Löschung zu veranlassen. Das überzeugt wenig, da es seine Aufgabe ist, den Arbeitsprozess zu organisieren und missverständliche Festlegungen zu vermeiden. Ein entsprechender Gedanke liegt § 305c Abs. 2 BGB zugrunde; es kann keinen Unterschied machen, ob formelle Vertragsbedingungen oder konkludentes Ver-

Dasselbe gilt, wenn der Arbeitgeber in Aufenthaltsräumen Geräte mit Internetzugang zur Verfügung stellt.[45] Von einer konkludenten Einwilligung ist auch dann auszugehen, wenn die Privatnutzung dem einzelnen Arbeitnehmer gegenüber abgerechnet wird.[46]

Ist **privates Telefonieren** gestattet, wird der Arbeitnehmer davon aus- 16
gehen können, dass **in vergleichbarem Umfang** auch private E-Mails und privates Internetsurfen möglich sind.[47] Das gilt jedenfalls dann, wenn dem Arbeitgeber wegen einer Pauschalabrede keine zusätzlichen Kosten entstehen.[48] Von einer konkludenten Einwilligung wird man schließlich auch dann ausgehen können, wenn zwar eine Regelung über die Differenzierung zwischen privater und dienstlicher Nutzung zwischen Betriebsrat und Arbeitgeber vereinbart wurde, diese jedoch trotz einer an sich vorgesehenen Kostenbeteiligung der Arbeitnehmer während längerer Zeit nicht praktiziert wird.[49]

3. Betriebliche Übung

Die **private Internet-Nutzung** kann auch »**betriebsüblich**« sein.[50] Das 17
setzt allerdings voraus, dass die entsprechende Praxis für den Arbeitgeber wenigstens erkennbar war,[51] und die Arbeitnehmer darauf vertrauen konnten, auch in Zukunft werde es bei dem aktuellen Zustand bleiben. Ein Verpflichtungswille des Arbeitgebers muss nicht vorliegen und erst recht

---

halten interpretationsbedürftig sind – der Arbeitgeber muss sich an der für ihn weniger günstigen Variante festhalten lassen.

45 Dickmann, NZA 2003, 1010; Vehslage, AnwBl 2001, 146.

46 Vehslage, AnwBl 2001, 146; ebenso Kramer, NZA 2004, 459.

47 Wie hier Hanau/Hoeren, S. 21; Heilmann/Tege, AuA 2001, 55; für prinzipielle Gleichstellung von Telefon und E-Mail auch Balke/Müller, DB 1997, 326; skeptisch demgegenüber Bijok/Class, RDV 2001, 53 und Ernst, NZA 2002, 586; ablehnend Beckschulze/Henkel, DB 2001, 1492; Dickmann, NZA 2003, 1010; Heckmann-Braun, Kap. 7 Rn. 54; Kramer, NZA 2004, 459.

48 Ebenso ArbG Frankfurt/Main, 2. 1. 2002 – 2 Ca 5340/01, NZA 2002, 1093.

49 So der Fall LAG Köln, 2. 7. 1998 – 6 Sa 42/98, LAGE § 1 KSchG Verhaltensbedingte Kündigung Nr. 66 in Bezug auf Telefongespräche.

50 Siehe etwa die bei Vehslage, AnwBl 2001, 145 mitgeteilten Fälle, wonach Großunternehmen wie VW, Preussag und Conti »keinen Anlass« zum Einschreiten gegen private Internetnutzung sehen. Für die Möglichkeit einer entsprechenden Betriebsübung Barton, NZA 2006, 460, 461; Beckschulze/Henkel, DB 2001, 1491, 1492; Dickmann, NZA 2003, 1009, 1010; Ernst, NZA 2002, 585, 586; Hanau/Hoeren, S. 22; Kramer, NZA 2004, 457, 459; anders Kramer-Wenzel, Teil B, Rn. 150; Waltermann, NZA 2007, 529. Skeptisch auch Heckmann-Braun, Kap. 7 Rn. 55.

51 Zustimmend Beckschulze/Henkel, DB 2001, 1492; Barton, NZA 2006, 460; Ernst, NZA 2002, 586.

nicht bewiesen werden; andernfalls würde das traditionelle vertragsrechtliche Instrumentarium völlig ausreichen und die Betriebsübung wäre als eigenes Rechtsinstitut überflüssig.[52] Wie lange eine entsprechende Praxis bestanden haben muss, lässt sich nicht sicher bestimmen, solange es zu dem hier untersuchten Bereich keine höchstrichterliche Rechtsprechung gibt; im Regelfall dürfte ein **Zeitraum von einem halben bis zu einem Jahr** genügen.[53] Die Anfangszeit nach der Einführung der neuen Technik als »**Übungsphase**« hier herauszurechnen,[54] ist nur möglich, wenn der Arbeitgeber von vorneherein einen entsprechenden Vorbehalt gemacht hat. Die Tatsache, dass die in der Rechtsprechung entschiedenen Fälle von Betriebsübung in der Regel eine Geldleistung des Arbeitgebers zum Gegenstand hatten, ist ohne Bedeutung, da auch die private Internetnutzung eine **wirtschaftliche Leistung** darstellt.[55] Weiter lässt sich der Entstehung einer Betriebsübung nicht das Argument entgegen halten, es handle sich bei dem Verhalten der Arbeitnehmer um rechtswidriges Tun: Jede Betriebsübung hat eine »Vorstufe«, in der noch keine Ansprüche bestehen, was hier bedeutet, dass in der Anfangszeit, d.h. in den ersten sechs Monaten, das Verhalten der Arbeitnehmer nur geduldet ist, also jederzeit unterbunden werden könnte.[56] Auch eine **Schriftformklausel** in den Arbeitsverträgen steht der Entstehung einer Betriebsübung nach der neueren Rechtsprechung nicht mehr entgegen, da sie unwirksam ist.[57]

18 Denkbar ist weiter der Fall, dass der Arbeitgeber zwar jede **Privatnutzung ausdrücklich verboten** hat, diese aber **gleichwohl** während längerer Zeit **duldet**.[58] Das hat weniger mit mangelhafter Umsetzung von Weisungen als damit zu tun, dass sich der Arbeitgeber durch das »Verbot« davor bewahren will, als »Telekommunikationsanbieter« behandelt zu werden, was zusätzliche (und kostenträchtige) Maßnahmen erfordern könnte. Auch

---

52 Dies gegen Beckschulze, DB 2003, 2778 und Grimm/Singraven-Grimm/Singraven, § 28 Rn. 28.6.

53 Beckschulze/Henkel, DB 2001, 1492; Dickmann, NZA 2003, 1010; Ernst, NZA 2002, 586; Hanau/Hoeren, S. 22; für ein Jahr Kramer, NZA 2004, 459; zu den Voraussetzungen der Entstehung einer Betriebsübung siehe BAG, 20.3.1985 – 5 AZR 50/84, DB 1985, 1482; 24.3.1993 – 5 AZR 16/92, DB 1993, 1882.

54 Dafür Beckschulze, DB 2003, 2778.

55 Anders Waltermann, NZA 2007, 529, 531. Zum Entgeltcharakter siehe sogleich (Rn. 19) die Regelung zur Besteuerung.

56 Dies gegen Waltermann, NZA 2007, 529, 531. Wie hier im Ergebnis Braun/Spiegl, AiB 2008, 394.

57 BAG, 25.4.2007 – 5 AZR 504/06, NZA 2007, 801, 803 Tz. 17; 20.5.2008 – 9 AZR 382/07, NZA 2008, 1233. Weitere Nachweise bei Däubler/Deinert/Walser-Däubler, § 305b Rn. 12ff.

58 Der Fall ist auch erörtert bei Holzner, ZRP 2011, 13.

unter solchen Umständen kann jedoch eine Betriebsübung entstehen.[59] Angesichts des formalen Verbots muss jedoch eine längere Zeit verflossen sein, bevor die Arbeitnehmer darauf vertrauen können, der Arbeitgeber werde angesichts der im Betrieb allgemein akzeptierten Praxis nicht mehr auf seine formale Rechtsposition zurückkommen. Hier dürfte von einem Zeitraum von **ein bis zwei Jahren** auszugehen sein. Vor Ablauf dieses Zeitraums kann sich ein abgemahnter oder gekündigter Arbeitnehmer darauf berufen, der **Arbeitgeber** habe ausreichende (Stichproben-) **Kontrollen unterlassen**, schon deshalb habe aus seiner Sicht kein wirksames Verbot mehr bestanden.[60] Zumindest wird die unterbliebene Kontrolle ein wichtiges Moment im Rahmen der bei jeder Kündigung notwendigen Interessenabwägung sein.[61]

Die Privatnutzung ist **nicht als geldwerter Vorteil zu versteuern**. Der 19
seit 1. Januar 2000 geltende § 3 Nr. 45 EStG legt fest, dass Vorteile der Arbeitnehmer aus der privaten Nutzung von betrieblichen PCs und Telekommunikationsgeräten steuerfrei sind.[62] Damit ist neben der Internet- und E-Mailnutzung auch das erlaubte Telefonieren für private Zwecke erfasst. Gleichzeitig wird auf diese Weise bestätigt, dass es sich um die Zuwendung eines wirtschaftlichen Werts handelt. Erhält der Arbeitnehmer einen **PC geschenkt**, ist insoweit eine **Pauschalbesteuerung** in Höhe von 25 % möglich.[63] Auch die Frage der Umsatzsteuer wurde durch das BMF-Schreiben vom 11. April 2001[64] in einem für die Betriebe positiven Sinne gelöst.

4. Rücknahme der Erlaubnis?

Wird die private Inanspruchnahme des Internet-Anschlusses gestattet, 20
stellt dies – ähnlich wie die Zulassung privater Telefongespräche – eine **freiwillige Leistung** des Arbeitgebers dar.[65] Auch wenn die Freiwilligkeit ausdrücklich im Arbeitsvertrag festgelegt ist, kann die Leistung nicht eingestellt werden, da sie ein Teil des Entgelts für geleistete Dienste dar-

59 Anders Kramer-Wenzel, Teil B Rn. 155, wonach in solchen Fällen niemals eine Betriebsübung in Betracht kommt.
60 Besgen/Prinz-Marcone, § 1 Rn. 151.
61 Vgl. LAG Köln, 11.2.2005 – 4 Sa 1018/04; ArbG Frankfurt/Main, 24.9.2010 – 24 Ca 1697/10.
62 Darstellung bei Beckschulze/Henkel, DB 2001, 1503; MMR Aktuell 9/2001, S. V.
63 § 40 Abs. 2 Satz 1 Nr. 5 EStG.
64 DB 2001, 1117.
65 GK-Wiese, § 87 Rn. 196.

stellt.[66] Auch ein Widerrufsvorbehalt hilft in der Regel nicht weiter.[67] Ist eine (vorbehaltlose) **Betriebsübung** entstanden, bedarf es sowieso einer Änderung der Arbeitsverträge. Eine »gegenläufige« Betriebsübung, also ein Zeitraum von einem halben bis zu einem Jahr, in dem aufgrund einer Aufforderung durch den Arbeitgeber keine Privatnutzung mehr erfolgt,[68] wird von der Rechtsprechung nicht mehr anerkannt.[69] Der Arbeitgeberseite wurde weiter empfohlen, allen Beschäftigten per E-Mail mitzuteilen, dass es sich in Zukunft nur noch um eine freiwillig gewährte, jederzeit beendbare Möglichkeit handle; arbeiten alle in Kenntnis dieser Information ohne Protest weiter, wurde eine einvernehmliche Änderung der Arbeitsverträge angenommen. Anders verhielt es sich dann, wenn sich **Beschäftigte** ausdrücklich **gegen den Vorbehalt** verwahrten und **auf ihren vertraglichen Rechten beharrten**.[70] Das hatten ggf. Betriebsratsmitglieder und andere Personen mit Sonderkündigungsschutz sowie evtl. jene getan, die als Altersteilzeiter in absehbarer Zeit ausgeschieden wären. Inzwischen ist auch diese Möglichkeit nach herrschender Auffassung nicht mehr gegeben.[71]

21 Ist die **private Nutzung durch Betriebsvereinbarung geregelt**, soll sich dies nach Ansicht des LAG Nürnberg[72] nur auf die Handhabung einer einmal erlaubten Nutzung beziehen; die Erlaubnis selbst könne jederzeit zurückgenommen werden. Das gilt jedoch nur dann, wenn die **Auslegung** ergibt, dass lediglich dieser (kleinere) Gegenstandsbereich geregelt werden sollte, weil sich die Beteiligten auf den Bereich der erzwingbaren Mitbestimmung beschränken wollten.[73] Denkbar ist aber auch, dass sich die – insoweit freiwillige – Betriebsvereinbarung auch auf die **Frage des »Ob« der privaten Nutzung** bezieht. Ist dies der Fall, lässt sich eine Rücknahme nur durch (vorbehaltene) Kündigung der Betriebsvereinbarung oder durch Ausschöpfung der dort vorgesehenen »Ausstiegsmöglichkeiten« realisieren. Aber selbst, wenn es in der Betriebsvereinbarung nur um die Art und Weise der Privatnutzung geht, stellt sich das Problem,

---

66 BAG, 2.4.2007 – 5 AZR 627/06, NZA 2007, 853; Kramer-Wenzel, Teil B Rn. 1573.

67 Kramer-Wenzel, Teil B Rn. 162 ff.

68 Heckmann-Braun, Kap. 7 Rn. 63.

69 BAG, 18.3.2009 – 10 AZR 281/08, NZA 2009, 601; 25.11.2009 – 10 AZR 779/08, NZA 2010, 283.

70 Beckschulze/Henkel, DB 2001, 1492.

71 ErfK-Preis, § 611a BGB Rn. 225a m.w.N.

72 LAG Nürnberg, 29.1.1987 – 5 TaBV 4/86, LAGE § 87 BetrVG 1972 Kontrolleinrichtung Nr. 9.

73 Dass die Art und Weise der Privatnutzung der Mitbestimmung nach § 87 Abs. 1 Nr. 1 BetrVG unterliegt, akzeptieren auch Grimm/Singraven-Grimm/Singraven, § 28 Rn. 28.8.

ob nicht die Fortsetzung der bisherigen Praxis auf arbeitsvertraglicher Grundlage geboten ist.

5. Grenzüberschreitungen

a) »Ausschweifende« Nutzung

Soweit die private Nutzung ohne ausdrückliche Einschränkung gestattet ist, darf gleichwohl **nicht in beliebigem Umfang** von ihr Gebrauch gemacht werden. Sie muss sich vielmehr in einem angemessenen zeitlichen Rahmen bewegen. »Ausschweifendes« privates Telefonieren verletzt die Arbeitspflicht[74]; dasselbe gilt für »**ausschweifendes**« **Surfen** im Internet.[75] Wann die Grenze des »Normalen« und »Hinnehmbaren« überschritten und das Reich des »Ausschweifenden« erreicht ist, lässt sich nicht präzise bestimmen. Nach der Rechtsprechung ist die Grenze dann eindeutig überschritten, wenn während eines Zeitraums von sieben Wochen **an drei Tagen überhaupt nicht und an einer Reihe von weiteren Tagen nur wenig gearbeitet** wurde, obwohl genügend zu erledigen war.[76] Auch wer die **Hälfte seiner Arbeitszeit** mit privaten »Internetbesuchen« verbringt, kann sich im Normalfall über eine Kündigung nicht beklagen.[77] Umgekehrt hat das ArbG Wesel den Standpunkt vertreten, der Arbeitnehmer müsse nicht damit rechnen, dass **tägliches privates Surfen von 20 Minuten** vom Arbeitgeber unter keinen Umständen akzeptiert werde.[78] Anders liegt der Fall dann, wenn von vornherein eine zeitliche Beschränkung (»nicht mehr als eine Stunde pro Woche«) oder eine inhaltliche Festlegung (»zur Erledigung unaufschiebbarer Angelegenheiten«) besteht und der Arbeitnehmer die Nutzung auf einen ganzen Nachmittag ausdehnt. Dasselbe gilt, wenn wegen des »Privatvergnügens« Arbeit liegen bleibt, die umgehend erledigt werden müsste.[79] In solchen 22

74 LAG Köln, 2.7.1998 – 6 Sa 42/98, LAGE § 1 KSchG Verhaltensbedingte Kündigung Nr. 66.

75 BAG, 7.7.2005 – 2 AZR 581/04, NZA 2006, 98; 31.5.2007 – 2 AZR 200/06, NZA 2007, 923 Tz. 30; ErfK-Niemann, § 626 BGB Rn. 100a; Kronisch, AuA 1999, 550; wie hier Beckschulze/Henkel, DB 2001, 1497; APS-Vossen, § 626 BGB Rn. 285i; ArbG Wesel, 21.3.2001 – 5 Ca 4021/00, NZA 2001, 786.

76 LAG Niedersachsen, 31.5.2010 – 12 Sa 875/09, NZA-RR 2010, 406 = K&R 2010, 613 = RDV 2010, 232.

77 ArbG Frankfurt/Main, 14.7.2004 – 9 Ca 10256/03, RDV 2004, 274. Dazu auch Besgen/Prinz-Marcone, § 1 Rn. 126.

78 ArbG Wesel, 21.3.2001 – 5 Ca 4021/00, NZA 2001, 786.

79 Für grundsätzliche Beschränkung auf die Pausen Ernst, NZA 2002, 585 und Hanau/Hoeren, S. 24, was nur dann einleuchtet, wenn während der Arbeitszeit ausschließlich Dringendes zu erledigen ist. Letzteres gilt allerdings dann, wenn

Fällen erscheint eine Abmahnung angemessen, während im Regelfall erst einmal für klare Verhältnisse gesorgt werden müsste.

> Sinnvoll ist, dass sich der Arbeitnehmer bei längeren Privattelefonaten von sich aus um eine Bezahlung bemüht. Wird sie dann »aus verwaltungstechnischen Gründen« abgelehnt,[80] riskiert er jedenfalls keine (rechtmäßige) Kündigung mehr.

23 Im Einzelfall kann eine »**Internetsucht**« vorliegen, der Krankheitswert zukommt. Das ist eine Frage, die nicht ohne Einschaltung von medizinischen Sachverständigen entschieden werden kann. Liegt eine Sucht vor, würde es am Verschulden fehlen, das Voraussetzung für eine verhaltensbedingte Kündigung ist. Möglich wäre nur eine personenbedingte Kündigung, die ähnlich wie bei Alkoholabhängigkeit erst dann zulässig wäre, wenn auch Therapien erfolglos geblieben sind.

24 Nicht einmal eine Ermahnung dürfte in Betracht kommen, wenn im Einzelfall eine sog. **Vertrauensarbeitszeit** praktiziert wird[81] und der betroffene Beschäftigte die durchschnittliche Wochenarbeitszeit effektiv gearbeitet hat. Hier ist die Arbeitspflicht nicht verletzt worden.[82]

b) Pornofilme

25 Großes Interesse findet immer wieder ein **zweiter** denkbarer **Missbrauchsfall**: Der Arbeitnehmer verschafft sich über seinen auch für private Zwecke nutzbaren Anschluss Zugang zu **Pornodateien**, was häufig als Anlass für eine fristlose Kündigung genommen wird.[83] In solchen Fällen ist zu differenzieren.

26 Werden die Dateien außerhalb der Arbeitszeit **nur individuell konsumiert** und anderen Beschäftigten nicht zugänglich gemacht, ist das Arbeitsverhältnis nicht direkt berührt. Entsprechend hat das LAG Baden-Württemberg[84] in einem Fall von Haschischkonsum im Betrieb entschieden, der nach Arbeitsschluss erfolgt war und sich in keiner Weise auf die Arbeitsleistung ausgewirkt hatte. In solchen Situationen müssen daher

---

der Arbeitgeber im konkreten Fall ausdrücklich erklärt, die Arbeit habe Vorrang; so Kramer, NZA 2004, 460.

80 So der Fall LAG Köln, 2.7.1998 – 6 Sa 42/98, CF 3/1999, 31.

81 Siehe oben § 5 Rn. 3 ff.

82 Zustimmend Ernst, NZA 2002, 586.

83 BAG, 7.7.2005 – 2 AZR 581/04, NZA 2006, 98; LAG Niedersachsen, 31.5.2010 – 12 Sa 875/09, NZA-RR 2010, 406 = K&R 2010, 613; OVG Lüneburg, 14.9.2011 – 18 LP 15/10, PersR 2012, 40.

84 LAG Baden-Württemberg, 19.10.1993 – 11 TaBV 9/93, LAGE § 626 BGB Nr. 76.

Abmahnungen und verhaltensbedingte Kündigung ausscheiden. Daran ändert auch die Tatsache nichts, dass man im Netz Spuren hinterlässt, die auf den Arbeitgeber hinweisen.[85]

Berührt das Verhalten das Arbeitsverhältnis, weil beispielsweise **andere** 27
Beschäftigte durch Weiterleitung **belästigt** werden, liegt eine Pflichtwidrigkeit vor, die zu einer Abmahnung, ggf. auch zu einer Kündigung führen kann.[86] Das gilt erst recht, wenn es sich um strafbare Pornographie handelt. Ähnliches gilt, wenn der E-Mail-Zugang dazu benutzt wird, zahlreiche Briefe mit kränkendem oder beleidigendem Inhalt an andere Personen zu schicken.

c) Verursachung von Kosten und Störungen

Ein Missbrauch liegt zum dritten auch dann vor, wenn der Arbeitgeber 28
teure »Chats« oder andere **kostenpflichtige Dienste** im Internet bezahlen soll.[87] Auch darf die Nutzung des betrieblichen Informationssystems nicht leiden,[88] etwa durch **Viren**, durch übermäßige Inanspruchnahme von Speicherplatz oder dadurch, dass durch Anforderung von E-Mails der Firmenserver mit Spam-Mails überschüttet würde. Die abstrakte Gefahr, dass Viren »eingeschleppt« werden, genügt allerdings nicht.[89]

d) Konsequenzen

Werden die Grenzen zulässiger Privatnutzung überschritten, treten die- 29
selben **Rechtsfolgen** ein, wie wenn diese selbst von vornherein verboten gewesen wäre. Hierauf ist im nächsten Abschnitt einzugehen.[90]

---

85 So aber BAG, 7.7.2005 – 2 AZR 581/04, NZA 2006, 98; Hanau/Hoeren, S. 25; dazu unten Rn. 33.

86 Ebenso für das strafbare Weiterleiten bestimmter pornographischer Darstellungen APS-Vossen, § 626 BGB Rn. 285j.

87 Vgl. Ernst, NZA 2002, 586.

88 BAG, 7.7.2005 – 2 AZR 581/04, NZA 2006, 98; Hanau/Hoeren, S. 24.

89 LAG Nürnberg, 26.10.2004 – 6 Sa 348/04; LAG Rheinland-Pfalz, 14.12.2007 – 9 Sa 234/07.

90 Unten Rn. 34ff.

IV. Beschränkung auf dienstliche Zwecke – Sanktionen bei Verstößen

1. Der Ausschluss der Privatnutzung

30 Der Arbeitgeber kann die Privatnutzung ausdrücklich verbieten oder bestimmen, dass die Arbeitnehmer auf eine »dienstliche Nutzung« beschränkt sind. Dieselbe Situation tritt ein, wenn keinerlei Erklärung vorliegt und auch kein Anhaltspunkt für eine Betriebsübung oder dafür besteht, eine private Nutzung sei konkludent gestattet. Soweit keiner der oben genannten Ausnahmefälle vorliegt,[91] ist der Arbeitnehmer in diesem Fall definitiv **nur zu einer dienstlichen Nutzung berechtigt.**[92]

31 Dieselben Grundsätze gelten auch für **mobile Geräte** wie Smartphones, die dem Arbeitnehmer vom Arbeitgeber überlassen wurden. Der Arbeitgeber kann dabei auch bestimmen, ob und in welchem Umfang **Apps** geladen werden dürfen.[93] An die zeitlichen und inhaltlichen Vorgaben ist der Arbeitnehmer gebunden.

2. Pflichtverletzungen

32 **Nutzt** der Arbeitnehmer gleichwohl das dienstliche Internet **privat**, hat er damit eine arbeitsvertragliche **Nebenpflicht verletzt**. Dasselbe gilt, wenn er entgegen einem Verbot Apps lädt und von ihnen Gebrauch macht. Im Streitfall muss der Arbeitgeber beweisen, dass die Pflichtverletzung vom Arbeitnehmer und nicht von einer anderen Person begangen wurde, die ebenfalls Zugang zu dem fraglichen Computer hatte.[94] Für sich allein stellt die private Nutzung allerdings noch **keinen Grund für eine außerordentliche Kündigung** nach § 626 BGB oder für eine verhaltensbedingte Kündigung nach § 1 Abs. 2 KSchG dar. Der Schwere der Pflichtverletzung reicht hierfür nicht aus. Das gilt sogar bei mehrfachen Verstößen. Mit Recht hat das OVG Lüneburg[95] in diesem Sinne entschieden; das BAG

---

91 Siehe oben Rn. 11ff.

92 Großzügiger ArbG Frankfurt/Main, 2.1.2002 – 2 Ca 5340/01, NZA 2002, 1093; ErfK-Niemann, § 626 BGB Rn. 100; kritisch Kramer, NZA 2004, 463.

93 Vgl. Thannheiser, AiB 2012, 351ff. Zu den mit Apps verbundenen Sicherheitsproblemen siehe Achten/Pohlmann, DuD 2012, 161ff.

94 Besgen/Prinz-Marcone, § 1 Rn. 156.

95 OVG Lüneburg, 14.9.2011 – 18 LP 15/10, PersR 2012, 40ff. = K&R 2012, 228 (Ls.) = RDV 2012, 85 (Ls.).

tendiert in dieselbe Richtung, ohne dies allerdings mit letzter Klarheit zum Ausdruck zu bringen.[96]

Die Situation ändert sich, wenn weitere Pflichtverletzungen hinzukommen. Dabei werden fünf qualifizierende Elemente genannt, die jedoch keinen abschließenden Charakter haben:[97] 33

- Durch die private Nutzung wird die **Pflicht zur Arbeit verletzt.**[98] Das scheidet aus, wenn allein die Pausen zum »Surfen« verwendet wurden oder wenn dieses vor Beginn oder nach Ende der Arbeit erfolgte. Auch die Ausnutzung von Leerzeiten, in denen keine Arbeit anfällt, ist unschädlich. Dass sie vorgelegen haben, muss allerdings der Arbeitnehmer beweisen.[99]
- Durch die unerlaubte private Nutzung entstehen dem Arbeitgeber **zusätzliche Kosten.** Das ist heute bei einem bloßen Gang ins Internet in aller Regel nicht mehr der Fall, da der Arbeitgeber eine Flatrate haben wird.[100] Denkbar ist aber, dass kostenpflichtige Dienste in Anspruch genommen werden.
- Der Arbeitnehmer lädt Daten herunter, die zu Störungen im betrieblichen Informationssystem führen können. Das gilt etwa, wenn **Virenwarnungen** nicht beachtet werden[101] oder wenn – heute selten geworden – der Speicherplatz in einem Umfang in Anspruch genommen wird, dass sich Schwierigkeiten beim Speichern dienstlicher Daten ergeben.[102]
- Der Arbeitnehmer lädt **strafbare Inhalte** (bestimmte Arten von Pornographie, Aufreizung zum Rassenhass) herunter, die zu Ermittlungsmaßnahmen von Polizei und Staatsanwaltschaft führen können, gegen die auch das Telekommunikationsgeheimnis nicht schützt. Dadurch könnte der gute Ruf des Unternehmens in Gefahr geraten. **Nicht straf-**

96 BAG, 7.7.2005 – 2 AZR 581/04, NZA 2006, 98; 27.4.2006 – 2 AZR 386/05, NZA 2006, 977; 19.4.2012 – 2 AZR 186/11, RDV 2013, 88ff.

97 So OVG Lüneburg und BAG, jeweils a.a.O. Anschauungsmaterial bei LAG Schleswig-Holstein, 6.5.2014 – 1 Sa 421/13, K&R 2014, 689ff.: Arbeitspflicht verletzt, Gefahr der Vireninfektion geschaffen, Übertragungsgeschwindigkeit für sonstige Dateien reduziert.

98 Vgl. den Fall LAG Köln, 7.2.2020 – 4 Sa 329/19, ZD 2020, 533.

99 KR-Rachor, § 1 KSchG Rn. 540.

100 Ebenso KR-Rachor, § 1 KSchG Rn. 540; Holzner, ZRP 2011, 13.

101 LAG Rheinland-Pfalz, 12.11.2015 – 5 Sa 10/15, MMR 2016, 571. Sie können bei bestimmten Webseiten auftauchen. Im Übrigen ist die Virengefahr angesichts der heute üblichen Sicherheitsmaßnahmen zu vernachlässigen (KR-Rachor, § 1 KSchG Rn. 540; Holzner, ZRP 2011, 13).

102 KR-Rachor, § 1 KSchG Rn. 540.

bare Pornographie[103] gehört nicht hierher, da insoweit keine Durchbrechung des Telekommunikationsgeheimnisses und damit auch keine Rufschädigung für das Unternehmen zu besorgen ist.[104] Ihre Speicherung kann dann eine zusätzliche Pflichtverletzung darstellen, wenn andere Betriebsangehörige unschwer Zugang zu den Dateien haben und davon auch Gebrauch machen oder wenn der Arbeitnehmer die Daten weiterleitet und damit »verbreitet«.[105] Dasselbe gilt, wenn das **Ansehen des Arbeitgebers** durch die Erstellung einer anzüglichen Website **gefährdet** wird.[106]

- Die private Internetnutzung wird fortgesetzt, obwohl der Arbeitnehmer wegen eines solchen Verstoßes **bereits abgemahnt** wurde.

3. Sanktionen, vor allem Abmahnung und Kündigung

34 **Im Regelfall** wird die zusätzliche Pflichtverletzung zum **Vorliegen eines Grundes** für eine außerordentliche oder eine verhaltensbedingte Kündigung führen. Allerdings ist dies **nicht automatisch** der Fall. Denkbar ist z. B., dass während der Arbeitszeit lediglich ein kurzer Blick in den Wetterbericht oder in die lokale Tagungszeitung geworfen wird, ohne dass dadurch Aufgaben unerledigt bleiben.[107] Oder: Während der Pause schaut der Arbeitnehmer zwei Minuten ins Internet, was zu einer Abmahnung führt. Wiederholt sich dieser Verstoß nach drei Wochen, wäre eine verhaltensbedingte Kündigung gleichwohl eine »Überreaktion«.

35 **Wie schwer** ein **Verstoß** wiegt, hängt ersichtlich von den Umständen ab. War für den Arbeitnehmer unklar, dass die private Nutzung ausgeschlossen ist oder wo ihre Grenzen verlaufen, kommt lediglich eine klarstellende **Ermahnung** in Betracht.[108] Anders dann, wenn die Nutzung eindeutig geregelt ist: Hier wird grundsätzlich eine **Abmahnung** in Erwägung zu ziehen sein.[109] Handelt es sich um einen schweren Verstoß, den der Arbeitgeber offensichtlich und für den Arbeitnehmer erkennbar nicht

---

103 Strafbar sind nur Kinderpornographie, Tierpornographie und Gewaltpornographie.

104 Ohne diese Differenzierung OVG Lüneburg und BAG, jeweils a. a. O.

105 Siehe den Fall ArbG Hannover, 28.4.2005 – 10 Ca 791/04, NZA-RR 2005, 420. Ebenso APS-Vossen, § 626 BGB Rn. 285kff.

106 So der Fall ArbG Hannover, 1.12.2000 – 1 Ca 504/00 B, NZA 2001, 1022. Dazu auch Dickmann, NZA 2003, 1012.

107 Vgl. KR-Rachor, § 1 KSchG Rn. 540: Kurzfristige verbotswidrige Privatnutzung »allenfalls« nach einer einschlägigen Abmahnung.

108 Vgl. DDZ-Deinert, § 314 BGB Rn. 7, 69.

109 Jofer/Wegerich, K&R 2002, 240. Zu ihren formalen Voraussetzungen, die häufig nicht eingehalten werden, siehe Kramer, NZA 2004, 462.

hinnehmen würde, ist die Abmahnung entbehrlich.[110] Das ist etwa der Fall, wenn sich der Arbeitnehmer über ein ausdrückliches Verbot hinweg setzt und während eines Zeitraums von drei Wochen jeden Tag zwischen 2 und 4 Stunden privat im Netz surft. Wer mehr als sieben Wochen lang täglich mehrere Stunden mit dem Schreiben und Beantworten privater Mails verbringt und an einigen Tagen überhaupt nicht mehr arbeitet, kann ohne Abmahnung **fristlos gekündigt** werden.[111] Ein guter Prozessvertreter wird allerdings fragen, wie ein Betrieb organisiert ist, in dem es dazu kommt (mitwirkendes Verschulden des Arbeitgebers), und ob der Arbeitnehmer möglicherweise an psychischen Problemen litt, die seine Schuldfähigkeit eingeschränkt haben.[112]

Als lediglich »abmahnungswürdig« werteten das ArbG Frankfurt/ 36
Main[113] und das Hessische LAG[114] das Verhalten einer in einem großen Anwaltsbüro tätigen Sekretärin, die einen Kettenbrief zum Tierschutz an Arbeitskolleginnen weitergeleitet hatte. Da es sich um eine einmalige Aktion handelte und da überdies das Verbot privater Internetnutzung laut Sachverhalt nicht völlig eindeutig geregelt war, stellte in Wahrheit schon die Abmahnung ein Übermaß dar. Ein vernünftiger Arbeitgeber hätte es bei einer Ermahnung belassen. Im konkreten Fall war eine fristlose Kündigung ausgesprochen worden, die von der Arbeitsgerichtsbarkeit »kassiert« wurde.

Auch **geringfügige Grenzüberschreitungen** können dann rechtlich relevant werden, wenn sie häufig vorkommen und **in ihrer Summierung** ein erhebliches Gewicht gewinnen.

Bei allen hier erörterten Pflichtverletzungen, die die Schwelle eines Kün- 37
digungsgrundes erreichen, ist die Frage zu stellen, ob das Arbeitsverhältnis **ohne Internetzugang fortgesetzt** werden kann.[115] Ist dies der Fall (was allerdings immer seltener so sein wird), sind in aller Regel künftige Verstöße ausgeschlossen. Nach dem sog. Prognoseprinzip muss deshalb eine Kündigung unterbleiben[116] und der Arbeitnehmer an einen Arbeits-

110 BAG, 24.3.2011 – 2 AZR 282/10, NZA 2011, 1029 Os. 3. Ähnlich LAG Schleswig-Holstein, 6.5.2014 – 1 Sa 421/13, K&R 2014, 689, 692.

111 LAG Niedersachsen, 31.5.2010 – 12 Sa 875/09, K&R 2010, 613. Ähnlich der Fall LAG Köln, 7.2.2020 – 4 Sa 329/19, ZD 2020, 533

112 Zum Problem der »Internetsucht« siehe oben Rn. 23.

113 ArbG Frankfurt/Main, 20.3.2001 – 5 Ca 2259/00, RDV 2001, 189.

114 LAG Hessen, 13.12.2001 – 5 Sa 987/01, DB 2002, 901.

115 Siehe den Fall LAG Hessen, 5.11.2007 – 17 SaGa 1331/07, MMR 2008, 599: »Entzug der Schreibberechtigung für ein betriebliches Internetforum«.

116 Zum Prognoseprinzip siehe DDZ-Däubler, § 626 BGB Rn. 33, 80, § 1 KSchG Rn. 689, jeweils m.w.N. Auf die Sperrung des Internetzugangs als Sanktion verweist auch Beckschulze, DB 2003, 2781.

platz versetzt werden, wo sich ein vergleichbares Verhalten nicht wiederholen kann.

38 Wenig befriedigend ein vom ArbG Celle entschiedener Fall (CF 3/1999, 31), wo Privattelefonate eines Lkw-Fahrers vom Autotelefon aus zu einer fristlosen Kündigung führten. Ein Hinweis auf das Verbot privater Telefongespräche war nicht gegeben worden. Allerdings musste man, um firmenexterne Nummern zu erreichen, einen bestimmten Zugriffscode benutzen, den der Fahrer nach seiner Einstellung im Handschuhfach gefunden hatte. Zur Frage, ob der Arbeitgeber auf die von der Telefongesellschaft aufgezeichneten Verbindungsdaten zugreifen und diese dem Arbeitnehmer entgegenhalten darf (§ 8 Rn. 24ff.).

39 Scheidet ein solcher Ausweg aus, muss bei der außerordentlichen wie bei der ordentlichen Kündigung eine **Abwägung** zwischen dem **Interesse des Arbeitgebers** an der Auflösung des Arbeitsverhältnisses und dem **Interesse des Arbeitnehmers** am Erhalt seines Arbeitsplatzes erfolgen. Dabei ist eine Vielzahl von Faktoren zu berücksichtigen, die von der Schwere des Pflichtverstoßes bis zur langen Dauer des Arbeitsverhältnisses und den Familienverhältnissen des Arbeitnehmers reichen.[117]

---

117 Zu weiteren zu berücksichtigenden Gesichtspunkten siehe KR-Rachor, § 1 KSchG Rn. 443; KR-Fischermeier, § 626 BGB Rn. 249ff.; DDZ-Däubler, § 626 BGB Rn. 46ff.

§ 12 Sonstige Pflichtverletzungen des Arbeitnehmers

Im Zusammenhang mit dem »Arbeiten am und im Netz« können eine Reihe anderer Vorkommnisse auftreten, die ggf. für den Arbeitnehmer gravierende Konsequenzen haben. Wichtige Konfliktfälle, die praktisch geworden sind und oft auch die Rechtsprechung beschäftigt haben, seien im Folgenden erwähnt. 1

I. Nichtbenutzung neuer Technik

Denkbar ist, dass der Arbeitgeber anordnet, mit Geschäftspartnern nur 2
noch elektronisch zu verkehren, also die gesamte Korrespondenz per E-Mail abzuwickeln.[1] Das kann höchst unzweckmäßig sein,

> E-Mails können von Dritten gelesen und ggf. verfälscht werden.

doch schließt diese Gefahr eine entsprechende Weisung selbstredend nicht aus. Naheliegender ist vor allem in Unternehmen der IT-Branche (aber nicht nur dort), dass die traditionelle Hauspost abgeschafft und durch E-Mails ersetzt wird. Auch ist denkbar, dass das Telefonverzeichnis nur noch über das Intranet abfragbar ist und dass man Reisekostenabrechnungen oder die Anforderung von Material nur noch auf diesem Wege vornehmen kann.[2] Was geschieht, wenn der Arbeitnehmer gleichwohl einen normalen Brief schreibt bzw. keine Kenntnis von den unternehmensinternen Informationen erhält, weil er den PC immer noch in die Kategorie der »besonders gefährlichen Werkzeuge« einstuft? Fälle die-

1 Strömer, S. 317.
2 Klebe/Wedde, in: FS 50 Jahre Arbeitsgerichtsbarkeit Rheinland-Pfalz, S. 350.

ser Art werden zwar immer seltener, können aber nicht von vornherein ausgeschlossen werden.

3 Grundsätzlich steht es dem Arbeitgeber frei, die Arbeitsmethoden und die bei der Erledigung der Arbeit einzusetzenden technischen Mittel vorzugeben. Die ggf. als Korrektiv fungierende Beteiligung des Betriebsrats nach §§ 111ff. BetrVG ist an anderer Stelle abgehandelt.[3] Die entsprechenden **Anweisungen sind** allerdings **nur** dann **rechtmäßig, wenn** der **Arbeitnehmer ihnen auch Folge leisten kann**. Das bedeutet, dass er die Möglichkeit gehabt haben muss, sich umfassend in den neuen Arbeitsmethoden schulen zu lassen.[4] Fehlte es daran, ist die Weisung rechtswidrig; sie zu missachten, stellt keine Verletzung arbeitsvertraglicher Pflichten dar.

4 Wie ist zu verfahren, wenn der Arbeitnehmer zwar drei Tage lang eine SAP-Schulung besucht hat, dabei jedoch aus später nicht mehr aufzuklärenden Gründen nicht viel »hängengeblieben« ist und er deshalb mit dem neuen System nicht sachgemäß umgehen kann? Zur arbeitsnotwendigen Schulung gehört m.E. auch eine »Erfolgskontrolle« in dem Sinn, dass überprüft wird, ob der Einzelne von den neuen Möglichkeiten Gebrauch machen kann. Geschah dies nicht, kann er eine »Nachschulung« verlangen. Eine gerichtliche Entscheidung zu diesem Problem ist nicht ersichtlich, was damit zusammenhängen mag, dass Arbeitgeber jedenfalls in gravierenden Fällen schon von sich aus versuchen werden, für die nötige Nachqualifizierung zu sorgen (oder das Arbeitsverhältnis einvernehmlich aufzulösen).

Ist die **Weisung nicht zu beanstanden**, kommt ihr der Arbeitnehmer aber gleichwohl nicht nach, kann er **abgemahnt** werden. Bleibt auch dies fruchtlos, ist eine Kündigung in Erwägung zu ziehen, sofern keine anderweitige Beschäftigung möglich ist.

II. Unsachgemäßer Umgang mit der Technik

5 Bei der Bedienung eines vernetzten PC oder eines mobilen Geräts können eine Reihe mehr oder weniger folgenreicher Fehler auftreten. Nicht selten

---

3 Siehe oben § 2 Rn. 63ff.

4 Zur Pflicht des Arbeitgebers, die arbeitsnotwendige Weiterbildung anzubieten, siehe oben § 2 Rn. 22ff.

soll es vorkommen, dass der Einzelne sein **Passwort** vergisst oder dieses **anderen Personen mitteilt**.[5]

> Das Vergessen ist nicht so schlimm und stößt i. d. R. auf Verständnis. Man ruft die zuständige Stelle im Betrieb oder beim Provider an, die einem ein neues Passwort gibt. Soweit Professoren einen PC nutzen, wird dies als Routineangelegenheit betrachtet.

Die Weitergabe ist gravierender. Soweit man Zugang zu vertraulichen Daten (Personalakten, Betriebsgeheimnisse) hat, stellt ein solches Verhalten eine **erhebliche Gefährdung der Vertraulichkeit** dar. Das kann eine Abmahnung rechtfertigen.[6]

Anders verhält es sich dann, wenn ein **Arbeitskollege »auch mal ins Internet«** möchte und man ihn außerhalb seiner individuellen Arbeitszeit an das Gerät lässt, ohne ihm das Passwort mitzuteilen. **Da dem Arbeitgeber** i. d. R. keine zusätzlichen Kosten entstehen, weil der Internetzugang ohne Rücksicht auf das Ausmaß der Inanspruchnahme durch Bezahlung eines Pauschalbetrags abgegolten ist, wird eine **Abmahnung** oder eine andere Sanktion ausscheiden. Ein abweichendes Resultat wäre denkbar, wenn der **Zugang** zum Internet oder zu bestimmten Systemen **bewusst auf einzelne Personen begrenzt** ist und alle anderen ausgeschlossen sein sollen. Beim Internetzugang wäre allerdings zu fragen, worin der spezifische Sinn einer solchen Regelung liegt und ob nicht ein Verstoß gegen den Gleichbehandlungsgrundsatz anzunehmen ist. Soweit ersichtlich, sind derartige »Exklusivitätsregeln« in der Praxis nicht üblich und wurden allenfalls in der Anfangszeit des Internets erwogen. 6

Der Arbeitgeber kann verlangen, dienstliche Dokumente nicht über ungesicherte Internet-Verbindungen zu versenden. Setzt sich ein Arbeitnehmer darüber hinweg, ist dies eine Pflichtverletzung, die in Extremfällen zur Kündigung führen kann.[7] Einen Fehler stellt es auch dar, wenn versäumt wird, eine Sicherungskopie herzustellen,[8] oder wenn der Arbeitnehmer eine von Viren befallene Datei öffnet, obwohl er ihre spezifische Gefährlichkeit hätte erkennen können.[9] 7

---

5 Dazu Kramer-Wenzel, Teil B, Rn. 172.

6 Hanau/Hoeren, S. 32. Vgl. auch Kramer, NZA 2004, 461.

7 Vgl. OLG Celle, 25. 5. 2011 – 3 U 65/11, AG 2011, 916: fristlose Kündigung eines Vorstandsmitglieds, die daran scheiterte, dass die Grundsätze der Datensicherheit im Unternehmen häufig verletzt wurden, was im Rahmen der Interessenabwägung zu berücksichtigen war.

8 Hanau/Hoeren, S. 32.

9 Informativ zur Virenproblematik Splanemann, CF 8–9/2001, 37 ff.

Bei »I love you« ist mittlerweile Vorsicht geboten,[10] doch wird man den Erstadressaten keinen Vorwurf machen können, wenn sie – von einer gewissen Neugierde getrieben – die Datei geöffnet haben. Trotz der großen Schäden sind deshalb auch keine Fälle bekannt geworden, in denen man arbeitsrechtliche Sanktionen verhängt hätte. Allenfalls Ehepartner werden sich wundern, warum der andere davon ausgeht, ernsthaft eine E-Mail mit diesem Dateinamen zu bekommen …

8 Soweit der Arbeitnehmer **durch fahrlässiges Verhalten** einen **Schaden** herbeiführt, kann er ggf. auf Schadensersatz in Anspruch genommen werden. Dabei gelten bei arbeitsbezogenen Tätigkeiten die spezifischen Grundsätze über die Arbeitnehmerhaftung.[11] Wichtig ist, dass bei **leichtester Fahrlässigkeit** jede Haftung ausscheidet und dass bei **mittlerer Fahrlässigkeit** des Arbeitnehmers der Schaden zwischen Arbeitgeber und Arbeitnehmer aufzuteilen ist, wobei alle Umstände einschließlich der wirtschaftlichen Situation und dem Verhältnis von Verdienst und Schaden zu berücksichtigen sind. Bei **grober Fahrlässigkeit** haftet der Arbeitnehmer im Grundsatz voll, doch setzt dies eine »subjektiv schlechthin unentschuldbare« Pflichtverletzung voraus.[12] Auch dann kann die volle Belastung des Beschäftigten mit den Schadensfolgen im Einzelfall gegen Treu und Glauben verstoßen, wenn ein Missverhältnis zwischen Einkommen und Schadenshöhe besteht.

9 Kündigungen oder Ersatzansprüche wegen **fahrlässiger Falschbedienung** sind nicht ersichtlich. In der Literatur[13] wird der Fall genannt, dass ein E-Mail-Attachment geöffnet wurde, obwohl zuvor auf eine konkrete Virengefahr hingewiesen worden war. Auch wird in der Praxis häufig mit Haftungsfolgen nur gedroht, ohne dass ernsthafte Konsequenzen folgen würden.

---

10 Am 4. 5. 2000 verbreitete sich eine Virusdatei, die in der Betreffzeile »I love you« hatte, explosionsartig in vielen Ländern und soll einen Schaden von 10 Mrd. US-Dollar verursacht haben.

11 Zusammenfassende Darstellung bei Däubler, Arbeitsrecht 2, Rn. 724 ff.; ErfK-Preis, § 619a Rn. 7 ff.

12 BAG, 18. 1. 1972 – 1 AZR 125/71, AP Nr. 69 zu § 611 BGB Haftung des Arbeitnehmers.

13 Beckschulze/Henkel, DB 2001, 1498.

III. »Computersabotage«

Fälle von bewusster Schädigung des Arbeitgebers (»**Computersabotage**«) sind in der veröffentlichten Rechtsprechung sehr selten. Einiges Anschauungsmaterial existiert gleichwohl. Ein **Informatiker**, dessen Arbeitsvertrag auszulaufen drohte, **installierte** z. B. einen **Virus** im System, den ein Dritter praktisch nicht erkennen konnte und dem die an seiner Stelle herangezogene Software-Firma hilflos gegenüberstand.[14] In einem anderen Fall hatte der Beschäftigte in seiner Wut über einen vorgeschlagenen Aufhebungsvertrag damit gedroht, die Datenbestände des Arbeitgebers praktisch unbrauchbar zu machen, doch sah das Gericht keine reale Umsetzungsgefahr und hielt deshalb eine außerordentliche Kündigung für überzogen.[15] Anders wurde entschieden, als der **Arbeitnehmer eigenmächtig** die **Hauptpasswörter der Firmencomputer änderte** und dem Arbeitgeber so für einige Zeit den Zugang zu wichtigen Geschäftsdaten unmöglich machte.[16] Die außerordentliche Kündigung wurde auch bestätigt, als ein Arbeitnehmer, dessen befristeter Vertrag nicht verlängert werden sollte, sämtliche E-Mails, Kundenkontakte, Kundentermine sowie das Adressbuch aus der Zeit seiner Tätigkeit löschte.[17] Ebenso entschied das LAG Baden-Württemberg,[18] als ein Arbeitnehmer nach einem »Trennungsgespräch« Daten aus seinem Tätigkeitsbereich in einem Umfang von 7,48 GB löschte. Kolportiert wird der Fall eines Systemadministrators, der ein Programm »einschmuggelte«, wonach sich alle Daten automatisch selbst löschen sollten, sobald unter seiner Personalnummer die Information »vom Arbeitgeber gekündigt« auftauchen würde. Dass in Fällen dieser Art eine fristlose Kündigung nach § 626 BGB in Betracht kommt, wird von niemandem ernsthaft bezweifelt. 10

14 LAG Saarland, 1.12.1993 – 2 Sa 154/92, BB-Beilage 7/1994, 14.

15 ArbG Frankfurt/Main, 4.7.2001 – 7 Ca 9752/99, RDV 2002, 197 (ordentliche Kündigung bejaht).

16 LAG Hessen, 13.5.2002 – 13 Sa 1268/01, RDV 2003, 148.

17 LAG Hessen, 5.8.2013 – 7 Sa 1060/10, ZD 2014, 377.

18 LAG Baden-Württemberg, 17.9.2020 – 17 Sa 8/20, RDV 2021, 105 = ZD 2021, 103.

IV. Bruch der Vertraulichkeit

11 Nach Ansicht des LAG Schleswig-Holstein[19] kann eine Sekretärin gekündigt werden, wenn sie sich das Passwort ihres Chefs verschafft und auf seiner »Textebene« in das betriebsinterne Informationssystem Einblick nimmt.[20] Das erscheint sehr weitgehend. Zumindest müsste bei der **Interessenabwägung**, die vor jeder Kündigung erfolgen muss, berücksichtigt werden, inwieweit die betreffende Person nach § 5 BDSG a. F. auf das Datengeheimnis verpflichtet war, und inwieweit es sich um sensible Daten wie z. B. den Inhalt von Personalakten handelte.[21] Entgegenkommender war demgegenüber das Bayerische Oberste Landesgericht, das über die Bestrafung eines Polizeibeamten zu entscheiden hatte, der in mindestens drei Fällen auf die **Polizeidatenbank** zugegriffen hatte, um dort Informationen **zu privaten Zwecken** zu gewinnen. Es habe kein strafbares »Ausspähen fremder Daten« nach § 202a StGB vorgelegen, sondern nur eine Ordnungswidrigkeit nach dem Bayerischen Datenschutzgesetz, die mit einer Geldbuße von 300 DM geahndet wurde.[22]

> Eine »Entfernung aus dem Dienst«, die bei Beamten der fristlosen Entlassung entspricht, kommt unter solchen Umständen nicht in Betracht. Auch bei Arbeitnehmern käme eine Kündigung wegen einer schlichten Ordnungswidrigkeit kaum in Frage, auch wenn es sich nicht um einen (sicherlich besonders staatstragenden) bayerischen Polizeibeamten, sondern um einen ganz normalen Softwareentwickler oder um eine Sekretärin handelt.

12 Auch ein **Systemadministrator** oder ein Organisationsprogrammierer darf nur im Rahmen seiner dienstlichen Aufgaben Daten erfassen und verarbeiten. Überschreitet er diesen Bereich, würde er eine schwere Pflichtverletzung begehen.[23] Das ist etwa dann der Fall, wenn er sich ein

---

19 LAG Schleswig-Holstein, 15. 11. 1989 – 5 Sa 335/89, DB 1990, 635. Ähnlich LAG Stuttgart, 11. 1. 1994 – 7 Sa 86/92, BB-Beilage 7/1994, 5.

20 Ähnlich der Fall ArbG Hannover, 10. 1. 2002 – 10 Ca 250/01, RDV 2002, 249 = DSB 3/2003, 13. Vgl. auch ErfK-Niemann, § 626 Rn. 100c.

21 Wer beispielsweise als Systemadministrator personenbezogene Daten ausspäht und in anderem Zusammenhang verwendet, muss mit einer außerordentlichen Kündigung rechnen. Siehe den Fall VG Frankfurt/Main, 28. 8. 2000 – 23 L 1642/00 (V), RDV 2000, 279. Ähnliches gilt dann, wenn ein Bankkassierer die Geheimnummer eines andern verwendet, das Vier-Augen-Prinzip verletzt und sein Handeln durch Vernichtung von Dokumenten zu verschleiern sucht – so LAG Köln, 19. 11. 1999 – 11 Sa 768/99, RDV 2001, 30.

22 BayObLG, 12. 8. 1998 – 5St RR 122/98, CF 3/1999, 32 = RDV 1999, 27.

23 LAG Hamm, 16. 9. 2011 – 10 TaBV 17/11, ZD 2012, 183.

privates E-Mail-Dokument eines Geschäftsführers beschafft und dieses dem anderen Geschäftsführer zur Kenntnis gibt.[24] Dasselbe gilt, wenn er etliche Mails aus dem Postfach eines Vorstandsmitglieds öffnet.[25]
Einen Bruch der Vertraulichkeit stellt selbstredend auch die Veröffentlichung von Patientenfotos in sozialen Netzwerken dar.[26] Darauf wurde oben eingegangen.[27] Schließlich ist an den Fall zu erinnern, dass sich der Arbeitgeber das **Fehlverhalten eines Beschäftigten zurechnen** lassen muss und deshalb mit einem **Bußgeld** belegt oder mit einer **Schadensersatzforderung** überzogen wird. Für die dadurch entstehenden finanziellen Belastungen haftet der Arbeitnehmer im Rahmen der arbeitsrechtlichen Grundsätze.[28] Dabei ist immer auch zu fragen, inwieweit den Arbeitgeber nach § 254 BGB ein mitwirkendes Verschulden an der Entstehung des Schadens trifft.

V. Unerlaubte Datenübermittlung

Eine pflichtwidrige Datenübermittlung liegt nicht nur bei traditionellen Indiskretionen vor (dem Mitarbeiter eines Konkurrenzunternehmens wird von internen Streitigkeiten über die Marktstrategie berichtet). Vielmehr taucht dieses Problem auch dann auf, wenn eine **E-Mail an zahlreiche Adressaten** geschickt wird, die auf diese Weise erfahren, dass sie sich alle vergeblich um eine Stelle beworben haben oder Kunden des Unternehmens X sind.[29] Für eine solche Weitergabe **fehlt eine Rechtsgrundlage** in der DSGVO und im BDSG und in aller Regel auch eine Einwilligung. Das Bayerische Landesamt für Datenschutzaufsicht hat deshalb ein Bußgeld gegen eine Angestellte verhängt, die einen Geschäftsbrief von zehn Seiten per Mail verschickt hatte, die aus 9 ½ Seiten Adressen und einer halben Seite Text bestand. Um einen Datenschutzverstoß zu vermeiden, hätte sie unter »**Bcc**« Blindkopien verschicken müssen.[30] Wird 13

24 LAG München, 8.7.2009 – 11 Sa 54/09, CR 2010, 269 = K&R 2010, 751.
25 LAG Köln, 14.5.2010 – 4 Sa 1257/09, NZA-RR 2010, 579 = K&R 2010, 758.
26 LAG Berlin-Brandenburg, 11.4.2014 – 17 Sa 2200/13, NZA-RR 2014, 468 = ZD 2014, 481.
27 Oben § 4 Rn. 60.
28 Ambrock, ZD 2020, 492 ff.
29 Siehe die bei Tiedemann, ZD 2013, 488 geschilderten Fälle.
30 Tiedemann, ZD 2013, 488.

erstmals ein Fehler dieser Art begangen, ist allerdings noch keine Abmahnung, sondern nur eine klarstellende Ermahnung angemessen.[31]

14 Gravierender ist der Fall, dass ein **Arbeitnehmer** von einem Angreifer **als »gutgläubiges Werkzeug«** verwendet wird, um so unternehmensinterne Daten »abzugreifen« oder das firmeneigene System funktionsunfähig zu machen (Schadsoftware). Beispiel ist etwa ein von einem anderen »Forumsteilnehmer« kommendes E-Mail, das im Anhang die bösartige Software (»**Malware**«) enthält und vom Arbeitnehmer nichtsahnend geöffnet wird.[32] Soweit ihm dabei ein Fahrlässigkeitsvorwurf gemacht werden kann, kommen Ermahnung und Abmahnung, bei besonders schwerem Verschulden auch eine Kündigung in Betracht.[33] Soweit ersichtlich, haben Fälle dieser Art die Gerichte bisher nicht beschäftigt.

VI. Übernahme dienstlicher Daten in den Privatbereich und Herstellung von Raubkopien

15 Das Überspielen von **betrieblichen Daten auf eine private Festplatte** (oder einen anderen privaten Datenträger) verletzt im Regelfall die Pflicht zur Rücksichtnahme auf die Belange des Arbeitgebers nach § 241 Abs. 2 BGB, doch hängen die möglichen Sanktionen davon ab, wie schwer dieses Fehlverhalten wiegt.[34] Strenge Maßstäbe legte insoweit das Sächs. LAG[35] in einer länger zurückliegenden Entscheidung an. Die fristlose Kündigung eines **Bankangestellten** bestätigte das LAG Hessen,[36] weil dieser nach Abschluss seines Aufhebungsvertrags (der erst nach einiger Zeit wirksam werden sollte) in großem Umfang **Kundendaten** für eigene Zwecke **heruntergeladen** hatte. Problematisch war allein, dass der Betroffene bereits unwiderruflich von der Arbeit freigestellt war, sodass keinerlei Wiederholungsgefahr bestand und das Prognoseprinzip daher eigentlich keine Kündigung zugelassen hätte. Augenmaß bewies das LAG Rheinland-Pfalz,[37] das die Kündigung des Kundenberaters einer Bank für unwirksam erklärte: Er war einer Kundin im privaten Umfeld zufällig

31 Tiedemann, ZD 2013, 488, 491.
32 Nähere Darstellung bei Heinemann, RDV 2014, 11 ff.
33 Heinemann, RDV 2014, 11, 15 ff.
34 BAG, 24.3.2011 – 2 AZR 282/10, NZA 2011, 1029 Tz. 23 ff.
35 Sächs. LAG, 14.7.1999 – 2 Sa 34/99, CF 10/2000, 30 = RDV 2000, 177 f.
36 LAG Hessen, 29.8.2011 – 7 Sa 248/11, ZD 2012, 139.
37 LAG Rheinland-Pfalz, 10.11.2011 – 10 Sa 329/11, ZD 2012, 437 = DuD 2012, 282.

begegnet, suchte in den Bankdaten ihre **private Handy-Nummer** heraus und schickte ihr ein SMS, durch das sie sich belästigt fühlte. Hier reichte eine Abmahnung völlig aus. Dasselbe gilt für eine unerlaubte einmalige **Weiterleitung einer dienstlichen E-Mail** an das eigene private E-Mail-Fach.[38]

Nutzt der Arbeitnehmer dienstliche Ressourcen, um **Musik- und Videodateien illegal herunterzuladen** oder sonstwie zu vervielfältigen, ist ein solches Verhalten als »wichtiger Grund« i.S.v. § 626 BGB geeignet. Die Abwägung der beiderseitigen Interessen entscheidet dann darüber, ob effektiv eine fristlose Kündigung ausgesprochen werden kann.[39] Dabei wird u.a. zu berücksichtigen sein, ob dem Arbeitgeber durch die fraglichen Vorgänge ein materieller oder immaterieller Schaden entstanden ist. Das kann vor allem dann der Fall sein, wenn er für die von seinem Betrieb ausgehenden Urheberrechtsverletzungen haftet. Insbesondere deshalb ist für Arbeitnehmer Vorsicht geboten.[40] 16

VII. Private Dateien auf dem Firmencomputer

Werden umgekehrt private Daten verbotswidrig auf einem Firmencomputer gespeichert, ist dies zwar grundsätzlich **wie** eine **unerlaubte private Internetnutzung** zu behandeln, doch kommt als Sanktion in aller Regel nur eine Abmahnung in Betracht.[41] Anders stellt sich die Situation dar, wenn es sich um **»Hackersoftware«** handelt, mit der Passwörter entschlüsselt werden können. Sie zu **installieren**, schafft nicht nur den Verdacht »böser Absichten«, sondern verstößt auch gegen das strafrechtliche Verbot des § 95a Abs. 3 UrhG, sodass die außerordentliche Kündigung des fraglichen Geschäftsführers nicht zu beanstanden war.[42] Ebenso ist beim Einschleusen von anderen Schadprogrammen zu entscheiden, die Passwörter ausspionieren können.[43] Insoweit löst schon die mögliche Vorbereitung von »Computersabotage« arbeitsrechtliche Sanktionen aus. Der Arbeitnehmer entgeht ihnen nur, wenn er für sein Verhalten 17

---

38 LAG Hamm, 16.1.2012 – 7 Sa 1201/11, ZD 2012, 488.

39 BAG, 16.6.2015 – 2 AZR 85/15, MMR 2016, 568. Dazu Gerlach, AiB 12/2017, 10.

40 Eingehend Gerlach, AiB 12/2017, 8ff.

41 BAG, 24.3.2011 – 2 AZR 282/10, NZA 2011, 1029 Tz. 18ff.

42 OLG Celle, 27.1.2010 – 9 U 38/09, NZA-RR 2010, 299.

43 Vgl. den Fall VG Berlin, 31.7.2012 – VG 5 L 130.12, K&R 2012, 775, wo das Verbot der Führung von Dienstgeschäften gegenüber einem Beamten im Strafvollzug bestätigt wurde.

plausible Gründe nennen kann, die nichts mit einer Schädigung des Arbeitgebers zu tun haben. Probleme ergeben sich weiter, wenn auf dem Dienstcomputer (hier: einer Polizeibehörde) Filesharing-Programme heruntergeladen werden, mit deren Hilfe urheberrechtlich geschützte Musik illegal getauscht wird.[44] Voraussetzung für arbeitsrechtliche Sanktionen ist aber immer, dass der Download dem fraglichen Arbeitnehmer zugerechnet werden kann und dass er nicht von einem Dritten bewerkstelligt wurde.[45]

17a Das Installieren und Nutzen von **Software,** die nur für einen Bereich zugelassen ist, **in einem anderen Bereich** kann einen Kündigungsgrund darstellen, wenn damit eine Gefährdung des Netzwerks verbunden ist.[46] Dasselbe gilt erst recht, wenn die Software aus unternehmensexternen Quellen stammt.

VIII. Handy als »Spion«

18 Betriebsratssitzungen sind nach § 30 Abs. 1 Satz 4 BetrVG nicht öffentlich. Überträgt ein **Arbeitnehmer heimlich** eine Betriebsratssitzung **per Handy** (das wie ein Mikro funktioniert) **nach draußen**, stellt dies grundsätzlich einen wichtigen Grund für eine außerordentliche Kündigung dar.[47] Dasselbe gilt für andere Besprechungen, die nicht für diejenigen bestimmt sind, die durch die Übertragung Kenntnis erhalten. Macht ein Arbeitnehmer mit seinem Smartphone Fotos im Betrieb, ist zu unterscheiden: Auf dem Betriebsfest ist dies grundsätzlich erlaubt, in der Forschungs- und Entwicklungsabteilung dagegen nicht. Generell darf nichts im Bild festgehalten werden, was Teil eines Betriebs- oder Geschäftsgeheimnisses sein könnte. Sinnvollerweise wird der Arbeitgeber Fotografier-Verbote verhängen, die allerdings der Mitbestimmung des Betriebsrats nach § 87 Abs. 1 Nr. 1 BetrVG unterliegen.[48]

---

44 Siehe den Fall LAG Hamm, 6.12.2013 – 13 Sa 596/13, ZUM-RD 2014, 260 = AuA 2014, 114.

45 LAG Hamm, a. a. O.; dazu Kaumanns/Böhm, K&R 2015, 18.

46 LAG Nürnberg, 3.11.2020 – 7 Sa 99/20, MMR 2021, 589 = CuA 10/2021, 37.

47 LAG Baden-Württemberg, 9.9.2011 – 17 Sa 16/11, RDV 2012, 312.

48 Hunold, NZA 2004, 1206 ff.

IX. Beleidigende Äußerungen und Verleumdungen

Der Arbeitnehmer kann den Arbeitgeber auch per Internet beleidigen. Da eine Aussage nicht wieder vollständig aus dem Netz getilgt werden kann, hat sie sogar eine nachhaltigere Wirkung als ein Leserbrief in der Lokalzeitung. 19

> In einem konkreten, vom LAG Schleswig-Holstein entschiedenen Fall[49] hatte der bei einer Gemeinde angestellte Arbeitnehmer unter »News der Woche« im Internet verschiedene Behauptungen aufgestellt, die seiner Arbeitgeberin höchst abträglich waren. Unter anderem hatte er zu Unrecht behauptet, die Gemeinde habe Statistiken gefälscht. Die daraufhin ausgesprochene verhaltensbedingte Kündigung wurde vom LAG bestätigt.

Was man über den Arbeitgeber in der Öffentlichkeit behaupten darf, richtet sich nach den Grenzen der **Meinungsfreiheit**. Wie diese beschaffen sind, ist im Zusammenhang mit den sog. **sozialen Medien**[50] behandelt worden, weil Auseinandersetzungen dieser Art heute dort ihren Schwerpunkt haben. 20

X. Sexprobleme

Der Umgang der Rechtsordnung mit der Sexualität ist durch Traditionen geprägt, deren Einfluss allerdings in den vergangenen 30 Jahren zurückgegangen ist. Die Verbreitung pornographischer Schriften und Darstellungen ist deshalb nach § 184 Abs. 1 StGB nicht generell mit Strafe bedroht. Vielmehr müssen besondere Voraussetzungen erfüllt sein: Die Verbreitung und der Bezug sowie **das »Vorrätighalten«** sind danach **strafbar, wenn** die pornographischen Schriften oder Darstellungen »**Gewalttätigkeiten, den sexuellen Missbrauch von Kindern oder sexuelle Handlungen von Menschen mit Tieren**« zum Gegenstand haben (§ 184 Abs. 3 StGB). 21

Wird von einem Arbeitnehmer eine entsprechende Straftat (etwa durch »Vorrätighalten« auf dem Dienstcomputer) begangen, liegt ein besonders **qualifizierter Fall unerlaubter Privatnutzung** vor: Ein solches Verhal- 22

---

49 LAG Schleswig-Holstein, 4.11.1998 – 2 Sa 330/98, CF 6/1999, 32 = RDV 1999, 223 = NZA-RR 1999, 132.

50 Oben § 4 Rn. 44ff.

ten ist arbeitsrechtlich auch dann nicht erlaubt, wenn der Arbeitgeber die private Nutzung generell und ohne Beschränkungen gestattet hatte. Ein Krankenhausarzt musste daher seine fristlose Entlassung hinnehmen, weil er über den an seinem Arbeitsplatz installierten Rechner über 9000 kinderpornographische Bilder aus dem Internet geholt und ausgedruckt hatte.[51] Ähnlich erging es dem Leiter eines Kindergartens, der sich 60 einschlägige Videokassetten übers Internet beschafft hatte.[52] Ein Offizier der Bundeswehr, der entsprechende Dateien überdies noch per E-Mail an Bekannte verschickt hatte, wurde aus dem Dienst entfernt.[53] Bei **nicht strafbaren pornographischen Werken** gelten diese Grundsätze nicht.[54]

23 Reichhaltig ist die Rechtsprechung zu **dem völlig anders gelagerten Problem** des sog. **Telefonsex**: Scheinbar einfühlsame Damen animieren zu langen Gesprächen, was in einem Fall zu einer Telefonrechnung über 17 000 DM geführt hatte.[55] Der private Charakter solcher Gespräche liegt in 99 von 100 Fällen auf der Hand. War die Privatnutzung nicht gestattet, verletzt ein solches Verhalten jedenfalls eine arbeitsvertragliche Pflicht. Was die »dicke Rechnung« betrifft, sollte sich allerdings niemand ins Bockshorn jagen lassen: Nach der Rechtsprechung handelt die Telefongesellschaft, die die hohen Gebühren einzieht (z. B. 1,80 Euro pro Minute) ihrerseits sittenwidrig. Das wurde u. a. mit dem berechtigten Argument untermauert, dass die Dienstleisterin selbst nur den geringsten Teil der vom Anrufer zu bezahlenden Vergütung erhalte.[56] Entsprechendes gilt für vergleichbare Internet-Angebote. Das OLG Hamburg gab dem Arbeitgeber sogar das Recht, die bei ihm eingehenden Telefonsex-Rechnungen nicht nur nicht zu bezahlen, sondern den Absender auch zu verpflichten, **in Zukunft von der Übersendung derartiger Rechnungen abzusehen.**[57] Etwaige arbeitsrechtliche Sanktionen können daher nicht mit den »verursachten Kosten« gerechtfertigt werden.

---

51 Schilderung des Falles in CF 4/1999, 36.

52 ArbG Braunschweig, 22. 1. 1999 – 3 Ca 370/98, K&R 2000, 42 = NZA-RR 1999, 192 ff.

53 BVerwG, DSB 7+8/2002, 33.

54 Dazu oben § 11 Rn. 33.

55 OLG Düsseldorf, 8. 6. 1999 – 20 U 100/98, CF 10/1999, 28.

56 OLG Stuttgart, 21. 4. 1999 – 9 U 252/98 und OLG Düsseldorf, 8. 6. 1999 – 20 U 100/98, beide CF 10/1999, 28.

57 OLG Hamburg, 17. 12. 1998 – 3 U 148/98, CF 6/1999, 33.

XI. Gewaltverherrlichende Darstellungen und neonazistische Äußerungen

Das Aufrufen und Speichern gewalt- und kriegsverherrlichender Literatur hat – soweit ersichtlich – in der veröffentlichten Rechtsprechung bislang keine wesentliche Rolle gespielt. Anders verhält es sich mit **NS-Symbolen** und NS-freundlichen Äußerungen im Netz. Insoweit sind präzisere Überlegungen geboten.[58] 24

Neonazistische Äußerungen erfüllen nicht selten einen Straftatbestand. 25
Zum einen kommt **§ 130 Abs. 1 StGB** in Betracht, der die **Volksverhetzung** unter Strafe stellt: Wer gegen Teile der Bevölkerung, insbesondere gegen rassische, religiöse oder ethnische Minderheiten, »zum Hass aufstachelt oder zu Gewalt- oder Willkürmaßnahmen auffordert« (Nr. 1) oder wer »die Menschenwürde anderer dadurch angreift, dass er eine vorbezeichnete Gruppe, Teile der Bevölkerung oder einen Einzelnen wegen seiner Zugehörigkeit zu einer vorbezeichneten Gruppe oder zu einem Teil der Bevölkerung beschimpft, böswillig verächtlich macht oder verleumdet,« (Nr. 2) wird mit Freiheitsstrafe zwischen drei Monaten und fünf Jahren bestraft. Unmittelbar einschlägig ist **§ 130 Abs. 4 StGB**, der bestimmt:

> »Mit Freiheitsstrafe bis zu drei Jahren oder mit Geldstrafe wird bestraft, wer öffentlich oder in einer Versammlung den öffentlichen Frieden in einer die Würde der Opfer verletzenden Weise dadurch stört, dass er die nationalsozialistische Gewalt- und Willkürherrschaft billigt, verherrlicht oder rechtfertigt.«

Obwohl damit eine bestimmte Meinung illegalisiert wird und Art. 5 Abs. 2 GG eine Beschränkung der Meinungsfreiheit nur durch ein »allgemeines Gesetz« zulässt, hat das BVerfG die Verfassungsmäßigkeit der Bestimmung mit Rücksicht auf den antifaschistischen Charakter des Grundgesetzes bejaht.[59]

Erfolgt eine unter § 130 Abs. 1 oder Abs. 4 StGB fallende Äußerung **im Zusammenhang mit dem Arbeitsverhältnis**,

58 Eingehender Däubler, AuR 2022, 347 (Festheft Zwanziger).
59 BVerfG, 4.11.2009 – 1 BvR 2150/08, NJW 2010, 47 Tz. 53ff.

> **Beispiel:**
> Im Facebook-Profil wird das Arbeitsverhältnis genannt, die strafbare Äußerung erfolgt über den Facebook-Account

so stellt dies eine Pflichtverletzung dar, die in der Regel eine (ordentliche oder außerordentliche) Kündigung zur Folge haben kann.

26 Fälle der **ausdrücklichen Billigung des NS-Regimes** sind **selten**. Zu denken wäre etwa an den Fall, in dem ein Azubi einen Teil seiner Kollegen veranlasst hatte, ein Lied mit den Kernsätzen »Auschwitz, wir kommen« und »Haltet die Öfen bereit« zu singen. Die fristlose Kündigung wurde vom BAG bestätigt.[60] Nach heutigem Recht wäre der Tatbestand des § 130 Abs. 4 StGB erfüllt gewesen, da über die konkludente Billigung des NS-Regimes hinaus der Vorgang betriebsöffentlich war und die Menschenwürde der Opfer verhöhnte.

27 Häufiger als ausdrückliche oder konkludente Bekenntnisse zu der Zeit zwischen 1933 und 1945 ist das **Aufgreifen einzelner Elemente der damals herrschenden Auffassungen,** ohne dass ein direkter (und belegbarer) Bezug hergestellt würde. Dies betrifft insbesondere rassistische Diskriminierungen, die sich gegen Juden, »Farbige«, Ausländer, Sinti und Roma sowie gegen Personen mit Migrationshintergrund richten. Dem **Verbot rassistischer Diskriminierung nach Art. 3 Abs. 3 GG** lässt sich nach herrschender Sichtweise nicht einfach Drittwirkung für das Arbeitsverhältnis zusprechen, doch ist es vom einfachen Gesetzgeber ausgestaltet worden: **§ 75 Abs. 1 BetrVG** verlangt, dass Betriebsrat und Arbeitgeber darüber zu wachen haben, dass jede Benachteiligung aus Gründen der Rasse oder der ethnischen Herkunft unterbleibt. Dass dies auch den einzelnen Arbeitnehmer bindet, hat schon das fast ein Vierteljahrhundert zurückliegende Urteil des ArbG Bremen[61] durch die Hinweise auf §§ 104 und 99 Abs. 2 Nr. 6 BetrVG klargestellt. Heute liegt der Rückgriff auf das AGG nahe: Verstoßen Beschäftigte gegen das Benachteiligungsverbot des § 7 Abs. 1 AGG, so hat der **Arbeitgeber nach § 12 Abs. 3 AGG die geeigneten, erforderlichen und angemessenen Maßnahmen** zu ergreifen, damit sich ein solches Verhalten nicht wiederholt.[62] Art. 3 Abs. 3 GG hat insoweit eine arbeitsrechtliche Umsetzung erfahren.[63] Mit Rücksicht darauf können z. B. antisemitische Äußerungen im Betrieb zu einer Kündigung führen.

---

60 BAG, 1.7.1999 – 2 AZR 676/98, NZA 1999, 1270.

61 ArbG Bremen, 29.6.1994 – 7 Ca 7160/94, BB 1994, 1568.

62 Dazu Buschmann, in: Däubler/Beck (Hrsg.), § 12 Rn. 32 ff.

63 BVerfG, 2.11.2020 – 1 BvR 2727/19, NZA 2020, 1704 Tz. 19. Dazu Payandeh, NVwZ 2021, 1830.

Im Einzelfall kann der Tatbestand der Volksverhetzung nach § 130 Abs. 1 StGB erfüllt sein, doch ist dies nicht immer der Fall, da diese öffentliche oder in einer Versammlung gemachte Äußerungen voraussetzt. Wird etwa in einer Betriebsratssitzung ein **dunkelhäutiger Kollege** durch die **Imitation von Affenlauten** schwer beleidigt, so greift § 130 Abs. 1 StGB nicht ein, doch muss die Meinungsfreiheit gegenüber der Menschenwürde des Angegriffenen zurückstehen.[64] Dasselbe war im Fall des ArbG Bremen anzunehmen.[65] Derlei schwere Pflichtverletzungen gibt es besonders häufig im Zusammenhang mit ausländerfeindlichen Vorurteilen. Eine Reihe von Arbeitsgerichten neigte zunächst dazu, eine ausländerfeindliche Agitation zwar als rechtswidrig zu qualifizieren, im Einzelfall jedoch nach Wegen zu suchen, um über die Interessenabwägung eine Kündigung an den konkreten Umständen scheitern zu lassen. Das in Versform abgefasste **»Asylantenpamphlet«**, das 1993 kursierte, übertraf in seiner die Aussiedler und Ausländer polemisch abqualifizierenden Art die einmalige Beleidigung eines Kollegen bei weitem; dennoch fiel die Interessenabwägung durch das **ArbG Hannover**[66] und (in einem vergleichbaren Fall) durch das **LAG Hamm**[67] zugunsten des gekündigten Arbeitnehmers aus.[68] Auch das BAG bewegte sich ein wenig auf dieser Linie und verpflichtete die Vorinstanz in einem eigentlich eindeutigen Fall zu einer gründlicheren Prüfung.[69] Bemerkenswert sind auch Ausführungen des **ArbG Siegburg**.[70] Nach seiner Auffassung deckte die Meinungsfreiheit auch Forderungen wie »Ausländer raus – Türken raus« und »Die Braunen müssten wiederkommen«; lediglich die Äußerung »Ausländer und auch Türken müsste man verbrennen« lagen nach Auffassung des Gerichts jenseits des Zulässigen und rechtfertigten die außerordentliche Kündigung. Heute würde man hier vermutlich auf § 130 Abs. 1 und 4 StGB zurückgreifen. Bei der juristischen Beurteilung spielt es im Übrigen keine entscheidende Rolle, ob die Äußerungen unter Anwesenden oder in den neuen Medien erfolgen. 28

64 BVerfG, 2.11.2020 – 1 BvR 2727/19, NZA 2020, 1704 Tz. 18ff.
65 Oben Rn. 27.
66 ArbG Hannover, 22.4.1993 – 11 Ca 633/92, BB 1993, 1218 mit Anm. Däubler.
67 LAG Hamm, 12.4.1994 – 6 Sa 1839/93, BB 1994, 1288 mit Anm. Stückemann.
68 Um einen Eindruck zu vermitteln, sei ein Auszug zitiert: »Herr Asylant, hallo wie geht's??/Oh ganz gut, bring Deutschen Aids/Komm direkt aus Übersee/hab Rauschgift mit, so weiß wie Schnee.« Es folgt eine Schilderung des Lebens im deutschen Schlaraffenland: »Zahl' weder Miete, Strom noch Müllabfuhr/das müssen dumme Deutsche nur!/Auch Zahnarzt, Krankenhaus komplett/zahlt jeden Monat deutscher Depp.« So ging es über Seiten.
69 BAG, 14.2.1996 – 2 AZR 274/95, NZA 1996, 873.
70 ArbG Siegburg, 4.11.1993 – 4 Ca 1766/93, DB 1994, 1146.

§ 13 Gewerkschaften im Netz

I. Die Problematik

1 Ob und inwieweit die Kommunikation zwischen einzelnen Arbeitnehmern und der Gewerkschaft auch mithilfe moderner Techniken zulässig ist, hat lange Zeit in der Rechtsprechung **kaum eine Rolle gespielt**. Zu berichten war lediglich von einem Urteil des **LAG Schleswig-Holstein**, bei dem es um die Versendung von gewerkschaftsbezogenen E-Mails vom häuslichen Computer eines Beschäftigten aus an die Arbeitskollegen im Betrieb ging: Anders als das ArbG Elmshorn als Vorinstanz hielt das LAG dies für zulässig.[1] Erst im Jahre 2009 entschied das **BAG**, die für den Betrieb tarifzuständige Gewerkschaft dürfe sich an Arbeitnehmer über deren betriebliche E-Mail-Adressen wenden, um so über sich zu informieren und für einen Beitritt zu werben.[2] Damit war eine Grundsatzfrage zugunsten der gewerkschaftlichen Betätigungsfreiheit entschieden. Soweit die Problematik in der Literatur angesprochen wurde, werden gleichfalls eher kommunikationsfreundliche Positionen vertreten.[3]

2 **Für die Gewerkschaften** ist eine Umstellung auf die neuen Medien **von essenzieller Bedeutung.** Die arbeitsbezogene Kommunikation verlagert sich immer mehr auf die elektronischen Medien; über 60 % aller Arbeitnehmer verfügen am Arbeitsplatz über einen PC, 55 % über einen Internetanschluss.[4] Dazu kommen mobile Geräte. Wäre die Gewerkschaft nicht auch gelegentlich auf dem Bildschirm präsent, würde sie im Bewusstsein der Arbeitnehmer immer mehr zu einer Hintergrundgröße

---

1 LAG Schleswig-Holstein, 1.12.2000 – 6 Sa 562/99, AuR 2001, 71; die Entscheidung des ArbG Elmshorn ist wiedergegeben bei Skowronek, CF 12/1999, 36.

2 BAG, 20.1.2009 – 1 AZR 515/08, NZA 2009, 615 = DB 2009, 1410.

3 DKW-Berg, § 2 Rn. 125ff.; Däubler, Gewerkschaftsrechte im Betrieb, Rn. 547gff.; Fitting, § 2 Rn. 85ff.; Richardi-Maschmann § 2 Rn. 162, 167; der Tendenz nach eher einschränkend jedoch Beckschulze, DB 2007, 1526, 1537; Lelley, BB 2002, 252ff.

4 Nachweise oben § 1 Rn. 4. Siehe weiter DKW-Berg, § 2 Rn. 125.

verblassen.[5] Auch hätte sie keinerlei Chance, in der IT-Branche und bei anderen IT-Spezialisten Gehör zu finden.[6] Rechtlich relevant könnten vor allem folgende Verhaltensweisen sein:[7]

Die nach ihrer Satzung für den Betrieb zuständige **Gewerkschaft tritt** 3 **»von außen her« an die im Betrieb Tätigen heran**, um sie mit der gewerkschaftlichen Programmatik bekannt zu machen und sie um Unterstützung zu bitten. Dabei können sowohl Mitglieder wie auch Nichtmitglieder »angemailt« werden. Die Initiative kann von der Organisation als solcher ausgehen, doch ist auch daran zu denken, dass – wie im Fall des LAG Schleswig-Holstein – ein Gewerkschaftsmitglied von seinem privaten E-Mail-Anschluss aus eine entsprechende Aktion startet. Als Folgefrage ergibt sich dann, inwieweit **der »Angesprochene« reagieren** und beispielsweise während der Arbeitszeit weitere Informationen verlangen darf. Weiter kommt der Fall in Betracht, dass ein Arbeitnehmer von sich aus aktiv wird, um sich in Bezug auf einen Beitritt oder die Unterstützung einer gewerkschaftlichen Maßnahme schlüssig zu werden. Zu all diesem näher unten II. (Rn. 7ff.).

Nicht jeder Arbeitnehmer besitzt am Arbeitsplatz einen E-Mail-An- 4 schluss, der ihm den Austausch von Informationen mit Stellen außerhalb des Unternehmens erlaubt. Schon von daher stellt sich die Frage, ob die **Gewerkschaft** oder wenigstens einzelne ihrer Mitglieder **im Intranet werben und informieren** dürfen. Können sie an einzelne Arbeitskollegen eine interne E-Mail schicken, der als Attachment ein Beitrittsformular beigefügt ist? Könnte man auch – soweit technisch möglich – einzelne Nummern von »Metall direkt« oder »einblick« auf diese Weise im Betrieb bekannt machen? Dazu unten III. (Rn. 24ff.).

Einen Schritt weiter geht die Vorstellung, dass die **Gewerkschaft** oder 5 einige ihrer Mitglieder **im Intranet eine Homepage** einrichten, wo sie für alle Interessierten aktuelle Informationen bereithalten. In Betracht käme hierfür in Großbetrieben vor allem die Vertrauenskörperleitung. Was dürfte ggf. an Informationen angeboten werden? Näher unten IV. (Rn. 31ff.).

---

5 Ähnlich BAG, 20.1.2009 – 1 AZR 515/08, NZA 2009, 615, 621 Tz. 49: »Auch ist die Befürchtung nicht von der Hand zu weisen, dass Gewerkschaften, die sich des betrieblichen E-Mail-Systems nicht bedienen können, bei den Arbeitnehmern zunehmend als »veraltet« gelten und Akzeptanzverluste gewärtigen müssen.«

6 Welsch, in: van Haaren/Hensche (Hrsg.), S. 126. Siehe weiter Klebe/Wedde, AuR 2000, 401f.

7 Eingehender Däubler, Interessenvertretung durch Betriebsrat und Gewerkschaften im digitalen Betrieb, 2022 (abrufbar unter *www.daeubler.de*).

6 Schließlich stellt sich das Problem, inwieweit Gewerkschaft und Arbeitgeber einen **vertraglichen Modus vivendi** finden können. Ist es zulässig, die erlaubten Handlungsformen durch Betriebsvereinbarung, durch Tarifvertrag oder auf andere Weise festzulegen? Dazu unten V. (Rn. 36f.). In einem Anhang ist der Frage nachzugehen, inwieweit durch Aktionen im Internet Druck auf den Arbeitgeber ausgeübt werden darf (unten VI. – Rn. 38ff.).

II. Gewerkschaftliche Information und Werbung per E-Mail?

1. Der Ausgangspunkt: Der Schutzbereich des Grundrechts der Koalitionsfreiheit nach Art. 9 Abs. 3 GG

7 Ob und in welchem Umfang sich Gewerkschaften im Betrieb betätigen dürfen, ist nur in Bezug auf das Verhältnis zwischen Gewerkschaft und Betriebsrat gesetzlich geregelt. Eigene, auf die Mitgliederinteressen bezogene Aktivitäten wie die Verteilung von Informationsmaterial oder das Diskutieren und Erheben von Forderungen sind durch § 2 Abs. 3 BetrVG ausdrücklich aus dem Gesetz ausgenommen und auch **an keiner** anderen **Stelle normiert**. Insoweit ist die **Rechtsprechung** in die Bresche gesprungen und hat unter Rückgriff auf Art. 9 Abs. 3 GG **eine Reihe von Grundsätzen entwickelt**, die praktisch wie ein »Statut der Gewerkschaftsrechte im Betrieb« wirken.

a) Die bisherige Entwicklung der Rechtsprechung

8 Ausgangspunkt ist die elementarste Form der Betätigung, die Information über eigene Planungen und Aktivitäten (z. B. durch Flugblätter) und die Werbung neuer Mitglieder. Beides gehört nach der Rechtsprechung des BAG[8] zum »**Kernbereich der verfassungsrechtlich den Koalitionen zugebilligten Werbe- und Informationsfreiheit**«, auch und gerade im Betrieb ihre Mitglieder zu informieren und neue Mitglieder zu werben. Das **BVerfG** hat diesen Grundsatz zuerst für die Werbung vor Personalratswahlen[9], dann **generell bestätigt**[10] und dabei die Formel benutzt, nach Art. 9 Abs. 3 GG seien diejenigen **Betätigungen geschützt, die** für die Erhaltung und Sicherung der Existenz der Koalition »**unerlässlich**«

8 So bereits BAG, 14.2.1967 – 1 AZR 494/65, AP Nr. 10 zu Art. 9 GG.

9 BVerfG, 30.11.1965 – 2 BvR 54/62, BVerfGE 19, 303, 320 (= NJW 1966, 491), bestätigt durch BVerfG, 23.3.1982 – 2 BvL 1/81, DB 1982, 1415 = BVerfGE 60, 162, 170.

10 BVerfG, 26.5.1970 – 2 BvR 664/65, BVerfGE 28, 295, 304 = DB 1970, 1443.

seien.[11] Diese Rechte stünden nicht nur der Gewerkschaft als Organisation, sondern auch dem Einzelnen zu, der »an der gewerkschaftlichen Betätigung teilnehmen« könne.[12]

Zum konkreten Umfang dieser Betätigungsrechte existieren zahlreiche konkretisierende Aussagen der Arbeitsgerichte, die allerdings im Hinblick auf die neuere Rechtsprechung des BVerfG[13] einer Revision bedürfen. Im hier interessierenden Zusammenhang sind **folgende Aussagen der »traditionellen Rechtsprechung«** von Bedeutung: 9

- Information und Werbung seien **nur vor Beginn und nach Ende der Arbeit** sowie in den Pausen zulässig.[14] Das gelte nicht nur für den aktiven Teil; auch der Angesprochene müsse sich außerhalb seiner individuellen Arbeitszeit befinden.[15] Da die Gelegenheit bestehe, Arbeitskollegen in ihrer arbeitsfreien Zeit anzusprechen, seien weitergehende Aktivitäten nicht »unerlässlich« für Erhaltung und Sicherung des Bestands der Gewerkschaft.[16]
- Die Gewerkschaft kann sich unterschiedlicher Mittel bedienen. Neben Gesprächen komme das **Aushängen von Plakaten** in zulässigem Umfang sowie das Auslegen und **Verteilen von Prospekten** in Betracht.[17] Allerdings sei die Verteilung von gewerkschaftlichen Publikationen **ausschließlich an Mitglieder »nicht unerlässlich«**, da es dafür auch andere Möglichkeiten gebe.[18] Soweit auch Nichtmitglieder angesprochen werden, dürfte diese Grenze nicht gelten. Erlaubt sei das Tragen einer Anstecknadel oder eines **Aufklebers an der eigenen Kleidung**.[19]
- Die Gewerkschaft kann **in ganz geringem Umfang** u. U. auch **Eigentum des Arbeitgebers mitbenutzen**. Dieser muss grundsätzlich gestatten, dass gewerkschaftliche **Plakate am Schwarzen Brett** aufgehängt werden.[20] In Betracht komme weiter, dass er eine Werbefläche für Plakatierungszwecke zur Verfügung stelle.[21] In einem gewissen Ge-

11 Ebenda.
12 BVerfG, 30.11.1965 – 2 BvR 54/62, BVerfGE 19, 303, 312 = NJW 1966, 491.
13 Dazu sogleich Rn. 10ff.
14 BAG, 14.2.1978 – 1 AZR 280/77, DB 1978, 894 rechte Spalte.
15 BAG, 26.1.1982 – 1 AZR 610/80, DB 1982, 1327, bestätigt durch BAG, 13.11.1991 – 5 AZR 74/91, DB 1992, 843.
16 So ausdrücklich BAG, 13.11.1991 – 5 AZR 74/91, DB 1992, 843.
17 BVerfG, 17.2.1981 – 2 BvR 384/78, BVerfGE 57, 220, 247 = DB 1981, 1467.
18 BAG, 23.2.1979 – 1 AZR 540/77, DB 1979, 1185.
19 BAG, 23.2.1979 – 1 AZR 472/78, DB 1979, 1089.
20 LAG Hamm, 21.1.1977 – 3 Sa 941/76, DB 1977, 1052, bestätigt durch BAG, 14.2.1978 – 1 AZR 280/77, DB 1978, 894 rechte Spalte und BAG, 30.8.1983 – 1 AZR 121/81, DB 1984, 462.
21 LAG Frankfurt/Main, 16.4.1971 – 5 Sa 72/71, DB 1972, 1027.

gensatz dazu vertrat das BAG den Standpunkt, es sei nicht »unerlässlich«, einen gewerkschaftlichen Aufkleber auf dem Schutzhelm zu befestigen, soweit dieser im Eigentum des Arbeitgebers stehe.[22] Dasselbe gelte für die Benutzung eines **hauseigenen Postverteilungssystems.**[23]

b) Die Entscheidung des BVerfG vom 14. November 1995

10 Die oben genannte Entscheidung des BAG, wonach ein Ansprechen während der Arbeitszeit des Angesprochenen nicht durch Art. 9 Abs. 3 GG gedeckt sei,[24] führte zu einer **Verfassungsbeschwerde, der das BVerfG stattgab.**[25]

> Im konkreten Fall war ein freigestelltes Betriebsratsmitglied abgemahnt worden, weil es einem Arbeitskollegen während dessen Arbeitszeit eine Broschüre der Gewerkschaft NGG gegeben und dabei ein kurzes Gespräch geführt hatte, das nach der Erinnerung einer Seite zehn Sekunden, nach der einer anderen Person etwa eine Minute gedauert hatte.

Die entscheidende Aussage des BVerfG befindet sich bereits im Leitsatz: **Art. 9 Abs. 3 GG umfasse alle »koalitionsspezifischen Verhaltensweisen«**, nicht nur diejenigen Tätigkeiten, die für die Erhaltung und die Sicherung des Bestandes der Koalition »unerlässlich« seien.[26] Der »**Kernbereich« begrenze lediglich Eingriffsbefugnisse des Gesetzgebers**; insoweit sei die bisherige Rechtsprechung des BVerfG missverstanden worden.[27]

Damit **ist das zentrale Argument der die Gewerkschaftsrechte restriktiv bestimmenden BAG-Rechtsprechung weggefallen,**[28] der Kernbereich hat gewissermaßen wieder eine Schale erhalten.[29]

11 Dieses auf die Gesamtheit der Arbeits- und Wirtschaftsbedingungen bezogene **Betätigungsrecht** steht nicht nur der Koalition als solcher,

22 BAG, 23.2.1979 – 1 AZR 472/78, DB 1979, 1089.

23 BAG, 23.9.1986 – 1 AZR 597/85, DB 1987, 440.

24 BAG, 13.11.1991 – 5 AZR 74/91, DB 1992, 843.

25 BVerfG, 14.11.1995 – 1 BvR 601/92, BVerfGE 93, 352ff. = DB 1996, 1627 = NZA 1996, 381. Zu dieser Entscheidung Kittner, 50 Urteile, S. 241f.

26 BVerfG, 14.11.1995 – 1 BvR 601/92, BVerfGE 93, 352.

27 BVerfG, ebenda, unter B I. 3. der Gründe.

28 Zu Recht konstatiert bei DKW-Berg, § 2 Rn. 121; ErfK-Linsenmaier, Art. 9 GG Rn. 41; Hanau, ZIP 1996, 447; Heilmann, AuR 1996, 122; Scholz, SAE 1996, 320; Schulte Westenberg, NJW 1997, 375; differenzierend GK-Franzen, § 2 Rn. 88.

29 Hanau, ZIP 1996, 447. Dies wird zu wenig beachtet bei Göpfert/Stöckert, NZA 2021, 1209ff., wo immer wieder auf die »Unerlässlichkeit« abgestellt wird.

sondern **auch dem Individuum zu**. Dabei ist nicht mehr von der »Beteiligung des Einzelnen« an den Aktivitäten der Organisation die Rede; vielmehr wird das Mitglied als originärer Grundrechtsträger angesehen:[30]

»Aber auch das einzelne Mitglied einer Vereinigung wird durch Art. 9 Abs. 3 GG geschützt, wenn es andere zum Beitritt zu gewinnen sucht. Wer sich darum bemüht, die eigene Organisation durch Mitgliederzuwachs zu stärken, nimmt das Grundrecht der Koalitionsfreiheit wahr«.

Die Erweiterung des Schutzbereichs von Art. 9 Abs. 3 GG hat keineswegs zur Folge, dass nunmehr jede Form gewerkschaftlicher Betätigung im Betrieb von der Verfassung garantiert wäre. Vielmehr sind **grundrechtlich geschützte Gegeninteressen des Arbeitgebers zu beachten**. Im konkreten, vom BVerfG entschiedenen Fall war es nur darum gegangen, ob das Ansprechen eines Arbeitskollegen während dessen Arbeitszeit eine Verletzung arbeitsvertraglicher Pflichten darstellte und deshalb eine Abmahnung rechtfertigen konnte. Insoweit ist – so das BVerfG – bei der Konkretisierung allgemeiner vertraglicher Pflichten eine Abwägung vorzunehmen: Auf der einen Seite stehe der Schutz der Mitgliederwerbung und damit zusammenhängender Handlungen nach Art. 9 Abs. 3 GG und das Gewicht des Interesses, auch während der Arbeitszeit für die Gewerkschaft zu werben. Auf der anderen Seite gehe es um die **wirtschaftliche Betätigungsfreiheit des Arbeitgebers** nach Art. 2 Abs. 1 GG, **die »vor allem bei einer Störung des Arbeitsablaufs und des Betriebsfriedens berührt«** werde.[31] Dieses »Abwägungsprogramm« muss notwendigerweise auch dann Platz greifen, wenn es nicht um die Konkretisierung arbeitsvertraglicher Pflichten, sondern um die Bestimmung der Grenzen geht, die dem unmittelbar durch Art. 9 Abs. 3 GG gewährleisteten Betätigungsrecht gezogen sind. 12

Die Rechtsprechung der Arbeitsgerichte ist auf dieser neuen Grundlage weiterzuentwickeln. **Beschränkungen einzelner Handlungsformen bedürfen der Legitimation aus Arbeitgebergrundrechten** heraus und können nicht schon damit gerechtfertigt werden, der Gewerkschaft stünden auch andere Mittel zur Verfügung.[32] Gewerkschaftliche Hand- 13

30 BVerfG, 14.11.1995 – 1 BvR 601/92, BVerfGE 93, 352, 358.

31 BVerfG, 14.11.1995 – 1 BvR 601/92, BVerfGE 93, 352, 361.

32 Dies übersehen Rieble/Gutzeit, ZfA 2001, 373. Mit dem Hinweis auf die notwendige Abwägung begnügt sich Lelley (BB 2002, 252, 254ff.), ohne konkrete Konsequenzen ins Auge zu fassen.

lungsformen, die selbst auf der Grundlage der »Unerlässlichkeitstheorie« anerkannt waren, haben in Zukunft selbstredend erst recht Bestand.

2. Anwendung auf den Fall der Information und Werbung durch E-Mail

a) Private E-Mail-Nutzung erlaubt

14 Unproblematisch ist zunächst der Fall, dass dem **Arbeitnehmer das Recht** eingeräumt ist, **von seinem E-Mail- und Internet-Anschluss auch für private Zwecke Gebrauch zu machen.**[33] In diesem Fall bestehen von vornherein keine Bedenken dagegen, dass die Gewerkschaft eine E-Mail schickt und diese auch vom Adressaten gelesen wird. Dem Einzelnen steht es frei, der Gewerkschaft mitzuteilen, in Zukunft keine E-Mails mehr erhalten zu wollen. Die **Benutzung der E-Mail-Adressen** ist **gegenüber Gewerkschaftsmitgliedern** durch den Zweck der Mitgliedschaft gerechtfertigt, sodass § 28 Abs. 1 Satz 1 Nr. 1 BDSG a. F. bzw. Art. 6 Abs. 1 Buchst. b DSGVO eingreift.[34] **Bei Nichtmitgliedern** stellt die Ausübung des auf Art. 9 Abs. 3 GG beruhenden Betätigungsrechts der Gewerkschaft ein »berechtigtes Interesse« i. S. v. Art. 6 Abs. 1 Buchst. f DSGVO dar, dem keine ins Gewicht fallenden Gegeninteressen des Kontaktierten gegenüberstehen. Es genügt, wenn ihm das Recht eingeräumt wird, durch Klick kundzutun, dass er in Zukunft solche Sendungen nicht mehr erhalten wolle. Interesse verdient weiter der Vorschlag von Berg,[35] den Arbeitgeber zur Überlassung eines anonymisierten Verteilers an die Gewerkschaft zu verpflichten, der alle Betriebsangehörigen umfasst, die nicht widersprochen haben: Da die Gewerkschaft die Namen nicht zur Kenntnis bekommt, kann ohne Weitergabe personenbezogener Daten gleichwohl dem gewerkschaftlichen Recht auf Werbung und Information Rechnung getragen werden.

b) Nur dienstliche E-Mail-Nutzung erlaubt

15 Ist lediglich eine dienstliche Nutzung gestattet, fällt zwar **eine gewerkschaftliche Werbe-E-Mail** weiterhin unter den **Schutzbereich des Art. 9 Abs. 3 GG**, doch kommen nunmehr **Arbeitgebergrundrechte** ins Spiel. Dabei ist zu unterscheiden:

16 Der Arbeitgeber kann einmal geltend machen, er sei Eigentümer des E-Mail-Anschlusses, sodass er zumindest in entsprechender Anwendung

33 Zu den Voraussetzungen im Einzelnen siehe oben § 11 Rn. 11 ff.

34 Ebenso BAG, 20.1.2009 – 1 AZR 515/08, NZA 2009, 615, 621 Tz. 53.

35 DKW-Berg, § 2 Rn. 126.

der §§ 903, 1004 BGB die Nutzung für andere als von ihm gewollte Zwecke verbieten könne. Damit würde er allerdings seine **aus Art. 14 Abs. 1 GG folgende Position** gegenüber dem gewerkschaftlichen Betätigungsrecht nach Art. 9 Abs. 3 GG **verabsolutieren**. Nach der Rechtsprechung des BVerfG ist dies nicht zulässig. Vielmehr hat eine Abwägung stattzufinden, die vor allem das Ausmaß der Rechtsbeeinträchtigung berücksichtigen muss. Diese ist aufseiten des Arbeitgebers ähnlich gering wie bei der Nutzung einer Wand für das Anbringen eines Plakats; dagegen hatte die Rechtsprechung nicht einmal nach alter Rechtslage Bedenken.[36] Konsequenterweise hat deshalb das BAG in seiner Entscheidung vom 20. Januar 2009[37] dem gewerkschaftlichen Betätigungsrecht den Vorrang eingeräumt, weil »den allenfalls geringfügigen wirtschaftlichen Belastungen« des Arbeitgebers auf Seiten der Gewerkschaft »ein geschütztes Interesse von erheblichem Gewicht« gegenüber stehe.[38]

> Bei der Briefverteilanlage wurde zwar anders entschieden,[39] doch lässt sich dieses Urteil angesichts der veränderten verfassungsrechtlichen Vorgaben nicht mehr aufrechterhalten.[40]

Weiter ist zu berücksichtigen, dass es bislang in der Rechtsprechung nie beanstandet wurde, dass die Gewerkschaft an Arbeitnehmer unter deren Dienstadresse Briefe verschickte: Diese zu öffnen und ggf. in den Papierkorb zu werfen, erfordert sehr viel höheren Aufwand als die entsprechenden Vorgänge bei einer E-Mail. Das Arbeitgebereigentum wird ersichtlich in so geringfügigem Umfang in Anspruch genommen, dass das gewerkschaftliche **Recht auf Information und Werbung den Vorrang beanspruchen kann**[41] und dem BAG daher zuzustimmen ist.

Der Arbeitgeber könnte sich weiter darauf berufen, wenn die Lektüre der 17
E-Mail in die Arbeitszeit falle, werde die **Arbeitspflicht verletzt**. Damit ist jedoch eine Konstellation angesprochen, wie sie Anlass für die Entscheidung des BVerfG war: Dieses hat deutlich gemacht, dass die **Betätigungsfreiheit des Arbeitgebers erst bei einer Störung des Arbeitsab-**

---

36 Siehe die Nachweise oben Rn. 9.
37 BAG, 20.1.2009 – 1 AZR 515/08, NZA 2009, 615, 620.
38 BAG, a.a.O., Tz. 49. Kritisch Besgen/Prinz-Besgen/Prinz, § 2 Rn. 134.
39 Siehe oben bei Rn. 9.
40 Ebenso im Ergebnis DKW-Berg, § 2 Rn. 124; Schulte Westenberg, NJW 1997, 376; Klebe/Wedde, AuR 2000, 401f.; anders Richardi-Maschmann, § 2 Rn. 167; Besgen/Prinz-Besgen/Prinz, § 2 Rn. 129.
41 Anders, wenn auch ohne nähere Begründung Lelley, BB 2002, 252, 255.

laufs und des Betriebsfriedens in relevantem Umfang **berührt** wird.[42] Von der Überschreitung dieser Grenze kann aber selbst bei einer E-Mail mit umfangreichem Attachment nicht die Rede sein. In einem solchen Fall wäre es Sache des Arbeitnehmers, den eingegangenen Text zu speichern und ihn während der Pausen oder nach Ende der Arbeitszeit zu lesen.

> Die Fragestellung geht ein wenig an den Verhältnissen in der Praxis vorbei, da Arbeitnehmer bislang von keiner Gewerkschaft mit »Informationsmassen« überflutet wurden.

18 Schließlich könnte der Arbeitgeber das Argument vorbringen, durch das **Ausdrucken** einer von der Gewerkschaft übersandten Datei würde sein Eigentum in sehr viel weitergehendem Umfang als dann beeinträchtigt, wenn die Gewerkschaft lediglich Flugblätter im Betrieb verteile oder eben E-Mails an die Beschäftigten schicke, die von diesen am Bildschirm gelesen würden. Dabei wäre allerdings verkannt, dass das Ausdrucken nicht der Gewerkschaft zugerechnet werden kann, sondern ein Vorgang ist, der der eigenen Entscheidung des Arbeitnehmers entspringt:[43] Insofern muss der Arbeitgeber wissen, ob er Papier zur Verfügung stellen oder es dem einzelnen Arbeitnehmer überlassen will, dieses auf eigene Kosten zu beschaffen. Überdies liegt keine Sachbeschädigung vor, wie am Beispiel von Werbesendungen festgestellt wurde.[44] Am **Ergebnis** ändert sich jedenfalls nichts; die Information und Werbung per E-Mail ist **legal**.

19 Wird der Bereich der »Werbung und Information« überschritten und **zum** (legalen) **Arbeitskampf aufgerufen**, soll der Gewerkschaft der Weg über eine E-Mail-Aktion verschlossen sein.[45] Es könne dem Arbeitgeber nicht zugemutet werden, eigene Betriebsmittel für eine gegen ihn gerichtete Aktion zur Verfügung stellen. Das klingt nur im ersten Moment plausibel: Auch die Werbung und Information kann gegen ihn gerichtet sein. Außerdem gibt es keine Rechtsgrundlage dafür, zwischen unterschiedlichen Formen legaler gewerkschaftlicher Aktivitäten zu unterscheiden. Auch hat das BVerfG die Nutzung von Arbeitgebereigentum im Rahmen eines Arbeitskampfes gebilligt: Der Firmenparkplatz darf

42 BVerfG, 14.11.1995 – 1 BvR 601/92, BVerfGE 93, 352, 361. Ebenso im hier interessierenden Zusammenhang LAG Schleswig-Holstein, 1.12.2000 – 6 Sa 562/99, AuR 2001, 71; zustimmend Beckschulze/Henkel, DB 2001, 1497.

43 Ebenso BAG, 20.1.2009 – 1 AZR 515/08, NZA 2009, 615, 617 Tz. 18.

44 Generalstaatsanwaltschaft Frankfurt/Main, RDV 2002, 87.

45 BAG, 15.10.2013 – 1 ABR 31/12, NZA 2014, 319.

zur Vorbereitung eines Streiks genutzt werden, wenn andernfalls keine Möglichkeit bestünde, die Beschäftigten, insbesondere die Arbeitswilligen unter ihnen, anzusprechen.[46] Im Vergleich dazu fällt die Nutzung des E-Mail-Systems eher weniger ins Gewicht.

3. Verhalten einzelner Arbeitnehmer

a) Handeln als Gewerkschaftsmitglied

Wie das BVerfG deutlich gemacht hat, stehen die Koalitionsfreiheit und das damit verbundene Recht auf Information und Werbung auch dem einzelnen Arbeitnehmer zu.[47] Rechtlich macht es also keinen Unterschied, ob die **E-Mail** von der »Ortsverwaltung der IG Metall« oder **vom Gewerkschaftsmitglied M abgesandt** wurde, der hierfür sein privates Gerät zur Verfügung stellte.[48] 20

b) Reaktion als Angesprochener

Dem Einzelnen steht es frei, auf die eingegangene »Botschaft« zu reagieren. Er kann erfreut oder abweisend antworten oder sich in Schweigen hüllen. **Auch dies wird vom Schutzbereich des Art. 9 Abs. 3 GG mit umfasst**. Insoweit gilt nichts anderes als bei einem persönlichen Gespräch – sieht man einmal von der rechtlich nicht ins Gewicht fallenden Tatsache ab, dass ein »lass mich in Ruhe« oder »hau ab« eher gegen die Regeln des menschlichen Anstands verstößt als die Löschung einer E-Mail per Mausklick. Dabei spielt es im Übrigen keine Rolle, ob die angemailte Person Mitglied der Gewerkschaft ist oder nicht. 21

c) Eigene Initiativen des Arbeitnehmers

Denkbar ist schließlich auch der Fall, dass nicht die Gewerkschaft an den Einzelnen, sondern der Einzelne an die Gewerkschaft herantritt. 22

> Arbeitnehmer A hält vor allem die hauptamtlichen Gewerkschaftsfunktionäre für Betonköpfe. Auf der Homepage der damaligen IG Medien entdeckte er den Spruch »In der Vielfalt liegt die Kraft«. Das passt nicht so recht in sein Weltbild (die Lernpsychologen sprechen von »kognitiver Dissonanz«), sodass er neugierig wird und sich diverse Seiten anschaut.

---

46 BVerfG 9.7.2020 – 1 BvR 719/19 und 720/19, NZA 2020, 1118

47 BVerfG, 14.11.1995 – 1 BvR 601/92 – BVerfGE 93, 352, 358.

48 DKW-Berg, § 2 Rn. 128. Zur Frage der Werbung im Intranet siehe unten III. Rn. 24ff.

Auch ein solcher Vorgang wird **von Art. 9 Abs. 3 GG miterfasst**. Dieser ist ein Grundrecht nicht nur für »Aktivisten«, sondern auch für diejenigen, die erst überlegen wollen, ob sie sich mit anderen »zur Wahrung und Förderung der Arbeit- und Wirtschaftsbedingungen« zusammenschließen wollen. Das ist bisher nie als Problem empfunden worden und sollte auch unter den Bedingungen elektronischer Kommunikation keines werden.[49]

4. Sonderregeln für den Betriebsrat?

23 Nach § 74 Abs. 3 BetrVG sind Betriebsratsmitglieder als Person in ihrer Betätigung für die Gewerkschaft frei.

> Die Amtspflicht als Betriebsratsmitglied ist nicht berührt, wenn der private PC für die Werbe-E-Mails der Gewerkschaft benutzt wird.

Auch **zwischen** dem **Betriebsrat als Gremium und** der **Gewerkschaft** ist ein **Meinungsaustausch** nicht nur möglich, sondern im Hinblick auf § 2 Abs. 1 BetrVG sogar erwünscht.[50]

> Benötigt der Betriebsrat beispielsweise eine Rechtsauskunft, kann ihm diese selbstredend auch per E-Mail gewährt werden.[51]

Irgendwelche Besonderheiten bestehen nicht.

5. Die Beschaffung der E-Mail-Listen

23a In seiner Grundsatzentscheidung zur Kontaktaufnahme per E-Mail hat das **BAG** zu Recht **nicht geprüft**, **wie** die Gewerkschaft **zu den fraglichen E-Mail-Adressen gekommen** war. Auf eine (potenzielle) Verletzung von Persönlichkeitsrechten der Beschäftigten könne sich der (im konkreten Fall klagende) Arbeitgeber nicht berufen, um einen Unterlassungsanspruch gegen die Gewerkschaft zu begründen.[52] Gegenüber den

49 Wie hier im Ergebnis DKW-Berg, 2 Rn. 130; Klebe/Wedde, AuR 2000, 401 f.; vgl. auch Däubler, Gewerkschaftsrechte im Betrieb, Rn. 387a. Anders Beckschulze/Henkel, DB 2001, 1501.

50 Einzelheiten zur Kooperation von Betriebsrat und Gewerkschaft bei Däubler, Gewerkschaftsrechte im Betrieb, Rn. 45 ff., 91 ff., 127 ff., 174 ff., 189 ff.

51 Zum Recht des Betriebsrats auf einen E-Mail-Anschluss siehe unten § 14 Rn. 13 ff.

52 BAG, 20.1.2009 – 1 AZR 515/08, NZA 2009, 615 Ls. 3.

Gewerkschaftsmitgliedern sei die Nutzung des personenbezogenen Datums »E-Mail-Adresse« durch das bestehende Mitgliedschaftsverhältnis gerechtfertigt; darauf, wie die Beziehung zu Nichtmitgliedern beschaffen sei, komme es im konkreten Fall eines Streits zwischen Arbeitgeber und Gewerkschaft nicht an.[53]

Dennoch taucht in der Praxis nicht selten das Problem auf, ob die E-Mail-Anschriften **von Beschäftigten an die** im Betrieb vertretene **Gewerkschaft weitergegeben** werden dürfen. Hier können eine ganze Reihe von Konstellationen unterschieden werden. **23b**

Was zunächst die **Gewerkschaftsmitglieder** betrifft, so ist mit dem BAG[54] davon auszugehen, dass das durch Beitritt, d. h. durch Vertrag begründete Mitgliedschaftsverhältnis auch das Recht umfasst, die E-Mail-Anschrift der jeweiligen Gegenseite zu speichern und von ihr bei Bedarf Gebrauch zu machen. Dass ein Mitglied mit den Hauptamtlichen, den Ehrenamtlichen oder anderen Mitgliedern in unterschiedlichen Formen **kommuniziert**, ist **im Grunde selbstverständlich** und für das »Leben« der Organisation essenziell. Die eigene Meinung kundzutun und über gemeinsames Handeln zu diskutieren, ist elementare Voraussetzung für die »Wahrung und Förderung der Arbeits- und Wirtschaftsbedingungen« i. S. v. Art. 9 Abs. 3 GG. Dabei kann dahinstehen, ob datenschutzrechtliche Grundlage § 26 Abs. 1 Satz 1 BDSG ist, wonach »Zwecke des Beschäftigungsverhältnisses« verfolgt werden müssen, oder ob die Datenübermittlung auf die allgemeine Vorschrift des Art. 6 Abs. 1 Buchst. b DSGVO gestützt werden kann, wonach sie für die Erfüllung eines Vertrages erforderlich sein muss. **23c**

Nicht weniger bedeutsam ist in der Praxis die Frage, ob es auch eine **Rechtsgrundlage gegenüber Nicht-Mitgliedern** gibt. In vielen Fällen ist die dienstliche E-Mail-**Anschrift automatisch im Netz zugänglich**: Dies gilt insbesondere für Außendienstmitarbeiter und für sonstige Personen, die nach Auffassung des Arbeitgebers leicht erreichbar sein sollen. Auch gibt es Fälle, in denen der **Arbeitgeber** zahlreiche personenbezogene **Daten ins Netz** stellt, um auf diese Weise eine persönlichere Beziehung zu Kunden oder anderen Interessierten aufzubauen, die sich ein wenig mit dem »tollen Team« identifizieren sollen. Nach der Rechtsprechung ist dies durch den Zweck des Beschäftigungsverhältnisses gedeckt und deshalb gerechtfertigt.[55] Wird das Datum »E-Mail-Anschrift« in dieser Weise öffentlich gemacht, lässt sich seine **Nutzung** jedenfalls **mit Art. 6** **23d**

53 BAG, 20.1.2009 – 1 AZR 515/08, NZA 2009, 615 Tz. 52 ff.
54 BAG, 20.1.2009 – 1 AZR 515/08, NZA 2009, 615.
55 Nachweise oben § 7 Rn. 52.

Abs. 1 Buchst. f DSGVO rechtfertigen: Danach genügt ein »berechtigtes Interesse«, wenn nicht die Interessen, Grundrechte oder Grundfreiheiten der betroffenen Person überwiegen. Das »berechtigte Interesse« liegt in der durch Art. 9 Abs. 3 GG geschützten Werbung und Information, ein überwiegendes Interesse an der Nichtbenutzung der E-Mail-Anschrift durch die Gewerkschaft ist nicht erkennbar.

23e Die Veröffentlichung des E-Mail-Accounts kann auch auf einer **eigenen Entscheidung der betroffenen Person** beruhen. Sie verfügt beispielsweise über eine eigene Website, wo sie im Impressum ihre E-Mail-Adresse angibt, oder betätigt sich in sozialen Netzwerken, wo sie auch ihre dienstliche Erreichbarkeit bekannt gibt. Weiter gibt es Blogger und Buchautoren, die ihre Daten offenlegen, weil sie andere zu Mitteilungen und Meinungsäußerungen ermutigen wollen. Auch hier ist eine Kontaktaufnahme durch die Gewerkschaft unproblematisch.

23f Existiert im Unternehmen ein **Verzeichnis mit allen Telefonnummern und E-Mail-Erreichbarkeiten** und wird dieses auch an Kunden weitergegeben, so liegt gleichfalls kein Grund vor, ein überwiegendes Interesse der betroffenen Person anzunehmen, das gegen eine Weitergabe ihres dienstlichen Accounts an die Gewerkschaft sprechen würde.

23g Es bleibt eine mehr oder weniger große **Restgruppe**, die unter keine der genannten Voraussetzungen fällt. Bei ihr stellt sich die Frage, ob **Art. 6 Abs. 1 Buchst. f DSGVO** nicht generell eingreift, was beispielsweise ein gewerkschaftlich organisiertes Betriebsratsmitglied berechtigen würde, die Liste mit den E-Mail-Anschriften aller im Betrieb Beschäftigten an seine Organisation weiterzugeben. Das in der Vorschrift verlangte »berechtigte Interesse« an der Datenverarbeitung (wozu auch die Datenübermittlung gehört) kann auch das **»berechtigte Interesse« eines Dritten,** also der Gewerkschaft sein, die ihre durch Art. 9 Abs. 3 GG vorgegebene Aufgabe erfüllen will. Diese erste und wichtigste Bedingung des Art. 6 Abs. 1 Buchst. f DSGVO ist daher erfüllt. Es bleibt die Frage, ob Interessen oder Grundrechte der betroffenen Personen überwiegen. Einzelne Belegschaftsangehörige sehen es möglicherweise eher ungern, dass die von ihnen abgelehnte Gewerkschaft ihre Mail-Anschrift kennt, weil sie »mit einer solchen Organisation« **nicht in Verbindung gebracht werden wollen.** Dass dies ein gegenläufiges Interesse ist, steht außer Zweifel; dass es gegenüber dem »berechtigten Interesse« der Gewerkschaft überwiegen soll, ist nicht erkennbar. Im **Bereich der kommerziellen Werbung** taucht das ähnliche Problem auf, dass einzelne Personen von einer Zusendung verschont bleiben wollen. Hier betont die datenschutzrechtliche Literatur mit aller Deutlichkeit, dass die Gegeninteressen der betroffenen Personen keine rein subjektiven Vorstellungen und Erwartungen sein dürfen.[56] Vielmehr komme es allein auf die **objektiven Erwartungen eines »vernünftigen Menschen«** an.[57] Werbung ist daher immer dann zulässig, wenn ein potenzieller Kunde mit ihr rechnen muss.[58] **Mittelbar** wird dies **durch Art. 21 Abs. 2 DSGVO bestätigt**, wonach die betroffene Person einer Fortsetzung der an sie gerichteten Werbung jederzeit widersprechen kann. Daraus ergibt sich: Wer als Arbeitnehmer tätig ist, muss nach der Lebenserfahrung davon ausgehen, dass er Mails nicht nur von der Personalabteilung und dem Betriebsrat, sondern auch von einer Gewerkschaft erhält.

Legt man dies zugrunde, so können Arbeitnehmerinnen und Arbeitnehmer, die eine **Liste** mit allen im Betrieb vergebenen E-Mail-Accounts besitzen, diese **an die Gewerkschaft weitergeben.** Dies wird zusätzlich dadurch gerechtfertigt, dass das »berechtigte Interesse« des Empfängers durch Art. 9 Abs. 3 GG einen höheren verfassungsrechtlichen Schutz genießt als die kommerzielle Werbung. Was zu ihren Gunsten hinnehmbar ist, muss es erst recht in Bezug auf die gewerkschaftliche Betätigungsfreiheit sein. Der »Eingriff« in die Sphäre des Adressaten ist auf der anderen Seite denkbar gering; eine unerwünschte Mail ist mit einem Klick zu tilgen. Die »Beeinträchtigung« ist geringer als bei einer traditionellen Flugblattverteilung: Der damit betrauten Kollegin zu sagen, dass man von ihren »dummen Zetteln« nichts wissen wolle, würde sehr viel mehr Energie voraussetzen und das Risiko persönlicher Verstimmung mit sich bringen. Die Abwägung fällt daher eindeutig zugunsten des gewerkschaftlichen Werbe- und Informationsrechts aus. 23h

Sinnvollerweise wird die Gewerkschaft ihrem Anschreiben einen **Hinweis** beifügen, dass der Angeschriebene **jederzeit** mitteilen kann, **von der Liste** der Adressaten **gestrichen** zu werden. Damit würde zugleich dem Rechtsgedanken des Art. 21 Abs. 2 DSGVO Rechnung getragen.[59] Dies schließt nicht aus, dass die fragliche Person nach einiger Zeit (z. B. nach einem Jahr) dennoch wieder angeschrieben werden kann, weil sich ihre 23i

56 SHS-Ehmann, Anhang 3 zu Art. 6 Rn. 35; ähnlich Taeger/Gabel-Taeger, Art. 6 DSGVO Rn. 122.

57 ErwGr 47 DSGVO.

58 Siehe den Überblick über die einzelnen Konstellationen bei Ehmann, a. a. O., Rn. 38–47.

59 Die gewerkschaftliche Werbung dürfte nicht unmittelbar unter Art. 21 Abs. 2 DSGVO fallen, da der unionsrechtliche Begriff der Werbung ein Verhalten meint, das darauf abzielt, den Absatz von Waren oder Dienstleistungen zu fördern (Kühling/Buchner-Buchner/Petri, Art. 6 DS-GVO Rn 175).

Haltung geändert haben könnte. Bei einer zunächst erfolglosen mündlichen Ansprache wäre dies in gleicher Weise möglich.

23k Gibt es keinen Arbeitnehmer, der über eine vollständige E-Mail-Liste verfügt, oder ist er nicht willens, diese an die Gewerkschaft weiterzugeben, so steht dieser ein Anspruch auf Übermittlung der Adressen gegen den Arbeitgeber zu. Eine solche »Unterstützungsleistung« des Arbeitgebers **überträgt** das koalitionsrechtliche **Zugangsrecht in die digitale Welt**: Musste der Arbeitgeber früher dem Gewerkschaftsbeauftragten die Türe aufmachen, seine Personalien notieren und ihn ggf. auf gefährliche Stellen im Betrieb aufmerksam machen, so ist er jetzt gehalten, der gewerkschaftlichen Organisation eine Liste mit E-Mail-Adressen zur Verfügung zu stellen. Auf diese Weise behält die Gewerkschaft in der digitalen Welt die Rechte, die ihr in der analogen Welt zustehen.[60]

23l **Soweit man der hier vertretenen Auffassung** zum Vorrang des gewerkschaftlichen Werbe- und Informationsrechts gegenüber dem informationellen Selbstbestimmungsrecht der Arbeitnehmer **nicht folgt,** kommt als **Auffanglösung** in Betracht, dass der Arbeitgeber der Gewerkschaft lediglich einen »Verteiler« überlässt, aus dem die Namen der angemailten Personen nicht ersichtlich sind.[61] Hat ein Betriebsratsmitglied datenschutzrechtliche Bedenken gegen die Weitergabe der E-Mail-Liste, so kann es sich im Übrigen an die **Aufsichtsbehörde** für den Datenschutz wenden, die in solchen Fällen Auskunft über die Rechtslage gibt. Im Übrigen wird der Arbeitgeber die Liste schon im eigenen Interesse immer auf dem neuesten Stand halten; dieser ist auch der Gewerkschaft mitzuteilen.

23m Die Rechte aus Art. 9 Abs. 3 GG einschließlich des Rechts, Kontakt zu den einzelnen Beschäftigten mit Hilfe einer E-Mail aufzunehmen, stehen nicht nur Gewerkschaften, sondern **auch nicht tariffähigen Koalitionen** zu.[62] Ob allerdings eine Organisation, die bereits im Intranet präsent ist, vom Arbeitgeber verlangen kann, dass er regelmäßig für sie an alle Beschäftigten E-Mails versendet, wird man stark bezweifeln müssen.[63]

---

60 Hjort/Mamerow, NZA 2021, 1759.

61 So der Vorschlag von DKW-Berg, § 2 Rn. 126; ebenso Hjort/Mamerow, NZA 2021, 1761.

62 BAG, 22.5.2012 – 1 ABR 11/11, NZA 2012, 1176; 19.9.2006 – 1 ABR 53/05, NZA 2007, 518, 522 Tz. 41.

63 Ablehnend ArbG Bonn, 11.5.2022 – 2 Ca 93/22, juris.

III. Gewerkschaftliche Information und Werbung im Intranet

1. Zugang der Gewerkschaft als Organisation zum Intranet?

24 Nach **§ 2 Abs. 2 BetrVG** hat die Gewerkschaft ein **Recht auf (physischen) Zugang zum Betrieb**, um ihre im BetrVG genannten Aufgaben und Befugnisse wahrzunehmen.[64] Auch soweit es um koalitionsrechtliche Befugnisse wie etwa die Werbung neuer Mitglieder oder die Diskussion von Tarifforderungen geht, kann die Gewerkschaft einen oder mehrere Beauftragte in den Betrieb entsenden.[65] Lässt sich daraus ein Recht herleiten, auch in das innerbetriebliche Kommunikationsnetz einbezogen zu werden, also **die physische durch eine elektronische Präsenz zu ersetzen?**

25 **Die Frage auf der Basis der Rechtsprechung zu bejahen, fällt schwer.** Zum einen ergeben sich technische Probleme dadurch, dass die Grenze zwischen Intranet und Internet aufgehoben würde, wollte man die Gewerkschaft generell in das Unternehmen »hereinholen«. Möglicherweise ließen sich hier zwar von der Technik her Lösungen finden, doch hätte die Gewerkschaft damit sehr viel weitergehende Rechte als bei der Ausübung eines traditionellen Zugangsrechts: Dieses vermittelt Gesprächsmöglichkeiten und praktische Anschauung über Arbeitsbedingungen, führt jedoch **nicht** zur **automatischen Einsicht in viele andere Betriebsinterna.** Auch gibt es im Schutzbereich des Art. 9 Abs. 3 GG kein generelles Informationsrecht der Gewerkschaft gegenüber den in ihrem Organisationsbereich liegenden Unternehmen.[66]

2. Gewerkschaftliche Information und Werbung im Intranet durch Arbeitnehmer des Betriebs?

26 Kein Zugangsproblem stellt sich, wenn betriebsangehörige Arbeitnehmer mit Intranetanschluss über ihre Organisation informieren oder für sie werben wollen. Wie bereits verschiedentlich festgestellt, steht die Koalitionsfreiheit nach Art. 9 Abs. 3 GG in allen ihren Ausprägungen **auch dem einzelnen Arbeitnehmer** zu.[67] Das bedeutet, dass er bei entsprechenden

64 Einzelheiten bei DKW-Berg, § 2 Rn. 78 ff.
65 Einzelheiten bei Däubler, Gewerkschaftsrechte im Betrieb, Rn. 407 ff.
66 Zur tariflichen Schaffung solcher Rechte siehe Däubler, Tarifvertragsrecht, Rn. 1213 ff. Weitergehend als hier Klebe/Wedde, AuR 2000, 401 f. Ablehnend gegenüber einem Zugang der Gewerkschaft zum Intranet Beckschulze, DB 2003, 2786.
67 BVerfG, 14.11.1995 – 1 BvR 601/92, BVerfGE 93, 352, 358.

Aktivitäten den **Schutz des Art. 9 Abs. 3 GG** genießt. Gegeninteressen des Arbeitgebers sind nicht mehr und nicht weniger betroffen als wenn die Gewerkschaft von außen her eine E-Mail an Arbeitnehmer des Betriebs schickt. Die Frage der Verletzung des Eigentums und der Störung der Arbeitsabläufe ist keine andere; insoweit kann auf die obigen Ausführungen verwiesen werden.[68] An der grundsätzlichen Zulässigkeit besteht daher kein Zweifel.[69]

27 Bedenken können allerdings insoweit entstehen, **als der Einzelne Arbeitszeit verwendet, um entsprechende Mitteilungen** zu erstellen. Hier ist zu unterscheiden. Wird im Betrieb **Vertrauensarbeitszeit** praktiziert,[70] so ergeben sich keine Schwierigkeiten: Könnte man die Arbeit jederzeit auch für rein private Zwecke wie Einkäufe oder den Gang zum Friseur unterbrechen (soweit nur das vereinbarte Arbeitsergebnis »stimmt«), ist auch keine arbeitsvertragliche Pflicht verletzt, wenn man eine halbe oder eine ganze Stunde einen »gewerkschaftsfreundlichen Text« verfasst. Wird stattdessen ein **traditionelles Arbeitszeitregime** praktiziert, wird man nicht von einer generellen Zulässigkeit ausgehen können. **Übersteigt die Aktivität nicht die Dauer eines privaten Gesprächs**, das man jederzeit mit einem Arbeitskollegen ohne Beanstandung führen kann, bestehen keine Bedenken; anderenfalls wäre ja entgegen Art. 9 Abs. 3 Satz 2 GG die gewerkschaftliche Tätigkeit gegenüber sonstigen nichtarbeitsbezogenen Aktivitäten benachteiligt.[71] **Wird dieser Bereich überschritten**, liegt i. d. R. eine Störung der Arbeitsabläufe vor, sodass das Arbeitgeberinteresse nach den Maßstäben des BVerfG den Vorrang hätte. Insoweit müsste der Arbeitnehmer die Pausen oder die sonstige arbeitsfreie Zeit nutzen, um entsprechende Texte zu erstellen.

28 Nicht zu beanstanden ist es, wenn der Arbeitnehmer eine **Diskette mitbringt**, und deren Inhalt ins Netz eingibt. Das gilt selbstredend nur dann, wenn ein Antivirenprogramm eingesetzt wird und die Benutzung von Disketten nicht generell verboten ist.

---

68 Siehe oben II. 2. (Rn. 14ff.).

69 Anders Kramer-Neu, Teil C Rn. 353ff., der jedoch nicht zwischen der Homepage der Gewerkschaft als solcher und der Seite von betriebsangehörigen Mitgliedern unterscheidet.

70 Dazu oben § 5 Rn. 3f.

71 DKW-Berg, § 2 Rn. 122 m. w. N.; Fitting, § 74 Rn. 72a. Dass Arbeit auch mit privaten Gesprächen verbunden ist und diese nicht etwa eine Pflichtverletzung darstellen, betont auch das BAG (20. 1. 2009 – 1 AZR 515/08, NZA 2009, 615, 618 Tz. 28).

Beim Viren-Argument ist bisweilen zu fragen, inwieweit es wirklich um Computerviren oder eher um »politische Viren« geht.

3. Sonderregeln für den Betriebsrat?

Soweit der Betriebsrat einen Anschluss ans Intranet besitzt,[72] kann er diesen (wohl) nicht für gewerkschaftliche Information und Werbung benutzen. Da er insoweit als Gremium »spricht«, ist er zur gewerkschaftspolitischen Neutralität verpflichtet. Daher können nur einzelne Betriebsratsmitglieder in ihrer Eigenschaft als Arbeitnehmer die Rechte aus Art. 9 Abs. 3 GG in Anspruch nehmen. 29

Keine unerlaubte gewerkschaftliche Werbung liegt vor, wenn der Betriebsrat einen »**Link« zur Gewerkschaft** schaltet, zumal § 2 Abs. 1 BetrVG vom »Zusammenwirken« von Betriebsrat und Gewerkschaft ausgeht.[73] Würde man ihn nach der Anschrift der örtlichen Gewerkschaftsorganisation fragen, müsste er ja auch nicht mit den Achseln zucken … Er ist insoweit **einem Access-Provider vergleichbar**. Das Setzen eines Links ist nicht mit einer Identifizierung mit den verlinkten Informationen gleichzusetzen. Voraussetzung ist allerdings, dass der Betriebsrat über eine eigene Homepage verfügt.[74]

Der Gesetzgeber hat die hier vertretene Auffassung bestätigt und in **§ 9 Abs. 3 BPersVG 2021** bestimmt: 30

»*Auf Verlangen einer Gewerkschaft oder einer Vereinigung der Arbeitgeber hat die Dienststelle in ihrem Intranet auf den Internetauftritt der Gewerkschaft oder der Arbeitgebervereinigung zu verlinken.*«

Damit ist erneut bestätigt, dass eine Verlinkung **keinen Verstoß gegen die »Gewerkschaftsneutralität«** darstellt. Auch kann man sich die Frage stellen, weshalb eine solche Regelung nicht auch in der Betriebsverfassung ihren Platz gefunden hat.[75]

---

72 Zu dem dahingehenden Anspruch siehe unten § 14 Rn. 30ff.

73 Dies ist nicht bedacht bei Beckschulze, DB 2003, 2786 und bei Kramer-Neu, Teil C Rn. 357ff.

74 Zu dem dahingehenden Anspruch unten § 14 Rn. 30ff.

75 Näher Däubler, Interessenvertretung durch Betriebsrat und Gewerkschaften im digitalen Betrieb, S. 71, wo auch die amtliche Begründung wiedergegeben ist.

IV. Gewerkschaftliche Homepage im Intranet?

1. Die Grundsatzfrage

31 Da die **Gewerkschaft als Organisation** keinen Zugang zum Intranet hat, ist ihr selbstredend auch die Einrichtung einer Homepage insoweit nicht möglich. Fraglich ist daher lediglich, ob **betriebsangehörige Gewerkschaftsmitglieder** eine entsprechende Befugnis für sich in Anspruch nehmen können.

32 Ausgangspunkt ist wiederum die Feststellung, dass **Art. 9 Abs. 3 GG auch Werbung und Information durch einzelne Arbeitnehmer schützt.**[76] Dem entspricht es, dass es einer innerbetrieblichen Gewerkschaftsgruppe seit jeher unbenommen ist, ein Schwarzes Brett anzubringen und dort auf Veranstaltungen hinzuweisen oder für den Beitritt zu werben.[77] Der Sache nach ist eine Homepage nichts anderes als ein **»Schwarzes Brett« in modernisierter Form**, das der Einzelne nach Belieben anschauen oder meiden kann.[78] Die darin liegende Beeinträchtigung des Arbeitgebereigentums ist nicht größer als bei der traditionellen Form aus Holz oder Styropor. Hier gilt dasselbe wie bei der Plakatwerbung: Was schon nach der früheren Rechtsprechung zulässig war, muss erst recht heute gelten. **Im Vergleich zum Verteilen von Flugblättern und Gewerkschaftszeitungen ist überdies das Informationsangebot im Netz sehr viel weniger »aufdringlich«** oder »störend«. Die Tatsache, dass moderne Informationsmittel mehr Informationen transportieren können als das herkömmliche Schwarze Brett, ist ohne Bedeutung, da es nicht auf die Effizienz der Werbung, sondern allein darauf ankommt, ob Interessen des Arbeitgebers in unzumutbarer Weise zurückgedrängt werden. Das ist ersichtlich nicht der Fall.

2. Einzelfragen

33 Die **Kosten** einer Homepage hat der **Arbeitgeber genauso wenig** wie die eines Schwarzen Bretts oder gewerkschaftlicher Flugblätter **zu tragen**: Sie gehen zunächst zulasten der Arbeitnehmer, die ggf. Ersatz von der Gewerkschaft erhalten. Soweit sie nicht selbst zur Einrichtung in der Lage sind, können sie sich der **Hilfe eines Gewerkschaftsvertreters** bedienen,

76 Siehe oben Rn. 20ff.

77 So bereits LAG Frankfurt/Main, 16.4.1971 – 5 Sa 72/71, DB 1972, 1027. Weitere Nachweise bei Däubler, Gewerkschaftsrechte im Betrieb, Rn. 358.

78 Für Zulässigkeit eines solchen modernisierten Schwarzen Bretts Göpfert/Stöckert, NZA 2021, 1209, 1214.

der in einem solchen Fall von seinem Zugangsrecht Gebrauch machen kann.[79] Gewerkschaftsvertreter kann jede von der Gewerkschaft ermächtigte Person, also auch ein Informatiker sein, der sich auf die Einrichtung einer Homepage versteht und den Beteiligten deren jeweilige Aktualisierung beizubringen vermag.[80]

Was **Inhalt** gewerkschaftlicher Information und Werbung sein darf, ist 34
in Randbereichen strittig. **Dezidierte parteipolitische Stellungnahmen** dürften ausgeschlossen sein, doch kann eine Meinung zu allgemeinpolitischen Fragen geäußert werden.[81] Insoweit gibt es keine spezifischen Probleme, die mit den neuen Medien zusammenhängen.

Die Initiatoren der Homepage werden dieser einen gewerkschaftlichen 35
Charakter geben. Die **äußere Aufmachung** liegt in ihrem Ermessen, doch ist es erlaubt, den **Namen der Arbeitgeberfirma** und ggf. auch deren Emblem oder Markenzeichen zu verwenden.[82] Wer will, kann sich davon aber auch deutlich absetzen und den »hellen Stern auf allen Straßen« als »trübe Funzel« bezeichnen. In der Regel wird man damit allerdings kaum Sympathien gewinnen.

> Zulässig wäre auch der Sinnspruch:
> »Nicht jammern und picheln,
> sondern hämmern und sicheln«,
> da er keine parteipolitischen Assoziationen (mehr) weckt.

V. Vereinbarungen

Die **Arbeitsordnung** oder eine andere Betriebsvereinbarung ist **nicht** 36
in der Lage, gewerkschaftliche Betätigungsrechte im Betrieb **einzuschränken**. Das hat das BAG schon in seiner ersten grundsätzlichen

79 Zum koalitionsrechtlichen Zugangsrecht siehe DKW-Berg, § 2 Rn. 105 m. w. N.

80 Wie hier zur gewerkschaftlichen Werbung im Intranet DKW-Berg, § 2 Rn. 129.

81 Dies gilt mittlerweile sogar für den Betriebsrat: BAG, 17.3.2010 – 7 ABR 95/08, NZA 2010, 1133; Einzelheiten zu gewerkschaftlichen Verlautbarungen bei Däubler, Gewerkschaftsrechte im Betrieb, Rn. 290ff.

82 So LAG München, 4.10.1984 – 2 Sa 29/84, DB 1985, 1539 = AuR 1985, 291 Ls. für eine Friedensinitiative der Siemens AG. Auch nach Rieble/Gutzeit, ZfA 2001, 352 ist der Gebrauch des Firmennamens unbedenklich, wenn er der Gewerkschaftsbezeichnung angehängt wird (»igmetall-Siemens«). Dasselbe gilt für den Domain-Namen eines Betriebsrats: LAG Köln, 6.5.2013 – 2 Sa 62/13, MMR 2014, 72.

Entscheidung aus dem Jahr 1967 ausgesprochen.[83] Das gilt auch dann, wenn die Einschränkung nur eine mittelbare oder verdeckte ist, weil etwa jede »arbeitsfremde Information« oder »jede Werbung« verboten ist. Betriebsrat und Arbeitgeber würden sich in einem solchen Fall zulasten eines Dritten einigen, was nach geltendem Recht nicht zulässig ist.

37 Möglich ist demgegenüber eine tarifliche Regelung, die der Gewerkschaft einen Zugang zum Intranet eröffnet; Entsprechendes wurde zwischen ver.di und der Telekom vereinbart.[84] Danach hat die Gewerkschaft das Recht, in eigener Verantwortung dort über ihre Tätigkeit zu informieren. Telearbeiter können dort ihre E-Mail-Adresse hinterlegen, um weiterführende Informationen zu erhalten. Außerdem kann die Gewerkschaft über den Arbeitgeber Mails an die Beschäftigten versenden, die allerdings selbst keine gewerkschaftliche Werbung, sondern nur Hinweise enthalten, wann und wo man solche erhalten kann.[85] In vielen Betrieben und Unternehmen dürfte allerdings die Form eines Tarifvertrags eher etwas überdimensioniert wirken. Es gibt aber auch andere Möglichkeiten: Im Zusammenhang mit der gewerkschaftlichen Plakatwerbung im Betrieb wurde die These formuliert, auch eine **schlichte Einigung zwischen Arbeitgeber und Gewerkschaft** könne die Flächen festlegen, wo plakatiert werden dürfe.[86] Entsprechendes könnte man sich auch im vorliegenden Zusammenhang vorstellen,[87] doch darf dabei das durch Art. 9 Abs. 3 GG geforderte Minimum nicht unterschritten werden. Unzulässig wäre daher eine Abrede, wonach jede gewerkschaftliche Aussage zuerst vom Arbeitgeber genehmigt werden muss, bevor sie ins Netz gestellt wird: Hier wäre die Unabhängigkeit der Interessenvertretung nicht mehr gewahrt. Auf der anderen Seite ist nichts dagegen einzuwenden, dass der Arbeitgeber von jeder Änderung des gewerkschaftlichen Informationsangebots in Kenntnis gesetzt werden muss.

37a Beachtung verdient die im Mai 2021 geschlossene **Sozialpartnervereinbarung in der Kautschukindustrie**.[88] Sie gilt bundesweit für etwa 30 000 Beschäftigte in 100 Betrieben. Das dort festgelegte »Digitale Zugangsrecht« der Gewerkschaften umfasst neben dem Mail-Kontakt bei Bedarf auch ein »digitales Schwarzes Brett« im Intranet sowie die Befugnis, betriebliche Videokonferenzsysteme auch für gewerkschaftliche Zwecke

---

83 BAG, 14.2.1967 – 1 AZR 494/65, AP Nr. 10 zu Art. 9 GG Bl. 5 R.
84 Mitgeteilt bei Brandl, in: Sommer u. a. (Hrsg.), S. 29.
85 Diese Inhalte sind wiedergegeben bei ArbG Bonn, 11.5.2022 – 2 Ca 93/22, juris (Rn. 5–7).
86 Däubler, Gewerkschaftsrechte im Betrieb, Rn. 366; zustimmend Dütz, S. 65.
87 Für die Möglichkeit freiwilliger Gestattung auch Rieble/Gutzeit, ZfA 2001, 356.
88 *igbce.de/igbce/adk-und-ig-bce-schliessen-sozialpartnervereinbarung-189342.*

(Online-Sprechstunde, Online-Vertrauensleutesitzung) zu verwenden. Nähere Einzelheiten werden betrieblichen Abmachungen zwischen Gewerkschaft und Arbeitgeber überlassen. Auch wenn eine Sozialpartnervereinbarung traditionell keine einklagbaren Rechte vermittelt, ist damit zu rechnen, dass ihr die meisten Betriebe Rechnung tragen werden.[89]

VI. Exkurs: Druck auf die Arbeitgeberseite durch Aktionen im Internet

Je stärker sich die Arbeit ins Internet verlagert, umso eher kann es auch dort zu **demonstrativen Akten** und zu **Arbeitsniederlegungen** kommen. Das gilt sogar über Landesgrenzen hinweg: Besonders ausbeuterische Arbeitsbedingungen in Dritte-Welt-Ländern können über das Internet schnell bekannt werden und für Empörung sorgen, die bis zu Boykottaufrufen gehen kann.[90] Mittlerweile gibt es auch insoweit einige Erfahrungen, die allerdings in der arbeitsrechtlichen Diskussion bislang eine eher geringe Rolle spielen.[91] **38**

Das Internet kann zum einen als Mittel benutzt werden, um eine **große Öffentlichkeit** für bestimmte Anliegen zu **sensibilisieren.** So wurden etwa in der Leiharbeitsbranche Verleiher dazu aufgefordert, zumindest die von den DGB-Gewerkschaften geschlossenen Tarifverträge einzuhalten – andernfalls kamen sie auf eine »**Schwarze Liste**«, die im Internet veröffentlicht wurde.[92] Dasselbe geschah mit umgekehrtem Vorzeichen im Einzelhandel durch »**Positivlisten**«, wo solche Betriebe im Internet herausgestellt wurden, die tarifliche Bestimmungen und sonstige Arbeitsrechtsnormen eingehalten hatten.[93] Bei den gewerkschaftlichen **Kampagnen** wegen der Arbeitsbedingungen bei **Lidl** und bei **Schlecker** wurden **Blogs** eingerichtet, wo einzelne Ereignisse geschildert wurden und jeder **39**

89 Dazu auch das aufschlussreiche Interview von Klaus Heimann mit Karin Erhard, Mitglied des geschäftsführenden Hauptvorstands der IGBCE, AiB 10/2021, 32.

90 Klier, CuA 10/2012, 25, der u. a. auf den Film »Der Fall Coca-Cola« verweist, der über YouTube abgerufen werden kann.

91 Siehe etwa Giesen/Kersten, NZA 2018, 1 ff., die nur einen kleinen Ausschnitt der im Folgenden geschilderten Empirie aufgreifen (und die hier zitierte Literatur auch gar nicht zur Kenntnis nehmen).

92 Rehder/Deinert/Callsen, AuR 2012, 103, 105.

93 Ebenda.

Interessierte die Möglichkeit hatte, das Vorgehen der Beteiligten zu kommentieren und eigene Vorschläge zu machen.[94]

40 Ein eigenartiges Wechselspiel zwischen virtueller und realer Welt zeigte sich bei einer Auseinandersetzung zwischen der **italienischen Niederlassung von IBM** und ihren Beschäftigten. Aus Protest dagegen, dass die Gehälter durch Streichung der Gewinnbeteiligung gekürzt wurden, beteiligten sich 2000 Menschen aus dem In- und Ausland an dem Spiel **»Second Life«**. Dabei kann man mit einem sog. Avatar, einer Stellvertreterfigur, agieren, der der Spieler bestimmte Eigenschaften beilegt.[95] In diesem Rahmen wurde der Tarifkonflikt »durchgespielt«; es wurden Streikposten gebildet, Demonstrationen veranstaltet, sogar eine Vorstandssitzung wurde gesprengt. Das **beeindruckte die Unternehmensleitung** so **nachhaltig**, dass sie die beabsichtigten Kürzungen zurücknahm und einen neuen Tarifvertrag schloss.

41 Durch zahllose Telefonanrufe oder durch **massenhafte E-Mails** kann ein Unternehmen vorübergehend funktionsunfähig gemacht werden. In der Praxis geschieht dies allerdings nur äußerst selten. Dokumentiert ist der Fall **Foxboro Eckardt** GmbH in Stuttgart, der sich im Februar 2001 zutrug. Aus Protest gegen die beabsichtigte Schließung des Stuttgarter Werks wurden von ca. 1000 Personen im Laufe einer kurzen Zeitspanne etwa 100 000 Mails an 10 bis 20 Führungskräfte geschickt, was zur Folge hatte, dass der **E-Mail-Server** des Konzerns acht Stunden lang **wegen Überlastung ausfiel**.[96] Derartige Aktionen, für die es in der Zwischenzeit weitere Beispiele gibt, werden üblicherweise DoS (= Denial of Service) genannt; erstrecken sie sich auf ein größeres Feld, ist von DDoS-Aktionen (»Distributed Denial of Service«) die Rede.

42 Ein anderer Vorfall spielte sich außerhalb von Auseinandersetzungen zwischen Kapital und Arbeit ab, folgte aber dem eben geschilderten Vorbild. Ab 1999 gab es eine Kampagne **»Lufthansa goes offline«**. Anlass war, dass ein sudanesischer Asylbewerber abgeschoben wurde und auf dem Lufthansa-Flug trotz Fesselung und Begleitung durch zwei BGS-Beamte zu Tode gekommen war.[97] Die Kampagne wollte die öffentliche Aufmerksamkeit darauf lenken, dass die Lufthansa **an Abschiebungsflügen**

94 Rehder/Deinert/Callsen, Arbeitskampfmittelfreiheit, S. 30ff.

95 Schilderung bei Berg/Kocher/Schumann, TVG-AKR/AKR, Rn. 224; Däubler (Hrsg.), Arbeitskampfrecht, § 30 Rn. 21, auch zum Folgenden.

96 Rehder/Deinert/Callsen, Arbeitskampfmittelfreiheit, S. 38; Renneberg, S. 235f.

97 Der folgende Bericht entspricht dem in Däubler (Hrsg.), Arbeitskampfrecht, § 31 Rn. 17 gegebenen.

Geld verdiente,[98] und sie zu einer Änderung ihrer Politik veranlassen. Am 20. Juni 2001 sollte die **Homepage** der Lufthansa **für zwei Stunden blockiert** werden, indem man sie mit massenhaften E-Mails lahmlegte. Zu diesem Zweck wurde eine besondere Software entwickelt, die in minimalen Zeitabständen Anfragen absandte. Die Aktion hatte technisch nur einen begrenzten Erfolg, da die Lufthansa Abwehrmaßnahmen wie das **Ausweichen auf einen anderen Server** einsetzte; die öffentliche Aufmerksamkeit war gleichwohl erheblich. In der arbeitsrechtlichen Literatur ist der Versuch unternommen worden, solche Aktionen unter Berufung auf die (virtuelle) Versammlungsfreiheit für legal zu erklären, sofern keine »Blockadesoftware« eingesetzt werde.[99] Damit wird von vorneherein eine hohe Schranke errichtet, deren Einhaltung allerdings schwer zu kontrollieren sein dürfte.

In einem **juristischen Nachspiel** wurde einer der Initiatoren vom AG 43
Frankfurt/Main wegen Nötigung zu einer Geldstrafe von 900 Euro verurteilt. Mit Urteil vom 22. Mai 2006 **sprach** ihn jedoch das **OLG Frankfurt/Main frei.**[100] Das fragliche Verhalten sei weder Gewalt i. S. v. § 240 StGB gewesen noch Drohung mit einem empfindlichen Übel. Auch liege keine Datenunterdrückung nach § 303a StGB vor, da es sich nur um einen vorübergehenden Vorgang gehandelt habe. In der Literatur wurde dies zum Teil anders gesehen,[101] doch sind keine weiteren Gerichtsentscheidungen bekannt geworden. Das bedeutet, dass die **vorübergehende Unterbrechung der Kontaktaufnahme** mit einem Unternehmen jedenfalls **keine Strafsanktionen** auslöst.[102] Soweit in derselben Situation auch ein Streik zulässig wäre, liegt grundsätzlich auch kein unerlaubter Eingriff in den Gewerbebetrieb und keine Verletzung arbeitsvertraglicher Pflichten vor. Der später geschaffene Tatbestand der Computersabotage nach § 303b Abs. 1 Nr. 2 StGB will nach Auffassung des Rechtsausschusses des Deutschen Bundestags politische Protestaktionen nicht erfassen.[103] Informationssysteme lahmzulegen, um eine bestimmte Geldsumme zu bekommen, wurde demgegenüber als strafbare Erpressung und als Computersabotage qualifiziert.[104]

---

98 Neben »economy.class« und »business.class« war von »deportation.class« die Rede.

99 Giesen/Kersten, NZA 2018, 1, 7.

100 OLG Frankfurt/Main, 22. 5. 2006 – 1 Sa 319/05, MMR 2006, 547 = CR 2006, 684.

101 Siehe etwa Giesen/Kersten, S. 207 ff.

102 Ebenso Berg/Kocher/Schumann, TVG-AKR/AKR, Rn. 223.

103 BT-Drs.16/5449, S. 5 f. Ebenso Giesen/Kersten, NZA 2018, 1, 6.

104 Siehe den Fall LG Düsseldorf, 22. 3. 2011 – 3 KLs 1/11, MMR 2011, 624.

44 Auf der Tagung des Hugo-Sinzheimer-Instituts Amsterdam wurde am 29.9.2017 von einem Referenten der Gedanke entwickelt, ein »**Internet-Streik**« könne auch in der Weise stattfinden, dass nach dem **Vorbild von Hackern** die gesamte Informationsstruktur des Unternehmens und damit das Unternehmen selbst nicht nur vorübergehend außer Funktion gesetzt werde. Statt eines »Lösegeldes«, wie dies Hacker verlangen, würden dann Verhandlungen über höhere Löhne und bessere Arbeitsbedingungen geführt. Sobald ein Kompromiss erreicht sei, würden die gesamten Daten wieder freigegeben. Ob dieser Gedanke Zustimmung findet, ist derzeit noch vollkommen offen.

§ 14 Betriebsrat, Personalrat und EBR in digitalisierter Umwelt

I. Die Problematik

In einer durch Informationstechnik geprägten Welt kann die **betriebliche Interessenvertretung** ersichtlich **nicht auf Schreibmaschine und Schwarzes Brett verwiesen** werden. Sie hat ein legitimes Interesse daran, die modernen Informations- und Kommunikationsmittel zu nutzen. In welchem Umfang sie dies darf, ist im Gesetz nicht festgelegt und deshalb Gegenstand juristischer Auseinandersetzung. 1

Zunächst ist dem Problem nachzugehen, inwieweit der Betriebsrat nach § 40 Abs. 2 BetrVG einen Anspruch auf **Zugang zum Internet** hat. Damit ist automatisch die Frage verbunden, ob ihm ein »internetfähiges« Gerät, vor allem ein PC zur Verfügung gestellt werden muss. Soweit man dies bejaht: Gilt es nur für das Gremium als solches oder muss jedes Mitglied selbst im Internet recherchieren können? Hat der Betriebsrat und haben auch seine Mitglieder einen Anspruch auf Einrichtung eines E-Mail-Accounts? Was geschieht mit jenen Betriebsratsmitgliedern, an deren Arbeitsplatz sich kein PC befindet? Wo ergeben sich Grenzen für die Technik-Ausstattung im Interesse der Arbeitgeberseite? Näher zu allen diesen Fragen **unten II.** (Rn. 7ff.). 2

Der Betriebsrat will nicht nur Informationen gewinnen, sondern auch selbst im Netz aktiv werden. Der Betriebsrat wird dadurch noch sehr viel stärker zum Kommunikationspartner als in der Vergangenheit. Dabei kann sich der Meinungsaustausch auf verschiedenen Wegen vollziehen: 3

- Der Betriebsrat wechselt **E-Mails** mit den Beschäftigten in seinem Betrieb, aber auch mit anderen Personen.
- Der Betriebsrat ist im **Intranet des Unternehmens** oder Konzerns präsent. Er kann dort ein »Informationsangebot« machen oder in Form eines **Blogs** die Möglichkeit zu freier (auch anonymer) Diskussion geben. Ist er sehr aktiv und passiert viel, kommt eine elektronische »Betriebszeitung« in Betracht. Auch ein »**Wiki**« kann seinen Platz im

Betrieb haben. Es lässt sich auch eine App vorstellen, die beim Betriebsrat und den Beschäftigten auf dem Smartphone installiert ist und die eine freie Kommunikation in beide Richtungen erlaubt.

- Der Betriebsrat geht ins **Internet**. Dabei wird er möglicherweise einen eigenen Blog einrichten oder **Mitglied in einem sozialen Netzwerk** werden. Das wirft im Vergleich zu den Aktivitäten im Intranet eine Reihe zusätzlicher Fragen auf. **Wie viel »Öffentlichkeitsarbeit« ist** einer betrieblichen Interessenvertretung **erlaubt?** Das Auftreten des früheren Betriebsratsvorsitzenden von Opel Rüsselsheim im Fernsehen spricht für einen eher weiten Spielraum. Wie muss dabei mit Betriebsinterna umgegangen werden?

Darf der **Arbeitgeber** das Kommunikationsverhalten des Betriebsrats **kontrollieren**, beispielsweise erfassen, wer in der Belegschaft am häufigsten E-Mails an den Betriebsrat geschickt hat? Kann er verlangen, dass eine Mitteilung erst dann ins Intranet oder ins Internet gestellt wird, wenn er dies genehmigt hat? Näher zu allen diesen Problemen unten III. (Rn. 28ff.).

4 Welchen Einfluss hat die Digitalisierung auf die innere Struktur des Betriebsrats? Kann die Stimme bei der **Betriebsratswahl** auch **online** abgegeben werden? Wann sind **Betriebsratsbeschlüsse** im Wege einer Telefon- oder einer **Videokonferenz** möglich? Was geschieht, wenn die **Abgrenzung des Betriebs** auf **Schwierigkeiten** stößt, weil beispielsweise eine Gruppe von Arbeitnehmern Weisungen von einem Vorgesetzten erhält, der vertraglich an einen ganz anderen Arbeitgeber gebunden ist? Dazu unten IV (Rn. 70ff.).

5 Schließlich sollen unter V. und VI. (Rn. 88ff.) Besonderheiten der **Personalvertretung** und des **EBR** kurz erörtert werden.

6 Die Benutzung der Technik befreit den Betriebs- und den Personalrat nicht von seinen **allgemeinen Pflichten**. Betriebs- und Geschäftsgeheimnisse müssen auch in der digitalen Welt beachtet werden. Aber auch die **Persönlichkeitssphäre einzelner Beschäftigter** ist zu respektieren. So ist es etwa unzulässig, auf der Betriebsversammlung aus einem **Bewerbungsschreiben** eines wenig erwünschten Mitarbeiters wörtlich zu zitieren und diesen dadurch herabzuwürdigen – dies stellt eine schwere Pflichtverletzung dar, die nach § 23 Abs. 1 BetrVG zum Ausschluss aus dem Betriebsrat führen kann.[1] Unzulässig ist es auch, wenn ein Betriebsrat über seine

1 LAG Düsseldorf, 9.1.2013 – 12 TaBV 93/12, RDV 2013, 203.

gesetzlichen Befugnisse hinaus fortgesetzt Einblick in die **elektronische Personalakte** einzelner Arbeitnehmer nimmt.[2]

II. Der Anspruch des Betriebsrats auf Zugang zum Internet und auf die erforderliche Ausstattung

1. Die Auseinandersetzungen in der Vergangenheit

Eine zentrale Rolle spielte über viele Jahre hinweg die Frage, ob der Betriebsrat nach § 40 Abs. 2 BetrVG verlangen konnte, dass ihm ein PC zur Verfügung gestellt wurde. Im Grundsatz wurde dies bejaht, allerdings von zahlreichen Voraussetzungen abhängig gemacht.[3] Obwohl im Jahre 2001 die »Informations- und Kommunikationstechnik« ausdrücklich in den »Geschäftsbedarf« des Betriebsrats nach § 40 Abs. 2 BetrVG einbezogen wurde, sollte nach der BAG-Rechtsprechung ein PC nicht zur »Normalausstattung« des Betriebsrats gehören.[4] Ein wenig kooperativer Arbeitgeber hatte daher die Möglichkeit, dem Betriebsrat Schwierigkeiten zu machen, was in der Praxis nicht selten vorkam. Im Einzelnen galt Folgendes: 7

- Der Betriebsrat **musste** die **Erforderlichkeit** im Hinblick auf die zu erfüllenden Aufgaben **darlegen**.[5] Während etwa eine sinnvolle Interessenvertretung ohne Kenntnisse im Arbeits- und Betriebsverfassungsrecht sowie im Arbeitsschutz nicht vorstellbar sei (und deshalb entsprechende Schulungen »erforderlich« i. S. v. § 37 Abs. 6 BetrVG sind), würde die Ausübung von Mitwirkungs- und Mitbestimmungsrechten nicht zwangsläufig von der Inanspruchnahme moderner Bürotechnik abhängen.[6] **Je größer der Betrieb, umso eher** würde allerdings die **Erforderlichkeit** des Sachmittels PC **zu belegen** sein.[7] 8
- Der Betriebsrat konnte sich **nicht** darauf berufen, **die gleiche Ausstattung wie der Arbeitgeber** haben zu wollen. Die **Aufgaben** seien 9

2 LAG Berlin-Brandenburg, 12.11.2012 – 17 TaBV 1318/12, RDV 2013, 204 = DuD 2013, 321. Zu den beschränkten Zugriffsrechten des Betriebsrats auf die elektronische Personalakte siehe Kort, ZD 2015, 3 ff.

3 Zuletzt BAG, 16.5.2007 – 7 ABR 45/06, NZA 2007, 1117.

4 So BAG, a. a. O., Ls. 3.

5 BAG, 3.9.2003 – 7 ABR 12/03, NZA 2004, 278 (für die Neufassung des § 40 Abs. 2 BetrVG).

6 BAG, 11.3.1998 – 7 ABR 59/96, NZA 1998, 953.

7 BAG, 12.5.1999 – 7 ABR 36/97, NZA 1999, 1291.

unterschiedlich. Dem wurde jedoch eine **wichtige Ausnahme** hinzugefügt:

»Nur dort, wo sich die Aufgaben von Arbeitgeber und Betriebsrat berühren, nämlich bei der betrieblichen Mitwirkung und Mitbestimmung, kann der Einsatz moderner Kommunikationsmittel auf Arbeitgeberseite den erforderlichen Umfang der dem Betriebsrat zur Verfügung zu stellenden Sachmittel beeinflussen.«[8]

10 • **Benutzte** der **Arbeitgeber** bei **Verhandlungen** mit dem Betriebsrat über den Abschluss von Betriebsvereinbarungen **selbst die Möglichkeit der elektronischen Datenverarbeitung**, z. B. beim Abfassen und Ändern von Texten einer geplanten Betriebsvereinbarung, konnte es geboten sein, dass der Betriebsrat ebenfalls über dieses Hilfsmittel verfügte. Das gelte erst recht bei Vorarbeiten für Texte, bei denen eine größere Menge an Daten zu erfassen und zu bewerten sei.[9]

11 • Der Betriebsrat könne die Erforderlichkeit **nicht allein** damit begründen, dass Arbeiten mit dem PC effizienter als Arbeiten mit der Schreibmaschine sei. Der in der Anschaffung des PC liegende **Effizienzgewinn** spiele nur dann eine Rolle, wenn ohne diesen Wechsel in der angewandten Technik einzelne Betriebsratsaufgaben nicht erfüllt werden könnten.[10] Das alles wurde im Jahre 2007 noch einmal bestätigt.[11]

2. Die aktuelle Situation

12 Die **Rechtsprechung des BAG** hat zum Teil **erhebliche Kritik** erfahren.[12] Auch Instanzgerichte waren bisweilen viel großzügiger und haben jedenfalls bei einem mehrköpfigen Betriebsrat zur »Grundausstattung« wie Schreibtisch, Papier und Schreibgerät auch den PC gerechnet.[13] Die

8 BAG, 11.3.1998 – 7 ABR 59/96, NZA 1998, 954 f., bestätigt durch BAG, 3.9.2003 – 7 ABR 12/03, NZA 2004, 279.

9 BAG, 11.3.1998 – 7 ABR 59/96, NZA 1998, 955, bestätigt durch BAG, 3.9.2003 – 7 ABR 12/03, NZA 2004, 279.

10 BAG, 11.3.1998 – 7 ABR 59/96, NZA 1999, 953, 955.

11 BAG, 16.5.2007 – 7 ABR 45/06, NZA 2007, 1117, 1120 Tz. 26.

12 Siehe etwa U. Fischer, BB 1999, 1921; Klebe/Wedde, DB 1999, 1954.

13 LAG Hamm, 12.2.1997 – 3 TaBV 57/96, BB 1997, 1361 = AiB 1997, 470 mit Anm. Roos; LAG Baden-Württemberg, 19.9.1995 – 7 TaBV 4/95, LAGE § 40 BetrVG 1972 Nr. 51; der Tendenz nach auch LAG Düsseldorf, 6.1.1995 – 10 TaBV 103/94, BB 1995, 879 Ls.

Kommentarliteratur stand der Rechtsprechung gleichfalls eher kritisch gegenüber.[14]

Die **derzeitige Rechtsprechung des BAG** trägt der technischen Entwicklung in stärkerem Umfang Rechnung. Nach ihrer Auffassung gehört zur »Informations- und Kommunikationstechnik« i. S. v. § 40 Abs. 2 BetrVG auch ein **Internetzugang.** Der **Betriebsrat darf diesen** regelmäßig **für erforderlich halten**, »ohne dass es der Darlegung konkreter, sich ihm aktuell stellender Aufgaben bedarf, zu deren Erledigung Informationen aus dem Internet benötigt werden.«[15] Im Ergebnis bedeutet dies, dass der **Internetzugang** zur **»Normalausstattung«** gehört, auch wenn dies nur in etwas verklausulierter Weise zum Ausdruck gebracht wird.[16] Kurze Zeit später wurde dieses Ergebnis bestätigt und zusätzlich darauf hingewiesen, ein entsprechender Anspruch des Betriebsrats werde nicht dadurch ausgeschlossen, dass für die Betriebsleitung kein Internetzugang eingerichtet worden sei.[17] In einer dritten Entscheidung betonte das BAG, der Betriebsrat könne die **Eröffnung eines Internetzugangs** und die **Einrichtung eigener E-Mail-Adressen** grundsätzlich auch **für die einzelnen Betriebsratsmitglieder** verlangen.[18] Mit dem »Zugang zum Internet« ist notwendigerweise die Bereitstellung eines Geräts verbunden, das technisch dazu in der Lage ist; **in aller Regel** wird es sich dabei um einen (stationären) **PC** oder um ein Smartphone handeln.[19] 13

Vom Normalfall kann und muss abgewichen werden, wenn **»berechtigte Belange des Arbeitgebers** entgegenstehen.«[20] Die Rechtsprechung erwähnt hier verschiedene Situationen. 14

Der Arbeitgeber kann durch die **Kosten** besonders belastet sein.[21] Die Rechtsprechung nennt als Beispiel einen kleinen Betrieb mit geringer wirtschaftlicher Leistungskraft, bei dem aus Kostengründen auch die Betriebsleitung auf den Einsatz »teurer Informations- und Kommunikationstechnik« verzichtet.[22] Große Bedeutung wird dem schwerlich zu- 15

14 DKW-Wedde, 9. Aufl., § 40 Rn. 98; Fitting, 21. Aufl., § 40 Rn. 131; eher zustimmend GK-Wiese/Weber, 7. Aufl., § 40 Rn. 150.
15 BAG, 20. 1. 2010 – 7 ABR 79/08, NZA 2010, 709 Ls. 4.
16 Ebenso Kramer-Kramer, Teil C Rn. 271 ff.
17 BAG, 17. 2. 2010 – 7 ABR 81/09, NZA-RR 2010, 413.
18 BAG, 14. 7. 2010 – 7 ABR 80/08, DB 2010, 2731.
19 Besgen/Prinz-Besgen/Prinz, § 2 Rn. 87. So auch LAG Hessen, 13. 3. 2017 – 16 TaBV 212/16, MMR 2017, 644.
20 So BAG, 14. 7. 2010 – 7 ABR 80/08, DB 2010, 2731 Ls.
21 Erwähnt auch in BAG, 14. 7. 2010 – 7 ABR 80/08, DB 2010, 2731, 2732 Tz. 27.
22 BAG, 17. 2. 2010 – 7 ABR 81/09 – NZA-RR 2010, 413 Ls. 2.

kommen, zumal Standardgeräte heute nicht mehr als »teuer« eingestuft werden können.

16 Kein »berechtigtes Interesse« des Arbeitgebers stellt die abstrakte **Gefahr** dar, der Betriebsrat könne seinen **Internetzugang missbrauchen**, sowie die gleichfalls (nur) theoretische Möglichkeit, es könne zu Störungen durch Viren und Hackerangriffe kommen.[23] Anders verhält es sich dann, wenn »greifbare Anhaltspunkte« für einen möglichen Missbrauch bestehen oder die »konkrete Möglichkeit« gegeben ist, dass besondere Geheimhaltungsinteressen gefährdet wären.[24] Auch dies dürfte in der Praxis so gut wie keine Rolle spielen.

17 Schließlich verweist das BAG mit gleichlautenden Formulierungen auf das »**betriebsübliche** und konkret auf Arbeitgeberseite vorhandene **Ausstattungsniveau**«, das gleichfalls gegen die Bereitstellung eines Internetanschlusses sprechen könne.[25] Das Gericht bezieht sich dabei auf zwei Entscheidungen, wovon eine den Fall betraf, dass der fragliche Betrieb bereits eine große Zahl von Internetanschlüssen besaß und die Bereitstellung für den Betriebsrat keine zusätzlichen Kosten verursacht hätte.[26] Im anderen Fall ging es um die gegenteilige Konstellation, dass nur der Marktleiter und sein Stellvertreter über einen Internetanschluss verfügten und der Betriebsrat durch ein gut ausgebautes Intranet einen relativ geringen zusätzlichen Informationsbedarf hatte.[27] Beide Entscheidungen »passen« nicht, und zwar auch deshalb nicht, weil es zu ihrer Zeit darum ging, einen entsprechenden Ausstattungsanspruch des Betriebsrats zu begründen, während es jetzt ausschließlich um Gegeninteressen des Arbeitgebers geht. Soweit man nicht einfach von einer Wiederholung des Kostenarguments ausgehen muss, kann es nur um Fälle gehen, in denen die **Ausstattung des Betriebsrats** deutlich **allen anderen** Geräten im Betrieb **überlegen** wäre.

3. Einzelfragen

18 Soweit alle Betriebsratsmitglieder an ihrem Arbeitsplatz bereits über einen PC mit Internetanschluss verfügen, ergeben sich in der Praxis keine großen Probleme. Ist diese Ausstattung nicht vorhanden, muss

23 Ebenda, Ls. 3.
24 BAG, 14.7.2010 – 7 ABR 80/08, DB 2010, 2731, 2732 Tz. 27.
25 BAG, 20.1.2010 – 7 ABR 79/08, NZA 2010, 709, 712 Tz. 23; 17.2.2010 – 7 ABR 81/09, NZA-RR 2010, 413, 415 Tz. 23; 14.7.2010 – 7 ABR 80/08, DB 2010, 2731, 2732 Tz. 27.
26 BAG, 3.9.2003 – 7 ABR 8/03, NZA 2004, 280, 282 re. Sp.
27 BAG, 23.8.2006 – 7 ABR 55/05, NZA 2007, 337, 339 Tz. 16.

sie eingerichtet werden; dasselbe gilt für die E-Mail-Adressen. Auch im Betriebsratsbüro selbst muss ein Gerät mit Internetanschluss stehen. Soweit **einzelne** seiner **Mitglieder ohne PC** sind, kann der Betriebsrat im Regelfall verlangen, dass diese Lücken geschlossen werden. **Nachrücker**, die häufig zum Einsatz kommen, beispielsweise an drei Sitzungen im Quartal teilnehmen, müssen gleichfalls mit einem Internetanschluss versehen werden: Nur dann sind sie in der Lage, sich einen ausreichenden Informationsstand zu sichern und in den Sitzungen sachgerecht mitzureden.[28] Verfügt ein (großer) Betriebsrat über **Büropersonal** i. S. v. § 40 Abs. 2 BetrVG, ist auch dieses mit einem PC samt E-Mail- und Internet-Zugang auszustatten.

Welche **Art von Gerät** sich der Betriebsrat aussucht, **unterliegt** grund- 19
sätzlich **seiner Entscheidung**. Ist die Benutzung eines bestimmten Typs von **PC** im Betrieb allgemein üblich, müsste er allerdings gewichtige Argumente ins Feld führen können, um eine andere Marke zu wählen. Bei Betriebsratsmitgliedern, die wie Kundendiensttechniker oder Vertriebsmitarbeiter häufig außerhalb der betrieblichen Räumlichkeiten unterwegs sind, sind **mobile Geräte** (Laptop, Smartphone) erforderlich, mit denen der Einzelne jederzeit ins Internet kann.[29] Auch die Anschaffung von Mobilgeräten für jedes Betriebsratsmitglied kann der Betriebsrat für erforderlich halten, weil damit die Erreichbarkeit deutlich verbessert wird.[30] Zu berücksichtigen ist dabei allerdings, ob der zusätzliche Kostenaufwand für den Arbeitgeber zumutbar ist.

Beispiel:[31]
Die Ausstattung aller Betriebsratsmitglieder mit einem Handy verursachte nur 352 Euro zusätzliche Kosten pro Monat, wobei im Gesamtkonzern 32 000 Mobiltelefone im Einsatz waren, die eine monatliche Belastung von 704 000 Euro mit sich brachten. Anschaffung gerechtfertigt.

---

28 Für Einbeziehung aller Nachrücker Schomaker, AiB 2011, 57; gegen ihn, aber auch gegen die hier eingenommene Position Fitting, § 40 Rn. 134a.

29 ArbG Karlsruhe, 11. 6. 2009 – 4 BV 15/07: Anspruch der Betriebsratsvorsitzenden auf Überlassung eines Handys gegeben, wenn sie während 40 % ihrer Arbeitszeit aus dienstlichen Gründen ortsabwesend ist. Ebenso Mischewski, CuA 7–8/2014, 11. Dazu weiter LAG Köln, 13. 12. 2011 - 11 TaBV 59/11.

30 Einschränkend Besgen/Prinz-Besgen/Prinz, § 2 Rn. 84, die ein solches Recht nur bei Kommunikationsschwierigkeiten einräumen wollen.

31 LAG Hessen, 28. 11. 2011 - 16 TaBV 129/11, NZA-RR 2012, 307; Mischewski, CuA 7–8/2014, 11.

Ein Mobiltelefon wird auch dann für erforderlich angesehen, wenn der Betrieb über mehrere Außenstellen verfügt oder wenn im Schichtdienst gearbeitet wird und das Betriebsratsmitglied einzelne Personen nur aus seiner Freizeit heraus erreichen kann.[32] Dasselbe gilt, wenn nur auf diese Weise ungestörte Telefongespräche, die niemand mithört, geführt werden können.[33] Ein **zu einem** stationären **PC hinzukommender Laptop** ist dann erforderlich, wenn auf diese Weise bei Ausschusssitzungen außerhalb des Betriebsratsbüros oder bei Gesprächen am Arbeitsplatz wichtige Informationen sofort verfügbar sind.[34] Fehlt ein solcher Umstand, kann kein **zusätzliches Notebook** verlangt werden.[35] Unbestritten ist, dass zu einem Telefonanschluss auch ein Anrufbeantworter gehört.[36]
Dem Einzelnen kann eine solche Ausstattung allerdings **nicht aufgezwungen** werden; wer sie nicht will und auf jeden Kontakt zum Internet verzichtet, begeht jedenfalls keine »grobe« Pflichtverletzung und riskiert deshalb keine Sanktionen.

20 Das Gerät, das dem Betriebsrat zur Verfügung zu stellen ist, muss von seinem **Leistungsvolumen** her den Bedürfnissen des Betriebsrats gerecht werden.[37] Einbezogen sind auch sog. Peripheriegeräte wie Tastatur, Maus, Drucker sowie CD- bzw. DVD-Laufwerke sowie USB-Anschlüsse und USB-Sticks.[38] Ein **Farbdrucker** ist nicht generell, sondern nur dann erforderlich, wenn der Betriebsrat vom Arbeitgeber farbige Unterlagen erhält.[39] Ein **Excel**-Programm wird in der Regel zu den erforderlichen Gegenständen gehören, da bei Verhandlungen über Urlaub, Schichtpläne und Abfindungen häufig Tabellen verwendet werden.[40] Werden im Betrieb flimmer- und strahlungsfreie **Flachbildschirme** verwendet, kann der Betriebsrat gleichfalls eine entsprechende Ausstattung verlangen.[41] Muss der Betriebsrat regelmäßig größere Datenmengen versenden,

32 LAG Hessen, 13.3.2017 – 16 TaBV 212/16, MMR 2017, 644; Krause/Müller, CuA 12/2017, 21.
33 LAG Sachsen-Anhalt, 23.6.2010 – 4 TaBV 4/10.
34 LAG Köln, 13.12.2011 – 11 TaBV 59/11, juris mit Anm. Wolmerath, jurisPR-ArbR 31/2012 Anm. 3; ebenso Krause/Müller. AiB 12/2017, S. 23.
35 LAG Hessen, 25.7.2016 – 16 TaBV 219/15, FA 2017, 17.
36 Krause/Müller, CuA 12/2017, 21.
37 DKW-Wedde, § 40 Rn. 173; Fitting, § 40 Rn. 131a.
38 DKW-Wedde, § 40 Rn. 170.
39 LAG Hamm, 18.6.2010 – 10 TaBV 11/10, NZA-RR 2010, 521; DKW-Wedde, § 40 Rn. 174.
40 Ebenso Besgen/Prinz-Besgen/Prinz, § 2 Rn. 90.
41 DKW-Wedde, § 40 Rn. 164ff.

kommt auch die Überlassung eines CD-Brenners in Betracht.[42] Ob es sinnvoll ist, Office 365 zu verwenden, wird derzeit noch diskutiert.[43] Mit guten Gründen abgelehnt wird das Teilprogramm »Office Graph«, das ein selbstlernender Algorithmus ist, der die Interaktionen zwischen einzelnen Personen im Betrieb analysiert.[44]

Werden dem Betriebsrat nur **ausrangierte Modelle** oder wird ihm gar wie in einem vom LAG Schleswig-Holstein entschiedenen Fall eine 22 Jahre alte **Schreibmaschine Typ »Gabriele«** zur Verfügung gestellt,[45] so bedeutet dies einen Rückfall in »steinzeitliche Formen« der Bürokommunikation (LAG Schleswig-Holstein), was – so das LAG Düsseldorf in einem vergleichbaren Fall[46] – auf eine **Herabwürdigung des Betriebsrats** gegenüber Arbeitgeber, Belegschaft und Dritten hinausläuft.[47] Damit liegt eine Behinderung der Betriebsratstätigkeit i. S. v. § 78 Satz 1 BetrVG vor. 21

Der Betriebsrat kann die notwendige technische Ausstattung **nicht selbst anschaffen**, sondern hat lediglich einen entsprechenden Anspruch gegen den Arbeitgeber. Dieser kann ihn allerdings ermächtigen, bestimmte Geräte auf Rechnung des Unternehmens zu kaufen. In dringenden Fällen ist der Betriebsrat zur »Selbsthilfe« befugt.[48] Das war schon in der Vergangenheit so. 22

Bei der Prüfung, ob für seine laufende Geschäftsführung ein Sachmittel erforderlich ist, steht dem Betriebsrat ein **Beurteilungsspielraum** zu. Dasselbe gilt für die Zahl der Geräte. Der gerichtlichen Überprüfung unterliegt lediglich, ob die verlangte technische Ausstattung mit einem PC nebst Zubehör der Wahrnehmung gesetzlicher Aufgabenstellungen dienen soll und ob der Betriebsrat seine **Entscheidung nach pflichtgemäßem Ermessen** getroffen hat.[49] Das sei der Fall, wenn er die berechtigten Interessen der Belegschaft an einer sachgerechten Wahrnehmung der Betriebsratsaufgaben und die Interessen des Arbeitgebers, vor allem an einer Begrenzung seiner Kostenbelastung, angemessen berücksichtigt 23

42 DKW-Wedde, § 40 Rn. 178 nennt für solche Fälle weiter USB-Sticks und eine mobile Festplatte. Ebenso Besgen/Prinz-Besgen/Prinz, § 2 Rn. 89.
43 Konrad-Klein, CuA 1/2018, 32 ff.
44 Ruchhöft, CuA 11/2017, 8 ff.
45 LAG Schleswig-Holstein, 27. 1. 2010 – 3 TaBV 31/09, BB 2010, 436 = AuR 2010, 132.
46 LAG Düsseldorf, 23. 8. 2005 – 12 TaBV 23/05, NZA-RR 2006, 139, 142 li. Sp.
47 Ebenso Fitting, § 40 Rn. 131.
48 GK-Weber, § 40 Rn. 136; Fitting, § 40 Rn. 105; anders Besgen/Prinz-Besgen/Prinz, § 2 Rn. 77 und Kramer-Kramer, Teil C, Rn. 263, die eine einstweilige Verfügung verlangen.
49 BAG, 12. 5. 1999 – 7 ABR 36/97, NZA 1999, 1292.

habe.[50] Dabei müsse der Betriebsrat den **Standpunkt eines »vernünftigen Dritten«** einnehmen.

24 Der Betriebsrat kann auch in Kleinbetrieben **nicht** auf die **Mitbenutzung eines PC** verwiesen werden, da dies die Vertraulichkeit einzelner Informationen gefährden würde.[51] Er muss in der Lage sein, sich über den Arbeitgeber und von diesem unbeobachtet Informationen zu verschaffen.

25 Der Betriebsrat entscheidet allein über die **Konfiguration seines Geräts** bzw. seiner Geräte. So kann er unabhängig vom Arbeitgeber festlegen, ob es eine personalisierte Anmeldung für jedes Betriebsratsmitglied gibt oder ob eine einheitliche für alle gleiche Nutzeranmeldung praktiziert wird.[52]

26 Bei manchen Betriebsräten besteht die Befürchtung, der Arbeitgeber könne heimlich Einblick in die Mails und die internen Überlegungen des Betriebsrats nehmen, soweit diese in einem vernetzten Gerät gespeichert sind. Als Gegenmittel wird die Anschaffung eines **Stand-alone-PC** empfohlen, der gegen den Zugriff Unbefugter separat gesichert ist. Eine gerichtliche Entscheidung zu einem solchen »Zweitgerät« ist nicht ersichtlich, doch liegt es im Beurteilungsermessen des Betriebsrats, auch diese Form von Ausstattung zu verlangen. Alternativ käme die Gewährung einer **Verschlüsselungssoftware** in Betracht.[53] Für den Bereich der Personalvertretung hat der VGH Baden-Württemberg[54] den Standpunkt vertreten, man könne sich im Regelfall darauf verlassen, dass der Systemadministrator seiner Verpflichtung auf das Datengeheimnis Rechnung trage und dass der Dienststellenleiter nicht pflichtwidrig in Daten des Personalrats Einblick nehme. Im Bereich der Betriebsverfassung hat das BAG insoweit andere Maßstäbe angelegt, als es dem (in der Regel vom Arbeitgeber ernannten) betrieblichen Datenschutzbeauftragten untersagt hat, die Datenverarbeitung des Betriebsrats zu kontrollieren, obwohl er zur Verschwiegenheit verpflichtet ist.[55] Der **Betriebsrat** hat daher ein **rechtlich anerkanntes »Abschirmungsinteresse«**,[56] das erst recht gegenüber

---

50 Ebenso BAG, 3.9.2003 – 7 ABR 12/03, NZA 2004, 278 und 3.9.2003 – 7 ABR 8/03, NZA 2004, 281.

51 BAG, 11.3.1998 – 7 ABR 59/96, NZA 1998, 953, 955; 11.11.1998 – 7 ABR 57/97, NZA 1999, 945. Ebenso für ein Faxgerät LAG Niedersachsen, 27.5.2002 – 5 TaBV 21/02, NZA-RR 2003, 250.

52 BAG, 18.7.2012 – 7 ABR 23/11, RDV 2012, 295; LAG Berlin-Brandenburg, 4.3.2011 – 10 TaBV 1984/10, DB 2011, 882; DKW-Wedde, § 40 Rn. 169.

53 DKW-Wedde, § 40 Rn. 176; a. A. Besgen/Prinz-Besgen/Prinz, § 2 Rn. 90.

54 VGH Baden-Württemberg, 9.10.2001 – PL 15 S 2437/00, AP Nr. 2 zu § 45 LPVG Baden-Württemberg.

55 BAG, 11.11.1997 – 1 ABR 21/97, DB 1998, 627.

56 Däubler, CF 11/2002, 25.

einem Systemadministrator gilt, der nicht in gleicher Weise zur Objektivität verpflichtet ist. Dennoch hat das LAG Baden-Württemberg[57] dem Betriebsrat einen vom Netz des Arbeitgebers unabhängigen Zugang nur dann eingeräumt, wenn **konkrete Anhaltspunkte für eine unzulässige Kontrolle** bestehen. Dem hat sich das **BAG angeschlossen.**[58] Mehr Zustimmung verdient demgegenüber das LAG Niedersachsen,[59] das einen Anspruch des Betriebsrats auf einen eigenen Amtsanschluss beim Telefon nur mit dem Argument verweigerte, der Arbeitgeber habe sich bereit erklärt, die Verkehrsdaten zu unterdrücken und die Auswertung zu verbieten. Auch bei der E-Mail-Nutzung würde auf jede Erfassung verzichtet. Beim Gang ins Internet sollte der Betriebsrat die Befugnis erhalten, bestimmte Adressen generell frei schalten zu lassen.

Notfalls könnte ein Betriebsratsmitglied auch ein **eigenes Gerät** einbrin- **27**
gen.[60] Soweit im Betrieb BYOD praktiziert wird,[61] sind die dafür aufgestellten Regeln zu beachten. In anderen Fällen ist es Sache des Betriebsrats, für einen wirksamen **Virenschutz** zu sorgen oder von vornherein darauf zu verzichten, dass Dateien – etwa mithilfe von Sticks – aus dem Eigengerät in das Firmennetz geraten.[62]

> Das Protokoll der Betriebsratssitzungen wird ebenso wie »Strategiepapiere« auf dem privaten Laptop des Betriebsratsmitglieds M geschrieben. Es macht keinen Unterschied, ob dies bei M zu Hause oder im Betriebsratsbüro geschieht. Der Laptop ist über das firmeneigene WLAN mit dem Drucker des Betriebsrats verbunden. Weitere dienstliche Verbindungen werden nicht genutzt.

Und noch eines vorweg: Mittlerweile gibt es auf dem Markt »**Betriebsratsapps**«, die jeder auf sein Smartphone oder ein anderes Gerät herunterladen kann.[63] Auf diese Weise wird ein sofortiger Kontakt zwischen

57 LAG Baden-Württemberg, 23.1.2013 – 13 TaBV 8/12, AuR 2013, 183 = MMR 2013, 336. Ebenso Mischewski, CuA 7–8/2014, 13.

58 BAG, 20.4.2016 – 7 ABR 50/14, NZA 2016, 1033. Zustimmend Kramer-Kramer, Teil C, Rn. 273.

59 LAG Niedersachsen, 30.7.2014 – 16 TaBV 92/13, RDV 2014, 344 = AiB 1/2015 S. 59 mit Anm. Mittländer.

60 Däubler, CF 11/2002, 25ff.

61 Dazu oben § 3 Rn. 1ff.

62 Näher Däubler, CF 11/2002, 25. Für eine Schadensersatzpflicht des Betriebsratsmitglieds, wenn die von ihm eingebrachte Software Viren einschleppt, Besgen/Prinz-Besgen/Prinz, § 2 Rn. 91.

63 *www.stackfield.com/de/sicheres-kommunikationsmittel-fuer-betriebsraete.*

den Betriebsratsmitgliedern und allen Belegschaftsangehörigen möglich, die gleichfalls über die App verfügen. Der Betriebsrat wird so vom Kommunikationssystem des Arbeitgebers unabhängig. Da die schnelle und reibungslose Verständigung mit der Belegschaft zu den Betriebsratsaufgaben gehört, muss der Arbeitgeber nach § 40 Abs. 2 BetrVG die Kosten der App übernehmen.

III. Der Betriebsrat im Netz

1. Dienstliche und private Nutzung

28 Nicht anders als bei sonstigen Arbeitnehmern gilt auch für die Betriebsratsmitglieder, dass private Mails und privates Surfen im Internet nur dann zulässig sind, wenn es dafür eine Erlaubnis des Arbeitgebers oder eine sonstige Rechtsgrundlage gibt.[64] Besteht eine solche Regel, dürfen die Betriebsratsmitglieder von ihr nicht ausgenommen werden, da dies eine gegen § 78 Satz 2 BetrVG verstoßende Benachteiligung wäre. Der Arbeitgeber darf das Kommunikationsverhalten des Betriebsrats und seiner Mitglieder nicht kontrollieren, da dies ein Eingriff in die Unabhängigkeit der betrieblichen Interessenvertretung wäre. Er steht insoweit nicht anders, als wenn er Zweifel daran hat, ob die ganze von bestimmten Personen aufgewandte Zeit wirklich für Betriebsratszwecke verwendet wurde. Hat er in einem solchen Fall »erhebliche Zweifel« und verweigert er deshalb die Entgeltzahlung nach § 37 Abs. 2 BetrVG, muss das Betriebsratsmitglied Art und Dauer der Betriebsratsarbeit stichwortartig darlegen, um so eine Plausibilitätskontrolle zu ermöglichen.[65] Bleiben auch jetzt noch berechtigte Zweifel an der Erforderlichkeit, muss das Betriebsratsmitglied im Einzelnen darlegen, mit welchen Tätigkeiten es während der fraglichen Zeit befasst war.[66]

2. Benutzung des E-Mail-Systems

29 Der Betriebsrat darf sich in betrieblichen Angelegenheiten per E-Mail an Belegschaftsangehörige wenden.[67] Weigert sich der Arbeitgeber, ihm

64 Oben § 11 Rn. 1ff.

65 BAG, 15.3.1995 – 7 AZR 643/94, NZA 1995, 961 = AP Nr. 105 zu § 37 BetrVG 1972.

66 Kritisch DKW-Wedde, § 37 Rn. 46.

67 Besgen/Prinz-Besgen/Prinz, § 2 Rn. 97.

eine Liste mit den dienstlichen E-Mail-Anschriften zur Verfügung zu stellen, so kann er per einstweiliger Verfügung dazu gezwungen werden.[68] Der Betriebsrat kann aber auch andere Wege wie die Betriebsversammlung oder den traditionellen Brief wählen.[69] Welche Informationen er übermittelt, ist allein ihm überlassen; er muss sich lediglich im Rahmen seiner Kompetenz bewegen. Diese ist im Folgenden näher zu umschreiben. Dem Betriebsrat ist es auch unbenommen, z. B. den **Text einer Betriebsvereinbarung** über Betriebliches Eingliederungsmanagement **an die** zuständige **Gewerkschaft** weiterzugeben, da es sich nicht um ein Betriebsgeheimnis handelt – jede Betriebsvereinbarung muss betriebsöffentlich sein.[70] Auch geht es nicht um eine »private« Aktivität.

3. Verlautbarungen im Intranet

a) Zugang des Betriebsrats

Die früher einmal streitige Frage, ob der **Betriebsrat** verlangen kann, **im Intranet präsent** zu sein, ist vom BAG mit Beschluss vom 3. September 2003[71] **bejaht** worden. Auch beim Intranet handle es sich um ein Sachmittel, das zur Erledigung betriebsverfassungsrechtlicher Aufgaben geeignet sei.[72] Es liege innerhalb des Beurteilungsspielraums des Betriebsrats, sich dieses Instruments zur **Gewinnung und Verbreitung von Informationen** zu bedienen, solange keine berechtigten betrieblichen Interessen entgegenstehen würden. Dabei spielt es keine Rolle, ob sich das Intranet nur auf einen Betrieb oder auf ein **ganzes Unternehmen mit mehreren Betrieben** bezieht.[73] Auch ein **konzernweites Netz** steht dem Betriebsrat offen, da dieses seiner Zwecksetzung nach ebenfalls auf die Verbreitung betrieblich relevanter Informationen ausgerichtet ist. Dem Arbeitgeber steht es frei, die Zugriffsbefugnisse von Angehörigen anderer Betriebe insoweit zu beschränken. 30

Die Einschaltung in das Intranet gibt dem Betriebsrat die Möglichkeit, **alle** die **Informationen** problemlos zu gewinnen, **die sämtlichen Arbeitnehmern mit Netzanschluss** zur Verfügung stehen. Weiter kann er mit sämtlichen Arbeitnehmern kommunizieren und dabei sowohl über 31

68 LAG Köln, 12.10.2021 – 4 TaBVGa 10/21, NZA-RR 2022, 82.
69 Fitting, § 40 Rn. 133a.
70 LAG Hamm, 30.9.2011 – 10 Sa 471/11.
71 7 ABR 12/03, NZA 2004, 278.
72 Bestätigt durch BAG, 1.12.2004 – 7 ABR 18/04, AP Nr. 82 zu § 40 BetrVG 1972; ebenso Fitting, § 40 Rn. 133; DKW-Wedde, § 40 Rn. 154.
73 BAG, 1.12.2004 – 7 ABR 18/04, AP Nr. 82 zu § 40 BetrVG 1972; Fitting, § 40 Rn. 133.

eigene Überlegungen, Vorschläge und Aktivitäten berichten wie auch Anregungen und Beschwerden einzelner Mitarbeiter entgegennehmen. Beides bewegt sich im Rahmen seiner gesetzlichen Aufgabenstellung.

32 Was zunächst die **Informationen** angeht, stellt das, was alle wissen oder unschwer erfahren können, gewissermaßen das Minimum dessen dar, worüber auch der Betriebsrat Bescheid wissen muss. Müsste er sich erst an einen Arbeitnehmer mit Netzanschluss wenden, um dort beispielsweise die neuesten Unternehmenszahlen einzusehen, wäre er entgegen § 78 Satz 1 BetrVG gegenüber Arbeitnehmern ohne betriebsverfassungsrechtliche Funktion benachteiligt. Das gilt auch dann, wenn nur zehn oder zwanzig Prozent der Belegschaftsangehörigen über einen Netzanschluss verfügen.

33 Zu den **Aufgaben** des Betriebsrats gehört es weiter, **die Arbeitnehmer** von sich aus **»umfassend und pünktlich« zu informieren**.[74] Seit langem ist anerkannt, dass er dabei nicht auf die im Gesetz ausdrücklich genannten Wege – Betriebsversammlung und Sprechstunde – beschränkt ist; vielmehr können Informationen auch über ein Schwarzes Brett, durch Rundschreiben oder durch Verteilen eines Mitteilungsblatts verbreitet werden.[75] § 40 Abs. 2 BetrVG verlangt vom Arbeitgeber, ihm die hierfür erforderlichen Sachmittel zur Verfügung zu stellen. Die Kompetenz, über das Mittel der Kommunikation zu entscheiden, liegt beim Betriebsrat. So hat das BAG in seiner »Intranet-Entscheidung«[76] ausgeführt:

»Der Kontakt zwischen Betriebsrat und Arbeitnehmern ist nach dem Betriebsverfassungsgesetz weder institutionalisiert noch in sonstiger Weise vorgegeben. Das Gesetz verweist den Betriebsrat für die Weitergabe von Informationen weder auf eine mündliche Übermittlung in Betriebsversammlungen oder Sprechstunden noch auf eine schriftliche Unterrichtung durch Aushänge am Schwarzen Brett oder Rundbriefe an die Belegschaft. Auch der Arbeitgeber kann dem Betriebsrat die Art der innerbetrieblichen Kommunikation nicht vorschreiben. Soweit der Betriebsrat dafür auf technische Einrichtungen angewiesen ist, die im Betrieb verfügbar sind, ist das Bestimmungsrecht des Betriebsrats zur Erforderlichkeit dieses Sachmittels durch das Betriebsverfassungsgesetz zwingend vorgegeben.«

---

74 So bereits BAG, 21.11.1978 – 6 ABR 85/76, AP Nr. 15 zu § 40 BetrVG 1972 = DB 1979, 751, bestätigt durch BAG, 3.9.2003 – 7 ABR 12/03, NZA 2004, 278, 280.
75 BAG, 17.2.1993 – 7 ABR 19/92, AP Nr. 37 zu § 40 BetrVG 1972 Bl. 2 R.
76 BAG, 3.9.2003 – 7 ABR 12/03, NZA 2004, 278, 279.

Der Anschluss an das Intranet führt in der Praxis dazu, dass eine relativ große Zahl von Arbeitnehmern einbezogen wird. Man kann jedoch **nicht** davon ausgehen, ausnahmslos jeden Einzelnen, also die gesamte Belegschaft zu erreichen. Für die »Ausgeschlossenen« bleibt es bei den traditionellen Mitteln wie Schwarzes Brett, Informationsschreiben usw. Arbeitgeber sind gut beraten, wenn sie **auch für diese Gruppe** von Beschäftigten **Zugangsmöglichkeiten** eröffnen, indem beispielsweise im Aufenthaltsraum der Fahrer ein PC aufgestellt wird, der diesen den Zugang zum Intranet eröffnet. Ob der Betriebsrat einen Anspruch auf eine solche »Lückenschließung« hat, scheint bislang nicht erörtert zu sein. Dafür könnte sprechen, dass das Betriebsverfassungsrecht auf einer sehr streng verstandenen formalen Gleichheit aller Beschäftigten aufbaut, die jedem in gleicher Weise das Wahlrecht, die Teilnahme an der Betriebsversammlung, den Besuch in der Betriebsratssprechstunde usw. ermöglicht. Das spricht gegen die Tolerierung eines Zustands, der sehr leicht zu einer Zweiteilung in »gut Informierte« und »Nachhinkende« führen könnte. 34

b) Homepage des Betriebsrats im Intranet

Darf der ans Intranet angeschlossene Betriebsrat von sich aus eine Homepage einrichten und auf diese Weise bestimmte Informationsangebote machen? Die Frage ist im Grunde dadurch vorentschieden, dass er über die Art und Weise der Nutzung selbst bestimmt:[77] Ob er zahlreiche Rundschreiben verfasst oder lediglich den neuesten Stand der Dinge unter »Aktuelles« ins Netz einstellt, kann keinen Unterschied machen. Auch liegt es in seinem Ermessen, wie viele Informationen er der Belegschaft zugänglich machen will. Das BAG hat deshalb dem Betriebsrat ausdrücklich das Recht eingeräumt, im Intranet eine eigene Homepage einzurichten.[78] Früher hatte das ArbG Paderborn bereits in gleichem Sinne entschieden.[79] 35

c) Ausgestaltung im Einzelnen

Die Erstellung einer Homepage stellt für viele Nicht-Informatiker ein Problem dar. Soweit der Betriebsrat sachkundige Mitglieder hat, können sich diese während ihrer Arbeitszeit ans Werk machen. 36

Soweit der **Betriebsrat nicht über eigene Sachkunde verfügt**, kann er vom Arbeitgeber verlangen, dass externe Hilfe hinzugezogen wird. Die 37

---

77 BAG, 1.12.2004 – 7 ABR 18/04, AP Nr. 82 zu § 40 BetrVG 1972.

78 BAG, 1.12.2004 – 7 ABR 18/04, AP Nr. 82 zu § 40 BetrVG 1972.

79 ArbG Paderborn, 29.1.1998 – 1 BV 35/97, DB 1998, 678 = AiB 1998, 282 mit Anm. Klebe/Wedde.

Kosten hierfür trägt wie bei sonstigem Geschäftsbedarf nach § 40 Abs. 2 BetrVG der Arbeitgeber. Bei der Einschaltung Dritter ist darauf zu achten, dass künftige **Aktualisierungen jeweils von Betriebsratsmitgliedern selbst** bewerkstelligt werden; dies kann auch ein Nichttechniker lernen.

38 Wie er seine **Homepage ausgestalten** möchte, entscheidet der Betriebsrat in eigener Verantwortung. Da es sich um eine **Geschäftsführungsmaßnahme** handelt, bestehen insoweit weder Genehmigungserfordernisse noch Mitsprachemöglichkeiten des Arbeitgebers. Entsprechend hat das BAG in seinem (ersten) Intranet-Beschluss entschieden.[80] Auch wenn es beispielsweise üblich ist, dass alle Informationen mit dem Firmenemblem versehen werden, kann der Betriebsrat davon abweichen und ein anderes Erscheinungsbild wählen.

> Die Arbeitgeberfirma verwendet bei jeder Gelegenheit das »grüne Band der Hoffnung«. Ein etwas pessimistischer eingestellter Betriebsrat muss dem nicht Folge leisten, sondern kann eine neutrale Aufmachung wählen. Wenn er will, kann er auch ein eigenes Emblem entwickeln und beispielsweise überall links oben auf der Seite ein **kleines rotes Teufelchen** anbringen. Ob er dies tun will, kann und muss er selbst entscheiden.

39 Der Betriebsrat darf nur solche Dinge ansprechen, die zu seiner Zuständigkeit gehören. **Vorgänge, die mit dem Betrieb rein gar nichts zu tun haben**, dürfen nicht ins Netz gestellt werden.

> Dem Betriebsratsmitglied X einer in Bremen ansässigen Firma hat ein hämischer Zeitungsartikel über eine Niederlage des FC Bayern München so große Freude bereitet, dass er ihn gerne allen Belegschaftsangehörigen zugänglich machen möchte. Die Zeitung ist einverstanden und freut sich über die Publizität. Trotz aller verständlicher Emotionen: Ein Betriebsbezug ist nicht vorhanden, für den Artikel darf nur Mundpropaganda gemacht werden. Ob allerdings der Bremer Arbeitgeber diesen Verstoß nicht gerne genehmigen würde, steht auf einem anderen Blatt. Man sollte ihn daher vorher fragen.

Bei parteipolitischen Fragen ist § 74 Abs. 2 BetrVG zu beachten, wonach lediglich sozial-, umwelt- und wirtschaftspolitische Fragen angesprochen werden dürfen, **wenn der Betrieb unmittelbar betroffen** ist.

80 BAG, 3.9.2003 – 7 ABR 12/03, NZA 2004, 278, 280.

Über Änderungen der Rechtsprechung zum BetrVG darf man deshalb informieren, nicht aber darüber, wer neuer Staatspräsident in Zypern geworden ist.

Betriebs- und Geschäftsgeheimnisse dürfen auch innerhalb des Betriebes nicht bekannt gemacht werden,[81] weil nie auszuschließen wäre, dass sie doch nach »draußen« gelangen.

Kein juristisches (aber ein gleichwohl anzusprechendes praktisches) 40
Problem ist es, die Homepage einschließlich der Links zu entsprechenden Angeboten so **interessant zu machen**, dass sie bei der Belegschaft Anklang findet und ihr Ziel einer verbesserten Kommunikation erreicht.[82] Dazu gehören auch Fotos, die sich bisweilen ohne Verletzung fremder Rechte im Internet finden lassen.[83] Im Einzelnen kommt Folgendes in Betracht:

- **Abteilung Dokumentation**. Man stellt Betriebsvereinbarungen und Tarifverträge ins Netz. Auch gerichtliche Entscheidungen können ggf. von Interesse sein. Insoweit wäre ein Link zum BAG und zum Bundesverfassungsgericht möglich.
- **Abteilung Information**. Man findet dort die Termine der nächsten Betriebsversammlungen sowie der Betriebsratssitzungen. Auch die Sprechstundenzeiten sollten vermerkt sein. Wenn man will, kann man Beschlüsse des Betriebsrats ins Netz stellen, soweit sie nicht vertraulichen Charakter haben. Auch welches Betriebsratsmitglied wann urlaubsbedingt abwesend ist, könnte Interesse finden.
- **Abteilung Aktuelles:** Ereignisse aller Art, die den Betrieb betreffen. Das kann ein Pressebericht über das Unternehmen, aber beispielsweise auch ein Leserbrief sein, den die Geschäftsleitung oder ein Arbeitnehmer in der Lokalpresse veröffentlicht hat. **Gerüchte** darf man wiedergeben, wenn man sie ausdrücklich als solche bezeichnet und wenn sie nicht offensichtlich unwahr oder beleidigend sind. Ein Link zu einer Internet-Seite eines Dritten (z. B. einer Zeitung, einer anderen Firma oder einer Behörde) verletzt nicht dessen Urheberrecht.[84]

---

81 Demuth/Strunk/Lindner, S. 63.

82 Vernünftige Grundsätze bei Hollis, CF 5/2000, 32 ff. Anregungen auch in zahlreichen Beiträgen in CF 8–9/2001 sowie bei Mempel/Hakvoort, Intranet, Arbeitspapier 59 der Hans-Böckler-Stiftung. Siehe weiter Kiper, PersR 2004, 208 ff. und insb. Haverkamp, Ratgeber für Internet-/Intranet-Auftritte, CF 4/2004, 38 ff. sowie aus neuerer Zeit die Beiträge in CuA 9/2011.

83 Nützliche Tipps bei Haverkamp, CuA 9/2021, 34 f.

84 BGH, 17. 7. 2003 – I ZR 259/00, RDV 2003, 290.

41 • **Abteilung Blog oder Mitarbeiterforum**, früher »**Meckerecke**« genannt. Jeder soll hier seine kluge oder weniger kluge Meinung äußern können. Wichtig ist, durch technische Vorkehrungen dafür zu sorgen, dass man **auch unter Pseudonym** oder ohne jede Namensnennung schreiben kann. Für den Betriebsrat ergibt sich hier eine wesentliche Möglichkeit, auch außerhalb persönlicher Gespräche und außerhalb der Betriebsversammlungen eine Rückmeldung über seine Tätigkeit sowie Kenntnis von Problemen zu bekommen, über die möglicherweise sonst niemand sprechen würde. Die erforderliche Technik lässt sich leicht installieren.[85] Wer im Blog **andere beleidigt**, kann durch technische Vorkehrungen an künftiger Teilnahme gehindert werden. Dasselbe würde bei rassistischen Äußerungen gelten. Insoweit können die für Chatrooms im Internet entwickelten Grundsätze entsprechende Anwendung finden.[86] Eine **Haftung von Betriebsratsmitgliedern** wegen »Zurverfügungstellung« des Forums **scheidet grundsätzlich aus.**[87] Der Blog ist im Übrigen **nicht notwendig** mit einer **Homepage** des Betriebsrats im Intranet verbunden; er kann auch ohne eine solche eingerichtet werden.[88]

42 • **Abteilung Betriebszeitung.** Der Betriebsrat ist befugt, sein »Mitteilungsblatt« zu einer regelmäßig erscheinenden Betriebszeitung auszubauen, sofern sich ausreichende Anlässe bieten. Dabei sind die Verantwortlichen durch das Grundrecht der **Pressefreiheit** geschützt. Das **BVerfG**[89] hat dies für die vom Arbeitgeber herausgegebenen Werkszeitungen anerkannt; für entsprechende Publikationen der Arbeitnehmerseite kann nichts anderes gelten.[90] Praktische Konsequenzen hat dies vor allem insoweit, als den Beteiligten auch im gerichtlichen Verfahren ein **Zeugnisverweigerungsrecht in Bezug** auf die Identität ihrer Informanten zukommt. Auch steht einem persönlich Genannten ggf. ein **Gegendarstellungsanspruch** zu. Ein schönes Beispiel für erlaubte Satire findet sich in der Literatur.[91] Wo die Grenzen verlaufen,

---

85 Einzelheiten bei Ruppert, CuA 5/2011, 24ff.

86 Siehe oben § 1 Rn. 6.

87 Siehe oben § 7 Rn. 71ff. (Haftung des Betreibers einer Plattform). Vgl. weiter LG Potsdam, CF 12/1999, 40 und Kiper, PersR 2004, 209.

88 Eingehend zu Blogs und ihrer Vernetzung Demuth/Strunk/Lindner, S. 25ff.

89 BVerfG, 8.10.1996 – 1 BvR 1183/90, BVerfGE 95, 28 = AuR 1997, 293 = NJW 1997, 386.

90 ErfK-Schmidt, Art. 5 GG Rn. 52; Däubler, Arbeitsrecht 1, Rn. 825a.

91 CF 1/2004, 35 (AG der Kirchlichen Mitarbeitervertretungen).

ist unter dem Stichwort »Pflichtverletzung« abgehandelt,[92] doch darf auch die Freiheit der Kunst nicht vergessen werden.[93]

- Betriebsrat und im Betrieb vertretene Gewerkschaft(en) sind nach dem gesetzlichen Modell Kooperationspartner, was sich unter anderem in gewerkschaftlichen Teilnahmerechten an Betriebsversammlungen und Betriebsratssitzungen niederschlägt.[94] Das bedeutet, dass der Betriebsrat auch ein **Link zur Orts- oder Bezirksverwaltung der zuständigen Gewerkschaft** schalten kann. Arbeitnehmer können sich insoweit auch über gewerkschaftliche Aktivitäten informieren.[95] 43

In einem am Bodensee gelegenen Betrieb der IT-Branche beanstandete die Geschäftsleitung einen solchen Link. Daraufhin wurde das Wort »IG Metall« durch »Arbeitnehmerselbsthilfeorganisation« ersetzt. Das Interesse in der Belegschaft wuchs erheblich; dem Vernehmen nach soll es sogar zu Beitritten gekommen sein.
Die **Gewerkschaft** ist überdies befugt, auch in konkreten Fällen **Rechtsrat** zu erteilen, was sie normalerweise aber nur gegenüber Mitgliedern tut.

Die hier skizzierten Möglichkeiten für ein »Informationsangebot des Betriebsrats« verstehen sich **bewusst nur als »Möglichkeit«**; sie alle auszuschöpfen, wird kaum jemand in der Lage sein. Bisweilen vermögen betriebliche Konflikte die Phantasie anzuregen. 44

Beispiel bei Hollis:[96]
Ein ungeliebter Bereichsleiter konnte sich plötzlich als recht unsympathische Figur in einem Märchen wiederfinden, das ein Betriebsratskollege mit Neigung zu spitzer Feder in seiner Freizeit geschrieben und dann ins Netz gestellt hatte.

d) Ein Wiki für den Betriebsrat

Ein »Wiki« ist der Sache nach eine **Wissensdatenbank**. Sie funktioniert nach den gleichen Prinzipien wie Wikipedia: Jeder kann den einmal erstellten Text verändern oder neue Texte hinzufügen, muss sich jedoch der Kritik stellen. Werden Wikis im Betrieb eingesetzt, geben alle betei- 45

92 Siehe oben § 12 Rn. 1ff.
93 Oben § 4 Rn. 46ff.
94 Einzelheiten bei Däubler, Gewerkschaftsrechte im Betrieb, Rn. 128ff., 151ff.
95 Näher zum Recht der Gewerkschaft, ihrerseits ins Netz zu gehen, siehe oben § 13 Rn. 7ff.
96 CF 5/2000, 34.

ligten Arbeitnehmer ihr Wissen ein, um gemeinsam ein besseres »Produkt« zu erstellen, was auch Ergebnis einer rationelleren Arbeitsmethode sein kann. Gleichzeitig wird das vorhandene **Wissen festgehalten und dokumentiert**, was für künftige Mitarbeiter von erheblichem Nutzen sein kann.[97] Allerdings ist eines zu beachten: Wer sein Wissen preisgibt und zulässt, dass es im Computer gespeichert wird, verliert seine Expertenstellung im Betrieb. Und er wird zugleich austauschbarer: Ältere können unschwer durch Jüngere ersetzt werden, weil diese sehr schnell auf dasselbe Niveau wie die Erfahrenen kommen können.[98]

46 Organisiert der **Betriebsrat** seine Arbeit, kann eine »Wissensdatenbank« durchaus nützlich sein. Der Austausch seiner Mitglieder geschieht nicht nach denselben Grundsätzen wie in einem Unternehmen, sondern nach demokratischen Prinzipien. Außerdem hat er anders als ein Ingenieur oder ein kaufmännischer Angestellter keine Ausbildung vorzuweisen, die ihn speziell für die Aufgabe als Interessenvertreter qualifiziert. Die Notwendigkeit ist daher besonders ausgeprägt, dass er die Erfahrungen seiner Mitglieder und ihrer Vorgänger bündelt und auf diese Weise die **Qualität seiner Arbeit verbessert.** Oft geht es auch nur darum, die Informationen zu einem bestimmten Gegenstand zusammen zu führen: Es gibt z. B. ein Gerücht, und mehrere Betriebsratsmitglieder können beurteilen, ob »was dran« sein kann und wie sich das fragliche Vorhaben auswirken würde.[99] Nützlich ist ein solches Instrument auch bei der Vorbereitung von Sitzungen, weil jeder das einstellen kann, was er für erörterungswürdig hält.

e) Kontrolle durch den Arbeitgeber?

47 Im Zusammenhang mit der Telefondatenerfassung ist schon früh das Problem aufgetaucht, **inwieweit** das **Telefonverhalten** von Betriebsratsmitgliedern **aufgezeichnet** werden darf.[100] Dieselben Fragen ergeben sich in Bezug auf E-Mails und Internetnutzung durch den Betriebsrat. Auch werden einzelne Belegschaftsmitglieder häufig ein Interesse haben, dass die Mails, die sie mit dem Betriebsrat gewechselt haben, nicht gesammelt und ausgewertet werden.

---

97 Eingehend (und recht optimistisch) dazu Demuth/Strunk/Lindner, S. 20f.

98 Kritisch deshalb zu Skill-Datenbanken Däubler, AiB 2005, 65. Etwas blauäugig Demuth/Strunk/Lindner, S. 21, wonach der Einzelne »neue Anerkennung« erfahre, wenn sein Wissen bekannt werde. Zur Thematik siehe weiter Klier, CuA 9/2011, 7ff. und Ruchhöft, CuA 9/2011, 14ff.

99 Siehe das Beispiel der neuen Software bei Ruppert, CuA 5/2011, 25.

100 Dazu vor allem Latendorf, CR 1987, 244; Matthes, CR 1987, 113; Wohlgemuth/Mostert, AuR 1986, 146.

Ausgangspunkt ist zunächst die Feststellung, dass der **Betriebsrat in seiner Tätigkeit vom Arbeitgeber unabhängig** ist und deshalb nicht dessen Kontrolle unterliegt. **Das BAG hat diesen Grundsatz sehr ernst genommen** und deshalb auch dem (in der Regel vom Arbeitgeber ernannten) betrieblichen Datenschutzbeauftragten das Recht verweigert, die Datenverarbeitung durch den Betriebsrat zu kontrollieren.[101] Was den Bereich des Telefonierens angeht, war das BAG allerdings sehr viel weniger konsequent und hat nur für Ortsgespräche und für Telefongespräche im Nahbereich die Aufzeichnung der Zielnummer ausgeschlossen.[102] Das lässt sich auf die »**Verbindungsdaten**« **im Intranet** übertragen,[103] die ja ihres dienstlichen Bezuges wegen nicht dem TTDSG unterliegen.[104] Die Unabhängigkeit des Betriebsrats und damit das Funktionieren der Betriebsverfassung insgesamt wären gefährdet, könnte der Arbeitgeber beispielsweise erfassen, wer aus welchem Anlass über das Intranet Kontakt mit dem Betriebsrat aufgenommen hat. Soweit die Technik festhält, von welchem Anschluss aus welche Seiten abgerufen wurden, sind die entsprechenden Daten unverzüglich zu löschen. Der Sache nach ist die Kommunikation per Netz ein Äquivalent zur Inanspruchnahme der Sprechstunde. Sie zu erfassen und auszuwerten, käme ebenso wenig in Betracht wie eine Regelung, wonach Besprechungen im Betriebsratsbüro immer nur in Gegenwart eines Arbeitgebervertreters stattfinden dürften. 48

Der **Betriebsrat** kann nach § 80 Abs. 1 Nr. 1 BetrVG **überwachen**, ob diesen Grundsätzen in der Praxis Rechnung getragen ist.[105] Verstöße stellen zugleich eine Behinderung der Betriebsratstätigkeit nach § 78 Satz 1 BetrVG dar und sind ggf. nach § 119 BetrVG strafbar. **Nimmt der Arbeitgeber Mitteilungen oder Meinungsäußerungen des Betriebsrats ohne dessen Einwilligung aus dem Netz** heraus, stellt dies gleichfalls eine **Behinderung** dar, weil in dessen Geschäftsführungsbefugnisse eingegriffen wird. Der Betriebsrat kann verlangen, dass dies rückgängig gemacht und für die Zukunft unterlassen wird.[106] Eine derartige Selbsthilfe ist dem Ar- 49

101 BAG, 11.11.1997 – 1 ABR 21/97, DB 1998, 627.

102 BAG, 1.8.1990 – 7 ABR 99/88, DB 1991, 47: Zielnummern von Ferngesprächen dürfen aufgezeichnet werden.

103 Anders Bijok/Class, RDV 2001, 54; gegen die Erfassung von Verbindungsdaten auch bei Fernkommunikation Skowronek, CF 11/2000, 30.

104 Siehe oben § 8 Rn. 25ff.

105 Zur Frage eines Mitbestimmungsrechts nach § 87 Abs. 1 Nr. 6 BetrVG siehe Däubler, Gläserne Belegschaften, Rn. 809.

106 BAG, 3.9.2003 – 7 ABR 12/03, NZA 2004, 278, 280. Ebenso LAG Schleswig-Holstein, 28.1.2003 – 5 TaBV 25/02, AuR 2003, 312 mit Anm. Wedde; LAG Hamm, 12.3.2004 – 10 TaBV 161/03, RDV 2004, 223.

beitgeber sogar dann untersagt, wenn die ins Netz gestellte Äußerung **Gegenstände** betrifft, **für die** der **Betriebsrat nicht zuständig** ist. Lediglich in Situationen der Notwehr und der Nothilfe gilt Abweichendes – wird der Arbeitgeber oder ein Geschäftsführer schwer beleidigt, muss er dies nicht einfach hinnehmen und den Rechtsweg beschreiten, sondern kann es entfernen lassen.[107]

f) Vertragliche Regelung der Rechte aus § 40 Abs. 2 BetrVG?

50 Die Rechte des Betriebsrats nach § 40 Abs. 2 BetrVG können durch Betriebsabsprache oder Betriebsvereinbarung konkretisiert und erweitert werden.[108] Dasselbe ist mithilfe eines Tarifvertrags möglich. Eine **Verschlechterung** ist dagegen unzulässig,[109] was nach allgemeiner Auffassung auch für andere Rechte aus dem BetrVG gilt.[110]

4. Der Betriebsrat im Internet

a) Was kann der Betriebsrat tun?

51 Nachdem die Rechtsprechung klargestellt hat, dass der Betriebsrat als Gremium wie auch seine einzelnen Mitglieder ein Recht auf Zugang zum Internet haben,[111] steht fest, dass er sich dort **alle Informationen beschaffen** kann, von denen er annimmt, dass sie **für die Erfüllung seiner Tätigkeit von Nutzen** sind. Ist er aber auch befugt, den Schritt vom alten Internet zum Web 2.0 zu tun, also selbst aktiv zu werden und Erklärungen ins Internet zu setzen? Lange hat man sich mit der Feststellung begnügt, dass er keinen Anspruch auf eine »Homepage« im Internet habe.[112] Angesichts der sozialen Medien ist diese Frage heute in den Hintergrund getreten: Kann er sich nicht einfach bei Facebook oder einem anderen Netzwerk anmelden und dort »posten«, was er für interessant hält? Zunächst soll es um den »passiven« Informationskonsum gehen (b), ehe dann das »aktive« Eingreifen in die Meinungsbildung auf der Tagesordnung steht (c).

b) Das Internet als Informationsquelle

52 Das Internet kann dem Betriebsrat Zugang zu zahlreichen Informationen verschaffen, die für seine Arbeit von Nutzen sind. Hierbei lassen sich verschiedene Bereiche unterscheiden.

---

107 LAG Hamm, 12.3.2004 – 10 TaBV 161/03, RDV 2004, 223.
108 Zur entsprechenden Frage beim Recht auf einen PC siehe oben II. (Rn. 12ff.).
109 BAG, 9.6.1999 – 7 ABR 66/97, AP Nr. 66 zu § 40 BetrVG 1972 mit Anm. Kort.
110 Nachweise bei DKW-Däubler, Einl. Rn. 85.
111 Oben Rn. 12ff.
112 ArbG Paderborn, 29.1.1998 – 1 BV 35/97, DB 1998, 678.

Der Betriebsrat kann einmal Informationen erhalten, die sich auf die **betriebliche Interessenvertretung** als solche beziehen. Übers Netz verschafft er sich z. B. eine Liste über die in der näheren Umgebung ansässigen Fachanwälte für Arbeitsrecht. An anderer Stelle lassen sich vielleicht Betriebsvereinbarungen und Tarifverträge oder gerichtliche Entscheidungen finden, die zur Abklärung der innerbetrieblichen Situation von Nutzen sind. Auch sind die meisten Verlage und Seminaranbieter im Netz, wo man sich oft sogar als Teilnehmer anmelden kann.[113] 53

Von Interesse können weiter **unternehmensbezogene Informationen** sein. Zu wissen, welche Daten das Arbeitgeberunternehmen ins Internet gestellt hat, kann z. B. bei Auseinandersetzungen um Geheimhaltungspflichten von Bedeutung sein. Fast alle größeren Unternehmen veröffentlichen ihre Bilanz im Netz. Das kann in Bezug auf konzernangehörige Unternehmen, aber auch in Bezug auf **wichtige Geschäftspartner** von erheblicher Bedeutung sein. 54

Im Internet lassen sich schließlich weitere **Wirtschaftsinformationen** finden, die Rückschlüsse auf die Entwicklungschancen des Arbeitgeberunternehmens zulassen. Das kann nicht nur für den Wirtschaftsausschuss, sondern auch für den Betriebsrat selbst, etwa im Rahmen von Verhandlungen nach §§ 111 ff. BetrVG, von Bedeutung sein. 55

Nicht nur bei den (betrieblichen) Kommunikations-, sondern auch bei den Informationsmitteln hat der **Betriebsrat die Wahl**. So zwingt ihn niemand, sich ausschließlich oder primär an den Arbeitgeber zu wenden. 56

> BAG:[114] »Das Betriebsverfassungsgesetz verlangt von ihm nicht, sich zuerst und ausschließlich mit dem Arbeitgeber in Verbindung zu setzen, um diejenigen Informationen zu erhalten, die aus seiner Sicht für die Erledigung gesetzlicher Aufgaben notwendig sind«.

Auch kann er sich bei **Rechtsfragen** primär auf Kommentare stützen, zur Überprüfung der allerneuesten Entwicklung jedoch die Presseerklärungen und Entscheidungen des BAG[115] und ggf. anderer Gerichte einsehen.[116] Besitzt der Arbeitgeber einen Zugang zu einer juristischen 57

113 Vgl. CF 1/2004, 2.

114 BAG, 9.6.1999 – 7 ABR 66/97, NZA 1999, 1292.

115 Unter *www.bundesarbeitsgericht.de* oder unter *www.bag.de*.

116 Beckschulze (DB 2003, 2784) behauptet zu Unrecht eine Alternativität zwischen der Kommentar- und der Internetnutzung. Die Praxis kennt allein eine wechselseitige Ergänzung.

Datenbank wie z. B. Juris, darf auch der Betriebsrat daran partizipieren, sofern dadurch keine unverhältnismäßigen Kosten entstehen.[117]

58 Die Nutzung des Internet durch den Betriebsrat verursacht dann keine zusätzlichen **Kosten**, wenn das Arbeitgeberunternehmen (wie in der Regel) mit dem Provider eine Flatrate vereinbart hat. Auch wenn dies nicht der Fall ist, fällt heute der Zugang zum Internet als solcher kostenmäßig kaum mehr ins Gewicht. Wirtschaftlich ist allein die Nutzung bestimmter Datenbanken wie z. B. Juris oder Beck-Online von Interesse. Die Literatur spricht sich deshalb überwiegend dafür aus, den Zugang nur zu ermöglichen, wenn die fraglichen Dokumente nicht auch an anderer Stelle im Internet frei verfügbar sind.[118] Das kann nur dann überzeugen, wenn diese Alternative flächendeckend besteht und sich der Suchaufwand in vertretbarem Rahmen bewegt. Ein »Online-Fachmodul Arbeitsrecht« kann der Sache nach ein Äquivalent zu einem Kommentar samt angeschlossener Entscheidungssammlung sein, sodass ein Ankauf nach § 40 Abs. 2 BetrVG geschuldet ist.[119] Generell ist darauf zu achten, nur solche Datenbanken und Module zu benutzen, die auch arbeitnehmerorientierte Literatur berücksichtigen. Dies ist keineswegs generell der Fall.

c) Erklärungen des Betriebsrats im Internet

59 Darf sich der Betriebsrat auch im Internet zu betrieblichen oder zu sonstigen Fragen äußern? Das hängt in erster Linie davon ab, ob er nach der gesetzlichen Konstruktion eine rein innerbetriebliche Instanz ist, die sich nur an Arbeitgeber und Belegschaft wendet, oder ob er auch »Außenbeziehungen« haben und seine Meinung in der Öffentlichkeit darstellen darf. Das ist bisher in der Literatur nur relativ wenig erörtert;[120] eine zusammenhängende gesetzliche Regelung ist nicht vorhanden.

aa) Gesetzlich vorgesehene Außenkontakte

60 Eine **Reihe** von »Außenkontakten« ist **selbstverständlich**: Der Betriebsrat kann unter bestimmten Voraussetzungen nach § 80 Abs. 3 BetrVG einen externen Sachverständigen oder einen Rechtsanwalt einschalten[121]

---

117 DKW-Wedde, § 40 Rn. 191; Fitting, § 40 Rn. 134; GK-Weber, § 40 Rn. 200 a. E.; Wlotzke/Preis/Kreft-Kreft, § 40 Rn. 55.

118 Wie vorhergehende Fußnote.

119 Zur obligatorischen Anschaffung von Kommentaren im Rahmen des § 40 Abs. 2 BetrVG siehe DKW-Wedde, § 40 Rn. 188; Fitting, § 40 Rn. 120; GK-Weber, § 40 Rn. 154ff.

120 Die folgenden Ausführungen orientieren sich an den in Däubler, Arbeitsrecht 1, Rn. 925aff. gemachten.

121 Däubler, Arbeitsrecht 1, Rn. 875; Fitting, § 40 Rn. 60ff.

und Gespräche mit einem potenziellen Einigungsstellenvorsitzenden führen.[122] Bei der Fahrt zu einer Sitzung des Gesamtbetriebsrats entstehen einzelnen Mitgliedern Reisekosten, die der Arbeitgeber nach § 40 Abs. 1 BetrVG zu erstatten hat.[123] Der Abschluss von Verträgen mit Seminarveranstaltern gehört zum Tagesgeschäft, und in dringenden Fällen kann sich der Betriebsrat den notwendigen Geschäftsbedarf selbst beschaffen.[124]

Die **Zusammenarbeit mit Behörden** ist im BetrVG, aber auch in verschiedenen anderen Gesetzen angesprochen. § 89 Abs. 1 Satz 2 BetrVG verpflichtet den Betriebsrat, die für den **Arbeitsschutz** zuständigen Behörden, die Träger der gesetzlichen Unfallversicherung und sonstige in Betracht kommende Stellen »durch Anregung, Beratung und Auskunft« zu unterstützen. Ähnliches sieht § 96 Abs. 1 BetrVG in Bezug auf die **Berufsbildung** vor. Nach § 17 Abs. 3 Satz 7 KSchG kann der Betriebsrat bei geplanten Massenentlassungen gegenüber der **Arbeitsagentur** weitere Stellungnahmen abgeben. Nach § 170 Abs. 2 SGB IX holt das **Integrationsamt** vor seiner Entscheidung über die Zulässigkeit der Kündigung eines Schwerbehinderten eine Stellungnahme des Betriebsrats ein. § 182 Abs. 1 SGB IX sieht eine enge Zusammenarbeit zwischen Integrationsamt und Betriebsrat vor, um die Teilhabe schwerbehinderter Menschen am Arbeitsleben zu fördern. Weitere Beispiele lassen sich unschwer finden.[125] Keine gesetzliche Regelung hat jedoch die Frage erfahren, inwieweit Erklärungen an die Öffentlichkeit zulässig sind.[126] 61

bb) Von der Rechtsprechung akzeptierte Außenkontakte

Lange Zeit war umstritten, ob der Betriebsrat nur in den ausdrücklich geregelten Fällen zu Außenkontakten berechtigt ist oder ob er im Rahmen seiner allgemeinen Aufgaben auch ohne spezifische Ermächtigung mit Dritten in Verbindung treten darf.[127] **Rechtsprechung** war und ist relativ selten, doch haben sich die vorliegenden Entscheidungen einheitlich dafür ausgesprochen, dass der Betriebsrat **nicht in jedem Einzelfall** einer **speziellen Ermächtigung** bedarf. **Solidaritätstelegramme** an streikende Belegschaften wurden daher grundsätzlich akzeptiert.[128] Weiter hat es das 62

122 DKW-Wedde, Einl. Rn. 136.
123 Fitting, § 51 Rn. 46 m. w. N.
124 Däubler, Arbeitsrecht 1, Rn. 871c m. w. N.
125 Überblick bei Plander, AuR 1993, 162 ff. und Wiese, in: FS 50 Jahre BAG, S. 1126.
126 Plander, AuR 1993, 164.
127 Zur in mancher Hinsicht Ähnlichkeiten aufweisenden historischen Problematik des »Verbindungsverbots« siehe Däubler, Arbeitsrecht 1, Rn. 88.
128 BAG, 20. 3. 1979 – 1 AZR 450/76, AiB 2012, 604 mit Anm. Däubler (erstmalige Veröffentlichung).

BAG als Teil der Betriebsratstätigkeit angesehen, wenn der Betriebsratsvorsitzende an einem »**Arbeitsmarktgespräch**« teilnahm, das von der örtlichen Agentur für Arbeit veranstaltet wurde.[129] Ein **Treffen mit Journalisten** ist auch im Betriebsratsbüro möglich, wenn ein Bezug zu einer konkreten Aufgabe gegeben ist.[130] Weiter blieb eine öffentliche Erklärung über die näheren **Umstände eines Arbeitsunfalls** unbeanstandet.[131] Wird in der Presse unrichtig über den Betriebsrat und seine Rolle auf einer Betriebsversammlung berichtet, kann er einen Rechtsanwalt beauftragen, um eine **Gegendarstellung** zu erwirken; ausdrücklich betonte das LAG Hamburg, die Tätigkeit des Betriebsrats erstrecke sich auch auf das Verhältnis zu Dritten.[132] Schließlich hat er das oben (Rn. 52ff.) dargestellte Recht, sich die für seine Tätigkeit notwendigen Informationen mithilfe des **Internet** zu verschaffen. Auch die **Literatur** stimmt der Öffnung des Betriebsrats nach außen mehrheitlich zu.[133] Mit Recht hat Plander darauf verwiesen, das Gesetz habe zwar die Aufgaben des Betriebsrats abschließend umschrieben, nicht aber die Mittel, die er bei ihrer Bewältigung einsetzen könne.[134] Das wird nicht zuletzt am Katalog des § 80 Abs. 1 BetrVG deutlich, der zwar zahlreiche Kompetenzen zuweist, jedoch keine Hinweise auf das Instrumentarium gibt, das der Betriebsrat einsetzen kann. Eine Reihe von Einzelfragen bedarf der Hervorhebung.

cc) Zusammenarbeit mit anderen Interessenvertretungen

63 Der Erfahrungsaustausch mit Interessenvertretungen aus anderen Unternehmen und Konzernen vollzog sich in der Praxis bislang in der Weise, dass die zuständige Gewerkschaft Arbeitskreise einrichtete, die in der Freizeit tagten und beispielsweise die Betriebsräte aller Automobilzulieferer einer bestimmten Region zusammenfassten. Verbreiteter und leichter zu organisieren sind Seminare nach § 37 Abs. 6 BetrVG, die sich allerdings nicht auf bloßen Erfahrungsaustausch beschränken dürfen,

---

129 BAG, 23.9.1982 – 6 ABR 86/79, AP Nr. 42 zu § 37 BetrVG 1972 = DB 1983, 182.

130 BAG, 18.9.1991 – 7 ABR 63/90, NZA 1992, 315. Daran fehlte es im konkreten Fall, weil das Gesprächsprogramm relativ unspezifisch war. Kritisch Simitis-Kreuder, NZA 1992, 1009. Die Entscheidung ist völlig missverstanden bei Demuth/Strunk/Lindner, S. 62, die aus ihr den Schluss ziehen, die Öffentlichkeit dürfe generell nicht über betriebsinterne Vorgänge unterrichtet werden.

131 ArbG Berlin, 5.12.1979 – 10 Ca 290/79, BB 1980, 886.

132 LAG Hamburg, 13.3.1984 – 1 TaBV 7/83, LAGE § 40 BetrVG 1972 Nr. 17 = AiB 1984, 174 mit Anm. Geffken.

133 Buschmann, AiB 1987, 53; DKW-Wedde, Einl. Rn. 135ff., 140; Simitis-Kreuder, NZA 1992, 1009ff.; Plander, AuR 1993, 161ff.; a. A. von Hoyningen-Huene, RdA 1992, 355ff.

134 Plander, AuR 1993, 166.

sondern Sachthemen von gemeinsamem Interesse behandeln müssen.[135] Seit 2001 ermächtigt § 3 Abs. 1 Nr. 4 BetrVG die Tarifparteien, unternehmens- und konzernübergreifende Arbeitsgemeinschaften als zusätzliche betriebsverfassungsrechtliche Gremien einzurichten. Sie sind kein Mitbestimmungsorgan. In der Regel werden Betriebsratsmitglieder aus den erfassten Betrieben an den einzelnen Treffen teilnehmen. Die Kosten trägt die Arbeitgeberseite.[136] Alle weiteren Einzelheiten sind im Tarifvertrag zu regeln.[137] Dort ist auch Vorsorge dagegen zu treffen, dass auf diesem Wege eine »beitragsfreie Ersatzgewerkschaft« entsteht.[138]

dd) Kontakte zu weiteren Behörden

Kontaktaufnahmen zu Behörden, die nicht ausdrücklich im Gesetz vorgesehen sind, sind jederzeit möglich, soweit sich der Betriebsrat im Rahmen seiner sachlichen Aufgabenstellungen bewegt. Das gilt beispielsweise im Bereich des betrieblichen **Umweltschutzes.**[139] Soweit Probleme mit Arbeitnehmerdaten entstehen, kann die Aufsichtsbehörde für den **Datenschutz** eingeschaltet werden.[140] Die §§ 89 Abs. 1 Satz 2 und 96 Abs. 1 BetrVG enthalten insoweit eine Besonderheit, als der Betriebsrat im Arbeitsschutz bzw. bei der Berufsbildung zur Kooperation nicht nur berechtigt, sondern verpflichtet ist. Kontakte zu **Polizei und Staatsanwaltschaft** sind im Gesetz vorgesehen, wenn der Betriebsrat einen Strafantrag nach § 119 BetrVG bzw. einen Antrag nach § 121 BetrVG stellen will. Bringt er ein sonstiges strafbares Verhalten des Arbeitgebers oder von Führungskräften zur Anzeige, verstößt er jedenfalls nicht gegen die Geheimhaltungspflicht nach § 79 Abs. 1, da sich diese nicht auf rechtswidriges Verhalten bezieht.[141] Nach der Rechtsprechung des BVerfG[142] stellt es grundsätzlich keine Pflichtverletzung dar, wenn ein Arbeitnehmer gegen den Arbeitgeber oder gegen Vorgesetzte eine Strafanzeige erstattet; vielmehr übt er dabei ein staatsbürgerliches Recht aus. Das gilt allerdings 64

135 Näher Däubler, Schulung und Fortbildung, Rn. 196a.
136 ErfK-Koch, § 3 Rn. 7; Trümner, in: FS Däubler, S. 295, 306.
137 Dies gilt auch für den Kündigungsschutz, der dann von Bedeutung ist, wenn auch Nicht-Betriebsratsmitglieder in den Gremien tätig sind. Dazu DKW-Trümner, § 3 Rn. 126; ErfK-Koch, § 3 Rn. 7.
138 DKW-Trümner, § 3 Rn. 126; zur Problematik siehe Däubler, Industrielle Beziehungen 2001, 364ff.
139 Wiese, in: FS 50 Jahre BAG, S. 1133. Zum Umwelt- und Klimaschutz als Betriebsratsaufgabe siehe Däubler, NZA 2020, 1155
140 Brill, AuR 1981, 207; Däubler, Gläserne Belegschaften, Rn. 657; DKW-Buschmann, § 80 Rn. 15.
141 Däubler, Arbeitsrecht 1, Rn. 789a; ErfK-Kania, § 79 Rn. 6.
142 BVerfG, 2.7.2001 – 1 BvR 2049/00, NZA 2001, 888 = NJW 2001, 3474.

dann nicht, wenn bewusst oder **leichtfertig falsche Angaben** gemacht werden[143] oder wenn die Anzeige den Umständen nach eine **unverhältnismäßige Reaktion** darstellt.[144] Im Falle des Betriebsrats kommt hinzu, dass das Prinzip der vertrauensvollen Zusammenarbeit und die Verhandlungspflicht nach § 74 Abs. 1 Satz 2 BetrVG auch im vorliegenden Zusammenhang gelten: Soweit es zumutbar ist, muss daher **immer erst innerbetriebliche Abhilfe** versucht werden.[145] Das wird bei Fehlverhalten von Führungskräften eher als bei Straftaten des Arbeitgebers selbst bzw. von Geschäftsführern in Betracht kommen. Im Übrigen wird der Betriebsrat abwägen, welche mittel- und langfristigen Wirkungen sich für die Belegschaft ergeben werden.

ee) Betriebsrat als Grundrechtsträger

65 Mit Rücksicht auf seine partielle Rechtsfähigkeit[146] kann sich der Betriebsrat im Rahmen seiner Aufgabenerfüllung auch auf Grundrechte, insbes. die **Meinungsfreiheit nach Art. 5 Abs. 1** GG berufen.[147] Das bedeutet, dass auch er Erklärungen zu innerbetrieblichen Fragen abgeben kann, wenn er dies den Umständen nach für erforderlich halten darf.[148]

> **Beispiel:**
> Die Unternehmensleitung gibt bekannt, dass die deutsche Niederlassung wegen zu geringer Rentabilität geschlossen wird. Der Betriebsrat kann eine Presseerklärung abgeben, wonach das nicht stimme; die Rendite habe bei 10 % gelegen. Auch kann der Betriebsratsvorsitzende in dieser Eigenschaft ein entsprechendes Statement vor den Fernsehkameras abgeben.

Auch hier gilt der Grundsatz, dass man zunächst eine innerbetriebliche Lösung versuchen soll. Schlagen die Bemühungen des Betriebsrats fehl oder waren sie von vornherein aussichtslos, kann er **auch als erster den Gang in die Öffentlichkeit** antreten. In der Literatur ist zu Recht von der Herstellung eines »Informationsgleichgewichts« die Rede.[149] Ihr ent-

---

143 Ebenda.

144 So BAG, 3.7.2003 – 2 AZR 235/02, NZA 2004, 427.

145 Siehe statt aller Wiese, in: FS 50 Jahre BAG, S. 1132.

146 Nachweise bei Däubler, Arbeitsrecht 1, Rn. 893a.

147 ErfK-Schmidt, Art. 5 GG Rn. 40 (»auch der Betriebsrat kann sich bei seiner Öffentlichkeitsarbeit auf das Recht der freien Meinungsäußerung berufen«). Ebenso Müller-Boruttau, NZA 1996, 1071; Richardi-Richardi, Einl. Rn. 119ff.; Wiese, in: FS 50 Jahre BAG, S. 1127.

148 Nachweise oben bei Rn. 62.

149 ErfK-Dieterich, 10. Aufl., Art. 5 GG Rn. 40; Simitis-Kreuder, NZA 1992, 1013.

spricht es nicht, wenn der Betriebsrat immer erst das »zweite Wort« hat und damit auf bloßes Reagieren festgelegt ist. Bei Falschmeldungen über sein Verhalten steht ihm ein **Gegendarstellungsanspruch** zu, der im Wege der einstweiligen Verfügung durchgesetzt werden kann.[150] Soweit einzelne Betriebsratsmitglieder öffentliche Erklärungen abgeben, können sie durchaus ihre **Funktion angeben**; die Gefahr, dass das Gesagte dem Arbeitgeber zugerechnet wird, besteht nicht.[151] Das LAG München hat es sogar für zulässig angesehen, dass eine aus Arbeitnehmern der Firma X gebildete Friedensinitiative die Bezeichnung »Friedensinitiative Firma X« führte.[152]

d) Handhabung in der Praxis – Blogs

Die hier dargelegten Grenzen für das Auftreten des Betriebsrats in der Öffentlichkeit werden dann praktisch, wenn er als solcher Erklärungen abgibt und diese im Internet veröffentlicht. Das wird vor allem dann der Fall sein, wenn er über eine **eigene »Homepage« im Internet** verfügt. Das LAG Köln[153] sieht das Namensrecht des Arbeitgebers nicht als verletzt an, wenn ein Betriebsratsmitglied den Arbeitgebernamen mit dem Zusatz »-br« als Domain anmeldet. Bei Unternehmen aus dem öffentlichen Sektor oder bei solchen, in denen die öffentliche Hand noch einen gewissen Einfluss hat, wird eine Betriebsratshomepage im Internet bisweilen ausdrücklich gebilligt oder zumindest geduldet.[154] Auch soziale Medien wie Facebook und Twitter lassen sich nützen; über positive Erfahrungen der Betriebsräte und Vertrauensleute von Covestro liegt ein instruktiver Bericht vor.[155] 66

Im Regelfall werden Geschäftsleitungen keine besondere Freude empfinden, wenn der Betriebsrat im Internet Kritik z. B. an der Firmenpolitik oder am Verhalten des Managements äußert. Das gilt auch dann, wenn die Kritik sehr sachlich gehalten ist und kein Quäntchen Polemik enthält. Schon der **»Gang nach außen«** wird als eine **Art von Illoyalität** ge- 67

150 Siehe LAG Hamburg, 13. 3. 1984 – 1 TaBV 7/83, LAGE § 40 BetrVG 1972 Nr. 17 = AiB 1984, 174 mit Anm. Geffken.

151 Siehe auch BAG, 20. 3. 1979 – 1 AZR 450/76, AiB 2012, 604 mit Anm. Däubler.

152 LAG München, 4. 10. 1984 – 2 Sa 29/84, DB 1985, 1539 = AuR 1985, 291 Ls. Dazu auch die namensrechtliche Entscheidung des LAG Köln, 6. 5. 2013 – 2 Sa 62/13, MMR 2014, 72.

153 LAG Köln, 6. 5. 2013 – 2 Sa 62/13, MMR 2014, 72.

154 Siehe die Mitteilungen in CF 5/2000, 34 und bei Kiper, PersR 2004, 207.

155 Demuth, CuA 4/2018, 32 ff.

wertet.[156] Erst recht gilt dies, wenn kräftige Ausdrücke benutzt und die Kritik auch noch auf die Betriebsratsmehrheit erstreckt wird. Das LAG Hessen[157] verurteilte in einem Fall dieser Art ein Betriebsratsmitglied dazu, die fraglichen Aussagen von seiner (persönlichen) Website wieder zu entfernen, weil die Veröffentlichung dem **Gebot der vertrauensvollen Zusammenarbeit** zuwiderlaufe. Ergänzend wurde noch betont, das Internet diene dem Betriebsrat als Informationsquelle und nicht zur Veröffentlichung von Betriebs- und Betriebsratsinterna.[158] Das mag man zwar als »Ausreißer-Entscheidung« qualifizieren, doch kann man das Risiko nicht ausschließen, dass sich andernorts ein ähnlicher Vorgang wiederholt.

68 Wer sich solchen Auseinandersetzungen nicht aussetzen möchte, wird nicht »als Betriebsrat« ins Netz gehen. Als »Auffanglösung« haben sich in der Praxis vielmehr sog. **Betriebs-Blogs** herausgebildet: Auf relativ einfache Weise wird eine Internetseite geschaffen, auf der u. a. Betriebsratsmitglieder ihre Meinung äußern und auf der jeder Leser und damit potenziell jeder Belegschaftsangehörige einen »Kommentar« schreiben kann.[159] Ein Überblick über entsprechende Blogs aus dem Handel findet sich in der Literatur.[160] Besonderes Interesse verdient der Amazon-ver.di-Blog.[161] Soweit sich Betriebsratsmitglieder unter Nennung ihres Namens und ihrer Funktion dort äußern, müssen sie die oben skizzierten Grenzen einhalten, also vor allem den **betrieblichen Bezug wahren** und Beleidigungen vermeiden. Völlig tabu müssen **Betriebs- und Geschäftsgeheimnisse** bleiben; sie offen zu legen, würde eine schwere Pflichtverletzung darstellen. Aus der Rechtsprechung ist der Fall eines Betriebsratsmitglieds zu erwähnen, der den Geschäftsführer während eines Vortrags heimlich fotografierte und damit auch Schaubilder erfasste, die Teil eines

---

156 Vgl. ArbG Paderborn, 29.1.1998 – 1 BV 35/97, DB 1998, 678: »Das Gebot der vertrauensvollen Zusammenarbeit verbietet dem Betriebsrat generell, ohne Veranlassung durch den Arbeitgeber die Öffentlichkeit über betriebsinterne Vorgänge zu unterrichten.« In dieselbe Richtung für die Personalvertretung des Bundes Kröll, in: Altvater u. a., § 44 Rn. 56b.

157 LAG Hessen, 15.7.2004 – 9 TaBV 190/03, RDV 2005, 170.

158 LAG Hessen, a. a. O., Tz. 37.

159 Eingehende Darstellung auch der technischen Seite bei Bossmann, CuA 5/2011, 28ff.

160 Bossmann, CuA 5/2011, 29 (u. a. *www.hugendubel-verdi.de* oder *www.obi-verdi.blogspot.com*).

161 Dazu eingehend Demuth, CuA 4/2014, 34ff.

Betriebsgeheimnisses waren.[162] Auch muss das Persönlichkeitsrecht anderer gewahrt bleiben.[163]

Über die Gestaltung eines Betriebsblogs gibt es einleuchtende pragmatische Regeln, die vor allem die Attraktivität für den Leser als Ziel haben.[164] Fremde Texte darf man nicht einfach übernehmen, sondern muss den **Autor um Erlaubnis fragen**; andernfalls liegt eine Verletzung des Urheberrechts vor. Dasselbe gilt für Fotos von Personen, denen ein **Recht am eigenen Bild** zusteht.[165] Zulässig ist jedoch, durch einen Link auf eine andere Internetseite zu verweisen, wo sich der Text bzw. das Foto befindet. Wer sich ins Netz begibt, kann sich nicht darüber beklagen, dass andere seine Seite anschauen und sogar weitere Personen zu einem entsprechenden Verhalten ermuntern.[166] Wer sich inspirieren lassen will, kann sich im Übrigen die Internetseiten anderer betrieblicher Interessenvertretungen anschauen.[167] Dass man Bilder nicht manipulieren[168] und politische Gegner nicht anprangern und zum Freiwild erklären darf,[169] versteht sich im Grunde von selbst. 69

5. Umgang mit Arbeitnehmerdaten

Durch seine Informationsrechte gegenüber dem Arbeitgeber und durch den Gang ins Intra- und ins Internet erfährt der Betriebsrat zahlreiche personenbezogene Daten, insbesondere solche, die sich auf Belegschaftsangehörige beziehen. Soweit dies der Erfüllung seiner Aufgaben als Interessenvertretung dient, stellt **§ 26 Abs. 1 Satz 1 BDSG** hierfür eine **ausreichende Rechtsgrundlage** dar. Der Betriebsrat wird aber dadurch **nicht** zum **»Verantwortlichen«**; diese Rolle kommt nach dem durch das sog. Betriebsrätemodernisierungsgesetz eingefügten § 79a BetrVG genau wie nach vorherigem Recht weiterhin dem **Arbeitgeber** zu. Dies schließt aber nicht aus, dass der Betriebsrat den Beschäftigten Auskunft darüber 69a

162 LAG München, 17.12.2002 – 6 Sa 197/02.
163 LAG Hessen, 6.7.2011 – 2 TaBV 205/10 Ein Betriebsratsmitglied hatte den Namen eines (potenziellen) Missbrauchsopfers gegen dessen erklärten Willen weitergegeben.
164 Siehe die zehn Regeln bei Bossmann, CuA 5/2011, 31.
165 Eingehend dazu Strunk, CF 1/2004, 27ff.
166 BGH, 17.7.2003 – I ZR 259/00, RDV 2003, 290.
167 Zusammengestellt etwa bei *www.boeker-beratung.de,* dort unter dem Stichwort »Service«. Hinweise zur Internet-Präsentation auch bei DSB 6/2003, 15 und bei Kiper, PersR 2004, 208ff.
168 OLG Köln, DuD 2002, 762 – Fall Steffi Graf.
169 OLG Thüringen, DSB 1/2002, 19.

gibt, welche Daten zu ihnen gespeichert sind.[170] Er dürfte nunmehr der **Kontrolle durch den betrieblichen Datenschutzbeauftragten** unterliegen, doch darf diese nicht so weit gehen, dass dieser konkrete Informationen aus den Dateien des Betriebsrats entnimmt: Er ist trotz seiner Verschwiegenheitspflicht weiterhin ein Gewährsmann des Arbeitgebers und eine so weitgehende Kontrolle würde die Unabhängigkeit des Betriebsrats gefährden. Er kann lediglich überprüfen, ob der Betriebsrat ein korrektes Verfahren einhält.[171] Hat er inhaltliche Bedenken, steht es ihm genauso wie dem Arbeitgeber frei, die Aufsichtsbehörde einzuschalten.[172]

IV. Veränderte Strukturen der Betriebsverfassung?

1. Digitalisierungsschub während der Pandemie

70 Die rechtspolitische Diskussion geht davon aus, dass Betriebsräte eine wichtige Institution sind, um die mit der Digitalisierung entstehenden Probleme zu bewältigen. Das **Weißbuch »Arbeiten 4.0«** des Bundesministeriums für Arbeit und Soziales[173] erklärt aktive Arbeitnehmervertretungen zu Kernelementen einer Arbeitswelt 4.0 und spricht sich ausdrücklich für die Neugründung von Betriebsräten aus. Allerdings ist der Weg zwischen solchen Bekundungen und realen Veränderungen bisweilen ein außerordentlich langer.[174]

70a Die **Corona-Pandemie** war in der Betriebsverfassung mit einem Digitalisierungsschub verbunden. Die größte Veränderung der Alltagspraxis brachte der vorübergehend geltende **§ 129 BetrVG**: Betriebsräte und andere Gremien der Betriebsverfassung konnten per Videokonferenz tagen und Beschlüsse fassen; lediglich Wahlen waren ausgenommen.[175] Dies wurde zu einer verbreiteten Praxis, während die im Gesetz als gleichwertig zugelassene Telefonkonferenz wenig Bedeutung gewann. Die Beteiligten gewöhnten sich an die neue Form der Kommunikation – mal besser, mal schlechter, aber im Allgemeinen ließ sich so die Arbeit auch

---

170 Eingehender dazu Däubler, Gläserne Belegschaften, Rn. 641 ff.

171 Gegen jede Überprüfungsbefugnis DKW-Buschmann, § 79a Rn. 22; Rüdesheim, AuR 2021, 344, 346; anders Fitting, § 79a Rn. 54; Körner, NZA 2021, 1137, 1141.

172 Zum Verhalten des Betriebsrats in einer »Datenpanne« siehe Haverkamp, CuA 4/2022, 34 ff.

173 S. 157 f.

174 Zur österreichischen Diskussion über Digitalisierung und Betriebsverfassung siehe Auer-Mayer, DRdA 2022, 139 ff.

175 Einzelheiten bei Däubler/Klebe, NZA 2020, 545 ff.

vom Homeoffice oder von der Quarantäne aus fortsetzen. Betriebsversammlungen konnten gleichfalls digital stattfinden. Dabei machten viele Betriebsräte die Erfahrung, dass die Beteiligung größer war als bei der traditionellen Form, da sich Kolleginnen und Kollegen zuschalteten, die man nie auf einer Betriebsversammlung gesehen hatte.

Erhebliche Veränderungen ergaben sich auch im Rahmen von **Schulungen nach § 37 Abs. 6 BetrVG**. Aus der Präsenzschulung in der gewerkschaftlichen Bildungsstätte oder im Hotel wurde ein »Webinar«, das man sich auf den heimischen Bildschirm holte. Damit wurde zwar kein wirkliches Äquivalent zu einer Schulung geschaffen, weil Rückfragen nicht oder nur eingeschränkt und informelle Gespräche am Rande gar nicht möglich sind.[176] Dennoch können bestimmte Grundlagen durchaus vermittelt werden.[177] **70b**

2. Dauerregelung durch das Betriebsrätemodernisierungsgesetz

Eine auf Dauer bestimmte Lösung brachte das Betriebsrätemodernisierungsgesetz[178] für Betriebsratssitzungen: Diese können unter bestimmten Voraussetzungen auch als Video- oder Telefonkonferenz stattfinden. Wie sind diese Bedingungen beschaffen? Die **Präsenzsitzung** hat auch in Zukunft den **Vorrang**. Insbesondere darf sich der Arbeitgeber nach § 30 Abs. 3 BetrVG nicht darauf berufen, eine Videokonferenz (etwa eines Gesamtbetriebsrats) sei billiger und brauche weniger Zeit. Die **Videokonferenz** ist ein **Ausnahmetatbestand**. Wann sie stattfinden kann, bestimmt sich nach § 30 Abs. 2 BetrVG. Danach muss der Betriebsrat die Voraussetzungen in seiner Geschäftsordnung festlegen, wobei er allerdings den Vorrang der Präsenzsitzung wahren muss.[179] Abgesehen von Pandemie-Situationen, wird er insbesondere hybride Sitzungen vorsehen, an denen einzelne Betriebsratsmitglieder teilnehmen, die aus zwingenden persönlichen Gründen zu Hause arbeiten oder auf Dienstreise sind.[180] **70c**

Wer **im Urlaub oder krank** ist, ist automatisch verhindert und wird durch einen Nachrücker ersetzt, doch behält er das Recht, aus eigenem **70d**

176 Däubler, Der Schulungsanspruch für Betriebsrat – Personalrat – SBV, § 1 Rn. 18ff.
177 A. Görg, AiB 7–8/2021, 24ff.
178 Gesetz zur Förderung der Betriebsratswahlen und der Betriebsratsarbeit in einer digitalen Arbeitswelt (Betriebsrätemodernisierungsgesetz) v. 14.6.2021, BGBl. I S. 1762.
179 Zu den Vorteilen der Präsenzsitzung Klebe, NZA 2020, 996: praktische Tipps für die Geschäftsordnung bei Wedde, AiB 9/2021, 21ff. und bei Boemke/Roloff/Haase, NZA 2021, 827ff.
180 Nützliche Tipps zur Leitung einer Videokonferenz bei Jenner, AiB 4/2022, 18ff.

Antrieb per Video mit dabei zu sein.[181] Wie bisher muss die Vertraulichkeit der Sitzungen gewahrt bleiben. Erweist sich dies als unmöglich, muss die Sitzung abgebrochen werden.[182] Dasselbe gilt, wenn die Technik mehr als eine (geschätzte) Viertelstunde versagt und deshalb nicht alle Mitglieder an der Sitzung teilnehmen können.[183] Schließlich kann **ein Viertel** der Betriebsratsmitglieder einer Video- oder Telefonkonferenz **immer widersprechen** und eine Präsenzsitzung verlangen. Für die **erforderliche Technik** (Teams, Zoom, Headset usw.) hat nach § 40 Abs. 2 BetrVG der Arbeitgeber zu sorgen.[184] Notfalls kann er mit **einstweiliger Verfügung** dazu verurteilt werden.[185] Der Betriebsrat sollte überprüfen, ob das zur Verfügung gestellte System den Anforderungen der DSGVO entspricht.[186]

70e Die für den Betriebsrat geltenden Grundsätze sind auch für **Gesamt- und Konzernbetriebsräte** maßgebend, ebenso für die **JAV**.[187] Auch der Wahlvorstand kann nach § 1 Abs. 4 Satz 1 WahlO bestimmte Sitzungen als Video- oder Telefonkonferenz abhalten. Würde der Arbeitgeber eine **Videositzung verbieten**, obwohl ihre Voraussetzungen gegeben sind, wäre dies eine (strafbare) Behinderung der Betriebsratstätigkeit.[188] Dasselbe gilt für den spiegelbildlichen Fall, dass der Arbeitgeber entgegen dem Willen des Betriebsrats eine Videokonferenz verlangt.[189] Soll eine Präsenzsitzung stattfinden, ist einem Mitglied aber die Teilnahme während der Pandemie nicht zumutbar, weil er zu einer Risikogruppe gehört, so muss der Vorsitzende eine Zuschaltung per Video ermöglichen; dazu kann er notfalls mit Hilfe einer einstweiligen Verfügung verpflichtet werden.[190] Andere Mitglieder würden zumindest eine Genehmigung der Betriebsratsmehrheit benötigen, wenn sie von zu Hause aus teilnehmen wollen.[191] Für **Betriebsversammlungen** und Einigungsstellen war diese Form von Sitzungen nur befristet für die Zeit der Pandemie vorgesehen;

---

181 Krölls, AiB 9/2021, 33ff.
182 Steiner, AiB 5/2022, 20.
183 Ebenda.
184 LAG Berlin-Brandenburg, 14.4.2021 – 15 TaBVGa 401/21, DB 2021, 1415.
185 Ebenda.
186 Dazu Haverkamp, CuA 12/2021, 31f.
187 DKW-Wenckebach/Dornberger, § 65 Rn. 33.
188 ArbG Köln, 24.3.2021 – 18 BVGa 11/21, NZA-RR 2021, 375.
189 ArbG Berlin, 7.10.2020 – 7 BVGa 12816/20, CuA 7–8/2021, 40.
190 ArbG Frankfurt/Main, 18.2.2020 – 26 BVGa 382/20, CuA 7–8/2021, 41.
191 LAG Hessen, 8.2.2021 – 16 TaBV 185/20, LAGE § 29 BetrVG 2001 Nr. 3.

ansonsten bleibt es bei Präsenzversammlungen[192] bzw. Sitzungen der Einigungsstelle bei physischer Anwesenheit der Mitglieder.

> Was passiert, wenn ein Betriebsrat trotz der gesetzlichen Regelung eine hybride **Betriebsversammlung** durchführt, weil erfahrungsgemäß die Beteiligung dann höher ist als bei obligatorischer physischer Anwesenheit? Dies kommt schon wegen der Technik nur in Betracht, wenn der Arbeitgeber mit diesem Vorgehen einverstanden ist. In diesem Fall droht im Grunde keine Sanktion: Ob eine »schwere Pflichtverletzung« nach § 23 Abs. 1 BetrVG vorliegt, ist schon zweifelhaft. Auch wenn man dies annimmt, wird der Arbeitgeber keinen Antrag nach § 23 Abs. 1 stellen. Auch die Gewerkschaft wird insoweit nichts unternehmen, und dass ein Viertel der Belegschaft einen Antrag beim Arbeitsgericht einreicht, ist erst recht unwahrscheinlich.

Auch der **Europäische Betriebsrat** ist auf Präsenzsitzungen beschränkt. **70f**
§ 41a EBRG sieht lediglich für Seeleute, die Mitglied eines EBR sind, eine Ausnahme vor.

3. Überlegungen für die Zukunft

a) Stimmabgabe online bei der Wahl?

Soll die Stimmabgabe bei der Wahl wie bisher durch Ankreuzen auf ei- **71**
nem Zettel erfolgen oder könnte man sich auch eine Online-Wahl vorstellen? **Nach geltendem Recht** ist die Situation eindeutig:[193] § 11 Abs. 1 Satz 2 der WahlO bestimmt: »Die Stimmabgabe erfolgt durch Abgabe von Stimmzetteln.« Für Arbeitnehmer, die im Zeitpunkt der Wahl nicht in der Betriebsstätte anwesend sind, gibt es nach näherer Maßgabe des § 24 WahlO die schriftliche Stimmabgabe (»Briefwahl«). Auch hier erfolgt die Wahl durch **Ankreuzen auf einem Stimmzettel**. Würde dennoch eine Online-Wahl vorgenommen, würde diese jedenfalls zur Anfechtbarkeit, möglicherweise sogar zur Nichtigkeit der Wahl führen.[194] Soweit eine einzelne Erklärung nicht formbedürftig ist (z. B. die Anforderung von Briefwahlunterlagen), kann sie auch per E-Mail erfolgen.[195]

---

192 LAG Hamm, 5.10.2020 – 13 TaBVGa 16/20, LAG § 40 BetrVG 2001 Nr. 36: War es während der Pandemie möglich, eine Präsenzveranstaltung unter Wahrung des Abstandsgebots durchzuführen, so musste notfalls eine Halle angemietet werden.

193 So auch Fündling/Sorber, NZA 2017, 552, 554; Harms/v. Steinau-Steinrück/Thüsing, BB 2016, 2677.

194 DKW-Homburg, § 19 Rn. 9 a. E.

195 Kramer-Neu, Teil C Rn. 149.

72 In der juristischen Literatur wird die **rechtspolitische Forderung** erhoben, die Online-Wahl zumindest als Alternative zuzulassen. Die Digitalisierung führe zu einer fortschreitenden Dezentralisierung von Unternehmen, was die Anwesenheit der Beschäftigten in der Betriebsstätte reduziere.[196] Auch könne man mit dieser neuen Form von Wahlen die jüngere Generation leichter für eine aktive Teilhabe an der Betriebsverfassung gewinnen.[197] Wer täglich online arbeite, wolle auch online wählen. **Probleme** ergeben sich jedoch im Hinblick auf das **Wahlgeheimnis**: Ist dieses bei der herkömmlichen Wahl nicht gewahrt, tritt dies klar zutage und kann zu einer Anfechtung der Wahl führen. **Bei der Online-Wahl,** die der Einzelne von seinem Gerät aus vornimmt, ist dies anders; es gibt **keine wirksame Sicherung** dagegen, dass ihm dabei jemand über die Schulter schaut oder dass das Wahlverhalten durch eine (rechtswidrige) Auswertung vom Arbeitgeber oder von dritter Seite festgehalten wird.[198] Auch für die jüngere Generation ist es im Übrigen nicht schädlich, wenn eine Wahlentscheidung anderen Formen folgt als das Anklicken einer Website: Es steht eben mehr auf dem Spiel, als wenn man vor einer Flugreise das Wetter am Zielort mithilfe von Google erkundet. Wird in einem Betrieb ohne Betriebsrat erstmals gewählt, so kann eine Ausnahme erwogen werden, weil diese Form der Wahl niemanden zwingt, sich nach außen zu exponieren.[199]

b) Einbeziehung weiterer Beschäftigtengruppen?

73 Nach geltendem Recht dürfen nur Arbeitnehmer (unter Ausschluss der Leitenden) wählen; dazu zählen auch Azubis, die das 16. Lebensjahr vollendet haben, sowie die in Heimarbeit Beschäftigten, die in der Hauptsache für den Betrieb arbeiten. Leiharbeitnehmer sind nach § 7 Satz 2 BetrVG einbezogen, soweit sie für mehr als drei Monate im Betrieb eingesetzt werden. Ausgeschlossen bleiben formal Selbstständige, auch wenn sie vorwiegend oder ausschließlich für den Betrieb tätig sind (arbeitnehmerähnliche Personen), desgleichen solche Beschäftigte, die aufgrund eines Werk- oder Dienstvertrags mit ihrem Arbeitgeber gleichfalls für längere Zeit in der (räumlich verstandenen) Betriebsstätte tätig sind.

---

196 Fündling/Sorber, NZA 2017, 552, 555; Thüsing, SR 2016, 87, 103.

197 Harms/v. Steinau-Steinrück/Thüsing, BB 2016, 2677.

198 Für Nichtigkeit der Wahl ArbG Hamburg, 7.6.2017 – 13 BV 13/16, ZIP 2017, 1684; für Anfechtbarkeit die Beschwerdeinstanz LAG Hamburg, 15.2.2018 – 8 TaBV 5/17.

199 Einzelheiten bei Däubler/Kittner, Geschichte und Zukunft der Betriebsverfassung, § 37 III 5 (dort auch weitere Alternativen); grundsätzlich zustimmend Klebe, NZA 2020, 996, 998.

Versuche, arbeitnehmerähnliche Personen im Wege der Interpretation einzubeziehen, blieben ohne Erfolg.[200]

Solange die ausgeklammerten Gruppen lediglich kurze Zeit im Betrieb arbeiten und von daher auch nur in eingeschränktem Maße an den betriebsinternen Strukturen interessiert sind, ist die bestehende Regelung gerechtfertigt. Sie entsprach weitgehend den realen Verhältnissen, die zu Beginn der 1970er Jahre bestanden.[201] Heute ist das in vielen Bereichen anders: Es gibt **neben** den **Leiharbeitnehmern** auch noch **zahlreiche andere Personen**, die zu den »Fremdbelegschaften« gehören.[202] Von den realen Arbeitsvollzügen her sind sie von den Entscheidungen der Betriebsleitung in ähnlicher Weise betroffen wie die »Stammbeschäftigten«; auch ihnen sollte daher die Möglichkeit zu einer Missbrauchskontrolle und einer Korrektur durch Mitbestimmung eingeräumt werden. Rechtlich würde dies voraussetzen, dass es eine Betriebszugehörigkeit gibt, die **weder** auf einem **Arbeitsvertrag** mit dem Betriebsinhaber wie bei den Stammbeschäftigten, **noch** auf einer **vollen Eingliederung** in die betrieblichen Arbeitsabläufe wie bei den Leiharbeitnehmern beruht. Die künftige Aufgabe besteht darin, auch eine **länger dauernde faktische Kooperation** einzubeziehen; **historisches Vorbild** könnte das **mittelbare Arbeitsverhältnis** sein, das gleichfalls keine volle Eingliederung in den Betrieb des mittelbaren Arbeitgebers und erst recht keinen Arbeitsvertrag mit diesem voraussetzte.[203] Einem aufgeschlossenen Gesetzgeber dürfte es nicht schwerfallen, hier eine auch unter modernen Bedingungen handhabbare Lösung zu entwickeln.[204] Auch müsste er als zweiten Schritt dafür sorgen, dass die Randbelegschaften nicht nur ein aktives und passi- 74

200 KR-Rost, ArbNähnl. Pers., Rn. 54; Plander, in: FS Däubler, S. 272ff.

201 Auch damals kam es allerdings zu »Friktionen«. So gab es etwa auf den Bremer Schiffswerften nicht wenige Mitarbeiter von Siemens, die über Jahre hinweg auf der einzelnen Werft tätig waren und mit Siemens nur dann in Kontakt kamen, wenn etwas mit der Lohnabrechnung nicht stimmte. Nur waren dies eben Ausnahmefälle.

202 Siehe Heft 2/2016 der Zeitschrift »Industrielle Beziehungen« mit Beiträgen von Brors, Bücker, Däubler, Deinert/Helfen u. a.

203 Zum mittelbaren Arbeitsverhältnis siehe ErfK-Preis, § 611a BGB Rn. 172f.; Schaub-Koch, § 182; Däubler, FS Buchner, S. 163, 169; bisweilen wird dem Arbeitnehmer ein Wahlrecht im Betrieb des Arbeitgebers seines Arbeitgebers eingeräumt: ErfK-Koch, § 5 BetrVG Rn. 2 a. E.

204 Für Einbeziehung der arbeitnehmerähnlichen Personen Klebe, NZA Beilage 3/2017, 77, 83; Krause, 71. DJT, B 95; Nebe, AuR 2014, 51, 57; Oetker, JZ 2016, 823; ebenso im Zusammenhang mit der Reform 2001 Däubler, AuR 2001, 1, 4; Hanau, RdA 2001, 65, 68; vorher bereits Rost, NZA 1999, 113, 120. Skeptisch zur Einbeziehung der Werkvertragsbeschäftigten Krause, 71. DJT, B 95f.; dafür Däubler, AuR 2001, 1, 4.

ves Wahlrecht haben, sondern auch effektiv im Betriebsrat vertreten sind und die Interessen ihrer Gruppe wahrnehmen.[205] Der DGB-Entwurf für ein neues Betriebsverfassungsrecht[206] hat dem in weitem Umfang Rechnung getragen.

c) Veränderung des Betriebsbegriffs? Matrixstrukturen?

75 Der von der Rechtsprechung zugrunde gelegte Betriebsbegriff hat wenig exakte Grenzen, was die Rechtsanwendung einerseits erschwert,[207] auf der anderen Seite aber die Möglichkeit schafft, auch neue Konstellationen zu erfassen.[208] Hinzu kommt, dass § 3 Abs. 1 BetrVG tarifliche Gestaltungsspielräume eröffnet, die den jeweiligen Besonderheiten des Unternehmens oder Konzerns Rechnung tragen können. Auch bloße Unternehmenskooperationen sind ähnlich wie in der DSGVO[209] einbezogen. Mit Recht wurde die Forderung erhoben, in solchen Fällen auch eine Gestaltung zu ermöglichen, wonach das tariflich geschaffene Vertretungsorgan nur für Angelegenheiten zuständig ist, die auch auf Arbeitgeberseite »vergemeinschaftet« wurden.[210] Angesichts der Vielfalt der sich in der Praxis entwickelnden Organisationsformen ist eine tarifliche Anpassung sinnvoller als der Versuch, das Unterschiedliche unter einen neuen und einheitlichen Betriebsbegriff zu fassen.[211] Dies gilt auch für Probleme, die mit einer **Matrixstruktur** verbunden sind.[212] Diese können auch im Kündigungsschutzrecht relevant werden.[213]

76 Betriebe mit weniger als fünf Arbeitnehmern sind nach § 4 Abs. 2 BetrVG dem Hauptbetrieb zuzuordnen, es sei denn, die Mitbestimmungsrechte könnten wegen allzu weiter Entfernung nicht mehr sinnvoll ausgeübt

---

205 Näher Däubler, NZA 2019, 1601 ff.

206 Abgedruckt als Sonderheft in AuR 2022, abrufbar unter *www.dgb.de/themen/++co++02729430-b4bf-11ec-9dbe-001a4a160123.*

207 Zur Problematik des »Betriebsübergangs 4.0« nach § 613a BGB siehe Cord Meyer, NZA 2020, 1273.

208 Zum Betriebsbegriff siehe HK-ArbR-Däubler, Einl. Rn. 74 ff.

209 Siehe etwa Art. 88 Abs. 2, wo neben der unserem Konzern entsprechenden »Unternehmensgruppe« auch von einer »Gruppe von Unternehmen« die Rede ist, »die eine gemeinsame Wirtschaftstätigkeit ausüben«.

210 Krause, 71. DJT, B 94; grundsätzlich zustimmend Oetker, JZ 2016, 817, 822. Siehe weiter Seifert, in: Hornung (Hrsg.), S. 195, der dafür plädiert, durch Kollektivvertrag eine zusätzliche Interessenvertretung in Wertschöpfungsnetzwerken zu errichten.

211 Weiterführende Überlegungen bei Franzen, in: Giesen/Junker/Rieble (Hrsg.), S. 107 ff.

212 Unten Rn. 77 ff.

213 LAG Köln, 22.4.2021 – 6 Sa 1066/20, NZA-RR 2021, 547.

werden. Davon kann jedoch meist nicht die Rede sein, wenn eine Verständigung mittels Video- oder Telefonkonferenz möglich ist.[214]

Die **Matrixorganisation** von Unternehmen und Konzernen befindet sich in einem Prozess der Expansion, der **durch** die **Digitalisierung** zwar nicht verursacht, aber **verstärkt** wird.[215] Betriebsverfassungsrechtlich ist insbesondere das Phänomen von Bedeutung, dass der Disziplinarvorgesetzte als Repräsentant des Vertragsarbeitgebers und der Fachvorgesetzte in verschiedenen Betrieben oder Unternehmen angesiedelt sind. Dabei können die »**Kommandostellen**« **auch im Ausland** liegen; der bei der deutschen Niederlassung von IBM beschäftigte Informatiker erhält z. B. seine Weisungen direkt aus den USA. Ändert sich dadurch etwas an der Betriebszugehörigkeit und damit an dem Kreis derer, für die der Betriebsrat sprechen kann? 77

Der **Weisungsempfänger** gehört unbestrittenermaßen weiter **zum bisherigen Betrieb**. Er befindet sich insoweit in einer ähnlichen Lage wie ein Leiharbeitnehmer, der mit Rücksicht auf seinen Arbeitsvertrag Teil des Verleiherbetriebs bleibt, obwohl er im Betrieb des Entleihers seine Weisungen erhält. Zweifelhaft kann deshalb nur sein, ob auch die **Führungskraft zur Belegschaft gehört**, die die Weisungen erteilt. Dies hätte u. a. zur Folge, dass dem Betriebsrat nach § 99 BetrVG ein Zustimmungsverweigerungsrecht zustehen würde, wenn eine externe Person mit dieser Aufgabe betraut wird. Dies wurde **von mehreren Landesarbeitsgerichten bejaht** – allerdings nur für rein innerstaatliche Sachverhalte.[216] Dieser Rechtsprechung ist zuzustimmen, da die Einstellung i. S. v. § 99 BetrVG nur eine Eingliederung in die betriebliche Organisation verlangt, die schon wegen der Weisungsbefugnisse zu bejahen ist. Die frühere Zwei-Komponenten-Lehre, die neben der Eingliederung auch die Existenz eines Arbeitsvertrags mit dem Betriebsinhaber verlangte, ist von der Rechtsprechung aufgegeben worden.[217] 78

---

214 LAG Hessen, 2.8.2021 – 16 TaBV 7/21, NZA-RR 2022, 24 = CuA 2/2022, 36.

215 Überblick bei Maschmann, in: FS 100 Jahre Betriebsverfassungsrecht, S. 463ff.

216 LAG Düsseldorf, 20.12.2017 – 12 TaBV 66/17, NZA-RR 2018, 298 (auch für betriebsüber-greifende Matrix innerhalb eines Unternehmens); LAG Düsseldorf, 10.2.2016 – 7 TaBV 63/15, LAGE § 101 BetrVG 2001 Nr. 5 (unternehmensübergreifende Matrixstrukturen); LAG Baden-Württemberg, 28.5.2014 – 4 TaBV 7/13, BB 2014, 2298 (unternehmensübergreifende Matrixstrukturen); vgl. auch LAG Berlin-Brandenburg, 17.6.2015 – 17 TaBV 277/15, NZA-RR 2015, 529 (Übernahme der Personalverantwortung im Betrieb).

217 BAG, 5.12.2012 – 7 AZR 48/11, NZA 2013, 793; bestätigt durch BAG, 13.3.2013 – 7 ABR 69/11, NZA 2013, 789.

79 Die Eingliederung in den Betrieb kann nicht davon abhängen, wo sich die konkrete Arbeitsstätte einer Person befindet. Das BAG hat mit Recht darauf abgestellt, dass es letztlich darauf ankommt, **wer das Arbeitsverhalten** der fraglichen Person **steuert**. Insoweit ist es auch möglich, dass eine auf Dauer im Ausland tätige entsandte Person weiter dem inländischen Betrieb zugeordnet ist.[218] Anders ist es nur, wenn die in Betracht kommende Person voll in den ausländischen Betrieb integriert ist und keine Weisungen mehr aus dem Inland erhält. Ob dies der Fall ist, bestimmt sich nach den Umständen des Einzelfalls. Allerdings besteht insoweit eine **Anbindung an den im Inland gelegenen Betrieb**, als der Vertragsarbeitgeber zustimmen muss, dass das Direktionsrecht vom Ausland her ausgeübt werden kann. Ist hierfür nicht nur eine Pauschalgenehmigung, sondern eine Abstimmung in Einzelfällen erforderlich, würde dies für die Einbeziehung in den inländischen Betrieb sprechen.

80 In der Literatur wurde die Frage aufgeworfen, ob überhaupt noch ein innerstaatlicher Betrieb besteht, wenn **alle** in einer Arbeitsstätte Tätigen ihre **Weisungen von jenseits der deutschen Grenze** erhalten. Hier wird es genügen, wenn außerhalb der von außen gesteuerten Arbeit ein **gewisses Maß an eigenständiger Organisation** verbleibt, die sich beispielsweise auf betriebliche Sozialeinrichtungen und auf Verhaltensregeln in der in Deutschland befindlichen »Einheit« bezieht.[219]

80a Ein weiteres Problem ergibt sich dann, wenn der »Matrixmanager« und der Arbeitnehmer arbeitsvertraglich im selben Betrieb verortet sind, nunmehr aber der Arbeitnehmer für längere Zeit in einen anderen Betrieb entsandt wird. Dies ist **der sog. echten Leiharbeit vergleichbar**.[220] Das bedeutet, dass nach § 7 Satz 2 BetrVG bei einem mindestens dreimonatigen Einsatz aktives Wahlrecht im Einsatzbetrieb entsteht. Da anders als bei der Leiharbeit keine Vorschrift wie § 14 Abs. 2 Satz 1 AÜG existiert, die das passive Wahlrecht ausschließt, wird man auch dieses bejahen können. Faktisch besteht eine doppelte Betriebszugehörigkeit, doch werden die Rechte nach dem BetrVG im Zweifel nur im Einsatzbetrieb ausgeübt.[221]

80b Ohne auf weitere Details eingehen zu können, lässt sich jedenfalls die Feststellung treffen, dass die **Betriebsverfassung** durch Matrixstrukturen **nicht prinzipiell in Frage gestellt** wird. Dass die eine oder andere neue Rechtsfrage auftaucht, vermag daran nichts zu ändern.

218 BAG, 7.12.1989 – 2 AZR 228/89, DB 1990, 992.
219 Ähnlich Reiter, a.a.O., Rn. 679.
220 Dazu Däubler, Arbeitsrecht 2, Rn. 1997f.
221 Siehe auch C. Schubert, S. 18ff.

d) Veränderungen bei Mitbestimmungsrechten?

Ob Mitbestimmungsrechte des Betriebsrats an die veränderte Umwelt 81
einer digitalisierten Wirtschaft angepasst werden müssen, hat in der Diskussion bisher eine eher nachgeordnete Rolle gespielt. Das mag damit zusammenhängen, dass § 87 Abs. 1 Nr. 6 BetrVG einen relativ weiten Anwendungsbereich besitzt, da er immer dann eingreift, wenn eine technische Einrichtung »geeignet« ist, Verhalten und Leistung von Arbeitnehmern zu überwachen – wobei es genügt, wenn der Überwachende eine Beurteilung nur mithilfe von Zusatzwissen bewerkstelligen kann.[222] Wird »Office 365« eingeführt, kann im Einzelfall der Gesamtbetriebsrat zuständig sein.[223] Angesichts der verbreiteten Arbeit im Homeoffice hat das Betriebsrätemodernisierungsgesetz den § 87 Abs. 1 Nr. 14 in das BetrVG eingefügt, wonach die **»Ausgestaltung mobiler Arbeit« der Mitbestimmung unterliegt**, soweit sie mittels Informations- und Kommunikationstechnik erbracht wird.

In der Literatur ist jedoch auf einen durchaus realistisch klingenden Fall 82
hingewiesen worden, der sich in einer digitalisierten Wirtschaft so zutragen kann.[224] Die Herstellung eines bestimmten wichtigen Produkts ist dem Arbeitgeber nur möglich, wenn er für die dafür notwendige Software eine **Lizenz von einem anderen Unternehmen** erhält. Dieses Unternehmen besitzt eine sehr starke Stellung auf dem Markt, überdies verlangt es, dass nur (von ihm) **zertifizierte Beschäftigte** mit der Software arbeiten. Das Arbeitsverhalten wird von ihm auch eingehend überwacht, was von vornherein im Vertrag mit dem Arbeitgeber vorgesehen war. Dem Betriebsrat war dies bekannt, doch gab es keinen Verhandlungsspielraum, weil das Drittunternehmen über seine Bedingungen in keiner Weise mit sich reden ließ. **Arbeitnehmer X verliert** nun seine **Zertifizierung**, weil er bei einem Produktionsvorgang einen (verständlichen) Fehler gemacht hat. Folge: Mit der fraglichen Software darf er nicht mehr arbeiten. Andere Einsatzmöglichkeiten im Arbeitgeberbetrieb bestehen nicht, sodass er aus dringenden betrieblichen Gründen gekündigt wird.

Konstellationen dieser Art sind dem geltenden Recht nicht völlig fremd. 83
Wird ein Beschäftigter beispielsweise bei der **Sicherheitsüberprüfung** als potenzielle Risikoquelle eingestuft, kann dies gleichfalls zum Verlust des Arbeitsplatzes führen.[225] Ein verwaltungsgerichtliches Verfahren,

222 Zusammenfassende Darstellung der Rechtsprechung zu § 87 Abs. 1 Nr. 6 BetrVG bei Däubler, Gläserne Belegschaften, § 14 (Rn. 689ff.).

223 LAG Köln, 21.5.2021 – 9 TaBV 28/20, BB 2021, 2808.

224 Karthaus, NZA 2017, 558ff.

225 Näher Däubler, SR 2012, 57, 64ff. und Kommentar zum SÜG, 2019, Einl. Rn. 26ff., auch zum Folgenden.

mit dessen Hilfe man die Entscheidung der Sicherheitsorgane angreifen kann, hat in der Praxis wenig Aussicht auf Erfolg. Der Beispielsfall unterscheidet sich davon jedoch insoweit, als nicht ein Hoheitsakt, sondern die **Marktmacht eines Privatunternehmens** die Weiterbeschäftigung des betroffenen Arbeitnehmers verhindert. Dem Betriebsrat waren und sind insoweit die Hände gebunden, als er dem Drittunternehmen gegenüber keine Mitbestimmungsrechte besitzt und ein Vorgehen gegen den Vertragsarbeitgeber diesen in größte Schwierigkeiten bringen könnte.

84 Eine Lösung sollte am **Vertrag zwischen** dem **Arbeitgeber** und dem **Lizenzgeber** ansetzen. Zivilrechtliche Verträge, die Mitbestimmungsrechte oder andere arbeitsrechtliche Schutznormen aushöhlen, sind entweder unwirksam oder stellen zumindest eine unbillige Beeinträchtigung der Interessen des Arbeitgebers nach § 307 Abs. 1 Satz 1 BGB dar.[226] Die **Rechtsprechung des BGH** hat dies am Beispiel eines **Tankstellenpachtvertrags** deutlich gemacht:[227] Der Pächter hatte sich dem Eigentümer gegenüber formularmäßig verpflichtet, bei Auflösung des Vertrags alle Arbeitsverhältnisse mit Familienangehörigen zu beenden und den Betrieb »altlastenfrei« zu übergeben. Da diese Maßnahmen mit erheblichen Kosten verbunden sein können, für die keine Höchstgrenze vorgesehen war, nahm der BGH schon deshalb einen Verstoß gegen § 307 Abs. 1 Satz 1 BGB an. Außerdem **verletze die Regelung den § 613a Abs. 4 BGB,** soweit das vorgeschriebene Ziel nur im Wege von Kündigungen erreichbar gewesen wäre. Dieselbe Situation ergibt sich dann, wenn der Arbeitgeber verpflichtet wird, bestimmte Öffnungszeiten in seinem Ladengeschäft zu praktizieren, aber wegen eines Vetos des Betriebsrats nach § 87 Abs. 1 Nr. 2 BetrVG und wegen einer nur beschränkt kooperativen Einigungsstelle dazu nicht in der Lage ist.[228] Auch hier muss § 307 Abs. 1 Satz 1 BGB eingreifen.

85 Das **Mitbestimmungsrecht des Betriebsrats** geht nicht dadurch verloren, dass der Arbeitgeber mit einem **Drittunternehmer** vereinbart, dass dieser **die mitzubestimmende Maßnahme vornimmt**. Vielmehr muss er im Vertrag eine Regelung vorsehen, wonach die Mitbestimmung auch in solchen Fällen greift, der Drittunternehmer also ohne Zustimmung des Betriebsrats (oder der Einigungsstelle) die Maßnahme nicht ausführen darf. Das ist vom **BAG** für den Fall ausdrücklich entschieden worden, dass ein anderes Unternehmen mit der Gefährdungsbeurteilung nach § 5

226 Däubler/Deinert/Walser-Däubler, Anhang Rn. 49f. (»arbeitsrechtsbezogene Verträge«).

227 BGH, 23.3.2006 – III ZR 102/05, NZA 2006, 551.

228 DKW-Klebe, § 87 Rn. 21 a.E.

ArbSchG und der Unterweisung nach § 12 Abs. 1 ArbSchG beauftragt wurde.[229] Denselben Grundsatz hat das Gericht in dem Fall ausgesprochen, dass der Arbeitgeber von seinen Mitarbeitern verlangt, sich der **biometrischen Kontrolle in einem Kundenbetrieb** zu unterziehen.[230] Wenn diese Kontrolle nicht im Kundenbetrieb, sondern wie in unserem Beispielsfall im eigenen Betrieb erfolgt, kann das Ergebnis ersichtlich kein anderes sein.

Wird nun der Arbeitgeber von einem marktmächtigen Lizenzgeber ge- 86
zwungen, sich über diese Grundsätze hinwegzusetzen, **verstößt** die zugrunde liegende **Abmachung gegen § 307 Abs. 1 Satz 1 BGB**. Das lässt sich notfalls gerichtlich feststellen, Die Machtverhältnisse können dafür sprechen, dass dies nicht ein einzelner Lizenznehmer tut, sondern dass eine Vereinigung gemäß § 3 UKlaG (z. B. eine Industrie- und Handelskammer oder ein Branchenverband) nach § 1 UKlaG vorgeht (**Verbandsklage**).[231] Ein gekündigter Arbeitnehmer kann bestreiten, dass seine Kündigung aus dringenden betrieblichen Erfordernissen gerechtfertigt ist, solange diese Möglichkeiten nicht ausgeschöpft sind.

Da in der digitalisierten Wirtschaft die Arbeitsteilung zwischen ver- 87
schiedenen Unternehmen noch intensiver als zuvor sein wird, könnte es sich empfehlen, durch einen ausdrücklichen Zusatz zu § 87 BetrVG und anderen Mitbestimmungsrechten **klarzustellen**, dass sie **auch in solchen Fällen** der vereinbarten »Intervention« eines Drittunternehmens **gelten**. Im Übrigen wäre im Einzelnen zu diskutieren, ob nicht ein **Mitbestimmungsrecht über den »Arbeitsbereich«** eingeführt werden sollte, der dem einzelnen Arbeitnehmer anvertraut wird.[232] Mit gleicher Zielrichtung wird ein Mitbestimmungsrecht über die Arbeitsorganisation und die Personalbemessung vorgeschlagen.[233] Umgekehrt wird von arbeitgebernaher Seite ein Abbau der Mitbestimmungsrechte nach §§ 87 Abs. 1 Nr. 6 und 112 BetrVG vorgeschlagen, weil die bestehende Rechtslage zu »Blockadesituationen« führe.[234] Dabei wird das Wesen der Mitbestimmung verkannt, die durchaus auch zu einem vorübergehenden »Patt« führen kann, wenn sich eine Seite nicht als kompromissbereit erweist. Das Gesetz

229 BAG, 30.9.2014 – 1 ABR 106/12, NZA 2015, 314.

230 BAG, 27.1.2004 – 1 ABR 7/03, NZA 2004, 556.

231 Das Unterlassungsklagengesetz schützt auch selbstständige Gewerbetreibende; eine Beschränkung auf Verbraucher ist nur in § 2 UKlaG vorgesehen.

232 Dazu Däubler, ZTR 2016, 359ff.; für Erweiterung der Mitbestimmungsrechte auch Thüsing, SR 2016, 87, 104 und Peter/Müller-Gemmeke, S. 113, 117.

233 Klebe, NZA Beilage 3/2017, 77, 82.

234 Giesen, NZA 2020, 73, 76.

sieht in Form des Einigungsstellenverfahrens ein ausreichendes Mittel vor, um eine Entscheidung herbeizuführen.[235]

V. Besonderheiten beim Personalrat?

88 Die Rechtslage in der **Betriebsverfassung** ist grundsätzlich auf die Personalvertretung **übertragbar**. Allerdings kann sich der Personalrat nicht auf eine höchstrichterliche Entscheidung der Art stützen, dass er sowie jedes seiner Mitglieder Zugang zum Internet habe und deshalb auch die Ausstattung mit einem **PC** verlangen könne. Vielmehr muss er die Erforderlichkeit eines PC darlegen, wie dies bis 2010 auch in der Betriebsverfassung Praxis war.[236] Für Intranet und E-Mail sind keine Abweichungen vom Betriebsverfassungsrecht erkennbar, doch muss man immer darauf vertrauen, im Streitfall würde die Verwaltungsgerichtsbarkeit der Rechtsprechung des BAG folgen. Auch die Einrichtung einer **Homepage im Intranet** wird in der Literatur bejaht.[237] Der Zugang zum Internet kann sich bislang nur auf die entsprechende Anwendbarkeit betriebsverfassungsrechtlicher Grundsätze stützen.[238] Das neue BPersVG vom 9. Juni 2021[239] hat daran nichts Grundsätzliches geändert, bestimmt aber über das bisherige Recht hinaus in seinem § 47 immerhin, »in der Dienststelle üblicherweise genutzte Informations- und Kommunikationstechnik« müsse auch dem Personalrat zur Verfügung gestellt werden.

VI. Europäischer Betriebsrat

89 Europäische Betriebsräte existieren in der Regel auf der Grundlage einer Vereinbarung. Diese ist nicht selten schon vor 1996 abgeschlossen worden (Fall des § 41 EBRG), kann aber auch auf der Grundlage der §§ 17–20 EBRG zustande gekommen sein. Die Vertragsparteien sind dabei **frei**, **Regeln** über die **Sitzungen des EBR** und das **Zustandekommen von Beschlüssen aufzustellen**. Will der EBR außerhalb seiner (in der Regel)

235 Zu weitergehenden Reformforderungen siehe Klebe, AuR 2020, 196ff.
236 Nachweise bei Noll, in: Altvater u. a., § 44 Rn. 56.
237 Noll, in: Altvater u. a., § 44 Rn. 56a.
238 Ebenda.
239 BGBl. I S. 1614.

jährlichen Sitzungen mit eigenen Stellungnahmen in Erscheinung treten, ist dies nur über eine Verständigung mithilfe von E-Mails oder anderen technischen Mitteln möglich. Trotz der Gefahr, dass einzelne Sitzungsteilnehmer überwacht und beeinflusst werden, ist dies ersichtlich das geringere Übel als der totale Verzicht auf Äußerungen jeder Art – werden doch Maßnahmen, die Unternehmen in verschiedenen Ländern betreffen, nicht nur dann der Kommentierung bedürfen, wenn gerade die jährliche EBR-Sitzung stattfindet. Von daher kann die Vereinbarung oder – sofern sie keine Aussage enthält – die **Geschäftsordnung** des EBR festlegen, dass außerhalb der Sitzungen **Beschlüsse auch per E-Mail oder Videokonferenz** gefasst werden können.[240] Für die regelmäßige Sitzung hatte das Pandemie-Sonderrecht auch Video- oder Telefonkonferenzen zugelassen, doch ist dies für die Dauerregelung nicht wieder aufgenommen worden.

Hat auch der **EBR** das Recht, **Mitteilungen** über seine Arbeit **ins Intranet zu stellen?** Das LAG Baden-Württemberg verneint dies;[241] es fehle an einer Anspruchsgrundlage, da § 36 EBRG nur eine Unterrichtung der örtlichen Arbeitnehmervertreter, nicht aber der Belegschaften vorsehe. In Wahrheit sagt die Pflicht zur Information nach § 36 Abs. 1 EBRG nichts darüber aus, ob der EBR aus eigenem Antrieb Kontakt zu den Beschäftigten aufnehmen kann. Niemand ist bisher auf die Idee verfallen, den Tätigkeitsbericht, den der **Gesamtbetriebsrat** nach § 53 Abs. 2 BetrVG auf der Betriebsräteversammlung erstatten muss, als ausschließlichen »Basiskontakt« zu qualifizieren. Im Gegenteil: Das BAG[242] räumt ihm das Recht ein, **mit allen Beschäftigten in direkten Kontakt** zu treten, damit er sich ein Bild über die Situation in den Betrieben machen könne. Der Repräsentant muss wissen, was die Repräsentierten denken – das ist auch im Betrieb eine demokratische Selbstverständlichkeit. Für die Homepage des Betriebsrats im Intranet gibt es im Übrigen ebenfalls keine ausdrückliche Anspruchsgrundlage.[243] Warum soll plötzlich alles anders sein, wenn es um einen EBR geht, der über seine Tätigkeit informieren will? In dem vom LAG Baden-Württemberg entschiedenen Fall wurde während des beim BAG anhängigen Rechtsbeschwerdeverfahrens ein Vergleich geschlossen, der dem EBR praktisch alle diese Möglichkeiten einräumte. Ersichtlich sollte eine Endentscheidung durch das BAG oder eine Vorlage an den EuGH verhindert werden. 90

240 Siehe den Vorschlag für eine Geschäftsordnung des EBR bei DKW-Arbeitshilfen-Däubler, EBRG Rn. 28ff.

241 LAG Baden-Württemberg, 2.10.2014 – 11 TaBV 6/13; Rechtsbeschwerde war beim BAG unter 7 ABR 9/15 anhängig.

242 BAG, 9.12.2009 – 7 ABR 46/08, NZA 2010, 662.

243 Oben Rn. 35ff.

§ 15 Homeoffice, mobile Arbeit und Qualifizierung für die Zukunft: Aktuelle Herausforderungen für das Arbeitsrecht

I. Homeoffice

1. Die Ausgangssituation der Beteiligten

a) Vor der Pandemie

1 Schon vor der Pandemie bestand bei **zahlreichen Beschäftigten** der **Wunsch**, zumindest einen Teil der **Arbeit zu Hause** zu erledigen. Das kann familiäre Gründe haben, weil man sich eingehender um die Kinder oder um pflegebedürftige Angehörige kümmern will. Der Grund kann auch darin liegen, dass man sich mehr Zeitsouveränität wünscht und zu Zeiten arbeiten möchte, wo dies im Betrieb nicht möglich wäre. Schließlich wird man es als Vorteil ansehen, dass der Weg zum Arbeitsplatz (und wieder zurück) wegfällt und das Zeitbudget so deutlich entlastet wird. Vorstellungen dieser Art werden jedoch nicht von allen geteilt: Mehr als die Hälfte der Beschäftigten zog es vor der Pandemie vor, ausschließlich im Betrieb zu arbeiten.[1] Auch gibt es Fälle, in denen eine rationelle Zeiteinteilung schwerfällt, weil dies eine völlig ungewohnte Anforderung darstellt.[2]

1a Auf **Arbeitgeberseite** besteht oft Skepsis, ob zu Hause auch wirklich mit derselben Disziplin und derselben Intensität wie im Betrieb gearbeitet wird. Auf der anderen Seite kann es eine erhebliche Rolle spielen, dass wegen der Arbeit zu Hause **weniger Bürokapazität** vorgehalten werden muss. Da auch bei alternierender Telearbeit nicht alle gleichzeitig im Betrieb sein werden, lässt sich ein »**Desk Sharing**« praktizieren. Der Einzelne muss in der Regel einen Arbeitsplatz vorher buchen, den er dann einnimmt, wenn er in den Betrieb kommt.[3] In der Praxis waren dies

1 Siehe die Nachweise bei Ruf, CuA 11/2016, 16, 18 Fn. 6.

2 Zum Gegenmittel einer konsequenten Tagesplanung CuA 1/2022, 23.

3 In der Metall- und Elektroindustrie bieten 43 % der Betriebe »mobiles Arbeiten« im weiten Sinn an, also Arbeit zu Hause und unterwegs. 20 % der Beschäftigten haben das Recht, außerhalb der Betriebsstätte zu arbeiten, zwei Drittel von ihnen

allerdings eher Ausnahmen. Eine Befragung in der Metall- und Elektroindustrie ergab, dass zwar 20 % der Beschäftigten das Recht hatten, auch außerhalb der Betriebsstätte zu arbeiten, dass drei Viertel von ihnen aber nicht über maximal zwei Tage im Monat hinauskamen.[4] Die »Präsenzkultur« dominiert.

b) Während und nach der Pandemie

Die **Corona-Krise** hat in diesem Punkt gravierende Änderungen gebracht. Häufig war aus Gründen des Infektionsschutzes ein Weiterarbeiten nur noch möglich, wenn die allermeisten Beschäftigten ihre Tätigkeit im Homeoffice fortsetzten. Erste Eindrücke bestätigen die naheliegende Vermutung, dass der »Umzug« ins Homeoffice in gegenseitigem Einvernehmen erfolgte; in der Not trat die Frage in den Hintergrund, ob die eine oder andere Seite einen Anspruch (»du gehst ins Homeoffice«) ins Feld führen konnte. Nach einer Bitkom-Umfrage waren bereits Mitte März 2020 **20 % aller Beschäftigten erstmals im Homeoffice** tätig.[5] Später stieg diese Zahl weiter an; **gut ein Drittel** aller Beschäftigten arbeitete zu Hause – und zwar zu 100 Prozent. Zeitweilig verpflichtete das Infektionsschutzgesetz die Arbeitgeber, allen Beschäftigten das Arbeiten zu Hause anzubieten, »wenn keine zwingenden betriebsbedingten Gründe entgegenstehen« (so § 28b Abs. 7 IfSG).[6] Der Arbeitnehmer konnte ablehnen, soweit ihm hierfür »Gründe« zur Seite standen. 1b

Die enorme Ausdehnung des Arbeitens zu Hause war eine Art riesiger Feldversuch, in dem viele Leute Erfahrungen sammelten, die mit dieser Arbeitsform bisher nichts zu tun hatten. Insbesondere auf Arbeitgeberseite setzte bei vielen ein Umdenken ein: Da auch unter Pandemiebedingungen zu Hause ordentliche Arbeit geleistet wurde, traten sie dem Gedanken näher, dies auch während des Normalzustands zu tun und dadurch ein erhebliches Maß an Bürofläche (und somit Kosten) einzusparen. 1c

c) Telearbeitsplatz – Homeoffice – mobile Arbeit

Die Grundsatzprobleme, die mit einer **Auslagerung von Arbeitsplätzen** verbunden sind, werden an anderer Stelle erörtert.[7] Hier soll es allein 2

aber nur mit Begründung. Hochqualifizierte haben häufiger als andere das Recht, an beliebigen Ort zu arbeiten – Angaben nach Böckler Impuls 17/2017 unter Bezugnahme auf Untersuchungen von Piele.

4 Angabe nach Böckler Impuls 17/2017 unter Bezugnahme auf eine Untersuchung von Piele.

5 Mitgeteilt bei Krieger/Rudnik//Povedano Peramato, NZA 2020, 473.

6 Eingehend zu dieser Vorschrift Sagan/Witschen, NZA 2021, 593 ff.

7 Unten § 16 Rn. 17 ff.

darum gehen, die Gestaltungsmöglichkeiten zu skizzieren, die den Arbeitsvertragsparteien, aber auch dem Betriebsrat und dem Arbeitgeber sowie den Tarifparteien zur Verfügung stehen.

3 Die Neufassung der **ArbStättVO** vom 30. November 2016[8] **definiert** in § 2 Abs. 7 den **»Telearbeitsplatz«.** Bei ihm muss es sich um einen »vom Arbeitgeber fest eingerichteten Bildschirmarbeitsplatz im Privatbereich der Beschäftigten« handeln. Dabei sind zahlreiche Voraussetzungen zu erfüllen: Die wöchentliche Arbeitszeit muss fest vereinbart und die Dauer der Einrichtung des Arbeitsplatzes vertraglich fixiert sein. Außerdem muss die benötigte Ausstattung des Arbeitsplatzes mit Mobiliar, Arbeitsmitteln und Telekommunikationsgeräten durch den Arbeitgeber »bereitgestellt und installiert« sein. Ein Telearbeitsplatz im Rechtssinne liegt daher **nicht mehr** vor, wenn auch **nur der Schreibtisch dem Arbeitnehmer gehört** oder wenn dieser seinen eigenen Laptop benutzt. Im Normalfall der häuslichen Arbeit werden daher die Voraussetzungen des § 2 Abs. 7 ArbStättVO nicht erfüllt sein.[9] Selbst ein an sich großzügiger Arbeitgeber kann das Eingreifen der ArbStättVO dadurch vermeiden, dass er einzelne Möbelstücke nicht von sich aus bereitstellt.

4 Um Missverständnisse zu vermeiden, wird hier diese **gesetzliche Definition des Telearbeitsplatzes** zugrunde gelegt und zugleich darauf verzichtet, für diese seltenen Fälle spezifische Überlegungen anzustellen.[10] Vielmehr soll es einmal um die häusliche Arbeit gehen, die die Voraussetzungen des § 2 Abs. 7 ArbStättVO nicht erfüllt und die verbreiteter Übung entsprechend als Tätigkeit im **»Homeoffice«** bezeichnet wird. Daneben soll uns im nächsten Abschnitt die sonstige **»mobile Arbeit«** interessieren, die weder im Betrieb noch zu Hause (sondern z. B. in der Bahn oder abends im Hotel) geleistet wird. Beide werden in einem umfassenderen Sinn als »mobile Arbeit« bezeichnet.[11] Dies ist auch der Sprachgebrauch des neuen § 87 Abs. 1 Nr. 14 BetrVG.[12]

---

8 BGBl. I S. 2681.

9 Vgl. Eder, AiB 3/2017, 11: »Definition sehr eng.«.

10 Insoweit gelten die unten § 16 Rn. 17 ff. dargestellten allgemeinen Grundsätze.

11 So beispielsweise das von der Böckler-Stiftung geförderte Projekt von Piele, siehe Böckler Impuls 17/2017. Ebenso Dohrmann, NZA 2021, 691 f.

12 Bayreuther, NZA 2021, 839, der Arbeiten ausklammert, deren mobiler Charakter sich wie z. B. beim Kundendienstmonteur aus der Natur der Tätigkeit ergibt.

2. Die arbeitsvertraglichen Voraussetzungen für eine Tätigkeit im Homeoffice

a) Initiative des Arbeitgebers: Versetzung oder Änderungskündigung?

Der Arbeitgeber kann den Arbeitnehmer **nicht in Ausübung seines Direktionsrechts** nach Hause versetzen.[13] Eine Ausnahme gilt nur dann, wenn die häusliche Arbeit ausdrücklich als Möglichkeit im Arbeitsvertrag genannt ist und die Versetzung sich in diesem Rahmen bewegt. Ist der Arbeitsort nicht erwähnt, käme allenfalls eine Versetzung auf einen Telearbeitsplatz i. S. v. § 2 Abs. 7 ArbStättVO in Betracht. Arbeit im »Homeoffice« würde dagegen die Grundlagen des Arbeitsverhältnisses verändern, da der Arbeitnehmer auch mit eigenen Arbeitsmitteln tätig wäre. Zumindest Räumlichkeiten und Mobiliar würde er selbst stellen müssen.[14] Damit ist der Rahmen des Arbeitsverhältnisses verlassen. Insoweit hilft nur eine vertragliche Abmachung weiter. In Corona-Zeiten kann eine (ungeschriebene) Pflicht des Arbeitnehmers bestehen, im Homeoffice weiterzuarbeiten, wenn dies von Staats wegen angeordnet ist oder wenn es sonst zu einem Stillstand des Betriebs kommen würde.[15] Insoweit hat sich die Geschäftsgrundlage des Arbeitsverhältnisses verändert, doch muss die Anpassung an die veränderten Umstände immer »zumutbar« bleiben,[16] was je nach Wohnung und Familienverhältnissen nicht immer der Fall ist. 5

Sprechen dringende betriebliche Erfordernisse für die häusliche Arbeit und lehnt der Arbeitnehmer ab, käme theoretisch eine betriebsbedingte **Änderungskündigung** nach § 2 KSchG in Betracht.[17] Der Arbeitgeber ist jedoch sehr viel besser beraten, wenn er eine Einigung sucht: Da die Arbeit außerhalb des Betriebs immer ein gewisses Maß an **Vertrauen und Loyalität** voraussetzt, wäre eine einseitige Maßnahme kein guter Beginn. Soweit ersichtlich, wird von der Möglichkeit der Änderungskündigung in der Praxis auch kein Gebrauch gemacht. 5a

---

13 Oben § 2 Rn. 19. Ebenso LAG Berlin-Brandenburg, 14.11.2018 – 17 Sa 562/18, LAGE § 106 GewO 2003 Nr. 35; Bayreuther, NZA 2021, 1594; Grimm/Singraven-Grimm/Singraven, § 1 Rn. 1.8; Kramer-Hoppe, Teil B Rn. 623; Benkert, NJW-Spezial 2019, 306.

14 Richtig Stefan Müller, Homeoffice, Rn. 117: Der Arbeitgeber kann wegen Art. 13 GG nicht über die privaten Räume des Arbeitnehmers verfügen.

15 Näher Däubler, Arbeitsrecht in Zeiten der Corona-Krise, § 3 Rn. 35f. Im Ergebnis wie hier Dohrmann, NZA 2021, 691, 692.

16 So auch Augsten, S. 58.

17 Für generelle Unzulässigkeit einer solchen Änderungskündigung wegen Verletzung des Rechts an der eigenen Wohnung Stefan Müller, Rn. 118.

b) Initiative des Arbeitnehmers: Anspruch auf Arbeit im Homeoffice?

6 Möchte der Arbeitnehmer seinerseits mehr als nur gelegentlich zu Hause arbeiten, stellt sich das Problem, ob er insoweit einen **Anspruch** auf Arbeit vom Homeoffice aus hat. Die **Rechtsprechung der Arbeitsgerichte** hat dies in Bezug auf das Arbeitsverhältnis bisher nicht eindeutig entschieden.[18] Das BAG hat lediglich im Fall eines unkündbaren Arbeitnehmers die Frage aufgeworfen, ob die Einrichtung eines Homeoffice-Arbeitsplatzes nicht eine dem Arbeitgeber zumutbare Ausweichstrategie sein könnte, um die Kündigung zu vermeiden.[19] Sie zu beantworten bestand aber kein Anlass. Das LAG Rheinland-Pfalz hat in einem anderen Verfahren den Arbeitgeber für verpflichtet angesehen, die beiderseitigen Interessen gegeneinander abzuwägen, kam jedoch im konkreten Fall zu einem für den Arbeitnehmer negativen Ergebnis.[20] Das **BVerwG** hat den Standpunkt vertreten, bei Beamten liege es im pflichtgemäßen Ermessen des Dienstherrn, ein Homeoffice einzurichten.[21] Dabei sei es nicht ermessensmissbräuchlich, von einer Lehrerin in einer Polizeifachschule eine ganztägige Anwesenheit zu verlangen. In gleichem Sinne hat das VG Gelsenkirchen entschieden: es liege zwar eine Ermessenentscheidung vor, doch sprächen dienstliche Bedürfnisse für eine durchgängige Anwesenheit in der Dienststelle.[22] Das **BAG** hatte sich im Rahmen eines Kündigungsschutzverfahrens mit der Frage auseinanderzusetzen, ob die langfristige Inhaftierung des Arbeitnehmers deshalb kein Hindernis für die Fortsetzung der Tätigkeit darstelle, weil **in der Justizvollzugsanstalt** ein **Telearbeitsplatz** eingerichtet werden könne.[23] Diese Möglichkeit sah das Gericht mit Recht skeptisch; es bestehe allenfalls ein Anspruch des Strafgefangenen auf fehlerfreie Ermessensausübung, doch sei nichts dafür ersichtlich, weshalb angesichts der Beschränkung der Außenkontakte eine Ablehnung ermessensfehlerhaft sein könnte.

7 Eine Sonderregelung für Beamte und Arbeitnehmer der Bundesverwaltung enthält § 16 Abs. 1 Satz 2 **Bundesgleichstellungsgesetz** (BGleiG): Danach haben die Dienststellen des Bundes den Beschäftigten mit Familien- oder Pflegeaufgaben auch »Telearbeitsplätze« und »mobile Arbeitsplätze« anzubieten, soweit dies im Rahmen der dienstlichen Möglichkei-

---

18 Zur Frage einer Ermessensreduzierung auf null siehe Schwarz, NZA-RR 2021, 633.

19 BAG, 2.3.2006 – 2 AZR 64/05, NZA 2006, 985.

20 LAG Rheinland-Pfalz, 18.12.2014 – 5 Sa 378/14, AE 2015, 136 = PersR 5/2015, 42.

21 BVerwG, 31.1.2008 – 2 C 31/06, PersR 2008, 212 = ZTR 2009, 47.

22 VG Gelsenkirchen, 2.12.2016 – 12 L 2395/16.

23 BAG, 22.10.2015 – 2 AZR 381/14, NZA 2016, 482 Tz. 23.

ten liegt.[24] Ein Anspruch kann sich weiter für **Schwerbehinderte** und ihnen Gleichgestellte aus § 164 Abs. 4 SGB IX (bis 31. Dezember 2017: § 81 Abs. 4 SGB IX) ergeben, wonach der Arbeitgeber zu einer behinderungsgerechten Beschäftigung verpflichtet ist.[25] Das LAG Niedersachsen hat dies in einem Fall bejaht, in dem der querschnittgelähmte Arbeitnehmer bereits zwei Tage in der Woche seiner Tätigkeit beanstandungsfrei zu Hause nachgekommen war und nunmehr voll zu Hause arbeiten sollte, weil der örtliche Betrieb geschlossen wurde.[26] Wird mehreren Beschäftigten das Recht auf ein Homeoffice eingeräumt, kann sich ein Nicht-Berücksichtigter auf den **Gleichbehandlungsgrundsatz** berufen,[27] es sei denn, eine durchgehende Anwesenheit sei gerade bei ihm aus besonderen Gründen erforderlich. Schließlich ist daran zu denken, dass es die **Fürsorgepflicht** auch eines privaten Arbeitgebers gebieten kann, auf die durchgängige Anwesenheit eines Arbeitnehmers im Betrieb zu verzichten, weil dieser beispielsweise Kinder oder pflegebedürftige Angehörige zu versorgen hat. **In den meisten Fällen** wird das Homeoffice gleichwohl nur **aufgrund einer Einigung** mit dem Arbeitgeber möglich sein. Ein Anspruch auf ein Homeoffice besteht im Übrigen entgegen verbreiteter Auffassung auch in den Niederlanden nicht.[28]

c) Vertragliche Einigung zwischen Arbeitgeber und Arbeitnehmer

Bei der Einigung zwischen Arbeitgeber und Arbeitnehmer sind **bestimmte Punkte zu regeln**, die meist nur im konkreten Fall relevant sind. 8
So kann man sich etwa darüber verständigen, ob die Nutzung des Homeoffice obligatorisch ist oder ob der Arbeitnehmer nur berechtigt sein soll, zu Hause zu arbeiten.[29] Weiter müssen die **Zeiten festgelegt** werden, in denen die häusliche Arbeit stattfinden kann (»immer Montag und Dienstag«, »an drei Tagen in der Woche«). Auch sollte klargestellt werden, unter welchen Voraussetzungen der Arbeitgeber verlangen kann, dass der Arbeitnehmer ausnahmsweise auch an einem »Haus-Tag« im Betrieb erscheinen muss, weil beispielsweise eine besonders wichtige Besprechung

24 Näher Stefan Müller, Rn. 56ff.: Nur Anspruch auf fehlerfreie Ermessensausübung.
25 Deinert/Heuschmid/Zwanziger-Heuschmid, § 118 Rn. 56.
26 LAG Niedersachsen, 6.12.2010 – 12 Sa 860/10, Behindertenrecht 2013, 91; ähnlich LAG Hamburg, 15.4.2015 – 5 Sa 107/12, LAGE § 81 SGB IX Nr. 15; a. A. VG Ansbach, 6.10.2011 – AN 14 K 11.01293. Weitere Beispiele bei Stefan Müller, Rn. 61ff.
27 Siehe weiter Stefan Müller, Rn. 107ff.
28 Walser, AuR 2016, 338; dazu auch Schwiering/Zurel, ZD 2016, 17, 21.
29 Zur Pflicht, an Videokonferenzen teilzunehmen, Heider, NZA 2021, 1149ff.

mit einem auswärtigen Geschäftspartner stattfindet.[30] Klärungsbedürftig kann auch die Frage nach einer späteren Auflösung der Vereinbarung z. B. durch Kündigung sein.[31] Alle übrigen Probleme lassen sich besser in einer Betriebsvereinbarung oder einem Tarifvertrag regeln.[32]

d) Kosten für Arbeitszimmer und Geräte

8a Für die Nutzung des dem Arbeitnehmer zustehenden Wohnraums, der ihm gehörenden Geräte sowie für die Kosten von Telefon und Internet kann der Arbeitnehmer vollen **Aufwendungsersatz** verlangen. Rechtsgrundlage ist der entsprechend anwendbare **§ 670 BGB**, der immer dann eingreift, wenn der Arbeitnehmer private Gegenstände für dienstliche Zwecke einsetzt.[33] Dies ist nach der Rechtsprechung des BAG beispielsweise dann der Fall, wenn sich eine **Außendienstmitarbeiterin** in ihrer Wohnung ein **Arbeitszimmer einrichtet**, wo sie ihre dienstlichen Schriftlichkeiten erledigt, Unterlagen aufbewahrt und gelegentlich Besuche empfängt.[34] Dies deckt sich der Sache nach völlig mit einem heute diskutierten Homeoffice. In einer neueren Entscheidung hat das BAG am Beispiel der **Fahrradkuriere** bestätigt, dass der Arbeitgeber die wesentlichen Arbeitsmittel bereitstellen muss. Weicht er durch Vereinbarung mit dem Arbeitnehmer davon ab und sieht beispielsweise vor, dass dieser ein eigenes Fahrrad benutzt, so muss er dafür einen angemessenen Ausgleich bezahlen.[35]

8b Die **Höhe** bestimmt sich nach den konkreten Umständen. Wichtigster Posten dürfte die **anteilige Wohnungsmiete** sein. Wer in seiner Eigentumswohnung oder seinem Haus wohnt, kann die ortsübliche Vergleichsmiete für das Zimmer ersetzt verlangen.[36] Daneben spielt eine wesentliche Rolle, ob der Arbeitnehmer eigene Geräte auf Wunsch eingebracht hat und was er für Internet und Telefon bezahlt. Der Anspruch besteht auch ohne ausdrückliche Vereinbarung; er ergibt sich unmittelbar aus § 670 BGB. Er kann auch nicht etwa mit ersparten Fahrtkosten zum be-

---

30 Vgl. Kramer-Hoppe, Teil B Rn. 563.

31 Dazu unten Rn. 9.

32 Dazu unten Rn. 12 ff.

33 So bereits BAG, 1. 2. 1963 – 5 AZR 74/62, AP Nr. 10 zu § 670 BGB; ebenso in neuerer Zeit BAG, 14. 2. 1996 – 5 AZR 978/94, NZA 1996, 883.

34 BAG, 14. 10. 2003 – 9 AZR 657/02, NZA 2004, 604.

35 BAG, 10. 11. 2021 – 5 AZR 334/21, NZA 2022, 401.

36 Im Fall BAG, 14. 10. 2003 – 9 AZR 657/02, NZA 2004, 604 bezahlte die Arbeitnehmerin keine Miete, da sie bei ihrem Lebenspartner wohnte, dennoch hatte sie Anspruch auf Aufwendungsersatz. Zustimmend Kramer-Hoppe, Teil B Rn. 632 f.; Besgen/Prinz-Ricken, § 7 Rn. 59.

trieblichen Arbeitsplatz verrechnet werden; diese gehören zur Privatsphäre des Arbeitnehmers.[37] Allerdings kennt er eine wichtige **Ausnahme**: Liegt es allein im **Ermessen des Arbeitnehmers,** ob er im Betrieb oder zu Hause arbeiten will, besteht kein Anspruch auf Aufwendungsersatz.[38]

Im Arbeitsvertrag kann **von § 670 BGB nicht abgewichen** werden. Dies **8c**
wäre eine unangemessene Schlechterstellung des Arbeitnehmers, die sich nicht mit § 309 Nr. 7 BGB vereinbaren lässt.[39] Das **BAG** geht insofern weiter, als es die Abmachung, wonach der Arbeitnehmer eigene Sachen benutzen soll, nur dann für wirksam hält, wenn zugleich ein angemessenes Entgelt vereinbart wird; die Kompensation für den Verlust des gesetzlichen Anspruchs muss im Vertrag selbst fixiert sein und darf sich nicht lediglich aus § 670 BGB ergeben.[40] Obwohl es sich um eine Frage von Leistung und Gegenleistung handelt, ist eine Inhaltskontrolle möglich, da sich der Anspruch des Arbeitnehmers aus dem Gesetz ergibt und insoweit nach § 307 Abs. 3 Satz 1 auch bei der Hauptkondition eine Kontrolle stattfindet.[41]

Soweit der tatsächliche Aufwand für das Arbeitszimmer nicht vom Ar- **8d**
beitgeber getragen wird, kann der Arbeitnehmer **steuerliche Freibeträge** geltend machen. Für die Jahre 2020 und 2021 hat der Gesetzgeber eine **»Homeofficepauschale«** in Höhe von 5 Euro für jeden häuslichen Arbeitstag vorgesehen, im Hochstfall 600 Euro im Jahr. Diese ist außerdem für einen Arbeitnehmer nur dann von Interesse, wenn er die Werbungskostenpauschale von 1000 Euro pro Jahr schon auf andere Weise ausgefüllt hat[42] – Großzügigkeit sieht anders aus.[43]

e) Rückruf und Anspruch auf Rückkehr in den Betrieb?

Ist das Homeoffice einmal eingeräumt, stellt sich die Frage, ob der **Arbeit- 9**
geber eine solche Abmachung wieder **rückgängig machen** kann. Im öffentlichen Dienstrecht wird insoweit erneut auf das Ermessen des Dienst-

37 Ebenso im Ergebnis Besgen/Prinz-Ricken, § 7 Rn. 59.
38 BAG, 12.4.2011 – 9 AZR 14/10, NZA 2012, 97; ebenso Kramer-Hoppe, Teil B Rn. 634; Besgen/Prinz-Ricken, § 7 Rn. 59.
39 Nachweise aus der Literatur bei Däubler/Deinert/Walser-Däubler, § 309 Nr. 7 Rn. 11; ebenso Kramer-Hoppe, Teil B Rn. 635.
40 BAG, 10.11.2021 – 5 AZR 334/21, NZA 2022, 401 Tz. 30ff. Ebenso Frank/Heine, NZA 2022, 543, 544.
41 BAG, 10.11.2021 – 5 AZR 334/21, NZA 2022, 401.
42 Haverkamp, CuA 3/2021, 36.
43 Zu allgemeinen steuerrechtlichen Vorschriften über die Absetzung eines Arbeitszimmers siehe Augsten, S. 83ff.

herrn abgestellt.[44] Im Arbeitsrecht hat das LAG Hamm[45] den Standpunkt vertreten, der Arbeitgeber könne eine häusliche Telearbeit nicht kraft seines Direktionsrechts widerrufen; im konkreten Fall war deshalb der betroffene Arbeitnehmer im Rahmen der sozialen Auswahl nicht mit den ausschließlich im Betrieb Tätigen vergleichbar. Kommt keine einvernehmliche Lösung zustande, bliebe dem Arbeitgeber nur das Mittel der Änderungskündigung.[46] Anders entschied das LAG München, sofern sich betriebliche Gründe herausstellen, die gegen eine Arbeit zu Hause sprechen.[47] Ist in der Abmachung ein **»Rückruf« vorbehalten**, darf dieser nicht ausschließlich vom freien Willen des Arbeitgebers abhängig sein; dies wäre eine unangemessene Benachteiligung des Arbeitnehmers, die die fragliche Klausel nach § 307 Abs. 1 Satz 1 BGB unwirksam machen würde.[48] Auch liegt bei einem Rückruf eine Versetzung gemäß § 95 Abs. 3 BetrVG vor,[49] die dem Betriebsrat ein Zustimmungsverweigerungsrecht aus den Gründen des § 99 Abs. 2 BetrVG gibt. Dieses wird allerdings vom BAG sehr eng interpretiert, da Verstöße gegen vertragliche Abmachungen als Zustimmungsverweigerungsgründe ausscheiden.[50] Erleidet der Arbeitnehmer Nachteile, so kann der Betriebsrat sich auch darauf nicht berufen, es sei denn, es fehle dem Arbeitgeber an »nachvollziehbaren, plausiblen Gründen.«[51]

10 **Will** der **Arbeitnehmer wieder voll im Betrieb arbeiten**, ist dies nur auf der Grundlage einer Einigung mit dem Arbeitgeber möglich. Ein ungeschriebenes »Rückkehrrecht« existiert nicht.[52] Das rechtfertigt sich schon damit, dass der Arbeitgeber ggf. Büroräume abgegeben hat, weil er nur noch mit der Anwesenheit einer geringeren Zahl von Beschäftigten rechnen konnte. Theoretisch könnte der Arbeitnehmer gleichfalls eine Änderungskündigung aussprechen, doch würde er dabei vermutlich seinen Arbeitsplatz aufs Spiel setzen. Je nach betrieblichen Verhältnissen kann es sinnvoll sein, ein **»Rückkehrrecht«** einzelvertraglich festzuschreiben, wobei eine Ankündigungsfrist vorzusehen wäre.

---

44 So VG Gelsenkirchen, 2.12.2016 – 12 L 2395/16 (für den Fall der Nichtverlängerung einer befristeten Gestattung).

45 LAG Hamm, 24.2.2016 – 4 Sa 681/15.

46 Dafür auch Bayreuther, NZA 2021, 1593, 1598.

47 LAG München, 26.8.2021 – 3 SaGa 13/21, ZIP 2021, 2404.

48 LAG Düsseldorf, 10.9.2014 – 12 Sa 505/14, AuR 2014, 490 = RDV 2015, 45. Zustimmend Kramer-Hoppe, Teil B Rn. 626; Augsten, S. 63.

49 So auch BAG, 20.10.2021 – 7 ABR 34/20, NZA 2022, 494 und LAG Hessen, 14.1.2020 – 4 TaBV 5/19, NZA-RR 2020, 427.

50 BAG, 20.10.2021 – 7 ABR 34/20, NZA 2022, 494 Ls. 2.

51 BAG, a.a.O., Ls. 3.

52 Anders Kramer-Hoppe, Teil B Rn. 627.

f) Überstunden zu Hause = Homeoffice?

Die vorstehenden Ausführungen beziehen sich nur auf den Fall, dass ein größerer oder kleinerer Teil der vertraglich vereinbarten Arbeitszeit nicht im Betrieb bzw. in der Dienststelle, sondern zu Hause absolviert wird. Erbringt der Arbeitnehmer seine **volle Arbeitsleistung im Betrieb**, setzt er seine **Tätigkeit** jedoch **nach Feierabend** oder am Wochenende zu Hause fort, ist dies eine Zusatzarbeit, die ggf. zu einer Überstundenvergütung führt, die aber wenig mit dem hier diskutierten Problem zu tun hat. 11

g) Homeoffice statt Kündigung?

Kann sich ein gekündigter Arbeitnehmer darauf berufen, zwar sei der betriebliche Arbeitsplatz weggefallen, er könne jedoch zu Hause weiterarbeiten und müsse sich deshalb nicht an einen entfernten Ort versetzen lassen? Das ArbG Berlin[53] hat diese Frage bejaht, das LAG Berlin-Brandenburg hat sie als Berufungsinstanz für den Fall einer unternehmerischen Entscheidung verneint, die Arbeitsplätze an dem andern Ort zu konzentrieren und kein Homeoffice zuzulassen.[54] Bei weniger dezidierten Arbeitgeberentscheidungen kommt also auch nach seiner Auffassung das Homeoffice als **milderes Mittel** in Betracht. 11a

3. Betriebsvereinbarungen über Arbeit im Homeoffice

a) Freiwillige oder erzwingbare Betriebsvereinbarung?

Da ein Anspruch auf ein Homeoffice relativ selten besteht, liegt es nahe, nach einer kollektivvertraglichen Regelung zu suchen.[55] Diese lässt sich durch den Betriebsrat nicht in allen Teilen erzwingen, da ihm z. B. ein **Mitbestimmungsrecht über den Ort der Arbeitsleistung fehlt**.[56] Auch das durch das Betriebsrätemodernisierungsgesetz eingeführte Mitbestimmungsrecht nach § 87 Abs. 1 Nr. 14 BetrVG beschränkt sich auf die »Ausgestaltung« der mobilen Arbeit (einschließlich des Homeoffice), erstreckt sich also nicht auf die »Begründung«.[57] Eine Ausnahme gilt allerdings dann, wenn der Umzug ins Homeoffice wie während der Corona-Krise vorwiegend oder allein wegen des Gesundheitsschutzes erfolgt: 12

53 ArbG Berlin, 10.8.2020 – 19 Ca 13189/19, BB 2021, 575.
54 LAG Berlin-Brandenburg, 24.3.2021 – 4 Sa 1243/20, BB 2021, 2231 = NZA-RR 2021, 396.
55 Siehe auch Kramer-Hoppe, Teil B Rn. 632: Abgrenzung privater und dienstlicher Arbeitsmittel.
56 Zu den im Einzelnen in Betracht kommenden Beteiligungsrechten eingehend Stefan Müller, Rn. 551 ff.
57 Bayreuther, NZA 2021, 840; Fitting, § 87 Rn. 589; DKW-Klebe, § 87 Rn. 387d.

In diesem Fall besteht ein **Mitbestimmungsrecht nach § 87 Abs. 1 Nr. 7 BetrVG.**[58] In der Normalsituation kommt allenfalls in Betracht, dass sich ein Arbeitnehmer wegen der Nichtgewährung eines Homeoffice **beim Betriebsrat beschwert** und sich dieser die Beschwerde nach § 85 Abs. 1 BetrVG zu eigen macht. Führen in einem solchen Fall die Gespräche mit der Arbeitgeberseite über eine mögliche Abhilfe zu keiner einvernehmlichen Lösung, kann die Einigungsstelle angerufen werden. Sie kann über die Berechtigung der Beschwerde verbindlich entscheiden, was den Arbeitgeber zur Abhilfe verpflichtet.[59] Nach § 85 Abs. 2 Satz 3 BetrVG greift das **Einigungsstellenverfahren** nicht, wenn Gegenstand der Beschwerde ein Rechtsanspruch ist. Dabei genügt aber nicht schon die theoretische Möglichkeit, aus einer Generalklausel wie der Fürsorgepflicht, der Behandlung nach Recht und Billigkeit (§ 75 Abs. 1 BetrVG) oder dem Gleichbehandlungsgrundsatz einen konkreten Anspruch abzuleiten. Vielmehr muss dieser – so verschiedene Entscheidungen des LAG Frankfurt/Main[60] – in der Rechtsprechung anerkannt sein. Andernfalls würde – so das LAG – § 85 Abs. 2 BetrVG jede praktische Bedeutung verlieren.[61] Auch in der Literatur wird dies teilweise so gesehen.[62] Die Einigungsstelle könnte daher eine verbindliche Entscheidung treffen. Das Zustandekommen einer Betriebsvereinbarung kann schließlich dadurch gefördert werden, dass der Betriebsrat **bei** zahlreichen **Einzelfragen** ein **Mitbestimmungsrecht** besitzt,[63] was eine »Gesamtlösung« nahelegen kann. Im Vordergrund steht dabei meist, dass der »Umzug« ins Homeoffice eine Versetzung nach § 95 Abs. 3 BetrVG darstellt, die das Zustimmungsverweigerungsrecht nach § 99 BetrVG auslöst – und zwar auch dann, wenn nur an einzelnen Tagen in der Woche zu Hause gearbeitet wird.

b) Regelungsgegenstände

13 Eine **Betriebsvereinbarung** über Arbeit im Homeoffice kann und muss als erzwingbare wie als nicht erzwingbare **zahlreiche Punkte** behandeln

---

58 Däubler, Arbeitsrecht in Zeiten der Corona-Krise, § 3 Rn. 50.

59 DKW-Buschmann, § 85 Rn. 18.

60 LAG Frankfurt/Main, 15.9.1992 – 4 TaBV 52/92, LAGE § 98 ArbGG 1979 Nr. 26; ebenso LAG Frankfurt/Main, 8.12.1992 – 4 TaBV 103/92, LAGE § 98 ArbGG 1979 Nr. 25; LAG Frankfurt/Main 12.3.2002 – 4 TaBV 75/01, juris, Tz. 13, DB 2004, 386; LAG Frankfurt/Main, 3.3.2009 – 4 TaBV 14/09 und AuR 2009, 181.

61 LAG Frankfurt/Main, 8.12.1992 – 4 TaBV 103/92, LAGE § 98 ArbGG 1979 Nr. 25.

62 DKW-Buschmann, § 85 Rn. 18; ErfK-Kania, § 85 BetrVG Rn. 5.

63 Deinert/Heuschmid/Zwanziger-Heuschmid, § 118 Rn. 68ff.

und eine sinnvolle Regelung schaffen. Hält der Arbeitgeber die Arbeit von zu Hause aus grundsätzlich für sinnvoll, wird er ein Interesse daran haben, möglichst **eindeutige Regeln** zu schaffen, die spätere Streitigkeiten vermeiden. In der Literatur gibt es »Musterkataloge«, welche Gegenstände geregelt werden sollten.[64] Diese haben keinen abschließenden Charakter. Auf der anderen Seite besteht kein Anlass, alle genannten Punkte immer aufzugreifen: Die Verhältnisse im Betrieb können anders liegen. Oder: In Bezug auf eine bestimmte Frage kann trotz aller Bemühungen kein Konsens erreichbar sein. Hier sollen nur die wichtigsten Regelungspunkte angesprochen werden.

c) Anspruch auf ein Homeoffice und volle Rückkehr in den Betrieb

Die Betriebsvereinbarung kann einen Anspruch auf die Arbeit in einem Homeoffice festschreiben.[65] Dieser kann generell bestehen, aber auch **von bestimmten Voraussetzungen abhängig** sein. In Anlehnung an § 16 Abs. 1 Satz 2 BGleiG kann er auf Fälle beschränkt sein, dass schulpflichtige Kinder im Haushalt leben oder pflegedürftige Personen zu versorgen sind. Möglich ist auch eine Ausgestaltung nach dem Vorbild des § 8 Abs. 4 TzBfG, wonach einem entsprechenden Verlangen stattzugeben ist, wenn »betriebliche Gründe« oder »dringende betriebliche Gründe« nicht entgegenstehen. Auch sollte man eine **Ankündigungsfrist** vorsehen, damit der Arbeitgeber ggf. disponieren kann. Im Einzelfall kommt eine »**Probezeit**« in Betracht, nach deren Ablauf der Arbeitnehmer wieder voll in den Betrieb zurückkehren kann. Möglich ist schließlich, jeder Seite das Recht zu geben, die Vereinbarung unter Wahrung einer bestimmten Frist aufzukündigen und zur vollen betrieblichen Arbeit zurückzukehren. Auch kann man klarstellen, dass **niemand** gegen seinen Willen zu einem Homeoffice **gezwungen** werden darf.[66] 14

d) Probleme der Arbeitszeit

In welchem Umfang eine Tätigkeit im Homeoffice möglich sein soll, wird sinnvollerweise im Einzelfall geregelt. Die Betriebsvereinbarung kann insoweit nur einen **Rahmen** vorgeben, beispielsweise ein Minimum (einen Tag) und ein Maximum (vier Tage) festlegen. Während der Arbeitszeit 15

64 Däubler, PersR 1/2022, 13ff.; DKW-Arbeitshilfen-Klebe/Heilmann, § 87 Rn. 65; Eder, AiB 3/2017, 15; Kramer-Hoppe, Teil B Rn. 676; Voigt, AuR 2018, 452, 455.
65 Deinert/Heuschmid/Zwanziger-Heuschmid, § 118 Rn. 57; Benkert, NJW-Spezial 2019, 306. Eingehender Überblick bei Stefan Müller, Rn. 121ff.
66 Vgl. Ruf, CuA 11/2016, 19.

muss der **Arbeitnehmer** telefonisch und über E-Mail **erreichbar** sein. Dabei lässt sich eine Kernzeit festlegen, in der die Erreichbarkeit gesichert sein muss. Im Übrigen bleibt die Lage der Arbeitszeit dem Arbeitnehmer überlassen.[67] Aus dringenden betrieblichen Gründen, die im Einzelfall mitzuteilen sind, muss auch zu bestimmten anderen Zeiten die Erreichbarkeit gegeben sein. Der Arbeitnehmer ist verpflichtet, die Vorschriften des **ArbZG einzuhalten** und bei Überschreiten des 8-Stunden-Tags der Aufzeichnungspflicht des § 16 Abs. 2 ArbZG nachzukommen. Darüber hinaus hat er auf der Grundlage der neuesten Rechtsprechung des EuGH[68] in entsprechender Anwendung des § 16 Abs. 2 ArbZG seine Arbeitszeiten insgesamt zu dokumentieren.[69] Im Laufe der ersten Woche eines Monats – so würde man vernünftigerweise bestimmen – sind die Aufzeichnungen über die Einsatzzeiten aus dem Vormonat dem zuständigen Vorgesetzten zugänglich zu machen.[70] Wird ausschließlich online gearbeitet, kommt eine **Arbeitszeiterfassung auf elektronischem Wege** in Betracht, doch ist in der Betriebsvereinbarung dafür Sorge zu tragen, dass die dabei anfallenden Daten ausschließlich für Zwecke der Lohnabrechnung verwendet werden; eine Überwachung der Arbeitsqualität scheidet aus. Außerdem werden dies sehr seltene Fälle sein, da meist Arbeitsvorbereitung wie auch andere Verrichtungen nicht bei eingeschaltetem Computer erfolgen. Insoweit wäre an einem pauschalen Zuschlag zu denken.

e) Ausstattung des Homeoffice

16 Das Homeoffice muss sich in einem nach den baulichen Bestimmungen zum dauerhaften Aufenthalt von Menschen zugelassenen Raum befinden.[71] Es enthält mindestens die folgenden **Gegenstände:**

- Schreibtisch, Stuhl
- Beleuchtung
- abschließbarer Schrank
- Telefon- und Internetanschluss
- Laptop oder PC
- Drucker
- Papier

67 Zu entsprechenden Klauseln siehe Stefan Müller, Rn. 216ff.

68 EuGH (Große Kammer) v. 14.5.2019 – C-55/18, NZA 2019, 683.

69 Siehe oben § 5 Rn. 23aff.

70 Dazu die Formulierungen bei Kramer-Hoppe, Teil B Rn. 615 (S. 205 unten).

71 Formulierungen bei Kramer-Hoppe, Teil B Rn. 615 (S. 204/205).

Im Einzelnen ist festzulegen, ob diese Gegenstände vom Arbeitgeber zur Verfügung gestellt oder vom Arbeitnehmer beschafft werden. Soweit sie dem Arbeitgeber gehören, wird üblicherweise vereinbart, dass sie nur für dienstliche Zwecke verwendet werden dürfen.

f) Aufwendungsersatz

Für die Nutzung des dem Arbeitnehmer zustehenden Raumes sowie für die Kosten von Telefon und Internetanschluss muss der Arbeitgeber entsprechend § 670 BGB einen **Aufwendungsersatz** bezahlen.[72] Dieser kann in der Betriebsvereinbarung pauschaliert werden, etwa in dem Sinne, dass der Arbeitgeber monatlich 250 Euro bezahlt. Ein höherer Aufwand muss gegen Nachweis erstattet werden.[73] Die Abrechnung erfolgt monatlich. Erweist sich der Arbeitgeber als wenig großzügig, kann die Einigungsstelle angerufen werden, denn die »Ausgestaltung« der mobilen Arbeit nach § 87 Abs. 1 Nr. 14 BetrVG umfasst auch die Pauschalierung der Kosten. **16a**

g) Arbeitsschutz

Im Homeoffice gelten die gesetzlichen Vorschriften zum Arbeitsschutz.[74] **17** Man kann vereinbaren, dass die Vorschriften der **ArbStättVO** auch dann Anwendung finden, wenn die Voraussetzungen ihres § 2 Abs. 7 ArbStättVO nicht erfüllt sind.[75] Damit werden zumindest Pflichten des Arbeitgebers begründet; eine Ausdehnung der Überwachungskompetenz der Gewerbeaufsicht dürfte nicht in Betracht kommen. Ob diese die Einhaltung der übrigen Vorschriften in der Privatwohnung kontrollieren kann, hängt von der Zustimmung des Arbeitnehmers ab. Dies gilt auch für die Gefährdungsbeurteilung nach § 5 ArbSchG, die notfalls durch eingehende Befragung des Arbeitnehmers zu erfolgen hat.[76] Dasselbe gilt für ein Zutrittsrecht des Arbeitgebers, des Betriebsrats und der Gewerkschaft.[77] Die Vorstellung, das Arbeitszimmer in der Wohnung werde zum Außenposten des Betriebs, hat sich in der Praxis nicht durchgesetzt.[78]

---

72 Stefan Müller, Rn. 254 m. w. N. Dasselbe gilt, wenn der Arbeitnehmer auf seine Kosten z. B. Büromöbel für das Homeoffice anschafft. Dazu oben Rn. 8aff.

73 Für Aufwendungsersatz auch T. Isenhardt, DB 2016, 1500; Benkert, NJW-Spezial 2019, 306.

74 Dazu oben § 6 Rn. 24ff. sowie Deinert/Heuschmid/Zwanziger-Heuschmid, § 118 Rn. 59f. und Voigt, AuR 2018, 452, 453.

75 Eder, AiB 3/2017, 14.

76 Stefan Müller, Rn. 349.

77 Ebenso Stefan Müller, Rn. 285ff.

78 Weiterführende Hinweise zum Arbeitsschutz bei Augsten, S. 88ff.

h) Unfallversicherung und Haftungsfragen

18 Der Schutz der **gesetzlichen Unfallversicherung** wird von der Sozialgerichtsbarkeit sehr eng bestimmt. Symptomatisch ist der Fall einer Arbeitnehmerin, die ihr Homeoffice im Dachgeschoss hatte und sich aus der einen Stock tiefer liegenden Küche etwas zum Trinken holen wollte: Als sie auf der Treppe zu Fall kam und sich ein Bein brach, hatte sie keinen Versicherungsschutz, da ihr Tun vom BSG als »eigenwirtschaftliche Tätigkeit« qualifiziert wurde.[79] Es stelle auch keinen Verstoß gegen den Gleichheitssatz dar, wenn ein Gang zur Betriebskantine durchaus von der Versicherung erfasst sei. Schon bei früherer Gelegenheit hatte das Gericht bei einer häuslichen Tätigkeit in ähnlicher Weise entschieden.[80] In Anknüpfung an diese Entscheidung wird auch der Toilettengang als »nicht betriebsbedingt« aus dem Unfallversicherungsschutz ausgeklammert.[81] Dies alles ist durch den Gesetzgeber des Betriebsrätemodernisierungsgesetzes korrigiert worden, der den § 8 SGB VII neu fasste. Danach sind Homeoffice und betrieblicher Arbeitsplatz gleich zu behandeln, so dass auch die genannten »Betriebswege« vom Versicherungsschutz erfasst sind.[82] Schon nach bisherigen Recht hatte das BSG entschieden, dass der Weg vom privaten Schlafzimmer zum Homeoffice als »Betriebsweg« versichert sei.[83] In den Unfallversicherungsschutz einbezogen sind nunmehr auch **Fahrten zwischen Homeoffice und einer Kinderbetreuungseinrichtung.**

19 Beschädigt der Arbeitnehmer Arbeitsgeräte, die ihm der Arbeitgeber zur Verfügung gestellt hat, gelten die Grundsätze über die (eingeschränkte) **Arbeitnehmerhaftung.**[84] Das bedeutet, dass bei grober Fahrlässigkeit grundsätzlich voll, bei leichtester Fahrlässigkeit gar nicht und bei mittlerer Fahrlässigkeit nach Billigkeitsgrundsätzen gehaftet wird. Das wird nach den Grundsätzen des **Vertrags mit Schutzwirkung für Dritte** auch auf Familienangehörige erstreckt.[85] Eine Betriebsvereinbarung könnte die Haftung generell auf grobe Fahrlässigkeit beschränken und auch Be-

79 BSG, 5.7.2016 – B 2 U 2/15 R, NJW 2017, 508.

80 BSG, 12.12.2006 – B 2 U 28/05 R, SGb 2007, 742. Der Fall ist im Einzelnen geschildert bei Kramer-Hoppe, Teil B Rn. 660.

81 SG München, 4.7.2019 – S 40 U 227/18, NZA-RR 2019, 616.

82 Fitting, § 87 Rn. 598.

83 BSG, 8.12.2021 – B 2 U 4/21 R, juris.

84 Zu ihr Däubler, Arbeitsrecht, 13. Aufl., Rn. 532ff.; ErfK-Preis, § 619a BGB Rn. 7ff.

85 T. Isenhardt, DB 2016, 1499, 1501; Kramer-Hoppe, Teil B Rn. 630; Schaub-Vogelsang, § 164 Rn. 39; a. A. Bissels/Meyer-Michaelis, DB 2015, 2331, 2335; Wilhelm, NZA 2021, 15ff.

sucher und andere Dritte einbeziehen.[86] Soweit relativ wertvolle Geräte dem Arbeitnehmer gehören, kommt eine Sachversicherung in Betracht. Werden dienstliche Geräte verbotswidrig privat benutzt und kommen sie dabei zu Schaden, sie greifen die Grundsätze über die Arbeitnehmerhaftung nicht ein.[87]

i) Störungen im Betriebsablauf

Kommt es zu Störungen der Arbeitsabläufe, weil der Strom ausfällt oder ein Gerät kaputt geht, so trägt der **Arbeitgeber** weiter das **Betriebsrisiko**,[88] muss also nach § 615 Satz 3 BGB das Entgelt fortbezahlen. Für den Fall, dass die Störung mehrere Tage dauert, kann eine vorübergehende Fortsetzung der Tätigkeit im Betrieb vereinbart werden. 19a

j) Datenschutz

Die Regeln des Beschäftigtendatenschutzes ändern sich nicht deshalb, weil nicht im Betrieb, sondern zu Hause gearbeitet wird. Insoweit gelten die allgemeinen Schranken für die Erfassung und Verarbeitung von Beschäftigtendaten.[89] Besondere Vorkehrungen müssen jedoch im Hinblick auf die **Datensicherung** nach Art. 32 DSGVO getroffen werden.[90] Dazu gehört nicht nur ein effektiv geheim zu haltendes Passwort, sondern ggf. auch der Verzicht auf die Speicherung von Daten auf einem Endgerät sowie die **Verschlüsselung** der Informationskanäle und der Festplatte.[91] Praktische Tipps zur »Aufrüstung« eines bisher nur privat genutzten Computers bei Haverkamp.[92] Eine Kontrolle durch den betrieblichen Datenschutzbeauftragten ist wegen des Rechts des Arbeitnehmers an der eigenen Wohnung nur mit seiner Zustimmung möglich, doch kann Abweichendes vereinbart werden.[93] 20

---

86 Deinert/Heuschmid/Zwanziger-Heuschmid, § 118 Rn. 58.

87 Wilhelm, NZA 2021, 15ff. Zur Absicherung von Haftungsfällen über eine Versicherung für Gewerkschaftsmitglieder siehe Augsten, S. 76ff.

88 Stefan Müller, Rn. 245; Schaub-Vogelsang, § 164 Rn. 40.

89 Dazu Däubler, Gläserne Belegschaften, Rn. 253ff., 389ff. Zu den Überwachungsmöglichkeiten des Arbeitgebers bei Arbeit im Homeoffice siehe Niedermeyer, CuA 3/2021, 12ff.

90 Zur Einrichtung von Benutzerkonten mit Passwort für jedes Familienmitglied, wenn mit eigenen Geräten des Arbeitnehmers gearbeitet wird, Haverkamp, CuA 4/2020, 33.

91 Wedde, CuA 11/2016, 8, 11.

92 Haverkamp, CuA 4/2020, 32ff.; hilfreich auch das Interview mit Wedde, AiB 5/2021, 24ff.

93 Stefan Müller, Rn. 298ff.

k) Schutz gegen Vereinzelung

20a Ist ein Arbeitnehmer zu 80 % oder zu 100 % zu Hause tätig, **trocknet der Kontakt** zu den Arbeitskollegen weitgehend **aus**. Dies beeinträchtigt nicht nur das Wohlbefinden, sondern lässt gemeinsames Handeln von Belegschaften noch unwahrscheinlicher werden. Eine Reihe von **Gegenmaßnahmen** ist denkbar:[94]

- Die Kommunikationskanäle des Betriebs und Unternehmens können auch **für private Zwecke** genutzt werden.
- Der Betriebsrat und der Arbeitgeber organisieren **in jedem Vierteljahr ein Treffen**, bei dem die Beschäftigten eines Bereichs alle physisch anwesend sein sollen. Die Treffen dienen dem arbeitsbezogenen und privaten Austausch.
- **Die Hälfte aller Sitzungen eines Teams** muss im Rahmen des Möglichen in physischer Anwesenheit der Teammitglieder stattfinden.
- Jeder Beschäftigte kann bei Bedarf den **Betriebsrat aufsuchen**. Die Fahrzeit zum Betriebsratsbüro und zurück zählt als Arbeitszeit; Reisekosten werden erstattet.
- **Neu eingestellte Arbeitnehmer** führen im Laufe der ersten drei Monate ihrer Tätigkeit ein **eingehendes Gespräch mit einem Betriebsratsmitglied**, das unter Anwesenden stattfindet und die betriebliche Situation zum Gegenstand hat.

4. Betriebsratsmitglieder im Homeoffice

20b Arbeitet ein Betriebsratsmitglied im Homeoffice, so ist es nicht verhindert, an einer Präsenzsitzung teilzunehmen.[95] Anders wäre es nur dann, wenn wegen Kontakts zu einer infizierten Person eine häusliche Quarantäne angeordnet würde.

5. Desk Sharing im Betrieb

20c Arbeitet jeder Arbeitnehmer zwei Tage in der Woche im Homeoffice, wird im Betrieb weniger Büroraum benötigt. Das Mittel der Wahl ist in diesem Fall »Desk Sharing«; man teilt sich die Schreibtische. In der Regel muss der Einzelne seine **»Bürotage« im Vorhinein buchen**, weil sonst bei überdurchschnittlichem Zustrom an einem Tag für einige kein Platz mehr

---

94 Siehe den Formulierungsvorschlag bei Däubler, PersR 1/2022, 15 (§ 14).

95 LAG Hessen, 8.2.2021 – 16 TaBV 185/20, LAGE § 29 BetrVG 2001 Nr. 3 = CuA 7–8/2021, 42.

vorhanden wäre. Soweit keine abweichenden Abmachungen bestehen, kann Desk Sharing mit Hilfe des Direktionsrechts eingeführt werden.[96]

Die Einführung von Desk Sharing löst eine Reihe von **Mitbestimmungsrechten** aus. Naheliegend ist die Überlegung, dass Desk Sharing letztlich Teil des mobilen Arbeitens ist; beide sind regelmäßig miteinander verbunden. Dies führt dazu, dass **§ 87 Abs. 1 Nr. 14 BetrVG** eingreift. Außerdem ergeben sich Verhaltensregeln der Arbeitnehmer untereinander wie die sog. Clean Desk Policy, wonach der Schreibtisch am Abend »blank« verlassen muss; sie betreffen die »Ordnung des Betriebs« und unterliegen damit dem Mitbestimmungsrecht nach § 87 Abs. 1 Nr. 1 BetrVG.[97] Im Einzelfall kann auch der Gesundheitsschutz nach § 87 Abs. 1 Nr. 7 BetrVG betroffen sein.[98] Besteht ein elektronisches Buchungssystem, findet auch § 87 Abs. 1 Nr. 6 BetrVG Anwendung.[99] Schließlich kann die Einführung von Desk Sharing auch eine Betriebsänderung darstellen.[100] Der Arbeitgeberseite wird in der Literatur empfohlen, schon aus Akzeptanzgründen den Betriebsrat frühzeitig einzubeziehen.[101] 20d

Die Gegenstände einer Betriebsvereinbarung müssen im Einzelnen unter Beachtung der spezifischen betrieblichen Verhältnisse ausgehandelt werden. Wichtig ist, dass der Einzelne die Möglichkeit behält, seine **persönlichen Gegenstände** in einem **Rollcontainer** oder einem Schrank aufzubewahren, damit er sie auf seinen jeweiligen Schreibtisch stellen kann. Darauf zu verzichten, würde aller Voraussicht nach ein hohes Maß an Unzufriedenheit bei vielen Beteiligten wecken. 20e

6. Homeoffice im Ausland

Führungskräfte und andere in guten wirtschaftlichen Verhältnissen lebende Arbeitnehmer äußern bisweilen den Wunsch, die Arbeit von ihrem im Ausland gelegenen Ferienhaus aus zu erbringen. Soweit eine Präsenz im Betrieb faktisch nicht oder kaum mehr in Betracht kommt, stehen dem 20f

96 Arnold/Günther-Arnold/Winzer, § 3 Rn. 82.

97 ArbG Frankfurt/Main, 8.1.2003 – 2 BVGa 587/02, AiB 2003, 697; ähnlich LAG Nürnberg, 14.12.2016 – 4 TaBV 38/16, ZTR 2018, 426, wonach Anordnungen über das Platzieren privater Gegenstände am Arbeitsplatz unter § 87 Abs. 1 Nr. 1 fallen; DKW-Klebe, § 87 Rn. 62; a. A. LAG Düsseldorf, 9.1.2018 – 3 TaBVGa 6/17, NZA-RR 2018, 368 (Verfahren der einstweiligen Verfügung).

98 Fitting, § 87 Rn. 316; Schulze/Wolters, AiB 6/2021, 38.

99 Oltmanns/Fuhlrott, NZA 2018, 1225, 1229; Markowski, AiB 9/2021, 42.

100 DKW-Däubler, § 111 Rn. 113; Grimm/Singraven-Gehrke, § 2 Rn. 2.35ff.; Markowski, AiB 9/2021, 41; Schulze/Wolters, AiB 6/2021, 37.

101 Arnold/Günther-Arnold/Winzer, § 3 Rn. 82.

im Prinzip **keine arbeitsorganisatorischen Gründe** entgegen. Schwierig bis undurchschaubar ist jedoch die Behandlung im **Sozialversicherungs- und Steuerrecht**: Dort ist der Fall nicht ausdrücklich geregelt, dass die Arbeit in einem anderen Land ankommt als dem, wo sich der Arbeitnehmer üblicherweise aufhält. Unproblematisch dürften allenfalls kurzfristige Auslandsaufenthalte sein.[102]

II. Mobile Arbeit

1. Die Ausgangssituation

21 Arbeit, die weder im Betrieb noch zu Hause stattfindet, wurde oben[103] als »sonstige mobile Arbeit« definiert. Ihre Ausgestaltung durch Arbeitsvertrag oder Betriebsvereinbarung ist weniger erörtert als die des Homeoffice.[104] Der vom Bundesarbeitsministerium vorgelegte Entwurf eines »Mobile Arbeit-Gesetzes« sollte alle Formen von außerbetrieblicher Arbeit erfassen, fand jedoch keine politische Mehrheit.[105] In der Literatur werden Homeoffice und mobile Arbeit bisweilen gemeinsam erörtert.[106] Das ist berechtigt, weil sich die Zulässigkeit beider Arbeitsformen nach denselben Grundsätzen bestimmt und die Gestaltungsprobleme weitgehend übereinstimmen. Allerdings gibt es auch einige Abweichungen; ein verfügbarer Musterentwurf für eine Betriebsvereinbarung ist dennoch für beide Arbeitsformen bestimmt.[107]

2. Regelungsfragen

22 Eine Betriebsvereinbarung muss zunächst klarstellen, was sie unter mobiler Arbeit versteht. Inhaltlich geht es auch hier darum, dass ein Teil der vertraglich vereinbarten Arbeitszeit nicht im Betrieb erbracht wird. Zusatzarbeit, die über die volle betriebliche Arbeitszeit hinaus geleistet wird, kann, muss aber nicht mitgeregelt werden. Inwieweit ein Anspruch

102 Näheres Hidalgo/Ceelen, NZA 2021, 19ff. (Sozialversicherungsrecht); Schrade/Denninger, NZA 2021, 102ff. (Steuerrecht).

103 Rn. 4.

104 Kramer-Hoppe, Teil B Rn. 618: »Nimmt erst nach und nach Konturen an.«.

105 Zu den beiden Referentenentwürfen im Einzelnen Dohrmann, NZA 2021, 691ff.

106 So Deinert/Heuschmid/Zwanziger-Heuschmid, § 118 Rn. 53ff.

107 Wedde. CuA 11/2016, 12f.

auf mobiles Arbeiten besteht, richtet sich nach denselben Grundsätzen wie beim Homeoffice.[108]

a) Arbeitszeit

Bei der Arbeitszeit treten neben den Fragen, die sich auch beim Homeoffice stellen,[109] noch weitere hinzu. Häufig wird mobile Arbeit dann geleistet, wenn eine entsprechende dringende Aufforderung von einem Vorgesetzten kommt; die abendlichen Stunden auf einer Dienstreise oder der Weg zur Betriebsstätte sind potenzielle »Rufbereitschaftszeiten«. Es liegt daher nahe, eine Regelung darüber zu treffen, zu welchen Stunden **Rufbereitschaft** zulässig ist. Die Grenzen, die hier zu beachten sind, sind schon an anderer Stelle abgehandelt worden.[110] Sie lassen sich in der Weise konkretisieren, dass der Arbeitnehmer an bestimmten Stunden oder Tagen nicht erreichbar ist. Weiter kommt anders als im Homeoffice nur eine **elektronische Zeiterfassung** in Betracht. Wer auf Reisen oder beim Kunden arbeitet, wird typischerweise online sein, sodass eine »Selbstaufschreibung« eher nicht in Betracht kommen wird. Im Einzelfall kann dies anders sein; hier können dann die Arbeitsstunden manuell oder in einer besonderen Datei festgehalten werden. Zur Klarstellung kann man schließlich betonen, dass das ArbZG auch hier zu beachten ist. Zu bezahlende **Überstunden** sollte man keinesfalls von einer formellen Anordnung durch den Vorgesetzten abhängig machen, da es leicht geschehen kann, dass eine solche Anordnung unterbleibt, gleichwohl aber über die normale Arbeitszeit hinaus gearbeitet werden muss, weil andernfalls die anfallenden Aufgaben nicht bewältigt werden können. 23

b) Arbeitsschutz

Die arbeitsschutzrechtliche Situation ist grundsätzlich keine andere als im Homeoffice.[111] Allerdings ergeben sich gewisse Hindernisse, weil beispielsweise die Büroeinrichtung beim Kunden oder die Ausstattung des Hotelzimmers nicht den Standards entsprechen, die sich in der Betriebsstätte und im Homeoffice realisieren lassen. Insoweit können gewisse Korrekturen über eine Betriebsvereinbarung erfolgen. 24

108 Oben Rn. 14.
109 Oben Rn. 15.
110 § 5 Rn. 12ff.
111 Näher in § 6 Rn. 24ff. und oben Rn. 17.

c) Haftungsfragen

25 Die Probleme der gesetzlichen Unfallversicherung stellen sich in gleicher Weise wie beim Homeoffice vor der Neufassung des § 8 SGB VII.[112] Insoweit muss ein subsidiär eingreifender privater Unfallversicherungsschutz geschaffen werden. Eine Sachversicherung sollte für den Fall abgeschlossen werden, dass Geräte von Dritten beschädigt oder gestohlen werden.

d) Datenschutz

26 Die praktische Umsetzung der Datensicherung nach Art. 32 DSGVO ist bei mobiler Arbeit noch um einiges schwieriger als im Homeoffice: Fremde Blicke auf den Bildschirm können vor allem im Zug und in anderen Verkehrsmitteln nicht ausgeschlossen werden. Auch kann ein Gerät leichter verloren gehen oder gestohlen werden. Insoweit sind an die Verschlüsselung noch höhere Anforderungen zu stellen. Im Verlustfall muss die Fernlöschung aller Daten möglich sein.

III. Qualifizierung

27 An früherer Stelle[113] wurde bereits dargelegt, dass der Arbeitnehmer weiterqualifiziert werden muss, wenn er aufgrund seiner bisherigen Qualifikation neuen Anforderungen nicht entsprechen kann. Insoweit steht auch dem Betriebsrat nach § 97 Abs. 2 BetrVG ein Mitbestimmungsrecht zu, von dem allerdings nur selten Gebrauch gemacht wird.[114] Die fortschreitende **Digitalisierung** aller Arbeitsbereiche wird auch in der Zukunft die **Anforderungen** an die Beschäftigten verändern. Dem immer erst dann Rechnung zu tragen, wenn sich unmittelbare Änderungen am Arbeitsplatz ergeben, reicht ersichtlich nicht aus; vielmehr müssen vorausschauend Grundkenntnisse erworben werden. Wer nicht nur in der Gegenwart seinen Mann oder seine Frau stehen, sondern die digitale Zukunft mitgestalten will, muss sich einem **kontinuierlichen Qualifizierungsprozess** unterziehen. Auch wer seinen aktuellen Aufgaben gut gewachsen ist, sollte damit rechnen, dass er in zehn Jahren »anderes« können muss als heute.[115]

---

112 Oben Rn. 18.

113 Oben § 2 Rn. 22ff.

114 Oben § 2 Rn. 54ff. Ebenso die Einschätzung bei Göpfert/Seier, NZA 2019, 588 und Markowski, NZA 2022, 744, 746

115 Locker/Eder, CuA 7–8/2017, 9.

Wie das »andere« beschaffen sein wird, lässt sich nicht sicher prognostizieren. In der Diskussion werden zwei Dinge deutlich: Zum einen wird die **Nachfrage nach hochqualifizierten Tätigkeiten** zunehmen, während Routinetätigkeiten wegfallen, weil sie von digitalisierten Geräten übernommen werden. Zum anderen werden **soziale und methodische Kompetenzen** immer wichtiger, da man von sehr viel mehr Kooperation im Arbeitsprozess ausgeht, die mit wechselnden Partnern stattfindet.[116] Darauf wird sich der Einzelne einstellen müssen. **28**

Wie diese notwendige Weiterbildung erfolgt, hängt von vielen Faktoren ab. Die besten Aussichten und die stärkste Beteiligung der Arbeitnehmer sind dann zu erwarten, wenn das **Arbeitgeberunternehmen konkrete Pläne** für seine Zukunft hat: Wenn heute schon in Umrissen feststeht, welche Fähigkeiten in zwei Jahren erforderlich sein werden, sind die Beschäftigten bereit, sich mit Engagement an den Kursen und Lehrgängen zu beteiligen, die das nötige Wissen vermitteln. Sehr viel schwieriger wird es dann, wenn der Einzelne **Neues** lernen soll, **ohne** irgendwelche Sicherheit zu haben, dass sich dadurch seine **Chancen auf dem Arbeitsmarkt auch wirklich verbessern**. Von solchen Möglichkeiten macht der Einzelne nur dann Gebrauch, wenn er mit dem Rücken zur Wand steht, weil eine betriebsbedingte Kündigung droht und das Überwechseln in eine Beschäftigungsgesellschaft wenigstens ein weiteres Jahr die wirtschaftliche Existenz sichert.[117] **29**

In solchen Fällen sollte das Schwergewicht der Weiterbildung darauf liegen, soziale Kompetenzen weiterzuentwickeln (Wie reagiere ich in welcher Situation? Wie kann ich einen Konflikt schlichten?) und insbesondere auch die Fähigkeit auszubilden, sich auf neue Situationen einzustellen. Dies gehört nicht zum Bildungskanon unserer Gymnasien und Hochschulen; gerade deshalb sollte man darauf besonderen Wert legen. Wer **»das Lernen« gelernt** hat, muss sich vor neuen Techniken nicht mehr fürchten. **29a**

Aus Sicht des Arbeitgebers sind alle Weiterbildungsmaßnahmen sinnvoll, die den Umgang mit neuer Technik verbessern; dazu gehören auch die eben beschriebenen Schlüsselqualifikationen. Insoweit kann Bereitschaft bestehen, Geld für Weiterbildung auszugeben, doch gibt es auch Unternehmen, die lieber entsprechend qualifizierte Arbeitskräfte auf **30**

---

116 Ballauf, AiB 7–8/2016, 31 ff.; Locker/Eder, CuA 7–8/2017, 9 ff.; Schwarzbach, CuA 7–8/2017, 12 ff.

117 Zu den Rechtsfragen des Überwechselns in einer Beschäftigungsgesellschaft siehe DKW-Däubler, §§ 112, 112a Rn. 261 ff.

dem Arbeitsmarkt gewinnen wollen.[118] Weiter besteht die Befürchtung, dass die »Investition in das Humankapital« vergeblich sein könnte, weil der Arbeitnehmer nach erreichter Weiterqualifizierung alsbald kündigen wird. Dem wirkt allerdings die Rechtsprechung entgegen, da sie für solche Fälle zugunsten des Arbeitgebers eine **Rückzahlungsklausel** zulässt: Bringt die Weiterbildungsmaßnahme **für den Arbeitnehmer einen »geldwerten Vorteil«** in dem Sinne mit sich, dass sich seine Chancen auf dem Arbeitsmarkt erhöhen, ist eine Abmachung zulässig, wonach er die Weiterbildungskosten zurückzahlen muss, wenn er vor Ablauf einer bestimmten Frist kündigt.[119] Zu den Einzelheiten existiert eine umfangreiche Rechtsprechung, die hier nicht im Einzelnen darzustellen ist.[120]

31 Lernen vollzieht sich nicht nur in Bildungseinrichtungen und durch Kurse und Lehrgänge. Vielmehr gibt es daneben ein **informelles Lernen**, das im Rahmen der Arbeit selbst erfolgt.[121] Durch Erfahrung gewinnt man neue Erkenntnisse, aber auch dadurch, dass man von Kollegen mit mehr Erfahrung und hohem Wissensstand Hinweise (»Tipps«) erhält, wie man mit bestimmten Situationen fertig wird. Das setzt allerdings eine offene Unternehmenskultur voraus, in der Wissen nicht als Herrschaftsmittel verstanden wird und in der man einander mit Wertschätzung begegnet.

---

118 Siehe die Kritik des damaligen BDA-Präsidenten Dieter Hundt, wiedergegeben bei Däubler, BB 2000, 1190.

119 Siehe etwa ErfK-Preis, § 611a BGB Rn. 436; Däubler//Deinert/Walser-Deinert, § 307 Rn. 101ff.; HK-ArbR-Boemke/Ulrici, § 307 BGB Rn. 14; Schaub-Vogelsang, § 176 Rn. 21ff. jeweils m.w.N.

120 BAG, 19.1.2011 – 3 AZR 621/08, NZA 2012, 85; 5.12.2002 – 6 AZR 539/01, NZA 2003, 559; zusammenfassende Darstellung bei Däubler/Deinert/Walser-Deinert, § 307 Rn. 101–138c.

121 Dazu Sauer, CuA 5/2017, 20ff.; vgl. auch Krause, NZA 2022, 737, 738.

§ 16 Das Internet-Arbeitsverhältnis

I. Ein neues Phänomen?

1 Viele Betrachter **gehen stillschweigend davon** aus, dass **Arbeit weiterhin im überschaubaren Bereich einer »räumlichen Einheit«** geleistet wird. Auch der IT-Spezialist kommt in den »Betrieb« und koordiniert seine Aktivitäten mit denen anderer Beschäftigter. Die Arbeitsmittel sind zwar immer weniger Maschinen und immer häufiger Computer und andere digitalisierte Geräte, doch bleibt in den allermeisten Fällen ein gemeinsamer Arbeitsort erhalten. Gelegentliche Arbeit zu Hause oder auf dem Weg lässt sich damit durchaus vereinbaren. Homeoffice und mobiles Arbeiten sind immer noch Sonderformen, nicht Normalität.

2 **Das muss in Zukunft keineswegs so bleiben.** Die **Kommunikation** mit dem Arbeitgeber wie auch mit den übrigen Beschäftigten kann technisch, aber auch praktisch **ausschließlich übers Netz** laufen. Ist dies der Fall und hat die überkommene Form der mündlichen Kommunikation unter Anwesenden nur noch völlig untergeordnete oder keine Bedeutung mehr, soll im Folgenden von einem »**Internet-Arbeitsverhältnis**« die Rede sein. Dabei ergeben sich eine Reihe spezifischer Rechtsprobleme.

3 Zum einen wird häufig auch die **Begründung, Änderung und Beendigung des Arbeitsverhältnisses mithilfe des Internets** erfolgen. Das wirft vor allem dann Probleme auf, wenn eine bestimmte Form vorgeschrieben ist. Die Befristung muss etwa nach § 15 Abs. 4 TzBfG schriftlich erfolgen; auch Tarifverträge können entsprechende Vorgaben enthalten. Näher dazu u. II (Rn. 7ff.).

4 Bedeutsamer ist die **räumliche Trennung von der »Einheit«**, für die gearbeitet wird. Dadurch fallen Rahmenbedingungen der Arbeit weg, was faktische, möglicherweise aber auch rechtliche Auswirkungen hat. Liegt überhaupt noch ein Arbeitsverhältnis vor, wenn zwischen der »Zentrale« und dem Arbeitsort des Beschäftigten 1000 km liegen? Welche Konsequenzen ergeben sich daraus, dass man für die Kommunikation mit Arbeitskollegen nur noch ein dienstliches Medium zur Verfügung hat?

Fallen die **informellen Gespräche**, die man üblicherweise führt und die zum (Arbeits-)Leben gehören, dann einfach unter den Tisch? Näher dazu unten III (Rn. 17ff.).

5 Zusätzliche Probleme ergeben sich dann, wenn das **Internet-Arbeitsverhältnis grenzüberschreitenden Charakter** besitzt.

> **Beispiel:**[1]
> Eine in Deutschland ansässige GmbH beschäftigt drei Softwareentwickler in Indien und einen weiteren in den USA. Die Kommunikation erfolgt ausschließlich über das Netz.

Welche Gerichte sind zuständig, wenn sich Streitigkeiten aus einer solchen Rechtsbeziehung ergeben? Nach welchen Kriterien bestimmt sich die anwendbare Rechtsordnung? Welche Grenzen ziehen wir gegenüber der Anwendung ausländischen Rechts? Näher dazu unten IV (Rn. 32ff.).

6 Schließlich soll in diesem Zusammenhang auch das bisweilen beschworene **Phänomen des virtuellen Unternehmens** angesprochen werden. Wie kann die Rechtsordnung, speziell das Arbeitsrecht, darauf reagieren, dass ein Unternehmen nicht auf Dauer angelegt ist, sondern mit der Abwicklung eines Vorhabens endet?[2] Dabei wird notwendigerweise ein wenig »**Rechtsfuturologie**« betrieben, was man angesichts der Schnelligkeit der Entwicklung auch als »Vorsorgemaßnahme« ansehen kann. Dass dabei die Gefahr von Fehleinschätzungen und höchst angreifbaren Prognosen besteht, soll nicht bestritten werden. Näher zu diesem Bereich unten V (Rn. 53ff.). Im folgenden Kapitel (unten § 17) soll es um das »Modell Uber«, d.h. die Vermittlung von Dienstleistungen mithilfe von Plattformen im Internet gehen. Darauf folgt (§ 18) eine Darstellung der Crowdwork, die sich am weitesten von den herkömmlichen Arbeitsformen entfernt.

1 Nach Fenski, Rn. 472.
2 Dazu auch oben § 1 Rn. 34ff. und § 14 Rn. 75.

II. Abschluss, Veränderung und Beendigung des Arbeitsverhältnisses per Internet

1. Der Grundsatz

a) Formfreiheit

Die **Begründung** und Änderung eines Arbeitsverhältnisses sind nach geltendem Recht **formlos** möglich. Ein Arbeitsvertrag kann schriftlich, aber auch mündlich, ja sogar durch schlüssiges Verhalten zustande kommen. 7

> Letzteres wird im Falle des § 625 BGB sogar vermutet, wenn der Arbeitnehmer über den Beendigungszeitpunkt des Arbeitsvertrags hinaus weiterarbeitet. War etwa das Arbeitsverhältnis zum 31. März gekündigt, setzte der Arbeitnehmer jedoch am 1. April mit Kenntnis des Personalverantwortlichen seine Tätigkeit fort, entsteht ein unbefristetes Arbeitsverhältnis. Eine vergleichbare Regelung enthält § 15 Abs. 5 TzBfG für das Weiterarbeiten nach Auslaufen eines befristeten Arbeitsvertrags.

An der Möglichkeit, ein Arbeitsverhältnis formfrei einzugehen und zu 8
ändern, hat auch das Nachweisgesetz nichts geändert. Dieses bringt **lediglich »Dokumentationspflichten«** des Arbeitgebers. Werden diese nicht erfüllt, hat das ggf. Beweisnachteile für den Arbeitgeber zur Folge und kann ihn schadensersatzpflichtig machen; an der Wirksamkeit des Arbeitsvertrags ändert sich dadurch nichts.[3] Dies bleibt auch nach dem neuen Recht so, das die Arbeitsbedingungen-Richtlinie der EU[4] umgesetzt hat. Genügen mündliche Erklärungen oder Kopfnicken, bestehen selbstredend auch keine Bedenken dagegen, dass ein **Arbeitsverhältnis per Internet** zustande kommt.[5]

> A macht X per E-Mail das Angebot, für ihn als Angestellter im Vertrieb tätig zu sein. X mailt erfreut zurück: »Einverstanden; auch die Bedingungen gehen in Ordnung«. Arbeitsvertrag zustande gekommen. Auch andere Kommunikationsformen im Internet kommen in Betracht. Ob ein Arbeitgeber so etwas effektiv praktiziert, steht auf einem anderen Blatt.

---

3 BAG, 17.4.2002 – 5 AZR 89/01, NZA 2002, 1096; siehe weiter Däubler, Arbeitsrecht 2, Rn. 152ff.

4 Richtlinie (EU) 2019/1152 des Europäischen Parlaments und des Rates vom 20. Juni 2019 über transparente und vorhersehbare Arbeitsbedingungen in der Europäischen Union, ABl. L 189/105 v. 11.7.2019.

5 Beckschulze/Henkel, DB 2001, 1491.

Das kann vor allem bei Personen von praktischer Bedeutung sein, die nach § 19a AufenthG eine sog. **Blaue Karte EU** haben wollen, deren Erteilung u.a. davon abhängt, dass eine bestimmte Gehaltshöhe erreicht ist. Das lässt sich häufig nur durch einen übers Internet abgeschlossenen Arbeitsvertrag oder über eine auf diesem Weg erfolgte Zusage belegen.

9 Die Benutzung von E-Mails kann allerdings Probleme aufwerfen. Will eine Seite nicht mehr zu ihrer Erklärung stehen, kann sie behaupten, die **E-Mail stamme gar nicht von ihr;** der Empfänger muss dann den (kaum möglichen) Nachweis führen, die E-Mail sei doch mit dem fraglichen Inhalt von der dort bezeichneten Person abgesandt worden. Für ihre Echtheit spricht **nicht einmal** ein **Beweis des ersten Anscheins.**[6] Anders ist die Situation nur dann, wenn sich »vertragsausführende Handlungen« belegen lassen (der Arbeitnehmer erledigte einen Auftrag) oder wenn daneben die traditionelle Schriftform gewahrt wurde.

b) Anforderungen des Nachweisgesetzes

10 Den Anforderungen des Nachweisgesetzes kann mithilfe einer E-Mail oder einer Erklärung im World Wide Web nicht entsprochen werden. Nach § 2 Abs. 1 NachwG ist der Arbeitgeber verpflichtet, die wesentlichen Vertragsbedingungen »schriftlich niederzulegen, die Niederschrift zu unterzeichnen und dem Arbeitnehmer auszuhändigen«. Eine E-Mail wird man zwar als schriftlich niedergelegten Text qualifizieren können, doch **fehlt es an der »Unterzeichnung**«. Diese muss durch den Vertragspartner oder seinen Vertreter eigenhändig erfolgen; das Eintippen von Vor- und Zunamen reicht nicht aus.[7] Eine eingescannte Unterschrift ist nur eine Kopie und genügt deshalb nicht. Auch der in § 2 Abs. 4 NachwG genannte Ausweg, stattdessen einen schriftlichen Arbeitsvertrag mit den entsprechenden Angaben abzuschließen, ist nicht gangbar: **Schriftform bedeutet** nach geltendem Recht nun einmal »**Unterschriftsform**« und dies hat wiederum einen von einem Menschen geschriebenen Namenszug zur Voraussetzung.

11 Durch das Gesetz zur Anpassung der Formvorschriften des Privatrechts und anderer Vorschriften an den modernen Rechtsgeschäftsverkehr vom 13. Juli 2001[8] (kurz: **Formgesetz** genannt) ist § 126 Abs. 3 ins BGB eingefügt worden, wonach die Schriftform durch die elektronische Form ersetzt werden kann. Diese ist in § 126a BGB umschrieben und ver-

---

6 OLG Köln, 6.9.2002 – 19 U 16/02, CR 2003, 55; Roßnagel/Pfitzmann, NJW 2003, 1209ff.; anders Mankowski, CR 2003, 44ff.

7 Einzelheiten bei Grüneberg-Ellenberger, § 126 Rn. 8ff. m.w.N.

8 BGBl. I S. 1542.

langt sehr viel mehr als eine schlichte E-Mail: Der Aussteller muss der Erklärung seinen Namen hinzufügen und das elektronische Dokument mit einer sog. qualifizierten elektronischen Signatur versehen. Diese war ihrerseits zunächst im **Signaturgesetz** vom 22. Mai 2001[9] geregelt, das das Signaturgesetz vom 22. Juli 1997[10] abgelöst hat; heute gilt die VO (EG) Nr. 910/2014.[11]

Die **Gleichstellung der elektronischen Form** gilt jedoch **nicht für** die Dokumentation der wesentlichen Arbeitsbedingungen nach § 2 Abs. 1 **NachwG**: Art. 32 des Formgesetzes hat dem § 2 Abs. 1 NachwG einen Satz 3 angefügt, wonach ein Nachweis in elektronischer Form ausgeschlossen ist. Die Beibehaltung der traditionellen Schriftform dürfte sich auch auf den nach § 2 Abs. 4 NachwG ersatzweise möglichen »schriftlichen« Arbeitsvertrag erstrecken. 12

2. Die Schriftform nach § 623 BGB

Mit Wirkung vom 1. Mai 2000 wurde § 623 ins BGB eingefügt, der in seiner damaligen Fassung für Kündigungen, Befristungen und Aufhebungsverträge gleichermaßen die Schriftform verlangte.[12] Mit Wirkung vom 1. Januar 2001 wurde das Schriftformerfordernis für Befristungen jedoch herausgenommen und ohne sachliche Änderung in § 14 Abs. 4 TzBfG verankert. Auch insoweit gilt, dass **»elektronische Willenserklärungen« nicht ausreichen**. Es kann also nicht per E-Mail wirksam gekündigt, ein Aufhebungsvertrag geschlossen oder eine Befristungsabrede getroffen werden.[13] Insoweit muss auf die »alte Technologie« des Beschreibens von Papier zurückgegriffen werden. Unterbleibt dies, ist die Kündigung beziehungsweise die Einigung nach § 125 BGB nichtig; das Arbeitsverhältnis besteht fort. 13

An diesem Rechtszustand hat auch das **Formgesetz** nichts geändert. Durch einen Zusatz zu § 623 BGB hat es klargestellt, dass die **elektronische Form bei der Kündigung** und der einvernehmlichen Aufhebung von Arbeitsverhältnissen **der Schriftform nicht gleichsteht**. In § 14 Abs. 4 TzBfG fehlt allerdings eine entsprechende Klarstellung, was damit zusammenhängen dürfte, dass während der Vorarbeiten zum Formgesetz 14

9 BGBl. I S. 876, zuletzt geändert durch Art. 4 Abs. 111 des Gesetzes v. 7.8.2013, BGBl. I S. 3154. Zum Gesetz siehe Pordesch/Bräutigam, CF 5/2001, 29ff.; Roßnagel, NJW 2001, 1817ff.

10 BGBl. I S. 1872.

11 V. 23.7.2014 – ABl. EU L 257/73.

12 Dazu Krabbenhöft, DB 2000, 1562f.

13 Däubler, AiB 2000, 189; auch zum Folgenden.

die Schriftform für die Befristung noch in § 623 BGB enthalten war. Insoweit liegt ein Redaktionsversehen vor; auch die Befristungsabrede dürfte daher nicht in elektronischer Form möglich sein.[14]

3. Tarifliche Schriftform

15 Denkbar ist, dass ein Tarifvertrag für den Abschluss von Arbeitsverträgen Schriftform vorsieht. Wird diese Form nicht gewahrt, ist im Regelfall der Arbeitsvertrag nicht unwirksam; vielmehr kann der Arbeitnehmer lediglich die eindeutige schriftliche Fixierung aller Arbeitsbedingungen verlangen. Insofern ist dann die Situation keine andere als im Rahmen des Nachweisgesetzes.[15]

16 Ist die **Schriftform** für besonders gefährliche Nebenabreden vorgesehen, dürfte sie nicht nur deklaratorische, sondern **konstitutive Bedeutung** haben. In diesem Fall ist die fragliche Abrede unwirksam. Ob die **elektronische Form** der Regel des § 126 Abs. 3 BGB entsprechend der Schriftform gleichsteht, ist letztlich eine Frage der (ergänzenden) Auslegung des Tarifvertrags. Für eine derartige **»Öffnung«** könnte eine BAG-Entscheidung sprechen, wonach die tarifliche Schriftform für die Geltendmachung von Ansprüchen auch durch Übersendung eines Fax gewahrt wird.[16] Die **Textform**, die in § 126b BGB vorgesehen ist und die keine eigene Unterschrift verlangt, dürfte allerdings auf keinen Fall genügen.[17]

III. Die arbeitsrechtliche Behandlung ausgelagerter Arbeitsplätze

1. Erste Ansätze

17 Internet-Arbeitsverhältnisse sind jedenfalls derzeit in Deutschland noch keine verbreitete Erscheinung. Die in § 15 behandelten Arbeitsformen (Homeoffice und mobiles Arbeiten) stützen sich zwar auf das Internet, lassen aber im Regelfall den gemeinsamen Arbeitsort bestehen, auch wenn dieser an Bedeutung verliert. Ersichtlich erleichtert das Internet jedoch die Kommunikationsmöglichkeiten mit dezentralen Einheiten,

---

14 Zum Diskussionsstand siehe DDZ-Wroblewski, § 14 TzBfG Rn. 187, 187a.
15 Zur tariflichen Schriftform siehe Däubler-Nebe, TVG, § 1 Rn. 334ff.
16 BAG, 11.10.2000 – 5 AZR 313/99, AP Nr. 153 zu § 4 TVG Ausschlussfristen.
17 Näher zur Textform Däubler, BGB kompakt, Kap. 11, Rn. 44c.

die auch aus einer Person bestehen können.[18] Der **Trend zur Dezentralisierung** von Arbeitsprozessen ist angesichts der Fortschritte in der Informationstechnik schwerlich zu bestreiten.[19] Das wird bisweilen mit der freundlichen Formel umschrieben, der Beschäftigte komme nicht mehr zur Arbeit, vielmehr komme die Arbeit zu ihm.[20]

Die rechtlichen Rahmenbedingungen für eine ausschließlich internetver- 18
mittelte Arbeit sind recht bescheiden. Am 16. Juli 2002 wurde im Rahmen des Sozialen Dialogs auf europäischer Ebene eine **»Rahmenvereinbarung über Telearbeit«** geschlossen.[21] Inhaltlich deckt sie auch Internet-Arbeitsverhältnisse ab. Sie enthält viele beifallswerte Grundsätze,[22] hat jedoch den gravierenden Nachteil, dass sie anders als die übrigen Vereinbarungen auf dieser Ebene **nicht über** eine **Richtlinie** des Ministerrats **verbindlich umgesetzt** werden sollte. Vielmehr war und ist es den jeweiligen nationalen Organisationen der Arbeitnehmer wie der Arbeitgeber überlassen, das in Brüssel Vereinbarte zu realisieren. Von ihnen sind unter den gegebenen Umständen keine ins Gewicht fallenden Schritte zu erwarten; niemand hat bisher vermocht, die Rahmenvereinbarung aus ihrem Dornröschenschlaf zu holen und sie mit Leben zu erfüllen.

2. Arbeitnehmer oder Selbstständiger?

Ob eine nur über das Internet an das Unternehmen »angebundene« Per- 19
son als Arbeitnehmer oder als Selbstständiger zu behandeln ist, richtet sich nach den **allgemeinen Grundsätzen**. Spezifische gesetzliche Regeln für solche Fälle und eine von der Rechtsprechung entwickelte besondere »Fallgruppe« existieren nicht.

Das **BAG** stellte in ständiger Rechtsprechung auf die **Weisungsabhängig-** 20
keit ab, die für den Arbeitnehmerstatus konstitutiv ist. Das ist in den seit 1. April 2017 geltenden § 611a BGB übernommen worden, doch spricht dieser von »weisungsgebundener, fremdbestimmter Arbeit«, wobei das Fremdbestimmt-Sein der Interpretation bedarf. Die Weisungen können sich auf **Inhalt, Durchführung, Zeit** und **Ort der Tätigkeit** erstrecken, was wiederum aus der Eingliederung in die vom Arbeitgeber bestimmte

18 Mankowski, DB 1999, 1854: Internet vergrößert und fördert die Möglichkeit zur Telearbeit.

19 Dulle, S. 6; Kreilkamp, AuA 1999, 64; Wank, Rn. 53. Ebenso Kramer-Hoppe, Teil B Rn. 616.

20 Schlachter in: Noack/Spindler (Hrsg.), S. 199.

21 Abrufbar unter *www.europa.eu.int/comm/employment_social/* – Stichwort Sozialer Dialog.

22 Dazu Schierbaum, CF 5/2003, 12ff.

Organisation rückgeschlossen werden kann. Kein Arbeitnehmer, sondern Selbstständiger ist, wer **entsprechend § 84 Abs. 1 Satz 2 HGB** »im Wesentlichen frei seine Tätigkeit gestalten und seine Arbeitszeit bestimmen kann«. Dabei kommt es nach **§ 611a Abs. 1 Satz 6 BGB** entscheidend nicht auf die Formulierung des Vertrags, sondern darauf an, wie die Rechtsbeziehung praktisch »gelebt« und abgewickelt wird.[23] Da sich die »Weisungsabhängigkeit« nicht immer trennscharf von der »Eigenorganisation« abgrenzen lässt, verlangt das BAG eine **Gesamtwürdigung der Umstände des Einzelfalls**,[24] was nunmehr in § 611a Abs. 1 Satz 5 BGB festgeschrieben ist. Das ermöglicht eine richterliche »Feinsteuerung«, verschafft dem einzelnen Bürger jedoch bei konkreten Konflikten nur wenig Prognosesicherheit.

21 Der Rechtsprechung des BAG ist nicht nur die Unschärfe der Begriffsbildung entgegengehalten worden. Vielmehr wurde kritisiert, dass der **Arbeitnehmerbegriff ohne Rücksicht auf den Zweck** arbeitsrechtlicher Normen bestimmt werde.[25] Würde man – wie dies auch in anderen Zusammenhängen allgemein üblich ist – den Begriff »teleologisch«, also vom Zweck der Norm her bestimmen, käme auch die **wirtschaftliche Abhängigkeit** ins Spiel. Eine gewisse **Annäherung im Ergebnis** ergibt sich höchstens dann, wenn die »Weisungsabhängigkeit« aus Umständen rückgeschlossen wird, die primär wirtschaftlicher Natur sind.

Beispiel:
Ein Rundfunkbeschäftigter wird in den Schichtplan aufgenommen, hat jedoch das Recht, innerhalb einer bestimmten Frist eine Schicht abzulehnen. Da er auf die Tätigkeit angewiesen ist und nicht den Eindruck der »Unverlässlichkeit« erwecken möchte, macht er von seinem Widerspruchsrecht auch dann keinen Gebrauch, wenn er – etwa aus familiären Gründen – durchaus eine andere Schichteinteilung bevorzugen würde.[26]

---

23 Ebenso zum bisherigen Recht BAG, 15.12.1999 – 5 AZR 566/98, DB 2000, 723; 15.12.1999 – 5 AZR 3/99, DB 2000, 879; 15.12.1999 – 5 AZR 770/98, DB 2000, 1028, wo jeweils die Arbeitnehmereigenschaft von Versicherungsvertretern verneint wurde. Weitere Nachweise bei Däubler, Arbeitsrecht 1, Rn. 24ff. (abrufbar unter *www.daeubler.de/bucher/*).

24 So schon zum bisherigen Recht BAG, 6.5.1998 – 5 AZR 347/97, DB 1998, 2275, bestätigt durch BAG, 15.12.1999 – 5 AZR 770/98, DB 2000, 1028.

25 Dazu grundlegend Wank, Arbeitnehmer und Selbständige, 1988.

26 Vgl. den Fall BAG, 16.6.1998 – 5 AZN 154/98, DB 1998, 2276, wo darauf abgestellt wurde, dass ein Fotoreporter »faktisch« die Übernahme von Fototerminen nicht ablehnen konnte.

Auch die neueste Rechtsprechung zur Arbeitnehmereigenschaft von Crowdworkern geht in diese Richtung,[27] Sie wird uns noch eingehend beschäftigen.[28]

Im Bereich der Tätigkeit zu Hause und der mobilen Arbeit besitzt das **Arbeitsverhältnis** weiterhin **eine absolut dominierende Bedeutung**.[29] 22
Zwar wäre es nicht ausgeschlossen, die Arbeitsorganisation in manchen Fällen so zu gestalten, dass der »Telearbeitende« auch faktisch selbstständig wäre,[30] doch wird davon offensichtlich kein Gebrauch gemacht. Das mag damit zusammenhängen, dass die Akzeptanz der bisherigen Telearbeit nur dann gesichert ist, wenn diese nicht als Mittel verwendet wird, Risiken auf die Beschäftigten abzuwälzen und die Lohnkosten zu senken. Soweit **Tarifverträge** existieren[31] oder **Betriebsvereinbarungen** wie bei IBM[32] oder anderen Firmen[33] abgeschlossen wurden, gehen sie übereinstimmend davon aus, dass sämtliche arbeitsrechtlichen Normen auch für die außerhalb der Betriebsstätte geleistete Arbeit gelten.[34] Die räumliche Distanz führt dazu, dass in vielen Fällen **Kontrolle durch Vertrauen ersetzt** werden muss. Das würde wiederum erschwert, wenn sich der einzelne Beschäftigte als Opfer einer Sparstrategie sehen würde. Anders haben sich die Dinge mittlerweile bei internetvermittelten Dienstleistungen (»Uber«)[35] und beim sog. Crowdsourcing entwickelt;[36] dort wird deshalb auf die Abgrenzungsprobleme zwischen Arbeitsverhältnis und selbstständiger Tätigkeit einzugehen sein.

3. Betriebszugehörigkeit

Ähnliche Anwendungsprobleme ergeben sich im Zusammenhang mit 23
dem **Betriebsbegriff**, der gleichfalls keine trennscharfen Konturen auf-

---

27 BAG, 1.12.2020 – 9 AZR 102/20, NZA 2021, 552.

28 Unten § 17.

29 Ähnlich die Einschätzung bei Boemke, BB 2000, 148; Wedde, Telearbeit, S. 58f. Ein Abdriften in die Scheinselbstständigkeit befürchteten demgegenüber Haupt/Wollenschläger, NZA 2001, 289.

30 Siehe das Beispiel bei Fenski, Rn. 359ff. in Bezug auf unterschiedliche Organisationsformen von Schreibarbeit. Vgl. weiter auch Schlachter, in: Noack/Spindler (Hrsg.), S. 205ff. und Wedde, Telearbeit, Rn. 233ff.

31 Siehe vor allem den Tarifvertrag zwischen der Telekom und der Deutschen Postgewerkschaft, im Wortlaut wiedergegeben in NZA 1996, 189.

32 Wiedergegeben und kommentiert in AiB 1992, 134ff.

33 Überblick bei Wank, Rn. 170ff.

34 Dazu näher oben § 15 Rn. 1ff., 21ff.

35 Dazu näher unten § 17 Rn. 7ff.

36 Dazu unten § 18.

weist und überdies nicht aus dem Zweck der jeweiligen Regelung heraus bestimmt wird.[37] Im vorliegenden Zusammenhang fällt entscheidend ins Gewicht, dass entgegen einer verbreiteten Alltagsmeinung der Betrieb keine räumliche Einheit darstellt. Vielmehr kommt es auf die Zugehörigkeit zu einer Organisation, auf **die »Einbindung« des Einzelnen** an, was beispielsweise zur Folge hat, dass auch der traditionelle Außendienst nicht außerhalb der Betriebsverfassung oder anderer auf den Begriff des Betriebes verweisender Normen steht.[38] Die 2001 geschaffene Ergänzung des § 5 Abs. 1 Satz 1 BetrVG hat dies sowohl für den Außendienst wie für die Telearbeit bestätigt.

24 Eine Besonderheit ergibt sich insoweit, als § 4 Abs. 1 Satz 1 Nr. 1 BetrVG **Betriebsteile** als selbstständige Betriebe behandelt, wenn sie mindestens fünf Arbeitnehmer beschäftigen und **»räumlich weit vom Hauptbetrieb entfernt«** liegen. Diese Bestimmung könnte vor allem für Nachbarschaftsbüros (Co-Working Spaces) von Bedeutung sein, die von mehreren Telearbeitern betrieben werden. In diesem Zusammenhang liegt eine teleologische Reduktion nahe: Da es inhaltlich darum geht, eine möglichst basisnahe Interessenvertretung zu ermöglichen, kommt es primär auf die Möglichkeit zur Kommunikation unter den Beteiligten an. Spielt dabei die Entfernung angesichts moderner Informationstechnologien praktisch kaum mehr eine Rolle, wird auch der Anwendungsbereich des § 4 Abs. 1 Satz 1 Nr. 1 BetrVG immer mehr schrumpfen: Ist die elektronische Kommunikation bis hin zur Videokonferenz soweit entwickelt, dass das gleiche Maß an Meinungsaustausch wie im traditionellen räumlich vorgestellten Betrieb möglich ist, verliert die Vorschrift ihre Daseinsberechtigung.[39] Im Übrigen macht schon diese Bestimmung deutlich, dass **bei Kleinsteinheiten** mit weniger als fünf Arbeitnehmern **auch die große räumliche Entfernung nicht zur »Herausnahme« aus dem Betrieb führt**, was seit 2001 § 4 Abs. 2 BetrVG ausdrücklich anordnet.

25 Das »historische« Vorbild des Außendienstes zeigt zwar, dass sich auch Internet-Arbeitsverhältnisse einer betrieblichen Einheit zuordnen lassen, doch sagt dies nichts über die **faktischen Konsequenzen** aus, die sich ergeben, wenn 40 oder 50 % aller Beschäftigten in dieser Form arbeiten würden. Jedenfalls unter den bisherigen Verhältnissen ist es eher die Ausnahme, dass ein Außendienstmitarbeiter für ein Betriebsratsamt kan-

37 Dazu grundlegend Joost, Betrieb und Unternehmen als Grundbegriffe im Arbeitsrecht, 1988.

38 Zur betriebsverfassungsrechtlichen Stellung von Außendienstmitarbeitern siehe U. Mayer, S. 163 ff.

39 Zustimmend Beckschulze/Henkel, DB 2001, 1498. Ähnlich der Tendenz nach DKW-Trümner, § 4 Rn. 58.

didiert oder Mitglied in einer Gewerkschaft wird. Eine Generalisierung solcher Phänomene kann für das Funktionieren des Arbeitsrechts nicht weniger bedeutsam sein als die Ausgliederung bestimmter Beschäftigter aus der Grundeinheit »Betrieb«. Die quantitative Erweiterung kann so von einem bestimmten Punkt an qualitative Konsequenzen haben.

4. Arbeitsschutz

Soweit die Arbeit des Einzelnen zu Hause, im Zug, im Hotelzimmer oder 26
in den Geschäftsräumen eines Kunden geleistet wird, ist die Anwendung und erst recht die Kontrolle von Vorschriften des Arbeitsschutz- und des Arbeitszeitrechts mit **Schwierigkeiten** verbunden.[40] Auf die entstehenden Einzelfragen ist schon an anderer Stelle eingegangen worden.[41]

[Nicht belegt] 27–31

IV. Das grenzüberschreitende Internet-Arbeitsverhältnis

1. Begriff und potenzielle praktische Bedeutung

Das Internet kennt keine Staatsgrenzen. Das macht es technisch unschwer 32
möglich, ein Arbeitsverhältnis zu praktizieren, bei dem der Arbeitgeber seinen Sitz im Land A hat, während der Arbeitnehmer im Land B tätig ist. In der juristischen Diskussion hat dies allerdings bislang kaum eine Rolle gespielt.[42] Die wenigen Ausnahmen bestätigen die Regel.[43]

Im Normalfall werden im Ausland ansässige Arbeitskräfte bislang **nicht** 33
direkt von deutschen Unternehmen eingestellt, sieht man einmal von der besonderen Situation ab, dass ein gesuchter Spezialist eine »Blaue Karte EU« oder eine sonstige Aufenthaltserlaubnis aufgrund eines mit einem deutschen Arbeitgeber abgeschlossenen Arbeitsvertrags erhalten soll. Im Normalfall ist die Einstellung Aufgabe einer lokalen Tochtergesellschaft,

---

40 Dazu bereits oben §§ 5 und 6.

41 Oben § 6 Rn. 24ff. und § 15 Rn. 17, 24.

42 Wank klammert dies ausdrücklich aus (Rn. 194).

43 Siehe vor allem Mankowski, DB 1999, 1854ff., Fenski, Rn. 466ff. und Schlachter, in: Noack/Spindler (Hrsg.), S. 226ff.; auch Strömer erwähnt unter 8.5.1 (S. 325) diese Möglichkeit, ebenso Wedde (Telearbeit, Rn. 642). Zum Homeoffice im Ausland als (kleinem) Anwendungsfall siehe oben § 15 Rn. 20f. Zur sozialversicherungsrechtlichen Seite Eichenhofer, in: FS Preis, S. 191ff.

die die örtlichen Verhältnisse kennt und die auch die Eignung von Bewerbern besser beurteilen kann. Arbeitsverhältnisse dieser Art haben keinen grenzüberschreitenden Charakter, weil lediglich die Arbeitsleistung einem in einem anderen Land ansässigen Unternehmen zugutekommt, zu diesem aber keine rechtliche Beziehung besteht.[44] Dies stellt auch keine Gesetzesumgehung dar. Sie käme nur dann in Betracht, wenn die ausländische Tochter als **reine Briefkastenfirma** fungieren und die Einstellung von einem vorübergehend im Ausland weilenden Beschäftigten des Arbeitgebers vorgenommen würde. Von diesem Sonderfall einmal abgesehen, kommt ein grenzüberschreitendes Internet-Arbeitsverhältnis neben den Blue-Card-Fällen dann zustande, wenn **bestimmte Personen ihre Arbeitskraft im Internet anbieten** oder wenn es um eine Arbeitsaufgabe geht, die rund um die Uhr in Ländern aus unterschiedlichen Zeitzonen bearbeitet wird.[45] Bei qualifizierten Angestellten ist auch eine doppelte Verortung in der Weise denkbar, dass sowohl mit der örtlichen Niederlassung als auch mit der Zentrale ein Arbeitsverhältnis vereinbart wird.

2. Anwendbares Arbeitsrecht

34 Welche Rechtsordnung bei »grenzüberschreitenden« Arbeitsverhältnissen Anwendung findet, richtet sich nach den Regeln des sog. **Internationalen Privatrechts** (auch Kollisionsrecht genannt). Dabei wendet **jedes nationale Gericht sein eigenes Kollisionsrecht an**, was im Einzelfall zu beträchtlichen Schwierigkeiten führen kann.

35 **Beispiel:**
Ein deutscher Bauarbeiter war nach Saudi-Arabien entsandt worden. Sein deutscher Arbeitsvertrag sah in Übereinstimmung mit der tariflichen Regelung eine Überstundenvergütung von 25 % vor. Nach einiger Zeit brachte er in Erfahrung, dass das saudische Recht zwingend einen Überstundenzuschlag von 50 % vorschrieb. Da es mit den Beziehungen zum deutschen Arbeitgeber nicht zum Besten stand, klagte er vor dem islamischen Gericht in Riad. Dieses war über die Tatsache erfreut, dass auch ein Ungläubiger Vertrauen in seine Rechtsprechung hatte, wandte – was niemand überraschte – sein eigenes Recht an und verurteilte den Arbeitgeber zur Nachzahlung.[46] Dieser bezahlte zähneknirschend und sann auf Rache. Als der

44 Mankowski, DB 1999, 1857.
45 Mankowski, DB 1999, 1857. Vgl. auch Schlachter, in Noack/Spindler (Hrsg.), S. 226ff. Zum Fall des Crowdsourcing siehe unten § 18.
46 Der Fall ist geschildert bei Hohloch, RIW 1987, 353ff. mit Fn. 14.

Beschäftigte wieder in die Bundesrepublik zurückgekehrt war, sah er sich einem Rückzahlungsverlangen ausgesetzt: Die zusätzlichen 25 % seien ohne Rechtsgrund erworben, das Urteil des islamischen Gerichts sei in der Bundesrepublik nicht maßgebend. Entsprechende Ansichten wurden auch in der Literatur geäußert.[47] Gibt nun das deutsche Arbeitsgericht dem Arbeitgeber Recht, kann ein Rechtsstreit ohne Ende die Folge sein. Dem Arbeitnehmer kann man es nämlich nicht verwehren, wegen der in Deutschland erzwungenen Rückzahlung erneut Klage in Saudi-Arabien zu erheben. Aller Voraussicht nach würde das dortige Gericht seine frühere Entscheidung bestätigen, evtl. sogar drakonische Sanktionen gegen den Arbeitgeber verhängen, die eine Reise dorthin zu einem lebensgefährlichen Abenteuer machen könnten …

In der Praxis ist daher **immer zu beachten, vor welchem Gericht** eine **Klage erhoben** wird. Im Folgenden soll zunächst der Fall behandelt werden, dass ein im Ausland tätiger (z. B. indischer) Arbeitnehmer seinen deutschen Arbeitgeber in der Bundesrepublik verklagt (**a**). Anschließend soll uns die umgekehrte Konstellation beschäftigen, dass sich der Arbeitnehmer in Deutschland befindet und von hier aus z. B. einem US-amerikanischen Arbeitgeber seine Dienste erbringt (**b**). 36

a) Klage des im Ausland tätigen Arbeitnehmers

Klagt ein z. B. in Hongkong tätiger Arbeitnehmer vor einem deutschen Arbeitsgericht gegen seinen deutschen Arbeitgeber, prüft das Gericht zunächst seine **Zuständigkeit**. Diese richtet sich nach der EU-Verordnung 1215/2012.[48] Konkret bedeutet dies, dass der deutsche Arbeitgeber nach Art. 21 Nr. 1 Buchst. a der VO vor den deutschen Arbeitsgerichten verklagt werden kann; örtlich zuständig ist das Arbeitsgericht, in dessen Bezirk er ansässig ist. 37

Bei natürlichen Personen ist dies der Wohnsitz, bei juristischen der Sitz, der sich danach bestimmt, wo Leitungsentscheidungen des Unternehmens getroffen werden.

47 Hohloch, RIW 1987, 358 ff.; anders Gamillscheg, Internationales Arbeitsrecht, 1959, S. 280 f.

48 Offizieller Titel: »Verordnung (EU) Nr. 1215/2012 des Europäischen Parlaments und des Rates vom 12. 12. 2012 über die gerichtliche Zuständigkeit und die Anerkennung und Vollstreckung von Entscheidungen in Zivil- und Handelssachen«, ABl. EU v. 20. 12. 2012, Nr. L 351/1 ff., abgedruckt auch als Nr. 103 im Schönfelder-Ergänzungsband. Kommentierung durch Krebber, in: Franzen/Gallner/Oetker (Hrsg.), Europ. Arbeitsrecht Nr. 255.

Das deutsche Gericht wird dann prüfen, ob das Arbeitsrecht von Hongkong oder das der Bundesrepublik Deutschland Anwendung findet. Das bestimmt sich nach **Art. 8 Rom I-VO,** für Verträge, die vor dem 17. Dezember 2009 abgeschlossen wurden, jedoch weiterhin nach **Art. 30 EGBGB.**

38 Als erstes ist zu fragen, wo der »**gewöhnliche Arbeitsort**« des Arbeitnehmers liegt. Nach **Art. 8 Abs. 2 Rom I-VO** bzw. Art. 30 Abs. 2 Nr. 1 EGBGB findet nämlich grundsätzlich die dort geltende Rechtsordnung Anwendung. In unserem Beispiel ist dies das Recht von Hongkong.

> Hongkong gehört zwar mittlerweile zur Volksrepublik China, hat jedoch als sog. Sonderverwaltungszone sein eigenes Recht weitgehend behalten. Die vom Pekinger Volkskongress beschlossene Verfassung enthält einige juristische »Leckerbissen«, etwa die verbindliche Festlegung, dass der Kapitalismus noch 50 Jahre garantiert sei; außerdem gehört zwar alles Land in Hongkong dem chinesischen Volk, doch besitzen die Privateigentümer Bestandsschutz.[49] Für das Volk bleiben daher im Wesentlichen Straßen und Plätze ...

39 Dieses Prinzip kennt jedoch **Ausnahmen**. Haben etwa die Arbeitsvertragsparteien **vereinbart**, dass **ein anderes Recht** (z. B. deutsches Recht) Anwendung finden soll, wird dieses nach Art. 8 Abs. 1 Rom I-VO bzw. Art. 30 Abs. 1 EGBGB zugrunde gelegt. Allerdings bleiben dem Arbeitnehmer alle zwingenden Schutzvorschriften des Rechts von Hongkong erhalten. Insoweit haben sich Art. 8 Abs. 1 bzw. Art. 30 Abs. 1 für eine Art internationales Rosinenprinzip entschieden.

40 Einige **eigene Vorschriften** nehmen wir **so wichtig**, dass wir sie auch dann durchsetzen, wenn an sich ein ausländisches Arbeitsrecht Anwendung findet. Wird beispielsweise – anders als in unserem Fall – in Deutschland unter einem ausländischen Arbeitsrecht gearbeitet, wenden wir deutsches Arbeitsschutzrecht nach **Art. 9 Abs. 1 Rom I-VO** bzw. Art. 34 EGBGB dennoch an. Wird die Arbeit im Ausland geleistet, ist dies von geringerer Bedeutung.

---

49 Vgl. The Basic Law of the Hong Kong Special Administrative Region of the People's Republic of China, chinesisch-englische Textausgabe, o.O., o.J. Art. 5 lautet: »The socialist system and policies shall not be practiced in the Hong Kong Special Administrative Region, and the previous capitalist system and way of life shall remain unchanged for 50 years.«.

Immerhin wird auch die **Betriebsverfassung** zu den Normen i.S.v. Art. 9 Abs. 1 Rom I-VO bzw. Art. 34 EGBGB gerechnet. Ist also der Arbeitnehmer in Hongkong aufgrund der engen informationstechnischen Ankoppelung an die deutsche Betriebseinheit nichts anderes als ein »Außenposten« des deutschen Betriebs, hat er aktives und passives Wahlrecht zum deutschen Betriebsrat. Davon dürfte bisher allerdings noch kaum je Gebrauch gemacht worden sein … 41

Enthält das ausländische Arbeitsrecht **Vorschriften, die** nach unseren Grundüberzeugungen **völlig inakzeptabel** sind, wenden wir sie nicht an. Grundlage hierfür ist der sog. **Ordre-public-Vorbehalt nach Art. 21 Rom – I-VO** bzw. Art. 6 EGBGB. Er ist für Extremfälle gedacht. 42

Kann man in Hongkong ohne jeden Grund von einem Tag auf den anderen auf die Straße gesetzt werden, könnte man wohl einen solchen Fall annehmen. Sicherlich würde man einen Verstoß gegen den Ordre public bejahen, wenn die Kündigung auch wegen des Geschlechts (»Frauen sind dumm und aufsässig«) oder wegen der Rasse (»Langnasen sind hinterhältig«) zulässig wäre.

Bleibt es im Streitfall etwa bei der Anwendung des Kündigungsschutzrechts von Hongkong, muss sich das Gericht die nötigen **Informationen über die dortige Rechtslage** verschaffen. Ist ihm dies nicht möglich, können nach § 293 ZPO auch die Parteien verpflichtet werden, sich darum im Einzelnen zu kümmern.[50]

Dem **Arbeitnehmer** steht es frei, statt in Deutschland **in Hongkong zu klagen**. Allerdings werden die dortigen Gerichte nach ihrem Prozessrecht verfahren, das nicht mit der VO übereinstimmen muss. Auch werden sie nach ihren Vorstellungen entscheiden, welches materielle Arbeitsrecht Anwendung findet. Im Zweifel werden sie in einem solchen Fall gleichfalls das Recht von Hongkong anwenden. Obsiegt der Arbeitnehmer, hat er allerdings u. U. Schwierigkeiten, aus dem Urteil in Deutschland zu vollstrecken. Faktisch hat er nur Zugriff auf das Vermögen des Arbeitgebers, das in Hongkong belegen ist. 43

b) Klage eines in Deutschland tätigen Arbeitnehmers gegen seinen ausländischen Arbeitgeber

Für einen hier Beschäftigten wird es relativ naheliegend sein, die Hilfe der deutschen Arbeitsgerichte in Anspruch zu nehmen. Ihre Zuständig- 44

50 Einzelheiten bei Geimer, Rn. 2577ff.

keit richtet sich gleichfalls nach der VO 1215/2012. Soweit diese nicht eingreift, werden die Zuständigkeitsvorschriften der ZPO entsprechend angewandt.

45 Die VO ist nach ihrem Art. 21 Abs. 2 bereits dann anwendbar, wenn der gewöhnliche Arbeitsort des Arbeitnehmers im Inland liegt. Insoweit unterscheidet sich die VO von der Vorgängerregelung nach der VO 44/2001, die eine inländische Niederlassung des Arbeitgebers voraussetzte.[51] Ist die Verordnung ausnahmsweise nicht anwendbar, weil der Arbeitnehmer abwechselnd in unterschiedlichen Staaten tätig ist, so muss nach den Regeln der ZPO verfahren werden. Danach kommen als Gerichtsstände im Einzelnen in Betracht:

46 • Die Arbeitsleistung, über die man streitet, wurde im Inland erbracht, ohne dass dies ein ständiger Arbeitsort wäre. Hier kann der **Gerichtsstand des Erfüllungsorts** nach § 29 ZPO gegeben sein. Insoweit bestehen aber Meinungsverschiedenheiten.[52]

47 • Geht es um eine **unerlaubte Handlung**, behauptet etwa der Arbeitnehmer, er sei in vorsätzlicher und sittenwidriger Weise vom Arbeitgeber geschädigt worden, würde sich ein Gerichtsstand aus § 32 ZPO ergeben.

48 • Schließlich kann der Arbeitgeber im Inland deshalb verklagt werden, weil er **hier über Vermögen verfügt** (§ 23 ZPO). Allerdings reicht ein schlichtes Bankkonto für sich allein nicht aus,[53] vielmehr muss ein Minimum an innerstaatlicher Aktivität entfaltet werden. Dabei spielt das Arbeitsverhältnis eine wichtige Rolle.[54]

Bejaht ein deutsches **Arbeitsgericht** aus einem dieser Gründe seine Zuständigkeit, **wendet es** im Falle des Art. 21 Abs. 2 der VO das Recht des gewöhnlichen Arbeitsorts, d.h. **deutsches Recht, an**. In den anderen Fällen kommen die weiteren Anknüpfungsmomente zum Tragen.

49 Der Rückgriff auf das Recht am ständigen Arbeitsort steht unter dem Vorbehalt, dass nicht zu einer anderen Rechtsordnung »**engere Verbindungen**« bestehen. Ein solcher Ausnahmetatbestand ist dann anzunehmen, wenn deutlich mehr Anhaltspunkte für eine »Nähe« zum anderen Recht sprechen, eine Frage, die sich bei entsprechender Gestaltung auch im Hongkong-Fall hätte stellen können.

---

51 Zu dieser Däubler, NZA 2003, 1297ff.

52 Siehe Thomas/Putzo, § 29 Rn. 6.

53 BGH, 2.7.1991 – XI ZR 206/90, BGHZ 115, 90.

54 Zur (erheblichen) Bedeutung des Klägerwohnsitzes für die Anwendbarkeit des § 23 ZPO siehe BGH, 13.12.2012 – III ZR 282/11, NJW 2013, 386.

Der in Deutschland für eine amerikanische Firma arbeitende Informatiker ist amerikanischer Staatsbürger. Auch wurde der Arbeitsvertrag in englischer Sprache geschlossen und eine Vergütung in Dollar vereinbart. Hier spricht wohl mehr für die Anwendung des US-amerikanischen Rechts.[55]

Bejaht das Gericht die Anwendung eines ausländischen Arbeitsrechts, kommt Art. 9 Rom I-VO bzw. Art. 34 EGBGB voll zur Wirkung. 50

Wenn die Voraussetzungen eines inländischen Betriebs vorliegen, hat der US-Bürger deshalb dort auch aktives und passives Wahlrecht zum Betriebsrat.

Dabei ist zu berücksichtigen, dass der Kreis der »**absolut zwingenden Normen« bei Arbeit im Inland durch § 2 AEntG wesentlich erweitert** worden ist.[56] Danach ist beispielsweise auch das Verbot des Lohnwuchers nach § 138 BGB und das BUrlG in solchen Fällen als Mindeststandard anzuwenden.[57] Trotz der Anwendung des US-amerikanischen Rechts kann also der Arbeitnehmer einiges von unseren Arbeitsgerichten erwarten.

Schwierigkeiten ergeben sich hier nicht anders als im Hongkong-Fall bei 51
der **Vollstreckung**: Das deutsche Urteil ermöglicht im Regelfall nur den Zugriff auf das in Deutschland belegene Vermögen des Arbeitgebers.

Der hier tätige Arbeitnehmer kann selbstredend auch in den USA klagen. 52
Vermutlich wird dort mit Rücksicht auf den Sitz des Arbeitgebers kein ernsthaftes Zuständigkeitsproblem auftauchen. Welche Rechtsordnung angewandt würde, bestimmt sich nach dem dortigen Recht. Dabei ist durchaus offen (und vermutlich von Einzelstaat zu Einzelstaat verschieden), ob man grundsätzlich auf den gewöhnlichen Arbeitsort abstellt oder sofort nach der engeren Verbindung zu einem bestimmten Land fragt. Außerdem sind gerichtliche Verfahren in den USA außerordentlich aufwendig und teuer. Das ist allerdings keine neue oder gar eine internetspezifische Erfahrung: Trotz des Sprungs in der technologischen

---

55 Vgl. BAG, 24.8.1989 – 2 AZR 3/89, DB 1990, 1667: Arbeit einer englischen Staatsangehörigen auf einem Schiff unter deutscher Flagge, das einem Engländer gehörte. Bezahlung in engl. Pfund.

56 Die Vorschrift wurde durch das Korrekturgesetz vom Dezember 1998 eingeführt, das u. a. die sog. Entsenderichtlinie der EU (ABl v. 21.1.1997, Nr. L 18/1ff.) umsetzte.

57 Einzelheiten bei Däubler, RIW 2000, 257ff.

Entwicklung ergeben sich im Kollisionsrecht keine grundlegend neuen Rechtsfragen.[58]

V. Arbeitsrecht im virtuellen Unternehmen

1. Annäherungen an einen Begriff

53 Von »virtuellen Unternehmen« zu reden, liegt dem ersten Anschein nach im Trend der Zeit. Mit Recht wurde von betriebswirtschaftlicher Seite betont, häufig stehe der **Schlagwort-Charakter** im Vordergrund, eine präzise Vorstellung, ein dahinterstehendes Konzept sei nicht erkennbar.[59] Andernorts ist von einem »schillernden Begriff« die Rede,[60] der naturgemäß unterschiedlicher Ausdeutung zugänglich ist. Die Unsicherheit in der Begriffsbildung verweist auf die Unsicherheit in der Sache selbst: Wie die Arbeitswelt unter der Dominanz der Informationstechnik in 20 oder 30 Jahren aussehen wird, lässt sich nicht mit annähernder Sicherheit prognostizieren.

Soweit sich überhaupt ein von vielen Autoren benutzter »Begriffskern« ausmachen lässt, ist dieser durch **zwei Elemente** charakterisiert.

54 • Das Unternehmen ist »virtuell«, weil seine **Aktivitäten**, sein »Leben« **nur auf dem Bildschirm sichtbar** sind. Für den an Äußerlichkeiten orientierten Betrachter existiert der Cyberspace nur in der Vorstellung, nur als gedachte Größe – dass er in Wirklichkeit ganz praktische Konsequenzen hat, bleibt terminologisch im Hintergrund. Darin kann man einen ideologischen Sprachgebrauch sehen, der (bewusst oder unbewusst) von der Wirklichkeit ablenkt. Wenn ich ein Konto bei der Comdirekt-Bank habe oder ein Buch bei »Buch & mehr direkt« bestelle, sind das ganz reale Vorgänge. Trotz der eingesetzten Mittel geht es nicht um »virtuelle« Phänomene. Daneben gibt es natürlich auch die nur vorgestellte Glitzerwelt, in der ich Monopoly spiele oder ein virtuelles Wertpapierdepot unterhalte, wo ich mit fiktivem Geld spekuliere. In diesen Fällen ist der Ausdruck »virtuell« durchaus korrekt.

Manchmal wird man auch da in die Realität zurückgeholt. Wer übers Internet nach »EdenCity« kommt (*www.edencity.de*), wird nach seiner Regis-

58 Ähnlich Mankowski, DB 1999, 1858.

59 Wehling, Industrielle Beziehungen 7 (2000), S. 132.

60 Fricke, AiB 1997, 31.

trierung im »Einwohnermeldeamt« von einer Sandra freundlich gefragt: »Was kann ich für Dich tun?« Reagiert man darauf mit einem freundlich-kommunikativen »Ich würde Dich gerne sehen«, erhält man die Antwort: »No chance, bin 'ne Maschine.«

- Das zweite Element ist dem Wort gleichfalls nicht anzusehen: Virtuelle Unternehmen sind »**flexible Größen**«, die sich je nach Projekt oder Auftrag aus unterschiedlichen kleineren Einheiten zusammensetzen, die am besten für die Lösung einer Aufgabe geeignet erscheinen. Ist das Projekt oder der Auftrag abgearbeitet, hat das Unternehmen seinen Zweck erfüllt und wird aufgelöst. Seine »Elemente« (oder einzelne von ihnen) finden sich möglicherweise in neuer Zusammensetzung bei einem anderen Projekt wieder. Diese **Einheiten können** – in heutiger Terminologie gesprochen – **Kleinbetriebe**, aber auch Zusammenschlüsse von drei oder vier Personen oder auch eine Einpersoneneinheit sein.[61] 55

Den Prognosen nach ist mit solchen Strukturen vor allem in der IT-Branche zu rechnen.

2. Arbeitsrechtliche Konsequenzen

a) Normen passen nicht mehr ...

Legt man eine solche Vorstellung zugrunde, ist für das Arbeitsrecht Beunruhigung angesagt. Die zu verarbeitenden Veränderungen wären sehr viel gravierender als die, die das »Internet-Arbeitsverhältnis« bringen würde. Im Wesentlichen geht es dabei um drei verschiedene »**Ausbrüche« aus dem überkommenen arbeitsrechtlichen System.** 56

- Besteht die »Kleineinheit« aus einer Person oder mehreren gleichberechtigt zusammenarbeitenden Individuen, **fällt es schwer**, die Rechtsbeziehung zu dem virtuellen Unternehmen **als Arbeitsverhältnis zu qualifizieren**. Ob wirklich Weisungsabhängigkeit besteht, wird höchst zweifelhaft sein, vor allem dann, wenn man die eigene Arbeitskraft auch in ein oder zwei andere Projekte hätte einbringen können. Die Parallele zum Handwerker oder besser zum Software- oder Unternehmensberater liegt hier sehr viel eher auf der Hand. 57
- Auch wenn die »kleine Einheit« einen Inhaber hat, werden häufig die **Grenzwerte** nicht erreicht sein, die **für das Eingreifen des Kündigungsschutzes** oder der Mitbestimmung in personellen und 58

61 Zu diesem Begriffsverständnis siehe Wolmerath, in: FS Däubler, S. 717ff.; Wehling, Industrielle Beziehungen 7 (2000), S. 133ff.

wirtschaftlichen Angelegenheiten vorgesehen sind. Auch fällt es erfahrungsgemäß **schwer**, angesichts evtl. täglich wechselnder Zusammenarbeit **eine betriebliche Interessenvertretung zu wählen**, die die »gemeinsamen« Interessen der Beschäftigten zur Geltung bringt.[62]

59 • Viele **wirtschaftliche Entscheidungen** werden auf der Ebene **des virtuellen Unternehmens** getroffen, sei es, dass dieses über eigene Organe verfügt, sei es, dass die beteiligten Einheiten sich gemeinsam auf ein bestimmtes Vorgehen festlegen. Bis hier eine Vertretungsstruktur – etwa in Form eines Gesamtbetriebsrats – aufgebaut ist, wird möglicherweise das ganze Projekt schon sehr weit gediehen, vielleicht sogar abgeschlossen sein. **Eine den Prozess der Entscheidungsfindung begleitende Mitbestimmung ist schwer erreichbar.**

b) … doch Abhilfe ist möglich

60 Reaktionen der Rechtsordnung sind denkbar, lassen sich fundiert aber erst diskutieren, wenn das Phänomen des virtuellen Unternehmens da und dort Verwirklichung gefunden hat. Deshalb nur einige **vorläufige Überlegungen**:[63]

61 • Man kann den **Arbeitnehmerbegriff** dadurch ein Stück **erweitern**, dass man in Fortführung bestehender Ansätze in der BAG-Rechtsprechung auch die Schaffung wirtschaftlicher Rahmenbedingungen, die ein bestimmtes Verhalten nahelegen, als Begründung von abhängiger Arbeit wertet. Bleiben für die »kleine Einheit« aber grundsätzliche Verhaltensalternativen, ist das Arbeitsrecht nicht anwendbar. In diesen Fällen kann man sich fragen, inwieweit **zivilrechtliche Bestimmungen** einen **Minimalschutz** garantieren können. Darauf wird im übernächsten Kapitel im Zusammenhang mit Crowdworking einzugehen sein.

62 • **Mehrere Kleinbetriebe** lassen sich **durch Tarifvertrag** zu einer betriebsratsfähigen Einheit **zusammenfassen**. Entsprechende Erfahrungen existieren etwa mit Filialbetrieben. § 3 Abs. 1 Nr. 1 BetrVG lässt dies ausdrücklich zu. Auch wäre es vorstellbar und nach § 3 Abs. 1 Nr. 3 BetrVG zulässig, für ein aus zahlreichen Mikrounternehmen

62 Dazu Deinert, DRdA 2022, 153, 156.

63 Siehe auch Fricke, AiB 1997, 33 ff.; Wehling, Industrielle Beziehungen 7 (2000), S. 150 ff.; Wiedenfels, AuA 2000, 418 f.; Wolmerath, in: FS Däubler, S. 719 ff. Zur virtuellen »Demo« (Absenden von 100 000 E-Mails, die den Arbeitgeberbetrieb vorübergehend funktionsunfähig machten) siehe den Bericht in: metall 4/2000, 14. Zum E-Mail-Aufruf bei BASF, die Mittagspause zu verlängern, um Verhandlungen mit dem Arbeitgeber voranzubringen, siehe Kiper, PersR 2004, 208. Zu Kampfmaßnahmen im Internet siehe oben § 13 Rn. 38 ff.

zusammengesetztes virtuelles Unternehmen eine überbetriebliche Interessenvertretung zu schaffen. Diese könnte schon bei der Gründung in Funktion treten, was sich durch bestimmte rechtliche Vorkehrungen bewerkstelligen ließe.

Schon heute ist eine Verschmelzung oder Spaltung von Unternehmen nur dann möglich, wenn vorher die betrieblichen Interessenvertretungen eingeschaltet wurden.

- Die schwierigsten Probleme wirft die **fehlende Dauerhaftigkeit des Unternehmens** auf. Sie führt zu einer generellen **Befristung der** mit Einzelpersonen oder kleinen Gruppen abgeschlossenen **Arbeitsverhältnisse**. Ein Gegenmittel kann in der **Schaffung eines künstlichen Arbeitgebers** für die ganze Branche liegen, zu dem ein »Grundsatzarbeitsverhältnis« besteht, das durch Einsätze für verschiedene virtuelle Unternehmen aktualisiert wird. In Zeiten fehlenden Einsatzes würde ein Mindesteinkommen garantiert, was dem Einzelnen die nötige Unabhängigkeit verschaffen würde, die er für eine produktive und kreative Arbeit benötigt. 63

Eine entsprechende Konstruktion existiert in vielen deutschen und ausländischen Häfen: Als künstlicher Arbeitgeber wurde der sog. Gesamthafenbetrieb geschaffen, der zwar die Funktion eines Vertragsarbeitgebers wahrnimmt, wirtschaftlich jedoch die Funktion eines hafeninternen »Arbeitskräftezuteilers« erfüllt. **Flexibler Einsatz für ganz unterschiedliche Auftraggeber wird so mit Stabilität der Beschäftigung kombiniert** – einer der ganz seltenen Fälle, in denen man von »flexicurity« sprechen könnte. 64

Das alles mag im Moment höchst utopisch klingen – doch sollte man nicht vergessen, dass nicht nur die Arbeitnehmer selbst an einer gesicherten Existenz interessiert sind. **Auch die Arbeitgeberseite kann nur dann Innovationen und Produktivitätsfortschritte erwarten**, wenn die sie tragenden Menschen **ohne Existenzangst** und auf einem gesicherten wirtschaftlichen Niveau tätig werden können. In einer »Wissensgesellschaft« haben die Motivation des Arbeitnehmers und seine Identifizierung mit der Aufgabe einen fundamental anderen Stellenwert als am traditionellen industriellen Fließband. 65

Vielleicht werden die Gewerkschaften der IT-Beschäftigten in einigen Jahren wie folgt argumentieren: Ein Arbeitnehmer ist ein Stück Venture-Capital, das man nach Kräften pflegen und bei Laune halten muss. Wenn einer von zehn eine Erfindung macht, hat sich das Ganze schon gelohnt. 66

§ 17 Plattformökonomie I: Auftragsvermittlung übers Netz

I. Neue internetbasierte Arbeitsformen – die Plattformökonomie

1 Die bisherigen Darstellungen und Überlegungen gingen stillschweigend von den vorhandenen Arbeitsplätzen aus, wo sich die Anforderungen und die örtliche und zeitliche Bindung durch die fortschreitende Digitalisierung verändern und in Zukunft weiter verändern werden. Die Erfassung der Realität bliebe aber höchst lückenhaft, würde man nicht auch **neue Arbeitsformen** einbeziehen, die in Entstehung begriffen sind. Initiator sind sog. Plattformen im Internet, die Angebot und Nachfrage »zusammenbringen«. Sie vereinfachen den Austausch auf dem Markt so sehr, dass zahlreiche Transaktionskosten wegfallen und andere Unternehmen ihre Daseinsberechtigung verlieren können.[1] Dies fördert nicht immer das soziale Ansehen der Plattformen. So hat es der EuGH ausdrücklich für zulässig erklärt, dass ein Produzent von Luxusgütern den Händlern verbietet, diese auf Plattformen anzubieten – das wäre dem »Luxusimage« abträglich.[2] Auf der anderen Seite können sie das Verhalten beider (Markt-)Seiten steuern und so erhebliche Macht gewinnen.[3] Bei der »Plattformökonomie« sind **zwei Phänomene** zu unterscheiden.

1. Vermittlung von Aufträgen

2 Durch ein neues internetbasiertes Geschäftsmodell ist die **Firma Uber** bekannt geworden. Jeder Kunde erhält eine App auf sein Smartphone, die Zugang zum Internet gibt und die es für Uber möglich macht, den jeweiligen Standort über GPS zu ermitteln. Sobald seine Kreditkartendaten

1 Zum Überflüssigwerden des Unternehmens im Sinne von Coase siehe Schneider-Dörr, SPW 6/2017, 60.
2 EuGH, 6.12.2017 – C-230/16, JZ 2018, 468.
3 Schneider-Dörr, DRdA 2022, 147.

überprüft sind, kann er ein Konto eröffnen und Fahrten bestellen. Zahlreiche Fahrer verfügen ebenfalls über eine Uber-App; derjenige, der dem Kunden im Augenblick der Bestellung am nächsten ist, erhält den Auftrag. Man spricht deshalb hier wie in vergleichbaren anderen Fällen von »economy on demand«. Der Kunde bezahlt an Uber, der ca. 20 bis 30 % einbehält und den Rest dem Fahrer gutschreibt. Der **Kunde bewertet den Fahrer**, der Fahrer den Kunden (»Rating«), ohne dass dies der jeweiligen anderen Seite bekannt würde. Erhält ein Fahrer mehrere schlechte Ratings, bekommt er keinen Vertrag mehr. Je zahlreicher die abgewickelten Aufträge, umso geringer die Uber-Anteile, umso höher das Entgelt für den Fahrer. Die **Preise** für die einzelnen Fahrten (»München – Nürnberg«) **und** die zu fahrenden **Routen** werden von Uber festgelegt. Ist die Firma in einer Stadt noch nicht etabliert, erhalten die Fahrer ein relativ ordentliches Entgelt, das aber im Laufe der Zeit immer mehr abgesenkt wird. Auch die Background-Musik während der Fahrt ist vorgegeben, soweit der Kunde keine abweichenden Wünsche äußert.[4]

Die Firma Uber, deren Geschäftsmodell in Deutschland und Frankreich, nicht aber in Großbritannien bislang **an gewerberechtlichen Hindernissen gescheitert** ist,[5] vertritt den Standpunkt, nicht als Arbeitgeber der Fahrer, sondern als reiner Vermittler aufzutreten.[6] 3

Ein ähnliches, aber den Leistenden gegenüber weniger rigides System wird von Task Rabbit praktiziert, wo ein Kunde, Privatmann oder Unternehmen, Dienste der unterschiedlichsten Art bestellen kann. Dabei kann es um das Mähen des Rasens oder das Erledigen von Einkäufen, aber auch um die Gewährung von Personenschutz gehen.[7] Hier findet gleichfalls ein Rating statt, das jedoch nicht zum Ausschluss des negativ Bewerteten führt. Vielmehr werden leistungssteigernde Maßnahmen in die Wege ge- 4

4 Schilderung des Geschäftsmodells nach Prassl/Risak, Comparative Labor Law and Policy Journal 37 (2016), Issue 3, auch verfügbar unter *ssrn.com/abstract=2733003*. Das Modell ist weiter behandelt bei Krause, 71. DJT, B 20, 99 ff.

5 Dazu HambOVG, 24.9.2014 – 3 Bs 175/14, NVwZ 2014, 1528, Verfassungsbeschwerde als unzulässig verworfen durch BVerfG 13.11.2014 – 1 BvR 2861/14; siehe weiter LG Frankfurt/Main, 18.3.2015 – 3/8 O 136/14 u.a., CR 2016, 126; KG 11.12.2015 – 5 U 31/15, GRUR-RR 2016, 84. Eine Berufung auf die Dienstleistungsfreiheit des AEUV ist nur eingeschränkt möglich; die Zulassung von Uber entscheidet sich daher allein nach nationalem Recht (EuGH, 20.12.2017 – C-434/15).

6 In Deutschland begnügt sich Uber damit, Fahrtaufträge an lizensierte Taxi- und Mietwagenunternehmen weiterzugeben (siehe *www.uber.com/global/de/u/wir-sind-hier/* – 5.6.2022). Vom eigentlichen Geschäftsmodell bleibt da nicht viel übrig.

7 Ein ähnliches Geschäftsmodell findet sich bei Helpling.

leitet oder weniger rentable Aufträge zugeteilt. **TaskRabbit** vertritt gleichfalls den Standpunkt, nur Vermittler zu sein; ob zwischen Kunde und »Tasker« ein Arbeitsverhältnis entsteht, bleibt unentschieden.[8] Manche Portale konzentrieren sich auf spezielle Bedürfnisse, z. B. bei »*careship.de*« auf Einkaufshilfe und Betreuung, bei »*advocado.de*« auf Rechtsberatung und Rechtsvertretung und bei »*erstenachhilfe.de*« auf Schulprobleme.[9]

4a Wachsende Verbreitung erfahren **Essenslieferdienste** (food deliverance services): Der Kunde bestellt ein Essen in einem bestimmten Restaurant. Der Lieferdienst schickt einen in der Nähe des Restaurants befindlichen Fahrer los, der das Essen abholt und dem Besteller in seiner Wohnung übergibt. Am bekanntesten sind die Firmen Deliveroo, Foodora und »Gorillas«, wobei Deliveroo seinen Betrieb in Deutschland im August 2019 eingestellt hat und der Betrieb von Foodora im gleichen Jahr von Lieferando übernommen wurde. Wie bei Deliveroo und Foodora die Situation der Arbeitskräfte beschaffen war, wurde 2017 und 2018 Gegenstand einer empirischen Untersuchung in Berlin,[10] deren Ergebnisse unter II. 3. wiedergegeben werden.

5 Die **Beschäftigung** erfolgt **in unterschiedlichen Formen**. Zum Teil erfolgt eine Einstellung durch den Haushaltsvorstand als geringfügig beschäftigte Arbeitskraft oder in Schwarzarbeit. Zum Teil wird die Arbeitskraft als Solo-Selbstständige tätig. Schließlich gibt es Fälle, in denen die Arbeitenden bei Dienstleistungsfirmen als Arbeitnehmer angestellt sind.[11] Zwischen der IG BAU, die auch für das Gebäudereinigungshandwerk zuständig ist, und dem Ferienwohnungsvermittler **Airbnb** finden Gespräche über die Arbeitsbedingungen von Reinigungskräften statt.[12] Besonderes Interesse verdienen in diesem Zusammenhang die Essenslieferanten: Während **Deliveroo** grundsätzlich **selbstständige Fahrer** beschäftigte, arbeitet der Konkurrent **Foodora** vorwiegend mit **Arbeitnehmern,** ohne dass ein ins Gewicht fallender Wettbewerbsnachteil erkennbar wäre. Insgesamt kommt aber dieser Art von internetver-

---

8 Schilderung bei Prassl/Risak, a. a. O., S. 22 ff.

9 Beispiele nach Kocher/Hensel, NZA 2016, 985. Siehe auch Klebe, NZA Beilage 3/2017, 78.

10 Ivanova/Bronowicka/Kocher/Degner, Foodora and Deliveroo: The App as a Boss? Control and Autonomy in App-Based Management – The Case of Food Delivery Riders, abrufbar unter *www.boeckler.de/pdf/p_fofoe_WP_107-2018.pdf* (29. 11. 2019).

11 Kocher/Hensel, NZA 2016, 984, 986 f.

12 Mitgeteilt bei Goddar, Mitbestimmung 12/2017, abrufbar unter *www.boeckler.de/de/magazin-mitbestimmung-2744-agil-ja-aber-nicht-per-order-von-oben-5920.htm.*

mittelten Dienstleistungen in Deutschland eine weit geringere Rolle als z. B. in China zu.

2. Arbeit im Netz

Die zweite Erscheinungsform der Plattformökonomie besteht darin, dass im Netz nicht nur eine Art von Vermittlung stattfindet, sondern dass die Arbeit selbst im Internet erfolgt. Allein diese Form der Arbeit war ursprünglich mit dem **Begriff »Crowdwork«** gemeint, weil die Arbeitenden üblicherweise aus der »Crowd«, der unübersehbaren Menge der Internetnutzer, gewonnen wurden. Inzwischen wird dieser Begriff auch auf die Vermittlung von Aufträgen in der realen Welt erstreckt, obwohl die Verträge dort auch auf anderem Wege zustande kommen können. Die reine Arbeit im Netz soll im nächsten Abschnitt näher betrachtet werden.[13] 6

3. Zahlenmäßige Bedeutung

Nach Einschätzung der EU-Kommission arbeiten in der Union ungefähr 28 Mio. Menschen für Plattformen,[14] was bei einer Gesamtzahl von 209 Mio. im Jahr 2021[15] einen Anteil von **gut 13 %** ausmacht. Von ihnen verdienen 55 % weniger als den gesetzlichen Mindeststundenlohn, was damit zusammenhängt, dass sie häufig als Selbstständige beschäftigt sind, für die der Mindestlohn nicht gilt. Dies ist deshalb besonders gravierend, weil die Zahl der Plattformbeschäftigten weiter ansteigt. 6a

II. Das Hauptproblem: Können Crowdworker Arbeitnehmer sein?

Im Rahmen der Plattformökonomie stellt sich bei allen bisher bekannten Erscheinungsformen die Frage, ob der die Dienste Leistende als Arbeitnehmer angesehen werden kann.[16] Ist dies der Fall, findet **Arbeitsrecht mit allen Konsequenzen** einschließlich des Kündigungsschutzes und der 7

13 Unten § 18.

14 Mitgeteilt bei Klebe, NZA 2/2022 Editorial.

15 *de.statista.com/statistik/daten/studie/249104/umfrage/erwerbstaetige-in-den-eu-laendern/.*

16 Schneider-Dörr, DRdA 2022, 147. Zur Diskussion in Österreich siehe Mosler, DRdA 2022, 119 ff.

Möglichkeit zur Bildung von Betriebsräten Anwendung. Dies gilt nach der neuesten Rechtsprechung des BAG[17] auch für die Pflicht des Arbeitgebers, die notwendigen Arbeitsmittel zur Verfügung zu stellen; im konkreten Fall ging es um ein Fahrrad und ein Smartphone für einen angestellten Essenslieferanten. Sind die Arbeitenden dagegen keine Arbeitnehmer, sondern Selbstständige, so ist zu prüfen, ob eine wirtschaftliche Abhängigkeit von einer bestimmten Plattform besteht. Ist dies der Fall, dürfte es sich meist um **arbeitnehmerähnliche Personen** handeln, auf die eine Reihe arbeitsrechtlicher Vorschriften Anwendung findet – allerdings unter Ausschluss so zentraler Bestimmungen wie des gesetzlichen Kündigungsschutzes und der Betriebsverfassung. Liegt im Einzelfall auch keine Arbeitnehmerähnlichkeit vor, bestimmt sich die rechtliche Behandlung der Arbeit ausschließlich nach **zivilrechtlichen Grundsätzen**, was möglicherweise zu erheblichen Schutzdefiziten führt. Als erstes ist daher der Frage nachzugehen, ob generell oder in bestimmten Fällen die Voraussetzungen des Arbeitnehmerbegriffs erfüllt sind.

7a Am 1. Dezember 2020 hat das BAG eine Entscheidung erlassen, wonach Crowdworker **unter bestimmten Voraussetzungen Arbeitnehmer** sein können.[18] Dies hat in Teilen der Literatur »große Überraschung« ausgelöst.[19] Bei anderen war von einem »Paukenschlag« die Rede.[20] Eine ganze Branche sehe sich »mit dem Rücken zur Wand« und »das eigene Geschäftsmodell am Boden zerstört«.[21] Die Erfurter Richter scheinen in der Tat neue Akzente gesetzt zu haben, die **auch für künftige Fälle von Bedeutung** sein werden. Dazu zählen auch solche, in denen der Vertrag nicht mit der Plattform, sondern mit dem auftraggebenden Unternehmen geschlossen wurde.[22] Die Entscheidung soll deshalb eingehender als üblich dargestellt und gewürdigt werden.

1. Der Sachverhalt der BAG-Entscheidung

8 **Beklagte** war die **Betreiberin einer Plattform**. Sie bot ihren Kunden u. a. an, die Präsentation von Markenprodukten im Einzelhandel und in Tankstellen zu kontrollieren. Dabei teilte sie die ihr erteilten Kontrollaufträge in **Kleinstaufträge** auf, die sie dann **an Crowdworker** vergab. Der Kläger war seit Februar 2017 für die Beklagte tätig, weil er sich um eine ent-

17 BAG, 10.11.2021 – 5 AZR 334/21, NZA 2022, 401.
18 BAG, 1.12.2000 – 9 AZR 102/20, NZA 2021, 552.
19 Häferer/Koops, NJW 2021, 1787; ähnlich Sittard/Pant, jM 2021, 416, 421.
20 Helm, AiB 2/2021, 45; Martina, NZA 2021, 616.
21 Reiserer/Lachmann, BB 2021, 1972.
22 Zu dieser Differenzierung Thüsing/Hütter-Brungs, in: FS Ingrid Schmidt, S. 940.

sprechende Tätigkeit bemüht hatte.[23] Dabei wurden von der Beklagten verschiedene Verträge zugrunde gelegt.

a) Die Rahmenvereinbarung

In einer »Rahmenvereinbarung« war u. a. festgeschrieben: 8a

- Das Unternehmen bietet Aufträge an, die bei korrekter Durchführung in der vereinbarten Höhe vergütet werden. Das Unternehmen ist zu einem solchen Angebot nicht verpflichtet.
- Der Crowdworker ist als Auftragnehmer **nicht verpflichtet, einen angebotenen Auftrag anzunehmen.**
- Der Auftragnehmer ist berechtigt, zur Erfüllung des Auftrags eigene Mitarbeiter einzusetzen oder **Unteraufträge zu erteilen**.
- Der Vertrag kann von beiden Seiten jederzeit gekündigt werden.

b) Die Allgemeinen Geschäfts- und Nutzungsbedingungen

Die Übernahme der Kontrolltätigkeiten setzte neben der Rahmenverein- 8b
barung voraus, dass der Kläger auf seinem Smartphone eine **App installierte**, über die praktisch die gesamte Kommunikation mit der Beklagten lief. Damit war die Vereinbarung der »Allgemeinen Geschäfts- und Nutzungsbedingungen« verbunden, in denen weitere Bedingungen festgelegt waren. Dabei wurden die Aufträge im Einzelnen beschrieben. Mit ihrer Annahme komme ein **Vertrag mit der Betreiberin** der Plattform (aber nicht mit deren Kunden) zustande. Auf diese Weise werde kein Arbeitsverhältnis begründet; auch bestehe keine Weisungsgebundenheit.

Die Erteilung eines Auftrags setzte voraus, dass der Crowdworker ange- 8c
meldet war und einen »Account« hatte. Dieser **Account** war **nicht übertragbar**; auch konnte für eine Person nur ein Account angelegt werden. Den Account (über den ersichtlich alle Leistungsbeziehungen liefen) konnte der Kläger nur mit seinem eigenen Smartphone nutzen; eine Teilung des Accounts war ausgeschlossen.

Jede Seite hatte das Recht, diesen »Nutzungsvertrag« ohne Einhaltung 8d
einer Frist und **ohne Angabe von Gründen zu kündigen**. Die Kündigung konnte durch E-Mail erfolgen.

c) Die übertragenen Aufgaben

Der Kläger führte überwiegend sog. **Tool Checks** durch. Dabei handelte 8e
es sich um Kontrollen, die nach vorheriger Anmeldung insbesondere in

23 Die folgenden Angaben sind dem Urteil des LAG München, 4.12.2019 – 8 Sa 146/19, (Urteilsausfertigung) und dem Urteil des BAG 1.12.2020 – 9 AZR 102/20, NZA 2021, 552 entnommen.

Tankstellen durchgeführt wurden. Der Auftrag beschrieb im Einzelnen die **Handlungsschritte** einschließlich der an den Verantwortlichen zu stellenden Fragen. Dem Kläger wurde ein vom Kunden der Plattform stammendes **Legitimationsschreiben** zur Verfügung gestellt, um so eine reibungslose Durchführung zu sichern. Daneben gab es sog. **Mystery Checks**, bei denen er sich nicht als »Kontrolleur« zu erkennen gab.

8f **Aufträge** wurden in der Regel während eines Zeitraums von zwei bis vier Monaten **ausgeschrieben.** Je länger sie ohne »Abnehmer« blieben, umso eher kam eine bessere Vergütung in Betracht. Soweit sich ein Crowdworker für einen Auftrag entschied, stand für die Erledigung in der Regel ein **Zeitfenster von zwei Stunden** zur Verfügung. Übernommene Aufträge konnten auch abgebrochen werden, ohne dass für diesen Fall spezielle Sanktionen vorgesehen waren. Wurde der Zwei-Stunden-Rahmen nicht eingehalten, fiel der Auftrag an die Beklagte zurück und wurde erneut ausgeschrieben.

d) Das Vergütungssystem

8g Nur vollständig und korrekt abgearbeitete Aufträge wurden vergütet. Außerdem erhielt der Crowdworker sog. **Erfahrungspunkte**, die auf seinem Nutzerkonto gutgeschrieben wurden. Dadurch konnte sein individueller Nutzerstatus verbessert werden. Zu diesem Zweck waren verschiedene »**Levels**« eingerichtet; je zahlreicher die Erfahrungspunkte waren und je höher der davon abgeleitete Level wurde, **umso größer** war die **Zahl der Aufträge**, die gleichzeitig »gebucht« werden konnten. Der Kläger hatte zuletzt Level 15 erreicht, was zur Folge hatte, dass er gleichzeitig 15 Aufträge annehmen konnte. Dies machte für ihn eine »**Tourenplanung**« **möglich**, wonach näher beieinander liegende Tankstellen und Einzelhandelsgeschäfte angefahren werden konnten und sich so die durchschnittlichen Fahrzeiten pro Auftrag verkürzten. **Nur auf diese Weise war ein einigermaßen lohnendes Arbeiten möglich**, bei dem Aufwand und Ertrag in einem angemessenen Verhältnis standen. Nach den auf der Website der Beklagten wiedergegebenen Bedingungen konnten Nutzer, die höheren Leveln zugeordnet waren, **kompliziertere Aufträge** erhalten, deren Erledigung zu einer besseren Vergütung und zu zusätzlichen Erfahrungspunkten führte.[24]

e) Die Situation des Klägers

8h In einem Zeitraum von elf Monaten erledigte der **Kläger insgesamt 2978 Aufträge.** Damit gehörte er zu den sog. **Power Usern**; er wurde deshalb im Herbst 2017 als »aktivster Mikrojobber des Jahres« mit einer

24 LAG München (vorhergehende Fn.), Urteilsausfertigung, S. 9.

Urkunde ausgezeichnet.[25] Seine wöchentliche Arbeitszeit belief sich auf **ca. 20 Stunden**; pro Monat verdiente er etwa 1750 Euro. Davon mussten allerdings sämtliche **Unkosten**, insbesondere für die Fahrten, bestritten werden; als Nicht-Arbeitnehmer, d.h. als Selbstständiger, musste der Kläger außerdem die vollen Kosten für die **Renten- und die Krankenversicherung** tragen, soweit er nicht auf eine solche Vorsorge verzichten wollte.[26]

Drei Monate nach seiner Auszeichnung als »Aktivster Mikrojobber des Jahres« wurde das **Nutzerkonto des Klägers** ohne Wahrung einer Frist **deaktiviert**. Von da an konnte er keine Aufträge mehr erhalten; auch der erreichte »Level« war verloren. Anlass war eine Auseinandersetzung um 10 Euro, die ihm die Plattform nach seiner Auffassung noch hätte bezahlen müssen.[27] Er setzte sich gegen die Auflösung seines Beschäftigungsverhältnisses zur Wehr und klagte insbesondere auf **Feststellung**, dass im Verhältnis zur beklagten Betreiberin der Plattform ein **Arbeitsverhältnis** bestehe.[28] Das ArbG München[29] und das LAG München[30] wiesen seine Klage ab, während das **BAG**[31] die bestehende rechtliche Beziehung als Arbeitsverhältnis qualifizierte. Dies verdient nähere Betrachtung. 8i

2. Die Bestimmung des Arbeitnehmerbegriffs auf der Grundlage des § 611a Abs. 1 BGB

Der seit 1.4.2017 geltende § 611a BGB enthält die maßgebenden Vorgaben dafür, wann eine arbeitende Person als »Arbeitnehmer« zu qualifizieren ist und deshalb grundsätzlich den vollen Schutz des Arbeitsrechts genießt.[32] Das **BAG** befasst sich **sehr eingehend** mit dieser Bestimmung; seine Entscheidung enthält auch Aussagen, die im vorliegenden Fall nicht zwingend geboten waren, die jedoch in anderen Zusammenhängen von 9

25 Diese Information findet sich nicht im Urteilstext, sondern nur in einem Bericht des Prozessbevollmächtigten (Helm, AiB 2/2021, 46).

26 Bei der Krankenversicherung ist ein solcher Verzicht seit 2009 nicht mehr möglich; zumindest der Basistarif in der privaten Krankenversicherung muss abgeschlossen werden.

27 Auch diese Angabe nach Helm, AiB 2/2021, 46.

28 Die weiteren Anträge sollen hier aus Vereinfachungsgründen nicht einbezogen werden.

29 ArbG München, 20.2.2019 – 19 Ca 6915/18, juris.

30 LAG München, 4.12.2019 – 8 Sa 146/19, NZA 2020, 316ff. Kritisch dazu Wenckebach, CuA 6/2020, 31ff.

31 BAG, 1.12.2020 – 9 AZR 102/20, NZA 2021, 552.

32 § 611a BGB gilt für das gesamte Arbeitsrecht: Henssler/Pant, RdA 2019, 322; Wank, AuR 2017, 140.

erheblicher Bedeutung sein können. Von daher sollen sie eingehend dargestellt werden.

a) Probleme des Wortlauts

10 Nach dem Wortlaut der Bestimmung des § 611a Abs. 1 BGB könnten sich viele Zweifelsfragen ergeben. So bestimmt etwa Abs. 1 Satz 1:

»Durch den Arbeitsvertrag wird der Arbeitnehmer im Dienste eines anderen zur Leistung weisungsgebundener, fremdbestimmter Arbeit in persönlicher Abhängigkeit verpflichtet.«

Wie muss danach die Arbeit beschaffen sein? Sind Weisungsbindung und Fremdbestimmung zwei selbstständige Merkmale, die beide vorliegen müssen? Oder genügt es, wenn eines von beiden gegeben ist? Was bedeutet es, wenn außerdem davon die Rede ist, die Arbeit müsse »im Dienste« eines andern und in »persönlicher Abhängigkeit« erfolgen? Sind damit zusätzliche Merkmale gemeint, die zur Weisungsbindung und Fremdbestimmung hinzukommen müssen?

11 Aus der **Entstehungsgeschichte** der Norm ergibt sich, dass der Gesetzgeber die **Rechtsprechung des BAG kodifizieren** wollte. Dies wird im Regierungsentwurf mit hinreichender Deutlichkeit zum Ausdruck gebracht, wenn es heißt, es werde »die von der Rechtsprechung entwickelte Abgrenzung von abhängiger zu selbstständiger Tätigkeit gesetzlich niedergelegt«,[33] es gehe um eine »1:1-Kodifizierung einer gefestigten höchstrichterlichen Rechtsprechung«[34] und um eine »wörtliche Wiedergabe der Leitsätze der höchstrichterlichen Rechtsprechung.«[35] Zwar hat Wank mit Recht darauf hingewiesen, dass die Leitsätze nicht immer den vollen Inhalt wiedergeben und dass es sich bei der bisherigen Rechtsprechung keineswegs um ein widerspruchsfreies Gebäude handle,[36] doch dürfte kein Zweifel bestehen, dass **Interpretationen fortgeführt werden können, die bisher allgemein anerkannt waren.** Die Kodifikation hat aber nicht den Sinn, den bislang erreichten Zustand gewissermaßen »einzufrieren«; vielmehr ist eine **Weiterentwicklung** durch die Rechtsprechung selbstredend **möglich.**[37] Die Chance, sich der neuen Beschäftigungsformen ins-

---

33 BR-Drs. 294/16, S. 3.

34 BR-Drs. 294/16, S. 13; ebenso BT-Drs. 18/10064, S. 4.

35 BR-Drs. 294/16, S. 28. Dazu insbesondere MünchArbR-Temming, § 18 Rn. 12.

36 Wank, AuR 2017, 140.

37 Siehe statt aller Riesenhuber, RdA 2020, 226; Rinck, RdA 2019, 127; Waltermann, NZA 2021, 297, 298; Wank, AuR 2017, 140, 153.

besondere in der Plattformökonomie selbst anzunehmen, hat der Gesetzgeber allerdings (leider) nicht genutzt.[38]

b) Die innere Systematik des § 611a Abs. 1 Satz 1 BGB

In der Literatur ist man sich im Wesentlichen einig, dass die **»persönliche Abhängigkeit«** lediglich die Merkmale »Weisungsabhängigkeit« und »Fremdbestimmung« zusammenfasst, selbst aber **keine zusätzlichen Anforderungen** stellt; dieses Merkmal hat keinen eigenständigen materiellen Inhalt.[39] Dasselbe gilt für das **»Im-Dienste-eines-andern«-Stehen**: Auch dies ist nur eine im Grunde überflüssige Hervorhebung, wonach die Arbeit vom andern Teil gesteuert wird und deshalb diesem zugutekommen soll. Beide sind im Grunde eine Fortschreibung früherer Konzepte des Arbeitsverhältnisses und dürfen nicht zu den Fehlvorstellung führen, dass sich die **Abhängigkeit** auf die Person des Arbeitnehmers beziehe: Diese **beschränkt sich** vielmehr **auf die** (persönliche) **Ausführung der Arbeit**.[40] 12

Weisungsgebundenheit und Fremdbestimmung sind zwei Merkmale, die jeweils eine **selbstständige Bedeutung** haben.[41] Dabei stellt die **Eingliederung** einen Unterfall der Fremdbestimmung dar.[42] Das BAG anerkennt dies, scheint jedoch der Annahme eines Regel-Ausnahme-Verhältnisses zuzuneigen: Die Weisungsbindung sei das engere, den Vertragstyp im Kern kennzeichnende Kriterium, das durch § 611a Abs. 1 Satz 2 bis 4 BGB näher ausgestaltet sei.[43] Das Kriterium der **Fremdbestimmung** erfasse »insbesondere **vom Normaltyp des Arbeitsvertrags abweichende Vertragsgestaltungen**« und zeige sich insbesondere in der Eingliederung in die vom Arbeitgeber geschaffene Arbeitsorganisation.[44] Ob die Eingliederung für sich allein ausreiche, um die Arbeitnehmereigenschaft zu begründen, bleibt ein wenig unklar, da es kurz vorher heißt, nur wenn jedwede Weisungsgebundenheit fehle, liege »in der Regel« kein Arbeitsverhältnis vor. Ausnahmen sind also durchaus zugelassen. 12a

---

38 Henssler/Pant, RdA 2019, 322; Sittard/Pant, jM 2021, 416.

39 MünchArbR-Temming, § 18 Rn. 18; ebenso Kreßel, DB 2021, 1671, 1674; Wank, AuR 2017, 140, 144.

40 ErfK-Preis, 22. Aufl. 2022, § 611a BGB Rn. 32.

41 Sittard/Pant, jM 2021, 416, 418; Söller, NZA 2021, 997, 1000; MünchArbR-Temming, § 18 Rn. 19.

42 MünchArbR-Temming, § 18 Rn. 20.

43 BAG 1.12.2020 – 9 AZR 102/20, NZA 2021, 552, Tz. 31.

44 BAG a.a.O., Tz. 31.

c) Weisungsgebundenheit

13 Nach § 611a Abs. 1 Satz 3 BGB ist weisungsgebunden, wer **nicht im Wesentlichen frei seine Tätigkeit gestalten** und seine Arbeitszeit bestimmen kann. Diese negative Definition wird vom BAG in der Weise ausgefüllt, dass es positiv verschiedene Erscheinungsformen nennt. Die vertragliche Arbeitspflicht kann nur rahmenmäßig bestimmt sein und aufgrund des in § 106 Satz 1 und 2 GewO niedergelegten Weisungsrechts konkretisiert werden. Möglich ist aber auch eine **sehr detaillierte Vertragsgestaltung**, die die Vornahme von **Weisungen** mehr oder weniger **überflüssig** macht.[45] Dies ist etwa bei einem **Frachtführer** der Fall, der über die in § 425 HGB vorgesehenen Bindungen hinaus auch in Bezug auf die Arbeitszeit, die zeitliche Lage des Urlaubs und die Ausführung der Tätigkeiten Bindungen eingegangen ist.[46] Bedeutsam ist in diesem Zusammenhang auch die Art der Arbeit: **Bei einfachen Tätigkeiten** wie dem Zustellen von Zeitungen können schon wenige organisatorische Weisungen ausreichen, um die für einen Arbeitnehmer typische Gebundenheit hervorzurufen.[47] Dabei spielt es – so das BAG bei früherer Gelegenheit – auch keine Rolle, dass die (wenigen) **Weisungen** schon **in den Vertrag aufgenommen** wurden.[48] Ob man solche Vertragsklauseln dann als vorweggenommene Weisungen ansieht oder ob man allein auf den Gesichtspunkt der Fremdbestimmung und Eingliederung abstellt, spielt keine Rolle: Beide Vorgehensweisen führen zum selben Ergebnis. Im Einzelfall kann der genaue **Grenzverlauf** zwischen Selbstständigkeit und Weisungsgebundenheit durchaus **zweifelhaft** sein: So wird nicht jedermann dem BAG zustimmen, wenn ein **Plakatanschläger** als Selbstständiger qualifiziert wird, der an einem bestimmten Tag Plakate an bestimmten Orten anbringen musste und sich dabei der Hilfe Dritter bedienen durfte und auch das Recht hatte, für andere Arbeitgeber oder Auftraggeber tätig zu werden.[49]

d) Fremdbestimmung

14 Die Arbeit kann durch die Ausgestaltung der Organisation so vorprogrammiert sein, dass der Arbeitende so gut wie **keinen eigenen Ent-**

45 BAG a. a. O., Tz. 33.
46 BAG, 19. 11. 1997 – 5 AZR 653/96, NZA 1998, 364.
47 BAG, 16. 7. 1997 – 5 AZR 312/96, NZA 1998, 368; dazu auch Schneider-Dörr, S. 262.
48 BAG (vorhergehende Fußnote). Zustimmend Söller, NZA 2021, 997, 999. Ebenso schon Kreuder, AuR 1996, 386, 392; Wank, AuR 2017, 140, 147; Schneider-Dörr, S. 266.
49 BAG, 13. 3. 2008 – 2 AZR 1037/06, NZA 2008, 878 – Moskito-Anschläger.

scheidungsspielraum bei der Erstellung des »Arbeitsprodukts« **mehr** hat.[50] Weiter kommt in Betracht, dass der Mitarbeiter ohne seine vorherige Zustimmung in Organisations- und Schichtpläne einbezogen wird[51] – wobei man durchaus unterschiedlicher Auffassung sein kann, ob dadurch eine »Eingliederung« geschaffen oder konkludente Weisungen ausgesprochen werden. Werden **Aufgaben von** einem **Algorithmus zugeteilt**, so lässt sich dies möglicherweise nicht als Weisung qualifizieren,[52] wohl aber ist der Empfänger in eine fremdbestimmte Organisation eingebunden.[53] Auch ist es denkbar, dass die arbeitende Person **auf die Organisation der anderen Seite angewiesen** ist, weil sie nur dort ihrer Tätigkeit nachgehen kann.[54] Als Beispiel mag man den **Chefarzt** nennen, dem niemand fachliche Weisungen geben kann, der aber gleichwohl in den Krankenhausbetrieb eingegliedert ist.[55] Möglich ist auch, dass ein Dritter dem Vertragsarbeitgeber so viele und so detaillierte Vorgaben macht, dass für den Arbeitnehmer keinerlei Spielraum mehr verbleibt.[56]

e) Tatsächliche Zwänge

Die vom Auftraggeber geschaffene **Organisationsstruktur** kann die Beschäftigten **zu einem** von ihm **gewünschten Verhalten veranlassen**.[57] 15
Tatsächliche Zwänge sind insoweit wie rechtliche Verpflichtungen zu behandeln. »So ist von einem Arbeitsverhältnis auszugehen, wenn der Auftraggeber in der Lage ist, Art und Umfang der Beschäftigung maßgebend zu steuern und dadurch über eine Planungssicherheit verfügt, wie sie bei einem Einsatz eigener Arbeitnehmer typisch ist.« Dafür reiche allerdings **noch nicht** eine **langfristige Zusammenarbeit** als solche. Vielmehr müsse die Organisation so geartet sein, dass die Beschäftigten mittelbar dazu angehalten werden, »kontinuierlich Arbeitsaufträge anzunehmen und diese in einem bestimmten Zeitrahmen nach präzisen Vorgaben persönlich zu erledigen.« Auch bei einem Anreizsystem könne eine persönliche Abhängigkeit nach § 611a Abs. 1 BGB gegeben sein.

---

50 Vgl. Sittard/Pant, jM 2021, 417/8.
51 Diesen Fall erwähnt auch BAG 1.12.2020 – 9 AZR 102/20, NZA 2021, 552, Tz. 34.
52 Oben § 10 Rn. 12.
53 Näher Schneider-Dörr, S. 299 ff.
54 ErfK-Preis, § 611a Rn. 41.
55 So schon BAG, 27.7.1961 – 2 AZR 255/60, AP Nr. 24 zu § 611 BGB Ärzte, Gehaltsansprüche.
56 Temming, Der vertragsbeherrschende Dritte, 2015.
57 Hierzu und zum Folgenden BAG 1.12.2020 – 9 AZR 102/20, NZA 2021, 552, Tz. 36.

15a Die Tatsache, dass der Einzelne dem Anreiz widerstehen und sich abweichend verhalten kann, spielt im Ergebnis keine Rolle, weil es sich um absolute Ausnahmefälle handelt. Das BAG hätte sich insoweit auf eigene frühere Erkenntnisse berufen können, **die einer vereinbarten »Freiwilligkeit«** des einzelnen Arbeitseinsatzes die rechtliche **Relevanz abgesprochen** hatten.[58] Verschiedentlich war es mit dem Fall konfrontiert, dass der Arbeitnehmer das Recht besaß, die im Schichtplan vorgesehenen Einsatzzeiten abzulehnen[59] oder die gewünschten Zeiten selbst in den Schichtplan einzutragen.[60] Mit Recht betonte das BAG, dass im ersten Fall regelmäßig ein schichtplankonformes Verhalten erwartet werde und der Beschäftigte sich daran anpasse. Im zweiten Fall lebt das Anordnungsrecht des Arbeitgebers wieder auf, wenn sich für bestimmte Zeiten kein Freiwilliger findet. Am Vorliegen eines Arbeitsverhältnisses bestand daher kein Zweifel. Auch die Tatsache, dass man bestimmte Tage im Voraus ausklammern und so sogar den Jahresurlaub verlängern konnte, änderte am Vorliegen eines Arbeitsverhältnisses nichts.[61] Schließlich wurde ein Arbeitsverhältnis sogar dann angenommen, wenn zwar der einzelne Einsatz jeweils der Vereinbarung bedurfte, der Betroffene jedoch über längere Zeit, d.h. über mehr als sechs Monate hinweg, **häufig herangezogen** wurde.[62] Von der formalen Freiheit des Beschäftigten, »ja« oder »nein« zu einer bestimmten Tätigkeit zu sagen, wurde nur ganz ausnahmsweise Gebrauch gemacht; auch konnten die Beteiligten darauf vertrauen, dass die erheblich über ein halbes Jahr hinausgehende Tätigkeit fortgesetzt würde.

f) Die Gesamtbetrachtung aller Umstände

16 »Weisungsabhängigkeit« und »Fremdbestimmung« sind nicht immer so konturenscharf, dass eine zweifelsfreie Entscheidung möglich wäre. § 611a Abs. 1 Satz 5 BGB sieht deshalb im Anschluss an die bisherige Rechtsprechung die Berücksichtigung weiterer Umstände vor, die ihrem Sinn nach eine Zuordnung zum Vertragstyp »Arbeitsvertrag« erleichtern oder ausschließen können.[63] Insoweit ist die **typologische Abgrenzung fortgeschrieben** worden,[64] die sich der Sache nach auch bei § 7 Abs. 1

58 MünchArbR-Temming, § 18 Rn. 40.
59 BAG, 30.11.1994 – 5 AZR 704/93, NZA 1995, 622.
60 BAG, 12.6.1996 – 5 AZR 960/94, NZA 1997, 191.
61 BAG, 16.2.1994 – 5 AZR 402/93, NZA 1995, 21, 23.
62 BAG, 22.4.1998 – 5 AZR 92/97, NZA 1999, 82.
63 Dafür auch BAG 1.12.2020 – 9 AZR 102/20, NZA 2021, 552, Tz. 38.
64 Deinert, RdA 2017, 65, 66; MünchArbR-Temming, § 18 Rn. 10; Waltermann, NJW 2022, 1129, 1130; Wank, AuR 2017, 140, 141.

SGB IV wiederfindet.[65] Die zu berücksichtigenden Gesichtspunkte sind nicht abschließend bestimmt; sie umfassen beispielsweise die Teilnahme an Trainingsmaßnahmen, das Verbot zur Einschaltung von Hilfspersonen und das Einbringen eigener Gegenstände.[66] Damit sind zugleich auch Faktoren angesprochen, auf die es ersichtlich nicht ankommen soll. So spielt etwa die **wirtschaftliche Abhängigkeit** keine Rolle,[67] ebenso wenig die Überlegung, es liege ein Arbeitsverhältnis vor, weil der Beschäftigte aufgrund der zeitlichen Inanspruchnahme auf die unternehmerische Verwertung seiner Arbeitskraft verzichten müsse.[68] Wäre dies richtig, so könnte es grundsätzlich keine Teilzeitarbeitsverhältnisse mit geringem Stundendeputat geben. Auch die **Art und Weise der Vergütung** einschließlich der Bezahlung von Mehrwertsteuer oder die Anmeldung eines Gewerbes **spielen keine Rolle**, weil es in § 611a Abs. 1 BGB allein auf die Erbringung der Arbeitsleistung, nicht auf die Gegenleistung ankommt.[69]

g) Arbeitsvollzüge in Abweichung von dem Vereinbarten

Zeigt die tatsächliche Durchführung des Vertragsverhältnisses, dass es 17
sich um ein Arbeitsverhältnis handelt, so kommt es auf die **Bezeichnung im Vertrag** nicht an (§ 611a Abs. 1 Satz 6 BGB). Anders ausgedrückt: Besteht ein Widerspruch zwischen dem Vereinbarten und der tatsächlich geleisteten Arbeit, so hat die letztere den Vorrang. Wird tatsächlich Arbeit in persönlicher Abhängigkeit geleistet, so findet automatisch das Arbeitsrecht Anwendung; wenn im Vertrag von einem Dienst- oder Werkvertrag die Rede ist, bleibt dies ohne Bedeutung. Für die Plattformökonomie ist das von besonderer Bedeutung.[70] Mit Recht ist von einem »**Rechtsformzwang**« die Rede.[71] Die Annahme eines gesetzlichen Verbots, einen von den realen Arbeitsvollzügen abweichenden Vertragstyp zu vereinbaren,[72] ist überflüssig; § 611a Abs. 1 Satz 6 BGB hat diesen Fall bereits erfasst und mit einer Rechtsfolge versehen. Dabei handelt es sich nicht um eine Wiederbelebung der Lehre vom faktischen Vertrag,[73] weil es nicht um

65 BSG, 4.6.2019 – B 12 R 11/18 R, NZA 2019, 1583 (Vertragsärztin); zum Fremdgeschäftsführer BSG, 14.3.2018 – B 12 KR 13/17 R, NJW 2018, 2662.
66 Näher Däubler, Das Arbeitsrecht 1, Rn. 24gff.
67 ErfK-Preis, § 611a BGB Rn. 47 m.w.N.
68 So aber Schwarze, RdA 2020, 231.
69 ErfK-Preis, § 611a BGB Rn. 47: Abführung von Sozialversicherungsbeiträgen und Lohnsteuer.
70 Junker, JZ 2021, 519: Diskrepanz (zwischen Vertragstext und Praxis) sei »stilprägendes Merkmal« der neuen Ökonomie.
71 MünchArbR-Temming, § 18 Rn. 40; Wank, AuR 2017, 140, 150.
72 So Riesenhuber, RdA 2020, 226.
73 Vgl. Riesenhuber, RdA 2020, 226, 227.

die Begründung einer nach Vertragsrecht zu beurteilenden Beziehung, sondern um den **veränderten Inhalt einer Vertragsbeziehung** geht. Wenn man Parallelen in anderen Rechtsgebieten sucht, so ist an den Fall zu denken, dass sich eine **Gesellschaft bürgerlichen Rechts** in der Form weiterentwickelt, dass sie einen in kaufmännischer Weise eingerichteten Geschäftsbetrieb benötigt: Hier gelten automatisch die Vorschriften über die **OHG**.[74] Auch im hier interessierenden Bereich kann die Situation eintreten, dass zunächst nach dem Buchstaben des Vertrages verfahren wird und die abweichende Praxis sich erst später ergibt:[75] Dabei würde erst von diesem Zeitpunkt an ein Arbeitsverhältnis entstehen.

3. Die Anwendung auf den konkreten Fall

a) Die Argumentation des BAG

18 Für das BAG stellte sich von Vornherein die Frage, dass die Erbringung der Arbeitsleistungen möglicherweise im Widerspruch zum vertraglich Vereinbarten stand. In Abweichung von der Berufungsinstanz stellte es fest, dass der Kläger im bereits begründeten Rechtsverhältnis **keine nennenswerten Entscheidungsspielräume** mehr hatte. Die Arbeitsschritte waren vorgegeben, auch der zeitliche Rahmen war stark eingegrenzt. Es sei deshalb in persönlicher Abgängigkeit im Rahmen eines einheitlichen Arbeitsverhältnisses gearbeitet worden.[76]

18a Die persönliche Abhängigkeit folgte nach Auffassung des BAG daraus, dass die Kontrollaufträge **persönlich durchzuführen** waren. Entgegen dem in der Rahmenvereinbarung Festgelegten konnte der Kläger keine dritten Personen einschalten, weil alle Aufträge über die App und das individuelle Benutzerkonto abzuwickeln waren, die nicht übertragbar waren und an denen Dritte sich auch nicht beteiligen konnten.

18b Bei den Kleinstaufträgen handelte es sich um **einfach gelagerte Tätigkeiten**, die sich schon deshalb in der Nähe eines Arbeitsverhältnisses befanden. Die Gestaltungsspielräume, über die der Kläger verfügte, waren denkbar gering.

18c Der Nutzer **musste** über einen längeren Zeitraum **regelmäßig Aufträge annehmen**, um seine **Tätigkeit wirtschaftlich sinnvoll** auszuüben. Durch die Zusammensetzung der Angebote konnte der Auftraggeber das Nutzerverhalten auch ohne konkrete Anweisungen nach seinen Vorstellungen lenken. Daraus ergab sich die Fremdbestimmung der Tätigkeit.

---

74 Grüneberg-Sprau, § 705 BGB Rn. 6 m. w. N.

75 Wank, AuR 2017, 140, 150.

76 BAG 1. 12. 2020 – 9 AZR 102/20, NZA 2021, 552, Tz. 44.

Die langfristige und kontinuierliche Beschäftigung des Klägers führte zu einer »**Verklammerung« der einzelnen Aufträge** zu einem einheitlichen unbefristeten Arbeitsverhältnis.[77] Insoweit erfolgte eine konkludente Einigung der Parteien. »Eine rechtlich isolierte Betrachtung eines jeden der allein in einem Zeitraum von elf Monaten vom Kläger erledigten 2978 Aufträge ließe außer Acht, dass die Beklagte ihr Geschäftsmodell auf eine verstetigte Beschäftigung von Crowdworkern ausgerichtet hat und es auch dem Kläger erkennbar auf eine verstetigte Beschäftigung ankam.« Konkludent geschlossene Arbeitsverhältnisse, die auf einer länger dauernden Praxis beruhten, hatte es auch schon in der bisherigen Rechtsprechung gegeben.[78] 18d

b) Zustimmung und Kritik

aa) Keine persönliche Arbeitspflicht?

Die BAG-Entscheidung hat in der Literatur viel Zustimmung,[79] aber auch deutliche Kritik erfahren.[80] In der Literatur wurde entgegen dem BAG angenommen, der Kläger hätte auch Dritte in die Erfüllung der Aufträge einschalten können, sei also **nicht persönlich zur Leistung verpflichtet** gewesen. Zwar hätten sich Rahmenvertrag und »Allgemeine Geschäfts- und Nutzungsbedingungen« widersprochen, doch greife in solchen Fällen § 305c Abs. 2 BGB ein: Es gelte die für den Arbeitnehmer günstigere Lösung und das sei die Möglichkeit zur Einschaltung von Dritten.[81] Daneben wird von einer Seite betont, es sei dem Kläger nicht verboten gewesen, sein Smartphone einer anderen Person zu überlassen, die dann für ihn den Auftrag hätte abarbeiten können.[82] 19

Dem kann nicht zugestimmt werden. **§ 305c Abs. 2 BGB** betrifft allein den Fall, dass Klauseln in Allgemeinen Geschäftsbedingungen auslegungsbedürftig sind und trotz aller Interpretationsbemühungen mindestens **zwei** 19a

---

77 BAG 1.12.2020 – 9 AZR 102/20, NZA 2021, 552, Tz. 52ff. In diese Richtung auch Schneider-Dörr, S. 252.

78 Verwiesen wurde auf BAG, 9.4.2014 – 10 AZR 590/13, NZA-RR 2014, 522; 17.4.2013 – 10 AZR 2727/12, NZA 2013, 903.

79 Deinert, Anm. zu BAG AP Nr. 132 zu § 611 BGB Abhängigkeit; Junker, JZ 2021, 519ff.; Warter/Gruber-Risak, AuR 2021, 331ff.; Euler, JurisPR-ArbR 20/2021 Anm. 1; Martina, NZA 2021, 616.

80 Siehe Kreßel, DB 2021, 1671ff.; Reiserer/Langmann, BB 2021, 1972ff.; Schwager/Zöllner, SAE 4/2021, 98ff.; Thüsing/Hütter-Brungs, NZA-RR 2021, 231ff.; auch Sittard/Pant, jM 2021, 416ff. Abhilfe vom Gesetzgeber verlangen Häferer/Koops, NJW 2021, 1787, 1790.

81 Kreßel, DB 2021, 1671, 1675; Schwager/Zöllner, SAE 4/2021, 98, 101.

82 Kreßel, DB 2021, 1671, 1675.

vertretbare Auslegungsergebnisse im Raum stehen: In diesem Fall gilt die für den schwächeren Teil günstigere Lösung. Damit wird der Tatsache Rechnung getragen, dass die andere Seite die AGBs gestellt hat und deshalb in der Lage gewesen wäre, eine eindeutige Formulierung zu wählen; sie hat eine »vertragsrechtliche Verkehrspflicht« verletzt.[83] Hier liegen demgegenüber **zwei sich widersprechende Klauseln** vor, was keine Auslegungsprobleme aufwirft. Vielmehr **fehlt** es an der in § 307 Abs. 1 Satz 2 BGB verlangten **Transparenz**, so dass beide Klauseln unwirksam sind.[84] Genauso wird im Zivilrecht für widersprüchliche Willenserklärungen entschieden.[85] Damit bleibt es bei der Regel des § 613 Abs. 1 BGB, wonach die versprochene Arbeit nicht durch Dritte erbracht werden kann. Das Smartphone an eine andere Person weiterzugeben, wäre im Übrigen auch nicht zumutbar, da dies durchaus gegen die Unübertragbarkeit des Accounts verstoßen könnte. Außerdem würde man damit Einsicht in viele private Daten geben (z. B. in die Liste der eingegangenen Anrufe), was schwerlich erwartet werden kann. Es bleibt also bei der vom BAG angenommenen persönlichen Leistungspflicht.

bb) Anreiz als Druckmittel?

20 Gravierender sind andere Stimmen, die es für unzulässig halten, dass im vorliegenden Fall die **Weisung durch einen Anreiz substituiert** werde.[86] Die Leistungsverpflichtung werde durch ein faktisches Element ersetzt, was einen Fremdkörper in der bisherigen Rechtsprechung darstelle. Dieser Anreiz sei auch deshalb nicht einem »Druckmittel« gleichzusetzen, weil der einmal erlangte Level erhalten bleibe, wenn man einige Zeit keine Aufträge wahrnehme.[87] Auch könne man den einzelnen Auftrag abbrechen, ohne dass dafür irgendwelche Sanktionen vorgesehen seien.[88] Der Druck, einen Auftrag anzunehmen, sei daher sehr gering und rechtfertige keine Gleichstellung mit einer Weisung. Auch stelle es einen verkappten Rückgriff auf die wirtschaftliche Abhängigkeit dar, wenn man darauf abstelle, nur bei Übernahme vieler Aufträge habe man angemessene Verdienstchancen.[89]

---

83 Näher Däubler/Deinert/Walser-Däubler, § 305c Rn. 24ff.

84 So BAG, 24. 10. 2007 – 10 AZR 825/06, NZA 2008, 40 Ls. 1; 10. 12. 2008 – 10 AZR 1/08, NZA-RR 2009, 576 Tz. 15; beide bestätigt durch BAG, 20. 1. 2010 – 10 AZR 914/08, NZA 2010, 445 Tz. 17.

85 Däubler, BGB kompakt, Kap. 8 Rn. 49.

86 Thüsing/Hütter-Brungs, NZA-RR 2021, 251 ff., auch zum Folgenden.

87 Kreßel, DB 2021, 1671, 1678.

88 Wisskirchen/Haupt, RdA 2021, 355 357, auch zum Folgenden.

89 Wisskirchen/Haupt, RdA 2021, 355, 357.

Dem ist entgegenzuhalten, dass das Geschäftsmodell der Beklagten, das auf diesen Anreizen beruhte, durchaus gut im Sinne der Beklagten funktioniert hat. Handlungsmöglichkeiten wie das längere Pausieren spielten vermutlich deshalb keine Rolle, weil die Arbeitenden auf die Vergütung angewiesen waren; wer auf Aufträge verzichtete, stand ohne Einkommen da, ohne dass irgendeine Lohnersatzleistung absehbar gewesen wäre. Die rechtlich bestehenden »Freiheit« hatte also für alle diejenigen höchst fiktiven Charakter, die **auf den Verdienst** aus der Crowdwork **angewiesen** waren. Die Möglichkeit, einen begonnenen Auftrag abzubrechen, war gleichfalls nur für singuläre Situationen gedacht; für den Beschäftigten hatte der Abbruch den von den Kritikern nicht angesprochenen Nachteil, dass die auf die teilweise Erledigung aufgewandte Zeit definitiv verloren war und ohne Entgelt blieb. Außerdem konnte man sich die Frage stellen, ob eine überdurchschnittlich hohe Abbruchquote nicht die ganze Arbeit in Frage gestellt hätte. Die Tatsache, dass der Account des Klägers wegen eines Streits um 10 Euro deaktiviert wurde, könnte als Indiz dafür verstanden werden, dass jede Nicht-Leistung als Minuspunkt gewertet und so die Arbeit insgesamt in Gefahr gebracht würde. Der weitere Einwand, bei der Beurteilung des Vergütungssystems werde auf eine rein wirtschaftliche Abhängigkeit abgestellt, geht fehl. Die wirtschaftliche Abhängigkeit kann nach der überkommenen Rechtsprechung (und auch nach § 611a Abs. 1 BGB) kein Arbeitsverhältnis begründen. Hier geht es aber um die ganz andere Frage, wie **mit Hilfe wirtschaftlicher Anreize ein bestimmtes Verhalten bereits beschäftigter Personen erzeugt** wird. Dies ist ein traditionelles arbeitsrechtliches Problem, das uns beim Akkord und beim Prämienlohn (oder bei besonders guter Vergütung von Überstunden) als ganz normales Lenkungsinstrument begegnet, das auch schon in der Vergangenheit existierte. 20a

cc) Probleme des § 611a Abs. 1 Satz 6 BGB

Das BAG musste nicht auf § 611a Abs. 1 Satz 6 BGB zurückgreifen, da es keine automatische Entstehung eines Arbeitsverhältnisses durch faktische Beschäftigung als Arbeitnehmer annahm. Vielmehr kam es zu dem Schluss, dass beide Seiten konkludent ein unbefristetes einheitliches Arbeitsverhältnis vereinbart hatten. Dies war auch schon in anderen Fällen geschehen.[90] Allerdings fällt auf, dass einzelne Kritiker diesen Teil des Ur- 20b

90 BAG, 17.4.2013 – 10 AZR 2727/12, NZA 2013, 903; 9.4.2014 – 10 AZR 590/13, NZA-RR 2014, 522.

teils nicht referieren[91] und sich stattdessen mit der Feststellung begnügen, der »Anreiz« könne keine persönliche Abhängigkeit begründen und deshalb gehe die Annahme eines Arbeitsverhältnisses fehl.

20c Wäre kein konkludenter Arbeitsvertrag zustande gekommen, hätten sich im Rahmen des § 611a Abs. 1 Satz 6 BGB **eine Reihe schwieriger Fragen** ergeben. Während im Normalfall ein Dienstleistungsvertrag mit einem Selbstständigen vorliegt, der bei faktischer Beschäftigung mit abhängiger Arbeit den arbeitsrechtlichen Regeln unterworfen wird, wären hier weitergehende Veränderungen notwendig geworden: Das Recht, keine Aufträge in Anspruch zu nehmen, hätte durch eine arbeitsvertragliche Arbeitspflicht ersetzt werden müssen, aus einem Rahmenvertrag und knapp 3000 vertraglich befristeten Einsätzen hätte ein einheitlicher Vertrag entstehen müssen. Das BAG hatte keine Veranlassung, sich diesen Problemen im Einzelnen zu stellen.

dd) 2978 befristete Verträge in elf Monaten?

20d Würde man mit einigen Kritikern der faktischen Entwicklung keine Bedeutung beimessen und die geschlossenen Verträge ihrem Wortlaut entsprechend behandeln, so wäre jeder **Einsatz als selbstständiger Vertrag** zu qualifizieren. Schon die Rahmenvereinbarung spricht von einzelnen Aufträgen, deren Abwicklung dann die Vergütung auslöst. Dabei würde es sich um **Arbeitsverhältnisse** handeln, da das Verhalten des Crowdworkers im Voraus festgelegt ist und ihm nur sehr geringe Spielräume bleiben.[92] Allerdings muss man sich dabei die Frage stellen, ob das Arbeitsrecht überhaupt **Verträge** kennt, **die auf ein oder zwei Stunden befristet** sind. In der Literatur wird dies zum Teil mit dem Argument bestritten, das Arbeitsverhältnis sei ein Dauerschuldverhältnis und könne sich nicht in einem einmaligen Austausch von Leistung und Gegenleistung erschöpfen.[93] Das wird durch das TzBfG bestätigt. Dieses kennt in seinem § 3 Abs. 1 Satz 2 den **»kalendermäßig befristeten«** und den »zweckbefristeten« Arbeitsvertrag. Der Kalender weist als kleinste Einheit nur Tage, nicht Stunden aus, so dass ein Tag als Minimum anzusehen ist. Die Zweckbefristung, die sich aus »Art, Zweck oder Beschaffenheit« der Arbeitsleistung ergibt, lässt an sich als solche keine zeitliche Untergrenze erkennen, doch wird diese in § 15 Abs. 2 TzBfG vorausgesetzt: Der zweckbefristete Arbeitsvertrag **endet »frühestens« zwei Wochen**

---

91 Kreßel, DB 2021, 1671 ff.; Thüsing/Hütter-Brungs, NZA-RR 2021, 231 ff.; nur beiläufig erwähnt bei Sittard/Pant, jM 2021, 416, 419.

92 Dazu eingehend Schneider-Dörr, S. 255 ff. m. w. N.

93 Thüsing/Hütter-Brungs, NZA-RR 2021, 231, 236.

nach Zugang der schriftlichen Unterrichtung des Arbeitnehmers durch den Arbeitgeber über den Zeitpunkt der Zweckerreichung. Auch insoweit ist also ersichtlich nicht an einen punktuellen Austausch gedacht. Weiter wäre es für die Praxis höchst lästig, bei jedem Auftrag die Schriftform des § 14 Abs. 4 TzBfG beachten oder die Entstehung eines unbefristeten Arbeitsverhältnisses in Kauf nehmen zu müssen.[94]

Lässt sich eine **Befristung** nicht auf das TzBfG stützen, ist sie **unwirksam.** 20e Die geschlossenen Verträge kann man auch nicht als zivilrechtliche aufrechterhalten, da es sich der Sache nach um abhängige Arbeit handelt, die nun einmal zwingend dem Arbeitsrecht unterliegt.[95] Dies ist insbesondere dann evident, wenn wie im vorliegenden Fall pro Arbeitstag zwischen zehn und zwölf Verträge abgeschlossen werden; sie mögen rechtlich getrennt sein, dass abhängige Arbeit während eines längeren Zeitraums geleistet wird, lässt sich nicht bestreiten.[96] Die unwirksame Befristung macht nicht etwa die gesamten Verträge unwirksam, sondern bringt ähnlich wie nach § 16 TzBfG ein unbefristetes Arbeitsverhältnis zustande. Zwar ist das TzBfG auf solche »**Arbeitspartikel**« nicht anwendbar, doch ist die dadurch geschaffene Lücke durch eine entsprechende Anwendung des § 16 TzBfG zu schließen. Man käme also auf diesem Weg zum selben Ergebnis wie das BAG.[97]

ee) Der Inhalt des konkludent vereinbarten Arbeitsverhältnisses

Da das Arbeitsverhältnis wirksam gekündigt war, musste das BAG der 20f Frage nicht nachgehen, welchen genauen Inhalt das konkludent zustande gekommene Arbeitsverhältnis hatte. Angesichts der Umstände, unter denen es zustande kam, dürfte wohl ein **beträchtliches Maß an Flexibilität gewollt** sein. Unterstellt, die bisherige Arbeit habe etwa zwanzig Wochenstunden in Anspruch genommen, so würde man es bei diesem Umfang belassen, allerdings einen Durchschnittswert zugrunde legen, der in der einzelnen Woche 15 oder 20 % nach oben oder nach unten abweichen kann. Schon bei früherer Gelegenheit hatte das BAG betont, bei nicht ausdrücklich vereinbarten Arbeitsverträgen würde das »gelebte Rechtsverhältnis«, also die bisherige Praxis zugrunde gelegt.[98] Bei der Vergütung

94 Auf diese Unzuträglichkeiten verweist auch Bayreuther, RdA 2020, 241, 242.

95 Eine Ausnahme mag man für einen einmaligen Einsatz eines Busfahrers für zwei Tage machen, der dabei auch nicht in den Betrieb des andern Teils integriert war (so der Fall LAG Hessen, 14.2.2019 – 10 Ta 350/18, NZA-RR 2019, 50).

96 In diese Richtung neigend auch Bayreuther, RdA 2020, 241, 242.

97 Dies ist bei der Fundamentalkritik am BAG durch Heckelmann (NZA 2022, 73 ff.) nicht bedacht.

98 BAG, 17.4.2013 – 10 AZR 272/12, NZA 2013, 903.

müsste man den **Level 15** (einschließlich möglicher weiterer Aufstiegschancen) **beibehalten.** Der Arbeitgeber wäre entgegen dem Rahmenvertrag verpflichtet, Aufträge anzubieten; würde er dies nicht tun, käme er in Annahmeverzug und müsste nach § 615 BGB Entgeltfortzahlung leisten. Würden die Arbeitsergebnisse im Einzelfall nicht abgenommen, dürfte dies nicht zu einer Entgeltminderung führen, da das Arbeitsvertragsrecht keine Minderung kennt.[99] Umgekehrt wäre der Arbeitnehmer im Rahmen des bisher Üblichen zur Arbeit verpflichtet; nur so kann die auch von ihm gewollte »Verstetigung« der Rechtsbeziehung gelingen.[100] Entsprechend wird bei fehlender Vereinbarung einer Wochenarbeitszeit verfahren, wo auf die »gelebte Vertragspraxis« abgestellt werden kann.[101] Nur wenn dies nicht möglich ist, wird im Rahmen des § 12 Abs. 1 Satz 3 TzBfG eine gesetzliche Arbeitszeit von 20 Wochenstunden zugrunde gelegt.[102] Dabei wird man dem Crowdworker – ähnlich wie bei der Vertrauensarbeitszeit – **erhebliche Spielräume zubilligen**; aus einem flexibel gehandhabten Auftragskonto würde ein vergleichbar flexibles Arbeitszeitkonto. Weitergehend will Waltermann[103] ein Arbeitsverhältnis ohne primäre Leistungspflicht des Crowdworkers zulassen. Die Auflösung des Arbeitsverhältnisses würde sich nach allgemeinen Grundsätzen bestimmen.

III. Die Auswirkungen der neuen Rechtsprechung

1. Im konkreten Fall

20g Da die durch Schriftsatz in der Berufungsinstanz ausgesprochene Kündigung durch die Beklagte wirksam war, konnten sich nur für die Vergangenheit Pflichten für die Plattformbetreiberin ergeben. Am meisten fällt die Pflicht ins Gewicht, die Beiträge beider Seiten zur Sozialversicherung nachzahlen zu müssen, da aller Voraussicht nach auch ein Beschäftigungsverhältnis i. S. v. § 7 Abs. 1 SGB IV angenommen wird. Die Beiträge müssen nach § 25 Abs. 1 Satz 1 SGB IV für höchstens vier Jahre nachbezahlt werden. Bei vorsätzlicher Verletzung der Abführungspflicht beträgt die Frist nach § 25 Abs. 1 Satz 2 SGB IV 30 Jahre.

99 Schaub-Vogelsang, § 67 Rn. 33.

100 Siehe BAG 1. 12. 2020 – 9 AZR 102/20, NZA 2021, 552, Tz. 54: »… und es auch dem Kläger erkennbar auf eine verstetigte Beschäftigung ankam.«

101 LAG Hessen, 5. 6. 2020 – 10 Sa 1519/19, BB 2020, 2936.

102 Schaub-Linck, § 43 Rn. 6.

103 Waltermann, NJW 2022, 1129ff.

2. In der Plattformökonomie

Bedingungen wie im vorliegenden Fall sind **in der Plattformökonomie weit verbreitet**. Sie werden nach Einschätzung von Waltermann[104] auch zu dem Zweck konzipiert, »um dem Arbeits- und Sozialrecht aus dem Weg zu gehen.« Noch deutlicher äußert sich Junker:[105] In der Plattformökonomie lasse man andere für sich arbeiten, ohne eine Arbeitgeberverantwortung zu übernehmen; die Daseinsvorsorge für die Betroffenen werde auf die Beitragszahler oder auf die Allgemeinheit abgewälzt. Hier einen Riegel vorgeschoben zu haben, kann das BAG mit Recht für sich in Anspruch nehmen. Durch das Abstellen auf »Anreize« und andere Formen mittelbarer Beeinflussung wurden neue Formen persönlicher Abhängigkeit in den Arbeitnehmerbegriff einbezogen.[106] Das arbeitsrechtliche Schutzkonzept wird auf veränderte Beschäftigungsformen erstreckt.[107] Insoweit handelt es sich um ein **Grundsatzurteil**.[108] Die Sorge, einen Wirtschaftszweig auf diese Weise »insgesamt inoperabel zu machen«,[109] ist schon deshalb ohne Grundlage, weil es genügend Plattformen gibt, deren Beschäftigte den Arbeitnehmerstatus besitzen. 20h

Soweit seine Aussagen reichen, wirkt das Urteil faktisch in Bezug auf alle Unternehmen, die vergleichbare Bedingungen praktizieren. So wird etwa in der Literatur den Plattformbetreibern empfohlen, keine Anreizsysteme mehr zu verwenden, einfache Tätigkeiten an Dritte weiterzugeben (weil hier die Gefahr besonders groß ist, dass ein Arbeitsverhältnis angenommen wird) und die Entscheidungsspielräume der Beschäftigten auszuweiten.[110] Besonders schwer wird der **Verzicht auf Anreizsysteme** fallen, da sie das eigentliche Steuerungsmittel gegenüber den Crowdworkern sind. 20i

Dennoch ist nicht auszuschließen, dass eine mehr oder weniger große Gruppe von Arbeitenden zu Bedingungen beschäftigt wird, die sie nicht zu Arbeitnehmern macht. Da dieser Fall bei der Plattformarbeit, die im Netz selbst stattfindet, nach den bisherigen Erfahrungen sehr viel häufiger eintritt, kann auf die dortigen Ausführungen verwiesen werden.[111] 20j

104 Waltermann, NZA 2021, 297, 299.
105 Junker, JZ 2021, 520. Ähnlich Gruber-Risak, DRdA 2022, 106, 108.
106 Von »grundsätzlicher Neujustierung« sprechen Thüsing/Hütter-Brungs, NZA-RR 2021, 231, 232.
107 Martina, NZA 2021, 616.
108 Ebenso Junker, JZ 2021, 519, 520; Waltermann, NJW 2022, 1129, 1133.
109 So Heckelmann, NZA 2022, 73, 75.
110 Reiserer/Lachmann, BB 2021, 1972, 1976.
111 Unten § 18 Rn. 39ff.

3. Anwendungsbeispiele

a) Uber

21 Oben[112] ist bereits in groben Zügen dies Praxis des kalifornischen Unternehmens Uber geschildert worden. Wären **Uber-Fahrer** nach der Rechtsprechung des BAG als **Arbeitnehmer** zu qualifizieren? Anders als ein angestellter Taxifahrer sind die nicht verpflichtet, eine ihnen auf der App angebotene Tour auch wirklich anzunehmen. Allerdings sind sie daran interessiert, möglichst viele Aufträge zu bekommen, da die Vergütung mit der Zahl der durchgeführten Fahrten überproportional steigt. Ähnlich wie bei den Schichtplänen im Medienbereich[113] steht das Ablehnungsrecht deshalb faktisch auf dem Papier.

22 Was die Arbeit selbst, d. h. das Transportieren von Fahrgästen von A nach B betrifft, muss der Fahrer **detaillierte Vorgaben beachten**.[114] Diese beziehen sich einmal auf seine Person; um Vertragspartner zu werden, muss ein polizeiliches Führungszeugnis vorgelegt und der Punktestand im Verkehrszentralregister in Flensburg mitgeteilt werden. Außerdem muss für das Fahrzeug Versicherungsschutz bestehen. Ordentliche Kleidung ist Pflicht. Das Fahrzeug muss gepflegt sein und vier Türen haben. Zum Teil wird vorgeschrieben, dass man dem Fahrgast die Tür öffnet und ihm beim Ein- und Ausladen des Gepäcks hilft; weiter werden bestimmte Begrüßungs- und Verabschiedungsformeln vorgeschrieben.[115] Während der Fahrt ist für Hintergrundmusik zu sorgen; soweit der Kunde keine abweichenden Wünsche äußert, ist diese ebenfalls vorgegeben. Das alles wird in einem »Fahrertraining« vermittelt, ohne dessen Besuch keine Aufnahme in den Fahrerpool stattfindet.

23 Den **Fahrpreis** bestimmt Uber als »Vermittler«. Nach Abzug einer »Provision« von 20 % bis 30 % wird der Rest dem Fahrer gutgeschrieben. Ihm wird auch ein Smartphone mit Uber-App zur Verfügung gestellt, um so eine Ortung und einen möglichst günstigen Einsatz sowie die Kommunikation mit dem Dispatcher und dem Kunden zu ermöglichen. Das Auto ist Eigentum des Fahrers. »Ordentliches Verhalten« und Pflichterfüllung werden nicht durch stichprobenartige Kontrollen oder gar durch Videokameras überwacht. Vielmehr bewertet jeder Kunde den Fahrer (der umgekehrt dieses auch mit dem Kunden tut). Wer als Fahrer zahlreiche

---

112 Rn. 2.

113 BAG, 30.11.1994 – 5 AZR 704/93, NZA 1995, 622.

114 Die folgende Beschreibung stützt sich auf Lingemann/Otte, NZA 2015, 1042, 1043.

115 Zu entsprechenden Praktiken bei angestellten Kassiererinnen in Supermärkten siehe Däubler, Arbeitsrecht konkret, AiB 2009, 350.

negative Bewertungen erhält, bekommt keine Einsätze und damit auch keine Verdienstmöglichkeiten mehr. Die **»Reputation«** entfaltet **dieselbe Wirkung wie korrigierende Weisungen** und die Möglichkeit der verhaltensbedingten Kündigung.[116]

Betrachtet man alle diese Rahmenbedingungen im Zusammenhang, bestehen gegenüber einem »Standardarbeitsverhältnis« **gewisse Besonderheiten**, die jedoch an der Arbeitnehmereigenschaft nichts ändern. Neben dem erwähnten Recht, Aufträge abzulehnen, gehören zu diesen Spezifika die Vorgaben für die Art und Weise der Arbeit, die in den Verträgen mit den Fahrern festgeschrieben sind. Insoweit ist die Situation keine prinzipiell andere als in dem Zeitungszusteller-Fall.[117] Auch der **Besuch eines Fahrertrainings** ist ein **Indiz** für das Vorliegen eines Arbeitsverhältnisses.[118] Die **Abwicklung der Zahlungen** entspricht dem Normalfall des Arbeitsverhältnisses, wonach die Erträge der Arbeit dem Arbeitgeber zustehen.[119] Die **Kontrolle des konkreten Arbeitsverhaltens** über das System der Bewertung ist möglicherweise sehr viel wirksamer als jede andere Form; an der persönlichen Abhängigkeit ändert sich daher auch dadurch nichts. 24

Gäbe es die gewerberechtlichen Hindernisse nicht und würden die hier im Modell dargestellten Bedingungen wie beschrieben umgesetzt, läge ein **Arbeitsverhältnis zwischen Uber und den einzelnen Fahrern** vor.[120] Die Tatsache, dass sich Uber als Vermittler und nicht als Arbeitgeber bezeichnet, ist nach § 611a Abs. 1 Satz 6 BGB ohne Bedeutung. In diesem Sinne haben auch englische Gerichte einschließlich des Supreme Court entschieden.[121] Der französische Kassationshof hatte sich am 4. März 2020 mit derselben Personengruppe zu befassen und entschied gleich- 25

116 Prassl/Risak, Comparative Labor Law and Policy Journal 37 (2016), Issue 3.

117 Rn. 12.

118 Rn. 15.

119 Zur rechtlichen Konstruktion siehe Däubler, Arbeitsrecht 2, Rn. 116ff.

120 Zu diesem Ergebnis neigen auch Heuschmid/Klebe, in: FS Kohte, S. 73ff.; ebenso Prassl/Risak, Comparative Labor Law and Policy Journal 37 (2016), Issue 3.

121 Stoffels, Uber-Fahrer in Großbritannien sind Arbeitnehmer, in: beck-community, abrufbar unter *community.beck.de/2017/11/15/uber-fahrer-in-grossbritannien-sind-arbeitnehmer*, wonach sowohl das Employment Tribunal London als auch das Employment Appeal Tribunal in diesem Sinne entschieden haben. In gleichem Sinne entschied der Court of Appeal London (AuR 2019, 187) und am 19. Februar 2021 der Supreme Court; siehe Presseerklärung: *www.supremecourt.uk/press-summary/uksc-2019-0029.html* (23.4.2022) und auszugsweise Wiedergabe in AuR 2021, 185f.

falls, sie seien Arbeitnehmer und unterlägen damit dem Arbeitsrecht.[122] In den USA akzeptierte Uber zunächst einen Vergleich über 100 Millionen Dollar, um eine gerichtliche Entscheidung über die Arbeitnehmereigenschaft seiner Fahrer zu vermeiden,[123] doch entschied der Supreme Court von Kalifornien einige Zeit später, dass es sich um Arbeitnehmer handle, weil der Auftraggeber nicht beweisen konnte, dass die Voraussetzungen einer selbstständigen Tätigkeit erfüllt waren.[124]

b) Kurierfahrer

aa) Der äußere Arbeitsablauf

26 Die oben genannte empirische Untersuchung[125] beschreibt im Detail, wie die Arbeit der Fahrer beschaffen ist, die ein Essen von einem Restaurant in die Wohnung des Bestellers transportieren. Dabei sind die Bedingungen bei **Deliveroo** wie bei **Foodora** im Wesentlichen identisch. Der Fahrer muss ein Fahrrad und ein Smartphone mitbringen; eine besondere Qualifikation ist nicht erforderlich, nicht einmal Deutsch-Kenntnisse werden verlangt. Das Unternehmen gibt ihm eine **Box zum Transport des Essens** und die einheitliche **Arbeitskleidung**, die den Sinn hat, die Fahrer und damit die Firma im Alltag sichtbar zu machen.

27 Von ganz zentraler Bedeutung ist die **App**, die der Fahrer auf sein Smartphone downloaden muss. Dort werden die **Schichten für die folgende Woche** angezeigt, wobei eine »Schicht« in der Regel nur eine Stunde dauert. Der Fahrer kann mit Hilfe der App bestimmte Schichten in der folgenden Woche **buchen**, wobei auch mehrere hintereinander liegen können. Außerdem hat er die Möglichkeit, den Berliner Stadtbezirk auszusuchen, in dem er tätig sein will. In der Regel wird er sich für einen Bezirk in der Nähe seiner Wohnung entscheiden oder für einen, wo er sich sehr gut auskennt. **Zu Beginn seiner Schicht** muss er sich **mit der App anmelden.** Erhält er einen Auftrag, so muss er ihn bei Deliveroo nicht akzeptieren. Nimmt er ihn an, muss er sich in das ihm mitgeteilte Restaurant begeben und das Essen abholen. Sobald er dort angekommen ist, muss er dies **per Click** kundtun; ebenso muss er sofort Mitteilung machen, wenn ihm das Essen übergeben wurde. Erst im Restaurant erfährt

---

122 *www.courdecassation.fr/decision/5fca56cd0a790c1ec36ddc07* (23.4.2022) und AuR 2020, 233.

123 *www.spiegel.de/wirtschaft/unternehmen/uber-zahlt-bis-zu100-millionen-dollar-an-fahrer-a-1088608.html.*

124 Supreme Court of California v. 30.4.2018, Bynamics Operation West v. Superior Court, AuR 2019, 479.

125 Siehe Rn. 4a.

er, wo sich die Wohnung des Bestellers befindet. Welchen Weg dorthin er wählt und wie schnell er fährt, ist ihm überlassen. Sobald er das Essen abgegeben hat, muss er das wiederum mit Hilfe der App kundtun. Er wartet dann auf den nächsten Auftrag, bis seine Schicht zu Ende ist. Wer wann einen Auftrag erhält, entscheidet ein **Algorithmus**.

Bei Deliveroo kann die Buchung einer bestimmten Schicht noch 24 Stunden vor ihrem Beginn insgesamt rückgängig gemacht werden. Auch kann der Einzelne später beginnen oder früher aufhören, ohne damit seine Pflichten zu verletzen. Kommt es zu **irregulären Abläufen** wie z. B. zu einer langen Wartezeit im Restaurant oder einer besonders langen Fahrtdauer bis zum Besteller, so meldet sich automatisch die App. Der Betroffene kann sich dann an einen sog. Dispatcher wenden und ihm die Verzögerung erklären oder von ihm Hilfe erbitten, doch ist er dazu nicht verpflichtet. Die Freiheit zur Disposition über Zeit, Ort und grundsätzlich auch über die Geschwindigkeit der Arbeit wird von vielen Fahrern als ein großes Stück Freiheit empfunden. Im Rahmen der empirischen Untersuchung haben viele befragte Fahrer erklärt, **Reaktionen der App** seien viel **leichter zu ertragen** als die Rüge oder der Kommentar eines Vorgesetzten. Neues Personal wird mit dem Slogan »Sei dein eigener Chef« geworben. 28

bb) Bezahlung

Deliveroo beschäftigte ursprünglich Arbeitnehmer in Teilzeit, stellte dann aber in Berlin nur noch selbstständige Fahrer ein. Diese erhielten pro Auftrag 5 Euro. Wenn sie eine »gute« Schicht (z. B. Freitag abends) und einen »guten« Stadtteil ausgesucht haben, können sie bis auf **20 Euro die Stunde** kommen. Wer eine Schicht am Montagvormittag in einem Wohnviertel mit wenigen geöffneten Restaurants erwischt, wird möglicherweise gar keinen Auftrag erhalten und **nichts verdienen**.[126] Wer eine Schicht an einem Wochenende wählt, erhält einen Bonus. 29

Bei **Foodora** sind die Arbeitsabläufe ganz ähnlich; auch dort läuft der Arbeitsprozess über die App. Allerdings hat eine gebuchte Schicht mehr Verbindlichkeit; wer drei Mal bei einer Schicht nicht erscheint, kann gekündigt werden. Auch kann eine Schicht zugewiesen werden, wenn sich niemand freiwillig gemeldet hat. Die Bezahlung erfolgt nach Stunden und liegt **etwas über dem Mindestlohn** von (damals) ca. 9 Euro. Wer ein Jahr beim Unternehmen gearbeitet hat, erhält eine »Prämie« von 50 Cent pro Stunde. Auch werden pro Stunde 25 Cent wegen möglicher Reparaturen an den Fahrrädern bezahlt. Außerdem gibt es einen **monatlichen Bonus**: Wer sechs Wochenendschichten in einem Monat übernimmt und 30

126 Ivanova/Bronowicka u. a., S. 21.

im Durchschnitt 2,2 Aufträge pro (Ein-Stunden-)Schicht erledigt, erhält 50 Euro extra; wer am Wochenende 100 Aufträge erledigt, bekommt einen Bonus von 100 Euro. Es empfiehlt sich also bei beiden Gesellschaften, die Aufträge schnell zu erledigen, um in den Genuss zusätzlicher Leistungen zu kommen.

c) Wahlfreiheiten und Realität

31 Bei beiden Firmen werden die Fahrer **je nach ihren gezeigten Leistungen** in **drei Gruppen** eingeteilt. Bei Deliveroo wird dabei allein darauf abgestellt, ob jemand eine Schicht ohne Wahrung der 24-Stunden-Frist abgesagt und ob er mehr als 15 Minuten zu spät begonnen hatte. Foodora verwendet eine größere Anzahl von Kriterien wie z. B. die abgeleisteten Wochenendschichten, die durchschnittliche wöchentliche Arbeitszeit und den Nichtantritt von Schichten. Die beste Gruppe kann als erste mit Hilfe der App die Schichten für die nächste Woche wählen; die Apps werden so geschaltet, dass nur ihre Mitglieder z. B. montags zugreifen können. Die zweitbeste Gruppe kann dann dienstags eine Wahl treffen. Die **dritte** ist am Mittwoch dran und **muss nehmen, was übrigbleibt**. Dies sind typischerweise die Schichten mit den geringsten Verdienstmöglichkeiten. Auch wenn der Einzelne bei Deliveroo jede Freiheit hat, nicht zur Schicht zu erscheinen oder Aufträge abzulehnen, empfiehlt es sich dringend, von diesen Möglichkeiten keinen Gebrauch zu machen und sehr pünktlich zu sein.

32 Die automatischen Mitteilungen, die der Einzelne bei Abweichungen vom Normalablauf erhält, ermöglichen eine genaue **Kontrolle über sein Verhalten und seine Leistung.** Hierfür bedarf es keiner Video-Kamera und keines GPS-Systems. Die anfallenden Daten können für eine Leistungsbeurteilung, aber auch dafür verwendet werden, die Arbeitsabläufe zu optimieren.

33 Zwischen der Plattform und dem einzelnen Fahrer besteht eine **Informationsasymmetrie**. Der Fahrer weiß beispielsweise nicht, wie viele Menschen in einer Schicht eingesetzt werden (was die Chancen, einen Auftrag zu bekommen, beeinflusst), und er kennt nicht die Zahl derer, die der besten oder der zweitbesten Gruppe angehören, die einen privilegierten Zugriff auf attraktive Schichten haben. Unbekannt ist weiter, nach welchen Kriterien der Algorithmus Aufträge zuteilt.[127] Auch insoweit hat die **Freiheit des Fahrers fiktiven Charakter**; er kann keine wirklich rationalen Entscheidungen treffen.

---

127 Ivanova/Bronowicka u. a., S. 30 f.

d) Deliveroo-Beschäftigte als Arbeitnehmer?

Die Rechte des Fahrers, den Ort (Stadtbezirk) und die Zeit des Arbeitseinsatzes (Schichten) zu wählen und selbst über die Arbeitsgeschwindigkeit zu entscheiden, waren die entscheidenden Gesichtspunkte dafür, dass die **Fahrer von Deliveroo als »Selbstständige«** betrachtet wurden. Auf der Grundlage der BAG-Rechtsprechung ist dies nicht mehr zu halten. **Zahlreiche Anreize** wie das Zusatzhonorar am Wochenende und insbesondere das Aufrücken in eine »gute« Gruppe, die frühzeitig die ertragreichen Stadtbezirke und Zeiten auswählen kann, sprechen aus der Sicht des Einzelnen dafür, Aufträge anzunehmen und diese auch möglichst schnell zu erledigen. Dazu kommen die **fehlenden Spielräume bei der Arbeit** selbst, wo jede »Station« über die App kontrolliert wird und auch die Rahmenbedingungen dafür sorgen, dass der Einzelne den direktesten und schnellsten Weg wählt. Die fraglichen »Freiheiten« haben fiktiven Charakter, die Beschäftigten lassen sich in gleicher Weise wie durch Weisungen steuern. Die Informationsasymmetrie kommt als zusätzliches Element hinzu. 34

e) Arbeitskonflikte

Deliveroo ist in 200 Städten, Foodora in mehr als 260 Städten weltweit aktiv.[128] In einer Reihe von Städten ist es zu Arbeitskonflikten gekommen. In **London** hatte Deliveroo einseitig beschlossen, die Fahrer nicht mehr pro Stunde, sondern pro Auftrag zu bezahlen. Dies führte dazu, dass sich die Fahrer über WhatsApp und andere Messenger-Dienste verständigten und **sechs Tage lang den Betrieb lahmlegten**; dafür reichte es, die Deliveroo-App zu deaktivieren.[129] Bisweilen sind die **Anlässe** auch **nicht-materieller Art**: In Berlin hatte Foodora einseitig festgelegt, dass die Fahrer von den Bestellern geduzt werden, was mit einem Proteststreik beantwortet wurde. In Köln kam es zu einer Arbeitsverweigerung, weil auch McDonald's in die Liste der einbezogenen Restaurants aufgenommen wurde, das den Ruf hat, mit umweltschädlichen Methoden zu arbeiten.[130] Neben Streiks gab es auch sehr viele symbolische Aktionen wie **Shitstorms** auf der Facebook-Seite des Unternehmens oder die bekannt gemachte Wahl von Deliveroo zum »schlimmsten Arbeitgeber Deutschlands«. Bei Foodora und bei Deliveroo wurden in Köln und an anderen 35

128 Mitgeteilt bei Degner/Kocher, KJ 2018, 248f.
129 Degner/Kocher, KJ 2018, 247, 250.
130 Degner/Kocher, KJ 2018, 247, 250, auch zum Folgenden.

Orten **Betriebsräte gewählt**,[131] was zu einer Reihe gerichtlicher Auseinandersetzungen führte.[132] Im Fall Deliveroo war von Bedeutung, dass nur Arbeitnehmer einen Betriebsrat wählen konnten; die Wahl als solche wurde vom Unternehmen aber nicht angefochten. Großes Interesse verdient die Kampagne »Liefern am Limit«, die die Arbeitsbedingungen der Fahrer einer großen Öffentlichkeit bekannt machte.[133] Bei »Gorillas« konnte die Betriebsratswahl erst stattfinden, als das LAG Berlin-Brandenburg »grünes Licht« gegeben hatte.[134]

4. Rechtsprechung des EuGH

36 Der EuGH hat bisher erst in einer Entscheidung zur Plattformtätigkeit Stellung genommen und dabei wenig spezifische Aussagen gemacht.[135] Er hat sich damit begnügt, vier Gesichtspunkte zu nennen, die für das Vorliegen einer Selbstständigkeit sprechen:

- Recht zur Einschaltung von Subunternehmern,
- Recht, einen Auftrag abzulehnen oder eine Höchstgrenze für Aufträge zu bestimmen,
- Recht, dieselbe Art Dienstleistung auch für andere Unternehmen, auch für Konkurrenten des Auftraggebers zu erbringen,
- Recht auf freie Zeiteinteilung.

Daraus lasse sich aber kein zwingender Schluss auf das Vorliegen eines bestimmten Status (Arbeitnehmer – Selbstständiger) schließen; vielmehr habe der nationale Richter darüber zu entscheiden, ob diese Rechte nur fiktiven Charakter hätten oder nicht. Auf die Spezifik der Plattformarbeit wie Anreizsysteme oder algorithmische Steuerung wurde nicht eingegangen.[136] Möglicherweise wollte man den geplanten politischen Initiativen der EU-Kommission nicht im Wege stehen.[137]

---

131 Siehe Knieps, Die Welt v. 24.1.2018, abrufbar unter *www.welt.de/wirtschaft/bilanz/article172756800/Deliveroo-Fahrer-gruenden-Betriebsrat-in-Koeln.html* (30.11.2019).

132 Kölnische Rundschau v. 6.9.2018, abrufbar unter: *www.rundschau-online.de/region/koeln/koeln-archiv/betriebsrat-und-belegschaft-gekündigt-streit-mit-deliveroo-landet-vor-arbeitsgericht-31223466* (30.11.2019).

133 Demuth, CuA 4/2019, 18ff.

134 LAG Berlin-Brandenburg, 23.11.2021 – 13 TaBVGa 1534/21, NZA 2022, 429.

135 EuGH, 22.4.2020 – C-692/19, NZA 2021, 1246 Yodel. Es ging um einen Paketzusteller.

136 Kritisch deshalb Gruber-Risak, AuR 2020, 526ff.

137 Vgl. A. J. Schmidt, NZA 2021, 1232ff.

IV. Initiative der EU-Kommission

Die EU-Kommission hat am 9. Dezember 2021 den Entwurf einer Richtlinie »zur Verbesserung der Arbeitsbedingungen in der Plattformarbeit« vorgelegt.[138] Er enthält in Art. 4 eine Bestimmung über das Vorliegen der Arbeitnehmereigenschaft, die Neuland betritt. Sie lautet: **37**

»(1) Das Vertragsverhältnis zwischen einer digitalen Arbeitsplattform, die die Arbeitsleistung im Sinne des Absatzes 2 kontrolliert, und einer Person, die Plattformarbeit über diese Plattform leistet, wird rechtlich als Arbeitsverhältnis angesehen. Zu diesem Zweck legen die Mitgliedstaaten im Einklang mit ihrem nationalen Rechts- und Justizsystem einen Rahmen für Maßnahmen fest.
Die gesetzliche Vermutung gilt in allen einschlägigen Verwaltungs- und Gerichtsverfahren. Die zuständigen Behörden, die die Einhaltung der einschlägigen Rechtsvorschriften überprüfen oder durchsetzen, können sich auf diese Vermutung stützen.
(2) Die Kontrolle der Arbeitsleistung im Sinne von Absatz 1 ist so zu verstehen, dass sie mindestens zwei der folgenden Punkte vorsieht:
a) effektive Bestimmung der Höhe der Vergütung oder Festlegung von Obergrenzen der Vergütung;
b) Aufforderung der [gemeint: an die] Plattformarbeit leistenden Person, bestimmte verbindliche Regeln in Bezug auf Erscheinungsbild und Verhalten gegenüber dem Empfänger der Dienstleistung bzw. in Bezug auf die Arbeitsleistung einzuhalten;
c) Überwachung der Arbeitsleistung oder Überprüfung der Qualität der Arbeitsergebnisse, auch auf elektronischem Wege;
d) effektive Einschränkung der Freiheit, die Arbeit zu organisieren – insbesondere den Ermessensspielraum bei der Wahl der Arbeitszeit oder der Abwesenheitszeiten –, Aufgaben an- bzw. abzulehnen oder die Dienste von Unterauftragnehmern oder Ersatzkräften in Anspruch zu nehmen, auch durch den Einsatz von Sanktionen;
e) effektive Einschränkung der Möglichkeit, einen Kundenstamm aufzubauen oder Arbeiten für Dritte auszuführen.«

Die Widerlegung dieser Vermutung wird in der Praxis Sache der Plattform sein, die sich dabei auf die Rechtsprechung des EuGH stützen kann; **38**

---

138 COM(2021) 762 final, abrufbar unter: *eur-lex.europa.eu/legal-content/DEU/TXT/HTML/?uri=celex:52021PC0762* (23.4.2022). Dazu eingehend Krause, NZA 2022, 521 ff.; Schneider-Dörr, DRdA 2022, 146, 151.

der Richtlinienentwurf sagt nichts über die Kriterien, wann ein Arbeitsverhältnis vorliegt.[139] Eine entsprechende Möglichkeit steht aber auch dem Plattformtätigen offen, der aus irgendwelchen Gründen keinen Wert auf den Arbeitnehmerstatus legt. In diesem Zusammenhang besteht jedoch nach Art. 5 Abs. 2 Satz 2 des Entwurfs eine Besonderheit: »Solche Verfahren haben keine aufschiebende Wirkung auf die Anwendung der gesetzlichen Vermutung.« **Erst durch eine rechtskräftige Entscheidung** kann also die **Vermutung widerlegt** werden. Der Richtlinienentwurf legt besonderen Wert auf die Rechtsdurchsetzung, wenngleich er keine Verbandsklage vorsieht.[140]

39 Bemerkenswert ist auch die vorgeschlagene Vorschrift des Art. 6 Abs. 5, der die **Verarbeitung von Daten der Plattformbeschäftigten** wesentlich einschränkt: Sie müssen »untrennbar« mit der Erfüllung des Vertrags zwischen Plattform und Beschäftigtem verbunden sein und sie müssen für die Vertragserfüllung »unbedingt erforderlich« sein. Bedeutsamer als diese immer noch »biegsamen« Generalklauseln sind die nachfolgenden ausdrücklichen Verbote: Keine Verarbeitung darf stattfinden über

- Personenbezogene Daten über den emotionalen oder psychischen Zustand von Beschäftigten,
- Personenbezogene Daten über die Gesundheit des Beschäftigten, es sei denn es liege eine der Ausnahmen nach Art. 9 Abs. 2 Buchst. b bis j DSGVO vor,
- Personenbezogene Daten über private Gespräche einschließlich des Austauschs mit den Interessenvertretern,
- Personenbezogene Daten, wenn der Beschäftigte keine Plattformarbeit leistet oder anbietet.

40 Ein weiterer Schwerpunkt der Richtlinie liegt in der **Herstellung von Transparenz**, die auch und gerade bei der Plattformarbeit bestehen soll (Art. 11 und 12 des Entwurfs). Sie wird insbesondere auch auf das **algorithmische Management** erstreckt.[141] Ob die Richtlinie jemals verabschiedet wird, hängt von zahlreichen schwer abschätzbaren Rahmenbedingungen ab. Thomas Klebe verweist zu Recht auf die »sicherlich massiv einsetzende Lobbyarbeit«.[142]

139 Krause, NZA 2022, 521, 528.
140 Krause, NZA 2022, 521, 531.
141 Krause, NZA 2022, 521, 529.
142 Klebe, NZA 2/2022 Editorial.

§ 18 Plattformökonomie II: Arbeiten im Netz

I. Was bedeutet »Crowdwork« im Netz?

1. Die drei Erscheinungsformen

Beginnen wir mit einem kleinen **Beispiel.** Die EnBW schickt ihren Stromkunden einmal im Jahr eine **Postkarte,** auf der sie den **Zählerstand eintragen** sollen. Die meisten tun das; man muss die ausgefüllte Karte nur in den Briefkasten werfen, denn »Porto zahlt Empfänger«. Nun haben manche Menschen nicht nur eine höchst eigenständige Handschrift, sondern auch eine etwas eigenwillige Art, Zahlen zu schreiben. Das verwirrt den Computer, der die Karten an sich lesen und ins Abrechnungssystem einfüttern soll. Jeder Fehler führt aber zu aufwendigen Rückfragen und zu leicht verstimmten Kunden. Wird jede zehnte Karte falsch gelesen, ist das ganze Verfahren nichts mehr wert; die Rückkehr zum »Stromableser« alter Art wäre dann die preiswertere Variante. Doch es gibt eine Alternative. Man macht sich beim Einlesen der Karten das Einfühlungsvermögen menschlicher Individuen und ihre Intelligenz zunutze. Man schreibt über eine Plattform »Lose« à 10000 Stück aus und lässt Menschen die Zahlen ins System eingeben. Das senkt die Fehlerquote drastisch. Die **Menschen kommen aus der »Crowd«**, der unübersehbaren Zahl der Internet-Nutzer. Ob sie in Deutschland, in Indien, Guatemala oder den USA wohnen, spielt keine Rolle; sie müssen nur wissen, wie Deutsche normalerweise bestimmte Zahlen schreiben. Das **Entgelt**, das von der Plattform versprochen wird, ist bescheiden; wer sich ranhält und konzentriert arbeitet, kann auf zwei Dollar die Stunde kommen.[1] 1

(1) Das Beispiel steht für »**Microtasks**«, für Kleinstaufgaben. Der aus der Crowd kommende Mensch, gemeinhin »Crowdworker« genannt, benötigt keine besondere Qualifikation. Es gibt viele Aufgaben, die auf diese 2

1 Der Realität entnommenes Beispiel bei Böhm, CuA 10/2014, 15ff. Zum Folgenden siehe auch Kraft, Mitbestimmung 12/2013, 20ff.

Weise erledigt werden können. Wer ist bereit, die Cover-Seiten von CDs anzuschauen und zu überprüfen, ob sie »jugendfrei« sind?[2] Wo ist der Native Speaker, der eine mithilfe von Google erstellte Rohübersetzung in vernünftiges Englisch überträgt? Wer ist bereit, Adressendatensätze im Internet auf ihre Richtigkeit zu überprüfen und inhaltlich zu ergänzen?[3] Wer beschreibt in seiner jeweiligen Muttersprache Tennisartikel, die anschließend von einem großen Online-Händler vertrieben werden?[4]

3 Manchmal werden **Arbeitsprozesse in kleine Stücke zerlegt** und diese Stücke dann nach »draußen« vergeben.[5] Diese Aufgabe wird zum Teil auch von den Plattformen übernommen.[6] Bei IBM haben solche Überlegungen eine große Rolle gespielt.[7] Da diesem Vorgehen eine große Zukunft prognostiziert wird, ist in der Wissenschaft auch von einer neuen »Taylorisierung« der Arbeit die Rede.[8]

4 (2) Microtasks sind vermutlich die zahlenmäßig bedeutsamste, aber keineswegs die einzige Form von Crowdwork im Netz. Im Internet lassen sich **auch anspruchsvollere Aufgaben** ausschreiben. In der Literatur ist von **»Kreativwettbewerben«** die Rede.[9] Eine Firma sucht z. B. ein neues Logo und will sich Angebote aus dem Internet holen: Eine Plattform stellt aufgrund einer Vereinbarung mit ihr eine kurze Beschreibung ins Netz und fordert alle Interessierten auf, sich bis zum nächsten Monatsende mit Vorschlägen bei ihr zu melden. Der Auftraggeber wählt dann den Entwurf aus, der ihm am besten zusagt, und bezahlt dafür das vorgesehene Honorar (einschließlich Vermittlungsprovision für die Plattform). Wer nicht als »Sieger« aus dem Wettbewerb hervorgeht, hat umsonst gearbeitet. Bisweilen findet auch keiner der Vorschläge Gefallen, sodass niemand ein Entgelt erhält.[10] Manche Plattformen lassen sich sogar die Schutzrechte der Verlierer an ihrem Produkt abtreten;[11] bei späterer

---

2 Beispiel bei Böhm, CuA 10/2014, 16.
3 BITKOM (Hrsg.), Crowdsourcing für Unternehmen, S. 17; dort auch weitere Beispiele.
4 Genaue Beschreibung bei BITKOM (Hrsg.), a. a. O., S. 21.
5 BITKOM (Hrsg.), a. a. O., S. 16; vgl. auch Risak, ZAS 2015, 11, 13.
6 Kocher/Hensel, NZA 2016, 985; Kocher, JZ 2018, 863.
7 IG Metall – Vorstand (Hrsg.), Crowdsourcing. Beschäftigte im globalen Wettbewerb um Arbeit – am Beispiel IBM, 2013. Dazu Peter/Müller-Gemmeke, S. 115.
8 Kittur/Nickerson/Bernstein u. a., in: Benner (Hrsg.), S. 179.
9 Dazu eingehend Florian A. Schmidt, gute gesellschaft – soziale demokratie #2017 plus, S. 16ff.
10 Kocher/Hensel, NZA 2016, 984, 986.
11 Ebenda.

Gelegenheit könnte ja vielleicht ein Bedarf entstehen. Insgesamt setzen sie Qualitäts- und Qualifikationsstandards.[12]

Logos sind keineswegs die einzigen möglichen Gegenstände. Als weitere 5
Beispiele werden **Produktdesign** sowie komplexere Aufgaben wie der Internetauftritt einer Firma, eine **Marketingkampagne** und die Beurteilung eines Finanzierungskonzepts genannt.[13] Für ein Minimum an finanziellem Aufwand werden zahllose Ideen gesammelt[14] – weshalb von »Co-Creation-Projekten« die Rede ist.[15] Eine Marketing-Strategie mithilfe der Crowd zu entwickeln, hat den zusätzlichen Vorteil, dass ein Teil der potenziellen künftigen Kunden bereits jetzt seine Präferenzen einbringen kann.[16] Der Fantasie sind kaum Grenzen gesetzt.[17]

(3) Schließlich gibt es eine dritte Anwendungsform, die bisweilen auch 6
»Cloudworking« genannt wird. Ihr fehlt der Schematismus der beiden anderen Formen. Im Netz werden **anspruchsvolle und sehr spezielle Aufgaben** benannt, für die eine hoch qualifizierte Person oder Arbeitsgruppe gesucht wird. Ein großes US-Unternehmen möchte beispielsweise wissen, welche Ideen in Deutschland im Bereich Physik diskutiert werden. Gesucht ist jemand, der die »Szene« kennt und Überblick hat, beispielsweise ein Hochschullehrer, der einen Lehrstuhl für ein Teilgebiet der Physik innehat. Melden sich verschiedene Leute, wird eine Auswahl getroffen. Mit dem Ausgesuchten wird dann über das Honorar verhandelt, das recht ordentlich sein kann. Ein anderer Anwendungsfall ist das **Softwaretesting**;[18] auch hier empfiehlt es sich, nicht beliebige, sondern nur nach Referenzen und anderen Kriterien ausgesuchte Partner zu engagieren. Hierher gehört auch die Frage, welche Rechtsstellung einem »Youtuber« zukommt, der eigene Videos auf Youtube präsentiert und dabei ein journalistisches Anliegen wie Rezo verfolgt oder im Auftrag eines Unternehmens oder eine politischen Gruppierung handelt, die

---

12 Ebenda.

13 Böhm, CuA 10/2014, 15.

14 Böhm, AiB 11/2014, 39, 42.

15 BITKOM (Hrsg.), Crowdsourcing für Unternehmen, S. 10. Eine Check-Liste mit Punkten, die dabei vor allem auch im Hinblick auf Risiken zu beachten sind, findet sich dort auf S. 14f.

16 Leimeister, CuA 10/2014, 18. BITKOM (Hrsg.), a. a. O., S. 9, berichtet von einer Studie, wonach Produkte, die zusammen mit Externen entwickelt wurden, einen höheren Erfolg auf dem Markt hatten.

17 Vgl. Benner, CuA 4/2014, 18: Jede Form von Wertschöpfung kann im Prinzip erfasst sein. Siehe weiter die Praxisbeispiele bei Leimeister/Zogaj/Blohm, in: Benner (Hrsg.), S. 10ff.

18 BITKOM (Hrsg.), a. a. O., S. 26ff.

bestimmte Inhalte bekannt machen will.[19] In der Literatur werden diese Phänomene als **»Freiberufler-Marktplätze«** bezeichnet;[20] hier soll von **»Spezialisten-Crowdwork«** die Rede sein.[21] Aus Sicht des Arbeitsrechts gibt es hier die wenigsten Probleme. Das gilt vor allem dann, wenn eine Aufgabe wegen ihrer Komplexität nur von einer Gruppe von Spezialisten bewältigt werden kann, die sich bei der Arbeit untereinander verständigen müssen. Hier erscheint gemeinsames Handeln traditionellen Zuschnitts wieder am Horizont.[22]

2. Das Zwischenschalten einer Plattform

7 In der Regel werden die Verträge nicht unmittelbar zwischen dem interessierten Unternehmen und dem Crowdworker geschlossen. Vielmehr wird eine **Plattform dazwischengeschaltet**: Das Unternehmen vereinbart mit dieser, dass sie ein bestimmtes Angebot bekannt macht, die Interessierten melden sich bei ihr und erhalten von ihr einen Vertrag. Dabei wissen die Crowdworker häufig gar nicht, wer der wirkliche Empfänger ihrer Leistung ist. Daneben existieren auch Fälle, in denen die Plattform lediglich die Infrastruktur für die Verhandlungen zwischen Unternehmen und Crowdworker und für die Erbringung der Leistung zur Verfügung stellt.[23] In beiden Alternativen wird für ihre Leistung selbstredend ein Entgelt geschuldet.[24]

3. Internes und externes Crowdworking

8 Die Verlagerung von Aufgaben in die Crowd, also das »Crowdsourcing«, kann in unterschiedlichen Formen und Zusammenhängen praktiziert werden. Es kann **»internen«**, aber auch **»externen« Charakter** haben.[25] Die erste Variante liegt vor, wenn **innerhalb eines Konzerns** bestimmte

19 Einen ersten Eindruck vermittelt *fairtube.info*.
20 Schmidt, a. a. O., S. 13ff.
21 Die Bezeichnung »Cloudworker« ist insofern missverständlich, als die Vorstellung aufkommen könnte, jeder, der einen Cloud-Dienst in Anspruch nimmt, könnte von diesem Begriff erfasst sein. Auch wird die Plattform in den anderen Fällen gleichfalls auf die Cloud zurückgreifen; insoweit fehlt die Unterscheidungskraft.
22 Die hier gemachte Differenzierung orientiert sich an der Art der nachgefragten Arbeit und der normalerweise vorausgesetzten Qualifikation; andere Aufteilungen sind denkbar (siehe Schneider-Dörr, § 2 C I).
23 So etwa die US-amerikanische Plattform Amazon Mechanical Turk, Nr. 1 des »Participation Agreements«, abrufbar unter *www.mturk.com/mturk/conditionsofuse*.
24 Zu beiden Formen siehe Kocher, JZ 2018, 863.
25 Leimeister/Zogaj/Blohm, in: Benner (Hrsg.), S. 16ff.

Aufgaben ausgeschrieben werden, um die sich nur Arbeitnehmer anderer Konzernunternehmen bewerben können. An deren Arbeitnehmereigenschaft ändert sich nichts.[26] Statt für ihren Vertragsarbeitgeber tätig zu sein, arbeiten sie mit dessen Einverständnis vorübergehend für ein anderes Konzernunternehmen. Das ist schon bisher keine ungewöhnliche Konstellation.[27] Am bekanntesten ist das **IBM-Projekt Liquid**, das von dieser Möglichkeit Gebrauch gemacht hat.[28] Der Arbeitgeber erwartet typischerweise von seinen Beschäftigten, dass sie sich ihre Aufgaben auf den konzerninternen Plattformen selbst aussuchen und so ihre Spezialkenntnisse einbringen. Will er auch die Entlohnung und die Beförderung von erfolgreichen Bewerbungen, also von der »Auslastung« abhängig machen, wäre jedenfalls das erstere nicht möglich, da einer solchen Abmachung § 615 BGB im Wege stehen würde: Das Risiko der Nicht-Beschäftigung trägt der Arbeitgeber. In Arbeitsverträge entsprechende Klauseln aufzunehmen, würde das **Risiko im Arbeitsverhältnis einseitig** auf **den Arbeitnehmer verlagern**, was jedenfalls in den AGB und vorformulierten Einzelverträgen nicht mit § 307 Abs. 2 Nr. 1 BGB vereinbar ist.[29] Insoweit muss uns das interne Crowdsourcing im vorliegenden Zusammenhang nicht weiter beschäftigen.[30]

Neue und sehr viel komplexere Rechtsfragen stellen sich jedoch, wenn wie 9
in der großen Mehrzahl der Fälle[31] die Konzerngrenzen überschritten werden und sich **Dritte bewerben** können. Hier spricht man von **externem Crowdsourcing**. Die »Bewerber« treten hier zumindest dem ersten Anschein nach als Selbstständige auf, die sich um einen Auftrag bemühen. Es kann zumindest nicht ausgeschlossen werden, dass sie aus dem Arbeitsrecht »herausfallen« und anderen Rechtsgrundsätzen unterliegen, die möglicherweise einen sehr viel schwächeren Schutz vermitteln. Um diese Gruppe von Arbeitenden soll es im Folgenden im Einzelnen gehen.

---

26 Ebenso Heckelmann, NZA 2022, 73.

27 Zu Matrix-Strukturen in Konzernen, bei denen dies oft auftritt, siehe Kort, NZA 2013, 1318.

28 Dazu Rehm, in: Benner (Hrsg.), S. 61 ff. (Interview mit Monika Schäfer); zu beachten bleibt, dass dabei auch externes Crowdsourcing eingesetzt wird.

29 Däubler/Deinert/Walser-Walser, § 307 Rn. 243 m. w. N. Zur (zwingenden) Risikoverteilung im Arbeitsverhältnis siehe Däubler, Arbeitsrecht 2, Rn. 121 m. w. N. Das Problem wird auch gesehen bei Risak, ZAS 2015, 12.

30 Informativ die empirische Studie von Leimeister/Durward/Simmert: Die interne Crowd – Mitarbeiter/innen im Spannungsfeld neuer Arbeitsformen, Study der HBS Nr. 436, 2020.

31 Leimeister, CuA 10/2014, 18.

4. Praktische Bedeutung

10 Die Zahl der Crowdworker ist möglicherweise schon heute beträchtlich. Die deutsche Plattform **Clickworker** nennt etwa 400 000 Mitglieder,[32] **twago,** das ebenfalls im Inland angesiedelt ist, betont, ein Auftragsvolumen von über 172 Mio. Euro mit insgesamt 228 000 Experten und 36 000 Aufträgen innerhalb eines Jahres abgewickelt zu haben.[33] Beide bleiben allerdings ein wenig hinter den im englischen Sprachraum tätigen Plattformen zurück: »**TopCoder**« mit Sitz in Massachusetts verfügt über mehr als 500 000 Mitglieder,[34] ebenso **Amazon Mechanical Turk.**[35] »**Freelancer**« mit Sitz in Australien spricht von 8800 000 Nutzern und 4928 000 Projekten,[36] **Elance-oDesk** von weltweit über neun Millionen Schwarm-Mitarbeitern, dort auch »Solopreneure« genannt.[37] Einer von beiden dürfte Weltmarktführer sein. Auf der anderen Seite liegen **keine repräsentativen Angaben** zur Anzahl der Crowdworker in Deutschland vor.[38] Nach einer Schätzung der Gewerkschaft ver.di sollen in Deutschland zwischen 100 000 und 300 000 Personen regelmäßig auf Crowdwork-Plattformen aktiv sein, von denen aber nur 1000 bis 5000 erwerbssichernd tätig sind.[39] Von 434 in einer Untersuchung befragten Crowdworkern übten 79 % lediglich eine Nebentätigkeit aus und verdienten im Durchschnitt 326,17 Euro.[40] Die 21 % hauptamtlich Tätigen kamen auf ein durchschnittliches Monatseinkommen von 1503,72 Euro.[41] Damit wird ein Eindruck vermittelt, jedoch keine repräsentative Darstellung gegeben.

---

32 Strube, in: Benner (Hrsg.), S. 85 nennt 500 000 bei Clickworker angemeldete Beschäftigte, Risak (ZAS 2015, 12) zitiert eine Eigenangabe des Betreibers der Plattform, wonach es schon 700 000 registrierte Personen geben soll.

33 Angaben nach Klebe/Neugebauer, AuR 2014, 4.

34 Die Firma ist auf Programmierarbeiten spezialisiert – siehe Strube, in: Benner (Hrsg.), S. 85 ff., und praktiziert das Modell »Preisausschreiben«.

35 Zu letzterem Böhm, CuA 10/2014, 16 und vor allem Strube, in: Benner (Hrsg.), S. 75 ff.

36 Zur Marktentwicklung in Deutschland siehe Nießen, in: Benner (Hrsg.), S. 93 ff. Weitere Plattformen sind genannt bei BITKOM (Hrsg.), Crowdsourcing für Unternehmen, S. 19 f.

37 BITKOM (Hrsg.), a. a. O., S. 6.

38 Zu den Informationsdefiziten siehe Bourazeri, NZA 2019, 742. Zur selben Feststellung kommt Schneider-Dörr, § 2 C III 4 (S. 98 ff.) nach Auswertung zahlreicher Studien. Dem Verfasser ist der Fall begegnet, dass ein Anwalt für seine Transfergesellschaft ein neues Logo suchte und mit Hilfe von Verwandten Crowdsourcing praktizierte, ohne auch nur diesen Begriff zu kennen.

39 Mitgeteilt bei Walzer, S. 54.

40 Leimeister/Durward/Zogaj, S. 48 ff.

41 Leimeister/Durward/Zogaj, S. 48 f.

Da nunmehr seit gut sechs Jahren auch in der Rechtswissenschaft über Crowdwork diskutiert wird, liegt die Vermutung nahe, dass die von den Plattformen gegebenen Zahlen **auch alle Personen** erfassen, die **nur einmal und in ganz geringfügigem Umfang mit ihnen in Berührung gekommen sind.**

5. Konsequenzen für die Arbeitenden

Die Verlagerung nach außen führt zur »**Ausdünnung**« **der Betriebe.**[42] 11
Dort bleiben in den betroffenen Bereichen von den bisher Beschäftigten nur diejenigen, die für die Aufteilung des Arbeitsprozesses und für die Qualitätskontrolle verantwortlich sind.[43] Das ist im Grundsatz kein neuartiges Phänomen. Die Besonderheit der Crowdwork besteht jedoch darin, dass sich in aller Regel Menschen aus vielen Ländern um einen Auftrag bewerben können. Erbringen sie eine vergleichbare Leistung wie inländische Bewerber, kommen die niedrigeren Löhne in Entwicklungs- und Schwellenländern voll zur Geltung. Das führt bei Normal- und Routinetätigkeiten derzeit zu **Durchschnittsvergütungen von ca. 2 Euro** pro Stunde.[44] Das mag für einen Inder unter seinen Lebensbedingungen akzeptabel sein; in Westeuropa lässt sich damit kein einigermaßen angemessenes Leben führen.[45] **Erfahrene** Crowdworker können bei Amazon Mechanical Turk **in die Nähe des US-Mindestlohns von 7,80 Dollar** kommen, doch machen diese sog. Power-Turker nur etwa 20 % aller für die Firma Arbeitenden aus.[46] Alle anderen sind »digitale Tagelöhner«.[47]

---

42 Zur Frage, ob eine Betriebsänderung vorliegt und deshalb über einen Interessenausgleich zu verhandeln und ein Sozialplan abzuschließen ist, siehe DKW-Däubler, § 111 Rn. 111a. Zur vertraglichen Risikoverteilung im Verhältnis auftraggebendes Unternehmen – Plattform siehe Kocher, JZ 2018, 862, 864ff.

43 Zum Vorliegen einer Betriebsänderung in einem solchen Fall siehe DKW-Däubler, § 111 Rn. 111a.

44 Zu Studien über die Lohnhöhe siehe die Übersicht bei Leimeister/Zogaj, S. 73. Von Interesse auch der Erfahrungsbericht von Kraft in Mitbestimmung 12/2013. Auf inländische Erfahrungen bezogen ist die Schätzung einer Verbandsvertreterin, wonach die Stundenlöhne zwischen 5 und 40 Euro liegen (Nießen, in: Benner (Hrsg.), S. 70).

45 Wer die Crowdwork nur als Nebenerwerb oder »Hobby« betrachtet, wird daran möglicherweise keinen Anstoß nehmen. Zu den verschiedenen Gruppen von Crowdworkern siehe Risak, ZAS 2015, 11, 13, die bis auf die Genannten alle auf das Entgelt aus der Crowdwork angewiesen sind.

46 Strube, in: Benner (Hrsg.), S. 79.

47 So die Formulierung bei Böhm, AiB 11/2014, 39. Eingehend dazu Höller/Klengel, in: FS Kittner, S. 186ff.

Aus Arbeitgebersicht attraktiv sind aber nicht nur die geringen Löhne: Man spart auch Kosten für Gebäude und für Sozialversicherung.[48]

12 Würde sich diese Arbeitsform (als wichtigste, aber keineswegs einzige Form des Crowdworking) auf viele Bereiche ausweiten, hätte dies eine **grundlegende Veränderung der Arbeitswelt** zur Folge.[49] Das nicht allein wegen der »Hungerlöhne«, die einen Absturz im Lebensstandard zur Folge hätten.[50] Vielmehr wäre der **Arbeitsmarkt** ungleich stärker als bisher **internationalisiert**: In vielen Bereichen könnte ohne besonderen Aufwand auf Arbeitskräfte zurückgegriffen werden, die irgendwo auf der Welt leben und in die dortigen Verhältnisse integriert sind. Ansätze dazu gibt es bisher nur in der Seeschifffahrt, wo auf den meisten Schiffen bis auf den Kapitän und den Ersten Offizier ausschließlich Arbeitskräfte aus Entwicklungsländern beschäftigt werden, die geringfügig besser als dort üblich bezahlt werden. Eine wichtige Veränderung liegt auch insoweit vor, als der Einzelne nicht in einen Betrieb oder eine andere soziale Einheit eingebunden ist. Vielmehr **arbeitet** er typischerweise **allein zu Hause**, ohne eine Verbindung mit anderen Crowdworkern zu haben. Durch Vertrag wird zum Teil sogar eine Kontaktaufnahme bewusst erschwert.[51] Kollektives Handeln traditioneller Art ist unter solchen Umständen extrem schwierig.[52] Die bei Amazon Mechanical Turk Beschäftigten haben gleichwohl ein Forum (**»Turkopticon«**) entwickelt,[53] wo vor unseriösen Anbietern (deren Angebote Amazon auf seine Plattform stellt) gewarnt wird und Missstände angeprangert werden.[54] Die **IG Metall** betreibt seit 1. Mai 2015 unter *www.faircrowdwork.org* eine Plattform, wo man sich informieren, über Probleme berichten und sich **Rat holen** kann. Auch kann man aufgrund der dort zu findenden Informationen ca. 40 Plattformen

---

48 So der Leiter des IBM Human Capital Managements, wiedergegeben bei Böhm, AiB 11/2014, 39.

49 Benner, CuA 4/2014, 17: Gänzlich neue Art der Arbeitsorganisation. Siehe auch die bei Walzer, S. 31 f. wiedergegebenen Stimmen.

50 Von einer Kräfteverschiebung wegen der transnationalen Konkurrenz sprechen Schwemmle/Wedde, S. 66.

51 Siehe unten Rn. 86. Das steht in bemerkenswertem Gegensatz zu der These, Crowdworking würde kooperative Strukturen fördern.

52 Zusammenstellung von Vorzügen und Nachteilen von Crowdwork aus einer (allzu) optimistischen Sicht, die nur bei qualifizierten Tätigkeiten plausibel erscheint, Leimeister/Zogaj/Blohm, in: Benner (Hrsg.), S. 34.

53 Dazu Irani/Silberman, in: Benner (Hrsg.), S. 131 ff. Zu weiteren Aktionen in den USA siehe Liebman, SR 2017, 221, 234.

54 Dazu sowie über die Arbeitsbedingungen bei Amazon Mechanical Turk siehe das Interview mit »spamgirl« (die ihre Identität geheim hält) von V. Barth, abgedruckt bei Benner (Hrsg.), S. 99 ff.

und die von ihnen angebotenen Bedingungen bewerten. Vergleichbares bietet **ver.di** unter *www.ich-bin-mehr-wert.de* an.

II. Verträge zu reinen Marktbedingungen

Vergütung und Arbeitsbedingungen bestimmen sich nach der Nachfrage 13
für die angebotene Leistung. Der Markt für diese Tätigkeiten kennt keine Reglementierung. Ob jemand Abitur oder ein Diplom hat, spielt keine Rolle. **Ohne Bedeutung** sind aber auch **staatliche Schutznormen** zugunsten der schwächeren Seite. Sie greifen nicht ein oder werden nicht durchgesetzt. Diese Feststellung bedarf der näheren Begründung.

Crowdworker werden in ihrem Vertrag üblicherweise **als »Selbstständige« bezeichnet**. Ob dies eine zutreffende Qualifizierung ist, wird zu 14
untersuchen sein. Die Plattformen bzw. die Unternehmen gehen jedenfalls davon aus, dass es sich um zivilrechtliche Verträge handelt, wie man sie mit einem Handwerker oder einem Freiberufler abschließt. Arbeitsrechtliche Schutznormen finden keine Anwendung. Eine **abweichende Regelung** müsste **gerichtlich erstritten** werden. Als »selbstständiger Gewerbetreibender« scheint der Crowdworker auch kein Verbraucher zu sein, sodass die insoweit bestehenden Schutznormen gleichfalls ohne Bedeutung bleiben.

Soweit Auftraggeber bzw. Plattform und Crowdworker beide **in Deutschland ansässig** sind, findet das BGB Anwendung. Notfalls könnte ein Ge- 15
richt eingeschaltet werden, weil beispielsweise bestimmte Vorschriften in den AGB gegen die guten Sitten verstoßen (§ 138 Abs. 1 BGB) oder weil der Crowdworker dort unangemessen benachteiligt wird (§ 307 Abs. 1 Satz 1 BGB). In Betracht kommt weiter eine Haftung auf Schadensersatz, wenn beispielsweise Aufklärungspflichten verletzt wurden.[55] Faktisch stehen der Geltendmachung von Ansprüchen aber zahlreiche Hindernisse entgegen. Am wichtigsten ist dabei die Befürchtung, keine Aufträge mehr zu erhalten, da es in Bezug auf die »Geschäftsbeziehung« keinen Bestandsschutz gibt.

Ist die Plattform oder ein anderer Auftraggeber dagegen **in den USA oder in Australien ansässig**, mag es auch dort vergleichbare Bestimmungen 16
geben, doch kennt man sie nicht; auch ein Rechtsanwalt wird typischerweise nicht weiterhelfen können. Zudem ist höchst zweifelhaft, ob ein deutsches Gericht überhaupt zur Entscheidung berufen ist; wahrschein-

---

55 Hauck/Blaut, NJW 2018, 1425 ff.

lich müsste man in den USA oder in Australien klagen. Das mag für ein Großunternehmen eine realistische Option sein; für einen Crowdworker liegt es weit jenseits der eigenen Handlungsmöglichkeiten. Etwaige rechtliche Schranken treten völlig in den Hintergrund; wenn es sie nicht gäbe, würde sich an den Verträgen nichts ändern.

17 Die Folge ist, dass **allein** die **Stellung auf dem Markt** über die **Höhe des Entgelts** sowie darüber entscheidet, welche Bedingungen sich die schwächere Seite gefallen lassen muss. Der Stärkere wird sich nur dann Grenzen auferlegen, wenn er riskiert, keine adäquaten Partner mehr zu finden, die ihre Aufgaben korrekt erfüllen. Auch Reputationseinbußen, die der Ruf eines »skrupellosen Ausbeuters« mit sich bringen würde, könnten ein Korrektiv darstellen, doch gibt es hierfür jedenfalls in Europa bislang keine sichtbaren Erfahrungen. Das Recht wird zu einer symbolischen Hintergrundgröße. Man könnte auch von »rechtsfreien Verträgen« sprechen. Was dies konkret bedeutet, soll am Beispiel der einzelnen Formen von Crowdwork verdeutlicht werden.

III. Die Situation des »Microtaskers«

1. Die wirtschaftliche Ausgangssituation

18 Legt man die Angaben der Plattformen zugrunde,[56] ist die Zahl der Microtasker beträchtlich. Die deutsche Plattform »clickworker« aus Essen spricht von ca. 700 000 Menschen, die für sie arbeiten, die Firma CrowdFlower aus dem Silicon Valley beziffert die Zahl ihrer Arbeitskräfte auf 5 Millionen. Vergleichsweise bescheiden stellt sich insoweit Amazon Mechanical Turk dar, wo nur von 500 000 Personen die Rede ist.[57] Die Angaben verführen allerdings zu dem Fehlschluss, es handle sich um eine entsprechende Zahl von Arbeitskräften, die meist einen Vollzeitjob, zumindest aber eine Teilzeitarbeit in relevantem Umfang absolvieren. Soweit ersichtlich, wird **Microtasking** jedoch zumindest in Deutschland typischerweise als **kleine Nebentätigkeit** erbracht. So führte eine im Auftrag des Bundesministeriums für Arbeit und Soziales vorgenommene Untersuchung zu dem Ergebnis, dass die befragten Crowdworker im Durchschnitt der vorangegangenen sechs Monate ganze 25 Aufträge abgearbeitet hatten, wobei die Bearbeitungszeit pro Auftrag im Schnitt

56 Siehe schon oben Rn. 10.

57 Angaben nach Schmidt, a. a. O., S. 15. Weitere Zahlen bei Klebe, AuR 2016, 277, 278.

bei 10 Minuten lag.[58] Gut vier Stunden in einem halben Jahr sind eine wahrhaft »geringfügige« Beschäftigung; die Existenz der fraglichen Personen war ersichtlich durch eine anderweitige Erwerbstätigkeit, durch Rente oder im Rahmen eines Studiums gesichert. Eine neuere empirische Untersuchung[59] bezog sich auf 248 Crowdworker aller Arten in Deutschland und ermittelte, dass von den Microtaskern **97 % weniger als 500 Euro im Monat** verdienten.[60] **Haupteinnahmequelle** war die Crowdwork in dieser Gruppe **nur für 6 %** der Befragten; nimmt man alle zusammen, ergeben sich knapp 20 %.[61]

Momentaufnahmen sagen nichts über künftige Entwicklungen aus. In 19
den USA hat es eine Massenklage (»Class Action«) von Crowdworkern gegeben, die den gesetzlichen Mindestlohn einforderten, weil sie von den Einkünften aus der Crowdwork leben mussten.[62] Vergleichbares könnte sich mit der üblichen Verspätung von einigen Jahren auch in Deutschland zeigen. Die **Auslagerung in die Crowd** kann den Unternehmen enorme **Kostenvorteile** bringen; warum sollte davon effektiv weniger Gebrauch als in den USA gemacht werden? Allerdings ist bei solchen Prognosen immer zu bedenken, dass **technische Entwicklungen die Situation verändern** können. So wird es in Kürze möglich sein, Sportschuhe kostengünstig mithilfe von 3D-Druckern im Inland herzustellen, was die erfolgte Verlagerung nach Vietnam wirtschaftlich weithin uninteressant macht. Weshalb sollten Computer nicht mit so viel künstlicher Intelligenz ausgestattet werden können, dass sie auch höchst schnörkelig geschriebene Zahlen entziffern können (um das eingangs genannte Beispiel aufzugreifen)? Die »digitalen Tagelöhner« werden dann mit anderen vergleichbaren Aufgaben beschäftigt oder fallen in die Arbeitslosigkeit.

2. Qualifizierung als Arbeitnehmer?

Ein Microtasker ist grundsätzlich frei, **wo und zu welchem Zeitpunkt er** 20
arbeiten will. Er erhält typischerweise keine Weisungen; vielmehr geht es für ihn allein darum, einen vorgegebenen Auftrag abzuarbeiten – nicht

---

58 BMAS (Hrsg.), Befragung zum sozioökonomischen Hintergrund und zu den Motiven von Crowdworkern – Endbericht –, S. 8.

59 Leimeister/Durward/Zogaj, abrufbar unter *www.boeckler.de/pdf/p_study_hbs_323.pdf*.

60 Leimeister/Durward/Zogaj, S. 45.

61 Leimeister/Durward/Zogaj, S. 48.

62 Otey vs. Crowdflower. Das Verfahren endete mit einer Vergleichszahlung von 600 000 US-Dollar (mitgeteilt bei Klebe, AuR 2016, 277, 281), wovon jedoch ein beträchtlicher Teil an die Anwälte beider Seiten ging.

anders, als wenn ein Handwerker eine Wand streicht oder den Wasserhahn repariert. Die Qualifizierung als Selbstständiger scheint insoweit von vornherein plausibel. Nun gibt es allerdings die oben referierte **Rechtsprechung** des BAG,[63] die **bei Zeitungszustellern**, die unter vergleichbaren Umständen arbeiten, ein Arbeitsverhältnis annimmt:[64] Diese erhielten gleichfalls keine Weisungen, sondern mussten sich lediglich zu einer bestimmten Stunde an einem bestimmten Ort einfinden, um dort die Zeitungen abzuholen und sie anschließend den ihnen bekannten (oder auf einer Liste verzeichneten) Abonnenten in die Briefkästen stecken. Bei einfachen Tätigkeiten könnten – so das BAG – die **Weisungen im Arbeitsvertrag** gewissermaßen **vorweggenommen** werden. Das kann auch bei Microtaskern zur Annahme eines Arbeitsverhältnisses führen. So könnte man etwa das eingangs genannte Beispiel in der Weise variieren, dass die EnBW das Eingeben der Zählerstände durch eigene Arbeitskräfte erledigen ließe: Diese würden in einem großen Raum sitzen und exakt dieselbe Arbeit wie die Crowdworker machen, ohne dass ihnen jemand zusätzliche Weisungen erteilen müsste; ihren Arbeitnehmerstatus würde niemand in Zweifel ziehen. Allerdings würden dann enge zeitliche Vorgaben für die Erledigung der Aufgaben bestehen. Existieren diese auch bei »normalen« Crowdworkern, so läge ein Arbeitsverhältnis vor. Die Bezeichnung als »Selbstständiger« im Vertrag bleibt ohne Bedeutung. Denkbar ist auch, dass spezifische Leistungsanreize geschaffen werden, die beispielsweise bei der pünktlichen Erledigung einer großen Zahl von Aufgaben eine Entgelterhöhung pro Stück vorsehen würden. Hier läge auf der Grundlage der BAG-Rechtsprechung[65] auch dann ein Arbeitsverhältnis vor, wenn rein rechtlich große zeitliche Spielräume bestehen würden. In anderen Fällen mag mehr auf die Kontrolle abgestellt werden, die von den Plattformen über den Arbeitsprozess ausgeübt wird,[66] die zur »Fremdbestimmtheit« der Arbeit führt.[67] Daneben bleiben jedoch immer noch Fälle, in denen eine Qualifizierung des Crowdworkers als Arbeitnehmer nicht ernsthaft in Betracht kommt.

20a Auch das **Recht, Aufträge abzulehnen,** steht der Annahme eines Arbeitsverhältnisses nicht entgegen, wenn der Betroffene sich in einer Situation

63 § 17 Rn. 7ff.

64 BAG, 16.7.1997 – 5 AZR 312/96, NZA 1998, 368, 369.

65 BAG, 1.12.2020 – 9 AZR 102/20, NZA 2021, 552.

66 In diese Richtung Kocher/Hensel, NZA 2016, 984, 988.

67 Siehe oben § 17 Rn. 14. Wichtig die Fallanalysen von Schneider-Dörr (§ 3 B III, S. 237ff.), die die Beschäftigten bei Clickworker und Roamler überzeugend als Arbeitnehmer qualifiziert.

befinden, wo er sich eine solche Ablehnung nicht leisten kann oder in der es erhebliche Anreize für die Annahme der Aufträge gibt.[68]

Ein Arbeitnehmer-Crowdworker kann den **gesetzlichen Mindestlohn** verlangen. Das würde nach § 20 MiLoG auch dann gelten, wenn er für einen ausländischen Arbeitgeber (z. B. eine US-Plattform) tätig und die Anwendung von ausländischem Recht vereinbart wäre.[69] Auch ließe sich die Zuständigkeit eines deutschen Arbeitsgerichts gut begründen.[70] Er würde also seinen Prozess mit hoher Wahrscheinlichkeit gewinnen. Mit demselben Ergebnis wäre zu rechnen, wenn er sich gegen eine verbreitete AGB-Klausel bei ausländischen Plattformen wenden würde, wonach die Plattform bzw. der Auftraggeber die **Arbeitsleistung** und ihre Bezahlung **ablehnen** kann, **ohne** einen **Grund** dafür angeben zu müssen.[71] Es fragt sich, was passieren könnte, wenn von dieser Möglichkeit tatsächlich Gebrauch gemacht würde. 21

3. Praktische Wirkung

Bei allen nicht sprachlich gebundenen Aufgaben würde die Plattform die bisherigen schlechten Bedingungen weiter gewähren und nur noch Angebote von Crowdworkern aus Ländern wie Indien berücksichtigen, für die ein Stundenlohn von zwei Dollar in keiner Weise anstößig ist. Ein weltweiter Markt lässt sich ersichtlich nicht durch die Gesetzgebung oder die Rechtsprechung eines einzelnen Staates korrigieren. **Der »rechtsfreie Vertrag« bliebe erhalten;** der Markt wäre nur geographisch ein wenig verkleinert.[72] Lediglich im Verhältnis zu deutschen Plattformen könnten die Schutznormen eventuell wirksam werden, soweit sie Aufträge vergeben, die deutsche Sprachkenntnisse voraussetzen. Ob dies dann wirklich geschieht, hängt von vielen Umständen ab; auch Arbeitnehmer in ganz traditionellen Arbeitsverhältnissen pflegen außerhalb des öffentlichen Dienstes erst dann Gerichte anzurufen, wenn das Arbeitsverhältnis beendet ist oder mit Sicherheit zu Ende gehen wird. Würden die Normen von der Arbeitgeberseite gleichwohl ernst genommen (weil man 22

68 Siehe oben § 17 Rn. 20a.

69 HK-ArbR-Däubler, § 20 MiLoG Rn. 5 m. w. N.

70 Art. 21 Abs. 2 in Verbindung mit Art. 21 Abs. 1 Buchst. b i der EU-Verordnung 1215/2012 (ABl. L 351/1ff. v. 20. 12. 2012).

71 Zu dieser und anderen Klauseln in Plattform-AGBs siehe Däubler, in: Benner (Hrsg.), S. 243, 250 ff.

72 Das spricht auch gegen die Vorschläge von Kocher/Hensel, NZA 2016, 984, 990. Außerdem wird deutlich, dass sich das Phänomen der im Netz erbrachten Crowdwork nicht allein im nationalen Rahmen diskutieren lässt.

Reputationsschäden fürchtet, die schon durch einen Einzelfall entstehen können), würde genau das geschehen, was schon seit vielen Jahren im Bereich der nicht-virtuellen Welt stattfindet: **Einfache Arbeit**, die nicht für den inländischen Markt bestimmt ist, **wird ins Ausland verlagert**. Nur besteht dabei ein gewichtiger Unterschied: Einen Betrieb oder einen Betriebsteil in ein weniger entwickeltes Land zu verlagern, schafft erhebliche Transaktionskosten, die bis hin zur prekären Energieversorgung am neuen Standort und den Bestechungsgeldern für die dortige Verwaltung gehen können. Bei der Crowdwork fällt das alles weg: Es geht nur um ein wenig Programmierarbeit auf der Plattform. Wenn der aus dem andern Land kommende Crowdworker nicht gut funktioniert, wird er eben in Zukunft nicht mehr berücksichtigt. Hinter ihm warten zahllose weitere Interessenten nach Art einer modernen Reservearmee.

4. Crowdworker als Nicht-Arbeitnehmer

22a Soweit der Crowdworker große zeitliche Spielräume und/oder wenige inhaltliche Vorgaben hat, wird er typischerweise als Selbstständiger qualifiziert werden.[73] Dies zeigt, dass es **nicht »die« Crowdwork** gibt.[74] Die spezifischen Arbeitnehmer-Schutzrechte gehen bei selbstständiger Tätigkeit grundsätzlich verloren; insbesondere fehlt es in Bezug auf eine ausländische Plattform häufig an der Zuständigkeit eines deutschen Gerichts.[75]

IV. Die Situation des »Kreativwettbewerbers«

1. Die wirtschaftliche Situation

23 Die Ausschreibung von Logos, Produktdesigns u. Ä. erfolgt üblicherweise in Form eines Wettbewerbs. Jeder Interessierte, der sich dazu in der Lage sieht, kann einen Entwurf einreichen. Nur der Beste bekommt das ausgelobte Honorar, die anderen gehen leer aus. Die größte Plattform in diesem Bereich ist **»99designs«** aus Sidney, die nach eigenen Angaben 1,3 Mio. Designer und Designerinnen »beschäftigt«. In der Literatur wird

---

73 Die unterschiedliche Ausgestaltung der Rechtsbeziehungen des Crowdworkers zur Plattform oder dem auftraggebenden Unternehmen wird nicht bedacht bei Walzer, S. 145.

74 C. Schubert, RdA 2018, 200, 203. Vgl. aber Fuhlrott/Oltmanns, NJW 2020, 958 ff.

75 Zur möglichen Qualifizierung als arbeitnehmerähnliche Person siehe unten Rn. 40 ff.

berichtet, sie habe bis März 2016 insgesamt 500 000 Wettbewerbe veranstaltet und an die Gewinner die Gesamtsumme von 125 Mio. Euro ausbezahlt.[76] Im Durchschnitt lag das »Preisgeld« somit bei 250 Euro. Bei jedem Wettbewerb wurden über 100 Vorschläge eingereicht; bei durchschnittlichen Chancen werden **pro Vorschlag** also **2,50 Euro** vergütet. Der Anteil an unentgeltlicher Arbeit ist enorm hoch. Eine andere Plattform wirbt mit dem Slogan: »Run a Logo Design Contest. Hire 700 Designers. Pay one.« Das kann nur funktionieren, weil die Bewerber aus der Crowd **an selbstständiger, kreativer Arbeit interessiert** sind und dafür auch in ihrer Umgebung Anerkennung finden. Viele rechnen sich überdies die Chance aus, **als »Sieger«** bekannt zu werden. Dadurch könnten sie unabhängig von der Plattform Kunden gewinnen und so **»Karriere«** machen.

Diese Rechnung ist allerdings meist ohne den Wirt gemacht. Die Platt- **24**
form schreibt in ihren AGB vor, dass **Folgeaufträge eines Gewinners zwei Jahre lang nur über sie** abgewickelt werden dürfen. Davon kann sich der Einzelne nur durch Zahlung von 2500 Euro freikaufen,[77] was für einen Berufsanfänger auch dann eine außerordentlich hohe Summe ist, wenn er gerade als Sieger aus einem Wettbewerb hervorgegangen ist. Die niedrigen Honorare führen im Übrigen dazu, dass sich der **»Ideenklau«** ausbreitet: Der Crowdworker spart am meisten Zeit, wenn er ein fremdes Produkt übernimmt und sich damit bewirbt. Das schafft allerdings eine »vergiftete« Arbeitsatmosphäre, wo das Misstrauen dominiert; die Folge ist erhebliche Unzufriedenheit mit der Arbeit.[78] Auch für die Auftraggeber entstehen schwer beherrschbare Risiken. So können sie ersichtlich einen preisgekrönten Vorschlag nicht verwerten, wenn ein Dritter Rechte daran geltend machen kann. Dehnen sich solche Phänomene weiter aus, lässt sich das ganze Geschäftsmodell nicht weiter praktizieren. Der Markt stößt an seine Grenzen.

2. Rechtliche Einordnung

Einen **Grundsatz »Ein Entgelt erhält nur der Gewinner«** kennt **weder** **25**
das **Arbeitsrecht noch** das **BGB**. Beide gehen davon aus, dass effektiv erbrachte Arbeit auch bezahlt werden muss. Eine gewisse Ausnahme besteht bei öffentlichen Ausschreibungen, die ersichtlich eine »Vorleistung« jedes Bieters verlangen. Im Unterschied zu den hier vorliegenden

76 Schmidt, a. a. O., S. 16f., auch zum Folgenden.
77 Schmidt, a. a. O., S. 18.
78 Schmidt, a. a. O., S. 18.

Fällen wird jedoch immer nur die (im Einzelfall durchaus aufwendige) Planung, niemals die Erbringung der ganzen Leistung verlangt. Geschähe dies gleichwohl in AGB, wären diese wegen unangemessener Benachteiligung desjenigen, der die Leistung erbringt, nach § 307 Abs. 1 Satz 1 BGB unwirksam.

26 Was tritt an die Stelle des Wettbewerbs? Vermutlich würden die Plattformen nicht bereit sein, jedem Interessenten eine Mindeststundenvergütung oder eine Mindestpauschale zu bezahlen, da sie auf diese Weise auch sehr viele minderwertige Leistungen vergüten müssten. Vielmehr würden sie **zu überkommenen Auswahlverfahren zurückkehren,** wo nach dem »Ruf« und den erkennbaren Fähigkeiten des einzelnen Bewerbers entschieden wird. Für die Betroffenen wäre dies nicht unbedingt von Nachteil.

27 Ob darüber hinaus in einzelnen Fällen auch arbeitsrechtliche Grundsätze anwendbar sein könnten, erscheint eher zweifelhaft. **Weisungsabhängigkeit,** die für ein Arbeitsverhältnis konstitutiv ist, **liegt** gerade **nicht vor**: Der Bewerber soll ja in einem vom Arbeitgeber vorgegebenen weiten Rahmen seine eigenen Ideen und seine kreativen Lösungen entwickeln, also nicht weisungsabhängig, sondern selbstbestimmt arbeiten. Vom äußeren Ablauf wie vom Inhalt der Arbeit her bestehen keine Unterschiede gegenüber einem Auftrag, den man vor 20 Jahren an einen selbstständig tätigen Graphiker erteilt hat: »Bitte entwerfen Sie mir ein Logo für meine Firma«, »Bitte machen Sie sich Gedanken über meine Weihnachtsdekoration«. Insoweit ist man relativ weit vom Arbeitsrecht entfernt.[79] Das schließt allerdings nicht aus, dass man bestimmte Standards zugunsten aller Arbeitenden entwickelt und diese hier fruchtbar macht.[80]

28 In Bezug auf die **Vergütungsform** ist auch hier mit Ausweichstrategien zu rechnen, wenn die bisherige Praxis für rechtswidrig erklärt werden sollte: In vielen Fällen würden sich die Ausschreibungen ausschließlich an Bewerber in Ländern richten, wo keine rechtlichen Bedenken gegen eine Bezahlung nach dem Modell eines Preisausschreibens bestehen.

---

79 Insoweit fehlt es auch an der Fremdbestimmtheit i. S. v. § 611a Abs. 1 BGB. Dazu oben § 17 Rn. 14.

80 Kocher/Hensel, NZA 2016, 984, 989.

V. Die Stellung des Vertragspartners bei Spezialisten-Crowdwork

In der dritten Gruppe von Crowdwork dient das Internet im Grunde nur dazu, länderübergreifend einen großen Kreis von Interessenten anzusprechen, was mit traditionellen Mitteln wie Zeitungen und Zeitschriften nicht oder jedenfalls nicht mit derselben Geschwindigkeit möglich wäre. Der **Vertragsabschluss** erfolgt **unter** mehr oder weniger **gleich starken Partnern.** Wichtig ist vor allem, dass die angesprochenen Spezialisten in der Regel anderweitig abgesichert sind und dass sie deshalb ohne ins Gewicht fallende Nachteile auf den Vertrag verzichten können, wenn sie seine Bedingungen inakzeptabel finden. Hier handelt es sich um einen der seltenen Fälle, in denen angemessene Honorare und angemessene Vertragsbedingungen ausgehandelt werden können. Den sich aus den Marktverhältnissen ergebenden **Vertragsinhalt zu korrigieren**, besteht hier im Regelfall **kein Anlass.** 29

Außer dem obigen Beispiel, Wissen zu erschließen, das nicht allgemein zugänglich ist,[81] könnte man hier evtl. auch die Aufträge einordnen, die von der Berliner Plattform **Jovoto** zur Entwicklung von Kampagnen und zur Vermarktung von neuen Produkten erteilt werden. Dahinter stehen große Konzerne wie Coca-Cola, Deutsche Bank und Beiersdorf.[82] Die Besonderheit liegt darin, dass sich die Plattform mithilfe ihrer Mitarbeiter sowohl um die Bewerber aus der Crowd als auch um die Auftraggeber kümmert; insoweit ist eine Angleichung an traditionelle Kooperationsbeziehungen gegeben. Dass ein Crowdworker leer ausgeht, ist gleichwohl nicht auszuschließen. Allerdings ist man **weniger weit vom Arbeitsrecht entfernt** als bei anderen Formen des Wettbewerbs: Kommt es im Rahmen der »Betreuung« regelmäßig zu Rückfragen und Gesprächen, bei denen der Auftraggeber oder die Plattform das letzte Wort hat, lässt sich dies ggf. als arbeitsrechtliche Weisungsgebundenheit qualifizieren. Das würde bedeuten, dass die fraglichen Personen Anspruch auf den gesetzlichen Mindestlohn und nach sechs Monaten auch Kündigungsschutz hätten, was bisher in diesem Kontext nur selten erörtert wurde. 30

Im Zweifel findet auch hier nur **selten** eine **Berufung auf** die **Rechtslage** statt, die nun mal eine Entlohnung nach Art eines Preisausschreibens nicht vorsieht. Auch die Geltendmachung arbeitsrechtlicher Ansprüche ist nicht sehr wahrscheinlich. Insoweit ist die Situation keine grundsätzlich andere als in den unter IV. erörterten Fällen. 31

---

81 Oben Rn. 6.

82 Hierzu Schmidt, a. a. O., S. 18f., auch zum Folgenden.

VI. Kollektive Interessenvertretung?

32 Gäbe es in allen drei Gruppen eine größere Anzahl von Personen, die von ihrem Einkommen aus der Crowdwork abhängig sind und könnte man sie als Arbeitnehmer ansehen, wäre grundsätzlich die **Wahl von Betriebsräten** möglich, die die Interessen der Crowdworker gegenüber der jeweiligen Plattform vertreten. Auch könnten sich die Arbeitnehmer-Crowdworker einer Gewerkschaft anschließen, die ggf. den **Abschluss von Tarifverträgen** für sie in Angriff nehmen würde. Rechtlich ginge dies sogar dann, wenn sich die Plattform als Vertragspartner im Ausland befindet oder wenn Auftraggeber ein ausländisches Unternehmen wäre, mit dem unmittelbare vertragliche Beziehungen bestehen: Wenn in Deutschland gearbeitet wird, ist auch eine Interessenvertretung nach deutschem Recht möglich.[83]

33 Nun ist es keineswegs ausgemacht, dass auch nur eine relevante Minderheit der Crowdworker im Netz als Arbeitnehmer zu qualifizieren ist. Arbeiten sie als Selbstständige **regelmäßig für dieselbe Plattform**, könnten sie allerdings **arbeitnehmerähnliche Personen** sein: Das setzt voraus, dass sie zwar ihre Arbeit selbst organisieren können, dass sie jedoch von einem anderen, beispielsweise einer Plattform, wirtschaftlich abhängig sind. Diese Voraussetzung ist bei »hauptamtlichen« Crowdworkern durchaus denkbar.[84] In einem solchen Fall würde ein Tarifvertrag auch nicht in den Anwendungsbereich des Kartellverbots nach Art. 101 AEUV fallen, da es sich nach der Rechtsprechung des EuGH[85] um »Scheinselbstständige« handeln würde, weil sie in vergleichbarer Lage wie Arbeitnehmer sind.[86] Zumindest wäre es ein Verstoß gegen den Gleichheitssatz nach Art. 20 EU-GRC, wenn man trotz der vergleichbaren Schutzwürdigkeit Tarifverträge für arbeitnehmerähnliche Personen am Kartellverbot scheitern lassen würde.[87]

34 Arbeitnehmerähnliche Personen sind bislang **nicht in die Betriebsverfassung einbezogen**; nur für Heimarbeiter gilt eine Ausnahme. Der **Beitritt zur Gewerkschaft** ist jedoch nach Art. 9 Abs. 3 GG jederzeit möglich. **§ 12a TVG** lässt den Abschluss von **Tarifverträgen** auch für diese Personengruppe zu, doch wird von der gesetzlichen Möglichkeit prak-

83 Deinert, Internationales Arbeitsrecht, § 17 Rn. 10 m. w. N.

84 Vgl. Sassenberg/Faber-Neighbour, Teil II G Rn. 13.

85 EuGH, 4.12.2014 – C-413/13, NZA 2015, 55 – FNV.

86 Eine solche Gleichstellung wird in Ls. 2 der Entscheidung vorgenommen. In der Literatur ist die Frage umstritten, siehe die Nachweise bei C. Schubert, RdA 2018, 200, 205. Siehe weiter Bourazeri, NZA 2019, 741, 745.

87 C. Schubert, in: FS Klebe, S. 351, 356.

tisch nur für freie Mitarbeiter der öffentlich-rechtlichen Rundfunk- und Fernsehanstalten Gebrauch gemacht. In der gewerblichen Wirtschaft sind arbeitnehmerähnliche Personen nicht in der Lage, sich wirksam für den Abschluss von Tarifverträgen einzusetzen. Dass dies bei Crowdworkern grundsätzlich anders sein sollte, ist nicht ersichtlich. Die isolierte Arbeitssituation des Einzelnen erschwert gemeinsames Handeln zusätzlich.

Zu den »Arbeitnehmerähnlichen« kommen die **»echten« Selbstständigen** hinzu, die nicht von einer bestimmten Plattform abhängig sind. 35
Auch muss man jedenfalls in der Gegenwart an diejenigen denken, die Crowdwork nur als **gelegentliche geringfügige Nebentätigkeit** erbringen. Für beide Gruppen kommen ein Gewerkschaftsbeitritt und eine daraus folgende **kollektive Interessenvertretung noch weniger** in Betracht. Dennoch ist es in den letzten Jahren IG Metall und ver.di gelungen, acht Plattformen zur Unterzeichnung eines Verhaltenskodex zu veranlassen, der allerdings keine einklagbaren Rechte gewährt.[88] Mittlerweile gibt es ein Vermittlungsgremium, das aus einem Vertreter der Plattformen, einem Vertreter der IG Metall, einem Crowdworker und einem Mediator besteht, und das Konflikte zwischen Plattformen und Crowdworkern lösen soll.[89]

Was tun, wenn auch in Deutschland in relevanter Zahl Beschäftigungs- 36
verhältnisse entstehen, bei denen der Einzelne **vom Einkommen aus der Crowdwork abhängig** ist? Es lohnt sich (ausnahmsweise), einen Blick in die USA zu werfen.

Für die bei Amazon Mechanical Turk beschäftigten Crowdworker exis- 37
tiert eine besondere Plattform, **Turkopticon** genannt.[90] Dort können sie unter ihrem Namen oder anonym von ihren Erfahrungen mit bestimmten Aufträgen und Auftraggebern berichten und sich mit anderen Beschäftigten in vergleichbarer Lage austauschen. Im Extremfall kann dies dazu führen, dass ein bestimmter Auftraggeber als »unzuverlässig« oder »unsozial« qualifiziert wird und andere aufgefordert werden, für ihn nicht mehr tätig zu sein. Er gerät dadurch in **»Verruf«**, was erhebliche Folgen für seinen Geschäftsbetrieb haben kann: Er riskiert, keine Mitarbeiter mehr zu finden. Diese Gefahr kann präventiv wirken in dem Sinn, dass sich Auftraggeber an **bestimmte Mindeststandards** halten, weil sie nicht in die Situation eines Boykottierten kommen wollen. Damit ist **ein**

88 Goddar, Mitbestimmung 2017, abrufbar unter *www.magazin-mitbestimmung.de/artikel/Agil+ja%2C+aber+nicht+per+Order+von+oben@thV6zJy9Qi6wTnsIfhUp8A* (24.1.2018). Pessimistische Einschätzung der Möglichkeiten kollektiver Interessenvertretung in der digitalisierten Wirtschaft bei Giesen/Kersten, S. 42ff.

89 Liebman, SR 2017, 221, 235.

90 Hierzu und zum Folgenden Irani/Silberman, in: Benner (Hrsg.), S. 131ff.

Stück Gegenwehr von Crowdworkern angesprochen, das unabhängig vom rechtlichen Status als Arbeitnehmer oder Selbstständiger und unabhängig davon ist, ob eine betriebliche Interessenvertretung existiert. Es wäre gewissermaßen kollektives Handeln in einer nicht verrechtlichten Ordnung.[91]

38 Für ein solches Verhalten gibt es lange zurückliegende Vorbilder: Die **Gesellenbewegung des Mittelalters** kannte bereits den »Verruf« in dem Sinne, dass ein bestimmter Handwerker oder eine Gruppe von Handwerkern wegen extrem unsozialen Verhaltens boykottiert wurden. Wer mit ihnen einen Arbeitsvertrag schloss, geriet seinerseits in Verruf und wurde von allen »Anständigen« gemieden. Der Sache nach handelte es sich – modern gesprochen – um eine **Maßnahme des Arbeitskampfes**. Sie setzte kein betriebliches Zusammensein voraus, das für Streiks seit der industriellen Revolution charakteristisch ist. Es reichten informelle Verständigungen (z. B. in einer »Gesellenherberge«). Ist es verwunderlich, dass vorindustrielle und nachindustrielle Kampfformen eine gewisse Ähnlichkeit aufweisen?[92]

VII. Überlegungen zu weitergehenden rechtlichen Schutzmechanismen

39 Nicht jedermann wird die skeptische Grundhaltung teilen, die hier gegenüber einer rechtlichen Korrektur der rein marktbestimmten Verträge zum Ausdruck gebracht wurde. Im Folgenden sollen daher eine Reihe von rechtlichen Möglichkeiten dargestellt werden, die diskutiert werden und die (aus Sicht des Verfassers: theoretisch) als Mittel für eine Verbesserung des Status quo in Betracht kommen.

---

91 Die organisatorischen Voraussetzungen wären auch in Deutschland gegeben, da die IG Metall (*www.faircrowdwork.org*) und ver.di (*www.ich-bin-mehr-wert.de*) jeweils Beratungsplattformen betreiben, die eine vergleichbare Funktion erfüllen könnten.

92 Überlegungen in diese Richtung auch bei Höller/Klengel, in: FS Kittner, S. 186, 192. Übersicht über rechtspolitische Vorstellungen zum Schutz von Crowdworkern bei Kocher, in: Hensel/Schönefeld u. a., S. 190 ff.

1. Die arbeitnehmerähnliche Person

a) Zum Begriff

40 In der Praxis gibt es zahlreiche Fälle, in denen sich hinter formaler Selbstständigkeit ein **hohes Maß an Abhängigkeit** verbirgt. In der Umgangssprache hat sich hierfür der Begriff des »Scheinselbstständigen« eingebürgert. So sind – um ein älteres Beispiel aufzugreifen – Tankstellenpächter einerseits häufig als Kaufleute im Handelsregister eingetragen, andererseits jedoch von einer einzigen Mineralölgesellschaft abhängig, die ihnen die Benzinpreise, die Öffnungszeiten und die gesamte Aufmachung der Tankstelle vorschreibt.[93] Nicht nur die wirtschaftliche, sondern auch die arbeitsorganisatorische Bewegungsfreiheit ist in diesen Fällen entscheidend eingeschränkt.[94] Eine ähnliche Situation ergibt sich für **»freie Mitarbeiter«,** die bei Presse und Rundfunk, aber auch in vielen anderen Bereichen anzutreffen sind. Wann und wie sie ihre Arbeit leisten, ist zwar rechtlich allein ihnen überlassen, doch riskieren sie, durch die Nicht-Annahme eines »Auftrags« ggf. ihren Hauptkunden zu verlieren und dann als Selbstständige nicht einmal Arbeitslosengeld beantragen zu können. **Ihnen fehlt die »Exit-Option«**,[95] sie können anders als ein effektiv selbstständiger Marktteilnehmer nicht auf vergleichbare andere Angebote ausweichen.

41 Für den »Auftraggeber« kann der **Einsatz eines Selbstständigen besonders vorteilhaft** sein, weil diese Personengruppe grundsätzlich aus der Sozialversicherung ausgeklammert ist und deshalb keine Beiträge anfallen, was das »Arbeitgeberbrutto« um mehr als 40 % reduziert. Arbeitsrechtliche Schutzmechanismen wie Entgeltfortzahlung im Krankheitsfall und Urlaub spielen keine Rolle, ebenso wenig der Kündigungsschutz: Der Einsatz solcher Personen kann flexibilisiert und völlig an die Bedürfnisse des Auftraggebers angepasst werden.

42 Gesetzgebung und Rechtsprechung haben diesem Phänomen Rechnung getragen und die **Rechtsfigur der »arbeitnehmerähnlichen Person«** entwickelt.[96] Bestimmte arbeitsrechtliche Normen werden auch auf sie erstreckt. Für einzelne Gruppen, wie vor allem für Heimarbeiter und Handelsvertreter, bestehen Sonderregeln, die die allgemeinen Grundsätze für »Arbeitnehmerähnliche« ergänzen.

---

93 Zur diesbezüglichen Vertragspraxis siehe Koeble, S. 25; Rehbinder, S. 35f. Inhaltlich handelt es sich um einen Franchisevertrag.

94 Zur Abgrenzung Arbeitsverhältnis – Franchisevertrag siehe vor allem Joerges, AG 1991, 325ff.; Matthießen, ZIP 1988, 1089ff.

95 Kocher, KJ 2013, 145, 151.

96 Dazu Waas, in: FS Ingrid Schmidt, S. 609ff.

Nach ständiger Rechtsprechung des BAG charakterisieren sich arbeitnehmerähnliche Personen durch **drei Merkmale**.[97]

43 (1) Sie unterliegen **keiner** oder einer sehr viel geringeren **Weisungsbefugnis** als ein Arbeitnehmer und sind nicht in die betriebliche Organisation integriert.[98]

> **Beispiel:**[99]
> Ein Volkshochschuldozent bestimmt selbst den Inhalt seiner Arbeit und das didaktische Vorgehen, ist aber darauf angewiesen, dass seine Veranstaltung in die Unterrichtsplanung passt und ihm ein Raum zugewiesen wird. Das reicht aber nicht aus für die arbeitnehmertypische Weisungsabhängigkeit, sofern er die Zeiten im Wesentlichen selbst bestimmen kann.

In der Regel arbeiten sie deshalb auf der Grundlage eines Werk- oder Dienstvertrags, doch kann beispielsweise auch ein Franchisevertrag in Betracht kommen.[100]

44 (2) Sie sind zwar nicht persönlich, wohl aber wirtschaftlich von ihrem Auftraggeber abhängig. Das ist dann der Fall, wenn das von diesem bezogene **Einkommen** die **entscheidende Existenzgrundlage** ist. Gibt es mehrere Auftraggeber, genügt es, wenn mehr als die Hälfte des Gesamteinkommens auf einen entfällt.[101] Wird kein Einkommen bezogen, sondern nur eine Verdienstmöglichkeit gewährt, liegt keine arbeitnehmerähnliche Rechtsbeziehung vor.[102]

45 (3) Die fragliche Person muss ihrer gesamten sozialen Stellung nach **vergleichbar schutzbedürftig wie ein Arbeitnehmer** sein. Das ist vor allem dann der Fall, wenn der Betroffene den Umständen nach die Arbeit im Wesentlichen in eigener Person erbringen muss.[103] Bei einem sehr hohen Verdienst, der sich durch intensiven oder weniger intensiven Arbeitseinsatz steuern lässt, lehnt die Rechtsprechung die Arbeitnehmerähnlichkeit ab.

---

97 Zusammenfassung mit Nachweisen bei KR-Rost/Kreutzberg-Kowalczyk, Arbeitnehmerähnliche Personen, Rn. 6ff.

98 Siehe etwa BAG, 14.1.1997 – 5 AZB 22/96, NZA 1997, 399.

99 Nach BAG, 19.7.2006 – 9 AZR 61/05, EzA § 2 BUrlG Nr. 6.

100 Zu den möglichen Vertragstypen eingehend Däubler-Rachor, § 12a TVG Rn. 32ff.

101 BAG, 15.2.2005 – 9 AZR 51/04, NZA 2006, 223, 226.

102 BAG, 21.2.2007 – 5 AZB 52/06, NZA 2007, 699: Beleghebamme.

103 BAG, 19.12.2000 – 5 AZB 16/00, NZA 2001, 285, 286; HWK-Henssler, § 12a TVG Rn. 10 m.w.N.

Beispiel:[104]
Ein Rundfunkgebührenbeauftragter konnte Anfang der 1990er Jahre bis zu 280 000 DM im Jahr verdienen und seine Arbeit selbst steuern. Es fehlte die soziale Schutzbedürftigkeit.

Eine **entsprechende Definition** findet sich in Kurzform in § 12a Abs. 1 Nr. 1 TVG,[105] die als Ausdruck eines auch in anderen Zusammenhängen verwendeten Begriffs angesehen wird.[106] § 5 Abs. 1 Satz 1 ArbGG und § 2 Satz 2 BUrlG stellen demgegenüber nur auf die »wirtschaftliche Unselbstständigkeit« ab, doch bedeutet das nicht, dass damit das Erfordernis der sozialen Schutzbedürftigkeit wegfallen würde.[107] In der Literatur finden sich eingehende Zusammenstellungen, in welchen Fällen in der Rechtsprechung das Vorliegen der Eigenschaft als »arbeitnehmerähnliche Person« bejaht wurde.[108] Keine Rolle spielt ersichtlich, ob sich der »Auftraggeber« bewusst ist, eine arbeitnehmerähnliche Person zu beschäftigen. In Zweifelsfällen wird das erst in dem Zeitpunkt geklärt, zu dem der Beschäftigte Ansprüche gegen seinen Auftraggeber geltend machen will. 46

b) Die anwendbaren Arbeitsrechtsnormen

Gesetzgeber und Rechtsprechung erstrecken eine Reihe von arbeitsrechtlichen Bestimmungen auch auf diese Personengruppe, doch überwiegt die Bedeutung der Ausnahmen: 47

- Nach § 2 Satz 2 **BUrlG** haben arbeitnehmerähnliche Personen Anspruch auf einen gesetzlichen Erholungsurlaub von 4 Wochen jährlich;
- nach § 2 Abs. 2 Nr. 3 **ArbSchG** gilt das Arbeitsschutzgesetz grundsätzlich auch für arbeitnehmerähnliche Personen;
- das **AGG** schützt in seinem § 6 Abs. 1 Nr. 3 auch die arbeitnehmerähnlichen Personen. Das könnte Ausgangspunkt für einen (gewissen) Kündigungsschutz sein, der Fälle unmittelbarer wie auch mittelbarer Diskriminierung erfasst;
- § 7 Abs. 1 des **Pflegezeitgesetzes** (PflegeZG) gibt den Arbeitnehmerähnlichen einen Anspruch auf Freistellung bei unerwartetem Pflegebe-

---

104 Nach BAG, 2.10.1990 – 4 AZR 106/90, NZA 1991, 239, 241.

105 »Personen, die wirtschaftlich abhängig und vergleichbar einem Arbeitnehmer sozial schutzbedürftig sind«.

106 KR-Rost/Kreutzberg-Kowalczyk, Arbeitnehmerähnliche Personen, Rn. 6ff.

107 Vertiefend zum Begriffsverständnis C. Schubert, Der Schutz der arbeitnehmerähnlichen Personen, 2004.

108 KR-Rost/Kreutzberg-Kowalczyk, Arbeitnehmerähnliche Personen, Rn. 38ff.; Küttner-Röller, Personalbuch 2022, Arbeitnehmerähnliche Personen, Rn. 6ff.; ErfK-Preis, § 611a BGB Rn. 80ff.

darf und einen Anspruch auf Pflegezeit von bis zu sechs Monaten. § 2 Abs. 2 Familienpflegezeitgesetz (FPflegeZG) verweist für die Familienpflege auf diese Regelung;

- § 26 Abs. 8 Nr. 6 **BDSG** rechnet zu den durch das Gesetz geschützten »Beschäftigten« auch Personen, die »wegen ihrer wirtschaftlichen Unselbstständigkeit als arbeitnehmerähnliche Personen anzusehen sind.«;
- nach § 17 Abs. 1 Satz 2 **BetrAVG** können auch arbeitnehmerähnliche Personen in die betriebliche Altersversorgung einbezogen werden;
- § 12a **TVG** ermächtigt die sozialen Gegenspieler, auch für diesen Personenkreis Tarifverträge abzuschließen, nimmt jedoch in seinem Abs. 4 die Handelsvertreter aus;[109]
- nach § 5 Abs. 1 Satz 2 **ArbGG** sind für Streitigkeiten zwischen einem Auftraggeber und einer arbeitnehmerähnlichen Person die Arbeitsgerichte zuständig. Dabei genügt es, wenn nach dem Vorbringen des Klägers entweder ein Arbeitsverhältnis oder eine arbeitnehmerähnliche Rechtsbeziehung vorliegt.

48 Die Länge der Liste darf nicht darüber hinwegtäuschen, dass **in zentralen Teilen des Arbeitsrechts weiter gravierende Unterschiede** bestehen. Nur bei einigen Einzelfragen hat die Rechtsprechung einen vorsichtigen Annäherungskurs gesteuert. So besteht am Ende der Rechtsbeziehung ein Zeugnisanspruch, auch wenn nicht auf der Basis eines Dienstvertrags nach den §§ 611 ff. BGB (zu denen auch die Zeugnisvorschrift des § 630 BGB gehört), sondern auf einer anderen vertraglichen Grundlage wie z. B. der eines Werkvertrags gearbeitet wurde.[110] Liegt ein Dienstvertrag vor, wird auch § 616 BGB angewandt und bei bestimmten Leistungshindernissen Entgeltfortzahlung gewährt. Soweit nach § 12a TVG Tarifverträge möglich sind, steht arbeitnehmerähnlichen Personen ein Streikrecht zu.[111]

49 Besonderes Interesse verdient eine **Entscheidung** des BAG **zum nachvertraglichen Wettbewerbsverbot**. Dort schrieb das BAG[112] den bedeutungsvollen Satz: »… wegen des mit kaufmännischen Angestellten vergleichbaren Schutzbedürfnisses (müssen die §§ 74 ff. HGB) auch auf wirtschaftlich abhängige freie Mitarbeiter Anwendung finden.«[113] Das **Abstellen auf den Schutzbedarf** könnte alle Gebrechen des Status quo mit

---

109 Zur Frage der Vereinbarkeit dieser Tarifverträge mit dem EU-Wettbewerbsrecht siehe Schwertner DRdA 2022, 126 ff.; Krause, in: FS Kittner, S. 241 ff.; Thüsing/Hütter-Brungs, in: FS Ingrid Schmidt, S. 939, 945.

110 Nachweise bei ErfK-Müller-Glöge, § 630 BGB Rn. 2.

111 Däubler-Rachor, § 12a TVG Rn. 77.

112 BAG, 21.1.1997 – 9 AZR 778/95, DB 1997, 1979.

113 Grundsätzlich zustimmend Bauer/Diller, Rn. 1118.

einem Schlag heilen: Die den Schutzzweck des Arbeitsrechts verfehlende Bestimmung des Arbeitnehmerbegriffs bliebe ohne Folgen, wenn man über das Recht der arbeitnehmerähnlichen Personen den realen Schutzbedarf in vollem Umfang abdecken würde. Für den Beschäftigten macht es keinen Unterschied, ob er als Arbeitnehmer direkt vom Kündigungsschutzgesetz erfasst ist oder ob dieses wegen seiner vergleichbaren Lage als arbeitnehmerähnliche Person entsprechend auf ihn angewandt wird. Eine solche Hoffnung erweist sich jedoch als trügerisch.

Die **BAG-Entscheidung** hat in Bezug auf andere Teile des Arbeitsrechts 50
keine Nachfolger gefunden. Im Gegenteil, das BAG hat (in Abweichung von der herrschenden Auffassung in der Literatur)[114] die Vorschrift des **§ 612a BGB** nicht auf arbeitnehmerähnliche Personen erstreckt, obwohl sie in gleicher Weise in die Situation kommen können, wegen der Ausübung von Rechten benachteiligt zu werden. Das wird mittelbar auch vom BAG anerkannt, da es in solchen Fällen auf § 138 BGB zurückgreift,[115] doch der Weg über die Schutzwürdigkeit und die so begründete unmittelbare oder analoge Anwendung des § 612a BGB schien irgendwie nicht gangbar zu sein. Erst recht wird **nicht** daran gedacht, das **KSchG** auf arbeitnehmerähnliche Personen zu erstrecken,[116] und auch eine **Integration in die Betriebsverfassung wird nicht wirklich erwogen**.[117] Auf der Verlustliste stand bislang auch das **MuSchG**,[118] doch bezieht es Heimarbeiterinnen und seit 1.1.2018 grundsätzlich auch arbeitnehmerähnliche Personen mit ein.[119] Schließlich genießt ein »Arbeitnehmerähnlicher« **keinen Schutz als schwerbehinderte Person** nach dem SGB IX,[120] obwohl keinerlei Anhaltspunkte bestehen, dass er weniger Nach-

---

114 ErfK-Preis, § 612a BGB Rn. 4; KR-Treber, § 612a BGB Rn. 7; APS-Linck, § 612a BGB Rn. 3; MüKo-Müller-Glöge, § 612a Rn. 4; DDZ-Däubler, § 612a BGB Rn. 8; HWK-Thüsing, § 612a BGB Rn. 4 (unter ausdrücklicher Zustimmung zu der auf die Schutzbedürftigkeit abstellenden Begründung); a. A. Schliemann, in: Schliemann (Hrsg.), § 612a BGB Rn. 6.

115 BAG, 14.12.2004 – 9 AZR 23/04, NZA 2005, 637.

116 Umfassende Darstellung des Status quo bei KR-Rost/Kreutzberg-Kowalczyk, Arbeitnehmerähnliche Personen, Rn. 47 ff.

117 DKW-Trümner, § 5 Rn. 122; Fitting, § 5 Rn. 92–94; Plander, in: FS Däubler, S. 272 ff. (in taktvoller Auseinandersetzung mit alternativen Ansätzen des Verfassers).

118 ErfK-Schlachter, 17. Aufl., § 1 MuSchG Rn. 3; HWK-Hergenröder, § 1 MuSchG Rn. 4; Schaub-Linck, 15. Aufl. 2013, § 166 Rn. 8; Kittner/Zwanziger/Deinert-Bantle, Arbeitsrecht. Handbuch für die Praxis, 7. Auf. 2013, § 109 Rn. 8.

119 ErfK-Schlachter, § 1 MuSchG Rn. 10; für richtlinienkonforme Erweiterung auf Geschäftsführerinnen einer GmbH schon nach bisherigem Recht HWK-Hergenröder, § 1 MuSchG Rn. 4.

120 ErfK-Rolfs, § 168 SGB IX Rn. 3 m. w. N., der selbst Bedenken äußert.

teile zu gewärtigen hat als ein Arbeitnehmer. Im Gegenteil, der fehlende Bestandsschutz gibt dem Auftraggeber alle Möglichkeiten, ein aus seiner Sicht inopportun erscheinendes Beschäftigungsverhältnis zu beenden, ohne dabei erst nach »wasserdichten« Begründungen suchen zu müssen.

51 Das **Resultat** ist eindeutig: Nur weniger wichtige Teile des Arbeitsrechts werden auf arbeitnehmerähnliche Personen erstreckt.[121] Der Anwendungsbereich des Arbeitsrechts und der tatsächliche Schutzbedarf fallen auseinander. Eine überzeugende Begründung ist nicht ersichtlich; vorhandene Ansätze werden nicht weiterentwickelt. Insoweit werden auch die Probleme »hauptamtlicher« Crowdworker nicht gelöst, wenn man diese als arbeitnehmerähnliche Personen qualifiziert.[122] Die Einbeziehung der Arbeitnehmerähnlichen in die Betriebsverfassung wäre ein wichtiger erster Schritt.[123]

2. Der Heimarbeiter

52 Kann der Beschäftigte zu Hause oder an selbst gewählter Betriebsstätte seiner selbstständigen Tätigkeit nachgehen und kann er dabei relativ frei über seine Zeit und die Arbeitsabläufe verfügen, kommt die **Anwendung des HAG**[124] in Betracht. Dieses bezieht seit 1974 auch die **Angestelltentätigkeiten** mit ein; vorausgesetzt ist nur, dass die Tätigkeit »erwerbsmäßig« ausgeübt wird. Auch qualifizierte Tätigkeiten sind erfasst.[125] Auftraggeber muss nach § 2 Abs. 1 HAG ein Gewerbetreibender sein (also z. B. nicht die öffentliche Hand oder ein gemeinnütziges Unternehmen).[126] Das HAG scheidet auch aus, wenn man wie viele freie Mitarbeiter bei Rundfunk und Fernsehen nicht »in selbst gewählter Arbeitsstätte« tätig ist.[127] Wie Heimarbeiter werden die sog. Hausgewerbetreibenden behandelt, die in eigener Arbeitsstätte mit nicht mehr als zwei fremden Hilfskräften Waren herstellen, bearbeiten oder verpacken. Dabei müssen sie selbst wesentlich »am Stück« mitarbeiten, jedoch die Verwertung der Arbeitsergebnisse dem auftraggebenden Gewerbetreibenden überlassen (§ 2 Abs. 2 HAG). Bei ihnen ist 1974 keine Ausdehnung auf Angestell-

---

121 So auch Sassenberg/Faber-Neighbour, Teil 2 G Rn. 14.

122 Dafür Fuhlrott//Oltmanns, NJW 2020, 958, 962 für den Fall des regelmäßigen Vertragsschlusses mit einer Plattform. Ähnlich Walzer, S. 151 f.

123 Dafür etwa Reichold, in: FS Preis, S. 1003, 1010.

124 V. 14. 3. 1951, BGBl. I S. 191, zuletzt geändert durch Verordnung v. 31. 10. 2006 (BGBl. I S. 2407).

125 BAG, 14. 6. 2016 – 9 AZR 305/15, NZA 2016, 1453.

126 BAG, 25. 3. 1992 – 7 ABR 52/91, DB 1992, 1782.

127 Vgl. Hromadka, NZA 1997, 1249, 1255.

tentätigkeiten erfolgt.[128] Die Inhaberin eines Schreibbüros mit zwei Angestellten oder Heimarbeiterinnen fällt daher grundsätzlich nicht unter das HAG. Weitere, in § 1 Abs. 2 HAG genannte Personengruppen können aber durch Entscheidung des zuständigen Heimarbeitsausschusses **gleichgestellt** werden.[129]

Das HAG enthält eine Reihe von Schutzvorschriften, die zum Teil auch **Vorbild für den Schutz anderer »Randgruppen«** sein könnten.[130] 53

Heimarbeiter besitzen zwar wie andere arbeitnehmerähnliche Personen die **Koalitionsfreiheit**, sodass für sie auch **Tarifverträge** abgeschlossen werden könnten.[131] Das Tarifsystem funktioniert jedoch faktisch nicht, weil vor allem die Gewerkschaften keine ausreichende Verankerung besitzen. Nach § 4 HAG werden deshalb beim zuständigen Arbeitsministerium sog. **Heimarbeitsausschüsse** errichtet, die aus je drei Beisitzern aus Kreisen der Auftraggeber und der Beschäftigten sowie einem neutralen Vorsitzenden bestehen. Nach § 19 Abs. 1 HAG können sie **»Entgelte und sonstige Vertragsbedingungen« mit bindender Wirkung** für alle Auftraggeber und Beschäftigten ihres Zuständigkeitsbereichs festsetzen. Ihre Entscheidungen wirken daher wie ein für allgemein verbindlich erklärter Tarifvertrag.[132] Um die Einhaltung dieses Minimalstandards zu sichern, sind in den Räumen des Auftraggebers **Entgeltverzeichnisse** und Nachweise über die sonstigen Vertragsbedingungen offen auszulegen (§ 8 Abs. 1 HAG), was auch dem isoliert arbeitenden Heimarbeiter (sowie der Gewerbeaufsicht) Vergleichsmöglichkeiten gibt. Jedem Beschäftigten ist außerdem nach § 9 HAG ein Entgeltbuch auszuhändigen, in das die Ausgabe und Abnahme von Arbeit, ihre Art und ihr Umfang, das Entgelt sowie die vereinbarten Termine einzutragen sind. Außerdem hat das **Landesarbeitsministerium** nach § 25 HAG das Recht, die Differenz zwischen den tatsächlich ausgezahlten Beträgen und dem festgesetzten Mindestentgelt **selbst gerichtlich geltend zu machen** – einer der seltenen Fälle, in denen die Schwäche des einzelnen Beschäftigten bei der Geltendmachung seiner Rechte berücksichtigt wird. 54

Das HAG enthält **bescheidenste Ansätze** eines **Arbeitszeitschutzes.** 55
Nach § 10 HAG ist unnötige Zeitversäumnis bei der Ausgabe oder Ab-

128 Schmidt/Koberski u. a., § 2 Rn. 65ff. m. w. N.

129 Dazu BAG, 8. 3. 1988 – 3 AZR 426/87, DB 1988, 1960.

130 Vgl. Hromadka, NZA 1997, 1249, 1255.

131 BVerfG, 27. 2. 1973 – 2 BvL 27/69, BVerfGE 34, 307, 317; BAG, 16. 11. 1963 – 1 ABR 5/63, AP Nr. 14 zu § 2 TVG.

132 Nach § 19 Abs. 2 HAG muss die zuständige Arbeitsbehörde zustimmen. Die Regelung ist verfassungskonform: BVerfG, 27. 2. 1973 – 2 BvL 27/69, BVerfGE 34, 307f.

nahme der Arbeit zu vermeiden, nach § 11 Abs. 1 HAG »soll« die **Arbeitsmenge gleichmäßig** auf alle Beschäftigten unter Berücksichtigung ihrer Leistungsfähigkeit aufgeteilt werden. Nach § 11 Abs. 2 HAG kann der Heimarbeitsausschuss zur Beseitigung von Missständen eine **Höchstmenge** festsetzen, die in einem bestimmten Zeitraum ausgegeben werden darf. Vorschriften wie die Beschränkung der Nachtarbeit nach § 6 ArbZG bestehen jedoch nicht – obwohl die Gefahr besonders groß ist, dass Arbeitszeitgrenzen aufgelöst werden.

56 § 29 HAG stellt **Kündigungsfristen** auf, die dem § 622 BGB nachgebildet sind.[133] Eine gesetzliche Beschränkung der Kündigungsgründe besteht nicht, doch gewährt die Rechtsprechung den aus Art. 12 Abs. 1 GG folgenden Basiskündigungsschutz.[134] Während des Laufs der Kündigungsfrist muss der Heimarbeiter das **bisherige Durchschnittsentgelt** weiter erhalten.[135] Auch macht sich der Auftraggeber schadensersatzpflichtig, wenn er die Arbeitsmenge kürzt; dabei kann sich eine Zusage auch aus einer jahrelangen Praxis ergeben.[136]

57 In einer Reihe von **Einzelgesetzen** werden die Heimarbeiter ausdrücklich den Arbeitnehmern gleichgestellt. Das gilt etwa für die **Betriebsverfassung** (§ 5 Abs. 1 Satz 2 BetrVG), allerdings nur mit der bei Arbeitnehmern nicht vorhandenen Einschränkung, dass sie »in der Hauptsache« für den betreffenden Betrieb arbeiten.[137] Ist diese Voraussetzung erfüllt, muss der Betriebsrat u. a. bei der erstmaligen Ausgabe der Heimarbeit, bei der Festsetzung der Vorgabezeiten sowie bei der Kündigung beteiligt werden.[138] Auch kann der Heimarbeiter an der **Betriebsversammlung** teilnehmen und Ersatz der Fahrtkosten sowie eine Vergütung für die dort verbrachte Zeit verlangen.[139] Eine Gleichstellung ist auch vorgesehen für die **Entgeltfortzahlung im Krankheitsfall** (§ 11 EFZG), für den **Jugendarbeitsschutz** (§ 1 Abs. 1 Nr. 2 JArbSchG), für den **Mutterschutz** (§ 1

---

133 Zu diesen siehe die Erläuterungen bei DDZ-Callsen, Anm. zu § 622 BGB.

134 BAG, 24.3.1998 – 9 AZR 218/97, NZA 1998, 1001, 1003; ebenso MünchArbR-Heinkel, § 200 Rn. 37; APS-Linck, § 29 HAG Rn 2; Schaub-Vogelsang, § 163 Rn 57; Schmidt/Koberski/Tiemann/Wascher, § 29 Rn 59, 60; DDZ-Däubler, §§ 29, 29a HAG Rn 20.

135 BAG, 13.9.1983 – 3 AZR 270/81, NZA 1984, 42; 11.7.2006 – 9 AZR 516/05, NZA 2007, 1365. Einzelheiten in § 29 Abs. 5 HAG.

136 BAG, 13.9.1983 – 3 AZR 270/81, NZA 1984, 42.

137 BAG, 27.9.1974 – 1 ABR 90/73, AP Nr. 1 zu § 6 BetrVG 1972 lässt genügen, dass die Arbeit gegenüber der für andere Auftraggeber erbrachten überwiegt.

138 BAG, 13.9.1983 – 3 AZR 343/81, NZA 1984, 41; 7.11.1995 – 2 AZR 180/95, DB 1996, 1525 (zur Kündigung). Näher zu den Handlungsmöglichkeiten des Betriebsrates Nies, AiB 1984, 78; Ulber, AiB 1985, 24.

139 Näher dazu Wedde, Telearbeit, Rn. 717 i. V. m. Rn. 607 ff.

Abs. 2 Nr. 6 MuSchG n. F.) und für den gesetzlichen **Urlaubsanspruch** (§ 12 BUrlG).[140] Dennoch kann mit Rücksicht auf die niedrigeren Verdienste und die geringere Existenzsicherheit keineswegs von einer generellen Gleichstellung mit den Arbeitnehmern die Rede sein.

3. Die Einordnung des Crowdworkers

Ob Crowdworker auch nur den eingeschränkten Schutz als arbeitnehmerähnliche Person beanspruchen können, erscheint alles andere als sicher. 58
Voraussetzung wäre zunächst, dass das von einer Plattform oder einem Unternehmen bezogene **Einkommen existenzsichernde Bedeutung** hat.[141] Hat der Crowdworker Beziehungen zu mehreren Plattformen oder Unternehmen, wird ein arbeitnehmerähnliches Verhältnis nur zu dem Vertragspartner begründet, von dem er **mehr als die Hälfte** seines Einkommens bezieht.[142] Ob dies der Fall ist, kann nur im Einzelfall geklärt werden. Werden die Verträge im Wesentlichen über eine einzige Plattform mit den Unternehmen abgeschlossen, so besteht gleichfalls eine arbeitnehmerähnliche Abhängigkeit.[143]

Die Praxis scheint nicht in die Richtung zu gehen, Crowdworker effektiv 58a
als arbeitnehmerähnliche Personen zu behandeln. So sind beispielsweise noch keine Fälle bekannt geworden, in denen ein Crowdworker einen bezahlten Erholungsurlaub von vier Wochen verlangt hätte, auf den er nach § 2 Satz 2 BUrlG einen Anspruch hätte. Immerhin spricht die plausible Aussage, ein Wechsel der Plattform erscheine häufig nicht sinnvoll,[144] dafür, dass eine Ausrichtung auf eine bestimmte Plattform häufig vorkommen und so eine wirtschaftliche Abhängigkeit entstehen kann. Daraus Konsequenzen zu ziehen, erscheint jedoch schwierig.

Die Annahme, die Tätigkeit entspreche der einer arbeitnehmerähnlichen 59
Person, stößt weiter auf die Schwierigkeit, dass es das BAG **nicht genügen** lässt, wenn eine vertragliche Beziehung **lediglich Verdienstmöglichkeiten** eröffnet; die Schutzbedürftigkeit muss sich vielmehr aus der vereinbarten Vergütung ergeben.[145] Das ist am Beispiel einer **Beleghebamme** entschieden worden, wäre jedoch auch im vorliegenden Zusammenhang denkbar: Gewährt eine Plattform beispielsweise nur die Möglichkeit, mit

140 Zur Ausklammerung aus der Sozialversicherung bei geringfügiger Beschäftigung siehe ErfK-Rolfs, § 8 SGB IV Rn. 25ff.

141 Siehe oben Rn. 18.

142 Bourazeri, NZA 2019, 741, 744.

143 Walzer, S. 245.

144 Risak, ZAS 2015, 11, 13.

145 BAG, 21.2.2007 – 5 AZB 52/06, NZA 2007, 700.

unterschiedlichen Unternehmen Verträge zu schließen, würde im Verhältnis zu ihr keine arbeitnehmerähnliche Rechtsbeziehung entstehen. Kommen dabei Verträge mit zahlreichen Unternehmen zustande (was vor allem bei Routinetätigkeiten naheliegt), ist auch im Verhältnis zu den einzelnen Unternehmen die Bedingung nicht erfüllt, dass mehr als die Hälfte des Gesamteinkommens von einem Vertragspartner bezogen wird.

60 Als **Zwischenergebnis** lässt sich festhalten, dass der selbstständige Crowdworker im Netz **eher nur ausnahmsweise** als arbeitnehmerähnliche Person qualifiziert werden kann.[146] **Auch wenn** dies der Fall ist, bleiben im Vergleich zum Arbeitnehmer erhebliche **Schutzdefizite**, weil etwa das KSchG und das BetrVG sowie einzelne Vorschriften über den Sonderkündigungsschutz keine Anwendung finden.

61 Auch für die Anwendung des HAG ist nach der Rechtsprechung des BAG[147] Voraussetzung, dass eine **wirtschaftliche Abhängigkeit** von einem Auftraggeber besteht.[148] Das wird man genau wie bei anderen arbeitnehmerähnlichen Personen nur dann annehmen können, wenn das Einkommen überwiegend von dem fraglichen Unternehmen bzw. von der fraglichen Plattform bezogen wird, sodass von vornherein zahlreiche Fälle ausscheiden. Nicht erforderlich ist allerdings, ähnlich wie im Arbeitsrecht, dass die Gesamtvergütung existenzsichernden Charakter besitzt.[149] Liegt die wirtschaftliche Abhängigkeit vor, ergeben sich gleichwohl weitere Probleme.

62 Die traditionelle Heimarbeit ist dadurch charakterisiert, dass die **Initiative** zur Vergabe des einzelnen Auftrags **vom Unternehmer ausgeht**,[150] was Regeln wie die »gleichmäßige« Ausgabe von Arbeit nach § 11 Abs. 1 HAG verständlich und praktikabel macht. Im hier interessierenden Bereich muss im Gegensatz dazu der Crowdworker aktiv werden und sich um jeden Auftrag bewerben; bei mehreren Bewerbern wird den nachvollziehbaren Spielregeln entsprechend immer nur einer berücksichtigt,

146 Ebenso Tapper, S. 16.

147 BAG, 3.4.1990 – 3 AZR 258/88, AP Nr. 11 zu § 2 HAG, bestätigt durch BAG, 20.8.2019 – 9 AZR 41/19, NZA 2020, 232 Tz. 44: »der Heimarbeiter ist im Regelfall wirtschaftlich auf die Aufträge des Auftraggebers angewiesen.«

148 Ob dies weiterhin anzunehmen ist, erscheint zweifelhaft. Siehe Schneider-Dörr, § 3 B V 1, S. 339ff. und Martina, NZA 2020, 988. Kocher (in: Hensel/Schönefeld u.a., S. 181) bezeichnet die hier vertretene Auffassung als »nicht zutreffend«, übersieht jedoch die erwähnte BAG-Rechtsprechung.

149 BAG, 12.7.1988 – 3 AZR 569/86, AP Nr. 10 zu § 2 HAG.

150 C. Schubert, RdA 2018, 200, 204: Heimarbeiter bekommen ihre Arbeit zugewiesen. Ähnlich Deinert, Soloselbständige, Rn. 24; Kramer-Fuhlrott, Teil B Rn. 38.

sodass für § 11 Abs. 1 HAG insoweit kein Anwendungsbereich bestehen würde.[151]

Nach § 2 Abs. 1 HAG ist für die Heimarbeit weiter Voraussetzung, dass die **Verwertung** der Arbeitsergebnisse **dem Unternehmer überlassen** ist; auf dem Markt für Güter und Dienstleistungen ist nur dieser aktiv. Im vorliegenden Zusammenhang wird die Dienstleistung jedoch unmittelbar an die jeweiligen Nachfrager erbracht, sodass man zweifeln kann, ob sich der Crowdworker nicht in Wirklichkeit auf dem Markt für Dienstleistungen (und nicht auf dem für Arbeitsleistungen) bewegt. Eine klare Abgrenzung ist insoweit nicht ersichtlich. 63

Schließlich ist zu berücksichtigen, dass auch in der **sozialwissenschaftlichen Diskussion** die Crowdwork bisher nicht als »neue Heimarbeit« gesehen wird – ganz anders als dies ursprünglich bei der Telearbeit der Fall war.[152] Dass Heimarbeitsausschüsse gemäß § 19 HAG Mindestvergütungen und angemessene Arbeitsbedingungen festsetzen, ist bislang im Bereich Crowdwork noch nicht ernsthaft als Ausweg aus (potenziellen) sozialpolitischen Missständen diskutiert worden. Das schließt es nicht aus, dies in der Zukunft dennoch zu tun. Auch wenn es in der Gegenwart erste Stimmen gibt, die das HAG auf (viele) Crowdworker anwenden wollen,[153] liegt es gleichwohl nahe, nach weiteren (Schutz-)Möglichkeiten zu suchen. 64

4. Schutz durch das Recht der Selbstständigen?

Auch im Zivil- und Wirtschaftsrecht existiert in gewissem Umfang ein **Schutz des Schwächeren.** Instrumente sind vor allem die AGB-Kontrolle nach den §§ 305ff. BGB sowie die vom BVerfG entwickelten Grundsätze: Danach muss bei einer strukturellen **Unterlegenheit eines Vertragspartners** eine Korrektur durch den Gesetzgeber oder den Richter erfolgen, wenn der Vertrag für den schwächeren Teil »ungewöhnlich belastend« 65

151 Anders Kocher (in: Hensel/Schönefeld u.a., S. 182), die davon ausgeht, die Plattform oder das Unternehmen biete einen Vertrag an, den der Crowdworker nur annehmen müsse. Dies trifft schon von der vertraglichen Gestaltung her nicht zu; stellt eine Plattform einen »Job« ins Netz, so will sie genauso wenig wie bei einer Schaufensterauslage schon ein Angebot machen: Dies brächte sie in Schwierigkeiten, wenn mehrere »Annahmen« bei ihr eingehen würden. Sie macht nur eine invitatio ad offerendum.

152 Dazu Wedde, Telearbeit, Rn. 193ff.

153 Für Anwendung des HAG Giesen/Kersten, S. 110ff.; Schneider-Dörr, § 3 B V, S. 337ff.; nur im Einzelfall Walzer, S. 159. Skeptisch für Österreich Risak, ZAS 2015, 11, 18.

wirkt.[154] Von erheblicher Bedeutung kann auch das Gesetz gegen Wettbewerbsbeschränkungen (**GWB**) sein, das in § 19 den Missbrauch einer marktbeherrschenden Stellung und in § 20 die Benachteiligung ohne sachlichen Grund (»Diskriminierung«) sowie die unbillige Behinderung eines anderen Marktteilnehmers verbietet.

a) AGB-Kontrolle

aa) Grundsatz

66 Die in den §§ 307 bis 310 BGB geregelte inhaltliche Überprüfung von Standardverträgen (»**Inhaltskontrolle**«) enthält in § 307 Abs. 1 BGB eine allgemeine Regel, wonach der Vertragspartner des »Verwenders« – also der Plattform oder des Unternehmens – **nicht** entgegen Treu und Glauben **unangemessen benachteiligt** werden darf. Eine solche Benachteiligung kann auch darin liegen, dass eine Bestimmung **nicht »klar und verständlich«** ist. Weiter ist eine Benachteiligung nach § 307 Abs. 2 BGB im Zweifel dann anzunehmen, wenn eine Klausel mit **wesentlichen Grundgedanken der** (an sich abdingbaren) **gesetzlichen Regelung** nicht vereinbar ist oder wenn das Erreichen des Vertragszwecks gefährdet ist, weil wesentliche Rechte und Pflichten, die sich aus der Natur des Vertrags ergeben, eingeschränkt wurden. Die §§ 308 und 309 BGB enthalten Kataloge mit bedenklichen und unzulässigen Klauseln.

bb) Crowdworker als Verbraucher oder als Unternehmer?

67 Die Inhaltskontrolle ist unterschiedlich ausgestaltet, je nachdem, wer sich gegenübersteht. Ist der **Verwender ein Unternehmer** – was hier immer der Fall sein wird –, die **andere Seite** aber ein **Verbraucher**, ist die **Kontrolle schärfer**: Nach § 310 Abs. 3 BGB muss es sich nicht um einen Standardvertrag handeln; vielmehr reicht es aus, dass er vom Unternehmer zugrunde gelegt wurde. Auch wird vermutet, dass über die Vertragsbedingungen nicht verhandelt wurde, sondern dass sie einseitig verordnet wurden. Schließlich sind die besonderen Umstände des Vertragsabschlusses zu berücksichtigen.

68 Stehen sich **zwei Unternehmer gegenüber**, gelten diese Sondervorschriften nicht. Außerdem finden nach § 310 Abs. 1 BGB die §§ 308 und 309 BGB keine Anwendung; die Inhaltskontrolle kann sich ausschließlich auf § 307 Abs. 1 und Abs. 2 BGB stützen. Der dritte Fall, dass zwei Verbraucher einen Vertrag schließen und einer von ihnen allgemeine Geschäftsbedingungen benutzt, interessiert im vorliegenden Zusammenhang höchstens am Rande.

154 BVerfG, 19.10.1993 – 1 BvR 567/89, 1 BvR 1044/89, BVerfGE 89, 214, 232.

Ist der **Crowdworker** ein **Verbraucher** mit der Folge, dass er bei der Inhaltskontrolle, aber auch in anderen Zusammenhängen einen verstärkten Schutz genießt? Die einschlägige Regelung findet sich in den §§ 13, 14 BGB. Nach § 14 Abs. 1 BGB ist Unternehmer, wer beim Abschluss eines Rechtsgeschäfts »in Ausübung seiner gewerblichen oder selbstständigen beruflichen Tätigkeit« handelt. Wer diese Voraussetzungen nicht erfüllt, also nicht für Zwecke einer gewerblichen oder selbstständigen beruflichen Tätigkeit handelt, ist nach § 13 BGB automatisch **Verbraucher.** Dieses ist also eine »**Auffanggröße**«, die sehr viel weiter ist als das, was der alltägliche Sprachgebrauch unter »Verbraucher« versteht. Entscheidende Ausgangsfrage ist daher, ob der Crowdworker die Voraussetzungen des § 14 Abs. 1 BGB erfüllt. 69

Nach Rechtsprechung[155] und Literatur[156] muss bei einem Unternehmer ein **selbstständiges, planmäßiges, auf eine gewisse Dauer angelegtes Verhalten** vorliegen. Das gilt gleichermaßen für die gewerbliche wie für die sonstige berufliche Tätigkeit.[157] Wer nur gelegentlich bestimmte Geschäfte tätigt, etwa Sammlerbriefmarken oder auch mal einen Oldtimer erwirbt oder verkauft, ist deshalb noch nicht Unternehmer. Maßstäbe ergeben sich unter anderem daraus, dass die Verwaltung des eigenen Vermögens grundsätzlich nicht unter § 14 Abs. 1 BGB fällt, es sei denn, sie würde einen erheblichen zeitlichen und organisatorischen Aufwand erfordern.[158] Ein **Crowdworker**, der sich **nur hin und wieder um einen Auftrag** bemüht, ist daher **Verbraucher**, nicht Unternehmer.[159] Auf den Anteil an der Arbeits- oder Lebenszeit kommt es nicht so sehr an; vielmehr entscheidet die »Planmäßigkeit«, also das systematische Suchen nach Aufträgen. 70

Im vorliegenden Zusammenhang führt dies zu einem etwas **überraschenden Ergebnis**. Ein Arbeitnehmer, Rentner oder Arbeitsloser, der hin und wieder mal bei *twago* oder *clickworker* nachschaut, ob etwas Passendes für ihn angeboten wird, unterliegt den Schutzvorschriften des Verbraucherrechts. Wer dagegen die Ausführung von Aufträgen zu seiner **Haupterwerbsquelle** machen will, ist **Unternehmer**, weil er einem Gewerbe nach- 71

155 Siehe etwa BGH, 29.3.2006 – VIII ZR 173/05, NJW 2006, 2250 Tz. 14.

156 MüKo-Micklitz, § 14 Rn. 18; Staudinger-Habermann, Neubearbeitung 2013, § 14 Rn. 36; Jauernig-Mansel, BGB, 15. Aufl. 2014, § 14 Rn. 2; Grüneberg-Ellenberger, § 14 Rn. 2.

157 MüKo-Micklitz, § 14 Rn. 31; Grüneberg-Ellenberger, § 14 Rn. 2.

158 BGH, 23.10.2001 – XI ZR 63/01, NJW 2002, 368; MüKo-Micklitz, § 14 Rn. 19; Jauernig-Mansel, § 14 Rn 2: »Bank- und Börsengeschäfte eines Ingenieurs«; Pfeiffer, in: Wolf/Lindacher/Pfeiffer (Hrsg.), § 310 Abs. 1 Rn. 9.

159 Ebenso Walzer, S. 101.

geht;[160] dass er sehr viel abhängiger von seinen Auftraggebern ist, spielt dabei bedauerlicherweise keine Rolle. Auch der Kleinstunternehmer ist Unternehmer im Rechtssinne. Bei den sozialpolitisch wichtigsten Fällen, in denen der Arbeitende von dem Entgelt aus seinen Aufträgen leben muss, kommt das AGB-Recht also lediglich in der Form zur Anwendung, die zwischen Unternehmern gilt. Eine Milderung dieses Grundsatzes tritt nur insoweit ein, als bei der Handhabung der Inhaltskontrolle nach § 307 Abs. 1 BGB auf die besonderen Umstände des Einzelfalls Rücksicht genommen werden kann.

cc) Fragwürdige Bestimmungen

72 Die allgemeinen Geschäftsbedingungen der Plattformbetreiber enthalten einzelne Bestimmungen, die nach den Maßstäben der §§ 305 ff. BGB bedenklich oder ersichtlich nicht haltbar sind. Das ergab eine Durchsicht der AGB verschiedener inländischer und ausländischer Plattformen.

(1) Individualabreden

73 Ein deutscher Anbieter sieht in seinen AGB vor, dass individuelle Absprachen zwar den Standardbedingungen vorgehen, dass sie aber der Schriftform oder mindestens der schriftlichen Bestätigung bedürfen. Die zwingende Vorschrift des **§ 305b BGB** weist aber allen – auch den mündlichen – **Individualabreden** den **Vorrang** vor den AGB zu, sodass das Erfordernis der Schriftform unwirksam ist.[161] **Mündliche** oder konkludente **Abreden** bleiben daher **wirksam**. Das ist praktisch wichtig, wenn etwa im Zusammenhang mit dem Vertragsschluss Sonderabreden zugunsten des Crowdworkers getroffen wurden, ihm beispielsweise eine bestimmte Mindestvergütung pro Monat zugesagt wurde. Allerdings müsste er in einem solchen Fall **beweisen**, dass eine solche Abmachung getroffen wurde. Das kann bei Telefon- oder **4-Augen-Gesprächen** schwierig sein, da sich die für die Plattform oder das Unternehmen handelnde Person häufig nicht an Dinge erinnern wird, die für ihren Arbeitgeber ungünstig sind oder die ihr selbst Schwierigkeiten bereiten könnten. Dem trägt die Rechtsprechung dadurch Rechnung, dass im gerichtlichen Verfahren der **Kläger auch selbst als Partei befragt** werden kann und seine Aussage

---

160 Generell gegen die Verbrauchereigenschaft Hötte, MMR 2014, 796 mit dem wenig einsichtigen Argument, eine entgeltliche Tätigkeit sei nicht dem privaten Bereich zuzuordnen. Dann wäre auch der Arbeitnehmer entgegen der ständigen Rechtsprechung des BAG kein Verbraucher.

161 Siehe Grüneberg-Grüneberg, § 305b Rn. 5; vgl. auch Lindacher/Hau, in: Wolf/Lindacher/Pfeiffer (Hrsg.), § 305b Rn. 33 ff. Wie hier Walzer, S. 109.

keinen geringeren Stellenwert hat als die seines Gesprächspartners, der als Zeuge vernommen wird.[162]

(2) Änderungsvorbehalt

Derselbe deutsche Anbieter sieht in seinen AGB vor, dass der Vertrags- **74**
inhalt mit einer **Ankündigungsfrist von sechs Wochen geändert** werden kann. Ist der Crowdworker mit der Änderung nicht einverstanden, hat jede Seite das Recht, die Vertragsbeziehung zu beenden.

Diese Klausel ist zunächst am Maßstab des **§ 308 Nr. 4 BGB** zu messen, **75**
wonach der Verwender von AGB **Änderungsvorbehalte** in Bezug auf die von ihm zugesagte Leistung nur vereinbaren darf, wenn diese für den Vertragspartner unter Berücksichtigung der beiderseitigen Interessen **zumutbar sind**. Ob eine Vertragsänderung zumutbar ist, bestimmt sich nach den konkreten Umständen, vor allem nach den Gründen, die der Verwender für sich ins Feld führen kann. Diese müssen sich aus dem Vertrag ergeben. Die Rechtsprechung verlangt, dass für den Vertragspartner »zumindest ein gewisses Maß an Kalkulierbarkeit der möglichen Leistungsänderungen« vorhanden ist.[163] Das ist nicht zuletzt auch eine Konsequenz aus dem **Transparenzprinzip** des § 307 Abs. 1 Satz 2 BGB. Unzulässig ist deshalb z. B. die Klausel in einem Vertrag über eine Flugreise, wonach Flugänderungen »aus wichtigen Gründen« erlaubt sein sollen, »soweit dies zumutbar ist«, weil weder der wichtige Grund noch die Maßstäbe für die Zumutbarkeit irgendwie konkretisiert sind.[164] Erst recht hat eine Klausel keinen Bestand, bei der nicht einmal diese allgemeinen Formeln verwendet werden, sondern die Vertragsänderung einfach als gegeben unterstellt wird. Daran ändert auch das Auflösungsrecht nichts, weil es ja denkbar ist, dass der Vertragspartner ein legitimes Interesse an der Aufrechterhaltung des Vertrags hat. Ein ausländischer Anbieter geht noch weiter und erklärt alle von ihm vorgenommenen Änderungen für wirksam, sobald sie auf seiner Website erscheinen; dem Kunden wird

---

162 EGMR, 27.10.1993 – 37/1992/382/460, NJW 1995, 1413; BVerfG, 21.2.2001 – 2 BvR 140/00, NJW 2001, 2531; BAG, 22.5.2007 – 3 AZN 1155/06, NZA 2007, 885. Zur Entwicklung dieser Rechtsprechung siehe Däubler, Arbeitsrecht 2, 12. Aufl. 2009, Rn. 2221.

163 BGH, 15.11.2007 – III ZR 247/06, NJW 2008, 360 Tz. 21; zust. Dammann, in: Wolf/Lindacher/Pfeiffer (Hrsg.), § 308 Nr. 4 Rn. 33.

164 OLG Hamburg, 26.3.1986 – 5 U 119/85, NJW-RR 1986, 1440; ebenso MüKo-Wurmnest, § 308 Nr. 4 Rn. 8; Dammann, in: Wolf/Lindacher/Pfeiffer (Hrsg.), § 308 Nr. 4 Rn. 30.

empfohlen, die Website regelmäßig zu überprüfen.[165] Das ist nach deutschen Maßstäben erst recht **unwirksam.**

76 § 308 Nr. 4 BGB ist allerdings nur im Verhältnis zwischen einem Unternehmer und einem Verbraucher und in Verträgen zwischen Verbrauchern anwendbar. Geht es um den hier besonders interessierenden Fall des **Verhältnisses zwischen zwei Unternehmen**, kommt **nur § 307 BGB** zur Anwendung. In Rechtsprechung und Literatur ist man sich jedoch einig, dass der **Grundgedanke des § 308 Nr. 4** BGB auch im Rechtsverkehr zwischen Unternehmen Beachtung verdient.[166] Das rechtfertigt sich mit dem Gedanken der Vertragstreue, der infrage gestellt wäre, würde sich der Verwender von AGB weitgehende Änderungen vorbehalten können. Dazu kommt die auch für den Geschäftsverkehr zwischen Unternehmen unmittelbar geltende Vorschrift des § 307 Abs. 1 Satz 2 BGB, wonach Bestimmungen in AGB dem Transparenzerfordernis entsprechen müssen. Daran fehlt es ersichtlich, wenn keinerlei Gründe für die Änderung angegeben oder wenn diese nur in höchst pauschaler Form (»wichtiger Grund«) benannt werden. Unzulässig sind beispielsweise Klauseln, wonach sich der Verwender gegenüber einem Vertragshändler, der gleichfalls selbstständiger Unternehmer ist, vorbehält, dessen Handelsspanne frei abzuändern.[167] Ein **pauschaler Änderungsvorbehalt** in den Plattform-AGB würde auch den Fall abdecken, dass das Entgelt für den Crowdworker abgesenkt wird; schon die Möglichkeit einer solchen rechtswidrigen Handhabung macht eine derartige Klausel – von allen anderen Bedenken abgesehen – **unzulässig.**[168]

(3) Grundlose Zurückweisung der Leistung

Auf einen Extremfall des Änderungsvorbehalts läuft es hinaus, wenn sich der Auftraggeber vorbehält, die **Leistung ohne Vorliegen besonderer Gründe zurückzuweisen.** Das stellt die Gegenleistung in sein Belieben, was erst recht nicht mit dem Grundgedanken eines synallagmatischen, d. h. gegenseitig verpflichtenden Vertrags vereinbar ist. Eine solche Ge-

---

165 »We may revise these Terms of Use at any time without prior notice by updating this page and such revisions will be effective upon posting to this page. Please check this page periodically for any changes.«

166 OLG München, 6.2.2008 – 7 U 3993/07, NJW-RR 2009, 458: MüKo-Wurmnest, § 308 Nr. 4 Rn. 13; Grüneberg-Grüneberg, § 308 Rn. 26; leicht einschränkend Dammann, in: Wolf/Lindacher/Pfeiffer (Hrsg.), § 308 Nr. 4 Rn. 70.

167 Grüneberg-Grüneberg, § 308 Rn. 26 m. w. N.

168 BGH, 11.2.1992 – XI ZR 151/91, NJW 1992, 1097, 1099; 10.5.1994 – XI ZR 65/93, NJW 1994, 1798, 1799; dazu weiter Däubler/Deinert/Walser-Däubler, § 305c Rn 35. Ebenso C. Schubert, RdA 2018, 200, 205; Walzer, S. 107.

staltung erinnert an das sog. **Wagennullen im Bergbau**, wonach ungenügend oder vorschriftswidrig beladene Wagen den Lohnanspruch wegfallen ließen – eine Regel, die unter den Bergleuten zu so starker Empörung führte, dass das Preußische Berggesetz von 1905 korrigierend eingriff und den Lohnanspruch jedenfalls insoweit aufrecht erhielt, als die Leistung vorschriftsmäßig, d. h. verwendbar war.[169] Immerhin hatte es aber noch einen nachvollziehbaren Grund für das »Nullen« gegeben, der hier nicht vorliegen muss. Von gleicher Wirkung ist eine Klausel, die das Zustandekommen eines Vertrages davon abhängig macht, dass die volle Leistung bereits erbracht ist.[170]

(4) Bezahlung nur der besten Leistung

Eine Besonderheit des Crowdworkings ist die Praxis, wonach in bestimmten Fällen bei der Ausschreibung nicht nach Angeboten, sondern **ausschließlich nach fertigen Lösungen gefragt** wird. Nur derjenige, der die beste Arbeit einreicht, erhält eine Vergütung; alle anderen gehen leer aus.[171] Das ist eine bislang in unserer Rechtsordnung singuläre Erscheinung, der im Arbeitsleben keine Bedeutung zukommt. **77**

Das BGB regelt das **Preisausschreiben in § 661 BGB**. Es findet sich in der Realität z. B. bei sportlichen Wettkämpfen, bei denen dem Sieger eine Prämie winkt.[172] Daneben geht es um wissenschaftliche und künstlerische Leistungen, mit denen man Anerkennung erreicht, die sich später auch wirtschaftlich niederschlagen kann. Bei **Architektenwettbewerben** werden ausschließlich die Pläne für künftige Bauwerke begutachtet und ggf. prämiiert.[173] Auch die Ausschreibung öffentlicher Aufträge gehört in diesen Rahmen; bei ihnen geht es jedoch gleichfalls nur um eine Beschreibung der Leistung und nicht um deren Erbringung. **78**

Weder bei der abhängigen Arbeit noch bei Leistungen durch Selbstständige spielt eine **Vergütung nur für »eingereichte Werke«** bisher eine Rolle. Das hat seine guten Gründe. Bei der abhängigen Arbeit existiert der selbstverständliche und deshalb selten angesprochene Grundsatz, dass jede mit Zustimmung des Arbeitgebers erbrachte Arbeit vergütet werden muss. Das ergibt sich aus der – allerdings nicht zwingenden – Vorschrift des § 612 BGB sowie aus den Grundsätzen über das fehlerhafte Arbeits- **79**

---

169 Nähere Angaben bei Hueck/Nipperdey, Lehrbuch des Arbeitsrechts, Band I, 7. Aufl. 1963, § 35 II 2 Fn 24 (S. 227).

170 Für Unzulässigkeit auch C. Schubert, RdA 2018, 200, 205.

171 Risak, ZAS 2015, 11, 12.

172 Siehe als Beispielsfall BGH, 23.9.2010 – III ZR 246/09, NJW 2011, 139 Reitturnier.

173 Grüneberg-Sprau, § 661 Rn. 1.

verhältnis: Die effektiv erbrachte Arbeit muss – von Extremfällen einmal abgesehen – immer bezahlt werden, auch dann, wenn der Arbeitsvertrag nicht ordnungsgemäß zustande gekommen war.[174] Damit stimmt die neuere Rechtsprechung überein, wonach **Gegenleistungen** des Arbeitgebers **für erbrachte Arbeitsleistungen**, z. B. Boni für Zielerreichung, **nicht unter Freiwilligkeitsvorbehalt** gestellt werden dürfen.[175] Nur bei der hier nicht näher interessierenden ehrenamtlichen Tätigkeit gelten abweichende Grundsätze, wonach auch unentgeltliche oder mit einem symbolischen Entgelt versehene Arbeiten zulässig sind.

80 Auch bei der **selbstständigen Arbeit im Rahmen eines Werkvertrags** gilt derselbe Grundsatz. Da zu erstellende Werke häufig einige Zeit in Anspruch nehmen und eine erhebliche Vorleistung des Unternehmers voraussetzen, sieht § 632a BGB Abschlagszahlungen des Auftraggebers vor. Scheitert die Ausführung eines Werkvertrags daran, dass der Kunde eine Mitwirkungshandlung unterlässt,[176] kann der Unternehmer nach § 642 BGB **eine angemessene Entschädigung** verlangen und muss sich nur das anrechnen lassen, was er an Aufwendungen erspart oder durch anderweitigen Einsatz seiner Arbeitskraft verdient hat. Er darf also in der Vergangenheit **nicht umsonst gearbeitet** haben. Nach § 649 BGB hat der Besteller zwar ein jederzeit ausübbares Kündigungsrecht. Macht er davon Gebrauch, muss er aber das vereinbarte Entgelt bezahlen. Der Unternehmer muss sich genau wie im Fall des § 642 BGB lediglich ersparte Aufwendungen und anderweitigen Erwerb anrechnen lassen.

81 Von diesem Grundsatz in AGB abzuweichen und bei Werkverträgen das Entgelt nur demjenigen zu geben, der die »beste« Leistung erbracht hat, versieht die Vergütung mit einer **Bedingung**, die **mit den wesentlichen Grundgedanken der gesetzlichen Regelung** über den Werkvertrag **nicht zu vereinbaren** und deshalb nach § 307 Abs. 2 Nr. 1 BGB unwirksam ist. Das Entgelt darf auch bei selbstständiger Arbeit – zugespitzt formuliert – **nicht Gegenstand einer Lotterie** sein, aus der nur einer als Gewinner hervorgeht. Die Vorstellung, trotz Einsendung sei gar kein Vertrag zustande gekommen, nur der Gewinner werde Vertragspartner, entspricht nicht der Lebensrealität; eine AGB-Klausel, die das Zustandekommen eines Vertrages ausschließen würde, würde ihrerseits gegen § 307 Abs. 1 Satz 1 BGB verstoßen.[177] Soweit man davon ausgehen muss, dass der

---

174 Einzelheiten bei Däubler, Arbeitsrecht 2, Rn. 163ff., 167ff.

175 BAG, 25.4.2007 – 5 AZR 627/06, ZTR 2007, 505 (monatliche Leistungszulage); 18.1.2012 – 10 AZR 667/10, NZA 2012, 620 Ls. 1 (Bonus für Zielerreichung).

176 Traditionelles Beispiel: Der Kunde kommt nicht zum Schneider, um den bestellten Anzug anzuprobieren.

177 Anders Walzer, S. 110f.

einzelne Crowdworker für seinen Lebensunterhalt auf die Entgelte angewiesen ist, liegt auch **Sittenwidrigkeit** nach § 138 Abs. 1 BGB vor, da die Situation schlechter als die des traditionellen Tagelöhners ist: Dieser konnte wenigstens darauf vertrauen, für die erbrachte Tagesleistung entlohnt zu werden.[178]

(5) Abtretung der Schutzrechte an allen eingereichten Entwürfen

Die Interessen des Crowdworkers werden noch mehr beeinträchtigt, wenn 82
er nicht nur kein Entgelt erhält, sondern gleichwohl – gewissermaßen als »Teilnehmerbeitrag« – seine **Rechte am eingereichten Arbeitsprodukt abtreten** muss. Das bezieht sich etwa auf urheberrechtlich geschützte und auf Werke, die Designschutz genießen (was man früher »Geschmacksmuster« nannte). Hier liegt der Verstoß gegen § 307 Abs. 1 Satz 1 BGB klar zutage.[179] Außerdem kann hier erst recht niemand daran zweifeln, dass ein Vertrag zwischen Einreichendem und Plattform zustande kommen soll.

(6) Nachbesserungsfrist von drei Tagen

Entspricht die vom Crowdworker erbrachte Leistung nicht den Erwartun- 83
gen, wird diesem in manchen AGB eine **Nachbesserungsfrist von drei Tagen** eingeräumt. Nach dem gesetzlichen Modell (§ 323 Abs. 1 BGB) muss dem Schuldner (hier: dem Crowdworker) eine **angemessene Frist** zur Nacherfüllung gesetzt werden, wobei »Nacherfüllung« sowohl Beseitigung des erkannten Mangels als auch Neuerbringung der geschuldeten Leistung bedeuten kann. Bei ganz besonderer Eilbedürftigkeit können drei Tage angemessen sein,[180] doch lässt sich dies nicht als allgemeine und verbindliche Regelung bestimmen. Es stellt eine **unangemessene Benachteiligung** des Crowdworkers i. S. v. § 307 Abs. 1 Satz 1 BGB dar, ihn auch dort zu einer Nachbesserung innerhalb von drei Tagen zu zwingen, wo keinerlei Eilbedürftigkeit besteht oder wo es um ein so komplexes Vorhaben geht, dass drei Tage auch bei Aufbietung aller Kräfte nicht ausreichen. Deckt eine AGB-Bestimmung ihrer allgemeinen Fassung wegen auch Fälle ab, in denen eine unangemessene Benachteiligung des Vertragspartners vorliegt, ist sie insgesamt unwirksam.[181]

178 Ähnlich Rehm, in: IG Metall – Vorstand (Hrsg.), S. 15. Siehe auch unter ff).

179 Im Ergebnis übereinstimmend Bourazeri. NZA 2019, 741, 744; Hötte, MMR 2014, 795, 798.

180 OLG Köln, 15.9.1992 – 22 U 78/92, NJW-RR 1993, 949 und OLG Karlsruhe, 24.11.2011 – 9 U 83/11, NJW-RR 2012, 504 halten sogar zwei Tage für möglich. Wie hier Walzer, S. 113 ff.

181 Im Ergebnis wie hier Klebe/Neugebauer, AuR 2014, 6.

(7) Jederzeitige Reduzierung der Leistungen der Plattform

84 Die Betreiber von Plattformen sorgen bei der Ausgestaltung von AGB auch dafür, dass ihre eigenen wirtschaftlichen Interessen nicht zu kurz kommen und dass sie nicht etwa bei Störungen auf Schadensersatz in Anspruch genommen werden können. So bestimmt etwa ein deutscher Anbieter, dass der Nutzer **keinen Anspruch auf Aufrechterhaltung bestimmter Funktionalitäten** habe; werden diese reduziert, ist keine Minderung des Entgelts vorgesehen. Außerdem behält sich der Betreiber das Recht vor, den Zugang zu einzelnen Inhalten zu sperren oder diese Inhalte zu löschen. Als Beispiel wird der Fall genannt, dass ein Projekt vollständig abgeschlossen ist oder dass die gespeicherten Inhalte gegen geltendes Recht oder gegen Rechte Dritter verstoßen. Hier sind wiederum Fälle miterfasst, bei denen der Crowdworker in unangemessener Weise benachteiligt ist – so wenn er **plötzlich keinen Zugang mehr** zu bestimmten Erkenntnissen aus früheren Projekten hat und außerdem nicht erkennen kann, weshalb diese »Sperre« verhängt wurde. Auch in einem solchen Fall ist § 307 Abs. 1 BGB verletzt.[182]

(8) Keine Abgeltung von Schutzrechten

85 Das Arbeitsergebnis steht nach herkömmlicher Auffassung bei abhängiger Arbeit grundsätzlich dem Arbeitgeber zu. Bei Werkverträgen gehört es dem Besteller. Insoweit ist nichts dagegen einzuwenden, wenn Urheberrechte auf den Plattformbetreiber als Vertragspartner übergehen und dieser beispielsweise die entwickelte Software verwerten kann. Allerdings muss man sich die Frage stellen, ob nicht die Vergütung höher sein muss als bei einem anderen Crowdworker, aus dessen Arbeit sich keine Urheberrechte ableiten lassen. Hier könnte eine **sachlich nicht gerechtfertigte, schematische Gleichbehandlung** vorliegen, die sich genauso wie die grundlose Differenzierung nicht mit dem geltenden Recht vereinbaren lässt. Eindeutig rechtswidrig ist eine bei ausländischen Anbietern auftauchende Regelung, wonach die Abtretung von Urheber- und anderen Schutzrechten auch dann erfolgt, wenn das Arbeitsergebnis selbst nicht abgenommen wird, weil ein anderer das »Preisausschreiben« gewann: Eine Abtretung, der nur dann ein Entgelt gegenübersteht, wenn der Leistende gegenüber allen anderen den Vorzug erhält, stellt eine **unangemessene Benachteiligung** des Crowdworkers dar.[183]

---

182 Ebenso im Ergebnis Walzer, S. 117.

183 Ebenso im Ergebnis Klebe/Neugebauer, AuR 2014, 6. Zu Honorarklauseln bei Verlagsverträgen siehe Stoffels, in: Wolf/Lindacher/Pfeiffer (Hrsg.), Anhang, Klauseln (U) Rn. U 26.

(9) Kontaktverbote mit anderen Crowdworkern

Erstaunlich sind aus deutscher Sicht Klauseln, die **jede Kontaktaufnahme mit dem User eines anderen Plattformbetreibers verbieten**. Geht die Kontaktaufnahme von einem solchen aus, muss dies sofort dem Plattformbetreiber gemeldet werden. Das rückt die Arbeit in die Nähe einer geheimdienstlichen Tätigkeit und greift unangemessen in die Privatsphäre des Crowdworkers ein. Im Vergleich dazu ist die verbreitete, aber gleichwohl rechtswidrige Klausel harmlos, wonach mit Arbeitskollegen nicht über die Höhe des Gehalts gesprochen werden darf.[184] Im Arbeitsrecht ist man sich einig, dass eine derart umfassende **Verschwiegenheitspflicht**, wie sie von den Crowdworkern verlangt wird, nicht mit dem Persönlichkeitsrecht des Arbeitnehmers vereinbar ist.[185] Für Selbstständige kann nichts anderes gelten, da sie insoweit nicht weniger schutzwürdig sind. 86

(10) Weite Ermächtigung zur Datenspeicherung

Weitere persönlichkeitsrechtliche Probleme ergeben sich im Zusammenhang mit sehr weitgehenden Ermächtigungen, **zahlreiche Daten zu speichern** und ggf. an Dritte zu übermitteln. So heißt es etwa in den AGB eines deutschen Anbieters: 87

»Beim Besuch unserer Website speichern unsere Server jeden Zugriff in einer Protokolldatei. Folgende Daten werden dabei ohne Ihr Zutun erfasst und bis zur automatischen Löschung von uns gespeichert: Die IP-Adresse des anfragenden Rechners, das Datum und die Uhrzeit des Zugriffs, der Name und die URL der abgerufenen Datei, die Website, von der aus der Zugriff erfolgte, das Betriebssystem Ihres Rechners und der von Ihnen verwendeten Browser und andere technische Daten, der Name Ihres Internet-Access-Providers, Spracheinstellungen und geographische Herkunft.« 88

Ob dies alles mit den **§§ 19ff. TTDSG vereinbar** ist, wird man **bezweifeln** müssen. Die zulässig zu erhebenden Bestandsdaten und die Nutzungsdaten beziehen sich längst nicht auf alle die Angaben, die effektiv erfasst werden. Die Einwilligung des Betroffenen scheidet als Rechtfertigung schon deshalb aus, weil kein Hinweis auf das Widerrufsrecht nach Art. 7 Abs. 3 DSGVO erfolgt ist. Dazu kommt, dass der Zweck der Erhebung 89

---

184 Die Rechtswidrigkeit wird bestätigt von LAG Mecklenburg-Vorpommern, AuR 2010, 343.

185 LAG Hamm, 5.10.1988 – 15 Sa 1403/88, DB 1989, 783; Mengel, Rn. 92; Maschmann/Sieg/Göpfert-Bodem, Nr. 540 Rn. 53; Preis-Rolfs, Der Arbeitsvertrag, II V 20 Rn. 27. Weiter Däubler/Deinert/Walser-Däubler, Anhang Rn. 157.

und Speicherung von Daten durch eine Plattform durchaus eng bestimmt ist: Es geht darum, die Nutzung der Plattform zu ermöglichen, es geht um die Gewährleistung der Systemstabilität, um die technische Administration der Netzinfrastruktur, um die Optimierung des Angebots sowie um interne statistische Zwecke. Muss man dafür wirklich auch das Betriebssystem des Rechners, den Browser und den Ort kennen, von wo aus der Zugriff erfolgte? Insoweit **fehlt es an** der **Erforderlichkeit**, ohne die Daten nicht erhoben und verarbeitet werden dürfen.

(11) Hauptkondition

90 Die AGB-Kontrolle erstreckt sich nach § 307 Abs. 3 Satz 1 BGB nicht auf das Verhältnis von Leistung und Gegenleistung, es sei denn, dieses wäre – wie z. B. im Rechtsanwaltsvergütungsgesetz (RVG) – ausdrücklich gesetzlich geregelt. Weiter ist das Bestehen eines Vertragsverhältnisses vorausgesetzt: Die Frage, ob der Plattformbetreiber oder ein Unternehmen ohne Grund einen Vertragsabschluss verweigern darf, ist in den §§ 305ff. BGB nicht angesprochen.

dd) Rechtsfolgen unzulässiger Klauseln

91 Sind Bestimmungen in AGB unwirksam, braucht sie der Vertragspartner (hier: der Crowdworker) nicht zu beachten. Werden Ansprüche ausgeschlossen, die ihm nach geltendem Recht zustehen, kann er diese gleichwohl gerichtlich geltend machen. Besteht Streit über die Gültigkeit einzelner Bestimmungen, kann eine **Klärung** mithilfe einer Feststellungsklage nach § 256 ZPO herbeigeführt werden.

92 In mindestens 99 von 100 Fällen bleiben diese Feststellungen ohne praktische Wirkung. Anders als im Arbeitsrecht gibt es deshalb im Recht der Allgemeinen Geschäftsbedingungen eine **Verbandsklage**: Nach § 1 UKlaG kann der Verwender unzulässiger Klauseln auf Unterlassung in der Zukunft und ggf. auf Widerruf einer entsprechenden Empfehlung in Anspruch genommen werden. Das gilt auch dann, wenn die unwirksamen Klauseln im Verhältnis zu einem Unternehmer i. S. v. § 14 BGB verwendet werden; lediglich die Unterlassungsklage nach § 2 UKlaG setzt ausschließlich die Verletzung verbraucherrechtlicher Bestimmungen voraus. **Klagebefugt** sind die in § 3 UKlaG genannten Stellen. Neben den Industrie- und Handelskammern und den Handwerkskammern gehören dazu vor allem die registrierten **Verbraucherverbände,** im Gesetz als »qualifizierte Einrichtungen« bezeichnet. Dazu kommen »rechtsfähige Verbände zur Förderung gewerblicher oder selbstständiger beruflicher Interessen«, soweit sie vor allem nach ihrer personellen, sachlichen und finanziellen Ausstattung imstande sind, diese Aufgaben tatsächlich wahr-

zunehmen. Damit sind – im weitesten Sinne verstanden – Verbände von Selbstständigen gemeint.

Kann auch eine **Gewerkschaft** eine solche **Verbandsklage** erheben? In der Literatur wird darauf verwiesen, dass der Arbeitnehmer nach der Rechtsprechung Verbraucher ist, sodass sich die Gewerkschaft als Verbraucherverband registrieren lassen könnte und damit klagebefugt wäre.[186] Will sie diesen Weg nicht beschreiten, kann sie nur verstärkt wirtschaftlich abhängige Selbstständige organisieren und so als »Selbstständigenverband« eine Klagebefugnis erreichen. Pragmatiker können auch auf den Gedanken kommen, sich an einen Verbraucherverband zu wenden, der gewerkschaftlichen Positionen nahesteht, und dort eine Klageerhebung anzuregen. 93

Hat eine **Verbandsklage Erfolg,** kann sich nach § 11 Satz 1 UKlaG jeder Betroffene auf die Unwirksamkeit der fraglichen Bestimmung berufen. Ein der Klage stattgebendes Urteil wirkt also zugunsten aller Betroffenen. Wird die Klage abgewiesen, bleibt es gleichwohl dem Einzelnen unbenommen, die Unwirksamkeit einer bestimmten Klausel geltend zu machen. Es tritt also keine Wirkung zulasten der übrigen ein. 94

b) Vertragskontrolle auf der Grundlage der Rechtsprechung des Bundesverfassungsgerichts

Wie oben[187] ausgeführt, verlangt das BVerfG Korrekturen, wenn zwischen den Vertragsparteien ein **strukturelles Ungleichgewicht** besteht und der Vertrag für den schwächeren Teil **inhaltlich ungewöhnlich belastend** ist. Bei der Umsetzung dieses Grundsatzes ist anders als bei der AGB-Kontrolle auch das Verhältnis von Leistung und Gegenleistung einzubeziehen. Muss deshalb von Rechts wegen eine Korrektur erfolgen, wenn sich bei der Übernahme einer Vielzahl von Aufträgen gleichwohl nur ein Stundenlohn von 2 bis 3 Euro ergibt?[188] 95

Man kann den Versuch unternehmen, diese Frage durch unmittelbare Subsumtion unter die **vom BVerfG entwickelten Grundsätze** zu beantworten. Das wird nicht sehr schwerfallen. Für den Crowdworker besteht eine strukturelle Abhängigkeit vom Betreiber der Plattform beziehungsweise vom Unternehmen: Er hat praktisch keinerlei Verhandlungsmacht, ja er steht noch schlechter als ein Arbeitnehmer, weil er sich ggf. sogar auf 96

186 Stoffels, Rn. 1149 unter berechtigter Berufung auf den Bericht des Rechtsausschusses zur Schuldrechtsmodernisierung (BT-Drs. 14/7052, S. 190); anders Grüneberg-Grüneberg, § 4 UKlaG Rn. 6.

187 Oben Rn. 65.

188 Zur wirtschaftlichen Stellung der Crowdworker siehe die Angaben oben Rn. 18 ff.

die Bedingung einlassen muss, dass er nur dann ein Entgelt erhält, wenn sein Produkt als besonders gut ausgewählt wird. Angesichts eines gesetzlichen Mindestlohns von 12 Euro für Arbeitnehmer sind 2 bis 3 Euro pro Stunde auch ein Betrag, den man als ungewöhnlich gering bezeichnen muss, zumal ja zusätzlich noch die Vorsorge für Lebensrisiken, die bei Arbeitnehmern durch die Sozialversicherung übernommen wird, Sache des Crowdworkers bleibt.

97 Methodisch könnte man auch so verfahren, dass man **§ 138 BGB anwendet** und dabei die vom BVerfG entwickelten Kriterien berücksichtigt, was zum selben Ergebnis führt. Dabei kann man weiter auf die Rechtsprechung des BAG verweisen, wonach die Unterschreitung des Tariflohns um mehr als ein Drittel gegen die guten Sitten verstößt[189] – dasselbe muss nunmehr auch für den gesetzlichen Mindestlohn gelten. Einen Selbstständigen zu solchen Bedingungen zu beschäftigen, lässt sich nicht mit grundlegenden Wertentscheidungen unserer Rechtsordnung vereinbaren.

98 An die Stelle der unwirksamen Entgeltabrede tritt nach §§ 612 Abs. 2, 632 Abs. 2 BGB die Verpflichtung zur **Zahlung einer angemessenen Vergütung.** Sonderregeln bestehen für Urheber, die nach §§ 32, 32a UrhG einen unabdingbaren Anspruch auf angemessenes Entgelt haben. Selbstständige Crowdworker unterliegen **nicht** der **Sozialversicherung**. Soweit sie vorwiegend für einen Auftraggeber tätig sind, schreibt jedoch **§ 2 Nr. 9 SGB VI** ihre Einbeziehung in die Rentenversicherung vor. Personen mit künstlerischer oder publizistischer Tätigkeit unterfallen der **Künstlersozialversicherung;** der Auftraggeber muss seit 2014 einen Betrag von 5,2 % des Honorars an die Künstlersozialkasse abführen.[190] Im Übrigen muss der Crowdworker für Krankheit, Alter, Invalidität und Pflege selbst vorsorgen; auch soweit mittlerweile eine Versicherungspflicht besteht, sind die Kosten allein vom Selbstständigen zu tragen. Ein Beitritt zur Arbeitslosenversicherung ist von vornherein ausgeschlossen; eine Ausnahme besteht nach § 28a SGB III nur zugunsten von Existenzgründern, die bisher arbeitslosenversicherungspflichtig waren und die innerhalb von drei Monaten einen Antrag auf freiwillige Weiterversicherung stellen.

c) Kartellrecht

99 Der Schutz des Schwächeren ist im Zivilrecht nicht allein ein vertragsrechtliches Problem. Das Gesetz gegen Wettbewerbsbeschränkungen

---

189 BAG, 22.4.2009 – 5 AZR 436/08, NZA 2009, 837. Überblick über den Stand der Rechtsprechung insgesamt siehe Nassibi, S. 48 ff.

190 BITKOM (Hrsg.), Crowdsourcing für Unternehmen, S. 31.

(**GWB**) ist an sich nur dafür bekannt, dass es Preisabsprachen und Kartelle verbietet. Daneben enthält es jedoch in den §§ 19ff. GWB Vorschriften gegen **missbräuchliches Verhalten marktbeherrschender und sog. marktstarker Unternehmen.** Diese Bestimmungen verdienen im vorliegenden Zusammenhang gleichfalls ein gewisses Maß an Aufmerksamkeit, geht es doch bei den Crowdworkern meist um Mikro-Unternehmer, die von fairen Bedingungen auf dem Markt abhängig sind.[191] Dazu einige wenige Vorüberlegungen:

aa) Verbot des Missbrauchs einer marktbeherrschenden Stellung

§ 19 GWB verbietet missbräuchliches Verhalten marktbeherrschender **100**
Unternehmen. Um zu beurteilen, wann eine »Marktbeherrschung« vorliegt, muss zunächst der **relevante Markt** bestimmt werden. § 19 Abs. 2 Satz 1 GWB spricht ausdrücklich vom »sachlich und räumlich relevanten Markt«, was die Fragestellung ein wenig eingrenzt.

Von sachlicher Relevanz ist dann die Rede, wenn es um Waren oder **101**
gewerbliche Leistungen geht, die nach dem Urteil der Marktgegenseite gleich oder jedenfalls gegeneinander austauschbar sind.[192] Unter räumlicher Relevanz wurde früher das Bundesgebiet oder ein Teil desselben verstanden, in dem sich ein Unternehmen betätigt. Nunmehr sagt § 19 Abs. 2 Satz 3 GWB ausdrücklich, dass der räumlich relevante Markt weiter reichen könne als der Geltungsbereich des GWB. Wie weit er tatsächlich geht, hängt von den jeweiligen konkreten Umständen ab. Im Bereich des Crowdworking wird man **zwischen deutschsprachigen** und **anderen, meist englischsprachigen, Plattformen** und Unternehmen unterscheiden müssen. Sehr viele Leistungen, die in dieser neuen Arbeitsform erbracht werden, sind sprachlich vermittelt; selbst der Designer, der ein neues Firmenlogo entwickeln soll, wird sein Konzept nicht nur bildlich darstellen, sondern es auch mit Worten erklären müssen. Eine solche Unterscheidung entspricht dem sog. **Bedarfskonzept der Marktgegenseite** und findet sich in ähnlicher Form im Pressebereich: Dort wird zwischen überregionalen und regionalen Zeitungen, aber auch zwischen Straßenverkaufs- und Abonnementzeitungen unterschieden, weil für jedes dieser Segmente eine bestimmte Gruppe von Nachfragern vorhanden ist.[193] Nicht anders verhält es sich bei deutschsprachigen Plattformen und Unternehmen, bei denen der relevante Markt im Zweifel auch Österreich

191 Sassenberg/Faber-Neighbour, Teil 2 G, Rn. 17.

192 Bechtold, § 19 Rn. 5; Götting, in: Loewenheim/Meessen/Riesenkampff (Hrsg.), § 19 GWB Rn. 13.

193 Nachweise bei Bechtold, § 19 Rn. 17.

und die Schweiz umfasst. Sie sind daher auf einem speziellen Markt tätig. Bei den englischsprachigen Anbietern ist der Markt dagegen sehr viel weiter.

102 Eine »**Beherrschung**« liegt dann vor, wenn das Unternehmen keinem wesentlichen Wettbewerb ausgesetzt ist oder wenn es im Verhältnis zu seinen Wettbewerbern eine überragende Marktstellung besitzt (§ 19 Abs. 2 Satz 1 Nr. 1 und 2 GWB). Hat ein Unternehmen einen **Marktanteil von einem Drittel**, wird nach § 19 Abs. 3 Satz 1 GWB vermutet, dass es marktbeherrschend ist.

103 Inwieweit im deutschsprachigen wie im englischsprachigen Bereich eine Marktbeherrschung in diesem Sinne vorliegt, ist ohne nähere empirische Untersuchungen nicht zu beurteilen. Insoweit ist das **Bundeskartellamt gefragt**, die **Verhältnisse auf dem Crowdsourcing-Markt zu untersuchen** und daraus ggf. Konsequenzen zu ziehen.

104 Unterstellt man, eine Plattform oder ein Unternehmen hätte eine marktbeherrschende Stellung, läge ein **Missbrauch** vor allem dann vor, wenn **einer der vier Tatbestände des § 19 Abs. 4 GWB** gegeben wäre. Von Bedeutung könnte dabei vor allem die Nr. 2 sein, wonach es einen Missbrauch darstellt, wenn das Unternehmen Entgelte oder sonstige Geschäftsbedingungen fordert, die von denjenigen abweichen, die sich bei wirksamem Wettbewerb mit hoher Wahrscheinlichkeit ergeben hätten. Weiter dürfen nach § 20 Abs. 1 GWB marktbeherrschende Unternehmen andere nicht unbillig behindern und gleichartige Unternehmen nicht ohne sachlich gerechtfertigten Grund unmittelbar oder mittelbar unterschiedlich behandeln. Das erstere (»Behinderung«) wäre der Fall, wenn ein Geschäftsabschluss von vornherein abgelehnt würde oder wenn einem Crowdworker ohne sachlichen Grund die weitere Benutzung der Plattform verweigert würde. Das zweite (»Diskriminierung«) wäre anzunehmen, wenn Crowdworker bei gleicher Leistung unterschiedlich vergütet würden.[194]

bb) Erstreckung auf marktstarke Unternehmen

105 Gemäß § 20 Abs. 2 Satz 1 GWB erstreckt sich das Behinderungs- und Benachteiligungsverbot auch auf sog. marktstarke Unternehmen. Von ihnen ist dann die Rede, wenn kleine oder mittlere Unternehmen von ihnen »als Anbieter oder Nachfrager einer bestimmten Art von Waren oder gewerblichen Leistungen in der Weise abhängig sind, dass **ausreichende und zumutbare Möglichkeiten, auf andere Unternehmen auszuweichen,**

194 Zur Handhabung des Differenzierungsverbots im Einzelnen siehe Loewenheim, in: Loewenheim/Meessen/Riesenkampff (Hrsg.), § 20 Rn. 84ff.

nicht vorhanden sind«. Beispiel sind etwa Händler, die ein bestimmtes Produkt in ihrem Sortiment haben müssen, um gegenüber ihren Konkurrenten bestehen zu können.[195] Sie vom Bezug auszuschließen, wäre eine ungerechtfertigte Behinderung, auch wenn der Lieferant keineswegs »marktbeherrschend« ist. Eine ähnliche Situation ist bei Crowdworking dann gegeben, wenn ein Crowdworker nur bei einem bestimmten Anbieter seine spezifische Qualifikation ins Spiel bringen kann, weil allein dieser entsprechende Aufgaben in seiner Angebotspalette hat.

VIII. Grenzüberschreitendes Crowdsourcing

1. Das anwendbare Recht

Soweit Crowdworker Arbeitnehmer sind, liegt ein grenzüberschreitendes **106**
»Internet-Arbeitsverhältnis« vor; welches Recht in einem solchen Fall Anwendung findet, ist bereits dargelegt worden.[196] Im Folgenden muss darüber hinaus das anwendbare Recht geklärt werden, wenn ein Crowdworker arbeitnehmerähnliche Person ist oder wenn er ausschließlich als Selbstständiger zu behandeln ist. Dabei ist zu berücksichtigen, dass Plattformen wie auch Unternehmen in ihren AGB in der Regel eine **Rechtswahl** treffen: Bei *twago* und *clickworker* gilt deutsches Recht, bei *Amazon Mechanical Turk* das Recht von Massachusetts, beim australischen *Freelancer.com* das Recht von New South Wales. Die stärkere Seite wählt immer das Recht, das ihr am ehesten vertraut ist.

Solche Rechtswahlklauseln sind grundsätzlich zulässig. Bei Arbeitneh- **107**
mern ist eine derartige Abmachung allerdings von beschränkter Reichweite. Die zwingenden Vorschriften des Landes, in dem sich der gewöhnliche Arbeitsort befindet, bleiben nach Art. 8 Abs. 1 Rom I-VO trotz einer solchen Festlegung anwendbar. Arbeitet ein angestellter Crowdworker beispielsweise in Deutschland, finden zwingende deutsche Normen wie das KSchG und das BetrVG auch dann Anwendung, wenn z. B. das Recht eines US-Bundesstaats oder eines australischen Territoriums in den AGB für anwendbar erklärt wurde. Dieser Grundsatz findet auch auf **arbeitnehmerähnliche Personen** Anwendung, weil sie in vergleichbarer Weise schutzbedürftig sind.[197] Fehlt ausnahmsweise eine Rechtswahlabrede, gilt nach Art. 8 Abs. 2 Rom I-VO das Recht des gewöhnlichen Arbeitsorts.

195 Näher Bechtold, § 20 Rn. 19ff.
196 Oben § 16 Rn. 45ff.
197 Deinert, Internationales Arbeitsrecht, § 4 Rn. 46 mit eingehenden Nachweisen.

Bei einer in Deutschland erbrachten Arbeit findet also deutsches Recht Anwendung.

108 Wird der **Crowdworker als** (echter) **Selbstständiger** tätig, sind nach Art. 3 Abs. 1 Rom I-VO **Absprachen** über das anwendbare Recht **in vollem Umfang**, d.h. ohne die Einschränkung in Bezug auf zwingende Normen **zulässig.** Es gilt dann also ggf. ausschließlich australisches, deutsches oder US-Recht. Fehlt eine solche Abmachung oder ist sie aus irgendwelchen Gründen unwirksam, greift Art. 4 Abs. 1 Buchst. b Rom I-VO ein. Da es sich bei den Tätigkeiten der Crowdworker um »Dienstleistungsverträge« handelt, gilt das Recht des Staates, in dem der die Dienste Erbringende seinen gewöhnlichen Aufenthalt hat. Dabei wird der Begriff »Dienstleistungen« dem unionsrechtlichen Sprachgebrauch entsprechend weit interpretiert, sodass jede Form von Tätigkeiten erfasst ist, auch solche, die nicht unter den »Dienstvertrag« nach §§ 611 ff. BGB fallen.[198] Bei einem in Deutschland tätigen Crowdworker käme daher deutsches Recht zur Anwendung,[199] doch dürfte das **Fehlen einer Rechtswahlklausel** in der Praxis die **absolute Ausnahme** sein.

109 Soweit der **Crowdworker als Verbraucher** zu qualifizieren ist,[200] hat die **Rechtswahl** ähnlich wie beim Arbeitnehmer und der arbeitnehmerähnlichen Person **nur beschränkte Wirkung.** Nach Art. 6 Abs. 2 Rom I-VO bleiben in diesem Fall die zwingenden Vorschriften des Verbraucherschutzes unberührt. Dazu gehören beispielsweise die gesamte AGB-Kontrolle sowie die Grundsätze, die das BVerfG zum Schutz des schwächeren Vertragsteils entwickelt hat. Dabei ist allerdings daran zu erinnern, dass nur der Crowdworker Verbraucher ist, der »gelegentlich« in dieser Form arbeitet.[201] Sobald eine planmäßige und auf Dauer angelegte Tätigkeit vorliegt, wird er zum Unternehmer i. S. v. § 14 BGB und kann sich daher nicht mehr auf Art. 6 Abs. 2 Rom I-VO berufen.

2. Ausnahmen: Eingriffsnormen und ordre public

110 Ist kraft Rechtswahl ausländisches Recht anwendbar, stellt sich die Frage, ob einzelne Vorschriften des deutschen Rechts als sog. Eingriffsnormen i. S. v. Art. 9 Rom I-VO dennoch Anwendung finden können. Nach der dort gegebenen **Definition** muss es sich um zwingende Vorschriften handeln, »deren Einhaltung von einem Staat als so entscheidend für die

198 Grüneberg-Thorn, Art. 4 Rom I-VO Rn. 8 m. w. N.
199 Ebenso Hötte, MMR 2014, 796.
200 Siehe oben Rn. 69 ff.
201 Oben Rn. 70 ff.

Wahrung seines öffentlichen Interesses, insbesondere seiner politischen, sozialen oder wirtschaftlichen Organisation, angesehen wird, dass sie ... auf alle Sachverhalte anzuwenden sind, die in ihren Anwendungsbereich fallen«. Ob dies für bestimmte Normen oder Normengruppen gilt, ist im Wege der Auslegung zu ermitteln.[202] Bei den hier anwendbaren Vorschriften ist zu differenzieren.

Was das **GWB** betrifft, enthält es in seinem § 130 Abs. 2 GWB **eine ausdrückliche Regelung**. Danach findet es auch dann Anwendung, wenn eine Maßnahme im Ausland getroffen wurde, sich aber im Inland auswirkt. Im Text der Vorschrift ist zwar nur von »Wettbewerbsbeschränkungen« die Rede, doch ist damit der ganze erste Teil des Gesetzes gemeint einschließlich der Vorschriften, die sich auf marktbeherrschende und marktstarke Unternehmen beziehen.[203] Soweit die in diesen Bestimmungen genannten Voraussetzungen vorliegen, würden sie auch Anwendung finden, wenn auf die vertraglichen Beziehungen zwischen einem in Deutschland tätigen Crowdworker und dem (marktbeherrschenden oder marktstarken) Betreiber der Plattform bzw. dem Unternehmen ausländisches Recht anwendbar ist. 111

Anders als das GWB enthalten die **§§ 305ff. BGB** keine Bestimmung über ihren internationalen Anwendungsbereich. Sie sind **Teil des deutschen Vertragsrechts**. Sie wollen die schwächere Seite schützen, weshalb es bei ihnen ausschließlich um einen Ausgleich zwischen Privaten geht. Das in Art. 9 Rom I-VO vorausgesetzte **öffentliche Interesse** an der Beachtung der Normen ist **nicht eindeutig erkennbar**: Weder die Entstehungsgeschichte noch die heutige Praxis enthalten Anhaltspunkte dafür, dass die Vorschriften ihrer Bedeutung wegen auch gegenüber einem an sich anwendbaren ausländischen Vertragsrecht durchgesetzt werden müssten. Eine **abweichende Beurteilung** liegt jedoch für die **vom BVerfG entwickelten Grundsätze zur Vertragskontrolle** nahe, ohne dass man sich insoweit auf Gerichtsentscheidungen berufen könnte: Der dort formulierte Schutz der schwächeren Seite ist ein sozialstaatliches Strukturprinzip unserer Gesellschaft, er ist von wesentlicher Bedeutung für die soziale und wirtschaftliche Organisation unseres Gemeinwesens, was nicht zuletzt darin deutlich wird, dass er auch im Verhältnis von Unternehmen untereinander zur Anwendung kommt. Insoweit geht es nicht allein um den Schutz der unmittelbar Betroffenen, sondern auch um die Wahrung eines öffentlichen Interesses. Soweit Urheber nach §§ 32, 32a 112

202 Im Arbeitsrecht wird etwa das BetrVG dazu gerechnet, sofern der Arbeitnehmer in einem inländischen Betrieb tätig ist.

203 Lindemann, in: Frankfurter Kommentar zum Kartellrecht, § 130 Rn. 208, 242ff.

UrhG ein angemessenes Entgelt verlangen können, ist dieses nach § 32b UrhG ausdrücklich als Eingriffsnorm ausgestaltet worden (was die hier vertretene Auffassung mittelbar bestätigt).

113 Führt die Anwendung ausländischen Rechts zu »**untragbaren**« **Ergebnissen** und greift auch keine Eingriffsnorm ein, muss die fragliche ausländische Vorschrift nach Art. 21 Rom I-VO außer Anwendung bleiben. Dabei handelt es sich allerdings um Extremfälle; sie im Einzelnen herauszuarbeiten, wird Aufgabe der Gerichte sein. Würde ein in Deutschland tätiger Crowdworker von einer ausländischen Plattform trotz intensiver Arbeit in der Stunde nicht mehr als 2 Dollar verdienen können, wäre ein solcher Fall sicherlich gegeben.

3. Gerichtliche Zuständigkeit

114 In der Praxis ist es von großer Bedeutung, ob für einen Rechtsstreit zwischen Crowdworker und Auftraggeber deutsche Gerichte zuständig sind oder ob ggf. in einem weit entfernten Land, wo teure Anwälte den Ton angeben, geklagt werden muss. Auch hier ist wiederum danach zu unterscheiden, welchen **rechtlichen Status der Crowdworker** hat.

115 Arbeitnehmer können dort klagen, wo sie gewöhnlich ihre Arbeit verrichten.[204] Gegenüber Arbeitgebern mit Sitz in einem Mitgliedstaat der EU ergibt sich dies aus Art. 21 Abs. 1 Buchst. b Unterbuchst. i, gegenüber Arbeitgebern in Drittstaaten aus Art. 21 Abs. 2 der EU-VO 1215/2012, der auf Art. 21 Abs. 1 Buchst. b verweist. Diese Grundsätze sind auf **arbeitnehmerähnliche Personen** zu übertragen; insoweit wird auch hier auf das vergleichbare Schutzbedürfnis abgestellt.[205]

116 Ist der **Crowdworker Verbraucher**, stellt er sich ebenfalls gut: Nach Art. 18 Abs. 1 der EU-VO 1215/2012 kann er bei dem Gericht klagen, in dessen Bezirk er seinen **Wohnsitz** hat (sog. Verbrauchergerichtsstand). Fehlt es an einem Wohnsitz im Inland, wird die Situation komplizierter. Hat der Auftraggeber seinen Sitz in einem anderen Mitgliedstaat der EU, kann er nach Art. 7 Nr. 1 der EU-VO 1215/2012 dort verklagt werden, wo die vertragliche Verpflichtung zu erfüllen ist. Bei Dienstleistungen ist das der Ort, wo diese zu erbringen war (und nicht etwa der Ort, wo das Entgelt auf den Weg zu bringen ist). Ein im Inland für einen französischen Auftraggeber tätig werdender Crowdworker kann daher in Deutschland Klage erheben. Hat der Auftraggeber seinen Sitz in einem Drittstaat, ver-

204 Oben § 16 Rn. 37 ff.

205 Ebenso für die Vorgängervorschriften der Art. 18–21 der VO (EG) Nr. 44/2001, ABl. EG L 12/1 v. 16. 1. 2001; Däubler, NZA 2003, 1297, 1302 m. w. N.

weist Art. 6 Abs. 2 der EU-VO 1215/2012 auf das nationale Recht. Auch insoweit ist der Weg zu den inländischen Gerichten eröffnet, da § 29 Abs. 1 ZPO die Klage am **Erfüllungsort** der streitigen Verpflichtung zulässt. Das erfasst auch einen Streit über die vom anderen Vertragspartner zu erbringende Gegenleistung.[206]

Ist der **Crowdworker** als (echter) **Selbstständiger tätig,** kommen die eben genannten Sonderregeln nicht zur Anwendung. Hat der Auftraggeber seinen Sitz in einem anderen Mitgliedstaat, muss er im Regelfall dort verklagt werden. Befindet sich der Auftraggeber in einem Drittstaat, verweist Art. 6 Abs. 1 der EU-VO 1215/2012 auf das jeweilige nationale Recht. Das hat zur Folge, dass jedenfalls nach § 29 ZPO auch deutsche Gerichte angerufen werden können. 117

Ein für die schwächere Seite günstiger Gerichtsstand ist wenig wert, wenn in den AGB ein anderes Gericht für zuständig erklärt werden kann, das für die stärkere Seite unschwer erreichbar ist. Im Verhältnis zu **Arbeitnehmern, arbeitnehmerähnlichen Personen und Verbrauchern** ist eine solche »Gerichtsstandsvereinbarung« nur für einen schon entstandenen Streit, nicht aber für künftige Auseinandersetzungen möglich (Art. 19 Nr. 1 und Art. 23 Abs. 1 EU-VO 1215/2012). 118

Anders ist die Situation, wenn der **Crowdworker als Selbstständiger** zu behandeln ist: Nach Art. 25 Abs. 1 EU-VO 1215/2012 können in einem solchen Fall **jederzeit Gerichtsstandsvereinbarungen** geschlossen werden, soweit dadurch ein Gericht in einem anderen Mitgliedstaat für zuständig erklärt wird. Das kann den Crowdworker erheblich benachteiligen. Allerdings steht diese Regelung unter dem Vorbehalt, dass die Vereinbarung nach dem Recht des gewählten Mitgliedstaats nicht »materiell nichtig« sein darf. Das ist im Einzelfall sorgfältig zu prüfen. Dabei ist zu beachten, dass nach der Rechtsprechung des EuGH[207] die sog. Klauselrichtlinie[208] (die benachteiligende AGB-Klauseln verbietet) auch auf Gerichtsstandsvereinbarungen anwendbar ist. Zwar betrifft die Richtlinie nur Verbraucherverträge, doch ist jeweils zu prüfen, inwieweit – ähnlich wie nach § 310 Abs. 1 BGB – auch Formularverträge zwischen Selbstständigen wegen unangemessener Benachteiligung der schwächeren Seite für unwirksam erklärt werden können. 119

---

206 Vgl. BAG, 9.10.2002 – 5 AZR 307/01, NZA 2003, 339, 340.

207 EuGH, 27.6.2000 – C-240/98, DB 2000, 2056.

208 Richtlinie 93/13 EWG des Rates vom 5.4.1993 (ABl. EG 1993 Nr. L 95/29) über missbräuchliche Klauseln in Verbraucherverträgen.

§ 19 IT-Sicherheit

I. Die Bedrohungslage

1 Angriffe auf IT-Systeme sind zu einer (fast) alltäglichen Erscheinung geworden. In der Öffentlichkeit ist der »Cyberkrieg« fast so präsent wie der Terrorismus.[1] Bekannt ist im Inland etwa die **Großstörung bei der Telekom**, die Ende November 2016 zum Ausfall von ca. 900 000 Anschlüssen führte; Telefon, Internet und Fernsehen waren bei den Betroffenen blockiert. In einem **Krankenhaus in Neuss** war fast einen Tag lang kein Zugriff auf die Systeme möglich; Einblick in Patientenunterlagen sowie die Vorbereitung und Ausführung von Operationen waren nicht mehr möglich.[2] **Hacker** machen **Systeme** mit sog. **Ransomware** (Erpressungssoftware) vorübergehend durch Verschlüsselung aller Daten **funktionsunfähig**. Wird die geforderte Summe bezahlt, wird meist der Normalzustand wiederhergestellt, andernfalls würde alles definitiv gelöscht. Dagegen gibt es Sicherungen, die in einem Arbeitspapier des BSI zusammengefasst sind.[3] Gewarnt wird davor, dass Hacker die Sicherheitsvorrichtungen bei Robotern ausschalten und deren Verhalten manipulieren könnten.[4] Dies sind nur wenige Beispiele aus einem sehr viel größeren Katalog.[5] Verbreitet ist auch das **Phishing**; durch Täuschung werden einzelne Personen veranlasst, Daten preiszugeben, die dann zum Abräumen von Konten oder zur Verursachung anderer Schäden benutzt werden.[6]

---

1 Basar, jurisPR-StrafR 26/2016 Anm. 1, auch zum Folgenden.

2 Mitgeteilt bei Konrad-Klein, CuA 2/2017, 24.

3 Abrufbar unter *www.bsi.bund.de/SharedDocs/Downloads/DE/BSI/Cyber-Sicherheit/Themen/Ransomware_Massnahmenkatalog.pdf* (8. 6. 2022); kurze Zusammenfassung des wesentlichen Inhalts bei Haverkamp, CuA 5/2022, 36f.

4 Gerst, in: Schröder/Urban, S. 279, 286.

5 Überblick bei Sassenberg/Faber-Mantz/Spittka, Teil 2 E, Rn. 134ff. und bei Schröder/Lantwin, ZD 2021, 614.

6 Stepan, CuA 2/2021, 20ff.

Je weiter die **Digitalisierung** voranschreitet und Systeme voneinander abhängig werden, **umso größer** werden die **Gefahren**.[7] Ihnen kann durch Sicherungsmaßnahmen begegnet werden, die allerdings Geld und Arbeitszeit kosten. Außerdem nehmen Zahl und Qualität der Angriffe kontinuierlich zu.[8] Auch das Schadenspotenzial wächst mit Rücksicht auf steigende informationstechnische Abhängigkeiten.[9] Das Bundesamt für Sicherheit in der Informationstechnik (BSI) schrieb schon in seinem Bericht für das Jahr 2015: »Der Schutz der IT-Systeme durch die Anwender kann mit den oft hoch entwickelten Werkzeugen zur Ausnutzung von Sicherheitslücken nicht immer Schritt halten.«[10] Bedroht sind öffentliche Einrichtungen und Unternehmen. Eine BSI-Umfrage ergab, dass im Jahre 2018 drei Viertel der befragten Unternehmen Cyber-Bedrohungen als »relevante Gefährdung« einstuften; bei 87 % der Angegriffenen kam es zu Betriebsstörungen oder Ausfällen.[11] Mit Malware infizierte Geräte können als Mittel verwendet werden, um Informationen, vor allem Betriebsgeheimnisse auszukundschaften und die Ergebnisse an Konkurrenten des Unternehmens zu verkaufen.[12] Die **Schäden**, die deutsche Unternehmen durch Cyber-Angriffe und Cyber-Spionage erleiden, werden für 2020/2021 auf **223** Mrd. **Euro** geschätzt,[13] was gegenüber 2018/2019 eine Verdoppelung bedeutet.[14] Es verwundert daher nicht, dass nach einer VDE-Untersuchung sieben von zehn Befragten erklärten, mangelnde IT-Sicherheit sei derzeit das Haupthindernis für eine dynamische Entwicklung von Industrie 4.0.[15] 2

Bei den **Angreifern** (»Hackern«) handelt es sich vermutlich um Individuen oder **relativ kleine Gruppen**, die sich in der Anonymität des Netzes verstecken können. **Größere Gruppen** oder eine feindliche Macht könnten die **Strom- und Wasserversorgung für längere Zeit lahmlegen** und die Funktionsweise von Produktionssystemen so verändern, dass diese dauerhaft unbrauchbar werden.[16] Damit könnte das gesellschaftliche 3

---

7 Könen, DuD 2016, 12; Sassenberg/Faber-Mantz/Spittka, Teil 2 E, Rn. 133; Bräutigam/Klindt, NJW 2015, 1137, 1140: Probleme der IT-Sicherheit wurden unterschätzt. Siehe auch die bei Ruchhöft (CuA 11/2019, 31) geschilderten Bedrohungsszenarien.
8 Gehrmann/Klett, K&R 2017, 372.
9 Kipker/Pfeil, DuD 2016, 810.
10 Mitgeteilt bei Jakobs, CuA 2/2016, 24.
11 Kipker, in: Kipker (Hrsg.), Kap. 1 Rn. 9.
12 Vgl. Rath/Kuss/Bach, K&R 2015, 437.
13 Ruchhöft, CuA 4/2022, 13.
14 Schröder/Lantwin, ZD 2021, 614.
15 Mitgeteilt bei Giesen/Kersten, S. 31.
16 Zu möglichen Motiven siehe Könen, DuD 2016, 12.

Leben weitgehend zum Erliegen gebracht werden. Als Beispiel hierfür mag man die Schadsoftware **Stuxnet** nennen, die in Iran nicht nur die Atomanlagen für einige Zeit funktionsunfähig machte.[17]

II. Reaktionen des Gesetzgebers

1. Überblick

4 Der Gesetzgeber hat mittlerweile in vielfältiger Weise auf diese Situation reagiert, jedoch bislang keine überzeugende Lösung gefunden.[18] Während die Sicherung personenbezogener Daten seit Jahrzehnten ein allgemein geteiltes Anliegen ist, muss das Ziel »IT-Sicherheit« noch um Anerkennung ringen.[19] Das Gesetz über das Bundesamt für Sicherheit in der Informationstechnik (BSI-Gesetz) vom 14. August 2009[20] hat durch das sog. **IT-Sicherheitsgesetz**[21] wesentliche Veränderungen erfahren.[22] Dieses selbst ist entgegen seinem Namen kein Gesetz, das zentrale Aussagen zur IT-Sicherheit enthalten würde. Vielmehr handelt es sich um ein **Artikelgesetz,** das lediglich andere Gesetze ändert. Der inhaltliche Schwerpunkt liegt auf den neuen **§§ 8a bis 8e BSI-Gesetz**, doch wurden auch Vorschriften des Atomgesetzes, des Energiewirtschaftsgesetzes und des TTDSG ergänzt und neu gefasst. Die wesentlichen Regelungsinhalte lassen sich in einer Veröffentlichung des BSI nachlesen.[23]

---

17 Einzelheiten bei *de.wikipedia.org/wiki/Stuxnet* (4.11.2017); das Beispiel ist auch erwähnt bei Sassenberg/Faber-Mantz/Spittka, Teil 2 E, Rn. 140.

18 Siehe etwa die Fallstudie von Kipker/Pfeil, DuD 2016, 810ff.

19 Symptomatisch etwa Arnold/Günther-Hamann/Haußmann, § 6 Rn. 124, die unter der Überschrift »Cybersecurity und Beschäftigtendatenschutz« weder das BSI-Gesetz noch andere Fragen der IT-Sicherheit erwähnen, sondern ausschließlich den Datenschutz behandeln. Das von Kipker herausgegebene Buch über Cybersecurity wird zwar in einzelnen Fußnoten erwähnt, nicht aber das dort befindliche recht umfangreiche Kapitel über die arbeitsrechtlichen Folgen von Maßnahmen der IT-Sicherheit.

20 BGBl. I S. 2821, zuletzt geändert durch Art. 12 des Gesetzes v. 23.6.2021 (BGBl. I S. 1982). Auf dem Stand von 2018 kommentiert durch Buchberger, in: Schenke/Graulich/Ruthig (Hrsg.).

21 Gesetz zur Erhöhung der Sicherheit informationstechnischer Systeme (IT-Sicherheitsgesetz) v. 17.7.2015, BGBl. I S. 1324.

22 Zur (bestehenden) Bundeskompetenz siehe die überzeugenden Ausführungen von Franck, RDV 2022, 3ff., 80ff.

23 *www.bsi.bund.de/SharedDocs/Downloads/DE/BSI/Publikationen/Broschueren/IT-Sicherheitsgesetz.pdf?__blob=publicationFile&v=6.*

Auch **das Zweite Gesetz** zur Erhöhung der Sicherheit informationstechnischer Systeme vom 18. Mai 2021[24] (gemeinhin als »**IT-SiG 2.0**« bezeichnet) folgt derselben Struktur. Inhaltlich stärkt es das BSI und gibt ihm erweiterte Kompetenzen bei der Ermittlung von Sicherheitslücken und bei der Abwehr von Cyberangriffen. Auch Verbraucherschutz wird eine Aufgabe des BSI; dies zeigt sich u. a. in der Einführung eines einheitlichen IT-Sicherheitskennzeichens. Arbeitsrechtliche Fragen werden nicht angesprochen. **4a**

Das BSI-Gesetz umfasst nicht alle Unternehmen und Einrichtungen. sondern will lediglich dafür sorgen, dass **Unternehmen und Einrichtungen der »kritischen Infrastruktur«** besondere Schutzvorkehrungen treffen. Was darunter zu verstehen ist, legt § 2 Abs. 10 BSI-Gesetz in relativ abstrakter Weise fest. Es geht um Energie, Informationstechnik und Telekommunikation, Transport und Verkehr, Gesundheit, Wasser, Ernährung sowie Finanz- und Versicherungswesen. Die Konkretisierung erfolgt durch Rechtsverordnungen des Bundesministeriums des Innern nach Maßgabe des § 10 Abs. 1 BSI-Gesetz. Insoweit wurde in Stufen vorgegangen: Die sog. **BSI-KritisVO** betraf in ihrer ersten Fassung vom 22. April 2016[25] zunächst die Sektoren Energie, Wasser, Ernährung sowie Informationstechnik und Telekommunikation, während sie in ihrer aktuellen Fassung vom 6. September 2021[26] auch die Sektoren Gesundheit, Finanz- und Versicherungswesen sowie Transport und Verkehr einbezieht.[27] Weitere Bereiche sind durch das IT-SiG 2.0 einbezogen worden, doch ist beispielsweise die Chemie noch immer ausgeklammert.[28] Auch führt die 500 000-er Regel (unten Rn. 8) dazu, dass weniger als 50 der insgesamt 5000 Wasserwerke in der Bundesrepublik erfasst sind.[29] Der gesetzliche Schutz ist daher schon von seinem Anwendungsbereich her ein sehr beschränkter.[30] **5**

Parallel zur deutschen Entwicklung wurde auch der EU-Gesetzgeber aktiv. **6**
Europäisches Parlament und Rat erließen die **Richtlinie (EU) 2016/1148**

---

24 BGBl. I S. 1122.
25 BGBl. I S. 958.
26 BGBl. I S. 4163.
27 Zu weiteren Veränderungen gegenüber der ersten Fassung siehe Kipker, Der 2. Korb, abrufbar unter *community.beck.de/2017/07/03/der-2-korb-der-bsi-kritisverordnung-tritt-in-kraft-rechtsaenderungen-nicht-nur-im-bereichneuer-kritis* (6. 6. 2020).
28 Atug, CuA 5/2022, 24.
29 Ebenda.
30 Kritische Aufarbeitung der jeweiligen neuesten Entwicklung bei *ag.kritis.info/* (8. 6. 2022).

vom 6. Juli 2016 über »Maßnahmen zur Gewährleistung eines hohen gemeinsamen Sicherheitsniveaus von Netz- und Informationssystemen in der Union«.[31] Der deutsche Gesetzgeber trug den dortigen Vorgaben relativ schnell Rechnung und erließ das **Umsetzungsgesetz vom 23. Juni 2017.**[32] Damit wurden vor allem das BSI-Gesetz in eine neue Fassung gebracht und die Kontrollaufgaben des BSI ausgeweitet. Das Gesetzgebungsverfahren ist damit zu einem vorläufigen Abschluss gekommen.

2. Wesentliche Inhalte

7 Die Bestimmung der erfassten Unternehmen und Einrichtungen erfolgt auf der Grundlage der KritisVO in drei Schritten:[33] Zunächst werden die **»kritischen Dienstleistungen«** identifiziert: Im Sektor »Wasser« sind dies beispielsweise Trinkwasserversorgung und Abwasserbeseitigung, im Sektor Gesundheit sind es »Medizinische Versorgung, Versorgung mit Medizinprodukten, die Verbrauchsgüter sind, oder mit verschreibungspflichtigen Arzneimitteln sowie Laboratoriumsdiagnostik«. **In einem zweiten Schritt** werden dann die **Anlagenkategorien,** die eines besonderen Schutzes bedürfen genannt. Im Sektor Wasser sind dies »Kanalisation, Kläranlagen, Leitzentrale, Gewinnungsanlagen, Aufbereitungsanlagen und Wasserverteilungssysteme«. Im Sektor Gesundheit umfasst die Liste »Krankenhaus, Produktionsstätte, Abgabestelle, Anlage oder System zur Entnahme und Weiterverarbeitung von Blutspenden, Betriebs- und Lagerraum, Anlage oder System zum Vertrieb von verschreibungspflichtigen Arzneimitteln, Apotheke, Transportsystem, Kommunikationssystem zur Auftrags- und Befundübermittlung, Labor«.

8 In einem **dritten Schritt** erfolgt eine Einengung: Es werden nur solche Anlagen erfasst, die einen aus gesamtgesellschaftlicher Sicht bedeutenden Versorgungsgrad aufweisen. Dabei gilt eine sog. **500 000-er Regel**: Erst ab einer Versorgung von mindestens 500 000 Menschen liegt eine »kritische

---

31 ABl. v. 19.7.2016, L 194/1. Dazu den Überblick bei Voigt/Gehrmann, ZD 2016, 355.

32 Gesetz zur Umsetzung der Richtlinie (EU) 2016/1148 des Europäischen Parlaments und des Rates vom 6.7.2016 über Maßnahmen zur Gewährleistung eines hohen gemeinsamen Sicherheitsniveaus von Netz- und Informationssystemen in der Union vom 23.6.2017, BGBl. I S. 1885. Inhaltlicher Überblick durch das BSI unter *www.bsi.bund.de/DE/DasBSI/NIS-Richtlinie/NIS_Richtlinie_node.html* (5.11.2017).

33 BSI-Kritisverordnung v. 22.4.2016 (BGBl. I S. 958), zuletzt geändert durch Verordnung v. 21.6.2017 (BGBl. I S. 1903). Dazu und zum Folgenden Gehrmann/Klett, K&R 2017, 372, 373.

Infrastruktur« vor. Die einzige Ausnahme bilden Krankenhäuser: Hier liegt ein »bedeutender Versorgungsgrad« schon dann vor, wenn pro Jahr 30 000 Menschen stationär behandelt werden. Dadurch werden knapp 10 % aller Krankenhäuser erfasst.[34] Diese rein quantitative Betrachtung hat vor allem deshalb Kritik erfahren, weil es Einheiten gibt, die zwar hinter diesen Grenzwerten zurückbleiben, die aber andere Unternehmen versorgen, die ihrerseits als »Massenversorger« zu qualifizieren sind. Fallen diese »Hintergrund-Versorger« aus, kann dies noch schlimmere Konsequenzen haben als wenn der unmittelbare Versorger seine Aufgaben nicht mehr erfüllen kann.[35]

Den ca. 2000 Unternehmen, die nach Schätzung der Bundesregierung von Gesetz und Verordnung erfasst sind,[36] werden bestimmte **Verhaltenspflichten** auferlegt.[37] Soweit Dienstleister eingeschaltet werden, sind die mit ihren Aufgaben zusammenhängenden Pflichten auf sie zu übertragen.[38] Ihre Einhaltung wird durch das BSI überwacht. Bei Zuwiderhandlungen kann nach § 14 BSI-Gesetz ein **Bußgeld** verhängt werden, das je nach Verstoß im Höchstfall 100 000 Euro, aber auch 1 oder 2 Mio. Euro betragen kann. Der Gedanke einer »IT-Security by Design«[39] ist bisher vom Gesetzgeber nicht aufgegriffen worden.[40] 9

Nach § 8a Abs. 1 BSI-Gesetz sind die Betreiber kritischer Infrastrukturen verpflichtet, spätestens zwei Jahre nach Inkrafttreten der KritisVO für diese Infrastrukturen »**organisatorische und technische Vorkehrungen**« zu treffen, um Störungen der Verfügbarkeit, der Integrität, der Authentizität und der Vertraulichkeit ihrer informationstechnischen Systeme und ihrer Bestandteile zu vermeiden, die für das Funktionieren der von ihnen betriebenen Kritischen Infrastrukturen maßgebend sind. Dabei soll der **Stand der Technik** eingehalten werden. 10

Was dies im konkreten Fall bedeutet, ist noch nicht abschließend geklärt. »Stand der Technik« bedeutet, dass branchenübliche »Spitzenprodukte« eingesetzt werden.[41] Allerdings handelt es sich dabei um eine **Soll-Vorschrift**, sodass aus nachvollziehbaren Gründen auch eine weniger leis- 11

---

34 Mitgeteilt in ZD 1/2020, S. XIII.
35 Gehrmann/Klett, K&R 2017, 372, 374.
36 Mitgeteilt bei Rath/Kuss/Bach, K&R 2015, 437, 438.
37 Bei Krankenhäusern hat das BSI einen Cyber-Sicherheitsstandard anerkannt – siehe die Mitteilung in ZD 1/2020, S. XII.
38 Sassenberg/Faber-Mantz/Spittka, Teil 2 E, Rn. 162.
39 Bräutigam/Klindt, NJW 2015, 1137, 1141.
40 Empfohlen jedoch bei Sassenberg/Faber-Mantz/Spittka, Teil 2 E, Rn. 150.
41 Gehrmann/Klett, K&R 2017, 372, 374. Ähnlich Rath/Kuss/Bach, K&R 2015, 437, 439.

tungsfähige Technik eingesetzt werden darf. Außerdem muss der **Aufwand »angemessen«** sein, was etwa dann nicht der Fall ist, wenn die Kosten erheblich höher als ein ggf. eintretender Schaden sind.[42] Darüber hinaus führen die verwendeten sehr allgemeinen Begriffe zu Umsetzungsproblemen, weil **Rechtsprechung fehlt**, an der sich die Beteiligten orientieren könnten.

12 Nach § 8a Abs. 2 BSI-Gesetz können **branchenweite Sicherheitsstandards** entwickelt werden, die den allgemeinen Anforderungen des Abs. 1 entsprechen müssen. Um sicherzustellen, dass sie dies auch wirklich tun, ist für ihre Wirksamkeit **eine Genehmigung des BSI** erforderlich.

13 Nach näherer Maßgabe des § 8b Abs. 4 BSI-Gesetz müssen Betreiber Kritischer Infrastrukturen das BSI unverzüglich informieren, wenn in dieser Vorschrift im einzelnen beschriebene **Störungen aufgetreten** sind.[43] Neben dieser **Meldepflicht** müssen sie dem BSI nach § 8a Abs. 3 BSI-Gesetz mindestens **alle zwei Jahre** auf geeignete Weise nachweisen, dass sie ihre allgemeinen Verpflichtungen nach § 8a Abs. 1 BSI-Gesetz erfüllt haben.[44] Der Nachweis kann durch Sicherheitsaudits, Prüfungen oder Zertifizierungen erfolgen.[45]

14 Die vom Gesetz gewollte IT-Sicherheit weist viele Übereinstimmungen mit den **Datensicherungsmaßnahmen** auf, die sich seit 25. Mai 2018 nach Art. 32 DSGVO richten. Auch dort ist von »geeigneten technischen und organisatorischen Maßnahmen« die Rede. Die Zielsetzung des BSI-Gesetzes ist jedoch eine umfassendere, weil sie nicht auf personenbezogene Daten abstellt, sondern die Integrität elektronischer Systeme insgesamt schützen will.[46] Dabei kommt es gerade bei den Kritischen Infrastrukturen häufig **weniger auf personenbezogene Daten als auf das Funktionieren bestimmter Systeme** z. B. der Energieversorgung an.[47] Das schließt aber nicht aus, dass eine gut konzipierte Datensicherung auch der Stabilität der Systeme insgesamt zugutekommt. Bisweilen wird in der

---

42 Gehrmann/Klett, K&R 2017, 372, 376.

43 Näher zu dieser Meldepflicht Rath/Kuss/Bach, K&R 2015, 437, 438 sowie Könen, DuD 2016, 12 ff.

44 Rath/Kuss/Bach, K&R 2015, 437, 439.

45 Könen, DuD 2016, 12, 14.

46 Richtig Bräutigam/Klindt, NJW 2015, 1137, 1141: Datensicherung »Teilbereich« der IT-Sicherheit.

47 Anders Kühling/Buchner-Jandt, Art. 32 Rn. 3, wonach Art. 32 sowohl Datensicherheit als auch IT-Sicherheit herstellen will.

Literatur auch empfohlen, sich bei konkreten Maßnahmen an Katalogen für die IT-Sicherheit zu orientieren.[48]

3. Konkretisierungsversuche

Die konkrete Umsetzung wird häufig am Maßstab des vom BSI entwickelten »Grundschutzes« vorgenommen, zu dem beispielsweise bestimmte Anforderungen an Managementsysteme für Informationssicherheit (**ISMS**) gehören.[49] Wichtigster Bezugspunkt ist ISO **27001ff.**[50] Im Netz findet sich dazu eine Einführung, ein kostenloser Download ist aber nicht möglich.[51] In einem konkreten Fall wurden die **Sicherheitsmaßnahmen bei** einem **Wasserversorger** an diesem Maßstab **überprüft**, doch hatte dies ein deutlich negatives Ergebnis.[52] Von berufener Seite wird beklagt, dass Unternehmen nur höchst bescheidene Summen in die IT-Sicherheit investieren und sich im Prinzip mit Schadensbegrenzung begnügen, einer umfassenden Prävention aber wenig Stellenwert einräumen.[53] Im Gegensatz dazu sind die **IT-Grundschutzkataloge,** die aufgrund des IT-Grundschutz-Kompendiums[54] neugefasst wurden, konkreter ausformuliert und außerdem allgemein zugänglich.[55] Auch wird die Benutzung guter Verschlüsselungstechnologien empfohlen.[56] Weiter werden als Maßnahmenbündel genannt:[57] 15

- Alle zwei Jahre muss eine Auditierung des IT-Grundschutzes erfolgen. Das Ergebnis ist dem BSI zu melden.
- Für den Fall von Betriebsstörungen muss ein Alarmplan existieren.

48 Auernhammer-Kramer/Meints, Art. 32 Rn. 49; Gola-Piltz, Art. 32 Rn. 19. Vgl. auch Paal/Pauly-Martini, Art. 32 Rn. 14ff. und Sydow-Mantz, Art. 32 Rn. 34.

49 Dazu etwa der BSI-Standard 100–1, abrufbar unter *www.bsi.bund.de/SharedDocs/Downloads/DE/BSI/Publikationen/ITGrundschutzstandards/BSI-Standard_1001.pdf?__blob=publicationFile&v=1.* Überblick über »Deutschlands staatliche Cybersicherheitsarchitektur« in *www.stiftung-nv.de.*

50 Näher Däubler, in: Kipker (Hrsg.), Kap. 10 Rn. 100ff.

51 *www.iso-27001.at/download/.*

52 Kipker/Pfeil, DuD 2016, 810ff.

53 Können, DuD 2016, 12.

54 *www.bsi.bund.de/DE/Themen/ITGrundschutz/ITGrundschutzKompendium/itgrundschutzKompendium_node.html* (8.11.2017). Es wird jedes Jahr in aktualisierter Form vom BSI ins Netz gestellt; abrufbar unter *www.bsi-bund.de* (kurze Charakterisierung in CuA 5/2021, 40).

55 Zu den sog. BSI-Standards siehe *www.bsi.bund.de/DE/Themen/ITGrundschutz/ITGrundschutzStandards/ITGrundschutzStandards_node.html* (8.11.2017).

56 Bruhns, DSB 1/2018, 12.

57 Können, DuD 2016, 12, 16.

- Auch im Störungsfall muss es möglich sein, den Betrieb fortzuführen. Hierfür muss es einen sog. Business Continuity Plan geben.
- Es muss ein »Disaster-Recovery-Konzept« geben.
- Die IT-Infrastruktur muss ein mehrstufiges, mit Firewall und Intrusion Detection System ausgestattetes Sicherheitssystem besitzen.

4. Richtlinien der Versicherungswirtschaft

16 Auch Unternehmen, die nicht unter die Kategorie der Kritischen Infrastruktur fallen, haben ein Interesse daran, ihre Informationssysteme zu schützen und gegen gleichwohl eintretende Schäden versichert zu sein. Der Gesamtverband der Deutschen Versicherungswirtschaft besitzt eine hundertprozentige Tochtergesellschaft, die VdS Schadenverhütung GmbH. Diese hat in Form von **Richtlinien für die Informationssicherheit (»VdS 3473«)** Anforderungen an die »Cyber-Security für kleine und mittlere Unternehmen (KMU)« formuliert, die unschwer zugänglich sind.[58] Sie enthalten relativ konkrete Vorgaben – auch solche, die sich auf das Verhalten von Arbeitnehmern beziehen. Nach Aussage des VdS-Geschäftsführers erreichen sie allerdings nicht den Standard, der im Rahmen des § 8a BSI-Gesetz verlangt wird.[59]

III. Konkrete Anforderungen an das Verhalten von Arbeitnehmern

1. Compliance-Grundsätze

17 Zahlreiche Unternehmen verfügen über **»Compliance-Richtlinien« oder** einen **»Ethikkodex«,** die vor allem sicherstellen sollen, dass das geltende Recht im Betrieb eingehalten wird. Dafür werden geeignete Vorkehrungen getroffen, die präventiven Charakter tragen, aber auch dafür sorgen sollen, dass begangene Regelverstöße aufgedeckt und die dafür vorgesehenen Sanktionen verhängt werden.[60] Je nach betrieblicher Ausgestaltung können die Compliance-Regeln **reine Empfehlungen** sein **oder** aber zusätzliche **arbeitsvertragliche Pflichten** begründen. Einzelne Bestimmungen unterliegen der Mitbestimmung nach § 87 Abs. 1 Nr. 1

---

58 *vds.de/fileadmin/vds_publikationen/vds_3473_web.pdf* (5.11.2017).

59 Siehe das Interview in CuA 2/2016, 27.

60 Dazu Däubler, in: Kipker (Hrsg.), Kap. 10 Rn. 49ff.; Thüsing-Thüsing, § 2 Rn. 6ff.

BetrVG, wobei es nicht darauf ankommt, ob sie rechtlich verpflichtenden Charakter haben oder nicht.[61]

Zu den **gesetzlichen Pflichten des Unternehmens** gehören auch die in §§ 8a Abs. 1 und 8b Abs. 4 BSI-Gesetz genannten. Existiert im Unternehmen eine verbindliche Festlegung der Art, dass Arbeitnehmer mitwirken müssen, um die Erfüllung gesetzlicher Verpflichtungen des Unternehmens zu ermöglichen, erstreckt sich diese Verpflichtung auch auf die Pflichten aus dem BSI-Gesetz. Konkret hat dies zur Folge, dass **drohende Störungen** und Sabotagemaßnahmen dem Arbeitgeber mitgeteilt werden müssen (was ein loyaler Arbeitnehmer auch ohne rechtliche Verpflichtung tun würde). Soweit ein Arbeitskollege als potenzieller Täter in Betracht kommt, gelten besondere Grundsätze.[62] 18

2. Arbeitsvertragliche Nebenpflichten

Gibt es keine Compliance-Grundsätze oder sprechen diese das Problem der IT-Sicherheit nicht an, wird man aus **§ 241 Abs. 2 BGB** eine Nebenpflicht des Arbeitnehmers ableiten können, dass er das ihm Zumutbare tun muss, um alle Sicherheitsregeln zu beachten und so **Schaden vom Unternehmen abzuwenden**; gleichwohl eingetretene Beeinträchtigungen müssen möglichst schnell wieder beseitigt werden, woran auch der einzelne Arbeitnehmer mitzuwirken hat.[63] Erkannte Sicherheitslücken, drohende Angriffe durch Dritte und eingetretene Schädigungen sind dem jeweiligen Vorgesetzten oder einer anderen zuständigen Stelle im Unternehmen zu melden.[64] Erwähnenswert als Beispiel für derartige Nebenpflichten sind **Festlegungen in den VdS-Richtlinien**, die sich auf folgende Punkte beziehen: 19

- Die Beschäftigten müssen alle sie oder ihre Tätigkeit betreffenden Maßnahmen und Regelungen zur Informationssicherheit **einhalten und umsetzen**; außerdem müssen sie »Störungen, Sicherheitsvorfälle und Notfälle« **melden** (Ziff. 4.8).
- Wenn eine für die Informationssicherheit des Unternehmens relevante Position besetzt wird, muss der Bewerber über die notwendige Eignung und die erforderliche Vertrauenswürdigkeit verfügen (Ziff. 7.1)

61 BAG, 22.7.2008 – 1 ABR 40/07, NZA 2008, 1248 – Honeywell, Os. 2.
62 Däubler, NZA 2017, 1483.
63 ErfK-Preis, § 611a BGB Rn. 744; HK-ArbR-Kreuder/Matthiessen-Kreuder, §§ 611, 611a BGB Rn. 481; Däubler, in: Kipker (Hrsg.), Kap. 10 Rn. 41 ff.
64 Müllmann/Volkamer, ZD 2021, 8, 10.

- Bei der Einstellung und **Einarbeitung von neuem Personal** sind nach Ziff. 7.2 die folgenden vier Punkte zu beachten:

20 1. Es wird eine Vertraulichkeitserklärung unterzeichnet, die auch jene Pflichten in Bezug auf Informationssicherheit definiert, die nach Beendigung oder Veränderung des Arbeitsverhältnisses andauern.
2. Neues Personal wird in die IS (= Informationssicherheit)-**Leitlinie**, in sämtliche verbindlichen IS-Richtlinien und sonstige verbindliche Regelungen zur Informationssicherheit eingewiesen.
3. Neues Personal wird im Umgang mit den für sie relevanten Sicherheitsmechanismen **geschult**.
4. Es erhält die benötigten Zugänge und **Zugriffsrechte** und wird in deren Nutzung geschult.

20a Der Arbeitnehmer ist **nicht** verpflichtet, sich **selbst zu belasten**.[65] Dies ist auch **vom BAG** für das Arbeitsverhältnis **anerkannt** worden.[66] Allerdings besteht ein Interesse des Unternehmens, auch in solchen Fällen von den Geschehnissen zu erfahren, um Vorkehrungen gegen eine Wiederholung zu treffen. Deshalb ist in der Literatur vorgeschlagen worden, nicht nur (wie im Datenschutzrecht) auf Strafen und Bußgelder zu verzichten, sondern auch **von arbeitsrechtlichen Sanktionen** wie Abmahnung und Kündigung **abzusehen**, wenn dem Beschäftigten keine große Fahrlässigkeit zur Last fällt.[67] Damit würde auch eine weitgehende Harmonisierung mit den Grundsätzen über die Arbeitnehmerhaftung hergestellt.[68] Unternehmen wären gut beraten, einen solchen Grundsatz in ihre internen (Compliance-)Regeln aufzunehmen.

20b Der Arbeitnehmer ist zur Weiterqualifizierung verpflichtet, soweit seine Kenntnisse nicht ausreichen, um die Geräte sicher zu bedienen. Der Arbeitgeber ist verpflichtet, die dafür notwendigen Voraussetzungen zu schaffen.[69]

21 Bei **Beendigung** oder Wechsel einer Anstellung werden Personal, Kunden, Lieferanten und sonstige Auftragnehmer im Rahmen des Erforderlichen über Änderungen im Personal- und betrieblichen Bereich informiert (Ziff. 7.3). Weiter werden die Zugänge und Zugriffsrechte des (bisherigen) Mitarbeiters umgehend überprüft und **bei Bedarf angepasst**.

65 Näher Däubler, Gläserne Belegschaften, Rn. 427off.
66 BAG, 23.10.2008 – 2 AZR 483/07, NJW 2009, 1897 Tz. 32.
67 Müllmann/Volkamer, ZD 2021, 8, 11.
68 Siehe oben § 15.
69 Däubler, in: Kipker (Hrsg.), Kap. 10 Rn. 54ff.

3. Der IT-Sicherheitsbeauftragte

Weder BSI-Gesetz noch KritisVO sehen die Bestellung eines IT-Sicherheitsbeauftragten vor.[70] Dennoch finden sich Personen mit derartigen Aufgaben in vielen Unternehmen. Die **VdS-Richtlinien** sehen in Ziff. 4.3 die Bestellung eines »Informationssicherheitsbeauftragten« (ISB) ausdrücklich vor.[71] Seine »Verantwortlichkeiten« werden in insgesamt zehn Punkten aufgezählt: 22

1. »initiieren, planen, umsetzen und steuern des Informationssicherheitsprozesses; 23
2. erarbeiten konkreter Verbesserungsvorschläge;
3. unterstützen des Topmanagements bei der Erarbeitung und jährlichen Überprüfung sowie bei der Anpassung der IS-Leitlinie;
4. unterstützen des Topmanagements in zentralen Fragen der Informationssicherheit;
5. erarbeiten und jährliches überprüfen sowie anpassen aller IS-Richtlinien;
6. untersuchen von sicherheitsrelevanten Ereignissen;
7. einleiten und steuern von Sensibilisierungs- und Schulungsmaßnahmen;
8. Ansprechpartner bei Projekten mit Auswirkungen auf die Informationsverarbeitung sowie bei der Einführung neuer Software und IT-Systeme sein, um sicherzustellen, dass sicherheitsrelevante Aspekte ausreichend beachtet werden;
9. jährliches berichten an das Informationssicherheitsteam (IST) über den aktuellen Stand der Informationssicherheit im Unternehmen, vor allem über Risiken und Sicherheitsvorfälle;
10. wahrnehmen der Rolle des zentralen Ansprechpartners für Informationssicherheit.«

Anders als der Datenschutzbeauftragte besitzt der IT-Sicherheitsbeauftragte **keinerlei ausdrücklich gewährte Absicherung** seiner Position und seiner Arbeitsmöglichkeiten. Ihm kommt kein Sonderkündigungsschutz zu. Auch ist nirgends ausdrücklich festgelegt, dass ihm die für die Erfüllung seiner Aufgaben **notwendige Zeit** zur Verfügung zu stellen ist und dass er ggf. Mitarbeiter benötigt, um in einem großen Unternehmen seine Aufgaben in vollem Umfang bewältigen zu können. Dafür spricht zwar der Gedanke einer wirksamen IT-Sicherheit, doch besteht keine Gewähr, dass dem auch tatsächlich in vollem Umfang Rechnung getragen 24

---

70 Auch das IT-Sicherheitsgesetz 2.0 von 2021 hat daran nichts geändert.

71 »Das Topmanagement muss die Verantwortlichkeiten eines Informationssicherheitsbeauftragten (ISB) einem Mitarbeiter zuweisen«.

wird. Dies wird u.a. an einer Entscheidung des LAG Rheinland-Pfalz[72] deutlich, bei der es um die Zulässigkeit einer Versetzung ging, die dazu führte, dass der betroffene Arbeitnehmer die Funktion eines IT-Sicherheitsbeauftragten nicht mehr ausüben konnte: In der Argumentation des Gerichts spielte dies nicht die geringste Rolle.

24a Wer Datenschutzbeauftragter ist, kann nicht gleichzeitig IT-Sicherheitsbeauftragter sein, da zahlreiche Interessenkonflikte drohen: Der Letzterer ist an einer möglichst umfangreichen Datensammlung, de erstere an Datenminimierung interessiert. Der eine hat den Schutz der Individualrechte als Ziel, der andere die Sicherheit des Unternehmens.[73]

25 Die **Eingruppierung einer IT-Sicherheitsbeauftragten** nach TV-L war Gegenstand einer neueren **BAG-Entscheidung**.[74] Im Sachverhalt ist im Einzelnen die für sie geltende **Tätigkeitsbeschreibung** wiedergegeben, die nach Zeitanteilen aufgeteilt ist. Sie lautete:

»1. *Steuern und Koordinieren des IT-Sicherheitsprozesses (75%)*
   - *Erstellung und Fortschreibung der IT-Sicherheitsleitlinie*
   - *Koordinierung der Erstellung und Fortschreibung eines IT-Sicherheitskonzeptes*
   - *Erarbeitung von Realisierungsplänen zur Umsetzung von IT-Sicherheitsmaßnahmen und Kontrolle der Durchführung*
   - *Erarbeitung und Koordinierung von Teilkonzepten (z.B. Archivierungskonzept, Notfallvorsorgekonzept usw.)*
   - *Unterstützung der Erarbeitung von Richtlinien und Regelungen zur IT-Sicherheit*
   - *Dokumentation der Umsetzung des IT-Sicherheitskonzeptes*
   - *Wahrnehmung der Berichtspflicht über den Stand der IT-Sicherheit gegenüber der Hausleitung und dem IT-Sicherheitsteam*
   - *Pflege und Aktualisierung des Datenbestandes im GS-Tool*
   - *Koordinierung sicherheitsrelevanter Projekte*
   - *Untersuchung sicherheitsrelevanter Vorfälle*
   - *Recherchieren von Bedrohungsszenarien und ständige Information über Entwicklungen im Bereich der IT-Sicherheit*

2. *Zusammenarbeit mit dem nachgeordneten Geschäftsbereich (14%)*
   - *Leitung des IT-Sicherheitsteams*

---

72 LAG Rheinland-Pfalz, 19.11.2020 – 5 Sa 347/19, juris.

73 So auch der thüringische Datenschutzbeauftragte, mitgeteilt bei Köppen, CuA 3/2021, 29.

74 BAG, 14.9.2016 – 4 AZR 964/13, NZA-RR 2017, 264.

- *Koordinierung und Unterstützung der Übernahme von Sicherheitsrichtlinien und Regelungen im nachgeordneten Geschäftsbereich*
- *Unterstützung bei der Umsetzung des IT-Sicherheitsprozesses und Erarbeitung von eigenen Teilkonzeptionen*

3. *Einbeziehung der Mitarbeiterinnen und Mitarbeiter in den IT-Sicherheitsprozess (11 %)*
   - *Konzeption und Pflege von Intranetseiten zur Sensibilisierung der Beschäftigten*
   - *Initiierung von Informationsveranstaltungen und Schulungsmaßnahmen zur Thematik IT-Sicherheit*
   - *Bereitstellung von Informationsmaterial.«*

Der Streit ging darum, ob ein **wissenschaftliches Hochschulstudium** für die Erfüllung dieser Aufgaben erforderlich war oder nicht. Das BAG wies die Klage auf Höhergruppierung ab, weil die Notwendigkeit des Hochschulstudiums nicht im Einzelnen dargelegt sei. Im vorliegenden Zusammenhang ist in erster Linie die Tätigkeitsbeschreibung von Interesse. Diese findet sich heute sowohl in ISO 27002, in BSI-Standard 200–2 und in VdS 3473.[75]

4. Beteiligungsrechte des Betriebsrats

Soweit gesetzliche Regelungen bestehen, greift nach dem Eingangssatz **26**
von § 87 Abs. 1 BetrVG von vornherein kein Mitbestimmungsrecht ein. Der vom BSI-Gesetz geschaffene verbindliche Rahmen ist zu beachten: Wo der **Arbeitgeber keinerlei Spielraum** hat, ist nichts da, was mitbestimmt werden könnte. Das gilt auch dann, wenn das BSI auf der Basis des BSI-Gesetzes oder einer anderen Rechtsgrundlage einen **Verwaltungsakt** erlassen würde.[76]

Lässt das Gesetz Spielräume, kann der Betriebsrat mitbestimmen, so- **27**
weit der Tatbestand eines seiner Mitbestimmungsrechte nach § 87 Abs. 1 BetrVG oder eines anderen Beteiligungsrechts gegeben ist. Das folgt aus dem Sinn des Gesetzes- und Tarifvorbehalts im Einleitungssatz von § 87 Abs. 1 BetrVG. Außerdem wird im Bereich des Arbeitsschutzes nach § 87 Abs. 1 Nr. 7 BetrVG so verfahren.[77] Inwieweit die **Voraussetzungen eines Mitbestimmungsrechts** vorliegen, hängt von den jeweiligen Umständen des Einzelfalls ab. So kann etwa nach § 87 Abs. 1 Nr. 6 BetrVG

75 Näher Däubler, in: Kipker (Hrsg.), Kap. 10 Rn. 113ff.
76 BAG, 11.12.2012 – 1 ABR 78/11, NZA 2013, 913.
77 DKW-Klebe, § 87 Rn. 210ff.

mitbestimmt werden, wenn bei bestimmten Arbeitsplätzen eine elektronische Zugangskontrolle eingeführt oder – z. B. durch Einbeziehung biometrischer Merkmale – verschärft wird.[78] Auch dann, wenn die Anwendung von Sicherheitssoftware[79] mit der Verarbeitung von Arbeitnehmerdaten verbunden ist (oder diese zumindest möglich macht), greift das Mitbestimmungsrecht des Betriebsrats nach § 87 Abs 1 Nr. 6 BetrVG ein.[80] Ob eine Vertraulichkeitserklärung von bestimmten Personen abgegeben werden muss und worauf sie sich genau beziehen soll, unterliegt dem Mitbestimmungsrecht nach § 87 Abs. 1 Nr. 1 BetrVG.

28 Im Einzelfall können vor allem bei der Bestellung zum **IT-Sicherheitsbeauftragten** die Voraussetzungen einer **Versetzung** vorliegen, weil sich für die betroffene Person der Arbeitsbereich i. S. v. § 95 Abs. 3 BetrVG ändert. Entsprechend wird bei der Bestellung eines bisher schon Beschäftigten zum betrieblichen Datenschutzbeauftragten verfahren.[81] Das hat zur Folge, dass der Betriebsrat aus den in § 99 Abs. 2 BetrVG genannten Gründen seine Zustimmung verweigern kann. Beim betrieblichen Datenschutzbeauftragten kann er vor allem dann einen Gesetzesverstoß i. S. v. § 99 Abs. 2 Nr. 1 BetrVG rügen, wenn dem Bewerber die nötige **Fachkunde fehlt**. Mangels gesetzlicher Regelung lässt sich dies nicht automatisch auf den IT-Sicherheitsbeauftragten übertragen, doch könnte man einen Verstoß gegen § 8a Abs. 1 BSI-Gesetz dann annehmen, wenn dem Sicherheitsbeauftragten die funktionsnotwendigen Kenntnisse ersichtlich fehlen, weil er keinerlei einschlägige Erfahrung besitzt.

---

78 Vgl. Ruchhöft, CuA 11/2019, 32.

79 Beispiele bei Bargmann, CuA 4/2022, 9.

80 Sassenberg/Faber-Mantz/Spittka, Teil 2 E, Rn. 170: eingehend Ruchhöft, CuA 4/2022, 13 ff., der mit Recht auf die Notwendigkeit von Regelungen hinweist, die gleichermaßen Risiken für die kritische Infrastruktur wie auch solche für die Beschäftigten minimieren.

81 BAG, 22. 3. 1994 – 1 ABR 51/93, NZA 1994, 1049; LAG München, 16. 11. 1978 – 8 TaBV 6/78, DB 1979, 1561.

Literaturverzeichnis

Abel, Ralf B., Automatisierte Entscheidungen im Einzelfall gemäß Art. 22 DS-GVO. Anwendungsbereich und Grenzen im nicht-öffentlichen Bereich, ZD 2018, 304–307.

Achmatow, Roman, Was gilt beim Einsatz von Wearables?, CuA 7–8/2021, 26–28.

Achten, Oliver M. / Pohlmann, Norbert, Sichere Apps. Vision oder Realität?, DuD 2012, 161–164.

Adams-Prassl, Jeremias, Die Zukunft des Arbeitsrechts im digitalen Binnenmarkt, DRdA 2022, 112–118.

Ahrens, Hans-Jürgen, Vereinbarung Vertrauensarbeitszeit, CF 5/2001, 12–17.

Ahrens, Martin / Donner, Hartwig / Simon, Jürgen (Hrsg.), Arbeit – Umwelt, 2001.

Akkilic, Alparslan, Der Umgang mit unzulässig erhobenen Daten im arbeitsgerichtlichen Verfahren, NZA 2020, 623–629.

Albecht, Jan-Philipp / Jotzo, Florian, Das neue Datenschutzrecht der EU, 2017.

Albrecht, Thorben, Digitale Revolution in der Arbeitswelt?, SPW 1/2016, 30–35.

Altenburg, Peter / Walensky-Schweppe, Frank / Zimmermann, Bernd, Intranet als Informationsbasis, CF 8–9/2000, 34–35.

Altvater, Lothar / Baden, Eberhard / Baunack, Sebastian / Berg, Peter / Dierßen, Martina / Herget, Gunnar / Kröll, Michael / Lenders, Dirk / Noll, Gerhard, Bundespersonalvertretungsgesetz mit Wahlordnung, Kommentar, 10. Aufl. 2019 (Zitierweise: Bearbeiter, in: Altvater u. a.).

Ambrock, Jens, Mitarbeiterexzess und Datenschutzrecht. Verantwortlichkeit und Haftung für Verstöße gegen die DS-GVO durch Beschäftigte, ZD 2020, 492–497.

Andres, Dirk, Die Integration moderner Techniken in den Betrieb, 2000.

Angermaier, Max, Die neue Verordnung zur Umsetzung von EG-Arbeitsschutz-Richtlinien, AiB 1997, 76–80.

Anzinger, Rudolf / Koberski, Wolfgang, Kommentar ArbZG, 4. Aufl. 2014.

Apt, Wenke / Peter, Martin / v. Stokar, Thomas / Pärli, Kurt / Bovenschulte, Marc, Der Wandel der Arbeitswelt in der Schweiz. Gesellschaftliche, strukturelle und technologische Entwicklungen, Working paper of the Institute for Innovation and Technology, Nr. 20 (2014).

Arndt, Hans-Wolfgang / Fetzer, Thomas / Scherer, Joachim (Hrsg.), Telekommunikationsgesetz. Kommentar, 2008 (Zitierweise: Arndt u. a.-Bearbeiter).

Arning, Marian / Moos, Flemming / Becker, Maximilian, Vertragliche Absicherung von Bring Your Own Device. Was in einer Nutzungsvereinbarung zu BYOD mindestens enthalten sein sollte, CR 2012, 592–598.

Arnold, Christian / Günther, Jens, Arbeitsrecht 4.0. Praxishandbuch zum Arbeits-, IP- und Datenschutzrecht in einer digitalisierten Arbeitswelt, 2. Aufl. 2022 (Zitierweise: Arnold/Günther-Bearbeiter).

Ascheid, Reiner / Preis, Ulrich / Schmidt, Ingrid (Hrsg.), Kündigungsrecht. Großkommentar zum gesamten Recht der Beendigung von Arbeitsverhältnissen, 5. Aufl. 2017 (Zitierweise: APS-Bearbeiter).

Assmann, Heinz-Dieter / Gounalakis, Georgios / Brinkmann, Thomas / Walz, Rainer (Hrsg.), Wirtschafts- und Medienrecht in der offenen Demokratie. Freundesgabe für Friedrich Kübler zum 65. Geburtstag, 1997 (Zitierweise: Festgabe Kübler).

Aßmus, Ubbo / Winzer, Florian, Mitarbeiterfotos im Intranet, auf Webseiten und in sozialen Netzwerken. Anforderungen an Einwilligung und Widerruf nach dem KUG und der DS-GVO, ZD 2018, 508–513.

Atug, Manuel, Wie resilient ist die Kritische Infrastruktur?, CuA 5/2022, 24–25.

Auer-Mayer, Susanne, Digitalisierung und Betriebsverfassung, DRdA 2022, 139–146.

Auer-Reinsdorff, Astrid / Conrad, Isabell (Hrsg.), Handbuch IT- und Datenschutzrecht, 2. Aufl. 2016 (Zitierweise: Bearbeiter, in: Auer-Reinsdorff/Conrad).

Auernhammer, Herbert (Begr.), Datenschutz-Grundverordnung, Bundesdatenschutzgesetz und Nebengesetze. Kommentar, 6. Aufl. 2018 (Zitierweise: Auernhammer-Bearbeiter).

Augsten, Katrin, Mobile Arbeit – Homeoffice – Telearbeit. Praxisratgeber für Betriebs- und Personalräte, 2. Aufl. 2022.

Bachner, Michael, Betriebsverfassungsrechtliche Fragestellungen bei der Einführung agiler Arbeitsmethoden am Beispiel von Scrum, in: Gräfl/Lunk/Oetker/Trebinger (Hrsg.), FS 100 Jahre Betriebsverfassungsrecht, S. 17–39.

Bader, Peter / Fischermeier, Ernst / Gallner, Inken u. a., KR. Gemeinschaftskommentar zum Kündigungsschutzgesetz und zu sonstigen kündigungsschutzrechtlichen Vorschriften, 12. Aufl. 2019 (Zitierweise: KR-Bearbeiter).

Baeck, Ulrich / Deutsch, Markus (unter Mitarbeit von Kramer, Nadine Barbara), Arbeitszeitgesetz. Kommentar, 3. Aufl. 2014.

Balikcioglu, Julia, Psychische Erkrankungen am Arbeitsplatz. Die zunehmende Bedeutung der Psyche im Gesundheitsschutz, NZA 2015, 1424–1433.

Balke, Barbara / Müller, Andreas, Arbeitsrechtliche Aspekte beim Einsatz von E-Mails, DB 1997, 326–330.

Balkenhol, Christof, Trendmonitor Arbeit 4.0, AiB 7–8/2016, 10–15.

Ballauf, Helga, Qualifikation 4.0, AiB 7–8/2016, 31–33.

Barth, Vanessa / Zehlike, Meike, Mehr Chancengleichheit durch KI?, AiB 11/2021, 35–38.

Barton, Dirk-M., Betriebliche Übung und private Nutzung des Internetarbeitsplatzes, NZA 2006, 460–466.

Ders., Keine Strafbarkeit wegen Verletzung des Fernmeldegeheimnisses nach § 206 StGB bei betrieblicher E-Mail-Kontrolle, RDV 2012, 217–225.

Bartsch, Michael / Lutterbeck, Bernd (Hrsg.), Neues Recht für neue Medien, 1998.

Basar, Eren, IT-Sicherheit im Strafrecht (»digitaler Hausfriedensbruch«), jurisPR-StrafR 26/2016 Anm. 1.

Bauer, Jobst-Hubertus / Diller, Martin, Wettbewerbsverbote: Rechtliche und taktische Hinweise für Arbeitgeber, Arbeitnehmer und vertretungsberechtigte Organmitglieder, 6. Aufl. 2012.

Ders. / Günther, Jens, Kündigung wegen beleidigender Äußerungen auf Facebook. Vertrauliche Kommunikation unter Freunden?, NZA 2013, 67–73.

Baumann, Reinhold, Stellungnahme zu den Auswirkungen des Urteils des Bundesverfassungsgerichts vom 15. 12. 1983 zum Volkszählungsgesetz 1983, DVBl. 1984, 612–619.

Baunack, Sebastian, Einsatz mobiler Arbeitsmittel außerhalb der Arbeitszeit, AiB 2012, 500–504.

Bautze, Kristina, Verantwortung im Netz – Anmerkungen zum Netzwerkdurchsetzungsgesetz, KJ 2019, 203–212.

Bayreuther, Frank, Arbeitnehmereigenschaft und die Leistung fremdbestimmter Arbeit am Beispiel des Crowdworkers, RdA 2020, 241–248.

Ders., Entwicklungslinien im Arbeitszeitrecht: Bereitschaftsdienst, Wege- und Umkleidezeiten, NZA 2021, 745–748.

Ders., Mitbestimmung bei mobiler Arbeit nach § 87 Abs. 1 Nr. 14 BetrVG, NZA 2021, 839–841.

Ders., Dogmatik und Gestaltung der Homeoffice-Vereinbarung, NZA 2021, 1593–1598.

Bechtold, Rainer, Kartellgesetz: Gesetz gegen Wettbewerbsbeschränkungen (§§ 1–96, 130, 131). Kommentar, 7. Aufl. 2013.

Beck, Larissa / Schneider, Wolfgang, Ergonomische Workflow-Management-Systeme, CF 11/1999, 14–21.

Beck'scher TKG-Kommentar, herausgegeben von *Geppert, Martin / Schütz, Raimund*, 4. Aufl. 2013.

Becker, Maximilian, Ein Recht auf datenerhebungsfreie Produkte, JZ 2017, 170–181.

Beckschulze, Martin, Betriebsratskosten für moderne Kommunikationsmittel, DB 1998, 1815–1817.

Ders., Internet-, Intranet- und E-Mail-Einsatz am Arbeitsplatz, DB 2003, 2777–2786.

Ders., Internet- und E-Mail-Einsatz am Arbeitsplatz, DB 2009, 2097–2103.

Ders. / Henkel, Wolfram, Der Einfluss des Internets auf das Arbeitsrecht, DB 2001, 1491–1506.

Behling, Thorsten B., Neues EGMR-Urteil zur Überwachung der elektronischen Kommunikation am Arbeitsplatz: Datenschutzrechtliche Implikationen für deutsche Arbeitgeber, BB 2018, 52–56.

Bender, Rolf, Die ePrivacy-Verordnung – Stand der Verhandlungen, Beilage zu RDV 5/2019, 8–13.

Benkert, Daniel, Arbeitsrechtliche Aspekte einer Tätigkeit im Home-Office, NJW-Spezial 2019, 306–307.

Benner, Christiane (Hrsg.), Crowdwork – zurück in die Zukunft? Perspektiven digitaler Arbeit, 2014.

Dies., Amazonisierung der Arbeit durch Crowdsourcing? Gewerkschaftliche Perspektiven in der digitalen Arbeitswelt, CuA 4/2014, 17–20.

Berg, Peter, Die Mitbestimmung und Beteiligung des Betriebsrats beim Einsatz digitaler Bewerbungsmanagementsysteme, in: Klapp/Linck/Preis u. a., FS Ingrid Schmidt, S. 85–100.

Ders. / Kocher, Eva / Schumann, Dirk (Hrsg.), Tarifvertragsgesetz und Arbeitskampfrecht. Kompaktkommentar, 5. Aufl. 2015.

Bergmann, Michael, Grenzüberschreitender Datenschutz, 1985.

Besgen, Nikolai / Prinz, Thomas, Arbeiten 4.0 – Arbeitsrecht und Datenschutz in der digitalisierten Arbeitswelt, 5. Aufl. 2022 (Zitierweise: Besgen/Prinz-Bearbeiter).

Betz, Christoph, Die gerichtliche Verwertbarkeit datenschutzwidrig erlangter Beweismittel, RdA 2018, 100–110.

Ders., Automatische Sprachanalyse zum Profiling von Stellenbewerbern. Überprüfung der datenschutzrechtlichen Zulässigkeit eines Praxistrends, ZD 2019, 148–152.

Beucher, Klaus / Leyendecker, Ludwig / von Rosenberg, Oliver, Mediengesetze. Kommentar, 1999.

Bijok, Bernd-Christoph / Class, Thomas, Arbeitsrechtliche und datenschutzrechtliche Aspekte des Interneteinsatzes (insbesondere E-Mail), RDV 2001, 52–60.

Birk, Rolf, Umschulung statt Kündigung, in: Heinze/Söllner (Hrsg.), FS Kissel, S. 51–75.

Bissels, Alexander / Lützeler, Martin / Wisskirchen, Gerlind, Facebook, Twitter & Co.: Das Web 2.0 als arbeitsrechtliches Problem, BB 2010, 2433–2439.

Ders. / Meyer-Michaelis, Isabel, Arbeiten 4.0 – Arbeitsrechtliche Aspekte einer zeitlich-örtlichen Entgrenzung der Tätigkeit, DB 2015, 2331–2336.

BITKOM (Hrsg.), Soziale Netzwerke. Eine repräsentative Untersuchung zur Nutzung sozialer Netzwerke im Internet, 2011 (abrufbar unter *bitkom.org*).

BITKOM (Hrsg.), Arbeiten 3.0. Arbeiten in der digitalen Welt, 2013.

BITKOM (Hrsg.), Crowdsourcing für Unternehmen. Leitfaden, 2014.

BITKOM (Hrsg.), Big-Data-Technologien – Wissen für Entscheider, 2014.

Blanke, Thomas, EBRG-Kommentar, 2. Aufl. 2006.

Ders. (Hrsg.), Handbuch außertarifliche Angestellte, 2. Aufl. 1998.

BMAS (Hrsg.), Befragung zum sozialökonomischen Hintergrund und zu den Motiven von Crowdworkern – Endbericht –, durchgeführt vom Zentrum für Europäische Wirtschaftsforschung (ZEW), 2016.

BMAS, Weißbuch Arbeiten 4.0, 2017.

Böhm, Michaela, Digitale Tagelöhner, AiB 11/2014, 39–42.

Dies., Crowdwork – zurück in die Zukunft? Perspektiven digitaler Arbeit, CuA 10/2014, 15–16.

Dies., Klingt schick, sagt aber wenig aus, AiB 2/2022, 33–36.

Boehme-Neßler, Volker, Das Ende der Anonymität. Wie Big Data das Datenschutzrecht verändert, DuD 2016, 419–423.

Ders., Die Macht der Algorithmen und die Ohnmacht des Rechts. Wie die Digitalisierung das Recht relativiert, NJW 2017, 3031–3037.

Boemke, Burkhard, Das Telearbeitsverhältnis. Vertragstypus und Vertragsgestaltung, BB 2000, 147–154.

Ders. / Ankersen, Per, Das Telearbeitsverhältnis – Arbeitsschutz, Datenschutz und Sozialversicherungsrecht, BB 2000, 1570–1572.

Ders. (Hrsg.), Gewerbeordnung. Kommentar zu §§ 105–110, 2003.

Ders. / Roloff, Sebastian / Haase, Thilo, »Virtual reality« in der formellen Betriebsverfassung – nicht ohne Geschäftsordnung, NZA 2021, 827–834.

Böker, Karl-Hermann, IKT-Qualifizierung: Thema für Betriebs- und Dienstvereinbarungen, CF 7–8/2003, 15–19.

Ders., Für'n Appel und 'n Ei, CF 1/2004, 38–39.

Ders. / Kamp, Lothar, Betriebliche Nutzung von Internet, Intranet und E-Mail. Analyse und Handlungsempfehlungen, 2003.

Börding, Andreas, Ein neues Datenschutzschild für Europa, Warum auch das überarbeitete Privacy Shield den Vorgaben des Safe Harbor-Urteils des EuGH nicht gerecht werden kann, CR 2016, 431–441.

Bösche, Burchard / Grimberg, Herbert, Rechtsfragen der Außendiensttätigkeit, in: FS Gnade, 1992, S. 377–402.

Boewe, Jörn / Schulten, Johannes, Recht auf Abschalten, Mitbestimmung 4/2014, abrufbar unter *www.boeckler.de.*

Borges, Georg / Meents, Jan Geert (Hrsg.), Cloud Computing. Rechtshandbuch, 2016.

Bosman, Wieland, Arbeitsrechtliche Fragen bei der Einführung von Neuen Medien, NZA 1984, 185–188.

Botthof, Alfons / Bovenschulte, Marc (Hrsg.), Das »Internet der Dinge«. Die Informatisierung der Arbeitswelt und des Alltags, 2009, Arbeitspapier 176 der Hans-Böckler-Stiftung (abrufbar unter *www.boeckler.de* – zuletzt abgerufen am 4.4.2015).

Bourazeri, Konstantina, Neue Beschäftigungsformen in der digitalen Wirtschaft am Beispiel soloselbständiger Crowdworker, NZA 2019, 741–746.

Boßmann, Timm, In 5 Schritten zum eigenen Betriebs-Blog. So einfach funktioniert Öffentlichkeitsarbeit im Internet! CuA 5/2011, 28–33.

Bräutigam, Peter / Klindt, Thomas, Industrie 4.0, das Internet der Dinge und das Recht, NJW 2015, 1137–1142.

Brandl, Karl-Heinz, Elektronische Arbeit, in: Sommer u. a. (Hrsg.), S. 22–33.

Brandt, Jochen, BYOD – Handlungsbedarf für die Belegschaftsvertretung, CuA 10/2011, 8–12.

Ders., BYOD – Kernpunkte möglicher Regelungen, CuA 10/2011, 12–13.

Ders., Big Data? – eine neue Dimension?, CuA 11/2013, 11–13.

Ders., Social Web und Mitbestimmung. Tipps für die betriebliche Interessenvertretung, CuA 2/2015, 12–13.

Ders., Schöne neue Welt, AiB 7–8/2016, 16–20.

Brandt, Peter, Industrie 4.0 – aus der Vergangenheit lernen. Gestaltende Mitbestimmung von Anfang an, CuA 5/2014, 4–7.

Braun, Frank / Spiegl, Katarina, E-Mail und Internet am Arbeitsplatz, AiB 2008, 393–397.

Breckheimer, Stephan, Sag mir, was Du vorhast! – Zur Möglichkeit von Überwachungsmaßnahmen durch den Arbeitgeber. Zugleich Kommentar zu EGMR, Entscheidung vom 5.9.2017 – 61496/08, K&R 2017, 700–704.

Breisig, Thomas, Entlohnen und Führen mit Zielvereinbarungen. Orientierungs- und Gestaltungshilfen für Betriebs- und Personalräte sowie für Personalverantwortliche, 2. Aufl. 2001.

Breyer, Patrick, Datenschutz im Internet: Zwangsidentifizierung und Surfprotokollierung bleiben verboten. Warum Internetnutzer auch in Zukunft einen besonderen Datenschutz brauchen, ZD 2018, 302–303.

Brink, Stefan, Datenschutzgerechte Nutzung von Informations- und Kommunikationstechnik im Unternehmen, RDV 2015, 171–179.

Brookman, Justin, Können wir der Cloud vertrauen?, ZD 2012, 401–402.

Brors, Christiane, Mitbestimmung des Betriebsrats bei der Dokumentation der Arbeitszeit vor und nach der CCOO-Entscheidung des EuGH, NZA 2019, 1176–1180.

Dies., Reform des Arbeitszeitgesetzes. Europäische Vorgaben zur Arbeitszeiterfassung und zum Arbeitnehmerdatenschutz, NZA 2020, 1685–1689.

Brose, Wiebke / Greiner, Stefan / Rolfs, Christian u. a., Grundlagen des Arbeits- und Sozialrechts, Festschrift für Ulrich Preis zum 65. Geburtstag, 2021 (Zitierweise: FS Preis).

Bruhns, Ildikó, Ziemlich vermessen: Fitnesstracker und Gesundheits-Apps tricksen Sicherheit und Datenschutz aus, DSB 12/2017, 259–261.

Dies., Verschlüsselung: Kryptischer Datensalat schmeckt Cybergangstern nicht, DSB 1/2018, 12–13.

Brunst, Phillip W., Staatlicher Zugang zur digitalen Identität. Erosion der Anonymität im Internet, DuD 2011, 618–623.

Bsirske, Frank, Digitalisierung und Beschäftigung: Prognosen und Perspektiven, in: Schröder/Urban (Hrsg.), S. 61–72.

Buchner, Benedikt, Informationelle Selbstbestimmung im Privatrecht, 2006.

Buggisch, Christian, Einführung von Social Media Guidelines bei DATEV, RDV 2012, 186–189.

Bundesministerium für Wirtschaft und Energie (Hrsg.), Zukunft der Arbeit in der Industrie 4.0, 2014.

Büllesbach, Achim, Transnationalität und Datenschutz. Die Verbindlichkeit von Unternehmensregelungen, 2008.

Bull, Hans Peter, Ziele und Mittel des Datenschutzes, 1981.

Burr, Manfred, Echelon – das weltweite Horchsystem, CF 5/2003, 4–7.

Buschmann, Rudolf, Die betriebsverfassungsrechtliche Beschwerde, in: Klebe/Wedde/Wolmerath (Hrsg.), FS Däubler, S. 311–326.

Ders., Beschäftigte online. Die ständige Erreichbarkeit und ihre Folgen, PersR 2011, 247–250.

Buschmann, Rudi / Ulber, Jürgen, Arbeitszeitrecht. Kompaktkommentar zum Arbeitszeitgesetz mit Nebengesetzen und Europäischem Recht, 2019.

Butollo, Florian / Nuss, Sabine (Hrsg.), Marx und die Roboter. Vernetzte Produktion, Künstliche Intelligenz und lebendige Arbeit, 2019.

Byers, Philipp / Wenzel, Kathrin, Videoüberwachung am Arbeitsplatz nach dem neuen Datenschutzrecht, BB 2017, 2036–2040.

Cakir, Ahmet E., Aufräumen im Arbeitsschutz. Integration der Bildschirmarbeitsverordnung, CuA 1/2015, 24–26.

Ders., Arbeitsstättenrecht neu geregelt, CuA 7–8/2017, 21–26.

Carlson, Sandra Birte / Kummert, Nils, Arbeitszeiterfassung verlangen! AiB 3/2021, 41–42.

Carstensen, Tanja, Social Media in der internen Zusammenarbeit. Neue Anforderungen an Beschäftigte und ihre Vertretungen, CuA 6/2014, 18–21.

Chandna-Hoppe, Katja, Beweisverwertung bei digitaler Überwachung am Arbeitsplatz unter Geltung des BDSG 2018 und der DS-GVO – Der gläserne Arbeitnehmer?, NZA 2018, 614–619.

Conrad, Isabell / Schneider, Jochen, Einsatz von »privater IT« im Unternehmen. Kein privater USB-Stick, aber »Bring your own device (BYOD)«?, ZD 2011, 153–159.

Däubler, Wolfgang, Das Arbeitsrecht 1, 16. Aufl., 2006; Das Arbeitsrecht 2, 12. Aufl. 2009 (abrufbar unter *www.daeubler.de*).

Ders., Gewerkschaftsrechte im Betrieb, Handkommentierung, 12. Aufl. 2017.

Ders., Gläserne Belegschaften – Das Handbuch zum Beschäftigtendatenschutz, 9. Aufl. 2021.

Ders., Tarifvertragsrecht – Ein Handbuch, 3. Aufl. 1993 (abrufbar unter *www.daeubler.de*).

Ders., Arbeitsrecht. Ratgeber für Beruf – Praxis – Studium, 13. Aufl. 2020.

Ders. (Hrsg.), Kommentar zum Tarifvertragsgesetz, 5. Aufl. 2022.

Ders. (Hrsg.), Arbeitskampfrecht, 4. Aufl. 2017.
Ders., Arbeitsrecht in Zeiten der Corona-Krise. Rechte und Pflichten im Ausnahmezustand, 2020.
Ders., Interessenvertretung durch Betriebsrat und Gewerkschaften im digitalen Betrieb, 2022 (abrufbar unter *www.daeubler.de*).
Ders., Interessenausgleich und Sozialplan bei der Einführung von Bildschirmgeräten, DB 1985, 2297–2302.
Ders., Neue Technologien – neues Wirtschaftsrecht?, in: Däubler-Gmelin/Adlerstein (Hrsg.), S. 268–282.
Ders., Recht und Akzeptanzverweigerung – zwei Wege zur Gestaltung von Technik?, in: Roßnagel (Hrsg.), S. 165–176.
Ders., Das Fernsprechgeheimnis des Arbeitnehmers, AiB 1995, 149–157 (= CR 1994, 754 ff.).
Ders., Grenzüberschreitender Datenschutz – Handlungsmöglichkeiten des Betriebsrats, AiB 1997, 259–266.
Ders., Das neue Mitbestimmungsrecht des Betriebsrats im Arbeitsschutz, BetrR 1998, 31–33.
Ders., Obligatorische Schriftform für Kündigungen, Aufhebungsverträge und Befristungen. Der neue § 623 BGB, AiB 2000, 188–192.
Ders., Nutzung des Internet durch Arbeitnehmer, K&R 2000, 323–327.
Ders., Neue Akzente im Arbeitskollisionsrecht, RIW 2000, 255–260.
Ders., Eine bessere Betriebsverfassung? Der Referentenentwurf zur Reform des BetrVG, AuR 2001, 1–8.
Ders., Die veränderte Betriebsverfassung – Erste Anwendungsprobleme, AuR 2001, 285–291.
Ders., Das neue Bundesdatenschutzgesetz und seine Auswirkungen im Arbeitsrecht, NZA 2001, 874–881.
Ders., Internetnutzung am Arbeitsplatz – Kontrolle durch den Arbeitgeber?, in: Ahrens/Donner/Simon (Hrsg.), S. 1–8.
Ders., Schutz des Betriebsrats durch eigene Software und separate Geräte?, CF 11/2002, 25–27.
Ders., Haftung des Unternehmens für Internetaktivitäten von Arbeitnehmern, in: Heermann/Ohly (Hrsg.), S. 125–135.
Ders., Transparenzprinzip auch für den Gesetzgeber?, NJW 2004, 993–994.
Ders., BGB Kompakt, 3. Aufl. 2008.
Ders., Arbeitsrecht unter Sicherheitsvorbehalt?, SR 2012, 57–75.
Ders., Spyware im Betriebsrats-PC? Heimliche Überwachung verstößt gegen das Persönlichkeitsrecht, CuA 1/2013, 13–16.
Ders., Ungeschminktes auf Facebook, AiB 3/2014, 26–29.

Ders., Entgrenzung der Arbeit – ein Problem des Arbeitsrechts?, SR 2014, 45–65.

Ders., Internet und Arbeitnehmerdatenschutz, AiB Sonderheft März 2015, 29–32.

Ders., Arbeitsrecht in der digitalisierten Arbeitswelt?, SPW 1/2016, 40–45.

Ders., Steuerung der Arbeitsmenge in der digitalisierten Welt?, ZTR 2016, 359–366.

Ders., Digitalisierung und Arbeitsrecht, SR 2016 (Sonderausgabe), 2–44.

Ders., Crowdwork – Arbeit der Zukunft?, FIfF-Kommunikation 4/2016, 56–60.

Ders., Daheim und unterwegs – entgrenzte Arbeit zwischen Selbstausbeutung und Selbstverwirklichung, ZBVR-Online 9/2017, 30–36.

Ders., Informationsbedarf versus Persönlichkeitsschutz – was muss, was darf der Arbeitgeber wissen?, NZA 2017, 1481–1488.

Ders., Arbeitsrecht in Zeiten der Corona-Krise, 2020.

Ders., Arbeitsrecht und IT-Sicherheit, in: Kipker (Hrsg.), S. 303–339.

Ders. / Beck (Hrsg.), AGG, 5. Aufl. 2022.

Ders. / Deinert, Olaf / Walser, Manfred, AGB-Kontrolle im Arbeitsrecht, Kommentar zu den §§ 305–310 BGB, 5. Aufl. 2021.

Ders. / Deinert, Olaf / Zwanziger, Bertram (Hrsg.), Kündigungsschutzrecht. Kommentar, 11. Aufl. 2020 (Zitierweise: DDZ-Bearbeiter).

Ders. / Hjort, Jens Peter / Schubert, Michael / Wolmerath, Martin (Hrsg.), Arbeitsrecht. Individualarbeitsrecht mit kollektivrechtlichen Bezügen. Handkommentar, 4. Aufl. 2017 (Zitierweise: HK-ArbR-Bearbeiter).

Ders. / Kittner, Michael, Geschichte der Betriebsverfassung, 2020.

Ders. / Kittner, Michael / Lörcher, Klaus, Internationale Arbeits- und Sozialordnung, 2. Aufl. 1994.

Ders. / Klebe, Thomas, Crowdwork: Die neue Form der Arbeit – Arbeitgeber auf der Flucht?, NZA 2015, 1032–1041.

Ders. / Klebe, Thomas / Wedde, Peter (Hrsg.), BetrVG, Kommentar für die Praxis, 18. Aufl. 2022 (Zitierweise: DKW-Bearbeiter).

Ders. / Klebe, Thomas / Wedde, Peter (Hrsg.), BetrVG, Kommentar für die Praxis, 18. Aufl. 2022 (Zitierweise: DKW-Arbeitshilfen-Bearbeiter).

Ders. / Klebe, Thomas / Wedde, Peter / Weichert, Thilo, Bundesdatenschutzgesetz, Kompaktkommentar, 5. Aufl. 2016.

Ders. / Wedde, Peter / Weichert, Thilo / Sommer, Imke, Kommentar zur DSGVO und zum neuen BDSG, 2. Aufl. 2020.

Däubler-Gmelin, Herta/Adlerstein, Wolfgang (Hrsg.), Menschengerecht, 6. Rechtspolitischer Kongress der SPD, 1986.

Dammann, Ulrich / Simitis, Spiros, EG-Datenschutzrichtlinie. Kommentar, 1997.

de Wolf, Abraham, Kollidierende Pflichten: zwischen Schutz von E-Mails und »Compliance« im Unternehmen, NZA 2010, 1206–1211.

Degner, Anne / Kocher, Eva, Arbeitskämpfe in der »Gig-Economy«? Die Protestbewegungen der Foodora- und Deliveroo-»Riders« und Rechtsfragen ihrer kollektiven Selbstorganisation, KJ 2018, 248–265.

Deinert, Olaf, Internationales Arbeitsrecht, Deutsches und europäisches Arbeitskollisionsrecht, 2013.

Ders., Soloselbstständige zwischen Arbeitsrecht und Wirtschaftsrecht: Zur Notwendigkeit eines erweiterten Sonderrechts für Kleinunternehmer als arbeitnehmerähnliche Personen, 2015.

Ders., Neuregelung des Fremdpersonaleinsatzes im Betrieb, RdA 2017, 65–82.

Ders., Die heutige Bedeutung des Heimarbeitsgesetzes, RdA 2018, 359–367.

Ders., Herausforderungen der Internationalisierung der Arbeitswelt, DRdA 2022, 153–158.

Ders., / Heuschmid, Johannes / Kittner, Michael / Schmidt, Marlene (Hrsg.), Demokratisierung der Wirtschaft durch Arbeitsrecht. Festschrift für Thomas Klebe zum 70. Geburtstag, 2018 (Zitierweise: FS Klebe).

Ders. / Heuschmid, Johannes / Zwanziger, Bertram (Hrsg.), Arbeitsrecht. Handbuch für die Praxis, 10. Aufl. 2019.

Ders. / Klebe, Thomas / Pieper, Ralf / Schmidt, Marlene / Wankel, Sybille, Arbeit, Recht, Politik und Geschichte, Festschrift für Michael Kittner, 2021 (Zitierweise: FS Kittner).

Deiters, Gerhard, Betriebsvereinbarung Kommunikation. Beschäftigteninteressen und Compliance bei privater Nutzung von Kommunikationsmitteln im Unternehmen, ZD 2012, 109–115.

Demuth, Ute, »Immer mehr Leute mischen sich ein und trauen sich was …«. Interview mit einem der Autoren des Amazon-ver.di-Blogs, CuA 4/2014, 34–38.

Dies., »Uns fliegen die Themen nur so zu«. Öffentlichkeitsarbeit des Betriebsrats, CuA 4/2018, 32–35.

Dies., »Wir haben einen Nerv getroffen …«, CuA 4/2019, 18–20.

Dies. / Strunk, Jan A. / Lindner, Martin, Soziale Medien in der Öffentlichkeitsarbeit der Interessenvertretungen, 2013.

Dickmann, Roman, Inhaltliche Ausgestaltung von Regelungen zur privaten Internetnutzung im Betrieb, NZA 2003, 1009–1013.

Diringer, Arnd, Der Chefarzt als leitender Angestellter, NZA 2003, 890–896.

Döbele-Martin, Claudia / Martin, Peter, Die kommentierte Bildschirmarbeitsverordnung, CF 6–7/1998, 32–35.

Dohna-Jäger, Verena zu, Facebook und Mitbestimmung, in: Deinert/Heuschmid/Kittner/Schmidt (Hrsg.), FS Klebe, S. 101–104.

Dohrmann, Vanessa Dorothea, Referentenentwurf eine Mobile Arbeit-Gesetzes – Ein Schritt in die Arbeitswelt 4.0!?, NZA 2021, 691–697.

Dolata, Ulrich, Internetökonomie und Internetkonzerne. Märkte – Expansion – Macht, in: Schröder/Urban (Hrsg.), S. 148–155.

Dornbusch, Gregor / Fischermeier, Ernst / Löwisch, Manfred (Hrsg.), AR. Kommentar zum gesamten Arbeitsrecht, 8. Aufl. 2016 (Zitierweise: AR-Bearbeiter).

Dostal, Werner, Beschäftigungsgewinne in Informationsberufen, MittAB 1999, 448–460.

Dotzler, Florian, Eine datenschutzrechtlich motivierte Untersuchung Tippverhalten basierender Authentifizierungssysteme. Darstellung am Beispiel textgebundener Lösungen zur Benutzererkennung, DuD 2011, 192–196.

dtb – Datenschutz- und Technologieberatung – Matthias Wilke (Hrsg.), SAP kompakt für den Betriebsrat. verstehen, mitbestimmen und am System prüfen, 2014.

Dupuis, Indira / Tuleweit, Sören, Digitale Innovation, CuA 12/2020, 22–25.

Dütz, Wilhelm, Gewerkschaftliche Betätigung in kirchlichen Einrichtungen, 1982.

Dulle, Klaus, Rechtsfragen der Telearbeit, 1999.

Durlach, Emilie / Renaud, Maud, Das Recht auf Nichterreichbarkeit – Droit à la Déconnection – nach der Loi Travail, AuR 2017, 196–197.

Dusny, Kathleen, Weiterbildung 4.0 – fit für die Zukunft, CuA 3/2015, 11–13.

Dzida, Boris, Big Data und Arbeitsrecht, NZA 2017, 541–546.

Ders. / Förster, Julia, Kündigung des Arbeitsverhältnisses aufgrund »politischer« Äußerungen in sozialen Netzwerken, BB 2017, 757–761.

Ders. / Grau, Timon, Verwertung von Beweismitteln bei Verletzung des Arbeitnehmerdatenschutzes, NZA 2010, 1201–1206.

Dies., Rechtsfolgen von Verstößen gegen den Beschäftigtendatenschutz, ZIP 2012, 504–513.

Dzida, Boris / Groh, Naemi, Diskriminierung nach dem AGG beim Einsatz von Algorithmen in Bewerbungsverfahren, NJW 2018, 1917–1922.

Eder, Isabel, Homeoffice – mit Betriebsrat, AiB 3/2017, 10–15.

Dies., Warum künstliche Intelligenz Mitbestimmung lernen sollte, in: Deinert/Heuschmid/Kittner/Schmidt (Hrsg.), FS Klebe, S. 112–117.

Ehmann, Eugen / Helfrich, Marcus, EG-Datenschutzrichtlinie: Kurzkommentar, 1999.

Ders. / Selmayr, Martin (Hrsg.), Datenschutz-Grundverordnung. Kommentar, 2017.

Ehrich, Christian, Die neue Verordnung über Immissionsschutz- und Störfallbeauftragte, DB 1993, 1772–1779.

Eichenhofer, Eberhard, Plattformarbeit und Internationales Recht, in: Brose/Greiner/Rolfs u. a., FS Preis, S. 191–201.

Ders., Digitalisierung schützt Leben, AuR 2022, 205–208.

Elking, Lennart / Fürsen, Cay, Unternehmenszugehörigkeit im Internet. Sind Mitarbeiter in beruflichen Portalen unkündbar?, NZA 2014, 1111–1115.

Ellger, Reinhard, Der Datenschutz im grenzüberschreitenden Datenverkehr. Eine rechtsvergleichende und kollisionsrechtliche Untersuchung, 1990.

Engelen-Kefer, Ursula, Mündet die Datenautobahn in der sozialen Sackgasse?, in: van Haaren/Hensche (Hrsg.), S. 22–30.

Engeler, Malte, Die ePrivacy-Verordnung zwischen Trilog und Ungewissheit, ZD 2017, 549–550.

Engelhardt, Norbert, »Kleine« Tele(heim)arbeit, CF 3/2004, 18–20.

Engels, Gerd / Trebinger, Yvonne / Löhr-Steinhaus, Wilfried, Regierungsentwurf eines Gesetzes zur Reform des Betriebsverfassungsgesetzes, DB 2001, 532–542.

Ensthaler, Jürgen, Gewerblicher Rechtsschutz und Urheberrecht, 3. Aufl. 2009.

Ders., Handbuch Urheberrecht und Internet, 2. Aufl. 2010.

Erd, Rainer, Probleme des OnlineRechts, KJ 2000, 107–121, 284–299, 457–471.

Erfurter Kommentar zum Arbeitsrecht, herausgegeben von Müller-Glöge, Rudi / Preis, Ulrich / Schmidt, Ingrid, 17. Aufl. 2017 (Zitierweise: ErfK-Bearbeiter).

Ernst, Stefan, Der Arbeitgeber, die E-Mail und das Internet, NZA 2002, 585–591.

Eschholz, Stefanie, Big Data-Scoring unter dem Einfluss der Datenschutz-Grundverordnung, DuD 2017, 180–185.

Etscheid, Jan / von Lucke, Jörn, Anregungen für einen sozialverträglichen Einsatz von künstlicher Intelligenz im öffentlichen Sektor, in: Schröter (Hrsg.), S. 79–100.

Eylert, Mario / Meyer, Michael, Rufbereitschaft am Ende – Jaeger reloaded?, NZA 2022, 225–232.

Faber, Ulrich / Feldhoff, Kerstin / Nebe, Katja / Schmidt, Kristina / Waßer, Ursula (Hrsg.), Gesellschaftliche Bewegungen – Recht unter Beobachtung und in Aktion, Festschrift für Wolfhard Kohte, 2016 (Zitierweise: FS Kohte).

Falder, Roland, Immer erreichbar – Arbeitszeit- und Urlaubsrecht in Zeiten des technologischen Wandels, NZA 2010, 1150–1157.

Felten, Elias, »Mobile« Arbeit – eine arbeitsrechtliche Annäherung, DRdA 2022, 159–164.

Fenski, Martin, Außerbetriebliche Arbeitsverhältnisse. Heim- und Telearbeit, 2. Aufl. 2000.

Fickert, Jürgen, Internet im Betrieb, CF 11/2000, 14–18.

Firlei, Klaus, Ökonomische und Gesellschaftliche Rahmenbedingungen für Arbeitnehmerpolitik heute und morgen, DRdA 2022, 92–99.

Fischer, Julian, Arbeitnehmerschutz beim E-Mail-Verkehr. Von der funktionalen Bestimmung bis zum Fernmeldegeheimnis, ZD 2012, 265–269.

Fitting, Karl (Begr.) / Schmidt, Ingrid / Trebinger, Yvonne / Linsenmaier, Wolfgang / Schelz, Hanna / Schmidt, Kristina, BetrVG mit Wahlordnung, Handkommentar, 31. Aufl. 2022 (Zitierweise: Fitting).

Flake, Uli, Smartphone-Kontrollen. Mitbestimmen beim Mobile Device Management, CuA 10/2014, 11–14.

Flecker, Jörg, Digitalisierung der Arbeit – aktuelle Trends und Problemlagen, DRdA 2022, 86–92.

Fokken, Martin, Telekommunikationsrechtliche Pflichten des Arbeitgebers bei privater E-Mail-Nutzung der Mitarbeiter, NZA 2020, 629–633.

Forgó, Nikolaus / Helfrich, Marcus / Schneider, Jochen (Hrsg.), Betrieblicher Datenschutz. Rechtshandbuch, 2014.

Forst, Gerrit, Bewerberauswahl über soziale Netzwerke im Internet?, NZA 2010, 427–433.

Ders., Die Rechte des Arbeitnehmers infolge einer rechtswidrigen Datenverarbeitung durch den Arbeitgeber, AuR 2010, 106–112.

Franck, Lorenz, Herausgabe von Passwörtern und der nemo-tenetur-Grundsatz, RDV 2013, 287–290.

Ders., Gesetzgebungskompetenz(en) des Bundes für das IT-Sicherheitsrecht Kritischer Infrastrukturen, RDV 2022, 3–6 und 80–87.

Frank, Justus / Heine, Maurice, Plattformarbeit zwischen Erfurt und Brüssel. Besprechung von BAG Urt. v. 10.11.2021 – 5 AZR 334/21, NZA 2022, 401, NZA 2022, 543–548.

Dies., Künstliche Intelligenz im Betriebsverfassungsrecht, NZA 2021, 1448–1452.

Frankfurter Kommentar zum Kartellrecht, herausgegeben von v. Hahn, Helmuth u. a., Loseblatt.

Franzen, Martin, Das Mitbestimmungsrecht des Betriebsrats bei der Einführung von Maßnahmen der betrieblichen Berufsbildung nach § 97 II BetrVG, NZA 2001, 865–874.

Ders., Folgen von Industrie 4.0 für die Betriebsverfassung – Betriebsbegriff und Vereinbarungen nach § 3 BetrVG, in: Giesen/Junker/Rieble (Hrsg.), S. 107–126.

Ders. / Gallner, Inken / Oetker, Hartmut (Hrsg.), Kommentar zum europäischen Arbeitsrecht, 4. Aufl. 2022 (Zitierweise: EuArbRK-Bearbeiter).

Freyler, Carmen, Vergütung 4.0 – Lohnrechtliche Fragen der betrieblichen Nutzung von Mobile Services, NZA 2017, 1296–1300.

Dies., Robot-Recruiting. Künstliche Intelligenz und das Antidiskriminierungsrecht, NZA 2020, 284–290.

Fricke, Wolfgang, Virtuelle Betriebe – Auswirkungen auf die Betriebsratsarbeit, AiB 1997, 31–35.

Friehe, Matthias, Löschen und Sperren in sozialen Netzwerken, NJW 2020, 1697–1702.

Frija, Daniele, Smartphones im Arbeitsleben. Ein neues Handlungsfeld für Betriebs- und Personalräte, CuA 9/2010, 35–37.

Frings, Arno / Wahlers, Ulrich, Social Media, iPad & Co. im Arbeitsverhältnis, BB 2011, 3126–3133.

Frowein, Bettina, Mitarbeiterkontrollen per Keylogger, AiB 12/2017, 16–18.

Fündling, Caroline / Sorber, Dominik, Arbeitswelt 4.0 – Benötigt das BetrVG ein Update in Sachen digitalisierte Arbeitsweise des Betriebsrats?, NZA 2017, 552–558.

Fuhlrott, Michael / Oltmanns, Sönke, Social Media im Arbeitsverhältnis – Der schmale Grat zwischen Meinungsfreiheit und Pflichtverletzung, NZA 2016, 785–791.

Dies., Kündigungsrelevanz von Äußerungen in sozialen Medien, DB 2017, 1840–1846.

Dies., Begründung prozessualer Verwertungsverbote durch Betriebsvereinbarungen?, NZA 2018, 413–417.

Dies., Der Crowdworker – (K)ein Arbeitnehmer?, NJW 2020, 958–963.

Funke, Michael / Wittmann, Jörn, Cloud Computing – ein klassischer Fall der Auftragsdatenverarbeitung? Anforderungen an die verantwortliche Stelle, ZD 2013, 221–228.
Furier, Manfred-Theo, Die Versetzung, AiB 1997, 83–88.

Gamillscheg, Franz / Hanau, Peter, Die Haftung des Arbeitnehmers, 2. Aufl. 1974.
Garstka, Hansjürgen, Das Telekommunikationsgeheimnis und seine Schlupflöcher, in: Bartsch/Lutterbeck (Hrsg.), S. 293–303.
Gaul, Björn, Leistungsdruck, psychische Belastung & Stress – Arbeitsrechtliche Handlungserfordernisse, DB 2013, 60–65.
Ders., Zulässigkeit und Grenzen einer Delegation von Dokumentationspflichten im Arbeitszeitrecht, in: Klapp/Linck/Preis u. a., FS Ingrid Schmidt, S. 739–754.
Gehrmann, Mareike / Klein, Detlef, IT-Sicherheit in Unternehmen – Weiterhin viel Unsicherheit bei der Umsetzung des IT-Sicherheitsgesetzes, K&R 2017, 372–378.
Geimer, Reinhold, Internationales Zivilprozessrecht, 6. Aufl. 2009.
Geis, Ivo, Die digitale Signatur, NJW 1997, 3000–3004.
Geminn, Christian, Die Regulierung Künstlicher Intelligenz, ZD 2021, 354–359.
Gerlach, Götz, Vom Kavaliersdelikt zur Kündigung, AiB 12/2017, 8–12.
Gerling, Rainer W., Verschlüsselung im betrieblichen Einsatz, 2000.
Ders., Betriebsvereinbarung, E-Mail und Internet. Ein kommentierter Entwurf für die Praxis, DuD 1997, 703–708.
Gerst, Detlef, Roboter erobern die Arbeitswelt. Betrachtungen aus der Sicht des Gesundheitsschutzes, in: Schröder/Urban (Hrsg.), S. 279–291.
Gick, Dietmar, Verschuldensunabhängige Haftung des Arbeitgebers für Sachschäden des Arbeitnehmers – BAG, NJW 1979, 1423 und LAG Hamm, NJW 1979, 943, JuS 1979, 638–643.
Giese, Gudrun, Privat ist nicht privat, AiB 3/2014, 30–32.
Dies., Abschalten gegen Dauerstress, AiB 9/2014, 64–66.
Giesen, Richard, Materielles Betriebsverfassungsrecht und Digitalisierung, NZA 2020, 73–76.
Ders. / Junker, Abbo / Rieble, Volker (Hrsg.), Industrie 4.0 als Herausforderung des Arbeitsrechts, 2016.
Ders. / Kersten, Jens, Arbeit 4.0. Arbeitsbeziehungen und Arbeitsrecht in der digitalen Welt, 2017.
Dies., Der Arbeitskampf in der digitalisierten Arbeitswelt, NZA 2018, 1–8.

Gitter, Wolfgang, Probleme der Arbeitsbereitschaft, ZfA 1983, 375–407.

Gleissner, Rolf, Digitalisierung der Arbeitswelt: Fürchtet Euch nicht!, DRdA 2022, 187–190.

Gliewe, Martin, Social Media im Arbeitsverhältnis, AuA 2012, 464–466.

Goebel, Jürgen W., Recht der digitalen Signatur, in: Bartsch/Lutterbeck (Hrsg.), S. 265–276.

Göpfert, Burkard / Stöckert, Susanna, Digitaler Zugang der Gewerkschaft zum Betrieb?, NZA 2021, 1209–1214.

Ders. / Wilke, Elena, Recherchen des Arbeitgebers in Sozialen Netzwerken nach dem geplanten Beschäftigtendatenschutzgesetz, NZA 2010, 1329–1333.

Dies., Nutzung privater Smartphones für dienstliche Zwecke, NZA 2012, 765–771.

Gola, Peter, Neuer Tele-Datenschutz für Arbeitnehmer? Die Anwendung von TKG und TDDSG im Arbeitsverhältnis, MMR 1999, 322–330.

Ders., Vereinbarung contra Selbstbestimmung?, CF 1/2001, 24–25.

Ders., Datenschutz am Arbeitsplatz, 4. Aufl. 2012.

Ders., Die Ortung externer Beschäftigter. Abwägung zwischen Überwachungsinteresse und schutzwürdigen Arbeitnehmerinteressen, ZD 2012, 308–311.

Ders., Gilt das Fernmeldegeheimnis am Arbeitsplatz? Anwendung des neuen TTDSG im Beschäftigungsverhältnis, RDV 2021, 305–307.

Ders. / Heckmann, Dirk, Bundesdatenschutzgesetz. Kommentar, 13. Aufl. 2019 (Zitierweise: Gola/Heckmann-Bearbeiter).

Ders. / Hümmerich, Klaus, Personaldatenrecht im Arbeitsverhältnis. Stand und Entwicklungstendenzen beim Datenschutz im Personalwesen, 1985.

Ders. / Pötters, Stephan / Wronka, Georg, Handbuch Arbeitnehmerdatenschutz. Unter Berücksichtigung der Datenschutz-Grundverordnung (DS-GVO), 7. Aufl. 2016.

Ders. / Schomerus, Rudolf, Bundesdatenschutzgesetz. Kommentar, Bearbeitet von Gola, Peter; Klug, Christoph; Körffer, Barbara, 12. Aufl. 2015.

Gola, Peter (Hrsg.), Datenschutz-Grundverordnung. Kommentar, 2. Aufl. 2018.

Gomille, Christian, Herstellerhaftung für automatisierte Fahrzeuge, JZ 2016, 76–82.

Gräfl, Edith / Lunk, Stefan / Oetker, Hartmut / Trebinger, Yvonne (Hrsg.), 100 Jahre Betriebsverfassungsrecht, 2020 (Zitierweise: FS 100 Jahre Betriebsverfassungsrecht).

Gramlich, Ludwig, Internetnutzung zu privaten Zwecken in Behörden und Unternehmen, RDV 2001, 123–125.

Grasy, Jonas / Stroheker, Stefan, KI erkennen, bewerten und gestalten, CuA 12/2021, 8–12.

Grau, Timon / Granetzny, Thomas, EU-US-Privacy Shield – Wie sieht die Zukunft des transatlantischen Datenverkehrs aus?, NZA 2016, 405–410.

Greenwald, Glenn, Die globale Überwachung. Der Fall Snowden, die amerikanischen Geheimdienste und die Folgen, 2014.

Greve, Silke, Das ist bei Social Media zu regeln, AiB 11/2016, 49–51.

Gridl, Rudolf, Datenschutz in globalen Telekommunikationssystemen. Eine völker- und europarechtliche Analyse der vom internationalen Datenschutzrecht vorgegebenen Rahmenbedingungen, 1999.

Griese, Thomas, Die Mitbestimmung bei Versetzungen, BB 1995, 458–464.

Grimm, Detlef / Singraven, Jonas (Hrsg.)Grosjean, Sascha R., Überwachung von Arbeitnehmern – Befugnisse des Arbeitgebers und mögliche Beweisverwertungsverbote, DB 2003, 2650–2654.

Groß, Nadja / Gressel, Jacqueline, Entpersonalisierte Arbeitsverhältnisse als rechtliche Herausforderungen – Wenn Roboter zu Kollegen und Vorgesetzten werden, NZA 2016, 990–996.

Growe, Dietrich, Ordnungswidrigkeitsverfahren nach dem Betriebsverfassungsrecht. Handlungsanleitung für die Praxis, 1990.

Gruber-Risak, Martin, Arbeitnehmer*innen-Begriff in der Gig-Economy, AuR 2020, 526–528.

Ders., Where do we go from here? – Trends in der Arbeitswelt und ihre Auswirkungen auf das Arbeitsrecht, DRdA 2022, 106–111.

Grüneberg, Christian (Hrsg.) (vormals Palandt), Bürgerliches Gesetzbuch: BGB, Kommentar, 81. Aufl. 2022 (Zitierweise: Grüneberg-Bearbeiter).

Grünewald, Uwe / Moraal, Dick, Kosten der betrieblichen Weiterbildung in Deutschland. Ergebnis und kritische Anmerkungen (herausgegeben vom Bundesinstitut für Berufsbildung), 1995.

Günther, Jens / Böglmüller, Matthias, Arbeitsrecht 4.0 – Arbeitsrechtliche Herausforderungen in der vierten industriellen Revolution, NZA 2015, 1025–1031.

Dies., Künstliche Intelligenz und Roboter in der Arbeitswelt, BB 2017, 53–58.

Dies., Einführung agiler Arbeitsmethoden – was ist arbeitsrechtlich zu beachten? (Teil 1), NZA 2019, 273–278.

Dies., Einführung agiler Arbeitsmethoden – Risiken des Einsatzes von Fremdpersonal sowie betriebliche Mitbestimmung (Teil 2), NZA 2019, 417–424.

Dies., / Mesina, Jan, Digitale Betriebsratsarbeit – Gesetzlicher Rahmen und Reformbedarf, NZA 2020, 77–81.

Günther, Jörg-Michael, Rechtlicher Spielraum bei Gastronomiebewertungen – zwischen Meinungsfreiheit und Schmähkritik, NJW 2013, 3275–3280.

Gürtler, Paul, Baustelle Datenschutz – internationale Entwicklungen, RDV 2012, 126–135.

Gutjahr, Lidija / Hampe, Ingrid-Beate, Gefährdungsbeurteilung von psychischen Belastungen aus arbeitsrechtlicher Sicht, DB 2012, 1208–1210.

Gutzeit, Martin, Mitbestimmung des Betriebsrats bei Internetauftritten des Arbeitgebers, NZA 2021, 301–305.

van Haaren, Kurt, Leitbilder einer sozialen Informationsgesellschaft, in: Tauss/Kollbeck/Mönikes (Hrsg.), S. 919–929.

Ders., Die Entstehung einer neuen Arbeitswelt, in: van Haaren/Hensche (Hrsg.), S. 13–21.

Ders. / Hensche, Detlef (Hrsg.), Arbeit im Multimedia-Zeitalter. Die Trends der Informationsgesellschaft, 1997.

Häferer, Katja / Koops, Christian, Crowdworker als Arbeitnehmer. Besprechung von BAG, Urt. v. 1.12.2020 – 9 AZR 102/20, NJW 2021, 1787–1790.

Hänold, Stefanie, EDSB: Smart Glasses – erster Technologiereport, ZD 6/2019, S. XII–XIII.

Härting, Niko, Internetrecht, 7. Aufl. 2017.

Ders. / Gössling, Patrick, Gemeinsame Verantwortlichkeit bei einer Facebook-Fanpage, NJW 2018, 2523–2526.

Hahn, Frank / Pfeiffer, Gerhard / Schubert, Jens (Hrsg.), Arbeitszeitrecht. Handkommentar, 2014.

Hakvoort, Renate / Mempel, Rainer, Stand der elektronischen Vernetzung zwischen betrieblichen Interessenvertretungen im europäischen und internationalen Raum, 2000.

Hamm, Ingo, Arbeiten im Zeitgeist: Die Vertrauensarbeitszeit hält Einzug in den Unternehmen, AiB 2000, 152–161.

Hamm, Rainer, Im Zweifel für den virtuellen Pranger? Das BVerfG, der Verbraucherschutz und die Unschuldsvermutung, NJW 2018, 2099–2103.

Hanau, Hans, Schöne digitale Arbeitswelt?, NJW 2016, 2613–2617.

Hanau, Peter, Die Koalitionsfreiheit sprengt den Kernbereich, ZIP 1996, 447.

Ders., Denkschrift zu dem Regierungsentwurf eines Gesetzes zur Reform des Betriebsverfassungsgesetzes, RdA 2001, 65–76.

Ders., Arbeits- und Sozialversicherungsrecht 4.0 im Weißbuch des BMAS, RdA 2017, 213–216.

Ders. / Hoeren, Thomas (unter Mitwirkung von Dirk Andres), Private Internetnutzung durch Arbeitnehmer, 2003.

Harms, Michael / von Steinau-Steinrück, Robert / Thüsing, Gregor, BB-Forum: Betriebserfassung 4.0 – Onlinewahl ermöglichen!, BB 2016, 2677.

Hassemer, Winfried, Grundrechte in der Kommunikationswelt, in: Bartsch/Lutterbeck (Hrsg.), S. 1–23.

Hauck, Ronny / Blaut, Heiko, Die (quasi-)vertragliche Haftung von Plattformbetreibern, NJW 2018, 1425–1430.

Haupt, Susanne / Wollenschläger, Michael, Virtueller Arbeitsplatz – Scheinselbständigkeit bei einer modernen Arbeitsorganisationsform, NZA 2001, 289–296.

Haverkamp, Josef, Datenschutz. Grundlagen, Empfehlungen und Arbeitshilfen für Betriebs- und Personalräte, 3. Aufl. 2022.

Ders., Jobsuche im Internet, CF 5/2000, 36–40.

Ders., Alles unter Kontrolle?, CF 12/1998, 18–24.

Ders., Fernwartung und Hintertür-Programme, CF 12/2000, 27–29.

Ders., Die Erhebung und Verarbeitung »besonderer Arten personenbezogener Daten« im Arbeitsverhältnis, RDV 2001, 125–127.

Ders., Spione am Arbeitsplatz, CF 1/2003, 14–24.

Ders., Alles bekannt, ausspioniert und kontrolliert. Totalkontrolle durch Überwachungssoftware auf Handys, CuA 2/2015, 29–31.

Ders., Home-Office in Zeiten der Pandemie, CuA 4/2020, 33–37.

Ders., Welche Maus darf's sein?, CuA 7–8/2020, 39–41.

Ders., Wer will was?, CuA 10/2020, 24.

Ders., Ist das gefährlich?, CuA 4/2021, 35.

Ders., Welche Systeme sind DSGVO-konform?, CuA 12/2021, 31–32.

Ders., Schutz vor Angriffen mit Ransomware, CuA 5/2022, 36–37.

Heckelmann, Martin, Crowdworking – eine arbeitsrechtliche Bestandsaufnahme, NZA 2022, 73–81.

Heckmann, Dirk (Hrsg.), Internetrecht, juris Praxiskommentar, 4. Aufl. 2014 (Zitierweise: Heckmann-Bearbeiter).

Heermann, Peter W. / Ohly, Ansgar (Hrsg.), Verantwortlichkeit im Netz. Wer haftet wofür?, 2003.

Heermann, Thorsten, USA: Dürfen Unternehmen von Bewerbern die Zugangsdaten zu deren sozialen Netzwerken verlangen?, ZD 6/2012, ZD Fokus XIV.

Heilmann, Joachim, Koalitionsfreiheit als normales Grundrecht: Gedanken zum Beschluß des Bundesverfassungsgerichts vom 14.11.1995, AuR 1996, 121–123.

Ders., Entscheidungsanmerkung, AiB 1988, 21–22.

Ders. / Kuhtz, Anne, Arbeitnehmererfinder- und -urheberrecht, in: Blanke (Hrsg.), S. 207–236.

Ders. / Tege, Claudia, Informationstechnologie im Unternehmen. Rechte und Pflichten bei der Kommunikation, AuA 2001, 52–57.

Heimann, Klaus, Update für die Mitbestimmung. Interview mit Beate Müller-Gemmeke, AiB 1/2021, 28–30.

Heine, Werner, Die Hacker. Von der Lust, in fremden Netzen zu wildern, 1985.

Heinemann, Manuel J., Die arbeitsrechtlichen Möglichkeiten von Unternehmen, wenn Arbeitnehmer bei digitalen Angriffen als »Werkzeug« benutzt werden, RDV 2014, 11–18.

Heinze, Meinhard / Söllner, Alfred (Hrsg.), Arbeitsrecht in der Bewährung, Festschrift für Otto Rudolf Kissel zum 65. Geburtstag, 1994 (Zitierweise: FS Kissel).

Helm, Rüdiger, Crowdworker können Arbeitnehmer sein, AiB 2/2021, 45–47.

Helmrich, Christian (Hrsg.), Die Verfassungsbeschwerden gegen den Pflegenotstand. Dokumentation und interdisziplinäre Analysen, 2017.

Hemker, Thomas, Kann das jeder? – Ja, eigentlich schon!, DuD 2010, 626–629.

Ders., »Ich brauche das!« – Mobile Geräte im Unternehmenseinsatz. Übersicht über die Bedrohungslage und die Schutzmaßnahmen für die Verwendung geschäftlicher Daten auf (privaten) mobilen Geräten, DuD 2012, 165–168.

Hensche, Detlef, Multimedia – Verheißungen und Risiken, in: Tauss/Kollbeck/Mönikes (Hrsg.), S. 906–918.

Hensel, Isabell / Schönefeld, Daniel / Kocher, Eva / Schwarz, Anna / Koch, Jochen (Hrsg.), Selbstständige Unselbstständigkeit. Crowdworking zwischen Autonomie und Kontrolle, 2019.

Henssler, Martin / Pant, Benjamin, Europäisierter Arbeitnehmerbegriff – Regulierung der typischen und atypischen Beschäftigung in Deutschland und der Union, RdA 2019, 321–332.

Ders. / Willemsen, Heinz Josef / Kalb, Heinz-Jürgen (Hrsg.), Arbeitsrecht. Kommentar, 7. Aufl. 2016 (Zitierweise: HWK-Bearbeiter).

Herberger, Maximilian, Internet-Rechtsprechung 1999/2000 – Inhalte und Trends in der Rechtsprechung, NJW 2000, 2082–2084.

Ders., »Künstliche Intelligenz« und Recht – Ein Orientierungsversuch, NJW 2018, 2825–2829.

Hermida del Llano, Cristina, Die Verteidigung der individuellen Privatsphäre innerhalb des »sozialen Exhibitionismus«, DuD 2011, 639–641.

Herrnleben, Georg, BYOD – die rechtlichen Fallstricke der Software-Lizenzierung für Unternehmen, MMR 2012, 205–206.

Herwig, Stefan, Austarierung von Anonymität und Verantwortung im Netz. Ein kommunikationswissenschaftlicher Zwischenruf, ZD 2012, 558–563.

Hess, Harald / Worzalla, Michael / Glock, Dirk / Nicolai, Andrea / Rose, Franz-Josef / Huke, Kristina, Kommentar zum BetrVG, 10. Aufl. 2018 (Zitierweise: Bearbeiter, in: Hess u. a.).

Heuschmid, Johannes, Neujustierung des Arbeitszeitrechts und des Systems der Arbeitszeiterfassung durch den EuGH, NJW 2019, 1853–1854.

Ders. / Klebe, Thomas, Erwerbsarbeit in der Plattformökonomie und Schutz des Arbeits- und Sozialrechts, in: Faber/Feldhoff/Nebe/Schmidt/Waßer (Hrsg.), FS Kohte, S. 73–84.

Hidalgo, Martina / Ceelen, Christoph, Homeoffice im EU-Ausland – Relevanz des Sozialversicherungsrechts für Arbeitgeber, NZA 2021, 19–24.

Hilber, Marc D. / Frik, Roman, Rechtliche Aspekte der Nutzung von Netzwerken durch Arbeitnehmer und den Betriebsrat, RdA 2002, 89–97.

Hilgendorf, Eric / Seidel, Uwe (eds.), Robotics, Autonomics, and the Law, 2017.

Hinrichs, Sven / Schierbaum, Bruno, Soziale Medien – neue Aufgaben für die Interessenvertretung, CuA 10/2012, 5–10.

Hirsch-Kreinsen, Hartmut, Entwicklung und Gestaltung digitaler Arbeit, RdA 2019, 88–91.

Ders. / Ittermann, Peter / Niehaus, Jonathan (Hrsg.), Digitalisierung industrieller Arbeit. Die Vision Industrie 4.0 und ihre sozialen Herausforderungen, 2. Aufl. 2018.

Hjort, Jens Peter / Mamerow, Antonio, Für einen erweiterten Begriff des digitalen Zugangsrechts der Gewerkschaften, NZA 2021, 1758–1762.

Hobert, Guido, Datenschutz und Datensicherheit im Internet, 1998.

Höller, Heinz-Peter, Mining the Enterprise Social Graph, CuA 5/2016, 8–13.

Ders. / Wedde, Peter, Die Vermessung der Belegschaft. Mining the Enterprise Social Graph, 2018 (*s3-eu-west-1.amazonaws.com/boeckler-select/wp-content/uploads/2018/01/24162001/p_mbf_praxis_2018_010.pdf*)

Höller, Johannes / Klengel, Ernesto, Auf den Spuren der (digitalen) Tagelöhner*innen, in: Deinert/Klebe u. a., FS Kittner, S. 186–193.

Hoeren, Thomas, Rechtsfragen des Internet. Ein Leitfaden für die Praxis, 1998.

Ders., Internet- und Kommunikationsrecht, Praxis-Lehrbuch, 2. Aufl. 2012.

Ders., Rechtsoasen im Internet. Eine erste Einführung, MMR 1998, 297–298.

Ders., Urheberrecht 2000 – Thesen für eine Reform des Urheberrechts, MMR 2000, 3–7.

Ders., E-Business und die Rezession: Was wird vom elektronischen Handel bleiben?, NJW 2002, 37.

Ders., Big Data und Datenqualität – ein Blick auf die DS-GVO. Annäherungen an Qualitätsstandards und deren Harmonisierung, ZD 2016, 459–463.

Ders. / Sieber, Ulrich / Holznagel, Bernd (Hrsg.), Handbuch Multimedia-Recht, Rechtsfragen des elektronischen Rechtsverkehrs, Loseblatt (Stand: Mai 2021).

Ders. / Vossen, Gottfried, Die Rolle des Rechts in einer durch das Web 2.0 dominierten Welt, DuD 2010, 463–466.

Hötte, Daniel Antonius, Crowdsourcing. Rechtliche Risiken eines neuen Phänomens, MMR 2014, 795–798.

Hoffmann, Michel, Möglichkeit und Zulässigkeit von Künstlicher Intelligenz und Algorithmen im Recruiting, NZA 2022, 19–24.

Hoffmann-Remy, Till / Tödtmann, Ulrich, Sicherung der Arbeitgeberrechte an Social Media-Kontakten, NZA 2016, 792–799.

Hoffmann-Riem, Wolfgang, Verhaltenssteuerung durch Algorithmen – eine Herausforderung für das Recht, AöR 142 (2017), 1–42.

Hofmann, Kai, Smart Factory – Arbeitnehmerdatenschutz in der Industrie 4.0, ZD 2016, 12–17.

Hohenegg, Christoph / Tauschek, Stefan, Rechtliche Problematik digitaler Signaturverfahren, BB 1997, 1541–1548.

Hohloch, Gerhard, Arbeitsverhältnisse mit Auslandsbezug und Vergütungspflicht. Abwehr und Rückforderung »statutenwidriger« Überzahlungen?, RIW 1987, 353–362.

Hollis, David, Interessenvertretung im Intranet, CF 5/2000, 32–34.

Holtz, Leif-Erik, Datenschutzkonformes Social Networking: Clique and Scramble!, DuD 2010, 439–442.

Holznagel, Bernd / Bysikiewicz, Axel / Enaux, Christoph / Nienhaus, Christian, Grundzüge des Telekommunikationsrechts, 2. Aufl. 2001.

Ders. / Kussel, Stephanie, Möglichkeiten und Risiken bei der Bekämpfung rechtsradikaler Inhalte im Internet, MMR 2001, 347–352.

Ders. / Hartmann, Sarah, Das »Recht auf Vergessenwerden« als Reaktion auf ein grenzenloses Internet, MMR 2016, 228–232.

Holzner, Stefan, Neues zur Regelung der Nutzung von E-Mail und Internet am Arbeitsplatz?, ZRP 2011, 12–15.

Hornung, Gerrit (Hrsg.), Rechtsfragen der Industrie 4.0. Datenhoheit – Verantwortlichkeit – rechtliche Grenzen der Vernetzung, 2018.

Horstmann, Jan / Dalmer, Stefan, Automatisierte Kreditwürdigkeitsprüfung, ZD 2022, 260–263.

Hromadka, Wolfgang, Arbeitnehmerähnliche Personen. Rechtsgeschichtliche, dogmatische und rechtspolitische Überlegungen, NZA 1997, 1249–1256.

Hubmann, Heinrich (Begr.) / Götting, Horst-Peter, Gewerblicher Rechtsschutz: Patent-, Gebrauchsmuster-, Geschmacksmuster- und Markenrecht, 10. Aufl. 2014.

Huff, Julian / Götz, Thomas, Evidenz statt Bauchgefühl? Möglichkeiten und rechtliche Grenzen von Big Data im HR-Bereich, NZA Beilage 2/2019, 73–78.

Hunold, Wolf, Fotohandys im Betrieb und die Reichweite des § 87 I BetrVG, NZA 2004, 1206–1208.

IG Metall – Vorstand (Hrsg.), Crowdsourcing. Beschäftigte im globalen Wettbewerb um Arbeit – am Beispiel IBM, 2013.

Ilbertz, Wilhelm / Widmaier, Ulrich / Sommer, Stefan, Bundespersonalvertretungsgesetz mit Wahlordnung, Kommentar, 13. Aufl. 2014.

Immenga, Ulrich / Lübben, Natalie / Schwintowski, Hans-Peter (Hrsg.), Das internationale Wirtschaftsrecht des Internet, 2000.

Imping, Andreas / Phole, Jan, »BYOD« – Rechtliche Herausforderungen der dienstlichen Nutzung privater Informationstechnologie, K&R 2012, 470–476.

Irani, Lilly C. / Silberman, M. Six, Turkopticon. Ein Tool, um Arbeiter auf Mechanical Turk sichtbar zu machen, in: Benner (Hrsg.), S. 131–166.

Iraschko-Luscher, Stephanie / Kiekenbeck, Pia, Internetbewertungen von Dienstleistern – praktisch oder kritisch? Meinungsäußerungen zu Lehrer, Arzt & Co. vor dem Hintergrund des § 30a BDSG, ZD 2012, 261–265.

Isenhardt, Tilman, Homeoffice: Einrichtung und Ausgestaltung, DB 2016, 1499–1502.

Ivanova, Mirela / Bronowicka, Joanna / Kocher, Eva / Degner, Anne, Foodora and Deliveroo: The App as a Boss? Control and Autonomy in

App-Based Management – The Case of Food Delivery Riders, Working Paper Number 107, Hans-Böckler-Stiftung, Dezember 2018 (englisch), abrufbar unter *www.boeckler.de/de/faust-detail.htm?sync_id=8278* (3. 6. 2020).

Jacobs, Matthias, Reformbedarf im Arbeitszeitrecht, NZA 2016, 733–737.

Jacobs, Steffen / Lotz, Benjamin / Maschmann, Frank, No-Go für Pokémon Go? – Abwehransprüche von Betriebsinhabern gegen Betreiber von augmented-reality-Software, BB 2016, 2997–2999.

Jakobs, Joachim, Sabotage. Reichlich Angriffsziele dank Internet der Dinge, CuA 12/2014, 24–28.

Ders., Neuer Standard für IT-Sicherheit, CuA 2/2016, 24–28.

Ders., Banken-IT unter Beschuss, CuA 7–8/2019, 34–39.

Jarass, Hans D. / Pieroth, Bodo, Grundgesetz für die Bundesrepublik Deutschland. Kommentar, 12. Aufl. 2012.

Jaspers, Andreas / Müthlein, Thomas, Tele-Gesetze. Datenschutz bei Multimedia, Telekommunikation und Post, 1998.

Jenner, Altun, Betriebsratssitzung in digitalen Zeiten, AiB 4/2022, 18–21.

Joerges, Christian, Status und Kontrakt im Franchise-Recht, AG 1991, 325–351.

Jofer, Robert / Wegerich, Christine, Betriebliche Nutzung von E-Mail-Diensten: Kontrollbefugnisse des Arbeitgebers, K&R 2002, 235–240.

Joos, Daniel, Einsatz von künstlicher Intelligenz im Personalwesen unter Beachtung der DS-GVO und des BDSG, NZA 2020, 1216–1221.

Joost, Detlef, Betrieb und Unternehmen als Grundbegriffe im Arbeitsrecht, 1988.

Jordan, Christopher / Bissels, Alexander / Löw, Christine, Arbeitnehmerkontrolle im Call-Center durch Silent Monitoring und Voice Recording, BB 2008, 2626–2631.

Jung, Alexander / Hansch, Guido, Die Verantwortlichkeit in der DS-GVO und ihre praktischen Auswirkungen, ZD 2019, 143–148.

Junker, Abbo, Die Entwicklung des Computerrechts im Jahre 1998, NJW 1999, 1294–1299.

Ders. / Band, Maren / Feldmann, Marko, Neue Kommunikationsmittel und Rechte des Betriebsrats, Beilage 10 zu BB 48/2000, 14–22 (zugleich Beilage 3 zu K&R 12/2000).

Ders. / Benecke, Martina, Computerrecht, 3. Aufl. 2003.

Ders., Anmerkung zu einer Entscheidung des BAG, Urteil vom 1. 12. 2020 (9 AZR 102/20) – Zur Arbeitnehmereigenschaft von Crowdworkern, JZ 2021, 519–522.

Kähler, Lorenz, Unterlassungsansprüche gegen algorithmische Fehlentscheidungen, NJW 2020, 113–118.

Käufer, Katja, Weiterbildung im Arbeitsverhältnis, 2002.

Kamp, Lothar, Betriebs- und Dienstvereinbarungen Telearbeit. Analyse und Handlungsempfehlungen, 2000.

Kania, Thomas / Sansone, Piero, Möglichkeiten und Grenzen des Pre-Employment-Screenings, NZA 2012, 360–364.

Kappus, Matthias, Die Computerheimarbeit, NJW 1984, 2384–2390.

Karthaus, Boris, Wahlarbeitszeitgesetz – Flexibilität am Küchentisch, AuR 2017, 154–156.

Ders., Mangelnde Beteiligungsfähigkeit des Algorithmus im betriebsverfassungsrechtlichen Beschlussverfahren. Steht dem Betriebsrat bei digitalisierten Produktionsmethoden ein Unterlassungsanspruch gegen fremde Arbeitgeber zu?, NZA 2017, 558–565.

Ders., Matrix – Anforderungen an einen modernen Betriebsbegriff, AuR 2018, 342–345.

Kascherus, Stefan / Pröpper, Martin, Bring your own device (BYOD) – Mitbestimmung bei der Nutzung privater technischer Geräte, BB 2021, 756–763.

Kastner, Michael, »Entnetze dich!«, Mitbestimmung 12/2013 (abrufbar unter *www.boeckler.de*)

Kaumanns, Peter, Kommentar zu ArbG Dessau-Roßlau, K&R 2012, 445–447.

Ders. / Böhm, Sebastian, Arbeitsrecht & Neue Medien. Eine Übersicht der aktuellen Rechtsprechung, K&R 2015, 18–23.

Keber, Tobias, Rechtskonformer Einsatz von Social Media im Unternehmen – ausgewählte Einzelaspekte im Lichte aktueller Rechtsprechung, RDV 2014, 190–196.

Kels, Peter / Vormbusch, Uwe, People Analytics im Personalmanagement: Auf dem Weg zur automatisierten Entscheidungskultur? Industrielle Beziehungen 27 (2020), 69–88.

Kempen, Otto Ernst / Zachert, Ulrich (Hrsg.), Tarifvertragsgesetz, Kommentar für die Praxis, 5. Aufl. 2014.

Kempermann, Philip, Strafbarkeit nach § 206 StGB bei Kontrolle von Mitarbeiter-E-Mails? Rechtskonforme Lösungen zur Einhaltung von Compliance-Maßnahmen, ZD 2012, 12–15.

Kiesche, Eberhard / Wilke, Matthias, Neue Überwachungsformen in Call-Centern. Zur Zulässigkeit von Stimmanalyse und »Keyword Spotting«, CuA 4/2012, 5–12.

Dies., Fernmeldegeheimnis im Arbeitsverhältnis, AiB 2012, 92–95.

Kiper, Manuel, Kontrollierte Kommunikation, CF 6/2000, 12–18, CF 7/2000, 10–15.

Ders., Internetgestützte Personalratsarbeit, PersR 2004, 205–214.

Ders., Verbesserungen für Bildschirmarbeiter. Neue gesetzliche Regelungen für die Arbeit an Computern, CuA 2/2015, 23–28.

Ders., Viel Neues bei der Bildschirmarbeit, CuA 1/2017, 18–22.

Ders. / Schierbaum, Bruno, Arbeitnehmer-Datenschutz bei Internet- und E-Mail-Nutzung, Edition BTQ Niedersachsen Nr. 3, 2000.

Kipker, Dennis-Kenji, Unbestimmte Rechtsbegriffe, DuD 2016, 610.

Ders., Das neue chinesische Cybersecurity Law, MMR 2017, 455–460.

Ders., Der 2. Korb der BSI-Kritisverordnung tritt in Kraft – Rechtsänderungen nicht nur im Bereich neuer KRITIS-Sektoren, sondern ebenso für die schon bestehenden Vorgaben, Blog-Beitrag bei Beck-Community, 2017.

Ders. (Hrsg.), Cybersecurity. Rechtshandbuch, 2020.

Ders. / Voskamp, Friederike, PRISM und staatliche Schutzpflichten – ein politisches Märchen?, RDV 2014, 84–87.

Ders. / Pfeil, David, IT-Sicherheitsgesetz in Theorie und Praxis, DuD 2016, 810–814.

Kirchhoff, Britta / Terhoeven, Jan, Assistent Datenbrille, CuA 10/2016, 15–18.

Kittner, Michael, Die Mitbestimmung des Betriebsrats beim Arbeitsschutz – zur Reichweite des § 87 Abs. 1 Nr. 7 BetrVG, in: Klebe/Wedde/Wolmerath (Hrsg.), FS Däubler, S. 690–699.

Ders., 50 Urteile. Arbeitsgerichte schreiben Rechtsgeschichte, 2019.

Kittur, Anniket / Nickerson, Jeffrey V. / Bernstein, Michael S. u. a., Die Zukunft der Crowdarbeit, in: Benner (Hrsg.), S. 173–229.

Klapp, Micha / Linck, Rüdiger / Preis, Ulrich u. a., Die Sicherung der kollektiven Ordnung. Festschrift für Ingrid Schmidt, 2021 (Zitierweise: FS Ingrid Schmidt).

Klas, Benedikt, Grenzen der Erhebung und Speicherung allgemein zugänglicher Daten, 2012.

Klebe, Thomas, Crowdwork: Faire Arbeit im Netz?, AuR 2016, 277–281.

Ders., Betriebsrat 4.0 – Digital oder global, NZA-Beilage 3/2017, 77–84.

Ders., Betriebsverfassung 2030: Zukunftsanforderungen und Weiterentwicklung, AuR 2020, 196–202.

Ders., Betriebsverfassung digital?, NZA 2020, 996–999.

Ders. / Klengel, Ernesto, Mitbestimmungsrechte im Spiegel neuerer Rechtsprechung zum Datenschutz, NZA 2021, 1144–1149.

Ders. / Neugebauer, Julia, Crowdsourcing: Für eine Handvoll Dollar oder Workers of the crowd unite?, AuR 2014, 4–7.

Ders. / Wedde, Peter, Vom PC zum Internet: IT-Nutzung auch für Betriebsräte?, DB 1999, 1954–1960.

Dies., Betriebsrat und moderne Arbeitsmittel, in: Schmidt (Hrsg.), FS 50 Jahre Arbeitsgerichtsbarkeit Rheinland-Pfalz, S. 345–367.

Dies., Gewerkschaftsrechte auch per e-Mail und Intranet, AuR 2000, 401.

Ders. / Wedde, Peter / Wolmerath, Martin (Hrsg.), Recht und soziale Arbeitswelt – Festschrift für Wolfgang Däubler, 1999 (Zitierweise: FS Däubler).

Klein, Christoph, Die Zukunft des Arbeitsrechts im digitalen Wandel aus Sicht der ArbeitnehmerInnen-Interessenvertretung, DRdA 2022, 190–192.

Kleinebrink, Wolfgang, Digitalisierung der Arbeitswelt: Das Anforderungsprofil und dessen arbeitsrechtliche Bedeutung, DB 2017, 1713–1718.

Klengel, Jürgen Detlef W. / Heckler, Andreas, Geltung des deutschen Strafrechts für vom Ausland aus im Internet angebotenes Glücksspiel. Ein Beitrag zur Frage des Erfolgsorts bei abstrakten Gefährdungsdelikten, CR 2001, 243–249.

Klier, Alexander, Vom Datenfriedhof zum echten Wissensmanagement. Was Technik nicht zu leisten vermag und weshalb Menschen Wissen (nicht) wissen können, CuA 9/2011, 7–10.

Ders., Unternehmen am Pranger. Soziale Medien fördern verantwortliches Handeln, CuA 10/2012, 25–28.

Klotz, Ulrich, Die neuen Regeln der Informationsökonomie, CF 1/2000, 6–13.

Ders., Informationsökonomie – New Economy, CF 2/2000, 4–12, CF 3/2000, 8–13.

Ders., New Economy: Fakten zum IT-Arbeitsmarkt, CF 4/2000, 6–12.

Kocher, Eva, Die Grenzen des Arbeitsrechts. Der rechtliche Schutz in der Erwerbsarbeit außerhalb von Arbeitsverhältnissen, KJ 2013, 145–157.

Dies., Die Spinnen im Netz der Verträge – Geschäftsmodelle und Kardinalpflichten von Crowdsourcing-Plattformen, JZ 2018, 862–870.

Dies., Crowdworking: Ein neuer Typus von Beschäftigungsverhältnissen? Eine Rekonstruktion der Grenzen des Arbeitsrechts zwischen Markt und Organisation, in: Hensel/Schönefeld/Kocher/Schwarz/Koch (Hrsg.), S. 173–213.

Dies., Digitale Rechte am Arbeitsplatz: Das Arbeitsrecht im Wettbewerb der Diskurse, in: Brose/Greiner/Rolfs u. a., FS Preis, S. 665–672.

Dies. / Hensel, Isabell, Herausforderungen des Arbeitsrechts durch digitale Plattformen – ein neuer Koordinationsmodus von Erwerbsarbeit, NZA 2016, 984–990.

Dies. / Welti, Felix, Autonomie und soziale Sicherheit – Anforderungen an arbeits- und sozialrechtliche Regulierung, WSI-Mitt. 2010, 299–305.

Koeble, Wolfgang, Die kartellrechtliche Beurteilung von Preis- und Ausschließlichkeitsbindungen in Handelsvertreter- und Vertragshändlerverträgen – am Beispiel der Tankstellenverträge, 1973.

Köhler, Christian, Arbeitgeberschelte auf Facebook – wer beleidigt, riskiert die Kündigung, AiB 2/2013, 107–112.

Köhler, Markus / Arndt, Hans-Wolfgang, Recht des Internet. 7. Aufl. 2011.

Könen, Andreas, IT-Sicherheit gesetzlich geregelt. Kooperationen gestalten, Umsetzung steuern, DuD 2016, 12–16.

Köppen, Hajo, Die Gewinner sind die Verlierer, CF 12/2000, 30–32.

Ders., Fälle aus der Datenschutzpraxis, CuA 3/2021, 28–30.

Körner, Marita, Regierungsentwurf zum Arbeitnehmerdatenschutz, AuR 2010, 416–421.

Dies., Drei Jahre Beschäftigtendatenschutz unter der Datenschutzgrundverordnung, NZA 2021, 1137–1143.

Kohl, Helmut, Der Schutz des Individuums im weltweiten Netz. Eine Skizze, in: Simon/Weiss (Hrsg.), S. 151–162.

Kohte, Wolfhard, Arbeitsschutz in der digitalen Arbeitswelt, NZA 2015, 1417–1424.

Ders., Anmerkung zu LAG Düsseldorf 9.1.2018 – 3 TaBVGa 6/17, NZA-RR 2018, 374–375.

Kohte, Wolfhard / Faber, Ulrich / Feldhoff, Kerstin (Hrsg.), Gesamtes Arbeitsschutzrecht. Kommentar, 2014.

Kolany-Raiser, Barbara / Heil, Reinhard / Orwat, Carsten / Hoeren, Thomas (Hrsg.), Big Data. Gesellschaftliche Herausforderungen und rechtliche Lösungen, 2019.

Kollmer, Norbert, Inhalt und Anwendungsbereich der vier neuen Verordnungen zum Arbeitsschutzgesetz, NZA 1997, 138–143.

Konrad-Klein, Jochen, Er war's! Beschäftigte unter Beobachtung, CuA 11/2014, 20–24.

Ders., Datenschutzstandards für die Cloud. ISO/IEC 27018 zum Schutz personenbezogener Daten, CuA 4/2015, 23–26.

Ders., IT-Sicherheit 1.0, CuA 2/2017, 22–27.

Ders., Agile Weiterbildung, CuA 7–8/2017, 16–20.

Ders., Office 365 für die Interessenvertretung, CuA 1/2018, 32–36.

Konzen, Horst, Der Regierungsentwurf des Betriebsverfassungsreformgesetzes, RdA 2001, 76–92.

Kopp, Reinhold / Sokoll, Karen, Wearables am Arbeitsplatz – Einfallstore für Alltagsüberwachung?, NZA 2015, 1352–1359.

Korff, Douwe, Der EG-Richtlinienentwurf über Datenschutz und »anwendbares Recht«, RDV 1994, 209–217.

Kornwachs, Klaus, Nicht vor der KI, vor den Geschäftsmodellen müssen wir uns fürchten, in: Schröter (Hrsg.), S. 9–53.

Kort, Michael, Anspruch des Betriebsrats auf Online-Zugriff auf Datenverarbeitungsverfahren des Arbeitgebers?, NZA 2010, 1038–1043.

Ders., Die Stellung des Betriebsrats im System des Beschäftigtendatenschutzes, RDV 2012, 8–17.

Ders., Kündigungsrechtliche Fragen bei Äußerungen des Arbeitnehmers im Internet, NZA 2012, 1321–1326.

Ders., Online-Datenzugriff im Betrieb. Die Rechtsprechung des BAG zu §§ 34 und 80 BetrVG, ZD 2012, 247–250.

Ders., Matrix-Strukturen und Betriebsverfassungsrecht, NZA 2013, 1318–1326.

Ders., Betriebsrat und Arbeitnehmerdatenschutz. Rechte der Interessenvertretung bei datenschutzrechtlich relevanten Maßnahmen des Arbeitgebers, ZD 2016, 3–9.

Ders., Arbeitnehmerdatenschutz gemäß der EU-Datenschutz-Grundverordnung, DB 2016, 711–716.

Ders., Die Zukunft des deutschen Beschäftigtendatenschutzes, ZD 2016, 555–560.

Ders., Neuer Beschäftigtendatenschutz und Industrie 4.0, RdA 2018, 24–33.

Krabbenhöft, Maike, Stolpersteine – Schriftformerfordernisse aufgrund des Nachweis- und des Arbeitsgerichtsbeschleunigungsgesetzes, DB 2000, 1562–1567.

Kramer, Philipp, E-Privacy-Verordnung: Tracking ja oder nein, bürokratische Verbote oder Verbraucherschutz?, DSB 1/2018, 6–7.

Kramer, Stefan (Hrsg.), IT-Arbeitsrecht. Digitalisierte Unternehmen: Herausforderungen und Lösungen, 2. Aufl. 2019 (Zitierweise: Kramer-Bearbeiter).

Ders., Internetnutzung als Kündigungsgrund, NZA 2004, 457–464.

Kratz, Felix / Gubbels, Achim, Beweisverwertungsverbote bei privater Internetnutzung am Arbeitsplatz, NZA 2009, 652–656.

Krause, Elina / Müller, Carsten M., Zeitgemäße Arbeitsmittel, AiB 12/2017, 20–23.

Krause, Benjamin, Ermittlungen im Darknet – Mythos und Realität, NJW 2018, 678–681.

Krause, Rüdiger, Digitalisierung der Arbeitswelt, Gutachten B zum 71. Deutschen Juristentag, 2016 (Zitierweise: Krause, 71. DJT).

Ders., Digitalisierung der Arbeitswelt – Herausforderungen und Regelungsbedarf, NZA 2016, 1004–1007.

Ders., Arbeit anytime? Arbeitszeitrecht für die digitale Arbeitswelt, NZA Beilage 2/2019, 86–95.

Ders., Kollektivverträge für soloselbstständige Plattformbeschäftigte, in: Deinert/Klebe u. a., FS Kittner, S. 241–248.

Ders., Auf dem Weg zur unionsrechtlichen Regelung von Plattformtätigkeiten. Die Kommissionsinitiative zur Plattformarbeit, NZA 2022, 521–533.

Ders., Arbeitsrechtliche Probleme des agilen Arbeitens, DRdA 2022, 132–139.

Ders., Berufliche Weiterbildung in der Transformation der Arbeitswelt. Der Beitrag des Betriebsverfassungsrechts, NZA 2022, 737–743.

Kreilkamp, Peter, Telearbeit. Ihre Einführung will gut vorbereitet sein, AuA 1999, 64–66.

Kremer, Sascha, Datenschutzerklärungen von Social Media Diensten: Anwendbares Recht und AGB-Kontrolle, RDV 2014, 73–83.

Kreßel, Eckhard, Sind Crowdworker Arbeitnehmer nach § 611a BGB? – Zugleich Besprechung der Entscheidung des BAG vom 1. 12. 2020 - 9 AZR 102/20 –, DB 2021, 1671–1679.

Kreuder, Thomas, Arbeitnehmereigenschaft und »neue Selbständigkeit« im Lichte der Privatautonomie, AuR 1996, 386–394.

Krieger, Steffen / Rudnik, Tanja / Povedano Peramato, Alberto, Homeoffice und Mobile Office in der Corona-Krise, NZA 2020, 473–480.

Kröll, Michael, Bei Ortsabwesenheit zeitweilig verhindert, AiB 9/2021, 33–35.

Krois, Christopher, Maßnahmen zur Sicherung der Funktionsfähigkeit der Betriebsverfassung während der Covid-19-Pandemie, DB 2020, 674–679.

Kroll, Joachim, Datenschutz im Arbeitsverhältnis, 1981.

Kronig, Ralf, Gefährdungsbeurteilung in der IT-Branche. SAP-Betriebsvereinbarung gegen psychische Erkrankungen, CuA 11/2014, 13–16.

Kronisch, Gerhard, Privates Internet-Surfen am Arbeitsplatz, AuA 1999, 550–551.

Kühling, Jürgen / Buchner, Benedikt (Hrsg.), Datenschutz-Grundverordnung. Kommentar, 2. Aufl. 2018.

Kühn, Ulrich / Schläger, Uwe, Datenschutz in vernetzten Computersystemen, 2. Aufl. 1998.

Kühnlein, Gertrud, Neue Typen betrieblicher Weiterbildung, 1999.

Küttner, Wolfdieter (Hrsg.), Personalbuch 2019, 2019 (Zitierweise: Küttner-Bearbeiter).

Kutzki, Jürgen / Hackermann, Martin, Internet und E-Mail in der Behörde, ZTR 2003, 375–380.

Lambrich, Thomas / Cahlik, Nina, Austausch von Arbeitnehmerdaten in multinationalen Konzernen – Datenschutz- und betriebsverfassungsrechtliche Rahmenbedingungen, RDV 2002, 287–299.

Latendorf, Michael, Möglichkeiten und Grenzen der Telefondatenerfassung – Zugleich eine Anmerkung zum Beschluß des BAG vom 27. Mai 1986, CR 1987, 242–246.

Laue, Philip, Öffnungsklauseln in der DS-GVO – Öffnung wohin?, ZD 2016, 463–467.

Ders. / Nink, Judith / Kremer, Sascha, Das neue Datenschutzrecht in der betrieblichen Praxis, 2016.

Lehmann, Michael (Hrsg.), Rechtsgeschäfte im Netz – Electronic Commerce, 1999.

Leimeister, Marco, Einfluss auf das Gestalten von Crowdsourcing nehmen, Interview, CuA 10/2014, 17–20.

Ders. / Zogaj, Shkodran, Neue Arbeitsorganisation durch Crowdsourcing. Eine Literaturstudie. Arbeitspapier Nr. 287 der Hans-Böckler-Stiftung, 2013.

Ders. / Zogaj, Shkodran / Blohm, Ivo, Crowdwork – digitale Wertschöpfung in der Wolke, in: Benner (Hrsg.), S. 9–41.

Ders. / Durward, David / Zogaj, Shkodran, Crowdworker in Deutschland. Eine empirische Studie zum Arbeitsumfeld auf externen Crowdsourcing-Plattformen, Düsseldorf, 2016 (abrufbar unter *www.boeckler.de* – 11.11.2017)

Ders., / Durward, David / Simmert, Benedikt, Die interne Crowd-Mitarbeiter/innen im Spannungsfeld neuer Arbeitsformen, Study der Hans-Böckler-Stiftung Nr. 436, 2020, Zusammenfassung abrufbar unter: *www.boeckler.de.*

Lelley, Jan Tibor, Die Grenzen digitaler Gewerkschaftsrechte im Betrieb, BB 2002, 252–255.

Lemcke, Martin, Das Zugangsrecht des Personalrats zu Arbeitsplätzen der Beschäftigten der Dienststelle, PersR 1990, 171–174.

Lemke, Torsten, EU-Verordnung: »Künstliche Intelligenz«, CuA 4/2022, 26–27.

Leupold, Andreas / Glossner, Silke (Hrsg.), 3D Printing. Recht, Wirtschaft und Technik des industriellen 3D-Drucks, 2017.

v. Lewinski, Kai / de Barros Fritz, Arbeitgeberhaftung nach dem AGG infolge des Einsatzes von Algorithmen bei Personalentscheidungen, NZA 2018, 620–625.

Liebman, Wilma B., Debating the Gig Economy, Crowdwork and New Forms of Work, SR 2017, 221–238.

Lindemann, Achim / Simon, Oliver, Betriebsvereinbarungen zur E-Mail, Internet- und Intranet-Nutzung, BB 2001, 1950–1956.

Lingemann, Stefan / Otte, Jörn, Arbeitsrechtliche Fragen der »economy on demand«, NZA 2015, 1042–1047.

Linnenkohl, Karl, Arbeitszeitschutz, Rufbereitschaft und Lohnrisiko, BB 1982, 2053–2054.

Ders. / Gressierer, Christine, Das Mithören von Telefonaten im Arbeitsverhältnis, AuA 1999, 410–413.

Locker, Katrin / Eder, Isabel, Bildungs-Updates für Beschäftigte, CuA 7–8/2017, 8–11.

Lörcher, Klaus, Anmerkung zur Entscheidung des EuGH vom 14. 5. 2019, AuR 2019, 418–423.

Loewenheim, Ulrich / Meessen, Karl-Matthias / Riesenkampff, Alexander (Hrsg.), Kartellrecht, 2. Aufl. 2009.

Löwisch, Manfred, Änderung der Betriebsverfassung durch das Betriebsverfassungs-Reformgesetz, BB 2001, 1734–1746 und 1790–1798.

Loock-Wagner, Oliver, Das Internet und sein Recht, 2000.

Lorenz, Bernd, Das Schriftformerfordernis für das Veröffentlichen von Bildnissen. Verhältnis der Datenschutzgesetze zum KUG, ZD 2012, 367–371.

Lorenz, Frank / Schneider, Günter (Hrsg.), Der flexible Betriebsrat. Flexibilität und Virtualität in betrieblichen Arbeitsbeziehungen, 2002.

Lorenzen, Uwe / Eckstein, Karlfriedrich (Begr.), Bundespersonalvertretungsgesetz, Kommentar, Loseblatt (Stand: Januar 2013) (Zitierweise: Lorenzen/Eckstein-Bearbeiter).

Loritz, Karl-Georg, Neuartige Betriebs- und Unternehmensstrukturen in der digitalen Welt. Gedanken zum Veränderungsbedarf bei der Betriebsverfassung, in: Gräfl/Lunk/Oetker/Trebinger (Hrsg.), 100 Jahre Betriebsverfassungsrecht, 2020, S. 425–439.

Lutterbeck, Bernd, Globalisierung des Rechts – am Beginn einer neuen Rechtskultur?, CR 2000, 52–60.

Maier, Natalie / Schaller, Fabian, ePrivacy-VO – alle Risiken der elektronischen Kommunikation gebannt? Entwurf ohne datenschutzrechtliche Regelungen für P2P-Kommunikationsdienste, ZD 2017, 373–377.

Mainusch, Johannes / Burtchen, Christian, Kontrolle über eigene Daten in sozialen Netzwerken, DuD 2010, 448–452.

Mankowski, Peter, Internet und Telearbeit im internationalen Arbeitsvertragsrecht, DB 1999, 1854–1856.

Ders., Für einen Anscheinsbeweis hinsichtlich der Identität des Erklärenden bei E-Mails, CR 2003, 44–50.

Markowski, Jürgen, Mitbestimmen – Risiken abwenden, AiB 9/2021, 41–42.

Ders., Qualifizierung in Betrieben zum Thema machen. Beteiligungsansätze des Betriebsrats bei der innerbetrieblichen Qualifizierung, NZA 2022, 744–747.

Martin, Peter, Mach mal Pause. Pausen und Erholzeiten am Bildschirm, CF 3/2001, 14–16.

Ders., Software ergonomisch gestalten. Benutzungsfreundliche Bildschirmarbeit, CuA 3/2014, 4–10.

Martina, Dietmar, Heimarbeit und ihre Voraussetzungen. Der Crowdworker als Heimarbeiter?, NZA 2020, 988–991.

Ders., Crowdworker: Arbeitnehmer, Heimarbeiter oder Solo-Selbstständige?, NZA 2021, 616–620.

Martini, Mario / Botta, Jonas, Iron Man am Arbeitsplatz? – Exoskelette zwischen Effizienzstreben, Daten- und Gesundheitsschutz. Chancen und Risiken der Verschmelzung von Mensch und Maschine in der Industrie 4.0, NZA 2018, 625–637.

Marx, Alexandra, Digitalisierung und Arbeitsschutz, DRdA 2022, 165–170.

Maschmann, Frank, Betriebsverfassung in der Matrixorganisation, in: Gräfl/Lunk/Oetker/Trebinger (Hrsg.), S. 463–480.

Ders. / Sieg, Rainer / Göpfert, Burkard (Hrsg.), Vertragsgestaltung im Arbeitsrecht, Arbeits- und Anstellungsverträge, 2. Aufl. 2016.

Matos, Ana / Ruchhöft, Mattias / Sachse, Detlev, Weltweite Cloud-Systeme lokal regeln, CuA 7–8/2019, 8–13.

Matthes, Hans-Christoph, Möglichkeiten und Grenzen betrieblicher Telefondatenerfassung, CR 1987, 108–113.

Matthießen, Volker, Arbeits- und handelsvertreterrechtliche Ansätze eines Franchisenehmerschutzes, ZIP 1988, 1089–1096.

Mayer, Udo, Mitarbeiter im Außendienst. Der Ratgeber zu arbeits-, sozial- und steuerrechtlichen Fragen, 1999.

Meiser, Carola, Urheberrechtliche Besonderheiten bei angestellten Filmschaffenden, NZA 1998, 291–297.

Dies. / Theelen, Ulrich, Filmschaffende und Arbeitsrecht, NZA 1998, 1041–1046.

Melot de Beauregard, Paul / Gleich, Christian, Social Media am Arbeitsplatz – Chancen und Risiken, DB 2012, 2044–2048.

Mempel, Rainer / Hakvoort, Renate, Intranet. Einsatz in der betrieblichen Interessenvertretung, 2002.

Mengel, Anja, Compliance und Arbeitsrecht. Implementierung – Durchsetzung – Organisation, 2009.
Mesch, Gerrit / Folkerts, Elena, Aufnahme von Bewerbern in einen »Talentpool«. Datenschutzrechtliche Anforderungen an eine digitale Bewerberdatenbank, ZD 2021, 252–257.
Mester, Britta A., Arbeitnehmerdatenschutz – Notwendigkeit und Inhalt einer gesetzlichen Regelung, 2008.
Meyer, Cord, Betriebsübergang 4.0, NZA 2020, 1273–1278.
Meyer, Sebastian, Mitarbeiterüberwachung: Kontrolle durch Ortung von Arbeitnehmern, K&R 2009, 14–20.
Mischewski, Volker, Das digitale Betriebsratsbüro. Moderne Technik für die Arbeitnehmervertretung, CuA 7–8/2014, 10–13.
Möllenkamp, Olaf, Anmerkung zur Entscheidung des LAG München über die Arbeitnehmereigenschaft von Crowdworkern, NZA-RR 2020, 182–183.
Möslein, Florian / Lordt, Arne, Rechtsfragen des Robo-Advice, ZIP 2017, 793–803.
Morgenroth, Carsten, Verfassungsrechtliche Überlegungen zu Verwertungsverboten im Arbeitsrecht, NZA 2014, 408–414.
Mosler, Rudolf, Brauchen wir einen neuen Arbeitnehmer*innenbegriff?, DRdA 2022, 119–125.
Mühlhausen, Peter, Homepage als erforderliches Sachmittel nach § 40 Abs. 2 BetrVG, NZA 1999, 136–139.
Müller, Falk, Bring Your Own Device (BYOD) im öffentlichen Dienst, öAT 2021, 23–26.
Müller, Stefan, Homeoffice in der arbeitsrechtlichen Praxis. Rechtshandbuch für die Arbeit 4.0, 3. Aufl. 2022.
Müller, Wolfgang, Auch Winner wollen nicht endlos arbeiten, Freitag (Nr. 31) vom 28.7.2000, S. 5.
Ders., IT-Beschäftigte wollen Gewerkschaften!?, CF 1/2000, 4–6.
Müller-Glöge, Rudi / Preis, Ulrich / Schmidt, Ingrid (Hrsg.), Erfurter Kommentar zum Arbeitsrecht, 20. Aufl. 2020 (Zitierweise: ErfK-Bearbeiter).
Müller-Maguhn, Andy, Visionen für eine informierte Gesellschaft, in: Tauss/Kollbeck/Mönikes (Hrsg.), S. 930–939.
Müller-Riemenschneider, Severin / Specht, Louisa, Share oder Like? – Zur Reichweite der Einwilligung bei der Einbindung von Facebook-Buttons, K&R 2014, 77–80.
Müller-Terpitz, Ralf, Internet-Telefonie. Eine regulatorische Betrachtung, MMR 1998, 65–69.

Müllersiefen, Tobias / Obrecht, Sascha, Die Verbesserung der Arbeitsbedingungen von Plattformarbeitenden auf EU-Ebene, DRdA 2022, 100–105.

Müllmann, Dirk / Volkamer, Melanie, Meldepflicht von Mitarbeitenden bei IT-Sicherheits- und Datenschutzvorfällen. Betrachtung möglicher arbeitsrechtlicher Konsequenzen, ZD 2021, 8–12.

Müllner, Wolfgang, Privatisierung des Arbeitsplatzes – Chancen, Risiken und rechtliche Gestaltbarkeit der Telearbeit, 1985.

Münchener Handbuch zum Arbeitsrecht, herausgegeben von Kiel, Heinrich / Lunk, Stefan / Oetker, Hartmut, 4 Bände, 5. Aufl. 2021/2022 (Zitierweise: MünchArbR-Bearbeiter).

Münchener Kommentar zum Bürgerlichen Gesetzbuch, Band 1, §§ 1–240, Band 4, §§ 611–704, 7. Aufl. 2016 (Redakteur: Martin Henssler)(Zitierweise: MüKo-Bearbeiter).

Nägele, Stefan, *www.betriebsrat.de?*, ArbRB 2001, 19–23.

Nassibi, Ghazaleh, Schutz vor Lohndumping in Deutschland: eine Untersuchung des Arbeitsrechts, Arbeitsstrafrechts und Arbeitsvölkerrechts, 2012.

Nebe, Katja, Neue Arbeitswelten – Die Innovationskraft des Betriebsverfassungsgesetzes, AuR 2014, 51–57.

Nebel, Maxi, Big Data und Datenschutz in der Arbeitswelt. Risiken der Digitalisierung und Abhilfemöglichkeiten, ZD 2018, 520–524.

Niehoff, Maurice / Straker, Christian, Arbeit, in: Kolany-Raiser u. a. (Hrsg.), S. 317–359.

Nies, Gerd, Arbeitsrecht in der multimedialen Gesellschaft. Gestaltung des Übergangs, in: van Haaren/Hensche (Hrsg.), S. 140–147.

Nießen, Irene, Fünf Fragen an Nicolas Dittberner, in: Benner (Hrsg.), S. 93–96.

Dies., Fünf Fragen an Claudia Pelzer und Ivo Blohm, in: Benner (Hrsg.), S. 67–72.

Nietsch, Thomas, Datenschutzrechtliches Gebot zur Vergabe dynamischer IP-Adressen im IPv6. Konsequenzen aus der Wahrung von Anonymität im Internet, CR 2011, 763–768.

Niklas, Thomas / Thurn, Lukas, Arbeitswelt 4.0 – Big Data im Betrieb, BB 2017, 1589–1596.

Noack, Ulrich / Spindler, Gerald (Hrsg.), Unternehmensrecht und Internet, München 2001.

Nümann-Seidewinkel, Ingrid, Telearbeit – eine Arbeitsform mit Zukunft, K&R 5/2001, »Die erste Seite«.

Nürnberger, Stefan / Bugiel, Sven, Autonome Systeme – autonome Probleme, DuD 2016, 503–506.

Oberberg, Max / Hien, Wolfgang, Gefahr oder Gefährdung? – Mitbestimmung des Betriebsrats im Gesundheitsschutz. Folgerungen aus den aktuellen Beschlüssen des BAG, NZA 2018, 18–24.

Ders. / Jarosch, Heiko, Rechtsprechung zum Gesundheitsschutz in den Jahren 2017 und 2018 und Konsequenzen für die betriebliche Praxis, NZA-RR 2018, 633–638.

Oberwetter, Christian, Bewerberprofilerstellung durch das Internet – Verstoß gegen das Datenschutzrecht?, BB 2008, 1562–1566.

Ders., Soziale Netzwerke im Fadenkreuz des Arbeitsrechts, NJW 2011, 417–421.

Oetker, Hartmut, Digitalisierung der Arbeitswelt – Herausforderungen und Regelungsbedarf, JZ 2016, 817–824.

Ders. / Preis, Ulrich / Rieble, Volker, 50 Jahre Bundesarbeitsgericht, 2004 (Zitierweise: FS 50 Jahre BAG).

Oltmanns, Sönke / Fuhlrott, Michael, Desk-Sharing & Coworking-Spaces: Arbeitsrechtliche Besonderheiten zweier »moderner Arbeitsformen«, NZA 2018, 1225–1231.

Omlor, Sebastian, Geld und Währung als Digitalisate. Normative Kraft des Faktischen und Geldrechtsordnung, JZ 2017, 754–763.

Ordolli, Geneviève, Intranet et internet dans les rapports collectifs de travail. Etude de droit suisse et comparé, 2013.

Paal, Boris P., Persönlichkeitsrechtsschutz in Online-Bewertungsportalen, NJW 2016, 2081–2083.

Ders. / Hennemann, Moritz, Big Data im Recht. Wettbewerbs- und daten(schutz)rechtliche Herausforderungen, NJW 2017, 1697–1701.

Ders. / Pauly, Daniel A. (Hrsg.), Datenschutz-Grundverordnung. Kompakt-Kommentar, 2017.

Panzer, Andrea, Mitarbeiterkotrolle und neue Medien, 2004.

Panzer-Heemeier, Andrea, Der Zugriff auf dienstliche E-Mails. Neubewertung des Arbeitgebers als Provider?, DuD 2012, 48–53.

Paschke, Anne / Halder, Christoph, Auskunftsansprüche bei digitalen Persönlichkeitsrechtsverletzungen, MMR 2016, 723–727.

Paulus, Christoph G., Multimedia als Herausforderung an das Wirtschaftsrecht, in: Immenga/Lübben/Schwintowski (Hrsg.), S. 11–22.

Peter, Simone / Müller-Gemmeke, Beate, Die digitale Arbeitswelt kollektiv gestalten, in: Schröder/Urban (Hrsg.), S. 113–119.

Pfrang, Sebastian, Arbeitsentgelt in ausländischer Währung, NZA 2022, 380–384.

Pickshaus, Klaus, Gesundheitsrisiken und Gestaltungschancen. Computerarbeit auf dem Prüfstand, in: van Haaren/Hensche (Hrsg.), S. 85–93.

Ders., Arbeiten ohne Ende und ohne Maß, CF 4/2000, 14–17.

Piepenbrock, Hermann-Josef / Schmitz, Peter, Fernabsatzgesetz: Neuer Rechtsrahmen für E-Commerce, K&R 2000, 378–381.

Pieper, Ralf, Arbeitsschutzrecht. Kommentar für die Praxis, 6. Aufl. 2017.

Pierson, Matthias / Seiler, David, Internet-Recht im Unternehmen, 2002.

Piltz, Carlo, Die Datenschutz-Grundverordnung, K&R 2016, 557–567.

Plander, Harro, Erstreckung der Betriebsverfassung auf Arbeitnehmerähnliche durch analoge Anwendung der »Heimarbeitsklauseln« des § 6 BetrVG?, in: Klebe/Wedde/Wolmerath (Hrsg.), FS Däubler, S. 272–285.

Plath, Kai-Uwe (Hrsg.), BDSG/DSGVO. Kommentar zum BDSG und zur DSGVO sowie den Datenschutzbestimmungen von TMG und TKG, 3. Aufl. 2018 (Zitierweise: Plath-Bearbeiter).

Plitt, David / Fischer, Rebecca, Kryptowährungen im Arbeitsrecht – Wieviel Bitcoin darf es sein?, NZA 2016, 799–803.

Pötters, Stephan, Beschäftigtendaten in der Cloud, NZA 2013, 1055–1059.

Pohlmann, Sanela / Pröpper, Martin, So können Sie Microsoft 365 regeln, CuA 5/2021, 8–14.

Pordesch, Ulrich, Elektronische Signatur vor dem Durchbruch?, CF 4/2001, 12–16.

Ders. / Bräutigam, Lothar, Elektronische Signatur: Die Haken und Ösen aus Arbeitnehmersicht, CF 5/2001, 29–34.

Post-Ortmann, Karin, Der Arbeitgeber als Anbieter von Telekommunikations- und Telediensten, RDV 1999, 102–109.

Prassl, Jeremias, Humans as a Service, 2017.

Ders. / Risak, Martin, Uber, TaskRabitt, & Co: Platforms as Employers? Rethinking the legal Analysis of Crowdwork, Comparative Labor Law and Policy Journal 37 (2016), Issue 3, 618–651 (auch verfügbar unter *ssrn.com/abstract=2733003*).

Preis, Ulrich (Hrsg.), Der Arbeitsvertrag. Handbuch der Vertragspraxis und -Gestaltung, 6. Aufl. 2020 (Zitierweise: Preis-Bearbeiter).

Ders., Von der Antike zur digitalen Arbeitswelt, RdA 2019, 75–88.

Prinz, Matthias / Peters, Butz (Hrsg.), Medienrecht im Wandel, Festschrift für Manfred Engelschall, 1996 (Zitierweise: FS Engelschall).

Raffelsiefen, Beate, Telearbeit – eine Arbeitsform der Zukunft, PersR 2001, 139–144.

Raffler, Andrea / Hellich, Peter, Unter welchen Voraussetzungen ist die Überwachung von Arbeitnehmer-E-Mails zulässig?, NZA 1997, 862–868.

Rath, Michael / Kuss, Christian / Bach, Simone, Das neue IT-Sicherheitsgesetz, K&R 2015, 437–440.

Raue, Benjamin, Meinungsfreiheit in sozialen Netzwerken. Ansprüche von Nutzern sozialer Netzwerke gegen die Löschung ihrer Beiträge, JZ 2018, 961–970.

Redeker, Helmut, EU-Signaturrichtlinie und Umsetzungsbedarf im deutschen Recht, CR 2000, 455–461.

Rehbinder, Manfred, Der Tankstellenvertrag im Blickpunkt der Rechtstatsachenforschung, 1974.

Ders. / Peukert, Alexander, Urheberrecht, 17. Aufl. 2015.

Rehder, Britta / Deinert, Olaf / Callsen, Raphael, Arbeitskampfmittelfreiheit und atypische Arbeitskampfformen. Rechtliche Bewertung atypischer Arbeitskampfformen und Grenzen der Rechtsfortbildung, HSI-Schriftenreihe, 2012.

Dies., Atypische Arbeitskampfformen der Arbeitnehmerseite. Sozialwissenschaftliche Grundlagen und rechtliche Rahmenbedingungen, AuR 2012, 103–114.

Rehm, Herbert, Fünf Fragen an Monika Schäfer, in: Benner (Hrsg.), S. 61–65.

Reichold, Hermann, Die reformierte Betriebsverfassung 2001. Ein Überblick über die neuen Regelungen des Betriebsverfassungs-Reformgesetzes, NZA 2001, 857–865.

Ders., Personelle Grenzen der »Mitbestimmung 4.0« – oder: Hat die Betriebsverfassung noch eine Zukunft?, in: Brose/Greiner/Rolfs u. a., FS Preis, S. 1003–1011.

Reimer, Eduard / Schade, Hans / Schippel, Helmut, Das Recht der Arbeitnehmererfindung, 6. Aufl. 1993.

Reinhard, André, Mitbestimmungsrechte des Betriebsrats bei der Implementierung von Unternehmens-, insbesondere Verhaltensrichtlinien, NZA 2016, 1233–1241.

Ders., Pflicht zur Arbeitszeiterfassung und Arbeit 4.0. Wird die Flexibilität abgeschafft oder unbezahlbar?, NZA 2019, 1313–1319.

Reinhard, Barbara, Mitbestimmungsrechtliche Herausforderungen einer agilen Transformation, in: Gräfl/Lunk/Oetker/Trebinger (Hrsg.), S. 613–628.

Reiserer, Kerstin / Lachmann, Maximilian, Aktuelles zur Scheinselbständigkeit vom BAG – Die Crowdworker, BB 2021, 1972–1976.

Renker, Johanna / Hellweg, Björn, Digitaler Stress, CuA 10/2020, 12–14.

Renneberg, Peter, Die Arbeitskämpfe von morgen? Arbeitsbedingungen und Konflikte im Dienstleistungsbereich, 2005.

Resch, Martin / Blume, Andreas, Analyse psychischer Belastungen, CF 3/2004, 8–13.

Richardi, Reinhard (Hrsg.), BetrVG mit Wahlordnung, Kommentar, bearbeitet von Richardi, Reinhard / Thüsing, Gregor / Annuß, Georg / Maschmann, Frank / Picker, Christian / Forst, Gerrit, 17. Aufl. 2022 (Zitierweise: Richardi-Bearbeiter).

Ders. / Dörner, Hans-Jürgen / Weber, Christoph (Hrsg.), Personalvertretungsrecht. Bundespersonalvertretungsgesetz mit Erläuterungen zu den Personalvertretungsgesetzen der Länder, 4. Aufl., München 2012 (Zitierweise: Richardi/Dörner/Weber-Bearbeiter).

Richenhagen, Gottfried, Die geltenden Vorschriften zur Gestaltung von Bildschirmarbeitsplätzen, AiB 1995, 757–766.

Ders., Arbeitsbedingungen beurteilen mit ABETO, CF 6–7/1998, 38–42.

Rieble, Volker / Gutzeit, Martin, Gewerkschaftliche Selbstdarstellung in Internet und Intranet, ZfA 2001, 341–376.

Riehmer, Klaus / Hessler, Christina, Rahmenbedingungen und Ausgestaltung von Provider-Verträgen, CR 2000, 170–176.

Riesenhuber, Karl, Kein Fragerecht des Arbeitgebers, Ein Beitrag zum System des Datenschutzes und zur Systematik des BDSG, NZA 2012, 771–776.

Ders., »Arbeitsgleiche Durchführung« als »arbeitsrechtlicher Formenzwang«? Zugleich eine Erwiderung auf Schwarze, RdA 2020, 38ff., RdA 2020, 226–230.

Riester, Walter, Auswirkungen der Informationstechnik auf die Arbeitswelt, in: Tauss/Kollbeck/Mönikes (Hrsg.), S. 894–905.

Rinck, Ursula, Der Arbeitnehmerbegriff im Wandel – Entwicklungen und Perspektiven, RdA 2019, 127–130.

Risak, Martin, Crowdwork. Erste rechtliche Annäherungen an eine »neue« Arbeitsform, ZAS 2015, 11–19.

Rittstieg, Helmut, Eigentum als Verfassungsproblem. Zu Geschichte und Gegenwart des bürgerlichen Verfassungsstaates, 1975.

Röller, Jürgen / Henseler, Maren, Möglichkeiten und Grenzen mobilen Arbeitens im Rahmen geltenden Arbeitszeitrechts, in: Brose/Greiner/Rolfs u. a., FS Preis, S. 1073–1085.

Rolf, Christian / Rötting, Michael, Google, Facebook & Co als Bewerberdatenbank für Arbeitgeber?, RDV 2009, 263–267.

Ders. / Riechwald, Jochen, Betriebliche Social Media Richtlinien auf dem arbeitsrechtlichen Prüfstand, RDV 2010, 256–261.

Roßnagel, Alexander (Hrsg.), Freiheit im Griff. Informationsgesellschaft und Grundgesetz, 1989.

Ders., Globale Datennetze: Ohnmacht des Staates – Selbstschutz der Bürger, ZRP 1997, 26–30.

Ders., Big Data – Small Privacy? Konzeptionelle Herausforderungen für das Datenschutzrecht, ZD 2013, 562–567.

Ders. / Geminn, Christian L., Vertrauen in Anonymisierung. Regulierung der Anonymisierung zur Förderung Künstlicher Intelligenz, ZD 2021, 487–490.

Ders. / Pfitzmann, Andreas, Der Beweiswert von E-Mail, NJW 2003, 1209–1214.

Rozek, Heike, Zugriff des Arbeitgebers auf Kommunikationsdaten. Klare Grenzen auch beim Verbot der Privatnutzung, CuA 9/2014, 30–32.

Dies., Social Media als Arbeitsmittel. Reichlich Regelungsbedarf für die Interessenvertretung, CuA 2/2015, 4–9.

Ruchhöft, Matthias, Wissen vernetzen. Wissensmanagement verknüpft mit Wiki, Blog & Co., CuA 9/2011, 14–17.

Ders., E-Recruiting 2.0 – Personalsuche in sozialen Netzen. Was ändert sich für Betriebs- und Personalräte?, CuA 10/2012, 17–20.

Ders., Unified Communications. Effizienz auf allen Kanälen?, CuA 10/2014, 24–27.

Ders., Digitales Arbeiten – das neue »Wir« im Job, CuA 3/2015, 16–19.

Ders., Die Vermessung sozialer Beziehungen, CuA 11/2017, 8–11.

Ders., Datensicherheit mit Konzept, CuA 11/2019, 31–33.

Ders., »Alles neu macht der März?« Personalmanagement, CuA 4/2020, 8–11.

Ders., KI, Chatbots und noch viel mehr, CuA 3/2021, 18–20.

Ders., Hallo? Was speichert Ihr über mich?, CuA 4/2021, 18–20.

Ders., Neu: KI im BetrVG, CuA 7–8/2021, 20–22.

Ders., Zscaler, Microsoft Defender, Splunk und Co., CuA 4/2022, 13–15.

Rudkowski, Lena, »Predictive policing« am Arbeitsplatz, NZA 2019, 72–77.

Rudolph, Wolf-Dieter, Personalrat und PC, PersR 1997, 449–450.

Rüdesheim, Benedikt, Beschäftigtendatenschutz – auf dem Weg zu einem Gesetz und erweiterter Mitbestimmung der Betriebsräte?, AuR 2021, 344–348.

Ders., Überwacht am Arbeitsplatz, AiB 5/2022, 30–32.

Ruf, Urs Peter, Die Stellschrauben für mobile Arbeit, CuA 11/2016, 16–20.

Ruhland, Robert Malte, Social Media Guidelines. Regelungen für soziale Medien im Betrieb, CuA 1/2012, 12–14.

Ders., Social Media Guidelines. Muster-Richtlinie zum Umgang mit sozialen Medien, CuA 4/2012, 12–13.

Ruhmann, Ingo, NSA, IT-Sicherheit und die Folgen. Eine Schadensanalyse, DuD 2014, 40–46.

Rupp, Hans, SAP kontrollieren – aber wie?, CF 6/2001, 8–15.

Ruppert, Willi, Enterprise 2.0 – Anwendungen für Belegschaftsvertretungen, CuA 5/2011, 24–27.

Ruppmann, Evelyn, Der konzerninterne Austausch personenbezogener Daten. Risiken und Chancen für den Datenschutz, 2000.

Sagan, Adam / Witschen, Stefan, Homeoffice im Infektionsschutzgesetz: Der Neue § 28b Abs. 7 IfSG, NZA 2021, 593–596.

Salamon, Erwin / Maaß, Yannick, »Google-Maps« oder »Facebook« – Wann wird ein technisches Hilfsmittel zur Überwachungseinrichtung iSv § 87 BetrVG?, NZA 2021, 1161–1165.

Sander, Matthias, Wer nicht prüft, hat schon verloren, CuA 5/2021, 18–22.

Santosuosso, Amadeo / Bottalico, Barbara, Autonomous Systems and the Law: Why Intelligence Matters. A European Perspective, in: Hilgendorf/Seidel (eds.), S. 27–58.

Sasse, Stefan, Burn-out als arbeitsrechtliches Problem – Rechtliche Fragen von Stress und psychischen Belastungen im Arbeitsverhältnis, BB 2013, 1717–1720.

Sassenberg, Thomas / Faber, Tobias (Hrsg.), Rechtshandbuch Industrie 4.0 und Internet of Things. Praxisfragen und Perspektiven der digitalen Zukunft, 2017.

Schaar, Katrin, DS-GVO: Geänderte Vorgaben für die Wissenschaft. Was sind die neuen Rahmenbedingungen und welche Fragen bleiben offen?, ZD 2016, 224–226.

Schaar, Peter, Datenschutz im Internet. Die Grundlagen, 2002.

Ders., Neues Datenschutzrecht für das Internet, RDV 2002, 4–14.

Schack, Haimo, Urheber- und Urhebervertragsrecht, 6. Aufl. 2013.

Schapper, Claus Henning, Grenzüberschreitender Datentransfer und Datenschutz, CR 1987, 86–94.

Schaub, Günther (Begr.), Arbeitsrechts-Handbuch, bearbeitet von Ahrendt, Martina / Koch, Ulrich / Linck, Rüdiger / Rinck, Ursula / Treber, Jürgen / Vogelsang, Hinrich, 19. Aufl. 2021.

Schaub, Renate, Interaktion von Mensch und Maschine, JZ 2017, 342–349.

Scheffler, Hauke / Dressel, Christian, Vorschläge zur Änderung zivilrechtlicher Formvorschriften und ihre Bedeutung für den Wirtschaftszweig E-Commerce, CR 2000, 378–383.

Schenke, Wolf-Rüdiger / Graulich, Kurt / Ruthig, Josef (Hrsg.), Sicherheitsrecht des Bundes, 2. Aufl. 2019.

Scherrer, Karin, Belastung und Beanspruchung im Call-Center, CF 5/2000, 4–11.

Schertel, Claudia, Was auch der normale User wissen sollte, in: Sommer u. a. (Hrsg.), S. 11–21.

Scheurle, Klaus-Dieter / Mayen, Thomas (Hrsg.), Telekommunikationsgesetz. Kommentar, 2. Aufl. 2008.

Schierbaum, Bruno, Personal-Informations-Systeme: die rechtlichen Rahmenbedingungen, CF 8–9/2000, 22–29.

Ders., Datenschutz bei Internet und E-Mail – Handlungsmöglichkeiten von Personalräten, PersR 2000, 499–507.

Ders., Telearbeit – Regelung auf Europa-Ebene, CF 5/2003, 12–17.

Ders., Beschäftigten-Daten auf der Homepage der Dienststelle, PersR 2010, 268–273.

Schimmelpfennig, Hans-Christoph / Wenning, Holger, Arbeitgeber als Telekommunikationsdienste-Anbieter? Eingeschränkter Zugriff auf elektronische Geschäftskorrespondenz bei zugelassener Privatnutzung von E-Mail und Internet am Arbeitsplatz?, DB 2006, 2290–2294.

Schindler, Stephan, Künstliche Intelligenz und (Datenschutz-)Recht, ZD 8/2019, S. IX–X.

Schirmer, Jan-Erik, Rechtsfähige Roboter?, JZ 2016, 660–666.

Schlachter, Monika, Rechtsfragen virtueller Unternehmensorganisation: Telearbeit, in: Noack/Spindler (Hrsg.), S. 199–231.

Dies., Arbeitsbeziehungen ohne Zeit und Raum? Grundbegriffe der Betriebsverfassung in virtuellen Unternehmen, in: Lorenz/Schneider, S. 40–59.

Schliemann, Harald (Hrsg.), Das Arbeitsrecht im BGB, 2. Aufl. 2002.

Ders., Flucht aus dem Arbeitsverhältnis – falsche oder echte Selbständigkeit?, RdA 1997, 322–326.

Schmidt, Alexander J., Unionsrechtlicher Arbeitnehmerbegriff in der Plattformökonomie, NZA 2021, 1232–1236.

Schmidt, Florian A., Arbeitsmärkte in der Plattformökonomie – Zur Funktionsweise und den Herausforderungen von Crowdwork und Gigwork, herausgegeben von der Friedrich-Ebert-Stiftung, 2016 in der Reihe: gute gesellschaft – soziale demokratie #2017 plus, S. 16ff.

Schmidt, Klaus (Hrsg.), Arbeitsrecht und Arbeitsgerichtsbarkeit, Festschrift zum 50jährigen Bestehen der Arbeitsgerichtsbarkeit in Rheinland-Pfalz, 1999 (Zitierweise: FS 50 Jahre Arbeitsgerichtsbarkeit Rheinland-Pfalz).

Ders. / Koberski, Wolfgang u. a., Kommentar zum Heimarbeitsgesetz, 4. Aufl. 1998.

Schmitz, Karl, Internet-Zugang – nicht ohne Probleme, CF 12/1997, 16–19.

Schmitz, Peter, DSK-Beschluss zur sachlichen Zuständigkeit für E-Mail und andere OTT-Dienste. Eine kritische Analyse zu den gravierenden Folgen für die Praxis, ZD 2019, 541–545.

Schneider, Jochen, Schließt Art. 9 DS-GVO die Zulässigkeit der Verarbeitung bei Big Data aus? Überlegungen, wie weit die Untersagung bei besonderen Datenkategorien reicht, ZD 2017, 303–308.

Schneider, Gerhard, Die Wirksamkeit der Sperrung von Internet-Zugriffen, MMR 1999, 571–578.

Schneider, Jörn A., Arbeitsrechtliche Vorhaben der Bundestagsparteien – Überblick über die Wahlprogramme, DB 2013, 1551–1555.

Schneider-Dörr, Andreja, Essay: Disruptiert doch bitte den Kapitalismus, SPW 6/2017, 58–61.

Dies., Crowd Work und Plattformökonomie – eine arbeitsrechtliche Fallstudie, 2021 (Diss. Bremen 2020).

Dies., Plattformarbeit & Co. – Brauchen wir spezifische Regelungen?, DRdA 2022, 146–152.

Schoden, Michael, Betriebliche Arbeitnehmererfindungen und betriebliches Vorschlagswesen. Ein praktischer Ratgeber, Köln 1995.

Schönhöft, Andreas / Einfeldt, Ricardo, Desk Sharing – Grenzen der betrieblichen Mitbestimmung, NZA 2022, 92–97.

Schrade, Jörg / Denninger, Isabella, Homeoffice im Ausland – Relevanz des Steuerrechts für Arbeitgeber, NZA 2021, 102–107.

Schrader, Peter, Aufzeichnung und Dokumentation der Arbeitszeit nach dem Urteil des EuGH in der Rechtssache CCOO, NZA 2019, 1035–1039.

Schreiber, Kristina / Kohm, Simon, Rechtssicherer Datenverkehr unter dem EU-US-Privacy-Shield? Der transatlantische Datentransfer in der Unternehmenspraxis, ZD 2016, 255–260.

Schröder, Christian / Lantwin, Tobias, Cyber-Sicherheitsvorfälle in multinationalen Unternehmen in der EU und den USA, ZD 2021, 614–619.

Schröder, Lothar, Die digitale Treppe. Wie die Digitalisierung unsere Arbeit verändert und wie wir damit umgehen, 2016.

Ders. / Höfers, Petra, Praxishandbuch Künstliche Intelligenz. Handlungsanleitungen, Praxistipps, Prüffragen, Checklisten, 2022.

Ders. / Urban, Hans-Jürgen (Hrsg.), Gute Arbeit. Digitale Arbeitswelt – Trends und Anforderungen, 2016.

Schröter, Welf (Hrsg.), Der mitbestimmte Algorithmus. Gestaltungskompetenz für den Wandel der Arbeit, 2019.

Ders., Der mitbestimmte Algorithmus. Arbeitsweltliche Kriterien zur sozialen Gestaltung von Algorithmen und algorithmischen Entscheidungssystemen, in: Schröter (Hrsg.), S. 101–150.

Schubert, Claudia, Der Schutz der arbeitnehmerähnlichen Personen: zugleich ein Beitrag zum Zusammenwirken von Arbeits- und Wirtschaftsrecht mit den zivilrechtlichen Generalklauseln, 2004.

Dies., Neue Beschäftigungsformen in der digitalen Wirtschaft – Rückzug des Arbeitsrechts?, RdA 2018, 200–206.

Dies., Tarifverträge zum Schutz von Crowdworkern trotz Kartellverbot? in: Deinert/Heuschmid/Kittner/Schmidt (Hrsg.), FS Klebe, S. 351–356.

Schuchart, Uta, Ständige Erreichbarkeit – Arbeitszeit *light* vs. Recht auf Unerreichbarkeit, AuR 2016, 341–343.

Schürmann, Kathrin, Datenschutz-Folgenabschätzung beim Einsatz Künstlicher Intelligenz. Bewertung und Minimierung der Risiken, ZD 2022, 316–321.

Schulte Westenberg, Michael, Gewerkschafts- kontra Arbeitgeberinteressen: Gewerkschaftliche Mitgliederwerbung während der Arbeitszeit – Abschied von der Kernbereichstheorie, NJW 1997, 375–376.

Schulz, Andreas D., Nutzung und Datenschutzpraxis im studiVZ. Eine Untersuchung zum Selbstdatenschutz, DuD 2012, 262–269.

Schulze, Marc-Oliver, Homeoffice mitbestimmt!, AiB 7–8/2021, 56–57.

Ders. / Hofer, Katharina, Betriebsräte sind gefordert, AiB 7–8/2016, 27–30.

Ders. / Wolters, Hendrik, Desksharing – Fluch oder Segen?, AiB 6/2021, 37–39.

Schwager, Hendrik / Zöllner, Andreas, Arbeitnehmerstatus eines Crowdworkers – wenn statt der Pflicht der Anreiz ruft – Besprechungsaufsatz zum BAG-Urteil vom 1. 12. 2020 – 9 AZR 102/20, SAE 2021, 98–109.

Schwartmann, Rolf, Datenschutz im Schwarm – Rechtsfragen des Schutzes der Privatsphäre im Internet, RDV 2012, 1–7.

Schwartz, Paul M., Privacy, Participation and Cyberspace: An American Perspective, in: Simon/Weiss (Hrsg.), S. 337–351.

Schwarz, Christian, Der steinige Weg zum Homeoffice – die problematische Rechtsfigur der Ermessensreduktion auf null, NZA-RR 2021, 633–635.

Schwarz, Lea-Christina, Datenschutzrechtliche Zulässigkeit des Pre-Employment Screening. Rechtliche Grundlagen und Einschränkungen der Bewerberüberprüfung durch Arbeitgeber, ZD 2018, 353–356.

Schwarz, Mathias, Merkmale, Entwicklungstendenzen und Problemstellungen des Internet, in: Prinz/Peters (Hrsg.), S. 183–198.

Schwarzbach, Marcus, E-Business: Informationsphase ausgiebig nutzen, CF 12/2003, 17–19.

Ders., Leistungsdruck und ständige Erreichbarkeit durch neue Technik, CF 1/2004, 12–15.

Ders., Industrie 4.0 rechtzeitig erkennen, AiB 7–8/2016, 21–24.

Ders., Permanenter Lernprozess, CuA 7–8/2017, 12–15.

Ders., Alles agil!?, CuA 5/2019, 8–12.

Ders., Agiles Arbeiten – nur mit Vereinbarung, CuA 5/2019, 13–17.

Schwarze, Roland, Die »arbeitsgleiche Durchführung« eines Tätigkeitsverhältnisses (§ 611a Abs. 1 S. 6 BGB), RdA 2020, 38–45.

Ders., Noch einmal: § 611a Abs. 1 S. 6 BGB und der arbeitsrechtliche Formenzwang, RdA 2020, 231–232.

Schwemmle, Michael / Wedde, Peter, Digitale Arbeit in Deutschland. Potentiale und Problemlagen, Friedrich-Ebert-Stiftung, 2012.

Schwertner, Sophie, Arbeitnehmerähnliche Selbständigkeit und Kollektivvertrag, DRdA 2022, 126–131.

Schwiering, Sebastian / Zurel, Burak, Das Homeoffice in der Arbeitswelt 2.0, ZD 2016, 17–21.

Seebacher, Krikor R., Die Nutzung von E-Mail-Systemen durch Betriebsräte, AiB 1998, 245–248.

Ders., Immer Anschluss unter dieser Nummer, AiB 11/2014, 19–21.

Seemann, Matthias, Datenschutz im privatrechtlichen Arbeitsverhältnis nach deutschem Recht, Sonderdruck aus »ArbR« Mitteilungen des Instituts für Schweizerisches Arbeitsrecht, 2001, S. 79–113.

Seidel, Uwe, Industry 4.0 and Law – Experiences from AUTONOMICS, in: Hilgendorf/Seidel (eds.), S. 11–26.

Seifert, Achim, Arbeit in der digitalen Fabrik am Beispiel von Wertschöpfungsnetzwerken, in: Hornung (Hrsg.), S. 175–197.

Seitz, Johannes, Distributed Ledger Technology & Bitcoin – Zur rechtlichen Stellung eines Bitcoin-»Inhabers«, K&R 2017, 763–769.

Sendelbeck, Georg, Virtuelle Betriebsratssitzungen. Moderne Technik für die betriebliche Interessenvertretung, CuA 6/2014, 31–33.

Simitis, Spiros, Internet oder der entzauberte Mythos vom »freien Markt der Meinungen«, in: Assmann/Gounalakis/Brinkmann/Walz, Rainer (Hrsg.), Festgabe Kübler, S. 285–314.

Ders., Schutz von Arbeitnehmerdaten: Regelungsdefizite – Lösungsvorschläge, 1980.

Ders. (Hrsg.), Kommentar zum Bundesdatenschutzgesetz, 8. Aufl. 2014 (Zitierweise: Simitis-Bearbeiter).

Ders. / Hornung, Gerrit / Spiecker gen. Döhmann, Indra (Hrsg.), Datenschutzrecht. DSGVO mit BDSG, Kommentar, 2019 (Zitierweise: SHS-Bearbeiter).

Ders. / Kreuder, Thomas, Betriebsrat und Öffentlichkeit, NZA 1992, 1009–1015.

Simon, Dieter / Weiss, Manfred (Hrsg.), Zur Autonomie des Individuums. Liber Amicorum Spiros Simitis, 2000.

Sinn, Dieter K., BYOD – eigene Hardware für die Arbeit nutzen, CuA 10/2011, 4–7.

Ders., Das Internet der Dinge, CuA 12/2013, 4–8.

Ders., Cloud Computing – die Fakten. Wolkige Versprechen im Reality-Check, CuA 4/2014, 4–8.

Sittard, Ulrich / Pant, Michael, Der Arbeitnehmerbegriff im Wandel aus Tradition und Moderne – zum Arbeitnehmerstatus eines Crowdworkers, jM 2021, 416–422.

Skowronek, Andreas, Rechtsberatung im Internet, CF 5/2000, 29–30.

Ders., SAUBER: Maßanzug für WinWord 97, CF 4/2000, 34–36.

Ders., eMail-Kommunikation des Betriebsrats, CF 11/2000, 30–32.

Ders., Pausenregelung bei Bildschirmarbeit, CF 7/2001, 35–36.

Ders., Auf die Rezeptur kommt es an – Website-Inhalte an gesetzlichen Aufgaben orientieren, CF 8–9/2001, 10–15.

Söller, Martin, Die Kraft des Faktischen – oder: Warum Crowdworker doch Arbeitnehmer sein können, NZA 2021, 997–1003.

Solove, Daniel J. / Schwartz, Paul M., Information Privacy Law, 4th edition 2011.

Soma, John T. / Rynerson, Stephen D., Privacy Law, 2008.

Sommer, Katrin, Künstliche Intelligenz in Personalsystemen, CuA 9/2019, 16–21.

Sommer, Michael / Brandt, Cornelia / Schröder, Lothar (Hrsg.), Im Netz@work, 2003.

Spengler, Bernd / Ettlinger, Markus, New Work – Folgen für den Betriebsrat, AiB 3/2022, 10–13.

Spies, Axel, Keine »Genehmigungen« mehr zum USA-Datenexport nach Safe Harbor? Übertragung personenbezogener Daten aus Deutschland in die USA, ZD 2013, 535–538.

Spindler, Gerald, Konvergenz der Medien – Divergenz im Recht!, MMR 1999, 377–378.

Ders., Die neue EU-Datenschutz-Grundverordnung, DB 2016, 937–947.

Ders., Digitale Wirtschaft – analoges Recht: Braucht das BGB ein Update?, JZ 2016, 805–816.

Ders., Das Netzwerkdurchsetzungsgesetz, K&R 2017, 533–544.

Splanemann, Andreas, Schutz vor Viren, CF 8–9/2001, 37–42.

Steffan, Ralf, Arbeitszeit(recht) auf dem Weg zu 4.0, NZA 2015, 1409–1417.

Steinbrück, Anne / Wiens, Marcus / Birnstill, Pascal u. a., Ein neues »Datenkartellrecht« zum Schutz der informationellen Selbstbestimmung im Markt der sozialen Plattformen?, RDV 2021, 7–13.

Steiner, Regina, Beschlussfassung in virtueller Sitzung, AiB 5/2022, 19–20.

Steinmüller, Wilhelm, Informationsrecht – das Arbeitsrecht der zweiten industriellen Revolution?, DVR 1982, 179–185.

Steinrötter, Björn, Datenschutzrechtliche Implikationen beim Einsatz von Pflegerobotern, ZD 2020, 336–340.

Stepan, Mirko, Beschäftigte vor Phishing warnen, CuA 2/2021, 20–22.

Ders., Künstliche Intelligenz mit Vorurteilen. Interview mit Henning Wachsmuth, CuA 5/2021, 36–37.

Stoffels, Markus, AGB-Recht, 2. Aufl. 2009.

Stopfer, Juliane M. / Back, Mitja M. / Egloff, Boris, Persönlichkeit 2.0. Genauigkeit von Persönlichkeitsurteilen anhand von Online Social Network-Profilen, DuD 2010, 459–461.

Strömer, Tobias H., Online-Recht. Rechtsfragen im Internet und in Mailbox-Netzen, 3. Aufl. 2002.

Strube, Sebastian, Vom Outsourcing zum Crowdsourcing. Wie Amazons Mechanical Turk funktioniert, in: Benner (Hrsg.), S. 75–90.

Strunk, Jan A., Website-Gestaltung und Urheberrecht. Die Geister, die ich rief …, CF 1/2004, 27–30.

Ders., Social Media, die Interessenvertretung und das Recht, CuR 10/2012, 11–16.

Sturm, K. Günter, Zur Angemessenheit von Arbeitnehmererfindungsvergütungen. Eine Analyse aus der Sicht eines Arbeitnehmererfinders, DB 1989, 1869–1875.

Sydow, Gernot (Hrsg.), Europäische Datenschutzgrundverordnung. Handkommentar, 2017.

Taeger, Jürgen, Personaldatenschutz in der Dienststelle, PersR 2000, 435–441.

Ders. (Hrsg.), Internet der Dinge. Digitalisierung von Wirtschaft und Gesellschaft (Tagungsband Herbstakademie 2015), 2015.

Ders. / Gabel, Detlev (Hrsg.), Kommentar zum BDSG und zu den Datenschutzvorschriften des TKG und TMG, 3. Aufl. 2019 (Zitierweise: Taeger/Gabel-Bearbeiter).

Tapper, Anne, Crowdworking – ein Blick in die Arbeitsbeziehungen der Zukunft, 2015, nach dem Manuskript zitiert.

Tauss, Jörg / Kollbeck, Johannes / Mönikes, Jan (Hrsg.), Deutschlands Weg in die Informationsgesellschaft. Herausforderungen und Perspektiven für Wirtschaft, Wissenschaft und Politik, 1996.

Temming, Felipe, Der vertragsbeherrschende Dritte, 2015.

Teubner, Gunter, Globale Bukowina: Zur Emergenz eines transnationalen Rechtspluralismus, Rechtshistorisches Journal 1996, 255–290.

Ders., Digitale Rechtssubjekte? Zum privatrechtlichen Status autonomer Softwareagenten, AcP 218 (2018), 155–205.

Thannheiser, Achim, Personalrat und neue Technologien, CF 1/1999, 23–28; 2/1999, 10–15; 3/1999, 13–18.

Ders., Neue Computerprogramme und Personalratsbeteiligung, CF 3/2004, 21–23.

Ders., Apps im Arbeitsleben und für die Betriebsratsarbeit, AiB 2012, 351–355.

Ders., Microblogging, Tweets, Twitter. Neue Werkzeuge für die Arbeit der Interessenvertretung?, CuA 1/2013, 33–37.

Ders., Regeln für Smartphones & Co, AiB 3/2014, 19–22.

Ders., Soziale Medien im Einsatz, AiB 10/2014, 21–24.

Ders., Mobile Kommunikation und Arbeit, AiB Sonderausgabe März 2015, 33–37.

Thomas, Heinz / Putzo, Hans (Begr.), Zivilprozessordnung, Kommentar, 38. Aufl. 2017.

Thomsen, Carolin, Automatisiertes Personalmanagement, CuA 10/2020, 20–23.

Thomsen, Max, Worum geht's beim digitalen Arbeitsschutz?, CuA 10/2020, 8–11.

Ders., Kollege oder Konkurrent?, CuA 11/2020, 20–22.

Thüsing, Gregor, Beschäftigtendatenschutz und Compliance. Effektive Compliance im Spannungsfeld von BDSG, Persönlichkeitsschutz und betrieblicher Mitbestimmung, 2. Aufl. 2014 (unter Mitarbeit von Gerrit Forst, Thomas Granetzny, Stephan Pötters und Johannes Traut) (Zitierweise: Thüsing-Bearbeiter).

Ders., Die Entwicklung des U.S.-amerikanischen Arbeitsrechts in den Jahren 1997 und 1998, NZA 1999, 635–643.

Ders., Digitalisierung der Arbeitswelt – Impulse zur rechtlichen Bewältigung der Herausforderung gewandelter Arbeitsformen, SR 2016, 87–108.

Ders. / Hütter-Brungs, Gisela, Crowdworking: Lenkung statt Weisung – Was macht den Arbeitnehmer zum Arbeitnehmer?, NZA-RR 2021, 231–237.

Dies., Plattformökonomie neu gedacht, in: Klapp/Linck/Preis u. a., FS Ingrid Schmidt, S. 939–955.

Thüsing, Gregor / Lambrich, Thomas, Das Fragerecht des Arbeitgebers – aktuelle Probleme zu einem klassischen Thema, BB 2002, 1146–1153.

Tiedemann, Jens, E-Mail-Etikette, Datenschutz und Arbeitsrecht. Wann müssen geschäftliche E-Mails als Blindkopie geschickt werden?, ZD 2013, 488–491.

Tiedemann, Paul, Internet für Juristen. Eine praxisorientierte Einführung, 1999.

Tillenburg, Gereon, Stimmt die Stimme? Biometrielösungen im Einsatz, DuD 2011, 197–199.

Tinhofer, Andreas, Algorithmenbasierte Entscheidungen und Diskriminierung, DRdA 2022, 171–178.

Tinnefeld, Marie-Theres / Buchner, Benedikt / Petri, Thomas, Einführung in das Datenschutzrecht, 5. Aufl. 2012.

Dies. / Viethen, Hans Peter, Arbeitnehmerdatenschutz und Internet-Ökonomie, NZA 2000, 977–983.

Tölle, Antje G. I., Kann man Arbeitslohn in Kryptowährungen auszahlen?, NZA 2019, 141–143.

Tommen, Hans, Alles sehen, alles kontrollieren. Und mehr …, CF 2/1999, 4–8.

Tonner, Klaus, Das neue Fernabsatzgesetz – oder: System statt »Flickenteppich«, BB 2000, 1413–1420.

Treber, Jürgen, Mitbestimmung bei »Facebook« – Zu den Konturierungen des § 87 Abs. 1 Nr. 6 BetrVG, in: Deinert/Heuschmid/Kittner/Schmidt (Hrsg.), FS Klebe, S. 388–392.

Trümner, Ralf, Der »stumme« Verzicht auf Mitbestimmungsrechte des Betriebsrats bei Einführung und Durchführung absprachеorientierter Arbeitszeitregelungen in teilautonomen Gruppenarbeitsmodellen, in: Schmidt (Hrsg.), FS 50 Jahre Arbeitsgerichtsbarkeit Rheinland-Pfalz, S. 395–411.

Tuleweit, Sören, IG BCE: Monitor Digitalisierung, CuA 12/2019, 28–31.

Ulber, Daniel / Stein, Jacqueline, Arbeiten 4.0 und Arbeitszeitrecht – neuere Entwicklungen, AuR 2022, 148–155.

Ulber, Jürgen, Heimarbeit, neue Technologien und betriebliche Interessenvertretung, AiB 1985, 22–27.

Ullrich, Matthias, Bring your own device (BYOD), ZMV 2019, 14–115.

Ullsperger, Peter / Ertel, Michael, Macht Computerarbeit krank? Befunde zu Gesundheitsrisiken und arbeitsbedingten Erkrankungen, in: van Haaren/Hensche (Hrsg.), S. 65–77.

vbw, Die bayerische Wirtschaft, Moderne Arbeitswelt – Modernes Arbeitsrecht, Stand: November 2014, abrufbar unter: *www.vbw-bayern.de/vbw/Aktionsfelder/Recht/Arbeitsrecht/vbw-Position-Moderne-Arbeitswelt-Modernes-Arbeitsrecht.jsp.*

Vehslage, Thorsten, Privates Surfen am Arbeitsplatz, AnwBl 2001, 145–149.

Venzke, Sven, Social Media Marketing. Eine datenschutzrechtliche Orientierungshilfe, DuD 2011, 387–393.

Vogl, Gerlinde / Nies, Gerd, Mobile Arbeit, 2013.

Voigt, Paul / Gehrmann, Mareike, Die europäische NIS-Richtlinie. Neue Vorgaben zur Netz- und IT-Sicherheit, ZD 2016, 355–358.

Voigt, Peter, Homeoffice – Segen oder Fluch?, AiB 3/2017, 16–19.

Ders., Homeoffice ungleich Mobile Arbeit, AuR 2018, 452–455.

Volmer, Bernhard / Gaul, Dieter, Arbeitnehmererfindergesetz, Kommentar, 2. Aufl. 1983.

Vonhoff, Hans, Negative Äußerungen auf Unternehmensbewertungsportalen, MMR 2012, 571–574.

Voskamp, Friederike / Kipker, Dennis-Kenji, Virtueller Pranger Internet. »Shitstorm« und »Cybermobbing« als Bühne für die Meinungsfreiheit? Providerpflichten nach der BGH-Rechtsprechung, DuD 2013, 787–790.

Waas, Bernd, Die geplante KI-Verordnung und der Schutz der Arbeitnehmer:innen, AuR 2021, 485.

Ders., »Arbeitnehmerähnliche Personen« im Sinne des § 12a TVG, in: Klapp/Linck/Preis u. a., FS Ingrid Schmidt, S. 609–622.

Ders., Das Recht auf Nichterreichbarkeit, in: Brose/Greiner/Rolfs u. a., FS Preis, S. 1427–1438.

Ders. / Liebman, Wilma B. / Lyzbarsky, Andrew / Kezuka, Katsutoshi, Crowdwork – A Comparative Law Perspective, 2017.

Wahsner, Roderich, Zum Recht des Personalrats auf Arbeitsplatzbesuche und Gespräche am Arbeitsplatz, PersR 1986, 126–129.

Walser, Manfred, Homeoffice in den Niederlanden, AuR 2016, 338–341.

Walter, Andreas, Bitcoin, Libra und sonstige Kryptowährungen aus zivilrechtlicher Sicht, NJW 2019, 3609–3614.

Waltermann, Raimund, Anspruch auf private Internetnutzung durch betriebliche Übung?, NZA 1997, 529–533.

Ders., Digital statt analog: Zur Zukunftsfähigkeit des Arbeitsrechts, RdA 2019, 94–101.

Ders., Abhängige Beschäftigung in der digitalisierten Arbeitswelt, NZA 2021, 297–301.

Ders., Crowdworking – Arbeitsverhältnis ohne Arbeitspflicht, NJW 2022, 1129–1133.

Walzer, Susanne, Der arbeitsrechtliche Schutz der Crowdworker. Eine Untersuchung am Beispiel ausgewählter Plattformen, 2019.

Wank, Rolf, Telearbeit, 1997.

Ders., Der Arbeitnehmer-Begriff im neuen § 611a BGB, AuR 2017, 140–153.

Warter, Johannes, Persönlichkeitsrechte und Datenschutz (inklusive Big-Data-Analysen) im Arbeitsverhältnis, DRdA 2022, 179–186.

Ders. / Gruber-Risak, Martin, Arbeitnehmerstatus eines Crowdworkers, AuR 2021, 329–334.

Wedde, Peter, Telearbeit. Arbeitsrecht – Sozialrecht – Datenschutz, 3. Aufl. 2002.

Ders., Entwicklung der Telearbeit. Arbeitsrechtliche Rahmenbedingungen, 1997.

Ders., Beschäftigtendatenschutz. Basiskommentar zu EU-DSGVO und BDSG, 2022

Ders., Aktuelle Rechtsfragen der Telearbeit, NJW 1999, 527–535.

Ders., Arbeitsrechtliche Probleme im Call-Center, CF 6/2000, 20–25.

Ders., Vom gläsernen Arbeitnehmer zum gläsernen Betrieb, in: van Haaren/Hensche (Hrsg.), S. 94–101.

Ders., Datenschutz im Betriebs- und Personalratsbüro, CF 8–9/2001, 28–32.

Ders., Die Virtualisierung der Arbeitsbeziehungen, in: Lorenz/Schneider (Hrsg.), S. 17–39.

Ders., Auf dem Weg zu einem Arbeitnehmerdatenschutzgesetz, in: Sommer (Hrsg.), S. 55–80.

Ders., Schutz vor verdeckten Kontrollen im Arbeitsverhältnis, DuD 2004, 21–26.

Ders., Heimliche Video-Überwachung von Arbeitnehmern zulässig?, CF 1/2004, 23–26.

Ders., Wenn der Arbeitgeber eine Flatrate hat …, CF 5/2004, 28–31.

Ders., Der analysierte Arbeitnehmer, CuA 5/2016, 14–16.

Ders., Den Arbeitsplatz immer dabei, CuA 11/2016, 8–15.

Wehling, Margret, Mitbestimmung in virtuellen Unternehmungen, Industrielle Beziehungen 7 (2000), 131–156.

Weichert, Thilo, Cloud Computing und Datenschutz, DuD 2010, 679–687.

Ders., Drittauskünfte über Beschäftigte, AuR 2010, 100–105.

Ders., Big Data und Datenschutz. Chancen und Risiken einer neuen Form der Datenanalyse, ZD 2013, 251–259.

Ders., EU-US-Privacy-Shield – Ist der transatlantische Datenverkehr nun grundrechtskonform? Eine erste Bestandsaufnahme, ZD 2016, 209–217.

Ders., Wearables – Schnittstelle Mensch und Computer, CuA 10/2016, 8–14.

Ders., Die Verarbeitung von Wearable-Sensordaten bei Beschäftigten, NZA 2017, 565–570.

Ders., Schnüffelnde Chefs, CuA 10/2017, 20–21.

Ders., Online-Sitzungen, AiB 9/2021, 21–24.

Ders., Das TTDSG im Beschäftigungsverhältnis, CuA 7–8/2022, 8–11.

Weiß, Steffen, Die Angemessenheitsentscheidung der Europäischen Kommission – Anspruch und Wirklichkeit, RDV 2013, 273–279.

Weißgerber, Michael, Das Einsehen kennwortgeschützter Privatdaten des Arbeitnehmers durch den Arbeitgeber, NZA 2003, 1005–1009.

Weizenbaum, Joseph, Die Mythen der Informationsgesellschaft, in: van Haaren/Hensche (Hrsg.), S. 31–37.

Welkoborsky, Horst / Baumgarten, Birger, Aktiv gegen Arbeitsstress, AiB 12/2014, 51–53.

Welsch, Johann, Die Revolution der Informationsarbeit. Die Zukunft der kollektiven Regulierung von Arbeitsverhältnissen, in: van Haaren/Hensche (Hrsg.), S. 115–127.

Welskop-Deffaa, Eva M., Die Gestaltung des Arbeitsschutzes in der Arbeitswelt 4.0, in: Schröder/Urban (Hrsg.), S. 189–201.

Wenckebach, Johanna, Crowdworker: Status ungeklärt, CuA 6/2020, 31–33.

Dies., BAG: Crowdwork ante portas! Von persönlicher Abhängigkeit in der digitalen Arbeitswelt, SR 2020, 165–175.

Wendeling-Schröder, Ulrike, Autonomie im Arbeitsrecht. Möglichkeiten und Grenzen eigenverantwortlichen Handelns in der abhängigen Arbeit, 1994.

v. Westphalen, Friedrich Graf, Big Data und das Ende der bürgerlichen Freiheit?, BB 1–2/2017, I.

Wiebauer, Bernd, Arbeitsschutz und Digitalisierung, NZA 2016, 1430–1436.

Ders., Die Novelle der Arbeitsstättenverordnung 2016, NZA 2017, 220–224.

Wiedemann, Herbert (Hrsg.), TVG, Kommentar (bearbeitet von Oetker, Hartmut / Thüsing, Gregor / Wank, Rolf / Wiedemann, Herbert), 7. Aufl. 2007.

Wiedenfels, Matthias, Virtuelle Betriebe und das BetrVG, AuA 2000, 418–420.

Wieduwilt, Hendrik, Neues Fotorecht im öffentlichen Raum, K&R 2015, 83–85.

Wiese, Günther / Kreutz, Peter / Oetker, Hartmut / Raab, Thomas / Weber, Christoph / Franzen, Martin / Gutzeit, Martin / Jacobs, Matthias, BetrVG, Gemeinschaftskommentar, 2 Bände, 11. Aufl. 2018 (Zitierweise: GK-Bearbeiter).

Wilhelm, Jan, Die Arbeitnehmerhaftung im Homeoffice, NZA 2021, 15–18.

Wilke, Matthias, Mitbestimmung in der Krise, CF 5/2003, 20–25.

Ders. / Kiesche, Eberhard, Personaldatenverarbeitung einmal anders, AiB 2013, 368–371.

Dies., Eine Lücke im System, AiB 3/2014, 23–25.

Willert, Christian, Reaktionsmöglichkeiten des Arbeitgebers bei kritischen Äußerungen von Arbeitnehmern im Internet, K&R 2010, 551–555.

Wilmer, Stefan, Wearables und Datenschutz – Gesetze von gestern für die Technik von morgen? in: Taeger (Hrsg.), S. 1–16, abgedruckt auch in K&R 2016, 383ff.

Wintermeier, Martin, Inanspruchnahme sozialer Netzwerke durch Minderjährige. Datenschutz aus dem Blickwinkel des Vertragsrechts, ZD 2012, 210–214.

Wisskirchen, Gerlind / Haupt, Jan, Crowdworker: Arbeitnehmer oder Selbstständiger? Zugleich eine Besprechung des Urteils des BAG v. 1.12.2020 – 9 AZR 102/20, RdA 2021, 355–360.

Wlotzke, Otfried / Preis, Ulrich / Kreft, Burghard (Hrsg.), Betriebsverfassungsgesetz. Kommentar, 4. Aufl. 2009 (Zitierweise: Wlotzke/Preis/Kreft-Bearbeiter).

Wohlgemuth, Hans Hermann, Datenschutz für Arbeitnehmer, 2. Aufl. 1988.

Ders., Konfliktfälle bei grenzüberschreitender Datenverarbeitung, BB 1991, 340–344.

Ders. / Mostert, Michael, Rechtsfragen der betrieblichen Telefondatenverarbeitung, AuR 1986, 138–144.

Wolber, K., Internet-Zugang und Mitbestimmung, PersR 2000, 3–4.

Wolf, Manfred / Lindacher, Walter F. / Pfeiffer, Thomas (Hrsg.), AGB-Recht. Kommentar, 6. Aufl. 2013.

Wolff, Heinrich Amadeus / Brink, Stefan (Hrsg.), Datenschutzrecht in Bund und Ländern. Kommentar, 2013.

Wolmerath, Martin, Virtuelles Unternehmen + Virtuelle Beschäftigte = Virtuelles Arbeitsrecht?, in: FS Däubler, S. 717–729.

Wurzberger, Sebastian; Recht 4.0, CuA 4/2017, 22–23.

Ders., Die Verwendung von Mitarbeiterfotos, CuA 10/2020, 25–28.

Wybitul, Tim (Hrsg.), Handbuch EU-Datenschutz-Grundverordnung, 2017.

Ders., Neue Spielregeln bei E-Mail-Kontrollen durch den Arbeitgeber. Überblick über den aktuellen Meinungsstand und die Folgen für die Praxis, ZD 2011, 69–73.

Zielbauer, Jochen, Personenfotografie im nicht-journalistischen Bereich. Aktuelle Probleme und Lösungsmöglichkeiten für Unternehmen, RDV 2021, 200–205.

Zmarzlik, Johannes, Entwurf eines Arbeitszeitgesetzes, BB 1993, 2009 2016.

Zoebisch, Michael, Stimmungsanalyse durch Call-Center. Datenschutzrechtliche Zulässigkeit der Analyse der emotionalen Verfassung anhand der Stimme, DuD 2011, 394–397.

Zöllner, Wolfgang, Daten- und Informationsschutz im Arbeitsverhältnis, 2. Aufl. 1983.

Ders., Arbeitsrecht und menschengerechte Arbeitsgestaltung, RdA 1973, 212–218.

Zweig, Katharina, Ein Algorithmus hat kein Taktgefühl. Wo künstliche Intelligenz sich irrt, warum uns das betrifft und was wir dagegen tun können, 2019.

Stichwortverzeichnis

Die **fett** gedruckten Zahlen beziehen sich auf die Paragrafen, die mager gedruckten Zahlen auf die Randnummern.